I0885364

TRATADO DE DERECHO ADMINISTRATIVO

Tomo II: La Administración Pública

Allan R. Brewer-Carías

Profesor de la Universidad Central de Venezuela (desde 1963)
Simón Bolívar Professor, University of Cambridge (1985–1986)
Professeur Associé, Université de Paris II (1989–1990)
Adjunct Professor of Law, Columbia Law School, New York (2006–2008)

TRATADO DE DERECHO ADMINISTRATIVO

Derecho Público en Iberoamérica

TOMO II

LA ADMINISTRACIÓN PÚBLICA

FUNDACIÓN DE DERECHO PÚBLICO
EDITORIAL JURÍDICA VENEZOLANA

CARACAS 2013

Primera Edición Tapa dura, 2013

© 2013, Thomson Reuters (Legal) Limited / Allan R. Brewer–Carías
Editorial CivitasAranzadi S.A.
Camino de Galar, 15,
31190 Cizur Menor, Navarra, España
ISBN: 978-84-470-4410-8 (Obra Completa) (Tapa dura)
ISBN: 978-84-470-4388-0 (Tomo II) (Tapa dura)
Depósito Legal NA 934/2013

Primera Edición Tapa rústica, 2013

© 2013, Editorial Jurídica Venezolana / Allan R. Brewer-Carías
http://www.allanbrewercarias.com
Email: allan@brewercarias.com

Fundación de Derecho Público
Editorial Jurídica Venezolana
Avda. Francisco Solano López, Torre Oasis, P.B., Local 4, Sabana Grande,
Apartado 17.598 – Caracas, 1015, Venezuela
Teléfono 762.25.53, 762.38.42. Fax. 763.5239
http://www.editorialjuridicavenezolana.com.ve
Email fejv@cantv.net

Hecho el Depósito de Ley
ISBN: 978-980-365-205-0 (Obra Completa) (Tapa rústica)
ISBN: 978-980-365-207-4 / (Tomo II) (Tapa rústica)
Depósito Legal: lf54020133403072

Texto levantado por Francis Gil, Mirna Pinto, Arelis Torres
Time New Roman, Interlineado Exacto 11, Mancha 13x19,5

PLAN GENERAL
DE LA OBRA

TOMO I

EL DERECHO ADMINISTRATIVO Y
SUS PRINCIPIOS FUNDAMENTALES

TOMO II

LA ADMINISTRACIÓN PÚBLICA

TOMO III

LOS ACTOS ADMINISTRATIVOS Y
LOS CONTRATOS ADMINISTRATIVOS.

TOMO IV

EL PROCEDIMIENTO ADMINISTRATIVO

TOMO V

LA ACCIÓN DE LA ADMINISTRACIÓN:
PODERES, POTESTADES Y RELACIONES CON LOS ADMINISTRADOS

TOMO VI

LA JURISDICCIÓN CONTENCIOSO ADMINISTRATIVA

PLAN GENERAL DEL TOMO II

LIBRO PRIMERO:
INTRODUCCIÓN A LA ADMINISTRACIÓN PÚBLICA

Sección Primera: LA ADMINISTRACIÓN PUBLICA (2004)

Sección Segunda: LA ADMINISTRACIÓN PÚBLICA. SIGLO XX (1997)

Sección Tercera. SOBRE EL CONCEPTO DE LA ADMINISTRACIÓN PÚBLICA EN LA CONSTITUCIÓN (2010)

Sección Cuarta: LA ADMINISTRACIÓN PÚBLICA Y EL FENÓMENO ADMINISTRATIVO (1980)

Sección Quinta: LA ADMINISTRACIÓN PÚBLICA COMO CONJUNTO ORGÁNICO Y COMO ACTIVIDAD (1980)

Sección Sexta: LA ADMINISTRACIÓN PÚBLICA Y LA EVOLUCIÓN DEL ESTADO MODERNO (1980)

Sección Séptima: LA ADMINISTRACIÓN PÚBLICA Y LAS CIENCIAS ADMINISTRATIVAS

LIBRO SEGUNDO:
FUNDAMENTOS DE LA ADMINISTRACIÓN PÚBLICA

Sección Primera: EL ESTADO CONTEMPORÁNEO Y LA ADMINISTRACIÓN PÚBLICA (1980)

Sección Segunda: LOS FINES DEL ESTADO CONTEMPORÁNEO (1980)

Sección Tercera: LA DEPENDENCIA DE LA ADMINISTRACIÓN PÚBLICA FRENTE AL PODER POLÍTICO: EL CARÁCTER INSTRUMENTAL (1980)

Sección Cuarta: LA INFLUENCIA DEL MEDIO POLÍTICO SOBRE LA ADMINISTRACIÓN PÚBLICA

Sección Quinta: LOS CONDICIONAMIENTOS POLÍTICOS DE LA ADMINISTRACIÓN PÚBLICA (1980)

Sección Sexta: LA ADMINISTRACIÓN PÚBLICA Y EL SISTEMA JURÍDICO (1980)

Sección Séptima: LA ADMINISTRACIÓN PÚBLICA Y EL SISTEMA ECONÓMICO: LA LIBERTAD ECONÓMICA Y EL SISTEMA DE ECONOMÍA MIXTA (1980)

Sección Octava: LA PLANIFICACIÓN DEL DESARROLLO ECONÓMICO Y SOCIAL (1980)

Sección Novena: LA ORDENACIÓN DEL TERRITORIO (1980)

Sección Décima: EL RÉGIMEN DE LA INTERVENCIÓN DEL ESTADO EN LA ACTIVIDAD ECONÓMICA (1980)

LIBRO TERCERO:

PRINCIPIOS DEL RÉGIMEN JURÍDICO DE LA ORGANIZACIÓN ADMINISTRATIVA

Sección Primera: LA POTESTAD ORGANIZATIVA (1991)

Sección Segunda: LA CARACTERIZACIÓN DE LA ORGANIZACIÓN ADMINISTRATIVA (1991)

Sección Tercera: LOS PRINCIPIOS JURÍDICOS DE LA ORGANIZACIÓN ADMINISTRATIVA (1991)

Sección Cuarta: PRINCIPIOS GENERALES DE LA ORGANIZACIÓN DE LA ADMINISTRACIÓN NACIONAL CENTRAL (1991)

Sección Quinta: LAS FORMAS JURÍDICAS DE LA ADMINISTRACIÓN NACIONAL DESCENTRALIZADA (1991)

Sección Sexta: EVOLUCIÓN DE LA ORGANIZACIÓN DE LA ADMINISTRACIÓN PÚBLICA NACIONAL (1991)

LIBRO CUARTO:

SOBRE LA ADMINISTRACIÓN PÚBLICA

Sección Primera: LA ORGANIZACIÓN DEL ESTADO, LA ORGANIZACIÓN ADMINISTRATIVA Y LA ADMINISTRACIÓN PÚBLICA

Sección Segunda: EL RÉGIMEN JURÍDICO DE LA ORGANIZACIÓN DE LA ADMINISTRACIÓN PÚBLICA NACIONAL CENTRAL

Sección Tercera: LOS PRINCIPIOS JURÍDICOS DE LA COMPETENCIA EN LA ORGANIZACIÓN ADMINISTRATIVA (2005)

Sección Cuarta: LA DISTRIBUCIÓN TERRITORIAL DE COMPETENCIAS DEL PODER PÚBLICO EN LA CONSTITUCIÓN (1991)

Sección Quinta: PRINCIPIOS RELATIVOS AL RÉGIMEN DE LOS ESTADOS DE LA FEDERACIÓN (2005)

Sección Sexta: EL RÉGIMEN PARA LA DESCENTRALIZACIÓN POLÍTICA DE LA FEDERACIÓN (2005)

Sección Séptima: LOS PRINCIPIOS RELATIVOS AL RÉGIMEN DEL PODER PÚBLICO MUNICIPAL (2005)

Sección Octava: ASPECTOS GENERALES DEL RÉGIMEN DEL MUNICIPIO (2005)

Sección Novena: EL RÉGIMEN MUNICIPAL DEL DISTRITO METROPOLITANO DE CARACAS Y EL DISTRITO CAPITAL (2005)

LIBRO QUINTO:

SOBRE EL RÉGIMEN DE LA ADMINISTRACIÓN PÚBLICA EN LA LEGISLACIÓN POSTERIOR A 2008

Sección Primera: INTRODUCCIÓN GENERAL AL RÉGIMEN JURÍDICO DE LA ADMINISTRACIÓN PÚBLICA (2009)

Sección Segunda. NUEVAS TENDENCIAS EN LA ORGANIZACIÓN ADMINISTRATIVA: LAS MISIONES Y LAS INSTANCIAS DEL PODER POPULAR (2011)

Sección Tercera. ¿REFORMA ADMINISTRATIVA EN VENEZUELA O LA TRANSFORMACIÓN NO SIEMPRE PLANIFICADA DE LA ADMINISTRACIÓN PÚBLICA, PARA LA IMPLEMENTACIÓN DE UN ESTADO SOCIALISTA AL MARGEN DE LA CONSTITUCIÓN, MEDIANTE LA MULTIPLICACIÓN, DISPERSIÓN Y CENTRALIZACIÓN DE SUS ÓRGANOS Y ENTES (2012)

Sección Cuarta: LA "NACIONALIZACIÓN" DEL RÉGIMEN ADMINISTRATIVO DEL DISTRITO CAPITAL (2009)

LIBRO SEXTO:

SOBRE LA ADMINISTRACIÓN PÚBLICA Y EL ESTADO COMUNAL

Sección Primera: ANTECEDENTES DEL NUEVO RÉGIMEN DEL PODER POPULAR Y DEL ESTADO COMUNAL

Sección Segunda: LA INSTITUCIONALIZACIÓN LEGAL DEL ESTADO COMUNAL O DE CÓMO SE IMPONE AL PAÍS UN MODELO DE ESTADO COMUNISTA, DE EJERCICIO DEL PODER POPULAR Y DE SOCIEDAD SOCIALISTA POR LOS CUALES NADIE HA VOTADO

Sección Tercera: EL RÉGIMEN DE LOS CONSEJOS COMUNALES O LA RESURRECCIÓN DE LOS SOVIETS EN EL CARIBE CASI UN SIGLO DESPUÉS

Sección Cuarta: EL RÉGIMEN DE LAS COMUNAS COMO SOPORTE DEL ESTADO COMUNAL O LA DES MUNICIPALIZANDO EL ESTADO CONSTITUCIONAL MEDIANTE UN SISTEMA DE "AUTOGOBIERNO" NO REPRESENTATIVO MANEJADO POR EL PODER CENTRAL

Sección Quinta: EL RÉGIMEN DE LA CONTRALORÍA SOCIAL O LA INSTITUCIONALIZACIÓN DE LA TÉCNICA DEL ESPIONAJE SOCIAL Y DE LA DENUNCIA POLÍTICA INDISCRIMINADA PARA IMPONER LA IDEOLOGÍA SOCIALISTA

Sección Sexta: EL RÉGIMEN DEL SISTEMA ECONÓMICO COMUNAL O DE CÓMO SE DEFINE E IMPONE LEGALMENTE UN SISTEMA ECONÓMICO COMUNISTA POR EL CUAL NADIE HA VOTADO

REFLEXIONES FINALES:

SOBRE LOS PROBLEMAS DE LA ADMINISTRACIÓN PÚBLICA, DE SIEMPRE

Sección Primera: LOS PROBLEMAS DE LA ADMINISTRACIÓN PÚBLICA (1988)

Sección Segunda: LA ADMINISTRACIÓN PÚBLICA Y SUS PROBLEMAS ACTUALES (1982)

Sección Tercera: BUROCRATIZACIÓN E INEFICIENCIA EN LA ADMINISTRACIÓN PÚBLICA (1982)

Sección Cuarta: ALGUNOS PROBLEMAS DE LAS RELACIONES ENTRE LOS FUNCIONARIOS PÚBLICOS Y LOS CIUDADANOS (1982)

LIBRO PRIMERO:

INTRODUCCIÓN A LA ADMINISTRACIÓN PÚBLICA

Este Libro Primero del Tomo II del *Tratado* está conformada por un conjunto de estudios generales, dedicados a analizar la Administración Pública. La Sección Primera es el estudio sobre "La Administración Pública" publicado en el libro *El Derecho Administrativo Venezolano en los umbrales del siglo XXI. Libro Homenaje al Manual de Derecho Administrativo de Eloy Lares Martínez*, Colección de Estudios Jurídicos de la Universidad Monteávila, Editorial Jurídica Venezolana-Universidad Monteávila, Caracas 2006, pp. 47-73. La Sección Segunda es la exposición sobre "Administración Pública. Siglo XX," publicada en el *Diccionario de Historia de Venezuela*, Fundación Polar, Caracas 1989, Tomo I, pp. 43-53. La Sección Tercera es básicamente el texto del "Prólogo" escrito para el libro de José Ignacio Hernández, *Introducción al concepto constitucional de Administración Pública en Venezuela,* Editorial Jurídica Venezolana, Caracas 2011, pp. 9-22. Y las Secciones Cuarta, Quinta y Sexta, son el texto de las tres partes de la Introducción del libro *Fundamentos de la Administración Pública*, publicado por la Editorial Jurídica Venezolana, Colección Estudios Administrativos, Caracas 1980, en el cual se recogieron las lecciones que impartí en el *Curso sobre Fundamentos de la Administración Pública* en la Escuela de Estudios Políticos de la Facultad de Ciencias Jurídicas y Políticas de la Universidad Central de Venezuela desde su fundación, a fines de los setenta.

Sección Primera: LA ADMINISTRACIÓN PÚBLICA (2004)

Este texto de la Sección Primera es el del trabajo "La Administración Pública", en *El Derecho Administrativo Venezolano en los umbrales del siglo XXI. Libro Homenaje al Manual de Derecho Administrativo de Eloy Lares Martínez*, Colección de Estudios Jurídicos de la Universidad Monteávila, Editorial Jurídica Venezolana-Universidad Monteávila, Caracas 2006, pp. 47-73.

I. ADMINISTRACIÓN PÚBLICA Y DERECHO ADMINISTRATIVO

Desde el punto de vista jurídico, la Administración Pública puede considerarse como el objeto de regulación por excelencia del derecho administrativo. Por ello, la definición más sencilla de esta disciplina jurídica es considerarla como aquella rama del derecho público que regula a la Administración Pública. Esta definición, sin embargo, aún cuando no es sustancialmente inexacta, si es insuficiente, dados los múltiples sentidos de la noción de Administración Pública[1].

En efecto, en el campo del derecho administrativo la expresión Administración Pública tiene al menos dos significados: por una parte, con ella se identifica a un conjunto de órganos del Estado, o más propiamente de las personas jurídicas estatales que como sujetos de derecho actúan en el mundo de las relaciones jurídicas; y por la otra, con dicha noción se identifica también a un conjunto de actividades que resultan de la gestión del interés general (actividad administrativa) realizada generalmente por esos mismos órganos. Hay, por tanto, al menos un concepto orgánico y un concepto material de la Administración Pública; y ambos interesan al derecho administrativo.

En efecto, desde el punto de vista orgánico, la Administración Pública se identifica siempre como un *conjunto de órganos* de las personas jurídicas que, como sujetos de derecho, conforman el Estado, es decir, de las personas jurídicas estatales. Por tanto, las nociones de Administración Pública y de personas jurídicas estatales siempre esta indisolublemente vinculadas, ya que son los órganos de éstas los que constituyen la primera.

Pero sin embargo, no todos los órganos de las personas jurídicas estatales son parte o constituyen la Administración Pública, sino sólo aquéllos de las personas jurídicas político-territoriales que derivan de la forma federal del Estado, es decir, de la República, de los Estados, de los Municipios y de las demás entidades políticas que la componen y *que ejercen el Poder Ejecutivo*. Estos órganos son los que en general se identifican en el lenguaje jurídico común como "el Poder Ejecutivo", que comprende a la Presidencia de la República y a los Ministerios a nivel nacional (Ejecutivo Nacional), a las Gobernaciones de los Estados (Ejecutivo Estadal) o a las Alcaldías Municipales (Ejecutivo Municipal). Esos órganos conforman lo que se denomina en general, la "Administración Central".

Además, también integran la Administración Pública los órganos de las personas jurídicas estatales descentralizadas de las mencionadas personas estatales político-territoriales, que actúan siempre adscritas y bajo el control de tutela de los órganos que ejercen el Poder Ejecutivo, sea que hayan sido constituidas mediante ley con forma jurídica de derecho público, como por ejemplo, los institutos autónomos, o con forma jurídica de derecho privado, como por ejemplo las empresas o fundaciones del Estado. Estos órganos conforman lo que se denomina en general, la "Administración Descentralizada".

Pero una descripción como la anterior de la Administración Pública en sentido orgánico, también podría considerarse como insuficiente en nuestro régimen constitucional, pues hay otros órganos de las personas jurídicas estatales político-territoriales que si

1 Para una aproximación más amplia respecto de la noción de Administración Pública, *V.* Allan R. Brewer-Carías, *Fundamentos de la Administración Pública*, Editorial Jurídica Venezolana, Caracas 1980.

bien también se puede considerar que integran o son parte de la Administración Pública, sin embargo no ejercen el Poder Ejecutivo. Es decir, si bien todos los órganos del Estado que ejercen el Poder Ejecutivo están integrados en la Administración Pública; sin embargo, no todos los órganos que conforman la Administración Pública ejercen el Poder Ejecutivo del Estado, de manera que hay órganos de la Administración Pública que no dependen jerárquicamente del Presidente de la República, de los Gobernadores ni de los Alcaldes, pues ejercen otros Poderes Públicos distintos del Poder Ejecutivo. Recuérdese, en efecto, que conforme al sistema de penta división del Poder Público establecido en el artículo 136 de la Constitución, el Poder Público Nacional se divide en cinco ramas: Legislativo, Ejecutivo, Judicial, Ciudadano y Electoral, de manera que los órganos estatales que los ejercen son, respectivamente, autónomos e independientes entre sí.

En ese contexto de división del Poder Público Nacional, además de aquéllos que ejercen el Poder Ejecutivo, los órganos estatales que ejercen el Poder Ciudadano (Ministerio Público: Fiscalía General de la República, Contraloría General de la República y Defensoría del Pueblo) y el Poder Electoral (Consejo Nacional Electoral y sus Juntas y Comisiones), si bien son autónomos e independientes del Poder Ejecutivo Nacional y de los otros Poderes Públicos, sin embargo, también son órganos que forman parte de la Administración Pública de la República, aún cuando no sean parte de la "Administración Central".

Igualmente, también conforman a la Administración Pública de la República, los órganos de administración y gobierno del Poder Judicial dependientes del Tribunal Supremo de Justicia, en particular, la Dirección Ejecutiva de la Magistratura y sus diversas dependencias.

Como se puede apreciar, el universo de la Administración Pública en sentido orgánico en mucho más amplio que el tradicional que la reducía a los órganos estatales que ejercían el Poder Ejecutivo, y ello se confirma por la misma ubicación de la Sección Segunda relativa a "De la Administración Pública", en el Capítulo I relativo a "De las disposiciones generales", del Título IV sobre "El Poder Público" de la Constitución de 1999. Los artículos constitucionales de dicha Sección: el 141, sobre los principios de la Administración Pública; el 142, sobre la creación de entes descentralizados; y el 143 sobre el derecho a la información administrativa y acceso a los documentos oficiales, se aplican a todo el universo de órganos que conforman la Administración Pública[2], y no sólo a los que ejercen el Poder Ejecutivo.

Sin embargo, en cuanto a la Ley Orgánica de la Administración Pública[3], la misma, si bien está básicamente destinada a regular a la Administración Pública Central del Poder Nacional (que ejerce el Poder Ejecutivo) y a la Administración Pública Descentralizada Nacional, sus normas son aplicables a los otros órganos nacionales, estadales y municipales antes mencionados que integran la Administración Pública, como se deriva de su artículo 1° que dispone:

---

2 *V.* sobre el régimen constitucional relativo a la Administración Pública, Allan R. Brewer-Carías, *La Constitución de 1999. Derecho Constitucional Venezolano, T.* I, Editorial Jurídica Venezolana, Caracas 2004, pp. 276 y ss.

3 *V.* sobre el régimen legal de la Administración Pública, Allan R. Brewer-Carías, "Introducción general al régimen jurídico de la Administración Pública" en Allan R. Brewer-Carías y Rafael J. Chavero G., *Ley Orgánica de la Administración Pública,* Editorial Jurídica Venezolana, Caracas, 2003, pp. 13 y ss.

Artículo 2°. Las disposiciones de la presente Ley serán aplicables a la Administración Pública Nacional. Los principios y normas que se refieran en general a la Administración Pública, o expresamente a los estados, distritos metropolitanos y municipios serán de obligatoria observancia por éstos, quienes deberán desarrollarlos dentro del ámbito de sus respectivas competencias.

Las disposiciones de la presente Ley podrán aplicarse supletoriamente a los demás órganos del Poder Público.

Pero por otra parte, como se ha dicho, el término Administración Pública también tiene una connotación material al identificar, no sólo a un conjunto de órganos estatales, sino unas *actividades* realizadas con vistas a satisfacer un interés general del Estado o de la sociedad, generalmente por sus órganos.

Estas actividades se caracteriza, ante todo, porque son siempre de carácter sublegal en el sistema de formación del derecho por grados, pues se trata de actividades realizadas en ejecución directa e inmediata de la legislación y sólo indirecta y mediata de la Constitución; y fundamentalmente la realizan los órganos del Estado o de las personas jurídicas estatales; órganos que, sin embargo, no necesariamente son sólo los antes señalados que integran la Administración Pública en sentido *orgánico*. La actividad administrativa del Estado, en efecto, no sólo la cumplen los órganos de las personas jurídicas estatales que ejercen el Poder Ejecutivo, el Poder Judicial (gobierno y administración del mismo), el Poder Ciudadano y el Poder Electoral y que conforman la Administración Pública; sino que también la cumplen la Asamblea Nacional, los Consejos Legislativos de los Estados y los Concejos Municipales, en ejercicio del Poder Legislativo o el Tribunal Supremo de Justicia y demás Tribunales de la República, en ejercicio del Poder Judicial, cuando por ejemplo, administran su cuerpo de funcionarios o entran en relación con los particulares en ejercicio de la función administrativa o cuando ejercen la función normativa emitiendo actos reglamentarios. La actividad administrativa como objeto del derecho administrativo, por ello, está también esencialmente vinculada al ejercicio de las diversas funciones del Estado (normativa, de gobierno, administrativa, jurisdiccional y de control).

Además, la actividad administrativa que interesa al derecho Administrativo muchas veces se realiza por particulares o por personas jurídicas de derecho privado e, incluso, de carácter no estatal, pero que en virtud de la Ley ejercen prerrogativas del Poder Público. Así sucede, por ejemplo, con ciertos actos de las Universidades privadas o de las Federaciones deportivas, como serían los actos sancionatorios, regulados respectivamente en la Ley de Universidades o en la Ley del Deporte, y que tienen el carácter de actos administrativos[4].

Finalmente, no toda la actividad que realizan algunos órganos que configuran la Administración Pública del Estado, como por ejemplo, la que realiza el Presidente de la República, constituye actividad administrativa, sino sólo las actividades que sean de carácter sublegal. El Jefe del Ejecutivo Nacional y otros órganos del Estado, en efecto, además de realizar actividades en ejecución directa e inmediata de la legislación e indirecta y mediata de la Constitución, ejercen actividades que son formal y sustancialmente distintas de la anterior, realizadas en ejecución directa e inmediata de la Constitución

4 *V.* Allan R. Brewer-Carías, *Estado de Derecho y Control Judicial*, Instituto Nacional de Administración Pública, Alcalá de Henares, Madrid 1987, pp. 498 y ss.

como son las actividades de gobierno[5]. Por ello, la actividad administrativa que interesa al derecho administrativo está esencialmente vinculada al sistema de formación del derecho por grados[6].

Pero si bien la Administración Pública, tanto en su connotación orgánica como en su sentido material de actividad constituye el objeto del derecho administrativo, no todo el derecho que regula a la Administración Pública, es decir, a los órganos estatales que la conforman o a las actividades administrativas, es derecho administrativo. Es decir, en el mundo del derecho no existen sujetos de derecho o actividades respecto de los cuales pueda decirse que exclusivamente se rigen por una sola rama del derecho. Así como no se puede decir que las sociedades anónimas sean sujetos de derecho que sólo se regulan por el Código de Comercio, pues también están sometidas al Código Civil, al Código Penal y a todas las leyes de derecho administrativo que por ejemplo regulan diversos sectores de la economía (bancos, seguros, mercado de capitales, etc.); en igual sentido, los órganos de la Administración Pública, además de estar sometidos al derecho administrativo, también están sometidos al derecho civil y al derecho mercantil, por ejemplo.

Por lo demás, como se dijo, esos sujetos de derecho o personas jurídicas estatales que interesan al derecho administrativo, no tienen una configuración uniforme pues pueden tener la forma de personas jurídicas de derecho público o la forma jurídica de personas jurídicas de derecho privado. Por ello, a los órganos de la Administración Pública, por tanto, si bien regidos por el derecho administrativo, sin embargo, en una forma u otra siempre se les interaplica de manera variable, tanto un régimen de derecho público como de derecho privado[7].

El derecho administrativo, por supuesto, tiene siempre una preponderancia en este régimen, pero el mismo no comprende la totalidad de las normas que se aplican a los órganos de la Administración Pública del Estado ni a la actividad administrativa del mismo.

De allí que las clásicas ecuaciones del derecho administrativo de principios de Siglo pasado, que por lo demás fueron útiles en el proceso de autonomización de nuestra disciplina: *personas públicas –Administración Pública–actividad administrativa–derecho público–actos administrativos–contratos administrativos–responsabilidad administrativa–* y *personas privadas–administración privada–actividad privada– derecho privado–actos privados–contratos privados–responsabilidad civil–* puede decirse que quedaron en la historia bibliográfica del derecho administrativo, precisamente por los dos

---

5 *V.* Allan R. Brewer-Carías, *La justicia constitucional, T. VI de Instituciones Políticas y Constitucionales,* Universidad Católica del Táchira-Editorial Jurídica Venezolana, Caracas-San Cristóbal 1996, pp. 199-226; y "Comentarios sobre la doctrina del acto de gobierno, del acto político, del acto de Estado y de las cuestiones políticas como motivo de inmunidad jurisdiccional de los Estados en sus Tribunales nacionales», en *Revista de Derecho Público,* Nº 26, Editorial Jurídica Venezolana, Caracas, abril-junio 1986, pp. 65-68;

6 Sobre el sistema jerarquizado o graduado del orden jurídico, creación de la denominada Escuela Vienesa, *V.* Hans Kelsen, *Teoría Pura del Derecho,* Buenos Aires 1981, p. 135 y ss; Adolf Merlk, *Teoría General del Derecho Administrativo,* Madrid 1935, pp. 7-62. Sobre dicho sistema en el constitucionalismo venezolano, *V.* Allan R. Brewer-Carías, *Evolución Histórica del Estado, T. VI de Instituciones Políticas y Constitucionales,* Universidad Católica del Táchira-Editorial Jurídica Venezolana, Caracas-San Cristóbal 1996, pp. 107-117.

7 *V.* Allan R. Brewer-Carías, "La interaplicación del Derecho Público y del Derecho Privado a la Administración Pública y el proceso de huida y recuperación del Derecho Administrativo" en *Las formas de la actividad administrativa. II Jornadas Internacionales de Derecho Administrativo Allan Randolph Brewer-Carías, Caracas, 1996,* Fundación Estudios de Derecho Administrativo (FUNEDA), Caracas 1996, pp. 23 a 73.

elementos que hemos destacado: La Administración Pública es un complejo orgánico de determinadas personas político-territoriales, conforme a nuestro sistema constitucional de distribución vertical y horizontal del Poder Público, que se rige por el derecho administrativo, aun cuando en forma no exclusiva ni excluyente.

En todo caso, el derecho administrativo no pierde su autonomía cuando a la Administración Pública y a la actividad administrativa se le aplican normas de derecho privado, ni los órganos del Estado dejan de serlo, cuando para determinadas actuaciones deban regirse además de por el derecho público, por normas del derecho privado; así mismo, los particulares y en general, las personas jurídicas no estatales, no dejan de serlo cuando en ciertas de sus actividades cotidianas se encuentras sometidos al derecho administrativo, incluso en algunos casos con preponderancia del derecho civil. El derecho, en definitiva, es uno sólo y se aplica a todos los sujetos de derecho en todas sus ramas, las cuales tendrán preponderancia según cual sea la finalidad de la actividad que estos realizan.

Por tanto, el derecho administrativo no comprende la totalidad de las normas que se aplican tanto a los órganos de la Administración Pública del Estado como a la actividad administrativa del mismo, pues siempre estos órganos y esas actividades están sometidos a un régimen mixto de derecho administrativo y de derecho privado, con preponderancia variable de uno u otro.

En todo caso, de lo anterior resulta, por tanto, que la definición de la Administración Pública como objeto del derecho administrativo es esencial para la definición de esta rama del derecho, la cual consideramos que tiene que estar basada en la descripción de dicho objeto. Por ello, bien podría partirse para el estudio de nuestra disciplina, de la definición del derecho administrativo como aquella rama del derecho público que regula los sujetos de derecho o personas jurídicas que conforman al Estado; la Administración Pública como complejo orgánico de esas personas jurídicas estatales, su organización y funcionamiento; el ejercicio de la función administrativa dentro de las funciones del Estado; la actividad administrativa, siempre de carácter sublegal, realizadas por los órganos de las personas jurídicas estatales en ejercicio de las funciones normativas o administrativas, o la realizada por los particulares a quienes la ley ha autorizado para ello, su régimen y control; y las relaciones jurídicas que se establecen entre las personas jurídicas estatales o las que desarrollan la actividad administrativas, y los administrados, que moldea las formas de la actividad administrativa.

Con una definición como esta, por supuesto, no cabe hacer intento alguno de adoptar un criterio único para definir el derecho administrativo[8]. No se trata por tanto, ni de una definición orgánica, ni de una definición material, ni de una definición formal, pues no existe un criterio clave absoluto para definir el derecho administrativo ni su objeto: la Administración Pública. La definición debe elaborarse con la mezcla de los diversos criterios, lo que además responde al contenido heterogéneo y mutable de la actividad

---

8 *V.* Allan R. Brewer-Carías, "El concepto de Derecho Administrativo en Venezuela en *Revista de Administración Pública*, N° 100-102, Vol. I, Madrid, enero-diciembre 1983, pp. 685-704, y en *Estudios de Derecho Administrativo,* Universidad Colegio Mayor Nuestra Señora del Rosario, Bogotá, 1986, pp. 7-24. Con el título "Bases constitucionales del Derecho Administrativo en Venezuela» en *Revista de Derecho Público*, N° 16, Editorial Jurídica Venezolana, Caracas, octubre-diciembre 1983, pp. 5-20; y *El Derecho Público en Venezuela y Colombia, Archivo de Derecho Público y Ciencias de la Administración*, Vol. VII, 1984-1985, Instituto de Derecho Público, Facultad de Ciencias Jurídicas y Políticas, Universidad Central de Venezuela, Caracas 1986, pp. 215-231.

administrativa del Estado. Por ello, el derecho administrativo de hace cuatro o cinco décadas no es ni puede ser el mismo del mundo contemporáneo, y ello por la razón fundamental de que regula una parcela esencial de la acción del Estado que, además de ser siempre heterogénea, es esencialmente mutable.

Ahora bien, lo que resulta de cualquier definición del derecho administrativo y, en particular, de su objeto, la Administración Pública, es que en forma preliminar deben estudiarse los siguientes aspectos:

En *primer lugar*, al conjunto de sujetos de derecho o personas jurídicas estatales cuyos órganos conforman la Administración Pública como complejo orgánico.

En *segundo lugar*, a la Administración Pública como tal complejo orgánico dentro de la estructura general del Estado que resultan del sistema de distribución del Poder Público en Venezuela, que por la forma federal del Estado no sólo es horizontal, sino vertical.

En *tercer lugar*, a la función administrativa dentro de las funciones del Estado como tareas esenciales, cuya diferenciación no coincide ni con la separación de poderes ni con las mismas actividades estatales.

En *cuarto lugar*, a la actividad administrativa como una de las actividades del Estado que se realiza por todos los órganos del mismo, de carácter sublegal y en ejercicio de variadas funciones, su régimen y control; y

En *quinto lugar*, las formas de la actividad administrativa como consecuencia del conjunto de relaciones que se establecen entre las personas jurídicas estatales y los administrados o entre los diversos órganos de la Administración Pública con motivo del ejercicio de la función administrativa o de la realización de una actividad administrativa.

II. LA ADMINISTRACIÓN PÚBLICA COMO COMPLEJO DE ÓRGANOS ESTATALES

1. La Administración Pública como conjunto de órganos de las personas jurídicas estatales y la distribución vertical del poder público

A. El Estado y las personas jurídicas estatales

La Constitución utiliza con gran frecuencia la palabra "Estado" para establecer, por ejemplo, obligaciones prestacionales concretas a cargo de los entes públicos en relación con los administrados. Por ejemplo, dispone que "el Estado protegerá la familia..." (Art. 75); que "el Estado creará, ejercerá la rectoría y gestionará un sistema público nacional de salud..." (Art. 84); que "el Estado...asumirá [la educación] como función indeclinable..." (Art. 102); que "el Estado garantizará la atención integral de los deportistas..." (Art. 111); que "el Estado reconocerá la existencia de los pueblos indígenas... (Art. 119); o que "el Estado protegerá el ambiente..." (Art. 127).

Sin embargo, "el Estado", como tal y en el orden constitucional y legal interno, a pesar de estas expresiones constitucionales, no es sujeto de derechos y obligaciones pues no es una persona jurídica, sino que, en realidad, lo conforman un conjunto de personas jurídicas estatales. Es decir, si bien es cierto que en el ámbito de la comunidad internacional, la República de Venezuela como "Estado", goza de personalidad jurídica internacional; en cambio, en el ámbito del derecho interno, el Estado, como tal, no es un solo sujeto de derecho o persona jurídica, sino que en realidad es un conjunto de personas jurídicas estatales, que resultan del sistema constitucional que se ha establecido para la distribución territorial del Poder Público (personas jurídicas estatales).

B. La distribución y división del Poder Público

En efecto, en la Constitución, cuando se regula el Poder Público como la potestad constitucional que habilita a las personas estatales para actuar como sujetos de derecho y que les permite imponer el interés público sobre el interés particular; establece un doble sistema de respecto de su separación: una distribución vertical del mismo en el territorio, y una división orgánica horizontal del mismo en cada nivel territorial. Por ello es que el artículo 136 de la Constitución establece que "el Poder Público se distribuye entre el Poder Municipal, el Poder Estadal y el Poder Nacional"; y además, que "el Poder Público Nacional", cuyo ejercicio es el que básicamente se regula la Constitución *nacional*, "se divide en Legislativo, Ejecutivo, Judicial, Ciudadano y Electoral".

Lo primero que establece esta norma es la llamada *distribución vertical* del Poder Público, lo que da origen a un sistema de personas jurídicas estatales derivadas de la descentralización político-territorial que origina la forma federal del Estado, en tres niveles: nacional, estadal y municipal; y lo segundo que regula la disposición es que en el nivel nacional se establece una penta *división horizontal* del Poder Público, lo que da origen a la separación orgánica de los Poderes del Estado, no sólo en los tres clásicos Poderes Legislativo, Ejecutivo y Judicial siguiendo los criterios tradicionales del constitucionalismo moderno, sino agregando al Poder Ciudadano y al Poder Electoral. Estos últimos lo ejercen los órganos del Estado que con anterioridad se habían venido configurando como órganos constitucionales con autonomía funcional[9] y que formaban parte de la Administración Pública.

Estos dos sistemas de regulación del Poder Público, para su ejercicio, tienen implicaciones en la configuración de la Administración Pública como complejo orgánico; pero es la distribución territorial del mismo el que origina los diversos sujetos de derecho o personas jurídicas que configuran al Estado y dentro de cuyos órganos están los que constituyen la Administración Pública.

C. Las personas jurídicas estatales

En efecto, siendo el Estado venezolano un "Estado federal descentralizado" en los términos formales establecidos en el artículo 4° de la Constitución, el mismo está básicamente conformado por el conjunto de personas jurídicas político-territoriales que son: la República, los Estados, los Municipios y las otras personas jurídicas estatales producto de la descentralización política y funcional.

9 *V.* sobre al sistema anterior a la Constitución de 1999: Allan R. Brewer-Carías, *Principios del régimen de la organización administrativa venezolana*, Editorial Jurídica Venezolana, Caracas, 1991, pp. 11 y ss.

El Estado, por ello, se insiste, no es una persona jurídica en el ámbito interno, sino que en el sistema constitucional lo que existen son muchas personas jurídicas que actualizan su voluntad, que son las personas jurídicas estatales.

Por tanto, jurídicamente hablando, y esto tiene una repercusión básica en el derecho administrativo, en Venezuela no existe ni puede existir una sola Administración Pública como complejo orgánico, ni las Administraciones Públicas pueden, como tales, ser personas jurídicas. En realidad, cada una de las personas político-territoriales tiene su propia Administración Pública como conjunto orgánico, cuya actuación se imputa a la persona jurídico-estatal a la cual pertenece. En otras palabras, la Administración Pública, en realidad, es una organización que por supuesto está conformada por un conjunto de órganos que, además, lo son de las personas jurídicas estatales, y que como tales órganos, sirven para manifestar o actualizar la voluntad de éstas y mediante ellas, la del Estado.

D. La Administración Pública y las personas jurídicas estatales

La Administración Pública, por tanto, como lo precisa la misma Ley Orgánica de la Administración Pública, está conformada tanto por los órganos de las personas jurídicas estatales como unidades administrativas como por algunas de dichas personas (las no territoriales), que la ley denomina "entes". Así lo indica el artículo 15 de dicha Ley orgánica al disponer que "los órganos y entes de la Administración Pública se crean, modifican y suprimen por los titulares de la potestad organizativa", conforme a lo establecido en la Constitución y la ley, de manera que:

> Tendrá el carácter de ente toda organización administrativa descentralizada funcionalmente con personalidad jurídica propia distinta de la República, de los estados, de los distritos metropolitanos y de los municipios.
>
> Son órganos las unidades administrativas de la República, los estados, los distritos metropolitanos y entes públicos a las que se les atribuyan funciones que tengan efectos jurídicos frente a terceros, o cuya actuación tenga carácter preceptivo.

De lo anterior deriva la importancia que tiene para el derecho administrativo el tema de la personalidad jurídica.

Ahora bien, en cuanto a esas personas jurídicas estatales que son los sujetos de derecho cuyos órganos conforman la Administración Pública, ellas son objeto de regulación por parte del derecho administrativo porque, en definitiva, son los que establecen relaciones jurídico-administrativas con los particulares. La Administración Pública, por tanto, se insiste, no es una persona jurídica en sí misma; sino que está conformada por los órganos de las diversas personas jurídicas estatales; noción esta última, clave para su precisión.

Ahora bien, como en tantos otros aspectos del derecho administrativo, la construcción de la teoría de la personalidad jurídica no puede hacerse con independencia de los principios y regulaciones de la teoría general del derecho y en especial del derecho civil, pues la idea de persona jurídica o moral, como sujeto de derecho, es y tiene que ser una y única[10].

---

10 *V.* Allan R. Brewer-Carías, *La Constitución de 1999. Derecho Constitucional Venezolano, T.* I, Editorial Jurídica Venezolana, Caracas 2004, pp. 266 y ss.

En efecto, de acuerdo con el Código Civil, en el mundo del derecho, además de las personas naturales, son reconocidos como sujetos de derecho, es decir, como entes capaces de derechos y obligaciones, una serie de "centros de intereses" con sustratos personales o reales a los cuales, para protegerlos jurídicamente, el ordenamiento jurídico le asigna personalidad jurídica o moral como entidades abstractas. En tal sentido, el artículo 19 del Código Civil dispone:

Artículo 19. Son personas jurídicas y por lo tanto, capaces de obligaciones y derechos:

1°. La Nación y las Entidades políticas que la componen;

2°. Las iglesias, de cualquier credo que sean, las universidades y, en general todos los seres o cuerpos morales de carácter público.

3°. Asociaciones, corporaciones y fundaciones lícitas de carácter privado.

De acuerdo con esta enumeración, en consecuencia, son personas jurídicas en el ordenamiento jurídico venezolano:

En *primer lugar,* las *personas jurídicas político-territoriales,* que el Código Civil enuncia como "la Nación y las entidades políticas que la componen", y que conforme a la terminología de la Constitución integran al Estado. Como se ha dicho, la forma federal del mismo (Art. 4) y la distribución vertical del Poder Público "entre el Poder Municipal, el Poder Estadal y el Poder Nacional" da origen a tres niveles de personas jurídicas que integran al Estado: la República, que ejerce el Poder Nacional; los Estados que ejercen el Poder Estadal, y los Municipios y demás entidades locales (entre ellas los Distritos Metropolitanos) que ejercen el Poder Municipal.

En esta forma, el "Estado", como se dijo, en el derecho interno comprende a la República, a los Estados y a los Municipios y las demás entidades locales; por lo que en el derecho interno, la República es una de las personificaciones del Estado en el ámbito nacional, siendo los Estados Federados y los Municipios, también, personificaciones del Estado en sus respectivos ámbitos territoriales.

El Estado, por tanto, no se puede confundir con la República y menos aún cuando la Constitución, como se ha dicho, usa la palabra "Estado" para conceptuar la organización política y jurídica que ejerce el Poder Público frente a las actividades y entidades privadas.

En *segundo lugar*, de acuerdo al artículo 19 del Código Civil también son personas jurídicas en el ordenamiento jurídico venezolano, las *personas jurídicas "de carácter público",* entre las cuales el Código enuncia a "las iglesias de cualquier credo que sean y las universidades".

Estas personas jurídicas de carácter público, conforme a la terminología empleada en la Constitución de 1999 (Art. 145, en particular) son las "demás personas jurídicas de derecho público" (excluidas las político-territoriales) y que comprenden, además de las de carácter corporativo, algunas de las cuales (comunidades) son las que enuncia el ordinal 2 del artículo 19 del Código Civil (iglesias y universidades), las de carácter institucional (o fundacional) que son los institutos autónomos, terminología acogida también en la Constitución (Art. 142, entre otros).

En *tercer lugar*, el Código Civil también considera como personas morales a las *personas jurídicas "de carácter privado",* las cuales son las personas jurídicas de derecho privado, terminología también seguida en la Constitución (Art. 145, entre otros), que comprenden las asociaciones, entre las cuales se destacan las sociedades civiles y sociedades mercantiles, las corporaciones que incluye a las comunidades particulares y las fundaciones lícitas, cuya personalidad se adquiere, en principio, con la protocolización de la correspondiente acta constitutiva en la respectiva Oficina Subalterna de Registro.

Ahora bien, no todas las personas jurídicas enumeradas en este artículo 19 del Código Civil interesan al derecho administrativo, ni son objeto de regulación formal por parte de esta disciplina, ni todos sus órganos configuran la Administración Pública,. Entre ellas son objeto de estudio por el derecho administrativo, configurando sus órganos a la Administración Pública, aquéllas que forman parte de la organización general del Estado, sean constituidas con forma jurídica de derecho público o de derecho privado. Es decir, aquéllas que conforman lo que desde el punto de vista económico constituye el "sector público" (Art. 283,3 de la Constitución) y que pueden considerarse como personas jurídicas *estatales* conforme a la terminología que adopta la misma Constitución (Arts. 145 y 180, entre otros).

Sin embargo, también son objeto de estudio por el derecho administrativo aquellas personas jurídicas con forma de derecho público que aun siendo no estatales, por el conjunto de potestades que le están atribuidas por Ley, su actividad está sometida a un régimen de derecho administrativo, como ocurre con los Colegios Profesionales.

En efecto, de acuerdo a la enumeración del mismo artículo 19 del Código Civil, entre las personas jurídicas estatales, además de las político-territoriales, están algunas de carácter público o de derecho público, como los institutos autónomos. Pero no todas las personas de derecho público son estatales, porque por ejemplo, si bien los Colegios Profesionales, las Academias nacionales y las Iglesias son "personas de derecho público", no son, en absoluto, de carácter estatal, pues no forman parte de la organización general del Estado.

Por otra parte, también son personas jurídicas *estatales* todas aquellas personas jurídicas de derecho privado creadas y dirigidas por otras personas estatales, como sucede con las sociedades mercantiles (empresas del Estado) y civiles del Estado o las fundaciones del Estado. El carácter estatal de todas esas personas jurídicas, por tanto, es independiente de su carácter de derecho público o de derecho privado.

Por pertenecer a la organización administrativa del Estado (sector público) o Administración Pública, son objeto de regulación por parte del derecho administrativo.

Pero además, como se dijo, también interesan al derecho administrativo y están sometidas a sus regulaciones, todas aquellas personas jurídicas que aún cuando no sean estatales porque no forman parte de la organización general del Estado y sus órganos, por tanto, no sean parte de la Administración Pública; sin embargo, son de *derecho público* o, en la terminología del artículo 19 del Código Civil, son "cuerpos morales de carácter público" como sucede, por ejemplo, con los Colegios Profesionales o las Academias Nacionales.

E. La clasificación de las personas jurídicas en el derecho administrativo

De lo anterior resulta, por tanto, a los efectos de determinar la Administración Pública, la necesidad ineludible de emplear dos clasificaciones distintas respecto de las personas jurídicas en el derecho administrativo: por una parte, la que distingue entre las personas jurídicas de derecho público y las de derecho privado, según la forma jurídica adoptada; y por la otra, la que distingue las personas estatales de las no estatales, según su integración a la estructura y organización general del Estado. Los órganos de las personas jurídicas estatales, son básicamente, las que configuran a la Administración Pública.

Estas dos clasificaciones, en todo caso, son las adoptadas en la Constitución de 1999, lo que por supuesto contrasta con la clásica clasificación tradicional entre "personas públicas y personas privadas", totalmente abandonada en el derecho administrativo. En efecto, el artículo 145 de la Constitución, al establecer la inhabilitación de los funcionarios públicos para celebrar contratos con los entes públicos, previó la prohibición en la forma siguiente:

Quien esté al servicio de los Municipios, de los Estados, de la República y demás personas jurídicas de derecho público o de derecho privado estatales no podrá celebrar contrato alguno con ellas, ni por si ni por interpósita personas, ni en representación de otro, salvo las excepciones que establezca la ley.

De esta norma, lo que a los efectos de la noción de Administración Pública interesa destacar en relación con las personas jurídicas estatales que pueden celebrar contratos públicos, es la doble distinción que en ella se establece respecto de las personas jurídicas: por una parte, entre las personas jurídicas de derecho público y las personas jurídicas de derecho privado; y por la otra, entre las personas jurídicas estatales y las personas jurídicas no estatales; clasificación que propusimos hace décadas[11]. La prohibición de contratar que se impone a los funcionarios públicos, por supuesto, es con las personas jurídicas estatales, cualquiera que sea su forma jurídica, de derecho público o de derecho privado; es decir, es una prohibición de contratar que se establece entre los funcionarios públicos y la Administración Pública.

Estas distinciones se recogen, además, en otras normas constitucionales. En cuanto a la forma jurídica de las personas jurídicas, el artículo 322 de la Constitución, al señalar que la seguridad de la Nación es competencia esencial y responsabilidad del Estado, indica que aquélla se fundamenta en el desarrollo integral la Nación y que su defensa es responsabilidad de los venezolanos y de las "personas naturales y jurídicas, tanto de derecho público como de derecho privado" que se encuentren en el espacio geográfico nacional. Por otra parte, en los artículos 159 y 168 se atribuye expresamente personalidad jurídica a los Estados y Municipios como personas de derecho público territoriales; en los artículos 142 y 149,1 se regulan los "institutos autónomos" como personas jurídicas de derecho público institucionales y el artículo 318 califica expresamente al Banco Central de Venezuela como "persona jurídica de derecho público".

En cuanto a la pertenencia de las personas jurídicas al Estado o al sector público, cuyos órganos forman la Administración Pública, el artículo 190, al regular las incompatibilidades de los diputados a la Asamblea Nacional, precisa, entre otros aspectos, que no pueden ser propietarios, administradores o directores de empresas "que contraten con personas jurídicas *estatales*". Por otra parte, el artículo 180, al regular la inmunidad tributaria de los entes o personas jurídicas político-territoriales (República, Estados y Municipios) entre sí, señala que las inmunidades frente a la potestad impositiva de los

---

11 *V.* lo expuesto en Allan R. Brewer-Carías "La distinción entre las personas públicas y las personas privadas y el sentido actual de la clasificación de los sujetos de derecho", en *Revista Argentina de Derecho Administrativo*, N° 12, Buenos Aires, 1977, pp. 15 a 29; en *Revista de la Facultad de Derecho*, UCV, N° 57, Caracas 1976, pp. 115 a 135; y en *Fundamentos de la Administración Pública*, Editorial Jurídica Venezolana, Caracas, 1980, pp. 223 a 248.

Municipios a favor de los demás entes político territoriales "se extiende sólo a las personas jurídicas estatales creados por ellos". Además, el artículo 289, al regular las atribuciones de la Contraloría General de la República, precisa la competencia de este órgano para realizar inspecciones y fiscalizaciones respecto de "las personas jurídicas del sector público".

De toda esta normativa constitucional derivan, por tanto, dos clasificaciones respecto de las personas jurídicas: la primera, que distingue entre las personas jurídicas estadales, que forman parte de la organización general del Estado en sus tres niveles territoriales o, si se quiere del sector público; y las personas jurídicas no estatales, que no forman parte del Estado o del sector público; y la segunda, que distingue, según la forma jurídica que adoptan las personas jurídicas, entre personas jurídicas de derecho público, como los institutos autónomos, y personas jurídicas de derecho privado, como las sociedades anónimas del Estado, empresas del Estado, o "empresas públicas" conforme las denominan los artículos 189,1 y 184,4, respectivamente, de la Constitución. Estas últimas personas jurídicas surgen como consecuencia de la descentralización funcional, la cual conforme al artículo 29 de la ley Orgánica de la Administración Pública da origen a entes de dos tipos:

> 1. *Entes descentralizados funcionalmente con forma de derecho privado*: estarán conformados por las personas jurídicas constituidas y regidas de acuerdo a las normas del derecho privado en los términos de la presente Ley, y serán de dos tipos:
>
> a. Entes descentralizados funcionalmente sin fines empresariales: serán aquellos entes descentralizados funcionalmente que no realicen actividades de producción de bienes o servicios destinados a la venta y cuyos ingresos o recursos provengan fundamentalmente del presupuesto de la República, los estados, los distritos metropolitanos, o los municipios.
>
> b. Entes descentralizados funcionalmente con fines empresariales: serán aquellos cuya actividad principal sea la producción de bienes o servicios destinados a la venta y cuyos ingresos o recursos provengan fundamentalmente de esta actividad.
>
> 2. *Entes descentralizados funcionalmente con forma de derecho público*: estarán conformados por aquellas personas jurídicas creadas y regidas por normas de derecho público y podrán perseguir fines empresariales o no empresariales, al igual que podrán tener atribuido el ejercicio de potestades públicas.

De lo anterior resulta, en todo caso, como ya se señaló, que la expresión genérica de "Estado" comprende a todas las personas jurídicas que en el orden interno y en la organización política del Estado federal se consideran como parte del mismo, conforme a los tres niveles de distribución territorial del Poder Público: nacional, estadal y municipal.

Entre los órganos de esas personas jurídicas estatales, están, precisamente, los que conforman la Administración Pública.

2. La Administración Pública como complejo orgánico y la división horizontal del Poder Público

Pero por supuesto, no todos los órganos de las personas estatales constituyen la Administración Pública. La conformación de los órganos que la componen es esos casos está condicionado, a la vez, por el sistema de la división horizontal del Poder Público que se ha establecido en la Constitución, el cual puede considerarse que ha avanzado respecto de lo que son las líneas clásicas de la separación de poderes, pero sólo como separación orgánica y no como separación funcional.

En efecto, en cada complejo orgánico de las personas jurídicas estatales político territoriales: nacional, estadal y municipal, el Poder Público tiene una distribución orgánica horizontal peculiar.

A. La penta división del Poder Público Nacional y la Administración Pública Nacional

En el nivel nacional se distinguen cinco ramas del Poder Público: el Poder Legislativo Nacional, el Poder Ejecutivo Nacional, el Poder Judicial, el Poder Ciudadano y el Poder Electoral, correspondiendo su ejercicio a cinco complejos orgánicos diferenciados y separados. Estos son, respectivamente, la Asamblea Nacional; el Presidente, sus Ministros y el resto de los órganos del denominado "Ejecutivo Nacional"; el Tribunal Supremo de Justicia y los demás tribunales de la República, así como la Dirección Ejecutiva de la Magistratura y los otros órganos de gobierno y administración del Poder Judicial; el Ministerio Público o Fiscalía General de la República, la Contraloría General de la República y la Defensoría del Pueblo; y el Consejo Nacional Electoral, sus Comisiones y Juntas. Estos cinco conjuntos orgánicos se encuentran separados, son autónomos e independientes entre sí, y cada uno de ellos tiene sus competencias constitucionales y legales específicas.

La Administración Pública Nacional *Central*, como complejo orgánico, se encuentra ubicada en principio, en el denominado "Ejecutivo Nacional", que conforma los órganos estatales que ejercen el Poder Ejecutivo Nacional. Pero no sólo la Administración Pública Nacional está conformada por los órganos que ejercen el Poder Ejecutivo, pues a nivel nacional a partir de la Constitución de 1961, ya habían comenzado a encontrar encuadramiento constitucional diversos órganos estatales que se configuraban también como parte de la Administración Pública como complejo orgánico, pero que no dependían del Ejecutivo Nacional ni estaban subordinados a ninguno de los tres conjuntos orgánicos clásicos del Estado (Legislativo, Ejecutivo, Judicial). Se trataba de órganos constitucionales con autonomía funcional, que también eran órganos de la República como persona político-territorial nacional, y que eran: el Ministerio Público, también denominado Fiscalía General de la República; la Contraloría General de la República; el Consejo de la Judicatura; y el Consejo Supremo Electoral.

Por supuesto, estos eran órganos que forman parte de la Administración Pública nacional regulados por el derecho administrativo, aun cuando no formaban parte del Ejecutivo Nacional ni de la Administración Pública Central, ni tuvieran personalidad jurídica propia.

Esta tendencia se ha consolidado en la Constitución de 1999, al establecerse la ya mencionada penta división del Poder Público, agregándose a los Poderes Legislativo, Ejecutivo y Judicial, el Poder Ciudadano y el Poder Electoral (Art. 136). Por ello, puede decirse que también conforman e integran la Administración Pública a nivel nacional, los órganos que ejercen el Poder Ciudadano, es decir, la Fiscalía General de la República o Ministerio Público, la Contraloría General de la República, y la Defensoría del Pueblo; así como los órganos que ejercen el Poder Electoral, como el Consejo Nacional Electoral. Igualmente, también puede considerarse que son órganos de la Administración Pública nacional, la Dirección Ejecutiva de la Magistratura del Tribunal Supremo de Justicia. Todos esos órganos conforman la Administración Pública nacional, aún cuando por supuesto, no la Administración Pública *Central* cuyos órganos son los que ejercen el Poder Ejecutivo Nacional.

B. La división de los Poderes Públicos Estadales y Municipales y la Administración Pública Estadal y Municipal

Pero decíamos que la separación orgánica de poderes, en forma horizontal, no sólo se ha establecido en el nivel nacional, sino también en los niveles estadales y municipales. En los Estados de la Federación, en efecto, se distinguen básicamente dos complejos orgánicos que ejercen respectivamente, el Poder Legislativo y el Poder Ejecutivo, conformados por los Consejos Legislativos de los Estados y por sus Gobernadores (Arts. 160 y 162), por lo que la Administración Pública Estadal está integrada, en principio, en las Gobernaciones de Estado. En los Estados, además, hay que indicar que la Constitución ha previsto la existencia de unos órganos con autonomía orgánica y funcional (Art. 163), que ejercen el Poder Estadal aún cuando la Constitución no los califique como tal Poder, que son las Contralorías estadales. Esos órganos de control, sin duda, también forman parte de la Administración Pública estadal, aún cuando por supuesto, no forman parte de la Administración Pública *Central* de los Estados la cual depende de las Gobernaciones estadales.

Por último, en el nivel municipal, la Constitución también ha establecido un sistema de separación orgánica de poderes, distinguiéndose dos complejos orgánicos que ejercen los Poderes Legislativo y Ejecutivo locales, conformados, respectivamente, por los Concejos Municipales, como órganos colegiados que ejercen la función legislativa a nivel local; y los Alcaldes, a quienes corresponden las actividades de gobierno y administración municipal (Arts. 174 y 175). A nivel municipal, por tanto, la Administración Pública *central* como complejo orgánico depende de los Alcaldes. Pero debe indicarse, que también en el nivel de los Municipios, la Constitución establece las Contralorías municipales, como órganos de control, vigilancia y fiscalización, que por ello gozan de autonomía funcional (Art. 176).

Esos órganos de control también forman parte de la Administración Pública municipal, aún cuando por supuesto, no forman parte de la Administración Pública *Central* de los Municipios la cual depende de las Alcaldías.

De todo lo anterior resulta, por tanto, que conforme a los principios de la distribución vertical y de la división horizontal del Poder Público, en el sistema constitucional venezolano, Administración Pública está conformada por el complejo de órganos de las personas jurídicas estatales que ejercen el Poder Ejecutivo en los tres niveles territoriales (nacional, estadal y municipal), así como por los órganos que en el nivel nacional ejercen el Poder Ciudadano, el Poder Electoral y el Poder Judicial, en este último caso en lo que se refiere al gobierno y administración del mismo; y en los niveles estadales y municipales, por los que conforman sus Contralorías.

II. LA ADMINISTRACIÓN PÚBLICA COMO ACTIVIDAD ADMINISTRATIVA

Pero hemos dicho, el término Administración Pública también tiene un sentido material, como actividad, en particular como actividad administrativa, para cuya determinación y comprensión, resulta necesario precisar dicho concepto; para lo cual proponemos partir del siguiente: la actividad administrativa es toda actividad desarrollada por los órganos competentes de la Administración Pública o con autorización de la misma, de carácter sublegal, realizada en ejecución de las funciones del Estado para el cumplimiento de sus cometidos, y de cuyas consecuencias o efectos responden tanto los funcionarios como las personas jurídicas estatales a las cuales representan.

De esta propuesta de definición, por supuesto, resulta indispensable precisar su contenido, particularmente en relación con las seis nociones básicas que hemos utilizado para conformarla, que son: la Administración Pública, la competencia, el carácter sub legal de la actividad, las funciones del Estado, los cometidos estatales y la responsabilidad. El primer concepto, ya se ha analizado al considerar a la Administración Pública como complejo orgánico, por lo que a continuación se analizarán los otros.

1. La actividad administrativa realizada por órganos competentes conforme al principio de legalidad

La actividad administrativa, hemos dicho, no sólo se ejerce por los órganos de las personas jurídicas estatales que conforman la Administración Pública, sino que también sólo puede ser tal, la que se realice por los órganos competentes, ciñéndose a lo que se establece en la Constitución y en las leyes, es decir, al principio de la legalidad y conforme al procedimiento administrativo establecido[12]. Las actuaciones realizadas por órganos incompetentes, o sin observancia del procedimiento legalmente prescrito, en definitiva, lo que constituyen son vías de hecho.

Este principio de legalidad que rige no sólo para la Administración Pública sino para todos los órganos del Estado, tiene su fundamento en el artículo 137 de la Constitución, que dispone:

> La Constitución y la Ley definirán las atribuciones de los órganos que ejercen el Poder Público, a las cuales deben sujetarse las actividades que realicen.

Esta norma recoge el principio que estaba en el artículo 117 de la Constitución de 1961, pero con una nueva redacción en la cual no se habla de "atribuciones del Poder Público", lo cual era impropio ya que el Poder Público es una potestad constitucional y no un órgano; sino de "las atribuciones de *los órganos que ejercen* el Poder Público", cuyas actividades son las que deben sujetarse a la Constitución y a las leyes.

---

12 *V.* la Ley Orgánica de Procedimientos Administrativos en *Gaceta Oficial* N° 2818 *Extraordinaria* de 1-7-81. *V.* además, en Allan R. Brewer-Carías et al., *Ley Orgánica de Procedimientos Administrativos*, Editorial Jurídica Venezolana, 12ª edición, Caracas 2001, pp. 175 y ss. *V.* además, Allan R. Brewer-Carías, *El derecho administrativo y la Ley Orgánica de procedimientos administrativos*, Editorial Jurídica Venezolana, Caracas 1985; Principios del procedimiento administrativo (Prólogo de Eduardo García de Enterría), Editorial Civitas, Madrid 1990; *Principios del Procedimiento Administrativo en América Latina*, Universidad del Rosario, Editorial Legis, Bogotá, 2003.

El principio de legalidad o de actuación en conformidad con el derecho[13], por tanto, implica que las actividades que realicen todos los órganos que ejercen el Poder Público y no sólo los que conforman la Administración Pública, deben someterse a la Constitución y a las leyes. La consecuencia de ello, en un Estado de derecho como el que organiza la Constitución de 1999, es que todas las actividades contrarias al derecho están sometidas al control tanto de la jurisdicción constitucional (Art. 334) como de la jurisdicción contencioso administrativa (Art. 259), cuyos tribunales pueden anularlos.

En relación con la Administración Pública, la Ley Orgánica de la Administración Pública expresa formalmente el principio vinculándolo a la competencia, para lo cual, además, precisa la jerarquía de las fuentes del derecho aplicable a la Administración, así:

> *Artículo* 4°. La Administración Pública se organiza y actúa de conformidad con el principio de legalidad, por el cual la asignación, distribución y ejercicio de sus competencias se sujeta a la Constitución de la República Bolivariana de Venezuela, a las leyes y a los actos administrativos de carácter normativo, dictados formal y previamente conforme a la ley, en garantía y protección de las libertades públicas que consagra el régimen democrático a las personas.

Se destaca de esta norma, como se dijo, tanto la indicación formal de la jerarquía de las fuentes del derecho: 1) la Constitución, 2) las leyes y 3) los actos administrativos normativos; como la referencia al principio teleológico de la sumisión a la ley, cuyo fin es la garantía y protección de las libertades públicas propias del régimen democrático. Las fuentes del derecho, además, para ser tales, deben haberse dictado formal y previamente a la actividad que se regule, lo que implica la proscripción de la retroactividad de la ley.

El principio de la legalidad, además, en la Constitución se erige como un principio en el cual se fundamenta la Administración Pública, definiéndose como "el sometimiento pleno a la ley y al derecho" (Art. 141), y además, destacándose como una de las misiones fundamentales de los órganos del Poder Ciudadano, el velar por "la aplicación del principio de la legalidad en toda la actividad administrativa del Estado" (Art. 274).

Adicionalmente, el artículo 8 de la Ley Orgánica recoge la previsión del artículo 7 de la Constitución, al precisar que "todos los funcionarios de la Administración Pública están en la obligación de cumplir y hacer cumplir la Constitución". Toda autoridad, por tanto, deriva y debe ejecutarse conforme a la Constitución.

La consecuencia de lo anterior, es que los órganos de la Administración Pública para desarrollar las actividades administrativas, tienen que tener competencia para ello, la cual por sobre todo requiere de texto expreso, siendo además de obligatorio cumplimiento y debiendo ser ejercida bajo las condiciones, límites y procedimientos establecidos legalmente[14]. Además, la competencia, tal como lo precisa el artículo 26 de la Ley Orgánica de la Administración Pública, es irrenunciable, indelegable, improrrogable y no puede ser relajada por convención alguna, salvo los casos expresamente previstos en las leyes y demás actos normativos. Por tanto, toda actividad realizada por un órgano mani-

13 *V.* Antonio Moles Caubet, *El principio de legalidad y sus implicaciones*, Caracas 1974.

14 Por ello, la antigua Corte Suprema de Justicia en Sala Político Administrativa precisó en sentencia de 28-01-1064 que la competencia "debe emerger del texto expreso de una regla de derecho, ya sea de la Constitución, la ley, el reglamento o la ordenanza", *Gaceta Oficial* N° 27.367 de 13-02-1964, pp. 203-359. *V.* además, Allan R. Brewer-Carías, *Principios del régimen de la organización administrativa venezolana*, Editorial Jurídica Venezolana, Caracas, 1991, pp. 47 y ss.

fiestamente incompetente o usurpada por quien carece de autoridad pública, es nula y sus efectos se deben tener por inexistentes (Art. 26). Se recoge así, el principio establecido en el artículo 138 de la Constitución, conforme al cual "toda autoridad usurpada es ineficaz y sus actos son nulos".

En la realización de las actividades administrativas, por tanto, no puede haber competencias no reguladas expresamente en la Constitución o en la ley[15]'de manera que el principio general es que la competencia de todos los órganos del Estado para la realización de sus actividades, tiene que derivar de texto constitucional o legal expreso; y en lo que se refiere a la actividad administrativa, la misma básicamente puede y está básicamente en la ley, pues dicha actividad siempre es de carácter sublegal.

2. La actividad administrativa como actividad de carácter sublegal conforme al principio de la formación del derecho por grados

En efecto, desde el punto de vista formal, conforme al principio de la formación del derecho por grados que como antes se ha dicho es uno de sus principios fundamentales adopta la Constitución de 1999; todas las actuaciones del Estado derivan de la ejecución de la Constitución como norma suprema, en forma escalonada y sucesiva, configurándose entonces dos tipos de actividades estatales: aquéllas que derivan de la ejecución directa e inmediata de la Constitución; y aquellas que son de ejecución directa e inmediata de la Legislación y, por tanto, de ejecución indirecta y mediata de la Constitución[16].

En efecto, partiendo de la consideración de Constitución como norma suprema y como fundamento del ordenamiento jurídico, como lo declara incluso su artículo 7, hay actividades que realizan determinados órganos del Estado en cumplimiento de atribuciones establecidas directa y exclusivamente en la Constitución, sin que exista o pueda existir otro acto estatal de ejecución directa e inmediata de la Constitución, como las leyes, que las regulen y que se interponga entre la Constitución y la actividad. Por ejemplo, la actividad legislativa o la actividad de gobierno. Además, hay otras actividades de los órganos del Estado que se realizan en cumplimiento de atribuciones establecidas no sólo en la Constitución sino también en las leyes, donde por principio existe o puede y debe existir un cuerpo legislativo que las regule. Por ejemplo, la actividad judicial y, precisamente, la actividad administrativa.

---

15 La jurisprudencia del Tribunal Supremo de Justicia, ha insistido en la necesidad de que la competencia resulte de texto expreso, y si bien ha admitido la posibilidad de ejercicio de competencias con base en el "principio del paralelismo de las competencias" o de "las competencias implícitas", ello ha sido con la limitación expresa de que en ejercicio de las mismas no se pueden afectar derechos subjetivos e intereses de los administrados. *V.* el criterio de la Sala Constitucional del Tribunal Supremo de Justicia sobre el "paralelismo de las competencias" en sentencia N° 2612 de 11 de diciembre de 2001 (Caso: *Impugnación de la Constitución del Estado Portuguesa*), y el criterio de la Sala Político-Administrativa del Tribunal Supremo de Justicia sobre las "potestades implícitas o inherentes", en sentencia N° 87 de 11 de febrero de 2004.

16 *V.* sobre el sistema jerarquizado o graduado del orden jurídico en el orden constitucional venezolano Allan R. Brewer-Carías, *Derecho Administrativo, T.* I, Ediciones de la Facultad de Derecho, Caracas 1975, pp. 373 y ss.; *Evolución Histórica del Estado, T. VI de Instituciones Políticas y Constitucionales,* Universidad Católica del Táchira-Editorial Jurídica Venezolana, Caracas-San Cristóbal 1996, pp. 107-117

Las primeras, es decir, las actividades realizadas en ejecución directa e inmediata de la Constitución, precisamente por ello, sólo están y pueden estar sometidas a lo que dispone el texto fundamental, no teniendo competencia el Legislador para regularlas mediante leyes; las segundas, en cambio, son actividades realizadas en ejecución directa e inmediata de la legislación e indirecta y mediata de la Constitución , las cuales, precisamente por ello, además de estar sometidas al texto fundamental (como toda actividad estatal), están sometidas a las regulaciones establecidas, además de en la Constitución, en las leyes y en las otras fuentes del derecho.

Las primeras por otra parte, dada la ejecución directa e inmediata de la Constitución, sólo están sometidas al control de constitucionalidad a cargo de la Jurisdicción Constitucional que corresponde a la Sala Constitucional del Tribunal Supremo (Arts. 334, 336,2 y 4); las segundas, en cambio, están sometidas al control de constitucionalidad y legalidad que corresponden a los otras Jurisdicciones del Poder Judicial, tanto a las ordinarias como sucede con las apelaciones y la Casación en lo que concierne a la actividad judicial; como a la Jurisdicción Contencioso-Administrativa y a la Jurisdicción Contencioso-Electoral (Arts. 259, 297) cuando se trata de actividades administrativas.

Las actividades administrativas, por tanto y por esencia, constituyen actividades estatales que se realizan siempre en ejecución directa e inmediata de la legislación y por tanto, en ejecución indirecta y mediata de la Constitución; y precisamente por ello es se dice que esencialmente son de carácter sublegal, aún cuando en un momento dado aún no se haya dictado la legislación correspondiente que las regule en concreto[17]. Lo que en ningún momento puede confundirse es el principio de que hay "normas constitucionales de aplicación directa e inmediata", como por ejemplo aquellas que atribuyen competencia a los órganos del Estado y aquellas que declaran derechos y garantías constitucionales; con el principio de "los actos que se dictan en ejecución directa e inmediata de la Constitución". Es decir, una cosa es el principio de la aplicación directa e inmediata de las normas constitucionales que en materia de derechos fundamentales o de competencia de los órganos del Poder Público, no requieren (pero no excluyen) la existencia previa de leyes para poder ser aplicadas; y otra cosa es el rango que tiene los diversos actos dictados por los órganos en ejercicio del Poder Público en ordenamiento jurídico en relación con la Constitución, en el sentido de que algunos son dictados en ejecución directa e inmediata de la Constitución (rango legal) no siendo posible su regulación por ley, y otros lo son en ejecución directa e inmediata de la legislación e indi-

17 Lamentablemente, este principio fundamental del constitucionalismo venezolano, fue violentado por la Sala Constitucional del Tribunal Supremo de Justicia, para justificar su competencia exclusiva para controlar la actividad administrativa desarrollada por el Consejo Supremo Electoral, en lo que se refiere a los actos administrativos dictados en relación con el proceso de referendo revocatorio del mandato del Presidente de la República, realizado durante el año 2004, impidiendo así a la sala Electoral ejercer sus competencias constitucionales de control de dicha actividad. *V.* la sentencia de avocamiento el N° N° 566 el 12 de abril de 2004 (Caso: *Julio Borges, César Pérez Vivas, Henry Ramos Allup, Jorge Sucre Castillo, Ramón José Medina y Gerardo Blyde vs. Consejo Nacional Electoral*) con motivo de la impugnación de la Resolución del Consejo Nacional Electoral, la Resolución N° 040302-131 de 2 de marzo de 2004 mediante la cual dicho órgano informó sobre resultados preliminares de la verificación de las solicitudes y firmas en el procedimiento revocatorio iniciado en relación con el Presidente de la República, y de un Instructivo del mismo Consejo Nacional Electoral *sobre el tratamiento por el comité técnico superior de las firmas de caligrafía similar o renglones de planillas llenadas por la misma persona.* Véanse los comentarios en Allan R. Brewer-Carías, *La Sala Constitucional vs. El Estado democrático de derecho (El secuestro del Poder Electoral y de la sala Electoral del Tribunal Supremo y la confiscación del derecho a la participación política)*, Caracas, 2004.

recta y mediata de la Constitución pudiendo esencialmente ser regulados por la ley (rango sublegal)[18]. Por ello es que los actos dictados en ejecución directa e inmediata de la Constitución, es decir, de rango legal conforme a la teoría de la formación escalonada del orden jurídico, están sometidos al control de constitucionalidad por parte de la Sala Constitucional (Jurisdicción constitucional), ya que no son actos en cuya emisión el órgano respectivo pueda estar condicionado por la ley alguna. En cambio, los de carácter sublegal, están sometidos no sólo a la Constitución sino a la ley, y por eso es que su control corresponde a la Jurisdicción contencioso-administrativa a la Jurisdicción contencioso electoral, en su caso.

De lo anterior resulta, que toda actividad administrativa es, ante todo, desde el punto de vista formal, una actividad que siempre es de carácter sublegal, es decir, de ejecución directa e inmediata de la legislación (así las leyes reglamentarias correspondientes no se hayan dictado) y de ejecución indirecta y mediata de la Constitución. Por supuesto, también las actividades judiciales son siempre de carácter sublegal, siendo la diferencia entre una y otra de carácter orgánico, en el sentido que las actividades judiciales siempre las realizan órganos autónomos e independientes en ejecución de la función jurisdiccional, como lo son los órganos que ejercen el Poder Judicial.

Ahora bien, conforme a lo anteriormente expuesto, tanto desde el punto de vista formal como orgánico, las actividades administrativas pueden distinguirse de las otras actividades legislativas, de gobierno y judiciales.

En efecto, la actividad legislativa está conformada por los actos legislativos, que son las leyes (Arts. 187,1 y 203) y los actos parlamentarios sin forma de ley (actos privativos e *interna corporis*) (Art. 187). Las leyes, incluso, son formalmente definidas en la Constitución, como los actos sancionados por la Asamblea Nacional como cuerpo legislador (Art. 203). También pueden considerarse como actos legislativos los decretos leyes o decretos con fuerza de ley, dictados por el Presidente de la República previa autorización por una ley habilitante (Arts. 203; 236, 8). Todos estos actos legislativos son actos de ejecución directa e inmediata de la Constitución, incluso en los casos de los decretos ley; y su definición es tanto orgánica como formal: orgánica, pues se definen según el órgano que los dicta; y formal, por la graduación que tienen en el ordenamiento jurídico, de ser actos dictados en ejecución directa e inmediata de la Constitución o de rango de ley.

Los actos del gobierno, por su parte, son los actos dictados por el Presidente de la República en ejercicio sólo de atribuciones constitucionales, y que por ello, no pueden estar regulados o limitados por la Asamblea Nacional mediante leyes. Es el caso, por ejemplo, del nombramiento del Vicepresidente Ejecutivo, de la concesión de indultos, de la convocatoria de la Asamblea Nacional a sesiones extraordinarias, y de la disolución de la Asamblea Nacional (Art. 236, 3, 9, 19, 21). Los actos de gobierno también son actos de ejecución directa e inmediata de la Constitución, y su definición es tanto

---

18 Lamentablemente, la Sala Constitucional en la citada sentencia N° 566 el 12 de abril de 2004 (Caso: *Julio Borges, César Pérez Vivas, Henry Ramos Allup, Jorge Sucre Castillo, Ramón José Medina y Gerardo Blyde vs. Consejo Nacional Electoral*) para impropiamente atribuirse una competencia que no tenía confundió la noción de "actos estatales dictados en ejecución directa e inmediata de la Constitución", con las "normas constitucionales de aplicación directa e inmediata". Se insiste, los primeros, los actos de "ejecución directa e inmediata de la Constitución" no sólo no requieren de ley alguna que los regule, sino que constitucionalmente no podría dictarse ley alguna que se interponga entre la norma constitucional y el acto estatal que se dicte.

orgánica como formal: orgánica, pues se definen según el órgano que los dicta; y formal, por la graduación que tienen en el ordenamiento jurídico, de ser actos dictados en ejecución directa e inmediata de la Constitución.

Los actos judiciales y más propiamente, las sentencias, también se definen por el elemento orgánico y el formal: son actos que sólo pueden emanar de los Tribunales, y tienen unos efectos precisos de verdad legal definidos en el ordenamiento y derivados del valor de cosa juzgada. Se trata, siempre, de actos de carácter sublegal, es decir, dictados en ejecución directa e inmediata de la ley e indirecta y mediata de la Constitución.

En la definición de los actos legislativos, de gobierno y judiciales, por lo tanto, hay una identificación entre órgano y acto, además de criterios formales derivados de la formación del derecho por grados, y no necesariamente se definen según criterios materiales o derivados de la función que se ejerce al dictarlos. Por ejemplo, los actos legislativos pueden no tener contenido normativo; y pueden haberse dictado en ejercicio de funciones administrativas o de gobierno; y los actos de gobierno, pueden en cambio tener contenido normativo.

En cambio, en la definición de la actividad administrativa y, en particular, de los actos administrativos, los criterios anteriores no se pueden aplicar en forma lineal, pues estos no se pueden identificar ni orgánica ni funcionalmente: son dictados por los cinco grupos de órganos estatales que ejercen el Poder Público, y se pueden dictar en ejercicio de todas las funciones estatales.

Así, tan acto administrativo es un reglamento dictado por cualquier órgano de la Administración Pública o por los Tribunales en ejercicio de la función normativa, como un acto de ejecución presupuestaria o de personal dictado por los órganos de la Administración Pública, los Tribunales o la Asamblea Nacional en ejercicio de la función administrativa; o un acto dictado por los órganos de la Administración Pública en ejercicio de la función jurisdiccional, al decidir una solicitud o un recurso administrativo.

La definición del acto administrativo, por tanto, en contraste con los otros actos estatales, requiere de una mezcla de criterios, dado el carácter heterogéneo de los mismos: Se emplea el criterio orgánico, al identificar como actos administrativos los actos emanados de la Administración Pública como complejo orgánico en ejercicio de las funciones normativa, jurisdiccional o administrativa del Estado.

Se utiliza el criterio material, al identificar como actos administrativos los actos dictados por los Tribunales en ejercicio de las funciones administrativa y normativa, los actos dictados por la Asamblea Nacional en ejercicio de funciones administrativas, e incluso, los dictados por entidades privadas autorizadas por ley en ejercicio de funciones normativas y administrativas; y en todo caso, conforme al criterio formal, siempre que se trate de actos de carácter sublegal, es decir, dictados en ejecución directa e inmediata de la legislación e indirecta y mediata de la Constitución[19].

La actividad administrativa, en todo caso, al ser de carácter sublegal, como ya se ha dicho, está por sobre todo sometida al derecho y controlable jurisdiccionalmente.

---

19 *V.* Allan R. Brewer-Carías, "El problema de la definición del acto administrativo en *Libro Homenaje al Doctor Eloy Lares Martínez*, *T.* I, Facultad de Ciencias Jurídicas y Políticas, Universidad Central de Venezuela, Caracas 1984, pp. 25-78

En efecto, conforme al sistema establecido en la Constitución todos los actos estatales están sometidos al derecho y todos son controlables jurisdiccionalmente por razones de constitucionalidad o de legalidad. Aquí está la esencia del principio de la legalidad y del Estado de derecho.

En Venezuela el sistema jurídico es de carácter universal y cerrado en materia de control jurisdiccional, en el sentido que ninguno de los actos estatales puede escapar al control del Tribunal Supremo de Justicia y de los demás Tribunales que controlan la constitucionalidad y la legalidad de los mismos. Así, los actos estatales dictados en ejecución directa e inmediata de la Constitución, es decir, las leyes, los actos parlamentarios sin forma de ley, los actos ejecutivos de rango y valor de ley, y los actos de gobierno están sometidos exclusivamente al control de la constitucionalidad que está a cargo de la Jurisdicción Constitucional que corresponde a la Sala Constitucional del Tribunal Supremo de Justicia[20]. En cuanto a las sentencias, estas están sometidas al control judicial ordinario de las apelaciones y, en materia de legalidad, al recurso de casación ante las Salas de Casación Civil, de Casación Social y de Casación Penal del Tribunal Supremo de Justicia. Y en cuanto a los actos administrativos, estos están sometidos al control por parte de la Jurisdicción Contencioso-Administrativo y de la Jurisdicción Contencioso Electoral, que corresponde a las Salas Político-Administrativa y Electoral del Tribunal Supremo de Justicia y a los otros tribunales que las conforman[21].

Lo importante a señalar sobre este control contencioso administrativo es que el mismo se realiza sobre *todos* los actos administrativos, pudiendo los tribunales competentes declarar su nulidad, así sean actos administrativos emanados no sólo de los órganos de la Administración Pública, sino de los órganos legislativos, de los tribunales, e incluso de entidades privadas.

3. La actividad administrativa y el ejercicio de la función administrativa dentro de las funciones del Estado

Ahora bien, como antes se ha indicado, las actividades del Estado se realizan en cumplimiento de determinadas funciones que le son esenciales y le dan incluso, razón de ser[22]. En particular, los órganos que conforman la Administración Pública, por esencia, ejercen la función administrativa, que es una de las funciones del Estado, con visitas a gestionar el interés general que se le ha encomendado, entrando en relaciones jurídicas con los administrados y otros sujetos de derecho. Pero ello no significa que los órganos

---

20 *V.* Allan R. Brewer-Carías, *La justicia constitucional, T. VI de Instituciones Políticas y Constitucionales*, Universidad Católica del Táchira-Editorial Jurídica Venezolana, Caracas-San Cristóbal 1996; El sistema de justicia constitucional en la Constitución de 1999 (Comentarios sobre su desarrollo jurisprudencial y su explicación, a veces errada, en la Exposición de Motivos), Editorial Jurídica Venezolana, Caracas 2000; "La Justicia Constitucional en la Nueva Constitución" en *Revista de Derecho Constitucional*, Nº 1, Septiembre-Diciembre 1999, Editorial Sherwood, Caracas 1999, pp. 35-44; Ley Orgánica del Tribunal Supremo de Justicia. Procesos y procedimientos constitucionales y contencioso administrativos, Editorial Jurídica Venezolana, Caracas 2004, pp. 75 y ss.

21 *V.* Allan R. Brewer-Carías, *La justicia contencioso administrativa, T. VII de Instituciones Políticas y Constitucionales,* Universidad Católica del Táchira-Editorial Jurídica Venezolana, Caracas-San Cristóbal 1996; Allan R. Brewer-Carías, *Ley Orgánica del Tribunal Supremo de Justicia. Procesos y procedimientos constitucionales y contencioso administrativos,* Editorial Jurídica Venezolana, Caracas 2004, pp. 127 y ss.

22 *V.* Allan R. Brewer-Carías, *Derecho Administrativo, T.* I, Ediciones de la Facultad de Derecho, Universidad Central de Venezuela, Caracas 1975, pp. 373 y ss.

que conforman la Administración Pública sólo ejerzan esta función estatal ni que los demás órganos de las personas jurídicas estatales que no se integran en la Administración Pública, no puedan ejercer dicha función administrativa. Es decir, el ejercicio de la función administrativa no constituye un monopolio de la Administración Pública, ya que se ejerce por todos los órganos estatales. De ello resulta, por supuesto, que la separación de poderes no coincide con una inexistente separación de funciones.

En efecto, las funciones del Estado se configuran como aquellas tareas esenciales de las personas estatales, que le dan razón de ser al Estado mismo y que no pueden ejercerse sino en ejercicio de la potestad constitucional que se identifica con el Poder Público. Esas funciones se pueden clasificar en cinco: la producción de normas que integran el ordenamiento jurídico, que es la función normativa; la conducción política de la sociedad, que es la función de gobierno; la solución de conflictos sobre derechos e intereses entre partes, que es la función jurisdiccional; el control de las propias actividades administrativas y de las actividades particulares reguladas por el Estado, que es la función de control; y la gestión, en concreto, del interés público por el Estado como sujeto de derecho o por otros sujetos de derecho autorizados por el Estado, que se relacionan con los administrados, que es la función administrativa.

Estas cinco funciones estatales se ejercen, de acuerdo con nuestro sistema constitucional, por los cinco grupos de órganos separados horizontalmente y que ejercen el Poder Público, por lo que el ejercicio de las funciones estatales no es ni exclusivo ni excluyente de ningún órgano estatal, o si se quiere, de alguno de los cinco "poderes públicos".

Así, la Asamblea Nacional, los Consejos Legislativos estadales y los Concejos Municipales ejercen como función propia, la función normativa, que en este caso se configura como "función legislativa" (función normativa ejercida por el Legislador); pero ello ni es exclusivo de los órganos legislativos ni es excluyente: primero, porque la función normativa también se ejerce por los órganos ejecutivos, judiciales, de control (Poder Ciudadano) y electoral cuando desarrollan la potestad reglamentaria; y segundo, porque la propia Asamblea Nacional ejerce además, funciones administrativas y de gobierno cuando, por ejemplo, administra su personal o su presupuesto, o se reserva un sector de la economía, respectivamente.

Por su parte, en el nivel nacional, por ejemplo, los órganos del Ejecutivo Nacional ejercen la función de gobierno y, en general, la Administración Pública Central ejerce la función administrativa, pero ello tampoco es exclusivo de dichos órganos ni excluyente: Primero, en cuanto a la función administrativa, porque ésta también es función propia de los órganos que ejercen el Poder Ciudadano (Fiscalía General de la República, Contraloría General de la República, Defensoría del Pueblo) y el Poder Electoral; y además, se ejerce también por la Asamblea Nacional, como se ha dicho, y aun mediante leyes concretas; y por el Tribunal Supremo de Justicia, su Dirección Ejecutiva de la Magistratura y los tribunales cuando, por ejemplo, administran su personal y su presupuesto. Segundo, porque los propios órganos de la Administración Pública Central ejercen la función jurisdiccional, por ejemplo, cuando se trata de procedimientos administrativos en los cuales intervienen administrados con posiciones encontradas, o en caso de autorizaciones administrativas en las cuales se deban resolver conflictos entre partes interesadas, o cuando ello suceda al decidir recursos administrativos. Tercero, además, porque todos los órganos de la Administración Pública ejercen funciones normativas, al desarrollar la potestad reglamentaria.

El Tribunal Supremo de Justicia y los demás tribunales tienen como función propia ejercer la función jurisdiccional, pero ello tampoco es exclusivo de los órganos del Poder Judicial ni excluyente: primero, porque, como se dijo, la función jurisdiccional también la ejercen los órganos de la Administración Pública Nacional Central; y segundo, porque también, como se dijo, el Tribunal Supremo de Justicia a través de su Dirección Ejecutiva de la Magistratura y los propios Tribunales ejercen funciones normativas y administrativas, cuando dictan cuerpos reglamentarios internos o administran su personal o presupuesto e, incluso, cuando realizan tareas de carácter disciplinario, de registro o de la llamada jurisdicción voluntaria.

Por último, los órganos del Poder Ciudadano, es decir, la Fiscalía General de la República, la Contraloría General de la República y el ejercen como función propia, la función de control; pero ello ni es exclusivo de los órganos de control ni es excluyente: primero, porque la función de control también se ejerce, esencialmente, por los órganos legislativos (control parlamentario), ejecutivos (control administrativo y financiero), y judiciales (control judicial); y segundo, porque los propia órganos del Poder Ciudadano ejercen además, funciones normativas y administrativas, integrando sus órganos a la Administración Pública del Estado.

Por tanto, en Venezuela, la división o separación de poderes no coincide con una pretendida separación de funciones, y al contrario, como se señaló, las funciones estatales se ejercen por todos los órganos estatales en ejercicio de todos los Poderes del Estado. En esta forma, el derecho administrativo no sólo regula a la Administración Pública como complejo orgánico, y, por supuesto, al ejercicio de todas las funciones del Estado (particularmente la función normativa y jurisdiccional) por dichos órganos; sino que también regula el ejercicio de la función administrativa, cuando se realiza por los órganos que ejercen el Poder Legislativo, el Poder Judicial, el Poder Ciudadano y el Poder Electoral, y el ejercicio de la función normativa y de control, de rango sub legal por dichos órganos.

4. La finalidad de la actividad administrativa, sus formas y las relaciones jurídicas Administración Pública-administrados

La Constitución de 1999 en forma expresa establece que "la Administración Pública está al servicio de los ciudadanos" (Art. 141); lo que reitera el artículo 3° de la Ley Orgánica de la Administración Pública, sustituyendo, sin embargo, la expresión ciudadanos por "particulares" y agregando que en su actuación, la Administración Pública debe dar preferencia a la atención de los requerimientos de la población y a la satisfacción de sus necesidades (Art. 5).

Por su parte, el artículo 3 de la Ley Orgánica señala que el "principal objetivo" de la organización y funcionamiento de la Administración Pública es dar eficacia a los principios, valores y normas consagrados en la Constitución y, en especial, conforme se indica en el artículo 19 de la Constitución, "garantizar a todas las personas, conforme al principio de progresividad y sin discriminación alguna, el goce y ejercicio irrenunciable, indivisible e interdependiente de los derechos humanos".

La Administración Pública, agrega el artículo 5 de la Ley Orgánica debe asegurar a los particulares la efectividad de sus derechos cuando se relacionen con ella; además, debe tener entre sus objetivos, la continua mejora de los procedimientos, servicios y prestaciones públicas, de acuerdo con las políticas fijadas y teniendo en cuenta los recursos disponibles, determinando al respecto las prestaciones que proporcionan los servicios de la Administración Pública, sus contenidos y los correspondientes estándares de calidad.

La actividad administrativa, por tanto, por esencia incide en la esfera jurídica de los administrados. Por eso hemos dicho que el derecho administrativo, además de regular a la Administración Pública como complejo orgánico, el ejercicio de la función administrativa y la propia actividad administrativa del Estado, regula también las relaciones entre las personas jurídicas estatales como sujetos de derecho actuando a través de los órganos de la Administración Pública, y los administrados, como consecuencia de la gestión del interés público que, en concreto, aquéllas tienen que asumir.

En estas relaciones está otro de los elementos claves del derecho administrativo contemporáneo: el necesario equilibrio, en un régimen democrático, que tiene que establecerse entre los poderes y prerrogativas de los órganos de la Administración Pública y los derechos de los particulares o administrados, lo cual plantea unas especiales exigencias en un régimen de derechos y garantías ciudadanas.

En esta forma, ante el elenco de derechos y garantías que declara la Constitución, corresponde a la legislación propia del derecho administrativo su regulación, actualización, limitación y protección concretas, y con ello la de las diversas formas de la actividad administrativa, que corresponden a las clásicas formas o cometidos de: policía, fomento, servicio público, control y gestión de los asuntos públicos.

La primera, la actividad de policía, quizás la más clásica de las actividades administrativas, siempre resulta en definitiva en una limitación a los derechos constitucionales[23]; la segunda, la actividad de fomento, se manifiesta en la política el estímulo al desarrollo pleno de los mismos derechos ciudadanos, con particulares connotaciones en el ámbito económico; la tercera, la actividad de servicio público, en esencia es la obligación prestacional impuesta al Estado consecuencia directa de derechos ciudadanos previstos constitucional o legalmente[24]; la cuarta, la actividad de control, corresponde a todas las acciones del Estado de control de la actuación tanto de los órganos de la Administración Pública como de los propios administrados en relación con sus actividades reguladas; y la quinta forma de la actividad administrativa, la de gestión del interés general, que puede manifestarse, entre otros, en el campo de la economía cuando el Estado gestiona incluso directamente actividades dentro del sistema de economía mixta establecido en la Constitución[25].

---

23 *V.* Allan R. Brewer-Carías, "Consideraciones sobre el régimen jurídico de la actividad de policía administrativa" en *Revista de Derecho Público,* N° 48, Editorial Jurídica Venezolana, Caracas, octubre-diciembre 1991, pp. 51-66

24 *V.* Allan R. Brewer-Carías, "Comentarios sobre la noción del servicio público como actividad prestacional del Estado y sus consecuencias" en *Revista de Derecho Público,* N° 6, Editorial Jurídica Venezolana, Caracas, abril-junio 1981, pp. 65-71 "El régimen constitucional de los servicios públicos" en *El nuevo servicio público. Actividades reservadas y regulación de actividades de interés general (electricidad, gas, telecomunicaciones y radiodifusión) VI Jornadas Internacionales de Derecho Administrativo Allan Randolph Brewer-Carías, Caracas 2002,* Fundación de Estudios de Derecho Administrativo, Caracas 2003, pp. 19-49; José Ignacio Hernández G., "Un ensayo sobre el concepto de servicio público en el derecho venezolano", *Revista de Derecho Público,* N° 89-92, Editorial Jurídica Venezolana, Caracas 2002, pp. 47-75.

25 *V.* Allan R. Brewer-Carías, *Fundamentos de la Administración Pública,* Editorial Jurídica Venezolana, Caracas 1980, pp. 253 y ss.

En esta forma, la actividad administrativa, materialmente hablando, no puede concebirse sin su incidencia directa en la esfera jurídica de los particulares, pues en definitiva, aquella se concreta en una regulación, limitación, estímulo, satisfacción, control o protección de los derechos y garantías constitucionales.

La materia administrativa, por tanto, está conformada por todas aquellas regulaciones que permiten al Estado actuar en concreto, realizando cometidos y prestaciones, y que a la vez se configuran como limitaciones a los derechos y garantías constitucionalmente permitidas, por lo que bien podría decirse que el derecho administrativo, materialmente hablando, es el derecho de las limitaciones y regulaciones al ejercicio de esos derechos.

5. La consecuencia de la actividad administrativa: la responsabilidad

La actividad administrativa, como resultado del ejercicio de competencias de los órganos de la Administración Pública legalmente establecidas en forma expresa y cuyo cumplimiento es generalmente de carácter obligatorio, como toda actividad en el mundo del derecho, puede producir daños a los administrados, tanto en el ejercicio lícito de sus poderes como por hecho ilícito. Si estos daños se producen, tanto los titulares de los órganos del Estado o de su Administración Pública (los funcionarios públicos) como las personas jurídicas estatales deben responder por los mismos.

En efecto, uno de los principios fundamentales que rige para todos los órganos del Estado, es decir, que ejercen el Poder Público, y por supuesto, para los que conforman la Administración Pública, es el regulado en el artículo 139 de la Constitución, que recoge otra norma tradicional de nuestro constitucionalismo, y es el principio de la responsabilidad individual de los titulares de dichos órganos, es decir, de los funcionarios públicos en el ejercicio del Poder Público. Dispone dicha norma que:

> El ejercicio del Poder Público acarrea responsabilidad individual por abuso o desviación de poder o por violación de esta Constitución o de la Ley.

Esta norma recoge el principio del artículo 121 de la Constitución de 1961, pero agregando a la "desviación de poder" dentro de los supuestos que generan responsabilidad del funcionario.

En consecuencia, la responsabilidad de los funcionarios cuando en ejercicio del Poder Público causen daños, puede originarse por abuso de poder, es decir, por el llamado vicio en la causa de los actos estatales (falso supuesto, por ejemplo); por desviación de poder, que es el vicio en la finalidad del acto estatal, al utilizarse el poder conferido para perseguir fines distintos a los establecidos en la norma atributiva de competencia; y en general, por violación de la Constitución o de la Ley, es decir, en general, por contrariedad al derecho.

La Constitución, por otra parte, y también siguiendo una larga tradición de nuestro constitucionalismo, reitera el principio de la responsabilidad de los funcionarios públicos pero, en particular, respecto de los actos que dicten, ordenen o ejecuten, que violen o menoscaben los derechos garantizados constitucionalmente; responsabilidad que puede ser civil, penal y administrativa, sin que pueda servirles de excusa órdenes superiores que reciba el funcionario. (Art. 25). Este mismo principio lo repite el artículo 8 de la Ley Orgánica de la Administración Pública, en relación con los funcionarios "de la Administración Pública".

En estos casos, conforme al artículos 10 de la Ley Orgánica, y sin perjuicio del derecho de acceso a la justicia establecido en la Constitución (Art. 26) y la ley, los particulares cuyos derechos humanos hayan sido violados o menoscabados por un acto u orden de un funcionario público pueden, directamente o a través de su representante, acudir ante el Ministerio Público para que éste ejerza las acciones a que hubiere lugar para hacer efectiva "la responsabilidad civil, laboral, militar, penal, administrativa o disciplinaria" en que hubiere incurrido dicho funcionario. Igualmente, pueden acudir ante la Defensoría del Pueblo para que ésta inste al Ministerio Público a ejercer dichas acciones y, además, para que la Defensoría del Pueblo solicite ante el Consejo Moral Republicano que adopte las medidas a que hubiere lugar con respecto a tales funcionarios, de conformidad con la ley.

A los efectos, incluso, de la posibilidad de exigencia de responsabilidad, la Ley Orgánica establece el principio de rendición de cuentas, al disponer su artículo 11 que las autoridades y funcionarios de la Administración Pública deben "rendir cuentas de los cargos que desempeñen en los términos y condiciones que determine la ley".

Debe indicarse, por último, que la Constitución, además, ha sido reiterativa en el establecimiento de la responsabilidad individual de los jueces por los daños causados a los ciudadanos en el ejercicio de sus funciones, por ejemplo, por retardo o error judicial (Arts. 49, 8 y 255).

Pero además de haber establecido la responsabilidad individual de los funcionarios, una de las innovaciones importantes de la Constitución de 1999 en materia de régimen general del ejercicio del Poder Público, es la previsión expresa del principio de la responsabilidad patrimonial del Estado, es decir, de las personas jurídicas estatales, básicamente las que resultan de la distribución vertical del Poder Público (Repúblicas, Estados y de Municipios); por los daños y perjuicios que causen los funcionarios en ejercicio de sus funciones.

En la Constitución de 1961, el principio de la responsabilidad del Estado se deducía de la previsión del artículo 47, que establecía que las personas no podían pretender que los entes estatales los indemnizaren sino por daños causados por "autoridades legítimas en ejercicio de su función pública"; y del artículo 206, que regulaba la jurisdicción contencioso administrativa (equivalente al artículo 259 de la Constitución de 1999), al atribuirle a los tribunales de dicha jurisdicción, competencia para dictar sentencias de condena "al pago de sumas de dinero y a la reparación de daños y perjuicios originados n responsabilidad de la Administración".

En la nueva Constitución, sin embargo, se incluyó una norma expresa en la materia, con el siguiente texto:

> *Artículo* 140: El Estado responderá patrimonialmente por los daños que sufran los particulares en cualquiera de sus bienes y derechos, siempre que la lesión sea imputable al funcionamiento de la Administración Pública.

La expresión "funcionamiento de la Administración Pública" admite que la responsabilidad del Estado se origine cuando la lesión se derive tanto del funcionamiento normal como del funcionamiento anormal de la Administración Pública.

Se observa, ante todo, que conforme a este artículo, la responsabilidad es del "Estado", es decir, de las personas jurídicas estatales en particular, de la República, de los Estados y de los Municipios en sus respectivos niveles territoriales, por el funcionamiento de sus Administraciones Públicas. Ahora bien, en cuanto a la expresión "Administración

Pública" utilizada en este artículo, en todo caso, debe interpretarse como se ha dicho, conforme se utiliza la expresión en el Título IV de la Constitución, donde está ubicada, abarcando no sólo la Administración Pública conformada por los órganos que ejercen el Poder Ejecutivo, en los tres niveles político territoriales, sino la conformada por los órganos que ejercen el Poder Ciudadano y el Poder Electoral, así como la Administración Pública que constituye la Dirección Ejecutiva de la Magistratura del Tribunal Supremo de Justicia y las unidades administrativas de la Asamblea Nacional.

La redacción de la norma, sin embargo, no permite su aplicación a los casos de responsabilidad del Estado legislador, causada, por ejemplo, al sancionar una ley. En cuanto a la responsabilidad del Estado por actos judiciales o de los jueces, ésta, sin embargo, sí está regulada expresamente en los artículos 49, 8 y 255 de la Constitución.

El principio de la responsabilidad patrimonial del Estado por la actividad de la Administración Pública, por otra parte, lo reitera el artículo 14 de la Ley Orgánica de la Administración Pública, aún cuando en forma impropia, al disponer que la responsabilidad patrimonial sería de la "Administración Pública", cuando esta como se ha señalado, no es un sujeto de derecho o persona jurídica. La norma, en efecto, señala:

> La Administración Pública será responsable ante los particulares por la gestión de sus respectivos órganos, de conformidad con la Constitución de la República Bolivariana de Venezuela y la ley, sin perjuicio de la responsabilidad que corresponda a los funcionarios por su actuación.
>
> La Administración Pública responderá patrimonialmente por los daños que sufran los particulares, siempre que la lesión sea imputable a su funcionamiento.

La "Administración Pública", en efecto, no puede ser responsable pues no es un sujeto de derecho. En la norma, sin duda, se ha utilizado la expresión como equivalente a las personas jurídicas estatales cuyos órganos administrativos (Administración Pública) han causado el daño, de manera que la responsabilidad es propiamente de las personas jurídicas estatales político-territoriales, (República, Estado, Municipios, Distritos Metropolitana), o descentralizadas (por ejemplo, los institutos autónomos) que la Constitución comprende en la expresión "Estado".

CONCLUSIÓN

Ahora bien, tanto la Administración Pública, entendida como complejo orgánico de las personas jurídicas estatales, como la actividad administrativa, entendida como la que desarrollan los órganos competentes de aquellas o con autorización de las mismas, de carácter sublegal, en ejecución de las funciones del Estado para el cumplimiento de sus cometidos, y de cuyas consecuencias o efectos responden tanto los funcionarios como las personas jurídicas estatales a las cuales representan; precisamente constituye el objetos fundamental del derecho administrativo. Su régimen jurídico, por tanto, se refiere, a todos los elementos destacados de ambos conceptos: la Administración Pública como complejo orgánico de las personas jurídicas estatales, su organización y funcionamiento; la competencia de sus órganos; el ejercicio de la función administrativa por los órganos estatales; los cometidos estatales y la responsabilidad de los funcionarios y del Estado.

El derecho administrativo, configurado en torno a los elementos tanto de la definición orgánica de la Administración pública como de su definición material como actividad administrativa, en consecuencia, tiene por objeto regular básicamente los aspectos formales, en lo que se refiere por ejemplo a los procedimientos administrativos para la formación de la voluntad de los órganos de las personas estatales; y los aspectos materiales, en relación con la regulación del cometido específico del Estado respecto de cuya consecución se realiza.

Sección Segunda: LA ADMINISTRACIÓN PÚBLICA. SIGLO XX (1997)

Este texto de la Sección Segunda se conforma con el trabajo "Administración Pública. Siglo XX", *Diccionario de Historia de Venezuela*, Fundación Polar, Caracas 1988, Tomo I, 2ª Ed., Caracas 1997, pp. 54-64, 43-54.

En el curso del presente siglo, la Administración Pública en Venezuela ha sufrido una mutación importantísima, precisamente por los cambios que se han operado en el Estado y la sociedad venezolana.

I. SITUACIÓN DE LA ADMINISTRACIÓN PÚBLICA A COMIENZOS DEL SIGLO XX

La administración pública venezolana a comienzos del Siglo XX resulta, por un parte, del proceso contradictorio de centralización administrativa y descentralización política que caracterizó al Estado venezolano del siglo XIX; y por la otra, de los fines de fomento que comenzó a asumir el Estado en la segunda mitad del Siglo XIX. En efecto, en 1900, la administración venezolana respondía a la distribución vertical del Poder Público derivada del federalismo: había una administración federal, una administración de los estados y una administración municipal. El poder político se seguía ejerciendo en el país por los caudillos regionales, que comandaban las estructuras regionales del poder las cuales, si bien progresivamente habían venido perdiendo competencias administrativas a favor de la administración federal, seguían siendo el eje fundamental en torno al cual giraba la vida política de un país rural y paupérrimo y de un Estado también empobrecido. En cuanto a la administración federal, que es la que interesa destacar, ésta giraba en torno a una organización ministerial bajo la conducción del Presidente de la República, consecuencia del sistema de gobierno presidencial, y de sus órganos directos: los ministerios. En esta forma, conforme a la Ley de Ministerios de 1898, la administración federal estaba compuesta por los siguientes 9 despachos ministeriales: de Relaciones Interiores, de Relaciones Exteriores, de Guerra y de Marina, de Hacienda, de Crédito Público, de Agricultura, Industria y Comercio, de Obras Públicas, de Instrucción Pública y de Correos y Teléfonos. Aparte de los ministerios con competencias tradicionales (Relaciones Interiores, Relaciones Exteriores, Guerra y Marina y Hacienda) que existían desde 1819, el Ministerio de Agricultura, Industria y Comercio, creado por esta Ley de 1898, había remplazado al Ministerio de Fomento, creado a su vez en 1863 por el general Juan Crisóstomo Falcón; la denominación de Ministerio de Agricultura, Industria y Comercio, sólo se conservó un año hasta 1899, cuando readquiere el de Ministerio de Fomento; el Ministerio de Obras Públicas había sido creado en 1874 con competencias que habían sido del Ministerio de Fomento; y el Ministerio de Instrucción Pública había sido creado en 1881. Esos ministerios evidenciaban la realización de políticas de fomento a la industria, el comercio y la agricultura que se habían iniciado después de la Guerra Federal, particularmente con los gobiernos de Antonio Guzmán Blanco y de políticas sociales ilustracionistas. En cuanto al Ministerio de Correos y Telégrafos, había sido creado en dos oportunidades 1891 y 1898, con competencias que eran del Ministerio de Fomento, despacho al cual se les transfirieron, de nuevo, en 1899. El Ministerio de Crédito Público se reestableció en 1898 para desaparecer al año siguiente, en 1899, cuando esas competencias se reasignan al Ministerio de Hacienda. En efecto, al asumir el poder el general Cipriano Castro, Jefe de la "Revolución Liberal Restauradora", el mismo día 23 de octubre de 1899, dictó un decreto reorganizando los diversos ramos de la Administración, conforme al cual la organización ministerial quedó integrada por los siguientes 7 despachos ministeriales: de Relaciones Interiores, de Relaciones Exteriores, de Guerra y Marina, de Hacienda, de Fomento, de Obras Públicas y de Instrucción Pública.

II. CONSOLIDACIÓN DE LA ADMINISTRACIÓN CENTRALIZADA (1900-1935)

Durante los gobiernos de los generales Cipriano Castro y Juan Vicente Gómez, entre 1900 y 1935, puede decirse que se produce la centralización definitiva del Estado venezolano y de su administración pública, lo que ocurre, básicamente, en torno a la misma estructura ministerial heredada del siglo XIX y reorganizada por el general Castro al asumir el Poder en 1899. Por otra parte, los Estados de la Federación fueron despojados de casi todos sus poderes a partir de 1904 y, en esa misma fecha, se inicia en la Constitución, la consolidación del distrito-municipalidad autónoma a la cual se atribuyen, a partir de 1925, directamente, una serie de competencias de la vida local otrora reguladas por los estados. Así, los Códigos de Policía de los estados, que contenían la mayoría de las regulaciones que afectaban a los ciudadanos caen en desuso y comienzan a ser sustituidos por ordenanzas de los distritos autónomos y por leyes nacionales. Consecuencialmente, durante ese período, se sientan las bases de la legislación nacional en muchos aspectos, produciéndose, sin duda, una centralización legislativa. Pero el más importante de los procesos centralizadores desde el punto de vista político que se produce en las primeras décadas de este siglo, es el militar. El Ministerio de Guerra y ; Marina pasa a ser el Ministerio dominante, lo que se evidencia del solo hecho de que, en la primera década del siglo, dicho Ministerio canalizó aproximadamente el 50% del total del presupuesto federal. Sin duda, la creación del Ejército Nacional y la consecuente eliminación de las milicias estadales va a ser el soporte del Estado centralizado de la autocracia; y ese Ejército va a ser el instrumento para la centralización política y la eliminación de los caudillos regionales. La centralización de la administración federal durante la época Gomecista, se reflejó además, y fundamentalmente, en el campo de la Hacienda Pública. Este despacho ministerial no solo pasó a ser el ejecutor de los compromisos de la deuda pública, antes en manos del Ministerio de Relaciones Exteriores, sino que fue el instrumento de la centralización de la administración de los ingresos públicos y del manejo del Tesoro Nacional como una unidad. En este proceso de centralización fiscal jugó un papel fundamental, la reforma de la Hacienda Pública motorizada por el ministro Román Cárdenas a partir de 1918. La primera manifestación de esta centralización fiscal fue la centralización en el Ministerio de Hacienda de la administración de los ingresos públicos, con lo cual el gobierno nacional adquirió el control directo y total sobre los recursos fiscales. A principios del siglo, los ramos de ingresos estaban constituidos por la renta aduanera que era la más importante, y por los otros ramos de la renta interna. La administración de la mayoría de éstos, sin embargo, no se hacía por las oficinas públicas, sino por particulares mediante concesión o arrendamiento, lo cual, por lo demás, hacía que su rendimiento efectivo fuera inseguro, constituyendo ingresos nominales que no llegaban a realizarse íntegramente. Precisamente, en contraste con esta situación, la centralización administrativa de estas rentas se produjo por la asunción progresiva de su administración y manejo por parte de la Administración Pública de la Hacienda. Así, en 1905, el gobierno asumió la administración de la renta de estampillas, que era administrada por prendamientos; y, en 1908, se rescinde el contrato de arrendamiento de la renta de los fósforos y esta contribución pasa a ser administrada por la organización ministerial. Posteriormente, en 1914, el Ministerio de Hacienda asumió directamente el manejo de la renta de cigarrillos, recaudada mediante estampillas de cigarrillos y papel timbrado oficial, la cual se administraba también por el sistema de contrato de concesión. A partir de 1915, el mismo Ministerio va controlando progresivamente la administración de la renta de licores y aguardiente; y en 1916, el Estado asume también directamente la renta de salinas, que también estaba arrendada. Pero la centralización fiscal y estructuración de la Hacienda se debió a la introducción definitiva en la Ley Orgánica de la Hacienda Pública de 1918, del principio de la Unidad del Tesoro y por tanto, de la no afectación de rentas a gastos específicos. Este principio quizá fue el instrumento que más contribuyó a la centralización fiscal del Estado; y aun cuando su concepto hoy es elemental, sin embargo en 1915, fue realmente revolucionario en relación a la situación precedente, que era la contraria. En efecto, hasta 1915 rigió en Venezuela el sistema de "apartados", que consistía en destinar determinado ramo de rentas para cubrir con sus ingresos determinado ramo de gastos. Como ejemplo deben citarse el "fondo de abolición", derivado de la Ley de 1854 de abolición de la esclavitud y que afectaba rentas, por ejemplo por destilación en alambiques, para destinarlas al pago de la indemnización que se debía a los antiguos propietarios de esclavos. El Servicio de Instrucción Pública, creado en 1870, funcionó hasta 1915 mediante la afectación al sostenimiento de escuelas del producto íntegro del impuesto nacional de estampillas, llamadas "de escuelas" o, que gravaba la circulación de títulos, a lo cual se agregó el producto del impuesto de estampillas de correo, de timbres y papel timbrado para cigarrillos y de derechos de registro. El sistema de apartados, por ejemplo, afectó invariablemente determinadas rentas para atender las necesidades de crédito público, por lo que casi todos los empréstitos extranjeros suscritos desde 1823 contaron con cláusulas por las cuales se afectaban ramos de rentas para el pago del servicio de interés y amortización de los capitales. Por ejemplo, en los Protocolos de Washington de 1903, celebrados a raíz del bloqueo por armadas europeas a los puertos venezolanos entre diciembre de 1902 y enero de 1903, se comprometió para su cumplimiento, el 30% de las entradas aduaneras de los puertos de La Guaira y Puerto Cabello, llegándose a estipular que si el Gobierno dejaba de cumplir dicha obligación, la administración de las aduanas se pondría a cargo de "funcionamiento belgas" hasta que las deudas quedaran satisfechas. Asimismo, en el Convenio de París de 1905, respecto de las deudas inglesas y alemanas, se afectó el 60% de los derechos de aduana que se produjeran en las otras aduanas del país para pagarlas. Con el principio de la Unidad del Tesoro desapareció el sistema de apartados y se concentró en el Tesoro la totalidad de los ingresos para con ello cubrir la totalidad de los gastos, con lo cual el Estado asumió el control directo de las rentas. Con posterioridad, la ruptura del principio de la Unidad del Tesoro en la Ley Orgánica de Hacienda de 1928 se va a permitir sólo mediante la creación de los institutos autónomos. Aparte de este proceso de centralización administrativa y fiscal que se produce en torno a la misma estructura ministerial de fines de siglo pasado, en el período 1900-1936 solo se producirá una reforma significativa en la administración pública con la creación, en 1910, de la Secretaría General del Presidente de la República para facilitar las comunicaciones entre el Presidente y los Ministros y la creación, en 1931, del Ministerio de Salubridad, Agricultura y Cría. Hasta esa fecha, la salubridad no había recibido atención directa por parte de la administración federal y sólo se atendía a través del Ministerio de Relaciones Interiores, mediante el situado constitucional, es decir, a través de las administraciones estadales. En cuanto a la Agricultura y la Cría, las actividades del Estado de fomento a las mismas habían estado tradicionalmente asignadas al Ministerio de Fomento, al cual, incluso, como se dijo, en 1898, por un año, se le cambió de nombre por el de Ministerio de Agricultura, Industria y Comercio. En todo caso, la administración ministerial que surge de la época gomecista, en 1936, estaba integrada por 8 despachos ministeriales: de Relaciones Interiores, de Relaciones Exteriores, de Guerra y Marina, de Hacienda, de Fomento, de Obras Públicas, de Instrucción Pública y de Salubridad y Agricultura y Cría. En realidad, solo un Ministerio se había agregado a la lista de 1899, pero el cambio cualitativo había sido determinado por la centralización del Estado. En este periodo de consolidación de la centralización administrativa hasta 1936, debe destacarse también la mencionada reforma de la Ley Orgánica de Hacienda de 1928 que permitió romper con el principio de la Unidad del Tesoro establecido en 1918 y poder crear institutos o establecimientos con patrimonio separado del Tesoro Nacional, para atender finalidades públicas específicas. Se inició así, ese mismo año, con la creación del Banco Obrero y el Banco Agrícola y Pecuario, un proceso de descentralización funcional de la administración nacional, que la caracteriza, en las décadas posteriores. Por último, debe señalarse que fue factor esencial de la centralización administrativa en la administración federal (nacional), incluso con la creación de los mencionados institutos autónomos, el aumento de los ingresos del Estado, particularmente por el ingreso petrolero. En efecto, la renta minera, escasa antes de 1925, se va a convertir a partir de ese año, en el renglón más importante de renta interna comparado con los rubros tradicionales, llegando en ese año a aportar el 33% del total de la renta interna y el 14% de la renta global. Al final del período gomecista, la renta minera llegará a proporcionar más de la mitad del total de la renta global y Venezuela sería el segundo productor y primer exportador de petróleo del mundo. Sin embargo, la ausencia de impuestos directos en el país (excepto el de sucesiones, de escaso rendimiento) y la liberalidad impositiva respecto de la industria petrolera, no permitieron que revirtiera al país, en esa época, mayor porcentaje de la riqueza petrolera. Sin embargo, a pesar de esta escasa participación del sector público en los beneficios de la riqueza petrolera producida por las empresas concesionarias, los recursos provenientes de dicha industria a partir de la década de 1920, contribuyeron a la consolidación del Estado centralizado, el cual contaba entonces con mayores recursos fiscales y con una centralización en el Ministerio de Hacienda de la recaudación y fiscalización de las rentas públicas. La Hacienda Pública, como concepto administrativo-fiscal, con dirección y administración centralizada en un despacho ministerial, contribuyó así a afianzar el Estado centralizado.

III. LA ADMINISTRACIÓN CENTRALIZADA DE LA TRANSICIÓN A LA DEMOCRACIA (1936-1958)

El año 1936 marca el inicio de un largo período de 22 años, durante el cual se produce en el país, con todas sus vicisitudes, la transición del sistema político, de la autocracia a la democracia y con ello, incluso, la ampliación de los propios fines del Estado. La Constitución de 1936, en efecto, es el primero de los textos constitucionales que contiene un conjunto normativo relativo a los derechos sociales de los ciudadanos, con las consiguientes obligaciones impuestas al Estado en cuanto a la prestación de servicios públicos. El Estado liberal y de fomento de comienzos de siglo comienza entonces su proceso de conformación, además, como Estado de servicios públicos. Adicionalmente, la confiscación de los bienes de Gómez, hacen revertir al Estado un conjunto patrimonial que, aunado a la naciente riqueza estatal derivada del ingreso petrolero, lo comienzan a perfilar como la institución más poderosa, económicamente hablando, del país. Ello contribuye al reforzamiento del proceso centralizador mediante la concentración de atribuciones en los órganos nacionales a costa de los estados, los cuales quedan vaciados materialmente de competencias; y a costa de las municipalidades, cuyas competencias se supeditan, en su ejercicio, a lo regulado por j el Poder Nacional. En esta forma, la administración pública continuó dominada por la administración nacional, tanto por la central-ministerial, como por la descentralizada, la cual recibe un impulso inusitado. En efecto, al iniciarse el gobierno del general Eleazar López Contreras, se produjeron cambios significativos en la administración ministerial y así, en 1936, se creó el Ministerio de Comunicaciones con competencias que se desgajaron del Ministerio de Fomento, como ya había sucedido muy efímeramente en 1891 y 1898 con el Ministerio de Correos y Teléfonos; el recién creado Ministerio de Salubridad y Asistencia Social, se dividió en 2, y se crearon el Ministerio de Sanidad y Asistencia Social y el Ministerio de Agricultura y Cría; y al Ministerio de Instrucción Pública se le cambio su denominación por Ministerio de Educación. Además, en 1937, se creó el Ministerio de Trabajo y Comunicaciones con la asignación al Ministerio de Comunicaciones de las competencias que tenía la Oficina Nacional del Trabajo que estaba adscrita al Ministerio de Relaciones Interiores. El desarrollo de los movimientos sindicales y de la legislación laboral, sin duda, exigieron este cambio. Cuando se produce el 18 de octubre de 1945, por tanto, la administración ministerial estaba compuesta por los siguientes 10 despachos ministeriales: de Relaciones Interiores, de Relaciones Exteriores, de Guerra y Marina, de Hacienda, de Fomento, de Obras Públicas, de Educación, de Sanidad y Asistencia Social, de Agricultura y Cría y del Trabajo y Comunicaciones. Con posterioridad a esa fecha, el nuevo gobierno de la Junta Revolucionaria de 1945 dividió el Ministerio del Trabajo y Comunicaciones en 2 ministerios separados y, posteriormente, el gobierno militar, en 1950, creó el Ministerio de Justicia en virtud de la nacionalización de la justicia producida a partir de 1945, con competencias que, hasta esa fecha, tenía el Ministerio de Relaciones Interiores; y estableció el Ministerio de Minas e Hidrocarburos, consolidada ya la industria petrolera y en virtud de las funciones fiscalizadoras que tenía el Estado sobre la misma, con competencias asignadas hasta ese momento al Ministerio de Fomento, cambiándosele el nombre, además, al Ministerio de Guerra y Marina por el de Ministerio de la Defensa. En esta forma, la estructura ministerial establecida conforme al Estatuto Orgánico de Ministerios de 1950 y que perduraría intacta hasta 1977, estaba compuesta por los siguientes 13 despachos ministeriales: de Relaciones Interiores, de Relaciones Exteriores, de Hacienda, de Defensa, de Fomento, de Obras

Públicas, de Educación, de Sanidad y Asistencia Social, de Agricultura y Cría, de Comunicaciones, del Trabajo, de Justicia y de Minas e Hidrocarburos. Pero, paralelamente a las transformaciones ministeriales, durante todo el período de transición a la democracia (1936-1958), la administración descentralizada tuvo un gran impulso, iniciándose así una política de intervención estadal en la vida económica y social, lo cual marca el inicio de la transformación del Estado Liberal tradicional en el Estado Social de Derecho. En efecto, en 1937 se creó la Línea Aeropostal Venezolana (LAV), como instituto autónomo, cuya función inicial fue el desarrollo del transporte aéreo en el interior del país. Ese mismo año, se creó el Banco Industrial de Venezuela (BIV), cuya forma híbrida de establecimiento público de capital mixto con posibilidad de participación de capital privado, muestra la forma tímida con la cual el Estado comenzó a intervenir en campos puramente económicos, como el que le correspondía a dicha institución bancaria. Dentro de la misma orientación, en 1938, se iniciaron los pasos para la creación del Banco Central de Venezuela, también como establecimiento público de capital mixto, en el cual participó el capital privado, cuyas funciones esenciales han sido realizar todo el control y regulación de los aspectos monetarios y crediticios del país. En el mismo año 1938 se crearon 2 instituciones fundamentales en el campo social: el Instituto Nacional de Higiene y el Consejo Venezolano del Niño (CVN). En 1940, se creó el Instituto Venezolano del Seguro Social (IVSS), aún cuando su funcionamiento solo comenzó en 1944; y, en 1943, se creó el Instituto Nacional de Obras Sanitarias (INOS), el cual absorbió, en 1958, el Instituto Autónomo de Abastecimiento de Agua para Margarita y Coche, creado ese mismo año. En 1943, se creó el Instituto Autónomo de la Ciudad Universitaria, que tuvo a su cargo a la construcción de la nueva sede de la Universidad Central de Venezuela, corporación pública autónoma que posteriormente absorbió sus funciones en 1958. Después del golpe de Estado de 1945, se produjo el inicio de otro repentino incremento de la administración descentralizada, debido a la vocación decididamente intervencionista del gobierno en el campo económico y social. En esta forma, en 1946, se crearon 6 institutos autónomos: el Instituto Autónomo Administración Ferrocarriles del Estado, creado para asumir la administración de los ferrocarriles expropiados a las empresas inglesas y alemanas; el Patronato Nacional de Comedores Escolares, posteriormente absorbido por el Instituto Nacional de Nutrición; la Corporación Venezolana de Fomento, suprimida décadas después en 1984, para estimular financieramente al desarrollo económico del país; el Instituto Pro-Alimentación Popular y el Consejo Nacional de Universidades, posteriormente extinguidos como institutos autónomos. En 1947, se constituyó también como empresa del Estado el Centro Simón Bolívar C.A. (CSB), que ha actuado como agencia de renovación urbana en el centro de Caracas; y se creó el Instituto Autónomo Diques y Astilleros Nacionales (IADAN). Con posterioridad al derrocamiento del Presidente Rómulo Gallegos en 1948 y durante el período del régimen de Marcos Pérez Jiménez hasta 1958, se produjo un florecimiento inusitado de la administración descentralizada, creándose en dicha década 17 organismos, como consecuencia del auge del petróleo y la demanda de nuevos servicios derivados del incremento de la población. En efecto, en 1948, se creó el Consejo de Bienestar Rural bajo la forma de asociación civil auspiciada por el Estado. En 1949, se creó el Instituto Nacional de Deportes, se transformó el Instituto Técnico de Inmigración y Colonización en el Instituto Agrario Nacional y se constituyó el Banco de Fomento Comercial de Venezuela, como filial de la Corporación Venezolana de Fomento. Ese mismo año, las acciones sociales del Estado fueron reforzadas con la creación del Instituto de Previsión Social de las Fuerzas Armadas Nacionales (IPSFAN), del Instituto de Previsión y Asistencia Social para el personal del Ministerio de Educación (IPASME); del Patronato Nacional de Ancianos e Inválidos; y del Instituto Nacional de Nutrición que posteriormente, en 1968, absorbió al Patronato Nacional de Comedores Escolares. Bajo la forma de sociedad anónima, se constituyeron, en la empresa de Carbón de Lobatera y, en 1951, el Banco de Fomento Regional de los Andes. En 1952 se creó el Instituto Nacional de Canalizaciones, destinado fundamentalmente a permitir la navegación en el río Orinoco y el Lago de Maracaibo. La Caja de Trabajo Penitenciario fue creada en 1953 para fomentar el trabajo en las cárceles y prisiones y, en ese mismo año, se creó el Círculo de las Fuerzas Armadas. Como sociedad mercantil se constituyó las Transportadora Marítima Venezolana en 1953. El año siguiente se creó el Instituto Venezolano de Neurología e Investigaciones Cerebrales, el cual se transformó, en 1959, en el Instituto Venezolano de Investigaciones Científicas (IVIC). Asimismo, ese año, se creó el Instituto para la Capacitación y Recreación de los Trabajadores (INCRET) y el Estado adquirió la totalidad de acciones de la Compañía Nacional Teléfonos de Venezuela (CANTV), antes de capital mixto con participación de capital inglés. En 1955, se constituyó la Corporación Nacional de Hoteles y Turismo (CONAHOTU) y la Compañía Anónima Venezolana de Navegación (CAVN), ambas como compañías anónimas de capital público, habiéndose transformado parte de la primera, en 1973, en un instituto autónomo: la Corporación Nacional de Turismo. En 1956, se crearon 2 nuevos institutos autónomos: el Hospital Universitario de Caracas y el Instituto Venezolano de Petroquímica; y una compañía autónoma: el Banco de Fomento Regional del estado Zulia.

IV. LA ADMINISTRACIÓN PÚBLICA DEL PERÍODO DEMOCRÁTICO Y LA ACENTUACIÓN DEL CENTRALISMO POLÍTICO-ADMINISTRATIVO A PARTIR DE 1958

La tendencia al centralismo político y administrativo, sin duda, se ha acentuado durante el período democrático, a partir de 1958. Incluso, puede señalarse que uno de los instrumentos para el logro del Proyecto Político que derivó de la revolución democrática de 1958 y su formalización en el Pacto de Punto Fijo de ese año y en la propia Constitución de 1961, fue el establecimiento de un sistema de Estado centralizado.

De allí la minimización del poder de los estados, la transitoriedad del antiguo régimen municipal, y la progresiva concentración del ingreso público y de competencias en la administración nacional.

1. Administración Central

El esquema de la administración ministerial derivado del Estatuto Orgánico de Ministerios de 1950, sin embargo, fue el que heredó la administración democrática a partir de 1958 y el mismo, como se ha dicho, perduró hasta 1977. Durante ese período, diversos esfuerzos se hicieron por reformar la estructura de la administración ministerial. La Comisión de Administración Pública creada en 1958, en los inicios de la actuación de la Junta de Gobierno, tuvo a su cargo la realización de esos estudios, los cuales culminaron con las propuestas formuladas durante el gobierno del Presidente Rafael Caldera, en 1972. En efecto, la Comisión, a partir de 1969, formuló un proyecto de reforma ministerial basado en el criterio de sistemas sectoriales derivado de los fines del Estado de acuerdo al enfoque e interpretación que se hizo del papel del Estado como conformador del orden económico y social. En este sentido, se identificaron 4 funciones básicas del Estado venezolano en los inicios del último tercio del siglo XX, que lo configuran como un Estado Democrático y Social de Derecho, de economía mixta: en primer lugar, las funciones de política, defensa y seguridad pública, clásicas en el Estado Moderno; en segundo lugar, las funciones de desarrollo económico, más propias de la transición del Estado Demo-liberal al Estado Social de Derecho; en tercer lugar, las funciones de desarrollo social, como característica de esa creciente responsabilidad conformadora del orden social del Estado; y, en cuarto lugar, las funciones de desarrollo físico y ordenación territorial, consecuencia, hasta cierto punto, del esfuerzo de integración nacional tan característico del actual estado de desarrollo. Cada una de esas 4 funciones estatales básicas configuraron los siguientes grupos de actividades públicas coherentes, denominadas "sectores de actividad pública": En primer lugar, las funciones de política, defensa y seguridad pública, compuestas por los siguientes sectores: 1. relaciones políticas interiores; 2. relaciones políticas exteriores; 3. defensa; y 4. justicia. En segundo lugar, las funciones de desarrollo económico, compuestas por los siguientes sectores: 5. finanzas; 6. desarrollo industrial; 7. comercio; 8. turismo; 9. hidrocarburos y minería; y 10. desarrollo agropecuario. En tercer lugar, las funciones de desarrollo social, compuestas por los siguientes sectores: 11. promoción y protección social; 12. desarrollo cultural; 13. asuntos laborales; 14. previsión y seguridad social; 15. educación; y 16. salud. En cuarto lugar, las funciones de desarrollo físico y ordenación territorial, compuestas por los siguientes sectores: 17. desarrollo urbano y vivienda; 18. transporte; 19. comunicaciones; y 20. recursos naturales renovables. De acuerdo a la referida definición de 20 sectores como fines del Estado o "actividades públicas coherentes", todas las propuestas de reforma ministerial que se formularon en 1972 estuvieron condicionadas por la necesaria integración y organización nacional de las diversas instituciones que concurrían en las actividades sectoriales respectivas, como sistemas sectoriales, en cuyo eje debía existir una organización ministerial. Conforme a esos criterios generales, se elaboró el Proyecto de Ley Orgánica de la Administración Central que inspiró la Ley Orgánica de la Administración Central de 1976, conforme a la cual se eliminó el Ministerio de Obras Públicas y, en su lugar, se crearon el Ministerio del Ambiente y de los Recursos Naturales Renovables y el Ministerio de Desarrollo Urbano a cargo, respectivamente, de los sectores recursos naturales renovables y desarrollo urbano y vivienda; se transformó el Ministerio de Comunicaciones en Ministerio de Transporte y Comunicaciones, a cargo de los sectores transporte y comunicaciones; se creó el Ministerio de la Juventud, el cual asumió parte del sector de promoción y protección social; se transformó el Ministerio de Minas e Hidrocarburos en Ministerio de Energía y Minas, a cargo de los sectores hidrocarburos y minería; y se creó el Ministerio de Información y Turismo, a cargo del sistema de información y del sector turismo, en este caso, en forma no conveniente ni coincidente con los criterios de reforma de 1972. Además, se creó un Ministerio, no sectorial, el Ministerio de la Secretaría de la Presidencia de la República, en sustitución al cargo de Secretario General de la Presidencia de la República que había sido creado en 1910. En esta forma, en 1977, la administración ministerial quedó organizada en los siguientes 17 despachos ministeriales: de Relaciones Interiores, de Relaciones Exteriores, de Defensa, de Justicia, de Hacienda, de Fomento, de Agricultura y Cría, de Energía y Minas, de Educación, de Sanidad y Asistencia Social, del Trabajo, de Transporte y Comunicaciones, de Desarrollo Urbano, del Ambiente y de los Recursos Naturales Renovables, de la Secretaría de la Presidencia de la República, de Información y

Turismo y de la Juventud. Este esquema ministerial, posteriormente fue ajustado para adaptarlo más al Plan Sectorial definido en 1972, eliminándose, en 1984, el Ministerio de Información y Turismo, mediante la ratificación del sector Turismo al Ministerio de Fomento y atribuyéndose las funciones de información a la Oficina Central de Información que se reestableció después de haber sido eliminada en 1976; y transformándose, en 1986, el Ministerio de la Juventud en Ministerio de la Familia para abarcar más completamente el sector promoción y protección social que se había definido en 1972. En consecuencia, en 1987, la administración ministerial quedó estructurada en base a los siguientes 16 despachos ministeriales: de Relaciones Interiores, de Relaciones Exteriores, de Defensa, de Hacienda, de Fomento, de Agricultura y Cría, de Energía y Minas, de Educación, de Sanidad y Asistencia Social, del Trabajo, de Transporte y Comunicaciones, de Desarrollo Urbano, del Ambiente y del Recursos Naturales Renovables, de la Familia, y de la Secretaría de la Presidencia de la República. Adicionalmente a los despachos ministeriales debe señalarse que también se integra dentro de la administración central, la Procuraduría General de la República, como órgano dependiente del Presidente de la República y que tiene a su cargo la asistencia y asesoría jurídica de la administración nacional. La Procuraduría General de la República tiene su antecedente legislativo remoto en la ley de 1 de junio de 1894 sobre Procurador General de la Nación y, a nivel constitucional, con su establecimiento en la Constitución de 1901. Ahora bien, de acuerdo a la Constitución, los Ministros reunidos bajo la dirección del Presidente de la República, forman el Consejo de Ministros. El funcionamiento del mismo también se perfeccionó durante la administración democrática. En efecto, en las propuestas de reforma administrativa de 1972, se propuso la creación de 4 Comisiones Permanentes del Consejo de Ministros de acuerdo a los 4 grupos de sectores de actividad pública definidos, presididas también por el Presidente de la República, las cuales, con los mismos poderes de decisión del Consejo de Ministros, permitieron a éste el cumplimiento adecuado de los fines derivados de su naturaleza de órgano orientador de la política nacional. Conforme a ello, en la Ley Orgánica de la administración central de 1976, se previó la creación de los gabinetes sectoriales que han venido funcionando desde entonces, para aligerar y preparar el trabajo del Consejo de Ministros.

2. Los Organismos de la Presidencia

Otro cambio significativo que se ha operado en la administración central, a partir de finales de la década de 1950 y, en particular, durante el período de la administración democrática, ha sido el proceso de organización de las funciones administrativas en oficinas no ministeriales, con lo cual la administración ministerial dejó de tener el monopolio de la administración central. En efecto, en 1957 funcionaba la Oficina de Estudios Especiales de la Presidencia de la República que puede considerarse como antecedente directo de algunas de las oficinas presidenciales posteriores, así como de los programas de desarrollo de Guayana. En 1958, se creó formalmente una oficina presidencial de carácter permanente, la Oficina Central de Coordinación y Planificación (Cordiplan) y, en ese mismo año, surgiría otra oficina presidencial que perduró hasta 1976, la Comisión de Administración Pública, eliminada ese año. Por otra parte, en 1970, se adscribió a la Presidencia de la República la Oficina Central de Personal; adscripción que ya tenía la Oficina Central de Información, con la cual, en 1976, había 4 oficinas presidenciales, pero con diversos rangos. Este año, sin embargo, en la Ley Orgánica de la Administración Central, se eliminó la Comisión de Administración Pública y sus competencias se atribuyeron a la Oficina Central de Coordinación y Planificación, se eliminó la Oficina Central de Información y sus competencias se atribuyeron al Ministerio de Información y Turismo; se crearon 2 nuevas oficinas presidenciales: la Oficina Central de Presupuesto (OCP), con competencias antes atribuidas al Ministerio de Hacienda y la Oficina Central de Estadística e Informática (OCEI), con competencias antes atribuidas al Ministerio de Fomento. Posteriormente, con motivo de la eliminación del Ministerio de Información y Turismo en 1985, se restableció la Oficina Central de Información en la Presidencia de la República. En relación a estos organismos de la Presidencia, en el Informe sobre la Reforma de la Administración Pública Nacional de 1972, se planteó su integración básicamente en 2 ministerios de la Presidencia, cuya creación se propuso: el Ministerio de la Secretaría General de la Presidencia del cual dependerían la Oficina Central de Personal y la Oficina Central de Información, como órganos centrales de los sistemas de administración de personal y de comunicación pública; y el Ministerio de Coordinación y Planificación de la Presidencia de la República, del cual dependerían la Oficina Central de Planificación, la Oficina Central de Presupuesto, la Oficina Central de Estadística, la Oficina Central de Informática y la Escuela Nacional de Administración Pública, como órganos centrales de los sistemas de planificación y reforma administrativa, de presupuesto, de estadística, de informática y de formación y perfeccionamiento de funcionarios públicos. Estas propuestas se siguieron formalmente con la creación del Ministerio de la Secretaría de la Presidencia en 1976 e, informalmente, con el nombramiento del Jefe de Cordiplan como Ministro de Estado en los gobiernos de los presidentes Carlos Andrés Pérez y Luis Herrera Campins.

3. Las administraciones con autonomía funcional

Pero, indudablemente, la estructura de la administración pública en Venezuela no se ha quedado en las organizaciones ministeriales o en las oficinas presidenciales, sino que, sucesivamente, formando parte de la administración pública, se han ido creando y configurando diversos órganos con autonomía funcional: la llamada "administración contralora" atribuida a la Contraloría General de la República, configurada como órgano auxiliar del Congreso, y creada en 1938; la "administración electoral" atribuida al Consejo Supremo Electoral; la administración del Ministerio Público, atribuida a la Fiscalía General de la República; el Consejo de la Judicatura, creado en 1970. El signo común de estas organizaciones es que gozan de autonomía funcional respecto de todos los órganos del Estado (legislativos, ejecutivos o judiciales), correspondiendo además el nombramiento de sus directivos al Congreso en el caso del Contralor General de la República, del Fiscal General de la República y de los miembros del Consejo Supremo Electoral; y a los 3 Poderes del Estado en el caso de los miembros del Consejo de la Judicatura.

4. La administración descentralizada

Durante la administración democrática, a partir de 1958, por otra parte, la administración pública Venezolana sufrió un proceso de transformación radical, por el desarrollo sin paralelo de la administración descentralizada y la consecuente multiplicación de institutos autónomos y empresas del Estado, así como de Fundaciones y Asociaciones Civiles del Estado. En efecto, en 1958, se creó el Instituto Nacional de Hipódromos, el

Instituto de Oficiales de las Fuerzas Armadas en Situación de Disponibilidad y Retiro y la Universidad de Oriente. En ese mismo año se formó la Compañía Anónima de Administración y Fomento Eléctrico (CADAFE), la cual, al año siguiente, absorbió todas las empresas que, en el campo de la distribución de energía eléctrica, había constituido la Corporación Venezolana de Fomento. Esta Corporación, por otra parte, en 1959, constituyó la empresa Centrales Azucareros, C.A., a las cuales transfirieron diversos centrales de producción de azúcar. En ese mismo año se creó, como patrimonio autónomo, el Fondo Nacional del Café y Cacao dividido, luego, en 1975, en 2 institutos autónomos separados y, como institutos autónomos, el Instituto Nacional de Cooperación Educativa (INCE) y el Consejo Nacional de Investigaciones Agrícolas. En la década de 1960, el florecimiento de la administración descentralizada no ha sido menos importante. En 1960, se crearon el Instituto Nacional de Cultura y Bellas Artes (INCIBA) transformado en Consejo Nacional de la Cultura en 1974, la Corporación Venezolana del Petróleo (CVP), transformado en sociedad anónima a raíz de la nacionalización petrolera (CORPOVEN); la Compañía Anónima Venezolana Internacional de Aviación, S. A. (VIASA); con participación del capital privado y la Corporación Venezolana de Guayana (CVG). En 1961, se creó el Fondo Nacional de Investigaciones Agropecuarias y la Administración del Parque del Este, habiendo sido éstos los últimos institutos creados durante este período, conforme a las previsiones de la Constitución de 1953. Al promulgarse la Constitución de 1961, se produjo una evidente disminución del crecimiento de la administración descentralizada con forma de instituto autónomo, pues al contrario de lo previsto en la Constitución de 1953, conforme a su artículo 230, el Poder Ejecutivo no puede crear, por sí solo, institutos autónomos, sino que éstos requieren, para su creación, de una ley. Esta disposición limitativa, sin embargo, no redujo la política de descentralización que, al nivel ejecutivo, se venía desarrollando y la misma se ejecutó a través de canales irregulares o distintos a los exigidos por la Constitución. En esta forma, se recurrió a diversas figuras distintas del instituto autónomo para la descentralización, evitando la intervención del Parlamento: se apeló de nuevo a la figura del patrimonio autónomo, no prevista en la legislación venezolana al constituirse la Comisión Nacional de Financiamiento a la Pequeña y Mediana Industria que originó posteriormente, en 1975, la Corporación de Financiamiento a la Pequeña y Mediana Industria; se recurrió a la forma jurídica de la fundación del derecho privado para constituir muchas Fundaciones del Estado y, entre ellas, en 1961, la Fundación Instituto Venezolano de Productividad (IMPRO) y la Fundación para el Desarrollo de la Comunidad y Fomento Municipal (FUNDACOMUN); en 1964, la Fundación para el Desarrollo de la Región Centro Occidental (FUDECO); en 1966, la Fundación para la Capacitación de Investigación Aplicada a la Reforma Agraria (CIARIA); en 1969, la Fundación Fondo de Solidaridad Social (FUNDASOCIAL); en 1975, la Fundación Gran Mariscal de Ayacucho, la Fundación Fondo Andrés Bello y la Fundación para el Rescate del Acervo Documental Venezolano; y, en 1976, la Fundación Bicentenario de Simón Bolívar; se adoptó la forma jurídica de la asociación civil, también de derecho privado, para la constitución del Fondo de Desarrollo Algodonero en 1962, del Fondo de Desarrollo de Ajonjolí en 1964 y del Fondo de Desarrollo Frutícola en 1966; y se constituyeron bajo la forma de sociedades mercantiles, por ejemplo, en 1962, la empresa Almacenes y Depósitos Agropecuarios, C.A. (ADAGRO), como filial del Banco Agrícola y Pecuario; en 1964, las empresas CVG Siderúrgica de Orinoco (SIDOR) y CVG Electrificación del Caroní, C.A. (EDELCA) como filiales de la Corporación Venezolana de Guayana; en 1965, el Banco de Fomento Regional de Coro, S.A.; en 1967, el Banco de Fomento

Regional de Guayana, C. A.; la empresa Venezolana de Nitrógeno, S.A. (NITROVEN) y la empresa Nacional de Salinas (ENSAL), ambas como filiales del Instituto Venezolano de Petroquímica. En 1975, la Corporación Venezolana para la Industria Naval y, en 1976, la Compañía Nacional de Reforestación. Con motivo de la nacionalización del hierro en 1975, se creó la empresa Ferrominera del Orinoco, C. A. y, como consecuencia de la nacionalización petrolera, se constituyó la empresa Petróleos de Venezuela, S.A., con todas sus filiales. En la organización de la industria petrolera nacionalizada, en todo caso, se siguió el esquema del holding público que se había definido en las propuestas de reformas de 1972. Por otra parte, a partir de 1967, se constituyeron por el Ejecutivo nacional, sin intervención parlamentaria, las Universidades experimentales y, entre ellas, la Universidad Simón Bolívar y la Universidad de la Región Centro Occidental, la Universidad Ezequiel Zamora de los Llanos Occidentales y la Universidad Experimental del Táchira. A partir de mediados de la década de 1970, en todo caso, cientos de empresas del Estado fueron creadas y se recurrió, en muchísimas ocasiones, a la figura de las Fundaciones del Estado para realizar tareas públicas. La utilización de la forma jurídica del instituto autónomo, después de promulgada la Constitución de 1961, se reinició en 1964, con la creación de la Corporación de Los Andes. En 1966, se creó el Banco Nacional de Ahorro y Préstamo; en 1967, el Banco de Desarrollo Agropecuario; en 1968, el Consejo Nacional de Investigaciones Científicas y Tecnológicas (CONICIT); en 1970, la Corporación de Mercadeo Agrícola, eliminada después, en 1984, el Instituto de Comercio Exterior (ICE) y la Corporación de Desarrollo de la Región Nor-Oriental (CORPORIENTE); en 1971, el Instituto Autónomo Aeropuerto Internacional de Maiquetía y la Corporación de Desarrollo de la Región Centro-Occidental (CORPOCCIDENTE); y, en 1973, la Corporación Nacional de Turismo y el Instituto Nacional de Parques todas como institutos autónomos, es decir, mediante ley del Congreso. A partir de 1974, se crearon nuevos institutos autónomos: en 1974, la Corporación de Desarrollo de la Pequeña y Mediana Industria y el Fondo de Inversiones de Venezuela; en 1975, el Fondo Nacional del Café, el Fondo Nacional del Cacao, el Instituto Nacional de Puertos, el Fondo Nacional de Desarrollo Urbano y el Consejo Nacional de la Cultura, en sustitución del Instituto Nacional de Cultura y Bellas Artes. En 1974, se establecieron 2 fondos, como especies de patrimonios autónomos: el Fondo de Crédito Industrial y el Fondo de Crédito Agrícola, habiéndose transformado este último, en 1976, en Instituto Autónomo. En 1975, por otra parte, los 2 primeros institutos autónomos que se crearon en el país: el Banco Agrícola y Pecuario y el Banco Obrero, fueron transformados en el Instituto de Crédito Agrícola y Pecuario y el Instituto Nacional de la Vivienda. En esa época, por otra parte, se produjo la primera "nacionalización" de los servicios municipales y se creó el Instituto del Aseo Urbano para el Área Metropolitana de Caracas. Es evidente que la creación en 50 años de más de 300 entidades descentralizadas, muchas de las cuales han sido desgajadas de la administración central ministerial, sin que dicho proceso haya obedecido a algún plan previo o se haya realizado con base a criterios preestablecidos, no sólo ha producido una desintegración del conjunto de la administración pública, originando innumerables problemas de coordinación y control, sino que ha afectado la autoridad y poder ministerial, tan importante dentro de la estructura formal del Poder Ejecutivo. Sin embargo, diversos esfuerzos se han realizado para la reorganización y regulación de la administración descentralizada, la parte más importante, sin duda, de la administración pública venezolana. Por ejemplo, en las propuestas de reforma administrativa de 1972 se hizo un exhaustivo estudio de los institutos autónomos y demás establecimientos públicos y de las empresas del

Estado, destacándose no sólo su situación, su desarrollo, sus diversas formas jurídicas y su importancia funcional y económica; sino, fundamentalmente, la deformación que había sufrido la administración descentralizada y sus consecuencias. Entre estas últimas, se destacaron las consecuencias administrativas derivadas de la inadecuada distribución de los programas entre los ministerios y los entes descentralizados; de la adscripción incorrecta de algunos entes descentralizados; de la duplicidad y superposición de funciones entre ellos; y de la desintegración de la administración descentralizada en el sistema de planificación. En base al análisis efectuado y, aparte de las medidas de reforma adelantadas desde la promulgación, a inicios de 1970, del Reglamento sobre Coordinación, Administración y Control de los Institutos Autónomos, se formularon en el Informe una serie de propuestas de reforma guiadas por los siguientes criterios: la introducción de las formas jurídicas más apropiadas para las diversas entidades, destacándose la incorporación de la figura de patrimonio autónomo; la sectorialización de la actividad de la administración descentralizada, promoviéndose la adecuada adscripción y sujeción programática de los entes respectivos al Ministerio eje del sector correspondiente; el fortalecimiento de la administración central (ministerial) en relación a los entes descentralizados; y el establecimiento de los medios de control más convenientes sobre los mismos. Sin embargo, en 1987, aún no se había logrado sancionar una Ley sobre la materia y, solamente por vía de Decreto en 1986, se estableció un régimen general para las Fundaciones y Asociaciones Civiles del Estado.

5. El régimen de los Funcionarios Públicos

Por otra parte, debe señalarse que, en cuanto al régimen de los funcionarios públicos, el establecimiento de una normativa coherente aplicable a los mismos sólo se estableció en 1970, con la Ley de Carrera Administrativa, por lo que la regulación actual y régimen de protección de los funcionarios públicos, no guarda ninguna relación con el precario régimen que existía hace algunas décadas. En efecto, en 1926, con anterioridad, las únicas normas legales que regulaban el régimen de los funcionarios públicos estaban consagradas en la ley de 7 de junio de 1912 sobre responsabilidad de empleados públicos, en la Ley de Jubilación de Empleados de 9 de mayo de 1942, en la ley de Pensiones de 13 de julio de 1928 y en la Ley de Juramento de 1945. La Ley Orgánica de la Hacienda Nacional, en la reforma de 1938, incorporó a sus normas algunas disposiciones relativas a los funcionarios públicos y, en particular, a los funcionarios de Hacienda Pública, que aún permanecen en vigencia. Las normas constitucionales venezolanas, sin embargo, tradicionalmente habían recogido algunos principios fundamentales destinados a regular la actuación de los funcionarios públicos que han perdurado, hasta la fecha. En efecto, la Constitución de 1925 ya establecía expresamente los siguientes principios, repetidos en todas las Constituciones posteriores, inclusive en la de 1961: el principio de que el ejercicio del poder público acarrea responsabilidad individual de los funcionarios públicos (artículo 121), a lo que, en la Constitución de 1961, se acumuló el principio de la responsabilidad de la Administración (artículo 206); el principio de la incompatibilidad en el desempeño a la vez de más de un destino público remunerado (artículo 123); el principio de que los funcionarios no pueden admitir cargos, honores o recompensas de gobiernos extranjeros sino con autorización del Senado (artículo 125); y el principio de que los funcionarios deben prestar juramento al tomar posesión de sus cargos (artículo 122). Tradicionalmente, las Constituciones anteriores a la de 1925 y las posteriores hasta la de 1936, incorporaron la incompatibilidad de que la autoridad militar y la civil fueran ejercidas simultáneamente por un mismo funcionario, con la sola excepción de las Constituciones gomecistas, en las cuales el Presidente de la República, además, ejercía el cargo de Comandante en Jefe del Ejército Nacional. Con posterioridad a la Constitución de 1931, se estableció que el Presidente de la República sería además, siempre, Comandante en Jefe de las Fuerzas Armadas Nacionales, lo que se repite en las Constituciones posteriores, incluyendo la vigente de 1961. La Constitución de 1953, incorporó a la normativa constitucional la incompatibilidad expresa a los funcionarios públicos al servicio del Estado para celebrar contrato alguno con él ni por sí ni por interpuestas personas, lo cual se amplió en el texto constitucional de 1961. Pero, como se dijo, hasta 1970, salvo estas aisladas normas constitucionales y algunas normas legales, nada se había regulado legalmente sobre el estatuto de los funcionarios públicos. La Constitución de 1947, ciertamente, exigió por primera vez, que "...el Estado dictará un estatuto que rija sus relaciones con los funcionarios y empleados públicos, en el cual se establecerán las normas de ingreso a la administración y. las de ascenso, traslado, suspensión y retiro...". Sin embargo, esa normativa no llegó a sancionarse. En 1960, y con motivo de los estudios realizados por la Comisión de Administración Pública, se dictó el decreto N° 394 de 14 de noviembre, mediante el cual se promulgó el "Reglamento de Administración de Personal de los Servidores del Gobierno Nacional" y en base al cual, durante toda la década de 1960, se implantó en la Administración Pública Nacional, un moderno sistema de administración de personal, uniformizándose las remuneraciones, las clasificaciones de cargos y los sistemas de ingreso y ascenso. La Ley de Carrera Administrativa del 4 de septiembre de 1970 vino, así, a significar la culminación de un proceso de implantación del sistema de administración de personal, desarrollado en los años anteriores, dándole rango legal; y el establecimiento, además, por primera vez en Venezuela, de un estatuto aplicable a los funcionarios públicos, mediante el establecimiento de derechos y deberes de los mismos. Este régimen, sin duda, en la tradicional situación de los funcionarios públicos, vino a configurarse como un avance de proposiciones sin precedentes. El proceso de consolidación del estatuto y derecho de los funcionarios públicos de carrera culminó en las reformas de la Ley de Carrera Administrativa de 1975, en las que se consagraron los derechos adquiridos de los funcionarios a las prestaciones por antigüedad y cesantía en los mismos términos que los consagrados en la Ley del Trabajo y luego con la aprobación, en 1985, conforme se autorizó en la Enmienda Constitucional N° 2, del Estatuto sobre el Régimen de Jubilaciones y Pensiones de los funcionarios o empleados de la Administración Pública Nacional de los Estados y de los Municipios. En materia de exigencia de responsabilidad de los funcionarios públicos por el propio Estado es de destacar, durante las últimas décadas, un proceso que se inicia con la confiscación de los bienes que formaban la sucesión de Juan Vicente Gómez y de los altos funcionarios de su gobierno, acordada por el Congreso por Acuerdo de 19 da agosto de 1936 a base de la reforma de la Constitución de ese mismo año que establecía la referida confiscación en el ordinal 2 de la Garantía Segunda del artículo 32 relativa a la propiedad. Los bienes confiscados pasaron a ser administrados conforme a lo previsto en la ley del 15 de julio de 1939, la cual, posteriormente, por Ley de Administración y Disposición de los Bienes Restituidos del 18 de septiembre de 1945, fue modificada y ampliada. A raíz del 18 de octubre de 1945, nuevas medidas confiscatorias de origen político contra funcionarios públicos fueron decretadas, creándose al efecto una Comisión para determinar las presuntas personas incursas en responsabilidad y posteriormente un Jurado de Responsabilidad Civil y Administrativa. Los bienes adjudicados al Estado por este Jurado pasaron posteriormente a ser administrados por el mismo Administrador de los Bienes Restituidos al Patrimonio Nacional por Acuerdo del Congreso del 19 de agosto de 1936. Todas las actuaciones de estos organismos fueron aprobadas y reguladas posteriormente por el decreto legislativo sobre Recursos y Acciones en materia de responsabilidad administrativa de la Asamblea Nacional Constituyente de 24 de octubre de 1947. Posteriormente, se dictó el Decreto N° 113 de 31 del diciembre de 1945, que estableció la obligación para los altos funcionarios públicos nacionales así como todos aquellos que manejasen bienes y dineros públicos, de realizar una declaración jurada de sus bienes, en forma autenticada, al iniciar sus funciones y al cesar en sus cargos. Este decreto fue derogado por la Ley contra el Enriquecimiento Ilícito de Funcionarios o Empleados Públicos de 1948. Esta ley, reformada posteriormente se aplicó masivamente, por primera vez, con motivo de la deposición del gobierno militar de Marcos Pérez Jiménez, a partir de 1958 y en virtud de las disposiciones expresas y complementarias establecidas en la Disposición Transitoria Vigésima Primera de la Constitución de 1961. En 1983, se dictó la Ley Orgánica de Salvaguarda del Patrimonio Público, que derogó dicha ley contra el Enriquecimiento Ilícito y en ésta se reguló coherentemente todo lo concerniente a la responsabilidad administrativa y penal de los funcionarios públicos. Debe mencionarse, por último, en mayo de 1973, fue aprobada la Enmienda N° 1 de la Constitución, mediante la cual se estableció que no podían ser elegidos Presidente de la República, Senadores y Diputados al Congreso, ni magistrados de la Corte Suprema de Justicia, quienes hayan sido condenados mediante sentencia definitivamente firme, dictada por Tribunales ordinarios, a pena de presidio o prisión superior por delitos cometidos en el desempeño de funciones públicas, o con ocasión de éstas.

6. El régimen de los procedimientos administrativos

Las regulaciones que se habían venido estableciendo sucesivamente, para normar aisladamente, en cada caso, las relaciones entre los ciudadanos y la Administración Pública, sea para el trámite de solicitudes formuladas por aquéllos, o para el ejercicio de potestades de control de ésta, habían dado origen a la previsión en multitud de leyes y reglamentos, de variados procedimientos, en cuya regulación no siempre quedaban salvaguardados los derechos de los particulares. Los esfuerzos por establecer una regulación de carácter general en materia de procedimientos administrativos se iniciaron en 1961 con los trabajos de la Comisión de Administración Pública que luego concretó, de nuevo, el Proyecto de Ley de Procedimientos Administrativos contenido en el Informe sobre la Reforma de la Administración Pública Nacional de 1972 y que inspiró directamente al texto de la Ley Orgánica de Procedimientos Administrativos de 1981. Esta ley, sin duda, es la más importante que se ha dictado en relación a la administración pública venezolana contemporánea, la cual no había sido nunca destinataria de un cuerpo normativo que regulara con tanta amplitud y precisión, aspectos centrales de su relación con los particulares. La Ley Orgánica, en tal sentido, fue revolucionaria en el comportamiento, tanto de la administración en relación a los particulares, como de éstos en sus relaciones con aquella. Sin embargo, el solo régimen formal procedimental no era necesario y de allí los esfuerzos que se comenzaron a realizar en 1986, luego de las propuestas de la Comisión Presidencial para la Reforma del Estado en relación a la racionalización y simplificación de los procedimientos administrativos en beneficio de los administrados y a la eliminación de los permisos.

Sección Tercera: SOBRE EL CONCEPTO DE LA ADMINISTRACIÓN PÚBLICA EN LA CONSTITUCIÓN (2010)

El texto de esta Sección Tercera es del "Prólogo" escrito para el libro de José Ignacio Hernández, *Introducción al concepto constitucional de Administración Pública en Venezuela,* Editorial Jurídica Venezolana, Caracas 2011, pp. 9-22.

Uno de los aspectos más importantes de la obra es que José Ignacio Hernández, en la misma, no sólo revisa y estudia todo lo que se ha dicho y escrito en el país sobre las nociones de administración pública y de derecho administrativo, sino que como tenía que ser, aporta su propia visión y concepción enfocando a la Administración Pública como institución, aprehendiéndola en su globalidad, en lo que puede considerarse la primera reflexión científica que se publica sobre nuestro derecho administrativo. Todos los trabajos anteriores, incluyendo los míos, al explicar el derecho administrativo y sus instituciones, dan por sentadas nociones de la admini°stración pública y del derecho administrativo, como lo analiza José Ignacio, pero en verdad en muy pocos se entra a reflexionar exclusivamente sobre el tema. No me voy a referir sobre la sustancia de su análisis, pues para ello está el propio libro que debe ser leído por todos los que se interesan en la materia, pero si quiero destacar el énfasis que hace el autor respecto de la noción "vicarial" o "servicial" que de la Administración Pública recogió en el artículo 141 de la Constitución de 1999. A esa norma constitucional Hernández, con razón, le da una gran relevancia, en particular en cuanto dispone que "la Administración Pública está al servicio del ciudadano;" norma que además, de seguidas enumera el conjunto de principios en los cuales se fundamenta la Administración Pública, como son los de "honestidad, participación, celeridad, eficacia, eficiencia, transparencia, rendición de cuentas y responsabilidad en el ejercicio de la función pública;" concluyendo la norma con la previsión de que la actuación de la Administración Pública debe realizarse "con sometimiento pleno a la ley y al derecho."

Y tiene razón José Ignacio en destacar el contenido de esta norma constitucional, y deducir de ella todas sus propuestas, entre otras muchas, que la Administración Pública es una institución que no está vinculada sólo al Poder Ejecutivo, lo que se deriva precisamente de la ubicación de la norma en la *Sección Segunda*, sobre la "Administración Pública," del *Capítulo I,* sobre "Disposiciones Fundamentales" del *Titulo IV*, sobre el "Poder Público." Esa ubicación de la norma (lo que Hernández refiere como la "topografía" de la norma), efectivamente, implica que las disposiciones constitucionales sobre la "Administración Pública" se aplican a todos los órganos que ejercen el Poder Público tal como lo indica el artículo 136: en su distribución vertical o territorial del poder (Poder Municipal, Poder Estadal y Poder Nacional); y, en el nivel Nacional, en su distribución horizontal del poder (Legislativo, Ejecutivo, Judicial, Ciudadano y Electoral). De allí, como lo hemos indicado en otro lugar, lo primero exige la Constitución es determinar cuáles son los órganos estatales que ejercen el Poder Público y que pueden considerarse como parte de la "Administración Pública," lo que hemos resumido señalando que "en los términos de la Sección Segunda del Título IV de la Constitución, la Administración Pública del Estado no sólo está conformada por órganos que ejercen el Poder Ejecutivo, sino por los órganos que ejercen el Poder Ciudadano y el Poder Electoral, y por la Dirección Ejecutiva de la Magistratura que en ejercicio del Poder Judicial tiene a su cargo la dirección, el gobierno y la administración del Poder Judicial."[26]

Pero ciertamente, el artículo 141 de la Constitución resultó una novedad en nuestro constitucionalismo, sobre todo por su ubicación que permite deslastrar la noción de Administración Pública del Poder Ejecutivo. En su libro, José Ignacio Hernández afirma con razón que dicha norma "resulta ser la trasposición del artículo 103.1 de la Constitución de España" agregando que "del proceso de nuestro artículo 141 poco puede concluirse," haciendo referencia sólo a que el Anteproyecto de Constitución que fue aprobado por la Asamblea Nacional en primera discusión a finales de octubre de 1999 "ya contenía esta disposición," indicando que en la sesión respectiva de la Asamblea Nacional Constituyente, "el Constituyente Ricardo Combellas asumió la autoría de la norma."

Efectivamente, en cuanto a la primera observación sobre la trasposición del artículo 103.1 de la Constitución española al texto del artículo 141 de la Constitución de 1999, ello fue una manifestación aislada de un proceso que ocurrió con otros artículos. Si se compara globalmente el articulado de la Constitución de Venezuela de 1999 con el de la Constitución española de 1978, ciertamente se pueden detectar muchas influencias aisladas y, además, otras coincidencias, precisamente como la del texto del artículo 141 sobre la Administración Pública. En relación con esta última, como lo advertí en 2003, su inclusión en la Constitución "no tiene antecedentes en el constitucionalismo previo," corroborando que "buena parte de la fraseología de esta norma puede decirse que proviene del texto [del artículo 103.1] de la Constitución española de 1978."[27]

Por otra parte, en cuanto a la segunda observación que formula Hernández en su libro, sobre la autoría de la norma o de su trasposición, efectivamente la responsabilidad de su inclusión en el texto constitucional fue de la "Comisión del Poder Ejecutivo Nacional" de la Asamblea Constituyente, que presidió el profesor Ricardo Combellas. Así lo observé en la comunicación que envié en fecha 30 de Septiembre de 1999 al Presidente de

---

26 *V.* "El sentido de la reforma de la Ley Orgánica de la Administración Pública", *Revista de Derecho Público. Estudios sobre los decretos leyes 2008*, N° 115, (julio-septiembre 2008), Editorial Jurídica Venezolana, Caracas 2008, pp. 155-162. En esa nota hemos resumido, al analizar el ámbito de la Administración Pública en la Constitución que "Ante todo, por supuesto, están los órganos de los diversos niveles del Poder Público (Nacional, Estadal y Municipal) que ejercen el Poder Ejecutivo. En consecuencia, las normas que contiene la sección segunda mencionada se aplican a todas las "Administraciones Públicas" *ejecutivas* de la República (administración pública nacional), de los Estados (administración pública estadal), de los Municipios (administración pública municipal) y de las otras entidades políticas territoriales que establece el artículo 16 de la Constitución, entre las cuales se destacan los Distritos Metropolitanos cuyos órganos ejercen el Poder Municipal. Pero la Administración Pública del Estado venezolano, en los tres niveles territoriales de distribución vertical del Poder Público, no se agota en los órganos y entes de la Administración Pública *ejecutiva* (que ejercen el Poder Ejecutivo), pues también comprende los otros órganos de los Poderes Públicos que desarrollan las funciones del Estado de carácter sublegal. En tal sentido, en el nivel nacional, los órganos que ejercen el Poder Ciudadano (Fiscalía General de la República, Contraloría General de la República y Defensoría del Pueblo) y el Poder Electoral (Consejo Nacional Electoral), sin la menor duda, son órganos que integran la Administración Pública del Estado, organizados con autonomía funcional respecto de los órganos que ejercen otros poderes del Estado. En cuanto a los órganos que ejercen el Poder Judicial, los que conforman la Dirección Ejecutiva de la Magistratura mediante la cual el Tribunal Supremo de Justicia ejerce la dirección, gobierno y administración del Poder Judicial, también son parte de la Administración Pública del Estado."

27 *V.* "La Constitución Española de 1978 y la Constitución de la República Bolivariana de Venezuela de 1999: algunas influencias y otras coincidencias," en Francisco Fernández Segado (Coordinador), *La Constitución de 1978 y el Constitucionalismo Iberoamericano*, Ministerio de la Presidencia. Secretaría General Técnica, Centro de Estudios Políticos y Constitucionales, Madrid 2003, pp. 765-786

otra de las comisiones de la Asamblea, la "Comisión del Poder Público Nacional;" comunicación en la cual propuse que el texto de Constitución debía tener un Capítulo previo a los que estaban redactando esas dos Comisiones, contentivo de unas "Disposiciones Fundamentales" que debían referirse al "Poder Público" en general, proponiendo precisamente que se sacara el texto que era equivalente al actual artículo 141 que estaba en el Capítulo sobre el "Poder Ejecutivo Nacional," donde efectivamente Combellas había ubicado la norma, y se sacaran también otras normas contenidas en el proyecto de Capítulo sobre el "Poder Público Nacional," a la cual iban dirigidas mis propuestas, para integrar con todas ellas un nuevo capítulo de "Disposiciones Fundamentales."[28] Me correspondió por tanto, a mi, deliberadamente pues sabía de lo que se trataba, proponer la integración del Capítulo sobre "Disposiciones Fundamentales" del "Poder Público" tal como quedó en la Constitución, con sus diversas Secciones, entre ellas, precisamente, la relativa a la "Administración Pública," donde se ubicó el artículo 141.

Mis propuestas fueron acogidas, y esa fue la razón por la cual en el Anteproyecto de Constitución al que se refiere Juan Ignacio Hernández en el libro apareciera el artículo 141 relativo a la "Administración Pública," desvinculado del Poder Ejecutivo, siendo esta la explicación y motivación que buscaba sobre la ubicación "topográfica" del artículo 141 de la Constitución, que sin duda, como lo destaca el autor, es lo más importante de la norma. Ahora, estoy seguro, José Ignacio tendrá "algo más para concluir" sobre el origen y topografía de la norma del artículo 141 de la Constitución. De ello resulta claro, por supuesto, que si la propuesta de la Comisión que presidió Combellas hubiera sido acogida, otra sería la conclusión, pues tendríamos una noción exclusivamente orgánica de la Administración Pública, totalmente integrada al Poder Ejecutivo Nacional, radicalmente distinta a la que quedó plasmada en el texto constitucional y que con razón revitaliza José Ignacio Hernández en su libro.[29]

Afortunadamente pude influir en este aspecto y en muchos otros en la resistematización y reelaboración del anteproyecto de Constitución, a fuerza de presentar diversas propuestas escritas durante los meses de funcionamiento de la Asamblea, entre agosto y noviembre de 1999,[30] antes de que se sometiera el Anteproyecto a la discusión de la plenaria de Asamblea; propuestas que por iniciativa propia presenté directamente a las diversas Comisiones designadas por la Asamblea para redactar cada Título y Capítulo del anteproyecto de Constitución. Como se sabe, esa fase no fue la más ortodoxa en

28 *V.* el texto íntegro de mi propuesta sobre el Título del "Poder Público," y su capítulo I sobre "Disposiciones Fundamentales" incluyendo la Sección sobre la "Administración Pública," en *Debate Constituyente* (aportes a la Asamblea Nacional Constituyente), *T.* II, (9 Sept.-17 Oct. 1999), Fundación de Derecho Público, Caracas 1999, pp. 159 y ss., en particular, pp. 160, 189, 190, y 218

29 Afortunadamente, además, quienes manejaron y "ajustaron" el Anteproyecto de Constitución al margen de la Asamblea constituyente, desde la oficina del Primer Vicepresidente de la misma, no tomaron en cuenta la propuesta que hicieron algunos profesores españoles, quienes con un desconocimiento total del constitucionalismo venezolano y de los principios de derecho público del país, sobre la norma del artículo 141 expusieron lo siguiente: "la redacción es correcta y equiparable a la del artículo 103 de la Constitución española de 1978; sería conveniente establecer en este o en el siguiente artículo una referencia a la dependencia y vinculación de cada Administración pública respecto de la dirección de la misma por los Poderes Públicos territoriales y de sus órganos elegidos." *V.* "Dictamen sobre el Proyecto de Constitución de la República de Venezuela," Centro de Estudios Políticos y Sociales, Valencia (España), 4 de noviembre de 1999. Puede consultarse el texto en http://www.analitica.com/constituyente/opinion/o10.asp

30 *V.* el texto de todas mis múltiples propuestas formuladas por escrito ante las diversas Comisiones de la Asamblea Nacional, en los tres tomos de mi obra *Debate Constituyente (Aportes a la Asamblea Nacional Constituyente)*, Fundación de Derecho Público, Caracas 1999.

un proceso de elaboración de una nueva Constitución, de manera que la Asamblea Constituyente, para ello, no adoptó la metodología adecuada que debió haber sido el partir de un documento o anteproyecto concebido como un todo orgánico sobre el cual las diversas Comisiones debían haber entonces trabajado para la elaboración de las ponencias respectivas. Pero lamentablemente ello no sucedió así e, ignorándose las experiencias de anteriores Asambleas o Congresos Constituyentes como los de 1947 y 1960, lo que se hizo fue designar 20 Comisiones que trabajaron aisladamente en la elaboración de títulos y capítulos del anteproyecto. No se partió, por tanto, de algún documento elaborado previamente, y ello, a pesar de que el Presidente de la República había designado una Comisión Constitucional que debió haber realizado dicha labor. Esa Comisión, sin embargo, no presentó anteproyecto alguno, y fue el Presidente de la República quien a las pocas semanas de instalarse la Asamblea envió a la misma un documento intitulado *Ideas Fundamentales para la Constitución Bolivariana de la V República* (agosto 1999), el cual, en realidad, no podía considerarse como un Anteproyecto de Constitución.

En todo caso, ni siquiera fue considerado como tal por la propia Asamblea para que las Comisiones iniciaran su trabajo, aún cuando su texto fue seguido, aunque aisladamente, por muchas de las Comisiones. Esta falla metodológica del trabajo de la Asamblea Constituyente dio origen, por tanto, a múltiples "anteproyectos" de Títulos y Capítulos, aislados unos de otros, como precisamente ocurrió con los anteproyectos iniciales de las Comisiones sobre el "Poder Público Nacional" y el "Poder Ejecutivo Nacional."

En esas Comisiones, cada una trabajando por su lado, muchos Constituyentes tomaron en cuenta las previsiones constitucionales existentes en el país, a veces copiaron frases o partes de muchos artículos de diversos instrumentos internacionales y de textos constitucionales que se habían dictado durante las últimas décadas en el mundo occidental de habla hispana y, especialmente, artículos aislados de la Constitución española de 1978 y de la Constitución colombiana de 1991. Por supuesto, ello no puede conducir a señalar que en la elaboración de la Constitución haya habido una influencia global de alguna Constitución extranjera. La tradición constitucional venezolana se remonta al texto de la Constitución de la Confederación de los Estados de Venezuela de 1811, sancionada después de la Declaración de Independencia, y ya en ella se pueden apreciar las bases del constitucionalismo que se conservan en la Constitución de 1999.[31]

Pero independientemente del origen y la topografía de la norma del artículo 141 de la Constitución sobre la Administración Pública, lo que más importa de la misma, como lo destaca repetidamente José Ignacio Hernández en su libro, es que conforme a ella, la Administración Pública, siendo un instrumento del Estado, no está al servicio de éste y menos del Poder Ejecutivo como según nos indica el autor lo ha propuesto la profesora Hildegard Rondón de Sansó, sino al contrario, lo que está es al servicio de los ciudadanos-administrados, siendo por tanto una Administración prestacional.

Esta concepción de la Administración Pública consagrada en el artículo 141 de la Constitución, sin embargo, y siguiendo la mencionada errada orientación adoptada por Sansó, se ha pretendido cambiar deliberadamente por quienes han detentado el poder en

31 *V.* lo que hemos expuesto en Reflexiones sobre la Revolución Americana (1776) y la Revolución Francesa (1789) y sus aportes al constitucionalismo moderno, Editorial Jurídica Venezolana, Caracas 1992; y Evolución histórica del Estado, *T.* I, Instituciones Políticas y Constitucionales, Caracas 1996.

Venezuela en los últimos años, ayudando a la conformación del Estado autoritario que hoy existe mediante el desmantelamiento progresivo del régimen democrático.[32]

Ello resultó, por ejemplo, de las propuestas formuladas en junio de 2007 por el "Consejo Presidencial para la Reforma de la Constitución"[33] presidido por la Presidenta de la Asamblea Nacional e integrado por los más altos funcionarios del Estado, y entre ellos, por el Segundo Vicepresidente de la Asamblea Nacional, la Presidenta del Tribunal Supremo de Justicia, el Defensor del Pueblo, el Ministro del Trabajo, la Procuradora General de la República y el Fiscal General de la Republica.

Las propuestas que ellos formularon, que bien pueden considerarse como la muestra más clara del pensamiento autoritario y de la intención de los más altos funcionarios del gobierno y el Estado en implantarlo, fueron acogidas por el Presidente de la República en el "Anteproyecto para la primera reforma constitucional" que presentó a la Asamblea Nacional el 15 de agosto de 2007. Mediante esas propuestas,[34] el Presidente de la República planteó, simplemente, eliminar del texto constitucional todos los principios fundamentales sobre la Administración Pública, comenzando por el principio de que, como un universo, está al servicio de los ciudadanos, a cuyo efecto propuso sustituir la norma del artículo 141 por otra en la que se buscaba disponer lo contrario, es decir, que la Administración está al sólo servicio del Estado, eliminándose el derecho de los ciudadanos a que la Administración esté a su servicio. El texto que se propuso por el Presidente para el artículo 141 disponía que:

> "Las administraciones públicas son las estructuras organizativas destinadas a servir de instrumento a los poderes públicos, para el ejercicio de sus funciones, y para la prestación de los servicios."[35]

Pero distanciándose de la propuesta presidencial, la Asamblea Nacional no acogió la reforma como le fue presentada en cuanto a la eliminación del texto constitucional de los principios a los que debe sujetarse la Administración Pública, por lo que repitió en el texto del artículo 141 que sancionó para la reforma constitucional, la enumeración de los principios del texto original ("honestidad, participación, celeridad, eficacia, eficiencia, transparencia, rendición de cuentas y responsabilidad en el ejercicio de la función pública, con sometimiento pleno a la ley). Sin embargo, como lo indiqué en otro lugar, la Asamblea Nacional, al sancionar la reforma constitucional en noviembre de 2007, en cambio si acogió la propuesta presidencial de eliminar:

> "el principio más importante que establece la Constitución de 1999 en relación con la Administración Pública, en el sentido de que como una universalidad de entes, debe estar siempre al servicio de los ciudadanos. Con la reforma sancionada se ha sustituido dicho principio, y al contrario lo que se ha establecido es que la Administración está sólo al servicio del Estado, eliminándose el derecho de los ciudadanos a que la Administración esté a su servicio.

---

32 Sobre esto vease lo que hemos expuesto en *Dismantling Democracy. The Chávez Authoritarian Experiment*, Cambridge University Press, New York 2010.

33 *V.* Decreto N° 5138 de 17-01-2007, *Gaceta Oficial* N° 38.607 de 18-01-2007.

34 *V.* en análisis te todas las propuestas formuladas que hicimos en el libro: Hacia la consolidación de un Estado Socialista, Centralizado, Policial y Militarista. Comentarios sobre el sentido y alcance de las propuestas de reforma constitucional 2007, Editorial Jurídica Venezolana, Caracas 2007, p. 14

35 *Ídem*, pp. 31-32

Por ello, en la reforma del artículo 141 lo que se ha establecido ha sido que "Las administraciones públicas son las estructuras organizativas destinadas a servir de instrumento a los poderes públicos para el ejercicio de sus funciones, y para la prestación de los servicios."[36]

Y así fue como la reforma constitucional sancionada por la Asamblea Nacional, se sometió a referendo del 2 de diciembre de 2007, en el cual, afortunadamente, como también lo indiqué en otro lugar, el pueblo rechazó todas estas propuestas de reforma constitucional promovidas por el Presidente de la República y sancionadas por la Asamblea Nacional.[37]

Ello no ha impedido, sin embargo, que se hayan buscado medios indirectos para introducir matizaciones a la norma del artículo 141 de la Constitución, mediante la reforma de la Ley Orgánica de la Administración Pública de 2001,[38] efectuada en 2008. En efecto, debe recordarse que siguiendo la orientación de la Constitución, el artículo 5 de la Ley Orgánica de la Administración Pública de 2001 dispuso que "La Administración Pública está al servicio de los particulares y en su actuación dará preferencia a la atención de los requerimientos de la población y a la satisfacción de sus necesidadesIntentos de reforma." En esta redacción, sin duda, el legislador, respetando el texto Constitucional, optó por usar en lugar de "ciudadanos," un término distinto, pero común y más ampliamente conocido en el derecho administrativo, como es el de "particulares" dado que la expresión relativa a la "ciudadanía" tiene un sentido restringido en los artículos 39 a 42 de la Constitución referida a los venezolanos en capacidad de ejercer derechos políticos.

El uso del término común de "particulares," en el sentido de "administrados," por tanto, no podía interpretarse como que el legislador hubiera tratado de "privilegiar" intereses privados en relación con los intereses públicos. Ahora bien, en la reforma del artículo 5 de la Ley Orgánica de la Administración Pública de 2008,[39] se sustituyó la expresión "particulares" por "personas," lo cual en si mismo tampoco tendría mayor significado si no fuera porque en la "Exposición de Motivos" del Decreto Ley mediante el cual se dictó la Ley Orgánica, se explicó que:

"se reforma lo referente a la administración al servicio de los particulares regulado por la Ley vigente, toda vez que tal visión pudiera generar concepciones erradas, referidas a que la Administración Pública está al servicio de particularidades individuales y no a la satisfacción de las necesidades del colectivo, incorporando el proyecto el principio de la administración pública al servicio de las personas, lo cual redunda en la integralidad del instrumento legislativo.

A tal efecto, se establece que la Administración Pública está al servicio de las personas, y su actuación estará dirigida a la atención de sus requerimientos y la satisfacción de sus necesidades, brindando especial atención a las de carácter social, debiendo ase-

---

36 *V.* en el libro: *La reforma constitucional de 2007 (Comentarios al Proyecto inconstitucionalmente sancionado por la Asamblea Nacional el 2 de noviembre de 2007),* Colección Textos Legislativos, N° 43, Editorial Jurídica Venezolana, Caracas 2007, pp. 50-51.

37 *V.* "La proyectada reforma constitucional de 2007, rechazada por el poder constituyente originario", en *Anuario de Derecho Público 2007,* Año 1, Instituto de Estudios de Derecho Público de la Universidad Monteávila, Caracas 2008, pp. 17-65; y "La reforma constitucional en Venezuela de 2007 y su rechazo por el poder constituyente originario", en *Revista Peruana de Derecho Público,* Año 8, N° 15, Lima, Julio-Diciembre 2007, pp. 13-53, y en en José Ma. Serna de la Garza (Coordinador), *Procesos Constituyentes contemporáneos en América latina. Tendencias y perspectivas*, Universidad Nacional Autónoma de México, México 2009, pp. 407-449.

38 *Gaceta Oficial* N° 37.305 de 17-10-2001.

39 Decreto N° 6.217 15-07-2008, en *Gaceta Oficial* N° 5890 Extraordinario de 31-07-2008.

gurar a todas las personas la efectividad de sus derechos cuando se relacionen con ella. Además, tendrá entre sus objetivos la continua mejora de los procedimientos, servicios y prestaciones públicas, para con ello cumplir el mandato Constitucional."[40]

Esta reforma de la Ley Orgánica de la Administración Pública, a pesar del innecesario "complejo" expresado por el redactor de la Exposición de Motivos, la verdad es que no tiene repercusión alguna sobre el concepto constitucional de Administración Pública como institución al servicio de los ciudadanos, de los administrados, de los particulares o de las personas, sobre el cual José Ignacio Hernández ha hechos las reflexiones que conforman este libro; las cuales por lo demás, son de tal universalidad, que aún si se reformara el artículo 141 de la Constitución como ya se ha pretendido hacer, las mismas no perderían ni un ápice de su valor y permanencia. [...]

Sección Cuarta. LA ADMINISTRACIÓN PÚBLICA Y EL FENÓMENO ADMINISTRATIVO (1980)

El texto de esta Sección Cuarta es el del Parágrafo 1 de la Introducción del libro: *Fundamentos de la Administración Pública, Tomo I (Elementos Condicionantes de la Administración Pública),* Editorial Jurídica Venezolana, Colección Estudios Administrativos, Caracas 1980. Dicho libro estuvo precedido de la siguiente "Nota Introductiva":

En el mundo contemporáneo, sin la menor duda, uno de los elementos de mayor importancia para la vida de las sociedades y la supervivencia de los Estados, es la Administración Pública, es decir, tanto el conjunto de órganos públicos a través de los cuales el Estado entra en relación con los ciudadanos, regulando sus actuaciones, prestándole asistencia o servicios, estimulando o fomentando sus actividades, produciendo bienes o, en fin, sancionando sus actuaciones ilegales; como la actividad de dichos órganos desarrollada para la realización de los fines del Estado y de la Sociedad.

La Administración Pública, tanto como conjunto de órganos como actividad del Estado, así, está presente en todas las actividades políticas, sociales o económicas, en forma clara o en forma imperceptible. Vivimos, quiérase o no, bajo la sombra de la Administración Pública, y toda actividad humana, incluso las más íntimas, sienten la presencia de ella. De allí la importancia de estudiar los Fundamentos de la Administración Pública, a lo cual se dedica este Curso.

Ahora bien, nosotros vamos a estudiar, en este Curso, a la Administración Pública en general; por lo que no se trata de hacer un análisis de técnicas administrativas ni de técnicas de organización o de ciencias administrativas concretas, las cuales han sido estudiadas en otros cursos. Nosotros vamos a estudiar, en particular, el fenómeno administrativo pero referido a la Administración Pública, como instrumento del Estado para la transformación de recursos y medios, en determinados resultados y fines en una sociedad determinada, que es la sociedad venezolana.

---

40 *V.* el texto de dicha Exposición de Motivos en Allan R. Brewer-Carías, Rafael Chavero, Jesús María Alvarado, *Ley Orgánica de la Administración Pública,* Editorial Jurídica Venezolana, Caracas 2008, p. 174.

En este Curso, por tanto, analizaremos los Fundamentos de la Administración Pública, por lo que no se estudiará con detenimiento un aspecto, en particular, de la Administración Pública. El objetivo es dar lineamientos generales de la materia, y analizar cuáles son sus fundamentos globales. Por ello, el programa del Curso es un programa amplio que trata de dar un panorama general de la Administración Pública con un doble objetivo, enmarcados dentro del pensum de la Escuela de Estudios Políticos y Administrativos de la Universidad Central de Venezuela: para los que van a seguir la Mención en Administración Pública, para que les sirva de introducción general a los dos años de especialización; para los que van a optar por las otras menciones (Politología o Relaciones Internacionales), para que les sirva de panorama general de una problemática administrativa concreta, reflejo del Estado venezolano, y la cual no van a estudiar después.

Conforme a estos objetivos, por tanto, no se podrán estudiar a fondo todos los aspectos y problemas de la Administración venezolana.

De acuerdo a esta orientación, el programa del Curso está dividido en tres partes: una primera parte se refiere a los elementos condicionantes de la Administración; una segunda parte se refiere al funcionamiento de la Administración Pública; y una tercera parte se refiere a la actuación de la Administración Pública, precedidos de una introducción y con una conclusión final.

En la Introducción vamos a analizar el fenómeno administrativo y sus características generales, y luego se vinculará a la Administración Pública con ese fenómeno a través de diversos elementos: comparando la Administración Pública con la actividad de los particulares; situando la actividad administrativa pública dentro de las actividades del Estado, teniendo en cuenta que no todo lo público es Administrativo, sino que hay otras actividades en el Estado que no son actividad administrativa; y situando además, a la Administración Pública dentro de todo el aparato y organización del Estado. Además, en la Introducción, se hará un esbozo de la evolución de la Administración Pública en el Estado Moderno, tratando de establecer un panorama general de éste, y de las diversas fases de la Administración Pública Moderna. Por último, y para concluir la Introducción, se hará un planteamiento general de las diversas concepciones que se han formulado sobre la Administración Pública, o si se quiere, de los diversos enfoques que se pueden utilizar para estudiar la Administración Pública (político, jurídico, productivista).

La Primera Parte del Curso se refiere al estudio de los elementos condicionantes de la Administración Pública, y en ella se estudiarán tres elementos: el Sistema Político; el Sistema Económico y el Sistema Jurídico y sus condicionamientos sobre la Administración Pública, precedidos de un análisis de la relación Estado y Administración Pública.

En cuanto al Estado y la Administración Pública se analizarán las características del Estado Contemporáneo en Venezuela y su condicionamiento sobre la Administración, particularmente en relación a los fines de aquél. Allí trataremos de identificar, en Venezuela, cuáles son los fines del Estado para poder identificar cuál es el ámbito de acción general de esta Administración Pública.

En cuanto al sistema político y sus relaciones con la Administración Pública es necesario tener en cuenta, como se dijo, que la Administración es un instrumento para la ejecución de las políticas del Estado por lo que es, en definitiva, un instrumento del Estado. Está condicionada, por tanto, por la estructura política del Estado: por su forma, sea un Estado unitario o federal; o por su sistema de gobierno, sea presidencialista o parlamentaria, etc. Es necesario tener en cuenta, además, que la Administración Pública no responde a unos principios universales, que puedan ser aplicados a cualquier país, sino que depende, siempre, de una realidad concreta y política. Puede decirse que la Administración no tiene una ideología propia o no debe tenerla: la Administración responde a una ideología que le viene impuesta por el factor político; pero sin duda, y esta es una de las características de la burocracia, la Administración tiende progresivamente a asumir su propia ideología, y a veces a tratar de condicionar al elemento político. Teóricamente las políticas del Estado, las debe fijar el Congreso, y la Administración debe ser una mera ejecutora de esas políticas; pero resulta que en la realidad, la Administración es la que elabora las leyes que el Congreso va a dictar para ser ejecutadas por ella; y así, la Administración, por su propia capacidad técnica, se convierte en un elemento que va condicionando las instancias políticas.

En este sentido, por ejemplo, los grupos de presión no sólo controlan o presionan al Congreso, sino que es cada vez más frecuente la presión directa, política, ante la Administración, pues, por esa vía es más fácil tener un manejo de todo el sistema político. De manera que el carácter dependiente y el carácter escéptico de la Administración frente a la política, se va tornando cada vez más relativo porque la Administración empieza a condicionar a la política y a tener su propia ideología.

No hay que olvidar, por ejemplo, que en ciertos países, esa estabilidad permanente de la Administración frente al fenómeno político es lo que le ha dado continuidad al Estado: allí está el ejemplo de la crisis de la IV República Francesa: si no hubiese sido por la Administración estable y permanente, ese país hubiese tenido una crisis mayor de la que tuvo, simplemente porque no tenía gobierno. Los gobiernos cambiaban cada mes, y sin embargo, el aparato del Estado continuó funcionando gracias a una Administración que tenía estabilidad. La reacción contra esta preponderancia de la Administración se observó al tomar posesión en 1974 el Presidente de Francia, cuando planteó su tesis de que Francia debía ser un país gobernado por sus políticos más que por su Administración. De allí todo el esfuerzo que, inclusive, se vio del propio Presidente de asumir directamente la conducción de la Administración no teniendo, el Primer Ministro, la relevancia que tuvo años atrás.

Todo esto nos llevará a estudiar, en concreto, los condicionamientos políticos de la Administración venezolana.

En tercer lugar, veremos también el Sistema Jurídico y su condicionamiento sobre la Administración Pública. En efecto, una de las características clásicas de la Administración Pública y de la burocracia, según la formulación de Max Weber, es esa Administración formalista o legalista, apegada a un determinado sistema jurídico. Por tanto, el sistema jurídico va a condicionar permanentemente la actividad de la Administración. En este sentido, tiene importancia destacar el principio de la legalidad, es decir, la necesidad de que la Administración Pública se ajuste a la Ley y actúe conforme a normas y reglas preestablecidas, como un elemento central que condiciona a la Administración Pública; y luego analizar la mayor o menor libertad que, dentro de esa legalidad, tenga la Administración Pública para actuar; es decir, el llamado Poder discrecional. Se estudiará, además, la forma jurídico-administrativa de la Administración en el mundo de las relaciones jurídicas a través del análisis de las personas jurídicas dentro de la Administración Pública venezolana: por ejemplo, la República o una Municipalidad son personas de derecho público, y un instituto autónomo también lo es; pero una empresa del Estado es también una persona jurídica, pero de derecho privado.

En cuarto lugar, como elemento condicionante de la Administración Pública, se analizará el sistema económico y su influencia en la misma. Insistiremos, particularmente, en el estudio del sistema de economía mixta que existe en Venezuela y la forma como condiciona a la Administración Pública. Sin duda, no es lo mismo la Administración de un Estado Liberal tradicional a la de un Estado socialista donde lo es todo, o a una Administración Pública del Estado en un sistema de economía mixta, donde el Estado participa activamente dentro del proceso económico.

Al analizar el sistema económico veremos, además, la planificación en el tiempo, particularmente planificación económica y social; y la planificación en el espacio, particularmente la ordenación del territorio, como tareas fundamentales del Estado.

Se concluirá esta parte con un esquema de la regulación pública de la economía, como condicionante fundamental de la organización y actuación de la Administración.

La Segunda Parte del programa se refiere al funcionamiento de la Administración Pública. En efecto, vistos cuales son los elementos que condicionan a la Administración (los sistemas políticos, jurídicos y económicos), debe estudiarse el funcionamiento de esa Administración, lo que depende de tres elementos: por una parte, de la existencia de una determinada organización; por la otra, de la existencia de un personal público que actúa en esa organización; y por último, de la existencia de una serie de recursos a aplicar.

La Administración Pública, para funcionar, tiene que tener una organización. Ya se han visto en Teoría de la Organización suficientes elementos teóricos generales sobre organización, por lo que nosotros nos dedicaremos, en concreto, frente a una realidad determinada, a analizar cómo está organizada la Administración venezolana en sus líneas muy generales. Veremos entonces, algunos principios generales de la organización aplicables a la Administración venezolana. Luego estudiaremos las estructuras organizativas nacionales y territoriales de la Administración Pública venezolana, y los entes descentralizados que constituyen unas de las piezas fundamentales de nuestra Administración, particularmente en lo que se refiere a las empresas públicas que constituyen uno de los temas centrales de la organización.

En el estudio del funcionamiento de la Administración Pública, además del análisis de la organización; es necesario estudiar al factor humano que la mueve, es decir, al cuerpo de funcionarios o grupo de burócratas que hacen posible dicho funcionamiento. El régimen de la función pública será, por tanto, uno de los puntos a estudiar en dos partes, analizando el estatuto de los funcionarios públicos en Venezuela, y luego, estudiando el sistema que se ha estructurado para administrar ese personal público dentro de las técnicas generales de administración de personal, pero referidas al sector público.

Por último, en la parte del funcionamiento de la Administración Pública veremos los recursos con que cuenta la Administración para funcionar. Aquí se hará una revisión muy general sobre los recursos financieros de la Administración Pública, el sistema de la hacienda pública venezolana y el sistema tributario. Además se verán algunas bases de los recursos materiales de la Administración Pública, es decir, de los bienes que tiene el Estado, sean del dominio público o del dominio privado.

En la Tercera Parte del programa se estudiarán las características generales de la actuación de la Administración Pública en su actividad frente a los particulares y en especial, se estudiarán los medios y formas de la actuación; la relación con los particulares; y los medios de control de la actividad administrativa. En consecuencia se estudiará en primer lugar, la actividad administrativa y en particular, cuáles son los medios jurídicos de los cuales se vale la Administración Pública para actuar, por ejemplo, cuando dicta actos administrativos (impone una multa, da un permiso de conducir, otorga una licencia, dicta una orden o una prohibición) o cuando contrata (celebra, por ejemplo un contrato de obra pública para construir una carretera). Pero a la variedad de medios corresponde también una variedad de formas de actuación de la Administración Pública: a veces la Administración Pública impone una multa o arresta a una persona y realiza una actividad de policía. Lo mismo sucede cuando prohíbe una actividad degradante del ambiente u ordena el cierre de una fábrica. Pero no toda la actividad administrativa es una actividad de policía. Muchas veces la Administración Pública presta un servicio público concreto (servicio de transporte o teléfono) y allí la Administración Pública no actúa coactivamente, sino simplemente como prestando un servicio público. Además, también existe una actividad donde simplemente, estimula, promueve, fomenta la actividad de los particulares, y así vemos a la Administración Pública otorgando créditos o exoneraciones de impuesto sobre la renta para que un particular actúe en una forma determinada.

Estas son las llamadas actividades de fomento. Pero además, la Administración Pública realiza actividades caracterizadas, simplemente, por constituir una gestión económica, o sea, en la cual la Administración Pública actúa como empresario, en las mismas condiciones, generalmente, que las empresas privadas. Estas cuatro formas de la actividad administrativa serán objeto de estudio en el Curso.

Al estudiar la actuación de la Administración Pública, se analizarán, también, las técnicas de la actividad administrativa, cómo se forma y cuáles son las técnicas que se han incorporado a la actividad de la Administración Pública, para hacerla más racional, eficiente y efectiva.

Aquí también se analizará el problema de la coordinación en la acción administrativa, para garantizar su adecuada manifestación hacia los particulares.

En relación a los particulares y a la actuación administrativa, se estudiarán también, en particular, dos aspectos: En primer lugar, cómo se protege al particular frente a la acción administrativa; por ejemplo, si la Administración Pública es arbitraria, ¿qué defensa tiene el particular?, ¿cuándo debe reclamar? ¿En qué tipo de procedimientos, como los sancionatorios, debe garantizársele el derecho a la defensa? Estos aspectos de protección de los particulares frente a la actuación de la Administración, se analizarán básicamente bajo el ángulo del procedimiento administrativo.

Por otra parte, también en relación con los particulares en sus vinculaciones con la Administración Pública, se estudiará el problema de la participación, y en particular, cuáles son los mecanismos reales y posibles de participación de los particulares en la actividad de la Administración.

Por último, dentro del estudio de la actuación de la Administración Pública se estudiará toda la problemática del control: la Administración Pública, cuando actúa, entra en relación con los particulares y puede lesionar intereses y derechos. Se hace necesario, dentro del Estado de Derecho, estructurar una serie de mecanismos de control de la acción de esa Administración Pública. Existe entonces un control político que corresponde ejercerlo a la instancia política; hay un control interno que la propia Administración Pública ejerce sobre sí misma (controles de auditoría, financieros, etc.); hay un control externo, denominado control fiscal, que ejerce la Contraloría General de la República, como órgano dotado de autonomía funcional dentro de la estructura general del Estado; y por último, hay un control jurisdiccional que realizan ciertos tribunales de la República sobre la actuación de la Administración, a través de la denominada jurisdicción contencioso-administrativa.

Una vez estudiadas las partes medulares del Programa (Elementos Condicionantes, Funcionamiento y Actuación de la Administración), concluiremos el Curso haciendo referencia a la transformación de la Administración Pública como consecuencia de las exigencias del proceso de desarrollo. Esto nos llevará a estudiar el proceso de reforma administrativa en Venezuela, qué se ha hecho y qué debe hacerse.

En esta Sección y en las dos que le siguen se publican los parágrafos relativos a la "Introducción a la Administración Pública" de la obra. Los otros Parágrafos de dicho Libro se recogen en otros Libros de este Tomo II del *Tratado*.

No resulta fácil intentar el estudio sistemático de los Fundamentos de la Administración Pública, cuando esta, particularmente en los actuales momentos, está sometida, casi permanentemente, a tremendas críticas.

Uno de los temas de permanente actualidad en el mundo y en la prensa, en efecto, es el tema de la corrupción, que incide directamente sobre la Administración. Por otra parte, hay otro tema que está también presente cuando se juzga la Administración Pública y es el tema de la ineficacia.

Siempre, el particular, cuando se vincula al Estado y a su Administración, lo hace un poco presionado por estos dos factores: temeroso de la corrupción que puede haber envuelta en la Administración, por una parte; y por la otra, consciente, porque la sufre, de las ineficacias que pueda haber en la acción administrativa.

Inclusive, en este último sentido de la ineficacia, algunos estudios que incidieron en la reorganización administrativa venezolana llegaron a plantear la necesidad de estructurar ciertas funciones del Estado en una forma separada de la Administración tradicional, para que no se contaminara con esta.

Si se lee, por ejemplo, el Informe de la Comisión de Reversión Petrolera de 1974 que dio origen a la nacionalización del petróleo, se encuentra que el planteamiento central del mismo fue la necesidad de estructurar lo que se llamó una Administración Petrolera Nacional, separada totalmente de la Administración Pública tradicional a la cual se vinculaba a la burocracia corrupta e ineficiente. (Véase Allan R. Brewer-Carías, "El proceso jurídico organizativo de la Industria Petrolera Nacionalizada en Venezuela" en *Revista de la Facultad de Ciencias Jurídica y Políticas*, UCV, N° 58, Caracas, 1976, pp. 57 y ss.).

Esta misma idea privó en otro estudio, el llamado Informe sobre Sistema Nacional de Empresas del Estado que se elaboró en 1975, por la Comisión de Reforma Integral de la Administración Pública, en el cual se planteaba la necesidad de estructurar todo un sistema de empresas del Estado, separado, también, de la Administración tradicional, y hacer una especie de Administración paralela, aparte de la Administración Pública, que se caracterizaba por la corrupción, la ineficiencia, y la burocracia lenta y engorrosa. (Véase Allan R. Brewer-Carías, "Algunos aspectos jurídicos de las relaciones entre el Gobierno Central y las empresas del Estado" en CLAD, *Gobierno y empresas públicas en América Latina*, Buenos Aires, 1978, pp. 176 y ss.).

En estos casos, lamentablemente, la idea central no fue la de transformar, reformar o adaptar la Administración a las necesidades del país, sino estructurar unos órganos públicos aparte y separados, para que no se contaminasen, dejando esa Administración, para funciones tradicionales. Afortunadamente, en esos casos, no se llegó a estructurar una Administración Petrolera Nacional separada de la Administración Pública (se acudió sólo a la figura de la descentralización, semejante al tratamiento que tradicionalmente también se le ha dado a otras actividades empresariales del Estado); y en cuanto al "Sistema Nacional de Empresas del Estado", este no prosperó, y no llegó a estructurarse un sistema de empresas públicas separado de la Administración tradicional.

Lo contrario hubiese sido un absurdo, cuando lo que está planteado es otra cosa: la necesidad de concentrar la formulación de las políticas estatales, aun cuando sea vinculada a la descentralización en la ejecución de las mismas.

A pesar de todas estas críticas que se puedan hacer a la Administración y de la aprehensión que normalmente tenga el particular frente a la Administración Pública, hay que convenir, sin embargo, en que esta es parte esencial de toda organización social, y siempre lo ha sido.

No existe ni ha existido organización social y política alguna sin una Administración, y mientras más poderosas y estables fueron las organizaciones políticas de cualquier tipo, en cualquier época, ello se reflejó siempre en una poderosa, grande y estable Administración. Podemos convenir, entonces, en que no hay Estado sin Administración Pública, y por tanto, en que no hay sociedad organizada sin Administración Pública.

No se trata, ni siquiera, de un mal necesario, como normalmente se la juzga bajo ángulos críticos, sino que es inclusive la condición de existencia y de operación de una sociedad.

Bajo otro ángulo, la Administración es también una manifestación, en el sector público, de un fenómeno que es esencialmente humano: el llamado fenómeno administrativo.

I. EL FENÓMENO ADMINISTRATIVO

La Administración, ante todo, es una actividad esencialmente humana, y surge allí donde se hace necesaria la aplicación de recursos y medios para la obtención de determinados resultados y fines. Se trata de una actividad de todos los días, que se encuentra en todas las manifestaciones del hombre.

En este sentido, todos administramos permanentemente, aun cuando no tengamos conciencia de ello: como el personaje de Moliére, que habló durante toda su vida en prosa sin saberlo, asimismo, toda la vida administramos y posiblemente no lo sabemos o no tomamos conciencia de ello. (*Cfr*. H. A. Simón, D. W. Smithburg y V. A. Thompson, *Administración Pública*, México, 1968, p. 4). Ni siquiera es una manifestación o un fenómeno propio de la actividad gregaria del hombre, pues, también se da aisladamente: es muy conocida en el campo administrativo, la referencia a la actividad de Robinson Crusoe, como actividad administrativa, pues se configura en la aplicación y manejo de recursos y medios para la obtención de resultados: la supervivencia. (Releer el bello libro de Daniel Defoe, pone en evidencia la más auténtica actividad administrativa).

Pero, sin duda, cuando este fenómeno administrativo se manifiesta plenamente, es cuando un grupo de hombres unen esfuerzos para lograr determinados resultados, hasta el punto de que lo que caracteriza a la administración, bajo cualquier ángulo, es la idea de la cooperación, para lo cual se hace necesario realizar otra función: la coordinación.

En el fenómeno administrativo está presente, entonces la necesidad de coordinar y cooperar para obtener determinados resultados, aplicando los recursos y medios disponibles.

En esta agrupación de hombres, entonces, es que este fenómeno administrativo de aplicación de medios y recursos para obtener fines y resultados se manifiesta plenamente, sean cuales fueren los medios y los recursos que se utilicen (humanos, financieros, materiales) y sean cuales fueren los fines y resultados que se van a perseguir.

Otro punto de interés a destacar es que ese fenómeno administrativo, que es un fenómeno humano, siempre ha estado ligado a lo público, a lo colectivo; siempre ha acompañado a cualquier forma de organización política. Si se hace un repaso de las formas políticas en la historia, encontramos que a la base de todas esas formas de organización política, hay un aparato administrativo. Si las primeras sociedades organizadas fueron aquellas sociedades hidráulicas, ello se debió, simplemente, a un fenómeno administrativo: la necesidad de manejar y distribuir el agua a los efectos de poder cultivar y a los efectos de poder sobrevivir; y si observamos los grandes imperios, ellos, se caracterizaron por una Administración, inclusive altamente descentralizada como lo fue la del Imperio Romano, fortalecida en este caso por la necesidad de manejar grandes espacios físicos a través de las Provincias. Por ello, un elemento que condiciona el funcionamiento y crecimiento de la Administración, es el manejo del espacio.

Es claro, por tanto, que Administración y Administración Pública han hecho desde el punto de vista de la ciencia política. Después, las primeras aproximaciones científicas al problema administrativo, se han estado siempre indisolublemente unidas, hasta el punto de que con el progreso de las actividades privadas derivadas de la revolución industrial, empieza a estudiarse el fenómeno administrativo aislado de lo público, a través de los enfoques de la administración científica (Taylorismo y Fayolismo). Sin embargo, hoy por hoy, cuando se analiza la Administración Pública se conviene en que no es suficiente este último enfoque de la productividad o la eficiencia pura y simplemente, sino que tiene que seguir planteado un enfoque político de la Administración porque, en definitiva, la Administración Pública no es sino un instrumento de una organización política determinada. Se trata de un instrumento del Estado para lograr con determinados recursos la obtención de determinados resultados; la Administración Pública, por tanto, tiene un carácter instrumental que no hay que perder de vista, y que va a permitir que determinados recursos, frente a determinadas demandas sociales, se conviertan en resultados concretos, condicionados por los fines de esa sociedad.

Por ello, con razón, E. García de Enterría se inclina por estudiar la Administración Pública como Estado, como organización insertada en y al servicio de la comunidad política (*La Administración Española*, Madrid, 1971, p. 17), y Alejandro Nieto García afirma que el estudio de la Administración es el estudio del Estado (*El Mito de la Administración Prusiana*, Sevilla, 1962, p. 8).

II. LAS DIVERSAS ACEPCIONES DEL TÉRMINO ADMINISTRACIÓN

1. Sentido etimológico

Desde el punto de vista etimológico se han dado muchas versiones sobre el sentido de esta expresión Administración, por lo que vamos a tratar de desentrañar un criterio de todas ellas.

Administrar viene del latín *administráre*, que se forma de dos palabras *administrare*, *ad* significa "a o para"; *ministráre*, significa "servir". Esta idea, servir a, servir para, va a estar siempre vinculada a toda noción de Administración.

Otras explicaciones del término Administración indican que proviene de la expresión latina *administratio* o *administrationis*, que es la acción de administrar, es decir, la acción de servir a algo o de servir para algo.

La palabra Administrador viene de *administrátor*: la persona que administra, que sirve a algo. Otras expresiones vinculadas son la de ministrar, que viene de *ministráre*, que significa ejercitar un oficio o un empleo; ejercitar la función normal de servir a algo. Inclusive la palabra ministro viene de la misma raíz *minister*, *ministráre*: el que sirve, el que administra algo. Otras explicaciones dadas por diccionarios señalan que la palabra Administración viene de *administráre* formada de la integración de tres palabras: *ad-manustrahere*; y otra explicación es que viene de *ad-manustractum*. Es el primer caso, la idea es la prestación de servicio; y en el segundo, es la del que trae o lleva algo en la mano.

Todas estas explicaciones tienen en común la idea de prestar un servicio a algo, o para algo: la actividad de servir o de prestar un servicio. Por eso, otra idea que surge del sentido etimológico que vale la pena retener, es que, simplemente, la Administración tiene un carácter subordinado: se sirve a alguien o para algo. Esa idea de servir implica, por tanto, subordinación, y normalmente, en el lenguaje común, es corriente observar que el administrador, administra bienes ajenos, que no le pertenecen: en esta forma se administra una herencia, el patrimonio de un menor, una sociedad o una compañía anónima. Siempre se trata de servir a algo y estar subordinado a algunos intereses.

2. Sentido específico

Pero por supuesto, el sentido etimológico no aclara suficientemente el sentido real de la expresión Administración, pues, además de servir a algo o para algo, y ese carácter subordinado, la Administración implica siempre una referencia al binomio entre medios (recursos) y resultados (objetivos o fines).

Hay Administración, siempre que se apliquen determinados recursos y medios para la obtención de resultados y fines. Esta relación va a ser permanente en la Administración, y habrá buena o mala Administración, en tanto se obtengan los resultados o fines perseguidos con los recursos y medios de que se dispone.

Por tanto, ligado también a la Administración está siempre el proceso de estimación para con medios y recursos disponibles, normalmente escasos, poder lograr el mayor número de fines o resultados que se persigan.

En la relación medios a fines hay siempre un proceso de optimización para lograr un mayor número de resultados o la consecución de los fines buscados, con la utilización del menor número de recursos y medios de los que se dispone los cuales, normalmente son escasos.

En la mayoría de las definiciones doctrinales que se consiguen sobre Administración se encuentra esta relación de medios a fines.

Por ejemplo, un autor muy conocido en el campo de la Administración Pública, F. Morstein Marx define a la Administración como la "actividad encaminada a convertir un propósito en realidad positiva"; y agrega que la Administración "es el ordenamiento sistemático de hechos y el uso calculado de recursos aplicados para la realización de un propósito, previendo los obstáculos que pueden surgir en el logro el mismo" (*Elements of Public Administration*, New York, 1946).

En esta noción se encuentra el señalado binomio entre medios y fines y un proceso de optimización en el cual hay que prever inconvenientes y obstáculos que se puedan presentar. En un libro reciente de un autor español, muy vinculado a América Latina, Juan I. Jiménez Nieto, *Política y Administración* (Edit. Tecnos, Madrid, 1977) elaborado teniendo a la vista la problemática latinoamericana, se da una definición que también responde a la vinculación entre medios y fines. Dice lo siguiente (p. 25): "La Administración es un fenómeno típicamente institucional, inseparablemente vinculado a la optimización de la relación insumo-producto, según criterios de eficiencia técnica y económica, impuestos por su propia naturaleza. Se administran empresas, patrimonios, fundaciones, ministerios o parroquias bajo el mismo postulado genérico reductible a los principios generales de la teoría de la producción; maximizar cualitativa y cuantitativamente un producto con unos medios dados u obtener un determinado producto, con la mínima economicidad de recursos".

Este mismo autor, en otro trabajo señala que "Administrar es tomar decisiones de adecuación de medios a fines (insumos a productos), según criterios condicionables de eficiencia institucional en el seno de una organización enmarcada normativamente" (Juan I. Jiménez Nieto, *Concepto y método de la Administración Pública*, Madrid, 1978, p. 116).

De estas nociones podemos sacar, como criterio general, que Administración es, por tanto, la aplicación de determinados medios y recursos a la obtención de determinados fines y resultados.

Pero, por supuesto, la Administración no es una tarea mecánica; no se trata de obtener determinados resultados mecánicamente con la aplicación de medios, sino que es necesario todo un proceso y un esfuerzo comprensivo de pensamiento, de planificación, de organización, de dirección, de supervisión y de coordinación a los efectos de lograr esos objetivos. Por tanto, siempre hay un elemento humano en el fenómeno administrativo y por eso, se prefiere hablar de fenómeno administrativo y no de hecho administrativo pues el hecho administrativo, por sí mismo, no implicaría la presencia de la voluntad humana.

En la actividad administrativa, por tanto, siempre hay una voluntad humana en esta aplicación de medios a la obtención de resultados, que indica la acción de previsión, cálculo y decisión de la forma en la cual van a ser aplicados los medios a la obtención de los resultados.

Otras nociones doctrinales sobre Administración, además de la relación entre medios y fines, agregan un elemento nuevo. F. C. Mosher y S. E. Cimmino (*Ciencia de la Administración,* Madrid, 1961) dicen que administrar quiere decir dirigir y coordinar, y que esta acción encuentra sentido cuando hay colaboración entre diversos individuos para la consecución de un fin. Señalábamos, que la figura de Robinson Crusoe en la isla solitaria, aislado, realizaba actividad administrativa; pero sin duda, ésta adquiere sentido cuando hay una colaboración entre individuos. Por eso, en casi todas las definiciones recientes sobre Administración, encontramos lo que se ha denominado el sentido cooperativo propio de la Administración.

D. Waldo, por ejemplo, define simplemente a la Administración, como "la acción humana cooperativa" (*Estudio de la Administración Pública*; Madrid, 1961). Otros autores H. Simón, D. Smithburg y V. Thompson hablan de Administración como "el comportamiento cooperativo de grupos" o la "actividad de grupos que cooperan para alcanzar objetivos comunes" (*Administración Pública*, México, 1968). Por tanto, además, de la relación medios-fines, encontramos la referencia a la cooperación entre personas que exige la coordinación de recursos humanos y voluntades para la obtención de determinados resultados.

Otro autor norteamericano da una noción similar: Leonard White, en su libro *Introducción al Estudio de la Administración Pública* (México, 1964) señala que la Administración es "la dirección, coordinación y control de muchas personas para realizar un propósito u objetivo"; y que es el arte de "utilizar los recursos humanos y físicos plegándolos a la consecución de una finalidad necesaria".

En general, por tanto, del sentido etimológico y específico de la expresión Administración, podemos sacar como conclusión que se trata de una actividad que tiende a aplicar determinados recursos y medios disponibles y evaluados, a la obtención de resultados y fines, mediante un proceso humano cooperativo, de previsión y de decisión.

III. CARACTERÍSTICAS DEL FENÓMENO ADMINISTRATIVO

1. La Universalidad

Tal como se señaló anteriormente, el fenómeno administrativo es una actividad esencialmente humana, y por tanto, una actividad común a todas las épocas de la humanidad y común a todas las manifestaciones del quehacer humano. Si se piensa sólo en la construcción de las pirámides o de las grandes catedrales medievales, además de la técnica asombrosa que implicó su realización, esas obras se hicieron gracias a un proceso administrativo; a una actividad administrativa; a la aplicación de unos determinados recursos y medios para la obtención de aquellos resultados en un determinado período de tiempo. Por tanto, todos los grandes acontecimientos de la humanidad, por complejos o intrépidos que sean o aun cuando muestren lo persistente de la voluntad humana, fueron posibles gracias a un proceso administrativo. En cualquiera de estas grandes manifestaciones del quehacer humano y a la base de todas esas actividades existe, por tanto, un fenómeno administrativo. Por ello puede decirse que hay administración, allí donde haya que hacer algo.

Por supuesto, por lo obvio del fenómeno administrativo, éste pasa desapercibido: normalmente no se atiende ni se le da importancia al fenómeno administrativo; más importante es la pirámide en sí misma, o haber llegado a la luna, etc. En general se estima que el resultado es lo importante y no se atiende al complejo proceso que lo hizo posible, es decir, que pudo convertir determinados medios y recursos de los cuales se disponía, en un momento determinado, en un resultado asombroso o no.

En todo caso, el problema de la administración es que pasa desapercibida por la importancia del resultado. Sin embargo, no hay duda, el proceso administrativo es y ha sido siempre, la condición indispensable para que los resultados se hayan podido obtener; la condición *sine qua non.* Sin ese proceso administrativo, esos resultados no hubiesen sido posibles.

Pero por supuesto, tratar de poner el énfasis en el proceso administrativo y la importancia de este proceso, no implica considerarlo como importante en sí mismo. O sea, cuando se plantea que en toda actividad humana siempre pensamos en el resultado y no en el proceso que lo hizo posible y tratamos de revalorizar la importancia de dicho proceso, lo que, en definitiva, es estudiar la Administración, ello no implica que consideremos al proceso importante per se, en sí mismo, sino que es importante en tanto en cuanto es un instrumento para obtener resultados.

Cuando la Administración comienza a sentirse importante en sí misma, independientemente de los resultados e inclusive de los medios, allí encontramos una manifestación de lo que normalmente se denomina proceso de burocratización, donde predominan, a veces, los intereses de los funcionarios frente a los intereses de la sociedad.

2. La Expansión

Si bien el fenómeno administrativo es común a todas las épocas de la humanidad, no hay duda que, en el mundo contemporáneo, hoy por hoy, puede decirse que en la Administración es donde está la clave de todas las actividades públicas y privadas.

Es muy común encontrar en los textos sobre Administración Pública contemporánea la expresión de que el mundo contemporáneo vive una "era administrativa" o que está en una "edad administrativa" (La expresión "edad administrativa" es de A. Siegfried, "Aspects du Xéeme Siécle. L'age administratif" en *Annales*, N° 42, Paris, 1954, p. 44); una era administrativa que comienza a sustituir a la era mecánica; donde todo depende de la Administración; y todo se hace gracias a la Administración.

Sin duda, la Administración es quizás lo más característico de las sociedades modernas y por eso se afirma que más que la Revolución Industrial, lo que caracteriza a las sociedades contemporáneas en esa "resolución administrativa". En ese mismo ángulo, lo que diferencia a países desarrollados de los subdesarrollados, es la Administración más que la situación económica, por lo que nuestros países están subadministrados. Pensemos solamente en que el problema no es de recursos (los tenemos de sobra) ni de objetivos y fines (los tenemos también de sobra); lo que no hemos sabido es aplicar, económicamente, esos recursos y medios a los fines de nuestras sociedades.

Por otra parte, esta era administrativa ha provocado también, en el mundo contemporáneo, además de la inflación económica, una "inflación administrativa". Pensemos, por ejemplo, en que la clave del dominio mundial, tanto a nivel de las grandes potencias como a nivel de las empresas transnacionales, está en la Administración. Se ha dicho, inclusive, que las empresas transnacionales son la primera organización de carácter mundial pues nunca, en la historia de la humanidad, se había dado organización alguna a escala mundial, ya que ninguno de los grandes imperios llegó a tener tal escala. Hoy por hoy, sin embargo, las empresas transnacionales se presentan como una organización a escala mundial y eso en base a principios de administración. (Véase R. J. Barnet y R. Muller, *Global Rearch. The Power of the Multinational Corporations,* New York, 1974).

Entre las manifestaciones de esta inflación administrativa que le ha dado a la Administración la clave del dominio mundial se destacan los siguientes aspectos: En la Administración está el más grande desafío que se le presenta a países industrializados frente a las grandes potencias.

Tal como lo señala J. J. Serban-Schreiber en su célebre libro *El Desafío Americano*, lo que está planteado a los países europeos es realmente un desafío administrativo: se puede tener una larga tradición (como cualquier país europeo), y cuantiosos recursos humanos y materiales, pero si se tiene una Administración inadecuada, no habrá posibilidad de alcanzar y mucho menos superar a las grandes potencias y, en especial, a los Estados Unidos.

Por otra parte, en la Administración puede decirse que está la clave de todo lo que el hombre contemporáneo hace, o recibe. Recordemos de aquella célebre frase de Miliband, "el hombre vive en la sombra del Estado" (*Cfr*. R. Miliband, *The State in Capitalist Society*, Londres, 1972, p. 1), lo que tiene su origen en la inflación de la Administración Pública. Piénsese, por ejemplo, en que desde el momento en que una persona nace hasta que se muere sentirá la tutela del Estado: nace en un hospital público; su nacimiento se registra en una oficina pública; estudia en una escuela pública, y se gradúa en Universidad Pública; se traslada de un lugar a otro en colectivos públicos; trabaja en oficinas públicas; vive en viviendas construidas por entes públicos, y en definitiva, se muere y lo entierran en un cementerio municipal. Es decir, toda la actividad de hombre, en todos los niveles, está condicionada por la sombra del Estado y de su Administración.

En sentido general nos encontramos con la misma situación desde el punto de vista administrativo: el alimento que se consume, el vestuario que se usa, las calles por las cuales se transita, los automóviles en los cuales se viaja; todos los múltiples servicios que se reciben, son posibles gracias a un proceso administrativo público o privado. Todos los grandes avances en el campo de la industria, de la agricultura, del comercio, etc., sólo han sido posibles, gracias a un proceso administrativo. Por supuesto, también el avance de la ciencia y la técnica, pues estas también es necesario el que, ante todo, se administren.

Concretándonos ahora, en la Administración Pública, en particular, como características o datos de la expansión o inflación de la misma es necesario recordar que en Venezuela, en un lapso de 15 años (de 1960 a 1975) el gasto público consolidado, manifestación, sin duda, del crecimiento de la Administración Pública, aumentó 10 veces: de algo más de 7.000 millones en el año 1960 a más de 70.000 millones en el año 1975. En las solas empresas del Estado, el gasto de las mismas en el mismo período, pasó de 1.600 millones a 36.400 millones, o sea, aumentó en más de un 2.000 por ciento. En sólo tres años, desde 1972 a 1975 el presupuesto de la Administración Central se triplicó, pues pasó de 14.000 millones a más de 40.000 millones.

Sin duda, en la Administración venezolana hemos tenido una inflación administrativa evidente pero ello no ha aumentado su capacidad administrativa. Al contrario, hemos tenido un desbordamiento de su capacidad para administrar los ingentes recursos financieros. Tal como muy gráficamente lo destacaba el Contralor General de la República, en su Informe Anual al Congreso presentado en 1977:

> "El panorama de la Administración deja mucho que desear en términos de eficacia, de prestación de servicios públicos, de utilización óptima de recursos... es menester señalar como aspecto esencial que sirva de punto de partida para un análisis profundo de la situación planteada, el hecho evidente de que el desarrollo del país, el incremento de los recursos públicos, la demanda de nuevos servicios, la magnitud de los proyectos, el incremento del número de contribuyentes, el aumento y la mayor complejidad de los negocios sometidos al control del gobierno, el aumento del gasto público, y en fin, la evolución de la actividad económica y financiera del Estado, han desbordado ostensiblemente la capacidad de nuestra Administración. He aquí, a nuestro modo de ver, el asunto fundamental" (pp. XI-XII).

Y esto, sin duda, es cierto. En nuestro país, en el sector público, ha habido un desbordamiento administrativo; o sea, que los recursos que hemos tenido han sobrepasado la capacidad del proceso administrativo para obtener determinados resultados y fines, es decir, para convertir adecuadamente esos recursos en esos determinados fines y resultados.

Entonces, el asunto fundamental es la incapacidad administrativa que tiene nuestro país para procesar aquellos recursos y medios y obtener la serie de recursos y fines, que nuestro proceso de desarrollo exige.

Ahora bien, las causas de esa inflación administrativa y del desbordamiento a que se ha hecho referencia son muchas, y siempre están ligadas a los fines del Estado, es decir, a las exigencias que se le plantea a la Administración Pública. Pensemos, por ejemplo, en las consecuencias del crecimiento demográfico que el país ha experimentado en los últimos 20 años, y las exigencias de carácter social que se plantean a la Administración: Todos estos son motivos, sin duda, de que se trate de atender esos fines y objetivos a través de nuevos organismos que han venido creándose. Piénsese por ejemplo, que el primer instituto autónomo creado en Venezuela se estableció en el año 1928 y en 50 años hemos creado más de 50 institutos autónomos.

Otra manifestación de la expansión administrativa en el campo público ha sido la importancia que dentro del Estado ha venido adquiriendo la propia Administración. Señalábamos anteriormente que, inclusive, gracias a la Administración es que ha podido haber en ciertos países una estabilidad del Estado frente a la inestabilidad política: ejemplo, la Cuarta República Francesa. Por eso, inclusive, desde el punto de vista de la teoría política se ha venido hablando de un nuevo poder dentro de los poderes del Estado.

La célebre división de poderes, entre poder legislativo, poder ejecutivo y poder judicial se ha ampliado para dar origen a un nuevo poder, el Poder Administrativo o Administrador. Esto ha producido también, desde el punto de vista de la teoría política, una variación del principio tradicional de la primacía del Legislador, producto directo de la Revolución Francesa, y de la consideración de la ley como expresión de la voluntad general. De esta primacía del parlamento frente a los otros poderes del Estado, se ha venido pasando, progresivamente, hacia una primacía del Ejecutivo y de la Administración que, inclusive, comienza a tener poderes extraordinarios de legislación. Por tanto, ya no sólo es el Congreso el que legisla, sino que, mediante autorizaciones constitucionales, también nos encontramos al Poder Ejecutivo, legislando, como en el caso de los Decretos-Leyes dictados con motivo de las medidas extraordinarias en materia económica o financiera.

3. La extensa variedad

Se administra, y está presente el fenómeno administrativo, tanto en la Administración Pública como en las empresas industriales. Se administra un parque nacional, una iglesia, una cárcel, un abasto, etc., o sea, se administra todo tipo de actividad pública o privada. Por tanto, el fenómeno administrativo, no puede identificarse ni por los medios utilizados ni por los fines perseguidos: los medios y los fines son los más variados. La precisión del fenómeno administrativo en cambio, está, precisamente, en el proceso intermedio, y que se desarrolla en el intervalo que separa recursos a fines.

Inclusive, en el campo de la Administración Pública, no puede decirse que la actividad administrativa pública es una misma en cuanto a medios o fines, pues a la vez, y paralelamente, la Administración impone una multa (sanción); prohíbe una actividad degradante del ambiente; presta un servicio de transporte; produce bienes; concede un crédito a una empresa para fomentar sus actividades, etc.

Encontramos, entonces, las más variadas formas de la actividad administrativa pública: de policía, de fomento, de servicio público, de producción de bienes (gestión económica). Se trata, por tanto, de una actividad muy variada no identificable ni por los medios ni por los fines.

4. La Organización

Otra característica del fenómeno administrativo, ligada a la presencia del elemento humano en ese proceso administrativo, es la existencia siempre de una Organización. Como se dijo, en el fenómeno administrativo hay siempre una combinación de medios y de recursos, combinación que se pone en marcha para conseguir un determinado resultado. Hay una idea dominante, siempre, en el proceso y es la idea de una organización estructurada para realizarlo, es decir, de la existencia de un conjunto de órganos o partes de un todo dispuestos y ordenados para la realización de la actividad administrativa. No hay Administración sin organización. De allí que se diga que el orden es el signo de la buena administración.

5. El proceso administrativo

Pero además de la existencia de una organización, para caracterizar el fenómeno administrativo es necesario agregar el elemento de escogencia o elección a través de un proceso administrativo. En efecto, este proceso implica la existencia de un elemento humano que va a ordenar la aplicación de esos recursos a la obtención de fines; pero en ese proceso, es esencial que haya la actividad de previsión de esos medios para obtener los fines; de escogencia o elección de los medios.

Por tanto, siempre debe estar presente la idea de internacionalidad: no hay correcta administración espontánea, por lo que aquélla no es una actividad mecánica. Al contrario, para que haya fenómeno administrativo es necesario que exista intencionalidad. Recordemos la noción etimológica: la palabra *Ad*, que significa *para* y que implica, siempre, servir a algo o para algo.

Otro elemento básico de ese proceso administrativo es la existencia de información. Para poder escoger o elegir; para tomar una decisión; para calcular cuáles son los medios de los que se dispone, es necesario que haya determinada información. A la base de toda actividad administrativa está el proceso de búsqueda y tratamiento de la información.

Por eso es tan común en la Administración Pública, que se nombren comisiones para producir informes; inclusive, una de las características dadas por Max Weber sobre la Administración, es el "papeleo" como signo de la burocracia, y es que, es esencial en la Administración, la producción, la búsqueda y el tratamiento de la información, ya que, sin información, es imposible que haya intencionalidad.

Inclusive, históricamente, el desarrollo del fenómeno administrativo está íntimamente ligado al desarrollo de los medios para fijar información por lo que cuando aparecen las primeras formas de escritura y de cálculo numérico, aparece la Administración. Recordemos el caso de las sociedades hidráulicas.

El tratamiento de la información ha dado origen, en la actualidad a toda una nueva ciencia que es la Informática, o sea, la ciencia de cómo tratar la información. Ello ha dado origen, además, a la creación de un organismo público que es la Oficina Central de Estadística e Informática creada en 1978 como Oficina Presidencial.

IV. FACTORES DEL DESARROLLO DEL FENÓMENO ADMINISTRATIVO

1. El desarrollo de la civilización

El primer factor en el desarrollo del fenómeno administrativo, es el desarrollo de la civilización. En efecto, puede decirse que los sistemas administrativos aparecen, en primer lugar, en el interior de los grupos sociales cuando se sustituyen la economía de caza y de recolecta por una economía agrícola y pastoral; es decir, cuando se comienzan a establecer grupos humanos sedentarios. En ese momento comienza a plantearse la necesidad de prever y preparar el trabajo; de controlar las cosechas; de coordinar recursos humanos; de dividir el trabajo.

Cuando la explotación de la tierra pasa de grupos familiares a los grandes dominios agrícolas y al latifundio, puede decirse que se pasa, realmente, a un estadio administrativo en el decurso de las civilizaciones. Piénsese en las sociedades hidráulicas, y cómo, frente a la necesidad de administrar un recurso natural para la realización de determinadas actividades agrícolas, se inicia este estadio administrativo. (*Cfr.* M. García Pelayo, *Las Formas Políticas en el Antiguo Oriente,* Caracas, 1969).

Por supuesto, los sistemas administrativos aparecen más nítidamente, cuando diversos grupos se reúnen en una sociedad política. En estos casos, muy vinculado a la sociedad política, y al fenómeno administrativo, está el fenómeno militar. Puede decirse, inclusive, que desde su origen, lo militar será un medio favorable para el desarrollo de acciones administrativas. Recuérdese el texto de Otto Hintze (*Historia de las Formas Políticas*, Madrid, 1968, pp. 156 y ss.), relativo a la historia de la Administración vinculada a la figura del Comisario, y cómo vincula el desarrollo de la Administración Moderna particularmente en Alemania, con la figura de los comisarios. Se trata de ejemplos de cómo una figura inicialmente militar, se convierte luego en funcionarios administrativos permanentes.

2. La influencia del espacio

Otro factor que influye en el desarrollo del fenómeno administrativo es la extensión del espacio o territorio en el cual opera la sociedad. En efecto, cuando determinadas sociedades políticas se expandieron a espacios más bastos, que traían como consecuencia, por supuesto, una fuerza centrífuga de los grupos sociales, se hizo necesario estructurar mecanismos de coordinación y de integración de esos grupos más numerosos. Por ello, en la antigüedad, los sistemas administrativos más desarrollados fueron, precisamente, los sistemas de los grandes imperios (China, Persia, Egipto, Roma, Inca). Todos tuvieron un sistema administrativo altamente desarrollado, precisamente como consecuencia de la necesidad de integrar y controlar el espacio.

Lo contrario también es válido: cuando estos imperios se desmembraron, el caso del Imperio Romano, y el feudalismo es su secuela, nos encontramos que se produce una regresión en el fenómeno administrativo, y aquellas grandes administraciones, como las de las Provincias Romanas, al derrumbarse el Imperio, se derrumban también.

3. El reto a las sociedades

Otro factor que influye sobre el fenómeno administrativo es el factor reto impuesto a una sociedad (el "challenge" según la expresión de Toynbee. Véase E. N. Gladden, "Toynbee on Public Administration" en *Revista Internacional de Ciencias Administrativas*, Vol. XLII, N° 4, Bruselas, 1976, pp. 339 a 348). El reto que se lanza a una sociedad en un momento determinado, siempre ha provocado el reforzamiento de la Administración Pública, y ésta termina convirtiéndose en un medio de reforzar la cohesión de esa sociedad.

Ese reto puede ser la amenaza de una invasión exterior: gran parte del imperio romano y del sistema administrativo del mismo, fue establecido precisamente para regular las invasiones bárbaras.

Puede ser una crisis económica: el reforzamiento de la Administración Americana y de la estructura del Estado en los Estados Unidos en los años 30, se debió a la crisis económica y toda la política del New Deal. Ello condujo, inclusive, a que en un país con un Estado abstencionista, desarrollara una política de intervencionismo en el campo económico y social, como la que se desarrolló en esa época, que llegó, inclusive, a que se creasen las primeras formas de empresas públicas, mucho antes de las nacionalizaciones de la II Guerra Mundial. Tal fue el caso de la Autoridad del Valle Tennesse que se creó para promover el desarrollo de una región particularmente deprimida.

Otro factor de reto, es sin duda, la guerra misma: el desarrollo de las grandes administraciones bélicas en Estados Unidos lo confirman.

Puede tratarse, también del reto social planteado por la necesidad de administrar el recurso hidráulico, situaciones de penuria en los regadíos: en la sociedad hidráulica de la antigüedad este reto fue el que produjo el desarrollo del fenómeno administrativo; y en la actualidad, lo mismo puede pensarse del Estado de Israel y el manejo de los recursos hidráulicos.

Quizás lo que está planteado en nuestro país, y esa es una de las grandes tragedias que tiene, es que necesitamos un reto, frente a una abundancia insólita como la que hemos tenido. Aun no hemos tenido o construido el reto que nos impulse definitivamente hacia el desarrollo y consecuencialmente, a mejorar nuestra capacidad administrativa.

REFERENCIAS BIBLIOGRÁFICAS, Sección Cuarta: Sobre los temas tratados en esta Sección Primera es básico el estudio de Pierre Bandet y Lucien Mehl: "El hecho administrativo: Naturaleza, origen y desarrollo" en Georges Langrod (ed.), *Tratado de Ciencia Administrativa*, Madrid, 1973, pp. 121 a 134. Consúltese, además de los trabajos citados en el texto: A. Dunsire: *Administration, The word and the Science*, London, 1973; Henry Puget: *Les Institutions Administratives étrangéres*, París, 1969; John A. Vieg: "The growth of Public Administration" en Fritz Morstein Marx (ed.), *Elements of Public Administration*, New York, 1959, pp. 3 y ss; Dwight Waldo (ed.), *Administración Pública,* México, 1967, pp. 13 a 51 (los trabajos de J. B. Martin, O. Tead, J. M. Gaus).

Sección Quinta: LA ADMINISTRACIÓN PÚBLICA COMO CONJUNTO ORGÁNICO Y COMO ACTIVIDAD (1980)

El texto de esta Sección Quinta es la del Parágrafo 2 de la Introducción del libro: *Fundamentos de la Administración Pública, Tomo I (Elementos Condicionantes de la Administración Pública),* Editorial Jurídica Venezolana, Colección Estudios Administrativos, Caracas 1980.

La expresión Administración tanto en su acepción general, como cuando se refiere al sector público (Administración Pública), tiene dos significados: puede identificar tanto un conjunto de órganos como un conjunto de actividades. Por ejemplo, cuando se señala que la Administración marcha muy mal, que hay corrupción administrativa, que la

Administración Pública es deficiente, en realidad no se apunta a un órgano o dependencia en concreto, sino a la totalidad de las actividades de la Administración. Por el contrario, si se habla de la "Administración del Impuesto sobre la Renta" y su funcionamiento, se apunta a un órgano de la Administración en concreto, es decir, a un departamento en especial, que está situado en determinado lugar y que realiza determinada actividad: de administración tributaria. Es decir, se apunta en este sentido a la Administración como órgano integrado dentro del aparato del Poder Ejecutivo, representado por una serie de funcionarios.

Estos dos significados de la Administración, como un conjunto de actividades o como un conjunto de órganos, deben siempre tenerse presente al analizar el fenómeno administrativo general y al fenómeno administrativo público: La Administración Pública en sentido orgánico, apunta siempre al conjunto de estructuras administrativas, de ministerios y de oficinas y departamentos que forman parte del Poder Ejecutivo. La Administración como actividad, en cambio, es una noción material que atiende a una acción o tarea administrativa realizada por el Estado. Ambos criterios no coinciden: si bien la Administración-Órgano realiza siempre una actividad administrativa; esta no es exclusiva, como se verá, de los órganos del Poder Ejecutivo sino que también se realiza por los órganos de los otros Poderes del Estado.

Ahora bien, para estudiar a la Administración Pública como fenómeno administrativo, lo haremos dividiendo la exposición en tres partes, en una primera parte estudiaremos la administración como actividad, comparando la actividad administrativa pública y la actividad de los particulares, en una segunda parte, estudiaremos a la Administración Pública, como complejo orgánico, dentro del aparato del Estado; en una tercera parte relacionaremos la actividad administrativa pública con las otras actividades del Estado; y en una cuarta parte se hará referencia a la Administración Pública como órgano y actividad dentro del sistema político-social.

I. LA ADMINISTRACIÓN Y LA ACCIÓN DE LOS PARTICULARES

Desde el punto de vista de la Administración-actividad, referida a la Administración Pública, lo primero que debemos intentar realizar es su ubicación dentro del fenómeno administrativo en general, y en particular, diferenciarla de la actividad administrativa que realizan los particulares.

En efecto, hemos señalado que el fenómeno administrativo público o privado, se da allí donde es necesario aplicar ciertos medios o recursos a la consecución de determinados fines y resultados. Pues bien, la distinción entre la actividad administrativa pública y la actividad administrativa de los particulares se encuentra tanto en los medios utilizados como en los fines que se persiguen. Esto lo ha destacado claramente Jean Rivero, en las primeras páginas de su *Manual de Derecho Administrativo* (*Droit Admimstratif*, 9ª Edic., París, 1980).

1. El fin de la Administración: El Interés Público

Está claro que los particulares, y de ahí la existencia misma del Estado, no pueden satisfacerse todas sus necesidades por sí mismos. Pensemos en la necesidad de la justicia, si todos pudieran hacerse justicia por sí mismos, no habría sociedad organizada. Lo mismo puede plantearse con otras necesidades de interés general como son los servicios públicos, la construcción de las grandes obras de infraestructuras, etc. Se trata de necesidades colectivas que los particulares no pueden satisfacerse por sí solos, por lo que es al Estado al que le corresponde la satisfacción de las mismas.

Por tanto, el campo en el cual se mueve la Administración Pública como actividad, es el del interés público, de los fines públicos, de los fines colectivos, que son beneficiosos para toda la comunidad.

El particular, en cambio, actúa normalmente en base a un interés particular, en general, de carácter especulativo. Si hay coincidencia entre las actividades de un particular y el interés general se tratará, en efecto, de una coincidencia pura y simple, pues el interés público no es de la esencia de la actividad del particular. Por ejemplo, un panadero, al producir pan, está, sin duda, satisfaciendo una necesidad colectiva (la necesidad de alimento), pero su objetivo no es el fin altruista de dar pan a todo el que lo necesita, sino, en realidad, es el interés particular del beneficio propio el que lo mueve, aun cuando su actividad pueda coincidir con la satisfacción de un interés colectivo.

En cambio, el Estado, cuando actúa, lo hace, normalmente, buscando la satisfacción de un interés público, siendo, por lo tanto, su actividad de carácter desinteresada desde el punto de vista especulativo.

Por supuesto, también hay actividades públicas que persiguen un fin rentable y tienen interés especulativo, pero el Estado, cuando realiza una actividad como empresario, lo hace con un fin último de interés colectivo. Por ello, puede admitirse que el objetivo de la actividad administrativa pública es siempre un interés público; en cambio, el que persigue el particulares, en general, un interés privado, particular y de carácter especulativo.

2. Los medios de la actividad administrativa: El Poder Público

A la diferencia de fines, corresponde una diferencia de medios. Los particulares, cuando actúan, lo hacen en plano de igualdad. El contrato, medio típico de la acción de los particulares, es el acuerdo de voluntades entre dos o más personas en el cual predomina la autonomía igualitaria de la voluntad. El plano en que se sitúan normalmente los particulares es igualitario; en principio no hay superposición de una parte a otra o subordinación de una parte a otra.

El Estado, por el contrario, no puede actuar en plano de igualdad frente a los particulares, porque si así lo hiciese, no podría satisfacer adecuadamente el interés colectivo. Imaginémonos que el Estado necesita construir una autopista; si actuara en un plano de igualdad con los particulares, debería negociar con cada uno de los propietarios por donde va a pasar la autopista la adquisición de los inmuebles, siempre que éstos estuvieran dispuestos a vender a un determinado precio. Ello retardaría y dificultaría la acción del Estado. Es por esto que el Estado no puede actuar en un plano de igualdad, y tiene ciertos poderes o potestades que lo colocan en una situación de superioridad frente al particular. Por ello, en el caso señalado, para hacer prevalecer el interés colectivo y construir la autopista, el Estado puede expropiar forzosamente los bienes de los particulares. El Estado, por tanto, cuenta con medios para imponer, forzosamente, su voluntad y prohibir ciertas actividades, e imponer otras para satisfacer los intereses colectivos, etc.

Si el fin que se persigue es el interés público, éste no se obtendría si el Estado tuviese que actuar en el plano de igualdad con los interesados, pues ello significaría que, en cada acción, se encontraría con un interés privado contrapuesto, que, por tanto, le impediría actuar. Es por eso que el Estado tiene ciertos poderes, que se refunden en la noción de Poder Público, como la potestad genérica de actuar, que le permite al Estado, como gestor de los intereses públicos y como representante de los mismos, imponer su voluntad a los particulares. El Poder Público, es entonces, el conjunto de prerrogativas que le permiten al Estado vencer las oposiciones de los intereses privados y hacer prevalecer el interés colectivo. Sin esos medios no podría haber la posibilidad real de satisfacer ese interés público.

De manera que allí, en los medios y en los fines, debe situarse la distinción entre la actividad de los particulares y la actividad administrativa pública.

II. LA ADMINISTRACIÓN PÚBLICA Y LA ORGANIZACIÓN DEL ESTADO

1. La separación de poderes

Pero hemos dicho que la Administración también denota, además de una actividad, un conjunto de órganos dentro del Estado. Por eso, resulta esencial ubicarla dentro de éste.

En efecto, la Administración Pública es, sin duda, parte fundamental de la organización del Estado y se identifica dentro de ésta, como un "Poder" separado de otros "Poderes". Sin embargo, es indudable que uno de los conceptos más confusos e imprecisos del pensamiento constitucional y político moderno, es el que se ha englobado en la denominación de "teoría" o "principio de la separación de poderes", transformada en uno de los pilares fundamentales de los regímenes democrático-liberales.

Sin entrar a estudiar los antecedentes de esta teoría, trataremos de precisar su alcance en nuestro sistema constitucional según la Constitución vigente.

En efecto la Constitución de 1961, a pesar de que abandona la formulación expresa, en su texto, de la "distribución" del Poder Público en Poder Nacional, Poder de los Estados y Poder Municipal; y de la "división" del Poder Nacional, en Poder Legislativo, Poder Ejecutivo y Poder judicial, como lo hicieron absolutamente todos los textos a partir de 1901, sin embargo, responde claramente a la misma concepción.

En primer lugar, resulta expresamente establecido en la Constitución de 1961 la distinción entre el "Poder Público" en el sentido de potestad única del Estado, y por tanto, sin referencia orgánica de cualquier naturaleza; y "los órganos del Poder Público". La Constitución, cuando ha querido referirse a los órganos del Estado habla de "órganos del Poder Público" (Arts. 4 y 11) y cuando ha querido referirse a la potestad única estatal habla de "Poder Público" simplemente (Arts. 19 y 46); distinción que inclusive se encuentra cuando se refiere a los niveles nacionales: en sentido orgánico habla de "órganos de Poder Nacional" (Art. 232), y en sentido funcional o de potestad jurídica, simplemente, de "Poder Nacional" (Art. 135). De manera que en cuanto a la potestad estatal, la Constitución parte del supuesto de la unicidad del Poder Público, el cual se ejerce por multiplicidad de órganos.

En segundo lugar, en el texto constitucional de 1961 se recoge la tradición de distribución del Poder Público en tres "ramas": el Poder Nacional, el Poder Estadal y, sin nombrarlo, el Poder Municipal. En efecto, el artículo 118 expresamente indica que "cada una de las ramas del Poder Público tiene sus funciones propias; pero los órganos a los que incumbe su ejercicio colaborarán entre sí en la realización de los fines del Estado". Estas "ramas del Poder Público" que la Constitución presume múltiples, no pueden ser otras que el Poder Nacional, el Poder Estadal y el Poder Municipal, en el sentido de distribución del Poder Público en tres niveles de entidades territoriales, por lo que no parece correcto considerar que la referencia a "ramas del Poder Público" se hace pensando únicamente en la división del Poder entre Legislativo, Ejecutivo y Judicial. Y ello, particularmente, porque para haberse referido a la división del Poder, el constituyente habría tenido que referirse a algunas de las "ramas" del Poder Público en especial, tal como lo hicieron todos los textos constitucionales de 1901 a 1953. El Poder Nacional, por ejemplo (como rama del Poder Público), se divide en Poder Legislativo Nacional, Poder Ejecutivo Nacional y Poder Judicial, pero el "Poder Público" como tal, nunca podría "dividirse" en Poder Legislativo, Poder Ejecutivo y Poder Judicial.

Es claro, por tanto, que a las "ramas del Poder Público" a las que se refiere el artículo 118 de la Constitución son: el Poder Nacional, el Poder de los Estados y el Poder Municipal, aun cuando contrariamente a lo establecido en las constituciones anteriores, en ellas no se identifican expresamente, sino que se presumen: al poder Nacional se dedica íntegramente el artículo 136 y los títulos V, VI y VII; el Poder de los Estados emana del Capítulo III del Título I; y el Poder Municipal resulta del Capítulo IV del mismo Título; sin embargo, la única de las ramas del Poder Público que se califica como tal Poder, es a la rama Nacional.

2. La separación de poderes y las funciones estatales

De acuerdo con el texto constitucional, "los órganos a los que incumbe" (el) "ejercicio" (de las) "funciones propias" (de) "cada una de las ramas del Poder Público"... "colaborarán entre sí en la realización de los fines del Estado" (Art. 118) por lo que de la unicidad del Estado y del Poder Público, y de la trilogía de "ramas" de dicho Poder, se pasa a la multiplicidad de las "funciones propias" de cada una de esas "ramas" y de los órganos a los que incumbe el ejercicio de dichas funciones.

Recoge aquí la Constitución, siguiendo el texto de la Constitución de 1953, una terminología nueva respecto a la tradición constitucional anterior, pues antes de referirse a una "división del Poder" en cada "rama" del Poder Público, entre Legislativo, Ejecutivo y Judicial, se refiere a que cada una de dichas ramas tiene "funciones" propias; y la novedad está en esta noción de funciones estatales. La revisión de la doctrina de la separación de poderes que los proyectistas de la Constitución hicieron, resulta en nuestro criterio evidente: se buscó superar las distorsiones de la "separación de Poderes" y sustituir, inclusive, la "división del Poder" por una asignación constitucional y legal de funciones propias a cada órgano del Estado, con la obligación de colaborar entre sí en la realización de los fines del Estado. En la expresión constitucional, por tanto, por función ha de entenderse la acción que desarrollan los órganos estatales o la actividad que desempeñan como tarea que les es inherente. De ahí que la función es toda actividad de la propia esencia y naturaleza de los órganos estatales y, por tanto, indelegable salvo que exista una autorización constitucional. Entonces, las diversas funciones del Estado son sólo las diversas formas a través de las cuales se manifiesta la actividad estatal.

Puede decirse, entonces, que la doctrina o principio de la separación de poderes no tiene aplicación alguna en Venezuela, en su concepción rígida, como separación de tres "poderes" atribuidos en forma exclusiva a tres órganos distintos e independientes, sino que más bien ha sido formulada como una "división del Poder" en el sentido de que se establece una multiplicidad de órganos y a cada uno se asigna una función propia, lo que en modo alguno significa exclusividad en el ejercicio de esa función. Esta es realmente la innovación constitucional de los textos de 1953 y 1961, y el sentido de la llamada colaboración funcional de los poderes. En otras palabras, el sistema constitucional establece una separación orgánica con la cual no coincide una supuesta "separación de funciones".

En efecto, ante todo la Constitución no sólo insiste en la distribución del Poder Público en "ramas", sino que asigna a cada una de ellas y a sus órganos, funciones propias. En cuanto a la rama nacional del Poder Público, es decir, el Poder Público Nacional (Art. 136) la Constitución atribuye su ejercicio a tres órganos o grupos de órganos separados, distintos e independientes, teniendo cada uno de ellos sus funciones propias: el Congreso integrado por el Senado y la Cámara de Diputados, ejerce el Poder Legislativo Nacional (Art. 138) y se le atribuye como función propia, la función legislativa; el Presidente de la República y demás funcionarios que determine la Constitución y la Ley, ejerce el Poder Ejecutivo Nacional (Art. 181) y se le atribuyen como funciones propias, la función de gobierno y la función administrativa; y la Corte Suprema de Justicia y demás tribunales que determine la Ley, ejercen el Poder Judicial, y se le atribuye como función propia la función jurisdiccional. Sin embargo, el hecho de que cada uno de esos órganos nacionales tenga funciones propias no significa que las ejerza con carácter de exclusividad, pues no sólo en su ejercicio algunas veces intervienen otros órganos, sino que su ejercicio se atribuye también a otros órganos.

En cuanto a la rama estadal del Poder Público, es decir, el Poder Público de los Estados, la Constitución atribuye su ejercicio a dos órganos o grupos de órganos separados, distintos e independientes, teniendo cada uno de ellos sus funciones propias: las Asambleas Legislativas ejercen el Poder Legislativo de los Estados y se le atribuye como función propia, la función legislativa estadal; y los Gobernadores ejercen el Poder Ejecutivo de los Estados, además de ser agentes del Ejecutivo Nacional, y se les atribuye, como función propia, la función ejecutiva estadal. No existe función jurisdiccional de nivel estadal, pues la justicia fue nacionalizada en Venezuela desde 1945.

En cuanto a la rama municipal del Poder Público, es decir, el Poder Municipal, el ordenamiento jurídico atribuye su ejercicio a un solo órgano al cual se asignan funciones legislativas de carácter local y funciones ejecutivas: los Concejos Municipales. En el solo caso de la Municipalidad del Distrito Federal, la Ley Orgánica respectiva establece una diferenciación orgánica entre el Gobernador del Distrito Federal y el Concejo Municipal del mismo, atribuyendo al primero, como función propia, la función ejecutiva, y atribuyendo al segundo, también como función propia, la función legislativa local.

3. La separación orgánica de poderes y la Administración Pública

El ordenamiento constitucional venezolano, si bien recoge el principio de la separación de poderes o mejor dicho, de la división del poder en diversas funciones, en términos relativos, es indudable que sí establece en términos absolutos la llamada separación orgánica de los poderes. La realidad política del país y la normativa constitucional, en efecto, muestran la existencia de tres grupos de órganos del Estado independientes entre sí y con relativa autonomía en el ejercicio de sus funciones: en el ámbito nacional, las Cámaras Legislativas (Cámara de Diputados y el Senado), los órganos del Ejecutivo Nacional y los Institutos Autónomos; y los Tribunales de la República; y en el ámbito estadal, las Asambleas Legislativas y los órganos de los Ejecutivos Estadales. Es decir, a nivel nacional y estadal existe y ha existido una separación orgánica entre órganos legislativos, órganos ejecutivos y órganos judiciales, aun cuando estos últimos sólo existan a nivel nacional. En el ámbito municipal, en cambio, con excepción de la Municipalidad del Distrito Federal, los órganos legislativos locales (Concejos Municipales) no se han diferenciado orgánicamente de los órganos administrativos municipales, lo que ha dado origen a multitud de interferencias funcionales.

En todo caso, es claro, no sólo constitucional sino práctica y realmente, que a nivel nacional, al lado del Congreso y de los Tribunales de la República, existe todo un complejo orgánico que el lenguaje común y técnico identifica como Administración Pública, compuesto, entre otros, por Ministerios, Oficinas Presidenciales, Comisiones e Institutos Autónomos. Puede decirse, entonces, que en este sentido es que adquiere relevancia la separación orgánica de poderes.

Pero si bien resulta claro de la conformación histórica del Estado y de nuestro ordenamiento legal y constitucional, que en el ámbito nacional la Administración Pública es una parte de La organización del Estado, distinta de las Cámaras Legislativas y de los Tribunales, también parece cierto que es a ese complejo orgánico que se denomina como Administración, a quien corresponde, en el ámbito interno, concretizar o materializar la personalidad estatal.

En efecto, el Estado venezolano, en realidad, no es una persona jurídica, salvo en el ámbito internacional, sino que está conformado por tres personas de derecho público territoriales: la República, los Estados Federados y los Municipios. En el ámbito internacional, el Estado se confunde con la persona territorial nacional: la República. Es ella quien actúa y obliga internacionalmente al Estado. En el ámbito nacional (interno), en cambio, la actuación del Estado se manifiesta a través de sus tres personas jurídico-territoriales, según su ámbito de competencia, por lo que las obligaciones y potestades que la Constitución asigna al "Estado" en el ámbito interno, en realidad se asignan a las tres personas territoriales dentro del ámbito de sus competencias.

Pero cada una de estas tres personas jurídico-territoriales que conforman el Estado, en el ámbito interno, actúan como personas jurídicas entrando en relación con los particulares como sujetos de derechos titulares de un interés público, que gestionan a través de sus Administraciones Públicas. De allí que se haya dicho que sólo cuando el Estado actúa como Administración es verdadera y propia persona jurídica.

Sin embargo, si bien ello es cierto, de allí no puede concluirse que el Estado no tenga personalidad jurídica. En Venezuela la tiene en sus tres personas territoriales (la República, los Estados y los Municipios), aun cuando dicha personalidad jurídica se concretice o materialice, normalmente, a través de sus Administraciones Públicas.

III. LA ADMINISTRACIÓN PÚBLICA Y LAS FUNCIONES DEL ESTADO

1. Las diversas funciones del Estado

Tal como se señaló, si bien se consagra constitucionalmente en Venezuela la separación orgánica de poderes, esta no es coincidente con alguna supuesta "separación de funciones". La Constitución permite, en efecto distinguir cuatro funciones fundamentales del Estado (función legislativa, función de gobierno, función jurisdiccional y función administrativa), pero ellas se realizan, indistintamente, por los diversos órganos del Estado.

A. La función legislativa*

La función legislativa en el Estado contemporáneo es aquella actividad estatal que se manifiesta en la creación, modificación o extinción de normas jurídicas de validez; general. La función legislativa del Estado, en esta forma, si bien se atribuye en el ámbito nacional, como función propia a los órganos que ejercen el Poder Legislativo, es decir, las Cámaras Legislativas, se realiza también por otros órganos de Poder Público.

En efecto, ante todo debe destacarse que la potestad de dictar leyes, en el ámbito nacional, corresponde a las Cámaras Legislativas actuando como cuerpos colegisladores (Art. 162), siendo estas leyes, por su generalidad e imperatividad, el tipo ideal de actos dictados en ejercicio de la función legislativa. Pero en el ordenamiento jurídico venezolano, los otros órganos del Poder Público también ejercen esta función creadora de normas jurídicas: el Presidente de la República y otros órganos ejecutivos al dictar Decretos-Leyes y Reglamentos (Art. 190, ord. 8 y 10); y ciertos tribunales de la República al dictar los reglamentos reguladores de las respectivas circunscripciones judiciales. Por tanto, la función legislativa, como actividad privativa e inherente del Estado mediante la cual sus órganos pueden crear, modificar o extinguir con carácter general las normas del ordenamiento jurídico, se ejerce por los tres grupos de órganos estatales en el ejercicio del Poder Público: por las Cámaras Legislativas, actuando como cuerpos colegisladores, en ejercicio del Poder Legislativo Nacional; por el Presidente de la República y ciertos órganos ejecutivos, en ejercicio del Poder Ejecutivo Nacional; y por ciertos Tribunales de la República en ejercicio del Poder Judicial. La función legislativa, por tanto, si bien es una "función propia" de las Cámaras Legislativas, no es una función privativa y exclusiva de ellas, pues los otros órganos estatales también la ejercen. Sin embargo, lo que sí es función privativa y exclusiva de las Cámaras Legislativas, es el ejercicio de la función legislativa en una forma determinada: en ejecución directa de atribuciones constitucionales y mediante la emisión de ciertos actos estatales denominados leyes. En efecto, sólo las Cámaras Legislativas actuando como cuerpos colegisladores pueden dictar leyes; y ellas pueden crear normas jurídicas generales ejerciendo atribuciones establecidas directamente en la Constitución, sin condicionamiento legal alguno. Los otros órganos estatales que ejercen la función legislativa, si bien realizan una función creadora dentro del ordenamiento jurídico, ello lo hacen a través de actos administrativos de efectos generales, bajo el condicionamiento de las leyes y excepcionalmente, en ejerci-

---

* Con posterioridad a esta función la hemos denominado "función normativa."

cio directo e inmediato de una norma constitucional. En otras palabras, las leyes son actos de ejecución directa de la Constitución y de rango legal; los reglamentos y demás actos administrativos de efectos generales son actos de ejecución directa de la legislación y de rango sublegal. Los decretos-leyes que puede dictar el Presidente, tienen el mismo poder derogativo de las leyes, y se realizan, directamente, en ejecución de la Constitución y también en ejecución de la respectiva ley habilitante, en su caso.

B. La función de gobierno

Pero aparte de la función legislativa, en el Estado contemporáneo ha ido delineándose una función primordial, distinta de la función administrativa, de conducción política de la sociedad y del Estado, por medio de la cual el Presidente de la República ejerce sus actividades como Jefe del Estado, es decir, como Jefe del Gobierno de la República (Art. 181). A través de esta función de gobierno, el Presidente de la República puede adoptar decisiones en virtud de atribuciones que le son conferidas directamente por la Constitución, sin condicionamiento legal y por sobre la ley, de orden político, que exceden de la administración normal de los asuntos del Estado (Art. 190, ord. 6 y 9). La característica fundamental de esta función de gobierno es que está atribuida al Presidente de la República, es decir, al nivel superior de los órganos que ejercen el Poder Ejecutivo, no pudiendo otros órganos ejecutivos ejercerla. Los órganos que ejercen el Poder Ejecutivo en esta forma, realizan fundamentalmente dos funciones propias: la función de gobierno y la función administrativa (arts. 21, 27 y 30). La función de gobierno, como función estrictamente política del Presidente de la República, se ejerce en ejecución directa de atribuciones constitucionales, sin condicionamiento legal alguno. El legislador, en esta forma, no puede limitar las facultades políticas del Jefe del Estado. La función de gobierno, por tanto, es de rango legal, en cambio que la función administrativa es de carácter sublegal.

Pero si bien la función de gobierno se ejerce con el carácter de función propia por el Presidente de la República en ejercicio del Poder Ejecutivo, ello tampoco se realiza con carácter excluyente, ya que las Cámaras Legislativas en ejercicio del Poder Legislativo también realizan la función de gobierno, sea a través de actos parlamentarios sin forma de ley (Art. 150, ord. 6), sea mediante leyes (Art. 139). En estos casos, también, la función de gobierno realizada por los órganos del Poder Legislativo es una actividad de rango legal, es decir, de ejecución directa de la Constitución. Pero si bien esta función puede ser realizada tanto por el Presidente de la República como por los órganos legislativos, por lo que no es exclusiva o excluyente, sin embargo, sí es exclusiva de uno u otros órganos la forma de su ejecución en los casos autorizados por la Constitución: la función de gobierno mediante decretos ejecutivos (Actos de Gobierno), se realiza en forma exclusiva por el Presidente de la República; y mediante leyes o actos parlamentarios sin forma de ley, por las Cámaras Legislativas.

C. La función jurisdiccional

Además de la función legislativa y de la función de gobierno, los órganos estatales realizan la función jurisdiccional, es decir, conocen, deciden o resuelven controversias entre dos o más pretensiones, es decir, controversias en las cuales una parte esgrime pretensiones frente a otra. El ejercicio de la función jurisdiccional se ha atribuido como función propia a la Corte Suprema de Justicia y a los Tribunales de la República, pero aquí también, ello no implica una atribución exclusiva y excluyente, sino que, al contrario, los otros órganos estatales pueden ejercer la función jurisdiccional.

En efecto, los órganos que ejercen el Poder Ejecutivo, realizan funciones jurisdiccionales, cuando las autoridades administrativas deciden controversias entre partes, dentro de los límites de su competencia, y las Cámaras Legislativas también participan en la función jurisdiccional, cuando el Senado, por ejemplo, autoriza el enjuiciamiento del Presidente de la República (Art. 150, ord. 8). Por tanto, la función jurisdiccional como actividad privativa e inherente del Estado mediante la cual sus órganos deciden controversias y declaran el derecho aplicable en un caso concreto, se ejerce por los tres grupos de órganos estatales en ejercicio del Poder Público: por la Corte Suprema de Justicia y los Tribunales de la República, en ejercicio del Poder Judicial; por las Cámaras Legislativas, en particular, por el Senado, en ejercicio del Poder Legislativo Nacional; y por los órganos administrativos en ejercicio del Poder Ejecutivo Nacional. La función jurisdiccional, por tanto, si bien es una "función propia" de los órganos judiciales, no es una función privativa y exclusiva de ellos, pues los órganos estatales también la ejercen. Sin embargo, lo que sí es una función privativa y exclusiva de los tribunales es el ejercicio de la función jurisdiccional en una forma determinada: con fuerza de verdad legal, mediante actos denominados sentencias. Sólo los tribunales pueden resolver controversias y declarar el derecho en un caso concreto, con fuerza de verdad legal, por lo que sólo los órganos del Poder Judicial pueden desarrollar la función judicial (función jurisdiccional ejercida por los tribunales). Los demás órganos del Estado que realizan funciones jurisdiccionales lo hacen, sea a través de actos administrativos condicionados por la legislación, sea a través de actos parlamentarios sin forma de ley y, por tanto, de rango legal.

D. La función administrativa

Pero aparte de la función creadora de normas jurídicas de efectos generales (función legislativa), de la función de conducción y ordenación política del Estado (función de gobierno), y de La función de resolución de controversias entre partes declarando el derecho aplicable en casos concretos (función jurisdiccional), el Estado ejerce la función administrativa, a través de la cual entra en relación con los particulares, como sujeto de derecho, gestor de interés público. De allí la distinción entre la función de crear el derecho (legislativa), de aplicar el derecho imparcialmente (jurisdiccional), y de actuar en relaciones jurídicas como sujeto de derecho, al gestionar el interés público (administrativa).

En las dos primeras, el Estado al crear el derecho o al aplicarlo, es un tercero en las relaciones jurídicas que surjan; en la última, en cambio, el Estado es parte de la relación jurídica que se establece entre la Administración y los particulares, como sujeto de derecho gestor del interés público. De allí que la personalidad jurídica del Estado, como se ha dicho, se concretice en el orden interno, cuando sus órganos ejercen la función administrativa.

Ahora bien, al igual que lo que sucede con la función legislativa, de gobierno y jurisdiccional, la función administrativa tampoco está atribuida con carácter de exclusividad a ninguno de los órganos del Poder Público. Por ello, si bien la función administrativa puede considerarse como función propia de los órganos ejecutivos, concretizada básicamente a través de actos administrativos, ello no significa que la ejerzan con carácter exclusivo y excluyente. Al contrario, todos los otros órganos del Estado también ejercen la función administrativa: las Cámaras Legislativas, al autorizar o aprobar diversos actos de los órganos ejecutivos o al dictar actos relativos a su personal o servicios administrativos, realizan la función administrativa; y los órganos del Poder Judicial también realizan la función administrativa al dictar actos concernientes a la administración del personal o los servicios de los tribunales, o al imponer sanciones policiales. En esta forma, la función administrativa, como actividad privativa e inherente del Estado mediante la cual sus órganos, al gestionar el interés público, entran en relaciones jurídicas con los particulares, como sujeto de Derecho, se ejerce por los tres grupos de órganos estatales en ejercicio del Poder Público: por los órganos administrativos, en ejercicio del Poder Ejecutivo Nacional; por las Cámaras Legislativas, en ejercicio del Poder Legislativo Nacional; y por los Tribunales de la República, en ejercicio del Poder Judicial. La función administrativa, por tanto, si bien es una "función propia" de los órganos ejecutivos y administrativos, no es una función privativa y exclusiva de ellos, pues los otros órganos estatales también la ejercen dentro del ámbito de sus respectivas competencias constitucionales y legales. El acto administrativo, como concreción típica pero no única del ejercicio de la función administrativa, puede emanar de todos los órganos estatales en ejercicio del Poder Público, teniendo en todo caso, carácter sublegal.

2. La ausencia de coincidencia de la separación orgánica de "poderes" y la asignación de funciones estatales

Como se ha visto, a nivel de cada una de las tres ramas del Poder Público, si bien existe una diferenciación orgánica con la asignación de funciones propias a cada uno de los órganos, el ejercicio de las mismas por dichos órganos, en general, no es exclusiva ni excluyente. En otras palabras, existen órganos legislativos nacionales, estadales y municipales; órganos ejecutivos nacionales, estadales y municipales, y órganos judiciales exclusivamente nacionales; pero las funciones legislativas, administrativas y jurisdiccionales del Estado no coinciden exactamente con aquella separación orgánica.

En efecto, como principio general de la aplicación del principio de la separación de poderes en el régimen constitucional venezolano, puede afirmarse que la "división del Poder" no coincide exactamente con la "separación de funciones". Por ello, no sólo en múltiples oportunidades los órganos del Estado, además de sus "funciones propias" ejercen funciones que por su naturaleza deberían corresponder a otros órganos, sino que también en múltiples oportunidades la Constitución permite y admite la intervención o interferencia de unos órganos en las funciones propias de otros. Estos dos aspectos de la situación de la separación de poderes en Venezuela requieren, indudablemente, un tratamiento separado.

Como se ha dicho, la separación de poderes ha de entenderse en el sistema venezolano, en primer lugar, como una separación orgánica entre los órganos del Poder Público; y en segundo lugar, como una asignación de funciones propias a cada uno de dichos órganos; pero nunca como una separación de funciones atribuidas con carácter exclusivo a los diversos órganos. Al contrario, además de sus funciones propias, los órganos del Estado realizan funciones que por su naturaleza son semejantes a las funciones asignadas a otros órganos.

En otras palabras mediante este principio se reserva a ciertos órganos el ejercer una función en una forma determinada (funciones propias), lo que no excluye la posibilidad de que otros órganos ejerzan esa función en otra forma.

En efecto, el Congreso tiene atribuida la función legislativa y, en forma privativa, la sanción de leyes por las Cámaras actuando como cuerpo colegisladores (Art. 162), así como la emisión de actos privativos de dichas Cámaras (arts. 150, 153 y 158). Sin embargo, además del cumplimiento de la función legislativa, el Congreso y las Cámaras Legislativas realizan funciones administrativas, por ejemplo, cuando imponen sanciones a quienes infringen los reglamentos internos de las Cámaras, cuando organizan su servicio de policía o cuando ejecutan su presupuesto de gastos (Art. 158, ords. 1, 3 y 5). Así mismo, las Cámaras ejercen funciones administrativas, cuando designan o remueven su personal administrativo excluido de la aplicación de la Ley de Carrera Administrativa, es decir, cuando realizan cualquier acto relativo a la administración de su personal. En estos casos, por supuesto, no podría verse violación alguna al principio de la separación de poderes, pues se trata de funciones de naturaleza distinta a las Legislativas que el ordenamiento jurídico permite realizar, pues en ningún dispositivo se indica que la función administrativa corresponde exclusivamente a los órganos del Ejecutivo Nacional.

Por otra parte los órganos del poder judicial también pueden ejercer funciones administrativas. En efecto, la Corte Suprema de Justicia y los Tribunales de la República tiene atribuida La función jurisdiccional y, en forma privativa, la adopción de decisiones acerca de las pretensiones procesales de una parte frente a la otra, de nulidad de actos del poder público o de condena de carácter penal, con fuerza de cosa juzgada, jurisdiccionalmente, en forma autónoma e independiente de los demás órganos del Poder Público (Art. 205). Sin embargo, además del cumplimiento de la función judicial o jurisdiccional los órganos judiciales realizan funciones administrativas, por ejemplo, al designar o remover los funcionarios administrativos de los tribunales, al dictar los reglamentos de organización o policía en determinados niveles, o al imponer sanciones administrativas o disciplinarias. En ninguno de estos casos podría verse usurpación alguna o violación del principio de la separación de poderes, pues no hay norma alguna de orden constitucional que reserve con exclusividad el ejercicio de la función administrativa a los órganos del Poder Ejecutivo.

Por último, y así como los órganos legislativos y judiciales ejercen funciones administrativas, así también los órganos del poder ejecutivo realizan funciones legislativas y jurisdiccionales. En efecto el Presidente de la República, además de las funciones ejecutivas propias (funciones de gobierno y funciones administrativas), realiza funciones legislativas no sólo al dictar decretos con valor de ley conforme a la Ley de Medidas Económicas de Urgencia respectiva (Art. 190, ord. 8), sino cuando crea normas de carácter general en el ordenamiento jurídico al ejercer la potestad reglamentaria (Art. 190, ord. 10). Asimismo, los órganos ejecutivos también realizan, en ciertos casos, funciones jurisdiccionales aun cuando no de carácter judicial, siendo en todo caso funciones excepcionales. Dentro de estas funciones jurisdiccionales se incluiría, tal como lo ha hecho la Corte Suprema en varias de sus decisiones, por ejemplo, las que adopta el Inspector del Trabajo de conformidad con lo dispuesto en el artículo 198 de la Ley del Trabajo, siguiendo un procedimiento especial, o las que dictan las Comisiones Tripartitas reguladas en la Ley contra despidos injustificados.

3. Las interferencias orgánicas en el ejercicio de las funciones estatales

La flexibilidad de la aplicación del principio de la separación de poderes en Venezuela, no sólo resulta del hecho de que, en general, los distintos órganos del Poder Público, además de sus funciones propias ejerzan funciones cuya naturaleza es similar a las ejercidas por otros órganos, sino del hecho de que en el ejercicio de las funciones propias por cada uno de los órganos del Poder Público, la Constitución admite o autoriza la intervención o la interferencia de otros órganos.

En efecto, en el ejercicio de sus funciones legislativas, las Cámaras se encuentran interferidas en algunos supuestos tanto por los órganos ejecutivos como por los judiciales. Por ejemplo, la iniciativa de las leyes puede corresponder al Ejecutivo Nacional o a la Corte Suprema de Justicia, cuando se trata de leyes relativas a la organización y procedimiento judiciales (Art. 165, ords. 2 y 4); la iniciativa de la Ley de Presupuesto corresponde exclusivamente al Ejecutivo Nacional y las Cámaras no pueden autorizar "gastos que excedan el monto de las estimaciones de ingresos del respectivo proyecto de Ley de Presupuesto" (Art. 228); el Presidente puede vetar la ley y devolverla al Congreso para su reconsideración (Art. 173); y la Corte Suprema de Justicia tiene competencia para declarar la nulidad por inconstitucionalidad de las leyes o resolver las colisiones que existan entre diversas disposiciones legislativas (Art. 215, ords. 3, 4 y 5).

Por otra parte, en el ejercicio de sus funciones de gobierno y administrativas, el Ejecutivo Nacional se encuentra interferido tanto por los órganos legislativos como judiciales.

En efecto, los tratados o convenios internacionales, que celebre el Ejecutivo Nacional, salvo ciertas excepciones, deben ser aprobados por ley especial (Art. 128); los contratos de interés público, salvo ciertas excepciones deberán ser aprobados previamente por el Congreso y el otorgamiento de concesiones de hidrocarburos deberá ser autorizada previamente por las Cámaras en sesión conjunta (Art. 126); el Senado debe autorizar previamente al Ejecutivo Nacional para enajenar bienes inmuebles del dominio privado de la Nación, para autorizar el empleo de misiones militares venezolanas en el exterior o extranjeras en el país, para el nombramiento del Procurador General de la República y los jefes de misiones diplomáticas permanentes, o al Presidente de la República para salir del país (Art. 150, ords. 2, 4, 6 y 7); la Cámara de Diputados puede dar un voto de censura a los Ministros el cual puede acarrear la remoción del Ministro en ciertos casos (Art. 153, Ord. 2); el Congreso ejerce el control de la Administración Pública (Art. 139); y los actos de gobierno, reglamentos y actos administrativos pueden ser declarados nulos por contrariedad al derecho por la Corte Suprema de Justicia (arts. 206 y 215, ords. 6 y 7).

Por último, en el ejercicio de sus funciones judiciales, la Corte Suprema de Justicia se encuentra interferida tanto por los órganos legislativos como por los órganos ejecutivos. En efecto, el Congreso puede decretar amnistías (Art. 139) y el Presidente de la República conceder indultos (Art. 190, ord. 21); el enjuiciamiento del Presidente de la República debe ser autorizado por el Senado (Art. 150, ord. 8); y el Ejecutivo Nacional determina el número de tribunales y su circunscripción.

En todos estos casos, encontramos supuestos de interferencia o intervención autorizada constitucionalmente, de los órganos del Poder Legislativo en las funciones propias de los órganos del Poder Ejecutivo y del Poder Judicial; de los órganos del Poder Ejecutivo en las funciones propias de los órganos del Poder Legislativo y del Poder Judicial;

y de los órganos del Poder Judicial en las funciones propias de los órganos del Poder Legislativo y del Poder Ejecutivo, que en modo alguno significan violación del principio de la separación de poderes.

Al contrario, estas interferencias confirman el carácter y sentido de dicho principio en el ordenamiento constitucional venezolano, que antes que una separación de poderes, más bien consagra el carácter complementario de los mismos, así como la colaboración y cooperación entre ellos, para la consecución de los fines del Estado. El sistema es, por tanto, un sistema de equilibrio armónico entre los poderes, en el cual se combinan funciones propias con interferencias, estando atribuida a la Corte Suprema de Justicia la función de asegurar el balance y contrapeso entre los mismos. En la base de toda la concepción, en todo caso, está el principio de que si bien hay una división del Poder en sentido orgánico y con las flexibilidades señaladas, a esa división orgánica no se corresponde una separación absoluta de funciones. Pero, por supuesto, la operatividad de este sistema de contrapesos depende de la conformación política del Congreso y de la Presidencia, pues debido a la forma presidencial de gobierno, si el Presidente de la República no tiene el respaldo mayoritario del Congreso, el sistema de cooperación entre poderes se convierte en un sistema de conflicto de poderes con el riesgo de que se inmovilice el Estado.

4. La distinción entre las funciones y los actos estatales

Pero si bien resulta clara la distinción entre las funciones fundamentales del Estado, no debe, por ningún respecto, identificarse el ejercicio de una función estatal determinada con la producción de determinados actos jurídicos. Al igual que la separación orgánica de poderes no coincide con la distribución de funciones, éste no coincide, necesariamente, con el tipo de acto jurídico que emane de la voluntad estatal.

En efecto, de lo expuesto anteriormente resulta que la función legislativa la ejerce el Estado en Venezuela a través de sus órganos legislativos (Cámaras Legislativas), de sus órganos ejecutivos (Presidente de la República) o de sus órganos judiciales (Tribunales); la función de gobierno la ejerce el Estado a través de sus órganos legislativos (Cámaras Legislativas) y de sus órganos ejecutivos (Presidente de la República); la función jurisdiccional la ejerce el Estado a través de sus órganos legislativos (Senado), de sus órganos administrativos o de sus órganos judiciales (Tribunales); y la función administrativa la ejerce el Estado a través de sus órganos legislativos (Cámaras Legislativas), de sus órganos judiciales (Tribunales) y de sus órganos administrativos. Sin embargo, de ello no puede deducirse que todo acto realizado en ejercicio de la función legislativa, sea un acto legislativo; que todo acto realizado en ejercicio de la función de gobierno, sea un acto de gobierno; que todo acto realizado en ejercicio de la función jurisdiccional, sea un acto judicial; o que todo acto realizado en ejercicio de la función administrativa, sea un acto administrativo. Al contrario, así como los diversos órganos del Estado realizan diversas funciones, los actos cumplidos en ejercicio de las mismas no son siempre los mismos ni tienen por qué serlo.

En efecto, tal como hemos señalado, los órganos de Poder Legislativo pueden ejercer funciones legislativas, de gobierno, jurisdiccionales y administrativas, pero los actos que de dichos órganos emanen al ejercer dichas funciones no son, necesariamente, ni uniformes ni correspectivos. Cuando las Cámaras Legislativas ejercen la función legislativa, es decir, crean normas jurídicas de carácter general actuando como cuerpos colegisladores, dictan leyes (Art. 162), pero cuando lo hacen en otra forma distinta, por ejemplo, al dictar sus reglamentos internos, ello lo hacen a través de actos parlamentarios sin forma de ley (Art. 158, ord. 1 y 3). Cuando las Cámaras Legislativas ejercen la función de gobierno, es decir, intervienen en la formulación de las políticas nacionales, lo hacen a través de leyes (Art. 139) o a través de actos parlamentarios sin forma de ley (Art. 150, ords. 4, 6 y 7). En el caso del ejercicio de la función jurisdiccional, el Senado concretiza su acción a través de un acto parlamentario sin forma de ley (Art. 150, ord. 8); y en cuanto al ejercicio de la función administrativa por las Cámaras Legislativas, ella puede concretarse en leyes (Art. 126), actos parlamentarios sin forma de ley (Art. 150, ords. 2, 3 y 5) o actos administrativos (Art. 158, ords. 1, 3, 4 y 5).

Por su parte, cuando los órganos del Poder Ejecutivo, particularmente el Presidente de la República, realizan la función legislativa, ésta se concretiza en decretos-leyes (Art. 190, ord. 8) o en reglamentos (actos administrativos) (Art. 190, ord. 10) y cuando realiza la función de gobierno, dicta actos de gobierno (Art. 190, ordinales 3, 4, 5, 6, 7, 9, 11 y 21). En los casos de ejercicio de la función jurisdiccional y de la función administrativa, los órganos ejecutivos dictan, por ejemplo, actos administrativos.

En cuanto a los órganos del Poder Judicial, cuando ejercen la función legislativa, dictan reglamentos (actos administrativos), cuando ejercen la función administrativa, dictan actos administrativos, y cuando ejercen la función jurisdiccional, dictan actos judiciales (sentencias).

En esta forma, el ejercicio de la función legislativa se puede manifestar, variablemente, a través de leyes, actos parlamentarios sin forma de ley, decretos-leyes y reglamentos (actos administrativos); el ejercicio de la función de gobierno, a través de actos de gobierno, leyes y actos parlamentarios sin forma de ley; el ejercicio de la función jurisdiccional, a través de actos parlamentarios sin forma de ley, actos administrativos y sentencias; y el ejercicio de la función administrativa, a través de leyes, actos parlamentarios sin forma de ley y actos administrativos. En sentido inverso, puede decirse que las leyes sólo emanan de las Cámaras Legislativas actuando no sólo en ejercicio de la función legislativa, sino de la función de gobierno y de la función administrativa; que los actos de gobierno emanan del Presidente de la República, actuando no sólo en ejercicio de la función de gobierno sino en ejercicio de la función legislativa; que los actos parlamentarios sin forma de ley sólo emanan de las Cámaras Legislativas, actuando en ejercicio de las cuatro funciones estatales; y que los actos judiciales (sentencias) sólo emanan de los tribunales, actuando en ejercicio de la función jurisdiccional. En todos estos casos, el tipo de acto se dicta exclusivamente por un órgano estatal, pero en ejercicio de variadas funciones estatales.

Lo privativo y exclusivo de los órganos estatales en esos casos, no es el ejercicio de una determinada función, sino la posibilidad de dictar determinados actos; las leyes por las Cámaras Legislativas; los actos de gobierno por el Presidente de la República; y los actos judiciales (sentencias) por los tribunales.

En cuanto a los actos administrativos, éstos pueden emanar de las Cámaras Legislativas, actuando en función administrativa; de los tribunales, actuando en función legislativa y en función administrativa; y de los órganos del Poder Ejecutivo, actuando en función legislativa, en función jurisdiccional y en función administrativa. Los actos administrativos en esta forma, y contrariamente a lo que sucede con las leyes, los actos de gobierno y las sentencias judiciales, no están reservados a determinados órganos del Estado, sino que pueden ser dictados por todos ellos y no sólo en ejercicio de la función administrativa.

En esta forma, es evidente que al analizar la función administrativa y la concreción más general que resulta de su ejercicio, los actos administrativos, no puede adoptarse un criterio orgánico para su caracterización, en virtud de la no coincidencia de la separación orgánica de poderes con la distribución de funciones.

Por otra parte, para la diferenciación de los actos estatales, tampoco pueden adoptarse criterios orgánicos, pues si bien es cierto que las leyes emanan solamente de las Cámaras Legislativas, que los actos de gobierno emanan solamente del Presidente de la República, y que las sentencias judiciales emanan solamente de los tribunales, eso mismo no se puede decir de los actos administrativos, que emanan de todos los órganos del Estado.

La definición de las funciones del Estado, por tanto, ha de ser una definición material que se deriva de la naturaleza de la actividad estatal y no del órgano del cual emana o de su forma; y para llegar a dicha caracterización material resulta indispensable, tal como se ha señalado anteriormente, no confundir la función misma con el acto que emana de su ejercicio, es decir, la naturaleza de la actividad estatal (función) con el resultado de su ejercicio (actos jurídicos).

IV. LA ADMINISTRACIÓN COMO SUBSISTEMA DEL SISTEMA POLÍTICO

Por otra parte, la noción de Administración Pública también puede analizarse bajo el punto de vista del criterio sistémico. En efecto, la relación entre medios y fines, es una relación permanente en toda organización social, y la administración viene a identificarse en el proceso de transformación de los recursos y medios para la obtención de determinados fines u objetivos. Pero esta es una tarea política, y que además de incumbir, en una sociedad determinada, a la Administración, también corresponde al conjunto de las instituciones políticas de las cuales la Administración no es sino una parte.

La Constitución, en efecto, le fija a la colectividad venezolana determinados fines: fines de desarrollo económico, de desarrollo social, de desarrollo físico, de protección de los recursos naturales, de desarrollo de los transportes y comunicaciones, de realización de determinadas actividades industriales y comerciales, etc. Esta serie de fines, que se regulan en el texto constitucional y que se le imponen al Estado, le acarrean a éste una serie de responsabilidades que debe atender mediante todas sus instituciones políticas, jurídicas y administrativas.

En efecto, bajo el enfoque sistémico puede señalarse, pensando en la totalidad del sistema político-social, que todos los componentes de éste, en base a determinados – cualitativa y cuantitativamente– recursos humanos, materiales, financieros y de información (inputs), tiene unos objetivos concretos de desarrollo económico, de desarrollo social y de desarrollo físico y ordenación territorial que alcanzar en un tiempo dado (outputs) – y que deben estar plasmados en un plan y en unas políticas– , por la acción conjunta y mixta de los sectores públicos y privados, a través de la integración de sus instituciones – jurídicas, políticas y administrativas– , en un sistema.

Ahora bien, precisados determinados objetivos de desarrollo y cuantificados los recursos disponibles – y sobre estos aspectos en el campo económico y social está inundada la literatura latinoamericana– , el problema a dilucidar y determinar es si los mecanismos o medios procesadores de una sociedad en un tiempo determinado, están en capacidad de producir los bienes y servicios necesarios, con los recursos e informaciones disponibles, y en un período establecido, alcanzar los objetivos del desarrollo económico y social. En un sistema de cualquiera de nuestras sociedades, los mecanismos o medios procesadores serían las instituciones jurídicas, políticas y administrativas que configuran el sector público y las instituciones privadas o particulares que configuran el sector privado, quienes tendrían la responsabilidad de alcanzar los objetivos de desarrollo en el lapso querido y mediante la utilización adecuada y racional de los recursos disponibles; y la proporción de la participación de los sectores públicos y privado dependerá de los objetivos de desarrollo perseguidos y del tiempo y recursos disponibles. Pero, en todo caso, la pregunta esencial tiende a determinar si realmente esas instituciones están en capacidad de alcanzar los objetivos de desarrollo deseados, o al contrario, si esas instituciones en general, no constituyen más bien obstáculos o frenos al desarrollo en lugar de ser las palancas del mismo.

Desde este ángulo, entonces, la Administración puede enfocarse como parte de un sistema, del sistema global de la sociedad, en que la administración es un proceso de transformación de medios en la obtención de determinados fines ligados a las exigencias constitucionales. Desde este punto de vista, entonces, la administración también se nos presenta como un instrumento del sistema político-social.

Dentro de este esquema general, la Administración puede considerarse como un subsistema dentro del sistema político-social, en la aplicación de determinados recursos para la concreción de los fines del Estado. En esta operación, tiene que evaluar los recursos materiales, los recursos humanos y los recursos financieros de los cuales dispone (qué personal, presupuesto, etc.,). Debe evaluar también la serie de condicionamientos que el medio ambiente le impone, como exigencias de tipo social, necesidades determinadas en el campo de la salud, en el campo de la educación, etc. En base a toda esta evaluación de las exigencias sociales, de los medios de que dispone y de los fines que tiene que cumplir, debe realizar todo un proceso para transformar esos recursos y medios en objetivos concretos a lograr en un lapso de tiempo. Todo este proceso de transformación de medios en fines, de recursos en determinados resultados, es el proceso administrativo.

REFERENCIAS BIBLIOGRÁFICAS Sección Quinta: Sobre la distinción entre Administración Pública y Administración Privada pueden consultarse los siguientes trabajos. *L' Administration Publique*, Recueil de textes, Paris, 1971, pp. 109 y ss.; Jacques Chevalier et Daniele Loschak: *Introduction a la Science Administrative*, Paris, 1974, pp. 13 y ss.; Frederick C Mosher. y Salvatore Cimmino: *Ciencia de la Administración*, Madrid, 1961, pp. 187 y ss.; Oscar Juan Collazo: *Administración Pública*, Buenos Aires, 1974, pp. 22 y ss.; Michel Crozier: "Le rapprochement actuel entre administration publiques et grands entreprises privées et ses conséquences", en *Revue Internationale des Sciences Sociales*, Paris, 1968, pp. 9 y ss.; Charles Debbasch: *Ciencia Administrativa. Administración Pública*, Madrid, 1977, pp. 27 y ss.; André G. Delion; "Administration publique et management" en *Bulletin de l'Institut International d'Administration Publique*, N° 9, Paris, 1969, pp. 55 y ss.; Wilburg Jiménez Castro: *Introducción al Estudio de la Teoría Administrativa.* México, 1970, pp. 30 y ss.; Juan I. Jiménez Nieto: *Concepto y Método de la Administración Pública*, Madrid, 1978, pp. 47 y 121; y *Política y Administración*, Madrid, 1970, pp. 30 y ss.; Pedro Muñoz Amato: *Introducción a la Administración Pública.* Tomo I, México, 1956, pp. 51 y ss.; Jean Rivero: "La fonction administrative" en *L'Encyclopedie Francaise*, Tomo X, L'Etat, Paris, 1964, pp. 329 y ss.; H. A. Simon, D. W. Smithburg y V. A. Thompson: *Administración Pública*, México, 1968, pp. 5 y ss.; Dwight Waldo: *La Administración Pública del Cambio Social*, Madrid, 1974, pp. 18 y ss.; Sobre la Administración Pública y la Organización y Actividades del Estado, en el texto hemos seguido lo que hemos expuesto en: Allan R. Brewer-Carías: *Derecho Administrativo*, Tomo I, "Los Supuestos Fundamentales del Derecho Administrativo", Caracas, 1975, pp. 211 y ss. y 347 y ss. Sobre la Administración como sistema, véase: Luis Enrique Aray: *Análisis de Sistemas y Administración Pública*, ENAP, Caracas, s./f.; Alejandro Carrillo Castro: *La Reforma Administrativa en México*, México 1973, pp. 8 y ss.; Saúl Katz: *Enfoque de sistemas de Administración para el desarrollo*. México, 1970; Ira Sharkansky: *Administración Pública*, México, 1971, pp. 13 y ss.; Juan I. Jiménez Nieto: *Política y Administración*, Madrid, 1970, pp. 31 y ss.

Sección Sexta: LA ADMINISTRACIÓN PÚBLICA Y LA EVOLUCIÓN DEL ESTADO MODERNO (1980)

El texto de esta Sección Sexta es la del Parágrafo Tercero de la Introducción del libro *Fundamentos de la Administración Pública, Tomo I (Elementos Condicionantes de la Administración Pública)*, Editorial Jurídica Venezolana, Colección Estudios Administrativos, Caracas 1980.

Siendo la Administración Pública, tal como hemos analizado, parte integrante del Estado por ser un instrumento para la ejecución de políticas, es necesario, al estudiar su evolución, paralelamente, revisar la del Estado Moderno.

El Estado Moderno, como forma de organización política de la Sociedad, surge a la caída del Régimen Feudal, caída que se debió principalmente al inicio de un proceso centralizador promovido por el Monarca; a la transformación de un sistema agrícola en una economía basada en el comercio y artesanado; y al debilitamiento del poder temporal de la Iglesia y del Papado como consecuencia de la Reforma.

A la base de este proceso de búsqueda de unificación del poder político en torno del Monarca se encuentra la influencia de una serie de doctrinas políticas y un sistema económico determinado: el Mercantilismo, como analizaremos más adelante, pues las estructuras políticas no se transforman autónomamente sino como consecuencia de determinadas realidades sociales, económicas y administrativas.

La primera forma de Estado Moderno que surge a la caída del régimen feudal es la del Estado Absoluto, forma que luego evolucionará a la de Estado de Derecho a raíz de un hecho histórico, la Revolución Francesa. Cada una de estas formas de Estado tuvo su propia Administración Pública, hasta llegar a la Administración del Estado Contemporáneo.

I. EL ESTADO ABSOLUTO

En esta parte, por tanto, interesa estudiar en líneas generales la evolución del Estado Moderno, en tres partes, con particular referencia a la Administración Pública, en una primera parte, el Estado Absoluto y la Administración del antiguo régimen; en una segunda parte, el Estado de Derecho y las características de la Administración liberal; y en una tercera parte, las características de la Administración en el Estado Social de Derecho y en los Estados Socialistas.

1. Los supuestos políticos, económicos y sociales del absolutismo

Una serie de teorías políticas, doctrinas económicas, determinadas estructuras sociales y la existencia de un instrumento de ejecución de la política del Estado, la Administración Pública, están en la base de la configuración del Estado Moderno; permiten su estructuración y facilitan su establecimiento.

Si enfocamos la evolución de ese Estado en base a esos cuatro elementos, podemos visualizar toda su trayectoria, y todos los aspectos políticos, económicos, sociales y administrativos que están envueltos en la aparición del mismo.

Entre las teorías políticas que están en la base del surgimiento de la monarquía absoluta se encuentra, en primer lugar, la de Maquiavelo quien propugnó la concentración del poder en el soberano y la búsqueda de unidades territoriales superiores que eliminarán la atomización propia del feudalismo fundado en autarquías, con lo cual el Monarca pudiera concentrar un poder superior dentro de una unidad territorial mayor. Además, la idea de la razón del Estado, vinculada a toda la concepción del surgimiento del Estado Moderno, se asocia al pensamiento de Maquiavelo. Aunque como se sabe, Maquiavelo nunca empleó esta expresión, "razón de Estado", a él se le atribuye la idea de que el Estado y la política tienen una moral propia, distinta a la de los hombres, que, aun cuando pueda en un momento determinado no coincidir con la moral individual, le permite al Estado y a la política tomar decisiones en beneficio propio.

Otra teoría política que sirve de basamento al Estado Absoluto, es la concepción de Bodino sobre la soberanía como un poder absoluto y perpetuo que tiene la República sobre los ciudadanos y que permite al Monarca imponerse sobre todos los elementos que componen la sociedad. La Soberanía proviene de Dios (por la gracia de Dios) para que pueda ser superior; en virtud de ella, el Monarca posee todos los poderes sobre los ciudadanos, sin que éstos tengan ningún derecho, sino sólo obligaciones frente al Monarca.

La concepción de Hobbes sobre el Leviathan, como nueva entidad territorial con propios poderes, con una determinada soberanía y potestades que lo configuran como una persona distinta a la suma de los individuos que componen la sociedad, viene a consolidar la figura de la monarquía absoluta. La personificación unitaria de la multitud de hombres es el Leviathan, figura con que se designa al Estado Moderno.

El Monarca que surge sobre la base de esta concepción, va a tener poderes ilimitados e incontrolados que le han sido legados por la gracia de Dios, y los particulares no pueden exigir ningún tipo de responsabilidad al Monarca por sus acciones.

Esta concentración del poder y el surgimiento de esa estructura política se harán posibles porque, paralelamente a las concepciones políticas señaladas, se van a desarrollar una serie de doctrinas económicas que van a dar realidad a esa estructura política unitaria y concentrada. Así como la Monarquía, en su calidad de estructura política, es contraria a la disgregación propia del régimen feudal; en el plano económico nos encontraremos con una doctrina, el mercantilismo, contraria a la economía medieval y, particularmente, a la agrícola que la caracterizaba. De manera que son posibles el Estado Absoluto y la Monarquía, porque existe un sistema y una doctrina económica que le sirve de soporte; ambos no pueden concebirse por separado, ya que ni el Mercantilismo podía haberse establecido, como doctrina económica, sin la Monarquía y la concentración del poder que la caracteriza, ni ésta sin la existencia del Mercantilismo.

Esta doctrina económica puso énfasis en las actividades comerciales y particularmente en la búsqueda de una balanza comercial favorable a los Estados. Estos debían buscar que hubiese un exceso de exportaciones sobre sus importaciones como única manera de concentrar y atesorar riquezas. Para poder lograr estos objetivos el Estado tenía que intervenir en el proceso económico, fomentando actividades de exportación, formando empresas directamente y otorgando privilegios para la realización de actividades comerciales. No hay que olvidar que el origen de las grandes casas comerciales coloniales de las potencias europeas en el Nuevo Mundo, coincide con la aparición del Estado Absoluto y del Mercantilismo.

Una política económica estatista e intervencionista, como la del Mercantilismo, que tiene como base el control del comercio por parte del Monarca, tuvo implicaciones políticas. Para poder implantar una política económica de este tipo fue necesario romper con el aislamiento que existía entre los diferentes feudos, acabar con las barreras aduaneras entre ellos, eliminar las Ciudades-Estado y en fin, todo lo que impidiera el libre intercambio, la unificación del territorio y la concentración del Poder. El agente unificador de este proceso fue el Mercantilismo, como doctrina económica que propugnaba la necesidad del comercio y del intercambio para lograr la riqueza de las naciones como base del poder estatal.

Este proceso tenía también un basamento social. El sistema político y la doctrina económica que hemos señalado existían sobre la base de un determinado tipo de estructura social estratificada, caracterizada por el otorgamiento de privilegios a determinados individuos y clases sociales (nobleza-clero). Precisamente, la ruptura de los poderes feudales fue hecha a costa del otorgamiento de privilegios.

2. La Administración en el antiguo régimen

Todo este aparato político dio origen a un determinado tipo de Administración que fue, sin duda, poderosa, absoluta, manejada por empleados reales, nobles y clero. Se constituyó así, un gran aparato burocrático que permitía la centralización y el logro de los objetivos políticos y económicos del Estado. En la mayoría de los Estados, cuando se logra la centralización, se estructura la monarquía y, en consecuencia, se rompen los privilegios feudales.

Pero ello se hace a costa del otorgamiento de nuevos privilegios dentro de la estructura estatal, constituyéndose así un cuerpo burocrático manejado por los estamentos tradicionales. Los antiguos señores feudales van a ser ahora funcionarios reales con cargos vitalicios y hereditarios, y constituirán, dentro de la estructura central del Estado, un nuevo poder, del cual si bien se va a valer el Monarca muchas veces se va a imponer a él. Por eso es muy frecuente ver en esas monarquías que el Monarca va a carecer de poderes para manejar ese nuevo Estado centralizado. Los propietarios de los cargos vitalicios dentro de la Administración Pública, la nobleza en definitiva, serán los que van a controlar el poder dentro de ella.

Nos encontramos, entonces, con una Administración sobre la cual el Monarca va a carecer, en muchos casos, de poderes para ordenar la conducta de los empleados, ya que éstos son propietarios y titulares de los cargos. Estos van a producir un estrangulamiento del poder real. Cuando un poder nuevo como el poder administrativo se empieza a estructurar, manejado por la nobleza, se frena al Monarca. Recordemos que la observación de esta realidad política por parte de Montesquieu, va a servir de base a su teoría política que se expresa en la concepción de la separación de poderes para lograr un equilibrio entre los mismos como garantía de la libertad. La idea de que dentro de la estructura del Estado, deben existir diversos poderes que se frenen unos a otros nace, como dijimos, de la observación de que el poder burocrático, manejado por la nobleza, restringía el poder del rey.

El Monarca, en muchos casos, para contrarrestar el poder de la nobleza dentro de la Administración, tendrá que valerse de ciertos instrumentos, tendientes a controlar administrativamente la situación. Entre estos elementos está la figura del Comisario, un funcionario nombrado directamente por el Monarca para ocuparse de asuntos militares, pero que luego va asumir funciones administrativas. A través de ese mecanismo se va a ir estructurando una Administración que no depende de los nobles, sino directamente del Monarca. Por eso muchos sitúan en la figura de los Comisarios el inicio de la Administración Contemporánea. (Otto Hintze, *Historia de las Formas Políticas*, Madrid, 1968, pp. 155 y ss.).

Esta situación se plantea en forma diferente en los distintos países. Por ejemplo, en el reino de Prusia, una vez que se produce la concentración del poder político en el Monarca, éste controlará todos los mecanismos del poder a través de funcionarios que dependen de él y que le son fieles. La estructura del poder en este Estado va a ser diferente a la de otros países europeos; aquí se va a constituir una Administración manejada por funcionarios fieles al Rey y controlados por él, naturalmente a través de los altos funcionarios, ministros y primeros ministros. Bismarck es la figura más sobresaliente de este tipo de alto funcionario, y será él, quien centralizará todo el aparato del Estado.

De manera que en el siglo XVIII nos encontramos con un Estado burocrático prusiano en el cual la burocracia va a ser la espina dorsal del régimen, con conciencia de su propio poder burocrático, pero sin pretensiones estamentales como sucedió en otros países, lo que la mantendrá sumisa al Monarca y al Estado. Al estudio de esta burocracia prusiana, Alejandro Nieto ha dedicado una excelente monografía (*El mito de la Administración Prusiana*, Sevilla, 1962).

En este caso, la burocracia no es patrimonio de la nobleza como lo fue en otros Estados, ni los cargos los ocupan necesariamente los nobles. La burguesía tendrá acceso a los cargos administrativos, a diferencia del sistema francés de la época absolutista, donde la burguesía estaba completamente fuera del poder político.

La figura del Estado burocrático prusiano que se consolida entre los siglos XVI y XVII, es de gran importancia, pues es a partir de la observación del Estado Alemán que surge después de él y que no es otra cosa que su secuela, que Max Weber construye toda su teoría sobre la burocracia, como producto del análisis de esa realidad política concreta.

En todo caso, bajo la estructura del Estado absoluto surge una Administración poderosa, en algunos casos con mayor independencia del Monarca y en otros dependiendo de él, pero de cualquier manera, con un cuerpo burocrático de funcionarios que va a permitir la concentración del poder, la lucha contra los señores feudales y la implantación de la política estatista propia del mercantilismo. Por eso es muy importante, cuando se analiza la evolución del Estado Moderno y de la Administración Pública, tener conciencia de todos los elementos que lo conforman, ya que cada uno de ellos explica al otro, aunque, lamentablemente, es muy poco frecuente que se toquen todos estos aspectos.

El Estado Moderno, en su primera fase, el Estado Absoluto, era llamado también Estado Policía, denominación que proviene de la doctrina alemana. La "Ciencia de la policía" era la ciencia que estudiaba a la burocracia prusiana; policía no en el sentido contemporáneo del término, sino como todo el mecanismo de acción del Estado en relación a sus fines. Recordemos bien que no es lo mismo "Estado Policía" que "Estado Gendarme", figura que corresponde al Estado liberal Burgués de Derecho; aun cuando "gendarme" y "policía" puedan parecerse, en esta clasificación del Estado no tienen nada que ver.

El Estado Policía saca su nombre de la ciencia de la policía, primera forma de la ciencia administrativa, clasificada también como ciencias camerales o cameralistas, porque en términos concretos, se dedicaba al estudio de las Cámaras Reales que actuaban a nombre del monarca en el Estado Alemán. (A. Small, *The Cameralists*, Chicago, 1909).

Frente al Estado Absoluto, al Mercantilismo, a la estructura social y a la Administración burocrática que les son propias, surge la segunda forma de Estado Moderno, el Estado de Derecho. Aparece primeramente como Estado Liberal-Burgués de Derecho producto de un acontecimiento histórico, la Revolución Francesa.

II. EL ESTADO DE DERECHO

1. Los supuestos políticos, económicos y sociales del Estado liberal-burgués de derecho

Esta nueva forma de Estado también tiene un basamento político y económico y una estructura social que va a permitir su surgimiento.

En efecto, desde el punto de vista político hay una serie de teóricos del absolutismo, como Locke y Montesquieu que conciben sus teorías políticas teniendo a ese Estado por delante.

Locke es el primer teórico del absolutismo y como tal, el primer ideólogo de la reacción política contra el absolutismo. A él se deben muchas ideas que luego servirán al liberalismo: la idea del Estado natural del hombre, y del concepto de contrato social, cuyo objetivo era preservar lo que Locke llamaba la propiedad, entendida no como la propiedad de bienes sino como un derecho natural, que comprendía el derecho a la vida y el derecho a la libertad.

El contrato social, señalaba Locke, debía buscar y preservar esos derechos y no conducir a los ciudadanos a una situación peor a la que tenían en el estado natural. Esto implicaba que frente a este poder absoluto e ilimitado había que estructurar un mecanismo que permitiera racionalizar ese poder, con el fin de garantizar esos derechos naturales de los individuos.

Es él quien primero plantea la idea de la racionalización del poder del soberano, y a tal efecto distingue una serie de funciones del Estado: habla de un poder legislativo, de un poder ejecutivo y poder federativo. No individualiza la función de juzgar, ya que esta era una función consustancial al sistema político-social, sobre todo en Inglaterra.

El Poder Federativo lo constituía la acción de protección del Estado frente al exterior y el Ejecutivo, la ejecución de las actividades del mismo en el orden interno, particularmente en el orden local y municipal.

Es importante destacar que Locke sólo se limita a racionalizar y sistematizar las funciones de todo Estado Soberano, pero sin formular, realmente, una teoría de la división del Poder, y menos aun de su separación. Admite, inclusive, que tanto el Poder Federativo como el Ejecutivo deben estar controlados por el Monarca, sin establecer la necesidad de que cada uno de estos Poderes deban estar en manos de funcionarios distintos.

Es Montesquieu quien formula la teoría de la división de los poderes. Para él, la libertad política existe sólo en aquellos Estados donde el Poder Político no reside, con todas sus funciones, en la misma persona o en el mismo cuerpo de magistrados. Por tanto, plantea que deben existir tres poderes, Ejecutivo, Legislativo y Judicial. Formula su teoría en base a su interpretación de la realidad política inglesa, único país donde para él había realmente libertad, por el hecho de existir la separación de los poderes, los cuales supuestamente eran ejercidos por funcionarios distintos.

Ahora bien, para garantizar la libertad, Montesquieu señala que estas tres potestades debían estar situadas en planos de igualdad, de lo contrario el poder no podía frenar al poder.

En la concepción de Montesquieu no hay proposición alguna que otorgue superioridad a una de las potestades públicas sobre la otra. En esta forma, la formulación inicial de la teoría sobre la división de poderes, estaba basada en que éstos debían estar en planos de igualdad, y en manos de órganos distintos, como garantía de libertad.

Una posición política posterior, la de Rousseau, que parte del mismo análisis del Contrato Social como vía para garantizar las libertades y los derechos particulares, dará primacía a uno de los poderes sobre los otros. Conceptúa a la Ley como la expresión de la voluntad general y como norma suprema dentro del Estado, y por tanto, da al legislador y al parlamento una situación de primacía frente a los otros poderes.

Todas estas teorías sobre racionalización y separación del poder parten de una idea central: la de preservar las libertades como objetivo político.

La idea del pacto social y de la separación de poderes, concebidos como mecanismos para mantener la libertad, son el fundamento de lo que se ha denominado Liberalismo Político. Para que el Estado no pueda aniquilar la libertad, el poder del Estado debe racionalizarse o dividirse de manera que el poder frene al poder y se mantengan, en esta forma, las libertades.

La idea de la supremacía de la Ley por sobre los otros poderes nace con el fin de ajustar la acción de los poderes del Estado a unas normas objetivas de carácter general. Así, esta sumisión del Estado al Derecho, y a la Ley, como norma suprema, nos conduce al concepto de Estado de Derecho.

Surgen, de esta manera, los dos elementos que conforman la denominación de este Estado: Es Liberal, pues tiene como base al Liberalismo Político, y es Estado de Derecho, sometido a la Ley y al Derecho.

Aparecen nuevas doctrinas económicas que darán soporte a este nuevo Estado. Surgen como reacción al mercantilismo y se basan en la misma idea de los derechos naturales del hombre, que se trasladan al campo económico, y se expresan a través de la fórmula de que toda la actividad económica debe estar regida por sus leyes naturales y no debe ser interferida por el Estado.

Debido a que en el sistema mercantilista el Estado imponía reglas, creaba empresas, limitaba exportaciones, etc., la nueva doctrina económica reacciona contra aquél, propugnado, en cambio, la vuelta a un sistema económico natural que los fisiócratas ubicaron en la agricultura. Toda la fisiocracia se basa en la búsqueda de la vuelta a la agricultura la cual, según esta concepción, era una actividad económica gobernada por leyes naturales y en la cual no había ninguna interferencia por parte del Estado. Esta política económica de vuelta a la agricultura será la primera reacción contra el Mercantilismo, y se pondrá en práctica hacia 1760-70, por los fisiócratas, con la actuación de Quesnay y Turgot, este último, como Ministro del Régimen Monárquico Francés.

Posteriormente, esta idea de vuelta a las leyes naturales se va a consolidar, como doctrina económica, partiendo del postulado de que la economía debía regirse por sus propias leyes y de que la única forma como la economía podía funcionar armónicamente, era cuando estaba conducida por intereses privados, planteándose, por lo tanto, una reducción de la intervención del Estado. Esto es lo que dio origen a toda la idea del liberalismo económico – el Estado no debía intervenir en las actividades de los particulares– . El Estado Liberal-Burgués de Derecho, será en consecuencia, desde el punto de vista económico, un Estado abstencionista o gendarme, es decir, que su deber es vigilar que se preserven las libertades y se respeten las leyes naturales de la economía. Sólo debe intervenir cuando hay ruptura del orden público. Es, por tanto un Estado negativo, en el sentido de que no es interventor.

Entre las reacciones de la doctrina liberal-económica frente al mercantilismo, está la abolición de los monopolios, ya que de existir estos no habría libertad en la actividad económica, y el fin de los privilegios que habían sido concedidos a determinados estamentos sociales.

Pero el surgimiento de este Estado también va a estar condicionado por una determinada realidad social. Al calor de aquel sistema económico mercantilista, sin duda, se fue desarrollando una nueva clase social, la burguesía comercial y bancaria, que con privilegios o no por parte del Estado, fue acumulando poder efectivo desde el punto de vista económico, pero por su situación estamental no tenía acceso al poder político aunque era realmente titular del poder económico.

La Revolución Francesa va a permitir a esta nueva clase asumir el poder, y por eso se dice, con razón, que la Revolución Francesa es la revolución de la burguesía, hecha para y por la burguesía. Va a implicar, desde el punto de vista social, la eliminación de privilegios de todo tipo (económico-político y social), ya que uno de los dogmas de la Revolución Francesa es la igualdad. Para que ésta se garantizase había que terminar con los privilegios, inclusive los de orden profesional. Las Corporaciones, que eran base de todo el sistema productivo, van a ser eliminadas, y una nueva clase asume el poder y lo controla.

Por ser un movimiento social motorizado por la burguesía, ésta se reserva el derecho y el privilegio de estar representada en las Asambleas: por lo tanto, se establece el sufragio, pero con carácter restringido. La función de elegir y ser electo se reservó, entonces, a los propietarios y a la burguesía.

Este Estado es el que nosotros vamos a importar. El Estado que se instaura en el momento en que se declara la Independencia de Venezuela no es, ni más ni menos, que ese Estado recién instalado en Europa. Si se lee la Constitución de Venezuela del año 1811, se encontrarán definiciones completas copiadas de textos de Montesquieu y de Rousseau, en los cuales se encuentra la base del liberalismo económico y del control del poder por la burguesía.

Por eso, también en la Constitución de 1811 los constituyentes limitan el sufragio, exigiéndose la posesión de determinados bienes de fortuna para poder tener derecho a voto. En esta forma, se producirá un proceso similar, pero a otro nivel. Aquí, la revolución fue una revolución de la nobleza, pero de la nobleza criolla, hecha por y para ella.

2. La reacción liberal contra la Administración y la consolidación de la Administración Pública

Ahora, después de haber visto los elementos políticos que sirven de soporte al Estado liberal de Derecho es fácil comprender que también debió haberse producido una ruptura de la Administración. Aquella Administración poderosa de la monarquía que aplicaba una doctrina económica intervencionista, dirigida por nobles a quienes se les había concedido ese privilegio, no se compadecía ni se justificaba con este Estado abstencionista, que no debía intervenir en la vida económica y que, en definitiva, no iba a tener más funciones que la de ser un Estado gendarme.

La doctrina liberal es profundamente antiburocrática, y ve en la burocracia un instrumento de intervención del Estado en la economía y de limitación de las libertades. Como consecuencia, era lógico que la revolución debía conducir, sin duda, al desmantelamiento de la Administración. Sin embargo, no fue así. Paradójicamente, es la misma Revolución Francesa, movida por todo ese ideario liberal, la que va a dar origen a la Administración contemporánea. Va a producirse una disidencia entre los hechos y la acción concreta, con toda la doctrina liberal; por eso se ha dicho la Administración actual es el precio de una disidencia con la ortodoxia liberal. (Eduardo García de Enterría, *Revolución Francesa y Administración Contemporánea*, Madrid, 1972).

La Revolución Francesa no destruye la Administración, sino por el contrario, la fortalece. Ello se produce como consecuencia del derrumbamiento de la antigua estructura social. El Absolutismo estaba basado en privilegios; al desaparecer éstos y erigirse, en su lugar, la idea de la igualdad, esos antiguos poderes dispersos van a ser transferidos a un solo ente (el Estado) que será el recipiendario de todos aquellos antiguos privilegios rotos por el sistema revolucionario. Inclusive, toda la centralización que se produce después de la Revolución Francesa, va a ser consecuencia de esa acumulación de privilegios por el Estado y su Administración.

En un texto de gran interés, el antiguo régimen y la revolución, Alexis de Tocqueville dice que "no se había visto en el mundo un poder semejante desde la caída del Imperio Romano. La Revolución ha creado este poder nuevo, o más bien éste ha surgido como por sí mismo de las ruinas que La Revolución ha hecho..." (*L'Ancien Régime*, Oxford, 1965). Todo esto se consolida con la aplicación de determinadas doctrinas políticas. La separación de poderes, por ejemplo, llevada al extremo, implica que la Administración, como parte del Poder Ejecutivo, no puede ser juzgada por los Tribunales. Ello le confiere una gran autonomía a la Administración hasta el punto de que tendrá que estructurar sus propios mecanismos para autojuzgarse.

Desde el punto de vista administrativo, la ruptura de los privilegios va a implicar también la consolidación, no sólo de la centralización administrativa, sino la instauración de órganos unipersonales en sustitución de los órganos colegiados que eran la forma tradicional de Administración. Es la Administración Napoleónica la que va a dar origen a estos órganos unipersonales que son los que tendrán el control de las decisiones.

Esa Administración Pública tendrá una función que cumplir a lo largo del proceso de evolución del Estado de Derecho: paulatinamente, en su acción, va a otorgar progresivamente incentivos, va a permitir la realización de actividades económicas por particulares, va a consolidar poderes económicos en manos de los particulares y va a provocar la concentración y el desarrollo de las actividades económicas-privadas.

Por otra parte, a pesar de ser una Administración abstencionista o gendarme, progresivamente, y a lo largo de siglo y medio, va a transformarse por un creciente proceso de intervención estatal, pero sin dejar de estar sometida al Estado de Derecho.

III. EL ESTADO CONTEMPORÁNEO

1. La Administración en el Estado Social de Derecho

La evolución posterior del Estado Liberal burgués muestra que la separación absoluta de poderes va a ir siendo debilitada progresivamente. Incluso, hoy en día, no se habla de la primacía del legislador sino del Ejecutivo. Habrá pues, una evolución que cambiará la doctrina de la separación de poderes, la flexibilizará: no será tan rígida como en sus inicios e incluso, modificará la primacía del Legislador por la del Ejecutivo,

El liberalismo político evolucionará también, ya que las libertades políticas serán transformadas progresivamente a través de la universalización del sufragio; y aparecen nuevos derechos y nuevas libertades.

Conjuntamente con los derechos económicos-políticos van a consagrarse los derechos sociales a través de un largo proceso que comienza en el siglo pasado y que culmina con la incorporación de los derechos sociales formalmente en un texto constitucional: la Constitución de Weimar del año 1919.

Si se analiza nuestra Constitución se encontrará que no sólo garantiza los derechos económicos-políticos e individuales, sino también los derechos sociales de los particulares los que darán nuevas funciones al Estado, ya no las del Estado abstencionista inicial, sino las de un Estado progresivamente intervencionista, para garantizar y hacer realidad esos derechos constitucionales. Esto provocará todo un proceso de transformación del Estado: de un Estado Liberal-Burgués de Derecho, va a convertirse en un Estado Social de Derecho.

A lo largo de todo este proceso, políticamente sucederá que la burguesía ya no es la única que controla el poder. Los procesos de democratización han dado origen a una sociedad pluralista donde no sólo son los grupos económicos sino también los sindicales y demás grupos de presión, los que van condicionando el poder y participando de él. Surge un Estado con responsabilidad social que antes no tenía y que le exige garantizar una serie de derechos sociales de los particulares.

Si se observa la evolución del Estado en Venezuela nos encontramos con que en un primer período –1811-1864– surge un Estado típicamente liberal que no interviene en la vida económica; garantiza la libertad económica absoluta como resulta, por ejemplo, de la Ley del 10 de abril de 1834, llamada Ley de Libertad de Contratos, la cual refleja el postulado de que no debía haber ninguna intervención por parte del Estado en el campo económico.

Este Estado liberal existió hasta los momentos de la Revolución Federal, alrededor del año 1864, y constituye el período del Estado típico liberal. Con la revolución federal comienzan a surgir mecanismos de intervención del Estado, que configura el llamado Estado de Fomento.

La idea de fomento ya había sido incorporada en otros Estados a principios de siglo. En 1834 se crea el Ministerio de Fomento en España, que tenía por objeto, como decía su Ley de creación, "la transformación de las condiciones morales y políticas que hacen posible la vida social y personal".

En Venezuela se crea el Ministerio de Fomento en 1864 y el Ministerio de Obras Públicas en 1873. Lo que caracteriza al Estado Guzmancista es el Estado constructor, es decir, un Estado cuya función era la de promover las actividades económicas de los particulares a través de la construcción de la infraestructura física del país. Ese Estado de Fomento durará hasta entrado este siglo.

Hasta 1936, fecha en que se consagran los derechos sociales, el Estado comienza a asumir funciones de carácter social. Con anterioridad, éstas no constituían obligaciones del Estado, sino tareas propias de las obras de caridad. Por ejemplo, en el campo de la salud, el Estado no tenía responsabilidad como tal, por lo que los servicios de atención médica eran atendidos por los particulares. Es a partir de los años cuarenta que tenemos un Estado que comienza a asumir los servicios de educación, de salud y una serie de funciones de carácter social.

El Estado continúa evolucionando y ya en el año 45, es un Estado intervencionista, con funciones de desarrollo económico, convirtiéndose posteriormente en un Estado Planificador, y empresario, que actúa en un sistema de economía mixta.

2. La Administración en los Estados socialistas

Dentro de este proceso de evolución del Estado en el siglo actual debe hacerse una referencia a los Estados socialistas. Así como el Estado de Derecho del mundo occidental surge de una disidencia con la teoría liberal, el Estado socialista también surge, desde el punto de vista administrativo, de una disidencia con uno de los dogmas tradicionales del pensamiento marxista, que planteaba que la burocracia y la Administración al servicio del Estado capitalista, sería destruida a su caída. Pero la realidad y la práctica revolucionaria de los sistemas socialistas demostró que no sólo no se desmanteló la Administración sino que se fortaleció.

La Administración Socialista también surge de un proceso de una contradicción entre la realidad post-revolucionaria y el dogma tradicional de que la burocracia era incompatible con el socialismo. Tan rígido es este dogma que han sido muy pocos los teóricos marxistas que se han ocupado del Estado y de la Administración Pública, porque siempre se la veía como algo execrable que iba a ser eliminado cuando surgiese la Revolución socialista.

La crítica marxista a la Administración Pública es producto de una apreciación de la realidad: en el momento en que Marx escribe, domina el bonapartismo. Es un momento concreto en que existe una estructura administrativa real y específica, soporte del Estado Liberal, y es en base a esa apreciación que formula su crítica a la Administración. Plantea, como tesis, que esa Administración existe unida a la burguesía, controlada por ella y, por tanto, que no podrá servir de instrumento para el poder político en manos del proletariado. Pero no ideó en la teoría cuál iba a ser el nuevo aparato que iba a sustituir al viejo. Se plantea en todos los escritos de Marx que había que estructurar una Administración que no diera origen a ninguna forma de aparato de funcionarios, sino que por el contrario, hubiese una especie de poder político ejecutado en forma directa; un mecanismo de democratización de la burocracia, si se quiere. En la práctica se dio realmente una oportunidad histórica para llevar a cabo todos estos análisis y para consolidar este ataque a la burocracia por parte de la doctrina marxista: el Movimiento de la Comuna de París en 1871, que fue el único ensayo que se hizo para sustituir el Estado burgués por un Estado obrero. Este va a tener una serie de características administrativas: los empleados públicos se nombran pero sin privilegios; los salarios de los altos empleados públicos serán iguales a los de un obrero calificado: durante ese período los empleados públicos van a ser designados por el pueblo a través de un mandato revocable; y no había separación de poderes, pues era un Estado que ejercía todas las funciones.

Este ensayo de la Comuna fue un fracaso y no pudo dar origen a que se consolidara, en la realidad, esa posibilidad teórica de la sustitución de un Estado burocrático por una fórmula de gobierno directo democrático, al que se llamó teóricamente Dictadura del Proletariado.

En las tesis de Lenin encontramos las mismas bases: la Administración debe ser destruida junto con el Estado burgués. Asimismo, el pensamiento de Lenin, antes de La Revolución, era un pensamiento antiburocrático, pero en el momento revolucionario empieza a cambiar en base a la realidad, ya que, resultó, en la práctica, que el nuevo Estado no podía funcionar sin un aparato administrativo.

Con Stalin, después de un largo proceso, se consolida un Estado con una burocracia absoluta: el Estado Stalinista. De manera que hay una disidencia entre el dogma y la realidad: la burocracia no desaparece, por el contrario, se consolida. Esto da origen a esa idea que se maneja en muchos países de que la "nueva clase" que surgió en estas sociedades es la clase burocrática, que maneja el Estado, contra la cual, inclusive, luchan los obreros, como sucedió en Polonia en 1980.

En esta forma, a pesar de que, en teoría, la burocracia se consideraba como algo perjudicial, en la realidad era indispensable para promover el desarrollo industrial, una de las principales tareas de la revolución, y la estabilidad política.

Aquí vemos también, que una disidencia entre la teoría y la praxis, da origen en los países socialistas a una burocracia que va a ser uno de los principales soportes de esas sociedades.

REFERENCIAS BIBLIOGRÁFICAS, Sección Sexta: En la preparación de este Parágrafo hemos seguido lo expuesto en: Allan R. Brewer-Carías: *Cambio Político y Reforma del listado en Venezuela*, Madrid, 1975, pp. 84 y ss; y en *Derecho Administrativo*, Tomo I, Caracas, 1975, pp. 21 y ss.; Véase además: Elías Díaz: Estado de Derecho y Sociedad Democrática, Madrid, 1966; Eduardo García de Enterría: *Revolución Francesa y Administración Contemporánea,* Madrid, 1972; Manuel

García Pelayo: *El Estado Social y sus implicaciones*, México, 1975; E. N. Gladden: *A History of Public Administration*, London, 1972; José María Jácome: *La evolución de la Administración Pública en los países en desarrollo: un marco conceptual de análisis para el caso ecuatoriano*, (mimeo), Quito, 1975; Pierre Legendre: *Histoire de l'Administration de 1750 a nos jours,* Paris, 1968; Tulio Monsalve: "Elementos de una proposición para el estudio de la evolución de la Administración" en Bernardo Kliksberg y Pedro J. Madrid (ed.), *Aportes para una Administración Pública Latinoamericana*, Caracas, 1975, pp. 115 y ss.; Henri Puget: "Les Institutions Administratives étrangères", Paris, 1969; Alejandro Nieto García: *La Burocracia,* Tomo 1, Madrid, 1976; y *El Mito de la Administración Prusiana*, Sevilla, 1962.

Sección Séptima: LA ADMINISTRACIÓN PÚBLICA Y LAS CIENCIAS ADMINISTRATIVAS

El texto de esta Sección Séptima es la del Parágrafo Cuarto de la Introducción del libro *Fundamentos de la Administración Pública, Tomo I (Elementos Condicionantes de la Administración Pública),* Editorial Jurídica Venezolana, Colección Estudios Administrativos, Caracas 1980.

I. LOS MÉTODOS DE ESTUDIO DE LA ADMINISTRACIÓN PÚBLICA

Como cualquier objeto del conocimiento, la Administración Pública puede ser estudiada desde diversos puntos de vista. En la actualidad se pueden identificar los más variados enfoques: político, sociológico, psicológico, productivista, jurídico, pero, sin duda, han sido los enfoques político y jurídico los dos enfoques iniciales en el estudio de la Administración, y que han tenido una influencia decisiva en el pensamiento posterior.

En el continente europeo, los estudios iniciales de la Administración Pública estuvieron signados por su carácter político, y correspondieron a la llamada Ciencia de la Policía, cuyo objeto de estudio era la Administración del Estado Absoluto. La expresión más característica de la Ciencia de la Policía fue el Cameralismo (Ciencias Camerales) que deriva su nombre de Kameralien y de Camera (institución financiera), y que tenía por objeto el estudio de las técnicas y prácticas administrativas para la mejor marcha de los asuntos reales, inicialmente, los de carácter financiero. (A. Swall, *The Cameralists*, Chicago, 1909).

Con el surgimiento del Estado de Derecho surge la preocupación jurídica por el estudio de la Administración Pública, con la consiguiente transformación y revaloración del Derecho Público y del Derecho Administrativo. La vieja ciencia de la Administración se transforma en Derecho Administrativo, que asume, en Europa continental, el monopolio del estudio de la Administración Pública. En éste, se abandona toda preocupación por enfoques políticos. Es sólo en el presente siglo, con la influencia del enfoque político de la Administración Pública con las doctrinas de Max Weber, que se amplía y transforma el estudio de la Administración.

En el sistema anglosajón, se produce una evolución distinta. En la tradición inglesa, contraria a la existencia de un Derecho Administrativo como rama del derecho independiente, el estudio de la Administración Pública estuvo reservado siempre a la ciencia política. La recepción de la Ciencia de la Administración en los Estados Unidos de Norteamérica, transformó el enfoque político, por un enfoque más pragmático derivado de las exigencias del industrialismo, planteándose un divorcio completo entre administración y política. Woodrow Wilson en su célebre *The Study of Administration* (publicado en el Political Science Quarterly, Vol. 2, N. Y., junio 1887, pp. 197 a 222, y en castellano en Boletín de Gerencia Administrativa, año V, N° 57, Puerto Rico, 1956), era terminante: "La Administración está fuera de la esfera propia de la política. Las cuestiones administrativas no son cuestiones políticas". Esta separación de la Administración Pública de la política, también fue planteada posteriormente por Frank J. Goodnow (*Politics and Administration,* N. Y., 1900).

Esto planteó un acercamiento del estudio de los problemas de la Administración Pública con los estudios de la Administración Privada, que tanta vigencia tuvo en Estados Unidos. El desarrollo posterior y reciente de las ciencias sociales ha dado origen a la aparición de otros enfoques sociológicos o psicológicos de la Administración Pública.

En todo caso, la situación actual de las Ciencias Administrativas plantea un enorme y rico panorama científico de carácter interdisciplinario. En este curso, nos interesa destacar los enfoques de mayor importancia que se han dado de la Administración Pública, teniendo en cuenta su carácter de instrumento de la política. Por ello, en una primera parte se analizará el enfoque jurídico; en una segunda parte, el enfoque político, y en la tercera parte, el enfoque productivista.

II. EL ENFOQUE JURÍDICO: EL DERECHO ADMINISTRATIVO

En el enfoque jurídico de la Administración Pública, propia del Derecho Administrativo, y producto de la consolidación del Estado de Derecho, el estudio de la Administración Pública se circunscribe al análisis de las reglas jurídicas y formales que regulan el funcionamiento y actuación de la Administración frente a los particulares. Este enfoque hace que predomine la preocupación por la legalidad formal, olvidándose de los problemas de la eficiencia administrativa. Se trata, por tanto, de un enfoque unilateral, limitado a la legalidad formal de la Administración. Este enfoque es el que caracteriza a todo el pensamiento europeo continental del siglo pasado y primera mitad de este siglo, siendo éstos los únicos estudios admitidos de la Administración.

Esto produjo una desviación del problema: la Administración también se aparta de la política; se sacrifica el estudio de sus fines y de su actividad, por el sólo aspecto formal, lo que provocó el aislamiento del problema administrativo del contexto donde se produce. Esta situación empieza a ser superada pero sigue siendo, sin duda, una carga sobre todo para quienes tienen formación jurídica.

El enfoque jurídico, solo y aislado, por supuesto, ha provocado una serie de desviaciones en el estudio de la Administración Pública. En el estudio jurídico de la Administración, lamentablemente, el derecho, en lugar de ser un medio o instrumento, a veces se lo ha concebido como un fin en sí mismo. El derecho sirve para garantizar el sometimiento de la Administración a la Ley, prevenir la arbitrariedad administrativa, y proteger a los particulares. Sin embargo, muchas veces, el excesivo formalismo subsecuente, se impone frente a los fines últimos de la Administración que, a veces, se sacrifican.

En otras palabras, el derecho o el legalismo, muchas veces sacrifica la justicia. El Derecho Administrativo, en este sentido, más de una vez ha sido obstáculo para los cambios administrativos.

Aparte de estas desviaciones, la contribución del derecho administrativo al estudio de la Administración ha sido indiscutible; ha ayudado a comprender las reglas de funcionamiento de la Administración y ha servido de indudable medio de protección de los particulares frente a las acciones de los entes públicos.

III. EL ENFOQUE POLÍTICO: LA TEORÍA DE LA BUROCRACIA

El enfoque de mayor importancia en el estudio de la Administración es el político que dio origen a la teoría de la burocracia. Surge de los estudios de Max Weber quien la consideraba como una forma de dominación; por tanto, el problema de la Administración Pública era, para él, un problema político. La concepción de este autor se aparta tanto de las doctrinas liberales, como de las marxistas, que consideraban a la burocracia como un mal en sí mismo: la primera, porque expresaba la intervención del Estado en la sociedad; y la segunda, porque era una expresión de la dominación de una clase sobre otra, a través del Estado, el cual era su instrumento.

Estas eran las concepciones que existían en el momento en que Weber escribe su teoría. Sin embargo, éste plantea que, desde el punto de vista político, la burocracia no es realmente un mal en sí mismo, sino todo lo contrario, una forma perfecta de organización y de funcionamiento del aparato estatal, estructurado como respuesta histórica concreta en un país determinado. La burocracia posee, según Weber, una superioridad técnica sobre cualquier otro tipo de organización. De su libro Economía y Sociedad puede decirse que es la primera obra importante que, desde el punto de vista científico, analiza la burocracia en la Administración Pública, ya que ninguno de los teóricos liberales ni marxistas veían como objeto de estudio.

Weber estudia la Administración alemana surgida del Estado burocrático prusiano, de manera que su teoría no es producto de una lucubración teórica sino del análisis empírico de un Estado concreto y real. Dice lo siguiente: "En el Estado moderno el verdadero dominio, que no consiste ni en los discursos parlamentarios ni en las proclamas de monarcas, sino en el manejo diario de la Administración, se encuentra necesariamente en manos de la burocracia..." (Tomo II, p. 1060). De manera que el dominio político verdadero está en esta burocracia, que es la que maneja a diario la Administración, según la concepción de Weber. Es un instrumento de poder, respecto del cual se corre el riesgo de que pueda ponerse al servicio de diversos intereses, es decir, de los grupos dominantes económicamente, y no al servicio de las instancias políticas.

En efecto, el carácter instrumental de la Administración puede alterarse mediante un proceso de apropiación progresiva del poder por la propia burocracia, es decir, si el ejercicio real del poder, está en las manos de los administradores, se corre el riesgo de que éstos empiecen a apropiarse del poder y ponerlo al servicio propio y no al de los intereses de la sociedad que pretende representar el Estado.

Otro elemento que se advierte al analizar la burocracia es el carácter irreversible del proceso burocrático: una vez constituida, resulta muy difícil eliminarla. Max Weber hace esta afirmación partiendo de un análisis histórico que lo conduce a decir que, cuando la organización burocrática se establece, sólo desaparece cuando lo hace la estructura entera que le sirve de soporte. De manera que Weber plantea no sólo la exaltación de la organización burocrática, sino también sus temores ante esta maquinaria. Frente a éstos, plantea soluciones basadas en elementos democratizadores: la introducción del sufragio universal, del parlamentarismo y por tanto, del control político sobre la burocracia.

Toda la postulación doctrinal de Weber sobre la burocracia se basa en los siguientes principios desde el punto de vista administrativo:

a. Principio de las atribuciones fijas

Mediante leyes o reglamentos cada funcionario y cada nivel de la Administración tiene competencias y atribuciones fijas. De manera que quien tiene un deber en la Administración, lo tiene establecido de acuerdo a una norma y quien tiene un poder, lo tiene estipulado en la Ley.

b. Principio de la jerarquía

La organización burocrática constituye un sistema organizado de mando y subordinación; un sistema jerárquico conformado por una escala constituida por superiores y subordinados.

c. Principio de la distribución del trabajo

Está determinado por la propia distribución de competencias y de niveles jerárquicos establecidos en la organización.

d. Principio de la tramitación mediante documentos

Toda la comunicación burocrática debe hacerse por escrito, generalmente a través de formas previamente establecidas, lo cual exige un cuerpo entrenado de funcionarios capaces de manejar toda esa documentación.

e. El principio de la competencia profesional

Las necesidades de la organización burocrática exige de los funcionarios un concienzudo aprendizaje para poder realizar sus tareas, por tanto, se preocupa por el rendimiento y dedicación de los empleados en su trabajo.

Esta concepción plantea tres problemas que constituyen las llamadas, por Alejandro Nieto, (*La Burocracia*, Tomo I, Madrid, 1976), encrucijadas de la burocracia:

f. El carácter objetivo o humano de la burocracia

De acuerdo a Weber, la actuación burocrática debe ser objetiva, debe realizarse de acuerdo a la Ley, como medio de garantizar la igualdad de todos. Por ello, el funcionario cuando actúa, no debe tener consideraciones de tipo personal. Esto implica, por supuesto, el sacrificio de la parte humana en la burocracia; si se quiere, el sacrificio de la justicia por el legalismo. Pero a la vez este carácter objetivo es la garantía frente a la arbitrariedad de la Administración.

a. El ejercicio del poder burocrático, ¿en beneficio de quién? ¿del Estado o en interés de la propia burocracia?

La actuación burocrática plantea el riesgo, sin duda, de que se pueda desviar la actividad del Estado hacia otros fines; pues en lugar de que la burocracia sirva en interés del Estado, lo haga en interés propio. Puede plantearse, entonces, una usurpación burocrática del poder político.

b. La burocracia, ¿es un instrumento de dominación o es en sí, una clase dominante?

La burocracia, sin duda, en muchos momentos históricos ha adquirido un doble carácter; no sólo el de instrumento de dominación (clase servil), sino el de clase dominante, cuando el poder político ha sido asumido por una clase social. En otros casos, como en muchos países socialistas de la actualidad, en sí misma se presenta como una clase dominante.

IV. EL ENFOQUE PRODUCTIVISTA

A la popularidad de la concepción jurídica de la Administración propia del continente europeo, se opone, sin duda, la popularidad de la concepción productivista de la burocracia en los Estados Unidos de América. Este enfoque productivista procura conseguir la máxima eficacia de la acción administrativa, lo que lo acerca a la tendencia aceptada en los análisis del fenómeno administrativo privado.

Este productivismo de la Administración privada se recogió en los Estados Unidos, en los estudios de la Administración Pública, concibiéndola como una máquina o complejo organizativo que desarrolla operaciones de interés público, pero de la manera más económica y eficiente.

El origen de la concepción productivista de la Administración, sin duda, se sitúa en los estudios denominados de Organización Científica del trabajo o de la Administración Científica, con Taylor, Gantt y Fayol a la cabeza. Los clásicos principios de la Administración privada: división del trabajo, selección de personal, asignación de funciones, conocimiento del tiempo de ejecución de tareas, unidad de dirección y jefatura, relación entre salario y trabajo realizado y espíritu de iniciativa, van a aplicarse a la Administración Pública. Surge, así, la ciencia del Management válida tanto para la Administración Privada como para la pública. Es clásica la fórmula de Gulick aplicada también a la Administración Pública, POSDCORB: Planificación, Organización, Administración de personal (Staffing), Dirección, Coordinación, Información (Reporting) y presupuestación (Budgeting). (Véase Luther Gulick, "Notes of the theory of organization" en L. Gulick and L. Urwick (ed.), *Papers on the Science of Administration*, N. Y., 1937).

Puede decirse que en los Estados Unidos de América fue Woodrow Wilson quien introdujo los principios de la administración a la Administración Pública, estableciendo una dicotomía entre Administración y Política. En 1887, en efecto, escribía lo siguiente: "el campo de la Ciencia de la Administración es un campo de negocios que se encuentra apartado de las luchas y de los problemas de la política... La Administración es parte de la vida política en la misma medida en que una oficina de contabilidad forma parte de las sociedades comerciales, como las máquinas son parte del proceso productivo". (Véase "Study of Administration" en *Political Science Quarterly*, vol. 2, N.Y., junio 1887, pp. 197 a 222; otra versión resumida en castellano puede verse en D. Waldo (ed.), *Administración Pública*, México, 1967, pp. 84 y ss.).

Conforme a este enfoque, por tanto, la tarea del Administrador consiste en preocuparse por realizar de la manera más eficiente posible, las funciones que se le han asignado, sin preocuparse por los fines que se persiguen con su actividad.

Este divorcio entre política y administración se planteaba, en este enfoque, como la vía indispensable si se buscaba que la Administración siguiese el camino de la eficacia.

La concepción productivista tuvo, sin duda, sus efectos positivos en el estudio de la Administración, pues planteó el problema de la eficacia en la actividad administrativa pública, muchas veces sacrificada por la política. Sin embargo, no puede ello conducir a una asimilación imposible entre Administración Pública y Administración Privada como la que se pretendió y que ignoraba las peculiaridades de la Administración Pública como instrumento de la acción política del Estado.

REFERENCIAS BIBLIOGRÁFICAS, Sección Séptima: En general, sobre las diversas concepciones relativas a la Administración Pública, las ciencias administrativas y su evolución, véase: Francisco Anson y Fernando de Linan: *Teoría y Técnica de la Administración*. Madrid, 1961; Rafael Bielsa: *Ciencia de la Administración,* Buenos Aires, 1955; Aníbal Bascuñán Valdés: *Elementos de Ciencia de la Administración*, Santiago de Chile, 1963, pp. 83 y ss.; Giuseppe Cataldi: *Lineamenti di Scienza dell' Amministrazione*, 2 vols., Milan, 1973, pp. 232 y ss.; Salvatore Cimmino: *L'organizzazione amministrativa nel suo contesto sociale*, Bolonia, 1959; editado en castellano: *La Organización Administrativa en su contexto social*, Madrid, 1964, pp. 111 y 131 y ss.; Oscar Juan Collazo: *Administración Pública*, Buenos Aires, 1974, pp. 26 y ss.; León Cortinas Peláez: "Las ciencias administrativas en América Latina" en *Archivo de Derecho Público y Ciencias de la Administración, Instituto de Derecho Público*, Vol. 2, 1970-1971, Caracas, 1972, pp. 11 a 130; Richard A. Chapman: "The development of the academic study of public administration in the United Kingdom, the United States, Canada and Ireland" en *Revue Internationale des Sciences Administratives*, Vol. XLIV, N° 1-2, Bruselas, 1978, pp. 40 a 49; Charles Debbrash: *Ciencia Administrativa. Administración Pública*, Madrid, 1977, pp. 31 y ss., y "La Science administrative dans les pays de l'Europe occidentale" en *Revue Internationale des Sciences Administratives*, Vol. XLIV, N° 1-2, Bruxelles, 1978, pp. 12 a 27; Roland Drago: *Cours de Science Administrative*, Paris, 1967-1968, pp. 13 y ss.; José Galván Escobedo: *Tratado de Administración General*, San José, 1968, pp. 68 y ss.; Fernando Garrido Falla: *Dos métodos en el estudio de la Administración Pública*, Sevilla, 1961; Wilburg Jiménez Castro: *Introducción al Estudio de la Teoría Administrativa,* México, 1970, pp. 46 y ss.; Bernardo Kliksberg: *El pensamiento organizativo: Del Taylorismo a la Teoría de la Organización*, 2 vols. Buenos Aires, 1975; Georges Langrod: *El pensamiento administrativo no jurídico*, Madrid, 1964; (ed.), *Tratado de Ciencia Administrativa*, Madrid, 1973, pp. 150 y ss.; y "Droit administratif et Science Administrative. Antagonisme or Harmonisation" en *Bulletin de l'Institut International d'Administration Publique*, N° 5, Paris, janvier-mars, 1968, pp. 11 a 31; Daniele Loschak: "La science administrative: Quelle Administration? Quelle Science" en *Revue International des Sciences Administratives*, Vol. XLI, N° 3, Bruselas, 1975, pp. 239 a 252; Pedro Muñoz Amato: *Introducción a la Administración Pública*, Tomo I, México, 1956, pp. 56 y ss.; C. H. Muwanga-Barlow: "The development of Administrative Sciences in English Speaking Africa" en *Revue Internationale des Sciences Administratives*, Vol. XLIV, Nos. 1-2, Bruselas, 1978, pp. 93 a 105; Frederick C. Mosher y Salvatore Cimmino: *Ciencia de la Administración*, Madrid, 1961, pp. 63 y ss y 82 y ss.; Nicos P. Mouzelis: *Organization and Bureaucracy: An Analysis of Modem Theories,* Londres, 1967; Carolina Pérez de Agosta Romero: "Evolución de las ideas sobre la Administración Pública" en *Archivo de Derecho Público y Ciencias de la Administración,* IDP, vol. I, 1968-1969, Caracas, 1971, pp. 17 a 34; E. Pusic: "Development of the Administrative Science in Eastern Europe" en *Revue Internationale des Sciences Administratives*, Vol. XLIV, N° 1-2, Bruselas, 1978, pp. 28 a 39; Amara Raksastaya: "Development of the Administrative Science in Southeast Asia and Oceania" en *Revue Internationale des Sciences Administratives*, Vol. XLIV, N° 1-2, Bruselas, 1978, pp. 50 a 69; Beatriz Wahrlich: "Evolución de las Ciencias Administrativas en América Latina" en *Revue Internationale des Sciences Administratives*, Vol. XLIV, N° 1-2, Bruselas, 1978, pp. 70 a 92. Sobre la concepción de Max Weber en torno a la burocracia, véase: *L'Administration Publique*, Recueil de textes, Paris, 1971, pp. 384 y ss.; Reinhard Bendix: *Max Weber*, Amorrortu, Ed., Buenos Aires, s./f. (traducción del libro Max Weber. *An Intellectual Portrait*, 1960), pp. 396 y ss.; Frederick C. Mosher y Salvatore Cimmino: Ciencia *de la Administración*, Madrid, 1961, pp. 183 y ss.; Robert K. Merton y otros: *Readings in Bureaucracy*, N. Y., 1952; Alejandro Nieto García: *Et Mito de la Administración Prusiana*, Sevilla, 1961, pp. 261 y ss.; y *La Burocracia*, Tomo I, Madrid, 1976; Max Weber: *Economía y Sociedad*, 2 tomos, La Habana, 1971; *The Theory of Social and Economic Organization,* Oxford, 1947; *From Max Weber. Essays in Sociology*, Oxford, 1946. Sobre la Administración Científica y el Management, véase: Henri Fayol: "La doctrine administrative dans l'Etat", en *Revue Internationale des Sciences Administratives*, Bruselas, 1966, pp. 114 y ss.; e *Industrial and General Management* (1916), N. Y., 1930, editado también, como *General and Industrial Administration,* London, 1949, con traducción al castellano*: Administración Industrial y General*, Buenos Aires, 1956; Carlos Parames Montenegro: *Introducción al Management*, Madrid, 1972; Benedicto Silva: Taylor y Fayol, 1965; Frederick W. Taylor: The Principles of Scientific Management, *1947,* editado en castellano: *Principios de Administración Científica,* Buenos Aires, 1956.

LIBRO SEGUNDO:

ELEMENTOS CONDICIONANTES DE LA ADMINISTRACIÓN PÚBLICA (1980)

Este Libro Segundo del Tomo II del *Tratado de Derecho Administrativo* recoge buena parte de libro: Fundamentos de la Administración Pública, Tomo I (Elementos Condicionantes de la Administración Pública), Editorial Jurídica Venezolana, Colección Estudios Administrativos, Caracas 1980.

Dicho libro fue el resultado del esfuerzo académico de la enseñanza de la asignatura con el mismo título que me correspondió impartir durante los años fundacionales de la Escuela de Estudios Políticos de la Facultad de Ciencias Jurídicas y Políticas a finales de los años setenta e inicios de los ochenta. Lo decidí en su momento a mis hijos Allan, Michelle y Eric ("*A quienes siempre he querido inculcar dos de las reglas fundamentales de la vida: estudio, estudio y más estudio; y trabajo, trabajo y más trabajo*"), y estuvo precedido de la siguiente "Nota explicativa":

"En 1974, el entonces Director de la Escuela de Estudios Políticos y Administrativos de la Facultad de Ciencias Jurídicas y Políticas de la Universidad Central de Venezuela, mi amigo de tantos años, Prof. Nelson Socorro, me pidió que me encargara de preparar el curso de Fundamentos de la Administración Pública, asignatura ubicada en el sexto semestre de los cursos de la Escuela. Esta había comenzado a funcionar dos años antes y dicha materia no había sido dictada hasta ese momento.

No existía, por tanto, un programa del curso. La única orientación del mismo estaba en el *Informe de la Comisión para la Escuela de Estudios Políticos* (mimeo, Caracas, 1969), en el cual se señalaba que el objetivo de la asignatura era estudiar "la Administración considerándola como un fenómeno social propio de las diversas colectividades y destacando sus aspectos sociológicos, técnicos y jurídicos. Circunscribiéndose a la Administración Pública se describirán sus formas históricas hasta llegar a la etapa actual de administración juridificada regida por el principio de legalidad. Por otra parte, se presentará el conjunto de la Administración Pública contemporánea, referida a sus problemas y soluciones modélicas". Con esta sola indicación, y teniendo en cuenta la orientación general de la Escuela de Estudios Políticos y Administrativos, tuve que comen-

zar por concebir y estructurar un programa para el curso el cual, después de la experiencia de su enseñanza en dos oportunidades (quinto semestre, 1974 y cuarto semestre, 1975), quedó estructurado definitivamente en tres partes: *Primera*: Los Elementos Condicionantes de la Administración Pública; *Segunda*: El funcionamiento de la Administración Pública, y *Tercera*: La Actuación de la Administración Pública; precedidas de una Introducción general y con una *Conclusión sobre las Transformaciones de la Administración Pública.* Una breve explicación del contenido de las diferentes partes del programa está en la Nota Introductoria a este tomo, pp. 11 a 17.

La orientación general que desde el principio quise darle a la exposición y estudio de esta asignatura, obedece a la intención de acercar a los alumnos a la realidad del Estado venezolano y su Administración Pública. No fue nuestra intención realizar en la exposición del curso, nuevos y repetidos análisis teóricos de las diversas concepciones que se han elaborado sobre la Administración Pública, algunas de las cuales ya habían sido estudiadas por los alumnos en las asignaturas del área de Organización, La intención era otra: situar al alumno dentro de una realidad y problemática concreta: la Administración Pública venezolana, sus elementos condicionantes, su funcionamiento y su actuación, acudiendo, por supuesto, a todos los elementos teóricos que eran necesarios para el análisis concreto.

Un problema fundamental afectaba a esta asignatura: la ausencia de un texto que se adaptara, de manera general, al contenido del programa. Había y hay múltiples libros sobre Administración Pública, pero casi todos de autores norteamericanos y con una orientación que no se adaptaba al análisis de la misma problemática en Venezuela y América Latina. La bibliografía europea continental, cuya orientación general, influida por la ciencia política, podía ser de mayor utilidad, no sólo sigue siendo de difícil acceso general, sino que tampoco se adaptaba, en definitiva, a la realidad concreta de una Administración Pública de un Estado latinoamericano como el venezolano. Con razón, en los diversos semestres que explicamos la materia, se nos reclamaba por los alumnos la ausencia de bibliografía general, y lo disperso de la bibliografía específica.

Por ello, era un imperativo el elaborar el curso, lo cual nos planteamos desde el inicio. Este libro, por tanto, es el resultado del esfuerzo desarrollado en los últimos cinco años por concebir y darle forma a una asignatura concreta, inmersa en un pensum determinado de la Escuela de Estudios Políticos y Administrativos de nuestra Facultad de Ciencias Jurídicas y Políticas.

La múltiple actividad docente, académica y profesional, sin embargo, nos impedía iniciar, en frío, su redacción directa. ¡Cuántas veces los profesores deseamos tener la calma y el ambiente adecuados y necesarios para redactar los cursos que dictamos!

Por ello, nos decidimos, en 1977, a iniciar la preparación del curso partiendo, directamente, de la versión grabada de nuestras clases. Tuve el privilegio, en ese año, de tener como alumnos a un excelente grupo de estudiantes, ahora egresados de la Escuela y cuyos integrantes de la Mención de Administración Pública me honraron en designarme padrino de su promoción en 1980, y fue precisamente la calidad de dicho curso lo que me motivó a prepararles versiones corregidas de la transcripción de las clases grabadas, cuya circulación se inició en esa época. Pero también hubo una motivación personal, tan importante como la anterior, para redactar aquellos materiales: tuve el privilegio y la extraña experiencia de tener como alumna a Beatriz, mi esposa, quien después de varios años, había decidido reiniciar sus estudios universitarios. Debí dedicar mi mejor esfuerzo, por qué no decirlo, a preparar aquellas clases, tal como ella tuvo que hacerlo para aprobar con excelencia el curso.

Muchas horas, por tanto, tuve que dedicar a aquél y los sucesivos semestres, no sólo a preparar las clases sino también, con el ritmo necesario, a corregir las versiones grabadas de las mismas. Afortunadamente conté con la colaboración de varias personas a quienes quiero agradecer su ayuda. El Br. Juan Aray tuvo a su cargo la tediosa tarea de transcribir las cintas grabadas de buena parte de los primeros temas del curso, y en la revisión preliminar de alguno de esos temas y otros que forman este tomo, colaboraron la abogado Emira Esquivel de Infante, y los entonces preparadores, ahora licenciados, Tony Paris, Miguel Vanderdis, Isabel Kehrhahn de Paúl y Beatriz Leal de Brewer. Más recientemente, la licenciada Rocío Alcalá, alumna también de aquel curso, tuvo a su cargo la revisión y corrección de las pruebas de imprenta. A todos ellos quiero agradecer su colaboración a lo largo de estos años.

Los "apuntes", así elaborados, circularon restringidamente en la Escuela, y cubrieron una necesidad inmediata. El entonces Director de la Escuela, Profesor Hans J. Leu, mi consecuente amigo, apoyó decididamente la edición multigrafiada de aquellas notas. Sin embargo, seguía siendo imperativo elaborar coherentemente toda la materia. De allí este primer tomo del curso, el cual abarca la Introducción general y la Primera Parte, sobre los elementos condicionantes de la Administración Pública. En el futuro, espero, seguirán los otros tomos, sobre las otras partes en relación a cuyo contenido, sin embargo, hay una más accesible bibliografía, aun cuando dispersa.

Este tomo, en todo caso, viene a llenar un vacío en la bibliografía venezolana y el mismo, estoy seguro, será de utilidad para la enseñanza de la Administración Pública en nuestros institutos de Educación Superior.

En todo caso, este libro no debe tenerse sino como lo que es: un Curso, cuyo origen está en la exposición de clase durante varios años, con todas sus limitaciones. Prepararlo, era una necesidad sentida e ineludible; publicarlo fue una decisión consciente. Soy de los que siempre he pensado, y ya han pasado veinte años desde que aún siendo estudiante de la Facultad, publiqué mi primer estudio en materia jurídica, que elaborado un trabajo, más útil es que circule, pues puede servirle a alguien de punto de partida sin necesidad de recorrer los pasos que se tuvieron que seguir para prepararlo, a que quede guardado en nuestros archivos personales. En éstos, no sólo se convierten en inútiles, sino que hasta uno mismo se olvida de que existen. Caurimare, noviembre 1980."

Sección Primera: EL ESTADO CONTEMPORÁNEO Y LA ADMINISTRACIÓN PÚBLICA (1980)

El texto de esta Sección Primera es la del Parágrafo Quinto de la Primera Parte del libro *Fundamentos de la Administración Pública, Tomo I (Elementos Condicionantes de la Administración Pública)*, Editorial Jurídica Venezolana, Colección Estudios Administrativos, Caracas 1980.

La Administración Pública, como se dijo, se presenta, ante todo, como un instrumento del Estado y, por tanto de la Sociedad, para realización de sus fines y exigencias. Por ello, la Administración Pública no es ni puede ser considerada como un instrumento neutro ni sus características, por tanto, son abstractas y universales. Muchos principios de administración científica, ciertamente, pueden ser aplicables a todas las Administraciones Públicas pero ello no significa que pueda dársele a todas ellas, el mismo tratamiento político.

En efecto, cada Administración Pública está condicionada por un determinado medio ambiente que la rodea y que la regula, y en medida en que éste se identifique claramente, la comprensión de aquélla será posible. Por ello es que se destina esta Primera Parte del Curso, al estudio de los elementos condicionantes de la Administración Pública.

En efecto, ante todo, la Administración Pública está condiciona por el Estado, del cual forma parte, y por sus fines. De allí que se estudiará como primer elemento condicionante de la Administración Pública, las características del Estado Contemporáneo en Venezuela y sus fines.

Pero, además, la Administración Pública actúa dentro de un determinado sistema político que, por supuesto, a su vez, va a condicionar al Estado y, a la vez, a la propia Administración Pública, De allí que se estudien, como segundo elemento condicionante de la Administración Pública, las características del sistema político y su influencia sobre la Administración Venezolana.

Por otra parte, la Administración Pública venezolana actúa dentro del marco de un Estado de Derecho, por lo que está sometida a la legalidad. El Derecho es, por tanto, otro de los elementos condicionantes de la Administración Pública, por lo que se estudiará en tercer lugar, en relación a las fuentes de la legalidad administrativa, al poder discrecional y sus límites, y a las personas jurídicas que concretizan a la Administración en el mundo del derecho. Por último, la organización y actuación del Estado y su Administración Pública dependen del sistema económico dentro del cual actúen.

De allí que se estudie como cuarto elemento condicionante de la Administración Pública, el sistema económico, como sistema de economía mixta, con especial referencia a la planificación, a la ordenación del territorio y a la regulación de la economía.

REFERENCIAS BIBLIOGRÁFICAS: Sobre el medio ambiente de la Administración Pública, véase: La Administración Pública en los países en desarrollo, ESAP, Tomo I, Bogotá, 1963; John Merriman Gaus: "The ecology of Government" en su libro *Reflections on Public Administration*, 1947, pp. 1 a 19; F. W. Riggs: *The Ecology of Public Administration*, Nueva Deli, 1961, traducido al portugués: *A ecologia da Administraçao Publica*, Río de Janeiro, 1964; y "The Urology of Administrative Development" en *Colloque International. l'Administration Publique: perspectives d'avenir*, ENAP, Quebec, 1979, vol. IV, pp. 757 a 787.

I. ESTADO Y ADMINISTRACIÓN PÚBLICA

El Estado Venezolano, dentro de nuestro sistema constitucional vigente, se nos presenta como un Estado Democrático y Social de Derecho en proceso de consolidación, tal y como lo hemos expuesto en otra ocasión (Allan R. Brewer-Carías, *Cambio Político y Reforma del Estado en Venezuela. Contribución al estudio del Estado Democrático y Social de Derecho,* Madrid, 1975).

Ese Estado Democrático y Social de Derecho, condicionado por nuestra realidad económica, política y social, tiene una serie de tareas fundamentales que cumplir, y una serie de fines que lograr, que van a condicionar directa e inmediatamente, nuestra Administración Pública. Esta es, o pretende ser, un instrumento para ejecutar esas tareas y lograr aquellos fines. Por eso, en esta parte estudiaremos, separadamente, las características del Estado en Venezuela y su relación con la Administración Pública (§ 5), y los fines del Estado contemporáneo en nuestro país (§ 6).

No es posible comprender la Administración Pública, sin estudiar el listado en el cual está inmersa y del cual es un instrumento de acción. Y el tema del Estado, sin la menor duda, ha sido el tema medular de la ciencia política de todos los tiempos.

No es el momento, por supuesto, para estudiar al Estado desde el punto de vista teórico o filosófico. En este momento considero que ello sería un atentado contra las exigencias políticas contemporáneas de la sociedad venezolana, necesitada, y más que eso, urgida, de planteamientos realistas y pragmáticos para la solución de sus problemas actuales y futuros. La literatura moderna está colmada de estudios sobre el Estado, que van desde su magnificación hegeliana, al plantear que todo lo que el hombre es, se lo debe al Estado, hasta la consideración marxista del Estado como un mero y simple instrumento de clase, pasando por la concepción liberal de la consagración de derechos individuales frente al Estado, a quien se consideraba como un ente separado de la Sociedad.

Estas concepciones teóricas han tenido, en algunos casos, o han pretendido tener, en otros, aplicaciones reales en el Estado liberal-burgués del siglo pasado, y en los Estados fascistas o socialistas del presente siglo. Sin embargo, ni las teorías han sido llevadas a la práctica, tal y como fueron formuladas, ni los tipos de Estado de mayor actuación en el mundo moderno, se han amoldado a los esquemas teóricos. El Estado, en los países socialistas, no ha desaparecido, y al contrario, se ha fortalecido bajo la conducción de una nueva clase político-burocrática. Las experiencias fascistas, tan rápido como se construyeron, también fueron demolidas, dejando un saldo desafortunado que se inscribe en las más negras páginas de la historia del mundo contemporáneo. Por otra parte, la mayoría de los países contemporáneos del mundo occidental y del resto de países fuera del ámbito socialista, no se adapta, en su estructura estatal, a ninguno de los esquemas simplificados, habiendo quedado la fórmula liberal-burguesa, en la historia, tanto del siglo pasado como de la preguerra, en este siglo.

Inútil es, por tanto, en este momento, seguir condicionados, en el análisis del Estado por dogmas y criterios prefabricados, de los cuales tenemos que sacudirnos. Se impone un enfoque distinto, menos teórico y estrictamente político, partiendo del análisis de nuestra realidad concreta, tanto política como socioeconómica y cultural, que permita delinearlo sobre las bases reales y actuales que la práctica política ha venido moldeando en las últimas décadas.

Esta exposición, la vamos a dividir en tres partes: en una primera parte, trataremos de identificar la serie de condicionamientos que nos impone la realidad venezolana contemporánea para el estudio del Estado; en una segunda parte, y como consecuencia de lo anterior, precisaremos el nuevo papel del Estado como Estado Democrático y Social de Derecho; y en una tercera parte, detallaremos los diversos aspectos o exigencias para la transformación del Estado contemporáneo.

II. LOS CONDICIONAMIENTOS DE LA REALIDAD VENEZOLANA PARA EL ESTUDIO DEL ESTADO

La realidad venezolana, en efecto, nos muestra una peculiar posición del Estado en relación al sistema económico, al sistema social y al sistema político que da origen a un nuevo y preeminente papel que debe cumplir, como conformador de dichos sistemas. Esta posición del Estado en el ámbito económico, social y político da origen a los tres condicionantes básicos que la realidad nos impone en el estudio del Estado, y analizaremos separadamente, las cuales tienen una repercusión decisiva en su Administración Pública.

1. La posición del Estado en la economía

Podemos decir que ha dejado de ser objeto de disquisiciones teóricas el problema de la intervención y participación del Estado en el proceso económico. Se trata, en efecto, de un hecho que forma parte de los axiomas de nuestro tiempo y que la política no puede ignorar. La situación actual de nuestra economía, en efecto, nos muestra una dimensión inusitada del Estado en cuanto a su participación en la misma. Discutir si el Estado debe seguir siendo el guardián nocturno en el proceso económico o si el mismo puede o no ser propietario de medios de producción, no pasa ahora, de ser una discusión bizantina. La realidad ha pasado las ideologías y en la actualidad basta, para darse cuenta de ello, tener presente los siguientes datos dados por el Consejo de Economía Nacional sobre La participación del Estado en la Economía Venezolana (febrero de 1978): en 1976, luego de la nacionalización de la industria petrolera, el Sector Público representaba un 42.1 por ciento del Producto Territorial Bruto de nuestro país (p. 21); y en 1974, según cifras calculadas en 1975, el ingreso fiscal representaba un 40.3 por ciento del Ingreso Nacional, por lo que al decir del Consejo, ello revela "que el Estado venezolano tiene una elevadísima capacidad financiera para influir en la economía nacional en mayor grado que otros países incluso respecto a países industrializados" (p. 4). En éstos, señala dicho informe, "los ingresos fiscales ordinarios representan entre 15 y un 40 por ciento del Ingreso Nacional; y en las naciones con un bajo nivel de ingreso por persona, los ingresos fiscales no pasan del 14 por ciento del Ingreso Nacional" (p. 5). Es fácil constatar la acentuada participación del Estado en la economía nacional, sobre todo si se compara ese porcentaje del 40.3 por ciento en la relación Ingreso Fiscal-Ingreso Nacional con el de otros países: Suecia, 34.3 por ciento; Francia, 20.7 por ciento; Alemania Occidental, 22.8 por ciento; Italia, 19.2 por ciento; Suiza, 18.2 por ciento; Japón, 16 por ciento y España, 12 por ciento.

Un Estado, cuyo Ingreso Fiscal y cuyo Producto supera el porcentaje del 40 por ciento en relación al Ingreso Nacional y al Producto Territorial Bruto, se nos presenta con una nueva dimensión que representa un condicionante ineludible para su estudio. No estamos en presencia, ante esa realidad, de un sistema económico liberal basado en un Estado negativo, guardián, gendarme, no interventor sino para sostener y promover los capitalistas privados. Tampoco estamos en presencia de un Estado que monopoliza la apropiación de la totalidad de los medios de producción. Es decir, la posición del Estado en nuestra economía no autoriza a indicar que el mismo sea, económicamente hablando; ni un Estado liberal burgués ni un Estado socialista. Estamos, al contrario, en presencia de un Estado en un sistema político de economía mixta en el cual interviene, controlando y regulando la economía privada; apropiándose, a veces monopolísticamente, de los medios de producción sin siquiera apelar al clásico principio liberal de la subsidiaridad; y en fin, ordenando todo el proceso económico, tanto del sector público como del sector privado, a través de mecanismos planificadores que no son ya solo indicativos para el sector privado como la ortodoxia planificadora de Occidente lo enseña, sino la más de las veces, aun cuando indirectamente, de carácter imperativo.

Un Estado que, si bien no es el único propietario de los medios de producción, sin embargo es el principal propietario de medios de producción individualmente considerado, y por consiguiente, bajo esa misma consideración, el principal inversionista, el primer financista, y el más importante empleador, por lo tanto exige un análisis bajo enfoques realistas, no dogmáticos, con el objeto de lograr que esa nueva dimensión, cumpla a cabalidad su nuevo papel en la sociedad.

Y es que no es sólo su posición en la economía lo que condiciona el estudio del Estado contemporáneo en Venezuela, sino también su posición en la Sociedad.

2. La posición del Estado en la Sociedad

El Estado en Venezuela, sin la menor duda, es la organización política de la Sociedad, y como tal, el instrumento de la Sociedad para el logro de los objetivos plasmados en el pacto político constitucional: el bien común, la justicia social y el respeto a la dignidad humana. Tal como el Propio Preámbulo de la Constitución lo dice expresamente: "proteger y enaltecer el trabajo, amparar la dignidad humana, promover el bienestar general y la seguridad social; lograr la participación equitativa de todos en el disfrute de la riqueza, según los principios de la justicia social, y fomentar el desarrollo de la economía al servicio del hombre".

Para los estudiosos de la historia de las ideas políticas quedan, por tanto, los postulados liberales que establecían un dualísmo entre la Sociedad y el Estado, concebidos como sistemas autónomos, y que pretendían construir el sistema social, frente al Estado, para salvaguardarle de él. Conforme a esa doctrina, por tanto, el Estado estaba limitado y no tenía responsabilidades sociales: las libertades se establecían frente al Estado, y el bienestar colectivo debía emanar del libre juego de las fuerzas de la sociedad. De allí la idea decimonónica de Estado de Derecho, como pura forma, construida para limitar el poder estatal, y en la cual jugó tanto papel el principio de la separación de poderes. En la Venezuela actual, al contrario, el Estado se nos presenta como parte e instrumento de la sociedad, a través del cual se actualizan los derechos individuales, económicos y políticos, y con la responsabilidad de ser el actor y agente principal del proceso de desarrollo económico y social. Este Estado ya no es solo un Estado de Derecho formal, sino que lo es, pero con un contenido social imprescindible.

Por otra parte, en la misma historia quedaron también los postulados marxistas clásicos que veían en el Estado el mero y dócil instrumento de la clase dominante para la explotación de la clase dominada y que, por tanto, como tal instrumento de opresión, debía ser eliminado. De acuerdo a esta ortodoxia, los cambios que se pretendieran introducir en la superestructura, es decir, en las instituciones, incluyendo las estatales, de nada servirían por sí solos y serían imposibles sin cambios radicales en las estructuras económico-sociales; o si se quiere, los cambios que pudieran realizarse en la superestructura jurídico-política, sólo se producirían como reflejo de los cambios en la estructura económica y en la correlación de la lucha de clases.

Esta concepción mecanicista y determinista hoy en día es rechazada incluso por los propios marxistas. No sólo es necio, y cuando menos, anárquico, plantear en el mundo contemporáneo la eliminación del Estado, sino que el mismo dogma de la dominación clasista del Estado está superado sobre todo al tenerse en cuenta el foso histórico que separa las realidades y situaciones de los países europeos del siglo pasado, cuyo análisis dio origen al referido dogma, con las sociedades contemporáneas como la venezolana. En efecto, al analizarse nuestro sistema estatal surge con evidencia que el mismo goza de una autonomía específica frente a la estructura económica, aun cuando ésta siga teniendo un papel decisivo. El fenómeno de la actuación y papel del Estado, en nuestro país, es mucho más complejo, como lo es en todos los países contemporáneos, para poder explicarlo mediante una simple determinación economicista la cual, quizá, pudo ser más clara en los sistemas político-sociales europeos del siglo pasado. En Venezuela, y aún admitiendo, a pesar de la autonomía específica de la instancia política, que el Estado está y ha estado condicionado en su función por una determinada relación de producción capitalista, sin embargo, parece indudable que hoy, dicho Estado no está controlado por una clase económica dominante que supuestamente lo utilizaría como dócil instrumento de explotación. Tal como lo ha señalado un autor latinoamericano: "rara vez o nunca puede existir una identificación absoluta e incondicional entre el Estado y una clase, ni subordinación mecánica e instrumental del uno hacia la otra; y todo Estado debe responder, también, siempre, en cierta medida, a necesidades e intereses generales de la Sociedad" (Marcos Kaplan, "Estado y Sociedad" en *El Estado en el desarrollo y la integración de América Latina,* Caracas, 1969, p. 34).

En Venezuela, la realidad nos muestra que la relación entre Estado y Sociedad se configura de distinta manera: el Estado es parte de la Sociedad, procede de ella, es su organización, y como tal, es su instrumento político para la consecución de sus fines y, particularmente, del bien común. En tal virtud, el Estado tiene la responsabilidad fundamental de conducir la Sociedad, y los derechos individuales no se conciben como derechos frente al Estado, sino a través del Estado. Este, por otra parte, tiene responsabilidades sociales frente a todos los estratos de la Sociedad bajo el postulado de la justicia social. El Estado conjuga los diversos requerimientos y exigencias de la Sociedad, de sus clases y estratos, y busca satisfacerlos. Es el instrumento de todas las clases y grupos, y si bien es cierto que algunos grupos económicos han tenido un relativo dominio respecto de las acciones y políticas del Estado, no es menos cierto que éste presenta una autonomía específica que tiende a acentuarse, para ponerlo al servicio de los intereses generales y la justicia social. El Estado, en nuestro país, por tanto, está dominado, pero pluralísticamente, por los diversos grupos organizados, por lo que hay intereses recurrentes que se expresan democráticamente y a los cuales debe servir.

3. La posición del Estado en el sistema político

Como consecuencia de la posición del Estado en la Economía y en la Sociedad, es imprescindible referirnos, también, a otro condicionamiento que la realidad venezolana impone al estudio del Estado, derivado de su posición en el sistema político.

Venezuela está regida, políticamente hablando, por un régimen de democracia pluralista, que se materializa en un sistema electoral dominado por el principio de la representación proporcional, y por un sistema de partidos de carácter múltiple. Nuestro régimen político, por tanto, está construido para hacer participar en él, a través de las elecciones y del funcionamiento de los cuerpos deliberantes y representativos, al mayor número de criterios y opiniones de manera que las voluntades políticas se formen pluralísticamente. En este proceso los partidos políticos tienen, no sólo desde el punto de vista práctico, como resultado del ejercicio democrático de las dos últimas décadas, sino incluso, constitucionalmente, una preeminencia, hasta el punto de que no es equivocado el calificativo de gobierno de partidos o partidocracia que, algunas veces, se ha utilizado para calificar nuestra democracia.

Los partidos son los árbitros y conductores del proceso; es a través de ellos que las voluntades políticas se expresan y se forman; es mediante su acción que se concreta la representación popular. En definitiva, la voluntad del Estado se forma por la acción o combinación de los partidos, los cuales dominan y penetran no sólo las instituciones políticas, sino las instituciones y grupos de intereses de la comunidad. De acuerdo a este régimen, sin duda, en Venezuela puede decirse que los partidos gobiernan; estos tienen el monopolio del poder y son los más importantes voceros políticos de la voluntad popular.

La democracia en Venezuela, como régimen político, se debe sin duda, a los partidos políticos. Por otra parte, resulta claro que la democracia condiciona el funcionamiento del Estado, pues éste debe, siempre, expresar las voluntades e intereses populares integrados y conjugados. Por ello, nuestra democracia es pluralista. Ahora bien, la expresión de esas voluntades e intereses, políticamente hablando, se produce a través de los partidos políticos, pues ellos tienen el monopolio del funcionamiento del sistema. Esto ha provocado una distorsión y mediatización de la democracia, la cual, en más de una ocasión ha dejado de ser el gobierno por el pueblo y para el pueblo, y se ha convertido en un gobierno, no sólo por los partidos, sino para los partidos, con su consiguiente desfiguración. El Estado democrático, por tanto, frente a los diversos grupos y estratos de la población se nos presenta como ineficiente, no porque la democracia, como régimen político, no sirva, sino porque el sistema implementado para operarla y manejarla, no ha asegurado su efectiva realización. Y ante la precariedad y mediatización de la democracia política, se levanta el fantasma de la irrealizada democracia social y democracia económica que la posición del Estado en la Economía y la Sociedad le imponen.

Es que este Estado venezolano, de carácter democrático, con una posición como la reseñada en el ámbito de la Economía y de la Sociedad, tiene un nuevo papel que asumir, distinto al que podía tener hace cuatro décadas. Sin darnos cuenta, por fuerza de la riqueza petrolera y del consiguiente reforzamiento de la situación del Estado, hemos venido sentando las bases de un nuevo tipo de Estado, distinto al Estado liberal-burgués que nos sirvió de modelo, y distinto de los Estados Socialistas, el cual en la terminología contemporánea de occidente se lo comienza a calificar como Estado Democrático y Social de Derecho, por supuesto, con un nuevo y distinto papel que cumplir.

Queremos ahora insistir en este nuevo papel del Estado Democrático y Social de Derecho, que resulta de los condicionamientos económicos, sociales y políticos que la realidad venezolana nos plantea para su estudio y que condiciona a su vez, el papel de la administración pública.

III. EL NUEVO PAPEL DEL ESTADO COMO ESTADO DEMOCRÁTICO Y SOCIAL DE DERECHO

1. La conformación de la realidad económica, política y social

La posición del Estado en la Economía, en la Sociedad y en el sistema político, como partes o subsistemas, todos interrelacionados, interconectados y entrecruzados de un solo sistema o totalidad, sin la menor duda, le plantean nuevas tareas y responsabilidades que lo apartan de los modelos políticos tradicionales. El Estado se nos ha venido configurando, como se dijo, como un Estado Democrático y Social de Derecho, es decir, como un Estado conformador de la realidad económica, social y política, con un papel activo y comprometido en esa conformación. Si la idea democrática debe ser consubstancial al Estado Social de Derecho, y por ello hablamos de Estado Democrático y Social de Derecho, ello es en el sentido de que no solo debe perfeccionarse la democracia política, para que deje de ser un mero ejercicio quinquenal de elección de los gobernantes y se convierta en el medio de participación y organización de la sociedad, sino de que debe también lograrse la plena realización de la democracia económica y de la democracia social.

Bajo esta idea democrática, por tanto, el Estado, en primer lugar, deberá conformar el sistema político, para hacerlo participativo, organizando al pueblo de manera que el hombre en sociedad supere la categoría de masa; es decir, deberá democratizar la democracia política. En segundo lugar, el Estado deberá conformar la Economía, para permitir la participación equitativa de todos en el disfrute de la riqueza, según los principios de la justicia social, y para fomentar el desarrollo de la economía al servicio del hombre, es decir, deberá hacer efectiva la democracia económica. Y en tercer lugar, el Estado deberá conformar la Sociedad, con el objeto de que, respetando y amparando la dignidad humana, no sólo satisfaga las necesidades vitales y existenciales de la población, aumentando su nivel de ingreso y asegurando a todos una existencia digna y provechosa para la colectividad, sino que promueva la misma sociedad, a través de la organización del pueblo; es decir, instaurar un sistema de democracia social.

Este nuevo papel del Estado, como Estado Democrático y Social de Derecho, en esta búsqueda y perfeccionamiento de la democracia política, económica y social, le plantea una serie de tareas, muchas de las cuales ahora realiza, y que deberán ser clarificadas, reforzadas o asumidas, según los casos. Estas tareas dan origen a varias facetas del Estado en su actuar, tanto en el campo económico, social y político y al desarrollo consecuencial de instituciones, organismos y actuaciones administrativas que analizaremos seguidamente.

2. Las tareas del Estado en el campo económico

La intervención del Estado en la Economía y el papel que éste ha venido ocupando en el sistema económico le han venido imponiendo una serie de tareas para conformar la realidad económica, cuyo cumplimiento da origen a varias facetas de su actuación.

A. El Estado Regulador

En primer lugar, el Estado es un Estado Regulador, en el sentido de que al mismo corresponde establecer las reglas de juego de la economía privada, de manera de garantizar a todos el ejercicio de la libertad económica. En esta regulación el Estado tiene que tener por norte el respeto de la seguridad jurídica, no pudiendo dichas reglas cambiarse al capricho de los gobernantes. La conducción y regulación de la economía, no puede basarse en un simple proceso de prueba o error, según las incompetencias de los funcionarios, sino que requiere criterios precisos, prospectivos y justos.

B. El Estado de Control

Pero además de Estado regulador, en segundo lugar, el Estado es un Estado de control del ejercicio de la libertad económica para proteger a los débiles económicos, evitando la indebida elevación de los precios y las maniobras abusivas tendientes a obstruir el ejercicio de la libertad económica por aquellos. En su faceta contralora de la economía es que el Estado puede garantizar a todos el derecho a tener acceso a la actividad económica, aún bajo el solo papel de consumidor o

C. El Estado de Fomento

En tercer lugar, el Estado es un Estado de Fomento en el sentido de que, al protegerse, constitucionalmente, la iniciativa privada, el Estado debe promover, estimular, en definitiva, fomentar el desarrollo de actividades económicas por el sector privado. Sin embargo, no se trata del fomento indiscriminado y desordenado, sino de una técnica de promoción y estímulo que adecúe la actividad privada a los planes de desarrollo económico y social del país.

Por otra parte, el Estado de Fomento tiene que seguir realizando las clásicas actividades de creación de infraestructura física y equipamiento del territorio, pero dentro de una política racional de orientación del gasto público, de manera de establecer las bases para el desarrollo de las actividades económicas, tanto del sector público como del sector privado.

D. El Estado Empresario

En cuarto lugar, y en virtud de los mismos postulados constitucionales que le permiten, directamente, y sin el imperativo de la subsidiariedad, la intervención activa en la Economía como productor de bienes y servicios, el Estado es un Estado Empresario. Como tal, debe desarrollar una actividad industrial, mono políticamente, en las áreas económicas que se ha reservado por razones de conveniencia nacional, tal como ha sucedido en la industria petrolera, de explotación del hierro y del gas, militar y nuclear. Debe, además, desarrollar bajo su control la industria básica pesada, tal como lo ha venido haciendo en el campo siderúrgico o petroquímico; y debe asumir empresas, aún en concurrencia con los particulares, en las actividades en que ello sea necesario desde el punto de vista de la política económica de desarrollo. Pero en esta faceta el Estado también debe definir reglas de juego precisas, con el objeto de asegurar al sector privado un mínimo de estabilidad, y seguridad jurídica. El Estado, en Venezuela, tiene suficiente de que ocuparse como empresario, con las industrias nacionalizadas, las industrias básicas y otras grandes empresas y corporaciones, para estar interviniendo, activamente, en empresas de toda índole. El Estado, con lo que tiene a nivel de producción de bienes v servicios, no puede seguir convirtiéndose, además, en hotelero, talabartero, artesano o vidriero.

E. El Estado Planificador

Por último y en quinto lugar, desde el punto de vista económico, el Estado es un Estado Planificador, pues a él corresponde la responsabilidad de definir las políticas de desarrollo, elaborar los planes y programas de acción gubernamental, y ejecutarlos a través de los mecanismos presupuestarios o de programación anual.

No se trata de realizar un ejercicio teórico o de mera asesoría económica. Se trata de definir, prospectivamente y a largo plazo, lo que la Sociedad quiere de nuestro país, para luego precisar en un mediano plazo, en un Plan quinquenal, el desarrollo de una acción gubernamental concreta. Para ello, no solo tiene que desarrollarse una planificación concertada y democrática, que permita a los sectores interesados tanto del sector público como del sector privado, intervenir en su concepción y desarrollo, sino que debe hacerse participar en las tareas de formulación y adopción de los planes a los órganos legislativos.

De nada o de muy poco vale un Plan que adopte el Ejecutivo aisladamente, si el órgano político-legislativo no lo hace suyo, y no lo sigue en las asignaciones presupuestarias que debe autorizar anualmente.

La planificación, no es solo una operación técnica, es un proceso político, y como tal debe ser reformulado, garantizándose la participación, en el mismo, tanto a las instituciones políticas, como a los grupos de intereses de la comunidad.

Por otra parte, la planificación no solo debe ser económico-social, sino también, físico-espacial, de manera que se asegure un proceso racional y equilibrado de ocupación del territorio, guiado por una política de ordenación territorial definida, también, prospectivamente. En esta política nacional de ordenación del territorio tiene que ubicarse la política de desarrollo urbano y de protección del ambiente.

3. Las tareas del Estado en el campo social

Pero además de estas tareas del Estado en el campo económico, que nos lo muestran como un Estado regulador, de control, de Fomento, Empresario y Planificador; al corresponderle también la conformación de la Sociedad, el Estado tiene, además, una serie de tareas en el campo social, que dan origen a otras facetas.

A. El Estado redistribuidor de la riqueza

En primer lugar, el Estado es, ante todo, un Estado Redistribuidor de la riqueza. No siendo el Estado propietario exclusivo de los medios de producción, y garantizando el orden constitucional la posibilidad de acumulación de la riqueza en manos particulares, corresponde al Estado, con el objeto de elevar el nivel de ingresos de la población y asegurar el desarrollo de la economía bajo los principios de la justicia social, actuar como el gran redistribuidor de la riqueza mediante el establecimiento de un sistema tributario que logre la elevación del nivel de vida del pueblo. Esta tarea de redistribución de la riqueza, aunada a la de distribución de su propio ingreso derivado de su actividad empresarial, requieren una reorientación profunda del gasto público y de la estructura administrativa del Estado, para ponerlos al servicio de esas tareas, ya que a veces han tenido una orientación distinta de concentración de la riqueza.

B. El Estado de Servicios Públicos

Pero dentro de las tareas del Estado en el campo social, y como parte de la más amplia de servir de agente de redistribución de la riqueza para el logro de la justicia social, el Estado tiene una tarea directa de carácter asistencial y prestacional, y que lo configura como un Estado prestador de Servicios Públicos. Este Estado de servicios públicos, aun no se ha consolidado en Venezuela. Ciertamente, el Estado presta servicios de salud, de educación, de proveedor de viviendas, de transporte colectivo, de teléfonos, de correos, de distribución de agua, etc., pero sin embargo, muchas de esas actividades prestacionales, son insuficientes o están deficientemente realizadas. La tarea prestacional del Estado, vieja en su concepción es, la que quizás, más requiere de revalorización y ejecución. Además, la misma expansión económica, la difusión de niveles de vida superiores a través de los medios de comunicación y los contrastes de la vida citadina ya han creado una clara conciencia en la ciudadanía de que, al menos, la acción del Estado debe estar orientada a proveer y prestar servicios al ciudadano.

C. El Estado de Promoción Social

En tercer lugar, también en el campo de lo Social, el Estado tiene la tarea fundamental de ser un Estado de promoción social. Aquí es donde el Estado Democrático y Social de Derecho se manifiesta con características específicas. El desarrollo social, tal como también sucede en el campo económico, no puede ser un desarrollo espontáneo. El Estado es el ente responsable, como conformador de la Sociedad, de promoverla, para hacer efectivo el respeto a la dignidad humana, es decir, el libre desenvolvimiento de la personalidad del hombre.

Por ello, la tarea de promoción social, sobre todo ante un creciente fenómeno de marginalidad social, es consustancial al Estado Democrático y Social de Derecho: promoción de la familia, de la niñez, de la juventud, del adulto, de la vejez, de manera de lograr, no sólo la participación de todos los estratos de la población en los procesos sociales, sino lograr el desarrollo de las propias individualidades y capacidades creadoras. La educación y la cultura popular, deben ser los instrumentos fundamentales de promoción social.

4. Las tareas en el campo político

Pero este nuevo papel del Estado, como Estado Democrático y Social de Derecho, no sólo le impone tareas en el campo económico y social, sino también, en el campo político.

A. El Estado Democrático

Ante todo, es un Estado Democrático, y como tal, no sólo ha de configurarse para que sirva a un gobierno para el pueblo, como totalidad, sino para que dicho gobierno sea un gobierno del pueblo y por el pueblo. Para ello, el Estado tiene la responsabilidad de perfeccionar la democracia y hacerla participativa, de manera que no se agote en las elecciones quinquenales, sino que sea de ejercicio permanente. Para el logro de esta democracia participativa, la unidad política, primaria y autónoma que es la Municipal, debe reestructurarse, pues es realmente al nivel local que la democracia puede conjugarse con la participación política y permitirse el acceso del ciudadano al poder.

Por tanto, el Estado, tiene entre sus funciones fundamentales, la de conformar el sistema político, pero para hacerlo más participativo.

B. El Estado Organizador

Pero la participación política en un marco democrático, o si se quiere, la democracia participativa, requiere de la organización de la población. La participación política no puede ser tampoco espontánea, salvo que se corra el riesgo de la anarquía; tiene que ser desarrollada, promovida y organizada por el Estado. De allí esa particular faceta del Estado en el campo político, de Estado organizador.

En esta misión de organizar la sociedad, el Estado asume la responsabilidad de establecer y promover los canales de participación del pueblo en los procesos políticos y administrativos, tanto locales como regionales y nacionales. El pueblo como vecino, como usuario, como consumidor, como trabajador, como artesano, como empresario, como profesional, no sólo debe ser oído y consultado, para conjugar los diversos intereses, sino que debe participar en el proceso de formación y toma de decisiones. El Estado, en tal sentido, debe promover, por ejemplo, la organización de las juntas o Comités de vecinos, de usuarios, o de consumidores, tal como ha promovido y alentado las organizaciones gremiales, sindicales, profesionales y de industriales y comerciantes.

La participación, en esta forma tiene que ser una política global de conformación de la sociedad en todos sus niveles y estratos.

C. El Estado de libertades

Pero además de su faceta como Estado Organizador, desde el punto de vista político, el Estado también es un Estado de libertades. Esta noción, por supuesto, no debe ser entendida desde el punto de vista puramente formal, como fue la noción clásica del Estado de Derecho, que concebía las libertades como un límite a la acción estatal y una protección frente a las intervenciones del Estado. Cuando hablamos del Estado de libertades en el mundo contemporáneo, al contrario, se destaca su contenido material de libertades económicas y sociales, además de las políticas e individuales. El Estado Democrático y Social de Derecho, en esta forma, es la vía para la realización de las libertades y no el ente al cual se le oponen las libertades; y su misión, es por sobre todo, y en base a los principios de la dignidad humana, hacer posible y efectivas las libertades públicas. La noción de participación vuelve a surgir aquí, para que la consagración de derechos y libertades no convierta al pueblo en un mero objeto de asistencia estatal.

D. El Estado de Derecho

Pero el Estado, además, es un Estado de Derecho, sometido al control de la legalidad. Sin embargo, el orden jurídico en el Estado Democrático y Social también deja de ser una mera forma, para adquirir ese contenido social mencionado, y ya no se lo concibe, sólo como un mero y exclusivo medio para limitar el poder del Estado. El derecho o si se quiere, el orden jurídico, se configura, más bien, como el instrumento establecido, tanto para permitir al Estado su labor de conformador de la realidad económica y social, como de aseguramiento del goce de las libertades públicas.

Ahora bien, este panorama que resulta de la posición del Estado en la realidad económica, social y política en la Venezuela contemporánea, y que le impone un nuevo papel, como conformador de esas realidades, con tareas específicas y variadas, contrasta, sin duda, con la realidad misma de la estructura y funcionamiento del Estado actual. Este, no ha asumido todas las facetas que le impone y exige su nuevo papel, y muchas de las que ha cumplido, las ha realizado incompleta, ineficaz e incoherentemente. De allí la crisis del Estado de sus instituciones y del mismo régimen democrático. El Estado, en efecto no ha logrado adaptar su estructura, sus instituciones y su funcionamiento para la realización de su nuevo papel. Está planteada una reformulación del Estado en Venezuela para que asuma, plenamente su papel de Estado Democrático y Social de Derecho en la forma señalada.

IV. LAS EXIGENCIAS DE TRANSFORMACIÓN DEL ESTADO VENEZOLANO

Para ello, en nuestro criterio, surgen una serie de exigencias de transformación, que son para la supervivencia, y que, por tanto, deben realizarse con carácter urgente, al menos en cuatro de los sistemas básicos de nuestra sociedad: el sistema político, el sistema de gobierno, el sistema administrativo y el sistema de control. Queremos referirnos, separadamente, a estas diversas implicaciones de estas transformaciones.

1. Las transformaciones del sistema político

Sin duda, uno de los resultados más preciados del ejercicio político de los últimos años, es el de la existencia de un régimen político democrático y de libertades. Sin embargo, estamos todos conscientes que no podemos seguir con la democracia actual; que se nos muestra como débil, no participativa, mediatizada y con una gran indisciplina social.

A. La búsqueda de una democracia fuerte

Hay un sentimiento común en el análisis político nacional: nuestro régimen democrático ha sido débil: no ha satisfecho las exigencias sociales, ha sido aprovechado por inescrupulosos políticos, ha permitido la desobediencia de las leyes, y ha fomentado la indisciplina.

Por ello se sienten las exigencias a favor de una democracia fuerte, que sea capaz de imponer disciplina social, de lograr y moldear el consenso y canalizar los conflictos políticos; de rescatar al ciudadano; de revalorizar el trabajo; y que haga que las leyes se cumplan y no se burlen.

Para ello se hace indispensable estructurar una democracia con poder, con la cual se pueda gobernar, y que sea capaz de asumir, conformar y transformar la realidad venezolana. Para ello, deberá consistir no sólo en el gobierno del, por y para el pueblo, sino "con el pueblo", es decir, en una democracia realmente participativa, además de representativa.

B. La búsqueda de una democracia participativa

En efecto, la crisis de la democracia es una crisis de participación. El Estado y el gobierno han estado lejos de los individuos y han pretendido gobernar sin su concurso. El ciudadano comienza a ser una rara especie en vías de desaparición.

Su participación política se reduce a actuar en un proceso electoral cada cinco años, como elector, y a ser utilizado en procesos preelectorales por los partidos políticos, pues no sólo no participa en la formulación de las políticas estatales, sino que tampoco participa, efectivamente, en la distribución de los bienes de la sociedad.

Se impone, por tanto, el rescate del ciudadano, para que asuma el poder, reconquiste al Estado y lo ponga a su servicio. En definitiva, constitucionalmente la soberanía reside en el pueblo y éste debe ejercerla.

Pero para ello debe dejar de ser masa y convertirse realmente en pueblo. Este es el reto del Estado Democrático y Social de Derecho: organizar al pueblo, y ese es el temor tradicional del populismo. Se le teme al pueblo organizado pues a éste no se lo engaña y se prefiere manipular y engañar a la masa.

En todo caso, la participación política sólo se logra a través de la organización del pueblo, y ésta sólo puede promoverla el Estado, para no caer en la anarquía social. El sentido de la idea del Estado Democrático y Social, es, entonces, la del Estado organizador de la sociedad para la participación, lo cual debe realizarse en todos los planos sociales, desde abajo hacia arriba, con el establecimiento de cuerpos intermedios entre el Estado y el ciudadano: en el plano local, a través de la promoción de las asociaciones de vecinos; en el plano laboral, a través de la promoción sindical y de los mecanismos de participación en la gestión empresarial; en el plano de la educación y la juventud, a través de la promoción de los movimientos de jóvenes y de las comunidades educativas; en el plano económico, a través de la promoción de las asociaciones de pequeños y medianos empresarios, y productores y su participación en la planificación y formulación de políticas, así como de las juntas de consumidores y usuarios para proteger su libertad económica; en fin, en el plano político, mediante la democratización de los partidos políticos y el rescate del ciudadano, para hacer la democracia más representativa.

C. La búsqueda de una democracia más representativa

Y es que la democracia participativa que debe estructurarse no debe dejar de lado el carácter representativo de la misma, y el cual, aun cuando es consustancial con ella, en la actualidad está desdibujado.

En efecto, la democracia representativa en Venezuela, por la práctica política de los últimos veinte años, ha resultado en ser poco representativa. ¿Quién de nosotros, en realidad, se siente representado por un concejal, un diputado a una Asamblea Legislativa o el Congreso? Los representantes, en definitiva, han resultado no representar al pueblo, y sólo a los partidos políticos. Hay por tanto una democracia representativa de los partidos políticos, hay una democracia de partidos, pero no hay una democracia representativa de las comunidades y de los grupos de la población. Para hacer la democracia más representativa y sin desconocer y al contrario, reconocer y admitir el papel esencia de los partidos políticos en el funcionamiento del sistema, se hace indispensable modificar el sistema electoral y el sistema de partidos.

El sistema electoral, en efecto, para ser más representativo, debe acercar más, al elegido con el elector, entre otros factores, por la reducción de la amplitud territorial de las circunscripciones electorales se impone la elección de menos representantes en más reducidos distritos electorales, de manera que el elector pueda exigirle a su elegido la responsabilidad política resultante de la elección, hasta llegar a la elección uninominal a nivel local. Para que el Municipio sea la unidad política primaria y autónoma dentro de la organización nacional, y se realice en ese nivel, plenamente, la democracia debería establecerse la elección uninominal en pequeñas circunscripciones electorales. Sólo así habría representatividad política de los concejales con las vecindades y comunidades que los elijan.

Las elecciones locales, por otra parte, deben separarse de las elecciones nacionales, con el objeto de que la democracia local tenga su propia individualidad y no siga siendo una añadidura de una votación nacional por los candidatos presidenciales.

Por otra parte, los procesos electorales deben enseriarse: en un pueblo organizado no podrá seguirse manipulando la opinión pública y la masa, a base de sólo consignas y propaganda.

Los partidos políticos, en este orden de ideas, y solo como consecuencia de una reforma electoral, es que podrían convertirse, realmente, en un cuerpo intermedio para la participación y el logro de la representatividad política. En la actualidad, sólo la minoría milita en partidos políticos, pero éstos controlan totalmente el juego político: asumieron el monopolio del poder, y el sistema democrático se ha venido convirtiendo en un mecanismo representativo de los partidos y no del pueblo, produciéndose una excesiva intermediación entre éste y el poder.

Esta excesiva importancia de los partidos políticos ha originado, internamente, y a pesar de ellos, un debilitamiento de la democracia partidista, por el control que ejercen las maquinarias. Estas, no sólo han mediatizado las elecciones, el designar los elegidos y controlar las decisiones ulteriores, sino que comienzan a imponerse sobre los propios partidos, desideologizándolos y burocratizándolos. Junto con estos dos fenómenos aparece, en el contexto, la penetración de los grupos económicos, para financiar las costosísimas campañas publicitarias de los últimos años.

De todo ello resulta un juego democrático, no sólo poco participativo, sino no representativo, que corre el riesgo de destruirse a sí mismo. Dado el monopolio del poder que los partidos tienen, sin duda, sólo ellos pueden, flexibilizándose, transformar la democracia política.

D. La consolidación de una democracia económica y social

Pero la transformación del sistema político no sólo impone la búsqueda de una democracia participativa y más representativa, sino también, la consolidación de una democracia económica y social, que le dé real contenido al sistema.

No basta, por tanto, que el sistema político se fundamente en la consagración de una serie de derechos, garantías y libertades, sino que tiene que estar dirigido a su realización plena y concreta. ¿De qué vale la libertad económica si muy pocos tienen acceso al proceso productivo? ¿De qué vale la libertad de tránsito si no existe un eficiente servicio de transporte público? ¿De qué vale el derecho a la educación y a la salud, si no hay cupo en los institutos educativos o no hay camas en los hospitales? ¿Para qué sirve el derecho de propiedad si muy pocos son propietarios? ¿De qué vale la libertad de expresión del pensamiento, si no hay medios donde expresarlo, por el control, de los mismos, por grupos privados movidos por los solos intereses de los anunciantes? La verdadera esencia del sistema político democrático es que, por sobre todo, debe ser un gobierno para el pueblo, y para ello, debe actualizar y hacer efectivos, además de los derechos políticos, los derechos económicos y sociales.

2. Las transformaciones del sistema de gobierno

Pero, sin duda, para consolidar en Venezuela un Estado Democrático y Social de Derecho, no basta con transformar el sistema político, para hacer de la democracia un sistema fuerte, participativo, representativo y de contenido económico y social, sino que resulta indispensable que dicho sistema encuentre su soporte en un sistema de gobierno que asegure el ejercicio efectivo de la autoridad. Es necesario, dijimos, un gobierno que gobierne, y para ello, hay que sincerizar, definitivamente, tanto las relaciones entre el Congreso y el Ejecutivo, como sus respectivas competencias.

A. La búsqueda de un nuevo poder parlamentario

En efecto, el Congreso en Venezuela, siguiendo la ortodoxia liberal del siglo pasado, fue concebido como un órgano político, de legislación y de control de la Administración Pública, dentro de un balance de poderes que tendía a debilitar el poder del Estado, a través de mutuos frenos y contrapesos. Ese esquema quedó en la historia, y en la actualidad no responde a la realidad.

En efecto, en primer lugar, el Congreso no participa, efectivamente, en la definición de las grandes opciones políticas de desarrollo económico y social del país. Los planes de desarrollo no se someten a su conocimiento y discusión, y a pesar de la sujeción parlamentaria de nuestro sistema presidencial, las votaciones en el Congreso se reducen en la mayoría de los casos, a una mera formalidad.

En segundo lugar, nuestro Congreso, no legisla: la legislación básica del país en los últimos cuarenta años, ha sido dictada por el Poder Ejecutivo, mediante Decretos Leyes, de facto o de derecho, pero en definitiva, mediante actos ejecutivos con fuerza y valor de ley. Las pocas leyes que aprueba el Congreso son leyes aprobatorias de convenios internacionales, y excepcionalmente sanciona leyes, que han sido proyectadas por el Ejecutivo, y cuyos cuadros, inclusive, redactan los proyectos de informes de las Comisiones parlamentarias respectivas. Las Cámaras Legislativas, por tanto, en realidad no legislan.

En tercer lugar, las Cámaras tampoco controlan a la Administración. Para ejercer auténticas funciones de control, las Cámaras Legislativas tendrían que tener una composición más representativa de la población y la ciudadana. El control partidario de las mismas, en realidad, traslada el ejercicio del control a los partidos políticos y dentro de ellos, a sus maquinarias. La consecuencia es evidente: se controla sólo en la medida en que interesa a las maquinarias partidistas, interés que es cambiante, por supuesto, conforme cambian las correlaciones políticas.

El Congreso, por tanto, no hace lo que debería hacer, o lo hace mal; y esto plantea su reformulación. Ante todo debe convertírselo en un órgano político, que participe, efectivamente, en la conducción del país. Es dicho órgano, el que en representación del pueblo debe definir la estrategia de desarrollo y las grandes opciones políticas que plantea. Para ello, debe aprobar los lineamientos de los planes quinquenales conforme a la estrategia que también debe definir. Por otra parte deben sincerisarse sus funciones legislativas: debe, en general, reducirse a sancionar leyes medidas, leyes programas, leyes de orientación, leyes cuadro, de contenido general que orienten y autoricen al Ejecutivo para legislar, conforme a sus prescripciones políticas. Por último, deben reforzarse sus poderes de control sobre el Ejecutivo y la Administración Pública, dotándoselo de mecanismos adecuados para ello. Por otra parte, conforme a lo señalado, sólo siendo realmente representativos podrán los miembros del Congreso ejercer sus funciones de control.

B. La consolidación de un Ejecutivo fortalecido y responsable

La crisis parlamentaria, y las transformaciones que deben introducirse en el Congreso conllevan, necesariamente, una transformación del Ejecutivo, el cual, si bien debe ser fortalecido, ello implica y plantea la posibilidad de que se exija su responsabilidad y de que sea efectivamente controlado.

Las labores legislativas del Poder Ejecutivo, siguiendo la orientación universal que plantea la primacía del Ejecutivo, deben ser consolidadas. En el futuro, los Decretos-Leyes y la delegación legislativa, deben caracterizar la acción política del Ejecutivo, ya que solo así se puede asegurar la oportunidad de la regulación, pero siempre que se refuerce, como se dijo, la función político-orientadora del Congreso. El fortalecimiento del Ejecutivo, por otra parte, exige, como también se dijo, la ampliación de los mecanismos de control del Congreso. Aquél no puede fortalecerse si no es controlado y no se le exige responsabilidad. Ambos elementos son consustanciales: sin una transformación del Parlamento, el fortalecimiento del Ejecutivo sería una insensatez, y más bien, conduciría a consolidar al Ejecutivo irresponsable que hemos padecido durante muchos períodos de gobierno.

Pero un sistema de gobierno que redefina las funciones del Parlamento y del Ejecutivo, tampoco es viable, aisladamente, como instrumento de un Estado Democrático y Social de Derecho, si no se racionaliza, políticamente hablando, el sistema administrativo. Este es el principal instrumento de gobierno, y un gobierno será bueno o malo, según el sistema administrativo de que disponga.

3. Las transformaciones del sistema administrativo

En efecto, nuestro sistema político-administrativo se caracteriza por estar excesivamente concentrado en la Presidencia de la República y por estar excesivamente centralizado en el nivel nacional. Se impone por tanto, la búsqueda, tanto de una desconcentración del poder del Presidente como de una descentralización del poder nacional.

A. La búsqueda de una desconcentración del poder presidencial

En efecto, en algunos períodos constitucionales recientes, hemos presenciado la consolidación de una presidencia cuasi imperial y mesiánica, que nos presenta al Presidente como un oráculo: el Presidente todo lo sabe, y sólo él sabe; el Presidente todo lo decide, y sólo él decide. Los Ministros, los Presidentes de entes descentralizados, los gobernadores, han, a veces, actuado como meros amanuenses, quienes sólo hacen lo que el Presidente les dice, y no hacen nada, sin llevar los asuntos, aun los más elementales, al Presidente.

La concentración de todas las decisiones en el Presidente no sólo ha obstaculizado el funcionamiento de la Administración por la dilación o ausencia de toma de decisiones; no sólo ha producido una falta de respeto de los niveles inferiores de la Administración en las decisiones del Presidente debe tender a asumir plenamente su papel de Jefe del Es sino que ha producido una degradación de la jerarquía ministerial. Los Ministros además, en muchos casos, han perdido responsabilidad sobre los sectores que deberían gobernar, pues el Presidente no sólo era quien nombraba los directivos de los entes descentralizados, sino quien recibía la mayoría de sus cuentas.

Resulta evidente, por tanto, la indispensable tarea de desconcentrar la Presidencia de la República. Para ello, ante todo, debe revalorizarse la función ministerial: los Ministros tienen que gobernar, y en general, salvo en las grandes decisiones nacionales, sólo ellos deber gobernar su sector. Siendo imposible en nuestro país separar, constitucionalmente, la jefatura del Estado de la jefatura del gobierno, el Presidente debe tender a asumir plenamente su papel de Jefe del Estado, y hacer que los Ministros gobiernen sus respectivos sectores. Un Presidente no tiene por qué saber de todo y decidir todo; lo normal es lo contrario, y para gobernar es que están los Ministros. En éstos es que debe desconcentrarse el poder de la Presidencia revitalizándose la función ministerial. Sólo un gran poder ministerial podrá poner orden sectorial ante el gran desmembramiento que se ha operado en la Administración Nacional, con la creación de tantos y tantos institutos autónomos y empresas del Estado.

Sin embargo, el fortalecimiento del poder ministerial no puede conducir a la incoherencia del Gobierno. El Presidente tiene que darle esa coherencia e integración, precisamente, con el auxilio de un Ministro cuyo ministerio fue creado para eso: el Ministerio de la Secretaría de la Presidencia.

B. La búsqueda de una descentralización del poder nacional

Pero no sólo está planteada, en nuestro país la desconcentración del poder presidencial, sino también, la descentralización del poder nacional.

En efecto, a pesar de la forma federal del Estado venezolano, éste se caracteriza, contradictoriamente, por una excesiva centralización del poder político, económico, administrativo y jurídico en los niveles nacionales. La provincia, en Venezuela, no existe, sino como objeto de dádivas de parte de los niveles nacionales. En este sentido, los Estados y Municipios reciben mendrugos, pero no participan efectivamente en los asuntos y tareas del desarrollo del país, al no tener poder político ni administrativo, salvo en asuntos domésticos y localistas. Son, a lo sumo, centros de control y reparto burocrático en beneficio de las maquinarias partidistas, pero muy poco, efectivamente, hacen en beneficio de las colectividades. En esas estructuras, el pueblo no participa; al contrario las soporta, e inclusive, ha sido frente a ellas, que se han venido formando cuerpos intermedios, realmente participativos, como las asociaciones de vecinos y residentes. Su origen próximo está, paradójicamente, en la búsqueda de una protección contra las arbitrariedades de la autoridad municipal.

Se hace imprescindible descentralizar el Estado venezolano para acercarlo al ciudadano, pero, ciertamente, la descentralización, en Venezuela, no sólo debe efectuarse hacia las actuales divisiones territoriales. Los Estados de nuestra Federación no responden a las exigencias del proceso de desarrollo actual de Venezuela; su origen es meramente histórico, y la efectividad que pudieron tener, en la Venezuela caudillista-regional-feudalista del siglo pasado, hoy es inexistente. Para descentralizar el Estado se impone la reforma de los Estados, que ellos sólo pueden hacer, y la institucionalización de los nuevos niveles territoriales que la misma realidad del país nos va imponiendo, y que se configuran en las Regiones. Los Andes, el Zulia, Guayana, Oriente, Centro-Occidente. Los Llanos, el Centro, el Sur, la Capital, son ámbitos regionales que, como nuevos niveles de descentralización política tendrán, en el futuro, que convivir con el nivel estadal.

Por eso, antes de plantearnos la eliminación de los Estados, es necesario crear la conciencia regional administrativa y políticamente hablando. La regionalización política, tiene que estar precedida, en un proceso que necesariamente es de largo plazo, por una regionalización administrativa, que permita la participación de los Estados en el proceso de desarrollo nacional, a través de una desconcentración regional de poder nacional, en la cual los Gobernadores readquieran el papel de agentes del Ejecutivo Nacional, que perdieron hace varias décadas. La revitalización de los Gobernadores sólo será posible cuando se los encargue de coordinar, a nivel regional, las tareas del poder nacional en las regiones.

En el momento actual, sin duda, es la regionalización administrativa, donde debe iniciarse el proceso de descentralización territorial del Estado venezolano.

Pero el problema del centralismo del Estado no sólo plantea el cuestionamiento de las estructuras estadales y la búsqueda de una regionalización, sino la necesaria y urgente reforma del régimen local. El Municipio, hoy, lejos de ser la unidad política primaria y autónoma dentro de la organización nacional, en el sentido de que debería ser el centro de la participación política y de realización de la democracia por el ciudadano, es el centro del abuso de poder local, donde los caciques y caudillos regionales detentan la autoridad.

Se impone, por tanto, la reforma del régimen local para, hasta cierto punto, crear la vida local. Esta sólo existe, con ese nombre en la Constitución, pero en la realidad no funciona, al no estar establecidos los mecanismos de participación ciudadana, ya mencionados; y al no tener virtualidad el ciudadano-vecino, vinculado a su comunidad, y solidario de su destino.

El Municipio, entonces, políticamente debe concebirse como el centro primario de participación política y de ejercicio de la democracia; y administrativamente, como la unidad territorial menor para la prestación de servicios y la atención a la comunidad. Por ello, la reforma del régimen local es política y administrativa, y sólo así, podrá dar origen a un gobierno local, participativo, con, por y para la comunidad o vecindad.

4. La transformación del sistema de control

Pero las exigencias para la configuración de un Estado Democrático y Social de Derecho en Venezuela, tal y como lo hemos descrito, no sólo implican la transformación del sistema político, del sistema de gobierno y del sistema administrativo, sino también del sistema de control de la actuación de ese Estado.

Un Estado poderoso, fuerte, con el papel de conformador de la realidad política, económica y social del país, no puede ser un Estado incontrolado e irresponsable. Es elemental en la concepción jurídica del Estado, considerar que a mayores poderes y prerrogativas estatales, es indispensable prever también, mayores controles a su actuación. Un gobierno fuerte, por tanto, requiere, ante todo, de una contrapartida de control, en un Poder Judicial realmente autónomo, e independiente, y de la previsión de nuevos controles públicos y populares de la acción del Estado.

A. La consolidación de un Poder Judicial autónomo e independiente

El Poder Judicial, en efecto, es la garantía del funcionamiento de un régimen democrático, pero para ello, ese Poder Judicial debe ser independiente del gobierno y autónomo en su decisión, sujeto solo a la ley. En nuestro país lamentablemente, hemos sido testigos de los más variados atentados a la independencia de los jueces, por intromisiones e interferencias del Poder Ejecutivo; y de una atenuación de la autonomía del mismo, derivado de una penetración político-partidista en la designación de los jueces, los cuales, en algunos casos, resultan dependientes, en sus decisiones, de actuaciones extrañas a la judicatura.

Se impone, en un Estado Democrático y Social de Derecho, el restablecimiento de la autonomía e independencia de los jueces, mediante el establecimiento de una carrera judicial a la cual se tenga acceso, sólo mediante concurso, y que permita estructurar un cuerpo jurídico elitesco protegido, que asegure el ejercicio del control judicial sobre el Gobierno y la Administración.

Pero para que ese control resulte efectivo, además de asegurarse la autonomía e independencia judiciales, debe democratizarse la justicia; es decir, debe abrírsela y asegurar el acceso, a los órganos judiciales, de todas las capas y estratos de la población. El recurso a la justicia, entonces, debe entrar en las costumbres del ciudadano: éste, se convertirá realmente en tal ciudadano, cuanto frente a las arbitrariedades del gobierno y la Administración, tenga la conciencia y la seguridad de que obtendrá protección judicial.

Para ello, habrá que generalizar los controles jurisdiccionales de la Administración, descongestionando los órganos judiciales superiores, y regular, de una vez por todas, el recurso de amparo.

B. La consolidación de nuevos controles públicos

Pero si bien debe democratizarse y generalizarse la justicia, asegurándose la autonomía e independencia judicial, ello no implica que el único mecanismo de control que es necesario regular en el Estado Democrático y Social de Derecho, sea el control jurisdiccional. Los derechos individuales y libertades públicas, además de poder ser amparadas judicialmente requieren de una protección vigilante y permanente de parte de contralores públicos autónomos e independientes de los clásicos poderes del Estado.

La figura del Contralor público de las libertades y derechos, encuentra consagración formal, en Venezuela, en la Fiscalía General de la República, organismo que, además de ejercer el Ministerio Público, debe velar por el respeto de los derechos y garantías constitucionales y la exacta observancia de la Constitución y de las leyes por el Estado y sus instituciones. Estas atribuciones, sin embargo, aún no se han desarrollado completamente, por lo que deben ser asumidas plenamente en el futuro. Sólo pueden contrarrestarse los nuevos y más amplios poderes estatales, con también, nuevos y más amplios poderes de control a cargo de órganos públicos autónomos independientes. El Fiscal General de la República es uno de ellos, sus poderes, deben ser reforzados.

C. La búsqueda de un control efectivo contra la corrupción

Pero el reforzamiento de los controles públicos y jurisdiccionales respecto de la actuación del Estado no deben agotar la necesaria transformación del sistema de control que requiere el Estado Democrático y Social de Derecho.

Se impone una búsqueda particular para el establecimiento de un efectivo control contra la corrupción administrativa. Es este, sin duda, uno de los aspectos que mejor muestra la debilidad del Estado en Venezuela.

Todos los líderes políticos y de la Sociedad hablan contra la corrupción y prometen luchar contra ella, pero la colectividad y esos mismos líderes saben que ella está presente en todos los niveles, producto de un facilismo sin precedente, de la degradación del trabajo y de un encubrimiento cómplice por las maquinarias de los partidos.

La lucha contra la corrupción debe comenzar por la revalorización del trabajo, y en esto, la responsabilidad fundamental la tiene el Estado. No se puede seguir desarrollando una política populista que promueva el ausentismo laboral, protegiendo sus consecuencias lógicas; que asegure el pago de prestaciones sociales a los funcionarios destituidos por corrupción administrativa; o que enaltezca el enriquecimiento fácil.

Por otra parte, en el seno del sector público, severas medidas deben ser desarrolladas contra el enriquecimiento ilícito, estableciéndose el sistema de enriquecimientos presuntos a los efectos de control contra la corrupción. Sólo así, invirtiéndose la carga de la prueba, podrá la sociedad protegerse de estos delincuentes que usufructúan de la cosa pública, directa o indirectamente, en forma ilícita.

REFERENCIAS BIBLIOGRÁFICAS, Sección Primera: Para la elaboración de este Parágrafo 5 hemos seguido básicamente lo expuesto en: Allan R. Brewer-Carías: "El Estado Contemporáneo en Venezuela", en Allan R. Brewer-Carías, *Política, Estado y Administración Pública*, Caracas, 1979, pp. 39 a 84; publicado también en el libro *Sobre la democracia*, Editorial Ateneo de Caracas, Caracas, 1979, pp. 171 a 205. Véase, además: Allan R. Brewer-Carías: *Cambio Político y Reforma del Estado en Venezuela*, Madrid, 1975; Georges Burdeau: *El Estado*, Madrid, 1975; Rafael Caldera: *Ideario. La democracia cristiana en América Latina*, Barcelona, 1970; Hugo Calello: *Poder Militar y Estado Nacional en América Latina*, Caracas, 1977; Club Jean Moulin: *El Estado y el ciudadano*, Madrid, 1976; Ricardo Combellas: *Transformaciones de la concepción del Estado de Derecho: del Estado Liberal de Derecho al Estado Social de Derecho*, Caracas, 1978 (mimeo); "Notas sobre el Estado Social de Derecho y la Administración Pública Contemporánea" en *Politeia,* N° 7, Caracas, 1978, pp. 479 a 492, y "El concepto de Estado Social de Derecho y la Constitución venezolana de 1961" en *Estudios sobre la Constitución. Libro Homenaje a Rafael Caldera*, tomo II, Caracas, 1979, pp. 791 a 805; Consejo de Economía Nacional*: La participación del Estado en la Economía Venezolana (mimeo), Caracas 1978;* Salvador Dana Montaño: "Rol del Estado y de la Administración Pública" en *Revista Internacional de Ciencias Administrativas*, Vol. XLI, N° 1, Bruselas, 1975, pp. 61 a 66; Elías Díaz: *Estado de Derecho y Sociedad Democrática*, Madrid, 1975; Maurice Duverger: *Las dos caras de occidente*, Barcelona, 1972; Ernst Forsthoff: *El Estado de la Sociedad Industrial*, Madrid, 1975; Luis Herrera Campíns: *Mi compromiso con Venezuela*, Tomo I, Caracas, 1979; Luis Herrera Campíns y otros: *Hay que reinventar la democracia*, Buenos Aires, 1976; Manuel García Pelayo: *El Estado Social y sus implicaciones*, México, 1975; y *Las Transformaciones del Estado Contemporáneo*, Madrid, 1977; Arsenio Jiménez: *El Socialismo y el Estado*, Madrid, 1977; Marcos Kaplan: *El Estado en el Desarrollo y la Integración de América Latina*, Caracas, 1969; *Formación del Estado Nacional en América Latina*, Buenos Aires, 1976; *Estado y Sociedad.* México, 1979; Nicos Poulantzas: *Hegemonía y dominación en el Estado Moderno*, Buenos Aires, 1973; Heinz Rudolf Sonntag y Héctor Valecillos: *El Estado en el Capitalismo Contemporáneo,* México, 1977; Rodomiro Tomic y otros: *Pensamiento Comunitario*, Caracas, 1973; Pablo Lucas Verdu: *La lucha por el Estado*, Bolonia, 1975.

Sección Segunda: LOS FINES DEL ESTADO CONTEMPORÁNEO (1980)

Esta Sección Segunda se conforma con el texto del Parágrafo Sexto de la Primera Parte del libro: *Fundamentos de la Administración Pública, Tomo I (Elementos Condicionantes de la Administración Pública),* Editorial Jurídica Venezolana, Colección Estudios Administrativos, Caracas 1980.

Partiendo del carácter mixto del sistema económico venezolano, así como de las exigencias que el proceso de desarrollo económico y social plantea al Estado, nuestro país, en el último tercio del siglo XX pueden identificarse cuatro fines fundamentales del Estado en los cuales pueden integrarse la totalidad de sus actividades: en primer lugar, los fines de política general y orden público; en segundo lugar, los fines de desarrollo económico; en tercer lugar, los fines de desarrollo social, y en cuarto lugar, los fines de desarrollo físico y ordenación territorial (*Cfr.* CAP, Informe sobre la Reforma de la Administración Pública Nacional, Caracas, 1972, Vol. I, pp. 250 y ss.). De esta sola enumeración general se evidencia cuál es la magnitud del papel del Estado, cuyo ámbito intentaremos precisar a continuación, partiendo del análisis de la normativa constitucional que lo ordena.

I. LOS FINES DE POLÍTICA Y ADMINISTRACIÓN GENERAL

En efecto, el primer grupo de fines del Estado Democrático y Social de Derecho, está relacionado con los fines tradicionales del Estado, identificados con la política y administración general: los fines de política, orden público, defensa y seguridad pública. Sin embargo, al contrario de lo que pudo ser la regla en el Estado Absoluto, estos fines no son maximizados y su consecución buscada con prescindencia de la garantía de los derechos individuales, sino que el criterio democrático y de respeto a la dignidad humana, ha cambiado totalmente la esencia de los mismos. Asimismo, a diferencia de lo que pudo ser la regla en el Estado Liberal-Burgués, estos fines no son los únicos o fundamentales fines de un Estado abstencionista y pasivo respecto de la realidad económica y social, sino que, al contrario, ahora mayor importancia han adquirido los otros fines del Estado, base de la configuración del Estado Democrático y Social de Derecho.

En todo caso, y a pesar de que no se trate de los fines esenciales en un Estado Democrático y Social de Derecho, los fines de política general y orden público siguen siendo fundamentales para la configuración formal de la estructura estatal y la supervivencia de su aparato institucional dentro del marco del Derecho. En este sentido, cuatro sectores fundamentales de actividad pública están identificados con estos fines: el sector de política interior, el sector de política exterior, el sector de defensa y el sector justicia.

1. El sector de política interior

En efecto, y ello identifica al sector de política interior, el Estado no sólo requiere la realización de actividades y acciones que garanticen y le permitan un normal funcionamiento político como instrumento de la sociedad, así como el establecimiento de regulaciones adecuadas que hagan posibles las relaciones entre sus poderes, sino de la previsión de medios y garantías que definan las situaciones jurídico-políticas de los ciudadanos y les permitan su defensa conforme al derecho, todo ello dentro de un ordenamiento que tienda a garantizar su funcionamiento democrático. En esta forma, este sector de política interior, abarca todas aquellas actividades y medios del Estado tendientes a la organización de la República conforme al ordenamiento constitucional, como un Estado Federal (Arts. 2, 5, 6, 9 y ss. de la Constitución de 1961); y al mantenimiento del gobierno democrático, representativo, responsable y alternativo (Arts. 3 y 4). Asimismo, abarca las acciones de organización de la República, en el ámbito nacional, de acuerdo al principio de la división y colaboración entre los Poderes Ejecutivo, Legislativo y Judicial (Arts. 117 y 118). En esta forma, se ubican en este sector, actividades tales como la tramitación de la convocatoria del Congreso a las sesiones extraordinarias (relaciones entre el Poder Legislativo y el Poder Ejecutivo Art. 190,9); la tramitación ante la Corte Suprema de Justicia de las colisiones que ocurran entre los ordenamientos jurídicos de los Estados, Municipios y la República y de las controversias que puedan surgir entre ésta y los Estados o Municipios (ordenación federal de la República) y con los Municipios (Arts. 136,6, 190,17 y 190,18); en el ámbito estadal, conforme a la autonomía que los Estados tienen reconocida en la Constitución (Art. 9 y ss. y 16 y ss.) y en el ámbito local, mediante la estructuración de municipios (Arts. 25 y ss.).

Por otra parte, el sector de política interior, abarca todas las actividades tendientes a la determinación de la situación jurídico-política de los habitantes del país; y en particular, actividades como las tendientes a garantizar el ejercicio de los derechos políticos (Arts. 110 y ss.) y civiles de los venezolanos, mediante el reconocimiento y regulación de su nacionalidad (Arts. 35 y ss.) y de su situación civil (registro civil); y a determinar la situación de los extranjeros y garantizar el ejercicio de sus derechos (Arts. 45 y 136,4).

Por último, el sector política interior abarca todas las actividades del Estado tendientes al resguardo de la seguridad del mismo y al mantenimiento del orden público en todo el territorio nacional (Arts. 43, 136,2 y 136,5) con el debido respeto y garantía de los derechos individuales (Arts. 58 y ss.), lo cual conlleva medidas, por ejemplo, de identificación de todos los habitantes del país (Art. 136,5), de establecimiento de una policía nacional coordinada con las policías estadales y municipales (Arts. 17,5, 30 y 134); e inclusive, de declaratoria del estado de emergencia y la suspensión o restricción de garantías constitucionales (Arts. 190,6 y 240 y ss.).

2. El sector de política exterior

Dentro del mismo campo de los fines de política general y orden público, además del sector de política interior, puede identificarse el sector de política exterior, donde se ubican todas las actividades concernientes a la actuación internacional de la República (Art. 136,1) y en particular, las tendientes a formular las relaciones exteriores de la República y al establecimiento de relaciones diplomáticas y consulares con otros Estados u organismos internacionales (Art. 190,5). Ello conlleva, por supuesto, medidas tales como la celebración y ratificación de tratados, convenios o acuerdos internacionales (Arts. 128, 129 y 190,5), la determinación y designación de las misiones diplomáticas en el exterior (Art. 190,6), la adopción de las medidas necesarias en caso de emergencia internacional (Arts. 190,7 y 240 y ss.), y la demarcación y delimitación de las fronteras (Arts. 7 y 8).

3. El sector defensa

Además de los sectores de política interior y exterior, dentro de los fines de política general y orden público, también puede identificarse el sector defensa. En efecto, se encuadran dentro de ese sector todas las actividades tendientes al mantenimiento de la soberanía nacional (Art. 7) de manera que la República sea siempre e irrevocablemente, como lo especifica la Constitución, libre e independiente de toda dominación o protección de potencia extranjera (Art. 1). Por ello, en el sector defensa se pueden identificar las medidas necesarias para la defensa de la República, la integridad del territorio y de su soberanía, en caso de emergencia internacional (Art. 190,7); la organización y el régimen de las Fuerzas Armadas Nacionales (Art. 136,11) bajo la suprema autoridad jerárquica del Presidente de la República como su Comandante en jefe (Art. 190,3), y su funcionamiento, al servicio de la República y en ningún caso al de una persona o parcialidad política, como institución apolítica, obediente y no deliberante, organizada por el Estado para asegurar la defensa nacional, la estabilidad de las instituciones democráticas y el respeto a la Constitución y las leyes, cuyo acatamiento debe estar siempre por encima de cualquier otra obligación (Art. 132).

En esta forma, al sector defensa corresponden todas las actividades vinculadas a la defensa terrestre, aérea, naval y de cooperación; a la participación ciudadana en su contingente (Art. 190,4) mediante el servicio militar obligatorio (Art. 53), a la fabricación, comercio, posesión y uso de las armas de guerra (Art. 133) y a la cooperación de las Fuerzas Armadas Nacionales en el mantenimiento de la seguridad y orden público en el territorio nacional.

4. El sector justicia

Por último, dentro de los fines de política general y orden público, además de los sectores de política interior, política exterior y defensa, se puede identificar el sector justicia que como elemento de contrapeso y de garantía del Estado de Derecho, abarca todas aquellas actividades que permiten a los ciudadanos el amparo y control jurisdiccional de sus derechos e intereses, sea frente al propio Estado o ante otros particulares (Arts. 46, 47, 49, 50 y 133). Se encuadran en ese sector, todas las actividades del Estado relacionadas con el Poder Judicial (Arts. 49, 68 y 69), así como la legislación y seguridad jurídica, la prevención y represión del delito y las relaciones con los cultos establecidos en el país.

En efecto, dentro de este sector se ubican en primer lugar todas las actividades tendientes a una correcta administración de justicia y al establecimiento de tribunales (Arts. 136,23 y 204) de manera que los jueces puedan realizar sus funciones en forma autónoma e independiente de los demás órganos del Poder Público. (Arts. 205, 210, 211 y 217).

Por otra parte, el sector abarca las actividades relacionadas con la legislación (Art. 136,24) y la seguridad jurídica, en especial la relativa al tráfico de bienes, mediante el establecimiento de un sistema de registros (Art. 136,24). Dentro del marco de la seguridad jurídica, se integran además dentro del sector justicia, todas las actividades del Ministerio Público, a quien corresponde velar por la exacta observancia de la Constitución y las leyes (Arts. 218 y ss.), por el respeto de los derechos y garantías constitucionales y por la celeridad y buena marcha de la administración de justicia; y ejercer la acción penal en los casos en que no sea necesaria instancia de parte (Art. 220). Por otra parte, las actividades del Estado tendientes a la prevención y represión del delito, con la debida protección y garantía de la libertad y seguridad personales (Art. 60), también se ubican en el sector justicia, así como todas aquellas actividades relacionadas con la concesión de indultos o los decretos de amnistía (Arts. 139 y 190,21). Por último, también se integran dentro de este sector, las actividades del Estado tendientes a ejercer la suprema inspección de los cultos de manera que no sean contrarios al orden público y a las buenas costumbres, y su ejercicio no pueda invocarse para eludir el cumplimiento de las leyes o para impedir a otro el ejercicio de sus derechos Arts. 65 y 130), como regulación de uno de los derechos individuales.

II. LOS FINES DEL DESARROLLO ECONÓMICO

El segundo grupo de fines que pueden identificarse en el listado Democrático y Social de Derecho, son los de desarrollo económico, común en la mayoría de los países latinoamericanos. En efecto, en Venezuela, la Constitución establece como fin fundamental del Estado en el orden económico, el promover "el desarrollo económico y la diversificación de la producción, con el fin de crear nuevas fuentes de riqueza, aumentar el nivel de ingresos de la población y fortalecer la soberanía económica del país", de manera que el régimen económico de la República se fundamente "en principios de justicia social que aseguren a todos una existencia digna y provechosa para la colectividad" (Art. 95). De esta declaración constitucional surge claramente la base para calificar al Estado en Venezuela, como un Estado Democrático y Social de Derecho, definitivamente intervencionista y conformador del orden económico. Muy lejos, por tanto, está el Estado contemporáneo en nuestro país, del Estado liberal tradicional que se limitaba a mantener el orden público y a asegurar el respeto de los derechos y garantías individuales, sin tomar injerencia ni parte en el orden económico, o del Estado liberal de fomento o prestador de servicios públicos. Sin embargo, el carácter de agente del proceso de desarrollo que la Constitución asigna al Estado, con todas las facultades que le atribuye "para dictar medidas para planificar, racionalizar y fomentar la producción, y para regular la circulación, distribución y consumo de la riqueza, a fin de impulsar el desarrollo económico del país" (Art. 98), no son de tal naturaleza que impliquen la apropiación por el Estado de todos los medios de producción. Ello no es necesario y, al contrario, la Constitución declara que "el Estado protegerá la iniciativa privada" (Art. 98), sin perjuicio de que pueda "reservarse determinadas industrias, explotaciones o servicios de interés público por razones de conveniencia nacional" y que deba propender "a la creación y desarrollo de una industria básica pesada bajo su control", o que pueda expropiar, promover o dirigir las industrias que estime convenientes (Arts. 97 y 101).

En esta forma, si bien se garantiza constitucionalmente la libertad económica, al declararse que "todos pueden dedicarse libremente a la actividad lucrativa de su preferencia" (Art. 96), ella no está, en absoluto, exenta de limitaciones reguladoras, aparte de las limitaciones que se deriven de la intervención activa del Estado antes indicadas. En efecto, la libertad económica, conforme a la Constitución, está sometida a las limitaciones previstas en la Constitución y las leyes "por razones de seguridad, de sanidad u otras de interés social". Por ello, la misma Constitución prevé que "la Ley dictará normas para impedir la usura, la indebida elevación de los precios, y en general, las maniobras abusivas encaminadas a obstruir o restringir la libertad económica" (Art. 96), y prohíbe los monopolios (Art. 97). En esta forma, la base constitucional de los fines de desarrollo económico del Estado en Venezuela, como Estado Democrático y Social de Derecho, permite identificar una serie de actividades públicas, agrupables en los siguientes sectores: sector finanzas, sector de desarrollo industrial, sector comercio, sector turismo, sector de hidrocarburos y minería y sector de desarrollo agropecuario.

1. El sector financiero

En efecto, el sector finanzas comprende la formulación de la política económica y financiera del país y la intervención del Estado en los asuntos monetarios, crediticios y financieros. En esta forma, se ubican en este sector todas las actividades del Estado de intervención y control de las actividades crediticias, bancarias y monetarias (Arts. 30,

136,7 y 136,24), las medidas tendientes a regular la participación de los capitales extranjeros en el desarrollo económico nacional (Art. 107) y, en general, las que adopte en el ámbito económico y financiero cuando así lo requiera el interés público (Art. 190,8).

2. El sector de desarrollo industrial

El sector de desarrollo industrial, por su parte, comprende todas las actividades ya señaladas que el Estado tiene en el campo de la producción y, en particular, sus acciones tendientes a la regulación de las actividades de carácter industrial, con la debida protección del consumidor (Arts. 96 y 109) y a la normación de la participación de capitales extranjeros (Art. 107), a la promoción y fomento de las actividades industriales (Arts. 95 y 98), a la protección de las actividades industriales, en particular, en relación a las invenciones, denominaciones, marcas y lemas (Art. 100); al financiamiento y auxilio crediticio de las actividades industriales (Arts. 95 y 98); y a la producción industrial por parte del Estado y de sus empresas (Art. 97).

3. El sector comercio

Además de los sectores de finanzas y de desarrollo industrial, los fines de desarrollo económico abarcan el sector comercio, en el cual se ubican todas las actividades del Estado en relación a la regulación, promoción, protección y control del comercio interior y exterior. En particular, las medidas tendientes a regular la circulación, distribución y consumo de bienes (Arts. 30 y 98), lo que abarca el régimen de pesas y medidas (Art. 136,12), y de marcas y lemas Art. 100); a impedir la indebida elevación de los precios, la usura y las maniobras abusivas encaminadas a obstruir o restringir la libertad económica (Art. 96); y a regular el comercio exterior, en particular, mediante el régimen de aduanas (Art. 136,9). Asimismo, en el ámbito del sector comercio se integra el programa de integración económica en el ámbito de la Asociación Latinoamericana de Libre Comercio (**ALALC**) transformada en 1980 en Asociación Latinoamericana de Integración (**ALADI**), y del Grupo Subregional Andino de integración económica (Acuerdo de Cartagena), en virtud de la exigencia constitucional de que "la República favorecerá la integración económica latinoamericana" para lo cual debe procurar "coordinar recursos y esfuerzos para fomentar el desarrollo económico y aumentar el bienestar y seguridad comunes" (Art. 108).

4. El sector turismo

En el mismo ámbito de los fines de desarrollo económico, el sector turismo comprende todas las actividades del Estado en relación con el desarrollo, coordinación y control de la actividad turística (Arts. 30 y 136,24).

5. El sector minas e hidrocarburos

Ahora bien, en virtud de la importancia que para Venezuela tienen las actividades de extracción y producción minera y petrolera, dentro de los fines de desarrollo económico, ocupa un lugar de primera importancia el sector de hidrocarburos y minería, que comprende todas las actividades del Estado tendientes al desarrollo y control de los recursos naturales no renovables y de las industrias minera y petrolera. En particular, integran este sector, las actividades del Estado tendientes a establecer el régimen y a administrar las minas e hidrocarburos, salinas y ostrales de perlas del país (Art. 136,10), a autorizar concesiones para la explotación de actividades conexas con dichos recursos, sí su explotación no hubiera sido reservada al Estado conforme a la Constitución, las cuales no podrían ser otorgadas ni por tiempo indefinido (Art. 136,10) ni con carácter de exclusividad (Art. 97), y las cuales implicarían, por imperativo constitucional, que las tierras adquiridas con destino a la exploración o explotación ele las mismas, pasarían en plena propiedad a la nación, sin indemnización alguna, al extinguirse por cualquier causa (Art. 103).

6. El sector de desarrollo agropecuario

Por último, dentro de los fines de desarrollo económico del Estado en Venezuela, se identifican las actividades públicas integradas en el sector de desarrollo agropecuario, y que comprende todas aquellas acciones que tienen por objeto la regulación, financiamiento, dotación de tierras, asistencia técnica y mercadeo agropecuario (Art. 136,24). En particular, las medidas tendientes a la conservación y fomento de la producción agrícola, ganadera, pesquera y forestal (Art. 136,18), a la eliminación del régimen latifundista, que se considera contrario al interés social, lo que exige la adopción de medidas conducentes a su eliminación y el establecimiento de normas encaminadas a dotar de tierra a los campesinos y trabajadores rurales que carezcan de ella, así como a proveerles de los medios necesarios para hacerla producir (Art. 105), y a la comercialización de los productos agrícolas (Arts. 96 y 98).

III. LOS FINES DE DESARROLLO SOCIAL

El tercer grupo de fines del Estado en Venezuela, está configurado por aquellos tendientes al desarrollo social, y que hacen del Estado un ente conformador y no sólo regulador del orden social. En efecto, no sólo la Constitución insiste en su Preámbulo que la misma se dicta para "proteger y enaltecer el trabajo, amparar la dignidad humana, promover el bienestar general y la seguridad social; lograr la participación, equitativa de todos en el disfrute de la riqueza, según los principios de la justicia social, y fomentar el desarrollo de la economía al servicio del hombre", sino que al regular los derechos económicos y establecer los fines del Estado en este ámbito, postula que "el régimen económico de la República se fundamentará en principios de justicia social que aseguren a todos una existencia digna y provechosa para la colectividad", debiendo las medidas de desarrollo económico que se adopten, buscar entre otros objetivos, el aumento del nivel de ingresos de la población (Art. 95). Y es precisamente este énfasis en lo social y en la redistribución de la riqueza, lo que hace que constitucionalmente nuestro Estado sea un Estado Democrático y Social de Derecho en el cual no sólo debe ser una realidad la democracia política, sino la económica y social. Las actividades públicas tendientes a la consecución de estos fines, pueden identificarse en los siguientes sectores: sector de promoción y protección social; sector de desarrollo cultural; sector de asuntos laborales; sector de previsión y seguridad social; sector educación y sector salud.

1. El sector de protección y promoción social

En el sector protección y promoción social se encuadran todas las actividades públicas de promoción popular y de desarrollo de la comunidad, así como las de protección y bienestar social que corresponden al Estado, y que en ningún caso excluyen las obligaciones que en virtud de la solidaridad social, incumben a los particulares según su capacidad (Art. 57). En particular, se encuadran en este sector las actividades de bienestar social (Art. 57), las cuales, entre otras funciones, exigen al Estado proteger las asociaciones, corporaciones, sociedades y comunidades que tengan por objeto el cumplimiento de los fines de la persona humana y de la convivencia social (Art. 72), las actividades de asistencia social destinada a quienes carezcan de medios económicos y no estén en condiciones de procurárselos, mientras sean incorporados al sistema de seguridad social (Arts. 30, 57 y 94), las actividades de promoción social y desarrollo de la comunidad, por lo que el Estado debe fomentar la organización de cooperativas y demás instituciones destinadas a mejorar la economía popular (Art. 72) y, en particular, propender a mejorar las condiciones de vida de la población campesina (Art. 77); las actividades de protección de la familia como célula fundamental de la sociedad (Art. 73) y de la maternidad, sea cual fuere el estado civil de la madre (Art. 74 y 93), las actividades de protección y promoción del niño y de los menores de manera que la infancia y la juventud estén al abrigo del abandono, la explotación y el abuso (Arts. 75 y 93), y las actividades de protección de las comunidades indígenas (Art. 77).

2. El sector de desarrollo cultural

El sector desarrollo cultural comprende todas las actividades tendientes al fomento de la cultura en sus diversas manifestaciones y a la protección y conservación de las obras, objetos y monumentos que forman el patrimonio histórico y artístico del país (Arts. 30 y 83).

3. El sector de asuntos laborales

El sector de asuntos laborales comprende las actividades tendientes a hacer efectivo el deber de trabajar que tiene toda persona apta para realizarlo, así como a dar vigencia al derecho al trabajo y a la libertad de trabajo que consagra la Constitución (Arts. 54 y 84) y, en particular, aquellas tendientes a procurar el pleno empleo, es decir, que toda persona apta pueda obtener colocación que le proporcione una subsistencia digna y decorosa (Art. 84). Además, se encuadran dentro del sector de asuntos laborales, todas las actividades del Estado tendientes a proteger al trabajo y a mejorar las condiciones materiales, morales e intelectuales de los trabajadores (Art. 85), mediante la limitación de la duración máxima de la jornada de trabajo y su progresiva disminución (Art. 86), el disfrute del descanso semanal remunerado y de vacaciones pagadas (Art. 86), la mejor utilización del tiempo libre (Art. 86), la estabilidad en el trabajo (Art. 88), la obtención de un salario justo (Art. 87), y la recompensa de su antigüedad en el servicio y amparo en caso de cesantía (Art. 88), así como las actividades tendientes a favorecer el desarrollo de las relaciones colectivas de trabajo (Art. 90), y de las asociaciones sindicales (Art. 91), y a regular el ejercicio del derecho de huelga (Art. 92).

4. El sector de seguridad y previsión social

Por otra parte, también dentro de los fines de desarrollo social, se puede identificar el sector de seguridad y previsión social, que comprende todas las actividades conducentes a desarrollar en forma progresiva un sistema de seguridad social tendiente a proteger a todos los habitantes de la República contra infortunios del trabajo, enfermedad, invalidez, vejez, muerte, desempleo y cualesquiera otros riesgos que puedan ser objeto de previsión social, así como contra las cargas derivadas de la vida familiar (Art. 94).

5. El sector educación

Asimismo, dentro de los fines de desarrollo social, tienen particularísima importancia las actividades del Estado comprendidas en el *sector educación*, tendientes a hacer efectivo el derecho a la educación y el deber de educarse (Arts. 55, 78 y 136,16), las cuales tampoco excluyen las que en virtud de la solidaridad social incumbe a los particulares según su capacidad y cuyo cumplimiento puede establecerse legislativamente (Art. 57). En todo caso, dentro del sector educación se encuadran todas las actividades públicas tendientes a la creación y sostenimiento de escuelas, instituciones y servicios suficientemente dotados para asegurar el acceso de todos a la educación y a la cultura, sin más limitaciones que las derivadas de la vocación y de las aptitudes, debiendo ser gratuita la educación impartida en los institutos oficiales en todos sus ciclos (Arts. 78 y 136,16), a la regulación de las personas a cuyo cargo puede estar la educación (Art. 81); y a la regulación de la posibilidad de toda persona natural o jurídica de dedicarse libremente a las ciencias o a las artes y, previa demostración de su capacidad, fundar cátedras y establecimientos educativos bajo la suprema inspección y vigilancia del Estado (Art. 79).

Esto implica que la educación, aun cuando gratuita cuando es impartida por el Estado, no es un monopolio de éste, por lo que se garantiza la libertad de enseñanza, teniendo el Estado la obligación de estimular y proteger la educación privada que se imparta conforme a los principios contenidos en la Constitución y las leyes (Art. 79), es decir, conforme a los fines del Estado, por lo que está proscrita toda enseñanza clasista. En este sentido, la educación, como un fin del Estado en Venezuela, tiene como objetivo el pleno desarrollo de la personalidad, la formación de ciudadanos aptos para la vida y para el ejercicio de la democracia, el fomento de la cultura y el desarrollo del espíritu de solidaridad humana (Art. 80), por lo que se incluyen dentro del sector educación todas las actividades del Estado tendientes a organizar y orientar el sistema educativo hacia dichas finalidades (Art. 80).

6. El sector salud

Por último, dentro de los fines de desarrollo social del Estado en Venezuela, se incluyen todas las actividades que se encuadran dentro del sector salud, es decir, todas las actividades públicas tendientes a hacer efectivo el derecho de todo a la protección de la salud (Art. 80) y, en particular, las acciones del Estado destinadas a velar por el mantenimiento de la salud pública y proveer los medios de prevención y asistencia a quienes carezcan de ellos (Arts. 30 y 76); así como las actividades públicas tendientes a la coordinación de los servicios destinados a la defensa de la salud pública, los cuales pueden ser nacionalizados de acuerdo con el interés colectivo (Art. 136,17).

IV. LOS FINES DE DESARROLLO FÍSICO Y ORDENACIÓN TERRITORIAL

Pero aparte de los fines de política general y orden público, de desarrollo económico y de desarrollo social, el Estado en Venezuela tiene importantes fines de desarrollo físico y ordenación territorial, sin cuya consecución los otros fines del Estado no podrían alcanzarse adecuadamente.

En efecto, los fines de desarrollo físico y ordenación territorial orientan las actividades del Estado al establecimiento de una adecuada infraestructura física y ambiental que permita y facilite los objetivos de desarrollo económico y social, y al equipamiento y ordenación del territorio, de manera que los beneficios del desarrollo se extiendan a todas las regiones del país. En este sentido, es posible distinguir los siguientes sectores de actividad pública dentro de estos fines del Estado: el sector desarrollo urbano y vivienda, el sector transporte, el sector comunicaciones y el sector de recursos naturales renovables.

1. El sector de desarrollo urbano y vivienda

El sector desarrollo urbano y vivienda comprende todas las actividades del Estado que se adopten como consecuencia del proceso de urbanización a que ha estado sometido el país en las últimas décadas y, en particular, aquellas relativas al desarrollo y ordenación territorial y urbana (Art. 30), al régimen y uso del suelo, y a la coordinación y unificación de normas y procedimientos para obras de urbanismo (Art. 136,14).

Asimismo, se identifican con este sector, las actividades de construcción y fomento de viviendas populares (Arts. 136,15 y 136,19) y de regulación de alquileres de inmuebles urbanos (Art. 96).

2. El sector transporte

Además del sector de desarrollo urbano, se identifica el sector transporte, en el cual se encuadran todas las actividades del Estado de regulación, prestación, control y construcción de los medios y de los servicios de transporte terrestre, marítimo y aéreo (Arts. 104 y 136,20), y las relativas a la circulación terrestre (tránsito), a la construcción de obras públicas viales (Arts. 30 y 136,15) y a la apertura y conservación de vías de comunicación (vialidad) (Arts. 30 y 136,21).

3. El sector comunicaciones

El sector comunicaciones integra, por otra parte, las actividades de regulación, prestación y control de los servicios de telecomunicaciones y correos (Art 136,22) y, en especial, las actividades de regulación y control de los medios de comunicación social, particularmente la radiodifusión y la televisión; y la regulación, prestación y control de los servicios de teléfonos, telégrafos y correos.

4. El sector de recursos naturales renovables y de protección del ambiente

Por último, dentro de los fines de desarrollo físico y ordenación territorial, puede distinguirse también el sector de recursos naturales renovables y de protección del ambiente, en el cual se integran todas las acciones del Estado tendientes a garantizar el desarrollo, protección, conservación y racional aprovechamiento de los recursos naturales renovables, de manera que la explotación de los mismos esté dirigida primordialmente al beneficio colectivo de los venezolanos, y que abarcan los recursos hidráulicos, forestales y los suelos (Arts. 106, 136,10 y 136,18). Se encuadran también en este sector, en general, todas las acciones estatales tendientes a proteger el medio ambiente.

REFERENCIAS BIBLIOGRÁFICAS Sección Segunda: En la elaboración de este parágrafo seguimos, básicamente, lo que hemos expuesto en: Allan R. Brewer-Carías: *Cambio Político y Reforma del Estado en Venezuela*, Madrid 1975, Capítulo 13, pp. 345 a 363; y *Derecho Administrativo*, Tomo I, Caracas 1975, parágrafo 5, pp. 129 a 146. Sobre los fines de la Administración Pública y del Estado en general, véase: *L'Adminislrattou Public*, Recueil de textes, París, 1971, pp. 107 y ss.; Gerald Caiden: *The Dynamics o Public Administration*, Illinois, 1971, pp. 133 y ss.; Charles Debbash: *Ciencia Administrativa. Administración Pública*, Madrid, 1977, pp. 49 y ss.; J. Gascón Hernández: "Los fines de la Administración", en *Revista de Administración Pública*, N° 11, Madrid, 1953, pp. 33 y ss.; Héctor Giorgi: *La nueva Administración Pública. Ensayo de una reconstrucción orgánica del Estado*, Montevideo, 1965, pp. 49 y ss.; Luis Jordana de Pozas; "El problema de los fines de la actividad administrativa", en *Revista de Administración Pública*. N° 4. Madrid, 1951, pp. 11 a 28; Wilburg Jiménez Castro: *Administración Pública para el Desarrollo Integral*, México, pp. 151 y ss.; George Langrod (ed.): *Tratado de Ciencia Administrativa*, Madrid, 1973, pp. 297 y ss. Sobre la organización administrativa en sistemas sectoriales, véase: Allan R. Brewer-Carías: *Estudios sobre la Reforma Administrativa*, Caracas, 1980, pp. 46 y ss.; 217 y ss.; 440 y ss.; 471 y ss.; 507 y ss.; y 546 y ss.; Alejandro Carrillo Castro: *La Reforma Administrativa en México*, México, 1978, pp. 46 y ss.; Juan Ignacio Jiménez Nieto: *Política y Administración*, Madrid, 1970, pp. 30 y ss.

Sección Tercera: LA DEPENDENCIA DE LA ADMINISTRACIÓN PÚBLICA FRENTE AL PODER POLÍTICO: EL CARÁCTER INSTRUMENTAL (1980)

El texto de esta Sección Tercera es el texto del Parágrafo Séptimo de la Primera Parte del libro *Fundamentos de la Administración Pública, Tomo I (Elementos Condicionantes de la Administración Pública)*, Editorial Jurídica Venezolana, Colección Estudios Administrativos, Caracas 1980.

En el mundo contemporáneo, y particularmente por la influencia de la literatura norteamericana sobre la Administración Pública se ha utilizado mucho el enfoque productivista de la Administración, el cual analiza el fenómeno administrativo exclusivamente bajo el punto de vista de la gerencia, poniendo especial énfasis en la búsqueda del logro de una mayor eficiencia en la actividad administrativa, y estableciendo una separación absoluta entre la Administración y la Política. Este enfoque, que aisla la Administración de la Política analiza la Administración pura y simplemente bajo el ángulo de la productividad. El divorcio entre Administración y Política ha hecho, por ejemplo, que los problemas de los fines del listado y de la Administración no se planteen, y se reduzca el enfoque del análisis administrativo, a los mismos problemas que surgen en el análisis de la administración privada: simplemente, el logro de una mayor productividad y eficiencia en los servicios y la aplicación, para ello de una serie de técnicas propias de la Administración.

En el presente Curso, nos hemos apartado del enfoque productivista y queremos estudiar la Administración Pública haciendo especial referencia al enfoque político. Siguiendo la orientación de la literatura europea, intentamos realizar un retorno a la ciencia política para el análisis del problema administrativo, y este retorno implica el rechazo de la distinción tajante entre Política y Administración, que se desarrolló en la literatura norteamericana. El objetivo es revalorizar el enfoque político de la Administración y de estudiarla como un instrumento de ejecución de la Política, Por tanto, el factor político, como un condicionante de la Administración, debe analizarse también, de manera que se encuadre a la Administración Pública dentro del aparato político general del Estado. Esta interrelación entre Política y Administración, por otra parte, es lo que se viene observando a un nivel de documentos de gobierno: si se analizan, por ejemplo, los últimos Planes de la Nación vemos que en dichos documentos se encuentran declaraciones formales en relación a que esos planes no podrán ser ejecutados sin que se estructure, paralelamente, una Administración Pública adecuada. Es decir, hay un reconocimiento en los Planes de que el instrumento administrativo es indispensable para su propia ejecución, por lo que se declara que si no se procede a realizar una reforma o una adaptación de la Administración a los requerimientos del Plan, las políticas del mismo no se podrán ejecutar.

Estas declaraciones responden a la célebre expresión: "Dime cuál es la organización administrativa a tu disposición y te diré concretamente, cuál política será posible ejecutar" (F. C. Mosher y S. E. Cimmino, *Ciencia de la Administración*, Madrid, 1962).

En definitiva, la ejecución de las políticas estatales depende de la Administración Pública. Ahora bien, enmarcados dentro de esta idea de estudiar la Administración Pública desde el punto de vista de la Ciencia Política, vamos a estudiar dentro de los elementos condicionantes, el Sistema Político, o más precisamente las relaciones entre la Administración Pública y el Sistema Político. Esto lo haremos en tres partes: en primer lugar, analizando la dependencia de la Administración frente al Sistema Político, es decir, el carácter instrumental de la Administración Pública (§ 7). En segundo lugar, analizando las diversas formas como el medio político influye en la Administración Pública y la condiciona directamente. Con ello se observará que la Administración Pública no es una, uniforme, única y universal sino que depende del sistema político donde opera (§ 8). Y por último, veremos en concreto, los condicionamientos políticos que tiene la Administración Pública venezolana (§ 9).

I. LA AUSENCIA DE INDEPENDENCIA IDEOLÓGICA DE LA ADMINISTRACIÓN PÚBLICA

En varias oportunidades hemos señalado que entre la Administración Pública y el Poder Político hay una relación de subordinación. Ello implica, que exista una dependencia de la Administración frente a la instancia política; o en otros términos, que no existe una independencia administrativa frente a la instancia política, en el sentido de que la Administración Pública no debe tener una filosofía propia, sino que debe estar regida por la misma filosofía política que tiene el poder político que opera en una determinada sociedad. Asimismo, la Administración Pública no tiene fines propios, sino que sus fines son los fines del Estado, a los cuales ya nos hemos referido.

Por eso, en principio, cuando analizamos a la Administración Pública, la vemos como un instrumento ejecutor, y verla así, nos hace pensar que hay siempre una decisión tomada de carácter político que debe ser ejecutada. Se presupone que hay decisiones tomadas y que la Administración va a ejecutarlas y esas decisiones son tomadas por las instancias de carácter político.

Entre las instituciones políticas por excelencia se encuentra, por ejemplo, el Congreso, en un sistema de separación de poderes. La decisión política debe ser tomada a ese nivel a través de leyes generales o de presupuestos, y la Administración debe ejecutar, como instrumento, esas políticas. Pero, por supuesto, la instancia política no se agota en el Congreso, sino que la componen los diversos elementos que condicionan el sistema político: los partidos políticos y los grupos de presión. Allí está el nivel de decisión, y la filosofía; y a esa filosofía, a esa política, es que debe ajustarse la Administración Pública.

Por supuesto, bajo este ángulo, la Administración Pública varía según la ideología predominante del sistema político, y si comparamos los diversos regímenes políticos, nos encontramos con que no tienen una misma Administración. No es lo mismo la Administración Pública de un Estado democrático, a la Administración Pública de un Estado autoritario. No sólo estos dos tipos de Estados no tienen las mismas instituciones políticas, sino que no tienen la misma Administración.

Por tanto, el fenómeno administrativo se plantea con carácter específico en cada uno de estos tipos de regímenes políticos: en un régimen democrático tradicional se encuentran diversos principios, hasta cierto punto de carácter universal, sobre su sistema administrativo: tendencia a darle una neutralidad política a la Administración Pública, de manera que sea realmente un mero instrumento, con mayor o menor logro de esa neutralidad; tendencia a la descentralización del poder y de la Administración, con el reconocimiento de que debe haber participación local en ciertos niveles de decisión, y de que no puede estar todo el poder centralizado.

Por eso, casi todos los sistemas democráticos conocen administraciones municipales o regionales. Otras de las características de la Administración Pública en estos sistemas democráticos son el otorgamiento a los funcionarios públicos de derechos y garantías, y la existencia de controles. En un sistema democrático, por ejemplo, la Administración Pública está sometida a controles políticos, de parte del parlamento, y a controles judiciales de parte de jueces independientes de éstos que concretizan el balance propio de la separación de poderes.

Si en cambio analizamos la Administración en un régimen autoritario, nos encontramos que la situación es distinta. La Administración Pública en este sistema presenta elementos particulares, por ejemplo, es tradicional que en un régimen autoritario se supriman los poderes y autonomías locales. Por ello, la *Administración* de este tipo de regímenes es más centralizada debido precisamente a la ausencia de asambleas locales. Fue clara, por ejemplo, en la Constitución de 1953, que consolidó el régimen dictatorial, la tendencia de minimizar los poderes locales y a centralizar la Administración.

Por otra parte, en un sistema autoritario, se suprimen los derechos de los funcionarios simultáneamente con la supresión de los derechos individuales. Los funcionarios pasan a depender directamente de la voluntad del superior en cuanto a su permanencia o no en los cargos. Otra característica en este sistema es la ausencia casi total de controles sobre el aparato administrativo. No hay control político, al suprimirse las Asambleas representativas; y el control judicial queda restringido por la limitación de la autonomía judicial.

II. LA AUSENCIA DE FINALIDAD PROPIA DE LA ADMINISTRACIÓN PÚBLICA

Otra consecuencia de la dependencia de la Administración Pública frente al poder político es la ausencia de finalidad propia de la Administración. En efecto, la Administración no puede ni debe establecer ella misma sus fines; sus fines tienen que ser establecidos a otro nivel: el político.

En cualquiera de los dos regímenes políticos a que hemos hecho referencia, el democrático o el autoritario, la Administración Pública no tiene fines propios: los fines le vienen impuestos por el sistema político; y normalmente, esos fines son los enumerados dentro de un pacto político, la Constitución. Esta tiene que precisar los fines que debe lograr una determinada sociedad y el aparato del Estado, como organización de la Sociedad.

La Administración Pública tiene una finalidad genérica, la de concretar y ejecutar esos fines políticos establecidos en la Constitución. Bajo ese ángulo podemos también admitir que, quizás, no exista la decisión administrativa neutra y pura, sino que toda decisión administrativa, en el campo público, en definitiva, resulta ser una concreción de una política definida y condicionada conforme a una ideología determinada derivada de un sistema político.

Por supuesto, frente a esta idea de ausencia de finalidad propia de la Administración Pública, esta todo el problema de la encrucijada en que se encuentra la burocracia que, como organización social, puede tender a satisfacerse a sí misma, a encerrarse a sí misma, como mecanismo de protección, y empezar a definir fines propios, a veces contrarios a los fines del poder político. Este es el riesgo de la burocratización que es inherente, si se quiere, a toda estructura burocrática.

Podemos aceptar sin embargo que en principio, la Administración Pública es neutra, y no tiene fines propios: es siempre ejecución de una política y busca los fines que le vienen indicados por las instancias políticas, particularmente por la Constitución (pacto político).

III. EL PROBLEMA DE LA POLITIZACIÓN Y PARTIDIZACIÓN DE LA ADMINISTRACIÓN PÚBLICA

Pero esta dependencia de la Administración Pública frente a la política y a los fines que le vienen dados por el sistema político, no implica necesariamente que la Administración Pública se confunda con la política. Esto plantea el problema de la politización general de la Administración Pública: ¿hasta qué nivel esa dependencia implica una confusión total entre Administración y Política o si, a pesar de esa dependencia, puede establecerse una distinción clara entre ambas? En otros términos, ¿hasta qué punto puede haber una partidización, en concreto, de la Administración Pública en virtud de esa dependencia?

En el análisis de esta problemática, por supuesto, el régimen político condiciona una mayor o menor politización de la Administración. Por ejemplo, en regímenes autoritarios hay una mayor politización de la Administración, en cambio, en los regímenes democráticos, la tendencia es a aislar la Administración Pública de la influencia política, y tratar de asegurarle una neutralidad política. Inclusive, hay una norma en la Constitución (Art. 122) que establece que "los empleados públicos están al servicio del Estado y no de parcialidad política alguna". Esta declaración, en un texto constitucional de un Estado democrático, responde a esa idea de buscar una neutralidad de la Administración Pública.

Esa búsqueda de la neutralidad política de la Administración Pública, tiene su origen en Inglaterra que fue el primer país que en el siglo pasado creó lo que se denomina el servicio civil (1855), como un servicio del Estado; con carácter neutro. El Civil Service inglés, ha sido establecido sobre una especie de pacto tácito entre los dos partidos fundamentales para lograr mantener neutra la Administración Pública, de manera que estuviese fuera de la influencia directa de los partidos. Esta idea, sin duda, es la que ha influenciado, en teoría, la implantación de los servicios civiles en los países occidentales: la búsqueda de esa neutralidad de la Administración Pública frente a la parcialidad o al partido político, como instrumento de acción dentro de un régimen democrático.

La concreción de estos esfuerzos por asegurar la neutralidad política de la Administración Pública se ha realizado mediante el establecimiento de la carrera administrativa para los funcionarios, de manera de garantizarles estabilidad frente a la influencia partidista. Ello está previsto en la Constitución (Art. 122): "La Ley establecerá la carrera administrativa mediante normas de ingreso, ascenso, traslado, suspensión, retiro de los empleados de la Administración Pública Nacional, y proveerá su incorporación al sistema de seguridad social". Ello se aseguró a partir de 1970 con la promulgación de la Ley de Carrera Administrativa de 4 de septiembre de ese año.

Sin embargo, esta búsqueda de la neutralidad de la Administración Pública, que se materializa a través de los esfuerzos por establecer una Carrera Administrativa, sin duda, no llega a todos los niveles. Si analizamos nuestra Administración Pública, podemos en efecto constatar que hay una serie de niveles de la Administración donde ni siquiera se plantea el problema de la neutralidad frente al partido, sino que al contrario, se admite que haya una unión completa entre los niveles partidistas y la Administración. Ello se plantea tanto en la Administración Nacional como en la Estadal y Local.

Por ejemplo, a nivel central, sin la menor duda, los altos cargos de la Administración Pública son, en general, cargos que dependen totalmente de las posiciones políticas, pues son cargos ligados al partido de gobierno: un Ministro, por ejemplo, es un funcionario cuya permanencia en el cargo depende de una decisión política: este funcionario por una parte, es miembro del gobierno, y como tal, condicionado por el nivel político y la decisión partidista; y por otra parte, es jefe de una Administración Pública. Tiene esta doble condición (política y administrativa) y por ello, no se puede plantear frente a un Ministro la necesidad de asegurar su neutralidad política. Por otra parte, todo lo que rodea al Ministro, normalmente, está también condicionado por la partidización, con diversas formas, por supuesto. Por ejemplo, en Francia, los Ministros, además de contar con una serie de Directores de Departamentos Ministeriales, disponen de un cuerpo de funcionarios que dependen directamente de ellos, denominados Gabinete, como una especie de Estado Mayor Administrativo. Este Gabinete, es el brazo político del Ministerio: le sirve de secretaría, de asesoría política, y de organismo asesor de carácter técnico. Normalmente la politización de la Administración Ministerial se manifiesta en Francia en este nivel administrativo.

En nuestro país, la influencia partidista en la Administración Pública y particularmente en los niveles Ministeriales, a pesar de la carrera administrativa, llega a escalas más bajas dentro de la jerarquía. En efecto, la Ley de Carrera Administrativa de 1970 clasificó a los funcionarios en dos grandes categorías: funcionarios de carrera, los que tienen el derecho de estabilidad en el cargo y que, por ello, en principio, pueden resistir las presiones partidistas; y los funcionarios de libre nombramiento y remoción, donde llega normalmente la influencia político partidista.

Los funcionarios de libre nombramiento y remoción, y que, por tanto, no tienen derecho a la estabilidad en el cargo, son los siguientes: 1) Los funcionarios de alta jerarquía, como los Ministros, Jefes de Oficinas Presidenciales, Gobernadores de Estado, Comisionados Presidenciales, Presidentes o Directores de Institutos Autónomos, Directores Generales, Directores, Consultores Jurídicos de Ministerios y demás funcionarios de jerarquía similar; y 2) Los funcionarios "que ocupen cargos de alto nivel y de confianza en la Administración Pública Nacional y que por la índole de sus funciones, el Presidente de la República, mediante Decreto, excluya de la Carrera Administrativa, previa aprobación por el Consejo de Ministros" (Art. 4, Ord. 3, LCA).

Con esta norma se abrió la posibilidad de considerar como de "alto nivel o de confianza" y por tanto, someterlos a la influencia político partidista, una serie de cargos que debían continuar neutros frente a la acción de los partidos. Lamentablemente, mediante el Decreto N° 211 de 2 de julio de 1974, el Presidente de la República incluyó en esa categoría de cargos de alto nivel o de confianza, una serie de cargos (Asesores, Secretarios privados, Adjuntos o Asistentes a los Directores, Jefes de Dependencias Regionales de la Administración Nacional, jefes de división, funcionarios al servicio de los funcionarios de alto nivel, funcionarios que ocupen cargos con funciones de, por ejemplo, inspección, fiscalización, otorgamiento de licencias, control de extranjeros, compras, habilitaduría, relaciones públicas e información, reproducción, archivo, etc.), con lo que materialmente sólo muy pocos cargos escapan a la influencia político-partidista.

En el nivel estadal, los Gobernadores de Estado son de libre nombramiento y remoción por el Presidente de la República, y a este nivel, en ausencia de leyes de carrera administrativa en los Estados, la Administración de las Gobernaciones ha estado condicionada, a todos los niveles, por la influencia de los partidos políticos. Sin duda, estos manejan con mayor intensidad esa influencia en el interior del país.

A nivel municipal, por supuesto, la politización llega a extremos quizás mayores. Puede decirse que es generalizada la idea, en los regímenes democráticos, de que el control de los niveles municipales es una parte esencial del control del nivel político, de manera que un partido puede decirse que desaparece o no, en tanto en cuanto haya obtenido electoralmente representantes locales. El logro de esta representación municipal, por más pequeña que sea, le suministra a los partidos un elemento de vida suficiente como para lograr una permanencia.

El control de las asambleas locales por los partidos y por sus representantes implica el control de la Administración Municipal, y a través de ella, la posibilidad de repartir favores y mantener y aumentar la clientela política.

La experiencia venezolana en el campo de la administración municipal y su politización completa, en este sentido, creo que es aleccionadora.

IV. LA AUTONOMÍA RELATIVA DE LA ADMINISTRACIÓN PÚBLICA FRENTE AL PODER POLÍTICO

A pesar de la dependencia de la Administración frente al Poder Político, puede reconocerse sin embargo, una cierta autonomía de la Administración Pública conciliable con la dependencia señalada. En efecto, la Administración tiene que disponer de medios propios para actuar y decidir. La instancia política, le puede dar una orientación, como fin u objetivo a lograr; pero, en la escogencia de los medios aplicables para la obtención de los resultados, en concreto, la elección es la Administración. La autonomía está en la elección de los medios y en la decisión de la oportunidad y conveniencia de su aplicación.

Por otra parte, otro signo de esta autonomía es la tendencia de la burocracia de replegarse a sí misma, y empezar a tomar decisiones en beneficio propio, y no de los fines que le vienen impuestos.

Sin duda, esa posibilidad de la elección de medios, es la que le da autonomía relativa a la Administración. Por otra parte, muchas veces, cuando la Administración decide sobre los medios a utilizar, entra, hasta a cuestionar los fines, y aplicando los medios en una forma determinada, puede distorsionar la conformación de los fines que le vienen impuestos. Esto plantea otros problemas de carácter político en relación a la Administración que se han manifestado en algunas organizaciones, y es la fuerza, por ejemplo, de la tecnocracia en ciertas Administraciones Públicas. No es infrecuente encontrar enfrentamientos de grupos de tecnócratas con los grupos dirigentes de ciertas unidades. Un ejemplo característico es el conflicto que surge recurrentemente, entre los ingenieros y técnicos de la CANTV con los niveles directivos de la misma, y que ha motivado la salida de la CANTV de un grupo valioso de técnicos, que se creyeron con la suficiente autonomía como para cuestionar las decisiones políticas.

En todo caso, la posibilidad que tiene la Administración de decidir y elegir los medios y recursos a aplicar para lograr los fines y resultados, le dan a la Administración Pública una autonomía relativa, base, por otra parte, de su permanencia en las estructuras del Estado. Las revoluciones políticas en efecto, puede decirse que son frecuentes; en cambio, las revoluciones administrativas no lo son, y más bien son excepcionales.

El problema de la autonomía relativa de la Administración Pública nos plantea por otra parte el problema de la influencia de los cambios de régimen político en la Administración Pública. ¿Toda revolución política influye en la Administración?

El problema de la influencia varía. En cuanto a las funciones de la Administración Pública éstas cambian poco en las revoluciones políticas, salvo que se trate de una revolución que transforme radicalmente la estructura socio-económica. En los otros casos, podrá haber hipertrofia de ciertas funciones: en un régimen dictatorial latino-americano podrá haber un aumento en los servicios policiales y de represión; en un régimen populista, algunos servicios sociales podrán sufrir una hipertrofia; etc.

En cuanto a las estructuras de la Administración Pública, estas pueden cambiar algo más. En las revoluciones que desembocan en regímenes autoritarios, normalmente se transforma la estructura descentralizada de la Administración, se eliminan las autonomías locales y se establecen organizaciones corporativas.

En cuanto al personal público, en los cambios políticos éste es el que se ve más afectado, y normalmente se lo cambia a los más variados niveles.

REFERENCIAS BIBLIOGRÁFICAS, Sección Tercera: Sobre el tema de la dependencia de la Administración Pública respecto del medio político, véase: *L'Administration Publique*, Recueil de textes, Paris, 1971, pp. 107 y ss.; Jacques Chevalier et Daniele Loschak: *Introduction a la Science Administrative*, Paris, 1974, pp. 59 y ss.; Charles Debbasch: *Ciencia Administrativa. Administración Pública*, Madrid, 1977, pp. 25 y ss.; e Institutions Administratives, Paris, 1966, pp. 11 y ss.; Rolan Drago: *Cours de Science Administrative*, Paris, 1967 - 1968, pp. 42 y ss.; Luis García Cárdenas: "Regímenes Políticos y Administración Pública", en Tjerk Franken y otros: *Política y Administración Pública*, México, 1973, p. 52; Bernard Gournay: *L'Administration*, Paris, 1962, pp. 72 y ss.; Georges Langrod (ed): *Tratado de Ciencia Administrativa*, Madrid, 1973, pp. 123 y ss.; Frederick Mosher y Salvatore Cimmino: *Ciencia de la Administración*, Madrid, 1961, pp. 177 y ss.; Dwicht Waldo: *The Administrative State: A Study of the Political Theory of Public Administration*, N. Y., 1948, editado en castellano: *Teoría Política de la Administración Pública*, Madrid, 1961, pp. 15 y ss.

Sección Cuarta: LA INFLUENCIA DEL MEDIO POLÍTICO SOBRE LA ADMINISTRACIÓN PÚBLICA

El texto de esta Sección Cuarta es el del Parágrafo Octavo de la Primera Parte del libro *Fundamentos de la Administración Pública, Tomo I (Elementos Condicionantes de la Administración Pública)*, Editorial Jurídica Venezolana, Colección Estudios Administrativos, Caracas 1980.

En el surgimiento de los Estados contemporáneos, al analizarse su estructura general, la experiencia demuestra que, en general, poco importa si se establece un Parlamento, se regulan elecciones, o se prevé un régimen de partidos; estas instituciones políticas pueden o no existir. Sin embargo, lo que siempre es común en todos estos Estados nuevos, es la presencia de un aparato administrativo, de una Administración Pública y de una burocracia que tiene que cumplir unas determinadas funciones. Por tanto, pueden variar los regímenes o sistemas políticos, pero lo que siempre será permanente es la existencia de una Administración Pública.

Sin embargo, esta Administración Pública, como hemos visto, está condicionada por el sistema político que se adopte. Hay una interrelación estrecha entre Administración y Política: para que la Administración cumpla su función de ejecución y de instrumento, tiene que apoyarse en el Poder Político; depende de él, pero vemos también que, a la vez, el Poder Político es tributario de la influencia de la Administración: la Administración prepara decisiones y el poder político las adopta.

O sea, que hay una interrelación permanente entre los niveles políticos y la Administración; por lo que, por más que se trate de diferenciar los niveles políticos y la Administración, ello se hace muy difícil.

Esta interrelación permanente entre ambos niveles, se manifiesta, concretamente, por una parte, en el condicionamiento e influencia que el régimen político ejerce sobre la Administración (por ello, no hay una Administración universal, válida para cualquier país, sino que siempre está condicionada por una realidad política); y, por la otra, en la participación de la Administración en la función gubernamental y en el proceso político.

Veamos por separado estos dos aspectos.

I. EL RÉGIMEN POLÍTICO Y LA ADMINISTRACIÓN

El régimen político influencia a la Administración en variados aspectos: por las diversas potestades del Estado; por la organización de sus poderes; por la estructura del Estado; por el sistema de partidos que exista; y por la acción y papel de los grupos de presión. Veamos separadamente estos diversos elementos condicionantes de la Administración.

1. Las potestades o poderes del Estado

Los poderes o potestades del Estado, por supuesto, dependen de los objetivos trazados que tenga el grupo político que se encuentre en el poder en un momento determinado. Si el objetivo, por ejemplo, es la transformación rápida de la sociedad y de sus estructuras económicas y sociales, y hay elementos políticos que pueden permitir a un grupo determinado lograr estos objetivos, habrá, sin duda, una Administración Pública con grandes poderes y muchas potestades (potestad de expropiar, reglamentaria etc.); potestades que, en definitiva, llevan a permitir a la Administración, imponer la consecución de un interés general, de transformación rápida, frente a los intereses particulares; y por tanto, una Administración que podrá sacrificar intereses particulares frente a la consecución de un interés general.

Si al contrario, el grupo que esté en el poder, tiene como objetivo una transformación lenta de la sociedad, dejada a las solas fuerzas del mercado, el sistema político económico dará origen a una Administración Pública con poderes limitados, donde, en muchos casos, prevalecerá el interés particular – que es el que se protege como objetivo de esa estructura estatal– sobre el interés público. Habrá un excesivo apego a la legalidad, pero a una legalidad estructurada para proteger derechos y garantías individuales; por tanto, habrá más dificultad de imponer el interés general frente a los intereses particulares.

La misma relación entre los poderes del Estado y la Administración se plantea, aún desligándonos del objetivo del grupo político que controle el Estado de transformación más o menos rápida de la sociedad, en el tipo autoritario o democrático del régimen. Si se está en presencia de un régimen político autoritario, la Administración Pública tendrá también poderes aumentados (no necesariamente destinados a lograr una transformación del sistema socio-económico, aún cuando esto, normalmente exige un régimen autoritario), lo que conducirá, por ejemplo al desarrollo de ciertas actividades administrativas como las policiales y de represión. En definitiva, la Administración va a depender de cuales sean los objetivos del Estado y de acuerdo a esos objetivos, cuales sean las potestades que el Estado tiene.

2. La organización de los poderes del Estado

El papel y la autonomía de la Administración Pública van a depender de las relaciones entre los diversos poderes del Estado. Si se trata, por ejemplo, de un régimen donde hay confusión de poderes y por tanto, donde no se puede hacer la distinción clásica entre los poderes del Estado (Legislativo, Ejecutivo, Judicial) situados en manos de órganos independientes unos de otros; sino que, al contrario, hay un régimen de confusión de poderes, en estos casos, realmente no habrá una autonomía de la Administración.

En cambio en un régimen donde está establecida una neta distribución de poderes, la Administración se ubicará en el Poder Ejecutivo; y en este supuesto de separación de poderes, la autonomía de la Administración será mayor y distinta a la de aquellos regímenes que tienen confusión de poderes. En el caso de sistemas de confusión de poderes, donde no se pueden distinguir, orgánicamente, por ejemplo, el Poder Ejecutivo del Poder Legislativo, sino que el Presidente de la Nación asume tanto el poder de legislar como el Ejecutivo, no se puede sostener que exista algún tipo de autonomía de la Administración. Al contrario, en estos casos, la Administración está totalmente unida a la acción política. En un régimen de separación de poderes hay una situación distinta; la Administración, tendrá mayor autonomía respecto a los otros órganos del Estado. Pero ello variará según que se trate de un sistema de gobierno presidencial o parlamentario.

En el primero hay una neta distribución entre el Poder Legislativo y el Ejecutivo; y este tiene como dependiente a la Administración Pública. El Parlamento, en un sistema presidencial, mantiene un contacto directo con la Administración Pública y tiene relaciones directas con la misma. Sin duda, a la cabeza de la Administración Pública, está el Presidente de la República y los Ministros, como instancias políticas; pero las relaciones del Parlamento con el Poder Ejecutivo, no se limitan solamente a nivel del Presidente y los Ministros, sino que también inciden directamente sobre todo el aparato Administrativo.

Puede decirse que en un sistema presidencial, la Administración Pública tiene dos amos políticos; los niveles políticos ejecutivos y el Congreso; o sea, que tiene relación directa con dos niveles políticos: los niveles superiores del Poder Ejecutivo y el Congreso lo que le da una menor autonomía frente a las instancias políticas.

En un sistema parlamentario, la autonomía de la Administración Pública es mayor; por una parte, la Administración depende del nivel ejecutivo del Primer Ministro; pero por la otra, hay una dependencia total de los niveles ejecutivos, respecto del Parlamento. En un sistema parlamentario, el gobierno proviene del Parlamento y depende de él. Un gobierno no puede sobrevivir sin el apoyo y confianza del Parlamento en el régimen parlamentario. En cambio, en un sistema presidencial, el Presidente de la República puede tener respaldo minoritario en las Cámaras Legislativas, y sin embargo sigue gobernando; es decir, en un sistema presidencial, el Presidente no depende del Congreso; en cambio, en un sistema parlamentario, el gobierno depende del Parlamento, de manera que si el Poder Ejecutivo no tiene la confianza del Parlamento, o se disuelve el Parlamento y es necesario convocar a elecciones generales, o cae el gobierno, y es necesario designar uno nuevo que tenga el respaldo del Parlamento.

En los sistemas parlamentarios, la forma de gobierno va a plantear una relación distinta entre los niveles políticos y los niveles administrativos. Las relaciones entre el Parlamento y la Administración Pública, en general, no van a ser relaciones directas, sino a través de los niveles superiores del Poder Ejecutivo (los Ministros) es decir, del gobierno. El Parlamento, sin duda, tiene el control del Poder Ejecutivo y de la Administración Pública, pero ese control se realiza a través del Ministro respectivo, que a la vez, en general, es miembro del Parlamento.

En esta forma, en los sistemas parlamentarios, el Parlamento no puede cuestionar directamente a la Administración Pública, sino que tiene que hacerlo, cuestionando al Gobierno. No puede el Parlamento adoptar sanciones políticas contra los niveles administrativos sin que también aquéllas afecten al Ministro, miembro del Gobierno, de quien depende la organización administrativa.

De todo ello se deduce que, en general, en los sistemas parlamentarios hay una mayor autonomía de la Administración frente al Parlamento.

3. La estructura del Estado

Otro elemento del régimen político que condiciona a la Administración Pública, es la estructura del Estado (forma del Estado), según se trate de un Estado Unitario o un Estado Federal o descentralizado.

En un Estado Unitario, en general existe una sola Administración Pública, aún cuando tenga niveles desconcentrados. En cambio, cuando se trata de un Estado Federal, hay diversos niveles de Administración Pública. Por ejemplo, en nuestro régimen federal tenemos que distinguir entre una Administración Pública Nacional, una Administración Estatal y una Administración Pública Municipal, cada una con su autonomía y sin que esto signifique que exista algún tipo de subordinación jerárquica. En este sentido, la Administración Municipal no depende ni de la estadal ni de la nacional; cada nivel tiene sus propias competencias, sus propias atribuciones y no puede decirse que hay jerarquía de ningún tipo por más pequeño que sea un Municipio.

Insistimos, cada uno de esos niveles de Administración, en un sistema federal, constitucionalmente tiene una estructura autónoma y en sus competencias específicas, son autónomos, como consecuencia de la descentralización constitucional que acompaña a ese sistema. En cambio, en una forma unitaria de Estado, no existe constitucionalmente esta situación aún cuando, en general, se reconoce una Administración Pública local, con autonomía derivada de la democracia; y aún en estos casos, hay casi siempre un mecanismo de intervención de esa autonomía por el poder central.

Como consecuencia, no hay duda de que la forma del Estado, federal o unitaria, va a condicionar a la Administración Pública: En principio, en un sistema federal habrá una Administración Pública más descentralizada porque los diversos niveles federales son un ejemplo clásico de descentralización; en cambio, en un sistema unitario, en principio, habrá una mayor centralización de la estructura administrativa, aun cuando con niveles desconcentrados en el territorio. Por ello, en formas unitarias de Estado, con base territorial extensa, se ha planteado la necesidad de instrumentar mecanismos de desconcentración para poder actuar a nivel regional y local.

En el sistema federal venezolano, en cambio, como se dijo, se distinguen tres niveles de Gobierno y Administración: el Nacional, el de los Estados y el de los Municipios. Los niveles nacionales y estadales tienen sus propios poderes de organización; en cambio, el nivel Municipal depende, sólo en cuanto a su organización, de lo establecido en leyes nacionales y estadales. Por ello, además de la Ley Orgánica del Régimen Municipal, todos los Estados tienen una Constitución que regula el poder municipal del Estado, y conforme a ellas, las Asambleas Legislativas han dictado en cada Estado una ley del Poder Municipal que es la que establece la organización básica de los Municipios. Pero sólo hasta allí llega el poder de organización de los mismos por las Asambleas Legislativas. De resto, en el ejercicio de sus competencias, los Municipios son autónomos.

En todo caso, en los sistemas federales se encuentra una mayor o menor autonomía de las Administraciones de los Estados federados en relación a la Administración Nacional. Por ejemplo, en los Estados Unidos, el nivel estadal tiene mayor importancia administrativa que la Administración Pública federal; en cambio, en un sistema como el de la U.R.S.S., hay mayor importancia en la Administración Pública Federal.

En Venezuela, debido a la peculiaridad de nuestro sistema federal, hay una mayor preponderancia de la Administración Nacional frente a las Administraciones Estadales; y tenemos una hipertrofia del poder nacional y del poder local en relación a la Administración estadal.

En todo caso, y por supuesto esto dependerá de la organización concreta de los Estados, lo que es necesario tener en cuenta es que la Administración Pública está condicionada por la forma del Estado.

4. El sistema de partidos

La Administración Pública también está condicionada políticamente por el sistema de partidos.

En efecto, en un sistema de partido único la sumisión de la Administración a la instancia del partido es total; el partido es quien le da legitimidad al régimen político, y por ello, en definitiva, el partido va a actuar a todos los niveles administrativos. Por eso, en todos los sistemas de partido único, es muy común encontrar dos estructuras de poder en la sociedad: una estructura del partido y una de la Administración Pública con niveles paralelos a todo lo largo de la jerarquía. En esta forma hay una interrelación y un control permanente entre el partido y la Administración, tal como sucede en México y en la U.R.S.S.

En estos casos, puede decirse que no hay separación entre el partido y la Administración Pública; se asciende en el partido, en tanto en cuanto se asciende en la Administración, y se es jerarca en el partido cuando se ha ascendido en la Administración Pública. En general, en esos sistemas, no se puede ser alto funcionario del partido si no se ha sido alto funcionario por la vía burocrática. En otros términos, se tiene poder político en el partido, en tanto en cuanto se tiene poder burocrático.

En estos sistemas de partido único también, por supuesto, la pertenencia al partido es indispensable para ingresar a niveles directivos de la Administración.

En un sistema multipartidista la situación, en cambio, es distinta. En una sociedad democrática donde impera el pluralismo ideológico, ese pluralismo se concreta políticamente a través de un sistema de partidos múltiples, y en estos casos, la situación de la Administración varía según cómo se configure el sistema multipartidista. En un sistema de dos partidos, sin duda, la Administración queda condicionada siempre por la influencia directa del partido que esté en el poder. En estos casos hay una mayor presión partidista sobre la Administración y para aminorar esta presión es que en algunos países, como en U.S.A., frente al llamado Spoil System (sistema del botín) se ha establecido el servicio civil siguiendo el modelo inglés.

En Gran Bretaña, en efecto, se ha establecido una especie de acuerdo tácito entre los dos partidos mayoritarios para neutralizar a la Administración Pública y mantenerla fuera de la acción partidista. Esto, sin embargo, se ha logrado debido al sistema parlamentario y a la localización de la influencia política sólo a nivel del gobierno.

5. Los grupos de presión

La autonomía de la Administración, considerada ahora como parte del Estado, dependerá, en definitiva, de su vulnerabilidad o no, por parte de los grupos de presión.

Estos buscan obtener reivindicaciones de la Administración Pública, a través del logro de decisiones en el sentido que pretendan los intereses del grupo. Por supuesto, estos grupos actúan frente a la Administración Pública en forma diversa y dependiendo del tipo de Administración en concreto.

Por ejemplo, en la Administración Pública de la economía hay posibilidad de una presión más importante de los grupos económicos; así como también los sindicatos pueden ejercer presión importante en las Administraciones Públicas sociales. Por ello, puede decirse que en las Administraciones Públicas especializadas hay, en general, mayor posibilidad de influencia de los grupos de presión que en las Administraciones Públicas generales. Por ejemplo, en el Ministerio del Interior, o en una Gobernación, no es tan fácil que penetren los grupos de presión, en relación a la forma como pueden penetrar en el Ministerio de Hacienda los grupos económicos, en el Ministerio del Trabajo los grupos sindicales, y en el Ministerio de Educación los gremios docentes. Ello es así porque las Administraciones Públicas especializadas están generalmente ligadas al medio en el cual van a actuar, y normalmente este es uno de los elementos que contribuye a hacer efectiva la presión.

En estos casos, en general, los dirigentes administrativos tienen la misma proveniencia profesional o social de los que dirigen los grupos de presión particulares, y ello contribuye a facilitar la presión, además del elemento de especialización.

En cambio, en las Administraciones Públicas generales, una Gobernación de Estado, por ejemplo, éstas no se ocupan sólo de un área específica (salud, educación, obras públicas, etc.), sino de todo lo que tenga que ver con la Administración del Estado, y ello no es campo propicio para la presión de grupos externos. En cambio, en una Administración Pública especializada (los Seguros Sociales, por ejemplo), al ocuparse de una área concreta (atención médica), los gremios de médicos tienen más posibilidad de presionar sobre el organismo, debido a la relación directa con la especialidad, tanto del grupo como del Instituto.

Con el objeto de canalizar y racionalizar esta presión de los grupos sobre la Administración Pública, se han venido estructurando, dentro de la propia Administración Pública, mecanismos para asociar a los grupos de presión en el proceso de toma de decisiones. Ello ha dado origen a un fenómeno patológico en la Administración Pública, en cuanto a la constitución de Comisiones, Comités, Consejos y todo tipo de órganos colegiados, donde se han venido asociando a los grupos de presión.

Inicialmente los grupos presionaban normalmente en las instancias políticas, pero en la actualidad, los grupos de presión influyen de un modo directo sobre la Administración Pública, y actúan directamente sobre el funcionario; y no solamente esto, sino que la Administración Pública se ha organizado de manera de institucionalizar la presión internamente, a través de estas comisiones, donde se les llama a participar. Esto es un reflejo de la llamada Administración consultiva y concertada.

En otros países, como Estados Unidos, la presión de los grupos de intereses ha encontrado mecanismos de actuación a través de personas dedicadas a influir en las decisiones; es el denominado "lobbismo".

Sin embargo, las relaciones entre los grupos de presión y la Administración Pública no siempre están institucionalizadas o son conocidas, sino que en muchos casos se trata de relaciones ocultas, difíciles de precisar.

En estos casos, la vulnerabilidad o permeabilidad de la Administración Pública que va a permitir la acción de un grupo de presión en ella, muchas veces está en la misma proveniencia social o profesional de los altos funcionarios y de los representantes de los grupos (por ejemplo, el fenómeno de los "Enarcas" en Francia). Ello se aprecia en países como en Francia (en el llamado pantouflage) y en nuestro país, mediante el pase frecuente de altos funcionarios del sector público al sector privado empresarial y viceversa, con extrema facilidad. En esta forma, la misma persona, con poco tiempo de diferencia, pasa a representar intereses contrapuestos.

II. LA PARTICIPACIÓN DE LA ADMINISTRACIÓN PÚBLICA EN LA FUNCIÓN GUBERNAMENTAL

Pero, además de estar condicionada por el sistema político, puede decirse que la Administración Pública también condiciona a las instancias políticas, y participa en la toma de decisiones políticas. La Administración Pública, en principio, realiza una actividad de ejecución subordinada a una decisión que se toma fuera de ella. Sin embargo, no siempre ello es así, y vemos con frecuencia a la Administración Pública preparando la decisión política.

Por ejemplo, en los niveles ejecutivos se elaboran los proyectos de leyes que va a dictar el Congreso por disponer la Administración Pública de una mayor capacidad técnica.

Por otra parte, por un cambio en las relaciones y distribución de poderes, progresivamente se ha venido dando mayores poderes legislativos al Ejecutivo y así, el Poder Ejecutivo, con gran frecuencia, dicta decretos-leyes, suplantando la acción propia del Congreso, como instancia política.

Puede observarse, por tanto, una mayor participación de la Administración Pública en el condicionamiento de las instancias políticas y en la toma de decisiones políticas.

Por otra parte, también se puede apreciar una participación de la Administración Pública en la vida política, sea a través de sus funcionarios, desempeñando un papel en partidos políticos como ciudadanos comunes o actuando a la vez, en conjunto, como grupos de presión, a través de los sindicatos de funcionarios, exigiendo también del Estado, reivindicaciones, como cualquier grupo de presión.

La Administración Pública, por tanto, y este es otro de los signos de su Autonomía relativa, tiende a participar en la función gubernamental en variadas formas, condicionando a la vez a las instancias políticas.

REFERENCIAS BIBLIOGRÁFICAS, Sección Cuarta: Para el estudio de las relaciones entre el sistema político y la Administración Pública, véanse: *L'Administration Publique*, Recueil de Textes, Paris, 1971, pp. 73, 81 y ss.; Charles Debbash: *Ciencia Administrativa. Administración Pública*, Madrid, 1977, pp. 45 y ss.; y *L'Administration on pouvoir*, Paris, 1969; Roland Drago: *Cours de Science Administrative*, Paris, 1967-1968, pp. 42 y ss.; Maurice Duverger: "La influencia de las fuerzas políticas en la Administración Pública en los países en desarrollo", en *La Administración Pública en los países en desarrollo*, Escuela Superior de Administración Pública, Tomo I, Bogotá, 1963, pp. 17 y ss.; William B. Eimicke: *Public Administration in a democratic context: Theory and Practice*, Londres, 1974; Tjerk Franken y otros: *Política y Administración Pública*, México, 1973; Luis García Cárdenas: "Regímenes Políticos y Administración Pública", en T. Franken y otros, *Política y Administración Pública*, México, 1973, pp. 57 a 74; Fernando Garrido Falla: "Política y Administración" en *Revista Española de Derecho Administrativo*, N° 20, Madrid, pp. 7 y ss.; Hector Giorgi: *La Nueva Administración Pública*, Montevideo, 1965, pp. 125 y ss.; Bernard Gournay, Jean-Francois Kesler et Jeanne Siwek-Pouydesseau: *Administration Publique*, Paris, 1967, pp. 71 y ss.; Wilburg Jiménez Castro: *Administración Pública para el desarrollo integral*, México, 1971, pp. 168 y ss.; Juan I. Jiménez Nieto: *Política y Administración*, Madrid, 1977, pp. 75 y ss.; y Teoría General de la Administración. Madrid, 1975, pp, 162 y ss.; Georges Langrod (ed.): *Tratado de Ciencia Administrativa*, Madrid, 1973, pp. 303 y ss. y 922 y ss.; Avery Leiserson: "Interest Groups in Administration" en Fritz Morstein Marx (ed.), *Elements of Public Administration*, N. Y., 1959, pp. 294 y ss.; Michel Lesage: "El medio político" en Georges Langrond (ed.), *Tratado de Ciencia Administrativa,* Madrid, 1973, pp. 224 y ss.; Frederick Mosher y Salvatore Cimmino: *Ciencia de la Administración*, Madrid, 1961, pp. 178 y ss.; Alejandro Nieto García: *La Burocracia*, Tomo I, Madrid, 1976, pp. 827 y ss.; Henry Puget: *Les Institutions Administratives étrangères*, Paris, 1969, pp. 57 y ss.; Mario Rozensztein: "Administración Pública y desarrollo político", en T. Franken y otros, *Política y Administración Pública*, México, 1973, pp. 57 a 74; thos Tsoutsos: "Administration Publique et Politique", en *Revue internationale des Sciences Administratives*, N° 4, Bruselas, 1978, pp. 323 y ss.; Dwight Waldo: *Teoría Política de la Administración Pública*, Madrid, 1961, pp. 162 y ss.

Sección Quinta: LOS CONDICIONAMIENTOS POLÍTICOS DE LA ADMINISTRACIÓN PÚBLICA (1980)

El texto de esta Sección Quinta es el del Parágrafo Noveno de la Primera Parte del libro *Fundamentos de la Administración Pública, Tomo I (Elementos Condicionantes de la Administración Pública),* Editorial Jurídica Venezolana, Colección Estudios Administrativos, Caracas 1980.

La Administración Pública como se ha dicho es, por excelencia, el instrumento de la acción política del Estado, pues los organismos que la integran tienen a su cargo la ejecución concreta de los fines de la sociedad.

La Administración Pública, por tanto, debe estudiarse como un instrumento de la política que, como tal, está condicionada por el ambiente político.

En los países latinoamericanos, en la actualidad, los fines de la sociedad y del Estado como hemos visto, se pueden identificar, globalmente, con los fines del desarrollo económico y social, los cuales no se limitan al sólo crecimiento o expansión económica, sino que se identifican, también con la búsqueda de una más equitativa redistribución del ingreso y de la riqueza para lograr el bienestar a través de la elevación del nivel de vida de la población; con la protección del ambiente para la elevación de la calidad de la vida; con la plena utilización y desarrollo de los recursos humanos; y con la mejor utilización de los recursos naturales en beneficio colectivo.

Estos objetivos de desarrollo, no sólo económicos, sino sociales y físicos se tiene conciencia de que sólo pueden ser logrados con la decisiva intervención del Estado. El desarrollo, en esa forma entendido, en nuestros países no puede ser logrado por las solas manifestaciones espontáneas de las fuerzas del mercado o por los solos, vaivenes de las "leyes naturales" de la economía y de la sociedad. Se tiene clara conciencia, frente a los tradicionales condicionantes ideológicos del siglo pasado, de que el Estado y su Administración Pública tienen que ser los conductores del proceso de desarrollo, pues solo el sector público está en la posición y capacidad para tener la visión e información necesariamente global de la economía y de la sociedad indispensable para la toma de decisiones; y también, de que sólo el Estado tiene el poder necesario para asignar y ordenar los generalmente escasos recursos con el objeto de acelerar el desarrollo, o para orientar los medios económicos, financieros y monetarios con el objeto de volcarlos al logro del bienestar social.

La Administración Pública, por tanto, como instrumento de la acción política del Estado, constituye la piedra angular del proceso de desarrollo económico, y de la acción del Estado, incluso en el ámbito internacional. Por ello, la Administración Pública debe verse como uno de los factores realmente determinantes del proceso de desarrollo, por lo que sin su profunda transformación, la vía del desarrollo o permanecerá cerrada o será muy dificultosa o dispendiosa. Por ello, es claro, necesitamos de una Administración Pública efectiva, eficiente y eficaz para la realización de los planes de desarrollo. De allí que también, la Administración Pública en nuestro país no sólo deba adaptarse a los cambios políticos, económicos y sociales que se han sucedido en las últimas décadas, sino que también tenemos que pensar que debe ser un agente de los cambios, los cuales en muchos casos, solo ella puede provocar. De allí que necesitemos desarrollar una Administración capaz de administrar el desarrollo. He allí el gran reto de nuestros países.

Pero, ¿cuál es la realidad actual de nuestra Administración Pública? Por tratarse de un instrumento de acción política, la Administración Pública venezolana tiene una serie de características, resultantes del condicionamiento que el ambiente político ejerce sobre ella. Queremos destacar estos elementos condicionantes, y entre ellos, el centralismo político; la debilidad de las instituciones políticas; la expansión de los fines del Estado; y la corrupción administrativa.

I. EL CENTRALISMO POLÍTICO Y LA ADMINISTRACIÓN PÚBLICA LATINOAMERICANA

El primer elemento de carácter político condicionante de la Administración Pública de nuestro país es el centralismo que caracteriza sus instituciones políticas desde comienzos del presente siglo.

Nuestro país, al lograr su independencia, por la influencia del sistema peninsular español, políticamente era un país disgregado. El federalismo, que acompañó la formación de Venezuela y de muchos Estados latinoamericanos durante el siglo pasado, respondió a una realidad política: la necesidad de integrar unos países disgregados en Cabildos-Estados o en Provincias aisladas, y por tanto, altamente descentralizados. El caudillismo venezolano del siglo pasado, tuvo su ropaje institucional en el federalismo, y perduró hasta que se produjo la integración política de nuestros países.

A comienzos del presente siglo, en general, se produjo en casi todos nuestros países, el proceso de centralización política, con la eliminación de los caudillos regionales y locales. El centralismo tuvo causas diversas: en unos casos fue obra de un dictador, en otros, de un partido político mayoritario. Pero, en todo caso, la integración nacional y el desarrollo de los medios de comunicación dieron origen a nuevas formas políticas altamente centralizadas.

En relación a la Administración Pública, esto produjo al menos cuatro consecuencias: una centralización y una concentración administrativa; el debilitamiento de la administración municipal; y la ausencia de participación de los administrados.

1. La Centralización de la Administración Pública

Una de las características de la Administración Pública venezolana y en general la de América Latina es, en efecto, la excesiva centralización de la autoridad política y de las decisiones administrativas, en los niveles nacionales, incluso, en las repúblicas formalmente federales. Con razón, de éstas se ha dicho que son Repúblicas Federales Centralizadas, en las cuales el poder político, administrativo y jurídico no es compartido por los entes regionales o locales.

Esta centralización administrativa ha implicado que todas las decisiones concernientes a asuntos y problemas estrictamente locales, no se resuelvan en la región respectiva, sino a nivel nacional, produciéndose un embotellamiento intolerable. Así, hay una subadministración en las regiones y entidades locales, confrontada con una sobreadministración a nivel nacional.

Esta situación ha provocado diversas consecuencias: una confrontación demasiado evidente, en materia de desarrollo, entre los niveles locales o regionales y el nivel nacional; y la carencia de recursos humanos suficientes y eficientes a nivel local o regional, para asumir los programas de desarrollo.

Esto provoca un círculo vicioso: no se descentraliza la toma de decisiones sobre asuntos estrictamente regionales o locales, porque no hay suficientes recursos humanos dispuestos en ese nivel; pero no habrá nunca un desarrollo adecuado de recursos humanos a nivel local o regional, si no se descentraliza, efectivamente, el poder de decisión.

En esa forma progresivamente, las Federaciones latinoamericanas y las otras formas de descentralización político-territoriales fueron vaciadas de contenido, quedando como un ropaje formal de una forma centralizada de Estado. Los niveles regionales estadales-provinciales-departamentales fueron reducidos a la casi inexistencia autonómica, por una pérdida progresiva de competencias, resultando, de todo, una asunción de competencias por los niveles nacionales. La Administración Nacional, así, se convirtió en una administración paternalista en relación a las entidades locales, que progresivamente pasaron a depender de aquella, incluso, financieramente, constituyendo, además, el nivel municipal, un ámbito inadecuado para la descentralización.

Por ello, uno de los retos planteados a las Administraciones Públicas contemporáneas de América Latina, es el de la descentralización, con el objeto de hacer participar, en los procesos políticos y administrativos de nuestros países, a las regiones y comunidades. Tenemos que correr el riesgo de la descentralización, revitalizando los niveles federales autónomos o creando regiones autónomas, y sólo así podremos rehacer, en el interior, nuestros países.

2. La concentración de la Administración Pública

Pero además de la centralización, otra de las características del sistema administrativo de los países latinoamericanos, es el de la excesiva concentración administrativa en los niveles superiores del Poder Ejecutivo.

Desde el punto de vista político, el presidencialismo ha provocado una excesiva concentración de las decisiones político-administrativas en la Presidencia de la República.

El Presidente de la República, en nuestros países, tradicionalmente, sea en los regímenes de facto dictatoriales, al asumir todos los poderes públicos, sea en los regímenes de derecho, al maximizarse el presidencialismo, ha concentrado el poder de decisión en materialmente todos los asuntos del Estado. El Presidente, así, en algunos casos, no solo es el Jefe del Estado y del Gobierno, sino que en otros es, además, a la vez, el Gobernador de Estado o Provincia, el Prefecto de los Distritos y hasta el Jefe Civil de las poblaciones. El Presidente todo lo decide.

Así paralelo al centralismo a nivel nacional, se ha producido una concentración administrativa en la Presidencia que paraliza y entraba el funcionamiento de la Administración y el proceso de toma de decisiones, relegando, en algunos casos, a los Ministros a posiciones subalternas o secretariales.

En Administraciones que cada vez más se tornan complejas y omnipresentes, es indudable que otros de los retos planteados, es el de la desconcentración administrativa, de manera que los Ministros asuman plenamente el Gobierno de los diversos sectores administrativos, y se traslade, además, el poder de decisión de los asuntos nacionales que conciernen a regiones u ámbitos locales, a las unidades de la Administración Nacional localizadas en dichos ámbitos regionales o locales.

3. La debilidad de la Administración Municipal

La tercera consecuencia administrativa del centralismo político ha sido el debilitamiento progresivo de las instituciones administrativas municipales. El centralismo administrativo y la concentración del poder en el Poder Ejecutivo Nacional han hecho perder al Municipio su rol de unidad política primaria y autónoma en la organización de las instituciones del país. Venezuela fue, ciertamente, independizada por la acción de sus Municipios, y durante buena parte del siglo pasado, fue un país con una intensa vida municipal. Ello, sin embargo, quedó en la historia. No sólo el Municipio perdió autonomía política, sino que progresivamente se le fueron arrebatando competencias en materias antaño propias de la vida local, que se nacionalizaron en virtud del proceso de centralización.

Así, las Administraciones Municipales venezolanas son en la actualidad, los ejemplos más característicos, de administraciones inservibles, vaciadas de competencia, de carácter ineficiente, y dominadas por partidos políticos o grupos con solas apetencias burocráticas.

4. La ausencia de participación de la comunidad en la Administración Pública

Otra de las consecuencias del centralismo político en relación a la Administración Pública venezolana, ha sido la ausencia de participación efectiva de los Administrados en la formulación y ejecución de las tareas administrativas.

Los países latinoamericanos, en este sentido, tradicionalmente se han caracterizado por una ausencia casi absoluta de participación política, lo cual no solo es cierto en los regímenes autocráticos o dictatoriales, sino en los regímenes democráticos. En estos no ha existido una auténtica democracia participativa, sino en general, una democracia formal. La sociedad no ha sido organizada para la participación y el abismo entre el ciudadano y el Estado se ha abierto en forma desmesurada. La prueba de la ausencia de participación política está, en general, en la debilidad del propio régimen local o municipal.

Pero la ausencia de participación política está acompañada, también, de una ausencia de participación de los administrados en la formulación o ejecución de actividades administrativas. El ciudadano, como usuario, consumidor o simplemente vecino de una comunidad, en general, no es llamado ni consultado acerca de la marcha del servicio público, la comercialización de los bienes o la ordenación de los asuntos vecinales. El ciudadano en general, no ha sido organizado para la participación; está ausente de la marcha del aparato administrativo; y no participa efectivamente en su gestión. Solo participan, realmente, como se indicará más adelante, los grupos de presión organizados, económicos o sindicales, sin que ello sea provocado por la propia Administración.

II. LA DEBILIDAD DE LAS INSTITUCIONES POLÍTICAS Y EL PAPEL DE LA ADMINISTRACIÓN PÚBLICA

Pero el centralismo político, con sus consecuencias, ha provocado además, un debilitamiento progresivo de las instituciones políticas del Estado, particularmente del Poder Legislativo y del Poder Judicial, lo cual ha tenido una repercusión evidente en la propia Administración Pública. Esta ha asumido, progresivamente, un mayor rol político; se ha convertido en una institución no sometida a efectivos controles, y a la vez, ha sido penetrada por los grupos de presión. Además, en su funcionamiento, en los países de régimen democrático, han adquirido una particular preeminencia los partidos políticos.

1. El rol político de la Administración Pública y el debilitamiento del Parlamento

El presidencialismo latinoamericano, en efecto, ha facilitado la asunción, por la Administración Pública, de un rol político evidente, derivado del debilitamiento progresivo del papel del Poder Legislativo.

En América Latina, el Congreso como institución política de origen popular, y que tiene a su cargo la orientación política del Estado, ha perdido vigencia progresivamente, sea porque no ha existido, en virtud de las interminables décadas de dictaduras que nuestros países han sufrido, sea porque el presidencialismo lo ha sometido. En todo caso, aún en los regímenes democráticos, el Congreso no ejerce adecuadamente su papel de legislador y por ello, de conductor político, a través de normas jurídicas de la sociedad, siendo progresivo el proceso de transferencia y de asunción por parte del Poder Ejecutivo, de poderes legislativos. Los Decretos-Leyes y las diversas formas de legislación delegada, constituyen, en la actualidad, la forma normal de regulación de áreas básicas del actuar social y económico.

Por otra parte, el presidencialismo y el debilitamiento del Poder Legislativo, han acentuado el papel de la Administración Pública, no sólo en la ejecución de los objetivos políticos del Estado, sino en su formulación. La planificación, así, se ha venido configurando como una técnica política asumida por la sola Administración, en la cual, en general, no participa el Congreso. Este se ha limitado a intervenir en los solos asuntos presupuestarios y que aun cuando conllevan, decisiones políticas son, solamente, de corto plazo.

2. La Administración Pública incontrolada

El centralismo ejecutivo y el debilitamiento de las instituciones políticas ha provocado otra consecuencia de orden administrativo: la inexistencia o la debilidad de efectivos mecanismos de control sobre la Administración Pública, tanto de parte del Parlamento como de parte del Poder Judicial.

Dentro de las funciones tradicionales del Parlamento en los regímenes democráticos presidenciales, además de las de legislar, están las de control de la Administración Pública. El Congreso, debe ser, por definición, el órgano de control político de la actividad de la Administración. Sin embargo, este control, en la gran mayoría de los casos, no existe, por no existir un verdadero Poder Legislativo consecuencia de las autocracias y dictaduras militares o civiles; y en los regímenes democráticos como el nuestro, es muy débil, por la penetración y control absoluto de los partidos políticos en las Cámaras Legislativas. La experiencia de las dos últimas décadas en el proceso político venezolano, nos pone en evidencia que el Congreso no ha controlado efectivamente a la Administración Pública. Esta situación ha acentuado la irresponsabilidad de hecho de los Ministros y funcionarios públicos, pues se tiene la seguridad de que las Memorias y Cuentas anuales de la gestión político-administrativa, que deben presentar a las Cámaras Legislativas, no son realmente estudiadas. La experiencia muestra, además, que los mismos informes de la Contraloría General de la República, tampoco son respaldados plenamente por el Parlamento.

De hecho, por tanto, políticamente hablando, la Administración Pública de los países latinoamericanos no tiene efectivos controles, aun cuando los textos constitucionales consagren diversas modalidades de dicho control.

Pero a la debilidad del Congreso, como institución política, también se añade, la debilidad del Poder Judicial para ejercer un efectivo control de la Administración Pública, y ello por varias razones. En primer Jugar, los países latinoamericanos no han llegado a estructurar un auténtico y efectivo Poder Judicial autónomo e independiente. Esto es evidente en los regímenes autocráticos y dictatoriales, donde es realmente inconcebible una autonomía e independencia completas y efectivas de las Supremas Cortes de Justicia. En los regímenes democráticos, aun cuando la independencia y autonomía existen, sin embargo, en la práctica, se han minimizado debido, sea a la intervención activa del Poder Ejecutivo en la designación de los jueces en unos casos; sea a la participación y control absoluto de esa designación por los partidos políticos. En estos casos, la politización del poder judicial es el signo más característico de la ausencia de controles judiciales efectivos en relación al actuar de la Administración Pública.

3. La penetración de los grupos de presión en la Administración

La pérdida progresiva de poder político por parte de los Congresos o Parlamentos en América Latina, y el rol político preponderante asumido por la Administración Pública, la han convertido en el foco de interés de los grupos de presión. Ya los grupos de interés no se mueven ante el Parlamento, que no existe o es débil, sino que actúan directamente y sin los condicionamientos políticos del régimen deliberante o de Asamblea, ante los diversos niveles de la Administración Pública.

En esta forma, se ha producido una penetración progresiva de las estructuras y organizaciones ejecutivas, por los grupos de interés con más poder político, tales como los grupos económicos y las asociaciones o sindicatos de empleados.

Estos grupos y gremios organizados, difícilmente, dejan de obtener las decisiones por las que presionan, estando la Administración, prácticamente inerme frente a su acción. En gran número de casos, como se dijo, los grupos de presión participan activamente en Comisiones de estudio o de formulación de políticas, a través de personas que en muchos casos están mejor preparados e informados que los propios funcionarios públicos, logrando, en esa forma, una presión desde dentro de la estructura administrativa, que provoca decisiones administrativas no siempre acordes con el interés colectivo.

4. La preeminencia de los partidos políticos en el funcionamiento de la Administración Pública

El debilitamiento de las instituciones políticas en los países latinoamericanos de régimen democrático, ha conducido a una preeminencia de los partidos políticos en relación al funcionamiento de las mismas y de la propia Administración Pública. En otras palabras, el sistema de partidos en los países latinoamericanos, ha tenido y tiene una influencia decisiva, tanto en la estructura como en el funcionamiento de la Administración Pública.

En aquellos sistemas de partido único o de partido dominante, puede decirse que normalmente se produce una simbiosis entre el partido y la Administración. El poder político está, así, interrelacionado con el poder burocrático, y normalmente hay una politización interna de la Administración. No es que haya un control externo del partido sobre la Administración, sino que el partido actúa, internamente, a través de los funcionarios. Estos, normalmente, deben ser militantes del partido, produciéndose en general, una confusión de roles entre el militante político y el funcionario público. Así, en los diversos períodos de la vida política, indistintamente, el partido puede estar al servicio de la Administración o viceversa. En estos casos, no puede hablarse ni se plantea la neutralidad de la Administración Pública en relación al proceso político.

En los sistemas democráticos multipartidistas, en general, la preeminencia de los partidos políticos en el funcionamiento de la Administración Pública ha conducido al denominado "sistema del botín", según el cual, el partido político triunfante en las elecciones, toma posesión de los diversos cargos y posiciones administrativas, desplazando a los funcionarios del partido perdedor. Esto ha provocado un alto grado de ineficiencia administrativa por la inestabilidad de los cuadros.

Para contrarrestar estos efectos degradantes en el funcionamiento y eficiencia de la Administración, los países latinoamericanos han venido haciendo esfuerzos por desarrollar e implantar, estatutos jurídicos de la función pública y sistemas de administración de personal, a los efectos de hacer realidad la estabilidad de los funcionarios a través de un sistema de méritos, y consagrar además su neutralidad política. Se han dictado en tal sentido, diversas leyes, como la Ley de Carrera Administrativa venezolana, pero no siempre han logrado implantar eficazmente el sistema de méritos.

III. LOS FINES DEL ESTADO Y LA EXPANSIÓN DE LA ADMINISTRACIÓN PÚBLICA

La organización administrativa, sin duda, es la respuesta institucional a los fines del Estado. Por ello, la evolución de la Administración Pública está íntimamente relacionada con la evolución de los fines del Estado y de sus instituciones.

En América Latina, el presente siglo ha sido testigo de la evolución del Estado, la cual puede caracterizarse por un proceso creciente de intervención en la vida económica y social. Este intervencionismo estatal deriva de las nuevas finalidades y responsabilidades del Estado en materia económica y en materia social, como agente y promotor del desarrollo.

La asunción progresiva de estos nuevos fines ha dado origen a una expansión de las intervenciones administrativas en relación a los particulares; a una inflación inusitada de la Administración Pública, particularmente, de la descentralizada funcionalmente; a una distorsión de las políticas estatales; y a la propagación de las técnicas planificadoras para ordenar la acción administrativa.

1. La expansión de las actividades e intervenciones administrativas y la "permisología"

Una de las características de la Administración Pública venezolana, derivada de la expansión de sus actividades e intervenciones, son los excesivos y desordenados sistemas de control administrativo sobre todo tipo de acciones de los administrados, a través de las figuras de las autorizaciones, licencias y permisos. En general, a medida que surgen regulaciones administrativas de aspectos de la vida económica y social que afecten a los administrados, se han ido estableciendo requisitos de autorizaciones administrativas previas, que no sólo hacen lenta la marcha del aparato administrativo, sino que complican innecesariamente los procedimientos administrativos, contribuyendo a que se generen focos de corrupción en la función pública o grupos de intermediarios o de gestores para agilizar las tareas administrativas.

Estos requisitos de permisos, licencias o autorizaciones, en general han sido formalmente establecidos en leyes y reglamentos, a medida que surgían las intervenciones y necesidades administrativas, y su estudio y comprensión ha venido dando origen a la llamada "permisología", es decir, especie de ciencia de los permisos en el procedimiento administrativo para poder descifrar el actuar de la Administración Pública.

2. La inflación de la Administración Pública, en particular la descentralizada funcionalmente

Pero la ampliación progresiva de los fines del Estado, hasta dar origen al Estado Democrático y Social de Derecho del mundo actual, han provocado una inflación inusitada de la organización administrativa, en especial, de la descentralizada funcionalmente.

En efecto, los últimos treinta años, con motivo de los cambios operados en el papel del Estado como agente y actor en el proceso de desarrollo económico y social, han sido testigos de una expansión del sector público centralizado, traducida en la creación de nuevos Ministerios o modificación de los que existían, y en la creación de Oficinas Presidenciales de la más variada naturaleza. Así, la Administración Central ha ampliado su radio de acción e intervención, mediante nuevas instituciones, respondiendo a los nuevos fines y a las nuevas responsabilidades del Estado social.

Pero sí bien este proceso de expansión se produjo en la Administración Central en forma significativa, debe decirse que en la Administración descentralizada, mediante la creación de institutos o entes autónomos y empresas del Estado, el fenómeno, además de rápido, fue de proporciones incalculables.

Basta recordar, como ejemplo, que en México, en 1950 existían 50 entes descentralizados en la Administración Nacional, y que en 25 años, en 1975 esa cifra había ascendido a 496, habiéndose creado en el período 1970-1975, la cantidad de 105 entes descentralizados. En Venezuela, desde el punto de vista del gasto público consolidado, la distribución porcentual del gasto entre la Administración Central y la Administración descentralizada se invirtió completamente entre 1960 y 1975: en 1960, el gasto público del gobierno central representaba el 70 por ciento del gasto público consolidado, por lo que la Administración Descentralizada representaba el 30 por ciento de dicho gasto; y en 1975, dicho porcentaje se invirtió así: sólo el 28 por ciento del gasto público consolidado se erogaba por la Administración Central, y el 72 por ciento a través de la Administración descentralizada. Estos dos ejemplos bastan para apreciar la magnitud del crecimiento y expansión de la Administración descentralizada, en un proceso que parece, sin duda, irreversible.

Esta inflación administrativa ha tenido entre otras, al menos, dos repercusiones en la Administración Pública.

En primer lugar, ha provocado un debilitamiento de los órganos de la Administración Central, particularmente la Ministerial, frente a la magnitud y poder de algunos entes autónomos y empresas del Estado. Piénsese, solamente, en las grandes empresas públicas petroleras latinoamericanas: Petrobas, Pemex y Petróleos de Venezuela, S.A. Este excesivo poder y autonomía de ciertos entes descentralizados han venido dificultando la acción de los Ministros como órganos políticamente responsables de un sector de actividad pública.

En segundo lugar, ha dado lugar a un entorpecimiento de la función planificadora de los órganos centrales de planificación y de los Ministros responsables de cada sector, en virtud de la dispersión, variabilidad y debilidad o ausencia de efectivos mecanismos de control en relación a los entes descentralizados que actúan en cada sector. La creación de institutos autónomos y empresas del Estado no obedeció, en casi ningún caso, a una programación preconcebida, sino que fueron estableciéndose, sin orden ni concierto, a medida que las exigencias sociales y económicas se planteaban al Estado. Este proceso ha provocado, en general, una falta de coherencia en la Administración Pública que muchos de los países latinoamericanos tratan ahora de corregir.

Sin duda, puede afirmarse que el principal problema organizativo de las Administraciones latinoamericanas, está en esta inflación administrativa de entes autónomos y empresas del Estado, la cual ha dado origen a un crecimiento desmesurado de la Administración Descentralizada, en perjuicio, política y administrativamente hablando, de la Administración Central o Ministerial.

3. La distorsión de las políticas estatales

El papel del Estado en los países latinoamericanos, como actor, agente y promotor del proceso de desarrollo económico y social, y en consecuencia, las nuevas responsabilidades y fines económicos y sociales que ha asumido, se ha ampliado considerablemente; su campo de acción abarca ahora, como se ha dicho, aspectos de desarrollo económico, de desarrollo social y de desarrollo físico y ordenación territorial.

Sin embargo, en muchos casos, el desarrollismo, como política económica que pone su acento en el logro de un crecimiento económico acelerado, ha hecho distorsionar las políticas estatales, desatendiéndose aquellas de orden social y de protección al ambiente. Las Administraciones latinoamericanas, así, muchas veces han dado más importancia a la creación de empresas en el campo industrial, por ejemplo, que a asegurar una prestación eficiente de los servicios públicos tradicionales y elementales; o a la protección del ambiente y de la calidad de la vida.

Hemos querido ser, por ejemplo, grandes productores de acero, pero sin saber transportar correspondencia de modo de asegurar que en 24 horas una carta circule de un extremo a otro de nuestras grandes ciudades; hemos querido establecer industrias de construcciones navales o aeronáuticas, pero sin asegurar a la población el derecho efectivo a la recuperación de la salud, mediante un adecuado servicio nacional de atención médica; hemos querido realizar grandes obras de infraestructura y de desarrollo físico, pero ocupando incontroladamente el territorio con consecuencias degradantes para el ambiente y la calidad de la vida. En fin, hemos querido desarrollar al Estado Empresario y nos hemos olvidado del Estado de Servicios Públicos, siendo este el que sirve directamente al ciudadano. Así, hemos alejado al Estado del ciudadano y se hace necesario, por tanto, volverlo a poner a su servicio.

Sin dejar de lado, por supuesto, las políticas económicas de desarrollo industrial, la Administración Pública debe hacer el más grande esfuerzo por definir prioridades en la ejecución de las políticas públicas, particularmente en relación a los problemas sociales que son, sin duda, los de mayor importancia y urgencia. Para definir estas prioridades y evitar las distorsiones referidas, es que se han venido tratando de desarrollar técnicas planificadoras para ordenar la acción administrativa.

4. La propagación de las técnicas planificadoras para ordenar la acción administrativa

En efecto, puede indicarse como otra característica de las Administraciones Públicas Latinoamericanas, el desarrollo, en las últimas dos décadas, de la Planificación, como técnica para la ordenación de la acción administrativa. La expansión de las actividades del Estado, la inflación de la Administración descentralizada, y la distorsión de las políticas estatales hicieron tomar consciencia a los Administradores latinoamericanos de la insuficiencia de la sola función presupuestaria para la ordenación de las actividades administrativas. De allí el desarrollo que a partir de finales de la década de los años cincuenta, ha tenido la función planificadora y que ha llevado, no solo al establecimiento de una organización administrativa para la planificación, sino al diseño, aunque sin implantación definitiva, de un sistema administrativo de planificación, con aspectos sectoriales y regionales y con formulaciones de largo, mediano y corto plazo.

Nuestra Administración Pública ha sido, sin duda, campeona en la formulación teórica, e inclusive formal, del sistema de planificación, pero no ha sido capaz de implantarlo realmente. Hemos llegado, así, a elaborar muy buenos planes, pero no hemos sabido ejecutarlos, pues, paralelamente a la formulación de los planes de desarrollo económico y social, no se han formulado ni implementado medidas institucionales jurídico-administrativas, para su adecuada ejecución. Inclusive, en aquellos casos en los cuales se incorporaron a los Planes de desarrollo económico-social, planes de desarrollo administrativo, no se pudieron ejecutar totalmente, por dificultades políticas o de estrategia.

Así, la planificación en América Latina, en general, no ha pasado de ser un buen ejercicio teórico sin aplicaciones efectivas, pues no se ha tomado consciencia efectiva, de que un sistema de planificación no sólo exige planes bien elaborados, sino un aparato administrativo capaz de asegurar su ejecución.

Por otra parte, debe señalarse, además, que las técnicas planificadoras han tenido un relativo desarrollo en los campos económicos y sociales, y sólo recientemente, es que comienzan a aplicarse al desarrollo físico para ordenar la ocupación del territorio. En este aspecto, los esfuerzos por regionalizar económica y administrativamente algunos de los países latinoamericanos, entre ellos Venezuela, estableciéndose ámbitos espaciales óptimos distintos a las divisiones político-territoriales tradicionales, para la planificación y ejecución de las políticas estatales, son de muy reciente data.

IV. LA CORRUPCIÓN ADMINISTRATIVA

1. El sistema de corrupción administrativa

Hemos planteado anteriormente algunos de los condicionamientos políticos de la Administración Pública venezolana y en general de los países latinoamericanos, que la configuran como una administración centralizada, no participativa, incontrolada, penetrada por los grupos de presión, dominada por los partidos políticos, disgregada y cuyos objetivos políticos aparecen, con frecuencia, distorsionados. Esa situación, configurada por todos esos aspectos, contribuye a que además, sea una administración con alto grado de corrupción.

En efecto, el papel que juega el sector público en las economías latinoamericanas, sea como empleador, inversionista o contralor, provoca, por una parte, una dependencia progresiva de los particulares en relación al Estado; y por la otra, una actitud paternalista de éste. El empleo público, así, muchas veces es una forma de mitigar el desempleo; los empresarios dependen para sus inversiones, en alto grado, de los créditos suministrados por el Estado; y en general, todas las actividades privadas están sometidas a autorizaciones, permisos y licencias, cuyo otorgamiento, en muchos casos, es discrecional para los funcionarios.

Esta enorme importancia del Estado y la consecuente dependencia de los administrados, respecto de decisiones administrativas ha traído como consecuencia que la Administración Pública sea el blanco común de la sociedad para la satisfacción de intereses particulares: si todo depende de la Administración, y si esta lo da casi todo, en general, se busca presionarla para que su decisión se realice en determinados sentidos.

La sociedad ha corrompido, así, a la Administración Pública, y esta labor se ha visto facilitada por los condicionamientos políticos.

El sistema político, así, puede decirse que ha contribuido al desarrollo de la corrupción administrativa, por lo que, con razón, se ha calificado a los sistemas de los países en desarrollo como una "Kleptocracia". (Gunnar Myrdal, *The Challenge of World Poverly*, London, 1971). Esta corrupción se ha desarrollado, en particular, por la conjunción de diversos factores, que queremos exponer a continuación. En todo caso, lo que la caracteriza es que no se manifiesta en hechos aislados, sino que se configura como un "sistema", como una gran organización para el incumplimiento de la ley.

2. La deficiencia de los controles y la corrupción administrativa

El primer factor de corrupción administrativa es la ausencia o deficiencia de controles efectivos sobre la actuación de la Administración Pública y de sus funcionarios, lo cual crea las condiciones necesarias para su desarrollo. Esto se manifiesta en varios sentidos: ante todo, en la ausencia o deficiencia de las regulaciones legales sancionatorias, no sólo de conductas inmorales punibles, sino de conductas irresponsables. No hay que olvidar que la corrupción administrativa no se manifiesta en general, en la apropiación indebida de fondos públicos, sino en el manejo irresponsable de estos que conducen al enriquecimiento sin causa de funcionarios, de intermediarios o comisionistas. Por otra parte, la ausencia de un efectivo control político por parte de la representación popular, identificada en los Parlamentos, y de un control judicial a cargo de jueces efectivamente autónomos e independientes, ha contribuido a la irresponsabilidad de los funcionarios, quienes no encuentran sanciones frente al manejo negligente o doloso de los dineros públicos. La corrupción administrativa se ha desarrollado, así, por la incapacidad del sistema jurídico-político de limitarla y sancionarla.

Esto, además, ha tenido un efecto multiplicador: si no se sancionan las conductas irresponsables o inmorales de ciertos funcionarios, no existe el elemental freno para su repetición por otros funcionarios.

3. La discrecionalidad, las reglamentaciones excesivas y la corrupción administrativa

En segundo lugar, otro factor que fomenta la corrupción, es el excesivo poder discrecional dejado en manos de los funcionarios públicos de todos los niveles, paralelamente al establecimiento de más y más reglamentaciones, permisos, autorizaciones y licencias para la actuación de los particulares. Frente a lo complicado del procedimiento administrativo, a la lentitud de la acción de la Administración y al poder discrecional del funcionario, lamentablemente han hecho su aparición mecanismos tendientes a acelerar la toma de decisiones, a gestionarlas por terceros o a mitigar las discrecionalidad establecida, generalmente, en complicidad, entre el gestor y el funcionario, con la anuencia de éste, en perjuicio del administrado. La sociedad, así, ha corrompido al funcionario, y éste, a su vez a aquélla. La corrupción administrativa, en esa forma, es un círculo vicioso, que sólo una toma de conciencia y una decisión política vigorosa puede romper.

4. El centralismo, la ausencia de participación y la corrupción administrativa

En tercer lugar, también constituyen factores que facilitan la corrupción, el excesivo centralismo y la ausencia de mecanismos de participación. La concentración del poder de toma de decisiones en determinados niveles ejecutivos, aunada a la mencionada discrecionalidad, ha dejado en manos de un solo funcionario o de un grupo reducido de ellos, el poder de decidir.

La presión de los grupos de intereses, sobre todo de los económicos, ha tenido mayor efectividad en estos casos, pues no ha habido la limitación que puede implicar la conjunción de voluntades de un órgano colegiado o deliberante. Por otra parte, ello, agregado al centralismo, y a la ausencia de participación de los administrados y grupos de la sociedad en el proceso de toma de decisiones, ha impedido el surgimiento de mecanismos de control sobre la conducta y acción de los funcionarios, por aquéllos, facilitando la corrupción.

5. La inestabilidad de los funcionarios públicos y la corrupción administrativa

En cuarto lugar, la inestabilidad del funcionario público también establece condiciones propicias para el desarrollo de la corrupción administrativa. La función pública, en esa forma, por la ausencia de adecuados sistemas de administración de personal, y de estatutos jurídicos que consagren la carrera administrativa y regulen los derechos y deberes de los funcionarios, se ha ejercido, muchas veces, con consciencia de transitoriedad y medio de subsistencia, sin la mística que el servicio público debe generar. El funcionario, consciente de su inestabilidad, en muchos casos ha utilizado el cargo público como un medio para enriquecerse y protegerse económicamente frente a su salida de la Administración que puede producirse, sea por los cambios políticos, o por la misma deficiencia del sistema de administración del personal público.

6. Los partidos políticos y la corrupción administrativa

En los regímenes democráticos, especial referencia debe hacerse respecto del papel de los partidos políticos en relación a la corrupción administrativa. Estos han sido, muchas veces, agentes directos e indirectos de la corrupción.

En efecto, en muchos países se ha generalizado la práctica de las "comisiones para el partido" como consecuencia de la gestión de los asuntos públicos, lo cual ha traído como efecto, el establecimiento de una especie de contribución al partido que controla el gobierno, con ocasión de contratos de obras públicas o de suministros. Aún cuando esta práctica es tan delictiva como las comisiones pagadas a particulares gestores con perjuicio para la Administración, la práctica política ha tendido a no condenarla por ser un medio de supervivencia económica de los partidos o de financiamiento, por ejemplo, de campañas electorales. Los partidos políticos han actuado así, como agentes directos, de la corrupción administrativa.

Pero en otras ocasiones, los partidos han actuado como agentes indirectos de la corrupción, al no sancionar o hacer que se sancionen a los funcionarios deshonestos o que estén incursos en delitos contra la cosa pública. Los partidos, al proteger a los funcionarios irresponsables o deshonestos, han hecho perder credibilidad en el sistema sancionatorio o de control, hasta el punto de que muy pocos creen realmente en los anuncios que se hacen cíclicamente de medidas para combatir la corrupción.

Por otra parte, la práctica incontrolada del financiamiento de las campañas políticas de los partidos, mediante la recepción de aportes económicos de empresas y particulares, ha desarrollado el sistema de contraprestación a quienes han contribuido, mediante el otorgamiento de privilegios, favores o contratos públicos particularmente beneficiosos; todo con la anuencia de los partidos. En esta forma, indirectamente, y como contribución al financiamiento de campañas políticas, los funcionarios gubernamentales, a costa de los dineros públicos, han permitido el enriquecimiento de ciertos grupos de particulares. Esta ha sido otra fuente de corrupción.

V. APRECIACIÓN FINAL

Nuestro objetivo, en esta exposición, ha sido destacar condicionamientos políticos más importantes de la Administración Pública en Venezuela y en América Latina.

De lo que hemos expuesto resulta clara la estrecha interrelación que existe entre Administración y Política. La Administración Pública, sin duda, está condicionada por el ambiente político, y a la vez, aquella condiciona la acción política del Estado.

Esto es particularmente evidente en la Administración Pública Latinoamericana contemporánea, cuyas características fundamentales surgen, sin duda, de los condicionamientos políticos que tiene y que, como hemos señalado, provienen del centralismo político y del presidencialismo ejecutivo; de la debilidad de las instituciones políticas, en particular del parlamento y de los órganos judiciales; de la preeminencia de los partidos políticos; de la excesiva intervención reguladora del Estado; y de la corrupción.

Por supuesto, para destacar estos condicionamientos políticos en lo que se refiere a las Administraciones Públicas Latinoamericanas, hemos tenido que hacer generalizaciones, mediante un necesario proceso de abstracción, por lo cual hemos de advertir que, por supuesto, las características que resultan no siempre se dan, matemáticamente y con la misma intensidad, en todos nuestros países. América Latina no es, ciertamente, un continente uniforme. Cada país tiene sus peculiaridades y cada Estado Nacional también. Por tanto, cada Administración difiere en aspectos específicos y esto debe tomarse en cuenta cuando se hace un esfuerzo por mostrar características comunes, tal como lo hemos querido hacer en esta exposición.

REFERENCIAS BIBLIOGRÁFICAS, Sección Quinta: Para la elaboración de este Parágrafo 9 hemos seguido, básicamente, lo expuesto en: Allan R. Brewer-Carías: "Les conditionnemets politiques de l'administration publique dans les pays d'Amerique Latine", en *Colloque International: l'Administration Publique: perspectives d'avenir*, ENAP, Quebec, 1979, vol. IV, pp. 789 a 820, y en *Revue Internationale des Sciences Administratives*, vol. XLV, N° 3, Bruselas, 1979, pp. 223 a 233; y como "L'environnement politique de l'Administration Publique dans les pays d'Amerique Latine" en *Revue Française d'Administration Publique*, N° 12, Paris, 1979, pp. 703 a 721. Este trabajo fue publicado en castellano en Allan R. Brewer-Carías, *Política, Estado y Administración Pública*, Caracas, 1979, pp. 85 a 122; Véase, además, sobre este tema: La Administración Pública en los países en desarrollo, Tomo II, ESAP, Bogotá, 1963; J. Bhattacharacyya: *Organisation Administrative pour le developpement*, Bruselas, 1971; Gerald E. Caiden and N. J. Caiden: "Administrative Corruption", en *Public Administration Review*, Vol. 37, N° 3, 1977, pp. 301 y ss.; Alexander Edelman: *Latin American Government and Politics*, Illinois, 1969; Federico Gil: *Instituciones y desarrollo político de América Latina*, Buenos Aires, 1966; Jacques Lambert: *América Latina*, Barcelona, 1973; y "Structure Social Dualiste et Administration Publique en Amerique Latine" en *Bulletin de l'Institut International d'Administration Publique*, N° 2, Paris, 1967, pp. 23 a 35; Ramón V. Melinkoff: *El Problema Político de la Administración Pública*, Caracas, 1976; Gunnar Myrdal: *The Challenge of World Poverty*, Londres, 1971; Alfredo Peña (ed.): *Democracia y Reforma del Estado*, Caracas, 1978; Manuel Rachadell: "El desarrollo administrativo y la legitimidad del sistema político" en *Revista de la Escuela Superior de las Fuerzas Armadas de Cooperación*, N° 1, Caracas, 1973, pp. 129 a 144; Maurice-Pierre Roy: Les Régimes Politiques du Tiers Monde, Paris, 1977; *Revista de Política y Administración*, "La Teoría Política y Administración Contemporánea sobre los países en vías de desarrollo, N° 5, México, 1976; Henry Rosson: "Mutations de l'Administration Publique en Amérique Latine" en *Bulletin de l'Institut International d'Administration Publique*, N° 3, Paris, 1967, pp. 21 a 40; editado en castellano: "Mutaciones de la Administración Pública en América Latina, *Revista de Economía Ciencias Sociales* (separata), 1968.

Sección Sexta: LA ADMINISTRACIÓN PÚBLICA Y EL SISTEMA JURÍDICO (1980)

El texto de esta Sección Sexta es el texto del Parágrafo Décimo de la Primera Parte del libro *Fundamentos de la Administración Pública, Tomo I (Elementos Condicionantes de la Administración Pública)*, Editorial Jurídica Venezolana, Colección Estudios Administrativos, Caracas 1980.

Además del sistema político, otro de los elementos condicionantes de la Administración Pública, es el sistema jurídico dentro de cuyo marco actúa. La rigidez o flexibilidad de esa Administración; sus posibilidades de intervenir en la vida económica y social; su libertad de acción, dependerán del cuerpo de normas que rigen su actuación.

Lino de los pilares fundamentales del Estado contemporáneo y de la Administración, es el Principio de la Legalidad. Su contenido, determinado en fuentes de la legalidad, será el primer aspecto a analizar (§ 10). Pero esas fuentes de legalidad, condicionan la acción de la Administración en forma diferente: a veces le establecen un marco rígido de acción (administración reglada), y a veces le dan una amplia libertad de apreciación (poder discrecional) (§ 11).

En todo caso, la Administración, como organización, en el mundo jurídico requiere de una personalidad jurídica para actuar como cualquier sujeto de derecho. Por ello, la Administración requiere de personalidad jurídica, lo cual resulta más importante en Estados Federales como el nuestro. Por tanto, también estudiaremos los elementos básicos de la teoría de las personas jurídicas en el campo administrativo (§ 12).

REFERENCIAS BIBLIOGRÁFICAS: Sobre la relación entre Derecho y Administración, además de los Manuales y Tratados de Derecho Administrativo, véase: *L'Administration Publique*, Recueil de textes, Paris, 1971, pp. 87 y ss.; León Cortiñas Peláez: "Del marco jurídico en la Administración para el cambio estructural y funcional de países en desarrollo" en *Revista de la Facultad de Derecho,* UCV, N° 57, Caracas, 1976, pp. 93 y ss.; Charles Debbasch: *Ciencia Administrativa. Administration Publique*, Madrid, 1977, pp. 62 y ss.; Georges Langrod (ed.): *Tratado de Ciencia Administrativa,* Madrid, 1973, pp. 237 y ss.; Eloy Lares Martínez: "Estado de Derecho y democracia social en Venezuela" en *Perspectivas del Derecho Público en la Segunda Mitad del Siglo XX. Homenaje al profesor Enrique Sayagués Laso*, Madrid, 1969, Tomo V, pp. 589 a 617; André Molitor: *Droit Administratif et développement national*, ONU, N. Y., 1967; Jean Rivero: "L'Administration et le droit" en *Revue Internationale des Sciences Administratives,* Nos. 1-2, Paris, 1978, pp. 145 y ss.; César Tinoco Richter: *Nociones de Derecho Administrativo y Administración Pública*, Caracas, 1958.

I. LA NOCIÓN DE LEGALIDAD

El principio de la legalidad es la característica esencial de los sistemas jurídicos contemporáneos. Constituye el principio base de la actuación misma del Estado de Derecho. Sin embargo, legalidad, en el sentido etimológico de la palabra, es lo que está conforme con la Ley; por lo que, en esta noción, Ley debe ser entendida en un sentido amplio y como sinónimo de Derecho.

Entonces, el Principio de Legalidad aplicado al Estado, no es más que la conformidad con el Derecho que debe acompañar a todos los actos de los órganos que ejercen el Poder Público. Es decir, el principio según el cual toda la actividad del Estado debe estar conforme con el Derecho de ese Estado.

El contenido de los diversos Derechos Nacionales es ciertamente diverso pero, sin embargo, los textos constitucionales de la mayoría de los Estados del mundo occidental contienen una declaración más o menos explícita del Principio de Legalidad. La Constitución, por ejemplo, establece en su artículo 117, que ésta y "las leyes definen las atribuciones del Poder Público y a ellas debe sujetarse su ejercicio". La aplicación del

Principio de la Legalidad a la Administración, implica que todos los actos de la Administración Pública han de ser cumplidos o ejecutados dentro de las reglas o normas preestablecidas por la autoridad competente. Este principio es, en definitiva, la garantía establecida en beneficio de los particulares o administrados contra las posibles arbitrariedades de la autoridad ejecutiva, y constituye, por lo tanto, uno de los principios fundamentales del derecho administrativo.

Esta legalidad, en relación a la Administración, se manifiesta a través de diversas fuentes escritas o no escritas, que analizaremos separadamente, en su orden jerárquico de aplicación.

II. FUENTES ESCRITAS DE LA LEGALIDAD

Las Fuentes escritas de la legalidad, son todos aquellos actos normativos que encuentran su expresión formal, en diversos actos estatales. Siendo nuestra forma de Estado la de un Estado Federal, estas fuentes escritas existen en los niveles nacional, estadal y municipal. Cada una de las Administraciones de estos niveles (Administración Nacional, Administración de los Estados y Administración Municipal) tienen sus respectivas fuentes normativas que enmarcan el principio de la legalidad al cual están sometidos. Por ello resulta indispensable el estudio de estas fuentes escritas en estos tres niveles, en forma separada.

1. Fuentes de carácter nacional

Las fuentes del principio de la legalidad de carácter nacional y que rigen a la Administración Nacional, pueden clasificarse en dos grandes grupos según que sean impuestas a la Administración por otros órganos distintos del Poder Ejecutivo, o por éste actuando en función de Gobierno; o según que sean creados por la Administración, como un mecanismo de autonormación o autocontrol.

Estudiaremos separadamente, en esta forma, las fuentes de carácter nacional.

A. Fuentes impuestas a la Administración

Dentro de las fuentes impuestas a la Administración se pueden distinguir las siguientes: en primer lugar, la Constitución, como resultado del pacto político de la sociedad; las leyes orgánicas y ordinarias que emanan de las Cámaras Legislativas actuando como cuerpos colegisladores; los Decretos-Leyes, dictados por el Presidente de la República con rango legal; y los Actos de Gobierno, como actos dictados por el mismo Presidente de la República, en ejecución directa de la Constitución. Estudiaremos estos cuatro cuerpos normativos, en cuanto a fuentes de la legalidad separadamente.

a. *La Constitución*

La Constitución es la norma jurídica superior del orden interno de la República. El concepto de supremacía constitucional no sólo significa que la ley fundamental es superior a los demás cuerpos legales, sino que implica, además, el hecho de que por sobre ella no puede existir ninguna otra norma jurídica.

La Constitución, por tanto, como cuerpo de reglas superiores a toda otra, se impone a la Administración, y los actos violatorios de la misma son susceptibles de ser anulados por los órganos jurisdiccionales competentes.

La existencia del control jurisdiccional de la constitucionalidad de los actos estatales ha sido tradicional en Venezuela, y es indispensable en todo régimen que pretenda subsistir como Estado de Derecho. Y ello, porque lo inconstitucional es siempre antijurídico y contrario al principio que ordena al Poder Público, en todas sus ramas: el principio de la legalidad. Lo inconstitucional es un atropello al derecho de los ciudadanos y al orden jurídico general, que tienen su garantía suprema en la Ley Fundamental del Estado.

En los países libremente regidos, toda actividad individual o gubernativa ha de mantenerse necesariamente circunscrita a los límites que le señala la Carta Fundamental, cuyas prescripciones, como expresión solemne de la voluntad popular en la esfera del derecho público, son normas de ineludible observancia para gobernantes y gobernados, desde el más humilde de los ciudadanos hasta el más alto de los representantes de los Poderes del Estado.

De los principios consagrados en la Constitución, de las normas por ella trazadas, así en su parte dogmática como en su parte orgánica, deben ser simple desarrollo las leyes y disposiciones que con posterioridad a la misma se dicten, y tan inconstitucionales y, por consiguiente, abusivas, serían éstas si de tal misión se excedieran, como inconstitucionales y también abusivos lo serían cualesquiera otros actos de los órganos de los Poderes Públicos que abiertamente contravinieren lo establecido en la Ley Fundamental.

b. *Leyes Orgánicas*

Esta categoría de Leyes Orgánicas, intermedias entre la Constitución y las leyes ordinarias, ha sido creada expresamente por la Constitución de 1961. En la Exposición de Motivos de la Constitución se mencionan las Leyes Orgánicas como una categoría especial de leyes intermedias entre la Constitución y las Leyes Ordinarias; agregándose que para definirlas se sigue el modelo francés y se acoge un criterio meramente formal para su calificación: primero, cuando la propia Constitución le de tal denominación y, segundo, cuando sea investida con ese carácter, por la mayoría absoluta de los miembros de cada Cámara Legislativa al iniciarse en ellas el respectivo proyecto de Ley (Art. 163 de la Constitución).

Las leyes orgánicas generalmente tienen por objeto regular el funcionamiento de los Poderes Públicos (ejemplo: La Ley Orgánica del Poder Judicial), o el ejercicio de ciertas potestades públicas (por ejemplo, Ley Orgánica de la Hacienda Pública Nacional), y por lo tanto, son dictadas con el objeto de impedir que por medio de leyes especiales ordinarias, se deroguen disposiciones que se refieren a la organización de ciertos Poderes Públicos o a las formalidades que deben reunir determinadas leyes.

Por tanto, las leyes, y en general todos los actos que se dicten en materias reguladas por Leyes Orgánicas, se someterán a las normas de éstas.

c. *Leyes ordinarias*

El artículo 162 de la Constitución define como Ley a "los actos que sancionan las Cámaras como cuerpos colegisladores". Es decir, para precisar la noción de Ley, en el ordenamiento constitucional venezolano, basta un criterio orgánico-formal: actos que sancionen las Cámaras Legislativas actuando como cuerpos colegisladores, sin atender al contenido del acto ni a sus efectos generales o carácter abstracto. Esta sola circunstancia, la de su sanción por las Cámaras Legislativas actuando del modo ya señalado, basta para que el acto así dictado figure dentro de nuestro ordenamiento jurídico, como Ley.

Debe decirse, además, que los tratados internacionales constituyen, con el mismo rango que las leyes ordinarias, fuente de la Legalidad Administrativa ya que, para que entren en vigencia en el territorio nacional, deben ser aprobados mediante Ley especial (Art. 128).

En cuanto a la ley como fuente de la legalidad debe señalarse, por último, que la Constitución reserva al legislador algunas materias con carácter exclusivo (reserva legal) que no pueden ser reguladas por ninguna otra autoridad u órgano del Estado ni mediante otro acto estatal que no sea una Ley. Por ejemplo, la creación de delitos y penas (Art. 60, ord. 2), la creación de impuestos y contribuciones (Art. 224) y la limitación de los derechos y garantías constitucionales.

Estas materias reservadas a la Ley no pueden, por ejemplo, ser reguladas por un reglamento dictado por el Poder Ejecutivo.

d. *Los Decretos-Leyes*

Los decretos-leyes son actos de carácter normativo, emanados del Presidente de la República, con igual rango y valor de la Ley, y que se refieren, sin embargo, a materias reservadas normalmente a la Ley. Por tanto, los decretos-leyes tienen igual fuerza derogatoria que las leyes.

Podemos distinguir dos tipos de decretos-leyes: los decretos-leyes de los gobiernos de *iure* y los decretos-leyes de los gobiernos de facto.

a'. **Decretos de gobiernos de *iure***

En este caso podemos distinguir los decretos-leyes dictados con habilitación legislativa y los dictados sin habilitación legislativa.

a". ***Decretos-Leyes con habilitación legislativa***

Los Decretos-Leyes con habilitación legislativa son los que se dictan de acuerdo con el artículo 190, ord. 8, de la Constitución, que establece entre las atribuciones del Presidente de la República la de "dictar medidas extraordinarias en materia económica o financiera cuando así lo requiera el interés público y haya sido autorizado para ello por Ley especial". Esta atribución constitucional le permite al Presidente de la República dictar actos de contenido normativo y de fuerza igual a la Ley, en las materias para las cuales haya sido autorizado por Ley especial de carácter económico o financiero. El contenido normativo de rango y valor legal de las medidas resulta de su carácter extraordinario: no tendría sentido la autorización por Ley especial si de lo que se tratase fuera de dictar actos de efectos generales de carácter reglamentario, que el Presidente puede realizar por atribuciones propias y directas.

Por otra parte, estos Decretos-Leyes, se dictan en virtud de poderes propios que la Constitución otorga al Presidente de la República y que se precisan en una Ley especial, que es una Ley de autorización. Esta Ley especial tiene características particulares: es una Ley que autoriza al Presidente de la República para dictar "medidas económicas y financieras", por lo que tiene un solo destinatario: el Presidente de la República, y en sí misma, no tiene contenido normativo; establece más bien una situación jurídica individualizada que habilita al Presidente de la República a dictar actos de carácter legislativo y contenido normativo.

Un ejemplo, en la práctica, lo constituye la Ley Orgánica que autorizó al Presidente de la República para dictar medidas extraordinarias en materia económica y financiera de 31 de mayo de 1974 la que autorizó al Presidente para "modificar la Ley Orgánica de la Hacienda Pública Nacional en lo que se refiere a la unidad del tesoro a fin de que pueda destinarse anualmente a la creación y mantenimiento del Fondo de Inversiones de Venezuela, el 50 por ciento de los ingresos fiscales obtenidos por concepto de impuestos de explotación del petróleo y gas y del impuesto sobre la renta sobre esos sectores...", y en cumplimiento de esta autorización, el Presidente por Decreto-Ley N° 150, de 1° de junio de 1974, procedió a modificar el artículo 184 de la Ley Orgánica de la Hacienda Pública Nacional, y crear un Instituto Autónomo lo cual es normalmente una materia de reserva legal.

Esta misma Ley Orgánica autorizó al Presidente para "realizar las reformas necesarias en el sistema financiero nacional y en el mercado de capitales a objeto de asegurar que la acción del Estado contribuya eficazmente a acelerar el desarrollo económico del país, propiciar la mejor distribución de la riqueza, garantizar la estabilidad del sistema monetario y cortar las perturbaciones inflacionarias" (artículo 1°, ordinal 1°); y para "estimular la transformación de la estructura de aquellos sectores de la producción que lo requieran, con la finalidad de hacerlos más competitivos en el exterior, con especial atención de los acuerdos de integración suscritos por Venezuela, de favorecer la política de pleno empleo y de desconcentración económica y de controlar las presiones inflacionarias" (Art. 1°, ordinal 6°).

Ahora bien, en base a la primera de las autorizaciones señaladas, el Presidente de la República, entre 1974 y 1975, por vía de Decretos-Leyes, dictó una nueva Ley del Banco Central de Venezuela; reformó parcialmente la Ley General de Bancos y otros Institutos de Crédito; dictó una nueva Ley del Mercado de Capitales; dictó una nueva Ley de Empresas de Seguros y Reaseguros; dictó una nueva Ley del Sistema Nacional de Ahorro y Préstamo; reformó parcialmente la Ley General de Asociaciones Cooperativas; dictó una nueva Ley del Banco Industrial de Venezuela; reformó parcialmente la Ley del Banco de Trabajadores de Venezuela; reformó parcialmente la Ley del Banco de Desarrollo Agropecuario; dictó la nueva Ley del Instituto de Crédito Agrícola y Pecuario; transformó el Fondo Nacional del Café y del Cacao en dos Institutos autónomos separados; dictó la nueva Ley del Instituto Nacional de la Vivienda; y reformó la Ley de la Corporación de Desarrollo de la Pequeña y Mediana Industria.

En base a las dos autorizaciones indiciadas por otra parte, el Presidente, mediante Decreto-Ley, durante esas mismas fechas, dictó un nuevo Estatuto de la Corporación Venezolana de Fomento; y con base en la segunda de las autorizaciones señaladas, dictó las normas para el desarrollo de la Industria Naval; las normas para el desarrollo de la Industria Aeronáutica; las normas para el desarrollo de las Industrias Militares; las normas para el desarrollo de la Industria Automotriz, y las Normas para el desarrollo de la Industria Nuclear; y estableció el Registro de Proyectos Industriales obligatorio.

b". *Decretos-Leyes sin habilitación legislativa*

Pero los mencionados decretos-leyes dictados conforme a lo establecido en el artículo 190, ord 8, de la Constitución, no son los únicos decretos-leyes que puede dictar el Presidente de la República. Este puede dictar, además otros decretos-leyes, sin que exista una previa autorización legislativa.

En este caso podemos distinguir dos tipos de decretos-leyes: los dictados en suspensión o restricción de garantías constitucionales, y los decretos leyes dictados con motivo de la creación de servicios públicos.

Respecto de los primeros, son aquellos Decretos de contenido normativo dictados en suspensión o restricción de garantías constitucionales, para regular aspectos que en situaciones normales corresponderían al legislador.

El principio básico de la regulación constitucional de los derechos y libertades públicas en Venezuela, es decir, la verdadera "garantía" de esos derechos y libertades radica en la reserva establecida a favor del Legislador para limitar o restringir dichos derechos. Sólo por Ley pueden establecerse limitaciones a los derechos y libertades consagrados en la Constitución.

Pero la propia Constitución admite la posibilidad de que las garantías constitucionales puedan ser suspendidas o restringidas en situaciones de emergencia o en circunstancias excepcionales, por decisión del Presidente de la República en Consejo de Ministros (Art. 190, ord. 6°). Durante el tiempo de vigencia de estas suspensiones o restricciones, los derechos y libertades suspendidos o restringidos no pueden ejercerse efectivamente, y pueden ser regulados por vía ejecutiva.

De lo expuesto se desprende que la consecuencia fundamental del Decreto de suspensión o restricción de las garantías constitucionales, es la posibilidad que tiene el Poder Ejecutivo de regular el ejercicio del derecho, asumiendo competencias que normalmente corresponderían al Congreso. Si la esencia de la garantía constitucional es la reserva legal para su limitación y reglamentación; restringida o suspendida la garantía constitucional, ello implica, la restricción o suspensión del monopolio del Legislador para regular o limitar los derechos, y la consecuente ampliación de los poderes del Ejecutivo Nacional para regular y limitar, por vía de Decreto, dichos derechos y garantías constitucionales.

En todo caso, tal como lo aclara la propia Constitución: "la restricción o suspensión de garantías no interrumpe el funcionamiento ni afecta las prerrogativas de los órganos del Poder Nacional" (Art. 241), ya que al ampliar las competencias reguladoras del Poder Ejecutivo, no afecta las competencias legislativas ordinarias del Congreso.

Es en base a esta restricción o suspensión de garantías constitucionales, y al ejercicio de funciones legislativas del Poder Ejecutivo, que el Presidente de la República ha dictado verdaderos Decretos con valor de Ley en diversas materias de gran trascendencia, particularmente, en el campo económico. Por ejemplo, todo el régimen establecido desde la década de los cuarenta en materia de regulación de precios, regulación de alquileres, y de control de cambios, tuvo su fundamento en Decretos con valor de Ley restrictivos de la libertad económica que pudieron dictarse en base a la suspensión o restricción de la garantía de la libertad económica que ha estado restringida desde 1939. En todo caso, a pesar de que al dictarse la Constitución de 1961, se consagraron todos los derechos y garantías constitucionales en la misma fecha y después, en 1962, se ratificó la suspensión de la libertad económica, con lo cual se ampliaron las potestades "legislativas" del Poder Ejecutivo, Sin embargo, puede decirse que el Ejecutivo Nacional ha sido prudente en la utilización de estas facultades legislativas derivadas de la restricción o suspensión de la libertad económica.

Los decretos-leyes en el campo de los servicios públicos se establecen en el artículo 190, ord. 11 de la Constitución que señala, entre las atribuciones del Presidente de la República, lo siguiente:

> "Decretar en caso de urgencia comprobada, durante el receso del Congreso, la creación y dotación de nuevos servicios públicos, o la modificación o supresión de los existentes, previa autorización de la Comisión Delegada".

Del análisis de esta norma se desprende la siguiente conclusión; y es que la "creación y dotación de nuevos servicios públicos o la modificación o supresión de los existentes" es una competencia reservada al Poder Legislativo, quien la ejerce mediante Ley. Esta reserva, por supuesto, emana de la propia Constitución. Frente a la reserva legal, sin embargo, y excepcionalmente por las situaciones de urgencia, el Presidente de la República puede asumir la creación, modificación o supresión de "servicios públicos" previa autorización de la Comisión Delegada. Cuando así actúe el Poder Ejecutivo, sin duda, dictará Decretos con valor de Ley en virtud, no de una "delegación legislativa", sino de atribuciones constitucionales propias. La naturaleza jurídica legislativa de los Decretos-Leyes en materia de servicios públicos, coincide con la de los Decretos-leyes dictados en materia económica o financiera, o en restricción o suspensión de la garantía económica a que hemos hecho referencia anteriormente.

b'. **Los Decretos con valor de Ley de los gobiernos de facto**

Los gobiernos de facto generalmente concentran en sus manos el ejercicio de los poderes ejecutivos y legislativos. Por lo tanto, los actos normativos de efectos generales que emanan de este tipo de gobierno, constituyen decretos-leyes, al regular materias que en situaciones normales corresponderían al Legislador.

En la reciente historia venezolana, el conjunto de disposiciones normativas de rango legal producidas por los gobiernos de facto que rigieron el país entre 1945 y 1946; 1948 a 1953; y 1958 y 1959, ha sido de enorme importancia. Por ello se ha planteado el problema de su naturaleza legislativa. Sin embargo estimamos que no existe ninguna duda sobre tal naturaleza, dada la asunción por parte del Poder Ejecutivo, en esos períodos del poder legislativo.

e. *Actos de gobierno*

Los actos de gobierno son aquellos dictados por el Presidente de la República en ejercicio de su función de gobierno, y emanan de este alto Magistrado en virtud de atribuciones que la Constitución le asigna directamente. Por tal razón, el legislador no puede regular el ejercicio de la función de gobierno por el Poder Ejecutivo. No se trata, por tanto, de actos de carácter sublegal, sino de igual rango que la Ley.

Ahora bien, entre los actos de gobiernos dictados por el Presidente de la República, además de algunos de efectos particulares (Art. 190, ordinales 4° y 5°), la Constitución identifica dos que tienen efectos generales y normativos: la suspensión o restricción de garantías constitucionales (Art. 190, ordinal 6°), y "las medidas necesarias para la defensa de la República, la integridad del territorio y de su soberanía, en caso de emergencia internacional" (Art. 190, ordinal 7°).

En cuanto a los Decretos de restricción o suspensión de garantías constitucionales, éstos pueden ser dictados en los siguientes supuestos: cuando se declara el Estado de Emergencia en caso de conflicto interior o exterior o cuando existan fundados motivos de que uno u otro ocurran; en caso de conmoción que pueda perturbar la paz de la República; o en caso de graves circunstancias que afecten la vida económica o social de la República (Art. 241). En virtud de esta exigencia constitucional de causas o motivos para que puedan dictarse dichas medidas, la Constitución exige que el decreto exprese "los motivos en que se funda, las garantías que se restringen" o suspendan y si rige para todo o parte del territorio nacional" (Art. 241).

El acto de suspensión o restricción de garantías constitucionales, como acto de gobierno, tiene el mismo rango que la Ley y en su ejecución el Presidente puede dictar Decretos-Leyes, tal como se señaló.

B. Fuentes creadas por la Administración

Entre las fuentes de la legalidad creadas por la Administración ubicamos todos aquellos actos nominativos emanados del Poder Ejecutivo, de rango sublegal y entre ellos, los Reglamentos y las Instrucciones.

a. *Los Reglamentos*

Los Reglamentos son actos dictados por el Ejecutivo Nacional de contenido normativo, de rango sublegal, y que, por tanto, integran o modifican el ordenamiento jurídico. La facultad de la Administración de dictar actos administrativos contentivos de normas generales es inherente a la acción de la Administración.

El Reglamento siempre es de carácter normativo, y se identifica por su generalidad, efectos *erga omnes*, y por estar destinado a un número indeterminado de personas. La Corte Suprema los ha definido muy bien al decir que: "el Reglamento es la norma jurídica de carácter general dictado por la Administración Pública, para su aplicación a todos los sujetos de derecho y en todos los casos que caigan dentro de sus supuestos de hecho" (Sentencia de la CSJ en SPA de 27-5-68, en Gaceta Forense Nº 60, 1968, pp. 115 a 118).

La potestad reglamentaria se le atribuye expresamente en la Constitución (Art. 190, ordinal 10) al Presidente de la República, pero esto no significa que esta atribución sea excluyente. Por el contrario, debemos considerar también como Reglamento todo acto administrativo de carácter general emanado de cualquier otra autoridad administrativa actuando en función legislativa y en virtud de autorización legal, así como los propios reglamentos del Presidente que no ejecuten o desarrollen expresamente un texto legal (reglamentos autónomos).

En todo caso, los Reglamentos están sometidos al Principio de la Legalidad Administrativa y particularmente a la Ley, por cuanto no deben alterar su espíritu, propósito y razón (Art. 190, ord. 10).

En virtud del principio de la jerarquía administrativa que implica la subordinación de los funcionarios inferiores ante los superiores, y por cuanto según el Principio de la Legalidad Administrativa, todo acto administrativo debe estar conforme a las reglas generales preestablecidas, los actos que dicte cualquier autoridad administrativa deben estar conformes a los Reglamentos dictados por las autoridades superiores. Además, de acuerdo con el principio de que una autoridad administrativa no puede quebrantar sus propias decisiones y reglamentaciones, a menos de que sean derogadas expresamente, los actos administrativos dictados por una autoridad administrativa deben estar conformes con el contenido normativo de los Reglamentos que esa misma autoridad haya dictado con anterioridad. No se puede, por tanto, modificar un reglamento sino mediante otro reglamento; y la misma autoridad que lo dictó no puede modificarlo por acto individual o singular.

b. *Reglamentos de los órganos nacionales con autonomía funcional*

La Contraloría General de la República, el Consejo Supremo Electoral, la Fiscalía General de la República y el Consejo de la Judicatura, de acuerdo con la Constitución, por el carácter de las actividades que desempeñan, gozan de autonomía funcional en cuanto a que no dependen jerárquicamente de ninguno de los tres grupos de órganos de los clásicos poderes del Estado. Es decir, son órganos del Estado dotados de autonomía en su funcionamiento y por lo tanto, de potestad reglamentaria.

Todos estos organismos mencionados tienen en común, de acuerdo con lo anteriormente expuesto, que aunque forman parte de la Administración Pública Nacional y realizan la función administrativa, no tienen una relación de dependencia jerárquica respecto del Presidente de la República.

Ahora bien, entre las consecuencias fundamentales de la autonomía funcional está la de que estos órganos gozan de potestad reglamentaria, es decir, de la posibilidad de dictar normas jurídicas que integran el ordenamiento. Esta potestad reglamentaria también la tiene la Procuraduría General de la República (Organismo de rango constitucional, regulado en Arts. 200 y siguientes de la Constitución, que forma parte, orgánicamente del Poder Ejecutivo Nacional y que tiene una autonomía menor que los otros organismos señalados).

En la teoría del Derecho Administrativo, la autonomía "consiste en la facultad de algunos entes públicos para formar su propio ordenamiento jurídico, o dicho en otros términos, en la posibilidad de emanar normas jurídicas con carácter obligatorio válidas y eficaces en el ordenamiento general del Estado". (J. A. García Trevijano Fos: *Principios Jurídicos de la Organización Administrativa*, Madrid, 1957, p. 235. Aplicado esto a los organismos con autonomía funcional que integran la Administración de la República, resulta que los mismos no sólo realizan sus funciones con independencia de los órganos de los Poderes del Estado (Poder Ejecutivo, Legislativo y Judicial) y tienen y ejecutan su propio presupuesto; sino fundamentalmente desde el punto de vista jurídico, que tienen la posibilidad de autonormarse.

c. *Reglamentos de los establecimientos públicos*

Los establecimientos públicos, dentro de la organización general del Estado, son personas jurídicas de derecho público no territoriales, producto del fenómeno de descentralización funcional del Estado (las personas de derecho público territoriales son la República, los Estados y las Municipalidades).

En el ordenamiento jurídico venezolano las personas jurídicas de derecho público no territoriales, es decir, las que en general integran la administración descentralizada con formas de derecho público, son de tres clases: establecimientos públicos corporativos (universidades, colegios profesionales, academias), establecimientos públicos institucionales (Institutos Autónomos) y establecimientos públicos asociativos (personas de derecho público con forma societaria). Todos tienen como rasgo común la presencia de una personalidad jurídica de derecho público y de un patrimonio autónomo, distinto e independiente del Patrimonio del Estado (Hacienda Pública Nacional o "Fisco Nacional"). La creación de los mismos es de reserva legal (Art. 230 de la Constitución), pues la Ley los crea o se crean en virtud de una autorización legal, obteniendo la personalidad jurídica de derecho público por virtud de la Ley.

Como consecuencia de la autonomía propia de la descentralización, estos tres tipos de establecimientos públicos tienen en común la potestad reglamentaria, en el ámbito de su competencia.

Por ejemplo, el ordenamiento de las Universidades Nacionales, como entes autónomos, aparte de la Ley de Universidades dictada por el Congreso, corresponde establecerlo al respectivo Consejo Universitario. Por ello, por ejemplo, en la Ley de Universidades se autoriza a los Consejos Universitarios de las Universidades Nacionales para dictar sus reglamentos internos.

En general, en el caso de los Institutos Autónomos, ellos son autorizados por las respectivas leyes de creación para dictar sus reglamentos internos.

d. *Instrucciones*

La Administración, además de crear normas o reglas de carácter general, de efectos hacia los particulares, dicta normas de carácter general y de orden interno, que tienen como destinatarios a la propia Administración y sus funcionarios.

Estos actos administrativos o medidas administrativas de orden interno generalmente se manifiestan en las llamadas Instituciones del Servicio que no son más que indicaciones, que en base al principio de la jerarquía administrativa, los funcionarios superiores dan a los que les están subordinados, sobre la manera cómo han de desarrollar la actividad administrativa. Por ser de orden interno, normalmente no tienen publicidad. Sin embargo, no por ello dejan de ser normas o reglas preestablecidas que debe observar la autoridad administrativa en su actuar y, por ende, fuente del principio de la Legalidad Administrativa.

En los últimos años, esta figura de la Instrucción Presidencial se ha venido utilizando en Venezuela por el Presidente de la República pero con el gravísimo defecto de que muchas de estas instrucciones, por su contenido, son más bien Reglamentos por contener normas destinadas a los particulares, y no sólo destinadas a los funcionarios públicos.

2. Fuentes de carácter estadal

En el ámbito de la Administración estadal, además de las normas nacionales que en virtud de la Constitución se les puedan aplicar (por ejemplo, arts. 229 y 235 de la Constitución), se pueden distinguir dos fuentes de la legalidad administrativa: las leyes estadales y los Reglamentos de los gobernadores.

A. Leyes estadales

En las fuentes escritas de la legalidad se encuentran las Constituciones y las leyes emanadas de las Asambleas Legislativas de los Estados.

El artículo 20, ordinal 1°, de la Constitución establece que corresponde a las Asambleas Legislativas de los Estados, la facultad de "Legislar sobre las materias de la competencia estadal", entre las cuales está la organización de los poderes públicos de cada Estado, en conformidad con la Constitución Nacional. Esto se ha venido haciendo tradicionalmente a través de las denominadas "Constituciones" estadales.

La Constitución de 1961, sin embargo, eliminó el señalamiento expreso que incluían las Constituciones anteriores de que correspondía a los Estados "dictar su Constitución", con lo que las actuales constituciones estadales no son más que Leyes de organización de los poderes estatales, sin que tengan diferencia fundamental con las Leyes ordinarias. Ambos tipos de norma, por tanto, están sujetas a la Constitución Nacional, y son fuentes de la legalidad de las Administraciones estadales.

B. Reglamentos de los gobernadores

Los gobernadores de Estado, como Jefes del Ejecutivo Estadal, tienen además competencia para dictar Reglamentos respetando el espíritu, propósito y razón de las leyes estadales, configurándose como medios de autonormación de las administraciones de los Estados.

3. Fuentes de carácter municipal

A. Ordenanzas

En el ordenamiento jurídico venezolano, dada la autonomía del Municipio, que implica "la libre gestión en las materias de su competencia" (Art. 29, ordinal 2, de la Constitución), los Concejos Municipales tienen competencia para dictar la legislación local que sea necesaria (Art. 43 de la Ley Orgánica de Régimen Municipal).

Las Ordenanzas Municipales, por tanto, son las "leyes locales" por excelencia, ya que mediante ellas es que la autoridad municipal estatuye, con carácter general, a través de un procedimiento específico de formación de las leyes locales, sobre las materias propias de la vida local. Estas Ordenanzas son las principales fuentes de la legalidad de las Administraciones municipales.

B. Otros actos

Debe señalarse, además, que los Concejos Municipales, a nivel local, sin duda refunden el ejercicio de competencias legislativas y administrativas. Por ello, además de las Ordenanzas Municipales, pueden dictar otros actos de efectos generales, tanto relacionados con la función legislativa como con su actividad administrativa.

Ejemplo de esto son los Reglamentos Internos donde regulan su funcionamiento como órganos deliberantes, los Reglamentos de organización de sus órganos, servicios y dependencias y además, los Reglamentos ejecutivos de desarrollo de las Ordenanzas Municipales, sin alterar su espíritu, propósito y razón.

Por último, los Decretos de los Concejos Municipales reservados para decisiones de carácter gubernativo pueden contener, en muchas ocasiones, actos de efectos generales, y que integran, todos, el principio de la legalidad. La violación de cualquiera de esas normas por la autoridad municipal podría viciar el acto respectivo de contrariedad al derecho.

III. FUENTES NO ESCRITAS

1. La analogía

De acuerdo al Código Civil, en ausencia de una fuente escrita de la legalidad, debe acudirse a "las disposiciones que regulan casos semejantes o materias análogas" (art. 4).

Las autoridades públicas no pueden dejar de decidir alegando que no hay reglas de derecho que regulen la situación concreta que conocen. Por ello, en ausencia de fuentes escritas deben, en primer lugar, buscar la regulación normativa en la analogía que consiste en la aplicación de una norma existente, a un caso análogo o semejante.

2. Los principios generales del derecho administrativo

En ausencia de regulaciones análogas, debe acudirse a los principios generales del derecho como fuente de la legalidad; y éstos son los que conforman todo el ordenamiento, y a la vez se deducen de su contexto general.

La jurisprudencia de la Corte Suprema ha reconocido estos principios como fuente del Principio de la Legalidad Administrativa, y por tanto, inspiradores de la actuación de la autoridad administrativa.

Entre los principios generales de Derecho Administrativo se encuentran entre otros, los principios basados en el derecho de los administrados al normal funcionamiento del servicio y a la protección jurídica frente a la Administración, de donde se deriva: el principio de la cosa juzgada administrativa, según el cual un acto administrativo no puede ser revisado por una autoridad de alzada, cuando contra él no se admite apelación o ésta ha caducado, es decir, cuando está firme, siendo creador dicho acto de derechos subjetivos; el derecho a la motivación del acto administrativo como protección contra el arbitrio de la Administración; el carácter de Derecho Público subjetivo que revisten los recursos administrativos para el particular lesionado en su interés legítimo; el derecho a ser oído de los particulares en los procedimientos sancionatorios, etc.

3. La costumbre administrativa

La práctica administrativa en Venezuela ha jugado un papel decisivo en la formación de las reglas que guían la acción de las autoridades administrativas, y ello porque la repetición constante de una determinada manera de proceder de la Administración forma una norma decisiva para la actuación sucesiva de las autoridades de la Administración. Es decir, que cuando la práctica es unánimemente aceptada en el orden administrativo, ella forma parte del Principio de la Legalidad Administrativa y, por tanto, de obligatoria observancia por el administrador.

Ello no podría ser de otro modo ya que, por la ausencia de una legislación procedimental administrativa, las autoridades encargadas de cumplir el procedimiento constitutivo e impugnativo del acto administrativo han carecido de normas precisas para actuar, por lo que están guiadas en una larga medida por las prácticas administrativas.

REFERENCIAS BIBLIOGRÁFICAS, Sección Sexta: Sobre el principio de la legalidad y las fuentes del derecho administrativo, véase: Domingo A. Bacalao Octavio: *Notas sobre la Potestad Reglamentaria*, Valencia, 1973; y *El fortalecimiento del Ejecutivo y la delegación legislativa*, Valencia, 1978; Allan R. Brewer-Carías: *Las Instituciones Fundamentales del Derecho Administrativo y la Jurisprudencia Venezolana*, Caracas, 1964, pp. 23 a 95; y *El Control de la Constitucionalidad de los Actos Estatales*, Caracas, 1977, pp. 39 a 98; Tulio Chiossone: "Los Principios Generales del Derecho" en *Libro Homenaje a Rafael Pizani*, Caracas, 1979, pp. 73 a 96; Eloy Lares Martínez: *Manual de Derecho Administrativo*, Caracas, 1978, pp. 41 a 94; y "La Ley como fuente jurídico-administrativa", en *Revista del Ministerio de Justicia,* N° 40, Caracas, 1962, pp. 135 a 149; Humberto J. La Roche: *Las Habilitaciones Legislativas en Venezuela*, Maracaibo, 1976; Antonio Moles Caubet: *Lecciones de Derecho Administrativo*, Caracas, 1975, pp. 97 a 136; *El Principio de la Legalidad y sus Implicaciones,* Caracas, 1974; y *Dogmática de los Decretos-Leyes*, Caracas, 1974; Gonzalo Pérez Luciani: "La actividad normativa de la Administración", en *Revista de Derecho Público,* N° 1, EJV, Caracas, 1980, pp. 19 a 44.

Sección Séptima: LA ADMINISTRACIÓN PÚBLICA Y EL SISTEMA ECONÓMICO: LA LIBERTAD ECONÓMICA Y EL SISTEMA DE ECONOMÍA MIXTA (1980)

Parágrafo Décimo tercero de la Primera Parte del libro *Fundamentos de la Administración Pública, Tomo I (Elementos Condicionantes de la Administración Pública),* Editorial Jurídica Venezolana, Colección Estudios Administrativos, Caracas 1980.

Además del Estado, del sistema político y del derecho, también se configura como un elemento condicionante de la Administración Pública, el sistema económico. Una Administración Pública será más o menos importante en un Estado y Sociedad determinada, según sus mayores o menores poderes de intervención, como instrumento de la Política, en la realidad económica y social. Así, un sistema económico de economía dirigida o planificada, en el cual el Estado sea propietario de todos los medios de producción, dará origen a una Administración Pública, generalmente centralizada, poderosa y extendida, particularmente en la administración de la economía. Al contrario, un sistema económico liberal, basado en la propiedad privada de los medios de producción, y en la libre empresa regulada sólo por las leyes del mercado, la Administración Pública será débil en el campo económico y social.

En Venezuela, por tanto, la Administración Pública está directamente condicionada por el sistema económico el cual, aun sin ser un sistema estatizado, ha dado origen a una expansión o inflación administrativa considerable, en virtud de su carácter mixto, con amplias posibilidades intervencionistas.

Por eso, en esta parte estudiaremos, al régimen de la libertad económica y el sistema de economía mixta en la Constitución de 1961 (§ 13); y luego las principales formas de intervención del Estado en la economía que influyen sólo la Administración Pública: la planificación del desarrollo económico y social (§ 14), la ordenación del territorio (§ 15) y la regulación concreta y multiforme del proceso económico (§ 16).

REFERENCIAS BIBLIOGRÁFICAS: Para el estudio de las relaciones entre Estado y economía, véase: Mariano Baena del Alcázar: *Régimen Jurídico de la Intervención Administrativa en la Economía*, Madrid, 1966; Calogero Bentivenga: *Elementi di Diritto Pubblico dell'Economia*, Milano, 1977; José Borrell y Maciá: *El intervencionismo del Estado en las actividades económicas*, Barcelona, 1946; Bernard Chenot: *Organisation économique de l'Etat*. Paris, 1965; Lorand Dabasi-Schweng: "La influencia de los factores económicos en la Administración Pública" en *La Administración Pública en los países en desarrollo*, Tomo I, ESAP, Bogotá, 1963, pp. 57 y ss.; Adolfo Dorfman: *La Intervención del Estado y la Industria*, Buenos Aires, 1944; F. Dreyfus: *La liberté du comerce et de l'industrie*, Paris, 1973; José Roberto Dromi: *Derecho administrativo económico*, Buenos Aires, Tomo I, 1977; Tomo II, 1979; Jean-Michel Favresse y otros: *Aspects juridiques de l'Intervention des Pouvoirs Publics dans la vie économique*, Bruselas, 1976; Ernst Forsthoff: *Sociedad Industrial y Administración Pública*, Madrid, 1967; Massimo Severo Giannini: *Diritto Pubblico dell'Economía*, Bologna, 1977; Agustín Gordillo: *Derecho Administrativo de la Economa*, Buenos Aires, 1967; José Gutiérrez del Alamo y García: *Administración Económica del Estado*, Madrid, 1960; Calvin B. Hoover: *A Economia, a libertade e o Estado*, Río de Janeiro, 1964; Juan I. Jiménez N.: *Teoría Administrativa del Gobierno*, Madrid, pp. 274 y ss.; André de Laubadere: *Droit Public Economique*, Paris, 1979; Henry Launfenburger: *La intervención del Estado en la Vida Económica*, México, 1942; Laureano López Rodó: "Economía y Administración" en *La Administración Pública y el Estado Contemporáneo*, IEP, Madrid, 1961, pp. 209 y ss.; J. A. Manzanedo, J. Hernando y E. Gómez Reino: *Curso de derecho administrativo económico*, Madrid, 1970; R. Martín Mateo y F. Sosa Wagner: *Derecho Administrativo Económico*, Madrid, 1974; Daniel Moore Merino: *Derecho Económico*, Santiago de Chile, 1962; Peter Neumann: *La Administración reguladora de la economía*, Madrid, 1967; lberto Venancio Filho: *A Intervenção do Estado no dominio econômico*, Río de Janeiro, 1968; José Luis Villar Palasi: *La Intervención Administrativa en la Industria*, Madrid, 1964; Eduardo White: *El derecho económico en América Latina*, Caracas, 1977. Además, véanse las siguientes obras colectivas: Francisco Cholvis y otros: *Función del Estado en la economía*, Buenos Aires, 1973; Instituto de Investigaciones Jurídicas, *Estudios de Derecho Económico*, UNAM, México, Tomo I, 1977; Tomo II, 1977; Tomo III, 1979; *International Encyclopedia of Comparative Law, Volume XVII, State and Economy* (ed. B. Blagojevic, K. W. Dam), Tubinga; *La intervención del Estado en la Economía*, Escuela Nacional de Economía, UNAM, México, 1955; Robert Savy (ed.): *L'intervention des Pouvoirs Publics dans la vie economique*, Tomo I (R. Savy et M. Fromont), Paris, 1978.

El sistema económico venezolano consagrado en la Constitución, como sistema de economía mixta, es el producto de una larga evolución del Estado liberal en Venezuela, desde el origen de nuestra República en 1811 hasta nuestros días. Nuestro Estado ha variado considerablemente, y junto con él nuestra Administración Pública. Por eso estudiaremos en primer lugar la evolución del Estado liberal en Venezuela, a través de sus diversas fases: al Estado liberal burgués absoluto, el Estado de fomento, el Estado regulador, el Estado de Servicios Públicos, el Estado Empresario y el Estado Planificador. Esta variación del Estado ha estado ligado, indisolublemente, a la variación del régimen de la libertad económica pues a mayor liberalismo menos regulación de la garantía económica y viceversa. Por ello se analizará, en segundo lugar, la libertad económica en el régimen constitucional actual, resultado de esa evolución. Por último, y en tercer lugar, analizaremos el sistema de economía mixta tal y como se regula, también en nuestro orden constitucional.

I. LA EVOLUCIÓN DEL ESTADO LIBERAL EN VENEZUELA

1. El Estado liberal-burgués absoluto

A comienzos del siglo pasado, al declararse la independencia de nuestros países latinoamericanos de España, para construir nuestras instituciones políticas importamos la estructura político-estatal del naciente Estado liberal europeo, y adoptamos el sistema económico, el liberalismo económico, que mejor se adaptaba a la clase que en las antiguas colonias había asumido el poder: la burguesía o la nobleza criolla.

Por tanto, el Estado que se instaura a partir del año 1811, y que comienza realmente a funcionar después del año 1830, es un estado absolutamente liberal, en su sentido más clásico. Como una de las manifestaciones características del liberalismo manchesteriano en Venezuela, debe destacarse la llamada “Ley de libertad de contratos” o ley del 10 de abril de 1834, tan criticada por Fermín Toro en aquel célebre libro Comentarios a la Ley de 10 de Abril de 1834. Esta ley, dictada cuatro años después de instalado el Gobierno de la Venezuela independiente y separada de la Gran Colombia, denominado de la “Oligarquía Conservadora” (Véase J. Gil Fortoul, *Historia Constitucional de Venezuela*, Caracas, 1954), planteaba la absoluta libertad de contratos y particularmente, la libertad absoluta de los contratos de préstamos de dinero; de acuerdo a la ley, en éstos no había límite a los intereses, pues el prestamista podía cobrar cualquier interés que quisiera, y se excluía toda protección a los derechos del deudor, en cualquier forma, para el cobro de sus deudas. Se trataba de una ley hecha a la medida de la clase nueva mercantil y comercial que se había instaurado en el poder, amparada por el Gobierno central.

Otra legislación liberal de la época, que vale la pena destacar como ejemplo del liberalismo absoluto, es la contenida en la famosa Ley de Abolición de la Esclavitud de 1854, la cual más que abolición de la esclavitud, fue una ley de protección a los propietarios por la pérdida de sus esclavos. En realidad, esta ley, antes que darle la libertad a los esclavos, lo que estableció fue materialmente, la compra por el Estado de la libertad de los esclavos, al establecerse un impuesto que debía pagar toda la población productiva, cuyo producto estaba destinado a pagarle a los propietarios el valor de sus antiguos esclavos. Sin embargo, no debe olvidarse, que los antiguos esclavos siguieron trabajando en los mismos lugares de sus antiguos propietarios, pero sin que éstos tuviesen obligaciones respecto a aquéllos. La verdad fue que la abolición de la esclavitud lo que hizo fue resolver uno de los graves problemas económicos de los latifundistas: el del mantenimiento de los esclavos, cuya onerosidad tenía en crisis a la agricultura.

Por supuesto, la Administración Pública en este primer período, hasta 1864, fue una Administración compuesta por órganos con funciones clásicas propias del Estado abstencionista: Secretarías de Relaciones Interiores, Exteriores, de Guerra y Marina y de Hacienda.

2. El Estado de Fomento

Después de la Guerra Federal (1859-1863), el Estado va a comenzar a cambiar su faz liberal tradicional, y sin dejar de ser liberal, va a asumir el papel de Estado de Fomento, de acuerdo con uno de los elementos de agenda de A. Smith: construcción de infraestructuras y concesión de privilegios y ventajas a los particulares. Así, en 1864 se crea el Ministerio de Fomento, la manifestación administrativa más importante de esta nueva fase del Estado, siguiendo el modelo español creado en 1836, y el cual se va a extender en todos los países de América Latina. (Véase Juan I. Jiménez Nieto, *Política y Administración*, Madrid, 1970, pp. 38 a 40).

En el momento en el cual se establece este Ministerio de Fomento, como se dijo, la estructura ministerial del Estado era restringida, conforme a la agenda liberal, estando integrada por las Secretarías de Relaciones Exteriores, de Relaciones Interiores, de Hacienda, y de Guerra y Marina. Al crearse el Ministerio de Fomento en 1864, se va a iniciar un proceso de transformación administrativa por los nuevos fines que asume el Estado, y materialmente, todos los Ministerios actuales, salvo los cuatro mencionados, tienen su origen en el de Fomento. Este era el Ministerio universal para todo lo que no era Seguridad, Policía, Defensa, Justicia y Hacienda.

Ahora bien, este Estado de Fomento que se instaura después de la Guerra Federal tiene varias manifestaciones concretas: en la época de Guzmán Blanco, el Estado constructor es el típico reflejo del fomento y así, las primeras carreteras, ferrocarriles y edificios públicos de importancia, algunos de los cuales todavía existen en Caracas, son obras de la época guzmancista.

Esta actividad de construcción de infraestructura fue tan importante, que el primer desgajamiento del Ministerio de Fomento el cual se produce en el año 1874, llevó a la creación del Ministerio de Obras Públicas, precisamente, porque una de las funciones del Estado liberal era la de creación de infraestructura.

Pero además de construir, el Estado actuaba subsidiariamente en relación a ciertas obras de infraestructura, otorgando, por ejemplo, privilegios o concesiones ferrocarrileras a empresas extranjeras para la explotación de este medio de transporte. Inclusive, el Estado aquí, realizó una actividad de fomento, asumiendo la función financiera a través de bancos creados a tal efecto.

Este sistema económico liberal de fomento que predominó durante todo el siglo pasado, tenía su base en un postulado constitucional que se repitió en todas las Constituciones desde la de 1811, que consagró la libertad económica en términos absolutos y no limitables. Por ello, el Estado, durante todo el siglo pasado fue un Estado típicamente abstencionista que tuvo por delante, siempre la consagración constitucional de una libertad económica absoluta, no limitable por ningún respecto. No debe olvidarse, inclusive, que las limitaciones a la libertad de comercio, por ejemplo, en el campo de la esclavitud, fueron de rango constitucional: la Constitución de 1819, así, estableció la prohibición del comercio de los esclavos, como limitación de carácter excepcional a la libertad económica.

Esta consagración de la libertad económica absoluta, va a permanecer así, hasta el año 1909, pues en la Constitución de ese año, la primera Constitución gomecista, se estableció, por primera vez, la posibilidad de limitar la libertad económica pero por razones que exigieran el orden público y las buenas costumbres exclusivamente. Se comenzó a delinear, así, la base constitucional del Estado Regulador.

3. El Estado regulador

Sin embargo, no es sino hasta la Constitución de 1936, cuando se otorgan poderes suficientes al Estado para limitar la libertad económica a través de regulaciones legales.

En efecto, es en la Constitución de 1936 en la cual se consagran los primeros derechos en el orden social y aparecen las primeras modalidades de la intervención del Estado en la economía. Desde esa época, por tanto, se otorgan al Estado nuevos poderes en el campo económico que lo llevan a intervenir, como regulador, en todo el proceso económico nacional.

En particular, sin embargo, es el proceso bélico de la Segunda Guerra Mundial el que, por vía de excepción, provoca que el Estado actúe directamente en la economía. Por ello, es a partir de 1939 cuando se restringe la garantía económica y la libertad económica, y comienza el Estado a intervenir, regulando por la vía de decretos-leyes, innumerables campos de la economía. No debemos olvidar que desde 1939, la garantía de la libertad económica está restringida en Venezuela.

En efecto el derecho a la libertad económica, en Venezuela, ha estado restringido y, a veces, suspendido durante los últimos 40 años. No se puede, por tanto, decir que ha habido una plena consagración de la libertad de industria y comercio, sino que siempre ha estado sometida a estas restricciones que se han venido repitiendo a medida que nuevas Constituciones han sido dictadas. La última de las restricciones a la libertad económica se produjo el mismo día en el cual se promulgó la Constitución de 1961, el 23 de enero de 1961: en la *Gaceta Oficial* del mismo día en que se promulgó la Constitución, aparece un Decreto del Presidente Betancourt restringiendo la garantía económica, restricción que no era otra cosa que la continuación de un estado de emergencia que venía desde 1939 y que ha continuado en la actualidad. Así, se han venido ampliando sucesiva y progresivamente los poderes legislativos del Poder Ejecutivo, al intervenir, éste, por la vía de restricción de la libertad económica, en su regulación.

Así, en nuestro país, a partir del año 1939 se ha venido produciendo toda una transformación del papel del Estado en la economía, transformación cuya fuente normativa han sido, fundamentalmente, los actos legislativos contenidos en decretos-ley. Estos decretos leyes como fuente de la intervención progresiva del papel del Estado en la economía, han provocado que éste no sea ya un Estado negativo, como fue el Estado venezolano del siglo pasado, sino un Estado que interviene en el proceso económico, que es propietario de los medios de producción al igual que los particulares, que no está guiado, ni signado por el principio de la subsidiaridad, porque el Estado interviene por derecho propio y de acuerdo a las modalidades de una política concreta que define el gobierno, sin que existan límites precisos a la intervención del Estado.

Por ello, podemos decir que el Estado, en Venezuela, no es ni la sombra de aquella figura del Estado liberal burgués de derecho; al contrario, es un Estado intervencionista que condiciona la vida económica y social. El sistema económico del país ya no puede decirse que es el sistema liberal; estamos frente a un sistema de economía mixta, donde si bien se consagra la propiedad y la libertad económica, todavía, como basamento de la estructura política, esos derechos están sometidos a tantas limitaciones como el Estado quiera y, en particular, como el Legislador quiera, pues en definitiva, es el legislador el que va a decidir cuál es la función social de la propiedad o el interés social de la actividad económica o cuándo hay conveniencia nacional para decretar una reserva. Estos son conceptos jurídicos indeterminados cuyo contenido los va a determinar materialmente, sólo el Estado.

4. El Estado de Servicios Públicos

A partir de los años treinta en nuestro país comienza a delinearse el Estado prestador de servicios públicos y ello derivado, por una parte, de la consagración de los derechos sociales a favor de los particulares a partir de la Constitución de 1936; y por la otra, como consecuencia, al establecimiento de deberes sociales del Estado, que se comienzan a materializar en prestaciones de servicios a los ciudadanos.

Por ejemplo, los servicios públicos de salud se inician en esa época con la creación del Ministerio de Sanidad y Asistencia Social. Inicialmente en 1931, se había creado el Ministerio de Salubridad y Agricultura y Cría, dividiéndose en dos Ministerios en 1936: el de Sanidad y Asistencia Social, y el de Agricultura y Cría.

Por tanto, el servicio de salud se incluye dentro de una serie de servicios públicos que comienzan a ser asumidos por el Estado. Antes de esta fecha, los servicios públicos en este campo eran obra de los particulares de carácter caritativo, ya que el Estado no tenía la responsabilidad legal de los mismos. Normalmente, eran las órdenes religiosas las que atendían los hospitales, a través de obras, básicamente, de carácter caritativo.

5. El Estado Empresario

En la década de los treinta también se produce en el país, una transformación radical en su estructura económica, a raíz de la explotación del petróleo. El sector público hasta ese momento en general, de carácter abstencionista, comienza a sustituir a los particulares no sólo en materia de servicios públicos, sino en diversas actividades productivas. El ingreso petrolero, y sin que hubiese realmente una política económica definida, provoca que el Estado comience a configurarse como un Estado empresario, realizador de actividades económicas al igual que los particulares.

En esta forma, ya no puede decirse, en absoluto, que la actividad económica está reservada a los particulares y que el Estado sólo interviene subsidiariamente, sino que estamos en una situación radicalmente distinta: Lo que está reservado al Estado son ciertos sectores económicos en los cuales los particulares no pueden intervenir, por lo que, inclusive, se ha invertido el principio. Vemos así cómo, constitucionalmente, está prevista la posibilidad del Estado de reservarse determinadas industrias por razones de conveniencia nacional, como lo ha hecho con el petróleo, el hierro, el gas, etc. El principio se ha invertido y ahora hay reservas al Estado en las cuales los particulares no pueden actuar y donde no existe libertad económica de los particulares y donde sólo el Estado puede actuar.

En esta forma, es la Constitución la que establece un sistema político económico distinto, de economía mixta, en el cual el Estado se nos presenta como un Estado activo, interventor; un Estado que tiene la responsabilidad política de promover el desarrollo económico y social; en fin, un Estado empresario.

En este sistema, no sólo son los particulares los propietarios de los medios de producción sino que nos encontramos con que el Estado es también propietario de los medios de producción. El Estado así es empresario pues realiza una serie de actividades económicas, algunas de ellas reservadas.

6. El Estado planificador

A partir de 1947, además, el Estado asume otra faceta: la del Estado planificador y, por tanto, ordenador del proceso económico y social.

No sólo, progresivamente, la Constitución va a ir responsabilizando al Estado del proceso de desarrollo económico y social, el cual debe ser dirigido y promovido por el sector público con la participación del sector privado; sino que también, como consecuencia de la explotación petrolera, que le va a proporcionar, directamente al Estado un ingreso muy superior al que podría obtener por la vía de la tributación ordinaria, el Estado tiene que asumir su rol de redistribuidor de la riqueza.

Para ello, las técnicas planificadoras se van a comenzar a imponer, delineándose el Estado, en las últimas décadas, como un Estado planificador y ordenador del territorio, tal y como se verá más adelante.

II. LA LIBERTAD ECONÓMICA

1. La libertad limitada y limitable

La libertad económica está prevista en el artículo 96 de la Constitución en la siguiente forma:

> "Todos pueden dedicarse libremente a la actividad lucrativa de su preferencia, sin más limitaciones que las previstas en esta Constitución y las que establezcan las leyes por razones de seguridad, de sanidad y otras de interés social. La Ley dictará normas para impedir la usura, la indebida elevación de los precios y, en general, las maniobras abusivas encaminadas a obstruir o restringir la libertad económica".

Esta libertad económica no es otra cosa que la misma tradicional libertad de industria y comercio que las Constituciones consagraban anteriormente. Pero ahora, además de consagrarse la libertad económica para los particulares, se le otorga al Estado, la posibilidad de establecerle limitaciones.

Esta garantía constitucional, por tanto, se configura como una libertad limitada por el concepto de interés social, que es un concepto jurídico indeterminado e impreciso, pues en definitiva, el interés social es lo que disponga e interprete el legislador: cualquier limitación puede establecerla el Legislador, alegando e invocando el interés social. Se abre así, un campo de discrecionalidad al órgano que va a aplicar la limitación: cualquier razón puede fundamentarse en el interés social.

Estas limitaciones deben establecerse por ley, es decir, por ley formal; pero por la restricción de la garantía constitucional, pueden también tener su fuente en el decreto-ley, es decir, en actos con valor de ley emanados del Ejecutivo.

2. La protección de la libertad

Pero el Estado tiene también por función, proteger la libertad económica de los débiles económicos. En efecto, al prever la Constitución que también, por ley, se pueden dictar medidas para impedir la usura, la excesiva elevación de los precios y las maniobras abusivas tendientes a obstruir o restringir esa libertad económica, se está consagrando la posibilidad del Estado de regular precios, de intervenir en el mercado, y en los cambios a los efectos de proteger la libertad económica de las mayorías, frente a grupos económicos concretos.

Agrega el artículo 97, que no se permitirán monopolios, por lo que existe la posibilidad de que el Estado actúe contra las acciones de los monopolios o de los carteles, es decir, toda actividad de o entre particulares que pueda significar una distorsión en los precios y puede resultar perjudiciales para el consumidor. Esto, por supuesto, abarca, también la posibilidad de regulación de la propaganda comercial. Las leyes de protección al consumidor y de regulación de los precios son leyes basadas en estas normas de los artículos 96 y 97 de la Constitución Nacional.

Por tanto, si bien esas medidas son para proteger la libertad económica, ellas amplían de nuevo los poderes del Estado de intervenir, de regular y proteger la actividad de los particulares. La propia Exposición de Motivos de la Constitución aclaró este principio de libertad económica limitada y protegida, al señalar que "por supuesto, la libertad económica que esta Constitución garantiza, no es la que puede impedir al Estado reservarse determinadas industrias, la explotación o servicios de interés público por razones de conveniencia nacional, así como tampoco es la que puede impedir al Estado dictar medidas para planificar, racionalizar y fomentar la producción, así como regular la circulación, distribución y consumo de la riqueza con el objeto de promover el desarrollo económico del país". Luego agrega: "La protección de la iniciativa privada que la Constitución consagra se debe entender, en este orden de cosas, como una consecuencia lógica de la acción del Estado y del reconocimiento de la necesidad de que aquella (la iniciativa privada) contribuya eficazmente al desarrollo nacional".

3. La intervención del Estado

Hoy no puede hablarse, en Venezuela, de un Estado subsidiario, sino de un Estado que puede intervenir directamente en la economía y que, además, es propietario de medios de producción. Por ello, si bien la Constitución, en definitiva, consagra la libertad económica, el propio constituyente señala, como se indicó, que esa no es una libertad que puede impedir al Estado actuar directamente en la economía y regularla.

En el capítulo V de la Constitución, referido a los derechos económicos, esta hace referencia a cómo puede el Estado regular la libertad económica y cómo puede intervenir en la economía, tal como se ha señalado anteriormente. El Estado así, es un Estado regulador, un Estado protector y de control y un Estado promotor del desarrollo económico.

Pero, además, el Estado puede reservarse determinadas industrias, explotaciones o servicios de interés público por razones de conveniencia nacional y debe propender a la creación y desarrollo de una industria básica pesada bajo su control, tal como expresamente lo prevé el artículo 97. Y es precisamente en base a esta norma que se han producido las reservas al Estado de actividades económicas como la actividad de explotación del gas natural, la comercialización de los hidrocarburos y la industria del hierro, y últimamente la industria y el comercio del petróleo.

Se establece así, constitucionalmente, el principio de que la industria básica del país tiene que estar sometida al control del Estado, bien sea que el Estado la asuma directamente, como en el caso de la Siderúrgica o la producción de electricidad, bien sea que el Estado la promueva o la constituya un particular, pero siempre bajo su control, como ha sucedido con los recientes decretos sobre la industria aeronáutica, la naval, la nuclear, la militar, que permiten la participación de particulares en ciertos casos, pero siempre bajo el control del Estado.

Constitucionalmente queda claro, por tanto, que el Estado tiene una posibilidad de participar activamente en el proceso económico, configurándose el sistema económico previsto en nuestra Constitución, como un sistema de economía mixta.

III. EL SISTEMA DE ECONOMÍA MIXTA

1. El principio de la economía mixta

Ahora bien, la economía mixta, como sistema político-económico, deriva de sistemas originalmente liberales; estos sistemas de economía mixta se consolidan en América Latina y en casi todos los países occidentales después de la Segunda Guerra Mundial, acontecimiento que tuvo para todas las instituciones y para todos los sistemas político-económicos, una repercusión de enorme importancia.

El sistema venezolano, así, puede considerarse como un sistema de economía mixta. En efecto, una de las características del Estado en Venezuela en el último cuarto del siglo xx, es su participación decisiva en el proceso económico. El Estado no sólo regula la actividad económica de los particulares, planifica su acción y orienta la del sector privado, sino que también participa activamente en la economía, como productor de bienes y servicios. El Estado, en definitiva, se muestra cada vez más como un Estado empresario que extrae e industrializa el petróleo y el hierro, que explota empresas de transporte, que produce azúcar, que comercializa bienes de consumo y que es hasta hotelero. Esta imagen del Estado empresario es cada vez más común, pues en muchos casos, es la imagen que llega a los particulares consumidores o usuarios.

La empresa pública, por tanto, antaño vista como un atentado a la libertad económica de los particulares, hoy ha entrado en las costumbres de la acción estatal. Si algo caracteriza al Estado Social de Derecho es precisamente, ahora, su actividad empresarial. Pero para que este fenómeno de la intervención activa del Estado haya sido aceptado, fue necesario la producción de cambios en el sistema económico. El viejo esquema del Estado Liberal, hoy cada vez más cuestionado, no resistía el empuje de la actividad empresarial del sector público. Fue necesario, en los países de formación capitalista, llegar a un sistema de economía mixta que otorgara al Estado potestades propias y directas para actuar en el proceso económico.

En efecto, dentro de los regímenes político-económicos contemporáneos y entre los sistemas capitalistas y socialistas, se ha venido configurando un estadio intermedio denominado de economía mixta en el cual el papel del Estado como empresario o regulador de la vida económica se ha convertido en lo suficientemente importante para poner en duda todos los calificativos de capitalistas o de libre empresa comunes a todos los países no socialistas, pero no tan absolutamente importantes como para justificar el calificativo socialista a los países que están en este estadio intermedio. Venezuela, indudablemente, puede ubicarse dentro de estos sistemas de economía mixta, en los cuales el Estado y los particulares pueden ser propietarios de los medios de producción; y en los cuales el Estado no actúa subsidiariamente, en el sentido de que pudiera actuar sólo cuando los particulares no lo hicieran, sino que el Estado actúa por derecho propio en las áreas económicas en que estima conveniente por razones de interés social. Por tanto, el sistema económico venezolano es un sistema de economía mixta donde el Estado y los particulares participan en el proceso económico, sin que haya subsidiariedad de una parte y de otra.

2. Fundamentos constitucionales

Ahora bien, los fundamentos del sistema económico venezolano están determinados con precisión en el texto constitucional, en el capítulo dedicado a los derechos económicos, en los siguientes términos:

> *Artículo* 95. El régimen económico de la República se fundamentará en principios de justicia social que aseguren a todos una existencia digna y provechosa para la colectividad.

El Estado promoverá el desarrollo económico y la diversificación de la producción, con el fin de crear nuevas fuentes de riqueza, aumentar el nivel de ingresos de la población y fortalecer la soberanía económica del país.

> *Artículo* 96. Todos pueden dedicarse libremente a la actividad lucrativa de su preferencia, sin más limitaciones que las previstas en esta Constitución y las que establezcan las leyes por razones de seguridad, de sanidad y otras de interés social. La Ley dictará normas para impedir la usura, la indebida elevación de los precios y, en general, las maniobras abusivas encaminadas a obstruir o restringir la libertad económica.
>
> *Artículo* 97. No se permitirán monopolios. Sólo podrán otorgarse, en conformidad con la ley, concesiones con carácter de exclusividad, y por tiempo limitado, para el establecimiento y la explotación de obras y servicios de interés público.
>
> El Estado podrá reservarse determinadas industrias, explotaciones o servicios de interés público por razones de conveniencia nacional, y propenderá a la creación y desarrollo de una industria básica pesada bajo su control. La Ley determinará lo concerniente a las industrias promovidas y dirigidas por el Estado.
>
> *Artículo* 98. El Estado protegerá la iniciativa privada, sin perjuicio de la facultad de dictar medidas para planificar, racionalizar y fomentar la producción, y regular la circulación, distribución y consumo de la riqueza, a fin de impulsar el desarrollo económico del país.

Tal como puede deducirse claramente de los cuatro artículos transcritos de la Constitución, el sistema venezolano no se encuentra ubicado totalmente ni dentro de las llamadas "economías de mercado", donde la libre competencia es la regla y las intervenciones (reguladoras o activas) del Estado son la excepción; ni dentro de las denominadas "economías socialistas", donde la propiedad de los medios de producción se ha estatizado o socializado totalmente. El sistema económico venezolano, constitucional y realmente, es un sistema de economía mixta, que, si bien protege "la iniciativa privada", permite al Estado una gran intervención, no sólo de carácter regulador, sino activa, como Estado empresario.

Por tanto, puede decirse que en el sistema económico venezolano el "sector privado" de la economía no es la regla y el sector público la excepción. Es decir, el sector público y la intervención del Estado en la vida económica no es subsidiaria respecto al sector privado en aquellas áreas en que éste no podía cumplir satisfactoriamente con las exigencias del proceso económico. Sino que, al contrario, se consagra constitucionalmente un sistema de economía mixta en el cual el Estado puede tener una amplísima participación sometida materialmente a muy pocos límites: el ámbito del sector público respecto del sector privado, por tanto, dependerá de la política económica y social concreta del gobierno.

Esto inclusive ha sido consagrado a nivel de decisiones jurisprudenciales.

Tal como lo ha precisado la Corte Suprema de Justicia: "Las actividades del sector público pueden aumentar en la misma medida en que disminuyen las del sector privado, o viceversa, de acuerdo con el uso que hagan las autoridades competentes de los poderes que les confiere el constituyente en las citadas disposiciones. . ." "y en razón de ello, es posible que un servicio pase del sector público al sector privado, para que sea explotado como actividad comercial o industrial con fines de lucro, o que el Estado reasuma la responsabilidad de prestar el servicio directamente o por medio de un órgano contratado por él, entre otros motivos, por razones de conveniencia nacional, según dice el constituyente en las disposiciones antes citadas" (Sentencia de 5-10-70, en *Gaceta Oficial*, Nº 1.447, Extraordinaria, de 15-12-70).

La importancia fundamental de la fórmula constitucional venezolana está, quizás, en que significa un abandono total a la vieja fórmula liberal – todavía novedosa para algunos neoliberales– del principio de la subsidiaridad del Estado en relación a la iniciativa privada. Según este principio, los entes públicos únicamente deben intervenir para suplir la inexistencia o defectuosa actuación de la iniciativa privada, o en otras palabras, debe haber "abstención de toda intervención allí donde el libre juego de la iniciativa privada es más que suficiente para satisfacer adecuadamente las necesidades públicas". (Véase Jesús González Pérez, *El Administrado*, Madrid, 1966). Al contrario, en el régimen venezolano, la intervención estatal ni es subsidiaria de la iniciativa privada ni tiene límites y ella estará directamente condicionada por la consecución de los fines que tiene el Estado.

3. El objetivo general de la intervención del Estado

En todo caso, la consagración del carácter mixto del sistema económico venezolano y la amplia habilitación constitucional dada al Estado para intervenir en la vida económica, se ha hecho partiendo de una consideración que es, hasta cierto punto, uno de los fines de la Sociedad y del Estado: la búsqueda del desarrollo económico y social del país. El objetivo fundamental de promover, impulsar y fomentar el desarrollo económico y social, no sólo orienta la normativa constitucional, sino que forma parte de la regulación del texto fundamental en los artículos transcritos anteriormente. Por ello, la intervención del Estado en la economía y el carácter no subsidiario de la misma, no pueden considerarse como un componente más del sistema económico al igual que cualquier otro aspecto del sector privado, sino que cualquier enfoque que se haga del sector público, ha de tener en cuenta la finalidad de su ámbito y actuación dentro del sistema económico: propugnar el desarrollo económico y social.

En esta forma, por tanto, el sector público no tiene ni puede tener dentro del sistema económico venezolano, el mismo tratamiento que el sector privado. Si el Estado ha decidido asumir y desarrollar directamente la industria petrolera y petroquímica, la industria siderúrgica, la industria del gas natural, la comercialización de los productos derivados del petróleo, para sólo hacer referencia a aquellas actividades que no constituyen un servicio público en sentido estricto, ello no lo ha hecho con el solo criterio especulativo o de obtención de un beneficio económico, como sería el principal criterio de las actividades desarrolladas por el sector privado, sino básicamente como mecanismo para asegurar la soberanía económica del país, promover su desarrollo económico y social, y elevar el nivel de vida de la población a través de mecanismos de redistribución de la riqueza.

Tal como lo ha precisado la Corte Suprema de Justicia con la sentencia citada: "...no son idénticos los motivos que determinan la acción estadal y la de los particulares en los campos que, respectivamente, le sean asignados: la satisfacción de las necesidades colectivas constituye uno de los fines del Estado y no la ocasión o el medio de obtener una ganancia, ni aun en el caso de que los usuarios estén obligados a pagar una retribución para el servicio que se les preste. En cambio, es la especulación entendida en el sentido de obtener un beneficio lícito en el ejercicio de una actividad lucrativa, lo que impulsa generalmente a los particulares a encargarse de la gestión de servicios de utilidad pública. Por tanto, lo que es para los particulares un simple negocio, puede significar para el Estado, en la generalidad de los casos, el cumplimiento de un deber insoslayable" *(loc. cit.)*.

IV. LA AGENDA DEL ESTADO: EL ESTADO INTERVENCIONISTA

Ahora bien, de acuerdo a este sistema de economía mixta el Estado tiene una amplia agenda que cumplir en la vida económica y social que lo hace aparecer, a la vez, como Estado regulador, de fomento, de servicios públicos, empresario y planificador.

1. La regulación del proceso económico: El Estado Regulador

En efecto, en primer lugar, el Estado regula el proceso económico, sin participar activamente, en la vida económica, es decir, fomentando empresas, o prestando servicios públicos; y el Estado también regula la actividad de los particulares, que es otra forma de como se manifiesta esta intervención o participación del listado en la economía.

El Estado regula, entonces, la actividad de los particulares y nos encontramos que muchas actividades progresivamente, en los últimos 20 ó 30 años, han venido siendo reguladas por el Estado. Por ejemplo, muchas actividades que durante el siglo pasado estaban libradas a la sola iniciativa privada, ahora están intervenidas. Por ejemplo, el préstamo de dinero, la actividad bancaria y crediticia, en general, ha sido intervenida; hoy tenemos una ley de bancos y unos institutos de crédito que regulan la actividad bancaria; la actividad de seguro igualmente ha sido regulada; la actividad de arrendar inmuebles ha sido intervenida, pues existe una ley de regulación de alquileres que limita la acción del particular en el sentido de que el canon de arrendamiento no es fijado libremente entre el particular que arrienda un inmueble y el arrendatario, sino que el canon es fijado por un tercero, es decir, por el Estado quien interviene en el contrato y es el Estado el que va a decidir el precio de ese contrato de arrendamiento. Aquí el Estado está determinando, unilateralmente, uno de los elementos del contrato de arrendamiento, que en este caso es el precio.

El Estado además de regular mediante leyes estas actividades comerciales e industriales, regula los precios de ventas de bienes de primera necesidad, por lo tanto protege por esta vía al consumidor; es decir, interviene, en definitiva, en el mercado al condicionar los precios y al no permitir que se establezcan libremente en el mercado, sino que es el Estado quien los fija. Es una falacia pensar que el precio lo fijan las reglas del mercado y el consumidor es quien es el que va a escoger cualquier producto; y menos aun con los medios de comunicación actuales, conforme a los cuales, los productos ya no hay posibilidad de escogerlos sino que, simplemente, se les imponen obligatoriamente, aunque no se quiera, al consumidor.

2. La promoción del desarrollo económico: El Estado de Fomento

Pero el Estado no sólo regula el proceso económico sino que actúa, además, como Estado de Fomento, impulsando al desarrollo de las actividades de los particulares, mediante el otorgamiento de créditos, de ciertos beneficios, mediante la exoneración de ciertos impuestos.

Se trata de un Estado que interviene también en la vida económica y social y la condiciona pero no directamente, sino indirectamente, a través del estímulo de ciertas actividades y el desestimulo de otras, al gravarías en una forma determinada o al exonerar las actividades que le interesa estimular, en otra forma.

3. La prestación de servicios públicos: El Estado de Servicios

El Estado, por tanto, lejos está de ser aquel Estado abstencionista del siglo pasado, se trata ahora de un Estado con participación activa en la economía, lo cual se manifiesta también como prestador de servicios públicos, por ejemplo, prestador de servicios de correos, de transporte, de protección a la salud, teléfonos, comunicaciones, etc., es decir, un Estado que asume actividades económicas prestando un servicio público, con carácter obligatorio, en tanto estas actividades satisfacen determinadas necesidades de la sociedad.

4. La participación del Estado en la Economía: El Estado Empresario

Además de encontrar el Estado prestador de servicios y el Estado de Fomento, encontramos un Estado Empresario, es decir, un Estado que interviene directamente y activamente en la economía, que asume empresas: nos encontramos un Estado productor de acero, un Estado hotelero y un Estado que realiza actividades empresariales como cualquier otro particular y que tiene participación de acciones en compañías que realizan las más variadas actividades económicas.

Por supuesto, esta posibilidad que hay en Venezuela de que tengamos un Estado de esta naturaleza, que interviene en la vida económica como prestador de servicios, como Estado de Fomento o Estado empresario, se ha debido a una particular y peculiar situación de la economía venezolana, basado en un recurso natural no renovable como es el petróleo, cuya propiedad ha estado en manos del Estado.

5. La ordenación del desarrollo económico: El Estado Planificador

Pero además de las facetas anteriores, el Estado que tiene una función mucho más amplia que cumplir, y es la función de ordenar el proceso económico y la economía en su totalidad, derivado de las funciones de planificación que se le dan. Así el Estado puede adoptar decisiones que tiendan a ordenar el proceso de desenvolvimiento de la economía durante un número determinado de años, mediante la aplicación de determinadas medidas, algunas coactivas, otras sugeridas, pero en todo caso con la posibilidad de ir ordenando el proceso de desarrollo económico y social.

Esta función de ordenación y planificación del desarrollo económico y social se manifiesta en un Estado planificador y ordenador del territorio, con una importancia, en esta faceta, de particular interés para la Administración Pública. Por ello en los parágrafos que siguen se analizará la Planificación del desarrollo económico y social y la ordenación del territorio como tareas básicas del Estado contemporáneo en Venezuela, para estudiar, al final, las principales formas de regulación de la economía por el Estado en nuestro país.

REFERENCIAS BIBLIOGRÁFICAS, Sección Séptima: Sobre el sistema político-económico venezolano, como sistema de economía mixta, véase: Allan R. Brewer-Carías: "El Estado dentro de un sistema de economía mixta" en *Derecho Administrativo*, Tomo I, Caracas, 1975, pp. 114 y ss.; y "El derecho de propiedad y la libertad económica. Evolución y situación actual en Venezuela" en *Estudios sobre La Constitución. Libro Homenaje a Rafael Caldera*, UCV, Caracas, 1979, Tomo II, pp. 1139 y ss.; Tomás E. Carrillo Batalla: "El sistema económico constitucional venezolano" en *Estudios sobre la Constitución. Libro Homenaje a Rafael Caldera*, UCV, Caracas, 1979, Tomo II, pp. 901 y ss.; José A. Mayobre: "Derechos Económicos", *Estudios sobre la Constitución. Libro Homenaje a Rafael Caldera*, UCV, Caracas, 1979, Tomo II, pp. 1119 y ss.; Enrique Meier E.: "Los principios generales del régimen económico en la Constitución de 1961" en *Jornadas de Derecho Mercantil*, UCAB, 1978, pp. 581 y ss.; y "Fundamento constitucional de la actividad económica del Estado Venezolano" en *Revista de la Facultad de Derecho*, UCAB, N° 22, Caracas, 1975-1976, pp. 153 y ss.; M. Rachadell: "El sistema jurídico-económico de Economía Mixta y la planificación del desarrollo" en *Revista de Control Fiscal*, N° 84, Caracas, *1977*, pp. 147 y ss.

Sección Octava: LA PLANIFICACIÓN DEL DESARROLLO ECONÓMICO Y SOCIAL (1980)

Esta Sección Octava está conformada por el texto del Parágrafo Décimo cuarto de la Primera Parte del libro *Fundamentos de la Administración Pública, Tomo I (Elementos Condicionantes de la Administración Pública)*, Editorial Jurídica Venezolana, Caracas 1980.

I. LAS BASES CONSTITUCIONALES

La planificación en Venezuela tiene su fundamento en la propia Constitución, cuando ésta otorga al Estado la facultad para planificar, racionalizar y fomentar la producción económica con la finalidad de impulsar el desarrollo económico del país. En este sentido el artículo 98 de la Constitución de 1961, establece:

> "El Estado protegerá la iniciativa privada, sin perjuicio de la facultad de dictar medidas para planificar, racionalizar y fomentar la producción, y regular la circulación, distribución y consumo de la riqueza a fin de impulsar el desarrollo económico del país".

Esta norma de la Constitución tiene su origen en la Constitución de 1947, en la cual, por primera vez, se otorgaron potestades planificadoras al Estado. Sin embargo, el Estado no desarrolló potestades realmente planificadoras a nivel global de la economía, sino hasta los años 60. Hasta ese momento solo se elaboraban planes parciales en determinados sectores, como por ejemplo el plan de vialidad, y el plan de promoción a las actividades industriales elaborado por la Corporación Venezolana de Fomento en los años 1947 y 1948.

Por tanto, a pesar de que el proceso de intervención del Estado en la vida económica y social se inicia en Venezuela a partir de los años treinta, y de que la Constitución de 1947 hubiera atribuido al Estado facultades planificadoras (Arts. 69 y 73), es sólo a partir de 1958 cuando se regulan los poderes del Estado en el campo de la planificación del desarrollo económico, social y territorial mediante el Decreto-Ley N 492 de 30-12-58 dictado por la Junta de Gobierno, que creó la Oficina Central de Coordinación y Planificación (Cordiplan) de la Presidencia de la República. Este Decreto-Ley, aún no ejecutado integralmente, constituyó, ciertamente, un marco adecuado para el inicio de la planificación de Venezuela; sin embargo, transcurridos más de veinte años del inicio del funcionamiento de Cordiplan, todavía cabe preguntarse sobre la realidad y efectos del sistema de planificación en Venezuela.

Ahora bien, a continuación estudiaremos el proceso de planificación en Venezuela desde el ángulo administrativo, para lo cual analizaremos, sucesivamente, el concepto de planificación; su relación con la libertad económica; las fases del proceso de planificación y su ámbito; la organización administrativa del mismo; el procedimiento para la elaboración de los planes y las funciones auxiliares de la planificación.

II. EL CONCEPTO DE PLANIFICACIÓN

1. La Planificación como técnica económica y administrativa

La planificación, ante todo, es una técnica administrativa que permite racionalizar las actividades del sector público, de manera que se pueda prever, anticipadamente, la realización de unas determinadas actividades, y la inversión de una serie de recursos en la consecución de ciertas metas, en un lapso determinado.

Es decir, la planificación es un conjunto de prescripciones, normas y orientaciones que ordenan las actividades económicas públicas y privadas hacia la consecución de fines y objetivos concretos, por medio de la evaluación y aplicación de los recursos disponibles, ya sean humanos, financieros o materiales, en un período dado de tiempo.

En esta forma, la planificación es una previsión o una ordenación anticipada de actividades públicas y privadas para la consecución de determinados objetivos establecidos también de antemano en un documento que se denomina Plan. Como técnica administrativa está prevista en el ordenamiento venezolano en el sentido de que debe ser de utilización obligatoria en todos los entes públicos. Formulada ahora a través del llamado presupuesto por programa, se permite la ordenación y racionalización del gasto público anual, es decir, del gasto que se autoriza en las leyes del presupuesto, de forma tal que se realice en base a unos programas establecidos en el propio presupuesto. La planificación, por tanto, es una manifestación típica de racionalidad administrativa y de ordenación de la actividad económica, tanto de la que va a realizar el Estado, como la que van a realizar los particulares.

En este sentido, la planificación resulta no sólo necesaria, sino indispensable para ordenar las actividades de un determinado país, tanto de los particulares, como del Estado.

Esta necesidad surge, ante todo, de la diversidad de objetivos públicos condicionados por los fines del Estado que prevé la Constitución: desarrollo económico, desarrollo agrícola, desarrollo social, educación, protección del ambiente, etc. Para lograr estos fines, el Estado debe determinar unos objetivos de acuerdo a las exigencias y demandas de la sociedad. Para lograr dichos objetivos, además, debe contarse con una serie de recursos y medios de los cuales dispone la sociedad y el Estado: recursos financieros, recursos humanos, recursos materiales, normalmente escasos. Así, conforme fines que se plantean como exigencias de la sociedad, resulta necesario, con los recursos de los cuales se disponen, lograr determinados objetivos en un lapso de tiempo también predeterminado. Frente a esta relación entre recursos y medios frente a fines y objetivos, se hace necesario ordenar aquellos recursos y medios, de acuerdo a las exigencias sociales, para poder lograr, en un período de tiempo determinadas metas que satisfagan los fines y objetivos. Por ello, la planificación resulta indispensable como acción del Estado.

Ahora bien, en el caso de Venezuela, no solo se constata una creciente demanda social de servicios y de actividades que se le plantean al Estado y que, por lo tanto, aumentan los objetivos que tiene que cumplir, sino que también hemos tenido un creciente aumento de los recursos de los cuales se dispone, particularmente de los recursos financieros. La forma de poder disponer de esos recursos exige también una ordenación y ésta no debe ser otra cosa que la planificación, de manera de poder obtener el mejor resultado o la mayor productividad de la inversión de los recursos frente a determinados objetivos. Pero además, en nuestro caso la planificación resulta tanto más indispensable, en virtud del cambio que ha experimentado la economía venezolana en los últimos años. Se trata de un cambio sin precedentes en toda la historia económica de este país el cual puede captarse de los siguientes datos: el producto territorial bruto, en sólo 3 años, de 1972 a 1975, se duplicó; los ingresos fiscales del Estado en esos tres años también se triplicaron; las entradas de divisas se cuadruplicaron; y las reservas internacionales del Estado se quintuplicaron. Por otra parte, debe tenerse en cuenta que con la nacionalización del petróleo y del hierro, el Estado genera, directamente, más del 41 por ciento del Producto Territorial Bruto y el Gasto Público Consolidado alcanzó en 1979, una suma equivalente al 65 por ciento de dicho Producto Territorial Bruto, cifra realmente excepcional en países no socialistas.

En cuanto a los gastos del sector público, también se ha producido un cambio sin precedentes. En efecto, en todo el sector público (no sólo el gobierno central, sino también los entes descentralizados, -empresas del Estado e institutos autónomos- y los Estados y

Municipios) sus gastos o egresos, en quince años de 1960 a 1978, aumentaron doce veces, pasando de 7.000 millones de bolívares a más de 84.000 millones. Por otra parte, en cuanto a la composición de ese gasto público consolidado, también se ha producido un cambio sin precedentes: en 1960, el 70 por ciento del gasto público correspondía al gobierno central y el 30 por ciento a los entes descentralizados (empresas del Estado e institutos autónomos). Esta composición ha sitio invertida totalmente, y en el año 1978 el gobierno central gastó solo el 30 por ciento de todo el gasto consolidado, correspondiendo a las empresas del Estado e institutos autónomos el 70 por ciento de dicho gasto público consolidado.

Esta transformación ha producido indudables consecuencias en materia de planificación, ya que a quien le corresponde procesar los recursos y medios para convertirlos en metas y objetivos, es a la Administración Pública. Pero ese cambio total de la economía y del sector público, así como las exigencias sociales han implicado que tanto los recursos y los objetivos sociales hayan desbordado, ostensiblemente la capacidad de la Administración venezolana para atenderlos. Puede decirse, inclusive, que nuestra Administración Pública no está capacitada ni para procesar eficientemente esos recursos, ni para lograr los objetivos que tiene planteado como fines del Estado.

Por eso, uno de los elementos centrales que se plantea a la acción administrativa es la necesidad de la planificación, es decir, de poder aplicar, con efectividad y productividad una serie de recursos para obtener los resultados queridos.

2. La planificación como instrumento de formulación de políticas

La planificación, además de constituir un instrumento administrativo de ordenación y racionalización de recursos para alcanzar determinados objetivos en un período de tiempo dado, debe considerarse, ante todo y con mayor razón en los países en vías de desarrollo, como el instrumento por excelencia para la formulación de políticas de desarrollo, es decir, para la precisión de los fines de la sociedad y del Estado en objetivos concretos a alcanzar, a través de determinadas estrategias y mediante la racional utilización de los recursos de la Nación. El Plan, como consecuencia debe ser, ante todo, un programa político, si se quiere, un programa de Gobierno, de manera que no puede ni debe reducirse a constituir el resultado de un ejercicio técnico-económico-administrativo aislado. El Plan requiere, ante todo, decisiones políticas permanentes que le den vida y realidad. Considerado en esta forma, el Plan y la planificación constituyen el instrumento técnico por excelencia que le debe permitir al Estado formular las políticas de desarrollo que lo deben preceder e integrar, y lograr que su ejecución sea llevada a cabo, en la forma más racional, de acuerdo a los recursos disponibles y el lapso previsto para su ejecución.

En Venezuela, sin embargo, a pesar de ser el país de América Latina donde primero se inició el movimiento planificador a finales de la década de los cincuenta y donde mayores adelantos se ha hecho en la aplicación y desarrollo de la técnica planificadora, el Plan aun no ha llegado a constituirse en el texto definidor e integrador de las políticas de desarrollo del Estado. En efecto, si se analizan los Planes de la Nación que se han elaborado entre 1960 y 1980, se evidencia que si bien no hay mayor diferencia entre ellos en cuanto a la identificación de los objetivos generales de desarrollo, la precisión de las políticas y estrategias a seguir para la consecución de los mismos es imprecisa y muy general. En efecto, en el II Plan de la Nación 1963-1966, se definieron tres principales estrategias: sustitución de importaciones, siembra del petróleo y reforma impositiva y el IV Plan de la Nación 1970-1975 pareció cambiar la primera de las estrategias al insistir en una opción por el crecimiento "hacia afuera" al definir los siguientes principios rectores del mismo: más producción, más exportaciones, más empleo, mayor autonomía externa y promoción del pueblo para el desarrollo.

El V Plan de la Nación 1976-1980 hizo mayor énfasis en la consolidación de la nacionalización petrolera, en la mejora de la calidad de la vida, y en la corrección de los desequilibrios regionales. Por su parte, las consideraciones preliminares del VI Plan de la Nación 1980-1986 destacaron las prioridades del mismo, en torno al desarrollo agrícola, al desarrollo industrial, y en particular, al desarrollo de las industrias básicas, al desarrollo social, a los servicios públicos eficientes.

En todo caso, las definiciones principistas señaladas no llegan a convertirse en políticas de gobierno, y lo cierto es que después de cuatro lustros de planificación, en la década de los 80, aun están pendientes de respuestas por el sector público, las preguntas o las exigencias por la formulación de una política industrial, de una política agrícola o de una política minera. En otros campos, la política no fue definida y ni siquiera esbozada, y si alguna se pudo identificar fue a posteriori. Tal es el caso de la política petrolera, la más importante del país, pues es fácil advertir como a comienzos de la década de los setenta y del período de vigencia del propio IV Plan de la Nación, el país no conocía realmente hacia dónde se dirigía el sector público en el campo, y si bien en 1974 podía identificarse a posteriori una política petrolera tendiente a lograr una decisiva y total participación y control del Estado en dicha industria, la cual se nacionalizó en 1975, las medidas adoptadas en este campo, aparentemente no fueron el resultado de una política predeterminada en el Plan, hasta el punto de que muchas de ellas se originaron en propuestas de la oposición y no del Gobierno.

Debe destacarse que en este campo, el IV Plan de la Nación definió una serie de estrategias tan generales, que cualquier medida encaja en ellas: a) realización de todos los esfuerzos necesarios para evitar que continúe el deterioro de los precios del petróleo; b) ampliación, diversificación y consolidación de los mercados del petróleo venezolano; c) fortalecimiento de la Corporación Venezolana del Petróleo; d) desarrollo de un vasto programa de explotación y recuperación capaz de incrementar en forma importante nuestras reservas petroleras; y e) promoción de la capacitación acelerada de personal técnico en todos los aspectos de la industria, con especial énfasis en administración, economía petrolera, política petrolera internacional, instrucción e investigación de nuestras aplicaciones o sistemas de producción (*IV Plan de la Nación*, p. 253).

En definitiva, el Plan no ha logrado aun ser en Venezuela el documento definidor de la política del Gobierno y, por tanto, del Estado y del país en la búsqueda de su desarrollo.

III. LA PLANIFICACIÓN COMO TÉCNICA DE LIMITACIÓN A LA LIBERTAD ECONÓMICA

1. Planificación y libertad

Pero, además de ser una técnica administrativa de racionalización de recursos e inversiones en el tiempo y de ser un instrumento de definición de políticas de desarrollo, la planificación también se presenta como una técnica que, en definitiva, limita los derechos de los particulares y particularmente la libertad económica. Estrechamente vinculada a la planificación, se encuentra, por tanto, el ámbito de la libertad económica, en el sentido de que si bien todos pueden dedicarse libremente a la actividad lucrativa de su preferencia; la planificación es una forma de intervención y limitación a esa libertad económica.

En efecto, la planificación como técnica de intervención del Estado en la economía, implica la ordenación del proceso económico general, no solo del sector público sino también del sector privado, para lograr en un lapso de tiempo determinado, unas metas que deben responder a los fines del Estado y las cuales deben lograrse mediante la evaluación de una serie de recursos humanos, materiales y financieros de los cuales se dispone. Esta técnica planificadora, que a la vez es una intervención global del Estado en la economía, puede significar una limitación a las libertades y particularmente a la libertad económica. En efecto, desde el momento en que el Estado, a través de la planificación, puede señalar que unas actividades pueden realizarse en el país y otras no, o que algunas actividades industriales pueden localizarse en determinada zona, y otras no pueden localizarse en alguna región, ello significa una limitación a la libertad económica. Ahora bien, la consideración de la planificación como limitación a los derechos económicos plantea el problema del carácter obligatorio o no, del plan y de las previsiones que establece. Es decir, plantea el problema de determinar si las metas que prevé el plan, son obligatorias o no para los particulares y para el propio Estado.

Por ello, cuando se establece que el Estado protegerá la iniciativa privada sin perjuicio de sus facultades para planificar, racionalizar y fomentar la producción, esto configura a la planificación como un proceso limitativo de los derechos de los particulares. Así, en un momento determinado el Estado puede decidir, por ejemplo, desarrollar el sector agrícola preferentemente sobre otro sector productivo limitando, en cierta medida, la libertad de dedicarse a las actividades lucrativas preferenciales de cada quien.

La coexistencia de los principios de planificación estatal y libertad económica, nos sitúa frente al régimen de economía mixta. Por una parte, la consagración en el artículo 98 de la facultad de planificar el desarrollo económico y social por parte del Estado, y por la otra, los artículos 95 al 109, referentes a los derechos económicos que establecen la protección a la iniciativa privada, nos plantean un régimen económico en el cual el Estado participa e interviene, por medio de empresas o regulando el proceso económico y en el cual, al mismo tiempo, está prevista la participación de los particulares.

Dentro de las características de este régimen económico están, a diferencia del Estado socialista, en que no existe propiedad exclusiva por parte del Estado sobre los medios de producción; y a diferencia de los sistemas puramente liberales, en que tampoco hay una apropiación de los medios de producción exclusiva por parte de los particulares.

Ahora bien, al hablar de planificación en el campo económico y social y su relación con la libertad económica, hay que plantear la distinción entre planificación imperativa e indicativa, siendo la primera aquella que se impone a ambos sectores, públicos y privado; y la segunda, la que indica a los particulares cómo coordinar su actividad con la del sector público, a los efectos de conseguir un determinado objetivo económico general.

En los regímenes socialistas, la planificación es totalmente imperativa, en el sentido de que se aplica, necesariamente, tanto al sector público como al sector privado. Así, las metas y las estrategias del Plan, son obligatorias y deben ser seguidas por todos los órganos del Estado y por los particulares, hasta el punto de que el no ajustarse a las metas del Plan puede implicar sanciones, de parte del Estado, a quien, por ejemplo, no produce lo que se prevé o como lo prevé el Plan, o a quién, por ejemplo, vende determinados productos a precios distintos a los previstos en el Plan.

En los sistemas de economía capitalista y dentro de ellos los de economía mixta, no puede hablarse, por tanto, de una planificación imperativa global, porque paralelamente a la intervención del Estado, que se prevé, hay también una libertad económica que se consagra en la Constitución.

Tal como hemos insistido, en el sistema de economía mixta, en la actividad económica participa e interviene el Estado, con empresas o regulando el proceso económico, pero participan también los particulares, hasta el punto en que, inclusive, la propia Constitución impone al Estado la obligación de proteger la iniciativa privada.

En este sistema, como se dijo, no hay propiedad de los medios de producción exclusiva por parte del Estado como en los sistemas socialistas, ni hay tampoco una apropiación de los medios de producción exclusiva por los particulares como podía existir en los sistemas de economía liberal tradicional. Al contrario, los medios de producción son apropiados por el Estado y los particulares, en una forma mixta, concurriendo en todo el proceso económico.

2. La planificación imperativa

Por tanto, la planificación es imperativa cuando las disposiciones, previsiones y estrategias del plan se convierten en obligatorias tanto para el sector público como para el sector privado. En estos casos, normalmente el plan prescribe, qué debe producirse, cómo y cuánto debe producirse, cómo debe venderse y a qué precio, así como también los salarios y política de ingresos que debe tener una determinada empresa.

El Estado establece un plan y a través de él, va a determinar con claridad cuáles son todas las bases de ese proceso planificados La implementación de ese plan implica la posibilidad de que el Estado ejerza su potestad sancionadora, es decir, quien incumpla el plan puede ser objeto de sanciones, multas o recargos fiscales; de sanciones administrativas, como la clausura de un establecimiento; y en algunos países, sanciones penales cuando no se sigue la orientación del plan.

La planificación imperativa es propia de los países socialistas donde hay una planificación y economía centralizada totalmente por parte del Estado, consecuencia de la propiedad pública de los medios de producción: por ello se prescribe centralizadamente cuál es el curso de la economía en un determinado período, curso que está obligado a seguir toda la ciudadanía y el sector público.

Sin embargo, independientemente del sistema económico, ciertos planes son siempre y necesariamente imperativos. Tal es el caso de los planes de ordenación del territorio y de ordenación urbanística. La asignación de usos en el territorio y la zonificación urbana siempre son de carácter imperativo, tanto para el sector público como para los particulares. El incumplimiento de las prescripciones del plan da origen a sanciones que debe imponer la autoridad de ordenación del territorio o la autoridad urbanística.

3. La planificación indicativa

En contraposición a la planificación imperativa está la llamada planificación indicativa, en donde los objetivos, estrategias y disposiciones del plan no son impuestos obligatoriamente. Solo son indicaciones para que los particulares puedan ajustarse a sus prescripciones y lograrse, con ello, determinados objetivos de desarrollo.

Sin embargo, si nos imaginamos una planificación indicativa pura y simplemente, fácil es advertir que materialmente no se cumpliría nunca. Puede decirse que un plan totalmente indicativo no existe, pues si no tiene en sí mismo mecanismos para lograr su ejecución, es un plan que, en definitiva, no tiene ningún valor. Se trataría simplemente de un estudio económico, pero sin valor alguno.

4. El sistema venezolano

En principio, puede decirse que en los sistemas no socialistas, la planificación debería ser indicativa, en cambio es los sistemas socialistas, la planificación normalmente es imperativa. Ahora bien, en un sistema económico como el nuestro se puede decir que hay una planificación mixta, imperativa para el sector público e indicativa para el sector privado. Sin embargo, esta indicatividad para el sector privado es relativa, pues tiene elementos de imperatividad. En efecto, el Estado, si bien no puede imponer obligatoriamente en nuestro país determinadas prescripciones al sector privado, como se los puede imponer al sector público, si tiene los medios indicados de persuasión y de disuasión para que las personas actúen o dejen de actuar en una forma determinada. Para desalentar o alentar que se escojan las orientaciones del plan, el Estado posee una serie de instrumentos que le permiten hacer que la actividad económica privada se ajuste al plan. Dichos instrumentos son la política crediticia, fiscal, administrativa y presupuestaria.

En cuanto a la política crediticia, el Estado puede decidir que un determinado porcentaje de los créditos bancarios se orienten a un sector, como por ejemplo, cuando se establece que un porcentaje de la cartera de los bancos debe orientarse hacia el sector agrícola, de manera que éstos aun cuando pueden dar préstamos para cualquier sector, tienen que destinar un porcentaje de su cartera para préstamos e inversiones en ese sector.

Por otra parte, cuando se establece que los órganos financieros públicos, como la Corporación Venezolana de Fomento, Banco Industrial de Venezuela o cualquier otro, deben invertir en tales y tales áreas, está condicionando en forma definitiva cuál es el curso que va a tomar la economía. El Estado puede también intervenir a través de medios crediticios mediante subvenciones o subsidios, y si le interesa por ejemplo, desarrollar la industria lechera y mantener un precio de venta final a un nivel dado, da un subsidio a los productores para que puedan producir a dicho precio. Así, el Estado tiene diversos mecanismos para persuadir a la economía privada a que se oriente hacia una determinada producción.

La política fiscal puede establecer mecanismos de carácter fiscal para orientar la actividad de los particulares a través de exoneraciones que se conceden a una actividad en particular o a industrias que se establezcan en una determinada región. Algunas leyes especiales prevén también estos mecanismos fiscales, como por ejemplo, la Ley de Reforma Agraria que establece que las tierras ociosas podrán ser pechadas en forma progresiva con un impuesto mayor al de las otras tierras de producción. Asimismo, puede tratarse de medidas administrativas: si al Estado le interesa promover el desarrollo en una determinada área, exonera del cumplimiento de requisitos administrativos a la importación de determinados productos y libera la importación sin que haya necesidad de trámites administrativos o, al contrario, si al Estado le interesa restringir la importación de determinados productos para fomentar la economía nacional, establece medidas que le permiten limitar la importación con licencias o cupos de importación; es decir, el Estado cuenta con mecanismos administrativos que le permiten intervenir la economía.

Por supuesto, también se destaca la política financiera o de inversiones públicas a través del Presupuesto Nacional que puede estimular la inversión privada hacia determinados sectores, como el sector de la construcción.

Por otra parte, la planificación es imperativa para el sector público, ya que de lo contrario, ésta no tendría ningún sentido; lo cual, con las posibilidades de intervención del Estado para alentar o desalentar actividades privadas, como se dijo, se combina con su carácter indicativo para el sector privado. A este respecto, el Decreto Nº 1454, de fecha 9 de marzo de 1976, aprobatorio del V Plan de la Nación, ha establecido una regulación en el sentido señalado, de la manera siguiente:

Por una parte, sobre la imperatividad del Plan para el Sector Público, se establece claramente su obligatoriedad directa y respecto al régimen presupuestario, así:

> *Artículo* 3º: Las estrategias políticas, programas y metas establecidas en el V Plan de la Nación serán de obligatorio cumplimiento por parte de los organismos de la Administración Pública Nacional, los Institutos Autónomos, y demás estructuras de la Administración descentralizada, así como por las empresas del Estado, en las cuales el Estado u otros entes públicos tengan poder decisorio o una participación no menor del cincuenta por ciento del capital social.
>
> *Artículo* 4º: El Proyecto de Ley de Presupuesto Nacional y los presupuestos anuales de los organismos públicos (artículo 3), deberán elaborarse con arreglo a lo establecido en el V Plan.

Por otra parte, en cuanto a la indicatividad del Plan para el Sector Privado, se establece lo siguiente:

> *Artículo* 6º: El Estado estimulará la acción de los particulares en las áreas señaladas como prioritarias en el Plan, mediante la concesión de incentivos o la adopción de medidas arancelarias, fiscales, monetarias, u otras que considere adecuadas.

De acuerdo a estas normas, por tanto, en principio, para los particulares, el Plan es indicativo, y el propio Decreto aprobatorio del V Plan de 1976 así lo sugiere expresamente al decir que el Estado estimulará –no obligará– a los particulares, a que realicen sus actividades en las áreas señaladas como prioritarias en el Plan, mediante la concesión de incentivos, adopción de medidas arancelarias, fiscales, monetarias u otras que considere adecuadas. Es decir, establecida una meta en el Plan, por ejemplo, si en el sector agrícola se busca lograr un nivel de producción en un período de tiempo, para los organismos públicos, ello es obligatorio, lo que significa que los entes del Estado deben ajustar su actuación al Plan, pero para los particulares, lo que se señala es que el Estado debe estimular su acción para que se ajuste al Plan. Se trata, por tanto, en principio, de una actividad de fomento, indicativa para los particulares y el Estado debe estimular a que los particulares se adecúen al plan. Pero en la realidad, esta indicatividad y esta acción de estimular y fomentar, como se dijo, es relativa, porque el Estado no solo estimula concediendo créditos, por ejemplo, sino que hay que tener en cuenta que dispone de suficientes medios de persuasión o de disuasión, para hacer que los particulares, en efecto, se adecúen al plan. Por tanto, se trata de una indicatividad muy relativa, en el sentido de que en un sistema de economía mixta, el Estado dispone de medios reales y efectivos para hacer que los particulares se adecúen al plan y sigan los requerimientos y estrategias del plan.

IV. LAS FASES DE LA PLANIFICACIÓN: LARGO, MEDIANO Y CORTO PLAZO

Tal como se ha señalado, la planificación es no sólo un instrumento de limitación de la libertad económica, sino una manifestación de racionalidad de la acción del Estado en el tiempo. Por ello, en general, el factor temporal ha estado tan íntimamente vinculado al proceso de planificación, siendo el factor espacial relativamente nuevo, dando origen a la política de ordenación del territorio.

Desde que se inició el proceso de planificación en Venezuela en 1960, los planes normalmente han sido de mediano plazo, generalmente elaborados para un período de 5 años. Antes de esta fecha la única forma temporal de racionalización de la actividad del Estado, se producía en el corto plazo, a través del presupuesto anual.

Ahora bien, un plan que sea un programa político no puede limitarse sólo a definir políticas y opciones de desarrollo a mediano plazo. Aquellas, al contrario, han de definirse en el largo plazo y solo así es que la estrategia de mediano plazo tendría sentido. Por ello, las políticas y opciones de desarrollo necesariamente tienen que formularse para un plazo mucho mayor que el de la vigencia de un Plan. ¿De qué sirve, por ejemplo, que se haya definido una estrategia en el campo petrolero para un período de cinco años de 1970 a 1974, como lo hizo el IV Plan de la Nación, si no se definió a priori una política orientadora a más largo plazo, que necesariamente debía tener en cuenta el inicio de la reversión de las concesiones de hidrocarburos a partir de 1983? La falla del Plan en este ejemplo fue suplida por la Oposición al proponer al Congreso la aprobación del proyecto de Ley sobre bienes afectos a reversión en las concesiones de hidrocarburos, aprobada luego, por unanimidad, en 1970. El Plan, por tanto, debe mirar mucho más allá de su período de duración, y tratar de definir políticas en los problemas que configuran los retos económicos y sociales que tiene planteado el país, por ejemplo; política de reformulación del desarrollo agropecuario y del desarrollo industrial para la exportación y para lograr un mayor control, restricción y beneficio para el país de la participación de capitales extranjeros en el mismo; política de desarrollo de la industria pesada siderúrgica, energética, petroquímica y mecánica; política de redistribución del ingreso y de la riqueza a través de un Servicio Nacional de Salud, de la reforma educativa, de la promoción, protección y seguridad social, y de la reforma tributaria; política de redistribución del ingreso a escala regional, con una mayor participación de las regiones en las tareas del desarrollo nacional; política de desarrollo urbano y ordenación del territorio; política de control y racional aprovechamiento de los recursos naturales renovables, particularmente del agua; política de transformación de la administración pública para la ejecución del Plan, etc.

Conforme a esta orientación, por tanto, en los últimos años se ha planteado la necesidad de enmarcar los planes de mediano plazo en políticas que deben formularse en el largo plazo, integrándose, además, la función presupuestaria al sistema de planificación. En esta forma, se ha venido buscando establecer diversas fases temporales de la planificación: la definición de políticas y estrategias de desarrollo, en el largo plazo; la elaboración del Plan de Desarrollo Económico y Social en el mediano plazo (5 años); y la ejecución del Plan en el corto plazo a través de un Plan Operativo Anual que guíe la elaboración de la Ley de Presupuesto Anual.

En el V Plan de la Nación 1976-1980 se definieron, con precisión, estas fases del proceso de planificación, que recogió, luego, la Ley Orgánica de Régimen Presupuestario de 1976, en los siguientes términos, al hablarse de los instrumentos de la planificación:

1. La "primera instancia la constituye la Estrategia de Desarrollo, documento de carácter político normativo que señala los elevados objetivos nacionales y las líneas estratégicas que posibilitan su logro".

2. "Luego se establece el Plan de la Nación, el cual expresará, dentro del marco de la Estrategia, el propósito del Ejecutivo Nacional en cuanto a los objetivos y las metas inherentes al desarrollo económico, social e institucional del país en el mediano plazo, y la provisión de recursos para el financiamiento de los correspondientes programas y proyectos a cargo del sector público".

3. "Como instrumento de implementación del Plan de la Nación, la Ley Orgánica de Régimen Presupuestario establece el Plan Operativo Anual, el cual contendrá los objetivos, metas, estrategias, políticas y dispositivos que corresponden a las aspiraciones que animan la voluntad del Gobierno Nacional en el ejercicio fiscal correspondiente, a cuyo efecto, el Proyecto de Ley de Presupuesto y los Proyectos de leyes de Presupuesto de los Estados, se formularán para ser presentados ante los órganos legislativos, conforme al Plan Operativo Anual".

En esta forma, concluye el texto del V Plan, "se consagra así, un proceso único de planificación y presupuesto en el que se integran las fases de elaboración de planes con la del Presupuesto". (Véase en *Gaceta Oficial* Nº 1860 Extr. de 11-3-76, p. 91).

V. EL ÁMBITO DE LA PLANIFICACIÓN

El proceso de planificación en Venezuela, tradicionalmente ha sido de ámbito nacional y de carácter económico-social. Es decir, se han elaborado planes nacionales de mediano plazo para el desarrollo económico y social. Este ámbito, sin embargo, ha venido siendo progresivamente ampliado e integrado.

1. La planificación nacional, regional y local

Además de la planificación nacional, con motivo del desarrollo del proceso de regionalización iniciado en 1969, se ha venido generando una voluntad planificadora a nivel de las nueve regiones en las cuales se ha dividido el país, con un doble carácter: en primer lugar, como un desgajamiento regional del plan nacional, dentro de una política de ordenación del territorio; y en segundo lugar, como un esfuerzo netamente local y regional para ordenar el proceso de desarrollo de la región. Esfuerzos concretos de planes regionales se han hecho en varias regiones (Zulia, Centro-Occidente, por ejemplo), pero aún no puede afirmarse que la planificación regional haya adquirido carta de naturaleza en nuestro país.

Por otra parte, en cuanto a la planificación local, esta se ha reducido a la de carácter urbanístico, particularmente a la determinación de los diversos usos del suelo urbano, mediante la zonificación de las áreas urbanas.

2. La planificación económica, social y espacial

El sistema de planificación en Venezuela se ha desarrollado, básicamente, en los aspectos económicos y sociales del país. Se ha estructurado, así, una planificación por sectores (planificación sectorial) a nivel nacional, la cual se ha reflejado en los planes de la Nación.

En los últimos años, y particularmente con motivo de los avances del proceso de regionalización, ha comenzado a surgir el componente espacial del sistema de planificación, reflejado en la política de ordenación del territorio, la cual se ha regulado en la Ley Orgánica del Ambiente. La planificación espacial, así, complementa y permite la planificación regional, y puede contribuir, en el futuro, a transformar la planificación urbanística local, en algo más que la definición de los usos del suelo urbano, mediante la incorporación de elementos de planificación económico-social del desarrollo de las ciudades.

3. La planificación administrativa

La ejecución de los planes de desarrollo económico y social no sólo exige una organización administrativa, que permita la formulación de aquéllos, la cual veremos a continuación sino que exige una Administración Pública adecuada para tal ejecución. La mayoría de los fracasos de los sistemas de planificación han estado, precisamente en la inadecuación del aparato administrativo para ejecutar los planes, y en el hecho de que, paralelamente a la elaboración de los planes de desarrollo económico y social, no se han formulado planes de desarrollo administrativo, de manera de adecuar la Administración Pública a los nuevos planes.

La planificación administrativa viene a ser, así, un intento de racionalización y ordenación de la reforma administrativa, de manera de adaptar y adecuar a la Administración Pública a los proyectos y programas contenidos en los planes, y hacerlos ejecutables.

VI. LA ORGANIZACIÓN ADMINISTRATIVA DE LA PLANIFICACIÓN

1. El sistema administrativo de planificación

Desde el punto de vista administrativo, la planificación está configurada como un sistema, comandado por un Órgano Central que actúa como asesor y auxiliar de la Presidencia de la República, y por Órganos Sectoriales y Regionales.

La concepción del sistema se estableció desde el inicio, al crearse la Oficina Central de Coordinación y Planificación de la Presidencia de la República mediante el Decreto Nº 492 del 30-12-58.

En efecto, de acuerdo a las normas de este Decreto, Cordiplan debe actuar como Órgano Central de un sistema administrativo de planificación que está dirigido por esta Oficina, que es coordinador general del sistema; por órganos sectoriales de planificación que deben estar ubicados en Los órganos administrativos de cada sector –en este caso, los Ministerio–, las llamadas Direcciones Generales de Planificación y Presupuesto; y luego, a escala regional, por Oficinas Regionales de Coordinación y Planificación a los efectos de concretar la ejecución de un plan a escala regional.

2. Los Órganos Centrales de planificación

A. El Presidente y el Consejo de Ministros

Las decisiones generales en materia de planificación corresponden al Presidente de la República en Consejo de Ministros como suprema autoridad de planificación, tal como se establece en el Decreto N° 492 del 30-12-58, mediante el cual se creó la Oficina Central de Coordinación y Planificación. El Presidente de la República, por otra parte, es quien debe exponer ante el Congreso "los lineamientos generales del plan de desarrollo económico y social de la Nación" (artículo 191 de la Constitución).

Para la realización de esta función cuenta con lo que podría denominarse el sistema administrativo de planificación, compuesto por una Oficina Central de Estado Mayor de la Presidencia, la Oficina Central de Coordinación y Planificación (Cordiplan) y por órganos sectoriales y regionales de planificación.

B. La Oficina Central de Coordinación y Planificación

De acuerdo con lo establecido en el Decreto 492 del 30-12-58, mediante el cual se creó este organismo, y con lo previsto en la Ley Orgánica de la Administración Central de 1976, Cordiplan debe actuar como órgano central del sistema de planificación. En este sentido, el Decreto a la Creación en su artículo 12 le atribuye las siguientes funciones:

a. Hacer estudios acerca del desarrollo social y económico de la Nación, y con esta base preparar las respectivas proyecciones y alternativas, así como mantener al día un plan general de desarrollo social y económico.

b. De conformidad con las decisiones que con respecto a alternativas tome el Ejecutivo Nacional, mantener la unidad de programación, coordinando los trabajos sectoriales que se hicieren en los respectivos Ministerios y manteniéndose en consulta con los sectores privados.

c. Consolidar anualmente los presupuestos de inversiones y servicios que presentarán los Ministerios, y preparar, de acuerdo con el Ministro de Hacienda, como parte de un presupuesto-programa permanente de cinco años, el Presupuesto-Programa Anual, anexo al Presupuesto General de Ingresos y Gastos Públicos.

d. Presentar anualmente, previo examen de los proyectos remitidos por los Despachos y con vista de los estudios hechos por la propia Oficina, un proyecto de orden de prelación de gastos fiscales, para su consideración por el Ejecutivo Nacional y su inclusión en el Presupuesto-Programa Anual.

e. Presentar anualmente al Congreso Nacional, en la ocasión de introducirse el proyecto de Ley de Presupuesto General de Ingresos y Gastos Públicos, por intermedio del Ministro de Hacienda, un informe analítico de los planes en ejecución y sus relaciones con las metas generales aprobadas, así como con dicho Proyecto de Presupuesto General de Ingresos y Gastos Públicos.

f. Proponer los lineamientos generales de la planificación física y espacial en escala nacional, y coordinar conforme a dichos lineamientos, la planificación que hiciere en escala regional y urbanística, a través de los respectivos organismos subalternos de planificación. Con tal fin podrá dictar las normas e instrucciones necesarias.

g. Promover la rotación de funcionarios de planificación de los diversos Ministerios dentro del Sistema Nacional de Coordinación y Planificación, previa aprobación de los Ministros respectivos.

h. Mantener un constante sistema de información en materia de programación, que beneficie tanto al sector público como al sector privado.

i. Auxiliar al Ejecutivo Nacional en la vigilancia de la ejecución de programas y dar su opinión acerca de los reajustes que afecten a los planes respectivos.

j. Dirigir la formación y capacitación de funcionarios de planificación y crear, al efecto, la escuela y cursos necesarios.

k. Supervisar el uso de técnicas de programación en la administración pública, con miras a mantenerlas uniformes.

l. Organizar reuniones científicas periódicas sobre programación.

m. Recabar y recopilar ejemplares de los informes o estudios hechos en materia que interesen a la programación.

n. Dar su opinión previa a la contratación o iniciación de estudios vinculados al desarrollo económico y social.

o. Dar su opinión previa acerca de la creación, supresión o fusión de ministerios o institutos autónomos, así como sobre cambios sustanciales en sus atribuciones.

p. Dar su opinión previa sobre reformas a leyes fiscales y otras que afecten la Hacienda Nacional o el desarrollo económico.

Por su parte la Ley Orgánica de la Administración Central, de 1976, le establece, en su artículo 47, las siguientes atribuciones a la Oficina Central de Coordinación y Planificación:

1° Elaborar estudios sobre el desarrollo económico y social de la Nación, preparar las respectivas proyecciones y alternativas y mantener al día el plan general de desarrollo social y económico de la Nación.

2° Estudiar e informar sobre las implicaciones en el sector público de las medidas de política económica y social que adopte el Gobierno Nacional.

3° Formular la Estrategia de Desarrollo Económico y Social a largo plazo, el Plan de la Nación y el Plan Operativo Anual.

4° Coadyuvar en la preparación del Proyecto de Ley de Presupuesto a los fines previstos en el artículo 2° de la Ley Orgánica de Régimen Presupuestario.

5° Compatibilizar los diferentes programas con los planes del gobierno.

6° Proponer los lineamientos generales de la planificación física y espacial en escala nacional y coordinar, conforme a dichos lineamientos, la planificación que se hiciere a nivel regional y urbanístico.

7° Opinar previamente sobre la creación, reorganización o eliminación de oficinas sectoriales y regionales de planificación y presupuesto.

8° Promover la rotación de funcionarios de planificación de los diversos Ministerios dentro del Sistema Nacional de Planificación, previa aprobación de los Ministros respectivos.

9° Controlar la ejecución de programas y emitir opinión acerca de los reajustes que afecten a los planes respectivos.

10. Establecer las bases metodológicas de la planificación en sus niveles global, sectorial y regional y supervisar el uso de técnicas de planificación por el sector público.

11. Emitir opinión previa a la contratación o iniciación de estudios vinculados al desarrollo económico y social y opinar sobre programas de desarrollo económico y social de carácter internacional.

12. Promover la formación y capacitación de funcionarios de planificación.

13. Elaborar planes para reestructurar la Administración Pública Nacional, central y descentralizada, en todos sus niveles, sistemas y sectores, con vista a su adaptación a las exigencias de la planificación del desarrollo económico y social y dirigir la reforma administrativa.

14. Tecnificar los métodos y procedimientos empleados en la Administración Pública.

15. Establecer un sistema de procedimientos y recursos administrativos.

16. Asistir técnicamente a los otros poderes públicos, cuando éstos lo soliciten.

17. Estudiar las peticiones de asistencia técnica que formulen los Despachos Ministeriales e Institutos Autónomos, teniendo en cuenta las necesidades del desarrollo económico y social del país y el orden de prelación asignado a las distintas actividades.

18. Coordinar actividades de desarrollo regional, con la finalidad de asegurar el cumplimiento por parte de los organismos de la Administración Pública Nacional, las Corporaciones Regionales de Desarrollo, las empresas del Estado y demás entes de la Administración Descentralizada, de las políticas, planes, programas y proyectos de ordenación territorial, desarrollo regional y desconcentración económica.

19. Establecer los mecanismos necesarios a objeto de asegurar la participación de los sectores privados en el establecimiento de las estrategias de desarrollo económico y social y los Planes de la Nación.

20. Considerar y estudiar las facilidades de asistencia técnica que Venezuela pueda ofrecer a los gobiernos extranjeros o a los organismos internacionales y las que éstos puedan ofrecer al país.

21. Vigilar el desarrollo de los programas de proyectos de asistencia técnica que se ejecuten en el país y promover la evaluación de los resultados que se obtengan.

De esta larga enumeración de funciones pueden destacarse las siguientes de particular importancia:

En primer lugar, la formulación de la estrategia de desarrollo del Estado estableciendo las guías generales que deben seguir los órganos sectoriales y los regionales de planificación para elaborar sus respectivos planes que luego deben ser coordinados, compatibilizados y expresados en forma coherente, sistemática y de acuerdo a la orientación general de este organismo, en el Plan de la Nación.

Este Plan de la Nación debe ser aprobado por el Presidente en Consejo de Ministros, lo cual se hizo formalmente, por primera vez, en relación al V Plan mediante Decreto Nº 1454 del 9-3-1976.

En segundo lugar, colaborar con la Oficina Central de Presupuesto en la elaboración del Plan Operativo Anual, de acuerdo al cual debe formularse el Proyecto de Ley de Presupuesto. En este sentido, la Ley Orgánica de Régimen Presupuestario establece expresamente la vinculación del presupuesto con el Plan de la Nación, en su artículo 2°, en la forma siguiente: "Los presupuestos públicos expresan el Plan de la Nación en aquellos aspectos que exigen, del sector público asignar determinados recursos". Agrega este artículo, que los presupuestos anuales son parte e instrumento de la planificación y en su elaboración debe seguirse el Plan Operativo Anual, el cual debe quedar expresado en la Ley Orgánica de Presupuesto del año respectivo. De esta manera se ha vinculado legalmente todo el sistema de planificación con el sistema presupuestario.

En tercer lugar, formular las reformas que deban hacerse en la Administración Pública para que esta pueda ejecutar el plan. Este es un elemento nuevo que se deduce de la Ley Orgánica de la Administración Central, cuando le atribuye competencia a la Oficina Central de Coordinación y Planificación de tener en cuenta, en la formulación del plan, a los órganos administrativos que han de realizarlo y al espacio territorial en el cual se llevará a cabo (artículo 47, ordinal 13).

3. Los órganos sectoriales de planificación: las direcciones generales sectoriales de planificación y presupuesto

El sistema administrativo de planificación cuenta con órganos sectoriales de planificación que deben estar ubicados en los órganos administrativos ejes de cada sector, en este caso, los Ministerios. Esta función de planificación sectorial la realizan las Direcciones Generales de Planificación y Presupuesto de cada Ministerio, las cuales deben elaborar los planes para el sector respectivo.

Con carácter general, el Reglamento del Estatuto Orgánico de Ministerios dictado por Decreto Nº 539 del 10 de febrero de 1971, estableció como atribuciones de estas oficinas sectoriales de planificación y presupuesto de los Ministerios, las siguientes:

1° Asistir al Ministro en materia de planificación, presupuesto, organización administrativa y estadística.

2° Ser órgano de enlace entre el Ministerio, la Oficina Central de Coordinación y Planificación, la Oficina Central de Presupuesto y la Oficina Central de Estadística e Informática.

3° Dictar normas e instrucciones que deben seguirse en el Ministerio en relación a las materias de su competencia.

4° Asesorar a las unidades administrativas del Ministerio en dichas materias.

5° Coordinar los trabajos correspondientes a la planificación y programación presupuestaria del Ministerio.

6° Proponer las asignaciones de recursos necesarios para cada programa en función del cumplimiento de las metas previstas en el Plan de la Nación y el Presupuesto-Programa;

7° Evaluar la ejecución de los programas desarrollados en el Ministerio, así como los programas que sean desarrollados en forma conjunta o complementaria por otros Ministerios e Institutos Autónomos;

8° Estudiar los anteproyectos de presupuesto elaborados por las unidades ejecutorias de programas y proponer las modificaciones que considere necesarias.

9° Velar por el cumplimiento de las normas establecidas en las materias de su competencia.

Además, el Reglamento del Estatuto establecía que en la Oficina Sectorial de Planificación y Presupuesto, debían actuar las Oficinas Coordinadoras de la Reforma Administrativa (OCRA) con las funciones establecidas en el Decreto Nº 141 del 17-9-1969.

El Decreto 492 del 31-12-1958, en todo caso, estableció la distinción entre las Oficinas Sectoriales Básicas de Planificación que existían en cada Ministerio (artículos 18 y ss.), y las Oficinas Subalternas de Planificación que podían existir en otras unidades de cada Ministerio o en los entes descentralizados del sector (artículo 21, letra a).

4. Los órganos regionales de planificación: las Oficinas Regionales de Coordinación y Planificación

Con motivo de la emisión del Decreto sobre Regionalización Administrativa de 1969, se establecieron formalmente las Oficinas Regionales de Coordinación y Planificación (ORCOPLANES). Estas funcionaron en forma relativamente adecuada hasta 1975, oportunidad en la cual se atribuyeron sus funciones, a las Corporaciones de Desarrollo Regional que existían. En la última reforma del Reglamento de Regionalización y participación de la Comunidad en el Desarrollo Regional dictado por Decreto Nº 478 del 8-1-80, se restablecieron las Oficinas Regionales de Coordinación y Planificación, con las siguientes atribuciones (artículo 19):

1. Elaborar los proyectos de planes regionales conforme a los lineamientos de política que le presenten la Oficina Central de Coordinación y Planificación y el Consejo Regional de Desarrollo;

2. Evaluar la ejecución de los planes de desarrollo regional y proponer las reformulaciones a que haya lugar;

3. Proponer por intermedio del Consejo Regional de Desarrollo las aspiraciones presupuestarias regionales y su consolidación, con la colaboración de la Oficina Regional de Desarrollo;

4. Asesorar a las Gobernaciones y a los Concejos Municipales cuando así lo requieran;

5. Realizar los estudios que le sean solicitados por el Consejo Regional de Desarrollo; y

6. Ejercer las funciones de la Secretaría Técnica del Consejo Regional de Desarrollo.

Estas Oficinas Regionales de Coordinación y Planificación dependen de la Oficina Central de Coordinación y Planificación (Art. 18).

VII. EL PROCEDIMIENTO PARA LA ELABORACIÓN DE LOS PLANES

1. La formulación del Plan

Para la formulación del Plan se requieren, ante todo, de numerosas operaciones de carácter técnico: en primer lugar, un diagnóstico de la situación económica, social y espacial del país; en segundo lugar, la identificación de las exigencias sociales y económicas prioritarias; en tercer lugar, el establecimiento de objetivos cuantificados económicamente con base a las políticas de largo y mediano plazo; en cuarto lugar, evaluación de los recursos financieros, materiales y humanos disponibles; y en quinto lugar, la concreción del resultado de estas operaciones en programas y proyectos específicos.

Conforme a estas etapas, lo primero que se plantea es una actividad de diagnóstico, que no es otra cosa que tomar conocimiento de la realidad, saber qué es lo que se plantea en el país, cuáles son los recursos disponibles, las metas a lograr, y las demandas que se le plantean al Estado para satisfacerlas, en un determinado período de tiempo. Ese diagnóstico en general se ha hecho en nuestro país, en cuanto a los requerimientos sociales y económicos, sin embargo, no se ha hecho desde el ángulo administrativo.

En efecto, en general, no se ha formulado una adecuada planificación administrativa para lograr los objetivos y metas que en el plan se establecen, por lo que el problema en la ejecución de los planes siempre ha sido respecto a cómo lograr los objetivos, quién lo va a hacer, qué organismo, y cuáles unidades se necesitan para lograrlos.

Ahora bien, esta tarea de formulación del plan, con todas las operaciones de carácter técnico que implica, no pueden ser asumidas por un solo órgano administrativo. Al contrario, requieren de la participación de todo el sistema de planificación.

En esta forma, Cordiplan debería, en primer lugar, formular la estrategia de desarrollo del Estado, la cual es la primera función de este órgano de planificación. Conforme a esa estrategia, una vez adoptada por el Presidente, los organismos sectoriales de planificación deben tener a su cargo la elaboración de los planes sectoriales. Luego que cada sector tenga elaborado su plan, esos planes sectoriales deberían ser enviados al Organismo Central de planificación a los efectos de la compatibilización de todos los planes sectoriales, entre sí y con las metas generales de desarrollo. Una vez compatibilizados todos estos planes, Cordiplan debe elaborar el Plan de la Nación, el cual no debe ser otra cosa que el resultado de la compatibilización de los planes sectoriales con la estrategia general. Paralelamente debe regionalizarse el Plan Nacional y elaborarse los planes regionales.

En esta forma, el órgano central del sistema de planificación debe tener por función elaborar la estrategia de desarrollo, es decir, las guías generales que deben seguir los órganos sectoriales y los órganos regionales para elaborar sus planes y luego, compatibilizar los planes sectoriales y regionales, en el Plan de la Nación el cual debe ser aprobado formalmente.

En efecto, para que el Plan se convierta en el instrumento definidor de políticas del país, y sea realmente un "Plan de la Nación", ésta debe estar comprometida con él; es decir, el Plan debe ser el resultado de un consenso político y debe obedecer a una política nacional para las mayorías y no para las minorías. Por ello, es imprescindible que en el futuro, el Plan sea aprobado por el Congreso, de manera que la política del Gobierno, que debe ser la política del país, tenga el respaldo de la representación popular. Toda política coherente de desarrollo, necesariamente, debería exigir la participación y compromiso de las instituciones políticas en la adopción de sus grandes opciones y estrategias. Sin embargo, en Venezuela, el Plan no solo nunca ha sido objeto de aprobación por el Congreso, sino que éste ni siquiera lo ha discutido o analizado. El Plan lo formula la Oficina Central de Coordinación y Planificación (Cordiplan) y hasta 1970 ni siquiera se presentaba al Congreso. En 1971, con ocasión de su Segundo Mensaje al Congreso, el Presidente de la República consignó ante las Cámaras Legislativas el IV Plan de la Nación (1970-1974), considerando que el mismo "contribuiría, indudablemente, a facilitar al Congreso la consideración de las proposiciones que le sean hechas por el Ejecutivo y podrá servirle de orientación en las decisiones que vaya a adoptar". Puede decirse que éste fue el único intento de llevar a la discusión política las opciones fundamentales del Plan; intento que fracasó, pues, el Congreso no sólo no discutió el Plan, sino que simplemente lo ignoró. Lo recibió como recibe normalmente el Mensaje Anual del Presidente: sin hacerse solidario de su contenido.

En esta forma, el Plan en Venezuela hasta 1976 no había formado parte del ordenamiento jurídico y, por tanto, su obligatoriedad era absolutamente inexistente. En efecto, el Plan no sólo no era objeto de aprobación legal en sus grandes opciones y estrategias, sino que ni siquiera era objeto de una aprobación y adopción formal administrativa por el propio Poder Ejecutivo, de manera de hacerlo obligatorio para el sector público. El Plan no se aprobaba por Decreto del Presidente de la República en Consejo de Ministros, y su único valor radicaba en un compromiso político-administrativo del Presidente ante el Congreso, en aquellos casos en que se le presentó el Plan, como sucedió con el IV Plan. El Plan de la Nación en Venezuela, por tanto, hasta 1976, no sólo no obligaba en absoluto, a los particulares, sino que tampoco obligaba jurídicamente al sector público ni a las Cámaras Legislativas, e indudablemente, un Plan que no obligaba ni al sector privado ni al sector público ni a las instituciones políticas del Estado, es decir, que no obligaba a nadie, no era un Plan, sino a lo sumo un buen documento de ejercicio económico.

Ahora bien, en 1976 se aprobó por primera vez el V Plan por Decreto, pero se hace indispensable, en el futuro, que el Plan de la Nación se apruebe formalmente por ley, de manera que sus políticas y opciones condicionen la actuación de todas las instituciones del Estado durante su período de vigencia; es decir, de manera que las leyes que el propio Congreso apruebe estén enmarcadas dentro de las opciones del Plan, y que las actuaciones de la Administración Pública lo respeten. Una aprobación legislativa del Plan respondería, ciertamente, al espíritu de la Constitución de 1961, pues al estar facultado el Estado para adoptar medidas para planificar el desarrollo económico y social del país (artículos 95 y 98), indudablemente que una ley aprobatoria del Plan sería una de esas materias que por naturaleza corresponderían al Poder Nacional. En todo caso, por supuesto, de aprobarse el Plan por el Congreso mediante una Ley, no podrán seguirse las normas ordinarias de la actividad legislativa y de la formación de las leyes: no podría pretenderse que el Congreso discuta, modifique y apruebe todos y cada uno de los programas y proyectos contenidos en el Plan, sino que, en realidad, el objeto de discusión y aprobación tendría que ser las políticas, opciones y grandes estrategias contenidas en el Plan, conjuntamente con la definición de prioridades en la asignación y distribución de los recursos, sin entrar en los detalles del Plan. Pero en todo caso, aun cuando no se recurra a la fórmula de aprobación legislativa del Plan, el mismo debe seguirse aprobando por Decreto que implique la adopción de las políticas que habrán de guiar obligatoria y necesariamente al sector público, siguiendo, en esta forma, la orientación definida en 1972 en relación al Plan Nacional de Aprovechamiento de los Recursos Hidráulicos y en 1976 respecto al V Plan de la Nación.

En efecto, como se dijo, hasta 1976, la formulación del Plan había sido hecha mediante un documento que no tenía valor formal ya que la Constitución (artículo 191) simplemente establece que el Presidente de la República está obligado, al inicio del período constitucional, a formular ante el Congreso los lineamientos generales del desarrollo económico y social, pero no establece que esos lineamientos deben ser obligatorios en ninguna forma. La primera vez en la cual se hizo obligatorio el Plan fue con el V Plan de la Nación que se aprobó por Decreto Nº 1454, del 9 de marzo de 1976.

Esta aprobación formal del Plan por el Ejecutivo Nacional, no sólo le otorgó autenticidad y certeza al Plan, ya que el Decreto aprobatorio y el texto íntegro del Plan se publicaron en la *Gaceta Oficial*, sino que implicó un principio de seguridad jurídica al quedar comprometida la Administración en el cumplimiento de las previsiones del Plan, frente a los particulares.

Esta aprobación formal plantea una ventaja, pues, el plan es efectivamente obligatorio para la Administración Central, cuya actividad debe ajustarse a ese Decreto. Sin embargo, el plan no obliga al Congreso, pues, es solo un acto del Poder Ejecutivo, que implica una obligación para la Administración Pública. Por tanto, no existe, en Venezuela un mecanismo mediante el cual el Congreso se obligue por el plan. En otros países, en cambio, como se dijo, esto se obvia sometiendo los lineamientos generales del Plan a la Asamblea Representativa, como es el caso, por ejemplo, de Francia, donde el Plan es aprobado por Ley, por la Asamblea Nacional y, al aprobarlo, se está obligando a sí misma.

En todo caso, en nuestro país, con anterioridad a 1976 sólo se aprobó formalmente el Plan Nacional de Aprovechamiento de los Recursos Hidráulicos, mediante Decreto Nº 1127, del 15-11-72, como documento rector de la política hidráulica nacional.

Por supuesto, a nivel local, la planificación urbanística del suelo urbano siempre ha estado revestida de estricta formalidad, al aprobarse las bonificaciones mediante Ordenanzas.

2. La participación en la formulación del Plan

A. Participación administrativa

Tal como se señaló, uno de los problemas tradicionales de la planificación en Venezuela, es que ha sido una planificación centralizada.

En efecto, en general, Cordiplan ha formulado los planes sin la adecuada participación de la Administración Sectorial, pues no ha elaborado el Plan, de acuerdo a los planes sectoriales preparados conforme a sus estrategias, una vez compatibilizados. Realmente, no ha sido muy frecuente que los organismos de la Administración Pública hayan participado en la formulación del Plan y en muchos casos, el Sector se ha enterado de un plan, cuando era publicado por Cordiplan.

Puede decirse, por tanto que la planificación como sistema esencial para la ordenación de las actividades del Estado no ha contado en su desarrollo con la completa y decidida participación del propio sector público y de las instituciones administrativas. En efecto, el Plan debería ser la concreción, en programas y proyectos a mediano plazo de las políticas adoptadas por el Gobierno, elaborados coordinadamente por los diversos sectores y regiones y compatibilizados entre sí y en relación a las políticas definidas por la Oficina Central de Coordinación y Planificación,

Sin embargo, hasta el V Plan de la Nación, 1976-1980, puede decirse que no sólo no existió, previo al Plan ni en su contenido, un proceso de formulación y elaboración de políticas que pudieran guiar a los sectores y regiones en la elaboración de los respectivos programas y proyectos, sino que aquéllos no intervinieron realmente en la elaboración de los mismos. El Plan, durante quince años de planificación en Venezuela, se elaboró por la Oficina Central de Coordinación y Planificación, sin la menor referencia regional, ya que el proceso de regionalización se inicia después de la vigencia del IV Plan y como consecuencia de éste, y con muy poca efectiva participación sectorial en la elaboración de los programas y proyectos, proceso que se realizó casi exclusivamente por la Oficina Central de Coordinación y Planificación.

En esta forma, los cinco Planes de la Nación adoptados entre 1960 y 1976, fueron en realidad "Planes de Cordiplan", elaborados y adoptados por dicho organismo, y, por tanto, no sólo no fueron, salvo el V Plan, "Planes del Gobierno" al no tomar posición formal respecto de ellos el Presidente de la República y el Consejo de Ministros, sino que tampoco fueron "Planes de la Nación" al no estar comprometidas las instituciones políticas y el sector privado en su ejecución, y ni siquiera llegaron a ser "Planes del Sector Público", pues, éste estuvo Marginado de su elaboración.

En el sistema de planificación en Venezuela se hace indispensable por tanto el inicio de un proceso de "desconcentración" de la planificación, para hacer participar en el proceso y comprometerlos en su ejecución, tanto a los diversos sectores como a las diversas regiones, es decir, a las diversas instituciones administrativas que operan en los sectores de actividad pública y en las regiones del país. Para iniciar este proceso de desconcentración de la planificación, algunos pasos previos se comenzaron a adoptar en el campo regional: no sólo se definieron las regiones administrativas en el país a partir de 1969, estableciéndose las Oficinas Regionales de Coordinación y Planificación, integradas al Sistema Nacional de Planificación; sino que durante los últimos años se ha divulgado la "escala regional" como término ya común en los cálculos y estudios económicos y sociales. En 1972, por otra parte, se crearon los Comités Regionales de Gobierno en cada una de las regiones, integrados por los Gobernadores de Estado, denominado ahora, Consejos Regionales de Desarrollo, entre cuyas funciones está el vigilar por la ejecución del Plan en la región, lo cual será un paso decisivo en el proceso de desconcentración de la planificación hacia las regiones.

Pero estos pasos, que en el ámbito regional prometen contribuir adecuadamente a la desconcentración de la planificación hacia las regiones, y a la participación de los organismos que en ellas operan en el proceso de elaboración y ejecución de los planes, no se han logrado dar en el ámbito sectorial y, por tanto, a nivel nacional. En efecto, siendo la estructura regional un nivel nuevo en la compleja estructura del Estado, ha sido más fácil, relativamente, integrar los diversos organismos locales y nacionales desconcentrados en las tareas regionales: la novedad de la estructura ha facilitado el proceso, sobre todo porque a través de él no se han afectado las instituciones políticas locales (estadales y municipales), las cuales, al contrario, han encontrado en la escala regional una forma efectiva de proyectarse más allá de sus estrechas jurisdicciones. Los problemas serios de la regionalización comenzarán a surgir a medida que se consoliden los pasos regionales y se comiencen a afectar los arraigados poderes políticos localistas que alimentan gran parte del funcionamiento del sistema de partidos.

En todo caso, al contrario de lo sucedido hasta ahora en el ámbito regional, como se dijo, en el nivel nacional, y particularmente, en el orden sectorial, el proceso de desconcentración de la planificación no ha podido llevarse a cabo y, como consecuencia, la participación efectiva de los organismos que operan en los diversos sectores en las tareas planificadoras, ha sido muy deficiente.

Para estos organismos, como se ha dicho, la planificación ha sido una actividad marginal, y el Plan, un documento elaborado fuera del sector, con el cual no se han sentido comprometidos. Pero es claro que si los organismos de cada sector no han participado efectivamente en el proceso de planificación, ello no ha sido culpa, ni de la ausencia de previsión legal sobre las unidades sectoriales de planificación, que existe desde 1958, ni de la tendencia concentradora de Cordiplan; sino, fundamentalmente, de la deficiencia estructural de la Administración Pública.

En efecto, a unas instituciones administrativas que en su estructura y organización no respondían, en absoluto, a una concepción sectorial, no podía racionalmente exigírseles la participación efectiva en un proceso de planificación sectorial. Si no existía en la Administración Pública un órgano responsable administrativamente de cada sector, pues en los mismos actuaban, paralelamente y con variados poderes, Ministerios, Institutos Autónomos y empresas del Estado, ¿cómo podía con esperanza de resultado positivo, exigírsele a esos mismos organismos, que se coordinasen e integrasen voluntariamente para planificar? Aquí, en nuestro criterio estábamos en una situación materialmente insalvable por la vía de la coordinación voluntaria: o se reformaba la estructura administrativa para integrar los sectores de actividad pública, responsabilizando, a un Ministro del Gobierno de cada sector y, por tanto, de la conducción de la planificación sectorial dentro del sistema nacional, o, al contrario, nos olvidábamos de la planificación y continuaba el caos no evidenciado totalmente dado que no se le había presentado al país situación alguna de grave crisis económica, debido a la bonanza petrolera. Si no hubiera sido por el petróleo y los incalculables beneficios financieros que ha regalado al país, las deficiencias administrativas hubieran sumido en una parálisis completa a la maquinaria estatal.

En todo caso, lo cierto es que a pesar de las previsiones legales y de los pasos iniciados en 1970 por la Oficina Central de Coordinación y Planificación para lograr la participación sectorial en las tareas de la planificación en 1975 estimábamos que "sin una transformación radical de la estructura de la administración pública central y descentralizada, la planificación seguirá siendo una actividad marginal para los diversos organismos del sector público; Cordiplan tendrá que seguir asumiendo la elaboración del Plan, concentradamente, sacrificando su labor debida a la formulación de las políticas y a la compatibilización del Plan; y la planificación seguirá siendo un ejercicio económico que todos admiran, pero a quien nadie le hace caso". (Allan R. Brewer-Carías, *Cambio Político y Reforma del Estado en Venezuela*, Madrid, 1975, pp. 407 y 408).

El propio IV Plan de la Nación 1970-1974, en este sentido, tuvo un realismo sorprendente al reconocer expresamente que sin una reforma administrativa su ejecución era imposible; lo que dicho en otras palabras, equivaldría a señalar que con una administración pública tal como existía, no sólo era imposible ejecutar el Plan sino elaborar planes ejecutables.Y ésta es quizá la enseñanza que el sector público no ha querido aprender de su propia experiencia: que los planes no se ejecutan por las deficiencias de las instituciones (estructuras y sistemas) administrativas; y que estas deficiencias conducen a su vez a la elaboración de planes no ejecutables.

De este círculo vicioso, en nuestro criterio, sólo podía salirse mediante una transformación de la Administración Pública en función del desarrollo; es decir, mediante la estructuración de una Administración Pública comprometida con el desarrollo y su planificación, y que, por tanto, pudiera ejecutar los planes y elaborar planes (ejecutables) para el desarrollo económico y social del país.

En definitiva, para poder sobrevivir, la planificación exige que la Administración Pública se amolde a ella; de lo contrario, mientras se siga planificando con y para una Administración Pública deficiente y tradicional, no pasaremos de tener una caricatura de planificación.

La reforma de la Administración Central realizada por la Ley Orgánica de la Administración Central de 1976, en todo caso, es un paso fundamental para poner la administración al servicio de la planificación, pues dicha reforma se hizo conforme al criterio sectorial, de manera que los diversos Ministerios quedaron como órganos centrales del sistema sectorial. Por supuesto, es urgente que se promulgue la Ley Orgánica de la Administración Descentralizada, para que el sector, comandado por cada Ministro, adquiera real coherencia.

Sin embargo, el problema de la participación en la formulación de los planes no solo se plantea respecto de la administración nacional en sus aspectos sectoriales, sino también, respecto de la administración de los Estados y Municipios.

Conforme a la Constitución, dichas entidades son entidades político-territoriales autónomas, y, por tanto, no sujetas a las previsiones dictadas por el Poder Nacional en materia de planificación.

Ello implica, que sin la participación política de los Estados y Municipalidades en las labores de formulación del Plan, no puede hablarse de la obligatoriedad del mismo en relación a las actividades de dichas entidades. Dos posibilidades concretas establece la Constitución, de limitación a la autonomía de los Estados y Municipalidades como consecuencia de las actividades nacionales de planificación, y esas son las que puedan resultar de la Ley de coordinación de la inversión del situado con planes administrativos desarrollados por el Poder Nacional, y de una Ley, que no se ha dictado, que establezca "la coordinación y unificación de normas y procedimientos técnicos para obras de urbanismo".

La Constitución, por tanto, prevé mecanismos importantes para lograr que el Plan nacional de desarrollo económico y social sea cumplido por los Estados y Municipalidades, pero esos mecanismos no han sido utilizados por el Poder Nacional.

B. La participación del sector privado

Otro elemento que debe destacarse en este proceso de formulación del plan, es el de la participación que deben tener los organismos del sector privado. En efecto, en un sistema de economía mixta, en el cual los particulares tienen un papel importante que jugar en el proceso económico, sin duda, se plantea la necesidad de desarrollar una planificación concertada, es decir, un sistema de planificación que no sólo sea impuesto a los particulares, sino que se formule con la participación de éstos.

Esta participación, además, es propia del sistema democrático y de una sociedad pluralista. La misma Constitución establece la necesidad de que la Ley prevea cuerpos consultivos (Art. 109) donde deben estar representados los sectores económicos, sindicales, profesionales, universitarios, para asegurar la participación de los sectores privados en el establecimiento de las estrategias de desarrollo económico y social y en los planes de la Nación. Por tanto, constitucionalmente hablando, hay una orientación concreta de que Cordiplan debe asegurar la participación de los organismos privados en la elaboración de los planes, a los efectos de tener en cuenta los requerimientos de los organismos del sector privado, y no sólo de los sectores económicos, sino de los sectores sindicales, profesionales, universitarios, etc.

Sin embargo, en este campo de la participación del sector privado en la formulación de los planes, pocos progresos efectivos se han logrado a pesar de los esfuerzos realizados a comienzos de los años setenta, con motivo de la elaboración del IV Plan de la Nación.

En efecto, mediante Decreto Nº 224 del 7-1-70, se previó la integración del Directorio de Cordiplan en forma tal que se asegurase la representación de los sectores laboral, empresarial y profesional, decreto que quedó derogado al regularse las Oficinas Presidenciales en la Ley Orgánica de la Administración Central. En 1971, por otra parte, Cordiplan dictó una Resolución procediendo a la creación de la Comisión para la implementación del Plan Manufacturero, en la cual tenían representantes las instituciones del sector privado, industrial y laboral. También, desde 1969 se había consagrado la concertación en la planificación regional, en el Reglamento de Regionalización, lo cual se ha precisado, en forma amplia, en el reciente Decreto sobre Regionalización Administrativa y participación de la comunidad en el desarrollo regional de enero de 1980.

A pesar de estos esfuerzos, sin embargo, puede decirse que en general el sector privado no ha participado en las tareas de elaboración del Plan y su participación en la ejecución de los planes es inducida y canalizada por las acciones de fomento y ordenación del Estado. Para el sector privado, en general, el Plan no ha sido "su plan", es decir, no ha sido el Plan "de la Nación", sino el Plan del Estado, al cual se le obliga a cumplir en ciertas áreas, mediante medidas indirectas, particularmente de financiamiento. La planificación democrática, participativa o concertada, en todo caso, todavía es una idea que no ha encontrado materialización por parte del sector público ni interés por parte del sector privado, quien sabe tener otras vías distintas al Plan para presionar y lograr decisiones públicas al margen del Plan, e incluso que se aparten del mismo. En esto consiste la debilidad del Estado en los países en vías de desarrollo.

En todo caso, la nueva Ley Orgánica de la Administración Central de 1976, al regular las atribuciones de Cordiplan, le asigna expresamente la de establecer los "mecanismos necesarios a objeto de asegurar la participación de los sectores privados en el establecimiento de las estrategias de desarrollo económico y social y los Planes de la Nación" (artículo 47, ordinal 19).

En virtud de ello, y con el propósito de hacer realidad, en el campo de la planificación, la política general de participación definida por el gobierno, se han comenzado a implementar una serie de mecanismos de participación para la elaboración del VI Plan de la Nación.

En efecto, los mecanismos de participación a los efectos de la planificación se han estructurado en tres niveles: nacional, regional y municipal.

En el ámbito espacial, los mecanismos de participación cubren lo siguiente: a nivel nacional, un Consejo Nacional de Desarrollo Regional; a nivel regional, los Consejos Regionales de Desarrollo y las Convenciones Regionales de Gobernadores; a nivel de entidades federales las asambleas de participación creadas en la reforma del Reglamento de Regionalización Administrativa de 1980; y a nivel local, los comités municipales de participación ciudadana y juntas de vecinos.

Además, en el ámbito nacional se establece un Consejo Nacional de Participación integrado por el Presidente de la República, Ministros coordinadores de gabinetes, Cordiplan, Congreso de la República, Poder Judicial, Fuerzas Armadas, Fedecámaras, Pequeña y Mediana Empresa, representación de sectores laborales, representación de sectores campesinos, representación de gremios profesionales y técnicos, partidos políticos, universidades nacionales, representación de las iglesias, movimiento cooperativo, representación municipalista, sectores culturales, comunidad científica y otros organismos representativos.

En el ámbito sectorial, están los Consejos Sectoriales de Participación. Estos consejos funcionan a nivel nacional y cubren los siguientes sectores: sector agrícola, sector industrial y comercio (con 10 subsectores, por ramos), el sector transporte y comunicaciones, educativo, salud y nutrición, cultura y comunicación social y sector de turismo, recreación y deportes.

Por otra parte, debe mencionarse la consagración general que ha hecho la Ley Orgánica de Régimen Municipal de 1978, de mecanismos de participación de las Asociaciones de Vecinos en el manejo de la ordenación urbana y de la planificación urbanística. (Véase Allan R. Brewer-Carías, "La participación política en la nueva Ley Orgánica de Régimen Municipal" en *Libro Homenaje a Rafael Pizani*, Caracas, 1979, pp. 45 y ss.).

En efecto, la Ley Orgánica de Régimen Municipal (artículo 168), comienza por prohibir los cambios de zonificación aislados o singulares, precisamente, contra los que han venido luchando más abiertamente las Asociaciones de Vecinos, pues son los de mayores consecuencias degradantes. Esta prohibición general de la Ley es, sin duda, uno de los mayores triunfos del movimiento de vecinos, desde el punto de vista urbano.

Ahora bien, en cuanto a los cambios de zonificación integral, es decir, que abarquen un área urbana amplia o un determinado sector urbano, la Ley establece como criterio general que ellos no se pueden hacer antes de diez años de aprobada la zonificación original o la rezonificación posterior. Sin embargo, si dentro de ese lapso, a juicio de la Oficina Municipal de Planificación Urbana se justifica el cambio de zonificación, éste podrá realizarse siempre que la solicitud respectiva esté respaldada por la correspondiente Asociación de Vecinos, si la hubiere, o por la mayoría absoluta de los vecinos del área permisada como unidad urbanística, o de los vecinos residentes en el área que determine la Oficina Municipal de Planificación Urbana, cuando el sector afectado no haya sido permisado como unidad urbanística.

El mismo artículo 168 de la Ley Orgánica, sin embargo, establece una excepción general a esta exigencia del acuerdo de los vecinos, al señalar que en los cambios de zonificación que se efectúen cuando se requiera adecuar un determinado sector urbano a políticas y programas nacionales o municipales, no se requerirá el respaldo de los vecinos. En todo caso, la Ley Orgánica, al consagrar la necesidad de la aceptación previa de los vecinos para los cambios regulares de zonificación por sectores, ha revolucionado el manejo del proceso de urbanización por las autoridades municipales. Hasta la promulgación de la ley sólo se habían establecido, a nivel local, normas que requerían tomar en cuenta la opinión de la comunidad afectada por los cambios de zonificación, tal como sucedió en la Ordenanza sobre Urbanismo, Arquitectura y Construcciones en general del Distrito Sucre del Estado Miranda de 1978, pero no había regulaciones similares a la ahora establecida nacionalmente.

En esta materia debe advertirse, sin embargo, que ha sido tradicional en el ordenamiento urbanístico del país, la exigencia de que los cambios de zonificación sean sometidos a información y consultas públicas durante el proceso de discusión del Acuerdo Municipal respectivo, antes de efectuarse la segunda discusión del mismo. Así se establecía en las Ordenanzas de Zonificación y de Urbanismo del Área Metropolitana de Caracas; y así lo regula ahora, con carácter general, la Ley Orgánica de Régimen Municipal al disponer en la misma Disposición Transitoria antes comentada (artículo 168), que una vez aprobado en primera discusión el proyecto de Ordenanza de cambio de zonificación, el Consejo debe determinar el día y hora cuando la Cámara debe oír públicamente a los interesados, previa información al público del nuevo uso propuesto para la zona afectada. Por supuesto, las Asociaciones de Vecinos también pueden participar a este nivel en las cuestiones urbanísticas.

VIII. LAS FUNCIONES AUXILIARES DE LA PLANIFICACIÓN

Tanto en la elaboración como en la ejecución del Plan, la planificación tiene relación con una serie de funciones auxiliares: presupuesto, estadísticas, contabilidad y reforma administrativa, cuyas implicaciones deben destacarse.

1. Planificación y Presupuesto

Tal como se ha señalado, la técnica de la planificación, en Venezuela, es una técnica reciente, desarrollada desde el año 1960. Antes de esa época, el Estado no tenía un proceso de ordenación a mediano plazo, mediante el cual se pudiera determinar, por ejemplo en cinco años, el logro de determinados objetivos con la aplicación de ciertos recursos. No existía, por tanto, proceso de planificación, y la única forma mediante la cual el Estado podía ordenar algo en su actividad, era a través del Presupuesto anual.

En efecto el presupuesto anual puede considerarse como una ordenación de los gastos que el Estado debe hacer en un año. Para formularlo, se hace primero una estimación de ingresos, y en base a esa estimación, se formula una autorización de gastos, la cual no puede exceder de los ingresos. Esta autorización no es una obligación de gastos, en definitiva es un crédito que el Congreso le abre al Ejecutivo: en base a esta estimación de ingresos, éste puede gastar hasta determinados montos.

Ahora bien, con la sola ordenación de gastos que permitía el sistema presupuestario, puede decirse que el Estado vivía al día, anualmente, pues en realidad, no se podían saber los gastos futuros, salvo por la vía de operaciones de crédito público para actividades que debían ejecutarse en varios ejercicios.

Por otra parte, el presupuesto se aprobaba dividido en capítulos o partidas, de acuerdo a cada institución u organismo administrativos. Simplemente, había una organización administrativa y se autorizaba a los organismos un gasto, pero sin que se autorizaran los mismos con criterio sectorial.

Por tanto, globalmente no se sabía cuál era el gasto, por ejemplo, del sector agrícola o del sector industrial. Puede decirse que no había criterios programáticos en la formulación del Presupuesto.

Cuando se inicia el proceso de planificación en 1960, se inicia también un sistema de reforma en el sistema de presupuesto, a los efectos de lograr que su formulación se hiciese por programas, y no sólo por las instituciones existentes. Se buscaba, así, que el gasto fuese establecido y definido en un programa, de manera de ordenar y racionalizar los objetivos que el Estado iba a conseguir con esa inversión.

Estos dos procesos, el de planificación después de 1960 y el de presupuesto por programa, también después de 1960, no se desarrollaron conjuntamente. En general, se elaboraba un plan que tenía determinados sectores y actividades y luego se elaboraban los presupuestos, anual y aisladamente, sin que los presupuestos respondieran a lo que el Plan establecía.

Sin embargo, dentro de un proceso general ordenador de las actividades del Estado, el Presupuesto es, ciertamente, el mecanismo financiero de ejecución anual del Plan de mediano plazo. Así, como éste debe responder a unas políticas y estrategias de largo plazo que lo deben condicionar; en la misma forma, los créditos y gastos autorizados en el presupuesto anual han de constituir una ejecución anual de los programas del Plan.

Esta esencial vinculación entre el Plan y el Presupuesto constituye indudablemente la pieza básica para la real vigencia de un sistema de planificación: si el presupuesto anual ignora el Plan o no responde a sus programas, la planificación, de nuevo, no pasa de ser un ejercicio económico. Ahora bien, de aprobarse el Plan mediante una Ley, es evidente que las Cámaras Legislativas, al discutir y sancionar anualmente la Ley de Presupuesto, necesariamente tendrían que seguir las orientaciones y programas del Plan: éste es el efecto fundamental de la obligatoriedad jurídica del Plan cuando se aprueba mediante ley, pues no sólo obligaría jurídicamente al Congreso a autorizar los créditos y gastos públicos conforme aquél, sino que obligaría a la propia Administración Pública a ejecutar las leyes de presupuesto y realizar los gastos públicos también acorde con el Plan. Sin embargo, la realidad jurídico-administrativa en Venezuela y de la mayoría de los países latinoamericanos, muestra otra situación radicalmente diferente: el Ejecutivo no siempre elabora el Proyecto de Ley de Presupuesto en concordancia con el Plan, y el Congreso generalmente no considera el Plan cuando aprueba anualmente dicha Ley. La configuración de la Ley de Presupuesto anual entonces, y a pesar de los esfuerzos por establecer el Presupuesto-Programa en América Latina, no ha respondido ni a la planificación sectorial ni a la planificación regional.

En efecto, como se ha dicho, dentro de un proceso de racionalización y ordenación de las actividades del Estado, las políticas deberían definir las actuaciones del sector público en el largo plazo, y el Presupuesto debería considerarse como la expresión financiera de las actividades públicas en el corto plazo.

El Presupuesto, entonces, debería ser la traducción anual en cifras del Plan o, en otras palabras, el instrumento administrativo por excelencia para la ejecución anual del Plan; sin embargo, tal como se señaló, de la práctica administrativa y presupuestaria resulta no sólo que el Presupuesto no siempre refleja anualmente las metas y programas del Plan, sino que la técnica presupuestaria aún no está formulada para dar cabal ejecución de los Planes.

En efecto, antes del inicio de la utilización de las técnicas planificadoras, el solo medio administrativo con que contaba el Estado para ordenar y racionalizar los gastos e inversiones del sector público, era el Presupuesto. Este instrumento, por su perspectiva anual y esencialmente de corto plazo, sin embargo, no era suficiente ni adecuado para la orientación de un país hacia objetivos de desarrollo económico y social. La visión de largo y mediano plazo debía suministrarla la planificación, y de allí el inicio de los esfuerzos planificadores. Sin embargo, en lugar de que el sistema presupuestario (corto plazo) se amoldara al sistema de planificación adoptado (mediano plazo), aquél, por muchos años, siguió operando autónomamente, ignorando olímpicamente las funciones y exigencias planificadoras. Mientras las Oficinas de Planificación hacían esfuerzos enormes para ordenar y racionalizar las actividades públicas en sectores, programas y proyectos, el sistema presupuestario continuaba formulando anualmente el esquema financiero del sector público, ignorando los sectores y programas, y teniendo- como punto de referencia, exclusivamente, los diversos y múltiples organismos administrativos existentes en una anualidad determinada. Nuevamente, la estructura administrativa deformada y deformante, condicionaba y hacía que se le amoldara un sistema de racionalización de recursos como el presupuestario. La evidente contradicción que comenzó a surgir entre los Planes de desarrollo económico y social y los presupuestos anuales, elaborados cada uno aislada y autónomamente, provocó la preocupación surgida en el seno de la CEPAL y difundida por toda América Latina, de amoldar el presupuesto al Plan, a través del denominado Presupuesto-Programa.

En Venezuela, al mismo tiempo en que se comenzó a preparar el Primer Plan de la Nación, a partir de 1958, se inició la preocupación por reorientar el sistema de Presupuesto hacia los objetivos de la planificación. De allí que a partir de 1962 la técnica del Presupuesto-Programa se haya adoptado en una primera fase, al publicarse, como anexo a la Ley de Presupuesto, un Presupuesto por Programas y actividades, lo cual, si bien significó un paso importantísimo de avance en cuanto a la técnica presupuestaria, no logró introducir modificaciones efectivas en relación a la concepción del Presupuesto. Una década después, en la Ley de Presupuesto de 1971, un segundo paso de mejoramiento de la técnica presupuestaria enfocada hacia la utilización del Presupuesto-Programa se produce, al incorporarse a la misma Ley anual de Presupuesto el Presupuesto-Programa, y eliminarse la dualidad que existía hasta esa fecha entre una Ley de Presupuesto concebida en forma tradicional y un anexo contentivo del Presupuesto-Programa. Puede decirse entonces que a partir de 1971 se rompe definitivamente con la presentación tradicional del Presupuesto anual, al asignarse todos los recursos previstos en éste, por programas, subprogramas y actividades. (Véase José V. Rodríguez Aznar, *Elementos de Economía Presupuestaria,* Caracas, 1973). Pero si bien la "técnica" de formulación del Presupuesto por Programas puede decirse que ha sido adoptada definitivamente en Venezuela, lo cual permitirá el establecimiento de un control de metas, también puede decirse que, lamentablemente, no ha cambiado la concepción del sistema presupuestario, el cual, a pesar de los programas, sigue alejado del Plan y aferrado a la estructura administrativa tradicional.

En efecto, al iniciarse la formulación de los Programas como anexo a la Ley de Presupuesto en 1962, para la apertura de los programas no se siguió la orientación sectorial del sistema de planificación, sino que se efectuó con una total identificación con la estructura administrativa existente: se cambió la técnica aplicada al presupuesto, pero su concepción, subordinada a las divisiones administrativas en Ministerios, Direcciones y Divisiones, continuó inalterada. Lamentablemente, lo mismo sucedió después de la reforma presupuestaria de 1971, donde la concepción del Presupuesto continuó aferrada a la estructura institucional, pues los "programas" se formulaban, no con criterio sectorial, sino con criterio estrictamente institucional. En definitiva, con la formulación del Presupuesto-Programa a partir de 1971, se utilizó la técnica del Presupuesto-Programa, pero dicha técnica no se orientó realmente hacia la ejecución del Plan ni hacia la integración del sistema de presupuesto con el sistema de planificación, pues los programas siguieron sin coincidir con los programas del Plan, y éste no encontró su forma de ejecución anual en el Presupuesto. De ahí que una de las reformas efectuadas en 1971, haya sido la formulación sectorial de la Ley de Presupuesto en base a la misma concepción sectorial del Plan.

Por ello, la necesaria reforma del sistema de presupuesto, efectuada por la Ley Orgánica de Régimen Presupuestario de 1976, estuvo motivada por la existencia de un círculo vicioso, cuyo elemento clave era la administración defectuosa y tradicional, no estructurada para el desarrollo ni para la ejecución de planes.

En todo caso, debe tenerse presente que el Presupuesto, aparte de su necesaria formulación sectorial en el futuro, requiere también de una formulación institucional, y hasta tanto las instituciones administrativas mismas no se reformulen, aquél seguirá subordinado a la estructura administrativa tradicional, y así continuará siendo un elemento conspirativo contra la planificación.

En todo caso, como se dijo, el presupuesto debe significar la ejecución anual del plan de manera que en cinco períodos presupuestarios la acción del Estado, en esos períodos, signifique la aplicación de las directrices del plan.

Sin embargo esto no ha sucedido así, y ha sido, sólo recientemente cuando con la promulgación de la Ley Orgánica del Régimen Presupuestario de 1976, se establece, expresamente, que los Presupuestos anuales, deben responder, necesariamente, a los objetivos del Plan de la Nación.

En este sentido, la Ley Orgánica de Régimen Presupuestario establece expresamente la vinculación del presupuesto con el Plan de la Nación, al señalar que "los presupuestos públicos expresan el Plan de la Nación en aquellos aspectos que exigen del sector público asignar determinados recursos" (Art. 2°).

Por tanto el presupuesto anual, según la Ley del Régimen Presupuestario, debe responder al Plan de la Nación. Por ello, agrega esta Ley, que los presupuestos anuales son parte e instrumento de la planificación nacional y en su formulación deben seguirse lo que se indique en el plan operativo anual (Art. 2°).

En esta forma, la Oficina Central de Presupuesto de la Presidencia de la República debe elaborar de acuerdo a lo que establece el Plan de la Nación, un Plan Operativo Anual, conforme al cual se debe elaborar el Proyecto de Ley de Presupuesto.

Por último, debe señalarse que la formulación de los presupuestos por programa, conforme al Plan de la Nación, es lo que podrá permitir a la Contraloría General de la República ejercer el control de gestión que prevé el artículo de su Ley Orgánica.

2. Planificación y Estadística

Otra función Auxiliar de la Planificación, de enorme importancia, es la Función Estadística o La Función de Información. A los efectos del diagnóstico, en la primera fase de formulación del Plan es indispensable contar con suficiente información. Por tanto, la función estadística y el tratamiento de la información constituyen otro de los elementos centrales de la planificación y también, uno de los puntos de mayores defectos del proceso, ya que no se cuenta, en general, con suficiente información confiable en la Administración Pública para elaborar un adecuado diagnóstico.

Con el establecimiento, a partir de 1977, de la Oficina Central de Estadísticas e informática de la Presidencia de la República, en sustitución de la vieja Dirección General de Estadísticas y Censos Nacionales del Ministerio de Fomento, se le ha dado la valorización necesaria a esta importante función auxiliar de la planificación.

3. Planificación y Contabilidad

Hay otra función auxiliar de la planificación de enorme importancia y la cual tampoco ha tenido un desarrollo adecuado en el país, esta es la función de Contabilidad Pública o Contabilidad Gubernamental. Realmente, no se puede tomar una decisión confiable, si no se sabe, en determinado período de tiempo, cómo se ha gastado y en qué forma. El Estado venezolano en su Administración Pública Central nunca ha tenido un sistema de contabilidad adecuado. Esta se ha llevado, tradicionalmente, por la Contraloría General de la República, a los efectos de control fiscal, pero no a los efectos de la gestión, es decir, de poder tomar decisiones en base a la información contable. Esto condujo a que a mediados de los años 70, se haya decidido el establecimiento de la Dirección General de Contabilidad Pública en el Ministerio de Hacienda, hasta el punto de que la Ley Orgánica de la Administración Central ahora atribuye, a este Ministerio, formalmente, la función contable (Art. 26, ord. 10). Con esto se busca que haya contabilidad en el seno del propio Poder Ejecutivo, para que sirva de información a la Planificación y, en general, para la toma de decisiones.

4. Planificación y Reforma Administrativa

Por último, además del Presupuesto, de la Estadística y de la Contabilidad, la otra función auxiliar de la Planificación es la función de Reforma Administrativa. Tal como señalamos, no se puede ejecutar un plan, en forma adecuada, y ni siquiera formularlo, si no se precisa paralelamente quién va a invertir, quién va a ejecutar, quién va a administrar y cómo hacerlo; es decir, si no se formula también un plan de reforma o de transformación de la Administración Pública, a los efectos de lograr esa adecuada ejecución del plan.

Por ello, la Ley Orgánica de la Administración Central atribuyó a la propia Oficina Central de Coordinación y Planificación, la tarea de formular las reformas administrativas que deben hacerse a los efectos de que la Administración Pública pueda, simplemente, ejecutar el plan (Art. 47, ord. 13).

En otro sentido, la Oficina debe proponer paralelamente al Plan, la reforma administrativa y la transformación de la Administración Pública, a los efectos de que puedan los organismos públicos reformados, ajustarse a los objetivos del Plan.

REFERENCIAS BIBLIOGRÁFICAS, Sección Octava: Sobre la planificación del desarrollo económico y social, con particular referencia al sistema venezolano, véase: Allan R. Brewer-Carías: *Cambio Político y Reforma del Estado en Venezuela*, Madrid, 1975, pp. 394 a 414; Comisión de Administración Pública: "La Reforma del Sistema de Planificación" en *Informe sobre la Reforma de la Administración Pública Nacional*, Tomo II, Caracas, 1972; Cordiplan: *El proceso de planificación en Venezuela*, Caracas, 1968; *La planificación en Venezuela. Normas legales y reglamentarias*, Caracas, 1973; y *La planificación en América Latina*, Caracas, 1973; Chiyi Chen y Ramón Martín Mateo: *Aspectos Administrativos de la Planificación. El Sistema Venezolano*, Caracas, 1973; J. J. González Gorrondona, hijo: *La planificación económica y su aplicabilidad al caso venezolano*, Caracas, 1967; Fernando Garrido Falla: *Problemática jurídica de los Planes de Desarrollo Económico*, Madrid, 1975; Agustín Gordillo: Planificación, *Participación y libertad en el proceso de cambio*, Buenos Aires, 1973; Wilburg Jiménez Castro: *Introducción al Estudio de la Teoría Administrativa*, México, 1965, pp. 98 y ss.; Joseph H. Kaiser (ed.): *Planificación*, 2 vols., Madrid, 1974; Marcos Kaplan: *Aspectos políticos de la planificación en América Latina*, Caracas, 1971; Luis Lander y María Josefina de Rangel: *La Planificación en Venezuela*, Caracas, 1970; Fred David Levy, hijo: *La Planificación económica en Venezuela*, Caracas, 1968; Henrique Meier: "La Administración Prospectiva: una nueva tendencia del aparato administrativo del Estado moderno" en *Revista de la Facultad de Derecho*, UCAB, N° 19, Caracas, 1974-1975, pp. 211 a 271; Carlos Mouchet: *Aspectos legales e institucionales de la planificación del desarrollo*, Río Piedras, Puerto Rico, 1968; Pedro Muñoz Amato: *Introducción a la Administración Pública*, Tomo I, México, 1957; ONU (Cepal): *Aspectos Administrativos de la Planificación*, Documentos de un Seminario, New York, 1968, p. 461; Manuel Rachadell y Nelson Socorro: "Les aspects administratifs de la planificación au Venezuela" en *Bulletin de l'Institut International d'Administration Publique*, N° 19, Paris, 1971, pp. 357 a 590; Nelson Rodríguez G.: "Aspectos constitucionales de la planificación en Venezuela y América Latina" en *Archivo de Derecho Público y Ciencias de la Administración*, IDP, Vol. I, 1968-1969, Caracas, 1971, pp. 261 a 277; Nelson Rodríguez G. y M. Salomón de Padrón: "Nociones generales acerca de la planificación económico-social" en *Revista de la Facultad de Derecho*, UCV, N° 45, Caracas, 1970, pp. 108 a 138.

Sección Novena: LA ORDENACIÓN DEL TERRITORIO (1980)

El texto de esta Sección Novena es el del Parágrafo Décimo Quinto de la Primera Parte del libro *Fundamentos de la Administración Pública, Tomo I (Elementos Condicionantes de la Administración Pública)*, Editorial Jurídica Venezolana, Colección Estudios Administrativos, Caracas 1980.

I. CONCEPTO DE ORDENACIÓN DEL TERRITORIO

La incorporación progresiva de las perspectivas espaciales en las técnicas tradicionales de planificación económica y social a escala nacional en las últimas décadas, ha permitido ir delineando la política de ordenación de la ocupación del territorio, como una pieza esencial de la intervención del Estado en el proceso económico contemporáneo.

En efecto, en Venezuela se viene hablando de Ordenación Territorial, de esta idea de ordenar la ocupación de nuestro territorio, desde el inicio de la década pasada, particularmente, a nivel gubernamental.

El tema se había trabajado a nivel académico pero no había llegado al nivel público. Fue en 1970 cuando la Comisión de Administración Pública introdujo por primera vez el término, en documentos oficiales, dentro del proceso de Ordenación Sectorial de la Administración Pública y se comenzó a formular el esquema global de los cuatro grupos de fines fundamentales del Estado: los de Política y Administración General, los de Desarrollo Económico, los de Desarrollo Social y los de Desarrollo Físico y Ordenación del Territorio (Véase Comisión de Administración Pública. *Informe sobre la Reforma de la Administración Pública Nacional*, Caracas, 1972, Tomo 1, pp. 250 y 290). La Comisión siempre intentó poner énfasis en esta expresión, la cual nos parecía fundamental como ordenadora de la política del Estado.

Con posterioridad a esa fecha, sin duda durante el período de gobierno 1974-1979, y debido a la labor muy importante de algunos funcionarios de Cordiplan, en el sector público se difundió mucho la idea de la Ordenación del Territorio motivado por los problemas del desarrollo físico del país.

Pero la política pública de ordenación territorial no es nueva, aun cuando puede decirse que su formulación es relativamente reciente. Fue en la década de los años cincuenta cuando comenzó a formularse, particularmente en Europa y como consecuencia de las necesidades de reconstrucción territorial de la postguerra.

Una de las definiciones clásicas de ordenación territorial la formuló, así, Claudius Petit, Ministro de Urbanismo y Reconstrucción de Francia en el año 1950, precisamente, cuando este país estaba en su proceso de reconstrucción después de la postguerra. Petit definió en ese momento la política de ordenación del territorio como "la búsqueda en el ámbito geográfico de Francia de la mejor repartición de los hombres en función de los recursos naturales y de las actividades económicas". (Véase André de Laubadére, *Droit Public Economique*, París, 1979, p. 322). Esta definición ha sido, hasta ahora, la que más o menos ha sido repetida por todos los que se han ocupado de este proceso político. Quizás podría complementarse con otra definición de uno de los urbanistas más destacados de este siglo, Le Corbusier, quien definió la Ordenación del Territorio como "La organización, en el suelo, de los establecimientos humanos de manera de satisfacer mejor las aspiraciones humanas". (Véase Consejo de Europa, *Aménagement du Territoire*, 1968, p. 28).

Del análisis de ambas definiciones podrían sacarse las ideas centrales envueltas en esta política: en ambas se plantea, por una parte, la necesaria repartición de recursos humanos y de recursos económicos en el espacio, y por otra parte, la necesidad de organizar ese espacio para lograr una adecuada repartición de estos recursos humanos y económicos, en función de los recursos naturales renovables existentes en el territorio y con el objeto de satisfacer las aspiraciones humanas.

Coinciden con esta noción general J. M. Auby y R. Ducos Ader, al definir la Ordenación del Territorio como "la búsqueda que tiene por objeto organizar y repartir en el cuadro geográfico de un país, las diversas actividades humanas, en función de una normalización de las necesidades del individuo y de la colectividad". (Véase en *Droit Administratif*, Paris, 1973, p. 686).

Esta noción general de Ordenación del Territorio extraída de ambas definiciones, desde los años cincuenta se configura como una política estatal, que los Estados, en forma consciente o inconsciente han venido asumiendo, mediante la cual se busca coordinar toda medida del sector público que pueda tener influencia, directa o indirecta, en la utilización del espacio pues, en definitiva, puede decirse que el territorio se ve afectado por casi todas las actividades del sector público y, por supuesto, también por casi todas las actividades del sector privado. Como política estatal, se trata, siempre, de una política de largo plazo, pues no se puede resolver el problema de la ocupación ordenada del territorio en el corto plazo o en el mediano plazo. Siempre tiene que tratarse de una política de largo plazo.

Planteada en estos términos la noción de Ordenación del Territorio, es evidente que esta política no se limita a tratar problemas específicamente urbanos y del urbanismo, aun cuando, sin duda, fueron los urbanistas y los arquitectos los que por primera vez se plantearon el problema de la ordenación del territorio. Esta política tiene que ver, además de con los problemas urbanos o urbanísticos, con los problemas de localización industrial, de ordenación rural, de reforma agraria, de conservación y protección del ambiente. Se trata, por tanto, de una concepción que rebasa, en mucho, el tradicional ámbito urbano, pues con esta política se busca la ordenación general del desarrollo espacial de una sociedad, pues el desarrollo implica, como sucede en casi todas las actividades humanas, ocupación en una forma u otra, del territorio. Por eso, esta política debe tener en cuenta múltiples factores que siempre transforman la sociedad y aseguran utilizar el espacio.

En las recomendaciones que el Consejo de Europa formuló en esta materia hace algo más de una década, se precisó como objetivo de la ordenación del territorio "asegurarle al hombre y a sus comunidades, en una perspectiva a largo plazo, las mejores condiciones de vida materiales y morales, en un ambiente agradable y favorable al libre desenvolvimiento de la personalidad" (*op. cit.*, p. 10). De acuerdo a esta noción, resulta, por tanto, que la ordenación del territorio, como política estatal que se ha venido aplicando en muchos países europeos, busca una rectificación de las estructuras, que han venido siendo el resultado de un crecimiento económico más o menos espontáneo y de una explosión demográfica a veces incontrolada, para darles una configuración más adecuada al interés común. Con esta política de ordenación del territorio en definitiva, se busca modificar las condiciones económicas y sociales de un país. Por tanto, es algo mucho más complejo que el problema urbano, la ordenación urbana y el simple establecimiento de un sistema de ciudades.

A continuación analizaremos las motivaciones y objetivos de la Ordenación del territorio, su relación con la planificación, las áreas de acción de esta política, la organización administrativa para su ejecución y su vinculación con la ordenación urbanística.

II. LAS MOTIVACIONES DE LA ORDENACIÓN DEL TERRITORIO

1. Aspectos generales

Ahora bien, en todos los países en los cuales se ha aplicado esta política, ha habido una serie de motivaciones detrás de la misma. En primer lugar, la repartición geográfica racional de las actividades económicas y de allí que la localización y la desconcentración industrial siempre estén ligadas a la política de Ordenación del Territorio. En segundo lugar, el restablecimiento del equilibrio roto entre los centros urbanos y el campo que ha provocado la migración rural hacia las grandes ciudades, con la consiguiente marginalidad de las ciudades. En tercer lugar, el restablecimiento del equilibrio roto entre las diversas regiones de un país que ha provocado un desarrollo y crecimiento desigual y la aparición de regiones deprimidas. En cuarto lugar, el restablecimiento del equilibrio roto entre el centro y la metrópolis. Con la política de ordenación del territorio, se busca restablecer, si se quiere, los equilibrios rotos en esos campos.

Estas motivaciones, por supuesto, se plantearon con carácter dramático en Europa a comienzos de los años cincuenta, y vale la pena destacar la experiencia derivada de la doctrina y la práctica política francesas en materia de ordenación del territorio, porque allí, por motivaciones concretas de reconstruir un país en forma acelerada, se llevaron a la práctica soluciones que luego se han propagado en otros países.

El problema se planteó basándose en la observación que mostraba la híper concentración de hombres, de actividades y de capitales en una metrópolis, París, en relación al resto del país. De allí el célebre libro de Jean Gravier, muy importante en el estudio de la Ordenación del Territorio denominado París y el Desierto Francés (1947). Se constataba, en efecto que el resto de Francia era un desierto en relación a una sola concentración económica, humana y financiera que era París. Esa concentración había producido, por supuesto, una desventaja o una situación de inferioridad de otras regiones y ciudades.

En base a estas realidades, esta política que se inicia en Francia tenía por objeto, en primer lugar, intentar frenar la concentración asfixiante alrededor de los polos de actividad tradicional del país, particularmente París y la región parisina; en segundo lugar, equilibrar el crecimiento urbano, repartiéndolo en un mayor número de ciudades y, por tanto, en desconcentrar la concentración urbana de la región parisina; en tercer tugar, provocar una mejor utilización del espacio y de los recursos naturales renovables, en beneficio de la población residente en zonas rurales, para así evitar o mitigar la migración hacia las ciudades y controlar el crecimiento de las propias ciudades; y cuarto lugar, intentar alcanzar, de un modo general, un desarrollo equilibrado sobre el conjunto del territorio utilizando el espacio de manera óptima a las necesidades de la población.

Estas motivaciones se plantearon en Francia, como se dijo, en los años cincuenta, y en general, puede señalarse que son derivadas de la explosión demográfica, del fenómeno de urbanización, de la concentración económica y de la crisis del mundo rural.

2. Aspectos específicos

A. La explosión demográfica

El primer elemento que motiva la necesidad de una política de ordenación del territorio, es la violenta explosión demográfica que ha tenido, tiene y tendrá nuestro país. Debe tenerse en cuenta que la población estimada de Venezuela, en 1900 era de 2.400.000 habitantes; en 1930 era de 3.360.000; en 1950, de 5.034.000; en 1975 de 11.000.000 y en la actualidad, en 1980, de 14.785.000, sin incluir en esta cifra la población marginal-ilegal que se ha asentado en el país en los últimos años y que llevan a que se estime que en la actualidad tengamos cerca de 18.000.000 de habitantes. Según los cálculos de Coplanarh, la población para el año 2000 llegará a cerca de 30.000.000, por lo que, ésta se doblará cada 25 años. (Coplanarh, *La agricultura deseable. Una Prospección del año 2000*, Caracas, 1974).

Esta situación exige que el país se plantee una solución a largo plazo para atender, distribuir y conocer su población, y asegurar una ocupación racional del territorio.

B. El fenómeno de urbanización

Otro elemento que motiva la necesidad de definir una política de ordenación del territorio en el largo plazo, es el fenómeno violento de urbanización que hemos tenido en Venezuela en las últimas décadas, y que ha provocado que en 40 años se haya invertido la proporción de población rural urbana.

En efecto, de acuerdo a la estimación que ha hecho el Proyecto Ven-11 sobre Urbanización en Venezuela, en 1936 la población urbana representaba un 28,9 por ciento y la rural un 71,10 por ciento; en 1961, esa proporción era de 67,5 por ciento urbana y 32,5 por ciento rural; en 1970, del 75 por ciento urbana y 25 por ciento rural; y se estima que para 1980 la proporción es del 80 por ciento urbana y del 20 por ciento rural. Por otra parte, en la mayoría de los Estados centrales y costeros, la importancia relativa de la población urbana era en 1970, muy notoria: 99 por ciento en el Distrito Federal; 86 por ciento en el Estado Aragua; 84 por ciento en el Estado Carabobo; 81 por ciento en el Estado Miranda y 86 por ciento en el Estado Zulia. (Proyecto Ven-11, Cordiplan, ONU, *Urbanización en Venezuela. Estado actual de la investigación*. Tomo II. Caracas, 1971).

C. La concentración económica

El tercer elemento que motiva la necesidad de una política de ordenación del territorio, también característico de nuestro país, además de la explosión demográfica y el fenómeno de urbanización, es la centralización o concentración económica urbana.

En efecto, casi toda la actividad económica en nuestro país está concentrada en las grandes ciudades. Según cifras del Proyecto Ven-11-Cordiplan, para 1961, la concentración económica en las grandes ciudades, con más de 100.000 habitantes era la siguiente: el 65 por ciento de la gran industria; el 72 por ciento de la mediana industria; el 90 por ciento de la pequeña industria; y el 71 por ciento de la actividad artesanal. Estos porcentajes, sin duda, han aumentado, precisamente en las dos últimas décadas, mostrando un alto peso de la aglomeración urbana como factor de localización de la actividad industrial. Nuestras ciudades, por tanto, no han sido sólo un factor de aglomeración poblacional, sino de concentración de producción.

Por otra parte debe tenerse en cuenta que para 1961, en diez grandes ciudades del país estaba concentrado el 70 por ciento del empleo fabril del país: el 37 por ciento del empleo fabril estaba localizado en Caracas, y el 55 del mismo estaba localizado en sólo tres grandes ciudades: Caracas, Valencia y Maracay.

Por otra parte, esta concentración económica ha producido una disparidad regional desde el punto de vista industrial: en 1961, la Región Capital tenía el 41 por ciento de empleo fabril con un área territorial de 1 por ciento en relación a todo el país, frente a Regiones como Guayana con un 23 por ciento de área territorial y apenas un 4 por ciento de empleo fabril, lo cual, sin duda, ha variado en los últimos años. Esta disparidad regional es necesario corregirla, en una forma u otra, mediante una adecuada política de ordenación del territorio.

Otro factor que debe tomarse en cuenta, es la alta concentración industrial en ejes urbanos; por ejemplo, la región capital en 1961, tenía la mayor concentración industrial de todo el país, con un 41 por ciento del empleo fabril. En toda la Región Central y Capital, por otra parte, la concentración del empleo fabril alcanzaba a un 65 por ciento, y en ciertas actividades industriales, los porcentajes llegaban a niveles realmente importantes: por ejemplo, en las industrias de vestuario, calzado y muebles la proporción llega hasta el 96 por ciento del empleo fabril.

D. La crisis del mundo rural

Además de esos factores de concentración económica en los centros urbanos, de explosión demográfica, y de urbanización, también motiva la necesidad de una política de ordenación del territorio, la crisis que ha sufrido, en nuestro país, el mundo rural, en particular, por la explotación petrolera y el abandono de las actividades agropecuarias, habiendo provocado el éxodo rural hacia las ciudades, con el consiguiente proceso de marginalización urbana o de ruralización de las ciudades que ha venido sufriendo nuestro país en los últimos años.

III. LOS OBJETIVOS DE LA POLÍTICA DE ORDENACIÓN DEL TERRITORIO

La ordenación del territorio, como política que tiende a ordenar y distribuir en el espacio, las actividades económicas y humanas en la forma más adecuada, teniendo en cuenta las aspiraciones individuales y colectivas y la protección de los Recursos Naturales es, sin duda, una necesidad que se deriva de esa desigualdad de población, de esa disparidad en el empleo, de esa desigualdad de nivel de vida, y de esa concentración urbana que hemos sufrido en nuestro país.

Políticamente, sin embargo, aun cuando resulta una necesidad, hasta hace pocos años no se había definido una acción pública en el campo de la ordenación del territorio. Había manifestaciones aisladas, pero no había habido una manifestación pública formal sobre los objetivos de una política de la ordenación del territorio.

Debe destacarse, sin embargo, que estas definiciones comienzan en 1974 y la primera manifestación está en los considerandos del Decreto N° 168 de 11-6-74, destinado a crear una Comisión para la definición del programa gubernamental de viviendas. Sin embargo, aun cuando su objetivo era otro, en sus considerandos se definieron, por primera vez, a nivel público, los objetivos de una política de ordenación del territorio.

El Decreto señalaba que la mencionada Comisión debía formular el programa de vivienda, "en el marco de una política integral de desarrollo espacial que debía corresponderse con los siguientes aspectos:

1. Una mejor distribución de la riqueza que beneficie prioritariamente a los sectores de menores ingresos y a las localidades menos favorecidas;

2. Un desarrollo regional armónico que permita corregir y superar el desequilibrio entre las grandes ciudades y el resto del país;

3. Un impulso eficaz y coordinado al desarrollo del sector agrícola, que mejore las condiciones de habitabilidad del agro venezolano y cree las infraestructuras adecuadas para el fomento de las actividades del sector;

4. El uso más racional de los factores productivos y fundamentales del factor humano, con miras a estimular el empleo, y

5. La desconcentración urbana, mediante la creación de las condiciones económicas, sociales y culturales necesarias que permitan detener el flujo migratorio a las ciudades".

Estos considerandos del Decreto N° 168, constituyeron el primer acto oficial y público mediante el cual, quizás sin quererse, se definió lo que podría ser, en nuestro país, los objetivos de una política de ordenación de un territorio.

Con posterioridad a ese Derecho, se elaboró para el Ministerio de Obras Públicas, con vista al futuro Ministerio del Ambiente y de los Recursos Naturales Renovables, en noviembre de 1976, un Anteproyecto de Ley Orgánica de la Ordenación del Territorio, en el cual se definieron los objetivos de la política de ordenación del territorio, en la forma siguiente:

1. La definición de los mejores usos de los espacios, de acuerdo a sus capacidades, condiciones específicas y limitaciones ecológicas;

2. El establecimiento de criterios prospectivos y principios que orienten los procesos de urbanización, industrialización, desconcentración económica y poblamiento;

3. La mejor distribución de la riqueza que beneficie prioritariamente a los sectores y regiones de menores ingresos y a las localidades menos favorecidas;

4. Un desarrollo regional armónico que permita corregir y superar el desequilibrio entre las grandes ciudades y el resto del país, y entre unas regiones y otras;

5. Un desarrollo agrícola y el ordenamiento rural, para mejorar las condiciones de habitabilidad del agro y para la creación de la infraestructura necesaria para el fomento de las actividades del sector;

6. El uso más racional de los factores productivos y, fundamentalmente, del factor humano, con miras a estimular el empleo;

7. El proceso de urbanización y la desconcentración urbana, mediante la creación de las condiciones económicas, sociales y culturales necesarios que permitan detener el flujo migratorio a las ciudades;

8. La desconcentración y localización industrial con el objeto de lograr un desarrollo económico más equilibrado y un racional aprovechamiento de los recursos naturales;

9. La definición de los corredores o grandes líneas y redes de transporte;

10. La protección del ambiente, y la conservación y racional aprovechamiento de las aguas, de los suelos, de los recursos forestales y demás recursos naturales renovables;

11. La descentralización y desconcentración administrativa regional, a los efectos de lograr una más adecuada participación de las regiones y de los Estados y Municipios en las tareas del desarrollo nacional.

Este documento no tuvo mayor circulación pero recogió, por primera vez, algunas ideas a nivel de articulado sobre lo que podrían ser los objetivos de una Ley Orgánica de Ordenación del Territorio. (Recientemente ha sido publicado en el apéndice del estudio que elaboramos para la Comisión Especial de la Cámara de Diputados sobre Ordenación del Territorio, que tiene por título: El sistema de economía mixta: libertad económica, planificación y ordenación del territorio, Caracas, 1980 (mimeo), 180 pp.).

Con anterioridad a la elaboración de ese documento se produjo otra manifestación pública de importancia en materia de definiciones políticas en torno a la ordenación del territorio, y fue la célebre carta del Presidente de la República, el 2 de septiembre de 1974, mediante la cual devolvió al Congreso el Proyecto de Ley sobre Conservación, Protección y Mejoramiento del Ambiente que había sido sancionado el 1° de agosto del año 74, a los efectos de su reconsideración por el órgano legislativo. En esta carta, por primera vez se incorpora, dentro del lenguaje político oficial, la idea de ordenación al territorio, y podría incluso decirse que la razón fundamental por la cual se devolvió la Ley de Conservación, Protección y Mejoramiento del Ambiente al Congreso, fue porque esa Ley se había redactado en forma aislada frente al problema de la ordenación del territorio, considerándose, al contrario, que la política de Conservación. Mejoramiento y Protección del Ambiente debía estar encuadrada en una política más general, de ordenación del territorio, la cual debía comprender, no sólo los problemas relativos a la conservación del ambiente, sino problemas tales como la regionalización, la urbanización, la localización industrial, el sistema de ciudades, etc.

En efecto, según la opinión del Presidente la Ley sólo atacaba un aspecto del problema general que debía regular y, decía en la carta, luego de una serie de consideraciones, que lo obligaban a "sostener que el problema de la conservación, protección y mejoramiento del ambiente, al que atiende de manera preferente la ley, es sólo un aspecto de una problemática más amplia y compleja en la cual es imposible inadvertir cuestiones como desconcentración industrial, aprovechamiento racional de los recursos naturales, planificación de la población y de los asentamientos humanos; utilización racional de las fuentes energéticas para garantizar la armonía entre las necesidades del hombre y del medio; ordenación territorial; proceso de regionalización del país, y, en general, desarrollo de una educación y de una cultura que propenda al mejoramiento de la calidad de la vida de los venezolanos de hoy y de las generaciones futuras".

Agregaba el Presidente que la Ley sancionada por el Congreso, era incompleta, pues deja de regular otros factores (además de la conservación, protección y mejoramiento del ambiente) que inciden sobre el problema y constituyen cuestiones de necesaria consideración".

En otras partes de esta carta señalaba: "En este orden de ideas, la planificación del desarrollo debe efectuarse dentro del marco especial que implemente la ordenación del territorio y nos permita establecer jerarquías y funciones al sistema de ciudades.. " (Publicada en *El Nacional*, septiembre, 1974).

La Ley Orgánica del Ambiente de junio de 1976, recogió los principios que el Presidente expuso en su carta del año 1974, y vincula, sin duda, toda la problemática del ambiente con la más amplia de la ordenación del territorio. Inclusive, a los efectos de la Ley, dice el artículo 3°: "La conservación, defensa y mejoramiento del ambiente comprenderá: 1) La ordenación territorial y la planificación de los procesos de urbanización, industrialización y poblamiento y desconcentración económica en función de los valores del ambiente" y luego, en el artículo 7° al hablar del Plan Nacional de Conservación, Defensa y Mejoramiento del Ambiente, dice que deberá contener, "1) La ordenación del territorio nacional"; es decir, de nuevo menciona, en primer lugar, la problemática de la ordenación del territorio.

Posteriormente, en virtud de lo establecido en la Ley Orgánica de la Administración Central de diciembre de 1976, en abril de 1977 comenzó a funcionar el Ministerio del Ambiente y de los Recursos Naturales Renovables, con lo cual se precisaron aún más, en el sector público, los elementos básicos de la política de ordenación del territorio.

En efecto, al regular las competencias de los Ministerios, es la Ley Orgánica de la Administración Central la que precisa, diversas competencias de organismos públicos en materia de ordenación territorial. En efecto, en su artículo 47, ordinal 6°, atribuye a Cordiplan, la facultad de "Proponer los lineamientos generales de la planificación física y espacial a escala nacional y coordinar, conforme a dichos lineamientos, la planificación que se hiciese a nivel regional y urbanístico". A la vez, la Ley Orgánica, en su artículo 36, ordinal 6°, atribuyó al Ministerio del Ambiente y de los Recursos Naturales Renovables la facultad de "cooperar en la planificación y ordenación físico-espacial del territorio nacional, en coordinación con los demás organismos competentes". Dicho artículo le atribuyó, además, la facultad de formular, controlar y vigilar la política del uso de la tierra y las autorizaciones para el uso y desarrollo de las tierras por parte de los organismos públicos nacionales. El ordinal 1° del mismo artículo le atribuyó, además al Ministerio, "La elaboración y establecimiento de normas que orienten el proceso de utilización de la tierra".

Otra de las funciones del Ministerio del Ambiente y de los Recursos Naturales Renovables, de acuerdo al ordinal 20 del artículo 36 de la Ley es "La adecuación y coordinación de las actividades de la Administración Pública, en cuanto tengan relación con el ambiente y las recursos naturales renovables y, en particular, las relativas a los procesos de urbanización, industrialización, desconcentración económica, desarrollo agrícola y ordenación del territorio, en coordinación con los Ministerios responsables de estas áreas".

En esta forma, con la creación del Ministerio del Ambiente y de los Recursos Naturales Renovables en la Ley Orgánica de la Administración Central, se crea, además, en nuestro criterio, la autoridad para la ordenación del territorio.

Sin embargo, y directamente relacionado con el proceso de regionalización, se atribuye a Cordiplan la facultad de "Coordinar las actividades de desarrollo regional, con la finalidad de asegurar el cumplimiento por parte de los organismos de la Administración Pública Nacional y las Corporaciones Regionales de Desarrollo, las empresas del Estado y demás entes de la Administración Descentralizada, de las políticas, planes, programas y proyectos de ordenación territorial, desarrollo regional y desconcentración económica (Art. 47, ord. 18).

En todo caso, sin duda, corresponde al Ministerio del Ambiente y de los Recursos Naturales Renovables ejercer la autoridad en el campo de la ordenación del territorio, y por ello, en su Plan de Acción definido en 1977 se incorpora "la ordenación de la ocupación del territorio nacional" como uno de sus Programas Básicos, y se dice "La distribución de la población, así como de las propias actividades de producción de bienes y servicios ante la dinámica del crecimiento económico como consecuencia de la puesta en marcha de las políticas de desarrollo económico, pueden generar transformaciones no deseables del equilibrio que debe existir entre las áreas urbanas y las áreas rurales, al demandar nuevas áreas de ocupación. Este proceso debe ser dirigido mediante instrumentos de planificación que definen y concreten la utilización de los recursos naturales renovables y de los espacios geográficos, en concordancia con la política de desarrollo económico de nuestro país". De lo anteriormente señalado puede concluirse que en el sector público, quizás sin quererlo porque no había un criterio claro y determinado tendiente a establecer los instrumentos legales básicos, en la última década se ha venido delineando una política de ordenación al territorio legalmente establecida, así como la autoridad administrativa de la ordenación del territorio.

IV. LA ORDENACIÓN DEL TERRITORIO Y LA PLANIFICACIÓN

La política de ordenación del territorio, necesariamente incide, en su aplicación, en la planificación. Siendo una política de largo plazo tiene, por tanto, que ser planificada y ello ha provocado el que la misma planificación tradicional adquiera una nueva dimensión.

1. Una nueva dimensión de la planificación

En efecto, la ordenación del territorio, como política estatal, ha dado una nueva dimensión a la planificación, pues implica una planificación en el espacio, de largo plazo. (Véase Ramón Martín Mateo, *Ordenación del Territorio*, Caracas, 1980). Por tanto, incorpora, al factor temporal tradicional de la planificación, económico-social, el aspecto espacial, dándole a la vez una nueva dimensión a los planes territoriales. En efecto, tradicionalmente, la planificación económica y social no tenía una concreción espacial, y la planificación territorial se reducía a los planes urbanos.

Con la política de ordenación territorial, sin embargo, se tiene conciencia de que el plan territorial no se agota en los planes urbanos y que un plan de ordenamiento territorial debe abarcar actividades no urbanas, de carácter agrícola, de carácter minero o de explotación forestal. Por tanto, lo urbano no es el único objetivo de la ordenación del territorio aun cuando lo abarque. Por tanto, lo urbano quedó como parte del problema, no como la esencia del mismo.

Esta clasificación entre lo territorial, más amplio, y lo urbano, más restringido, sin embargo, es relativamente reciente. Dos décadas atrás, la ordenación del territorio se vinculaba casi sólo con lo urbano, y por ello, los proyectos de Ley que se elaboraron en esta materia, en el Ministerio de Obras Públicas, en los años sesenta, fueron Proyectos de Ley de Ordenamiento Territorial y Urbano. Pienso que ahora el panorama está más claro, y que en lugar de regular todo en una Ley, necesitamos más bien una Ley de Ordenación Urbanística y otra de Ordenación del Territorio.

La planificación territorial o espacial, en este sentido de ordenación del territorio, implica previsiones a largo plazo, como estrategia o política, que supera los lapsos medianos tradicionales de la planificación económica y social.

Además, la ordenación del territorio exige, necesariamente, una planificación del desarrollo a escala regional. En cambio, ésta no ha sido indispensable, en nuestro país, para la planificación económico-social.

Por último, la ordenación del territorio, como política de largo plazo, lleva a que se tengan que incorporar a la propia planificación nacional de carácter económico y social, elementos de carácter espacial. Por tanto, ante una política de ordenación del territorio, no basta con elaborar, por ejemplo, un plan del sector manufacturero, o un plan del sector agrícola, si no hay, con ellos, elementos espaciales que establezcan claramente la localización y el desarrollo de determinadas regiones, en relación a esas actividades de carácter económico. Por tanto, la política o los planes de ordenación del territorio, van a provocar, necesariamente, que se incluya la ordenación del territorio en los planes sectoriales.

Finalmente, y dentro de esta nueva dimensión de la planificación, la política de ordenación del territorio le ha reafirmado a la planificación territorial su carácter imperativo.

En efecto, contrariamente a lo que sucede en materia de planificación económico-social en un sistema de economía mixta como el nuestro, en la cual la planificación es, en principio, imperativa para el sector público e indicativa para el sector privado, en el campo de la planificación físico-espacial o territorial, la planificación siempre es imperativa, tanto para el sector público como para los particulares. Esta imperatividad siempre ha existido, en principio, a nivel urbanístico, pero deberá reafirmarse en los niveles nacionales y regionales. No tendría sentido un plan nacional de ordenación del territorio o los planes regionales, si éstos no fueran estrictamente obligatorios tanto para los órganos estatales como para los particulares.

2. Los niveles de la planificación territorial

La política de ordenación del territorio, como política de largo plazo y como nueva dimensión de la planificación, se desarrolla, necesariamente en diversos niveles territoriales: Un nivel nacional, un nivel regional y un nivel local urbano.

A. La política nacional

En primer lugar, se ha planteado la posibilidad de un Plan Nacional de Ordenación del Territorio, y puede decirse que sobre ello no hay consenso, ni en las experiencias comparadas de planificación territorial ni en quienes han discutido el problema de la ordenación del territorio en nuestro país.

En efecto, un Plan Nacional de Ordenación del Territorio sería, para algunos, una versión espacial del Plan de desarrollo económico y social y para otros, constituiría una política de ocupación del territorio, que se basa en las previsiones del plan económico y social, pero que tiene su propia individualidad.

Pensamos, en todo caso, que debe tenderse a una vinculación entre todos los mecanismos de planificación, dentro de un Plan Nacional.

Por ello, por supuesto, si se establece a nivel nacional un plan de ordenación del territorio, éste tiene que estar vinculado al Plan de la Nación, y ser, sin duda, hasta cierto punto, la versión o la expresión cartográfica y física de ese plan de desarrollo económico y social.

El contenido de un Plan Nacional de Ordenación Territorial, por supuesto, no podría ser otro que un contenido de carácter general donde se establezcan los lineamientos generales para la mejor utilización del suelo, para controlar y organizar la expansión urbana, para delimitar las grandes áreas y espacios verdes, para establecer los lineamientos de la preservación del ambiente, de la atracción industrial, del desarrollo turístico, etc. Es decir, se trata de un Plan donde deben preverse los grandes lineamientos de la utilización del espacio, ordenando el territorio de acuerdo con los imperativos que exige el óptimo aprovechamiento de ese territorio y aprovechándose, también, las mayores ventajas económicas y sociales de las actividades que se localicen en ese territorio.

Lo cierto es que un Plan Nacional de Ordenación del Territorio tiene un destinatario básico: Sin duda, no es el sector privado, sino el sector público, porque si en el país hay y ha habido un desequilibrio y un proceso de ocupación irracional del territorio, ello se debe al propio Estado. Puede decirse que el Estado, directa o indirectamente, ha sido el primer degradador del ambiente y es el primer ocupador del territorio porque, en definitiva, aun cuando sean particulares los que actúan y ocupen el territorio, ello es posible porque el Estado lo autoriza, lo permite o, simplemente, no lo controla.

Por ello, el primer destinatario de un Plan Nacional de Ordenación del Territorio y de una Ley de Ordenación del Territorio, es el sector público. Este Plan Nacional, por ejemplo, cuando establezca los lineamientos para la adopción de decisiones básicas tendientes a determinar cuál es el destino de las distintas zonas del país, agrícola, mineras, industriales, turísticos, administrativos, mixtos, etc., su destinatario será el Estado; o cuando establezca los grandes trazados de vías de comunicación, puentes, autopistas, carreteras, aeropuertos, ferrocarriles, etc., su destinatario será el Estado. El Plan, en realidad, lo que busca es ordenar la acción del sector público, pues lo que no puede seguir sucediendo es que, por ejemplo, el Ministerio de Transporte y Comunicaciones, por su cuenta, defina el trazado de línea de ferrocarril y defina donde debe estar localizado un aeropuerto; y que el Ministerio de Desarrollo Urbano, por ejemplo, establezca determinados criterios de urbanización para las ciudades; o que el Ministerio de Fomento, por ejemplo, determine aisladamente los criterios de localización industrial; o que Corpoindustrias, también, aisladamente, determine dónde debe construirse un parque industrial. La actuación aislada de los organismos públicos en estos casos, hasta ahora, ha constituido un elemento degradante del territorio. Por tanto, todos esos lineamientos implícitos en la ordenación del territorio tienen como destinatarios al sector público, porque en definitiva, el sector privado, también actúa por autorización, permiso o licencia del sector público.

Dentro de esta orientación, por tanto, un Plan Nacional de Ordenación del Territorio debe contener los grandes lineamientos del uso o destino del suelo, los grandes trazados de las vías de comunicación, así como la localización de puertos y aeropuertos; las grandes obras de protección o aprovechamiento de los recursos naturales; el sistema de ciudades a nivel regional; la defensa de las fronteras; la demarcación de los grandes Parques Nacionales y zonas protectoras; la localización de los grandes complejos industriales y mineros; y la política de protección del ambiente.

B. La planificación regional

Por supuesto, el Plan Nacional que defina esas grandes líneas y políticas de acción, tanto pública como privada, para la ocupación del territorio, debe ser concretado, necesariamente, a nivel regional.

Por tanto, la planificación regional es quizás, el campo en el cual la ordenación del territorio adquiere real sentido. Ahora bien, no habiendo, en nuestro país, hasta ahora, una política nacional de ordenamiento territorial bien definida, es posible que ello haya contribuido a que los intentos de planificación regional que se han venido haciendo en los últimos años, no hayan cristalizado.

En todo caso, la política de ordenación del territorio tiene, necesariamente, un reflejo regional, al tener por objeto el restablecimiento de un equilibrio entre las regiones a escala nacional, o una mejor repartición de actividades en ellas teniendo en cuenta la vocación específica de cada región, o asegurar el desarrollo prioritario de una región en relación a otra. Por otra parte, es precisamente a escala regional que esa política tiene sentido, ya que la única forma de concretar un plan nacional de ordenación del territorio, es a nivel de región. Es precisamente en los planes regionales donde puede, en concreto, establecerse las medidas específicas destinadas a orientar la localización de industrias, el establecimiento de parques industriales, la creación de parques nacionales y de un sistema de áreas verdes, la creación y desarrollo de un sistema de transporte, la localización de desarrollos agrícolas, el establecimiento de universidades y centros educativos, la ubicación de conjuntos residenciales y poblacionales, etc. En esta forma, el plan regional es el que puede, en concreto, desarrollar los lineamientos generales del plan nacional.

C. Los planes urbanísticos

En el tercer nivel de la política de ordenación del territorio están, por supuesto, los planes reguladores urbanos, ya que la planificación urbana también forma parte del proceso de ordenación del territorio, aun cuando dentro del ámbito más reducido de la ciudad.

En todo caso, a nivel urbanístico deben estructurarse planes reguladores o maestros que establezcan, en el ámbito de la ciudad, los grandes criterios para la determinación del uso del suelo urbano. En este sentido, ese plan regulador o maestro debe contener las áreas de expansión y crecimiento de la ciudad; el trazado de las vías centrales de comunicación; la distribución de las zonas urbanas y su destino; el sistema de parques, áreas recreativas y deportivas públicas; los índices generales de los servicios urbanos; el sistema de transporte, etc.

Estos planes maestros deben desarrollarse luego, mediante planes de desarrollo urbano local, conforme a los cuales debe determinarse la zonificación. En estos planes locales deben precisarse el destino concreto de los diversos sectores de suelo urbano; la densidades de población en función de los servicios y de las obras de infraestructura urbana; las características de las edificaciones; el trazado concreto de las vías de comunicación; la ubicación de las edificaciones públicas; las dimensiones mínimas de las parcelas; las zonas libres y espacios verdes; el porcentaje de la superficie de los terrenos a urbanizar que deben ser cedidos para las vías de comunicación y parques; etc.

3. Las autoridades de planificación en materia de ordenación territorial

A. Nivel nacional

La actividad de planificación en materia de ordenación del territorio a nivel nacional, puede decirse que está compartida entre la Oficina Central de Coordinación y Planificación y el Ministerio del Ambiente y de los Recursos Naturales Renovables.

En efecto, de acuerdo a lo establecido en el ordinal 6° del artículo 47 de la Ley Orgánica de la Administración Central, corresponde a Cordiplan la atribución de "proponer los lineamientos generales de la planificación física y espacial en escala nacional y coordinar, conforme a dichos lineamientos, la planificación que se hiciese a nivel regional y urbanístico". Por tanto, Cordiplan debe elaborar la estrategia, de largo plazo, para el ordenamiento territorial, debiendo los planes regionales elaborarse conforme a esos lineamientos.

Sin embargo, a nivel nacional, no debe olvidarse que el Ministerio del Ambiente y de los Recursos Naturales Renovables conforme a lo previsto en el ordinal 22 del artículo 36 de la Ley Orgánica de la Administración Central, debe asumir las competencias atribuidas por la Ley Orgánica del Ambiente, tanto al Consejo Nacional del Ambiente como a la Oficina Nacional del Ambiente, por lo que debe "elaborar, en consulta con la Oficina Central de Coordinación y Planificación, el Plan Nacional de conservación, defensa y mejoramiento ambiental (Art. 11, ord. 4, de la Ley Orgánica del Ambiente).

Este Plan Nacional de Conservación, defensa y mejoramiento ambiental, que formará parte del Plan de la Nación, conforme a lo previsto en el artículo 7° de la Ley Orgánica del Ambiente, en realidad no es otra cosa que el Plan Nacional de Ordenación del Territorio, tal como resulta de su contenido específico en ese mismo artículo de la Ley Orgánica:

1. La ordenación del territorio nacional según los mejores usos de los espacios de acuerdo a sus capacidades, condiciones específicas y limitaciones ecológicas;

2. El señalamiento de los espacios sujetos a un régimen especial de protección, conservación o mejoramiento;

3. El establecimiento de criterios prospectivos y principios que orienten los procesos de urbanización, industrialización, desconcentración económica y poblamiento en función de los objetivos de la Ley;

4. Las normas para el aprovechamiento de los recursos naturales basadas en el principio del uso racional de los recursos, en función de los objetivos de la Ley.

Por tanto, conforme a los lineamientos que establezca Cordiplan, y en consulta con dicha Oficina, el Ministerio del Ambiente y de los Recursos Naturales Renovables debe elaborar el Plan Nacional de Ordenación del Territorio, denominado Plan Nacional de conservación, defensa y mejoramiento ambiental, el cual debe formar parte del Plan de la Nación.

Este Plan Nacional de Ordenación del Territorio, o Plan Nacional de Conservación, Defensa y Mejoramiento Ambiental, es obligatorio para todos los entes públicos conforme lo establece expresamente la Ley Orgánica del Ambiente, en el sentido de que todos los organismos de la Administración Central "deberán programar y ejecutar sus actividades de acuerdo con las previsiones del Plan" (Art. 6°).

B. Nivel regional

De acuerdo a la Ley Orgánica de la Administración Central, Cordiplan, tiene como atribución coordinar, conforme a los lineamientos generales de la planificación física y espacial que proponga, "la planificación que se hiciere a nivel regional" (Art. 47, ord. 6°); y de acuerdo con lo establecido en el último Decreto sobre Regionalización y Participación de la Comunidad en el Desarrollo Regional de 1980, corresponde a las Oficinas Regionales "elaborar los proyectos de planes regionales conforme a los lineamientos de política que le presenten la Oficina Central de Coordinación y Planificación y el Consejo Regional de Desarrollo" (Art. 19, ord. 1°).

Por tanto, deberían ser los ORCOPLANES a nivel regional, las autoridades de planificación regional en materia de ordenación del territorio,

C. Nivel urbanístico

De acuerdo con lo establecido en el artículo 30 de la Constitución, siendo el urbanismo una competencia municipal, corresponde a los Concejos Municipales la adopción de los planes de ordenación urbanística. (Véase Allan R. Brewer-Carías, *Urbanismo y Propiedad Privada*, Caracas, 1980). Sin embargo, de acuerdo a lo establecido en la nueva Ley Orgánica de Régimen Municipal, dichos planes de desarrollo urbano, deben elaborarse "en acuerdo con las normas y procedimientos técnicos establecidos por el Poder Nacional" (Art. 7°, ordinal 3°). Por otra parte, los planes municipales sólo entrarán en vigencia, una vez aprobados por el Ministerio de Desarrollo Urbano (Art. 7°, ord. 3°), organismo nacional que tiene competencia para establecer, coordinar y unificar dichas normas y procedimientos (Art. 37, ord. 6° de la Ley Orgánica de la Administración Central.

Por otra parte, debe mencionarse que de acuerdo a lo establecido en el artículo 3° del Reglamento N° 3 de la Ley Orgánica del Ambiente sobre Normas para la Ordenación del Territorio, una vez determinada las áreas de expansión de las ciudades, el Ministerio de Desarrollo Urbano tiene atribución para elaborar el esquema de uso del suelo, siguiendo los lineamientos técnicos que le suministren los Ministerios de Agricultura y Cría del Ambiente y de los Recursos Naturales Renovables. Sin embargo, en las resoluciones conjuntas que se han dictado por esos tres Ministerios publicadas en *Gaceta Oficial*, N° 2417, Extraordinaria, del 7-3-79, se ha ido mucho más lejos, y se han definido usos de la tierra urbana al establecerse, físicamente, la clasificación general de las áreas respectivas.

V. ÁREAS DE ACCIÓN DE LA POLÍTICA DE ORDENACIÓN DEL TERRITORIO

Una política de ordenación del territorio no sólo exige comprometer a todo el sector público en su aplicación, pues todo el desarrollo nacional está comprometido en la ocupación de un territorio, y no sólo implica redefinir la planificación y establecerle nuevos niveles, sino que también implica controlar las actividades del Estado que tienen mayor relación con la ocupación del espacio y del territorio. Por ello pueden identificarse una serie de áreas de acción específicas que forman parte, por esencia, de la política de ordenación del territorio.

1. La protección del ambiente y la conservación de los recursos naturales renovables

En primer lugar, forma parte esencial de la política de ordenación del territorio, las actividades estatales de protección del ambiente y de conservación y racional aprovechamiento de los recursos naturales renovables. Estos son escasos, y su uso racional debe encuadrarse en una política de largo plazo.

Por tanto, una política, por ejemplo, de aprovechamiento de los recursos hidráulicos, es una política de ordenación del territorio. Con razón se ha dicho que es la condicionante hidráulica, la que más influye en la ocupación del territorio. (Véase Jean Labasse, *La organización del espacio*, Madrid, 1973, pp. 37 y ss.). Por ello, toda decisión pública que implique cualquier aprovechamiento del agua, exige su integración en una política de ordenación del territorio. Lo mismo puede decirse respecto de los otros recursos naturales renovables: no se puede establecer, por ejemplo, un parque nacional o una zona protectora, aisladamente de la política de ordenación territorial.

En este sentido, por ejemplo, las decisiones respecto al abastecimiento de agua a las poblaciones, hasta ahora adoptadas aisladamente por el Instituto Nacional de Obras Sanitarias (piénsese, por ejemplo, en los trasvases efectuados para el abastecimiento de Caracas), en el futuro tendrán que enmarcarse en un plan imperativo y obligatorio de carácter nacional, que las oriente.

2. La explotación de los recursos naturales no renovables

Otro aspecto que también debe quedar abarcado por la política de ordenación del territorio, es el relativo a las explotaciones mineras y de hidrocarburos. No pueden tomarse, aisladamente, por el Ministerio de Energía y Minas o por las Corporaciones de Desarrollo Regional, decisiones que impliquen ocupación del territorio para explotación de recursos naturales no renovables, y al contrario, estas decisiones deben adoptarse en un todo, conforme a la política de ordenación del territorio que se adopte. Piénsese sólo, por ejemplo, en los efectos sobre la ocupación del territorio que implicará la exploración y explotación de la Faja Petrolífera del Orinoco.

3. El mejoramiento del medio rural

Forman parte, también, de la política de ordenación del territorio, las políticas estatales de mejoramiento del medio rural en particular, de reforma agraria y de equipamiento e infraestructura agrícolas. Hasta ahora, ha sido el Instituto Agrario Nacional quien, aisladamente, ha determinado la localización de los asentamientos campesinos y el desarrollo de ciertos sistemas de riego; y ha sido el Ministerio de Agricultura y Cría quien, también aisladamente, ha desarrollado una importante tarea en el campo de la vialidad agrícola.

Estas actividades, sin embargo, definida una política de ordenación del territorio, tendrán necesariamente que encuadrarse en la misma, respetándose las áreas del territorio a las cuales se defina una vocación distinta a la rural.

4. El desarrollo de los transportes

Uno de los factores que más contribuyen a la ocupación del territorio, es el desarrollo de los medios de comunicación. Así, el trazado de una carretera o autopista o de una línea de ferrocarril y la localización de un puerto o de un aeropuerto tienen una influencia decisiva en materia de ocupación del territorio. De allí que todas las decisiones estatales en el campo de los transportes y del desarrollo de las vías de comunicación, una de las piezas esenciales de la política de ordenación del territorio. Como consecuencia de ello, definida esta política, no podrá seguir siendo el Ministerio de Transporte y Comunicaciones quien, aisladamente, tome las decisiones pertinentes en estos campos.

5. La localización industrial

Otro de los aspectos primordiales de la política de ordenación del territorio es la localización industrial y todas las decisiones que deben adoptarse en torno a ella: desconcentración económica, a través de estímulos o mediante el traslado forzoso de industrias; prohibiciones de establecimiento de industrias en áreas determinadas; y creación de parques o zonas industriales.

Estas decisiones no pueden, tampoco, seguirse adoptando aisladamente por el Ministerio de Fomento, la Corporación de Financiamiento a la Pequeña y Mediana Industria o las autoridades locales. Por ejemplo, en materia de zonas o parques industriales, fueron los Concejos Municipales o Corpoindustria, aisladamente, quienes decidían el establecimiento de una zona o urbanización industrial, pero sin tener presente la existencia o no de agua suficiente o de un sistema adecuado de vías de comunicación. Las decisiones en esta materia, por tanto, también tendrán que estar guiadas por la política de ordenación del territorio.

6. El proceso de urbanización

Por supuesto, el proceso de urbanización, es decir, la ocupación del territorio por asentamientos humanos más o menos estables, es otra de las piezas esenciales de la política de ordenación del territorio. Por tanto, el establecimiento de los límites de expansión o crecimiento de las ciudades, no es realmente, un problema urbanístico, sino de ordenación del territorio. Saber hasta dónde debe o puede llegar el límite de una ciudad y cuáles inmuebles pueden ocuparse por asentamientos humanos, realmente es un problema nacional o regional, y bajo estos ángulos debe tratarse. No pueden, aisladamente, las autoridades locales seguir estableciendo cuál es el ámbito de lo urbano, sino que ello ha de corresponder a las autoridades de la ordenación del territorio. Por supuesto, una vez determinado el ámbito de crecimiento de una ciudad, la regulación urbanística concreta en ese ámbito, corresponde a las autoridades locales.

En este sentido, el Reglamento Parcial Nº 3 de la Ley Orgánica del Ambiente sobre Normas para la Ordenación del Territorio dictado por Decreto Nº 2445 del 15 de noviembre de 1977, estableció expresamente que "Los Ministerios de Agricultura y Cría, del Ambiente y de los Recursos Naturales Renovables y del Desarrollo Urbano, definirán, mediante resolución conjunta, las áreas de expansión de las ciudades. Una vez definidas dichas áreas, el Ministerio del Desarrollo Urbano elaborará el esquema de uso del suelo, siguiendo los lineamientos técnicos que le suministren los Ministerios de

Agricultura y Cría y del Ambiente y de los Recursos Naturales Renovables" (Art. 3). En el Decreto N° 688 de 3 de julio de 1980 sobre Normas para el desarrollo y control de Urbanizaciones se atribuyó esta competencia sólo a los Ministerios de Desarrollo Urbano y del Ambiente y de los Recursos Naturales Renovables.

7. El equipamiento físico

Por último, todas las actividades que impliquen equipamiento físico del territorio, con motivo del aprovechamiento de los recursos naturales renovables, de la explotación de los recursos naturales no renovables; del desarrollo agrícola; de desarrollo de los transportes y vías de comunicación; de la localización industrial; y del proceso de urbanización deben, asimismo, quedar enmarcadas dentro de la política de ordenación del territorio.

VI. LA ORGANIZACIÓN ADMINISTRATIVA DE LA ORDENACIÓN DEL TERRITORIO

Tal como se indicó, la política de ordenación del territorio necesariamente tiene que ser de carácter obligatorio, de manera que los planes de ordenamiento territorial que se elaboren tienen que ser imperativos.

Resulta indispensable para ello, por tanto, no sólo una autoridad que planifique la ordenación territorial sino una autoridad que sea la encargada de ejecutar la política. Tal como se señaló, en general, toda la ocupación del territorio resulta de decisiones administrativas, por lo que es el sector público el primero que tiene que ser controlado por esta autoridad.

Ahora bien, en el ordenamiento jurídico nacional de la República, la autoridad administrativa nacional para la ordenación del territorio, sin duda, corresponde al Ministerio del Ambiente y de los Recursos Naturales Renovables. Ello resulta de varias normas legales expresas.

En efecto, en primer lugar, de acuerdo a lo previsto en la Ley Orgánica del Ambiente en concordancia con la Ley Orgánica de la Administración Central (Art. 36, ord. 22), corresponde al Ministerio del Ambiente y de los Recursos Naturales Renovables, vigilar la ejecución del Plan Nacional (Art. 15, ord. 2°, de la Ley Orgánica del Ambiente) y "vigilar la ejecución de las normas que dicte el Presidente de la República sobre la coordinación de los organismos de la Administración Pública en el ejercicio de sus atribuciones con incidencia ambiental" (Art. 15, ord. 1° *ejusdem*).

En segundo lugar, el Ministerio del Ambiente y de los Recursos Naturales Renovables es competente de acuerdo a lo establecido en el artículo 36 de la Ley Orgánica de la Administración Central, para ejercer las siguientes atribuciones:

1. La planificación y la realización de las actividades del Ejecutivo Nacional para el fomento de la calidad de la vida, del ambiente y de los recursos naturales renovables.

2. La formulación de la política para la conservación, la defensa y el mejoramiento del ambiente y de los recursos naturales renovables y para el racional aprovechamiento de estos últimos (ord. 1).

3. La planificación y ordenación de la conservación, la defensa y el mejoramiento del ambiente y de los recursos naturales renovables y para el aprovechamiento de estos últimos (ord. 3°).

4. El ejercicio de la autoridad nacional de las aguas... (ord. 5°).

5. Cooperar en la planificación y ordenación físico-espacial del territorio nacional, en coordinación con los demás organismos competentes; la formulación, control y vigilancia de la política del uso de la tierra; la coordinación y el otorgamiento de permisos y concesiones para la explotación, aprovechamiento o conservación de los recursos naturales renovables, las autorizaciones para el uso y desarrollo de las tierras por parte de los organismos públicos nacionales" (ord. 6°).

6. La elaboración y el establecimiento de normas que orienten el proceso de utilización de la tierra... (ord. 7°).

7. La prohibición y regulación de las actividades degradantes del ambiente... (ord. 8°).

La adecuación y coordinación de las actividades de la Administración Pública, en cuanto tengan relación con el ambiente y los recursos naturales renovables y en particular, las relativas a los procesos de urbanización, industrialización, desconcentración económica, desarrollo agrícola y ordenación territorial, en coordinación con los Ministerios responsables de estas áreas (ord. 21).

En tercer lugar, de acuerdo a lo establecido en el Reglamento N° 3 de la Ley Orgánica del Ambiente sobre Normas para la Ordenación del Territorio, "la ocupación de las áreas rurales, mediante la construcción de obras de infraestructura e instalaciones por parte de los organismos nacionales, estatales o municipales, así como por los particulares, deberá ser autorizada por el Ministerio del Ambiente y de los Recursos Naturales Renovables" (Art. 1°). Sin embargo, "queda exceptuada del requisito de autorización previa a que se contrae este artículo, la ocupación y uso del territorio por edificaciones de viviendas e instalaciones necesarias para el desarrollo de actividades de carácter agrícola, pecuario y pesquero propias de la vida rural, sin perjuicio del debido control por parte del referido Ministerio. En todo lo relativo a las explotaciones y actividades relacionadas con los hidrocarburos, la petroquímica y la minería, se oirá la opinión del Ministerio de Energía y Minas" (Art. 1°).

Las referidas autorizaciones que corresponde otorgar al Ministerio del Ambiente y de los Recursos Naturales Renovables, se concederán tomando en cuenta los siguientes aspectos (Art. 2°):

1. Las directrices de ordenación territorial y desconcentración económica establecidas en el Plan de la Nación;

2. La posibilidad de atender con servicios públicos la demanda a generarse por la actividad autorizada;

3. El impacto ambiental de la actividad propuesta;

4. La vocación natural de las zonas y en especial, la capacidad y condiciones específicas del suelo;

5. Las regulaciones ya existentes para el uso de la tierra;

6. Las limitaciones ecológicas, especialmente las que vienen impuestas por la anegabilidad de los terrenos y por las condiciones propias de las planicies inundables y la fragilidad ecológica;

Los demás factores que se consideren relevantes a los mencionados efectos.

De acuerdo con lo establecido en las normas antes mencionadas, sin duda, el Ministerio del Ambiente y de los Recursos Naturales Renovables tiene atribuidas las competencias de autoridad nacional en materia de ordenación territorial (además de autoridad de aguas y autoridad de tierras). Por ello, al crearse, mediante Decreto N° 133 de 13 de mayo de 1979, el Gabinete Sectorial de la Ordenación del Territorio y de la Gestión del Desarrollo Físico (Art. 6°) resulta incomprensible que el Ministro que lo coordina sea el Ministro de Transporte y Comunicaciones, en lugar del Ministro del Ambiente y de los Recursos Naturales Renovables, a quien corresponde la autoridad en la materia.

Ahora bien, es clara la determinación del Legislador de establecer, a nivel nacional, una autoridad en materia de ordenación del territorio. Sin embargo, para que ésta sea efectiva, debería complementarse, a nivel regional, con autoridades administrativas encargadas de llevar adelante el proceso de regionalización, integrados al Ministerio del Ambiente y de los Recursos Naturales Renovables. Para ello, resultará indispensable la transformación del esquema de administración regional, a los efectos de ponerlos al servicio de la política de Ordenación Territorial. Asimismo, resultará indispensable reforzar la autoridad de los Gobernadores de Estado, como agentes que son del Ejecutivo Nacional en los Estados además de ser Jefes del Ejecutivo Estadal. No debe olvidarse que los Estados tienen también competencias en materia de ordenación del territorio, y sus autoridades ejecutivas deben ser los agentes coordinadores y ejecutores de esa política en el Estado.

VII. PROGRAMA DE DELIMITACIONES DE LAS ÁREAS DE EXPANSIÓN DE LOS CENTROS POBLADOS

Tal como resulta de lo anteriormente expuesto, el Reglamento N° 3 de la Ley Orgánica del Ambiente sobre Normas para la Ordenación del Territorio dictado mediante Decreto N° 2445 del 15 de noviembre de 1977, constituye una de las piezas esenciales de la Política de Ordenación Territorial y puede decirse que, en la actualidad, es "la" más importante de la misma.

La derogación parcial que ha sufrido con el Decreto N° 668 del 3 de julio de 1980 (*G.O.* N° 32.019 de 4-7-80) sobre Normas para el Desarrollo y Control de Urbanizaciones, afortunadamente no ha afectado la esencia del Reglamento.

En efecto, en el mismo se identifica, claramente, quien es la autoridad nacional en materia de ocupación del territorio, se establece la exigencia de que previamente a cualquier forma de ocupación del territorio, fuera del ámbito urbano formalmente definido, se requiere de una autorización administrativa de dicha autoridad. Un ligero análisis de dicho Reglamento nos permite concluir en lo siguiente:

a. La autoridad administrativa que tiene a su cargo la coordinación y ejecución de la política de ordenación del territorio, es el Ministerio del Ambiente y de los Recursos Naturales Renovables. Por tanto, toda forma de ocupación del territorio requiere de la autorización o intervención previa de esta autoridad. De lo contrario, la política no tendría vías de aplicación.

b. El reglamento distingue dos ámbitos de ocupación territorial: la ocupación de áreas rurales (definidas negativamente, como las que no sean de naturaleza urbana) y la ocupación de áreas urbanas.

Para delimitar estos campos, resulta indispensable, una definición del perímetro de lo urbano. Una vez definido el ámbito de lo urbano, fuera de él, toda ocupación de áreas rurales requiere de autorización previa del Ministerio del Ambiente y de los Recursos Naturales Renovables, y dentro de lo urbano, la ocupación del territorio requiere de la intervención del Ministerio de Desarrollo Urbano y de las Municipalidades.

c. La delimitación del campo de lo urbano, en efecto, es una decisión que queda enmarcada en la política de ordenación del territorio: Precisar hasta donde llega lo urbano, es decir, cuáles son las áreas de ocupación del territorio por asentamientos humanos, urbanizadas, es competencia de la autoridad de ordenación del territorio, y no de las autoridades urbanísticas. Estas tienen competencia para definir los usos de la tierra una vez que ha sido declarada urbana, y esta declaratoria no puede estar en manos de la autoridad urbanística.

Por ello, en el primer proyecto de Decreto que dio origen al Reglamento N° 3, se encomendaba a la sola autoridad de ordenación del territorio la determinación de las áreas de expansión urbana. Posteriormente, sin embargo, se promulgó la Ley Orgánica de la Administración Central y se creó además el Ministerio del Ambiente y de los Recursos Naturales Renovables y el Ministerio de Desarrollo Urbano. Por ello, se encomendó a los tres Ministerios con competencia directa en la ocupación territorial, la definición y delimitación de las áreas de expansión de las ciudades: el Ministerio del Ambiente y de los Recursos Naturales Renovables, el Ministerio de Desarrollo Urbano y el Ministerio de Agricultura y Cría.

Debe señalarse, sin embargo, que recientemente, el Decreto N° 668, de 3 de julio de 1980, mediante el cual se dictaron las Normas para el desarrollo y control de urbanizaciones, estableció que las áreas de expansión de las ciudades formarían parte de los planes rectores de desarrollo urbano que debe elaborar y poner en vigencia el MINDUR (arts. 4, 5 y 9), pero su definición corresponde, de manera conjunta, a los Ministerios del Ambiente y de los Recursos Naturales Renovables y del Desarrollo Urbano (Art. 6), no incluyéndose al Ministerio de Agricultura y Cría. Así, conforme al artículo 24 de estas Normas se derogó el artículo 3° del Reglamento N° 3 de la Ley Orgánica del Ambiente de 1977 sobre Normas para la Ordenación del Territorio, en el sentido de que la determinación de las áreas de expansión de las ciudades ahora sólo compete al MINDUR y al MARNR y no al MAC.

Ahora bien, una vez delineadas estas áreas de expansión urbana por las resoluciones conjuntas, entonces es que compete al Ministerio de Desarrollo Urbano y a las Municipalidades ordenar la ocupación del suelo urbano.

Por ello la Ley Orgánica de la Administración Central asigna competencias al Ministerio de Desarrollo Urbano para definir "el uso de la tierra urbana" (Art. 37, ord. 11), por supuesto, una vez que se la haya definido y declarado como "urbana" por la autoridad de ordenación del territorio y no por el propio Ministerio de Desarrollo Urbano; y aquí se trata más de una competencia para definir con carácter general las características del uso del suelo urbano que la asignación concreta de usos a porciones del territorio, que corresponde a los Municipios.

Sin este Reglamento N° 3 y sin esta definición de las áreas urbanas en la cual interviene el Ministerio de Desarrollo Urbano, puede decirse que no habría forma de ejecutar política alguna de ordenación territorial.

d. Definido el ámbito de lo urbano con la intervención de la autoridad en materia de ordenación del territorio, el resto del territorio, considerado globalmente y por argumento a contrario, como área rural, sólo puede ocuparse mediante la construcción de obras de infraestructura e instalaciones por parte de los organismos nacionales, estadales o municipales o por parte de particulares, mediando una autorización previa que debe otorgar el Ministerio del Ambiente y de los Recursos Naturales Renovables. La excepción se establece, sin embargo, para las edificaciones de viviendas e instalaciones necesarias para el desarrollo de actividades de carácter agrícola, pecuario y pesquero propias de la vida rural, en cuyo caso no se exige autorización previa del Ministerio del Ambiente y de los Recursos Naturales Renovables, sin perjuicio del debido control que éste debe ejercer.

VIII. CONCLUSIÓN

De lo anteriormente expuesto resulta claramente que en base a la Ley Orgánica del Ambiente y a la Ley Orgánica de la Administración Central, se han venido delineando los elementos esenciales de una política de ordenación del territorio, los cuales pueden resumirse así:

a. En primer lugar, se ha establecido la autoridad que debe tener a su cargo la planificación, coordinación y ejecución de la política de ordenación territorial, el Ministerio del Ambiente y de los Recursos Naturales Renovables.

b. En segundo lugar, se han identificado las áreas fundamentales que han de definir el ámbito de acción de la política de ordenación del territorio, en relación a las cuales tiene que intervenir la autoridad de ordenación del territorio, independientemente de las diversas competencias de los otros organismos públicos: protección del ambiente y la conservación de los recursos naturales renovables; explotación de los Recursos naturales no renovables; el mejoramiento del medio rural; el desarrollo de los transportes; la localización industrial; el proceso de urbanización y el equipamiento físico.

c. En tercer lugar, se han precisado los instrumentos jurídico-administrativos para hacer efectiva la intervención administrativa de la autoridad de la ordenación del territorio en esas áreas de acción: la autorización o intervención previa del Ministerio del Ambiente y de los Recursos Naturales Renovables para que las instituciones administrativas o los particulares, puedan ocupar en cualquier forma el territorio. Esto está regulado en la Ley Orgánica del Ambiente y en la Ley Orgánica de la Administración Central, y reglamentado en términos relativamente adecuados en el Reglamento Nº 3.

REFERENCIAS BIBLIOGRÁFICAS, Sección Novena: Sobre el tema, relativo a política de ordenación del territorio y su relación con la Administración Pública, que se desarrolla en este Parágrafo hemos seguido lo expuesto en: Allan R. Brewer-Carías: “Aspectos institucionales de la Ordenación del territorio” en Cámara de Diputados, *Ciclo de Conferencias sobre el Proceso de Ordenación Territorial*, Caracas, 1980. Véase, además, sobre Venezuela: Ramón Martín Mateo: *La Ordenación del Territorio. Aspectos institucionales,* Caracas, 1980; Magdalena Salomón de Padrón: *Aspectos jurídicos de la ordenación del territorio. Su ámbito y medios de acción*, Caracas, 1977.

Sección Décima: EL RÉGIMEN DE LA INTERVENCIÓN DEL ESTADO EN LA ACTIVIDAD ECONÓMICA (1980)

El texto de esta Sección Décima es el del Parágrafo Décimo Sexto de la Primera Parte del libro *Fundamentos de la Administración Pública, Tomo I (Elementos Condicionantes de la Administración Pública),* Editorial Jurídica Venezolana, Colección Estudios Administrativos, Caracas 1980.

I. INTRODUCCIÓN

Al estudiar el sistema económico como uno de los elementos condicionantes de la Administración Pública de mayor importancia, hemos destacado las características de aquél en el ordenamiento constitucional venezolano y los procesos de ordenación pública de la economía, manifestados a través de la planificación del desarrollo económico y social y de la ordenación del territorio.

Corresponde ahora estudiar las principales formas reguladoras de la economía por parte del Estado, las cuales definen en concreto las áreas de acción administrativa en este campo.

En efecto, las relaciones económicas del mundo liberal, sin duda, sólo estaban reguladas por el derecho mercantil, es decir, el conjunto de normas jurídicas relativas a las relaciones entre comerciantes, o entre particulares, con motivo de los actos de comercio. En esas relaciones, desarrolladas con entera y absoluta libertad, el Estado no intervenía: era sólo, un "gendarme"; cuidaba que cualquier ruptura del equilibrio privado se restableciera, y cuidaba que las reglas del mercado, rectoras de aquellas relaciones, no se distorsionaran.

El basamento inicial de todas las concepciones del derecho mercantil, por tanto, se puede situar en el principio de la libertad económica, regulado en forma absoluta y en todo caso, con consecuencias negativas frente al Estado: éste no debía intervenir en el proceso económico, y mucho menos distorsionar las reglas del mercado.

Todo este basamento, sin embargo, ha cambiado radicalmente en las últimas décadas, pues la noción y concepción de la libertad económica también se ha transformado totalmente. En efecto, del análisis de la evolución del régimen de la libertad económica en el ordenamiento jurídico venezolano, que se ha hecho, se deduce claramente, que la consagración absoluta de la libertad económica de todo el siglo pasado y comienzos del presente, a partir de 1909, comienza a ser objeto público de destacable importancia, que da origen a la participación directa y activa del Estado en la economía; y recientemente en la Constitución de 1961, se consagra la posibilidad de limitaciones a la libertad económica basadas en el concepto de interés social.

En base a esta amplitud de limitaciones, cuya apreciación queda en manos del legislador, la libertad económica muy lejos está ahora de ser un derecho absoluto, y al contrario, está sometida a múltiples limitaciones, restricciones y exclusiones.

La Libertad económica, por tanto, en el ordenamiento jurídico, como libertad fundamental y absoluta, puede decirse que, como la propiedad, dejó de ser en Venezuela, el pilar fundamental de la organización política, y entró a configurarse como un derecho más, garantizado constitucionalmente, pero limitable también por autorización constitucional.

En este Curso, interesa destacar precisamente, las principales limitaciones que ha sufrido la libertad económica en Venezuela, lo que haremos en una primera parte. En una segunda parte, analizaremos las exclusiones de actividades económicas, que más que limitaciones, implican prohibiciones de ejercerlas establecidas a los particulares por el Estado.

II. LAS LIMITACIONES A LA LIBERTAD ECONÓMICA

Las limitaciones a la libertad económica de los particulares, están directamente relacionadas con las potestades interventoras que el ordenamiento jurídico ha venido dando al Estado. Aquí también, la situación actual de las regulaciones jurídico-administrativas de la libertad económica, está condicionada por los dos extremos de la balanza con la cual opera el derecho administrativo: potestades públicas y derechos de los individuos, garantizados y limitados.

El estudio de las limitaciones a la libertad económica, por tanto, puede realizarse tomando como punto de referencia, la potestad del Estado, y en esta forma, siguiendo el esquema que ya hemos utilizado, pueden distinguirse las limitaciones derivadas del Estado regulador; del Estado de fomento; del Estado prestador de servicios públicos; del estado empresario; y del Estado planificador.

Veamos separadamente estas limitaciones, advirtiendo que todas estas regulaciones, por supuesto, han dado origen a la creación de organismos administrativos encargados de ejecutarlas y controlarlas.

1. Las limitaciones derivadas del Estado regulador

Dos tipos de regulaciones a las actividades lucrativas se han venido desarrollando en el ordenamiento jurídico, que implican limitaciones importantes a la libertad económica. En primer lugar, las limitaciones por razones de orden público y de interés social, éstas últimas, sin duda, las más importantes; y en segundo lugar, las limitaciones derivadas de la protección contra los abusos de la libertad económica.

A. Las regulaciones del proceso económico por razones de interés social

La clásica forma de intervención del Estado en el proceso económico ha sido la regulación que, por razones de interés público o social, el Estado realiza respecto de la actividad de los particulares. Estas regulaciones o limitaciones, originalmente aceptadas por razones de orden público (seguridad o salubridad), se admiten en la actualidad por razones mucho más amplias, y particularmente, por razones de interés social.

El legislador, por supuesto, es el árbitro del interés social, concepto jurídico indeterminado que le permite desarrollar facultades discrecionales, no controlables, en cuanto a la apreciación del interés social, es decir, de la oportunidad y conveniencia de sancionar una limitación a la libertad económica. Estas limitaciones que se traducen en regulaciones de las actividades de los particulares, pueden clasificarse, al menos las más importantes, en relación al género de actividad económica sobre la cual recaen: inversión, industria, crédito, comercio. Revisaremos, separadamente las de mayor interés.

a. *Las regulaciones del proceso de inversión*

La regulación de mayor importancia relativa al proceso de inversión, es la relativa a las inversiones extranjeras y a su participación en el desarrollo económico nacional, tal como lo exige la Constitución de 1961 (artículo 107).

En Venezuela, a pesar de esfuerzos y proyectos realizados, no fue posible contar con una regulación de las inversiones extranjeras, sino hasta 1973, con motivo del ingreso del país al Acuerdo Subregional de Integración de Cartagena. En esa oportunidad entró en vigencia la Decisión N° 24 del Acuerdo de Cartagena relativa al Régimen Común de Tratamiento a los Capitales extranjeros sobre marcas, patentes, licencias y regalías. Entre las regulaciones de mayor interés de este cuerpo normativo, están las restricciones a las inversiones extranjeras, las limitaciones a las mismas y la creación del organismo nacional destinado a hacerlas efectivas: la Superintendencia de Inversiones Extranjeras, como entidad desconcentrada del Ministerio de Hacienda.

En cuanto a las restricciones, en Venezuela no puede autorizarse inversión extranjera directa en actividades que se consideren adecuadamente atendidas por empresas existentes; destinada a la adquisición de acciones, participaciones o derechos de propiedad de inversionistas nacionales; o destinada a áreas económicas reservadas a la inversión nacional (artículos 3 y 41 ss.). Por otra parte, en cuanto a las limitaciones, la Decisión N° 24, sujeta la inversión extranjera en las actividades o áreas no restringidas, a innumerables mecanismos de control del Estado que van desde la necesaria autorización y registro de la inversión misma (artículos 2 y 5), el ejercicio de facultades de inspección y fiscalización permanentes (artículo 6), y la autorización para la venta de acciones o participaciones (artículo 7), para la reexportación del capital (artículo 7), para la remisión de utilidades (artículo 37), y para el uso del crédito externo e interno (artículo 14 y ss.).

Por supuesto, para asegurar el adecuado control de la inversión extranjera, la Decisión N° 24 tuvo que establecer una reforma fundamental que incide en el régimen accionario de las sociedades anónimas: el artículo 45 de dicha decisión estableció, en efecto, que "el capital de las sociedades por acciones deberá estar representado en acciones nominativas". En esta forma, indirectamente, el derecho mercantil de las sociedades anónimas en Venezuela fue modificado, haciéndose inaplicables, por tanto, las disposiciones del Código de Comercio sobre las acciones al portador (artículo 293 y ss.).

En el ámbito de la inversión nacional, es de interés destacar regulaciones recientes sobre la inversión en sociedades anónimas y en valores, establecidas en la Ley del Mercado de Capitales (Decreto Ley N° 882 de 29-4-75 en *Gaceta Oficial* N° 1744, de 22-5-75). De acuerdo a esta Ley, la oferta pública de acciones o títulos valores no es libre, sino que requiere de una autorización de la Comisión Nacional de Valores organismo desconcentrado, también, del Ministerio de Hacienda, y de la inscripción en el Registro Mercantil de Valores (artículos 10 y 15); y la posibilidad de construir sociedades anónimas inscritas de capital abierto que destinen parte de sus acciones a la oferta pública en la Bolsa de Valores, está regulada en términos precisos (artículo 60).

La Ley, además, como mecanismo de protección a los accionistas minoritarios prevé una serie de facultades de la Comisión Nacional de Valores entre las que está la posibilidad de convocar las asambleas de las sociedades reguladas (artículo 128).

b. *Las regulaciones a las actividades industriales*

Hasta fecha relativamente reciente, las actividades industriales no estaban sometidas a mayores regulaciones legales; más bien, eran objeto sólo de acciones de fomento por parte del Estado. Sin embargo, en los últimos años se han venido estableciendo regulaciones de enorme importancia que deben destacarse.

En primer lugar, mediante Decreto-Ley Nº 365, de 27 de agosto de 1974 (*Gaceta Oficial* Nº 30503 de 18-9-74), se estableció, con carácter general y obligatorio, que "todo proyecto para el establecimiento de nuevas industrias o ampliación de las ya instaladas, así como los proyectos de parques y zonas industriales" debían ser registrados en el Registro de Proyectos Industriales del Ministerio de Fomento (artículo 1). Desde 1968, este registro tenía solamente como efecto el aprovechamiento de las ventajas de la política crediticia y de fomento del Estado, en el sentido de que quien no registraba el proyecto no podía gozar de dichos beneficios. Esta normativa se repite en el Decreto-Ley de 1974: "El registro del proyecto será requisito para gozar de los beneficios de política industrial que pueda conceder el Ejecutivo Nacional en cada caso, como protección aduanera, asistencia técnica y crediticia, exoneración de impuestos de importación a materias primas y otros insumos y de impuesto sobre la renta" (artículo 6).

Sin embargo, la nueva regulación de 1974 fue mucho más lejos y no sólo consagró el Registro de Proyectos Industriales como una condición para gozar de los beneficios de la política de fomento del Estado, sino como un mecanismo de control. Los organismos municipales, en efecto, se estableció en el referido Decreto-Ley, tienen prohibido otorgar el permiso de construcción correspondiente a instalaciones industriales, si no se les presenta la constancia de registro señalada (artículo 7); y las instalaciones industriales construidas sin el correspondiente registro previo "serán demolidas o removidas y sus responsables sancionados con multa hasta de Bs. 100.000" (artículo 8).

En esta forma, el registro de proyectos industriales ha pasado a ser el instrumento de mayor importancia de control industrial con que cuenta el Estado, ya que si bien el Decreto-Ley no lo establece expresamente, no hay duda en que el Ministerio podría negar el registro en los casos en que el proyecto industrial respectivo no esté acorde con las políticas de desarrollo industrial, agroindustrial, urbano o de protección del ambiente definidas por el Estado en el Plan de la Nación. Si éste, con sus estrategias, políticas, programas y metas, ahora, en virtud del Decreto Nº 1454 de 9 de marzo de 1976, es de obligatorio cumplimiento por parte de todos los organismos de la Administración Pública, no hay duda en que el Ministerio de Fomento, tendría que negar el Registro si el proyecto industrial no se adapta al Plan.

Además de las regulaciones industriales derivadas del registro previo de los proyectos, recientemente se han adoptado, por primera vez, medidas limitativas de la libertad económica de importancia, con motivo de la localización industrial y particularmente de la desconcentración industrial del Área Metropolitana de Caracas.

En efecto, mediante Decreto-Ley Nº 713, de 21 de enero de 1975 (*Gaceta Oficial* Nº 30.638, de 5 de marzo de 1975), se prohibió la instalación de nuevas industrias en el Área Metropolitana de Caracas y su zona de influencia (artículo 1), con excepción de las pequeñas y medianas industrias que autorice al Ministerio de Fomento por considerarlas necesarias para el abastecimiento o servicio regular de la población (artículo 2). Esta prohibición, sin duda, es una restricción a la libertad industrial de carácter espacial. Fue acompañada en el referido Decreto-Ley de otra restricción de importancia: la posibilidad que tiene el Ejecutivo Nacional de decidir el traslado de las industrias que causen contaminación del ambiente o aquellas que deban ser reubicadas en razón de la ordenación de áreas que se establezca. La decisión debe ser tomada en Consejo de Ministros y si vencido el plazo que se otorgue no se ha realizado el traslado, la industria será cerrada hasta que éste se verifique, sin que por esta circunstancia se interrumpa el contrato de trabajo con sus trabajadores (artículo 3).

En todo caso, aquí también se precisa que las edificaciones para industrias que se construyan en contravención a las restricciones y prohibiciones señaladas, serán demolidas y los responsables de la obra serán multados (artículo 6); y que las autoridades municipales no otorgarán los permisos correspondientes de construcción, de instalaciones industriales en el Área Metropolitana de Caracas, sino una vez presentada la autorización respectiva del Ministerio de Fomento (artículo 5).

Por otra parte, con motivo de la reciente promulgación de la Ley Orgánica del Ambiente de 7 de junio de 1976, se han establecido limitaciones de enorme interés y actualidad a las actividades industriales. En efecto, esta Ley prevé una serie de mecanismos de control de las actividades susceptibles de degradar el ambiente (artículo 19), prohibiéndose las que lo hagan de manera irreparable, y permitiéndose las que lo hagan en forma no irreparable, previa autorización en la cual se podrán imponer las condiciones, limitaciones y restricciones que permitan su corrección (artículo 21).

En todo caso, dentro de las medidas que pueden adoptar las autoridades administrativas frente a las consecuencias perjudiciales, derivadas de actividades susceptibles de degradar el ambiente, están las siguientes que implican limitaciones a la libertad económica, pues, la restringen o establecen obligaciones: la clausura temporal o definitiva de las fábricas o establecimientos que con su actividad alteren el ambiente, degradándolo o contaminándolo, ya sea directa o indirectamente; y la prohibición temporal o definitiva de la actividad origen de la contaminación (artículo 25).

Por otra parte, dentro de las limitaciones de importancia a las actividades industriales, están las establecidas en la Ley de Protección al Consumidor de 5 de agosto de 1974, en materia de normalización y control de calidad en la producción y que recogió la reciente Ley sobre Normas Técnicas y Control de Calidad del 30 de diciembre de 1979 (*Gaceta Oficial* N° 2529, Ext. de 31-12-79). E

n este sentido, se estableció que las Normas Nacionales a las cuales deba someterse la elaboración industrial de determinados productos, pueden ser declaradas como de obligatorio cumplimiento cuando se trate de productos cuyo consumo tenga relación directa con la salud y la vida de las personas, estando estos, sometidos a vigilancia y control de las autoridades administrativas correspondientes.

Por último, dentro de las limitaciones a las actividades industriales deben destacarse aquellas que en razón de la protección de la economía nacional, tienden a racionalizar la producción. Tal es el caso, por ejemplo, de la industria automotriz, regulada por Decreto-Ley N° 920 de 16 de mayo de 1975, mediante el cual se dictaron las Normas para el desarrollo de la Industria Automotriz (Véase en *Gaceta Oficial* N° 1747 Extraordinaria de 24-5-75), y en la cual se impone a las empresas respectivas, no sólo su conversión en empresas nacionales o mixtas, conforme a las normas del Acuerdo de Cartagena (artículos 7 y 8), sino la incorporación progresiva, a los vehículos producidos, de partes nacionales (artículo 1).

c. *Las regulaciones a las actividades crediticias y de seguros*

Dos de las actividades económicas, respecto de las cuales ha sido tradicional la existencia de limitaciones legales, han sido las crediticias y las de seguros.

De acuerdo a la Ley de Bancos y otros institutos de crédito (*Gaceta Oficial* N° 1742 de 22-5-75), las actividades de intermediación en el crédito y las operaciones bancarias en general, sólo pueden ser realizadas por personas jurídicas, con forma de sociedad anónima, debidamente autorizadas por el Ministerio de Hacienda. Las actividades bancarias, por tanto, no son actividades lucrativas que puedan ejercerse libremente; están sometidas a una serie de limitaciones, en virtud del interés social que hay respecto de las mismas, que inciden en la promoción de la empresa bancaria, en su funcionamiento, en su vida jurídica y en la actividad que desarrollan.

El organismo administrativo encargado de hacer efectivas estas regulaciones, es la Superintendencia de Bancos, órgano desconcentrado del Ministerio de Hacienda. Las limitaciones a las empresas bancarias de mayor importancia son:

> Respecto a la constitución de una empresa bancaria, no es posible siquiera promover su constitución sin una autorización previa del Ejecutivo Nacional que se otorga o niega discrecionalmente y sin motivación (artículo 10). En esta forma, la propia Ley prohíbe a los Registradores Mercantiles registrar los documentos constitutivos de una sociedad anónima que tenga por objeto realizar actividades bancarias, sin la presentación de la autorización legal de promoción (artículo 6). Por otra parte, una vez autorizada la promoción, y constituida la empresa, para iniciar sus operaciones, debe la misma obtener otra autorización, esta vez de funcionamiento, para lo cual debe cumplir con una serie de requisitos (artículo 8), y la cual puede ser negada sin motivación (artículo 10). Esta autorización de funcionamiento, por otra parte, puede ser suspendida o revocada, mediante resolución motivada (artículo 16).

La propia vida jurídica de la empresa también está sometida a autorizaciones permanentes de parte de las autoridades administrativas: debe ser autorizada toda modificación estatutaria, relativa a la disolución anticipada de la sociedad, fusión con otra, venta del activo social, aumento o reducción de capital y cambio de objeto (Art. 14). Por último, la actividad económica de una empresa bancaria, una vez constituida, está sometida a una serie de obligaciones generales y particulares, y a innumerables controles administrativos y políticos-económicos.

Las obligaciones generales se refieren, entre otros aspectos, a la necesidad de que tengan depositado en el Banco Central de Venezuela, una parte del encaje legal que deben constituir como garantía de sus operaciones (artículo 20 y ss.), con lo cual el Banco Central puede controlar entre otros aspectos, la liquidez monetaria y el circulante (artículo 25); y a diversas exigencias tendientes a asegurar la solvencia bancaria (artículo 153).

Los controles, de una amplitud considerable, permiten la intervención y fiscalización permanente de la Superintendencia de Bancos, organismo desconcentrado del Ministerio de Hacienda constituido especialmente a tal efecto (artículo 132 y ss.); así como del Banco Central de Venezuela, regulado por Decreto-Ley N° 507 de 30-10-74 (Véase en *Gaceta Oficial* N° 1711 de 30-12-74).

Entre los aspectos de mayor interés de este control técnico-económico del Banco Central, está el manejo del encaje legal de los Bancos, que le permite aumentarlo en forma global, selectiva o progresiva o disminuirlo hasta los límites legales (artículo 25); el control de la cámara de compensación bancaria (artículo 44, ordinal 1); la fijación de porcentajes máximos de crecimiento de préstamos e inversiones (artículo 48); la fijación de las tasas máximas de interés que los bancos pueden cobrar y pagar por las distintas clases de operaciones (artículo 46); y el control del redescuento de títulos valores (artículo 44, ordinal 6).

De lo anterior resulta, como consecuencia, que la actividad bancaria en Venezuela, está sometida a controles y regulaciones como ninguna otra actividad económica, salvo la de las empresas de seguro y reaseguro.

En efecto, el contrato de seguros, tradicionalmente regulado en el Código de Comercio, ha venido siendo objeto de regulaciones administrativas desde 1938. En la actualidad, las actividades de seguros y reaseguros están sometidas a las regulaciones de la Ley de Empresas de Seguro y reaseguros del 22 de abril de 1975 (Véase en *Gaceta Oficial* N° 1743 Extr., de 22-5-75), y las mismas siguen orientaciones similares a las analizadas respecto de las actividades bancarias. El organismo encargado de hacer efectivas estas regulaciones es la Superintendencia de Seguros, organismo también desconcentrado del Ministerio de Hacienda.

Para la promoción de una empresa de seguros es necesario que los promotores obtengan una autorización previa del Ejecutivo Nacional (artículo 31). Promovida la empresa, la constitución de la misma ante el Registrador Mercantil debe ser también previamente autorizada (artículo 34), y éste no puede registrar el documento constitutivo (artículo 2), sin la presentación de aquella autorización. La autorización de constitución puede ser negada sin motivación (artículo 35). El documento constitutivo debe, siempre, asignarle a la persona jurídica la forma de sociedad anónima (artículo 25) y someterse a muy variados requisitos. Una vez promovida la empresa y debidamente constituida, la misma debe obtener una nueva autorización, y esta vez para operar, de parte de las autoridades administrativas, que implica la aprobación de toda la documentación que requieren para su funcionamiento (artículo 36). Autorizaciones similares también requieren las sociedades de corretaje de seguros y reaseguros (artículo 40). Por otra parte, toda modificación de los documentos constitutivos y estatutos de las empresas debe ser previamente autorizado por las autoridades administrativas correspondientes (artículo 56).

Las empresas de seguro y reaseguros, entre sus obligaciones generales tienen la de constituir y mantener en el Banco Central de Venezuela una serie de garantías (artículos 44 y ss.), las cuales, en caso de liquidación de la empresa, se destinarán, en primer término, a satisfacer las reclamaciones de pólizas que no hayan sido pagadas por otros medios (artículo 50).

También deben las empresas, según el ramo de seguro en el cual operen, constituir y mantener una reserva (artículo 64 y ss.) sobre las cuales los asegurados gozan de privilegios, por lo que se destinan a satisfacer, en primer término, las reclamaciones de los tenedores de pólizas que no hayan sido pagadas por otros medios (artículo 84).

El funcionamiento de las empresas de seguro y reaseguro también está sometido a múltiples intervenciones por parte de las autoridades administrativas: las pólizas, recibos y solicitudes y demás documentos deberán ser siempre previamente aprobados por la Superintendencia de Seguros (artículo 51); y la propaganda que realicen debe ser aprobada previamente (artículo 58).

Por último, las empresas de seguro y reaseguro están sometidas a rígidos controles permanentes por parte de la Superintendencia de Seguros, organismo administrativo, como se dijo, desconcentrado del Ministerio de Hacienda (artículo 6), el cual puede inspeccionar, vigilar y fiscalizar las actividades de las empresas (artículo 12).

En el ámbito crediticio, por último, debe hacerse mención a otras normas de importancia, como la relativa al sistema de ahorro y préstamo, regulado por la Ley del Sistema Nacional de Ahorro y Préstamo (Véase Decreto-Ley N° 868 de 22 de abril de 1975 en *Gaceta Oficial* N° 1739 Extr. de 13-5-75); y como la relativa a las cooperativas, regulada por la Ley General de Asociaciones Cooperativas (Véase Decreto-Ley N° 922 de 16 de mayo de 1975 en *Gaceta Oficial* N° 1750 Extr. de 27-5-75) y que han dado origen a la creación de la Superintendencia de Entidades de Ahorro y Préstamo, organismo desconcentrado del Ministerio de Hacienda; y de la Superintendencia de Asociaciones Cooperativas, organismo desconcentrado del Ministerio de Fomento.

Aparte de estas regulaciones de carácter general, relativa a las actividades financieras, de crédito y seguro, y que establecen limitaciones de importancia a la actividad económica de los particulares, deben señalarse que el Estado, también por razones de interés social, ha establecido limitaciones particulares.

Un ejemplo típico, fue las que surgieron de la Ley de Medidas especiales para atender las consecuencias del sismo del 29 de julio de 1967 (Véase en *Gaceta Oficial* N° 28515 de 23-12-76) que impuso a los acreedores hipotecarios sobre inmuebles afectados por el sismo, la asunción del 40 por ciento de los daños causados (artículo 8) y la obligación de no cobrar cantidad alguna por la suspensión de pagos de los créditos hipotecarios que la Ley acordó en favor de los compradores afectados, suspensión que no originó intereses moratorios (artículo 14).

d. *Las regulaciones de las actividades comerciales*

Entre las facultades que la Constitución otorga al Estado en relación a las actividades comerciales está la muy importante, incorporada desde el texto de 1947, de "regular la circulación, distribución y consumo de la riqueza" (artículo 98). En base a ello, numerosas disposiciones legales establecen limitaciones a las actividades lucrativas.

Ante todo es necesario destacar el régimen de los cambios y particularmente, del instrumento de cambio: la moneda. Esta materia, anteriormente y desde 1941 regulada por la Ley de Monedas, ha comenzado a estar normada en la Ley del Banco Central de Venezuela desde la reforma de 1974 (Véase Decreto-Ley N° 507 de 30-10-74 en *Gaceta Oficial* N° 1711 Extr. de 30-12-74). Corresponde, en este sentido, al Banco Central de Venezuela "el derecho exclusivo de emitir billetes y de acuñar monedas de curso legal en todo el territorio de la República".

Por tanto, "ni el Gobierno Nacional, ni los otros bancos, ni ninguna otra institución particular, o pública, cualquiera que sea su naturaleza, podrán acuñar moneda, emitir billetes u otros documentos que tengan carácter de moneda o puedan circular como tal" (artículo 69).

Sólo las monedas de curso legal en Venezuela tienen libre circulación (artículo 84), y la circulación de la moneda extranjera está sujeta a las regulaciones que establezca el Banco Central (artículo 85). Los tipos de cambio de la moneda extranjera son determinados por el Banco Central, previo convenio con el Ejecutivo Nacional (artículos 91 y 92), quien puede permitir que él o los tipos de cambio fluctúen libremente en el mercado, de acuerdo con la oferta y la demanda de divisas de los particulares y los convenios internacionales en vigor (artículo 93).

Por otra parte, y también en relación al régimen de la moneda, el Banco Central de Venezuela es la institución competente para realizar las actividades tendientes a "crear y mantener condiciones monetarias, crediticias y cambiarías favorables a la estabilidad de la moneda, al equilibrio económico y al desarrollo ordenado de la economía, así como asegurar la continuidad de los pagos internacionales del país" (artículo 2).

Pero las regulaciones de las actividades comerciales no sólo inciden sobre el instrumento de las mismas: la moneda y el crédito, sino que también tienen carácter sustantivo en relación al comercio exterior y al comercio interno. El comercio exterior está regulado por la Ley Orgánica de Aduanas, la cual si bien establece la libertad de importación y exportación, limita esas actividades para la protección de la economía nacional.

Estas limitaciones implican el sometimiento de la importación a autorizaciones respecto de determinadas mercancías o de todas o algunas de las originarias o provenientes de determinado país o países (artículo 121); y al cumplimiento de requisitos de carácter administrativo (artículo 7) y fiscales (Arancel de Aduanas, artículo 114).

En cuanto a las exportaciones, se las puede someter, cuando lo exijan los intereses generales de la Nación, a prohibiciones, gravámenes o limitaciones respecto de determinadas mercancías (artículo 128). Además, también están sometidas a limitaciones de carácter administrativas (artículo 69) y fiscales (artículo 129).

Las normas relativas al comercio exterior, en todo caso, se complementan y modifican con las regulaciones derivadas de la Asociación Latinoamericana de Integración (Tratado de Montevideo y del Acuerdo de Integración Subregional Andino (Acuerdo de Cartagena) de los cuales es parte Venezuela. La Legislación de integración andina, en este sentido, ha venido a formar parte del derecho administrativo interno de Venezuela.

Para la conducción del proceso de integración económica y su relación con Venezuela, y en general, para la definición y orientación de la política de comercio exterior y promoción de exportaciones, se creó en 1970 el Instituto de Comercio Exterior, como instituto autónomo, adscrito al Ministerio de Relaciones Exteriores.

En cuanto al comercio interno, diversas limitaciones han venido estableciéndose. En primer lugar, por motivos de orden público (seguridad y sanidad). Tal es el caso de las limitaciones al comercio de armas previstas en la Ley sobre Armas y Explosivos de 1939; y de las limitaciones al comercio de alimentos y medicamentos, establecidas en el Reglamento General de Alimentos, conforme a la Ley de Sanidad Nacional, y en la Ley de Estupefactivos de 1934,

En segundo lugar, por razones de interés social, y en particular, de protección al consumidor. En este sentido la Ley de Protección al Consumidor de 1974 (Véase *Gaceta Oficial* N° 1680 Extr. de 2-9-74) establece normas tendientes a regular el comercio.

Se destacan, por ejemplo, las normas sobre propaganda comercial, y en particular, las prohibiciones respecto de las acciones o prácticas engañosas o injustas en las ofertas de bienes y servicios (artículo 7); y, las normas sobre garantías contra defectos o mal funcionamiento de bienes de naturaleza duradera (artículo 11).

El organismo encargado de ejecutar las actividades administrativas en este campo, es la Superintendencia de Protección al Consumidor, organismo desconcentrado del Ministerio de Fomento.

Debe señalarse, además, que la Ley de Metrología Legal de 1964 establece todo el sistema de pesas y medidas y su control, a los efectos de la regularización del comercio.

Por último, y como limitación importante a las actividades comerciales deben hacerse mención a las establecidas en la Ley que reserva al Estado

La explotación del mercado interno de los productos derivados de hidrocarburos de 21 de junio de 1973 (*Gaceta Oficial* N° 1591 Extr. de 22-6-73), en la cual, además de establecerse una reserva a favor del Estado, se previeron normas reguladoras y limitadoras de ciertas de las actividades referidas, que podían realizarse por particulares, previa autorización, y se previó el establecimiento del complejo más importante de la Administración descentralizada en Venezuela. Petróleos de Venezuela S. A. y sus empresas filiales.

B. Las regulaciones derivadas de la protección contra los abusos de la libertad económica

De acuerdo con la Constitución, "La Ley dictará normas para impedir la usura, la indebida elevación de los precios y, en general, las maniobras abusivas encaminadas a obstruir o restringir la libertad económica" (artículo 96). Estas normas, en realidad, es el resultado de una larga evolución que se inició a comienzos de los años cuarenta con motivo de la crisis y escasez de la guerra mundial. Las primeras medidas reguladoras de precios de los artículos de primera necesidad se consolidaron con el Decreto N° 176 del 15 de agosto de 1944, que autorizó al Ejecutivo Nacional, en vista de la protección de la economía nacional a regular el comercio exterior y a proteger la producción nacional; y en vista de la protección de la vida económica, a fijar precios, regular el uso de artículos de primera necesidad y regular los arrendamientos. Estas normas han recibido consagración fundamental en la Ley de Protección al Consumidor de 1974. En esta materia de protección contra los abusos de la libertad económica, pueden distinguirse varios supuestos: la regulación de precios; la represión al acaparamiento y la especulación; la represión a la usura; y la lucha contra los monopolios.

a. *La regulación de precios*

De acuerdo a la Ley de Protección al Consumidor, el Ejecutivo Nacional, puede, en general, establecer precios máximos para bienes y servicios declarados previamente como de primera necesidad (artículo 5), es decir, que se consideran como de consumo masivo o esenciales a la vida de la población (artículo 2) ya, en materia agrícola, la Ley de Mercadeo Agrícola de 1970 había dado consagración legal a la regulación de precios de los bienes agrícolas (artículo 5); sin embargo, es la Ley de Protección al Consumidor la que vino a regular la materia en sentido general, y a sustituir la vieja normativa provisional de 1944.

La ejecución de las actividades administrativas en este campo corresponden, respectivamente, como se dijo, a la Superintendencia de Protección al Consumidor, organismo descentralizado del Ministerio de Fomento; y a la Corporación de Mercadeo Agrícola, instituto autónomo adscrito al Ministerio de Agricultura y Cría.

En todo caso, si alguna materia se desarrolló adecuadamente a partir de los años cuarenta en este campo, fue el de la regulación de los alquileres de las viviendas urbanas y suburbanas, reguladas en la actualidad por la Ley de Regulación de Alquileres de 1960. Desde los años cincuenta, la Corte aceptó estas regulaciones como limitaciones a la libertad de contratar impuestas por razones de interés social (Véase sentencias de la Corte Federal y de Casación de 15 de diciembre de 1952 y de 23 de febrero de 1953 en

Gacetas Forenses N° 12, 1952, p. 42 y N° 13, 1953, p. 79). A los efectos de ejecutar estas limitaciones existe la Dirección de Inquilinato del Ministerio de Fomento con diversos poderes desconcentrados, establecidos en dicha Ley.

b. *La represión del acaparamiento y la especulación*

Desde la Ley contra el Acaparamiento y la Especulación de 1947 se consideran como delito, la retención, fuera del comercio normal, con ocultamiento o sin él, de artículos de primera necesidad, con la finalidad de provocar alza o escasez; y la acción de vender artículos de primera necesidad a precios superiores a los regulados (artículo 1°).

La Ley de Protección al Consumidor de 1974 insistió en la prohibición, en los siguientes términos: "el acaparamiento y cualquier forma de especulación, tendiente a encarecer los bienes y servicios de primera necesidad, quedan expresamente prohibidos, al igual que toda acción orientada a restringir sustancialmente la oferta, circulación o distribución de aquellos" (artículo 4); y la Ley de Mercadeo Agrícola de 1970 atribuyó al Ejecutivo Nacional la facultad de dictar normas tendientes a evitar el acaparamiento y la competencia desleal, con lo que se amplió considerablemente el radio de acción de las autoridades administrativas en relación a la libertad económica.

c. *La represión de usura*

Mediante el Decreto N° 247 de 9 de abril de 1946 sobre represión de la usura, se estableció como delito la acción por la cual cualquiera "intencionalmente se valga de las necesidades apremiantes de otro para obtener para sí o para un tercero una ventaja o beneficio que resulte notoriamente desproporcionada a la contraprestación o entrega que por su parte verificare" (artículo 1°); y en base a ello, consideró como constitutivo del delito de usura, "el préstamo de dinero en el que se estipule u obtenga un interés que exceda del 1 por ciento mensual" (artículo 1°).

La Ley de Protección al Consumidor de 1974 recogió esta normativa respecto del delito de usura, pero dejó al Ejecutivo Nacional la determinación de la tasa de interés máxima que rige en las operaciones de crédito o de financiamiento (Art. 6°), con lo que perdió rango legal el límite anterior del 12 por ciento anual.

d. *La lucha contra los monopolios*

La Constitución prohíbe los monopolios (Art. 97), y asigna al Legislador la obligación de dictar normas para impedir las maniobras abusivas encaminadas a obstruir o restringir la libertad económica. En este sentido, un Proyecto de Ley antimonopolio fue presentado al Congreso en 1974, el cual no fue aprobado, y en 1980 se elaboró en el seno de la Cámara de Diputados un proyecto de Ley Reglamentaria de la libertad económica y de Protección al Consumidor (véase el texto en el diario *El Universal*, Caracas 27-8-80, pp. 2-26).

Sin embargo, en materia agrícola debe destacarse la amplísima autorización legal otorgada al Ejecutivo Nacional, para dictar normas tendientes a evitar "la formación de monopolios u otras formas de acuerdos multilaterales entre comerciantes e industriales" (Art. 7°).

2. Las limitaciones derivadas del Estado de Fomento

La actividad de fomento puede considerarse como una de las clásicas actividades del Estado y que tiene por objeto la promoción y estímulo de las actividades de los particulares. En principio, no puede considerarse como una actividad limitativa de la libertad económica de los particulares; sin embargo, la utilización de los mecanismos de fomento puede dar, sin duda, lugar a la aparición de ciertas limitaciones.

En efecto, entre los mecanismos de fomento por excelencia, están los créditos que organismos del sector público otorgan a los particulares. Muchas veces, el otorgamiento de un crédito de esta naturaleza, asigna de derecho al ente público que lo otorga, poderes especiales de fiscalización de la empresa receptora del mismo. El Estatuto de la Corporación Venezolana de Fomento de 1975 (véase Decreto-Ley Nº 789 de 11 de marzo de 1975 en *Gaceta Oficial*, Nº 30.668, de 14-4-75), en este sentido, por ejemplo, establece que la misma "se reservará en los contratos, el derecho de supervisar la inversión de los fondos que proporcione, fiscalizar la administración y dirección técnica de las empresas y exigir nuevas y mayores garantías" (Art. 14).

Disposiciones similares se encuentran, por ejemplo, en los Estatutos del Fondo Nacional del Café y del Fondo Nacional del Cacao, entes autónomos creados por Decreto-Ley Nº 910 de 13 de mayo de 1975 (véase en *Gaceta Oficial* Nº 1746, Extraordinaria, de 23-5-75) (Art. 11). En otros casos, como en materia de desarrollo agropecuario, el ser beneficiario de un crédito crea obligaciones especiales como la de adquirir acciones del ente financiero. Tal sucede respecto de los créditos otorgados por el Banco de Desarrollo Agropecuario regulado por Decreto-Ley Nº 366, de 27 de agosto de 1974 (véase en *Gaceta Oficial*, Nº 1686, Extraordinaria, de 20-9-74), que imponen a los prestatarios la obligación de adquirir acciones del Banco en las condiciones determinadas por el Ejecutivo Nacional (Art. 52).

3. Las limitaciones derivadas del Estado de Servicios públicos

Una de las características del Estado contemporáneo es, sin duda, la asunción de servicios públicos como obligaciones para satisfacer necesidades colectivas. Cuando una actividad económica, en este sentido, se declara constitucional o legalmente como servicio público, surge una limitación importante a la libertad económica. En esas áreas, ésta no es libre; está limitada pues sólo puede realizarse mediante una autorización o permiso de las autoridades administrativas, o mediante la obtención de una concesión de servicio público.

Por ejemplo, así sucede respecto de los servicios públicos de transporte. En efecto, en materia de transporte urbano, las autoridades locales tienen competencia para la concesión de los servicios de transporte superficial (véase por ejemplo la Ordenanza sobre Tránsito Urbano del Distrito Federal, Arts. 86 y siguientes en *Gaceta Municipal*, Nº 8439, de 20-1-55); en materia de transporte aéreo, el Ejecutivo Nacional tiene competencia para otorgar, según los casos, las concesiones o permisos correspondientes (véase Art. 39 y siguientes, de la Ley de Aviación Civil); y en materia de transporte por ferrocarril, el Ejecutivo Nacional tiene competencia para otorgar, potestativamente, las concesiones ferrocarrileras de servicio público (Art. 8 de la Ley de Ferrocarriles de 2-8-57). Ninguna de estas actividades económicas puede realizarse, entonces, sin la correspondiente concesión otorgada por las autoridades administrativas.

En otros servicios públicos, la concesión se sustituye por un permiso, autorización o registro. Tal sucede, por ejemplo, con los permisos sanitarios para los institutos de salud privados (Clínicas); con el registro en el Ministerio de Educación para los institutos privados de enseñanza; y con las autorizaciones para el transporte de correspondencia; en todos esos casos, establecidos legalmente (Ley de Sanidad Nacional, Ley de Educación, Ley de Correos y Ley del IPOSTEL).

En todos estos casos, se insiste, la actividad económica de los particulares está doblemente limitada: para poder ejercerse, requiere de una autorización, permiso o concesión de la autoridad administrativa; y posteriormente, derivado de la naturaleza de servicio público de la actividad, queda sometida al control y fiscalización de la autoridad concedente o que lo autoriza.

En todo caso, la prestación de servicios públicos directamente por el Estado ha dado origen a la creación de multitud de organismos administrativos, generalmente descentralizados, tales como el Instituto Nacional de Correos y Telecomunicaciones, el Instituto Autónomo Administración de Ferrocarriles del Estado, la C. A. de Administración y Fomento Eléctrico, la C. A. Teléfonos de Venezuela, etc.

4. Las limitaciones derivadas del Estado Empresario

Una de las características fundamentales del Estado contemporáneo en Venezuela, es el sistema de economía mixta en el cual se mueve. Conforme a ese esquema político-económico, el Estado puede intervenir en las actividades económicas otrora reservadas a los particulares. El Estado, como empresario, sin duda, es la fase más característica del Estado contemporáneo.

Por supuesto, el Estado puede realizar sus actividades empresariales de tres maneras principales: reservándose para sí determinadas industrias, servicios o explotaciones de interés público (Art. 97), tal como ha sucedido con la industria del gas natural, con la industria de la explotación del hierro, o con la industria y el comercio de los hidrocarburos; realizando actividades económicas con la participación de los particulares en la industria básica, pero sometida, ésta, a su control (Art. 97); o simplemente en concurrencia con los particulares. En los dos primeros casos, fundamentalmente, la actividad empresarial del Estado se configura, además, como una limitación a la actividad económica de los particulares. La primera, sin embargo, más que una limitación a la libertad económica, es una exclusión de la misma, por lo que se verá más adelante. Ahora interesa analizar la segunda forma de la actividad empresarial del Estado: aquella que se realiza con la participación de particulares, pero sometida a su control. En efecto, expresamente ha habido regulaciones para el desarrollo industrial bajo el control del Estado, en los siguientes campos industriales: Industria Naval (véase Decreto-Ley N° 927 de 16-5-75, por el cual se dictaron las Normas para el Desarrollo de la Industria Naval); Industria Aeronáutica (véase Decreto-Ley N° 926 de 16-5-75, por el cual se dictaron las Normas para el desarrollo de la Industria Aeronáutica); Industrias Militares (Decreto-Ley N° 883, de 29-4-75, mediante el cual se dictaron las Normas para el desarrollo de las Industrias Militares); e Industria Nuclear (Decreto-Ley N° 925, de 16-5-75, por el cual se dictaron las Normas para el desarrollo de la Industria Nuclear). En todos estos casos, las actividades industriales están sometidas al control del Estado, a través de los órganos de la Administración, o a través de las empresas estatales que se han venido constituyendo o han venido asumiendo cada área.

En otros campos de la industria pesada, como en materia petroquímica y de electricidad, si bien no se han dictado las normas generales de desarrollo industrial, el Estado participa en las mismas, con la mayor inversión, pero en algunos casos en concurrencia con particulares.

Por último, puede señalarse que entre las formas de asunción de empresas económicas por parte del Estado, además de la constitución ex novo de las mismas, está la utilización de la figura de la expropiación. El Estado, en efecto, por razones de utilidad pública o interés social legalmente declarado, mediando juicio contradictorio y justa indemnización, podría decretar la expropiación de una empresa en particular, sin recurrir a la reserva de actividades industriales lo que daría origen a una nacionalización tal como se verá. En el supuesto que se menciona, el hecho de que el Estado decida la expropiación aislada de una empresa, y la asuma, es una restricción impuesta a la libertad económica de los particulares accionistas de la misma, pero no excluye el que otros particulares realicen su actividad económica en las mismas áreas. Por supuesto, y en todo caso, de todas las limitaciones a las actividades que hemos analizado, la única que da derecho a indemnización de parte del particular afectado, es la que se configura como una restricción particular: la expropiación de empresas.

Las otras, todas, configuran el entorno normal del ámbito de la libertad económica, al cual deben someterse todos los particulares.

Por supuesto que en cuanto a la expropiación como forma de adquisición de empresas por el Estado, también puede darse la expropiación de acciones. Esto ha sucedido, por ejemplo, en la última reforma de la Ley del Banco Central de Venezuela de 30 de octubre de 1974 (*Gaceta Oficial*, N° 1711, Extraordinaria, de 30-12-74), que, aun cuando continúa atribuyéndole la forma de sociedad anónima (Art. 1°) a dicho instituto, estableció que "con excepción del Estado ninguna persona natural o jurídica podrá ser propietaria de acciones del Banco" (Art. 8). Como desde la creación del Banco en 1939 se admitió que parte del capital del Banco estuviese en manos de particulares, la Ley de 1974 estableció lo siguiente: "En el plazo de dos años a partir de la fecha de vigencia de esta Ley todas las personas naturales o jurídicas distintas de la República que sean titulares de acciones del Banco Central de Venezuela deberán ofrecerlas a la República, quien las adquirirá por órgano del Ministerio de Hacienda. Las acciones del Banco Central de Venezuela que no hubiesen sido ofrecidas en venta pasarán al patrimonio de la República, previo cumplimiento de los trámites previstos en la Ley de expropiación por causa de utilidad pública. En ambos casos, el precio que deberá pagar por las acciones será igual al promedio del valor de mercado en los seis (6) meses anteriores al 30 de septiembre de 1974" (Art. 100).

En todo caso, debe señalarse que la presencia del Estado como empresario en la vida económica, ha producido una evidente distorsión en las regulaciones del derecho mercantil, particularmente en materia de sociedades. En efecto, no sólo ya se ha admitido, al menos en el campo de las empresas nacionalizadas en la industria petrolera, la constitución de sociedades unipersonales, con el Estado como único accionista (véase el artículo 6°), base primera de la Ley Orgánica que reserva al Estado la Industria y el Comercio de los Hidrocarburos en (*Gaceta Oficial*, N° 1769, Extraordinaria, de 29-8-75), sino que, en todo caso, la presencia del Estado o de diversos entes públicos como titulares de todas o la mayoría de las acciones de determinadas empresas, ha provocado un desfiguramiento del régimen de las acciones, las cuales, por ejemplo, no son de libre enajenabilidad; del régimen de las Asambleas que muchas veces se sustituyen por decisiones de órganos ejecutivos unipersonales; del régimen de los directores o administradores, sometidos al libre nombramiento y remoción de parte de autoridades ejecutivas; y del régimen de disolución o quiebra, donde la presencia del Estado impide de hecho la aplicación de la normativa general del derecho mercantil.

En todo caso, la acción del Estado como empresario, ha tenido la mayor repercusión en materia administrativa, de todas cuantas se ha visto. Para 1980, en efecto, el Estado había creado 226 empresas públicas con las más variadas formas jurídico-administrativas de organización: institutos autónomos, establecimientos públicos asociativos, asociaciones civiles, sociedades mercantiles y patrimonios autónomos (véase, Allan R. Brewer-Carías, *El régimen jurídico de las empresas públicas en Venezuela*, Caracas, 1980).

5. Las limitaciones derivadas del Estado Planificador

Entre las facultades interventoras del Estado en la economía que adquirieron rango constitucional en 1947, como se ha dicho, está la de planificar el desarrollo económico del país. En el texto constitucional de 1961 así, se establece expresamente como obligación del Estado el promover "el desarrollo económico y la diversificación de la producción, con el fin de crear nuevas fuentes de riqueza, aumentar el nivel de ingresos de la población y fortalecer la soberanía económica del país" (Art. 95). Por otra parte señala como obligación del Estado el proteger "la iniciativa privada, sin perjuicio de la facultad de dictar medidas para planificar, racionalizar y fomentar la producción, y regular la circulación, distribución y consumo de la riqueza, a fin de impulsar el desarrollo económico del país" (Art. 98). En esta forma, por tanto, y constitucionalmente hablando, la planificación, como técnica de ordenación general de la economía para lograr determinados objetivos en un lapso de tiempo, mediante la aplicación racional de determinados recursos evaluados y de los que se dispone, se nos muestra como una limitación a la libertad económica.

El Estado, cuando planifica el desarrollo económico, en última instancia limita la libertad económica de los particulares, quienes en una u otra forma deberán ajustarse al Plan.

Pero aparte de la planificación del desarrollo económico y social, cuyo punto de referencia está situado en el tiempo, tal como también se dijo, se ha venido desarrollando en los últimos años en Venezuela, un proceso tendiente a planificar el desarrollo pero desde el punto de vista espacial o del territorio. Ha comenzado a surgir, así, las técnicas de ordenación del territorio, es decir, de organizar y repartir en el cuadro geográfico del país, las diversas actividades humanas y económicas en función de los recursos naturales, cuya aplicación efectiva conducirá también al establecimiento de limitaciones de importancia a las actividades económicas de los particulares tales como la ya señalada, relativa a la desconcentración industrial del Área Metropolitana de Caracas, a la prohibición de instalación de nuevas industrias y al traslado obligatorio de aquellas nocivas al ambiente.

Nos remitimos a lo estudiado detenidamente en los parágrafos 14 y 15 sobre planificación del desarrollo económico y social y sobre ordenación territorial.

III. LAS EXCLUSIONES DE ACTIVIDADES ECONÓMICAS

Todas las limitaciones a la libertad económica analizadas anteriormente tienen en común que presuponen su existencia, y en tanto que ello es así, se limita su ejercicio o se lo restringe, en un caso específico. Sin embargo, allí no concluyen las limitaciones a la libertad económica, pues en otros supuestos, en virtud de la Ley, aquella no se presupone; al contrario, se la excluye. Se trata, aquí, si se quiere, de limitaciones al ámbito de la libertad económica, respecto de ciertas áreas territoriales, o en ciertos sectores económicos que, en general, y salvo que el Estado decida asumir los bienes que estaban afectados por los particulares para realizar las actividades excluidas en cuyo caso estaríamos en presencia de una nacionalización, no dan derecho a indemnizaciones por parte de los particulares.

Estas exclusiones pueden clasificarse en cuatro grandes categorías: exclusiones territoriales; exclusiones de actividades económicas respecto de los extranjeros; exclusiones de actividades económicas respecto de todo particular por la reserva que hace el Estado; y la nacionalización que implica la reserva al Estado y transferencia, a éste, de los bienes afectos a la actividad reservada. Veamos separadamente estos cuatro supuestos de exclusiones de la libertad económica admitidas por el ordenamiento jurídico.

1. La exclusión de actividades económicas en ámbitos territoriales

Conforme a la política de localización industrial, hemos visto, el Ejecutivo Nacional puede establecer "las zonas del país en las cuales se localizarán determinadas industrias" (Art. 1º del Decreto-Ley Nº 134 de 4-6-74 en *Gaceta Oficial*, Nº 30.418, de 7-6-74); lo que implica que las mismas no pueden ser localizadas en otras áreas territoriales. En el mismo sentido, en el Decreto-Ley Nº 713 de 21-1-75 (*Gaceta Oficial*, Nº 30.638, de 5-3-75) se prohibió "la instalación de nuevas industrias" en el Área Metropolitana de Caracas y su zona de influencia (Art. 1º). En estos casos, se ha establecido una exclusión del ejercicio de la actividad industrial en ciertas áreas territoriales, lo que implica una exclusión de la misma que no da derecho a indemnización por parte de los industriales afectados.

Así se ha resuelto en el citado Decreto-Ley que establece las normas para la desconcentración industrial de Caracas y que prevé la posibilidad para el Ejecutivo Nacional de decidir "el traslado de las industrias que causan contaminación del ambiente o aquellas que deban ser reubicadas en razón de la ordenación de áreas que se establezca" (Art. 3º). En estos casos, no sólo el particular está obligado a trasladar su industria fuera del área afectada, sino que si esta obligación no se cumple en el lapso establecido, "la industria será cerrada" hasta que se verifique, "sin que por esta circunstancia se interrumpa el contrato de trabajo con sus trabajadores" (Art. 3º).

2. La reserva de sectores económicos a empresas nacionales

Una segunda modalidad de exclusión de la actividad económica tiene lugar mediante las disposiciones legales que reservan el ejercicio de ciertas actividades o sectores económicos a empresas nacionales, y que, por tanto, la excluyen respecto de los extranjeros.

Un proceso de venezolanización de las actividades económicas puede decirse que se inició en firme en Venezuela con motivo de la promulgación de la Ley de Empresas de Seguro y Reaseguro de 1965, que exigió que en las mismas no menos del 51 por ciento del capital perteneciera a personas venezolanas; y si éstas eran personas jurídicas, no menos del 51 por ciento de su capital debía pertenecer a personas venezolanas naturales (Art. 18). Ello condujo al legislador a prever una serie de plazos para la transformación de las empresas extranjeras en empresas con capital mayoritario venezolano, y establecer, además que de lo contrario, no podían seguir realizando operaciones de seguro o reaseguro en el país (Arts. 122 y siguientes).

En 1970, con motivo de la promulgación de la Ley General de Bancos y otros Institutos de Crédito de 30 de diciembre de ese año (véase en *Gaceta Oficial* N° 1454, Extraordinaria, de 30-12-70), se avanzó más en el proceso de venezolanización y se estableció que a partir de ese momento no se autorizaría la constitución de nuevos bancos cuyo capital no fuera totalmente venezolano (Art. 32); y en aquellos supuestos de bancos con un capital extranjero superior al 20 por ciento del capital social, se establecieron una serie de limitaciones (Arts. 33 y 34) de manera de propugnar su transformación patrimonial (Art. 159).

Posteriormente, con motivo del ingreso de Venezuela al Grupo Andino, entró en vigencia en nuestro país la Decisión N° 24 relativa al Régimen Común de tratamiento a los capitales extranjeros y sobre marcas, patentes, licencias y regalías (véase en *Gaceta Oficial*, N° 1620, Extraordinaria, de 1-11-73). Este cuerpo normativo estableció para todos los países miembros del Acuerdo normas de extraordinaria importancia en cuanto a la reserva de actividades económicas al capital nacional o más precisamente a empresas nacionales, que son las que tienen más del 80 por ciento de capital nacional.

En efecto, estableció que cada país podía "reservar sectores de actividad económica para empresas nacionales públicas o privadas" (Art. 38), pero además, estableció directamente que no se admitiría "el establecimiento de empresas extranjeras ni nueva inversión extranjera directa en el sector de servicios públicos" tales como "agua potable, alcantarilladlo, energía eléctrica y alumbrado, aseos y servicios sanitarios, teléfonos, correos y telecomunicaciones" (Art. 41); no se admitiría "nueva inversión extranjera directa ante el sector de seguros, banca comercial y demás instituciones financieras" (Art. 42); ni en "empresas de transporte interno, publicidad, radioemisoras comerciales, estaciones de televisión, periódicos, revistas ni en las dedicadas a la comercialización interna de productos de cualquier clase" (Art. 43).

De acuerdo a estas disposiciones, mediante Decreto N° 62, del 29 de abril de 1974, reglamentario de la Decisión N° 24, (*Gaceta Oficial*, 1650, Extraordinaria, de 29-4-74), quedaron reservados a las empresas nacionales y no se admitió nueva inversión extranjera directa en los siguientes sectores de la actividad económica:

a. Los servicios públicos de teléfonos, correos, telecomunicaciones; agua potable y alcantarillado; la generación, transmisión, distribución y venta de electricidad y los servicios de vigilancia y seguridad de bienes y personas;

b. La televisión y radiodifusión; los periódicos y revistas en idioma castellano; el transporte interno de personas y bienes; la publicidad; la comercialización interna de bienes y servicios cuando fuese ejercida por empresas que se dediquen a esas actividades, salvo que se trate de bienes o servicios producidos por ellas en el país;

c. Los servicios profesionales en actividades de consultoría, asesoramiento, diseño y análisis de proyectos y realización de estudios en general en las áreas que requieren la participación de profesionales cuyo ejercicio esté reglamentado por leyes nacionales (Art. 1°).

Posteriormente, mediante Decreto N° 2031, de 9 de febrero de 1976, se amplió la reserva señalada, quedando reservados a las empresas nacionales los siguientes sectores de actividad económica:

a. Los servicios públicos de: teléfonos, correos, telecomunicaciones, agua potable *y alcantarillado; la generación, transmisión, distribución y venta de electricidad* y los servicios sanitarios, de aseo y de vigilancia y seguridad de bienes y personas.

b. La televisión y radiodifusión; los periódicos y revistas en idioma castellano; el transporte interno de personas y bienes y la publicidad. A juicio de la Superintendencia de Inversiones Extranjeras podrán quedar exceptuadas de esta disposición las publicaciones en castellano de carácter científico o cultural.

c. La comercialización interna de bienes. Las empresas extranjeras domiciliadas en el país, para la fecha de entrada en vigencia de este Decreto, dedicadas a estas actividades podrán ejercer dicha comercialización directamente o a través de empresas controladas en su capital o en su gestión por la empresa extranjera, siempre y cuando se trate de bienes producidos por ellas en el país.

d. Los servicios profesionales en actividades de consultaría, asesoramiento, diseño y análisis de proyectos y realización de estudios en general, en las áreas que requieran la participación de profesionales cuyo ejercicio esté reglamentado por Leyes Nacionales, salvo que se trate de empresas que a juicio de la Superintendencia de Inversiones Extranjeras, aporten tecnología para el desarrollo del país y que en las mismas, la participación extranjera no exceda del cuarenta y nueve por ciento (49%). (Art. 1°).

Esta ampliación de la reserva, por otra parte, motivó la inclusión de algunas excepciones y precisiones, contenidas en cuatro parágrafos del mismo artículo 1° del Decreto N° 2031.

Como consecuencia de la reserva, se estableció en el mencionado Decreto N° 62 que las empresas extranjeras que operasen en dichos sectores, debían transformarse en empresas nacionales, para cuyo efecto debían poner en venta por lo menos el 80 por ciento de sus acciones para adquisición por inversionistas nacionales antes de mayo de 1977 (Art. 2°). El Decreto N° 2031 del 9 de febrero de 1977 extendió dicho plazo hasta el 30 de diciembre de 1977 (Art. 2°). En todo caso, mediante la Ley sobre Transformaciones de Empresas Extranjeras de 21-8-75 (*Gaceta Oficial*, N° 30.774, de 21-8-75) se establecieron las modalidades de dicha transformación y los poderes de control y fiscalización de la Superintendencia de Inversiones Extranjeras.

Tanto en el Decreto N° 62 como el Decreto N° 2031, se estableció que los sectores de seguros y bancos se seguirán regulando por sus leyes especiales (Art. 4°). En todo caso, con motivo de la reforma de la Ley de Empresas de Seguro y Reaseguro de 1974, se exigió que dichas empresas no debían tener más del 20 por ciento de su capital pagado directa o indirectamente en manos de personas extranjeras (Art. 25), por lo que se les concedió un plazo de 2 años a las empresas que tuvieran capital extranjero en proporción mayor a ese 20 por ciento, para cumplir con dicho requisito (Art. 192) y transformarse en empresas nacionales de acuerdo a la previsión de la Decisión N° 24 de la Comisión del Acuerdo de Cartagena.

En todos estos supuestos, se trata de una exclusión de la libertad económica en áreas determinadas respecto de cierta categoría de personas; exclusión que implica, imposibilidad de realizar para esas personas las actividades reservadas, y obligación de poner en venta sus participaciones a inversionistas nacionales, a los efectos de que la empresa se convierta en empresa nacional. En ningún caso, por supuesto, la limitación derivada de la exclusión da derecho alguno a indemnización por parte de los inversionistas extranjeros afectados.

3. La reserva de actividades económicas por el Estado

En la Constitución de 1961, como se dijo, siguiendo la orientación de la Constitución de 1947 se estableció expresamente la posibilidad que tiene el Estado de "reservarse determinadas industrias, explotaciones o servicios de interés público por razones de conveniencia nacional" (Art. 97). Se abrió así la posibilidad, no ya de que el Estado realice actividades empresariales, sino que las realice en forma exclusiva, reservada, excluyendo a los particulares del ámbito de las mismas. Esta reserva, sin duda, tiene por efecto fundamental establecer una limitación a la libertad económica de los individuos excluyéndola del sector reservado.

En efecto, la reserva de actividades económicas por parte del Estado conlleva básicamente una prohibición impuesta a los particulares de realizar actividades propias del sector reservado, lo que afecta tanto a aquellos particulares o empresas que venían realizando actividades en el sector, como a cualquier particular o empresa, que pretendiera, en el futuro, realizar dichas actividades. Después de la reserva, por tanto, los particulares o empresas que operaban en el sector, no pueden continuar realizando sus actividades, y hacia el futuro, ningún otro particular puede realizar nuevas actividades en el sector. La libertad económica, en el mismo, ha sido excluida y es imposible ejercerla.

Como consecuencia de ello, el acto de reserva, per se, no conlleva derecho alguno de los particulares afectados a indemnización por parte del Estado. Aquellos, simplemente, cesan en sus actividades, y un deber de indemnización sólo surgiría si el Estado decide apropiarse de las instalaciones o de las empresas de los particulares que operaban en el área reservada, es decir, decide nacionalizar esas empresas.

Este principio, en nuestro criterio, se deduce de las normas de la Ley que reserva al Estado la industria del Gas Natural de 26 de agosto de 1970 (véase en *Gaceta Oficial*, N° 29.594, de 26 de agosto de 1971). En efecto, esta Ley reservó al Estado la "industria del gas proveniente de yacimientos de hidrocarburos" (Art. 1°), y estableció, por tanto, la obligación a los concesionarios de "entregar al Estado, en la oportunidad, medida y condiciones que determine el Ejecutivo Nacional, el gas que se produzca en sus operaciones (Art. 3°). Corría por cuenta del Estado el pago a los concesionarios de "los gastos de recolección, compresión y entrega del gas" (Art. 7°). La reserva, per se, no daba ningún derecho a indemnización por parte de los concesionarios, y el Estado sólo pagaba los costos de la recolección, compresión y entrega del gas. La Ley sólo previo una compensación "en el caso ele que el Estado decida asumir las operaciones de recolección, compresión y tratamiento en plantas que actualmente realizan los concesionarios" en cuyo caso, la misma equivaldría "a la parte no depreciada del costo de las instalaciones y equipos que requiere para esas operaciones o el valor de rescate de los mismos si éste fuere menor que aquél" (Art. 8°).

De acuerdo a esto, la indemnización sólo procedía si el Estado decidía apropiarse de las instalaciones, y por esa apropiación; la reserva, en sí misma, en cambio, como prohibición impuesta a los concesionarios de seguir aprovechándose del gas natural, no dio derecho alguno a indemnización.

4. La nacionalización

La nacionalización de empresas, es decir, la obligatoriedad impuesta a todas las empresas que operan en ciertas áreas o sectores de la economía que el Estado se reserva por razones de conveniencia nacional, de transferirle a éste la propiedad de las mismas, mediando indemnización, es una institución que en Venezuela tiene fundamento constitucional en la ya señalada figura de la reserva al Estado de industrias o sectores económicos.

En efecto, tal como se ha señalado, la reserva tiene como consecuencia dos efectos fundamentales: en primer lugar, establecer a favor del Estado, un monopolio de derecho; y en segundo lugar, establecer, como consecuencia, una prohibición para los particulares de realizar actividades en el sector reservado, en virtud de la exclusión de la libertad económica que implica. Por esta sola reserva, no tiene el Estado obligación alguna de indemnizar a los particulares excluidos, pero si además de la reserva, ésta se acompaña con la exigencia y obligación impuesta a los particulares y empresas afectadas, de transferir forzosamente al Estado las instalaciones con que operaban, estaremos en presencia de la figura de la nacionalización, que sí da derecho a indemnización.

En el ordenamiento jurídico venezolano por tanto, la figura de la reserva junto con la expropiación dan origen a una nueva institución: la nacionalización, sometida a sus propias normas indemnizatorias, de acuerdo a la interpretación que haga la Ley de la "justa indemnización" a que se refiere el artículo 101 de la Constitución.

En este sentido, por ejemplo, las normas para calcular la indemnización con motivo de las nacionalizaciones de las industrias del hierro y del petróleo, establecidas en el Decreto-Ley que reserva al Estado la industria de la explotación de mineral de hierro (Decreto-Ley N° 580 de 26-11-74 en *Gaceta Oficial*, N° 30.577, de 16-12-74) y en la Ley Orgánica que reserva al Estado la industria y el comercio de los hidrocarburos de 29 de agosto de 1975 (*Gaceta Oficial*, N° 1769, Extraordinaria, de 29-8-75), son distintas a las previstas en la Ley de Expropiación por causa de utilidad pública o social; y entre otros factores porque no se trata de una expropiación pura y simplemente.

La expropiación de empresas, como se dijo, es una restricción a la propiedad de una determinada organización económica: no afecta, *per se* la libertad económica en un determinado sector, y el hecho de que se expropie una empresa no impide que otros particulares realicen actividades en ese mismo sector.

En cambio, en la nacionalización, la reserva afecta y excluye a la actividad económica en el sector reservado, y la transferencia forzosa de las empresas se produce respecto de todas las que operan en el sector, con la prohibición para los particulares de seguir realizando o realizar en el futuro actividades en dicho sector. Aquí no hay una restricción a la libertad económica de un particular o grupo de ellos, sino la exclusión de la libertad económica respecto a un determinado sector.

Por eso, los principios de la expropiación no pueden aplicarse, tal como están en la legislación tradicional, a la expropiación que acompaña a la reserva pues en este caso, la nueva institución que surge, la nacionalización, condiciona el tratamiento del proceso.

En relación a la nacionalización, y por lo que respecta a su repercusión en el derecho mercantil, debe destacarse la muy importante innovación que incorporó al ordenamiento jurídico la Ley Orgánica que reserva al Estado la Industria y el Comercio de los Hidrocarburos de 29 de agosto de 1975 (*Gaceta Oficial*, N° 1769, Extraordinaria, de 29-8-75), y que permite al Estado constituir sociedades anónimas en el sector de la industria petrolera, "con un solo socio" (Art. 6°, base primera). La admisibilidad de la constitución de la sociedad anónima con un solo socio, sin duda, aun cuando limitado al sector petrolero, es una innovación de la Ley que debería extenderse a todos los sectores en que interviene el Estado como empresario, siguiéndose las más modernas tendencias del derecho comparado.

Ahora bien, con motivo de la nacionalización de la industria extractiva del hierro y de la industria y el comercio de los hidrocarburos, se crearon organizaciones estatales destinadas a continuar la operación de las industrias nacionalizadas, de enorme importancia. En materia de explotación de la industria del hierro se creó la empresa CVG Ferrominera del Orinoco C. A. como filial de la Corporación Venezolana de Guayana; y en materia de la industria y el comercio de los hidrocarburos, se constituyó, por Decreto N° 1123 de 30 de agosto de 1975 (véase en *Gaceta Oficial* N° 1770, Extr. de 30-8-75), modificado por Decreto N° 250 de 23 de agosto de 1979 (véase en *Gaceta Oficial* N° 31.810 de 30-8-78), la empresa Petróleos de Venezuela S. A. (PDVSA) la cual organizó la industria, como casa matriz, en torno a seis empresas filiales: Maravén, Menevén, Lagovén, Corpovén, Pequivén e Intevep, las cuales hacían como empresas operadoras (véase Allan R. Brewer-Carías "Aspectos Organizativos de la Industria Petrolera Nacionalizada en Venezuela", en *Archivo de Derecho Público y Ciencias de la Administración*, Tomo III, Volumen 1, Instituto de Derecho Público, en prensa, Caracas, 1980).

REFERENCIAS BIBLIOGRÁFICAS, Sección Décima: En este parágrafo hemos seguido, lo expuesto en: Allan R. Brewer-Carías: "La intervención del Estado en la Actividad Mercantil", en *Jornadas de Derecho Mercantil*, UCAB, Caracas, 1978, pp. 529 a 560. Véase, además: H. Koontz y R.W. Gable: *La intervención pública en la empresa*, Barcelona, 1961; Ernest Steindorff: "Legal consequences of State Regulation", en *International Encyclopedia of Comparative Law*, Volume XVII, State and Economy, Chapter 11, Tubinga, 1979.

LIBRO TERCERO:

PRINCIPIOS DEL RÉGIMEN JURÍDICO DE LA ORGANIZACIÓN ADMINISTRATIVA (1991)

Este Libro Tercero recoge el texto del libro *Principios del régimen jurídico de la Organización Administrativa Venezolana*, editado por la Editorial Jurídica Venezolana, Colección Estudios Jurídicos, N° 49, Caracas 1991, 146 pp. La versión inicial de esa obra con el titulo *Introducción al Estudio de la Organización Administrativa Venezolana*, se publicó en la Colección Monografías Administrativas de la misma Editorial, en Caracas, 1978, 135 pp.; con varias reimpresiones en 1980, 1983 y 1984.

El libro en su edición de 1991 se publicó precedido de una "Nota explicativa," con el siguiente texto:

"Este libro tiene su origen remoto en las notas de clase tomadas en el curso sobre Organización Administrativa Venezolana que me correspondió dictar, en 1977, en la Escuela de Ciencias Políticas y Administrativas de la Facultad de Ciencias Jurídicas y Políticas de la Universidad Central de Venezuela. La reelaboración de aquellas notas de clase destinadas fundamentalmente a los estudiantes, dio origen al pequeño libro Introducción al Estudio de la Organización Administrativa Venezolana, publicado en 1978 por la Editorial Jurídica Venezolana, Colección Monografías Administrativas N° 1, Caracas 1978, y que fue objeto de varias reimpresiones en 1980, 1983 y 1984.

Sin perder su orientación inicial hemos ampliado el trabajo original incorporándole varios otros estudios sobre el tema, pretendiendo moldear, en una nueva (y sucesiva) aproximación, un cuerpo de principios sobre el régimen jurídico de la Organización Administrativa en Venezuela, que esperamos sea de utilidad para los estudiosos del tema. Caracas, abril 1991."

Sección Primera: LA POTESTAD ORGANIZATIVA (1991)

El texto de esta Sección Primera se conforma por el de los Capítulos I y II del libro *Principios del régimen jurídico de la Organización Administrativa Venezolana*, editado por la Editorial Jurídica Venezolana, Colección Estudios Jurídicos, N° 49, Caracas 1991.

Dos aspectos fundamentales es necesario destacar al tratar el tema de la Organización Administrativa dentro de la organización general del Estado, y son primero, el relativo a la personalidad jurídica de éste; y segundo, el relativo a las diversas connotaciones del término organización administrativa.

En efecto, desde el punto de vista internacional, el Estado tiene una personalidad jurídica única. Cuando Venezuela, como Estado soberano, tiene relaciones con organismos internacionales o con otros Estados, sin duda, se nos presenta con una sola personalidad jurídica a nivel internacional, por lo que nadie piensa en la personalidad de un Estado de la Federación o de un Municipio. Todos los entes del Estado, al contrario, se engloban dentro de una sola personalidad jurídica, que es la personalidad jurídica del Estado en su actuación internacional,

Pero en el ámbito interno, la distribución vertical del Poder Público derivada de la forma federal del Estado, impone la existencia de tres órdenes de personas jurídicas a nivel político-territorial (la República, los Estados, las Municipalidades)[1]. Sin embargo, aun en estas entidades, la personalidad jurídica de ellas se manifiesta, en realidad, básicamente a través de la actuación de sus respectivas organizaciones administrativas.

En efecto, cuando el Estado decide un conflicto entre partes, a través de una decisión judicial adoptada por un Tribunal, actúa como un tercero en una relación en la cual no es parte, y que se establece entre dos sujetos distintos. El Estado, en esa decisión, lo que hace es resolver un conflicto entre esos sujetos de derecho. En esta actuación, la personalidad del Estado no se manifiesta, porque cuando un Tribunal resuelve, por ejemplo, un problema de divorcio, a los divorciados no les afecta o interesa el aspecto de si el Estado tiene o no personalidad jurídica cuando se ha dictado la sentencia respectiva.

Bajo otro ángulo, cuando el Estado dicta una Ley, también actúa como un tercero en las relaciones jurídicas que se van a regular. En la Ley, el Estado va a regular en forma abstracta, general, una serie de relaciones, pero no interviene, por ello, directamente en ellas. La problemática de la personalidad jurídica del Estado, como consecuencia, no tiene relevancia en su actuación como legislador o juez, salvo en los supuestos, relativamente difíciles, en que se plantee la responsabilidad del Estado por acto legislativo o acto judicial.

En cambio, cuando el Estado realiza actividades de carácter administrativo y pone en marcha su Organización Administrativa, sí se manifiesta como persona jurídica frente a los particulares. Cuando el Estado compra un bien o contrata una obra pública, u otorga o revoca un permiso, aquí sí se establece una relación directa entre un sujeto de derecho y una de las personas jurídico-territoriales del Estado. Por tanto, es a través de su Organización Administrativa que, normalmente, éste se manifiesta como persona jurídica. Por eso, es muy común que se confunda a la Organización Administrativa con la personalidad jurídica del Estado, y normalmente, cuando se piensa en el Estado como persona o como sujeto de derecho, se piensa automáticamente, en el aparato administrativo: en la Presidencia, en los Ministerios, en los entes descentralizados; antes que en los órganos como el Congreso o un tribunal. De allí que, como se dijo, la personalidad jurídica del Estado esté tan íntimamente ligada a la noción de Organización Administrativa[2], aun cuando no se agota en ella.

---

1 Artículo 19, ordinal del Código Civil.

2 *V.* Allan R. Brewer-Carías, *Derecho Administrativo, T.* 1, *cit.*, pp. 370 y ss.

Otro aspecto que debe aclararse es el relativo a las diversas connotaciones del término Administración Pública. En efecto, cuando normalmente se habla de la Administración Pública, esta expresión puede entenderse en dos sentidos: como una actividad que realiza el Estado (sentido material) o como un conjunto de órganos (sentido orgánico)[3]. Por tanto, no siempre la Administración Pública sugiere la presencia de un conjunto de órganos administrativos. Muchas veces, cuando se habla de Administración Pública, no se apunta a un conjunto de órganos determinados, sino a una actividad del Estado.[4] Cuando se dice que la "Administración Pública funciona mal", no se piensa en que un órgano concreto de la Administración Pública actúa deficientemente, sino, en realidad, en que el conjunto de actividades del Estado son deficientes.

Por tanto, la noción de Administración Pública puede ser entendida desde el punto de vista material, o desde el punto de vista orgánico. Por supuesto, si el objeto de estudio es la Organización Administrativa, interesa más esta segunda visión de la Administración Pública: La Administración Pública como conjunto de órganos e instituciones para el cumplimiento de determinados fines.

Dentro de esa noción general de Administración del Estado, o en concreto, de Administración Pública, como organización administrativa, como ya lo hemos destacado, debe también tenerse siempre presente, que la misma abarca, no sólo a los órganos administrativos nacionales, sino también a los estadales y municipales; y dentro de los nacionales, no sólo a los que forman parte de los órganos del Ejecutivo Nacional en sentido clásico, sino también a todas las administraciones nacionales que tienen autonomía funcional y a la Administración Nacional descentralizada funcionalmente.

Ahora bien, en relación a la Organización Administrativa ante todo debe determinarse quién puede crear órganos administrativos, o sea, quién puede establecer, modificar o extinguir dicha organización[5]

El Estado, dentro de sus diversas potestades tiene, sin duda, la potestad organizativa, o sea, la posibilidad de organizarse a sí mismo. El Estado, en efecto, para actuar, tiene una serie de potestades o poderes jurídicos. Por ejemplo, tiene la potestad reglamentaria, mediante la cual puede regular, a través de normas de efectos generales, la conducta de los particulares; tiene la potestad sancionatoria, es decir, la posibilidad de sancionar conductas ilícitas o ilegítimas de los infractores del Ordenamiento Jurídico; y la potestad expropiatoria, mediante la cual puede adquirir la propiedad en forma forzosa, indemnizando al propietario.

---

3 *Ídem.*, pp. 349 y ss.

4 La Corte Suprema de Justicia en Sala Político-Administrativa, en sentencia del 30 de mayo de 1960 al definir la Administración como actividad señaló lo siguiente: "Observa la Corte, que, según el artículo 21 de la Constitución de la República, «el gobierno y la Administración de cada Estado corresponde a un Gobernador, quien además de Jefe del Ejecutivo del Estado es agente del Ejecutivo Nacional en su respectiva circunscripción». En un sentido general, puede definirse el concepto de administración, como aquella actividad del Poder Público que tiende a conservar y promover los intereses generales, mantener el orden, proteger al ejercicio normal del derecho y facilitar el desenvolvimiento de toda actividad libre dentro de la convivencia social. Está, por tanto, comprendida en el ámbito de la administración, toda función pública que tienda a la conservación, utilización y progreso del patrimonio colectivo". *V.* en *Gaceta Forense* N° 52, 1966, pp. 108 a 113, y también en Allan Brewer-Carías, *Jurisprudencia de la Corte Suprema 1930-1974 y Estudios de Derecho Administrativo, T.* I, Caracas, 1975, pp. 284 a 288

5 *V.*, en general, Enrique Rivero Ysern: "Potestad Organizatoria y Actividad Organizativa", en *Documentación Administrativa*, N° 153, Madrid, 1973, pp. 7 a 39

Las potestades públicas constituyen para el Estado, situaciones jurídicas constitucionales de carácter general que le permiten actuar frente a los particulares. Dentro de ese conjunto de potestades, está, precisamente, la potestad organizativa, es decir, la potestad que tiene el Estado de organizarse a sí mismo.

I. LAS PREVISIONES CONSTITUCIONALES

La regulación básica respecto de la potestad organizativa del Estado, está en la propia Constitución. En este texto, en efecto, se puede distinguir una serie de normas y previsiones relativas a la organización administrativa y a la potestad organizativa.

La primera de las normas que es necesario destacar en las previsiones constitucionales sobre la potestad organizativa, es la que se refiere a la forma del Estado en Venezuela, derivada de nuestro sistema de distribución vertical del Poder Público: Venezuela no es un Estado Unitario, sino un Estado Federal, como lo señala el artículo 2 de la Constitución: "La República de Venezuela es un Estado Federal, en los términos consagrados por esta Constitución". Siendo, por tanto, el Estado venezolano un Estado Federal, es el texto constitucional el que establece las peculiaridades de nuestra Federación.

Por tanto, es en la Constitución donde deben ubicarse las normas genéricas sobre la potestad organizativa que corresponden a los diversos niveles de la Federación y, por tanto, a las diversas Administraciones que existen en el Estado.

Ahora bien, hay que tener presente que, precisamente, una de las grandes diferencias que hay entre un Estado Unitario y un Estado Federal, está en la Organización Administrativa, pues en un Estado Federal hay más de una Administración; en general, hay al menos tres Administraciones Públicas, según los tres niveles que existan: nacional, estadal y municipal. En cambio, en un Estado Unitario, en principio hay una sola organización administrativa, salvo, en general, los niveles locales.

Por tanto, una de las características del Estado venezolano, es que tiene tres niveles de organización administrativa y, por tanto, tres niveles de Administración Pública. Analizaremos a continuación las normas constitucionales relativas a esos tres niveles, para situar luego los principios básicos de su organización.

1. Normas en el ámbito nacional

El artículo 181 de la Constitución establece: "El Poder Ejecutivo se ejerce por el Presidente de la República y los demás funcionarios que determinen esta Constitución y las Leyes"; el Presidente de la República, agrega: "es el jefe del Estado y del Ejecutivo Nacional".

Esta norma plantea el doble carácter de las competencias del Presidente de la República: competencias de orden político, nacional e internacional, como Jefe del Estado; y competencias de orden administrativo, y también político-gubernamental, como Jefe del Ejecutivo Nacional.

Pero aparte de esto, al señalar la Constitución que el Poder Ejecutivo se ejerce por el Presidente, está estableciendo, a nivel nacional, una institución de carácter constitucional: la Presidencia de la República. Pero agrega el texto constitucional, que el Poder Ejecutivo se ejerce, también, por "... los demás funcionarios que determinen esta Constitución y las leyes". En esta forma, en la Constitución se prevén otra serie de órganos que forman parte de la organización administrativa nacional, como "Ejecutivo Nacional" según la expresión del texto fundamental, y ellos son los Ministros que de acuerdo al artículo 193 "son los órganos directos del Presidente de la República". Además, también forma parte de los órganos que ejercen el Poder Ejecutivo Nacional, conforme al artículo 200 del texto fundamental, la Procuraduría General de la República a quien, de acuerdo a lo dispuesto en el artículo 202 de la Constitución, le corresponde representar y defender judicial o extrajudicialmente los intereses patrimoniales de la República y asesorar jurídicamente a la Administración Pública Nacional.

Además de estos órganos, como se dijo, en el ámbito nacional existen una serie de Administraciones Públicas con autonomía funcional, previstas también en la Constitución. En efecto, un órgano previsto en la Constitución es la Contraloría General de la República, el cual es, además, órgano auxiliar del Congreso en la función que corresponde a éste de controlar la Administración Pública.

Como órgano con funciones propias de control, goza de autonomía funcional: le corresponde, de acuerdo al artículo 234 de la Constitución, "el control, vigilancia y fiscalización de los ingresos, gastos y de los bienes nacionales, así como de las operaciones relativas a los mismos".

Igualmente, a nivel constitucional, está previsto el Ministerio Público a cargo del Fiscal General de la República, órgano al cual compete, de acuerdo a artículo 220 de la Constitución, velar por la exacta observancia de la Constitución y las leyes; por el respeto de los derechos y garantías constitucionales; y por la celeridad y buena marcha de la Administración de Justicia. De manera que también se trata de un organismo que goza de autonomía funcional para poder ejercer las funciones que se le encomiendan.

Además de estos órganos, se encuentra también previsto en la Constitución, en el artículo 217, el Consejo de la Judicatura: "La Ley Orgánica respectiva creará el Consejo de la Judicatura, cuya organización y atribuciones fijará con el objeto de asegurar la independencia, eficacia, disciplina y decoro de los Tribunales. . .Este organismo tiene a su cargo la administración de los órganos de justicia, y si bien también es de rango constitucional, la Constitución remitió su creación a la Ley Orgánica. En la reforma del año 1970, la Ley Orgánica del Poder Judicial creó el Consejo de la Judicatura, como organismo máximo de la administración de justicia[6]

Otro conjunto de órganos que también están integrados a la Administración Pública Nacional, son los entes descentralizados funcionalmente. Entre ellos está la figura de los institutos autónomos (entes descentralizados con forma jurídica de derecho público)

---

6 Otros organismos con autonomía funcional que existen o han existido dentro de la Administración Pública, es el Consejo Supremo Electoral y la Comisión Investigadora contra el Enriquecimiento Ilícito, creados respectivamente conforme se señaló anteriormente, por la Ley Orgánica del Sufragio y por la Ley contra el Enriquecimiento Ilícito de Funcionarios o Empleados Públicos ahora derogada. La Constitución no regula estos órganos, por lo que se trata de organizaciones de rango legal. Sin embargo, al Consejo Supremo Electoral se le ha asignado, en la legislación, una jerarquía administrativa similar a la Fiscalía General de la República, a la Contraloría General de la República y al Consejo de la Judicatura; al preverse que sus actos, al igual que los de estos últimos, son recurribles ante la Corte Suprema de Justicia conforme lo previsto en el artículo 42, ordinal 12 de la Ley Orgánica de la Corte Suprema de Justicia (*V.* en *Gaceta Oficial* N° 1893, Extraordinario de 30-7-76). En cambio, los actos de la desaparecida Comisión Investigadora contra el Enriquecimiento Ilícito, al no incluirse en la citada norma de la Ley Orgánica de la Corte Suprema de Justicia, sólo eran recurribles ante la Corte Primera en lo Contencioso Administrativo conforme al artículo 185, ordinal 3° de !a mencionada Ley

la cual tiene carácter constitucional. Respecto de ellos, el artículo 230 de la Constitución prevé que "sólo por ley, y en conformidad con la Ley Orgánica respectiva, podrán crearse institutos autónomos".

2. Normas en el ámbito estadal

La Constitución también establece el fundamento de la organización respecto a las administraciones estadales. En efecto, en el campo de los Estados prevé, en el artículo 16, que éstos "son autónomos e iguales como entidades políticas"; y en el artículo 21 agrega, que "el gobierno y la administración de cada Estado corresponden a un Gobernador, quien además de jefe del Ejecutivo del Estado, es agente del Ejecutivo Nacional en su respectiva circunscripción". Conforme a estas previsiones encontramos que a nivel de cada Estado hay una administración estadal y un gobierno estadal a cargo de un Gobernador, en torno al cual se conforma la estructura básica de la Administración a ese nivel. Respecto de otras entidades federales de nivel intermedio como el Distrito Federal, los Territorios Federales y las Dependencias Federales, la Constitución remite a la Ley Orgánica o simplemente a la Ley, lo relativo a su organización y funcionamiento (Arts. 12, 14 y 136, ord. 6).

3. Normas en el ámbito municipal

En el campo de los Municipios, la Constitución también prevé, en el artículo 25, que el Municipio es "la unidad política primaria y autónoma dentro de la organización nacional" y agrega, además, en el artículo 30, que cada Municipio tiene la libre gestión en las materias de su competencia, configurada por los asuntos propios de la vida local.

Hasta el presente, ha sido tradicional que los Municipios tengan una organización administrativa uniforme, la cual es una característica de la organización municipal; sin embargo, la Constitución prevé que la ley puede establecer diferentes regímenes para la organización, gobierno y administración de los Municipios[7] lo cual lamentablemente no se hizo en la Ley Orgánica de Régimen Municipal de 1978, ni en las reformas de 1984, 1988 y 1989, pues en ellas básicamente se continuó la tradición uniformista de la organización municipal. En la actualidad, en efecto, todos los Municipios, grandes, pequeños, rurales y urbanos, tienen la misma conformación: un Alcalde, como autoridad administrativa y de gobierno municipal; y un Concejo Municipal integrado por un número variable de concejales, desde 5 para los Municipios con menos de 15.000 habitantes, hasta 17 concejales para los Municipios con más de 1.000.000 de habitantes[8]. El sentido de la norma del artículo 27 de la Constitución es que la ley puede establecer distintos regímenes para la organización, gobierno y administración de los Municipios, atendiendo a las condiciones de población, desarrollo económico, situación geográfica y otros factores de importancia, lo cual no se ha hecho hasta ahora.

---

7 Artículo 27 de la Constitución.

8 Artículo 55 de la Ley Orgánica de 1988.

II. LA RESERVA EN MATERIA DE ORGANIZACIÓN A LOS DIVERSOS PODERES

A nivel constitucional, por tanto, las previsiones sobre organización administrativa son las que quedan señaladas. Una consecuencia fundamental se puede extraer de estas previsiones constitucionales, y es que, como hay tres niveles de régimen jurídico sobre la organización, el texto constitucional prevé, en muchos casos, una exclusividad, en su establecimiento y regulación, a favor de uno de dichos niveles: así, hay determinadas organizaciones que sólo pueden ser reguladas por el nivel nacional o que sólo pueden ser reguladas por el nivel estadal. Se impone, por tanto, el estudio de estas reservas.

Hay, por tanto, ciertas reservas en la Constitución, en materia de organización administrativa, a favor de las ramas Nacional y Estadal del Poder Público, no teniendo la rama municipal reserva constitucional de organización.

1. Las reservas al Poder Nacional

A nivel nacional, el artículo 136 de la Constitución asigna diversas competencias al Poder Nacional, v dentro de ellas, deben destacarse las relacionadas con la organización administrativa. En este sentido, por ejemplo, el ordinal 6° de dicho artículo establece, que es de la competencia nacional, "la organización y régimen del Distrito Federal y de los Territorios y Dependencias Federales". En igual sentido, los artículos 12 y 14 de la Constitución remiten la organización de esas entidades federales a una Ley Orgánica o a una Ley. Estas previsiones constituyen una reserva en materia de organización administrativa, de manera que sólo el Poder Nacional puede dictar normas para organizar el Distrito Federal, los Territorios y las Dependencias Federales. Esto significa que no podría establecerse, a otros niveles, ningún tipo de organización en relación a estos entes territoriales. Igualmente, se destaca la reserva al Poder Nacional, de acuerdo al ordinal 89 del artículo 136 de la Constitución, en materia de organización, recaudación y control de impuestos nacionales a la renta, el capital, etc. Es decir, que todo lo que se refiere a la organización de la administración de los tributos nacionales, corresponde al Poder Nacional.

A su vez, el ordinal 99 de dicho artículo establece, también, como competencia del Poder Nacional, la organización y régimen de las aduanas. Por tanto, el régimen organizativo de las aduanas corresponde sólo, también, al Poder Nacional. Es. asimismo, reserva del Poder Nacional, la organización administrativa de las Fuerzas Armadas Nacionales, según lo previsto en el ordinal 11 del artículo 136 de la Constitución, así como la organización de la Administración de Justicia, de conformidad con el ordinal 23 del mismo artículo.

Como consecuencia, en estos cinco casos encontramos referencias concretas de reservas que se establecen en la Constitución al Poder Nacional, en materia de organización. Como puede observarse, estas reservas responden a la naturaleza de las actividades, que son propias del ámbito nacional. Sin duda, aquí también hay que agregar la referencia del ordinal 25 del artículo 136 de la Constitución, que establece que es de la competencia del Poder Nacional, toda otra materia que le corresponda por su índole o naturaleza. Por tanto, si por la índole o naturaleza de una actividad, ésta le corresponde al ámbito nacional, la organización administrativa que corresponda a esa materia también está reservada al Poder Nacional.

2. Las reservas al Poder Estadal

La reserva en materia de organización también la encontramos en el nivel estadal. Por ejemplo, el artículo 17 de la Constitución señala expresamente, que "es de la competencia de cada Estado la organización de sus poderes públicos" y, entre sus poderes públicos, que son el legislativo y el ejecutivo, por supuesto, se incluye la organización de los órganos de su poder ejecutivo.

Esta reserva estadal implica que una ley nacional no puede establecer la organización administrativa de un determinado Estado de la República.

Por otra parte, el artículo 17 de la Constitución le atribuye a los Estados la facultad de organizar sus Municipios. Como consecuencia, la Organización Administrativa Municipal, la cual constituye el tercer nivel en la escala federal, está reservada a los Estados. Por tanto los Municipios, en Venezuela, no tienen una completa potestad de auto organización, pues básicamente la organización municipal corresponde al Estado del cual forman parte. Sólo pueden dictar normas de organización en los términos que se prevén en la Ley Orgánica nacional y en las leyes estadales. Sin duda, esto constituye un límite a la autonomía municipal, porque la autonomía, además de auto normación, debería implicar, también, la auto organización. Sin embargo, la organización municipal, de acuerdo a la Constitución, corresponde básicamente a los Estados. En todo caso, en virtud de configurarse los Municipios como entidad político-territorial, estimamos que ellos pueden crear entes descentralizados conforme lo que se establezca en las leyes nacionales y estadales.

Hay otras referencias en el mismo artículo 17, a la organización administrativa en el nivel estadal. En efecto, el ordinal 5° establece que es de la competencia de cada Estado "la organización de la policía urbana y rural" y la determinación de cuáles son las ramas de este servicio que van a corresponder al nivel local, esto es, el municipal.

Como conclusión, puede señalarse que en esta materia de reservas en el campo de organización administrativa, las reservas constitucionales están limitadas al nivel nacional y al nivel estadal, y no hay, materialmente, ningún ámbito de organización administrativa reservado al Poder Local. El Poder Municipal no tiene, por tanto, constitucionalmente, ningún elemento referente a su organización que se le haya reservado a su competencia.

Hasta tal punto esto es así, que la propia Constitución establece, en el artículo 26, que "la organización de los Municipios y demás entidades locales se regirá por esta Constitución, por las normas que para desarrollar los principios constitucionales establezcan las leyes orgánicas nacionales y por las disposiciones legales que en conformidad con aquéllas dicten los Estados".

Esta norma confirma una vez más, lo que señala el artículo 17 del texto constitucional: que no hay una completa potestad organizativa a nivel local, sino que la organización local corresponde a lo que prevé la Constitución, a lo que establece la Ley Orgánica de Régimen Municipal dictada a nivel nacional, y a lo que establezcan los Estados en sus leyes .relativas a sus Poderes Municipales, aún por ser dictadas.

III. LA RESERVA LEGAL EN MATERIA DE ORGANIZACIÓN

Hay otro elemento vinculado a la potestad organizativa que es necesario destacar, y es el referente a las reservas que, en materia de organización, se establecen constitucionalmente al legislador nacional o estadal.

En efecto, hasta ahora se ha analizado lo que la Constitución reserva al Poder Nacional en un determinado ámbito de la organización administrativa, y al Poder Estadal, en otro ámbito de la misma. Pero para concretar más la asignación de competencias en el campo de la organización, es necesario determinar a favor de cuáles órganos, en concreto, se establece la reserva dentro del ámbito nacional o estadal.

Cuando la Constitución señala, por ejemplo, que corresponde al Poder Nacional la organización del Distrito Federal; o cuando se prevé que corresponde a los Estados la organización de sus Municipios, efectivamente, ¿a quién se reserva esta potestad organizativa? ¿Al órgano legislativo o al poder ejecutivo? En el nivel estadal, por ejemplo, ¿la potestad organizativa corresponde a la Asamblea Legislativa o al Gobernador?

De esto resulta que hay un tercer elemento ligado a las previsiones constitucionales en materia de potestad organizativa, y es el referente a la reserva legal que la propia Constitución establece en materia de organización. En general, puede señalarse, que la Constitución reserva la potestad organizativa a los órganos legislativos; al legislador nacional o al estadal.

1. La reserva legal en el ámbito nacional

A. La Administración Pública que ejerce el Poder Ejecutivo Nacional

En efecto, planteado el problema en el ámbito nacional, se observa que hay una reserva legal en materia de organización administrativa prevista en el artículo 181 de la Constitución, en los siguientes términos: "El Poder Ejecutivo se ejerce por el Presidente de la República y los demás funcionarios que determinen esta Constitución y las leyes". Esto significa que no puede ejercer el Poder Ejecutivo, órgano alguno que no esté determinado en una ley. Un reglamento, por tanto, no puede crear un órgano que ejerza, efectivamente, el Poder Ejecutivo, sino que ese tiene, necesariamente, que ser creado y regulado por una ley de la República. En otras palabras, sólo puede ser la ley la que establezca qué órganos pueden ejercer el Poder Ejecutivo.

B. La Administración Pública Central

En lo que se refiere a la Administración Pública Central, el artículo 193 de la Constitución contempla que la Ley Orgánica -aquí hay una reserva a la ley orgánica y no a una ley ordinaria- determinará el número y organización de Ministerios y su respectiva competencia, así como también la organización y funcionamiento del Consejo de Ministros. Por tanto, el Consejo de Ministros y los Ministerios sólo pueden ser organizados y regulados por el Legislador. Esto nos lleva a una conclusión inmediata: no puede crearse un Ministerio por Decreto Ejecutivo. Se exige una Ley, y en el caso de los Ministerios, una ley orgánica, esto es, recordando el concepto (artículo 163 de la Constitución), un cuerpo legal intermedio entre la Constitución y las leyes ordinarias, que tiene por objeto regular, entre otros aspectos, el funcionamiento de los órganos de los Poderes Públicos. Entre estos órganos están los que configuran la Administración Central Ministerial y el funcionamiento en general, de los órganos del Ejecutivo Nacional, regulados en la Ley Orgánica de la Administración Central. Sin embargo, por vía excepcional, en caso de urgencia comprobada y en receso del Congreso, podría el Presidente de la República, por Decreto-Ley, crear un Ministerio[9], lo cual confirma la reserva legal.

C. La Administración Pública Descentralizada

En cuanto a la administración pública nacional descentralizada, también hay una reserva legal de importancia: el artículo 230 de la Constitución establece que sólo por ley, y en conformidad con la ley Orgánica respectiva, podrán crearse institutos autónomos, por lo que la potestad organizativa en el campo de los institutos autónomos, corresponde al Poder Legislativo. No pueden crearse, como consecuencia, institutos autónomos por Decreto, porque se trata de un ámbito de reserva legal.

D. La Administración Pública con autonomía funcional

En el campo de la Administración Pública nacional con autonomía funcional también se consagran diversos ámbitos de reserva legal, en cuanto a la organización administrativa.

En efecto, el artículo 234 de la Constitución expresamente establece, que "la Ley determinará la organización y funcionamiento de la Contraloría General de la República", por lo que sólo la ley puede establecer la organización y funcionamiento de este órgano.

Otra disposición similar es la que se refiere al Consejo de la judicatura: El artículo 217 de la Constitución establece, que "la Ley Orgánica respectiva creará al Consejo de la judicatura, cuya organización y atribuciones fijará. . ." es decir, sólo la ley puede establecer la organización de esta institución, y todos los mecanismos relativos a la administración de justicia.

En relación con la Fiscalía General de la República, la Constitución no utiliza la expresión "organización", al remitir a la ley en cuanto a la regulación de este organismo. Ello, sin embargo, no puede interpretarse en el sentido de que no hay reserva legal en materia de su organización. Al contrario, tratándose de que la Fiscalía es un ente de carácter constitucional, y al prever la Constitución que la ley orgánica debe determinar a los funcionarios que colaborarán en el ejercicio de las funciones que se le atribuyen a dicho organismo[10], resulta indirectamente plasmada la reserva al legislador en materia de organización

En lo que respecta al Consejo Supremo Electoral, éste no está regulado por la Constitución. Sin embargo, está regulado en la Ley Orgánica del Sufragio con base en la re-

---

9 Artículo 190, ordinal 11 y artículo 179, ordinal 5º de la Constitución, Sobre estos Decretos-Leyes, *V.* Allan R. Brewer-Carías: *El Control de la Constitucionalidad de los Actos Estatales*, Caracas, 1977, pp. 79 y ss. y en *Instituciones Políticas y Constitucionales*, *t.* II, Caracas 1985, pp. 165 y ss.

10 Artículo 218 de la Constitución.

serva legal establecida en el artículo 113 de la Constitución, que contempla que "los organismos electorales estarán integrados de manera que no predomine en ellos ningún partido político o agrupación política, y sus componentes gozarán de los privilegios que la ley establezca para asegurar su independencia en el ejercicio de sus funciones".

Aquí también hay una referencia a la ley, lo que lleva a admitir que hay una reserva legal en la organización de este ente con autonomía funcional, aun cuando sin rango constitucional.

E. Las Administraciones Públicas territoriales federales

Por último, la Constitución también reserva a la ley, y a la ley orgánica, la organización del Distrito Federal, de los Territorios Federales y de las Dependencias Federales (Arts. 12 y 14) con la única indicación de que en las dos primeras organizaciones políticas debe dejarse a salvo la autonomía municipal.

2. La reserva legal en el ámbito estadal

En cuanto a los ámbitos estadales y municipales, o básicamente, al ámbito estadal, que es donde está situada la reserva en materia de organización, debemos hacernos la misma pregunta: cuando la Constitución reserva al Estado la organización de sus poderes y la organización de sus Municipios, en concreto, ¿a quién le atribuye el ejercicio de la potestad organizativa? ¿Al Gobernador o a la Asamblea Legislativa?

La respuesta a esta pregunta resulta del texto del artículo 20 de la Constitución que determina, entre las atribuciones de la Asamblea Legislativa, el "legislar sobre las materias de competencia estadal"[11], y entre las materias de competencia estadal está la organización de sus poderes y la organización de sus municipios[12].

Por tanto, la potestad organizativa de los Poderes Públicos estadales y de los Municipios de cada Estado corresponde a la respectiva Asamblea Legislativa.

Como consecuencia de todo lo anterior, se puede concluir señalando que la potestad organizativa corresponde, sólo, al Poder Legislativo, tanto a nivel nacional como a nivel estadal.

Esto no significa, por supuesto, que en la práctica se tengan que crear por ley todos y cada uno de los órganos que van a integrar la organización administrativa. El Legislador, al ejercer su reserva puede, por ley, atribuir parte de la potestad organizativa a los órganos del Poder Ejecutivo. Por tanto, es el Legislador el que luego va a distribuir, entre el propio Legislativo y el Ejecutivo, el ejercicio y desarrollo de la potestad organizativa.

---

11 Ordinal 1°.

12 Artículo 17, ordinales 1° y 2° de la Constitución.

IV. LA ORGANIZACIÓN ADMINISTRATIVA Y EL PRESUPUESTO

Un último aspecto debe destacarse en relación al problema de la potestad organizativa, y es el que se refiere a la relación entre organización administrativa y presupuesto, muy vinculado al aspecto señalado de la reserva legal en esta materia.

En efecto, para que una organización actúe, no basta que una ley cree el órgano, por ejemplo, a un Ministerio o un Instituto Autónomo; debe establecerse, además, la forma cómo se va a estructurar y qué tipo de recursos financieros se le van a asignar. Hay, por tanto, una íntima y estrecha relación entre la organización administrativa y la asignación de recursos financieros.

Así, una de las razones para que exista reserva legal en materia de organización de la Administración Pública Nacional Central, por ejemplo, está sin duda, en el hecho de que el legislador es quien tiene la potestad presupuestaria, pues le corresponde distribuir, a través de la Ley de Presupuesto, la asignación de los recursos financieros. Por tanto, sólo cuando el Legislador sancione el presupuesto es que realmente puede funcionar la organización.

La misma Constitución, en el artículo 227, establece el principio de la legalidad del gasto al disponer, que "no se hará del Tesoro Nacional gasto alguno que no haya sido previsto en la Ley de Presupuesto". Por tanto, por cuanto el ejercicio de la potestad organizativa implica gasto, para que pueda entrar en funcionamiento una organización administrativa, debe haber una previsión presupuestaria, sea por la vía del presupuesto ordinario anual, o por una modificación presupuestaria establecida por la vía del crédito adicional[13].

Esta relación entre organización administrativa y presupuesto se planteó, con carácter general, en la reforma administrativa efectuada en 1976, al promulgarse la Ley Orgánica de la Administración Central de 28 de diciembre de 1976, que creó una serie de Ministerios[14]. Estos no pudieron funcionar de inmediato pues la Ley de Presupuesto para 1977 entró en vigencia con la organización administrativa ministerial anterior. Por tanto, para poder estructurar los nuevos ministerios se hizo necesario modificar la Ley de Presupuesto a través de la utilización del crédito adicional, mediante la declaración de una serie de partidas como insubsistentes[15].

Por otra parte, en la propia Ley Orgánica de Régimen Presupuestario[16], existen algunas normas relativas a la organización. En efecto, el artículo 23 de dicha Ley prevé que el Proyecto de Ley de Presupuesto anual, contendrá las modificaciones en la estructura administrativa que hayan sido decretadas en el transcurso del año. El sentido de esta disposición es que el proyecto de Ley de Presupuesto debe reflejar una determinada organización administrativa, establecida formalmente.

En efecto, el artículo 6 de dicha Ley establece que los presupuestos indicarán las unidades administrativas responsables del cumplimiento de los objetivos y metas de cada programa o proyecto. Por tanto, el proyecto de Ley de Presupuesto que se aprueba, además de su Formulación futura por sectores tiene que tener, siempre, una formulación

---

13 Artículo 227 de la Constitución.

14 *V.* en *Gaceta Oficial* N° 1.932, Extraordinario de 28-12-76.

15 *V.* Decreto N° 2.074 de 22-3-77, en *Gaceta Oficial* N° 1.999, Extraordinario de 22-3-77.

16 *V.* en Gacela Oficial N° 4.239, Extraordinario de 20-12-90.

institucional. En otras palabras, siempre debe haber una distribución institucional del Presupuesto que indica cuáles son las unidades administrativas responsables de la ejecución de cada programa.

Ahora bien, al indicarse que la Ley de Presupuesto sólo debe contener la organización administrativa preexistente, y las modificaciones a la misma decretadas formalmente, se está señalando que la propia Ley de Presupuesto no puede ser fuente de modificaciones a la organización administrativa, como sucedió hasta 1976.

Por tanto, para que pueda haber una modificación en la estructura administrativa tiene que haber sido, dice la ley, *decretada.* La utilización de este término es bastante amplia: puede haber sido una modificación legislativa o puede haber sido una modificación producida por Decreto, pero, por supuesto, siempre que la ley autorice al Ejecutivo a modificar, por Decreto, la estructura administrativa.

Esta previsión vino a poner término a la situación irregular que, durante muchos años, hizo del Presupuesto, una fuente de transformación de la organización administrativa[17]. Ahora se exige, al contrario, que sea reflejo de la organización que haya sido transformada por ley o por Decreto.

Anteriormente, el sistema consistía en que las modificaciones en la estructura administrativa, por ejemplo, en los Ministerios, se hacían por la Ley de Presupuesto anual al procederse a la autorización de gastos. Ahora, en cambio, la Ley Orgánica de Régimen Presupuestario como se dijo, lo que persigue es que la Ley de Presupuesto anual refleje una organización administrativa que, de ser modificada, se deba a un Decreto o a una ley, y no que sea aquella Ley anual la que la imponga o la establezca, como se hacía anteriormente[18]. Hay que tener en cuenta, entonces, todas estas normas de la Ley Orgánica de Régimen Presupuestario frente al problema de la potestad organizativa, por cuanto la creación de una organización no tendría mayor relevancia, si no hay, paralelamente, la previsión de recursos financieros para su funcionamiento.

Planteada en estos términos la ubicación de la organización administrativa dentro del complejo de la estructura del Estado, y la determinación en Venezuela de las potestades organizativas, es procedente analizar ahora, algunos principios o nociones generales que caracterizan a la organización administrativa.

Sección Segunda: LA CARACTERIZACIÓN DE LA ORGANIZACIÓN ADMINISTRATIVA (1991)

El texto de esta Sección Segunda es el del Capítulo III del libro *Principios del régimen jurídico de la Organización Administrativa Venezolana*, editado por la Editorial Jurídica Venezolana, Colección Estudios Jurídicos, N° 49, Caracas 1991.

17 *V.* lo expuesto en Comisión de Administración Pública (CAP), Informe sobre la Reforma de la Administración Pública Nacional, Caracas, 1972, *T.* I, pp. 481 y ss., y 530 y ss.

18 La Ley Orgánica de Régimen Presupuestario del 30-12-80, en este sentido, se apartó, con buen criterio del proyecto de Ley Orgánica de Presupuesto elaborado en 1971, que pretendía legalizar las modificaciones a la organización administrativa por vía de la Ley anual de presupuesto. En su oportunidad, criticamos dicho proyecto: *V.*, CAP, Informe sobre la Reforma…., *cit.*, *T.* II, pp. 254 y 255 (en especial Nota N° 120) y pp. 347 y ss. (en especial Nota N° 5).

La organización administrativa, es decir, el conjunto de órganos e instituciones que conforman la Administración del Estado, puede caracterizarse, en primer lugar, por las funciones que cumple en el ámbito estatal; en segundo lugar, por las diversas formas que pueden revestir los órganos; y, en tercer lugar, por sus características generales. Se analizarán, separadamente, estos aspectos.

I. FUNCIONES DE LA ORGANIZACIÓN ADMINISTRATIVA

La organización administrativa, cualquiera que sea su forma, tiene una serie de funciones específicas que cumplir: la distribución territorial de órganos; la distribución de funciones, y la asignación de atribuciones entre los órganos del Estado[19].

1. La distribución territorial

La primera función de la organización administrativa es la distribución de los órganos del Estado en el territorio. En esta forma, en el caso de Venezuela, la primera tarea de la organización administrativa es la distribución de órganos en el territorio, en tres niveles, dado que nuestro país es un Estado Federal. Por tanto, hay órganos administrativos a nivel nacional, a nivel de cada uno de los Estados y a nivel municipal.

Por supuesto, esta distribución territorial no sólo existe y se plantea en los Estados Federales ya que en los Estados Unitarios también hay una distribución de órganos en el territorio, no en forma descentralizada territorialmente, sino como desconcentración administrativa.

Pero la distribución territorial de órganos no sólo se da como consecuencia de la descentralización territorial, sino que puede consistir también en una descentralización funcional mediante la creación de entes autónomos para la realización de determinadas actividades en ámbitos territoriales concretos: la Corporación Venezolana de Guayana, por ejemplo, que actúa como persona jurídica y como órgano, en una región determinada.

Otro ejemplo de esta función de distribución territorial serían las zonas, regiones o dependencias regionales de los órganos de la Administración Central en el territorio del país[20].

Esta primera función de la organización se plantea, por tanto, en tres campos: en la organización general del Estado cuando se distribuye territorialmente la Administración Nacional, Estadal y Municipal; en la esfera de la Administración Central cuando, por ejemplo un Ministerio establece órganos en las diversas partes del territorio; y en el campo de la Administración descentralizada nacional, como es el caso específico de los Institutos Autónomos que funcionan a nivel regional:

---

19 *V.*, José Antonio García Trevijano-Fos, *Tratado de Derecho Administrativo, t.* II, vol. I, Madrid, 1971, p. 136.

20 En cal sentido es como se orientó la política de regionalización administrativa desarrollada entre 1969 y 1974. *V.* el último de los Reglamentos de Regionalización Administrativa dictado por Decreto N° 3128, en *Gaceta Oficial* N° 2.422 Extraordinario de 9-3-79. En general, *V.* Allan R. Brewer-Carías y Norma Izquierdo Corser, *Estudios sobre la Regionalización en Venezuela*, Caracas, 1977.

Corporación de la Región Zuliana, Corporación de los Andes, Corpo-Occidente, Corpo-Oriente, Corporación de Guayana[21].

2. La distribución funcional

Además de la distribución de órganos en el territorio como función de la organización administrativa, también está la distribución de las funciones o actividades entre los diversos órganos: cada uno tiene una función propia; y esa función propia tiene que serle asignada dentro del proceso de organización administrativa. Ahora bien, esa atribución de funciones puede ser hecha en forma genérica o de manera específica.

Por ejemplo, el Ministerio de Transporte y Comunicaciones debe construir obras de infraestructura para el desarrollo del país y tiene por función, además, ordenar los sistemas de transporte[22].

La Ley Orgánica de la Administración Central, en esa forma, al limitarse a asignar competencias genéricas a los diversos ministerios no identifica, dentro de cada uno de ellos, cuál órgano, dirección o unidad administrativa va a ejercer, en concreto, una competencia dentro de esa asignación genérica.

La ley puede, por supuesto, asignar también funciones específicas. Por ejemplo, la Ley General de Bancos y demás Institutos de Crédito asigna funciones directamente a un órgano del Ministerio de Hacienda: la Superintendencia de Bancos[23].

3. La asignación de competencias

Por ello, en realidad, una tercera función de la organización administrativa sería la asignación de competencias en forma concreta y específica a cada órgano. Por ejemplo, cuando al Ministerio de Transporte y Comunicaciones se le asigna la función de regulación del transporte, el Decreto Orgánico de dicho Ministerio asigna, en concreto, competencias particulares en ese campo a la Dirección General Sectorial de Transporte y Tránsito Terrestre, a la Dirección General Sectorial de Transporte y Tránsito Marítimo, y a la Dirección General Sectorial de Transporte y Tránsito Aéreo[24].

En estos casos, la competencia que se asigna corresponde a cada uno de los órganos, forma parte de los mismos y su ejercicio es de carácter obligatorio y, por tanto, no facultativo.

---

21 Todos estos organismos han sido creados por Ley.

22 En el artículo 13, ordinales 1° y 2° de la Ley Orgánica de la Administración Central se asigna al Ministerio de Transporte y Comunicaciones, las siguientes actividades: "El planteamiento, los estudios, los proyectos, la construcción y el mantenimiento de carreteras y vías de transporté terrestre, urbanas, interurbanas y rurales, así como de sus áreas verdes" y "La regulación y control de la circulación, tránsito y transporte terrestre, así como la regulación y control de la navegación y transporte aéreos".

23 *V.*, por ejemplo, los artículos 132 y ss. de la Ley General de Bancos y otros institutos de Crédito de 3-2-88, en *Gaceta Oficial* N° 4.021, Extraordinario de 4-2-88,

24 *V.* el Decreto N° 1418 de 26-2-82 mediante el cual se reforma el Reglamento Orgánico del Ministerio de Transporte y Comunicaciones, en *Gaceta Oficial* N° 2.925, Extraordinario de 1-3-82.

II. LAS FORMAS DE LA ORGANIZACIÓN ADMINISTRATIVA

La Organización Administrativa puede revestir diversas formas, que conllevan a variadas clasificaciones: organizaciones complejas y simples; organizaciones generales y especiales; organizaciones personificadas y no personificadas; organización central y descentralizada[25].

1. Organización administrativa compleja y simple

La primera clasificación distingue la organización administrativa compleja de la simple. Dentro de la estructura general del Estado, una organización administrativa compleja es la configurada por una variedad de órganos e instituciones, con, o sin personalidad jurídico-administrativa. En este sentido, la organización administrativa de un Estado Federal es, siempre, una organización compleja, y abarca los tres niveles: nacional, estadal y municipal.

La organización administrativa simple, al contrario, es la configuración por un solo conjunto de órganos jerárquicamente estructurados. En principio, la organización de un Estado Unitario seria una organización simple.

La anterior distinción es válida desde el punto de vista de la estructura general del Estado. Pero si se va a un nivel más concreto de la organización administrativa, hay que llegar a la conclusión de eme toda organización administrativa es compleja, porque implica la ordenación de un conjunto de órganos para el cumplimiento de un determinado fin; y muy pocas organizaciones son de carácter estrictamente simple. Podría decirse, por ejemplo, que el Consejo de Economía Nacional es una organización simple porque está configurada por un solo órgano. Pero cualquier otra organización administrativa, un instituto autónomo cualquiera, un Ministerio, es una organización compleja porque mezcla, dentro de su estructura organizativa, unidades, direcciones, divisiones, oficinas, departamentos, servicios, es decir, una complejidad de órganos.

Esta distinción entre organización compleja y simple, por tanto, puede ser planteada bajo dos ángulos: desde el punto de vista de la estructura general del Estado, que daría lugar a la distinción entre Estado Unitario y Estado Federal, y desde un punto de vista más concreto, de la organización. Esta puede ser compleja o simple, pero en realidad, la mayoría de las organizaciones administrativas son organizaciones complejas, pues están formadas por un conjunto muy variado de órganos, estructurados en diversas formas con un objetivo común.

2. Organización administrativa general y especial

Otra clasificación distingue la organización administrativa general de la organización administrativa especial. Se habla de organización administrativa general cuando ésta tiene asignada una pluralidad de fines. Una organización administrativa especial sería, entonces, la que tiene asignada un cometido concreto y específico.

---

25 *V.* lo expuesto por José A. García Trevijano-Fos, *Tratado... cit.*, *t.* II, vol. 1, pp. 115 y ss.

Esta distinción también tiene relación, en el caso de Venezuela, con la estructura federal del Estado. Los entes territoriales (República, Estado, Municipio), tienen una organización administrativa general. Una Gobernación, por ejemplo, a nivel de un Estado, tiene múltiples fines: orden público, obras públicas, salubridad, etc., por lo que su organización administrativa es de carácter general.

Esto se contrapone a las organizaciones administrativas especiales que son, en cambio, aquellas creadas con una finalidad determinada, hasta el punto de que se justifican por ese fin específico y concreto que van a cumplir. El Instituto Nacional de Obras Sanitarias, por ejemplo, tiene una función concreta: alcantarillados y distribución de agua potable; y no puede realizar otra función. Se trata, bajo este ángulo, de una organización administrativa especial frente a esas organizaciones generales que corresponden, básicamente, a los entes territoriales: los Municipios, los Estados o la Administración del ámbito nacional.

En el ámbito de la organización administrativa nacional, por ejemplo, puede decirse que la Presidencia de la República es una organización administrativa general; en cambio, el Ministerio de Transporte y Comunicaciones sería una organización administrativa especial.

3. Organización administrativa personificada y no personificada

Otra distinción de la organización administrativa se basa en la personalidad jurídica: hay organizaciones administrativas personificadas y organizaciones administrativas no personificadas. En principio podemos admitir que toda persona jurídica estatal exige, implica y requiere, necesariamente, de una organización, o sea, no hay persona jurídica estatal sin organización. Pero lo contrario no es cierto: no toda organización tiene que tener personalidad jurídica. De ahí que haya organizaciones administrativas con personalidad jurídica y organizaciones administrativas sin personalidad jurídica.

Por ejemplo, un Ministerio es una organización administrativa no personificada, por cuanto que no tiene personalidad jurídica. En cambio, una administración municipal, sí tiene personalidad jurídica. Los Institutos Autónomos son organizaciones administrativas personificadas, con personalidad jurídica propia.

Esta distinción tiene mucha importancia, sobre todo en relación a la distinción entre la organización administrativa central y la organización administrativa descentralizada: en el primer caso, en la organización administrativa central, sus componentes no están personificados; en cambio, la organización administrativa descentralizada está siempre personificada, porque como nota característica, la descentralización presupone la asignación de una personalidad jurídica especial, diferente a la de la organización que se descentraliza para el cumplimiento de determinadas tareas.

4. Organización administrativa central y descentralizada

La cuarta distinción entre las diversas formas de organización administrativa, como se dijo, es la que diferencia la organización de la Administración Central de la Descentralizada, y que implica, en el segundo caso, la asignación de personalidad jurídica.

Por supuesto, la distinción entre organización administrativa central y descentralizada, se da también en los tres niveles de la Administración de un Estado Federal.

En efecto, a nivel nacional, la administración central es la que corresponde a la República, como persona político-territorial, y está constituida por la Presidencia, las oficinas centrales de la Presidencia, los Ministerios, y los organismos con autonomía funcional; y la administración descentralizada, sería la integrada, entre otros entes, por los Institutos Autónomos.

A nivel estadal también hay una organización administrativa central: la Gobernación, y la descentralizada compuesta por los institutos autónomos estadales[26]. A nivel local es igual la situación: la organización administrativa central municipal sería la propia de la municipalidad, a cargo del Alcalde. Las administraciones locales, previa autorización legal, pueden tener una administración descentralizada por ejemplo, Institutos Autónomos, como es el caso del Instituto Municipal del Transporte Colectivo del Distrito Federal[27].

---

26 La Corte Suprema de Justicia en Sala Político-Administrativa en sentencia de 30-5-66, al interpretar la normativa constitucional que asigna al Gobernador, el gobierno y administración de cada Estado (Art. 21), concluyó señalando lo siguiente: "La administración encomendada a! Gobernador en el Estado, ha de ser, pues, directamente dirigida por él, con el auxilio del personal que le corresponde nombrar según el ordinal 2° del artículo 23 ejusdem, Y esta intervención directa del Gobernador en su gestión administrativa de cuyo buen funcionamiento debe anualmente informar a la Asamblea Legislativa, impide que se creen órganos autónomos en los Estados, a quienes se confiere parte de la función administrativa que la Carta Fundamental expresa y directamente confiere en su totalidad al Gobernador. "En el caso de autos, la Asamblea Legislativa del Estado Táchira ha pretendido crear el instituto Coordinador de Servicios y Obras Comunales del Estado Táchira", como una entidad «con personería jurídica, patrimonio propio e independencia del Fisco del Estado», cuyos fines son...". "Como puede observarse, se trata de una entidad autónoma, diferenciada por completo de la persona del Gobernador, cuyo patrimonio está representado en bienes del Estado, y su objeto, según los apartes arriba transcritos, constituyen actividades de evidente carácter administrativo propias del citado funcionario. "Por otra parte, conforme a los artículos 3, 4, 5, 7, y 8 de la Ley cuestionada, la administración y dirección del referido Instituto, se pone en manos de un Directorio, y la gestión diaria se encomienda a un Secretario Ejecutivo, funcionarios éstos que en el ejercicio de sus gestiones, no mantienen ninguna vinculación con el Gobernador, y sobre los cuales éste no posee ningún control. / "De esta manera el referido Instituto, como entidad autónoma, administraría, por su sola cuenta una parte de los bienes del Estado, sin ninguna intervención del Gobernador, lo que significaría que el Instituto compartiría con el Gobernador, la función administrativa que la Constitución de la República solamente atribuye a este último, y de la cual él debe dar cuenta anual a la propia Asamblea Legislativa. "Tales razones llevan a la Corte a considerar: que si la Carta Fundamental atribuye al Gobernador, con carácter exclusivo, la función de administración en el Estado que gobierna; si dentro de esa administración se incluye, sin excepción alguna, la de todos los bienes de dicho Estado y la del situado constitucional; si toda esa administración se encuentro ínsita dentro de la gestión de gobierno del expresado funcionario, y de ella debe dar cuenta anua! a la Asamblea Legislativa, resulta desde todo punto de vista reñida con esa función de administración del Gobernador, el hecho de conceder parte de ella a una entidad «con personería jurídica, patrimonio propio e independiente del Fisco del Estado», como lo es el Instituto cuya creación ha sido cuestionada. "Estima pues, la Corte, que la existencia del Instituto Coordinador de Servicios y Obras Comunales del Estado Táchira, cuya finalidad implica, según se ha visto el ejercicio de una función administrativa que constitucionalmente compete al Gobernador es contraria a lo dispuesto en el artículo 21 de la Constitución de la República. Por consiguiente, está viciado de nulidad el artículo 1° de la Ley, que crea dicho Organismo, y, por ende, todo el estatuto legal que lo pretende regir". *V.* en Gaceta Forense, N° 52, 1966, pp. 108 a 113; y en Allan R. Brewer-Carías. *Jurisprudencia de la Corte Suprema*.,., cit., *t.* I, pp. 284 y ss. La interpretación de la Corte parece excesiva: en el caso considerado, la nulidad de la Ley procedía, pues no preveía ningún control de tutela por parte del Gobernador respecto del Instituto Autónomo que creaba. El Instituto, materialmente, se hacía depender de la Asamblea Legislativa, lo que configuraba una usurpación de funciones. Pero, realmente, el hecho de que la Constitución atribuya al Gobernador competencia en materia de Administración del Estado, no excluye, per se la posibilidad de que se creen entes descentralizados sometidos a la tutela del Gobernador.

27 Sobre la posibilidad de las Municipalidades de crear entes descentralizados, véanse las apreciaciones de Antonio Moles Caubet, "Los límites a la Autonomía Municipal" en *Revista de la Facultad de Derecho*, N° 26, Caracas, 1963, pp. 10 y ss. La Ley Orgánica de Régimen Municipal de 1989, ha resuelto definitivamente el problema permitiendo a los Municipios crear entes descentralizados.

III. CARACTERÍSTICAS DE LA ORGANIZACIÓN ADMINISTRATIVA

La organización administrativa, conforme a lo expuesto por José A. García Trevijano-Fos, tiene una serie de características[28], y entre ellas, deben destacarse: la unidad, la uniformidad, la autonomía, la responsabilidad, la subordinación y la universalidad.

1. La unidad de la organización administrativa

Es de la esencia de la organización el que tenga cierta unidad, sobre todo cuando los órganos que se van a integrar para el cumplimiento de un fin común, son heterogéneos. La unidad, en este sentido, se opone a disgregación, y con base en esa idea podemos decir que la Administración en Venezuela, es una administración unitaria, en cada uno de los niveles territoriales del Estado Federal. Así existen tres niveles de Administración Pública, y en cada uno de ellos hay una unidad global.

2. La uniformidad de la organización administrativa

La idea de la uniformidad tiende a acompañar a la organización administrativa, en el sentido de que en ella, los órganos no tienen gran variedad. Uniformidad entonces surge por oposición a variedad.

En el campo de la organización administrativa, en efecto, se piensa que los órganos administrativos, no deben tener variaciones de gran relieve, sino que debe haber cierta uniformidad en las estructuras organizativas. Puede decirse que en Venezuela, las estructuras administrativas han tenido esta característica.

Si, por ejemplo, se observa la organización ministerial, se aprecia que la misma responde a un patrón más o menos uniforme[29], La misma apreciación surge respecto de los Institutos autónomos, de las Gobernaciones de Estado[30] y hasta del nivel municipal. Particularmente, respecto de este último, puede afirmarse que una característica de la organización municipal en Venezuela ha sido, quizás, la excesiva uniformidad[31].

Precisamente, frente a esta uniformidad municipal es que se prevé en el artículo 27 de la Constitución, que la ley podrá establecer diferentes regímenes para la organización, gobierno y administración de los municipios, atendiendo a las condiciones de población, situación geográfica, desarrollo económicos v otros factores de importancia. En esta forma, frente a la característica general de la uniformidad municipal que ha existido en Venezuela, la Constitución buscó que la Ley Orgánica del Régimen Municipal estableciera una diversidad de regímenes para la organización de los municipios, atendiendo a esos elementos de población, desarrollo económico y situación geográfica[32].

---

28 *V.* José A. García Trevijano-Fos, Tratado..., *cit.*, *t.* II, Vol. X, pp. 150 y ss.

29 *V.*, por ejemplo, el Reglamento del Estatuto Orgánico de Ministerios dictado por Decreto N° 539 de 10-2-71 en *Gaceta Oficial* N° 29.438 de 11-2-71 y los Decretos contentivos de los Reglamentos Orgánicos de los diversos Ministerios, N° 2.075 a 2.091 de 22-3-77 en *Gaceta Oficial* N° 1.999, Extraordinario de 22-3-77.

30 Las Leyes de Régimen Político de todos los Estados de la República han tenido un contenido casi idéntico.

31 Las Leyes Orgánicas del Poder Municipal de todos los Estados también han tenido un contenido casi idéntico.

32 La Ley Orgánica de Régimen Municipal de 1989 aún no logró concretizar este postulado.

3. La autonomía de la organización administrativa

Otra característica de la organización administrativa es la autonomía. Cada órgano tiende, en general, a actuar dentro de su competencia con cierta autonomía. Por eso puede decirse que las organizaciones, en general, tienen vida propia, sean personificadas o no. Ahora, la amplitud de esta vida propia depende del grado de autonomía de que gocen: hay grados variables de autonomía en un Instituto Autónomo, en un Municipio o en una dependencia regional de la Administración Central. Puede decirse que la autonomía es menor, cuando la relación jerárquica es mayor. Por ello, la desconcentración y la delegación dan origen, dentro de la Administración Central y por decisión del superior, a una mayor autonomía. Por otra parte, por ello, puede haber una gran autonomía en los órganos que tienen autonomía funcional en la Administración Nacional, a pesar de no estar dotados de personalidad jurídica propia. La autonomía surge, aquí, por la ausencia de relación jerárquica.

4. La responsabilidad de la organización administrativa

Otra característica de la organización administrativa es la responsabilidad. Cada organización tiene una responsabilidad derivada del ejercicio de las competencias que se le han asignado. Sin embargo, la responsabilidad, en última instancia, está ligada al hecho de que la organización administrativa en cuestión, tenga o no personalidad jurídica, ya que sólo responde de daños y perjuicios, quien tiene personalidad jurídica. De lo contrario, responderá el ente jurídico del cual forma parte el órgano. Un Ministerio, por ejemplo, no es responsable como tal; es responsable la República, quien se manifiesta, en su actuar, a través de un Ministerio, que es uno de sus órganos. En cambio, un Municipio o un Instituto Autónomo, sí son responsables por sí mismos, dado que tienen personalidad jurídica propia, diferente a la de la República.

5. La subordinación en la organización administrativa

Otra característica de la organización administrativa es la subordinación. En efecto, aun cuando la autonomía sea una característica de la organización administrativa, ello no implica independencia por lo que la subordinación es otra característica dentro de la estructura general del Estado. Puede haber órganos con autonomía a diversos niveles, pero ello no implica que no haya cierta subordinación de los niveles inferiores a los superiores. Por ejemplo, en materia militar sería inconcebible que un Municipio, por más autónomo que sea, organizara unas fuerzas armadas para luchar contra el Estado Nacional. Hay por tanto, alguna relación de sujeción, de subordinación entre los entes inferiores y la República, en las materias reservadas al Estado Federal.

De resto, en las materias atribuidas constitucionalmente a los Estados y Municipios, éstos no tienen subordinación respecto de la República.

Por otra parte en el nivel nacional, puede haber autonomía en un ente descentralizado, por ejemplo, un Instituto Autónomo o una Empresa del Estado; pero esto no implica que no haya subordinación respecto de la República; la hay porque, en definitiva, el ente siempre está sujeto a elementos de sujeción, como serían las políticas nacionales que se formulen para los diferentes sectores, que se manifiestan a través del control de tutela o accionarial. Por ejemplo CADAFE, Petróleos de Venezuela, SIDOR, por más autónomos que sean en su actuación, están subordinados a la política que el Estado elabore para cada uno de sus sectores de actuación.

6. La universalidad de la organización administrativa

La variedad y extensión del fenómeno administrativo han provocado, en el campo público, una universalidad de la organización administrativa, en el sentido de presencia u omnipresencia. Sin duda alguna, el desarrollo de la Administración Pública ha sido paralelo a las exigencias colectivas. La aparición creciente de organizaciones administrativas ha sido un respuesta a las exigencias colectivas que se le plantean al Estado, y esto ha llevado a convertir a la Administración Pública y a toda la Organización Administrativa, en un complejo que está presente en todos los aspectos de la vida económica y social, cada vez más, a través de todo el proceso de intervención estatal tan característico de las últimas décadas.

Sección Tercera: LOS PRINCIPIOS JURÍDICOS DE LA ORGANIZACIÓN ADMINISTRATIVA (1991)

El texto de esta Sección Tercera corresponde al del Capítulo IV del libro *Principios del régimen jurídico de la Organización Administrativa Venezolana*, editado por la Editorial Jurídica Venezolana, Colección Estudios Jurídicos, N° 49, Caracas 1991.

El término Administración Pública, como hemos visto, puede ser definido desde el punto de vista de la actividad (punto de vista material), o desde el punto de vista orgánico, como el conjunto de órganos del Estado dispuestos para cumplir un determinado fin.

En esta forma, la Administración, configurada como un grupo de órganos dispuestos para un fin, implica el término organización, es decir, implica que esos órganos tienen que estar ordenados en una forma determinada para cumplir adecuadamente los fines que tiene el Estado. Así, organizar es ordenar, y en el caso de la Organización Administrativa, es ordenar un conjunto de órganos para el cumplimiento de los fines del Estado. En ese proceso de ordenación se incluyen, básicamente, las reglas o las normas que distribuyen las competencias y las atribuciones, y que regulan el funcionamiento de los órganos del Estado. Por ello, el principio de la competencia es esencial a toda organización. Pero además de este principio, la disposición de los órganos y sus atribuciones dentro de la Organización Administrativa responde a otra serie de principios jurídicos esenciales y generales: la jerarquía, la descentralización y la coordinación, sin los cuales puede decirse que no habría organización.

El presente capítulo está destinado al estudio de estos principios jurídicos de la Organización Administrativa[33]

---

33 En general, *V.*, José Antonio García Trevijano-Fos, *Principio; Jurídicos de la Organización Administrativa*, Madrid, 1957; y *Tratado de Derecho Administrativo, cit., t.* II, vol. I, pp. 389 y ss.; y James O. Mooney, *Principios de Organización*, Madrid, 1958.

I. LA COMPETENCIA

1. Noción

La competencia es la aptitud legal de los órganos de la Administración[34], o en otras palabras es el conjunto de facultades, de poderes, y de atribuciones que le han sido legalmente asignadas para actuar en sus relaciones con los otros órganos del Estado y con los particulares.

Ahora bien, utilizando elementos propios del Derecho Privado, la competencia vendría a ser la aptitud que tiene un órgano del Estado para actuar. Sin embargo, la competencia no solamente concede la facultad de actuar, sino que también constituye una obligación y un límite dentro del cual puede actuar el órgano. Por tanto, no sólo es atributiva de facultades sino también limitativa; tiene esa doble característica y por eso, la competencia, como concepto de Derecho Público, se distingue de la capacidad de Derecho Privado.

2. Competencia y capacidad

En todo caso, la competencia, aun cuando en la organización administrativa cumple una función similar a la capacidad de las personas jurídicas en el derecho privado, tiene notables diferencias con ésta.

En efecto, la competencia requiere texto expreso, es decir, debe estar expresamente prevista en la Constitución, en la Ley, en los reglamentos y demás fuentes de la legalidad o derivarse de alguno de los principios generales del derecho administrativo. Por tanto, la competencia no se presume[35]. Al contrario, la capacidad, en derecho privado es la regla, siendo las incapacidades la excepción, por lo que éstas son las que deben estar previstas expresamente en la Ley,

La necesidad de que la competencia esté expresamente prevista en la Ley implica, además, que el ejercicio de la misma deba justificarse siempre. Por ello, el funcionario, al dictar un acto, debe comenzar por indicar la norma atributiva de competencia.

Por otra parte, las Leyes que regulan la competencia, son de aquellas denominadas de orden público, lo que implica que no pueden relajarse ni derogarse por convenios entre particulares[36], ni por voluntad del funcionario público a quien corresponde su ejercicio. En cambio, contractualmente puede renunciarse al ejercicio de determinados derechos derivados de la capacidad en el campo privado; por ejemplo, a ejercer el comercio en determinada zona para evitar una competencia desleal.

---

34 *V.* lo señalado por la Corte Suprema de Justicia en Sala Político-Administrativa en Sentencia de 28-1-64, en *Gaceta Oficial* N° 27367 de 13-2-64, pp. 203.359 y sig. y en Allan R. Brewer-Carías, *Jurisprudencia de la Corte Suprema...*, *cit.*, *t.* III, vol. I, Caracas, 1977, p. 197. Sobre la competencia *V.*, en general, Juan Colombo Campell, *La competencia*, Santiago de Chile, 1959; y Rafael A. Arnanz, *De la competencia*, Madrid, 1967.

35 Tal como lo señaló la Corte Suprema de Justicia en Sala Político-Administrativa, la competencia "debe emerger del texto expreso de una regla de derecho, ya sea de la Constitución, la ley, el reglamento o la ordenanza". *V.* la sentencia citada de 28-1-64, Ídem. En igual sentido, *V.* la sentencia de la misma Sala de 11-8-65, en *Gaceta Oficial* N° 27.845 de 22-9-65, pp. 207.324; y en Allan R. Brewer-Carías, *Jurisprudencia de la Corte Suprema, cit.*, *t.* III, vol. 1, p. 199.

36 Art. 6 del Código Civil.

En todo caso, es necesario tener en cuenta que las leyes que regulan la competencia pueden establecer una mayor o menor libertad en la apreciación de la oportunidad y conveniencia de la actuación administrativa, lo que da origen a la denominada actividad discrecional. Pero esta libertad en la forma de ejercer la competencia no elimina su carácter obligatorio, en cuanto a su ejercicio. La competencia, en efecto, no sólo otorga facultades al funcionario, sino que le impone una carga. El Director de la Administración del Impuesto sobre la Renta, por ejemplo, está obligado a liquidar los impuestos a quienes hayan hecho la declaración respectiva. Este funcionario no puede libremente decidir no liquidar esos impuestos. En el campo del derecho privado, en cambio, los derechos que le confiere la capacidad a los particulares, en general, son de ejercicio facultativo: nadie, por ejemplo, está obligado a comprar, a vender o a arrendar.

Por otra parte, la obligatoriedad de ejercicio de la competencia implica que ésta no puede libremente delegarse en un funcionario inferior; para ello es necesaria una autorización legal expresa.

Por último, es necesario señalar que la competencia es constitutiva del órgano que debe ejercitarla; forma parte integrante de él, por lo que éste no se concibe sin competencia. La competencia por tanto, es una noción esencial en la organización del Estado, y como consecuencia, de la Administración.

3. Clases de competencia

La competencia, puede enfocarse desde diversos ángulos[37] dando origen a varias clasificaciones de la misma.

A. La competencia en el ámbito de las funciones del Estado

a. *La separación orgánica de poderes y la no coincidencia con la separación de funciones*

En el ámbito estatal, si analizamos las competencias genéricas del Estado, nos encontramos con el principio de la separación de poderes. En Venezuela, existe una separación orgánica de poderes que no coincide con una separación absoluta de funciones que estén atribuidas exclusivamente a dichos órganos.

En efecto, como postulado general de la aplicación del principio de la separación de poderes en el régimen constitucional venezolano, puede afirmarse que la "división del Poder" no coincide exactamente con la "separación de funciones". Por ello, no sólo en múltiples oportunidades los órganos del Estado, además de sus "funciones propias" ejercen funciones que por su naturaleza deberían corresponder a otros órganos, sino que también en múltiples oportunidades la Constitución permite y admite la intervención o interferencia de unos órganos en las funciones propias de otros[38].

En efecto, como se ha dicho, la separación de poderes ha de entenderse en el sistema venezolano, en primer lugar, como una separación orgánica entre los órganos del Poder Público; y en segundo lugar, como una asignación de funciones propias a cada uno de

37 *Cfr*. José A. García Trevijano-Fos, Tratado... *op*.., *t*. II, vol. 1. pp. 395 y ss.

38 *V*. Allan R. Brewer-Carías, Derecho Administrativo, Caracas 1975, *t*. I, *cit*., pp. 373 y ss.

dichos órganos; pero nunca como una separación de funciones atribuidas con carácter exclusivo a los diversos órganos. Al contrario, además de sus funciones propias, los órganos del Estado realizan funciones que por su naturaleza son semejantes a las funciones asignadas a otros órganos. En otras palabras, mediante este principio se reserva a ciertos órganos el ejercer una función en una forma determinada (funciones propias), lo que no excluye la posibilidad de que otros órganos ejerzan esa función en otra forma.

En efecto, el Congreso tiene atribuida la función normativa y, en forma privativa, la sanción de leyes por las Cámaras actuando como cuerpo colegisladores[39] así como la emisión de actos privativos de dichas Cámaras[40]. Sin embargo, además del cumplimiento de la función normativa, el Congreso y las Cámaras Legislativas realizan funciones administrativas, por ejemplo, cuando imponen sanciones a quienes infringen los reglamentos internos de las Cámaras, cuando organizan su servicio de policía o cuando ejecutan su presupuesto de gastos[41]. Asimismo, las Cámaras ejercen funciones administrativas, cuando designan o remueven su personal administrativo excluido de la aplicación de la Ley de Carrera Administrativa, es decir, cuando realizan cualquier acto relativo a la administración de su personal. Por otra parte, también interviene el Senado en funciones jurisdiccionales cuando autoriza "por voto de la mayoría de sus miembros, el enjuiciamiento del Presidente de la República, previa declaratoria de la Corte Suprema de Justicia de que hay mérito para ello" [42]. En estos casos, por supuesto, no podría verse violación alguna al principio de la separación de poderes, pues se trata de funciones de naturaleza distinta a las normativas que el ordenamiento jurídico permite realizar, pues en ningún dispositivo se indica que la función administrativa corresponde exclusivamente a los órganos del Ejecutivo Nacional.

Por otra parte los órganos del Poder Judicial también pueden ejercer funciones administrativas. En efecto, la Corte Suprema de Justicia y los Tribunales de la República tienen atribuida la función jurisdiccional y, en forma privativa, la adopción de decisiones acerca de pretensiones procesales de una parte frente a otra, de nulidad de actos del poder público o de condena de carácter penal, con fuerza de cosa juzgada, jurisdiccionalmente, en forma autónoma e independiente de los demás órganos del Poder Público.[43] Sin embargo, además del cumplimiento de la función jurisdiccional los órganos judiciales realizan funciones administrativas, por ejemplo, al designar o remover los funcionarios administrativos de los tribunales, al dictar los reglamentos de organización o policía en determinados niveles, o al imponer sanciones administrativas o disciplinarias. En ninguno de estos casos podría verse usurpación alguna o violación del principio de la separación de poderes, pues no hay norma alguna de orden constitucional que reserve con exclusividad el ejercicio de la función administrativa a los órganos del Poder Ejecutivo.

Por último, y así como los órganos legislativos v judiciales ejercen funciones administrativas, así también los órganos del Poder Ejecutivo realizan funciones normativas y jurisdiccionales. En efecto, el Presidente de la República, además de las funciones ejecutivas propias (funciones de gobierno y funciones administrativas), realiza funciones

39 Art. *162* de la Constitución.
40 Arts. 150, 153 y 158 de la Constitución.
41 Art. 158, ords. 1°, 3°, y 5° de la Constitución.
42 Art. 150 de la Constitución.
43 Art. 205 de la Constitución.

normativas no sólo al dictar decretos con valor de ley Véase, en general. Allan R. Brewer-Carías, Las garantías constitucionales de los derechos del hombre, Caracas, 1976 conforme a la Ley de Medidas Económicas de Urgencia respectiva[44], sino cuando crea normas de carácter general en el ordenamiento jurídico al ejercer la potestad reglamentaria[45]. Asimismo, los órganos ejecutivos también realizan, en ciertos casos, funciones jurisdiccionales aun cuando no de carácter judicial, cuando resuelven conflictos entre particulares, por ejemplo, en materia inquilinaria o de registro de la propiedad industrial. Dentro de estas funciones jurisdiccionales se incluirían, tal como lo ha dicho la Corte Suprema en varias de sus decisiones, por ejemplo las que realizan las Comisiones Tripartitas reguladas en la Ley Contra Despidos Injustificados.

b. *Delimitación negativa*

Pero si bien no hay funciones estatales atribuidas exclusivamente y en forma excluyente a los órganos estatales, sí puede decirse que, en ciertos casos, la Constitución reserva a les órganos el ejercicio de ciertas funciones en una forma determinada.

El ejercicio de la función normativa mediante leyes corresponde exclusivamente a las Cámaras Legislativas; el ejercicio de la función de gobierno mediante actos de gobierno corresponde exclusivamente al Presidente de la República; y el ejercicio de la función jurisdiccional mediante sentencias corresponde exclusivamente a los Tribunales. Por otra parte, hay ciertas materias de competencia reservada a ciertos órganos: la reserva legal, por ejemplo, consiste en ciertas materias cuya regulación se atribuye exclusivamente a las Cámaras Legislativas mediante Leyes.

Esto sucede, entre otras materias, con el establecimiento de delitos y penas[46]; la creación de impuestos[47]; y la limitación a los derechos y garantías individuales[48].

B. La competencia en el ámbito ejecutivo: Gobierno y Administración

Otra forma de enfocar las clases de competencia es refiriéndola, en particular, al ámbito del Poder Ejecutivo. Analizando la Constitución se evidencia que en varios de sus artículos, se establece una diferenciación entre actividad de gobierno y actividad administrativa, por lo que el Poder Ejecutivo realiza dos actividades, y ejerce dos competencias: gobierno y administración.

El artículo 21 cuando se refiere a los Estados, establece que el gobierno y la administración de cada Estado corresponde a un Gobernador. El artículo 27 dispone que la Ley podrá establecer diferentes regímenes para la organización, gobierno y administración de los Municipios.

Cuando se analizan las atribuciones del Presidente, en el artículo 190, se observa claramente la diferencia entre actividades de gobierno y de administración; por ejemplo, dirigir las relaciones internacionales es una competencia propia de la actividad de go-

44 Art. 190, ord. 8º de la Constitución.
45 Art. 190, ord, 10º de la Constitución.
46 Art. 60, ord. 2º de la Constitución.
47 Art. 224 de la Constitución.
48 *V.*, en general. Allan R. Brewer-Carías, *Las garantías constitucionales de los derechos del hombre*, Caracas, 1976.

bierno; en cambio, administrar la Hacienda Pública es una competencia administrativa. Por otra parte, cuando se establecen los deberes del Presidente, el Artículo 191 de la Constitución prevé que éste está obligado a presentar un mensaje anual al Congreso, de su gestión política y administrativa.

Por otra parte, a nivel nacional puede identificarse la actividad de gobierno como localizada a nivel de los órganos superiores del Poder Ejecutivo; se puede decir que es un órgano con competencia política, el Presidente de la República actuando solo o en Consejo de Ministros; y la actividad administrativa está situada en esos mismos órganos y en los otros órganos ejecutivos (Ministerios, por ejemplo) quienes, por supuesto, ejercen competencias administrativas.

C. La competencia en la Administración Pública

Otra forma de enfocar las clases de competencia es en la propia Administración Pública y en el conjunto de órganos que la conforman. Interesa, aquí, analizar la forma como está asignada la competencia, la cual puede venir dada por diversos factores.

Por otra parte, analizaremos también los tipos de competencia en la Administración Pública.

a. *Factores que condicionan la competencia*

a'. **La materia**

La asignación de competencias por razón de la materia constituye la forma normal de su determinación. La materia es el contenido propiamente dicho de la competencia, determinado por el conjunto de actividades, funciones o tareas que la Ley asigna a un órgano del Estado. La materia, pues, define la competencia: el Ministerio de Sanidad y Asistencia Social, por ejemplo, es competente, por la materia, en el campo de la protección de la salud,

b'. **El territorio**

La materia sobre la cual se va a ejercer la competencia está circunscrita a un ámbito territorial determinado. En los órganos nacionales, la competencia se ejerce en todo el territorio nacional. Por ejemplo, en el caso del Ministerio de Sanidad y Asistencia Social, su competencia abarca todo el territorio nacional; y las divisiones de dicho Ministerio a nivel regional o territorial tienen un ámbito territorial específico.

Los Municipios, en cambio, tienen un ámbito reducido para el ejercicio de sus competencias locales, el del territorio del Municipio.

c'. **El grado**

El grado está determinado por la posición que ocupan en la jerarquía administrativa los diversos órganos del Estado. La organización de la Administración Pública y Ministerial en Venezuela, es vertical y piramidal. En cada nivel jerárquico hay una serie de competencias atribuidas, lo que implica que no puede un inferior asumir competencias que le sean asignadas al superior, ni viceversa. El grado que se ocupa en la jerarquía, condiciona el ámbito de competencia que se puede ejercer en una materia determinada.

d'. El tiempo

El tiempo también es un factor influyente, pues las competencias pueden ser de ejercicio temporal, por ejemplo, las potestades de control en la época de veda (prohibición de caza) de determinadas especies de animales. Siempre hay competencia por la materia, lo variable es el tiempo, el territorio y grado en la jerarquía.

b. *Tipos de competencia en la Administración Pública*

a'. Necesaria y Eventual

La competencia necesaria es la asignada normal y obligatoriamente a un órgano del Estado, conforme a las competencias definidas por la ley. Pero un funcionario puede ejercer una suplencia de otro, y en este caso, ejerce una competencia en forma eventual. La policía municipal tiene competencia necesaria en el campo del mantenimiento del orden público, pero la Guardia Nacional, eventualmente, puede ser llamada a cooperar y ejercer esta competencia como coadyuvante de la autoridad civil [49].

b'. Interna y Externa

Otra clasificación de la competencia se refiere a la interna y a la externa. Si el ejercicio de la competencia tiene relevancia para los particulares, sería una competencia externa, que es normal en el ámbito administrativo. Esta se contrapone a la competencia interna, cuyo ejercicio no afecta a los particulares, sino que se concreta, sólo, al interior de la Administración. Hay órganos con sólo competencias internas, que no tienen relación con los administrados, como por ejemplo, los órganos consultivos internos y entre ellos, en general, las consultorías jurídicas.

c'. Propia y Conjunta

La competencia es propia cuando sólo está asignada a un órgano administrativo. Otro tipo de competencia es la conjunta, y se produce cuando para ejercerla, es necesario que dos o más órganos o funcionarios actúen conjuntamente. Esto es frecuente en ciertas decisiones intersectoriales, es decir, que afectan a diversos sectores de actividad pública. Normalmente, por ejemplo, ciertas medidas de política de precios en agricultura deben ser adoptadas, conjuntamente, por el Ministerio de Agricultura y Cría y por el Ministerio de Fomento.

d'. General y Especial

Otra distinción de la competencia es la que establece la diferencia entre competencia general y especial. La competencia general existe cuando se atribuye a un órgano competencia en diversas materias, y es propia de los entes territoriales. Por ejemplo el Alcalde tiene competencia general. En otro sentido, la competencia especial se identifica dentro de cada uno de los órganos. Dentro de las Gobernaciones de Estado, por ejemplo, hay direcciones con competencia especial, pero a la cabeza de esos órganos está el Gobernador de Estado, quien tiene competencia general. Esta competencia general se encuentra ubicada en la jerarquía de los órganos descentralizados territorialmente (Go-

---

49 *V.*, por ejemplo, lo dispuesto en el artículo 5 del Decreto Nº 349 de la Junta de Gobierno sobre Funciones de las Fuerzas Armadas Nacionales, en *Gaceta Oficial* Nº 22.041 de 22-6-46.

bernación, Alcaldes). En la descentralización funcional, los institutos autónomos, por esencia, tienen competencia especial, por lo que la descentralización funcional normalmente va ligada a la especialización.

e'. Exclusiva *y* Concurrente

Otra forma de clasificar la competencia es en exclusiva o concurrente, cuando es atribuida a un órgano en la escala administrativa o a varios. Por ejemplo, el Director de Salud Pública del Ministerio de Sanidad y Asistencia Social tiene asignada la competencia en forma exclusiva. Sin embargo, la exclusividad no implica que el ejercicio de la competencia no pueda ser revisado por el superior. Lo exclusivo no quiere decir excluyente. Pero puede darse el caso de que la competencia sea exclusiva y excluyente; por ejemplo, el Director de Inquilinato del Ministerio de Fomento tiene competencia para regular los alquileres y sus actos no pueden ser revisados por el Ministro de Fomento: la única forma de revisar esos actos es por vía judicial (Tribunal de Inquilinato). La competencia de este funcionario es exclusiva y excluyente, toda vez que sus actos no pueden ser revisados por el superior jerárquico.

Se contrapone la forma exclusiva de atribución de la competencia con la forma concurrente, con base en la cual se distribuye la competencia entre varios órganos; sucede, por ejemplo, en la descentralización territorial, donde hay competencias que corresponden al Poder Nacional, Estadal, Municipal. Por ejemplo, el artículo 136, ordinal 5° de la Constitución establece que corresponde al Poder Nacional, los servicios de identificación y de policía nacional; el artículo 134, dispone que los Estados y Municipios sólo podrán organizar sus fuerzas de policía de acuerdo con la ley; el artículo 17 señala que es de la competencia de los Estados, la organización de la policía urbana y rural y la determinación de las ramas de este servicio atribuidas a la competencia municipal; y el artículo 30, establece como competencia municipal lo relativo a la policía municipal. Por tanto, un típico supuesto de competencia concurrente es el de la policía, distribuida en los tres niveles territoriales: nacional, estadal y municipal.

4. Las características de la competencia

La competencia en el ordenamiento venezolano tiene características importantes:

A. La obligatoriedad e improrrogabilidad

La competencia no puede renunciarse; no admite relajamiento por parte del funcionario público ni restricciones voluntarias. El funcionario no puede renunciar a ejercerla. Es de ejercicio obligatorio, aunque la ley en ciertos casos, dé cierto margen de apreciación de las circunstancias de hecho, en el supuesto de la actividad discrecional.

En efecto, cuando se dice que la competencia es de ejercicio obligatorio, es necesario distinguir entre administración reglada y poder discrecional. Por ejemplo, en materia tributaria cuando se dice que el ejercicio de la competencia es obligatorio, se quiere señalar que, producido un hecho generador de impuesto, la administración fiscal está obligada a liquidar el impuesto, y si no es pagado, la administración tiene la obligación de cobrarlo, no pudiendo el funcionario perdonar el pago, salvo en casos expresamente previstos en la ley. Esta es una actividad reglada.

Por tanto, cuando se dice que la competencia es irrenunciable, hay que distinguir el tipo de competencia: si es de carácter reglado la obligatoriedad y la irrenunciabilidad es absoluta, pero si es discrecional, la ley le da mayor libertad de apreciación al funcionario para ejercerla, y depende de su apreciación, el ejercicio de la misma.

La obligatoriedad de la competencia, por otra parte, implica la improrrogabilidad, por lo que no puede libremente delegarse su ejercicio, salvo autorización expresa de la norma atributiva de la misma.

B. La asignación formal en actos jurídicos

La asignación de competencias normalmente se produce mediante actos de efectos generales, es decir, que tengan carácter normativo: así, la Constitución es la primera fuente de competencia en todos los niveles del Estado. Por otra parte, la Ley Orgánica y las leyes ordinarias son otras de las fuentes de competencias. Pero éstas no podrían incluir todas las competencias de todos los órganos del Estado. Por eso se complementan por disposiciones reglamentarias y administrativas.

En efecto, la ley no puede agotar la atribución de competencia a todos los órganos administrativos, por lo que normalmente remite a actos administrativos para completar la asignación. Por ejemplo, en los artículos 24 y siguientes de la Ley Orgánica de la Administración Central se atribuye competencia a los diversos Ministerios, pero ella no puede agotar toda la distribución a nivel orgánico. Por ello, remite a los reglamentos orgánicos para una mayor especificación sobre las direcciones, departamentos y divisiones, y sus competencias específicas. De allí que, además de la ley, sea necesario un acto distinto, un Decreto o una Resolución por parte del Ministro, para determinar la competencia en los niveles inferiores.

También puede haber asignación de competencia en actos de efectos particulares. Por ejemplo, en el caso de un Ministro, cuando delega el ejercicio de una atribución en un funcionario inferior. El acto de delegación es la fuente inmediata de la competencia del inferior.

En conclusión, debe señalarse que las normas legales superiores (la Constitución y las leyes) no pueden definir y atribuir todos los niveles de competencia, y normalmente se establece un sistema jerarquizado de fuentes para la asignación de competencias: Constitución, leyes, reglamentos orgánicos, resoluciones ministeriales, y actos administrativos de efectos particulares.

Otro punto de interés en la regulación de la competencia en el ordenamiento venezolano es la presunción de su asignación al superior jerárquico. Por ejemplo, el acto de expulsión de un extranjero, conforme al artículo 20 de la Ley Orgánica de la Administración Central corresponde al Ministerio de Relaciones Interiores. Por ello, en ese Ministerio salvo disposición específica, se presume que la competencia corresponde al Ministro. La ley o el Reglamento pueden regular el ejercicio de esa competencia por la Dilección General Sectorial de Identificación y Control de Extranjeros, en cuyo caso la presunción estaría en ese nivel[50].

---

50 *V.* el artículo 7 del Reglamento Orgánico del Ministerio de Relaciones Interiores dictado por Decreto N° 2.075 de 22-3-77, en *Gaceta Oficial* N° 1.999, Extr. de 22-3-77.

En la organización ministerial puede decirse que, en general, hay una presunción de competencia a favor del órgano que tenga asignada la materia. También puede tratarse de una presunción que tenga en cuenta, además de la materia, el territorio: si el problema de identificación y extranjería se presenta en Maracaibo. el órgano competente sería el que además de competente por razón de la materia (que forme parte de la Dirección de Identificación y Extranjería) esté situado en Maracaibo (territorio) o en la Región Zuliana.

C. La regulación de la resolución de los conflictos de competencia

Otra característica de la competencia es la previsión o regulación de los conflictos de competencia que puedan presentarse entre varios de los órganos que se consideren competentes en una misma materia. Dentro de la organización ministerial venezolana, por ejemplo, si el conflicto se plantea en el seno de un Ministerio, corresponde al Ministro la resolución del conflicto de acuerdo al artículo 20, ordinal 21 de la Ley Orgánica de la Administración Central. Pero si el conflicto es externo, esto es, entre Ministerios, o entre un Ministerio y un instituto autónomo, o entre autoridades nacionales, estadales y municipales, la resolución del problema varía.

Los conflictos de competencia entre los órganos de los tres niveles del Poder Público deben ser resueltos por la Corte Suprema de Justicia, de conformidad con lo establecido en el artículo 215, ordinal 8° de la Constitución. Esta atribución de competencia también se encuentra en la Ley Orgánica de la Corte Suprema de Justicia, en el ordinal 13 del artículo 42. Ahora, si el problema es entre diversos Ministerios o entre otros órganos de la Administración Pública, no hay en la Ley Orgánica de la Administración Central ninguna norma que atribuya, por ejemplo, directamente al Presidente, la resolución dei problema planteado. Sin embargo, se entiende que ésta sería una competencia normal y está implícita por cuanto que es una competencia político-administrativa, que tiene como Jefe del Ejecutivo Nacional, que no necesita estar expresa, y que podría ejercerse, inclusive, mediante instrucciones presidenciales[51].

Sin embargo, en la Ley Orgánica de la Corte Suprema de Justicia se atribuye competencia a la Corte en el artículo 42, ordinal 22 para dirimir las controversias que se susciten entre autoridades políticas o administrativas, de una misma o diferentes jurisdicciones, con motivo de sus funciones, por lo que de no ser resuelto el conflicto por el Presidente de la República habría que acudir a la Corte.

5. La desviación de la competencia

Una de las características de la competencia, tal como se señaló, es su irrenunciabilidad e improrrogabilidad. Esto significa que el órgano al cual se le atribuye la competencia, está obligado a ejercerla y éste no puede libremente desprenderse de la competencia o delegarla en un inferior.

---

51 Art. 181 de la Constitución. La primera Instrucción presidencial dictada en las últimas décadas fue la Instrucción RA-1 de 13-5-70, mediante la cual se establecieron los lineamientos generales de la reforma administrativa en la Administración Pública Nacional, en *Gaceta Oficial* N° 1.399, Extr. de 13-5-70. Con posterioridad ha sido utilizada frecuentemente.

Tampoco puede un funcionario superior, libremente, asumir la competencia de un inferior (avocación). Ambas figuras requieren texto legal expreso que las prevea y autorice.

A. La delegación de atribuciones

a. *Noción*

Por primera vez en Venezuela se ha previsto en la Ley Orgánica de la Administración Central, la desviación de competencia a través de la delegación de atribuciones, esto es, mediante la transferencia del ejercicio de determinadas competencias que un superior jerárquico puede hacer en un funcionario inferior [52]. En efecto, el artículo 20, ordinal 25 de la Ley Orgánica de la Administración Central establece como atribución común a todos los Ministros, "delegar atribuciones en el Director General del Ministerio o en los Directores Generales". En todo caso, hay que tener presente que la norma trae otra expresión, relativa a la delegación de firma en los directores o directores sectoriales y de éstos en cualquier otro funcionario. Es necesario, por tanto, distinguir la delegación de firma de la delegación de atribuciones.

b. *Diferencias entre la delegación de atribuciones y la delegación de firmas*

La delegación de firma, en realidad, no es una verdadera desviación de competencia, ya que con ella, el funcionario superior sigue siendo responsable de la decisión y de la competencia.

En cambio, en la delegación de atribuciones, la competencia y la responsabilidad que acompaña su ejercicio, se transfiere al órgano inferior delegado. Este funcionario, cuando decide, lo hace a nombre propio; lo que no sucede en la delegación de firmar en este caso, la decisión no se tiene como decisión del inferior, sino como del funcionario superior.

El Decreto Presidencial N° 140 del 17 de septiembre de 1969, sobre Delegación de Firma de los Ministros del Ejecutivo Nacional, como norma reglamentaria, continúa vigente y establece el sentido de la delegación de firma [53]. La nueva institución de la delegación de atribuciones, no está aún reglamentada. Fue establecida por la Ley Orgánica de la Administración Central e implica la transferencia de competencia a funcionarios inferiores, y la adopción de decisiones por éstos, con la posibilidad de que dichos actos sean revisados por el superior delegante. La Ley Orgánica de la Contraloría General de la República previo una figura que podría prestarse a confusión en cuanto a si se trata de delegación de firma o de una delegación de atribuciones.

En efecto, en su Artículo 16, dicha ley establece lo siguiente:

> "*Artículo* 16. El Contralor podrá delegar en funcionarios de la Contraloría el ejercicio de determinadas atribuciones. Los actos cumplidos por los delegatarios producirán efectos como si hubiesen sido adoptados por el Contralor y, en consecuencia, contra ellos no se admitirá recurso jerárquico. Los delegatarios no podrán subdelegar. La delegación aquí prevista, al igual que su revocatoria, surtirán efectos desde la fecha de su publicación en la *Gaceta Oficial*".

---

52 Sobre la delegación administrativa en general, *V.* Juan Luís de la Vallina y Celarde, Transferencia de Funciones Administrativas, Madrid, 1964.

53 *V.* en *Gaceta Oficial* N° 29.025 de 18-9-69.

Aparentemente, según este artículo, se trata de una delegación de atribuciones, pero al final del mismo se observa que la figura establecida es la delegación de firma, al tenerse las decisiones del delegado como si fueran del Contralor, y no admitirse recurso jerárquico contra las decisiones del delegado [54].

En todo caso, tanto la delegación de firma como la de atribuciones, no pueden subdelegarse. Por otra parte, la delegación generalmente es de carácter temporal, vinculada o no a la persona titular del órgano, para la emisión de actos concretos y particulares.

c. *Diferencias entre la delegación de atribuciones y la desconcentración administrativa*

Debe establecerse también la diferencia entre la delegación de atribuciones y la desconcentración administrativa. La desconcentración es otra forma de distribución de competencias, pero a diferencia de la delegación, la desconcentración es una distribución de competencias en forma permanente y abstracta, atribuida siempre al órgano y no al titular del cargo [55].

Hay un típico ejemplo de desconcentración administrativa en la Ley Orgánica de la Contraloría General de la República donde se establece:

Artículo 12. Corresponde al Contralor:

> Ordinal 1°. Dictar las normas reglamentarias internas sobre la estructura, organización, competencia y funcionamiento de las direcciones y demás dependencias de la Contraloría, de conformidad con lo previsto en esta Ley.
>
> *Artículo* 14. La Contraloría tendrá los servicios técnicos y administrativos que sean necesarios para el cumplimiento de sus funciones; *en el* reglamento interno que dictará el Contralor se determinarán las direcciones, divisiones, departamentos, oficinas y servicios, de conformidad con esta Ley. Dicho reglamento y sus modificaciones deberán ser publicados en la Gaceta Oficial*"*.

Conforme a estas normas, el Contralor tiene potestad organizativa y por tanto, de asignar y distribuir la competencia[56]. En esta forma no hay duda de que es una función del Contralor, distribuir la competencia en la Contraloría, con carácter permanente y

---

54 Este es el sentido del citado Reglamento de delegación de firma de 1969, al establecer en su artículo 4° lo siguiente: "Los actos y documentos que se firmen por delegación del Ministro se considerarán emanados de éste a los efectos de agotar la vía administrativa". Por otra parte, ése es el sentido de la sentencia de la antigua Corte Federal y de Casación, en Sala Político-Administrativa de 14-4-37, en la cual se señaló lo siguiente: "la delegación en el campo del Derecho Público Interno supone forzosamente en quien la hace, el derecho de ejercer la función constitucional o legal delegada; ella no puede asumir, ni asume, el carácter de un permiso o consentimiento dado por el delegado al delegatario, sino el que en la realidad jurídica le corresponde, o sea, el de una transmisión constitutiva del ejercicio de los derechos o facultades que originaria o derivadamente residen en una persona o autoridad, hecha por ésta a otra que no está investida de ellos. El delegatario no actúa, pues, en derecho propio, ni por su propia autoridad, sino que, en la medida en que le es transferida la función, ejerce un mandato público por y para su mandante, y en consecuencia, los actos cumplidos por aquél, se reputan como realizados por el comitente mismo". *V.* en Memoria 1938, p. 196. *V.* también en Allan R. Brewer-Carías, *Jurisprudencia de la Corte Suprema, cit., t.* III, vol. I, p. 149.

55 *V.*, en general, Juan Luis de la Vallina Velarde. "La desconcentración administrativa", en *Revista de Administración Pública* N° 35, Madrid, 1961, pp. 75 a 138.

56 En tal sentido el Contralor ha dictado el Reglamento Interno y las Resoluciones Organizativas de las diferentes Direcciones del Organismo. *V.* en *Gaceta Oficial* 1.735, Extraordinario de 30-4-75. El artículo 54 del Reglamento Interno de la Contraloría, en tal sentido establece, que "El Contralor podrá delegar en funcionarios de la Contraloría el ejercicio de determinadas atribuciones, sin perjuicio de la distribución de funciones y asignación de competencias establecidas en este Reglamento y en las Resoluciones Organizativas".

abstracto a los diversos órganos de esa Institución. En estos casos, la desconcentración administrativa tiene el mismo efecto que la delegación de atribuciones, en el sentido de que la decisión que se adopte por el inferior, se hace bajo la responsabilidad del funcionario de dicho órgano inferior. El acto dictado por éste, por tanto, sí es recurrible por vía jerárquica ante el superior, ya que es una decisión propia y no tomada a nombre de otro[57]. En este aspecto coinciden la desconcentración administrativa y la delegación de atribuciones.

d. *Las formas de distribución de la competencia*

Por tanto, hay que concluir en que hay varias formas de distribución de las competencias dentro de los diversos niveles jerárquicos:

a'. La delegación

Una forma de distribución de competencia es la delegación de atribuciones que puede realizar el superior. En este caso, por ejemplo, el Ministro está autorizado, por ley, a delegar atribuciones en sus Directores Generales. Normalmente, esta delegación está vinculada a la persona titular del órgano delegado y no al órgano mismo, ya que es un acto de confianza; pero puede ser realizada directamente al órgano, independientemente de quien sea el titular.

b'. La desconcentración funcional

Otra forma de distribución de la competencia, pero esta vez permanente, general y abstracta es la desconcentración administrativa, la cual puede ser de dos tipos: funcional y territorial.

En primer lugar, la desconcentración funcional, tipificada por el supuesto señalado de la Contraloría. La Ley ha permitido al Contralor distribuir la competencia en los órganos internos de la Contraloría, y esa distribución de competencias, permanente y abstracta, es funcional, porque se hace por funciones y atribuciones.

c'. La desconcentración regional (territorial)

En segundo lugar, la desconcentración regional, que se produce cuando determinado Ministerio tiene, a nivel de cada una de las regiones del país, una Dirección Regional. Puede haber desconcentración de competencias en esas direcciones en forma permanente y abstracta. No podrá haber distribución de competencia por vía de delegación de atribuciones a esos niveles, por no permitirlo la ley.

Puede decirse que la desconcentración regional es una política gubernamental desde que se dictó el primer Reglamento de Regionalización Administrativa, en 1969.[58] A partir de esa fecha se viene planteando la necesidad de desconcentrar regionalmente a la Administración Pública. El último Reglamento de Regionalización Administrativa dic-

---

57 *V.* en tal sentido lo dispuesto en el artículo 77 del Reglamento de la Ley Orgánica de la Contraloría General de la República, dictado por Decreto Nº 2.520 de 30-12-77, en *Gaceta Oficial* Nº 2.119, Extraordinario de 30-12-77.

58 *V.* lo señalado en Allan R. Brewer-Carías y Norma Izquierdo Corser, *Estudios sobre la Regionalización en Venezuela, cit.*, pp. 431 y ss.

tado por Decreto 3.128 del 6 de marzo de 1979 [59], hablaba de la desconcentración regional de la Administración Pública Nacional utilizando el término preciso desde el punto de vista administrativo: desconcentración a nivel regional de la competencia de la Administración Central[60]. Para esa desconcentración regional se preveían varias exigencias en el Reglamento, y entre ellas, ante todo, la necesidad de uniformar las zonas de acción de los diversos Ministerios, es decir, que cada Ministerio debía identificar nueve áreas de acción regional y al identificarlas debía designar nueve directores regionales.

Otra exigencia era la establecida en el artículo 29 de dicho Decreto, con base en la cual la desconcentración regional debía hacerse con criterio sectorial. Esta orientación parecía ser política de interés en el Gobierno, según podía observarse del contenido del Instructivo N° 27 del 4 de enero de 1977, que el Presidente de la República dirigió a los Ministerios, Institutos Autónomos y Empresas del Estado, incitando a la desconcentración de actividades a nivel regional y a la coordinación y organización de las unidades regionales en forma adecuada[61].

Debe destacarse, por último, la exhortación que hace la Ley Orgánica de Descentralización, Delimitación y Transferencia de Competencias del Poder Público de 1989 [62] al Ejecutivo Nacional de impulsar la desconcentración de funciones dentro de sus respectivas dependencias, a fin de facilitar la transferencia de competencias.

B. La avocación

Aparte de la delegación, otra forma de desviación de la competencia, es la avocación, esto es, la posibilidad que puede tener el superior jerárquico de asumir la competencia que corresponde al inferior.

En principio, no hay posibilidad de la avocación, a menos que esté expresamente prevista en la ley. Ahora bien, sobre el particular debemos plantearnos algunas dudas:

Tal como se dijo, no hay avocación sin ley expresa, pero, si la ley lo que ha establecido es una competencia genérica de un Ministerio, hay una presunción de competencia a favor del Ministro, por lo que éste, como superior jerárquico, podría asumir la competencia del inferior, siempre que ésta no le sea atribuida por ley, directamente, al inferior. Inclusive, en la Ley Orgánica de la Contraloría General de la República, éste es el sentido que ahí se le da a la desconcentración administrativa.

En el Reglamento Interno de la Contraloría (artículo 30, ordinal 6), se le atribuye competencia a los Directores para resolver todos los asuntos que competen a su Dirección, pero sin menoscabo de las atribuciones asignadas a otros funcionarios de su dependencia.

Sin embargo, si la competencia está asignada por ley directamente al inferior, el superior no podría asumirla.

---

59 *V.* en *Gaceta Oficial* N° 2,422, Extraordinario de 9-3-79.

60 En tal sentido, por ejemplo, el artículo 27 del citado Reglamento señala que "los diversos organismos de la Administración Pública Nacional, descentralizada y las empresas del Estado que lleven a cabo actividades en las regiones, deberán establecer a nivel de cada Región una Delegación o Dirección Regional para la programación y coordinación de la ejecución de dichas actividades, en tanto no sea contrarío a la naturaleza de las mismas".

61 *V.* en *Gaceta Oficial* N° 31.177 de 17-2-77.

62 *Gaceta Oficial* N° 4.153, Extraordinario de 28-12-89.

Por ejemplo, el Director de Inquilinato del Ministerio de Fomento tiene competencia por la Ley de Regulación de Alquileres para establecer los tipos máximos de los alquileres de vivienda. En estos casos, aun cuando el Ministro sea su superior jerárquico, no podría asumir dicha competencia[63].

6. Los límites de la competencia

El ejercicio de la competencia tiene diversos límites dados por los principios de la especialidad, la legalidad y la finalidad[64].

A. El principio de la especialidad

Según este principio, cada órgano tiene que actuar dentro de la competencia que le ha sido específicamente asignada, y no puede realizar funciones distintas a las que le han sido señaladas. De lo contrario habría extralimitación de atribuciones.

B. El principio de la legalidad

Sólo pueden ejercerse competencias que estén consagradas expresamente en la ley. Toda actividad realizada por un órgano que no esté previsto en la ley es ilegal, por incompetencia. Esta incompetencia puede ser manifiesta, como por ejemplo, si el Ministro de Sanidad y Asistencia Social dicta un acto sobre arrendamiento de inmuebles urbanos que es competencia del Ministerio de Fomento, en cuyo caso el acto dictado es nulo, de nulidad absoluta; o puede tratarse de una incompetencia relativa, en cuyo caso habría nulidad relativa. Así se regula en el artículo 19 de la Ley Orgánica de Procedimientos Administrativos.

C. El principio de la finalidad

Sólo puede ejercerse la competencia para los fines específicamente establecidos por la ley y que motivan su asignación. Toda competencia ejercida para finalidades distintas da origen al vicio de desviación de poder[65]

II. LA JERARQUÍA

La jerarquía es otro de los principios jurídicos de la organización administrativa. Se vincula con el principio de la competencia porque implica la distribución de ésta por razón del grado, pudiéndose imponer la voluntad del superior sobre el inferior.

---

63 *V.* artículo 17 de la Ley de Regulación de Alquileres de 1-8-60, *Gaceta Oficial* N° 26.319 de 1-8-60.

64 *V.* José A, García Trevijano-Fos, *Principios Jurídicos de la Organización Administrativa, cit,.* pp. 203 y ss.

65 Art. 206 de la Constitución

1. Características

Presupuesto fundamental para que exista la jerarquía es que entre los diversos órganos entre los cuales se establece la relación debe haber la misma competencia por razón de la materia[66].

Por tanto, para que entre un Ministro, un Director General, los Directores de un Ministerio y sus departamentos se establezca una relación jerárquica, es necesario que exista, en cuanto a la competencia, la misma materia. Ahora bien, el efecto fundamental de este principio, como veremos más adelante, es que la voluntad del superior jerárquico puede imponerse sobre la voluntad del órgano inferior.

En todo caso, hay que tener presente que si no existe la misma competencia por razón de la materia, no puede hablarse de jerarquía; puede existir una relación de coordinación, pero en ningún caso una relación jerárquica.

Por ejemplo, entre el Ministro de Sanidad y Asistencia Social y el Director de Salud Pública, existe una relación jerárquica, pero no así entre el Ministro de Sanidad y Asistencia Social y el Director de Tránsito Terrestre del Ministerio de Transporte y Comunicaciones. En este caso, no hay jerarquía ni puede haberla, porque, entre otros factores, los funcionarios no tienen asignada la misma competencia por la materia. Por tanto, la jerarquía tiene que ver con la competencia y la distribución de ésta, por el grado, dentro de la misma organización.

A continuación se estudiará este principio de la jerarquía en la organización administrativa, pero con especial referencia a la jerarquía en la organización ministerial, que forma el núcleo básico de la Administración Central a nivel nacional.

En efecto, en Venezuela, la organización básica de los Ministerios está establecida en la Ley Orgánica de la Administración Central. En esta Ley se establece, en el artículo 5, que cada Ministerio está integrado por el Despacho del Ministro, por la Dirección General del Ministerio, por las Direcciones Generales Sectoriales, y por las demás dependencias que sean necesarias para el cumplimiento de su cometido.

Estas unidades inferiores, o como las denomina la misma Ley Orgánica de la Administración Central, unidades operativas o de ejecución, están distribuidas en orden descendente en Direcciones, Divisiones, Departamentos, Secciones y Servicios. Todas estas unidades se integran jerárquicamente, pero, en todo caso, no en una forma pura y simplemente vertical, sino en una forma piramidal, la cual es típica de la organización ministerial venezolana.

En esta forma, se establece la relación jerárquica entre el Ministro y el Director General; y entre éste y los diversos directores generales sectoriales; entre éstos y las varias direcciones; entre las direcciones y las divisiones; entre las divisiones y los departamentos; entre los departamentos y las secciones; y entre éstas y los servicios. Por ello, la relación jerárquica de los Ministerios en Venezuela se establece con base en una estructura piramidal, y nunca puramente vertical.

---

66 *V.* José A. García Trevijano-Fos, *Principios Jurídicos, cit.*, p. 208

2. Efectos

A. El predominio del superior jerárquico

Entre los efectos de la jerarquía, como principio jurídico de la organización administrativa, está el de que la voluntad del superior jerárquico, prevalece sobre la del inferior. De allí que un superior jerárquico, en principio, puede modificar, revisar, anular, dirigir y controlar los actos del inferior, de lo contrario no habría jerarquía. La jerarquía implica, siempre, además, la posibilidad del superior de coordinar, dirigir y planificar los actos de los órganos inferiores.

La Ley Orgánica de la Administración Central en el ordinal 11 del artículo 20, establece expresamente sobre el particular, que son atribuciones comunes de los Ministros: "orientar, dirigir, coordinar, supervisar y controlar las actividades del Ministerio". Esto implica que, a cada Ministro, le corresponde la orientación de todos los niveles jerárquicos de su Ministerio, como superior jerárquico.

Además, y dentro de la misma idea, el ordinal 18 del artículo 20, establece que a los Ministros les corresponde resolver, en última instancia administrativa, los recursos ejercidos contra las decisiones de los organismos y autoridades del Ministerio. Esto significa que el Ministro tiene, en última instancia, la posibilidad de revisar los actos de todos los niveles jerárquicos, a menos que, por vía de excepción, la ley establezca que en un determinado nivel jerárquico, se agota la vía administrativa, y que, por tanto, la decisión dictada en ese nivel, no es revisable ante el Ministro. Entre los casos que se pueden citar, a título de ejemplo, está el previsto en la Ley de Impuesto sobre la Renta. Prevé esta Ley que las decisiones del Administrador General del Impuesto sobre la Renta agotan la vía administrativa[67], aun cuando existe un superior jerárquico inmediato, como es el Director General de Rentas del Ministerio de Hacienda. La consecuencia jurídica de esta excepción es que si alguna persona pretende intentar algún recurso contra la decisión, tiene que interponerlo ante ese mismo Administrador, y de no obtener una decisión favorable, tendrá que acudir a la vía judicial, esto es, la vía del contencioso fiscal.

Otro ejemplo que puede ilustrar la excepción en cuestión, es el caso de las decisiones dictadas por el Director de Inquilinato del Ministerio de Fomento, las cuales agotan, igualmente, la vía administrativa, y sólo son recurribles por la vía judicial, esto es, ante el Tribunal de Inquilinato, que es el competente en la materia, y no ante el Ministro, que es el órgano inmediato superior[68].

En estos casos, no sólo no hay un recurso ante el Ministro, sino que el Ministro tampoco puede, de oficio, impartir ningún tipo de orden que modifique, en cualquier sentido, la decisión tomada. En todo caso, lo que sí le está permitido al superior, es impartir determinadas directrices dentro de la política general del Ministerio conforme a la cual deban orientarse las decisiones de los órganos del Ministerio, pero nunca avocarse al conocimiento de un caso concreto, para modificar una decisión tomada por el órgano competente, por cuanto que no tiene competencia para ello.

---

67 Art. 116 y ss. de la Ley de Impuesto sobre la Renta, dictada por Decreto-Ley Nº 712, de 21-1-75, en *Gaceta Oficial* Nº 1.720, Extraordinario de 25-1-75.

68 Art. 15 y si. de la ley de Regulación de Alquileres

Por último, otra consecuencia del principio de la jerarquía y del predominio del superior jerárquico sobre los funcionarios inferiores se refleja en materia de actos administrativos. Así, la Ley Orgánica de Procedimientos Administrativos establece expresamente que "ningún acto administrativo podrá violar lo establecido en otro de superior jerarquía" (artículo 13); previendo además, dicha Ley Orgánica, la siguiente jerarquía de los actos administrativos; "decretos, resoluciones, órdenes, providencias y otras decisiones dictadas por órganos y autoridades administrativas" (artículo 14).

B. La conducción y dirección de la actividad de los inferiores

Otro efecto de la jerarquía, es la posibilidad que tiene el superior de dirigir la acción de los inferiores.

Esta es la primera de las atribuciones que establece el artículo 20, ordinal 1, de la Ley Orgánica de la Administración Central a los Ministros, al prever que son atribuciones y deberes comunes de éstos: "orientar, dirigir, coordinar, supervisar y controlar las actividades del Ministerio". En esta forma, se consagra que el Ministro es el órgano superior máximo de la organización ministerial, y como función primordial tiene la de dirigir la acción de los inferiores. Por otra parte, el jerarca tiene la posibilidad de dictar instrucciones (normas de carácter interno), es decir, tiene una potestad normativa interna que le permite establecer cuál órgano va a realizar una determinada actividad dentro de la organización, y cómo deben los funcionarios cumplir sus funciones.

Esta facultad se ejerce a través de diversos mecanismos. En primer lugar, la instrucción o el instructivo como se lo denomina cuando se dicta a nivel del Presidente de la República, que es el máximo jerarca de toda la Administración. Estas son normas de carácter interno, destinadas a los funcionarios, que, en principio, no tienen efectos hacia los particulares. Por ello, no afectan a los administrados, y sólo obligan a los funcionarios a ejercer sus funciones de acuerdo a las directrices que establezca la instrucción. El incumplimiento de una instrucción acarrea, por tanto, responsabilidad administrativa o disciplinaria y puede conllevar hasta la destitución.

Ahora bien, las instrucciones no sólo son dictadas a nivel presidencial, sino que pueden darse en cada organización. Como consecuencia, y conforme a la forma jerárquica en la cual está estructurada la organización administrativa, el superior puede instruir a los inferiores.

En los Ministerios, la instrucción se hace en forma usual, a través de las llamadas circulares del servicio. Estos son actos mediante los cuales el jerarca orienta la realización de sus actividades por los órganos inferiores.

C. La potestad disciplinaria

Un tercer efecto de la jerarquía, es la potestad que tiene el superior de nombrar y remover los funcionarios inferiores, así como la de ejercer la potestad disciplinaria. El superior jerárquico es, pues, dentro de una organización determinada, quien nombra, remueve e impone sanciones a los funcionarios.

Para el cumplimiento de todas estas tareas, el jerarca se vale de órganos, que, dentro de la clasificación de los órganos administrativos, se llaman órganos auxiliares, por contraposición a los órganos de línea que son los de ejecución u operativos, y que lo asisten en su tarea de dirigir y coordinar las acciones de la organización. Entre estos órganos están los de personal que son órganos auxiliares del jerarca, que no están dentro de la jerarquía piramidal y que no tienen programas de ejecución [69].

D. El ejercicio de las competencias genéricas

Otra de las consecuencias de la jerarquía es la posibilidad que tiene el Ministro de dictar actos que le son propios, como es la posibilidad de suscribir los contratos, a menos que haya delegado en inferiores la atribución o la firma de determinados actos o que se haya producido un proceso de desconcentración, y por tanto, de distribución de competencia en los órganos inferiores, en cuyo caso, no hay necesidad de delegaciones específicas.

Pero si no hay una asignación específica de competencia, bien por una desconcentración, por determinación legal o por delegación, el Ministro puede dictar los actos necesarios para el ejercicio de las competencias que le hayan s'do atribuidas genéricamente, al Ministerio.

Esto sucede en diversos supuestos. La Ley Orgánica de la Administración Central atribuye competencias a los Ministerios, pero no hay ninguna especificación respecto del nivel del Ministerio que debe ejercer concretamente las funciones atribuidas. En este supuesto, se presume que es una materia asignada al Ministro, y por tal razón, éste, como superior jerárquico, puede dictar todos los actos referentes a las mismas; y ello por cuanto se trata de una atribución global prevista en la Ley, al Ministerio y no a un órgano específico de la jerarquía ministerial, en cuanto al ejercicio de la competencia en cuestión.

Muchas leyes, sin embargo, atribuyen a ciertos niveles jerárquicos, directamente, la competencia, tal como sucede con la Dirección de Inquilinato, la Superintendencia de Protección al Consumidor, el Registro de la Propiedad Industrial del Ministerio de Fomento, o con la Comisión Nacional de "Valores y con la Superintendencia de Bancos, de Seguros o de Inversiones Extranjeras del Ministerio de Hacienda[70].

E. La posibilidad de delegar competencias

Otro efecto de la jerarquía es la posibilidad que tiene el Ministro, de delegar atribuciones en el Director General del Ministerio o en los Directores Generales, y en éstos y otros funcionarios, la firma de documentos de acuerdo a lo establecido en el ordinal 25 del artículo 20 de la Ley Orgánica de la Administración Central. En todo caso, la delegación debe ser expresa, esto es, autorizada por Ley y si se trata de delegación de firmas, realizarse de conformidad con lo establecido en el Reglamento de Delegación de Firma de los Ministros del Ejecutivo Nacional del 17 de septiembre de 1969.

---

69 Arts. 12 y ss. de la ley de Carrera Administrativa dictada por Decreto-Ley Nº 914 de 13-5-75, en *Gaceta Oficial* Nº 1.745, Extraordinario de 23-5-75.

70 La Ley de Regulación de Alquileres a la Dirección de Inquilinato; la Ley de Propiedad Industrial a la Dirección del Registro de la Propiedad Industrial; la Ley de Protección al Consumidor a la Superintendencia de Protección al Consumidor; la Ley de Mercado de Capitales a la Comisión Nacional de Valores; la Ley General de Bancos y otros Institutos de Crédito a la Superintendencia de Bancos; la Ley de Empresas de Seguro y Reaseguros a la Superintendencia de Seguros, la Decisión 24 del Acuerdo de Cartagena a la Superintendencia de Inversiones Extranjeras; y la Ley General de Asociaciones Cooperativas a la Superintendencia Nacional de Cooperativas.

F. La potestad de control

Derivada también del principio de jerarquía, es la potestad de control que tiene el superior jerárquico sobre los órganos inferiores. En efecto, si aquél es quien tiene la dirección, coordinación, orientación e instrucción de cómo debe actuarse a todos los niveles de su línea jerárquica, es obvio que una de las consecuencias de esta facultad de dirección sea el poder de controlar si las actividades realizadas se ajustan efectivamente a las directrices dadas. De aquí, por ejemplo, que el Ministro, en definitiva, tenga la potestad de control y conozca, en última instancia, de los recursos que se ejerzan contra actos dictados por órganos inferiores. En este sentido lo establece la Ley Orgánica de la Administración Central en el ordinal 18 del artículo 20, al prever que los Ministros están facultados para resolver, en última instancia administrativa, los recursos ejercidos contra las decisiones de los organismos y autoridades del Ministerio.

Ahora bien, esta potestad de control no sólo es ejercida por el superior jerárquico cuando ha habido instancia de parte mediante recursos administrativos. El superior puede, también, controlar los actos dictados por los órganos inferiores de oficio, es decir, sin que haya requerimiento de algún particular interesado, a menos que, y esto es por vía de excepción, exista alguna norma que expresamente lo prohíba, como son los supuestos del Director de Inquilinato y del Administrador General del Impuesto sobre la Renta, ya comentados por vía de ejemplo. Pero salvo que se establezca lo contrario por vía de excepción, como consecuencia de la organización jerárquica de la Administración, el superior jerárquico puede revisar, suspender, modificar o revocar los actos dictados por los órganos inferiores, con las limitaciones derivadas, por supuesto, de los derechos adquiridos.

G. La resolución de conflictos

Otros de los efectos de la jerarquía, es la posibilidad que tiene el superior de resolver los conflictos que se establezcan entre los diferentes órganos que integran la jerarquía. Siguiendo la regulación de la Ley Orgánica de la Administración Central, ésta establece en el ordinal 21 del artículo 20, la facultad de los Ministros de resolver los conflictos de competencia que surjan entre los diversos órganos de su Ministerio.

III. LA DESCENTRALIZACIÓN

El tercer principio de la Organización Administrativa es el principio de la descentralización[71]. Esta consiste en la transferencia de competencias decisorias de una persona político territorial a otra u otras personas jurídicas distintas del ente público territorial transferente. Es una distribución de competencias, pero no dentro de una misma organización jerárquica, sino una transferencia de competencia hecha a personas jurídicas distintas del ente transferidos.

---

71 Sobre la descentralización en general, *V.* Fernando Garrido Falla, *La descentralización administrativa*, San José de Costa Rica, 1967.

En la delegación y en la desconcentración opera una distribución de competencias pero entre órganos de un mismo ente. En cambio, la descentralización es transferencia de competencias entre sujetos con diferente personalidad jurídica, por ejemplo, entre la República y un instituto autónomo. No se realiza, por tanto, entre elementos de un mismo órgano, sino entre diversos sujetos de derecho. Por ello se puede afirmar que en la desconcentración y en la delegación se establece una relación entre órganos diversos; y, en cambio, en la descentralización se establece una relación entre sujetos de derecho, es decir, entre personas jurídicas distintas.

Ahora bien, los sujetos de derecho a los cuales se les va a transferir competencias, pueden ser: sujetos de derecho público o sujeto de derecho privado, creados por el Estado de acuerdo al marco del derecho público o del derecho privado. En cuanto a los sujetos de derecho público descentralizados, éstos pueden ser a su vez, territoriales y no territoriales, lo que da origen a dos formas de descentralización: la territorial y la funcional.

1. Características jurídicas

En todo caso, lo que caracteriza a la descentralización es que, aun cuando hay transferencia de poderes a otros sujetos de derecho, todos estos sujetos, en una forma u otra, quedan enmarcados dentro de la estructura organizativa general del Estado. Por ello, puede decirse que cuando se habla de "sector público", la expresión se utiliza en el sentido de abarcar, en el campo nacional, a la República con todos sus Ministerios y demás órganos de su administración central, y a la administración descentralizada funcional mente, tenga forma de derecho público o de derecho privado[72].

---

72 En este sentido debe destacarse lo expresado por la Corte Suprema de Justicia en Sala Político-Administrativa en sentencia de 23-10-73, sobre el proceso de descentralización y la integración del sector público: "Atendiendo a los alegatos expuestos por las partes, la única cuestión a resolver en esta incidencia es sí, en conformidad con los artículos 38 y 46 de la ley de la materia, el tribunal de la causa debiera haber notificado a la Procuraduría General de la República, la demanda interpuesta contra la Siderúrgica del Orinoco, C. A. (SIDOR), por el Sindicato Único de Trabajadores Metalúrgicos y sus similares del Estado Bolívar (SUTRAMETAL BOLÍVAR), y el embargo decretado a petición del demandante.

"Con arreglo a dichos artículos los «funcionarios judiciales están obligados a notificar al Procurador General de la República de toda demanda, oposición, excepción, providencia, sentencia o solicitud de cualquier naturaleza que, directa o indirectamente obre contra los intereses patrimoniales de la República», y de otra medida preventiva o ejecutiva «sobre bienes de otras entidades públicas o de particulares, que estén afectados al uso público, a un servicio público o a una actividad de utilidad pública el nacional, antes de su ejecución».

"Para precisar mejor la inteligencia y alcance de estas disposiciones en lo que concierne al caso de autos, es necesario tener en cuenta realidades institucionales que se relacionen estrechamente con la organización que actualmente tiene la administración pública en nuestro país, y con la necesidad de que los intereses nacionales sean protegidos y defendidos en forma pronta y eficaz, independientemente de los órganos de la administración nacional a que estén destinados. Los bienes que constituyen el dominio patrimonial del Estado venezolano, están en la actualidad administrados, directamente, por órganos tradicionales de la administración centralizada, o, indirectamente, por los institutos o establecimientos autónomos y por la empresa del Estado que forman la administración descentralizada, y cuya característica común es gozar de cierto grado de autonomía, en conformidad con las leyes y decretos orgánicos que regulan su organización y funcionamiento.

"Así pues, en nuestro país, al igual que en aquellos que se nos anticiparon por el camino de la descentralización administrativa, ha dejado de ser realidad la idea proclamada por la doctrina clásica, de que la unidad de la persona jurídica implica la unidad del patrimonio, en lo que respecta al Estado, pues, los intereses patrimoniales de éste aparecen vinculados a un complejo sistema de servicios centralizados y de organismos autónomos, cada uno de los cuales persigue fines diferentes, aunque orientados todos a la realización de los grandes cometidos que impone al

Este sentido viene corroborado con la previsión del artículo de la Ley Orgánica de Régimen Presupuestario[73], en la cual se establece que están sujetos a las disposiciones de la misma: 1) Los órganos del Poder Nacional; 2) Los Estados y Municipios; 3) Los Institutos Autónomos, los servicios autónomos sin personalidad jurídica y demás personas de derecho público en la que los organismos antes mencionados, tengan participación; 4) Las sociedades en las cuales el Poder Nacional y demás personas a que se refiere el presente artículo tengan participación igual o mayor al 50 por ciento del capital social.

Quedarán comprendidas además, las sociedades de propiedad totalmente estatal, cuya función a través de la posesión de acciones de otras sociedades sea coordinar la gestión empresarial pública de un sector de la economía nacional; 5) Las sociedades en las cuales las personas a que se refiere el ordinal anterior tengan participación igual o mayor al 50 por ciento; 6) Las fundaciones constituidas y dirigidas por alguna de las personas referidas en el presente artículo, o aquellas de cuya gestión pudiera derivar compromisos financieros para esas personas.

Esto confirma que los entes estatales con forma jurídica de derecho privado están integrados dentro de la estructura general del Estado, conformando, lo que se denomina sector público.

Este es el mismo sentido del artículo 2° de la Ley Orgánica de Crédito Público[74], en el cual se somete a las disposiciones de dicha Ley, entes con forma de derecho privado. Es decir, que aun cuando tengan forma de derecho privado, quedan englobados dentro del sector público y se consideran personas estatales.

Puede haber un tercer tipo de descentralización, además de la descentralización territorial y la descentralización funcional, que se denomina descentralización corporativa. En ésta, también se da la transferencia de competencia a un sujeto de derecho distinto, de carácter no territorial, pero que tiene forma corporativa.

Es el supuesto que opera con los Colegios Profesionales, por ejemplo, que cumplen funciones públicas de control del ejercicio de una profesión. Pero en estos casos, esta descentralización corporativa no trae, como consecuencia, que los Colegios Profesionales queden dentro de la estructura general del Estado, a pesar de tratarse de una forma de descentralización.

El Estado les transfiere competencias, por ejemplo, el control del ejercicio de una profesión que es una competencia de carácter público, pero aun así, en ese caso, esas corporaciones, por su sustrato personal, no están dentro del denominado sector público y se consideran personas no estatales.

Por tanto, la descentralización es una transferencia de competencia a sujetos de derecho distinto, lo que la distingue de la desconcentración que es una distribución de competencia dentro de la organización de un sujeto de derecho público.

Estado la realidad contemporánea. Dentro de ese sistema, cada ente descentralizado tiene sus propios bienes, en los cuales están a su vez, involucrados los intereses patrimoniales del Estado". *V.* en *Gaceta Oficial* N° 1.657. Extraordinario de 7-6-74.

73 La ley de 30-7-76 puede verse en *Gaceta Oficial* N° 1.893, Extraordinario de 30-7-76.

74 La ley, de 30-7-76, puede verse en *Gaceta Oficial* N° 1.893, Extraordinario de 30-7-76.

2. Clase de descentralización

A. Descentralización territorial

a. *Régimen constitucional*

La descentralización es territorial, como se ha dicho, si la transferencia de competencia se realiza en favor de algunas de las personas de derecho público de carácter político-territorial: los Estados o los Municipios.

En este campo, la distribución de competencias la hace la propia Constitución, al establecer autonomía a nivel de los Municipios y a nivel de los Estados dentro de la estructura federal del Estado, distintas a las del Poder Nacional, lo que configura un proceso de descentralización territorial.

Por otra parte, la misma Constitución consagra el principio de la descentralización administrativa hacia los Estados y Municipios, y también consagra el principio de la centralización nacional de ciertas competencias que les están atribuidas.

En efecto, el artículo 30 de la Constitución atribuye directamente a los Municipios una serie de competencias que son las llamadas materias propias de la vida local tales como: urbanismo, abastos, circulación, cultura, salubridad, asistencia social, institutos populares de crédito, turismo y policía municipal. Además, establece que la ley podrá atribuir a los Municipios competencia exclusiva en determinadas materias, así como imponerles un mínimo obligatorio de servicio. Es decir, que una Ley Nacional puede, adicionalmente, imponerle a los Municipios un mínimo obligatorio de tareas y asignarles competencia exclusiva en determinadas materias.

Una norma similar es la contenida en el artículo 137 de la Constitución, que establece que el Congreso, por el voto de las dos terceras partes de los miembros de cada Cámara, podrá atribuir a los Municipios o a los Estados, determinadas materias de la competencia nacional, "a fin de promover la descentralización administrativa". Debe señalarse sobre el particular, que éste es el único artículo de la Constitución en el que se utiliza expresamente la palabra "descentralización".

En esta forma, el Poder Nacional puede atribuirle a los Estados y Municipios determinadas materias que sean de la competencia nacional, para promover la descentralización administrativa, los que ha sucedido por primera vez con la Ley Orgánica de Descentralización, Delimitación y Transferencia de Competencias del Poder Público de 1989.

Además de éstas, existen otras normas que establecen algunas orientaciones en materia de descentralización. Por ejemplo, en materia impositiva, el artículo 236, ordinal 8°, reserva al Poder Nacional la organización, recaudación y control de impuestos a la renta, al capital, y a las sucesiones y donaciones; y además, las contribuciones que recaigan sobre la producción y consumo de bienes que total o parcialmente la ley reserva al Poder Nacional, tales como las de alcoholes, licores, cigarrillos, fósforos y salinas. Esta disposición implica que una ley puede reservar, parcialmente, al Poder Nacional los impuestos al consumo, y por tanto, asignar, parcialmente, a los Estados y Municipios, determinadas materias impositivas en el campo de los bienes de consumo. Esta sería otra forma de descentralización prevista en la Constitución.

De lo anterior puede concluirse que la propia Constitución consagra la descentralización territorial, al establecer la posibilidad, para el Poder Nacional, de transferir competencias a los Estados y Municipios; competencias éstas adicionales a las que ya tienen, en virtud de las normas de la propia Constitución.

Ahora bien, también está consagrado, en la Constitución, el principio contrario, de la centralización territorial: ciertas competencias locales pueden ser asumidas y centralizadas por el Poder Nacional, es decir, por la República. Ejemplo de ello lo encontramos en el artículo 136, ordinal 17 de la Constitución, que establece expresamente, como competencia del Poder Nacional, la dirección técnica, el establecimiento de normas administrativas y la coordinación de los servicios destinados a la defensa de la salud pública; y además, agrega, que la ley podrá establecer la "nacionalización" de estos servicios públicos de acuerdo con el interés colectivo.

Conviene aclarar que el término nacionalización empleado en este artículo de la Constitución, debe entenderse como atribuciones de competencias al "Poder Nacional", y no como transformación de una empresa de dirección capitalista en dirección pública.

Lo que prevé el artículo, en realidad, es una centralización, toda vez que una competencia atribuida al Municipio puede ser asumida por el Poder Nacional, con base en lo previsto en el mencionado artículo de la Constitución. Esta facultad ha sido ejercida por el legislador nacional, por primera vez, mediante la Ley de Nacionalización y Coordinación de los Servicios de Recolección y Tratamiento para Residuos, Desechos y Desperdicios en el Área Metropolitana de Caracas[75] y que creó, a su vez, el Instituto de Aseo Urbano para el Área Metropolitana de Caracas. En esta forma, la competencia sobre aseo, que era hasta 1976 de carácter local, en el área metropolitana, pasó a ser, en virtud de dicha Ley, de carácter nacional.

Ahora bien, conforme al citado artículo 137 del Texto Constitucional, se ha dictado la Ley Orgánica de descentralización, delimitación y transferencia de competencias del Poder Público de 28 de diciembre de 1989, con la cual se establecen las bases para un doble proceso de descentralización territorial de la República hacia los Estados que conforman la Federación, siendo esta quizás la reforma más importante que desde el punto de vista político se ha dictado en las últimas décadas [76].

b. *La definición del ámbito de la descentralización territorial hacia los Estados de materias de competencia concurrente*

La Ley Orgánica, en efecto, estableció en primer lugar, la pauta para la descentralización de competencias que si bien en la Constitución se regulan como concurrentes (competencias atribuidas a la vez a la República y a los Estados), por el proceso de centralismo que se había producido en el país, desde comienzos de siglo, fueron asumidas por el Poder Nacional. En esa forma, el artículo 4° estableció que "en ejercicio de las competencias concurrentes que establece la Constitución" y conforme a los procedimientos previstos en la propia Ley, "serán transferidos progresivamente a los Estados los siguientes servicios que actualmente (fin de 1989) presta el Poder Nacional":

1° La planificación, coordinación y promoción de su propio desarrollo integral, de conformidad con las leyes nacionales de la materia.

---

75 La ley de 17-8-76 puede verse en *Gaceta Oficial* N° 31047 de 17-8-76.

76 *V. Gaceta Oficial* N° 4.153, Extraordinario de 28-12-89. *V.* Allan R. Brewer-Carías, *Problemas del Estado de Partidos*, Caracas 1988.

2° La protección de la familia, y en especial del menor.

3° Mejorar las condiciones de vida de la población campesina.

4° La protección de las comunidades indígenas atendiendo a la preservación de su tradición cultural y la conservación de sus derechos sobre su territorio.

5° La educación, en los diversos niveles y modalidades del sistema educativo, de conformidad con las directrices y bases que establezca el Poder Nacional.

6° La cultura en sus diversas manifestaciones, la protección y conservación de las obras, objetos y monumentos de valor histórico o artístico.

7° El deporte, la educación física y la recreación.

8° Los servicios de empleo.

9° La formación de recursos humanos, y en especial los programas de aprendizaje, capacitación y perfeccionamiento profesional; y, de bienestar de los trabajadores.

10. La promoción de la agricultura, la industria y el comercio.

11. La conservación, defensa y mejoramiento del ambiente y los recursos naturales.

12. La ordenación del territorio del Estado de conformidad con la Ley Nacional.

13. La ejecución de las obras públicas de interés estadal con sujeción a las normas o procedimientos técnicos para obras de ingeniería y urbanismo establecidas por el Poder Nacional y Municipal, y la apertura y conservación de las vías de comunicación estadales.

14. La vivienda popular, urbana y rural.

15. La protección a los consumidores, de conformidad con lo dispuesto en las leyes nacionales.

16. La salud pública y la nutrición, observando la dirección técnica, las normas administrativas y la coordinación de los servicios destinados a la defensa de las mismas que disponga el Poder Nacional.

17. La investigación científica; y,

18. La defensa civil.

A los efectos de este proceso de transferencia de competencias, que no es otra cosa que un proceso de descentralización política, el artículo 5 de la ley estableció un procedimiento basado en "convenios" a ser celebrados entre la República y el Estado respectivo, por órgano, respectivamente, del Ministro de Relaciones Interiores (artículo 34) y del correspondiente Gobernador. Dichos convenios y, por tanto, el proceso de transferencia de competencias puede realizarse tanto a iniciativa del Gobernador del Estado respectivo, como a iniciativa del Ejecutivo Nacional.

En este primer caso, por tanto, la Ley Orgánica Nacional no realizó por sí misma un proceso de descentralización política desde el nivel nacional hacia los Estados, sino que definió un ámbito de competencias concurrentes en el cual puede producirse una descentralización, la cual en todo caso no será uniforme.

Puede efectuarse en determinadas materias, en ciertos Estados y en otros no, y la iniciativa puede partir tanto del Ejecutivo Nacional como del Gobernador de un Estado. Se trata por tanto, de una descentralización "a la carta" en la cual se escogen las materias a descentralizar, sea por el Ejecutivo Nacional sea por los Gobernadores, y el proceso cristaliza en un "convenio" sometido a diversas aprobaciones, entre ellas, la del Senado y la de la Asamblea Legislativa respectiva.

c. *La descentralización territorial hacia los Estados de materias de la competencia nacional*

Pero en segundo lugar, la Ley Orgánica de descentralización, delimitación y transferencia de competencias del Poder Público, en aplicación del artículo 137 de la Constitución, resolvió directamente la descentralización de una serie de competencias atribuidas al Poder Nacional, disponiendo en su artículo 11 que "se transfiere a los Estados la competencia exclusiva" en las siguientes materias:

1° La organización, recaudación, control y administración del ramo de papel sellado;

2° El régimen, administración y explotación de las piedras de construcción y de adorno o de cualquier otra especie, que no sean preciosas, el mármol, pórfido, caolín, magnesita, las arenas, pizarras, arcillas, calizas, yeso, puzolanas, turbas, de las sustancias terrosas, las salinas y los ostrales de perlas, así como la organización, recaudación y control de los impuestos respectivos.

El ejercicio de esta competencia está sometido a la Ley Orgánica para la Ordenación del Territorio y a las leyes relacionadas con la protección del ambiente y de los recursos naturales renovables;

3° La conservación, administración y aprovechamiento de las carreteras, puentes y autopistas en sus territorios. Cuando se trate de vías interestadales, esta competencia se ejercerá mancomunadamente, a cuyos efectos se celebrarán los convenios respectivos;

4° La organización, recaudación, control y administración de los impuestos específicos al consumo, no reservados por Ley al Poder Nacional; y

5° La administración y mantenimiento de puertos y aeropuertos públicos de uso comercial.

Sin embargo, a pesar de la transferencia que se ordenaba en la norma, la materialización de la misma sólo operaría en cada Estado, cuando éstos asumieran dichas competencias por Ley especial, dictada por las respectivas Asambleas Legislativas.

Hasta tanto ello no ocurriera, en cada Estado, la Ley Orgánica dispuso que se mantendría vigente el régimen legal que existía en diciembre de 1989. (Parágrafo único, artículo 11).

B. Descentralización funcional

La segunda forma de descentralización es la descentralización funcional que implica la transferencia de competencia a un ente público no territorial, por razones de servicio, y no por razones político-territoriales como en el supuesto de la descentralización territorial[77].

En este tipo de descentralización se requiere, igualmente, la presencia de dos sujetos de derecho; el ente transferidor, que debe ser de carácter poli tico-territorial (la República, los Estados o las Municipalidades), y el ente receptor, al cual se le van a transferir las competencias, el cual puede existir, jurídicamente, o bien, puede ser creado por el mismo acto que realiza o formaliza la descentralización.

---

77 *V.* en general, Fernando Garrido Falla, *Administración Indirecta y Descentralización Funcional*, Madrid, 1950.

Del primero, esto es, cuando el ente que recibe la competencia ya tiene existencia jurídica, tenemos como ejemplo, en Venezuela, el de la CANTV, a la cual, en el año 1965, la Ley que reorganizó los servicios de telecomunicaciones del país, le transfirió una serie de competencias que anteriormente eran ejercidas por el Ministerio de Comunicaciones[78]

En el otro supuesto está el ejemplo de los institutos autónomos, los cuales, de acuerdo a lo previsto en el artículo 230 de la Constitución, sólo pueden ser creados por Ley. En esta forma, si para la descentralización funcional se va a utilizar la forma jurídica de una persona de derecho público, el nuevo ente debe crearse a través de una ley.

Por tanto, debe tenerse siempre presente que el Ejecutivo Nacional no puede crear un Instituto Autónomo para transferirle competencias. La creación de estos entes se reserva al Legislador. En consecuencia, es por la vía legislativa que se realiza la descentralización funcional, toda vez que es materia de reserva legal la creación de entes de derecho público a través de los cuales se va a realizar la descentralización.

Ahora bien, si la descentralización se va a realizar mediante la creación de personas jurídicas con formas de derecho privado, el supuesto plantea aspectos diferentes.

En efecto, en primer lugar, en estos casos no es necesario que el sujeto de derecho sea creado por Ley, por cuanto el Ejecutivo puede crear personas jurídicas a través de los medios del derecho privado, por ejemplo, constituyendo una sociedad anónima o una Fundación por la vía del registro mercantil o del registro público. Sin embargo, el solo hecho de que no se requiera o no se utilice la vía legislativa para crear estos entes, implica una limitación, por cuanto no se le pueden transferir competencias que estén específicamente asignadas, por Ley, a un ente de la Administración Central. Siendo, como se dijo, la competencia indisponible, para transferirla sería necesaria también una norma de rango legal.

Por tanto, y en virtud de que por decreto o por un acto de derecho privado rué cree una persona jurídica no se pueden transferir competencias legalmente atribuidas, la descentralización funcional que se pretende instrumentar a través de estas formas jurídicas será siempre, por ello, mucho más limitada que la que se realice mediante la utilización de entes de derecho público. En estos casos, al requerirse la vía legal para la creación de éstos, la transferencia de competencia puede efectuarse sin ningún tipo de obstáculos, ya que la ley puede modificar la asignación inicial de competencia.

En todo caso, lo que se puede transferir hacia los entes de derecho privado es lo que autorice la ley o lo que esté expresamente regulado en una ley. Por ejemplo: cuando se creó la "Fundación para el Desarrollo de la Comunidad y Fomento Municipal" (FUNDACOMUN) en 1960, no había ninguna ley que atribuyera a ningún órgano público nacional las competencias de fomento municipal y desarrollo de la comunidad; pudo, por tanto, el Ejecutivo Nacional, ante tal situación, crear una Fundación (ente de derecho privado), y atribuirle competencias en el campo de la promoción social y de la comunidad. Pero si hubiera habido una ley que atribuyera esa competencia a un ente de carácter público, la transferencia de competencias a un ente de derecho privado creado por la Administración, no se hubiera podido realizar por decreto. Por ello, por ejemplo, en el caso de la CANTV (sociedad mercantil de capital público), la transferencia de

78 Art. 3 de la Ley que regula la reorganización de los Servicios de Telecomunicaciones de 6-7-65, en *Gaceta Oficial* N° 27.781 de 8-7-65.

competencias públicas en el campo de las telecomunicaciones y teléfonos que se Je hizo, se realizó mediante una ley: la ley que regula la reorganización de los servicios de telecomunicaciones de 1965[79].

Por lo tanto, la descentralización funcional, a través de formas de derecho privado, es mucho más limitada que la descentralización funcional hecha a través de formas de derecho público.

3. Consecuencias de la descentralización

A. La autonomía

a. *Noción*

Una de las consecuencias fundamentales de la descentralización administrativa, es el hecho de que el ente descentralizado goza, siempre, de cierta autonomía. La autonomía, en todo caso, está en una relación inversa con el control: a mayor autonomía reconocida al ente descentralizado, corresponderá, inversamente, menor control ejercido por el ente matriz; y, a menor autonomía, mayor control. En el caso de la Administración descentralizada territorialmente bajo el esquema federal, no existe control ejercido por los entes territoriales mayores, ya que hay una mayor autonomía. En cambio, en el caso de los entes descentralizados funcionalmente, por ejemplo, de los institutos autónomos, hay menor autonomía, y por tanto, un mayor control de tutela.

La autonomía, en su sentido propio, viene a ser la facultad que tienen los entes de crear su propio ordenamiento jurídico, esto es de dictar sus propias normas; de aquí que autonomía es equivalente a autonormación. Puede afirmarse, por tanto, que la autonom-

---

79 Al comentar las normas de la Ley que regula la reorganización de los Servicios de Telecomunicaciones de 1965, que asignó a la CANTV, empresa del Estado, los servicios telefónicos, la Corte Suprema de Justicia en Sala Político-Administrativa, en Sentencia del 5-10-70, señaló lo siguiente: "Del análisis de lo expuesto se deducen las siguientes conclusiones: 1° Que al adquirir el Estado la totalidad de las acciones de la compañía, el Congreso decidió conservar la persona jurídica creada por el contrato de sociedad suscrito por sus promotores en el año de 1930, y utilizar la organización ya existente para los fines antes señalados, por el cual el servicio telefónico sigue a cargo de una entidad diferente del Estado, capaz de adquirir derechos y de contraer obligaciones con independencia de éste, y que tiene un patrimonio formado por bienes distintos a los que pertenecen al Fisco Nacional; 2° Sin embargo, la empresa ya no actúa como concesionaria de un servicio de interés público, sino como un instrumento del Estado, subordinado a la voluntad de los órganos superiores de éste y, en particular, del Congreso aunque sometida a un régimen especial en cuanto a sus relaciones con el Estado, lo cual hace de ella un caso excepcional entre los servicios públicos descentralizados existentes actualmente en el país. En efecto, la empresa telefónica es la única entidad estatal creada en virtud de un contrato de sociedad celebrado entre particulares, y cuyas relaciones con el Estado están reguladas por las disposiciones de una ley y por las cláusulas de un contrato, peto tales circunstancias no son suficientes para justificar que las autoridades del Distrito Sucre del Estado Miranda, sigan considerándola como una empresa privada, dedicada a una actividad industrial o comercial con fines lucrativos, supuestos éstos indispensables para que le sea aplicable el impuesto establecido en la Ordenanza sobre Patente de Industria y Comercio, de dicho Distrito, con arreglo a los términos del artículo 19 de la propia Ordenanza; y Dadas sus características, la compañía telefónica es actualmente y viene siéndolo, desde 1965, una empresa estatal, cuyas acciones fueron adquiridas con el deliberado propósito de encomendarle la prestación de determinados servicios y la ejecución del Plan Nacional de Telecomunicaciones, actividades a las que ha venido dedicada por disposición del Congreso y del Poder Ejecutivo, todo lo cual demuestra que ella tiene los atributos de un servicio nacional descentralizado excluido, como rodos los de su especie, de la competencia fiscal del Municipio". *V.* en *Gaceta Oficial* N° 1.447, Extraordinario de 15-12-70, p. 13.

ía propiamente dicha existe en la Administración descentralizada territorialmente. En los Estados, las Asambleas Legislativas tienen como función dictar leyes sobre las materias de competencia estadal. Igualmente sucede con los Municipios, a quienes corresponde la libre gestión de las materias de su competencia, de acuerdo al artículo 29 de la Constitución. Por tanto, un Municipio es autónomo, porque su Concejo Municipal puede producir sus propias normas, que a nivel local son equivalentes a las leyes; de ahí que se hable de leyes locales, en el caso de las Ordenanzas.

Un instituto autónomo tiene autonomía porque también, en principio, puede darse su propia reglamentación interna, aun cuando esta facultad de autonormarse está sometida al control de tutela por parte del Ministro de adscripción. Normalmente, el reglamento interno de un instituto autónomo debe ser aprobado por el Ministro de adscripción, aun cuando éste no puede dictar directamente esas normas, porque sería contradictorio con el fenómeno de la descentralización.

Por supuesto, en el caso de la descentralización política o territorial, la autonomía es mayor que en el caso de la descentralización funcional, y paralelamente, en tanto en cuanto la autonomía es mayor, el control es menor.

Materialmente, no existe ningún mecanismo de control de tutela de la República, por ejemplo, respecto a los Estados y a los Municipios, porque la autonomía, que es correlativa, es mayor.

b. *La autonomía territorial*

Tal como se ha señalado, la mayor autonomía en la descentralización se da en la administración territorial, en particular, en los Estados y Municipios. Por ello, para comentar la autonomía territorial lo más conveniente es analizar la autonomía estadal y municipal, a través de los elementos que la caracterizan: autonormación; autonomía tributaria; autonomía política; y autonomía administrativa.

a'. La autonomía normativa

En primer lugar, la autonomía normativa: como se dijo, pueden los Estados dictarse su propio ordenamiento jurídico, pues corresponde a las Asambleas Legislativas respectivas, "Legislar sobre las materias de la competencia estadal" (artículo 20, ordinal 19 de la Constitución). En el campo municipal, los Concejos Municipales, como autoridad legislativa en los Municipios pueden dictar las Ordenanzas Municipales, es decir, dictar las leyes que van a regular la comunidad en el ámbito municipal, por supuesto, en las materias que son propias de la vida local. Estas están asignadas a los Municipios dentro del sistema de descentralización propio de nuestro sistema federal. Ahora bien, este sistema de distribución de competencias puede dar origen a conflictos entre la autoridad nacional, la autoridad estadal y la autoridad municipal, por invasión mutua de competencias. En particular, ha sido frecuente la invasión de los entes municipales en el campo tributario reservado al Poder Nacional[80].

La consecuencia de esa autonomía normativa es que los actos de los Estados y Municipios sólo pueden ser revisados, por la autoridad judicial y particularmente por los órganos de la jurisdicción contencioso-administrativa (artículo 181 de la Ley Orgánica

80 *V.* al respecto, las sentencias de la Corte Suprema de Justicia dictadas con motivo de conflictos en materia tributaria, en Allan R. Brewer-Carías, *Jurisprudencia de la Corte Suprema... cit.*, *t.* II, 1976, pp. 449 y ss.

de la Corte Suprema de Justicia). Expresamente dice la Constitución, en su artículo 29, que los actos de los Municipios no pueden ser impugnados, sino por ante los órganos jurisdiccionales, de manera que no hay instancia de revisión alguna entre un acto municipal y las autoridades ejecutivas nacionales.

b'. La autonomía tributaria

Otro elemento de la autonomía propia de la descentralización territorial es la autonomía tributaria. A nivel de los Estados, sin embargo, ésta no está establecida expresamente, sino que deriva del carácter residual de las competencias estadales, e incide, básicamente en relación a los impuestos al consumo no reservados por ley al Poder Nacional.

En cuanto a los Municipios, también gozan de autonomía tributaria conforme a la cual pueden crear impuestos y tienen sus ingresos propios dentro del ámbito de las competencias propias de la vida local. Esta autonomía tributaria da origen a una potestad tributaria propia de los Municipios para crear impuestos a las actividades económicas (patentes de industria y comercio), a los inmuebles urbanos y a los espectáculos públicos, etc.[81] En todo caso, Estados y Municipios, en el ejercicio de la autonomía tributaria, están sometidos a las limitaciones establecidas en el artículo 18 de la Constitución.

c'. La autonomía política

La autonomía política en los Estados se manifiesta en el hecho de que sus autoridades deben ser electas, es decir, no son designadas por el nivel nacional. En cuanto a los Diputados a las Asambleas Legislativas, éstos siempre han sido electos por votación universal, secreta y directa (artículo 19 de la Constitución); y en cuanto a los Gobernadores, si bien designados por el Presidente de la República hasta 1989, a partir de ese año han sido electos por votación popular, universal, directa y secreta conforme a la Ley de elección y remoción de los Gobernadores de Estado de 1988 (reformada en 1989), dictada en ejecución de lo previsto en el artículo 22 de la Constitución.

Por supuesto, los Municipios tienen también autonomía política, porque el Municipio elige sus propias autoridades, tanto a los Alcaldes como a los Concejales sin ninguna interferencia de poderes nacionales [82].

Por tanto, la descentralización territorial va acompañada de la descentralización política, ya que la entidad local tiene, no sólo autonomía y autoadministración, sino también, autogobierno. Puede elegir y elige, en efecto, sus propias autoridades.

d'. La autonomía administrativa

La descentralización territorial implica, asimismo, autonomía administrativa, en el sentido de que, por ejemplo, los Estados tienen dentro de sus competencias "la administración de sus bienes y la inversión del Situado Constitucional y demás ingresos que le correspondan" (artículo 17, ordinal 3° de la Constitución). Esta autonomía, sin embargo, está sometida constitucionalmente a limitaciones derivadas de la inversión coordinada

81 Art. 31 de la Constitución.
82 Art. 29 de la Constitución.

del Situado Constitucional (artículo 229 de la Constitución), regulada mediante el "Plan Coordinado de Inversiones" en la Ley Orgánica de Descentralización, Delimitación y Transferencia de Competencias del Poder Público de 1989; y de las potestades de control atribuidas a la Contraloría General de la República (artículo 235 de la Constitución).

Los Municipios tienen, también, autonomía administrativa. Constitucionalmente tienen la libre gestión de los asuntos propios de la entidad, y esa libre gestión significa que no hay ni puede haber interferencia de entes nacionales en la Administración municipal, salvo por lo que respecta a la intervención de la Contraloría General de la República, por autorización de la propia Constitución[83]

c. *La autonomía funcional*

En el caso de los institutos autónomos, si se confrontan sus facultades con la autonomía territorial, se observa que si bien se les reconoce un nivel de autonomía administrativa, ésta está sometida a control de tutela [84]. Por otra parte, no puede decirse que tengan facultades totales de autonormación; sólo pueden dictar sus reglamentos internos pero, aun en este caso, tienen que ser aprobados por el ente que ejerce el control de tutela. Tampoco tienen autonomía política, toda vez que sus autoridades las nombra el ente de tutela. En cuanto a la autonomía tributaria, tampoco se les reconoce, aun cuando sí pueden tener, en ciertos casos, competencia tributaria: si bien no pueden crear tributos, pueden tener competencia para recaudarlos. Por ejemplo, el Instituto Venezolano de los Seguros Sociales y el INCE, pueden recaudar las contribuciones especiales para el Seguro Social y la cooperación educativa[85].

Estos entes no establecen tributos, sino que quien los crea es el Congreso, ente que mediante Ley descentraliza la competencia tributaria, asignando la recaudación a un ente descentralizado.

d. *La autonomía funcional fuera del ámbito de la descentralización*

Aparte de estas dos autonomías (la autonomía funcional de la administración descentralizada funcionalmente y la autonomía territorial y política de las entidades descentralizadas territorialmente), hay otro tipo de autonomía que se observa en la organización administrativa venezolana, que se llama también autonomía funcional y que tienen ciertos órganos del Estado pero, con la característica, de que no tienen personalidad jurídica distinta de la República.

Se trata, por tanto, de órganos que forman parte de la organización de la República, que no tienen personalidad jurídica propia, pero que tienen una autonomía funcional respecto del Poder Ejecutivo. Tal es el caso, por ejemplo, de la Contraloría General de la República. La propia Constitución establece que la Contraloría es órgano auxiliar del Congreso en las funciones de este órgano de control sobre la Hacienda Pública, y go-

---

83 Art. 235 de la Constitución, y arts. 65 y ss., de la Ley Orgánica de la Contraloría General de la República.

84 *V.* al respecto, Allan R. Brewer-Carías, "Algunos aspectos jurídicos de las relaciones entre el Gobierno Central y las Empresas del Estado", en *Revista de la Escuela Superior de las Fuerzas Armadas de Cooperación*, N° 4, Caracas, 1974, pp. 88 y ss.

85 *V.* la Ley del Seguro Social de 11-7-66, en *Gaceta Oficial* N° 1.096, Extraordinario de 6-4-67; y la Ley sobre el Instituto Nacional de Cooperación Educativa de 22-8-59 en *Gaceta Oficial* N° 26.043 de 22-8-59.

zará de autonomía funcional en el ejercicio de sus atribuciones[86]. Otros organismos similares son, el Consejo de la Judicatura, previsto en la Constitución; el Consejo Supremo Electoral, regulado en la Constitución, y también, la Fiscalía General de la República, que tiene a su cargo el Ministerio Público. Estas entidades forman parte integrante de la estructura estatal nacional, y por tanto, de la República, pero no están sometidas a la jerarquía administrativa estudiada anteriormente. Son cuatro órganos que no están sometidos a la jerarquía del Presidente de la República. Por eso, conforme a la Constitución, son entes dotados de autonomía funcional, es decir, en su funcionamiento tienen autonomía y no pueden, por tanto, sus actos, ser controlados por los órganos del Poder Ejecutivo. Un acto de la Contraloría no puede ser recurrible ni ante el Presidente ni ante el Consejo de Ministros y, así mismo, un acto del Consejo Supremo Electoral tiene el mismo privilegio, al igual que los del Fiscal General de la República. Son actos que una vez dictados causan estado y no pueden recurrirse ante autoridad administrativa alguna, y el único recurso que puede ejercerse contra ellos es ante la Corte Suprema de Justicia.

Estos órganos no están sometidos al principio de la jerarquía: no pueden recibir directrices del Presidente de la República; y los funcionarios de esos organismos los nombran los jerarcas de esas entidades, y éstos, a su vez, son nombrados en general por el Congreso Nacional.

Por ello, aquí también puede hablarse de autonomía funcional, aun cuando en un sentido distinto: no se trata de una descentralización funcional, ya que no hay otorgamiento de personalidad jurídica. Podría hablarse aquí de una desconcentración que origina una autonomía funcional bastante acentuada en virtud de normas constitucionales. Estos órganos, por otra parte, pueden dictar su propio ordenamiento interno, y, concretamente, el Consejo Supremo Electoral, tiene potestad normativa (reglamentaria), con efectos externos: por ejemplo, dicta las normas de propaganda electoral que se aplican a los partidos políticos y particulares. Son entes que tienen cierta autonomía administrativa: pueden administrar su propio presupuesto, ordenar pagos, establecer compromisos financieros, firmar sus propios contratos sin que haya jerarquía alguna frente al Poder Ejecutivo.

En todo caso, estos entes, si bien forman parte de la Administración Pública Nacional, no dependen jerárquicamente del Presidente sino que tienen autonomía funcional en el ejercicio de sus funciones. Por ello no forman parte de la Administración Central.

B. El control de tutela en la descentralización funcional

La consecuencia fundamental de la descentralización funcional es la existencia del control de tutela, el cual es un tipo de control que se establece, en el campo administrativo, entre órganos pertenecientes a personas jurídicas distintas, y por tanto, sustancialmente distinto al control jerárquico.

a. *Noción*

Ya hemos visto que una de las consecuencias de la jerarquía es el control que el superior ejerce sobre el inferior. Ahora bien, si el control jerárquico es consecuencia de la jerarquía, el control de tutela es consecuencia de la descentralización funcional.

86 Art. 236 de la Constitución.

Por tanto, la tutela se da entre dos sujetos de derecho diferentes; en cambio, el control jerárquico, entre órganos de un mismo sujeto de derecho, en una misma unidad jerárquica.

El principio del control de tutela en materia de entes públicos, se da, básicamente, en la administración descentralizada funcionalmente, fundamentalmente en los Institutos Autónomos. En cambio, como se dijo, no hay control de tutela en la administración descentralizada territorialmente, lo que confirma que la tutela, como mecanismo de control, está en relación directa con la mayor o menor autonomía que pueda asignársele al ente descentralizado.

En la descentralización territorial, toda vez que es una descentralización política, existe un mayor grado de autonomía. Esta es la forma como está prevista en la Constitución, al consagrar en el artículo 16 que los Estados son autónomos e iguales como entidades políticas; y, en el artículo 25, que los Municipios constituyen la unidad primaria y autónoma dentro de la organización nacional. Esto implica, por tanto, que no hay control de tutela del poder central hacia los Estados y Municipios.

En concreto, en relación a los Municipios, el artículo 29 de la Constitución, prevé que los actos de los Municipios no podrán ser impugnados sino por ante los órganos jurisdiccionales, de conformidad con la Constitución y las leyes. De lo que se deduce que no pueden ser impugnados ante el Poder Ejecutivo Nacional. Por lo tanto, el Poder Nacional no puede controlar a la administración político-territorial, salvo en la forma autorizada en la Constitución (vía judicial). Por eso, cuando se habla del control de tutela, éste se refiere, en todo caso, a la administración descentralizada funcionalmente conforme a las formas del derecho público. Cuando se utilizan formas de derecho privado, el tipo de control dependerá de la forma que se utilice: por ejemplo, si la descentralización se hace mediante una sociedad anónima, el control será accionarial: el Estado accionista controla la compañía a través del funcionario que representa las acciones en la Asamblea; si se trata, por el contrario, de una Fundación, el control lo realiza el fundador, en el supuesto que tratamos, el Estado, mediante los mecanismos que se establezcan en los estatutos.

En consecuencia, el control de tutela se presenta en la descentralización funcional con formas de derecho público, y es, en este sentido, que la Ley Orgánica de la Administración Central establece, en el ordinal 11 del artículo 20, que le corresponde al Ministerio de adscripción ejercer sobre los Institutos Autónomos, las funciones de coordinación y control que le correspondan conforme a la Ley Orgánica respectiva y a las leyes especiales de creación.

b. *Diferencias entre el control jerárquico y el control de tutela*

Ahora bien, entre el control de tutela y el control jerárquico se pueden establecer varias diferencias. [87] Una primera diferencia viene dada por el hecho de que la jerarquía implica un control entre órganos de un mismo sujeto de derecho público; en cambio, la tutela establece una relación de control entre diversos sujetos de derecho, esto es, entre diversas personas jurídicas.

El control jerárquico es un control normal, en el sentido de que se presume siempre. El superior jerárquico tiene la potestad de dirigir, controlar y revisar los actos del infe-

87 *Cfr.* José A, García Trevijano-Fos. *Principios Jurídicos, cit.,* pp. 214 y ss.

rior, salvo que haya limitaciones legales. En cambio, el control de tutela no se presume, tiene que estar expresamente establecido en la Ley, determinándose qué es lo que puede hacer el ente titular de esta facultad, sobre el ente descentralizado. No es un control ilimitado, sino que, por el contrario, las formas como se debe realizar y los actos sujetos al mismo, deben estar expresamente consagrados en la Ley.

En esta forma, el recurso jerárquico, se presume que existe siempre, salvo exclusión legal expresa, por lo que un acto del inferior puede ser impugnado, normalmente, ante el Ministro. En cambio, en materia de tutela, la presunción opera en sentido contrario. Así en Venezuela hasta 1982, no existía recurso jerárquico ante el Ministro contra el acto de un ente descentralizado, salvo que la Ley expresamente lo autorizare. De manera que sólo procedía un recurso contra un acto de un instituto autónomo cuando la Ley expresamente lo preveía.

En nuestra legislación había pocos casos de este tipo, y entre ellos puede citarse el contemplado en la Ley de Reforma Agraria, cuyo artículo 201 establece que las decisiones dictadas por el Directorio del Instituto Agrario Nacional, en los casos especificados en dicho artículo, son "apelables" para ante el Ministro de Agricultura y Cría, dentro de los lapsos previstos en el mismo[88].

Con la Ley Orgánica de Procedimientos Administrativos de 1981, sin embargo, esta situación cambió y la excepción fue erigida en regla al establecerse con carácter general que "el recurso jerárquico podrá ser intentado contra las decisiones de los órganos subalternos de los Institutos Autónomos por ante los órganos superiores de ellos. Contra las decisiones de dichos órganos superiores, operará recurso jerárquico para ante el respectivo Ministro de adscripción, salvo disposición en contrario de la Ley" (artículo 96).

Otra diferencia entre el control de tutela y el control jerárquico está, en que en la jerarquía se presume que el superior jerárquico puede dictar normas e instruir la acción del inferior. En cambio en el control de tutela, el principio es el contrario: el Ministro no tiene facultades de dar instrucciones al Instituto que le está adscrito, sino cuando la Ley lo establezca expresamente.

Por ejemplo, la Ley que reguló el Instituto Venezolano de Petroquímica, antes de su transformación en Compañía Anónima, atribuía al Ministro de Minas e Hidrocarburos la facultad de definir la política general del Instituto e instruir, con carácter general, las acciones del mismo[89] ,

Se puede anotar también, como diferencia entre ambos medios de control, que en la relación jerárquica hay una sumisión del inferior al superior, en el sentido de que si un Ministro dicta un acto administrativo determinado, por más que el inferior no esté de acuerdo con el mismo, por la relación de subordinación en que se encuentra, debe acatarlo, cumplirlo y hacerlo cumplir, sin que quepa la posibilidad de que pueda impugnarlo ante la jurisdicción contencioso-administrativa.

En cambio, este principio no se da en el caso de la descentralización funcional, y puede ser, por el contrario, perfectamente admitido un recurso de un instituto autónomo contra el acto del Ministro de tutela.

---

88 La ley, de 5-3-60, puede verse en *Gaceta Oficial* N° 611, Extraordinario de 19-3-60.

89 Al respecto, *V.* Allan R. Brewer-Carías, *El control de las actividades económicas del Estado en el Derecho Venezolano*, Caracas, 1969, p. 82.

c. *Clases de tutela*

El control de tutela que realiza el Ministro de adscripción en relación a los Institutos Autónomos es de dos clases: el control sobre la actividad del Instituto y el control sobre las personas.

El control sobre la actividad puede ser un control previo o posterior. El control previo se da en los casos en los cuales el ente autónomo para tomar alguna decisión debe obtener el acuerdo previo del Ministerio de adscripción. El control a posteriori se realiza cuando el ente descentralizado tiene facultades para tomar ciertas medidas, pero éstas deben ser aprobadas por el Ministerio en cuestión.

En todo caso, concretándonos al derecho positivo, hay que tener presente que el ámbito efectivo del control de un Ministerio de adscripción sobre un Instituto Autónomo, viene determinado por cada una de las leyes de creación. No obstante, el Reglamento de Coordinación, Administración y Control de los Institutos Autónomos de la Administración Pública Nacional, dictado por Decreto N° 280 de fecha 8 de abril de 1970[90], contiene alguna regulación general sobre la materia, en el siguiente sentido: en primer lugar, el artículo 22 establece que los Ministros ejercerán permanentemente la función de supervisión y control sobre los Institutos Autónomos adscritos a sus respectivos Ministerios. Es el principio, como puede observarse, del control de tutela, en virtud del cual, el Ministro puede, directamente o a través de delegados, inspeccionar y fiscalizar la regularidad de los servicios que tengan encomendados, así como su funcionamiento técnico, administrativo y presupuestario, a cuyos efectos podrán examinar documentos, libros, expedientes y, en general, los elementos documentales que sean necesarios para el cumplimiento de dicha misión. Expresamente se establece, en el Reglamento, que constituirá falta grave la negativa de quienes deban facilitar la información o exhibición de la documentación requerida.

En segundo lugar, se atribuye al Ministro, la facultad de formular, por escrito, a los órganos directivos de los respectivos institutos, sus recomendaciones u observaciones sobre las irregularidades o incorrecciones que se observen en el ejercicio de la facultad contralora[91].

En tercer lugar, de conformidad con el artículo 36, se prevé que, salvo lo establecido en leyes especiales, los Institutos Autónomos requerirán autorización previa del Consejo de Ministros para constituir sociedades, suscribir o adquirir acciones y obligaciones u otros valores, excepto cuando se trata de títulos de la deuda pública.

En cuarto lugar, se establece que, salvo lo establecido en leyes especiales, el Presidente de la República, en Consejo de Ministros, y a solicitud del Ministro de adscripción o del Ministerio de Hacienda, podrá someter a determinados Institutos Autónomos, al cumplimiento de requisitos complementarios de los que establezcan las leyes o decretos de su creación u organización, cuando se trate de enajenación de bienes, de aceptación de liberalidades que comporten cualquier carga, de contratación de préstamos, de remisión de obligaciones, de transacciones judiciales, o en cualquier caso en que se considere conveniente, de acuerdo con las características de dichos Institutos[92].

---

90 Este Decreto fue publicado en *Gaceta Oficial* N° 29.190, de 14-4-70 y se reformó parcialmente por Decreto N° 559, de 3-3-71, en *Gaceta Oficial* N° 29.454, de 4-3-71.

91 Art. 22 del Reglamento.

92 Art. 27 del Reglamento.

En cuanto al control de tutela posterior, se establecen otros mecanismos en dicho Reglamento, de gran importancia. Por ejemplo, el artículo 25 prevé que los Ministros de adscripción podrán ordenar la suspensión provisional de los acuerdos y decisiones de los órganos directivos de los respectivos Institutos Autónomos, cuando éstos hubieren actuado en contravención con las directrices señaladas por el Ejecutivo, o con manifiesta ilegalidad o grave inoportunidad susceptible de producir perjuicio al Tesoro Nacional, al patrimonio de dichos institutos o al servicio público. En todo caso, el Ministro de adscripción debe llevar de inmediato a conocimiento del Presidente de la República la decisión tomada.

En lo que respecta al control de tutela sobre las personas puede decirse que éste está constituido, fundamentalmente, por la facultad que tiene el Ejecutivo de nombrar y remover libremente a los directivos de los entes descentralizados que le están adscritos[93].

Otro mecanismo de control es el que se ejerce sobre los entes descentralizados con forma de derecho privado. En este supuesto, el control se realiza mediante los instrumentos propios del derecho privado. Por ejemplo, si el Estado constituye una sociedad mercantil, concretamente una compañía anónima, el control es de carácter accionarial ejercido en igual forma que el que realiza un accionista mayoritario o accionista único en una sociedad mercantil.

Por ejemplo, en Petróleos de Venezuela S.A., el único accionista es la República, quien es representada por el Ministro de Energía y Minas, por lo que los mecanismos de control por parte del Estado sobre el ente descentralizado son muy amplios[94].

IV. LA COORDINACIÓN

Además de la competencia, de la jerarquía y de la descentralización, la coordinación se la considera como otro principio de organización, aun cuando, más que un principio, es una de las características esenciales de la organización[95]

En efecto, la coordinación es de la esencia de la organización, porque materialmente no hay organización sin coordinación. Desde el momento en que la Administración Pública está compuesta por variados y diversos órganos, como unidades complejas, se hace necesario establecer ciertos mecanismos de coordinación entre los diversos órganos del Estado, para lograr una determinada voluntad administrativa.

1. Los niveles para la coordinación

Hay muchos niveles para la coordinación, y el primero que puede mencionarse es el nivel jerárquico. Normalmente, el superior jerárquico de la organización tiene la potes-

93 *V.* Allan R. Brewer-Carías, "Algunos aspectos jurídicos sobre las relaciones entre el Gobierno Central y las empresas del Estado", *loc. cit.*, p, 89.

94 *V.*, Allan R. Brewer-Carías, "Consideraciones sobre el régimen jurídico administrativo de Petróleos de Venezuela S. A.", en *Revista de Hacienda*, N° 67, Caracas, 1977, p. 96.

95 *V.*, en general, José Ortiz Díaz, *El principio de la Coordinación en la organización administrativa*, Sevilla, 1950; Luis Blanco de Tella, "El Mito de la Función Coordinadora", en L. Blanco de Tella y F. González Navarro, *Organización y Procedimientos Administrativos*, Madrid, 1975, pp. 21 y ss.

tad coordinadora y la obligación de coordinar la acción de los inferiores. Por ejemplo, el Ministro tiene la potestad de coordinar su organización, y el Presidente de la República tiene la potestad de coordinar la Administración Central. En este último supuesto, el Presidente se encuentra asesorado por la Oficina Central de Coordinación y Planificación de la Presidencia de la República, y dentro de la Presidencia, se creó, recientemente, un órgano de coordinación de gran importancia como es el Ministerio de Secretaría de la Presidencia[96].

Además de éstos, existen otros organismos de coordinación. La Ley Orgánica de la Administración Central, prevé en el artículo 7, la facultad del Presidente de la República de crear comisiones permanentes o temporales, integradas por funcionarios públicos u otras personas representativas de los diversos sectores de la vida nacional, para el examen y consideración de determinadas materias. Asimismo, existe la figura de los Comisionados Presidenciales, muchos de ellos nombrados con funciones coordinadoras. También pueden crearse Comisiones Presidenciales o Interministeriales que pueden tener por objeto la coordinación de criterios y el examen conjunto de materias asignadas a diversos Ministerios. Recientemente ha sido frecuente el uso de este recurso para la coordinación de actividades de la Presidencia.

Los períodos presidenciales posteriores a 1969, se han caracterizado por la creación de comisiones y consejos para la elaboración de determinados informes, o para la coordinación de determinadas materias. Ahora bien, hay que reconocer que la colegialidad puede disminuir la responsabilidad y hacer inoperante la toma de decisiones. Una de las características de la Administración hasta el siglo XVIII fue, precisamente, la colegialidad. En la Administración sólo habían entes colegiados y no órganos unipersonales; en cambio, la Administración moderna utiliza las administraciones unipersonales, sin que se deje de reconocer que es útil la colegialidad para la coordinación de ciertas materias.

En todo caso, la colegialidad implica el establecimiento de una serie de normas de carácter formal para la toma de decisiones, por ejemplo, determinación del *quorum* de la Comisión o Consejo para poder reunirse, para deliberar, y para la toma de decisiones.

Todas estas normas son esenciales para la formación de la voluntad y, si se incumpliese alguna, puede producirse, sin duda, la nulidad del acto,

La Ley Orgánica de la Administración Pública Nacional orienta las actividades de coordinación con carácter sectorial, superando en esta forma el carácter disperso que antes tenía. Se habla, por ejemplo, de las Corporaciones Sectoriales de las Empresas del Estado para integrar las diversas empresas y coordinarlas en una acción determinada[97].

En todo caso la coordinación, como tal, no puede ser tarea de un órgano específico. Puede haber órganos que tengan funciones específicas de coordinación, como las tiene el Ministro de la Secretaría de la Presidencia de la República, pero aquella concepción que existió cuando se creó Cordiplan, de pretender centralizar en ese órgano todas las acciones coordinadoras, es imposible, no sólo porque en dicho órgano, el desarrollo de las funciones de coordinación se hace en desmedro de las funciones de planificación, habiendo pretendido coordinar más que planificar, sino porque, en realidad, la coordi-

---

96 Arts. 40 y 47 de la Ley Orgánica de la Administración Central.

97 Art. 20, ord. 12 de la Ley Orgánica de la Administración Central, En este sentido, en el Proyecto de Ley Orgánica de la Administración Descentralizada, que en 1978 se discutió en la Cámara de Diputados, se regulaban los Consejos Sectoriales de Institutos Autónomos y las Corporaciones Sectoriales de las Empresas del Estado (arts. 94 y ss.).

nación es de la esencia de toda organización. En todos los órganos debe existir la función coordinadora, y en todos los niveles jerárquicos hay función coordinadora. Por tanto, no puede pensarse en que pueda existir la coordinación como una función específica asignada a un solo órgano o ente que la va a ejercer sobre todos los demás. Cordiplan, en algunas épocas, ha pretendido ser ese órgano que monopoliza la coordinación, lo cual además de ser imposible, como se dijo, es contrario a la esencia de la organización.

2. El problema de la coordinación

Sin embargo, el problema de la coordinación administrativa depende del tipo de organización que exista para cumplir determinados fines por el Estado. Cuando se está, por ejemplo, en presencia de una Administración Pública que asume nuevos cometidos y fines, distintos a aquellos que tenía cuando se organizó, es indudable que esa organización debe readaptarse a los nuevos cometidos, y si no se adapta, inevitablemente surgirá un problema grave de coordinación. Habrá necesidad de recurrir aún más a mecanismos de coordinación.

El caso de Venezuela y de la Administración venezolana, en este sentido, era realmente patente. La Administración venezolana, a nivel ministerial al menos, antes de la reforma de 1977, había sido estructurada por el Estatuto Orgánico de Ministerios de 1950. Pero la reforma de 1950, en realidad lo que recogía era las reformas de 1936, con dos agregados fundamentales: el Ministerio de Justicia, que se separó del Ministerio de Relaciones Interiores y el Ministerio de Minas e Hidrocarburos, que se separó del Ministerio de Fomento.

Por tanto, en 1976, la organización administrativa venezolana databa de la primera mitad de este siglo, y fue precisamente después del año 1950 cuando el Estado comenzó a asumir fines de desarrollo económico y de desarrollo social. Sin embargo, la Administración Pública Venezolana seguía, básicamente, el molde que tenía en los años 40, lo que produjo que esta Administración no se ajustara completamente a los fines del Estado contemporáneo. Ahora, esta situación de una Administración hecha para otros fines, fue lo que provocó que la coordinación fuera el problema más importante de la Administración. No sólo se creó una Oficina Central de Coordinación y Planificación (CORDIPLAN), sino que se cayó sucesiva y paulatinamente, y en forma dramática, en la Administración por el sistema de comisiones.

En una Administración desorganizada, para tomar cualquier medida o decisión, es necesario nombrar una Comisión, Y esto tiene, desde el punto de vista administrativo, una explicación: piénsese, por ejemplo, en el sector de desarrollo social, un sector coherente de acción pública. Ese sector abarca, por ejemplo, actividades de protección y promoción social, y toda la política de desarrollo, por ejemplo, de las áreas marginales. Sin embargo, en este campo, no hay un organismo responsable del desarrollo social. Eso sí, hay muchos organismos que tienen que ver con el problema: el Ministerio de Justicia con la Dirección de Prevención del Delito; el Ministerio de Sanidad y Asistencia Social, con la Dirección de Bienestar Social; el Ministerio del Trabajo con la Oficina de Empleos; el Ministerio de la Familia; organismos autónomos como Fundacomún, con el programa de desarrollo de la comunidad: el INAVI con los programas de construcción de viviendas; el Instituto Venezolano del Menor, el Instituto Nacional de Deportes, etcétera.

Para tratar el problema de la protección y promoción social en Venezuela, por tanto, se hacía necesario coordinar diversos organismos, y por ello, por ejemplo, el mismo Ministerio de la Juventud, luego sustituido por el Ministerio de la Familia, fue configurado, lamentablemente, como un Ministerio coordinador, al no integrarse, administrativamente, el sector[98]

Esto provoca graves problemas administrativos, que conducen a una distorsión del objetivo: el problema administrativo se agota en tratar de ordenar lo incoordinable y se olvida el objetivo para el cual fue creada la organización. Se agota la Administración en coordinar, y no logra cumplir los objetivos que tiene planteados.

Esto origina que, la coordinación, sea un campo importante a estudiar, y dentro de la Administración, los órganos colegiados. Estos se han venido desarrollando a nivel nacional, y ello implica la adopción de una serie de reglas relativas al quórum, al número de personas que deben estar presentes para poder tomar una decisión, a la posibilidad de que algún miembro salve su voto.

Con ello se ha complicado todo el procedimiento administrativo en forma tal que, como se dijo, se agota la Administración en el intento de coordinar, y no logra cumplir los objetivos que quiere alcanzar.

La aplicación del principio de la coordinación, consecuencia de esta situación de dispersión administrativa, ha dado origen a nuevas teorías para la organización de la Administración Pública, y entre ellas se destaca el criterio de sistemas.

En efecto, se tiene la conciencia de que la Administración Pública es compleja, pues está integrada por una serie de organismos que es necesario coordinar, a los efectos de obtener un determinado resultado; pero también de que la coordinación no puede agotarse en sí misma, sino que se justifica en tanto en cuanto se puedan obtener determinados resultados. En este sentido, se ha aplicado el criterio sistémico o de sistema, a los efectos de integrar, y no sólo coordinar diversos organismos, conforme a la finalidad que deben cumplir.

Conforme a este criterio, se admite que tiene que haber un órgano central o eje que gobierne el sistema, sin perjuicio de que pueda haber múltiples organismos ejecutores de aspectos específicos. El criterio sistémico se aplicó en el Plan de Reforma Administrativa de 1972[99], y está presente en los estudios posteriores que se refieren a la reorganización de la Administración Pública.

Con dicho criterio se busca que cada sector de actividad pública tenga un gobernador del sector, es decir, una persona a nivel ministerial que tenga la definición de la política del sector y que sea quien lo conduzca, sin perjuicio de que las políticas concretas puedan llevarse a cabo por oficinas ministeriales, por institutos autónomos o cualquier otra entidad, siempre que todos esos organismos respondan a la política del sector.

---

98 Art. 39 de la Ley Orgánica de la Administración Central.

99 *V.*, Comisión de Administración Pública (CAP), *Informe sobre la Reforma de la Administración Pública Nacional*, Caracas, 1972, como II, pp. 3 y ss.

Sección Cuarta: PRINCIPIOS GENERALES DE LA ORGANIZACIÓN DE LA ADMINISTRACIÓN NACIONAL CENTRAL (1991)

El texto de esta Sección Cuarta es Capítulo VI del libro *Principios del régimen jurídico de la Organización Administrativa Venezolana*, editado por la Editorial Jurídica Venezolana, Colección Estudios Jurídicos, N° 49, Caracas 1991.

I. LA ADMINISTRACIÓN NACIONAL CENTRALIZADA DENTRO DEL UNIVERSO DE LA ORGANIZACIÓN ADMINISTRATIVA

1. El ámbito de la organización administrativa

Como lo hemos señalado anteriormente, el Estado venezolano como Estado Federal en los términos consagrados por la Constitución[100] está estructurado formalmente, conforme a un sistema de descentralización territorial, que da origen a tres personas jurídicas de derecho público y de carácter político territorial: la República, los Estados y los Municipios.

Cada una de estas personas político-territoriales, en sus respectivos niveles (nacional, estadal y municipal) tienen sus propias competencias[101] que ejercen con entera autonomía[102]. Esta autonomía de carácter territorial puede decirse, que es el más alto grado de autonomía dentro de la organización nacional, e implica, como hemos indicado, una autonomía política, una autonomía organizativa, una autonomía normativa, una autonomía tributaria y una autonomía administrativa.

En efecto, la República, los Estados y los Municipios tienen autonomía política en el sentido de que eligen sus propias autoridades: el Presidente de la República y los Senadores y Diputados al Congreso Nacional; los Gobernadores de Estados[103] y los Diputados a las Asambleas Legislativas; y los Alcaldes y Concejales.[104]

Los entes político-territoriales tienen, en principio, una autonomía organizativa en el sentido de que tienen la potestad organizativa. Sin embargo, esta posibilidad de autoorganizar sus poderes es plena a nivel de la República[105] y de los Estados de la Federación.[106] A nivel municipal está limitada, pues la organización de los Municipios se determina en la Ley nacional de Régimen Municipal y en las leyes que dicten los Estados en ejecución de aquellas.[107]

---

100 Artículo 2.

101 Artículos 17, 30 y 136 de la Constitución. Además, artículo 30 de la Ley Orgánica de Régimen Municipal, y artículos 4 y 11 de la Ley de Descentralización, Delimitación y Transferencia de Competencias del Poder Público.

102 Artículos 16 y 25 de la Constitución.

103 Artículo 22.

104 Artículos 183, 184, 151, 19 y 29 de la Constitución, respectivamente.

105 Poder Nacional: artículo 136 de la Constitución.

106 Artículo 17.

107 Artículo 26.

Los entes descentralizados territorialmente, además, tienen autonomía normativa, es decir, tienen facultad para crear su propio ordenamiento jurídico, esto es dictar sus propias normas; de ahí que autonomía sea equivalente a autonormación. Puede afirmarse, por tanto, que la autonomía propiamente dicha existe en la Administración descentralizada territorialmente. A nivel nacional, las Cámaras Legislativas tienen la potestad legislativa en las materias de competencia nacional.[108]

En los Estados, las Asambleas Legislativas tienen como función dictar leyes sobre las materias de competencia estadal.[109] Igualmente sucede con los Municipios a cuyos Concejos Municipales corresponde dictar las normas sobre materias de la competencia municipal, de acuerdo al artículo 29 de la Constitución. Por tanto, un Municipio es autónomo, porque puede producir sus propias normas, que a nivel local son equivalentes a las leyes (ordenanzas).

La consecuencia de esa autonomía normativa es que los actos de los Estados y Municipios sólo pueden ser revisados por la autoridad judicial y, particularmente, por los órganos de la jurisdicción contencioso administrativa.

Expresamente dice la Constitución, en su artículo 29, que los actos de los Municipios no pueden ser impugnados, sino por ante los órganos jurisdiccionales, de manera que no hay instancia de revisión alguna entre un acto municipal y las autoridades ejecutivas estadales o nacionales.

Por otra parte, la República, los Estados y los Municipios tienen autonomía tributaria originaria expresamente consagrada en la Constitución: con carácter de ampliación en relación al Poder Nacional;[110] enumerativa en relación al ámbito municipal; y por deducción residual o por transferencia respecto de los Estados.[111]

Por último, la existencia de estos tres niveles de descentralización y de personalidad político-territorial, da origen a tres niveles de administración: la Administración Nacional, las Administraciones de los Estados, y las Administraciones Municipales, las cuales actúan en sus niveles respectivos de competencia, con entera autonomía. Este es otro de los signos de la autonomía territorial: la autonomía administrativa, que origina una propia organización, cuyos principios generales analizaremos a continuación, con especial referencia a la organización nacional ministerial[112].

2. La integración de la Administración Nacional

La Administración Pública Nacional, es decir, el conjunto de órganos que ejercen el Poder Nacional o que se han constituido en ejercicio de este último por los órganos de la República, está integrada por tres grandes grupos de órganos: la Administración Central, las administraciones con autonomía funcional y la Administración Descentralizada funcionalmente.

108 Artículo 139 de la Constitución.

109 Artículo 20, ordinal 1 de la Constitución.

110 Artículo 136, ordinal 8

111 Artículos 31, 136, ordinal 8 y 18.

112 *V.* Allan R. Brewer-Carías, "Principios Generales de la Organización de la Administración Central con particular referencia a la Administración Ministerial" en *Revista de Derecho Público*, N° 2, Caracas, 1980, pp. 5 y ss.; texto que seguiremos en las páginas sucesivas.

La Administración Central están formada por todos aquellos órganos de la Administración Pública que integran el Poder Ejecutivo, y que, por tanto, dependen jerárquicamente del Presidente de la República, como Jefe del Ejecutivo Nacional.[113] Estos órganos son los regulados en la Ley Orgánica de la Administración Central del 28 de diciembre de 1976, cuya última reforma es de 30 de diciembre de 1986: los Ministros, los Comisionados Presidenciales, las Comisiones Presidenciales, las Autoridades de Área, las Oficinas Centrales de la Presidencia de la República; demás organismos dependientes, jerárquicamente, del Presidente o de los órganos señalados; y la Procuraduría General de la República, regulada por su propia Ley Orgánica.

Las administraciones con autonomía funcional constituyen aquel conjunto de órganos de la Administración Pública, que sin tener personalidad jurídica propia, y por tanto, sin perjuicio de actuar como órganos de la República, no dependen jerárquicamente del Presidente de la República ni de los órganos que forman la Administración Central, ni de los órganos de los demás Poderes del Estado: el Congreso o los Tribunales.

Estos órganos son, la Fiscalía General de la República,[114] la Contraloría General de la República,[115] el Consejo de la Judicatura[116] y el Consejo Supremo Electoral creado, este último, por ley (Ley Orgánica del Sufragio).[117]

Además de la Administración Central y de las administraciones con autonomía funcional, también forma parte de la Administración Nacional, la llamada Administración Descentralizada funcionalmente, integrada por todos aquellos entes creados por los órganos del Poder Nacional, a los cuales se ha dotado de personalidad jurídica propia, distinta a la República, así como de patrimonio propio, separado del patrimonio de la República, entre los cuales se destacan, los institutos autónomos.[118]

La Administración descentralizada funcionalmente es parte de la Administración Pública, en cuanto a que los entes que la componen están integrados dentro de la organización general del Estado. Sin embargo, hay que tener en cuenta que no todos los entes descentralizados son personas jurídicas estatales y, por tanto, parte de la Administración descentralizada funcionalmente. Muchos establecimientos públicos corporativos, como por ejemplo, los Colegios Profesionales o las Academias, son entes descentralizados, pero no son personas jurídicas estatales ni forman parte de la Administración Pública.

II. EL ÁMBITO DE LA ADMINISTRACIÓN CENTRAL

Dentro de la Administración Pública Nacional, el complejo de órganos de mayor importancia, pues a través de ellos se realizan, en concreto, los fines del Estado, está constituido por la Administración Central, es decir, la que integra los órganos del Poder Ejecutivo, o más propiamente, que ejercen el Poder Ejecutivo. Tal como se señaló, la Administración Central, conforme a las normas de la Ley Orgánica de la Administración

113 Artículo 181 de la Constitución.
114 Artículos 219 y 220 de la Constitución.
115 Artículos 234 y 238 de la Constitución.
116 Artículo 217 de la Constitución.
117 Artículo 113 de la Constitución.
118 Artículo 230 de la Constitución.

Central de 1986, está formada básicamente por los órganos de la Presidencia de la República, los Ministros y Ministerios; las Oficinas Centrales de la Presidencia de la República; y la Procuraduría de la República regulada por su propia Ley Orgánica.

1. Los órganos de la Presidencia de la República

El Presidente de la República, como Jefe del Ejecutivo Nacional, ejerce la suprema autoridad jerárquica sobre todos los órganos de la Administración Central. Además, conforme a la ley, a nivel de la Presidencia pueden funcionar los siguientes órganos: los Comisionados Presidenciales, las Autoridades de Áreas y las Comisiones Presidenciales o Interministeriales. En cuanto a los Comisionados Presidenciales, éstos pueden ser designados por el Presidente de la República para que coordinen las acciones de diversas entidades públicas y organismos del Estado que deben atender conjuntamente necesidades de determinados sectores, áreas o programas.[119]

El Presidente, además, puede designar Autoridades Únicas para el desarrollo de Áreas o programas regionales con las atribuciones que determinen las disposiciones legales sobre la materia y los Decretos que las crearen.[120]

En este caso, las Autoridades de Área se configuran por autorización legal, como entes desconcentrados de la Administración Central, con cierta autonomía, incluso, de carácter patrimonial, pudiendo, en este sentido, tener la categoría de servicios autónomos sin personalidad jurídica.[121]

En la Presidencia de la República pueden funcionar, además, Comisiones Presidenciales o interministeriales, permanentes o temporales, integradas por funcionarios públicos y otras personas representativas de los diversos sectores de la vida nacional, para el examen y consideración de las materias que determine el Decreto de creación. Estas Comisiones pueden también tener por objeto la coordinación de criterios y el examen conjunto de materias asignadas a diversos Ministerios (Art. 7 de la Ley Orgánica).

La figura genérica de las Comisiones puede adquirir la permanencia de un Consejo, cuando una ley especial los establezca, con cierto carácter desconcentrado y por tanto, con cierta autonomía de acción. Por ejemplo, el Consejo Nacional de Seguridad y Defensa, creado por la Ley Orgánica de Seguridad y Defensa de 1976, como el máximo organismo de planificación y asesoramiento del Presidente de la República en materia de seguridad y defensa,[122] está integrado por diversos organismos permanentes: el Comité Político, el Comité Económico, el Comité Social, de Movilización y cualesquiera otros que creare el Presidente.[123]

---

119 Artículo 4 de la Ley Orgánica.

120 Artículo 4 de la Ley Orgánica.

121 Artículo 14, ordinal 5 de la Ley Orgánica de Régimen Presupuestario.

122 Artículo 6 de la Ley Orgánica.

123 Artículo 11 de la Ley Orgánica.

2. Los Ministros y los Ministerios

Los Ministros son los órganos directos del Presidente de la República;[124] por tanto, constituyen los canales normales a través de los cuales se ejerce el Poder Ejecutivo. La Constitución distingue dos tipos de Ministros: los Ministros de Estado y los Ministros con asignación de un Despacho determinado, denominado Ministerio.

Los Ministros de Estado pueden ser nombrados por el Presidente para que lo asesoren en los asuntos que les confíe y coordinen los programas, servicios, dependencias o entidades descentralizadas de la Administración Pública Nacional que se determinen en el Decreto de nombramiento.[125] Conforme a la Constitución, el número, competencia y organización de los Ministerios, es decir, de los Despachos Ministeriales debe estar determinado en la Ley Orgánica,[126] y así, efectivamente se establece en la Ley Orgánica de la Administración Central, de 1986. Esta prevé la existencia de 16 Ministros,[127] regula su competencia,[128] establece los principios generales de su organización[129] y determina las atribuciones comunes de los Ministros.[130] El complejo organizativo de los Ministerios, forma la médula de la Administración Central, al cual denominaremos Administración Ministerial.

3. La Procuraduría General de la República

Conforme a la Constitución, como se dijo, la Procuraduría General de la República es el organismo a quien corresponde representar y defender judicial o extrajudicialmente los intereses patrimoniales de la República; dictaminar en los casos y con los efectos señalados en las leyes; y asesorar jurídicamente a la Administración Pública Nacional.[131]

La Procuraduría General de la República depende jerárquicamente del Presidente de la República, y no puede considerarse, a pesar de su rango constitucional, como una de las Administraciones con autonomía funcional a las cuales se ha hecho referencia. Al contrarío, forma parte completamente de la Administración Central, aun cuando está regulada por la Ley Orgánica de la Procuraduría General de la República y no por la Ley Orgánica de la Administración Central.

4. Las Fuerzas Armadas Nacionales

Pero además de los órganos constitucionales mencionados, en la Constitución se prevé otra organización, que por tanto tiene rango constitucional y que se ubica dentro de la Administración Pública Nacional; y en particular dentro de la Administración

124 Artículo 193 de la Constitución.
125 Articulo 194 de la Constitución y artículo 3 de la Ley Orgánica de la Administración Central.
126 Artículo 193.
127 Artículo 2°.
128 Artículos 24 a 40.
129 Artículos 5 y 6.
130 Artículo 20.
131 Artículo 202.

Central. Se trata de las Fuerzas Armadas Nacionales que forman parte del Poder Ejecutivo y que tienen dependencia en relación al Presidente de la República.

En efecto, la Constitución, en el artículo 132, se refiere a las Fuerzas Armadas Nacionales, precisando que "forman una institución apolítica, obediente y no deliberante, organizada por el Estado para ejercer la defensa nacional, la estabilidad de las instituciones y el respeto a la Constitución y las leyes, cuyo acatamiento estará siempre por encima de cualquier otro nivel"; y agregando que "Las Fuerzas Armadas estarán al servicio de la República y en ningún caso de persona o parcialidad política. .

Por otra parte, el artículo 190 declara en el ordinal 39 que el Presidente de la República es Comandante en Jefe de las Fuerzas Armadas Nacionales y ejerce la suprema autoridad jerárquica de ellas. Por ello indicamos que están dentro de la jerarquía del Poder Ejecutivo (no sólo dentro de la autoridad jerárquica militar) como tal, formando parte de la organización administrativa nacional.

La forma de integración de las Fuerzas Armadas Nacionales al Poder Ejecutivo, partiendo por supuesto de la Constitución, se realiza a través de uno de los Ministerios, el Ministerio de la Defensa que se integra a la Administración Pública Nacional, y en particular, a la Administración Central.

Pero la integración de las Fuerzas Armadas Nacionales al Ministerio de la Defensa es, sin duda, peculiar, pues da origen a la superposición de dos organizaciones: una administrativa y una jerárquica militar. Esto se produce mediante un sistema de organización a través de cuatro órganos desconcentrados: las Comandancias Generales de las cuatro Fuerzas (Ejército, Marina, Aviación, Fuerzas Armadas de Cooperación), reguladas en la Ley Orgánica de las Fuerzas Armadas Nacionales.[132]

En cada una de ellas, el nivel jerárquico superior está en la Comandancia General de cada una de las Fuerzas, integradas todas al Ministerio de la Defensa, pero no como dependencias jerárquicas centrales, sino como dependencias jerárquicas desconcentradas. El Ministerio de la Defensa, por tanto, tiene una doble organización: por una parte, una organización central de los servicios centrales (servicios de educación, de sanidad, etc.) de las Fuerzas Armadas; y por la otra una organización desconcentrada de las cuatro Comandancias de Fuerzas. En éstas se da la figura precisa de la desconcentración administrativa (no la delegación ni la descentralización), mediante la cual se dota a estas organizaciones de autonomía funcional.

5. Las Oficinas Centrales de la Presidencia

Las Oficinas Centrales de la Presidencia de la República, son órganos auxiliares del Presidente y del Consejo de Ministros en las funciones señaladas tanto en la Ley Orgánica de la Administración Central (artículo 41 y siguientes) como en las leyes especiales.

Estas Oficinas Centrales son las siguientes; la Oficina Central de Coordinación y Planificación, con las competencias previstas en el artículo 47 de la Ley Orgánica y las determinadas en el Decreto-Ley N° 492 del 31 de diciembre de 1958; la Oficina Central de Presupuesto, con las competencias previstas, conforme al artículo 48 de la Ley

---

132 *V.* en *Gaceta Oficial* N° 3.256, Extraordinario de 26-9-83.

Orgánica de la Administración Central, en la Ley Orgánica de Régimen Presupuestario de 1976; la Oficina Central de Estadística e Informática, con las competencias previstas en el artículo 49 de la Ley Orgánica, y las determinadas en la Ley de Censos y Estadísticas Nacionales; la Oficina Central de Personal, con las competencias previstas, conforme al artículo 50 de la Ley Orgánica, en la Ley de Carrera Administrativa de 1970; y la Oficina Central de Información, restablecida en 1985 con la eliminación del Ministerio de Información y Turismo que había sido creado por la Ley Orgánica de la Administración Central de 1976.

6. Los Comisionados Presidenciales

La figura de los Comisionados Presidenciales, como órganos de la Presidencia de la República, surgió en los años sesenta, sin asidero legal alguno, mediante la designación de determinados funcionarios, por el Presidente de la República, algunas veces incluso con carácter *ad honorem*, para cumplir funciones de asesoría en materias o áreas específicas. Inicialmente, incluso, recibieron en algunos casos la denominación de "Delegados de la Presidencia de la República" para determinadas actividades asesoras.

En el Informe sobre la Reforma de la Administración Pública Nacional (Caracas 1972) de la Comisión de Administración Pública, se analizó dicha figura organizativa, y se planteó la necesidad de redefinir el papel que se había atribuido a los mismos y a las "Comisionadurías", *algunas* de las cuales habían desvirtuado su papel asesor, proponiéndose su organización de manera que conformaran el cuerpo de asesores del Presidente de la República.[133]

Esta reforma se planteó, paralelamente a la que buscaba precisar las competencias de los Ministros de Estado, figura orgánica que a pesar de haber sido establecida en la Constitución desde 1961 (artículo 194), sólo fue a finales de los sesenta que fue utilizada, al comenzar a ser designados por el Presidente de la República, Ministros de Estado con funciones asesoras y tareas de coordinación de organismos públicos, adicionales a las asesorías.

En esta forma, incluso, en el Reglamento del Estatuto Orgánico de Ministerios de 1971,[134] no se hizo mención a la figura de los Comisionados Presidenciales, y en cambio, se estableció una regulación detallada de las atribuciones de los Ministros de Estado, de manera de comprender las funciones que se habían venido asignando a aquellos, en la siguiente forma:

> "Art. 50. Los Ministros de Estado que el Presidente de la República designe de conformidad con el artículo 194 de la Constitución, tendrán las siguientes atribuciones:
>
> 1. Participar en el Consejo de Ministros;
>
> 2. Asesorar al Presidente de la República en los asuntos que éste le confíe;
>
> 3. Someter al Consejo de Ministros aquellas materias que les sean confiadas por el Presidente de la República o les atribuya la ley;
>
> 4. Cumplir y hacer cumplir las órdenes que les comunique el Presidente de la República;

133 Tomo I, p. 219.
134 Decreto N° 539 de 10-2-71.

5. Refrendar los decretos del Presidente de la República en los casos en que sea procedente;

6. Estudiar, tramitar y presentar a resolución del Presidente de la República las materias que éste les confíe.

Art. 51. El Presidente de la República podrá confiar a los Ministros de Estado el estudio de materias atribuidas directamente a la Presidencia de la República o a los Ministros del Despacho.

Art. 52. El Presidente de la República podrá confiar a los Ministros de Estado la coordinación de diversos servicios, dependencias o institutos autónomos de la administración pública nacional. En ejercicio de esta función, los Ministros de Estado podrán proponer todas aquellas medidas que contribuyan a una eficaz prestación de los servicios de la administración pública nacional".

Posteriormente, en el Proyecto de Ley Orgánica de la Administración Central de 1972, se propuso la regulación de ambas figuras, las de los Comisionados Presidenciales y la de los Ministros de Estado, tratando de deslindar sus respectivas funciones así: a los Comisionados Presidenciales se los definió como "asesores especiales del Presidente de la República en las materias que éste les indique" (artículo 14); y en cuanto a los Ministros de Estado se previó la posibilidad de que el Presidente de la República les pudiera "confiar la coordinación de diversos servicios, dependencias o Institutos Autónomos de la Administración Pública Nacional" (artículo 56).[135]

Esta propuesta de deslinde de funciones entre ambas categorías de órganos no fue acogida al momento de sancionarse la Ley Orgánica de la Administración Central de 1976, y en su normativa, recogida en la Ley de 1986, aparecen ambas figuras reguladas de manera tal que podrían tener encomendadas, indistintamente, el mismo tipo de funciones.

En cuanto a los Comisionados Presidenciales: el artículo 4 de la Ley Orgánica de la Administración establece que:

"El Presidente de la República podrá nombrar Comisionados para que coordinen las acciones de diversas entidades públicas y organismos del Estado que deban atender conjuntamente necesidades en determinados sectores, áreas o programas".

Por su parte, el artículo 39 de la misma Ley, al referirse a la figura de los Ministros de Estado, establece que éstos pueden ser nombrados por el Presidente:

"Para que lo asesoren en los asuntos que les confíe y coordinen los programas, servicios, dependencias, o entidades descentralizadas de la Administración Pública Nacional que se determinen en el Decreto de nombramiento".

Ambos órganos, los Comisionados Presidenciales y los Ministros de Estado, por tanto, tienen posibilidad de ejercer funciones de coordinación, y lo que los diferencia es la responsabilidad: un Ministro de Estado es miembro del Consejo de Ministro, refrenda los actos del Presidente de la República, y tiene la responsabilidad gubernamental en los términos del artículo 196 de la Constitución.

Ahora bien, concretándonos a los Comisionados Presidenciales, de acuerdo a lo anterior, y conforme a la Ley Orgánica, tienen como atribución legal básica la de coordinar las acciones de las diversas entidades públicas y organismos del Estado que deban atender conjuntamente necesidades en el sector, área o programa que se les haya encomendado.

---

135 *V.* Informe.... *cit.*, *T.* II, pp. 441 y 479.

La coordinación, como se ha dicho, es una de las funciones fundamentales en toda la Administración Pública, la cual está compuesta, necesariamente y siempre, por una multiplicidad de órganos. Por ello, cualquiera sea el sistema de organización administrativa que se adopte, en el mismo la función coordinadora es la esencial.

Por supuesto, en la cúspide de la organización administrativa del Estado, y en particular, al nivel de la Presidencia de la República, la función coordinadora es quizás la más importante para la toma de decisiones, al punto de que órganos como el Consejo de Ministros, el Ministerio de la Secretaría de la Presidencia de la República y la Oficina de Coordinación y Planificación, tienen entre sus funciones básicas el coordinar al más alto nivel, la globalidad de la Administración Pública para la toma adecuada y coherente de decisiones. En ese mismo orden, y como respuesta a la necesidad de coordinación al más alto nivel, se enmarcan tanto los Ministros de Estado como los Comisionados Presidenciales.

Ahora bien, siendo por tanto los Comisionados Presidenciales órganos de coordinación de las acciones de las diversas entidades públicas y organismos del Estado que deban atender conjuntamente necesidades en determinados sectores, áreas o programas, para el cumplimiento de sus funciones necesariamente están condicionados por los siguientes factores:

1. En primer lugar, por la necesidad de estar informados de todas las competencias, actividades o funciones de todos los organismos y entidades públicas que intervienen en el sector, área o programa cuya coordinación se les ha encomendado. En virtud de ello, el Comisionado Presidencial debe disponer de los mecanismos y canales de información necesarios.

2. En segundo lugar, por la necesidad de que no se tome decisión alguna por parte de los organismos o entidades públicas con competencia en el sector, área o programa cuya coordinación se les ha encomendado, sin que el Comisionado haya sido informado con antelación, y pueda, incluso, dar su aprobación.

3. En tercer lugar, por la necesidad de que las decisiones que se tomen al más alto nivel de la Presidencia en el sector, área o programa cuya coordinación se les ha encomendado, sean adecuadamente ejecutadas por los diversos organismos o entidades públicas con competencia en dicho sector, área o programa, a cuyo efecto, el Comisionado puede disponer el establecimiento de los medios adecuados de seguimiento.

A los efectos de lo anterior, por supuesto, el Comisionado Presidencial debería ser invitado a participar en el Consejo de Ministros, cuando se traten asuntos relativos al área que coordina conforme al artículo 15 de la Ley Orgánica de la Administración Central, y asimismo, debería participar en los Gabinetes Sectoriales que estudien dichos asuntos (Art. 10 de la misma Ley); y además, debería contar, para el adecuado ejercicio de su función coordinadora, de un instrumento jurídico-formal que la ordene, y que podría ser la emisión por el Presidente de la República de un Instructivo Presidencial, con las órdenes y disposiciones destinadas a los organismos y entidades públicos, a los efectos de que él pueda ejercer con efectividad las funciones de Coordinación.

III. LA ADMINISTRACIÓN MINISTERIAL DENTRO DEL COMPLEJO DE LA ADMINISTRACIÓN CENTRAL

Tal como se ha señalado, la parte medular de la organización de la Administración Central, es la Administración Ministerial, es decir, el conjunto de órganos denominados Ministerios o Despachos Ministeriales, y cuya dirección y conducción jerárquica corresponde a los Ministros como órganos directos del Presidente de la República.

Conforme a la Constitución el número y organización de los Ministerios y su respectiva competencia, deben estar determinados en una ley orgánica (Art. 193), por lo que se trata de materias de la reserva legal. Por ello, al tratar de encuadrar la Administración Ministerial, dentó del complejo de la Administración Central, en primer lugar estudiaremos las fuentes de la organización ministerial; en segundo lugar, analizaremos los principios de la organización ministerial; y en tercer lugar, expondremos las modalidades de dicha organización.

1. Las fuentes de la Organización Ministerial

La Ley Orgánica de la Administración Central, en su última reforma del 30 de diciembre de 1986, siguiendo las pautas constitucionales establece el número, competencia y organización básica de los Ministerios.[136]

A. La creación y el número de los Despachos Ministeriales

En cuanto al número, la Administración Ministerial Venezolana está compuesta por 16 Ministerios, en la forma siguiente, tal como los enumera el artículo 2 de la Ley Orgánica: Ministerios 1) de Relaciones Interiores; 2) de Relaciones Exteriores; 3) de Hacienda; 4) de la Defensa; 5) de Fomento; 6) de Educación; 7 de Sanidad y Asistencia Social; 8) de Agricultura y Cría; 9) del Trabajo; 10) de Transporte y Comunicaciones; 11) de Justicia; 12) de Energía y Minas; 13) del Ambiente y de los Recursos Naturales Renovables; 14) del Desarrollo Urbano; 15) de la Familia y 16) de la Secretaría de la Presidencia.

La variación del número de los Ministerios, es decir, la creación de nuevos Despachos o la eliminación de alguno de ellos, es materia reservada a la Ley Orgánica. Excepcionalmente, sin embargo, por vía de Decreto-Ley, el Presidente de la República está autorizado, en la Constitución, para reformar la estructura ministerial y, por tanto, crear o eliminar Ministerios. En efecto, el artículo 190, ordinal 11 de la Constitución, le atribuye al Presidente competencia para "Decretar en caso de urgencia comprobada, durante el receso del Congreso, la creación y dotación de nuevos servicios públicos, o la modificación o supresión de los existentes, previa autorización de la Comisión Delegada"; y el artículo 179, ordinal 59 asigna a la Comisión Delegada del Congreso, competencia para "autorizar al Ejecutivo Nacional y por el voto favorable de las dos terceras partes de sus miembros, para crear, modificar o suprimir servicios públicos, en caso de urgencia comprobada".

---

136 Conforme a la Constitución de 1999 el sistema de creación y organización de los Ministerios pasó a ser competencia del Poder Ejecutivo.

Por vía excepcional, en caso de urgencia comprobada, y por supuesto, estando en receso las Cámaras Legislativas, es decir, no pudiendo dictarse leyes, estas normas de la Constitución permiten al Presidente de la República, regular una materia reservada al Legislador, como es la creación, modificación o supresión de servicios públicos. La expresión servicio público, aquí puede entenderse, tanto en sentido material como en sentido orgánico, siempre que sea de reserva legal.

Sólo por ley puede erigirse una actividad como servicio público, es decir, cuya prestación resulta obligatoria para el Estado con las consecuentes limitaciones para los derechos y libertades de los particulares; y sólo por ley pueden crearse Institutos Autónomos o Ministerios. Sin embargo, en caso de urgencia comprobada y durante el receso de las Cámaras Legislativas, el Presidente podría, mediante Decreto-Ley, realizar esas actividades, con la autorización previa de la Comisión Delegada. En esta forma, un Ministerio, como servicio público en sentido orgánico, podrá ser creado o suprimido por Decreto-Ley.

B. La competencia de los Ministerios

La Ley Orgánica de la Administración Central destina su Capítulo V, a regular las competencias de cada uno de los Ministerios,[137] estableciendo la siguiente distribución sectorial de las mismas: al Ministerio de Relaciones Interiores compete el sector de la política interior; al Ministerio de Relaciones Exteriores el sector de la política exterior; al Ministerio de Hacienda el sector de la política económica y financiera; al Ministerio de la Defensa, el sector de la defensa; al Ministerio de Fomento, los sectores de la industria y comercio; al Ministerio de Educación, el sector educación; al Ministerio de Sanidad y Asistencia Social, el sector de la salud; al Ministerio de Agricultura y Cría, el sector agrícola y pecuario; al Ministerio del Trabajo, los sectores de asuntos laborales y de seguridad y previsión social; al Ministerio de Transporte y Comunicaciones, los sectores de transporte y comunicaciones; al Ministerio de Justicia, el sector de justicia y defensa social; al Ministerio de Energía y Minas, los sectores de minería, hidrocarburos y energía en general; al Ministerio del Ambiente y de los Recursos Naturales Renovables, el sector recursos naturales renovables; al Ministerio de Desarrollo Urbano, el sector de urbanismo; y al Ministerio de la Familia, el sector protección y promoción social, en particular en materia de infancia, juventud y familia.

En los mencionados artículos 24 a 40 de la Ley Orgánica y conforme a la señalada distribución sectorial, se asignan competencias genéricas a cada uno de los Ministerios, sin especificación de a cuáles de sus órganos corresponde su ejercicio.

Esta asignación genérica de competencias, está complementada, por otra parte, en la multitud de Leyes administrativas en las cuales se regulan las respectivas competencias sectoriales, y en las que se asignan, también, atribuciones a los Ministerios sin especificación de los órganos a quienes compete su ejercicio dentro de cada Despacho Ministerial. Muchas leyes especiales, sin embargo, atribuyen competencias directas al Ministro respectivo, y en algunos casos de órganos ministeriales desconcentrados, directamente a ellos.

---

137 Artículos 24 a 40.

C. La organización de los Ministerios

De acuerdo a lo indicado por la Constitución, la Ley Orgánica, además de determinar el número de los Ministerios y su competencia, debería regular la organización de los mismos. Sin embargo, del texto del artículo 193 de la Constitución no podría interpretarse que la Ley Orgánica debía establecer el detalle de la organización ministerial, pues ello establecería una rigidez inaceptable a las estructuras de la Administración Pública, las cuales deben, siempre, adaptarse a los cambios de la vida económica y social.

De esta manera, la Ley Orgánica de la Administración Central, de 1986, con buen sentido y de acuerdo a la tradición del Estatuto Orgánico de Ministerios de 1950 y de las viejas Leyes de Ministerios de la primera mitad de este siglo, no regula el detalle de la organización de cada Ministerio, sino que se limita a establecer el esquema común de organización, dejando a la vía reglamentaria la determinación de aquel detalle.

En esta forma, el artículo 5° de la Ley Orgánica establece, que "cada Ministerio estará integrado por el Despacho del Ministro, la Dirección General del Ministerio, las Direcciones Generales Sectoriales y las demás dependencias y el personal que sea necesario para el cumplimiento de su cometido". Como esquema general, dicho artículo precisa la denominación de "las unidades operativas o de ejecución" de todos los Ministerios, "integradas en orden descendente, así: Direcciones, Divisiones, Departamentos, Secciones y Servicios".

Hasta aquí llegan los principios de la organización ministerial establecidos en la Ley Orgánica. Para el detalle de dicha organización, el mismo artículo 59 dispone que "los reglamentos orgánicos determinarán el número de las Direcciones y demás dependencias que integrarán cada Ministerio y las funciones que ejercerán esas reparticiones administrativas".

En esta forma, el Legislador previo una amplia habilitación al Ejecutivo Nacional para establecer, por vía reglamentaria, la organización administrativa interna de cada Ministerio, conforme al esquema establecido en el citado artículo 5 de la Ley Orgánica. Estas facultades del Ejecutivo para determinar el número de las Direcciones y dependencias que integran cada Ministerio, que sean necesarias para el cumplimiento de su cometido, según la ley, deben ejercerse mediante "los reglamentos orgánicos".

Ahora bien, ¿qué ha de entenderse, en este contexto, por "reglamentos orgánicos"? Esta expresión, la cual, además, utilizan los artículos 43 y 53 de la Ley Orgánica, sin duda, no tiene por qué entenderse ni interpretarse en sentido restrictivo, como similar a "Reglamento Ejecutivo" cuya emisión corresponde exclusivamente al Presidente de la República, conforme a lo establecido en el ordinal 10 del artículo 190 de la Constitución, y a cuya categoría pertenece "el Reglamento de la Ley" al cual se refieren los artículos 7 y 53 de la Ley Orgánica. Al contrario, siguiendo el criterio de flexibilidad de la regulación formal de la organización administrativa. Hemos estimado que la expresión "reglamentos orgánicos" debe interpretarse en sentido amplio, como sinónimo de acto administrativo de efectos generales o de contenido normativo, y cuya emisión no sólo corresponde al Presidente de la República, sino a los Ministros del Ejecutivo. Esta fue la intención que tuvimos los proyectistas del Proyecto de Ley Orgánica de la Administración Pública preparado en la Comisión de Administración Pública en 1972, conforme está argumentado en el Informe sobre la Reforma de la Administración Pública Nacional,[138] Volumen Primero, cuyas orientaciones se siguieron en la elaboración de la Ley Orgánica de la Administración Central sancionada inicialmente en 1976.

En esta forma, las fuentes de la Organización Administrativa de los Ministerios son las siguientes: en primer lugar, los principios generales contenidos en el artículo 5° de la Ley Orgánica de la Administración Central; en segundo lugar, los Reglamentos Orgánicos de los Ministerios, dictados por Decreto del Presidente de la República para cada Ministerio, y en los cuales se han establecido los detalles de la Organización de los Ministerios hasta el nivel de las Direcciones Generales; y en tercer lugar, los Reglamentos Internos de organización de cada Ministerio, dictados por Resolución de los respectivos Ministros, y en los cuales se establece el detalle de organización en los niveles por debajo de las Direcciones Generales, es decir, en los niveles de dirección, división, departamento, sección y servicios.[139]

Esta jerarquía de las fuentes normativas de la organización Ministerial, fue la que se estableció a partir de 1972 y la que se consolidó después de la promulgación de la Ley Orgánica de la Administración Central en 1976, con la emisión, a partir de 1977, de los Decretos Orgánicos de los Ministerios y de los Reglamentos Internos dictados por resolución de los Ministros.

A comienzos de 1991, la regulación reglamentaria de la organización ministerial en el país estaba establecida en los siguientes Decretos y Resoluciones:

1. Ministerio de Relaciones Interiores: Reglamento Orgánico del Ministerio de Relaciones Interiores. Decreto N° 2.330, *Gaceta Oficial* N° 34.022 de 4-8-88.

2. Ministerio de Relaciones Exteriores: Reglamento Orgánico del Ministerio de Relaciones Exteriores. Decreto N° 2.536, *Gaceta Oficial* N° 34.090 de 10-11-88; Reglamento Interno del Ministerio de Relaciones Exteriores. Resolución N° 1 de 31-12-77, *Gaceta Oficial* N° 2.183, Extraordinario de 7-3-78.

3. Ministerio de Hacienda: Reglamento Orgánico del Ministerio de Hacienda Decreto N° 1.060 de 4-8-70, *Gaceta Oficial* N° 34.526 de 8-8-90; Reglamento Interno de la Dirección General Sectorial de Rentas. *Gaceta Oficial* N° 2.914, Extraordinario de 8-2-82; Reglamento Interno de la Dirección General Sectorial de Aduanas. *Gaceta Oficial* N° 2.900, Extraordinario de 5-1-82; Reglamento Interno de la Dirección General Sectorial de Inspección y Fiscalización. *Gaceta Oficial* N° 33.391 de 16-1-86.

4. Ministerio de la Defensa: Reglamento Orgánico del Ministerio de la Defensa. Decreto N° 2.078 de 22-3-77, *Gaceta Oficial* N° 1.999, Extraordinario de 22-3-77.

5. Ministerio de Fomento: Reglamento Orgánico del Ministerio de Fomento. Decreto N° 576 de fecha 17-4-85, *Gaceta Oficial* N° 33.210 de 25-4-85; Reglamento Interno del Ministerio de Fomento. *Gaceta Oficial* 3.250, Extraordinario de 7-9-83.

6. Ministerio de Educación: Reglamento Orgánico del Ministerio de Educación. Decreto N° 496 de 31-1-80, *Gaceta Oficial* N° 31.917 de 4-2-80; Reglamento Interno del Ministerio de Educación. Resolución N° 847-A de 20-7-88, *Gaceta Oficial* N° 34.020 de 2-8-88.

---

138 Caracas, 1972.

139 Debe señalarse que los primeros Reglamentos Internos de los Ministerios si bien dictados por Resolución Ministerial, fueron todos aprobados en Consejo de Ministros (*V.* en *Gaceta Oficial* N° 2.012 Extraordinario de 12-4-77). Esta práctica se ha eliminado en los Reglamentos Internos dictados a partir del primer trimestre de 1980.

7. Ministerio de Sanidad y Asistencia Social: Reglamento Interno del Ministerio de Sanidad y Asistencia Social. Decreto Nº 2.566, *Gaceta Oficial* Nº 34.112 de 12-12-88; Reglamento Interno del Ministerio de Sanidad y Asistencia Social. Resolución Nº G-365 de 9-3-83, *Gaceta Oficial* Nº 3.115, Extraordinario de 23-3-83. (El artículo 12 de dicho reglamento fue modificado en Resolución Nº G-436 de 21-11-83, *Gaceta Oficial* Nº 32.858 de 22-11-83).

8. Ministerio de Agricultura y Cría: Reglamento Orgánico del Ministerio de Agricultura y Cría. Decreto Nº 363 de 27-11-84, *Gaceta Oficial* Nº 33.117 de 3-12-84; Reglamento Interno. Resolución N° 53. *Gaceta Oficial* N° 34.419 de 1-3-90.

9. Ministerio del Trabajo: Reglamento Orgánico del Ministerio del Trabajo. Decreto 2.083 de 22-3-73, *Gaceta Oficial* N° 1.999, Extraordinario de 2-3-77.

10. Ministerio de Transporte y Comunicaciones: Reglamento Orgánico del Ministerio de Transporte y Comunicaciones Decreto Nº 1.418 de 26-2-82, *Gaceta Oficial* Nº 2.923, Extraordinario de 1-3-82; Reglamento Interno del Ministerio de Transporte y Comunicaciones. Resolución Nº 361 del 17-12-87, *Gaceta Oficial* Nº 33.875 de 29-12-87.

11. Ministerio de Justicia: Reglamento Orgánico del Ministerio de Justicia. Decreto 2.085 de 22-3-77, *Gaceta Oficial* Nº 1.999, Extraordinario de 22-3-77; Reglamento Interno del Ministerio de Justicia. *Gaceta Oficial* N° 34.390 de 17-1-90.

12. Ministerio de Energía y Minas: Reglamento Orgánico del Ministerio de Energía y Minas. Decreto Nº 1.137 de 16-7-81, *Gaceta Oficial* Nº 32.271 de 16-7-81; Reglamento Interno del Ministerio de Energía y Minas. Resolución N° 694 de 3-9-81, *Gaceta Oficial* Nº 2.866, Extraordinario de 5-10-81.

13. Ministerio del Ambiente y de los Recursos Naturales Renovables: Reglamento Orgánico del Ministerio del Ambiente y de los Recursos Naturales Renovables. Decreto Nº 1.234 de 22-3-77, *Gaceta Oficial* Nº 34.591 de 9-11-90; Reglamento Interno del Ministerio del Ambiente y de los Recursos Naturales Renovables. Resolución Nº 4 de 12-4-77, *Gaceta Oficial* Nº 2.012, Extraordinario de 12-4-77.

14. Ministerio de Desarrollo Urbano: Reglamento Orgánico del Ministerio del Desarrollo Urbano. Decreto Nº 2.381 de 28-12-83, *Gaceta Oficial* Nº 32.886 de 30-12-83; Reglamento Interno del Ministerio de Desarrollo Urbano. Resolución Nº 40 de 12-4-77, *Gaceta Oficial* Nº 2.012, Extraordinario de 12-4-77.

15. Ministerio de la Familia: Reglamento Interno del Ministerio de la Familia. Resolución Nº 381 de 27-6-88, *Gaceta Oficial* Nº 33.997 de 29-6-88; Reglamento Orgánico del Ministerio de la Familia. Decreto Nº 1.743, *Gaceta Oficial* Nº 33.804 de 16-9-87.

16. Ministerio de la Secretaría de la Presidencia: Reglamento Orgánico del Ministerio de la Secretaria de la Presidencia. Decreto 948 de 30-12-80, *Gaceta Oficial* Nº 32.140 de 5-1-81; Reglamento Interno de la Secretaría de la Presidencia. Resolución Nº 9 de 12-4-77, *Gaceta Oficial* Nº 2.012, Extraordinario de 12-4-77. Servicios Autónomos.

2. Los principios de la organización ministerial

Tal como se ha indicado, los Ministros son los órganos directos del Presidente de la República, por lo que los Ministerios constituyen las organizaciones más importantes del Poder Ejecutivo Nacional para la ejecución de las políticas estatales.

Los principios de organización de mayor relevancia que tiene la Administración ministerial, dentro del complejo de la Administración Central, además de la uniformidad organizativa plasmada en el artículo 5 de la Ley Orgánica de la Administración Central, son los siguientes: la unidad de la personalidad jurídica; la unidad patrimonial; la unidad presupuestaria; la unidad jerárquica; y la unidad sectorial.

A. La unidad de la personalidad jurídica

La Administración Central en Venezuela, está configurada por el conjunto de los órganos administrativos a través de los cuales o por cuyo intermedio se manifiesta la voluntad o el actuar de la República, como persona jurídica.

El Estado venezolano, como entidad nacional, tiene una sola personalidad jurídica, la de la República, y todos los órganos de la Administración Central responden a dicha personalidad jurídica única.

La "personalidad jurídica de la Administración Central" en nuestro país, es una sola y única, la de la República, por lo que los diversos componentes de la Administración Central, no tienen personalidad propia. También, tal como se señaló, los órganos de la Administración Nacional, pero que gozan de autonomía funcional no tienen personalidad jurídica propia, sino que participan de la personalidad de la República y cuando actúan, jurídicamente hablando, actualizan la personalidad jurídica de la República.

En la misma forma, los Ministerios no tienen personalidad jurídica propia, sino que son órganos de una sola persona jurídica: la República. Cuando las Administraciones Ministeriales o, en general, el Ejecutivo Nacional, contratan o sus órganos causan un daño, quien contrata o responde, por supuesto, es la República

Por tanto, la Administración Ministerial, como parte de la Administración Central, tiene una sola y única personalidad jurídica: la personalidad de la República, como persona nacional, distinta, en el ámbito territorial, de las otras personas político-territoriales: los Estados y Municipios; y distinta, también, en el ámbito funcional, de los entes descentralizados funcionalmente, como por ejemplo, los institutos autónomos y las empresas del Estado.

B. La unidad patrimonial: la unidad del Tesoro

A la existencia de una sola y única personalidad jurídica de la Administración Central Ministerial se acompaña la existencia, también, de una unidad patrimonial de la Administración Central Ministerial.

El patrimonio de la República, como persona jurídica, es uno y único, por lo que todos los ingresos recaudados por los Ministerios, incluso por los servicios autónomos sin personalidad jurídica; todos los gastos efectuados por los servicios ministeriales; y todos los bienes adscritos a los Ministerios son ingresos, gastos y bienes nacionales, regidos por la Ley Orgánica de la Hacienda Pública Nacional y sometidos al control de la Contraloría General de la República, conforme a lo prescrito en el artículo 234 de la Constitución.

El sustento fundamental del principio de la unidad patrimonial de la Administración Central Ministerial, derivado de la unidad de personalidad jurídica, en materia hacendística, es el denominado principio de la unidad del Tesoro, el cual implica que la masa general del Tesoro es una y única, por lo que todos los ingresos nacionales deben ir a la masa general del Tesoro, sin afectación específica a un servicio de la Administración Central o Ministerial; así como todos los gastos de la Administración Central Ministerial, deben hacerse con cargo a esa masa general del Tesoro, sin afectar una partida patrimonial específica de algún órgano administrativo.

Este principio de la unidad del Tesoro, o unidad patrimonial de la Administración Central Ministerial, está indirectamente consagrado en el artículo 14 de la Ley Orgánica de Régimen presupuestario, al establecer que "no se podrá destinar específicamente el producto de ningún ramo de ingreso con el fin de atender el pago de determinados gastos". La Ley, sin embargo, establece algunas excepciones que conciernen a la Administración Central, al agregar el artículo 14 citado, que sólo podrán ser afectados para fines específicos los siguientes ingresos:

1. Los provenientes de operaciones de crédito público.
2. Los que se estipulen a favor del Fisco Nacional en regímenes especiales sobre servicios.
3. Los provenientes de donaciones, herencias o legados en favor del Fisco Nacional.
4. Los que por leyes especiales hayan de ser destinados a fondos de inversión.
5. Los que resulten de la gestión de servicios autónomos, sin personalidad jurídica.
6. El producto de las contribuciones especiales.

Sin embargo, no todas estas excepciones al principio de la no afectación de ingresos a gastos específicos, implican excepciones al principio de la unidad patrimonial de la Administración Central Ministerial; esto sólo se produciría en caso de que exista una separación patrimonial, mediante la creación de un patrimonio autónomo o separado para la realización de determinadas actividades, con cierta autonomía de gestión, lo cual se produciría en los siguientes casos: el establecimiento de un patrimonio separado, consecuencia de un régimen especial de gestión de un servicio público; la creación de patrimonios autónomos, mediante Ley, para constituir fondos de inversión, sea que éstos tengan personalidad jurídica, como el Fondo de Inversiones de Venezuela, en cuyo caso hay una descentralización funcional, sea que no la tengan, como sucede con el Fondo de Financiamiento a las Exportaciones; y los que resulten de la gestión de servicios autónomos sin personalidad jurídica.

Respecto de estos últimos, los denominados servicios autónomos sin personalidad jurídica, en los últimos años han venido creándose mediante Decreto, para la prestación de determinados servicios, con la característica de que los ingresos que originan dichos servicios, no van a la masa general del Tesoro, sino que se afectan al funcionamiento del mismo servicio el cual, a pesar de su autonomía de gestión, permanece integrado en la estructura orgánica del Ministerio respectivo.

Hasta comienzos de 1991 se habían creados entre otros, los siguientes servicios autónomos sin personalidad jurídica.

1. Servicio autónomo Oficina Coordinadora de Prestación de Servicios Geológicos y Mineros, creado por Decreto N° 2.246 del 25-9-83, *Gaceta Oficial* N° 32.819 del 26-9-83.

2. Servicio autónomo de la Imprenta Nacional, creado por Decreto N° 789 de 28-8-85; *Gaceta Oficial* N° 33.285 de 28-8-85.

3. Oficina Coordinadora de Prestación de Servicios Educativos del Ministerio de la Defensa creada por Decreto N° 1.259 de 10-9-86, en *Gaceta Oficial* N° 33.552 de 10-9-86.

4. Servicio autónomo de la Radio Nacional, creado por Decreto N° 1.643 de 8-7-87, en *Gaceta Oficial* N° 33.755 de 8-7-87.

5. Oficina Coordinadora de la Prestación de Servicios de Salud a los sujetos no previstos en la Ley Orgánica de Seguridad Social de las Fuerzas Armadas, creada por Decreto 1.497 de 25-3-87, en *Gaceta Oficial* N° 33.685 de 25-3-87.

6. Oficina Coordinadora de la Prestación de los Servicios Agropecuarios del Ministerio de la Defensa, creada por Decreto 2.007 de 18-2-88, en *Gaceta Oficial* N° 33.908 de 18-2-88.

7. Servicio Autónomo de Vialidad Agrícola. Decreto N° 1.157. *Gaceta Oficial* N° 34.583 de 30-10-90.

8. Servicios Ambientales del MARNR creado por Decreto N° 764 en *Gaceta Oficial* N° 34.428 de 13-3-90.

C. La unidad presupuestaria

La Administración Central, conforme a la Constitución, tiene un régimen presupuestario único, tal como lo precisa el artículo 227 al señalar que "no se hará del Tesoro Nacional gasto alguno que no haya sido previsto en la Ley de Presupuesto". Esta unidad de régimen, caracterizado por la rigidez presupuestaria con la sola excepción de los créditos adicionales al Presupuesto, se aplica en igual forma a todos los órganos de la Administración Central y Ministerial. Por otra parte, en cuanto a la ordenación de pagos, los Ministros son los ordenadores de pago en lo que concierne a sus respectivos Despachos; y en cuanto a los órganos de la Administración Central con autonomía funcional, la Ley Orgánica de Régimen Presupuestario atribuye el carácter de ordenadores de pago al Contralor General de la República, al Fiscal General de la República, al Presidente del Consejo de la Judicatura y al Presidente del Consejo Supremo Electoral.[140]

Ahora bien, en cuanto a la Administración Central Ministerial, la unidad presupuestaría se manifiesta, particularmente, en el mismo régimen de ejecución presupuestaria, entre otros, en los siguientes aspectos: en los compromisos presupuestarios, en el sentido de que los Ministros no podrán adquirir compromisos para los cuales no existan créditos presupuestarios, estando sometidos, dichos compromisos, al control previo de contratos o compromisos financieros establecidos en la Ley Orgánica de la Contraloría General de la República; y en la ordenación de los pagos, sometida a las mismas formalidades y modalidades de control previo, concomitante y posterior conforme a las normas de la Ley Orgánica de la Contraloría General de la República.

La única excepción establecida a la unidad presupuestaria de la Administración Central Ministerial, está prevista en materia de control, en la Ley Orgánica de la Contraloría General de la República, en relación a los gastos destinados a la defensa y seguridad del Estado, calificados como tales en el Reglamento dictado al efecto por el Ejecutivo Nacional. En estos casos, la mayoría de los cuales realizados por el Ministerio de la De-

140 Artículo 42.

fensa, los gastos se exceptúan de las modalidades de control previo de los compromisos y contratos, y en cuanto a las órdenes de pago, para su cancelación, éstas se someten a modalidades especiales de control.[141]

D. La unidad jerárquica

Además de la unidad de la personalidad jurídica y de la unidad patrimonial y presupuestaria, las Administraciones Ministeriales responden también, al principio básico de la organización administrativa: la jerarquía administrativa. Así, los Ministerios tienen una unidad jerárquica fundamental, que sitúa, en su cúspide, al Ministro, como funcionario encargado de orientar, dirigir, coordinar, supervisar y controlar las actividades del Ministerio, tal como lo precisa la Ley Orgánica de la Administración Central (Art. 20, Ord. 1°). Este mismo texto, le asigna al Ministro las siguientes funciones relacionadas con la potestad jerárquica: ejercer la superior administración, dirección, inspección y resguardo de los servicios, bienes y ramos de la renta del Ministerio; resolver en última instancia administrativa los recursos ejercidos contra las decisiones de los organismos y autoridades del Ministerio; resolver los conflictos de competencia entre funcionarios del Ministerio; y ejercer la potestad disciplinaria, con arreglo a las disposiciones legales o reglamentarias.[142]

En el ejercicio de sus funciones como superior jerárquico del Despacho Ministerial, el Ministro está asistido por el Director General del Ministerio, quien actúa como órgano inmediato del Ministro conforme a lo establecido en el artículo 6 de la Ley Orgánica de la Administración Central. El Director General del Ministerio debe supervisar las actividades de las Direcciones del Despacho de acuerdo con las instrucciones del Ministro, y tiene a su cargo la coordinación de todas las materias que el Ministro disponga llevar a la cuenta del Presidente y al Consejo de Ministros y, además, el conocimiento y la decisión de los asuntos que le delegue el Ministro. Además, en ausencia del Ministro, el Director General del Ministerio debe evacuar las consultas que le sometan los demás Directores, de lo cual debe dar cuenta al Ministro.

E. La unidad sectorial

De acuerdo con lo previsto en la Ley Orgánica de la Administración Central, los Ministerios son los órganos centrales de los sistemas administrativos que deben establecerse en cada sector; de allí inclusive, que las competencias atribuidas en la Ley Orgánica a los Ministerios, tengan, como se dijo, una orientación sectorial.[143]

Esta unidad sectorial, como principio de organización de los Ministerios implica que los Ministros tienen entre sus funciones comunes las de control de la administración descentralizada perteneciente al sector, En tal sentido, a los Ministros corresponde, en su respectivo sector, "ejercer sobre los institutos autónomos adscritos al Ministerio, las funciones de coordinación y control que les correspondan conforme a la Ley Orgánica

141 Artículo 28.

142 Artículo 20, ordinales 10, 18 y 21.

143 Artículos 24 a 40.

de la Administración Descentralizada y a las leyes especiales de creación",[144] así como "ejercer la representación de las acciones pertenecientes a la República en las Corporaciones Sectoriales de Empresas del Estado que se les asignen.[145]

3. La asignación y distribución de las competencias ministeriales

La asignación legal de competencias ministeriales puede revestir diversas formas; puede tratarse de competencias asignadas legalmente al Ministro, al Ministerio o, directamente, a una de las unidades organizativas del Despacho, y ello produce diversas situaciones y consecuencias.

A. Las competencias del Ministro y la delegación

En primer lugar, muchas normas legales atribuyen, directamente, el ejercicio de determinadas competencias al Ministro respectivo. En este caso, se trata de competencias específicas que el Ministro debe ejercer directamente en forma obligatoria. La transferencia de esta competencia, sólo puede hacerse mediante la delegación de su ejercicio en el Director General o en los Directores Generales Sectoriales del Ministerio,[146] por resolución publicada en la Gaceta Oficial. En estos casos cuando actúan por delegación, los Directores Generales son responsables por sus actuaciones, sin perjuicio de la responsabilidad que pudiese corresponderle al Ministro.[147]

Fuera de esta delegación de atribuciones en los Directores Generales, el Ministro debe ejercer personalmente sus competencias y es responsable por ello. La Ley Orgánica admite, ciertamente, la delegación de firma del Ministro en los propios Directores Generales y en otros funcionarios[148] pero ésta no implica realmente, transferencia de competencias ni de responsabilidad.

B. Las competencias genéricas de los Ministerios y la desconcentración administrativa

En la mayoría de los casos, sin embargo, la ley no asigna directa y específicamente competencias a los Ministros, sino genéricamente a los Ministerios. En estos casos, son los reglamentos orgánicos e internos señalados, es decir, los dictados por Decreto o Resolución Ministerial, los que deben realizar la distribución de esa competencia genérica del Ministerio; mediante la asignación de su ejercicio a los diversos órganos de los Ministerios. Esta distribución genérica y abstracta de competencias da origen a una desconcentración administrativa, realizada por el propio Poder Ejecutivo, es decir, por el Presidente de la República, en los Decretos Orgánicos que definan las Direcciones Generales de cada Ministerio, y por los Ministros, en las Relaciones contentivas de los Reglamentos Internos, que definan las direcciones, divisiones, departamentos, secciones y servicios de cada Despacho Ministerial.

---

144 Artículo 20, ordinal 11.

145 Artículo 20, ordinal 12.

146 Artículo 20, ordinal 25 de la Ley Orgánica.

147 Artículo 6.

148 Artículo 20, ordinal 25.

C. La desconcentración administrativa en virtud de Ley

Pero aparte de esta desconcentración administrativa realizada por los propios órganos ejecutivos en los casos de atribuciones genéricas de competencias, existe otra forma de desconcentración administrativa, más pronunciada y estable, basada en la voluntad del legislador. En efecto, es frecuente que las leyes, directamente, atribuyan competencias, no al Ministro o al Ministerio, sino específicamente a una dirección o unidad organizativa del Despacho. Tal es el caso, por ejemplo, de las Superintendencia de Bancos y de Empresas de Seguros, las cuales son órganos creados directamente por el legislador, con competencias asignadas, también directamente, por el propio Legislador, aun cuando funcionan con dependencia jerárquica del Ministro de Hacienda. En algunos casos, inclusive, es el propio Legislador el que atribuye competencias exclusivas a estas direcciones o unidades organizativas, sin que pueda el Ministro, a pesar de ser superior jerárquico, ejercerlas directamente, agotándose, además, la vía administrativa, en la decisión que adopte el funcionario respectivo. Tal sucede, por ejemplo, con la Dirección de Inquilinato del Ministerio de Fomento o con la Administración del Impuesto sobre la Renta del Ministerio de Hacienda. En estos casos, son la Ley de Regulación de Alquileres y la Ley de Impuesto sobre la Renta, respectivamente, las que regulan las competencias de los órganos señalados. En el Ministerio de la Defensa, las Comandancias Generales de las diversas Fuerzas Armadas, tendrían las características de ser órganos desconcentrados.

Sección Quinta: LAS FORMAS JURÍDICAS DE LA ADMINISTRACIÓN NACIONAL DESCENTRALIZADA (1991)

El texto de esta Sección Quinta es el del Capítulo VI del libro *Principios del régimen jurídico de la Organización Administrativa Venezolana*, editado por la Editorial Jurídica Venezolana, Colección Estudios Jurídicos, N° 49, Caracas 1991.

La Administración Nacional descentralizada funcionalmente, es decir, las diversas organizaciones de la Administración Pública Nacional dotadas de personalidad jurídica distinta a la de la República, producto de la evolución de medio siglo, encontró consagración constitucional en el Texto de 1961, donde puede situarse el fundamento de las diversas formas jurídicas que ha venido adoptando y que han dado origen a entes constituidos conforme a procedimientos propios del derecho público, denominados establecimientos públicos, que se distinguen de aquellos constituidos con base en normas propias del derecho privado.

En efecto, del artículo 124 de la Constitución se distinguen dos tipos de entes estatales de derecho público: los territoriales (República, Estados y Municipios) y los no territoriales que se denominan "personas jurídicas de derecho público".

Entre ellas, sin ser una categoría que las agota, están los institutos autónomos regulados en el artículo 230 de la Constitución, y mencionados en los artículos 140, ordinal 1, 141, 160 y 235 y en la Disposición Transitoria Décima.

Pero además, la Constitución hace referencia a otros entes descentralizados funcionalmente que, obviamente, tienen formas jurídicas de derecho privado. En el artículo 97 se habla de "las industrias promovidas y dirigidas por el Estado"; en el artículo 140, ordinal 1, se menciona a las "empresas en las cuales el Estado tenga participación decisiva"; y el artículo 230 hace referencia al control por el Congreso de "los intereses del Estado en corporaciones o entidades de cualquier naturaleza", lo cual permite concluir que éstas no se agotan en las "empresas" con forma societaria mercantil.

Esto permite distinguir constitucionalmente, por tanto, en la administración descentralizada funcionalmente, a los entes con forma de derecho público de aquellos que tienen forma de derecho privado.[149]

I. LAS FORMAS JURÍDICAS DE DERECHO PÚBLICO

Dentro de la categoría de establecimientos públicos se distinguen los establecimientos públicos institucionales, los establecimientos públicos corporativos y los establecimientos públicos asociativos, terminología y clasificación que ha sido acogida por la jurisprudencia.[150]

Todos ellos tienen como rasgo común, la presencia de una personalidad jurídica de derecho público y de un patrimonio autónomo distinto e independiente del Fisco Nacional. La creación de los mismos es de la reserva legal y es precisamente por ley o en virtud de la ley que obtienen personalidad jurídica de derecho público.

Es de hacer notar que comúnmente muchos de estos organismos son denominados impropiamente institutos autónomos, aun cuando un análisis más detenido de la naturaleza de los mismos permite establecer categorías dentro de ellos, con base en los fines que persiguen y al régimen jurídico de que están dotados.

1. Los establecimientos públicos institucionales: los institutos autónomos

Esta figura corresponde a los institutos autónomos, y su origen radica en la necesidad de separar ciertas funciones de la Administración Central, que se cumplen con mayor propiedad dentro de un régimen jurídico que les permita una mayor flexibilidad en el manejo de su patrimonio y en su capacidad negocial.

La Constitución Nacional en su artículo 230 establece varias notas fundamentales para definir el Instituto Autónomo en Venezuela: a) Su creación mediante ley formal, b) Su organización con arreglo a lo dispuesto en la ley orgánica que sobre institutos autónomos deberá dictarse y a la cual deben adaptarse todos los institutos autónomos, y mientras ello no se realice, a lo dispuesto en la Ley Orgánica de la Hacienda Pública Nacional; y c) Los Institutos Autónomos quedan sometidos al control posterior del Congreso en la forma que el legislador determine.

Cuando el Estado dota de personalidad y provee de un patrimonio propio a estos entes públicos no por ello los exime del control estatal, sino que por el contrario, el Estado los crea, los suprime, los modifica y se reserva el derecho de tutelar su actividad, a través de diferentes formas de control.

---

149. *V.* CAP, Informe sobre la Reforma de la Administración Pública Nacional, *cit.* Vol. I, pp. 307 y ss.; Allan R. Brewer-Carías, *El Régimen Jurídico de las Empresas Públicas en Venezuela*, Caracas, 1981, pp. 35 y ss.

150 Sentencia de la Corte Primera de lo Contencioso Administrativa de 11-5-80, *Revista de Derecho Público*, N° 3, 1980, p. 104.

Estos organismos no pueden concebirse sino como formando parte del Estado para atender a una de sus funciones, y por tanto, se consideran órganos de la Administración Pública Nacional. En definitiva son personas de derecho público estatales, sujetas a control de tutela. De acuerdo a la referida norma constitucional, entonces, se puede definir a los institutos autónomos como entes del derecho público creado por ley, con patrimonio propio e independiente del Fisco Nacional, dotados de personalidad jurídica y sometidos a la tutela de la República.[151]

Desde el punto de vista de las actividades que realizan los Institutos Autónomos se podría tratar de identificar a los mismos en razón de la materia. Sin embargo, este criterio no es válido en nuestro país debido a la excesiva variedad de tareas y cometidos que históricamente se le ha asignado a estos entes. En efecto, existen Institutos Autónomos que realizan actividades industriales y comerciales; otros en cambio tienen asignada la prestación de servicios públicos o la realización de tareas de investigación, de ejecución de obras, de desarrollo social, de fomento a la educación y a la cultura; de desarrollo regional; de financiamiento y promoción de la actividad económica privada y de numerosas funciones de las más diversas índole.

Por otra parte, la terminología que se ha utilizado para designar a los Institutos Autónomos es sumamente variada: Institutos, Administraciones, Bancos, Círculos, Cajas, Consejos, Patronatos, Corporaciones, Fondos, todo lo cual en determinados casos, ha inducido a confusión sobre la naturaleza de estos entes descentralizados.

2. Los establecimientos públicos corporativos

La categoría de establecimientos públicos corporativos se caracteriza por la presencia de un sustrato personal que da a estos entes un carácter diferente al de simples dependencias administrativas descentralizadas. En efecto, la naturaleza de los fines que persiguen estos entes exige que los mismos no sólo estén dotados de autonomía, entendiendo este concepto en el sentido tradicional que se le da en nuestro país, sino además de la posibilidad de elegir sus autoridades.

Dentro de esta categoría de establecimientos públicos se incluye, por una parte, a las Universidades Nacionales Autónomas[152] y, por la otra, a los Colegios profesionales y a las Academias Nacionales. Con respecto a las primeras, la Ley de Universidades establece, que "la Universidad es fundamentalmente una comunidad de intereses espirituales que reúne a profesores y estudiantes, en la tarea de buscar la verdad y afianzar los valores trascendentales del hombre".[153] Estos establecimientos forman parte de la estructura general del Estado, pero su condición particular conlleva la casi ausencia del control de tutela por parte del Estado, y el único control relativo previsto está atribuido al Consejo Nacional de Universidades.[154]

Es segundo tipo de establecimiento público, corporativo, caracterizado por la existencia de un sustrato personal o corporación de intereses de tipo científico o profesional, está constituido por las Academias Nacionales y los Colegios profesionales, los cuales

151 *Cfr.* CAP., Informe sobre la Reforma de la Administración Pública Nacional, *cit.*, Vol. I, p. 309. *V.* Jesús Caballero Ortiz. *Los institutos autónomos*, Caracas, 1985.

152 Artículo 19 del Código Civil.

153 Artículo 1° de la Ley de Universidades de 8-9-70 en *Gaceta Oficial* N° 1.429 Extraordinario de 8-9-70.

154 Artículo 20 de la Ley de Universidades.

están dotados de personalidad jurídica de derecho público por virtud de la Ley que los regula. Los Colegios profesionales, que son el ejemplo más acabado de establecimientos público corporativo, no están sometidos a control de tutela, y disfrutan de facultades de recaudación de cuotas obligatorias con respecto a sus miembros, lo que les confiere una total independencia financiera frente al Estado.[155] En todo caso, estos establecimientos públicos corporativos profesionales o científicos no forman parte de la estructura general del Estado, por lo que constituyen personas de derecho público no estatales.

3. Los establecimientos públicos asociativos

La característica primordial de estos establecimientos radica en que siendo personas jurídicas de derecho público se constituyen, por mandato expreso de la Ley de creación, bajo la forma (le sociedades por acciones para permitir en principio la participación de capital privado en su funcionamiento. Se diferencian de las empresas del Estado en que éstas son personas jurídicas constituidas totalmente conforme a un régimen de derecho privado, de acuerdo al Código de Comercio. Por otra parte, esta categoría de establecimientos públicos se diferencia de los Institutos Autónomos en que éstos, por ser dependencias de la Administración del Estado, están sometidos a tutela administrativa y a un régimen jurídico especial que no acepta la participación del capital privado en su funcionamiento.

El carácter intermedio de estos entes, con características que los acercan tanto a las empresas del Estado, como a los Institutos Autónomos, hace que tengan un régimen jurídico particular para cada uno de ellos, que aparece definido en los diferentes estatutos jurídicos que los crean. Así, por ejemplo, el Banco Central de Venezuela, a pesar de que antes de la reforma de 1975 admitía la participación privada en la constitución de su capital, no podía aceptar un número de acciones privadas que representara más del 50 por ciento de su capital social.[156] En cambio, con respecto al Banco de los Trabajadores, se contempla en la Ley que lo crea, que las acciones detentadas por el Estado serían adquiridas progresivamente por los trabajadores, hasta llegar a una sustitución total. Cuando ello se produzca, si es que así sucede, se habrá transformado el Banco de los Trabajadores en un establecimiento público no estatal.[157]

La diferencia en el régimen jurídico de ambas instituciones antes de 1975 se fundamentaba en la índole de los intereses que protegían: el Banco Central de Venezuela tiene encomendadas funciones que son típicamente estatales por referirse al mantenimiento del equilibrio financiero del país, lo que llevó a que la participación privada desapareciera, sin que sufriera alteración la gestión que realiza el Banco Central.

Por lo que respecta al Banco de los Trabajadores, por ejemplo, la participación estatal puede perfectamente desaparecer sin que ello impida la consecución de los fines particulares que persigne este organismo.

---

155 La Ley de Abogados, por ejemplo, establece la obligación de los afiliados de cancelar las cuotas al Colegio respectivo.

156 Artículos 6° y 9° de la Ley del Banco Central de Venezuela de 5-12-60 en *Gaceta Oficial* N° 655, Extraordinario de 14-12-60.

157 Artículo 13 de la Ley del Banco de los Trabajadores de 11-6-66 en *Gaceta Oficial* N° 1.023, Extraordinario de 11-6-66.

II. LAS FORMAS JURÍDICAS DE DERECHO PRIVADO

Una de las características que define mejor el cambio en la concepción de los fines del Estado, viene dada por la utilización de formas jurídicas que en el Estado abstencionista estaban reservadas a la iniciativa privada. En efecto, no es sino a partir del presente siglo cuando la Administración comienza a realizar cometidos estatales utilizando para ello figuras propias del derecho privado: empresas mercantiles, asociaciones civiles y fundaciones.

1. Las sociedades mercantiles de capital público (Empresas del Estado)

La actividad administrativa de gestión económica encontró en las empresas mercantiles su forma de expresión más acabada. En virtud de ella, el Estado se sometió a un régimen jurídico de derecho privado y se colocó en las mismas condiciones jurídicas que los particulares. Esta circunstancia no impidió, por lo demás, que el Estado pudiera realizar actividades en condiciones de monopolio, en virtud de ley, como consecuencia de la nacionalización.

Las sociedades mercantiles de capital público, comúnmente denominadas empresas del Estado, se constituyen y funcionan conforme al procedimiento y al régimen jurídico establecido en el Código de Comercio. Aparte de este régimen, en la actualidad no existe un cuerpo de normas particulares que sean aplicables a las empresas del Estado, aparte de la disposición constitucional en virtud de la cual la actividad de estos entes está sujeta al control del Congreso, en la forma que la ley lo establezca.[158]

Por otra parte, en las leyes de Presupuesto se ha venido exigiendo desde hace algunos años, determinados requisitos como es el de la aprobación parlamentaria, para la adquisición o enajenación de acciones por parte del Estado, de un Instituto Autónomo o de una empresa o sociedad en la que el Estado tenga la mayoría de las acciones o una participación decisiva.[159] Además, en la Ley Orgánica de Crédito Público, de fecha 30 de julio de 1976, se prevé que las empresas del Estado, al igual que las fundaciones de interés público, quedan sujetas a un régimen bastante similar al establecido en esa Ley para los Institutos o Establecimientos Autónomos.[160]

Dentro de las empresas del Estado cabe distinguir las empresas de capital totalmente público de las de capital mixto. En el primer caso, se trata de sociedades mercantiles cuyas acciones son de propiedad exclusiva del Estado, es decir, en las que éste posee el 100 por ciento de las acciones. En las empresas del Estado de capital mixto se distinguen aquellas en las cuales éste posee el 50 por ciento o más del capital, consideradas también empresas del Estado, de aquellas en las cuales posee entre el 30 y el 49 por ciento del capital social, denominadas Empresas Mixtas, lo cual le permite intervenir, al sector público, en las decisiones fundamentales de la sociedad conforme al artículo 280 del Código de Comercio.

---

158 Artículo 230.

159 Por ejemplo, artículo 12 de la Ley de Presupuesto para el Ejercicio Fiscal, 1979.

160 Artículo 50 y siguientes de la Ley Orgánica de Crédito Público en *Gaceta Oficial* Nº 1 893, Extraordinario de 30-7-76.

Aparte de estos dos tipos de empresas, el Estado tiene participación minoritaria en numerosas empresas mercantiles inferior al 29 por ciento del capital social, las cuales conservan el carácter privado, dado que el Estado no tiene, con respecto a ellas, la posibilidad de condicionar la actividad de las mismas.

Por otra parte, entre las empresas del Estado, se distinguen aquéllas creadas por éste directamente, de las constituidas por un Instituto Autónomo o empresa del Estado, aun cuando esta diferenciación no tiene consecuencias en cuanto al régimen jurídico aplicable, salvo en materia de competencia jurisdiccional contencioso-administrativa.

Por último, dentro de las empresas del Estado cabe distinguir aquéllas en las cuales el Estado o un ente de derecho público participan como único accionista, de aquéllas en las cuales participan varios entes estatales. En tal sentido, hasta 1975, las sociedades mercantiles del Estado se constituían, siempre, con la participación accionaria de la República y un Instituto Autónomo, de varios institutos autónomos, o de uno de éstos y otra empresa del Estado. Tenía que ser así, debido a la limitación del Código Civil y del Código de Comercio, al considerar la "sociedad" como un contrato en el cual, por supuesto, deben intervenir dos o más personas. Sólo ha sido con motivo de la promulgación de la Ley que reserva al Estado la Industria y el Comercio de los Hidrocarburos, de 1975, cuando se ha autorizado, legalmente, la constitución de las empresas petroleras nacionalizadas con un solo accionista o la transformación del instituto autónomo Corporación Venezolana del Petróleo en sociedad anónima de un solo accionista: la República o Petróleos de Venezuela, S.A. Igual posibilidad legal se previo en las leyes de transformación, en sociedad anónima, dictadas en 1977 y 1978, del Instituto Venezolano de Petroquímica, y de la Línea Aeropostal Venezolana.[161]

2. Las asociaciones civiles del Estado

Las consideraciones anteriores son también aplicables con respecto a las asociaciones civiles en las que el Estado tiene una participación decisiva. La regulación de las mismas está contenida en el Código Civil, pero en todo caso, es una de las formas jurídicas de que se vale el Estado para descentralizar sus actividades.

En nuestro país, la forma societaria pública se ha reservado para la realización de cometidos de interés general en diversos sectores. En el campo agrícola, el Consejo de Bienestar Rural y los Fondos de Desarrollo Algodonero, Frutícola y del Ajonjolí, constituyen casos en los que la acción estatal se realiza por intermedio de Asociaciones Civiles.[162] Además, en el campo educativo a través del Instituto Nacional de Cooperación Educativa (INCE) se han establecido dos asociaciones civiles: el Instituto efe Adiestra-

161 Con motivo de la promulgación de la Ley que reserva al Estado la industria y el comercio de los hidrocarburos en agosto de 1975, se dispuso la transformación de la CVP en sociedad anónima, lo cual se hizo por Decreto N° 1.127 del 2-9-75 en *Gaceta Oficial* N° 30.864 del 5-12-75, con Petróleos de Venezuela S.A. como única accionista. Luego, mediante Ley del 9-7-77, se dispuso la conversión del Instituto Venezolano de Petroquímica en Sociedad Anónima (*Gaceta Oficial* N° 31.278 del 18-7-77), lo cual se hizo por Decreto N° 2.454 del 22-11-77 en *Gaceta Oficial* N° 31.369 del 25-11-77, convirtiéndose en Petroquímica de Venezuela S, A. (PEQUIVEN), con la República como única accionista y, posteriormente, con Petróleos de Venezuela S. A. como única accionista. En cuanto a la Línea Aeropostal Venezolana, mediante Ley del 28-8-78 se autorizó su conversión en Sociedad Anónima, en *Gaceta Oficial* 2.303, Extraordinario del 1-9-78, lo cual se hizo con la República como única accionista.

162 *V.* CAP, "Informe sobre la Reforma de la Administración Pública Nacional", *cit.*, Vol. I, p. 299.

miento Petrolero y Petroquímíco (INAPET) y el Instituto de Capacitación Turística (INCATUR). Asimismo, en el campo minero se han constituido Como asociaciones civiles el Fondo de Desarrollo Diamantífero del Estado Bolívar y el Fondo de Desarrollo Aurífero del Estado Bolívar. En estos casos, se escogió esta categoría jurídica para permitir la participación privada en la gestión de estos organismos, pero el Estado se reservó la orientación de los mismos, conforme a las exigencias del interés público. A partir de 1984, se han dictado unas "Normas sobre las Fundaciones, Asociaciones y Sociedades Civiles del Estado" que regulan el régimen de las sociedades civiles del Estado.[163]

3. Las fundaciones del Estado

Las fundaciones no son personas jurídicas de tipo asociativo, sino universalidades de bienes dotadas de personalidad jurídica para cumplir cometidos del beneficio colectivo (artículo 19 del Código Civil). Hasta 1984, la fundación del Estado era la "constituida y dirigida" por entes estatales. En estos casos, la constitución de las fundaciones del Estado era ordenada por lo general mediante un decreto presidencial, pero la personería jurídica se la otorgaba previo el cumplimiento de las formalidades de registro, conforme a las disposiciones del Código Civil.

A partir del Decreto Ley N° 401 de 14 de diciembre de 1984, mediante el cual se dictaron las "Normas sobre las Fundaciones, Asociaciones y Sociedades Civiles del Estado y el control de los aportes públicos a las instituciones privadas similares",[164] la noción de fundación del Estado se destinó a las fundaciones "creadas" o "constituidas" por ente públicos estatales exclusivamente; por lo que si en la constitución de una fundación habían participado particulares o personas jurídicas privadas, además de los entes públicos, no podría calificarse a la fundación como "del Estado".

Este Decreto Ley posteriormente fue modificado por Decreto-Ley N° 677 de 21 de junio de 1985, estableciéndose que "se considerarán fundaciones del Estado aquellas en cuyo acto de constitución hubieran participado cualesquiera de los entes públicos indicados en el Decreto "de tal forma que su patrimonio inicial en más de un cincuenta por ciento (50%) se haya hecho con aportes de dichos entes públicos o cuando su patrimonio pase a estar integrado en la misma proporción, por aportes de los referidos entes públicos, independientemente de quienes hubieren sido sus fundadores" (Art. 4).[165]

---

163 Decreto Ley N° 677 de 21-6-85, *Gaceta Oficial* N° 3.574, Extraordinario de 21-6-85.

164 *V.* en *Gaceta Oficial* N° 33-134 de 14-12-84.

165 *V.* en *Gaceta Oficial* N° 3.574, Extraordinario de 21-6-85. Sobre esos Decretos *V.*: Allan R, Brewer-Carías; "Las Fundaciones y su control por el Estado" en *Revista de Derecho Público,* N° 17, pp. 5-18; Allan R. Brewer-Carías: "El Régimen de las Fundaciones en el Decreto N° 41 de 14 de diciembre de 1984" en *Revista de Derecho Público* N° 20, pp. 96-99; Humberto Briceño León: "Fundaciones, sector público y sus sistemas de control" en *Revista de Derecho Público* N° 28, pp. 47-59; y Juan Garrido Rovira: "Ámbito orgánico de aplicación a las fundaciones de las normas sobre las fundaciones, asociaciones y sociedades civiles del Estado y control de los aportes públicos a las instituciones privadas y similares" en *Revista de Derecho Público* N° 21, pp. 93-104.

Sección Sexta: EVOLUCIÓN DE LA ORGANIZACIÓN DE LA ADMINISTRACIÓN PÚBLICA NACIONAL (1991)

El texto de esta Sección Sexta es el del Capítulo VII del libro *Principios del régimen jurídico de la Organización Administrativa Venezolana*, editado por la Editorial Jurídica Venezolana, Colección Estudios Jurídicos, N° 49, Caracas 1991.

El ordenamiento constitucional venezolano, como se ha visto, tradicional mente ha establecido el principio de la separación de los poderes, el cual, desde el punto de vista orgánico, puede decirse que es absoluto. La realidad política del país y la normativa constitucional, en efecto, muestran la existencia de tres grupos de órganos del Estado, independientes entre sí y con relativa autonomía en el ejercicio de sus funciones: en el ámbito nacional, las Cámaras Legislativas (Cámara de Diputados y el Senado), los órganos del Ejecutivo Nacional y los Institutos Autónomos, y los Tribunales de la República; en el ámbito estadal, las Asambleas Legislativas y los órganos de los Ejecutivos Estadales (Gobernaciones) y en el ámbito municipal los Alcaldes y los Concejos Municipales. Es decir, a nivel nacional, estadal y municipal existe y ha existido una separación orgánica entre órganos legislativos, órganos ejecutivos y órganos judiciales, aun cuando estos últimos sólo existan a nivel nacional. Paralelamente y en particular a nivel nacional, a esta trilogía orgánica, también la realidad constitucional nos muestra la aparición de los órganos con autonomía funcional, no integrados en la jerarquía de los tres clásicos poderes.

En todo caso, es claro, no sólo constitucional sino práctica y realmente, que a nivel nacional, al lado del Congreso y de los Tribunales de la República, existe todo un complejo orgánico que el lenguaje común y técnico identifica como Administración Pública, compuesto por Ministerios, Oficinas Presidenciales, Comisiones e Institutos Autónomos. Sin embargo, ese conjunto de órganos ejecutivos, que existe en la actualidad, es el resultado de un largo proceso de crecimiento desordenado a medida que las realidades económicas y sociales fueron planteando modificaciones a los fines del Estado, es decir, el resultado de un proceso de adaptación y acomodo del instrumento administrativo a dichos fines.

Ese proceso no sólo se puede apreciar a nivel de la Administración Central (Ministerios y Oficinas Presidenciales), sino de la administración descentralizada (Institutos Autónomos)[166] y de las Administraciones con autonomía funcional.

I. LA EVOLUCIÓN DE LA ADMINISTRACIÓN MINISTERIAL

Concentrándonos ahora a las estructuras de la Administración Central, y particularmente a la estructura ministerial que ha sido el pilar de la actuación del Estado en toda la historia administrativa de Venezuela hasta 1958, cuando comienzan a surgir las ofi-

166 *V.* Allan R. Brewer-Carías, "50 años en la evolución institucional de Venezuela 1926-1976", en R. J. Velásquez y otros, *Venezuela Moderna, Medio Siglo de Historia 1926-1976*, Fundación Eugenio Mendoza, Barcelona, 1979, pp. 662 y ss. *V.* asimismo, Allan R. Brewer-Carías, "Evolución Institucional 1975-1989" en el libro de la Fundación Mendoza, *Venezuela Contemporánea*, Caracas 1989, pp. 523 a 561.

cinas presidenciales, la evolución de la misma, marca claramente la transición de un Estado Liberal clásico y abstencionista, con fines de policía y administración general hasta 1863, pasando por un Estado liberal que se comienza a preocupar por "fomentar" diversas actividades de la vida del país hasta 1936, hacia un Estado Social de Derecho que comienza a intervenir en la vida económica y social, conformándola desde esa fecha hasta nuestros días.

1. Período 1811-1863

En el primer período hasta 1863, entre los hechos resaltantes de la evolución ministerial pueden destacarse los siguientes: en la Constitución de 1819, aparecen en el texto constitucional seis Secretarías con la posibilidad de que se agruparan dos o más de ellas en una: Relaciones Exteriores, Interior, Justicia, Hacienda, Marina y Guerra; Secretarías que en realidad correspondían a las funciones esenciales y clásicas necesarias para la existencia de todo Estado y, en particular del Estado Liberal-Burgués de Derecho que se crea a partir de 1811, a imagen y semejanza de los recién creados con posterioridad a la Revolución Francesa. Estas Secretarías se reducen a cinco, al no incluirse la Secretaría de Justicia en la enumeración del texto constitucional de 1821, y llegan a tres en la Constitución de 1830, al preverse las Secretarías de Interior y Justicia; de Hacienda; y de Guerra y Marina. Esta Constitución de 1830, es el último de los textos constitucionales venezolanos que incluyó la enumeración de las Secretarías o Despachos Ministeriales, pues en la Constitución de 1857, si bien se exigían cuatro Secretarías, no se les indicó competencias específicas, cuya determinación se dejó a la ley. Por ello, por Ley de 25 de mayo de 1857, se establecieron las cuatro Secretarías siguientes: Interior y Justicia; Relaciones Exteriores e Instrucción Pública, Hacienda; y Guerra y Marina.

A partir del texto constitucional de 1858, se adopta la fórmula que con variantes menores, existe en la actualidad: el número y competencia de las Secretarías se deja a regulación legal. En 1862, en virtud de la Guerra Federal, el General Páez, entonces Presidente de la República, dispuso por Decreto la integración de las cuatro Secretarías del Despacho señaladas, en una Secretaría General, a la cual posteriormente dividió en cuatro Departamentos con idénticas denominaciones.

2. Período 1863-1936

En el año 1863, se produce el hecho más significativo de la evolución de la estructura ministerial durante todo el siglo pasado, con la creación, por Decreto de 25 de julio de 1863, del Ministerio de Fomento, elevándose entonces a cinco los Ministerios, a los cuales se les cambió el anterior nombre de Secretarías: Interior y Justicia; Fomento; Relaciones Exteriores; Hacienda; y Guerra y Marina.

Se abre así un segundo período hasta 1936, durante el cual la evolución de la estructura ministerial, se puede resumir así: el Ministerio del Interior y de Justicia, aun cuando a partir de 1874, cambia su denominación por la de Ministerio de Relaciones Interiores, permanece básicamente con sus mismas competencias. Lo mismo puede decirse de los Ministerios de Relaciones Exteriores y de Guerra y Marina. En cuanto al Ministerio de Hacienda, el hecho fundamental de su evolución lo constituye la creación separada de un Ministerio de Crédito Público en 1864, el que se refunde con aquél en 1892, para restablecerse de nuevo en 1898 y refundirse definitivamente en el Ministerio de

Hacienda en 1899. En todo caso, el paso fundamental que se produce en la estructura ministerial, se origina evidentemente con la creación en 1863, del primero de los ministerios con competencia no tradicional, el Ministerio de Fomento, cuyo nombre sólo se cambia momentáneamente en 1898, por el Ministerio de Agricultura, Industria y Comercio, del cual surgieron sucesivamente los siguientes otros Ministerios: en 1874, el Ministerio de Obras Públicas; en 1891, el Ministerio de Instrucción Pública; y en 1898, el Ministerio de Correos y Teléfonos con una duración muy pasajera.

En esta forma, en 1935 existían los siguientes siete Ministerios: Relaciones Interiores, Relaciones Exteriores, Hacienda, Guerra y Marina, Fomento, Obras Públicas e Instrucción Pública. Esta estructura de 1935, era sustancialmente la misma que existió en el último tercio del siglo pasado, la cual, hasta la muerte de J. V. Gómez, sólo sufrió una pequeña alteración: en 1891, el Ministerio de Instrucción Pública, y en 1898, el Ministerio de Correos y Teléfonos con una duración muy efímera.

3. Período 1936-1976

En 1936 se produce una nueva etapa en la evolución del Estado y la sociedad venezolana, que ya hemos referido, y se abre paso definitivamente a las bases de configuración del Estado Social de Derecho, que comienza no sólo a fomentar las actividades económicas y sociales, sino a prestar servicios y a conformar la realidad económica y social. Ello se traduce en la evolución ministerial posterior a 1936, En efecto, ese mismo año, el gobierno de transición crea el Ministerio de Comunicaciones con competencias que antes correspondían al Ministerio de Fomento; el Ministerio de Salubridad y Agricultura y Cría se divide en dos: el Ministerio de Sanidad y Asistencia Social y el Ministerio de Agricultura que posteriormente, ese mismo año, adquiere el nombre de Ministerio de Agricultura y Cría; y se le cambia el nombre al Ministerio de Instrucción Pública, en Ministerio de Educación. En 1937, se crea el Ministerio de Trabajo y Comunicaciones con la asignación al antiguo Ministerio de Comunicaciones de las competencias que tenía la Oficina Nacional del Trabajo adscrita al Ministerio de Relaciones Interiores; y dicho Ministerio, en 1945, es dividido en dos: el Ministerio del Trabajo y el Ministerio de Comunicaciones.

En 1950, el Estatuto de Ministerio creó el Ministerio de Justicia, con las competencias que en ese sector tenía el Ministerio de Relaciones Interiores; y el Ministerio de Minas e Hidrocarburos, con competencias asignadas hasta ese momento al Ministerio de Fomento; y se le cambió el nombre al Ministerio de Guerra y Marina por el de Defensa. De acuerdo, con este texto legal, en 1976, la estructura ministerial de Venezuela comprendía entonces los siguientes trece ministerios: Relaciones Interiores, Relaciones Exteriores, Obras Públicas, Trabajo, Comunicaciones, Fomento, Minas e Hidrocarburos, Sanidad y Asistencia Social, Agricultura y Cría, Educación, Justicia, Hacienda y Defensa.

4. Período a partir de 1976

Ahora bien, a más de veinticinco años de dictado el Estatuto Orgánico de Ministerios, y definidos los fines del Estado en la Constitución de 1961, resultaba evidente que la estructura ministerial de Venezuela de 1976, no había sido configurada para los fines del Estado que se desprenden de la Constitución de 1961, y mucho menos para un Estado Democrático y Social de Derecho como el que formalmente ésta regula, para asumir el reto del desarrollo en el último cuarto del siglo XX. Al contrario, dicha estructura, a través de un proceso de desgajamiento y agregación, si acaso respondía a las exigencias de la Venezuela de 1936, de 1950 o de 1961.

El Plan de Reforma Administrativa que presentamos en 1972, al Presidente Rafael Caldera[167], por ello, planteaba una completa reformulación de la estructura ministerial venezolana con vista, no sólo a su adaptación a las exigencias de la Venezuela moderna, sino para poder atender los requerimientos futuros previsibles para las próximas décadas.

Dicho Plan de reforma no pudo ejecutarse en el período constitucional que concluyó en 1974, por las circunstancias políticas existentes, y si bien, aparentemente pareció haber sido abandonado por el nuevo gobierno a partir de 1974, sin embargo, fueron adoptados sus lineamientos generales, y a finales de 1976, (el 28 de diciembre) fue promulgada la Ley Orgánica de la Administración Central, que sustituyó al Estatuto Orgánico de Ministerios de 1950, reestructurando la Administración Ministerial con un criterio sectorial, más racional, con lo cual los 13 Ministerios de 1950, se elevaron a 17: Relaciones Interiores; Relaciones Exteriores; Defensa; Justicia; Hacienda; Fomento; Agricultura y Cría; Energía y Minas (sustituyó al Ministerio de Minas e Hidrocarburos); Educación; Sanidad y Asistencia Social; Trabajo; Transporte y Comunicaciones; Desarrollo Urbano; Ambiente y de los Recursos Naturales Renovables; Secretaría de la Presidencia de la República; Información y Turismo, y de la Juventud.

En esta reforma ministerial de 1976, se eliminó el Ministerio de Obras Públicas, y las competencias que tenía atribuidas dieron lugar a los Ministerios de Transporte y Comunicaciones (junto con las del antiguo Ministerio de Comunicaciones); del Ambiente y de los Recursos Naturales Renovables (junto con competencias anteriormente atribuidas al Ministerio de Agricultura y Cría); y del Desarrollo Urbano.

En esa misma reforma se crearon tres nuevos Ministerios: el de Información y Turismo (con competencias atribuidas anteriormente a la Oficina Central de Información, que desapareció, y al Ministerio de Fomento); el de la Juventud; y el de la Secretaría de la Presidencia de la República (que implicó la desaparición de la Secretaría General de la Presidencia creada desde 1910).[168]

En esta forma, en 1977, la Administración Ministerial quedó organizada en los siguientes diecisiete Despachos Ministeriales: de Relaciones Interiores, de Relaciones Exteriores, de Defensa, de Justicia, de Hacienda, de Fomento, de Agricultura y Cría, de Energía y Minas, de Educación, de Sanidad y Asistencia Social, del Trabajo, de Transporte y Comunicaciones, de Desarrollo Urbano, del Ambiente y de los Recursos Naturales Renovables, de la Secretaría de la Presidencia de la República, de Información y Turismo y de la Juventud.

Este esquema ministerial, posteriormente fue ajustado para adaptarlo más al Plan Sectorial definido en 1972, eliminándose en 1984, el Ministerio de Información y Turismo, mediante la retransferencia del sector Turismo al Ministerio de Fomento, y reatribuyén-

---

167 *V.* Comisión de Administración Pública. Informe sobre la Reforma de la Administración Pública Nacional, 2 vols. Caracas, 1972.

168 *V.* Allan R. Brewer-Carías, *Estudios sobre la Reforma Administrativa*, Caracas, 1980.

dose las funciones de información a la Oficina Central de Información, que se restableció después de haber sido eliminada en 1976; y transformándose, en 1986, el Ministerio de la Juventud en Ministerio de la Familia[169] para abarcar más completamente el sector de promoción y protección social que se había definido en 1972.

En consecuencia, a partir de 1987, la Administración Ministerial quedó estructurada con base en los siguientes dieciséis Despachos Ministeriales: de Relaciones Interiores, de Relaciones Exteriores, de Defensa, de Justicia, de Hacienda, de Fomento, de Agricultura y Cría, de Energía y Minas, de Educación, de Sanidad y Asistencia Social, del Trabajo, de Transporte y Comunicaciones, de Desarrollo Urbano, del Ambiente y de los Recursos Naturales Renovables, de la Familia, y de la Secretaria de la Presidencia de la República.

Adicionalmente a los Despachos Ministeriales debe señalarse, que también se integra dentro de la Administración Central, la Procuraduría General de la República, como órgano dependiente del Presidente de la República, y que tiene a su cargo la asistencia y asesoría jurídica de la Administración Nacional. La Procuraduría General de la República tiene su antecedente legislativo remoto en la Ley de 19 de junio de 1894 sobre Procurador General de la Nación y a nivel constitucional, con su establecimiento en la Constitución de 1901 (arts. 111 a 114).

Ahora bien, de acuerdo a la Constitución, los Ministros reunidos bajo la presidencia del Presidente de la República, forman el Consejo de Ministros. El funcionamiento del mismo también se perfeccionó durante la Administración Democrática. En efecto, en las propuestas de reforma administrativa de 1972, se propuso la creación de cuatro Comisiones Permanentes del Consejo de Ministros de acuerdo a los cuatro grupos de sectores de actividad pública definidos, presididas también por el Presidente de la República, las cuales, con los mismos poderes de decisión del Consejo de Ministros, permitieran a éste el cumplimiento adecuado de los fines derivados de su naturaleza de órgano orientador de la política nacional.

Conforme a ello, en la Ley Orgánica de la Administración Central de 1976, se previó la creación de los gabinetes sectoriales que han venido funcionando desde entonces, para aligerar y preparar el trabajo del Consejo de Ministros.

II. LOS ORGANISMOS DE LA PRESIDENCIA

Otro cambio significativo que se ha operado en la Administración Central, a partir de finales de la década de los cincuenta y en particular, durante el período de la administración democrática, ha sido el proceso de organización de las funciones administrativas en oficinas no ministeriales, con lo cual la administración ministerial dejó de tener el monopolio de la Administración Central.

En efecto, en 1957 funcionaba la Oficina de Estudios Especiales de la Presidencia de la República que puede considerarse como el antecedente directo de algunas de las Oficinas Presidenciales posteriores, así como de los programas de desarrollo de Guayana. En efecto, en 1958, se creó formalmente una oficina presidencial de carácter permanen-

169 *V.* la reforma de la Ley Orgánica de la Administración Central de 30-12-86, *Gaceta Oficial* Nº 3.945, Extraordinario de 30-12-86.

te, la Oficina Central de Coordinación y Planificación (Cordiplan)[170] y en ese mismo año, surgiría otra oficina presidencial que perduró hasta 1976, la Comisión de Administración Pública[171] eliminada ese año.[172] Por otra parte, en 1970, se adscribió a la Presidencia de la República la Oficina Central de Personal;[173] adscripción que ya tenía la Oficina Central de Información,[174] con la cual en 1976, había cuatro oficinas presidenciales, pero con diversos rangos.

Este año, sin embargo, en la Ley Orgánica de la Administración Central se eliminó la Comisión de Administración Pública y sus competencias se atribuyeron a la Oficina Central de Coordinación y Planificación; se eliminó la Oficina Central de Información y sus competencias se atribuyeron al Ministerio de Información y Turismo; se crearon dos nuevas Oficinas Presidenciales: la Oficina Central de Presupuesto con competencias antes atribuidas al Ministerio de Hacienda y la Oficina Central de Estadísticas e Informática con competencias antes atribuidas al Ministerio de Fomento.[175] Posteriormente, con motivo de la eliminación del Ministerio de Información y Turismo en 1985, se restableció la Oficina Central de Información en la Presidencia de la República.[176]

En relación a estos organismos de la Presidencia, en el Informe sobre la Reforma de la Administración Pública Nacional de 1972, se planteó su integración básicamente en dos Ministerios de la Presidencia cuya creación se propuso: el Ministerio de la Secretaría General de la Presidencia del cual dependerían la Oficina Central de Personal y la Oficina Central de Información, como órganos centrales de los sistemas de administración de personal y de comunicación pública; y el Ministerio de Coordinación y Planificación de la Presidencia de la República, del cual dependerían la Oficina Central de Planificación, la Oficina Central de Presupuesto, la Oficina Central de Estadística, la Oficina Central de Informática, y la Escuela Nacional de Administración Pública, como órganos centrales de los sistemas de planificación y reforma administrativa, de presupuesto, de estadística, de informática y de formación y perfeccionamiento de funcionarios públicos.[177] Estas propuestas se siguieron formalmente con la creación del Ministerio de la Secretaría de la Presidencia en 1976[178], e informalmente con el nombramiento del Jefe de Cordiplan como Ministro de Estado en los períodos constitucionales 1974-1989.[179]

170 *V.* Decreto N° 492 de 30-12-58 en *Gaceta Oficial* N° 25.850 de 30-12-58.

171 *V.* Decreto N° 287 de 27-6-58 en *Gaceta Oficial* N° 25.694 de 27-6-58.

172 *V.* artículo 47, ord. 13, de la Ley Orgánica de la Administración Central que asignó las funciones de la Comisión a Cordiplan, *Gaceta Oficial* N° 1.932, Extraordinario de 28-12-76.

173 *V.* la Ley de Carrera Administrativa de 3-9-70 en *Gaceta Oficial* N° 1.428 Extraordinario de 4-9-70.

174 *V.* por ejemplo Decreto N° 1.078 de 19-8-75 en *Gaceta Oficial* N° 30.772 de 19-8-75.

175 Artículo 45 de la Ley Orgánica de la Administración Central de 28-12-76 en *Gaceta Oficial* N° 1.932, Extraordinario de 28-12-76.

176 Artículo 44 de la Ley Orgánica de la Administración Central de 5-8-85 en *Gaceta Oficial* N° 3.599, Extraordinario de 7-8-85.

177 Informe sobre la Reforma de la Administración Pública Nacional, *cit.*, Vol. I, pp. 217 y ss.

178 Artículo 40 de la Ley Orgánica de la Administración Central.

179 Decretos N° 3 de 12-3-74 en *Gaceta Oficial* N° 30.350 de 12-3-74 y N° 2 de 12-3-79 en *Gaceta Oficial* N° 31.694 de 12-3-79.

III. LAS ADMINISTRACIONES CON AUTONOMÍA FUNCIONAL

Pero, indudablemente, la estructura de la Administración Pública en Venezuela no se ha quedado en las organizaciones ministeriales o en las oficinas presidenciales, sino que, sucesivamente, formando parte de la Administración Pública, se han ido creando y configurando diversos órganos con autonomía funcional: la llamada "administración contralora" atribuida a la Contraloría General de la República configurada como órgano auxiliar del Congreso, y creada en 1938[180]; la "administración electoral" atribuida al Consejo Supremo Electoral;[181] la administración del Ministerio Público atribuida a la Fiscalía General de la República;[182] el Consejo de la judicatura, creado en 1970.[183] El signo común de estas organizaciones, es que gozan de autonomía funcional respeto de todos los órganos del Estado (legislativos, ejecutivos o judiciales), correspondiendo además el nombramiento de sus directivos al Congreso en el caso del Contralor General de la República, del Fiscal General de la República y de los miembros del Consejo Supremo Electoral; y a los tres Poderes del Estado en el caso de los miembros del Consejo de la Judicatura.

IV. LA EVOLUCIÓN DE LA ADMINISTRACIÓN DESCENTRALIZADA

Pero paralelamente al desarrollo y posterior estancamiento, hasta 1976, de la estructura ministerial, que configura el núcleo de la Administración Central del Estado, Venezuela tampoco ha escapado al fenómeno universal de crecimiento generalmente inorgánico, de la administración descentralizada, es decir, de los establecimientos públicos, particularmente, de los institutos autónomos y de las empresas del Estado. Este fenómeno, hasta cierto punto, puede considerarse como una característica de la transición del Estado liberal, tradicional abstencionista, al Estado Social de Derecho, pues éste, ante la incapacidad de su estructura tradicional ministerial para asumir los nuevos cometidos que las exigencias económicas y sociales le fueron planteando, optó por establecer una estructura administrativa paralela a la administración central: la administración descentralizada.

Esta realidad incontestable e importantísima de la administración descentralizada, cuyo desbordante crecimiento en Venezuela se ha producido en menos de cincuenta años, por supuesto que ha provocado la ruptura de los moldes y esquemas tradicionales de la administración pública y del derecho administrativo. En efecto, la estructura ministerial, tan importante durante más de un siglo en Venezuela, comenzó a declinar a partir de la

---

180 *V.*, artículos 149 y ss., de la Ley Orgánica de la Hacienda Nacional de 15-7-38 en *Leyes y Decretos Reglamentarios de los Estados Unidos de Venezuela, T.* IX, Caracas 1943, p. 780.

181 *V.* artículos 40 y ss., Ley Orgánica del Sufragio de 22-8-88 en *Gaceta Oficial* 4.059, Extraordinario de 10-11-88.

182 *V.* la Ley Orgánica del Ministerio Público de 16-9-70 en *Gaceta Oficial* N° 1.434 Extraordinario de 16-9-70.

183 Véanse artículos 34 y 118 y ss. de la Ley Orgánica del Poder Judicial de 16-9-79 en *Gaceta Oficial* N° 1.376, Extraordinario de 17-2-70. *V.* además, la Ley Orgánica del Consejo de la Judicatura de 7 de octubre de 1988 en *Gaceta Oficial* N° 34.068, de la misma fecha.

década de los años cincuenta, cuando se produce un verdadero florecimiento de la administración descentralizada, lo cual se acentuó en la década de los setenta.[184]

Por otra parte, la forma organizativa que se adoptó en cada caso en la administración descentralizada, fue tan variada, que en la actualidad, lejos de existir una o dos fórmulas para su operación, existe un museo viviente de tipos diferentes de establecimientos públicos, institutos autónomos y empresas del Estado, que concurren con los Ministerios y muchas veces contra ellos, en la realización de los fines del Estado. Las formas de la actividad administrativa de acuerdo a los criterios comúnmente empleados en Derecho Administrativo, con el crecimiento de aquéllos, también han pasado de las actividades tradicionales de policía, fomento y servicio público, hacia las de gestión económica, en las cuales el Estado asume la realización directa de actividades industriales o comerciales, con carácter de exclusividad o en concurrencia con los particulares.

1. La descentralización en el Estado tradicional: 1928-1945

Ahora bien, en Venezuela, el crecimiento de la administración descentralizada mediante la creación de entes jurídicos separados de la estructura ministerial tradicional para la realización de los nuevos cometidos que el Estado ha ido asumiendo a todo lo largo de este siglo, se inició en 1928, luego de la reforma de la Ley Orgánica de la Hacienda Pública Nacional con la creación del Banco Obrero (BO) y del Banco Agrícola y Pecuario (BAP); el primero como entidad financiera de construcción y administración de viviendas; y el segundo como entidad financiera y de fomento de la agricultura, la cría y la pesquería con funciones posteriores en el campo de la comercialización de productos agrícolas. Estos fueron los dos institutos autónomos creados en la década de los años veinte. En la década de los treinta, y particularmente, con posterioridad a la muerte de Gómez en 1935, el Gobierno de transición iniciado en 1936 dio un gran impulso a la creación de entidades descentralizantes, iniciándose así una política de intervención estatal en la vida económica y social, lo cual como se dijo, marca el inicio de la transformación del Estado Liberal tradicional en el Estado Social de Derecho de las últimas décadas. En efecto, en 1937, se creó la Línea Aeropostal Venezolana (LAV), como instituto autónomo a cargo de la prestación del servicio de transporte aéreo en el interior del país. Ese mismo año se creó el Banco Industrial de Venezuela (BIV), cuya forma híbrida de establecimiento público de capital mixto con posibilidad de participación de capital privado, muestra la forma tímida como el Estado comenzó a intervenir en campos puramente económicos, como el que le correspondía a dicha institución bancaria. Dentro de la misma orientación, en 1938, se creó el Banco Central de Venezuela, también como establecimiento público de capital mixto, en el cual participaba el capital privado, cuyas funciones esenciales han sido realizar todo el control y regulación de los aspectos monetarios y crediticios del país. En el año 1938, se crearon dos instituciones fundamentales en el campo social; el Instituto Nacional de Higiene y el Consejo Venezolano del Niño (CVN). En 1940, se creó el Instituto Venezolano de los Seguros Sociales (IVSS), aun cuando su funcionamiento comienza en 1944; y en 1943, se creó el Ins-

---

184 *V.* Allan R. Brewer-Carías, *Régimen Jurídico de las Empresas Públicas en Venezuela*, Caracas, 1978; Juan Garrido Rovira, *Temas sobre la Administración Descentralizada*, Caracas, 1984; Jesús Caballero Ortiz, *Las Empresas Públicas en el Derecho Venezolano*, Caracas, 1934; Jesús Caballero Ortiz, *Los Institutos Autónomos*, Caracas, 1985.

tituto Nacional de Obras Sanitarias (INOS), el cual absorbió, en 1958, al Instituto Autónomo de Abastecimiento de Agua para Margarita y Coche, creado ese mismo año. En 1943, se creó el Instituto Autónomo de la Ciudad Universitaria, que tuvo a su cargo la construcción de la sede de la Universidad Central de Venezuela, corporación autónoma que posteriormente absorbió sus funciones en 1958.

2. La descentralización de la postguerra

Después del golpe de estado que llevó, en 1945, al Partido Acción Democrática (AD) al poder, se produjo el inicio de otro repentino incremento de la administración descentralizada, debido a la vocación decididamente intervencionista del Gobierno en el campo económico y social. En esta forma, en 1946, se crearon seis institutos autónomos: el Instituto Autónomo Administración Ferrocarriles del Estado, creado para asumir la administración de los ferrocarriles expropiados a las empresas inglesas y alemanas; el Patronato Nacional de Comedores Escolares, posteriormente absorbido por el Instituto Nacional de Nutrición; la Corporación Venezolana de Fomento, para estimular financieramente al desarrollo económico del país, liquidada a finales de la década de los ochenta; el Instituto Pro-Alimentación Popular y el Consejo Nacional de Universidades, posteriormente extinguidos como institutos autónomos. En 1947, se constituyó también como empresa del Estado el Centro Simón Bolívar, C.A. (CSB), que ha actuado como agencia de renovación urbana en el centro de Caracas; y se creó el Instituto Autónomo Diques y Astilleros Nacionales (IADAN), transformado posteriormente en empresa del Estado.

Con posterioridad a la caída del régimen democrático en 1948 y durante el período de la dictadura de Pérez Jiménez hasta 1958, se produjo un florecimiento inusitado de la administración descentralizada, creándose en dicha década 17 organismos, como consecuencia del auge del petróleo y la demanda de nuevos servicios derivada del incremento de la población. En efecto, en 1948, se creó el Consejo de Bienestar Rural bajo la forma de asociación civil auspiciada por el Estado. En 1948, se creó el Instituto Nacional de Deportes, se transformó el Instituto Técnico de Inmigración y Colonización en el Instituto Agrario Nacional y se constituyó el Banco de Fomento Comercial de Venezuela, como filial de la Corporación Venezolana de Fomento. Ese mismo año, las acciones sociales del Estado fueron reforzadas con la creación del Instituto de Previsión Social de las Fuerzas Armadas Nacionales (IPSFAN), del Instituto de Previsión y Asistencia Social para el personal del Ministerio de Educación (IPASME): del Patronato Nacional de Ancianos e Inválidos; transformado décadas después en Instituto Nacional de Geriatría y Gerontología; y el Instituto Nacional de Nutrición que posteriormente, en 1968, absorbió al Patronato Nacional de Comedores Escolares. Bajo la forma de sociedad anónima, se constituyeron, en 1950, la empresa Minas de Carbón de Lobatera, y en 1951, el Banco de Fomento Regional de los Andes. En 1952, se creó el Instituto Nacional de Canalizaciones, destinado fundamentalmente a facilitar la navegación en el río Orinoco y el Lago de Maracaibo. La Caja de Trabajo Penitenciario fue creada en 1953, para fomentar el trabajo en las cárceles y prisiones, y en ese mismo año se creó el Círculo de las Fuerzas Armadas. Como sociedad mercantil se constituyó la Transportadora Marítima Venezolana en 1953. El año siguiente se creó el Instituto Venezolano de Neurología e Investigaciones Cerebrales, el cual se transformó, en 1959, en el Instituto Venezolano de Investigaciones Científicas (IVIC). Asimismo, ese año se creó el Instituto para la Capacitación y Recreación de los Trabajadores (INCRET) y el Estado adquirió la totalidad de las acciones de la Compañía Anónima Nacional Teléfonos de Venezuela (CANTV), antes con capital mixto con participación de capital inglés.

En 1955, se constituyó la Corporación Nacional de Hoteles y Turismo (CONAHOTU) y la Compañía Anónima Venezolana de Navegación (CAVN), ambas como compañías anónimas de capital público, habiéndose transformado parte de la primera, en 1973, en un instituto autónomo: la Corporación Nacional de Turismo. En 1956, se crearon dos nuevos institutos autónomos: el Hospital Universitario de Caracas y el Instituto Venezolano de Petroquímica; y una compañía anónima: el Banco de Fomento Regional del Estado Zulia.

3. La descentralización en el Estado democrático

Con motivo de la caída del Gobierno de Pérez Jiménez en 1958, el Gobierno provisional durante ese año y el siguiente, le dio impulso decisivo al crecimiento de la administración descentralizada. En efecto, en 1958, se creó el Instituto Nacional de Hipódromos, el Instituto de Oficiales de las Fuerzas Armadas en Situación de Disponibilidad y Retiro, y la Universidad de Oriente. En ese mismo año se formó la Compañía Anónima de Administración y Fomento Eléctrico (CADAFE), la cual, al año siguiente, absorbió todas las empresas que en el campo de la distribución de energía eléctrica había constituido la Corporación Venezolana de Fomento. Esta Corporación, por otra parte, en 1959, constituyó la empresa Centrales Azucareros, C.A., a la cual se transfirieron diversos centrales de producción de azúcar. En ese mismo año se creó, como patrimonio autónomo, el Fondo Nacional del Café y Cacao y, como institutos autónomos, el Instituto Nacional de Cooperación Educativa (INCE) y el Consejo Nacional de Investigaciones Agrícolas.

En la década de los sesenta, y a todo lo largo de la actuación de los gobiernos democráticos, el florecimiento de la administración descentralizada no ha sido menos importante. En efecto, en 1960, se crearon el Instituto Nacional de Cultura y Bellas Artes (INCIBA) luego transformado en Consejo Nacional de la Cultura (COÑAC), la Corporación Venezolana de Petróleo (CVP) convertida en empresa del Estado luego de la nacionalización de la industria petrolera (1975), la Compañía Anónima Venezolana Internacional de Aviación S.A. (VIASA), con participación del capital privado, y la Corporación Venezolana de GUAYANA (CVG). En 1961, se creó el Fondo Nacional de Investigaciones Agropecuarias y la Administración del Parque del Este, habiendo sido éstos los últimos institutos creados durante este período conforme a las previsiones de la Constitución de 1953.

En efecto, al promulgarse la Constitución de 1961, se produjo una evidente disminución del crecimiento de la administración descentralizada, pues al contrario de lo previsto en la Constitución de 1953, conforme a ella, el Poder Ejecutivo no puede crear, por sí solo, institutos autónomos, sino que éstos requieren, para su constitución, de una ley (artículo 230). Esta disposición limitativa, sin embargo, no redujo la política de descentralización que al nivel ejecutivo se venía desarrollando, y la misma se ejecutó a través de canales irregulares o distintos a los exigidos por la Constitución. En esta forma se recurrió a diversas figuras distintas del instituto autónomo para la descentralización, evitando la intervención del Parlamento: se apeló de nuevo a la figura del patrimonio autónomo, no prevista en la legislación venezolana al constituirse la Comisión

Nacional de Financiamiento a la Pequeña y Mediana Industria; se recurrió a la forma jurídica de la fundación del derecho privado para constituir, en 1961, la Fundación Instituto Venezolano de Productividad (INPRO) y la Fundación para el desarrollo de la Comunidad y Fomento Municipal (FUNDACOMUN); en 1964, la Fundación para el Desarrollo de la Región Centro Occidental (FUDECO); en 1966, la Fundación para la Capacitación e Investigación Aplicada a la Reforma Agraria (CIARIA); en 1969, la Fundación Fondo de Solidaridad Social (FUNDASOCIAL); en 1975, la Fundación Gran Mariscal de Ayacucho, la Fundación Fondo Andrés Bello y la Fundación para el rescate del Acervo Documental Venezolano; y en 1976, la Fundación Bicentenario de Simón Bolívar; se adoptó la forma jurídica de la asociación civil, también de derecho privado, para la constitución del Fondo de Desarrollo Algodonero en 1962, del Fondo de Desarrollo del Ajonjolí en 1964, y del Fondo de Desarrollo Frutícola en 1966; y se constituyeron bajo la forma de sociedades mercantiles, en 1962, la empresa Almacenes y Depósitos Agropecuarios, C.A. (ADAGRO), como filial del Banco Agrícola y Pecuario; en 1964, las empresas CVG Siderúrgica del Orinoco (SIDOR) y CVG Electrificación del Caroní, C.A. (ÉDELCA) como filiales de la Corporación Venezolana de Guayana; en 1965, el Banco de Fomento Regional de Coro, S.A.; en 1967, el Banco de Fomento Regional de Guayana, C.A.; la Empresa Venezolana de Nitrógeno, S.A. (NITROVEN) y la Empresa Nacional de Salinas (ENSAL), ambas como filiales del Instituto Venezolano de Petroquímica. En 1975, la Corporación Venezolana para la Industria Naval y en 1976 la Compañía Nacional de Reforestación. Con motivo de la nacionalización del hierro en 1975, se creó la empresa Ferrominera del Orinoco, C.A, y como consecuencia de la nacionalización petrolera se constituyó la empresa Petróleos de Venezuela, S.A. con todas sus filiales. Asimismo, en 1967, se constituyeron por el Ejecutivo Nacional, sin intervención parlamentaria, como Universidades experimentales, la Universidad Simón Bolívar y la Universidad de la Región Centro Occidental.

A partir de la mitad de los años setenta, en todo caso, cientos de empresas del Estado fueron creadas y se recurrió en muchísimas ocasiones a la figura de las Fundaciones del Estado para realizar tareas públicas.

La utilización de la forma jurídica del instituto autónomo, después de promulgada la Constitución de 1961, se reinició en 1964, con la creación de la Corporación de Los Andes y con la constitución formal del Banco de los Trabajadores, en 1966, con una forma jurídica híbrida, de sociedad anónima creada por ley. Ese mismo año de 1966 se creó el Banco Nacional de Ahorro y Préstamo; en 1967; el Banco de Desarrollo Agropecuario; en 1968, el Consejo Nacional de Investigaciones Científicas y Tecnológicas (CONICIT); en 1970, la Corporación de Mercadeo Agrícola, el Instituto de Comercio Exterior (ICE) y la Corporación de Desarrollo de la Región Nor-Oriental (CORPORIENTE); en 1971, el Instituto Autónomo Aeropuerto Internacional de Maiquetía y la Corporación de Desarrollo de la Región Centro-Occidental (CORPOCCIDENTE); y en 1973, la Corporación Nacional de Turismo y el Instituto Nacional de Parques; todas como institutos autónomos, es decir, mediante ley del Congreso.

A partir de 1974, se crearon nuevos institutos autónomos: en 1974 la Corporación de Desarrollo de la Pequeña y Mediana Industria y el Fondo de Inversiones de Venezuela; en 1975, el Fondo Nacional del Café, el Fondo Nacional del Cacao, el Instituto Nacional de Parques, el Fondo Nacional de Desarrollo Urbano, la Corporación de Mercadeo Agrícola, el Instituto Postal Telegráfico y el Consejo Nacional de la Cultura, en sustitución del Instituto Nacional de Cultura y Bellas Artes. En 1974, se establecieron dos fondos, como especies de patrimonios autónomos: el Fondo de Crédito Industrial y el

Fondo de Crédito Agrícola, habiéndose transformado este último, en 1976, en Instituto Autónomo. En 1975, por otra parte, los dos primeros institutos autónomos que se crearon en el país: el Banco Agrícola y Pecuario y el Banco Obrero, fueron transformados en el Instituto de Crédito Agrícola y Pecuario y el Instituto Nacional de la Vivienda. En esa época, por otra parte, se produjo la primera "nacionalización" de servicios municipales y se creó el Instituto del Aseo Urbano para el Área Metropolitana de Caracas.

A partir de 1977 se crearon: el Instituto Autónomo Biblioteca Nacional y Servicios de Biblioteca (1977); el Instituto Nacional de Puertos (1977); Instituto Nacional del Menor (1978) que sustituyó al Consejo Venezolano del Niño; Instituto Nacional de Geriatría y Gerontología (1978) que sustituyó al Patronato Nacional de Ancianos e Inválidos; y Fondo de Garantía de Depósitos y Protección Bancaria (1985). Evisten, además, varios institutos autónomos que han sido transformados: el Instituto Venezolano de Petroquímica se transformó en la empresa Petroquímica de Venezuela C.A. (Pequiven) (1977); la Corporación Venezolana del Petróleo se transformó en compañía anónima, con la misma denominación (1975). Por otro lado, otros han sido eliminados y liquidados: la Corporación Venezolana de Fomento y la Corporación de Mercadeo Agrícola. Además, las Leyes de muchos institutos autónomos han sido objeto de reformas parciales, así, las del Banco Industrial de Venezuela (1975); la del Instituto Nacional de Canalizaciones (1979); la del Instituto Nacional de Ferrocarriles (1981); la del Consejo Nacional de Investigaciones Científicas y Tecnológicas (1984); la de la Corporación de Desarrollo de Guayana (1985) y la del Instituto Nacional de Hipódromos (1985).

Es evidente que la creación en 60 años de más de 300 entidades descentralizadas, muchas de las cuales han sido desgajadas de la administración central ministerial, sin que dicho proceso haya obedecido a algún plan previo o se haya realizado con base en criterios preestablecidos, no sólo ha producido una desintegración del conjunto de la administración pública, originando innumerables problemas de coordinación y control, sino que ha afectado la autoridad y poder ministerial, tan importante dentro de la estructura formal del Poder Ejecutivo. Sin embargo, diversos esfuerzos se han realizado para la reorganización y regulación de la Administración Descentralizada,[185] la parte más importante, sin duda, de la Administración Pública Venezolana.

Por ejemplo, en las propuestas de reforma administrativa de 1972 se hizo un exhaustivo estudio de los Institutos Autónomos y demás establecimientos públicos y de las empresas del Estado, destacándose no sólo su situación, su desarrollo, sus diversas formas jurídicas y su importancia funcional y económica; sino, fundamentalmente, la deformación que había sufrido la administración descentralizada y sus consecuencias. Entre estas últimas se destacaron las consecuencias administrativas derivadas de la inadecuada distribución de los programas entre los Ministerios y los entes descentralizados; de la adscripción incorrecta de algunos entes descentralizados; de la duplicidad y superposición de funciones entre ellos; y de la desintegración de la administración descentralizada en el sistema de planificación. Con base en el análisis efectuado y aparte de las medidas de reforma adelantadas desde la promulgación, a inicios de 1970, del Reglamento sobre Coordinación, Administración y Control de los Institutos Autónomos[186], se formularon en el Informe una serie de propuestas de reforma guiadas por los siguientes

185 Véanse las referencias a los Proyectos de Ley desde 1960 en Allan R. Brewer-Carías, *El régimen de las empresas públicas en Venezuela*, Caracas, 1980, pp. 169 y ss.

186 Decreto N° 280 de 8-4-70 en *Gaceta Oficial* N° 29.190 de 14-4-70.

criterios: la introducción de las formas jurídicas más apropiadas para las diversas entidades, destacándose la incorporación de la figura de patrimonio autónomo para eliminar muchos entes descentralizados; la sectorialización de la actividad de la administración descentralizada, promoviéndose la adecuada adscripción y sujeción programática de los entes respectivos al Ministerio eje del sector correspondiente; el fortalecimiento de la administración central (ministerial) en relación a los entes descentralizados; y el establecimiento de los medios de control más convenientes sobre los mismos. Sin embargo, en 1990 aún no se había logrado sancionar una Ley sobre la misma, y solamente, por vía de Decreto Ley, en 1986, se estableció un régimen general para las Fundaciones y Asociaciones Civiles del Estado.[187]

187 Decreto N° 401 de 14-12-84 reformado por Decreto N° 677 de 21-6-85, *Gaceta Oficial* N° 3.574, Extraordinario de 21-6-85.

LIBRO CUARTO:

SOBRE LA ADMINISTRACIÓN PÚBLICA (2005)

En este Libro Cuarto del *Tratado de Derecho Administrativo* se recoge el texto del Tomo II de la obra *Derecho Administrativo* (La Organización Administrativa y la Administración Pública Nacional. Los Estados y la Administración Pública Estatal. Los Municipios y la Administración Pública Municipal), publicada bajo el sello editorial de la Universidad Externado de Colombia y la Universidad Central de Venezuela, Bogotá 2005.* El Tomo I de esa obra se incluyó en el Tomo I de este *Tratado*.

Sección Primera: LA ORGANIZACIÓN DEL ESTADO, LA ORGANIZACIÓN ADMINISTRATIVA Y LA ADMINISTRACIÓN PÚBLICA

El texto de esta Sección Primera es el del Parágrafo Octavo del libro *Derecho Administrativo,* Tomo II (La Organización Administrativa y la Administración Pública Nacional. Los Estados y la Administración Pública Estatal. Los Municipios y la Administración Pública Municipal), Universidad Externado de Colombia y la Universidad Central de Venezuela, Bogotá 2005.

I. LA ORGANIZACIÓN DEL ESTADO Y LA ADMINISTRACIÓN PÚBLICA

Para tratar de identificar al conjunto de órganos que configuran la Administración del Estado venezolano debemos, ante todo, tratar de enmarcar a la Administración Pública,

* En ese *T.* I, utilizamos las siguientes abreviaturas: C.: Constitución; C.C.: Código Civil; C.Co.: Código de Comercio; COPP: Código Orgánico Procesal Penal; CPC: Código de Procedimiento Civil; LDMC: Ley especial del régimen del Distrito Metropolitano de Caracas; FIDES: Ley que crea el Fondo Intergubernamental para la Descentralización; LOAP: Ley Orgánica de la Administración Pública; LOD: Ley Orgánica de Descentralización, Delimitación y Transferencias de competencias del Poder Público ; LOPA: Ley Orgánica de Procedimientos Administrativos; LOPGOT: Ley Orgánica para la Planificación y Gestión de la Ordenación del territorio; LOPPM: Ley Orgánica del Poder Público Municipal

como complejo orgánico, dentro de la estructura general del Estado, teniendo en cuenta sus peculiaridades federales. El Estado venezolano, en efecto, está constitucionalmente configurado como un Estado federal (artículo 2º C.), en el cual se distinguen tres niveles de organización política: el nivel nacional, que corresponde a la República; el nivel estadal[1], que corresponde a los estados miembros de la Federación; y el nivel municipal, que corresponde a los municipios. En cada uno de estos tres niveles políticos existe una "Administración Pública central" (nacional, estadal y municipal), que ejerce el poder ejecutivo, siendo ésta el instrumento por excelencia de la acción política del Estado. Como instrumento, está compuesto por un conjunto de órganos e instituciones que le sirven para el desarrollo de sus funciones y el logro de los fines que tiene constitucionalmente prescritos.

Pero como se ha dicho anteriormente (*Primera parte*, § 1), no toda "Administración Pública" del Estado es "Administración Pública central", en el sentido de que no sólo los órganos que ejercen el poder ejecutivo en los tres niveles político territoriales o los que gozan de autonomía fundamental en virtud de disposiciones constitucionales monopolizan, orgánicamente, a la Administración Pública del Estado. Las diversas ramas de los poderes del Estado en sus diversos niveles tienen su propia Administración Pública, lo que nos conduce a insistir en el sentido de la separación de poderes en Venezuela, como sistema de distribución horizontal del poder público, en los tres niveles de distribución vertical del propio poder público.

1. La administración del estado, la separación orgánica de poderes y los órganos con autonomía funcional

Si algún valor tiene el principio de la separación de poderes Venezuela, es el de la "separación orgánica" de poderes, en el sentido de que, constitucionalmente, en cada uno de los tres niveles de organización política del Estado (nacional, estadal y municipal) hay una separación formal de órganos, que ejercen las diversas ramas del poder público (*Introducción general*, IV, VI).

Así, en el nivel nacional (poder nacional), hay una separación clara entre cinco grupos de órganos de la República: los órganos legislativos (Asamblea Nacional), los órganos ejecutivos (Presidente de la República, ministerios, etc.), los órganos judiciales (Tribunal Supremo de Justicia, tribunales), los órganos de control (Fiscalía General de la República, Contraloría General de la República, Defensoría del Pueblo), y los órganos electorales (Consejo Nacional Electoral); y cada uno de estos órganos tiene su propia Administración Pública: la Administración de la Asamblea Nacional; la Administración de la justicia (Dirección Ejecutiva de la Magistratura); la Administración Pública de los órganos de control, la Administración electoral, y la Administración Pública central que en principio corresponde a los órganos que ejercen el poder ejecutivo.

---

1 Como hemos señalado (*Introducción general, nota 57*), la expresión "estadal" y "estadales" es un neologismo (venezolanismo jurídico) destinado a identificar lo que concierne a los estados de la federación; para distinguir lo que se refiere al "Estado", expresión utilizada para identificar, sea a la globalidad de los entes jurídicos que lo componen, o al Estado nacional (federal), caso en el cual su utiliza el término "estatal". *V.* la "Exposición de Motivos del Proyecto de Constitución" de 1961, *Revista de la Facultad de Derecho*, Nº 21, Caracas, Universidad Central de Venezuela, 1961, p. 373.

Así, puede decirse que el ámbito propio de la organización administrativa nacional está en los órganos ejecutivos, en esa "Administración Pública nacional" (central o descentralizada) cuyos órganos ejercen el poder ejecutivo nacional, en cuyo vértice está el Presidente de la República.

Por su parte, en el nivel estadal (poder de los estados) hay una clara y precisa separación entre tres grupos de órganos en cada estado: los órganos legislativos (consejos legislativos), los órganos ejecutivos (gobernadores y sus dependencias administrativas), y los órganos de control (contraloría estadal); y cada uno de estos órganos tiene su propia Administración: la Administración de los consejos legislativos, la "Administración Pública central" que en principio corresponde a los órganos que ejercen el poder ejecutivo, y la Administración contralora. Así, puede decirse que el ámbito propio de la organización administrativa estadal está en los órganos ejecutivos, en esa "Administración Pública estadal" (central o descentralizada) cuyos órganos ejercen el poder ejecutivo de los estados, en cuyo vértice están los gobernadores.

Por último, en el nivel municipal (poder municipal), también hay una clara y neta separación legal entre tres grupos de órganos en cada municipio: los órganos legislativos (concejos municipales), los órganos ejecutivos (alcaldes y sus dependencias administrativas), y los órganos de control (contralorías municipales); y cada uno de esos órganos tiene su propia administración: la administración de los concejos municipales como órganos colegiados, la "Administración Pública central", que en principio corresponde a los órganos que ejercen el poder ejecutivo municipal, y la Administración contralora. Así puede decirse que el ámbito propio de la organización administrativa municipal está en los órganos ejecutivos, en esa "Administración Pública municipal" (central o descentralizada) cuyos órganos ejercen el poder ejecutivo municipal, en cuyo vértice están los alcaldes.

Por tanto la organización administrativa del Estado no se agota, por ejemplo, a nivel nacional, en el ámbito de la "Administración Pública nacional central" que ejerce el poder ejecutivo, pues existen órganos administrativos que derivan del principio de la separación orgánica de poderes que ha establecido la Constitución de 1999, regularizando así la existencia de órganos del Estado con autonomía funcional que antes existían y que no encuadraban en la clásica trilogía de poderes: legislativos, ejecutivos y judiciales, ni dentro de los órganos que ejercían el poder legislativo, ni dentro de los órganos que ejercían el poder ejecutivo, ni dentro de los órganos que ejercían el poder judicial y que sin embargo formaban parte de la organización administrativa de la Administración del Estado y, en general, de lo que siempre se ha conocido como Administración Pública nacional (*Introducción general, VI*).

Es el caso, por ejemplo, de la antigua Fiscalía General de la República: se trata de un órgano que tenía a su cargo el control de la observancia de la Constitución y la vigilancia porque se respetaran los derechos y garantías individuales (Art. 220). El Fiscal General de la República era nombrado por el antiguo Congreso (Art. 219), pero no era un órgano dependiente del órgano legislativo, ni era su mandatario.

Este órgano, en efecto, tenía autonomía funcional en el ejercicio de sus atribuciones, y precisamente en virtud de esta autonomía funcional es que podía actuar, realmente, como un contralor público de la constitucionalidad de la actuación de los órganos del poder ejecutivo, del poder judicial y del propio poder legislativo. Si este órgano hubiese sido dependiente de alguno de los anteriores tres "poderes" clásicos, no habría tal autonomía funcional, ni habría habido la necesaria garantía de su independencia.

Lo mismo sucedía con la Contraloría General de la República, la cual tenía por función ejercer el control fiscal y de gestión sobre la Administración Pública (administración contralora) (Art. 234)[2]. También al Contralor General de la República lo nombraba el antiguo Congreso (Art. 238), pero aquél tampoco era su mandante. Era un órgano independiente de éste y del Ejecutivo nacional. Por ello, no podía decirse que el contralor fuera parte del poder legislativo. A los miembros de la antigua Corte Suprema de Justicia, conforme al artículo 214 C. de 1961, también los designaba el antiguo Congreso, y sin embargo no había dependencia alguna entre la Corte Suprema y el órgano legislativo, o sea que el hecho de que a esos funcionarios los designara el Congreso no significaba que dependieran de él.

Pero además de la Fiscalía y de la Contraloría General de la República había otros organismos, uno de rango constitucional, el Consejo de la Judicatura, otro de rango legal, el Consejo Supremo Electoral, que no encuadraban dentro de la antigua trilogía clásica de los órganos que en el nivel nacional ejercían el poder ejecutivo, el poder legislativo y el poder judicial.

Debe aclararse que la Procuraduría General de la República, órgano que, conforme al artículo 202 C. de 1961 y el artículo 247 C. de 1999, tenía y tiene a su cargo la representación y defensa judicial o extrajudicial de los intereses patrimoniales de la República y la asesoría jurídica de la Administración Pública nacional, no tenía ni tiene la misma autonomía funcional de los anteriores órganos constitucionales señalados, ya que tiene una dependencia jerárquica respecto del Presidente de la República, pues debe actuar conforme a sus instrucciones[3]. En su actuación, por tanto, la Procuraduría ejerce el poder ejecutivo.

En cuanto al antiguo Consejo de la Judicatura, tenía a su cargo velar por una Administración de justicia adecuada, y sus miembros, conforme al artículo 217 C. de 1961, eran nombrados por la Corte Suprema de Justicia, el Ejecutivo nacional y el Congreso[4]. Sin embargo, tampoco era realmente ni un órgano legislativo ni ejecutivo ni judicial en sentido clásico. Porque tenía a su cargo una actividad conexa con la justicia podía denominarse su actividad, propia de un órgano con autonomía funcional, como parte de la "Administración de justicia".

Otro órgano nacional con autonomía funcional, aun y cuando no previsto en la Constitución de 1961, y que tampoco podía ubicarse como dependiente de ninguno de los antiguos clásicos "poderes" del Estado, era el Consejo Supremo Electoral, el cual también tenía autonomía en el ejercicio de sus atribuciones.

---

2 *Cfr.* Siebel Girón, "La Contraloría General de la República. Naturaleza y Ubicación", *Revista del Colegio de Abogados del Distrito Federal*, N° 137, Caracas 1970, pp. 285-307; Absara Mariani, "Naturaleza jurídica de la Contraloría General de la República", *Revista de Control Fiscal* N° 97, Contraloría General de la República, Caracas, 1980, pp. 57-80.

3 Art. 1.° de la Ley Orgánica de la Procuraduría General de la República, decreto ley N° 1.556, *Gaceta Oficial* N° 5.554 Extra. del 13 de noviembre de 2001

4 Art. 34 de la vieja Ley Orgánica del Poder Judicial del 16 de enero de 1970, *Gaceta Oficial* N° 1.376, Extra. de 17 de febrero de 1970, la cual creó este organismo. El Consejo de la Judicatura estuvo regulado en la Ley Orgánica del Consejo de la Judicatura de 1998, *Gaceta Oficial* N° 36.534 del 8 de septiembre de 1998.

Sus miembros los designaban el antiguo Congreso[5], pero no se trataba de un órgano legislativo, ni ejercía el poder legislativo. Tampoco formaba parte de los órganos del Ejecutivo nacional en sentido clásico[6].

Estos órganos tenían autonomía funcional, en el sentido de que no tenían dependencia jerárquica respecto de alguno de los tres grupos de órganos clásicos del Estado. Su configuración rompía desde el punto de vista administrativo, la trilogía de la separación orgánica de poderes que a nivel nacional recogía la Constitución de 1961, pues muy difícilmente podían ubicarse dentro de los tres poderes clásicos. Realizaban una actividad administrativa: de Administración electoral, de Administración de la justicia, de Administración contralora; y eran parte de la organización administrativa del Estado, pero no eran parte del Ejecutivo nacional en su sentido clásico, porque no tenían dependencia jerárquica respecto del Presidente de la República. A pesar de ello, formaban parte de lo que genéricamente se denomina Administración Pública y, en particular, de la Administración Pública nacional[7].

Un argumento similar se podía formular en el nivel estadal y municipal, con las contralorías de los estados y las contralorías municipales, organismos que también gozaban de autonomía funcional y que si bien no dependían de los gobernadores o alcaldes, formaban parte de la Administración Pública de los estados y municipios.

Por tanto, al estudiar la organización administrativa conforme a la Constitución de 1961, por ejemplo a nivel nacional, no sólo debía analizarse la organización de los órganos del Ejecutivo nacional en sentido clásico, es decir, la Administración Pública nacional tradicional, tanto la central (Presidente de la República, los ministerios, las oficinas centrales de la Presidencia de la República) como la descentralizada (institutos autónomos, por ejemplo); sino que, como formando parte de la organización administrativa nacional y de la Administración Pública nacional, debía también estudiarse la organización de los señalados órganos estatales con autonomía funcional, y por ello, no dependientes de ninguno de los clásicos órganos legislativos, judiciales o ejecutivos. En contraste con la Administración Pública central y descentralizada, a estos órganos, se los debía ubicar en la Administración Pública con autonomía funcional.

Los conceptos antes expresados fueron acogidos por la Corte Suprema de Justicia en sentencia del 28 de noviembre de 1988, en la cual la Sala Político Administrativa, al analizar la naturaleza del Consejo Supremo Electoral, no sólo precisó qué debía entenderse por Administración Pública nacional sino que estableció que la expresión "Administración central o descentralizada" no agotaba el contenido de aquella. La Corte Suprema en dicha sentencia estableció:

---

5 Artículo 41 de la Ley Orgánica del Sufragio y la Participación Política, *Gaceta Oficial* N° 5.233 Extra. del 28 de mayo de 1998.

6 Dentro de este grupo de órganos administrativos con autonomía funcional, aun cuando sin rango constitucional, ya que no estaba prevista en el texto fundamental, como referencia histórica se podía ubicar a la antigua Comisión Investigadora contra el Enriquecimiento Ilícito regulada por la derogada Ley contra el Enriquecimiento Ilícito de Funcionarios o Empleados públicos, *Gaceta Oficial* N° 902, Extra. del 31 de enero de 1964. Este organismo, cuyos miembros los designaba el Congreso (Art. 10°), en su momento tampoco tenía dependencia jerárquica respecto de ninguno de los clásicos órganos de los poderes del Estado: ni del antiguo Congreso, ni del poder ejecutivo, ni de los tribunales, precisamente, como garantía para el cumplimiento de sus funciones, a cuyo efecto gozaba de autonomía funcional. Al derogarse la Ley por la a su vez derogada Ley Orgánica de Salvaguarda del Patrimonio público de 1982, las funciones de ese órgano pasaron a ser ejercidas por la Contraloría General de la República y a los tribunales con competencia en materias de salvaguarda del patrimonio público.

7 *Cfr.* Allan R. Brewer-Carías, *Principios del régimen jurídico de la organización administrativa venezolana*, Caracas, Editorial Jurídica Venezolana, 1994.

Para esta Corte, una interpretación concatenada de los artículos 122, 126, 139, 160, 190 ordinal 19°, 202 ordinal 3° y de la disposición transitoria décima de la Constitución (1961) revela que la noción de "Administración Pública nacional" comprende el conjunto de órganos que constituyen el instrumento de la acción político administrativa del Estado que, en el sistema de separación orgánica de poderes que la Constitución prevé, no forman parte ni del Congreso Nacional ni del poder judicial (la Corte Suprema de Justicia y demás tribunales de la República, en los términos del artículo 204 de la Constitución).

Este conjunto orgánico que conforma la Administración Pública nacional en el régimen constitucional venezolano, está a su vez integrado por tres conjuntos orgánicos: en primer lugar, la Administración central, regida tanto por la Ley Orgánica de la Administración Central, destinada al conjunto de órganos que dependen directamente del Ejecutivo nacional (entre los cuales se destacan, los ministerios y las Oficinas centrales de la Presidencia de la República), como por la Ley Orgánica de la Procuraduría General de la República que califican a ésta como órgano de representación jurídica y asesoría de la Administración Pública nacional (Presidencia y ministerios); en segundo lugar, la Administración descentralizada, conformada por los institutos autónomos regulados en el artículo 230 de la Constitución, las personas jurídicas de derecho público con forma societaria, las empresas del Estado, las fundaciones del Estado, y las asociaciones civiles del Estado; y en tercer lugar, por las Administraciones cuya autonomía funcional, establecidas en la Constitución o que tienen su fundamento en ella, como es el Consejo Supremo Electoral.

Puede colegirse, por consiguiente, que en el sistema constitucional venezolano, la Administración central o descentralizada de la República, no agota el universo de la Administración Pública nacional, en cuyo concepto aparecen integrados los órganos o administraciones con autonomía funcional que prevé la Constitución, entre éstos, el Consejo Supremo Electoral, el cual, aunque creado por la Ley Orgánica del Sufragio, está dotado de autonomía funcional conforme a lo previsto en el artículo 143 de la Carta Magna[8].

La situación anterior es la que ha sido precisamente regularizada constitucionalmente con las previsiones de la Constitución de 1999[9], en la cual con motivo de establecer una penta división del poder público a nivel nacional, además de regular los órganos que ejercen el poder legislativo (Asamblea Nacional), el poder ejecutivo (Presidente de la República, Vicepresidente Ejecutivo, ministros) y del poder judicial (Tribunal Supremo de Justicia, Dirección Ejecutiva de la Magistratura -que sustituyó al Consejo de la Judicatura-, y tribunales) ha regulado a los órganos que ejercen el poder ciudadano (Fiscalía General de la República, Contraloría General de la República, Defensoría del Pueblo) y

---

8 *V. Revista de Derecho Público* N° 38, Caracas, Editorial Jurídica Venezolana, 1989, pp. 81 y 82. En el mismo sentido la Corte Suprema de Justicia en Corte Plena, en sentencia del 8 de agosto de 1989, al referirse al ministerio público, señaló que si bien "forma parte de la Administración Pública nacional (de la República), en cambio no puede considerarse que sea parte de la Administración central ni de la Administración descentralizada de la República", *Revista de Derecho Público* N° 39, Caracas, Editorial Jurídica Venezolana, 1989, pp. 111 y ss.

9 La Constitución de 1999 fue aprobada mediante referendo el 15 de diciembre de 1999 y publicada en *Gaceta Oficial* N° 36.660 del 30 de diciembre de 1999. Posteriormente fue publicada con correcciones en *Gaceta Oficial* N° 5.453 Extra. de fecha 24 de marzo de 2000. Sobre el régimen de la Administración Pública en la Constitución, *Cfr.* Allan R. Brewer-Carías, *La Constitución de 1999. Derecho constitucional venezolano, T.* I, Caracas, Editorial Jurídica Venezolana, 2004, pp. 276 y ss.

el poder electoral (Consejo Nacional Electoral). Precisamente, en ejercicio de las respectivas ramas del poder público, además de los órganos de la Administración Pública central que ejercen el poder ejecutivo, también configuran la Administración Pública del Estado, los órganos de la Asamblea Nacional que ejercen funciones administrativas en ejercicio del poder legislativo, la Dirección Ejecutiva de la Magistratura que ejerce el poder judicial, los órganos que ejercen el poder ciudadano y los órganos que ejercen el poder electoral.

2. La universalidad del régimen de la administración pública en la Ley Orgánica

Como se ha indicado, la Constitución de 1999 contiene un extenso título IV relativo al "poder público", cuyas normas se aplican a todos los órganos que ejercen el poder público tal como lo indica el artículo 136: en su distribución vertical o territorial (poder municipal, poder estadal y poder nacional); y, en el nivel nacional, en su distribución horizontal (poderes legislativo, ejecutivo, judicial, ciudadano y electoral)[10].

En dicho título se incorporó una sección relativa a "la Administración Pública", cuyas normas se aplican a todos los órganos y entes que ejercen esos poderes públicos. De allí que lo primero que debe determinarse es cuáles son los órganos estatales que ejercen el poder público y que pueden considerarse como tal "Administración Pública".

Ante todo, por supuesto, están los órganos de los diversos niveles del poder público (nacional, estadal y municipal) que ejercen el poder ejecutivo. En consecuencia, las normas que contiene la sección se aplican a todas las "Administraciones Públicas" *ejecutivas* de la República (Administración Pública nacional), de los estados (Administración Pública estadal), de los municipios (Administración Pública municipal) y de las otras entidades políticas territoriales que establece el artículo 16 C., entre las cuales se destacan los distritos metropolitanos cuyos órganos ejercen el poder municipal.

Pero la Administración Pública del Estado venezolano, en los tres niveles territoriales de distribución vertical del poder público, no se agota en los órganos y entes de la Administración Pública *ejecutiva* (o central, que ejercen el poder ejecutivo), pues también comprende los otros órganos de los poderes públicos que desarrollan las funciones del Estado de carácter sublegal. En tal sentido, en el nivel nacional, los órganos que ejercen el poder ciudadano (Fiscalía General de la República, Contraloría General de la República y Defensoría del Pueblo) y el poder electoral (Consejo Nacional Electoral), sin la menor duda, son órganos que integran la Administración Pública del Estado, organizados con autonomía funcional respecto de los órganos que ejercen otros poderes del Estado. En cuanto a los órganos que ejercen el poder judicial, los que conforman la Dirección Ejecutiva de la Magistratura, mediante la cual el Tribunal Supremo de Justicia ejerce la dirección, gobierno y administración del poder judicial, también son parte de la Administración Pública del Estado.

En consecuencia, en los términos de la sección segunda del título IV C., la Administración Pública del Estado no sólo está conformada por órganos que ejercen el poder ejecutivo, sino por los órganos que ejercen el poder ciudadano y el poder electoral, y

10 *Cfr.* nuestra propuesta sobre este título en Allan R. Brewer-Carías, *Debate Constituyente (Aportes a la Asamblea Nacional Constituyente), t.* II, 9 sept. a 17 oct. 1999, Caracas, Fundación de Derecho Público y Editorial Jurídica Venezolana, 1999, pp. 159 y ss.

por la Dirección Ejecutiva de la Magistratura que en ejercicio del poder judicial tiene a su cargo la dirección, el gobierno y la administración del poder judicial[11].

Para desarrollar los principios constitucionales relativos a la Administración Pública, se ha dictado, la Ley Orgánica de la Administración Pública[12], la cual, como lo indica su artículo 1°, tiene por objeto general:

> 1° Establecer los principios y bases que rigen la organización y el funcionamiento de la Administración Pública;
>
> 2° Establecer los principios y lineamientos de la organización y funcionamiento de la Administración Pública nacional y de la Administración descentralizada funcionalmente[13];
>
> 3° Regular los compromisos de gestión;
>
> 4° Crear mecanismos para promover la participación y el control sobre las políticas y resultados públicos; y
>
> 5° Establecer las normas básicas sobre los archivos y registros públicos.

Siendo una ley nacional, por supuesto, sus disposiciones son básicamente "aplicables a la Administración Pública nacional" (Art. 2°). La Ley, sin embargo, no define qué ha de entenderse por ello; pero de su normativa se deduce que abarca la Administración Pública que conforman los órganos que ejercen el poder ejecutivo nacional y aquéllos que conforman la Administración Pública nacional descentralizada sometida al control de aquél, con forma de derecho público.

En cuanto a la Administración Pública que conforman los demás órganos del poder público nacional, es decir, los que a nivel nacional ejercen el poder judicial, el poder ciudadano y el poder electoral, las disposiciones de la LOAP sólo se les aplican "supletoriamente" (Art. 2.°). En cuanto a los órganos que ejercen el poder legislativo, respecto de las funciones administrativas que realicen, conforme al artículo 2° LOAP, también se les podrán aplicar sus disposiciones supletoriamente.

En relación con los órganos de los poderes públicos que derivan de la distribución territorial del poder público, conforme al artículo 2° LOAP "los principios y normas (de la Ley Orgánica) que se refieran en general a la Administración Pública, o expresamente a los estados, distritos metropolitanos y municipios, serán de obligatoria observancia por éstos, quienes desarrollarán los mismos dentro del ámbito de sus respectivas competencias".

En referencia a las demás regulaciones de la Ley Orgánica, rige el mismo principio de su posible aplicación supletoria a las Administraciones Públicas de los estados y municipios (Art. 2°).

---

11 *Cfr.*, en general, Allan R. Brewer-Carías, *Principios del régimen jurídico de la organización administrativa venezolana, cit.*, pp. 11 y 53.

12 *Gaceta Oficial N*° 37.305 del 17 de octubre de 2001. Esta ley orgánica sólo derogó expresamente la Ley Orgánica de la Administración Central, cuya última reforma había sido la hecha mediante decreto ley N° 369 de 14 de septiembre de 1999, en *Gaceta Oficial* N° 36.850 del 14 de diciembre de 1999. *Cfr.* Allan R. Brewer-Carías y Rafael Chavero, *Ley Orgánica de la Administración Pública*, Caracas, Editorial Jurídica Venezolana, 2002.

13 En cuanto a los dos objetos indicados en los ordinales 1° y 2° del artículo 1° de la Ley Orgánica, ésta, en términos generales recogió todos los principios que estudiamos en Allan R. Brewer-Carías, *Principios del régimen jurídico de la organización administrativa venezolana, cit.*, pp. 35 y ss.

En todo caso, la Ley Orgánica de la Administración Pública trae la siguiente definición de órganos y entes de la Administración Pública, lo que contribuye a precisar el ámbito orgánico de sus regulaciones. De acuerdo con el artículo 15 de la ley, se considera "ente" toda organización administrativa descentralizada funcionalmente con personalidad jurídica propia distinta de la República, de los estados, de los distritos metropolitanos y de los municipios.

El artículo 15 LOAP define como "órganos" las unidades administrativas "de la República, los estados, los distritos metropolitanos y entes públicos a las que se les atribuyan funciones que tengan efectos jurídicos frente a terceros, o cuya actuación tenga carácter preceptivo". Curiosamente, en esta enumeración se omitió a los municipios, lo que sin duda fue una inadvertencia involuntaria.

En este parágrafo analizaremos el conjunto de principios que rigen la Administración Pública tal como se han establecido en la Constitución y en la Ley Orgánica. Para ello, estudiaremos sucesivamente los principios fundamentales que rigen respecto de todos los órganos que ejercen el poder público y, por tanto, de los que conforman la Administración Pública; los principios relativos a la actividad de la Administración Pública; los principios relativos a la competencia; los principios y el régimen de la organización administrativa y de la gestión de los órganos y entes públicos; y el régimen de los archivos públicos y de la documentación administrativa.

3. La administración pública y la personalidad jurídica del estado

Otro aspecto de interés que debe tenerse en cuenta, al tratar de ubicar la organización administrativa dentro de la organización general del Estado es el relativo a la personalidad jurídica de éste, como antes se ha analizado (*segunda parte*).

Efectivamente, desde el punto de vista internacional, el Estado tiene una personalidad jurídica única, cuando Venezuela, como Estado soberano, tiene relaciones con organismos internacionales o con otros estados. Allí se presenta con una sola personalidad jurídica a nivel internacional, por lo que nadie piensa en la personalidad de un estado de la Federación o de un municipio. Todos los entes del Estado, al contrario, se engloban dentro de una sola personalidad jurídica, que es la personalidad jurídica del Estado en su actuación internacional.

Pero en el ámbito interno, la distribución vertical del poder público derivada de la forma federal del Estado, impone la existencia de tres órdenes de personas jurídicas a nivel político territorial (la República, los estados, los municipios)[14]. Sin embargo, aun en estas entidades políticas, la personalidad jurídica de ellas se manifiesta, en realidad, básicamente a través de la actuación de sus respectivas organizaciones administrativas.

En efecto, cuando el Estado decide un conflicto entre partes a través de una decisión judicial adoptada por un tribunal, actúa como un tercero en una relación en la cual no es parte y que se establece entre dos sujetos distintos; el Estado, en esa decisión, lo que hace es resolver un conflicto entre esos sujetos de derecho. En esta actuación, la personalidad del Estado no se manifiesta, porque cuando un tribunal resuelve, por ejemplo, un problema de divorcio, a los divorciados no les afecta o interesa el aspecto de si el

14 Artículo 19. C.C.

Estado tiene o no personalidad jurídica cuando se ha dictado la sentencia respectiva. La personalidad jurídica en esos casos sólo interesa a los efectos de exigir la responsabilidad administrativa de la República, por ejemplo, por retardo o error judicial.

Bajo otro ángulo, cuando el Estado (Asamblea Nacional) sanciona una ley, también actúa como un tercero en las relaciones jurídicas que se van a regular. Con la ley, el Estado regula en forma abstracta, general, una serie de relaciones, pero no interviene, por ello, directamente en ellas.

La problemática de la personalidad jurídica del Estado, como consecuencia, no tiene relevancia en su actuación como legislador o juez, salvo en los supuestos en que se plantee la responsabilidad del Estado por acto legislativo o acto judicial.

En cambio, cuando el Estado realiza actividades en función administrativa o de control y pone en marcha su organización administrativa, sí se manifiesta como persona jurídica frente a los particulares. Cuando el Estado compra un bien, contrata una obra pública, otorga o revoca un permiso o impone una sanción, aquí sí se establece una relación directa entre un sujeto de derecho y una de las personas jurídico territoriales del Estado. Por tanto, es a través de su organización administrativa que normalmente éste se manifiesta como persona jurídica. Por eso es muy común que se confunda a la organización administrativa con la personalidad jurídica del Estado, y normalmente, cuando se piensa en el Estado como persona o como sujeto de derecho, se piensa automáticamente en el aparato administrativo: en la Presidencia de la República, en los ministerios, en los entes descentralizados; antes que en los órganos como la Asamblea Nacional o un tribunal. De allí que, como se dijo, la personalidad jurídica del Estado esté tan íntimamente ligada a la noción de organización administrativa[15], aun cuando no se agota en ella.

II. LA ADMINISTRACIÓN PÚBLICA Y LA ORGANIZACIÓN ADMINISTRATIVA

1. La organización administrativa y la actividad administrativa

Otro aspecto que debe tenerse en cuenta es el ya referido relativo a las diversas connotaciones del término Administración Pública (*primera parte, § 1*). En efecto, cuando normalmente se habla de la Administración Pública, esta expresión puede entenderse en dos sentidos: como una actividad que realiza el Estado (sentido material) o como un conjunto de órganos (sentido orgánico)[16]. Por tanto, no siempre la Administración Pública sugiere la presencia de un conjunto de órganos administrativos, en el sentido de que muchas veces, cuando se habla de Administración Pública, no se apunta a un conjunto de órganos determinados, sino a una actividad del Estado[17].

---

15 *V.* Allan R. Brewer-Carías, *Derecho administrativo, T.* I, Caracas, Universidad Central de Venezuela, 1975, pp. 370 y ss.

16 *Ibíd.*, pp. 349 y ss.

17 La Corte Suprema de Justicia en Sala Político-Administrativa, en sentencia del 30 de mayo de 1966, al definir la Administración como actividad señaló: "Observa la Corte, que, según el artículo 21 C. de la República, "el

Cuando se dice que la "Administración Pública funciona mal", no se piensa en que un órgano concreto de la Administración Pública actúa deficientemente, sino, en realidad, en que el conjunto de actividades del Estado son deficientes.

Por tanto, la noción de Administración Pública puede ser entendida desde el punto de vista material o desde el punto de vista orgánico. Por supuesto, si el objeto de estudio es la organización administrativa, interesa más esta segunda visión de la Administración Pública: la Administración Pública como conjunto de órganos e instituciones para el cumplimiento de determinados fines.

Dentro de esa noción general de Administración del Estado, o en concreto, de Administración Pública como organización administrativa, como ya lo hemos destacado, debe también tenerse siempre presente que la misma abarca, no sólo a los órganos administrativos nacionales sino también a los estadales y municipales; y dentro de los nacionales, no sólo a los que forman parte de los órganos que ejercen el Ejecutivo nacional en sentido clásico, sino también a todas las Administraciones nacionales que ejercen otros poderes públicos, y a la Administración nacional descentralizada funcionalmente.

2. La caracterización de la organización administrativa

A. Organización administrativa con especificidad territorial y la administración nacional

Ahora bien, entre las funciones de la organización administrativa está la asegurar la distribución de los órganos del Estado en el territorio. Por ello puede decirse que en el caso de Venezuela, la primera tarea de la organización administrativa es la distribución territorial de órganos del Estado de acuerdo a su forma federal en los tres niveles del poder público indicados: órganos administrativos a nivel nacional, a nivel de cada uno de los estados y a nivel municipal.

Por supuesto, esta distribución territorial no sólo existe y se plantea en los estados federales ya que en los estados unitarios también hay una distribución de órganos en el territorio, sea mediante mecanismos políticos de descentralización territorial como en Colombia, sea mediante sistemas de descentralización funcional o de desconcentración administrativa.

Por ello, la distribución territorial de los órganos del Estado no sólo se da como consecuencia de la descentralización territorial, sino que puede consistir también en una descentralización funcional mediante la creación de entes autónomos para la realización

---

gobierno y la Administración de cada Estado corresponde a un gobernador, quien además de Jefe del Ejecutivo del Estado es agente del Ejecutivo nacional en su respectiva circunscripción", En un sentido general, puede definirse el concepto de administración, como aquella actividad del poder público que tiende a conservar y promover los intereses generales, mantener el orden, proteger al ejercicio normal del derecho y facilitar el desenvolvimiento de toda actividad libre dentro de la convivencia social. Está, por tanto, comprendida en el ámbito de la administración, toda función pública que tienda a la conservación, utilización y progreso del patrimonio colectivo". *V.* en *Gaceta Forense* N° 52, 1966, pp. 108 a 113, y también en Allan Brewer-Carías, *Jurisprudencia de la Corte Suprema 1930-1974 y estudios de derecho administrativo*, *t.* I, "Ordenamiento constitucional y funcional del Estado", Universidad Central de Venezuela, Caracas, 1975, pp. 284 a 288.

de determinadas actividades en ámbitos territoriales concretos: las corporaciones nacionales de desarrollo regional, como la Corporación Venezolana de Guayana, que actúa como instituto autónomo en una región determinada.

Otro ejemplo de esta función de distribución territorial serían las zonas, regiones o dependencias regionales de los órganos de la Administración central en el territorio del país, establecidas en muchos casos como entidades desconcentradas[18].

Esta primera función de distribución territorial de los órganos del Estado de la organización administrativa se plantea, por tanto, en tres campos: en la organización general del Estado cuando se distribuye territorialmente la Administración nacional, estadal y municipal; en la esfera de la Administración central cuando, por ejemplo un ministerio establece órganos en las diversas partes del territorio; y en el campo de la Administración descentralizada nacional, como es el caso específico de los institutos autónomos que funcionan a nivel regional.

B. Organización administrativa personificada y no personificada

Otra distinción de la organización administrativa se basa en la personalidad jurídica: hay organizaciones administrativas personificadas y organizaciones administrativas no personificadas. Toda persona jurídica estatal exige, implica y requiere, necesariamente, de una organización, o sea, no hay persona jurídica estatal sin organización. Pero lo contrario no es cierto: no toda organización tiene que tener personalidad jurídica. De ahí que haya organizaciones administrativas con personalidad jurídica y organizaciones administrativas sin personalidad jurídica.

Por ejemplo, un ministerio es una organización administrativa no personificada, por cuanto que no tiene personalidad jurídica; al igual que los "servicios autónomos sin personalidad jurídica", que generalmente se han creado en los ministerios. En cambio, los institutos autónomos son organizaciones administrativas personificadas, con personalidad jurídica propia.

Esta distinción tiene importancia sobre todo en relación con la distinción entre la organización administrativa central y la organización administrativa descentralizada: en el primer caso, en la organización administrativa central, sus órganos no están personificados; en cambio, la organización administrativa descentralizada está siempre personificada, porque como nota característica, la descentralización presupone la asignación de una personalidad jurídica especial, diferente a la de la organización que se descentraliza para el cumplimiento de determinadas tareas.

C. Organización administrativa central y descentralizada

Por ello, la tercera distinción que puede hacerse respecto de las diversas formas de organización administrativa, es la que distingue la organización de la Administración

18 En tal sentido es como se orientó la política de regionalización administrativa desarrollada entre 1969 y 1974. *V.* el último de los Reglamentos de Regionalización Administrativa dictado por decreto N° 3128, en *Gaceta Oficial* N° 2.422 Extra. de 9 de marzo de 1979. *Cfr.* Allan R. Brewer-Carías y Norma Izquierdo Corser, *Estudios sobre la regionalización en Venezuela*, Universidad Central de Venezuela, Caracas, 1977.

central de la descentralizada, y que implica, en el segundo caso, la asignación de personalidad jurídica; distinción, que por supuesto, también se da en los tres niveles de la Administración de un Estado federal.

En efecto, a nivel nacional, la Administración central es la que corresponde a la República, como persona político territorial, y está constituida por la Presidencia y los ministerios; y la Administración descentralizada sería la configurada, entre otros entes, por los institutos autónomos y empresas del Estado.

A nivel estadal también hay una organización administrativa central, integrada por la gobernación, y una descentralizada compuesta por los institutos autónomos y empresas del Estado estadales[19]. A nivel local es igual la situación: la organización administrativa central municipal sería la propia del municipio, a cargo del alcalde; las administraciones locales también pueden tener una Administración descentralizada por ejemplo, institutos autónomos y las empresas públicas municipales[20].

---

19 La Corte Suprema de Justicia en Sala Político-Administrativa en sentencia del 30 de mayo de 1966, al interpretar la normativa constitucional que asigna al gobernador, el gobierno y administración de cada estado (Art. 21 C.), concluyó señalando lo siguiente: "La administración encomendada al gobernador en el Estado, ha de ser, pues, directamente dirigida por él, con el auxilio del personal que le corresponde nombrar según el ordinal 29 del artículo 23 *ejusdem*. Y esta intervención directa del gobernador en su gestión administrativa de cuyo buen funcionamiento debe anualmente informar a la Asamblea Legislativa, impide que se creen órganos autónomos en los estados, a quienes se confiere parte de la función administrativa que la Carta Fundamental expresa y directamente confiere en su totalidad al gobernador. En el caso de autos, la Asamblea Legislativa del Estado Táchira ha pretendido crear el 'Instituto Coordinador de Servicios y Obras Comunales del Estado Táchira', como una entidad 'con personería jurídica, patrimonio propio e independencia del Fisco del Estado, cuyos fines son.... Como puede observarse, se trata de una entidad autónoma, diferenciada por completo de la persona del gobernador, cuyo patrimonio está representado en bienes del Estado, y su objeto, según los apartes arriba transcritos, constituyen actividades de evidente carácter administrativo propias del citado funcionario. Por otra parte, conforme a los artículos 3, 4, 5, 7, y 8 de la Ley cuestionada, la administración y dirección del referido Instituto, se pone en manos de un Directorio, y la gestión diaria se encomienda a un Secretario ejecutivo, funcionarios éstos que en el ejercicio de sus gestiones, no mantienen ninguna vinculación con el gobernador, y sobre los cuales éste no posee ningún control. De esta manera el referido Instituto, como entidad autónoma, administraría, por su sola cuenta una parte de los bienes del Estado, sin ninguna intervención del gobernador, lo que significaría que el Instituto compartiría con el gobernador, la función administrativa que la Constitución de la República solamente atribuye a este último, y de la cual él debe dar cuenta anual a la propia Asamblea Legislativa. Tales razones llevan a la Corte a considerar: que si la Carta Fundamental atribuye al gobernador, con carácter exclusivo, la función de administración en el Estado que gobierna; si dentro de esa administración se incluye, sin excepción alguna, la de todos los bienes de dicho Estado y la del situado constitucional; si toda esa administración se encuentra incita dentro de la gestión de gobierno del expresado funcionario, y de ella debe dar cuenta anual a la Asamblea Legislativa, resulta desde todo punto de vista reñida con esa función de administración del gobernador, el hecho de conceder parte de ella a una entidad 'con personería jurídica, patrimonio propio e independiente del Fisco del Estado', como lo es el instituto cuya creación ha sido cuestionada. Estima pues, la Corte, que la existencia del Instituto Coordinador de Servicios y Obras Comunales del Estado Táchira, cuya finalidad implica, según se ha visto el ejercicio de una función administrativa que constitucionalmente compete al gobernador es contraria a lo dispuesto en el artículo 21 C. Por consiguiente, está viciado de nulidad el artículo 19 de la Ley, que crea dicho Organismo, y, por ende, todo el estatuto legal que lo pretende regir". *V.* en *Gaceta Forense*, N° 52, Ministerio de Justicia, Caracas, 1966, pp. 108 a 113; y en Allan R. Brewer-Carías, *Jurisprudencia de la Corte Suprema 1930-1974 y estudios de derecho administrativo, T.* I, "Ordenamiento constitucional y funcional del Estado", *cit.*, pp. 284 y ss. La interpretación de la Corte parece excesiva: en el caso considerado, la nulidad de la Ley procedía, pues no preveía ningún control de tutela por parte del gobernador respecto del instituto autónomo que creaba. El instituto, materialmente, se hacía depender de la Asamblea Legislativa, lo que configuraba una usurpación de funciones. Pero, realmente, el hecho de que la Constitución atribuya al gobernador competencia en materia de administración del estado, no excluye, *per se* la posibilidad de que se creen entes descentralizados sometidos a la tutela del gobernador.

20 Sobre la posibilidad de los municipios de crear entes descentralizados bajo el marco de la Constitución de 1961, *Cfr.* Las Apreciaciones de Antonio Moles Caubet, "Los límites a la Autonomía Municipal", *Revista de la*

III. LA POTESTAD ORGANIZATIVA

Ahora bien, con relación a la organización administrativa, ante todo debe determinarse quién puede crear órganos administrativos, o sea, quién puede establecer, modificar o extinguir dicha organización[21].

El Estado, dentro de sus diversas potestades tiene, sin duda, la potestad organizativa, o sea, la posibilidad de organizarse a sí mismo. La potestad organizativa es así, una de las potestades o poderes jurídicos del Estado. Entre estos están, por ejemplo, la potestad reglamentaria, mediante la cual puede regular, a través de normas de efectos generales, la conducta de los particulares; la potestad sancionatoria, es decir, la posibilidad de sancionar conductas ilícitas o ilegítimas de los infractores del ordenamiento jurídico; y la potestad expropiatoria, mediante la cual puede adquirir la propiedad en forma forzosa, indemnizando al propietario. Las potestades públicas constituyen para el Estado, situaciones jurídicas constitucionales de carácter general que le permiten actuar frente a los particulares. Dentro de ese conjunto de potestades está, precisamente, la potestad organizativa, es decir, la potestad que tiene el Estado de organizarse a sí mismo.

1. Las previsiones constitucionales

La regulación básica respecto de la potestad organizativa del Estado está en la propia Constitución. En este texto, en efecto, se puede distinguir una serie de normas y previsiones relativas a la organización administrativa y a la potestad organizativa.

La primera de las normas que es necesario destacar en las previsiones constitucionales sobre la potestad organizativa, es la que se refiere a la forma del Estado en Venezuela, derivada del sistema de distribución vertical del poder público: Venezuela no es un Estado Unitario, sino un Estado federal, como lo señala el artículo 4 C. "La República Bolivariana de Venezuela es un Estado federal descentralizado en los términos consagrados por esta Constitución".

Siendo, por tanto, el Estado venezolano un Estado federal, es el texto constitucional el que establece las peculiaridades de dicha Federación.

Por tanto, es en la Constitución donde deben ubicarse las normas genéricas sobre la potestad organizativa que corresponden a los diversos niveles de la Federación y, por tanto, a las diversas Administraciones que existen en el Estado.

Ahora bien, hay que tener presente que, precisamente, una de las grandes diferencias que hay entre un Estado unitario y un Estado federal está en la organización administrativa, pues en un Estado federal hay más de una Administración; en general, hay al menos tres Administraciones Públicas, según los tres niveles que existan: nacional, estadal y municipal.

Facultad de Derecho, N° 26, Caracas, Universidad Central de Venezuela, 1963, pp. 10 y ss. La Ley Orgánica de Régimen Municipal de 1989, sin embargo, resolvió definitivamente el problema permitiendo a los municipios crear entes descentralizados. En igual sentido se establece en el Art. 72 de la Ley Orgánica del Poder Público Municipal de 2005, *Gaceta Oficial* N° 38.204 del 8 de junio de 2005.

21 *Cfr.*, en general, Enrique Rivero Ysern, "Potestad Organizatoria y Actividad Organizativa", en *Documentación Administrativa,* N° 153, Madrid, 1973, pp. 7 a 39.

En cambio, en un Estado unitario, en principio, habría una sola organización administrativa, salvo, en particular, los que deriven de procesos de descentralización política y de los niveles locales, como ocurre en los estados unitarios descentralizados como Colombia.

Por tanto, una de las características del Estado venezolano es que tiene tres niveles de organización administrativa y, por tanto, tres niveles de Administración Pública como consecuencia de la distribución vertical del poder público en el poder municipal, el poder estadal y el poder nacional (Art. 136). Analizaremos a continuación las normas constitucionales relativas a esos tres niveles, para situar luego los principios básicos de su organización.

A. Normas en el ámbito nacional

El artículo 225 C. establece que el poder ejecutivo se ejerce por el Presidente de la República, el Vicepresidente Ejecutivo, los ministros y demás funcionarios que determinen la Constitución y la ley; el Presidente de la República, agrega la Carta Fundamental, "es el jefe del Estado y del Ejecutivo nacional, en cuya condición dirige la acción del Gobierno" (Art. 226).

Esta norma plantea el doble carácter de las competencias del Presidente de la República: competencias de orden político, nacional e internacional, como Jefe del Estado; y competencias de orden administrativo, y también político gubernamental, como Jefe del Ejecutivo nacional.

Pero aparte de esto, al señalar la Constitución que el poder ejecutivo se ejerce por el Presidente, el Vicepresidente Ejecutivo y los ministros, éstos como "órganos directos del Presidente" (Art. 242), está estableciendo, a nivel nacional, diversas instituciones de carácter constitucional: la Presidencia de la República, la Vicepresidencia Ejecutiva y los ministerios. Mas agrega el texto constitucional, que el poder ejecutivo se ejerce, también, por "los demás funcionarios que determinen esta Constitución y las leyes", con lo que se prevé otra serie de órganos que forman parte de la organización administrativa nacional, como "Ejecutivo nacional" según la expresión del Texto Fundamental, y entre ellos la Procuraduría General de la República a la cual, de acuerdo a lo dispuesto en el artículo 247 C., le corresponde defender y representar judicial o extrajudicialmente los intereses patrimoniales de la República.

Además de estos órganos, como se dijo, en el ámbito nacional existe otra serie de administraciones públicas como organizaciones que ejercen otros poderes públicos, conforme a la penta división del poder público, con independencia y autonomía funcional. Se trata de los órganos que ejercen el poder ciudadano y el poder electoral, y de la Dirección Ejecutiva de la Magistratura del Tribunal Supremo de Justicia, que ejerce el poder judicial.

En efecto, en cuanto a los órganos que ejercen el poder ciudadano, está la Contraloría General de la República, a la cual corresponde controlar la Administración Pública, siendo por tanto el órgano "de control, vigilancia y fiscalización de los ingresos, gastos, bienes públicos nacionales, así como de las operaciones relativas a los mismos" (Art. 287). Está también, como órgano que ejerce el poder ciudadano, el ministerio Público, bajo la dirección y responsabilidad del Fiscal General de la República (Art. 284), con amplias competencias relativas, entre otras, a garantizar la adecuada marcha de la Administración de justicia y los procesos judiciales (Art. 285).

Además, está la Defensoría del Pueblo, a cargo de la promoción, defensa y vigilancia de los derechos y garantías constitucionales (Art. 280). En cuanto al poder electoral, su ejercicio está a cargo del Consejo Nacional Electoral, como ente rector y por diversos órganos subordinados (Junta Electoral Nacional, Comisión de Registro Civil y Electoral y Comisión de Participación Política y Financiamiento) (Art. 292).

Además de estos órganos, también se encuentra prevista en la Constitución la Dirección Ejecutiva de la Magistratura, como el órgano a través del cual el Tribunal Supremo de Justicia ejerce la dirección, el gobierno y la administración del poder judicial, así como la inspección y vigilancia de los tribunales y de las defensorías públicas (Art. 267)[22].

Otro conjunto de órganos que también están integrados a la Administración Pública nacional son los entes descentralizados funcionalmente. Entre ellos está la figura de los institutos autónomos (entes descentralizados con forma jurídica de derecho público) la cual tiene carácter constitucional. Respecto de ellos, el artículo 142 C. prevé que "sólo podrán crearse por ley".

B. Normas en el ámbito estadal

La Constitución también establece el fundamento de la organización respecto a la Administración Pública estadal. En efecto, en el campo de los estados prevé, en el artículo 159, que éstos "son entidades autónomas e iguales en lo político, con personalidad jurídica plena"; y en el artículo 160 agrega que "el gobierno y la administración de cada Estado corresponde a un gobernador".

Conforme a estas previsiones, a nivel de cada estado hay una Administración Pública central estadal y un gobierno estadal a cargo de un gobernador, en torno al cual se conforma la estructura básica de la Administración Pública en ese nivel. Además, en cada estado existe una contraloría estadal, que se configura como parte de la Administración Pública no dependiente de los órganos ejecutivos, por tanto, con autonomía orgánica y funcional (Art. 163).

C. Normas en el ámbito municipal

En el campo de los municipios, la Constitución también prevé, en el artículo 168, que son "la unidad política primaria de la organización nacional [y] gozan de personalidad

22 Debe recordarse que bajo la vigencia de la Constitución de 1961, otro organismo con autonomía funcional que existió dentro de la Administración Pública, fue la Comisión Investigadora contra el Enriquecimiento Ilícito, creado, al igual que el Consejo Supremo Electoral, mediante ley, en este caso, la Ley contra el Enriquecimiento Ilícito de Funcionarios o Empleados públicos, posteriormente derogada. La Constitución no regulaba estos órganos, por lo que se trataba de organizaciones de rango legal. Sin embargo, al Consejo Supremo Electoral se le ha asignado, en la legislación, una jerarquía administrativa similar a la Fiscalía General de la República, a la Contraloría General de la República y al Consejo de la Judicatura; al preverse que sus actos, al igual que los de estos últimos, eran recurribles ante la Corte Suprema de Justicia conforme lo previsto en el artículo 42.12 de la derogada Ley Orgánica de la Corte Suprema de Justicia, *Gaceta Oficial* N° 1893, Extra. del 30 de julio de 1976. En cambio, los actos de la desaparecida Comisión Investigadora contra el Enriquecimiento Ilícito, al no incluirse en la citada norma de la Ley Orgánica de la Corte Suprema de Justicia, sólo eran recurribles ante la Corte Primera en lo Contencioso Administrativo conforme al artículo 185.3 de la mencionada Ley.

jurídica", y agrega, además, en el artículo 178, que corresponde a cada municipio el gobierno y administración de sus intereses y la gestión de las materias que se le asignan en cuanto concierne a la vida local.

Ha sido tradicional que los municipios tengan una organización administrativa uniforme, lo cual lamentablemente ha sido una característica de la organización municipal; sin embargo, la Constitución prevé que la ley puede establecer diferentes regímenes para la organización, gobierno y administración de los municipios (Art. 169), lo cual también lamentablemente no se hizo realidad en la Ley Orgánica de Régimen Municipal dictada desde 1978, ni en las reformas de 1984, 1988 y 1989; ni en la Ley Orgánica del Poder Público Municipal de 2005[23], pues en ellas básicamente se continuó la tradición uniformista de la organización municipal, la cual se ha rigidizado en la Constitución de 1999.

Así, todos los municipios, grandes, pequeños, rurales y urbanos, han tenido la misma conformación: un alcalde, como autoridad administrativa y de gobierno municipal, y un concejo municipal, integrado por un número variable de concejales según la población[24]. El sentido de la norma del artículo 169 C. es que la ley puede establecer distintos regímenes para la organización, gobierno y administración de los municipios, atendiendo a las condiciones de población, desarrollo económico, capacidad para generar ingresos fiscales propios, situación geográfica, elementos históricos y culturales y otros factores relevantes, lo cual espera desarrollo legislativo. La Ley Orgánica del Poder Público Municipal, en esta materia, lo único que hizo fue reenviar la regulación en la materia a los niveles territoriales estadales y municipales, al disponer en su artículo 47:

La legislación municipal que desarrollen los consejos legislativos y los concejos municipales, deberá establecer diferentes regímenes para la organización, gobierno y administración de los municipios, incluso en lo que respecta a la determinación de sus competencias y recursos, atendiendo a las condiciones de población, desarrollo económico, capacidad para generar ingresos fiscales propios, situación geográfica, elementos históricos y culturales y otros factores relevantes; así como las opciones para la organización del régimen de gobierno y administración democrática que corresponda a los municipios indígenas y a los municipios con población indígena, de acuerdo a la naturaleza del gobierno local y las características de la entidad federal respectiva.

2. La reserva en materia de organización en los diversos poderes territoriales

A nivel constitucional, por tanto, siendo las previsiones sobre organización administrativa las antes señaladas, una consecuencia fundamental se puede extraer de estas previsiones constitucionales, y es que, como hay tres niveles de régimen jurídico sobre la organización, el texto constitucional prevé, en muchos casos, una exclusividad, en su establecimiento y regulación, a favor de uno de dichos niveles: así, hay determinadas organizaciones que sólo pueden ser reguladas por el nivel nacional o que sólo pueden ser reguladas por el nivel estadal. Se impone, por tanto, el estudio de estas reservas.

23 *Gaceta Oficial* Nº 38.204 del 8 de junio de 2005.

24 Artículos 84 y 92 de la Ley Orgánica del Poder Público Municipal de 2005, *Gaceta Oficial* Nº 38.204 del 8 de junio de 2005.

Hay, por tanto, ciertas reservas en la Constitución, en materia de organización administrativa, a favor de las ramas nacional y estadal del poder público, no teniendo la rama municipal reserva constitucional de organización.

A. Las reservas al poder nacional

A nivel nacional, el artículo 156 C. asigna diversas competencias al poder nacional, y dentro de ellas, deben destacarse las relacionadas con la organización administrativa.

En este sentido, por ejemplo, el ordinal 8° de dicho artículo establece, que es de la competencia nacional, "la organización y régimen de la Fuerza Armada nacional".

Además, el ordinal 10° de la norma le atribuye competencia en "la organización y régimen del Distrito Capital y de las dependencias federales"; pero en general, el artículo 16 C. dispone que la división político territorial será regulada por ley orgánica. En igual sentido, los artículos 16, 17 y 18 C. remiten el establecimiento del régimen de la organización de esas entidades federales a una ley orgánica o a una ley.

Todas estas previsiones constituyen una reserva en materia de organización administrativa, de manera que sólo el poder nacional puede dictar normas para organizar las diversas referidas entidades políticas federales: el Distrito Capital, los territorios y las dependencias federales. Esto significa que no podría establecerse a otros niveles, ningún tipo de organización en relación con estos entes territoriales.

Por otra parte, se destaca que el artículo 162 C. le atribuye al legislador nacional el régimen de la organización y el funcionamiento de los consejos legislativos estadales; y que el artículo 169 C. dispone que la organización de los municipios y demás entidades locales se regirá además de por la Constitución, por las normas que para desarrollar los principios constitucionales establezcan las leyes orgánicas nacionales. También debe mencionarse la atribución que ha originado la asunción por el poder nacional de la competencia para disponer la forma de elección de los contralores estadales (Art. 163)[25].

Igualmente se destaca la reserva al poder nacional, de acuerdo con el artículo 136.8 C., en materia de organización, recaudación y control de impuestos nacionales a la renta, el capital y otros. Es decir que todo lo que se refiere a la organización de la administración de los tributos nacionales corresponde al poder nacional.

A su vez, los ordinales 12.° y 14° de dicho artículo establecen, también, como competencia del poder nacional, la organización y control de los impuestos nacionales y territoriales, y el ordinal 15° se refiere a "la organización y régimen de las aduanas". Por tanto, el régimen organizativo de dichos impuestos y de las aduanas corresponde sólo al poder nacional.

Es asimismo reserva del poder nacional, "el régimen y organización del sistema de seguridad social", según lo previsto en el artículo 156.22 C., así como "la organización y administración nacional de la justicia", de conformidad con el ordinal 31 del mismo artículo.

---

25 *V.* la Ley para la designación y destitución del contralor o contralora del estado, *Gaceta Oficial* N° 37.305 del 17 de octubre de 2001.

Por último, el ordinal 32 atribuye al poder nacional competencia en cuanto a la "organización y funcionamiento de los órganos del poder público nacional y demás órganos e instituciones nacionales del Estado; y la relativa a todas las materias de la competencia nacional".

Como consecuencia, en estos casos encontramos referencias concretas de reservas que se establecen en la Constitución a favor del poder nacional, en materia de organización. Como puede observarse, estas reservas responden a la naturaleza de las actividades que son propias del ámbito nacional. Sin duda, aquí también habría que agregar la referencia del artículo 156.33 C., que establece que es de la competencia del poder nacional, toda otra materia que le corresponda por su índole o naturaleza. Por tanto, si por la índole o naturaleza de una actividad, ésta le corresponde al ámbito nacional, la organización administrativa que corresponda a esa materia también está implícitamente reservada al poder nacional.

B. Las reservas al poder estadal

La reserva en materia de organización también la encontramos en el nivel estadal. Por ejemplo, el artículo 164.1 C. señala expresamente, que es de la competencia de cada estado "organizar los poderes públicos" y, entre sus poderes públicos, que son el legislativo y el ejecutivo, por supuesto, se incluye la organización de los órganos de su poder ejecutivo (Administración Pública central estadal). Esta reserva estadal implica que una ley nacional no puede establecer la organización administrativa de un determinado estado de la República[26].

Por otra parte, el artículo 164.2 C. le atribuye a los estados la competencia exclusiva para "la organización de sus municipios y demás entidades locales", aun cuando "conforme a esta Constitución y a la ley". Como consecuencia, la organización administrativa municipal, la cual constituye el tercer nivel en la escala federal, está compartida entre el poder nacional y el de los estados. Por tanto, los municipios, en Venezuela, no tienen una completa potestad de auto organización, pues básicamente la regulación de la organización municipal corresponde al legislador nacional y a las leyes del estado del cual forman parte; y sólo pueden dictar normas de organización en los términos que se prevén en la ley orgánica nacional y en las leyes estadales.

Sin duda, esto constituye un límite a la autonomía municipal, porque la autonomía, además de autoformación, debería implicar, también, la auto organización.

Otras referencias a la organización administrativa en el nivel estadal están en el mismo artículo 164 C. En efecto, los ordinales 4° y 7° establecen la competencia de los estados en la organización, recaudación, control y administración de los ramos tributarios propios y de los ramos de papel sellado, timbres y estampillas; y el ordinal 6° establece que es de la competencia de cada estado "la organización de la policía y la determinación de las ramas de este servicio atribuidas a la competencia municipal" aun cuando "conforme a la legislación nacional aplicable".

---

26 Por ello, en otro aspecto, ha sido la Constitución la que atribuyó al poder nacional poder para dictar una ley nacional para regular la organización y funcionamiento de los consejos legislativos estadales. *Cfr.*, la Ley Orgánica de los Consejos Legislativos Estadales, *Gaceta Oficial* N° 37.282 del 13 de septiembre de 2001.

Además, el ordinal 8° le atribuye a los estados competencia en materia de "creación, régimen y organización de los servicios públicos estadales". Como conclusión puede señalarse que, en esta materia de reservas en el campo de organización administrativa, las de carácter constitucionales están limitadas al nivel nacional y al nivel estadal, y no hay, materialmente, ningún ámbito de organización administrativa reservado en la Constitución al poder local. El poder municipal no tiene, por tanto, constitucionalmente, ningún elemento referente a su organización que se le haya reservado a su competencia.

Hasta tal punto esto es así que como señalado, la propia Constitución establece, en el artículo 169, que "la organización de los municipios y demás entidades locales se regirá por esta Constitución, por las normas que para desarrollar los principios constitucionales establezcan las leyes orgánicas nacionales y por las disposiciones legales que en conformidad con aquéllas dicten los estados".

Esta norma confirma una vez más lo que señala el artículo 164 C. que no hay una completa potestad organizativa a nivel local, sino que la organización local corresponde a lo que prevé la Constitución, a lo que establece la Ley Orgánica del Poder Público Municipal dictada a nivel nacional (2005), y a lo que establezcan los estados en sus leyes relativas a sus poderes municipales, aún por ser dictadas.

3. La reserva legal en materia de organización a los diversos poderes

Hay otro elemento vinculado a la potestad organizativa que es necesario destacar, y es el referente a las reservas que en materia de organización se establecen constitucionalmente al legislador nacional o estadal, o al Ejecutivo nacional.

Ciertamente, hasta ahora se ha analizado lo que la Constitución reserva al poder nacional en un determinado ámbito de la organización administrativa, y al poder estadal, en otro ámbito de la misma.

Pero para concretar más la asignación de competencias en el campo de la organización es necesario determinar a favor de cuáles órganos, en concreto, se establece la reserva dentro del ámbito nacional o estadal.

Cuando la Constitución señala, por ejemplo, que corresponde al poder nacional la organización del Distrito Capital, o cuando se prevé que corresponde a los estados la organización de sus municipios, efectivamente, ¿a cuál de los órganos del poder público se reserva esta potestad organizativa? ¿Al órgano legislativo o al poder ejecutivo? En el nivel estadal, por ejemplo, ¿la potestad organizativa corresponde al Consejo Legislativo o al gobernador?

De esto resulta que hay un tercer elemento ligado a las previsiones constitucionales en materia de potestad organizativa, y es el referente a la reserva legal que la propia Constitución establece en materia de organización.

En general, puede señalarse que la Constitución reserva la potestad organizativa a los órganos legislativos: al legislador nacional o al estadal, con excepción de lo que se refiere a la organización de los ministerios, que se atribuye al Presidente de la República.

A. La reserva legal en el ámbito nacional y su excepción en cuanto a la organización ministerial

a. *La administración pública que ejerce el poder ejecutivo nacional*

En efecto, planteado el problema en el ámbito nacional, se observa que hay una reserva legal en materia de organización administrativa prevista en el artículo 225 C. cuando dispone que el poder ejecutivo se ejerce por el Presidente de la República, el Vicepresidente Ejecutivo, los ministros y demás "funcionarios que determinen esta Constitución y la ley". Esto significa que sólo pueden ejercer el poder ejecutivo los órganos que estén determinados en una ley.

Un reglamento, por tanto, no podría crear un órgano que no esté integrado en la Administración ministerial, por ejemplo, y que ejerza efectivamente el poder ejecutivo, sino que necesariamente ese órgano, si está fuera de lo organización ministerial, debe ser creado y regulado por una ley de la República. En otras palabras, sólo la ley puede ser la que establezca qué órganos pueden ejercer el poder ejecutivo; y la competencia atribuida al Presidente de la República para determinar la organización ministerial no excluye la competencia del legislador en la materia.

b. *La administración pública central*

En lo que se refiere a la Administración Pública central, como se ha dicho, el artículo 236.20 C. atribuye al Presidente de la República competencia para "fijar el número, organización y competencia de los ministerios y otros organismos de la Administración Pública nacional, así como también la organización y funcionamiento del Consejo de Ministros, dentro de los principios y lineamientos señalados por la correspondiente ley orgánica"[27].

La organización ministerial, por tanto, pasó, de ser una competencia que la Constitución de 1961 reservaba a la ley orgánica, a ser una competencia atribuida al Presidente de la República en Consejo de Ministros, que por supuesto debe ejercer con sujeción a los principios y lineamientos que se dispongan en la Ley Orgánica de la Administración Pública.

En cambio, en la Constitución de 1961 se trataba de una materia que se reservaba a la ley orgánica, y no solo a una ley ordinaria, en cuanto a la determinación del número y organización de ministerios y su respectiva competencia, así como también en cuanto a la organización y funcionamiento del Consejo de Ministros. Por tanto, el Consejo de Ministros y los ministerios sólo podían ser organizados y regulados por el legislador, lo que implicaba que no podía crearse un ministerio por decreto ejecutivo. Sólo por vía excepcional, en caso de urgencia comprobada y en caso de receso del Congreso, el Presidente de la República, por decreto ley, podía crear un ministerio en tanto que servicio público en sentido orgánico (C. 1961, arts. 190.11 y 179.59), lo cual confirmaba la reserva legal.

---

27 Ley Orgánica de la Administración Pública, ley N° 40, *Gaceta Oficial* N° 37.305 del 17 de octubre de 2001. El primer decreto sobre organización ministerial fue el N° 1475 de 17 de octubre de 2001 sobre organización y funcionamiento de la Administración Pública central, *Gaceta Oficial* N° 37.305 de 17 de octubre de 2001, el cual ha sido reformado en múltiples oportunidades, sin que las trasformaciones de los ministerios hubieran obedecido a planificación alguna. *V.* el decreto N° 3570 del 8 de abril de 2005, *Gaceta Oficial* N° 38162 del 8 de abril de 2005.

En la Constitución de 1999, en cambio, se ha flexibilizado el tratamiento de la organización ministerial, atribuyéndose al Presidente de la República la competencia para fijar el número de ministerios, y establecer su organización y competencia, conforme a los principios y lineamientos determinados en la ley orgánica. Los decretos del Presidente de la República en materia de fijación del número, organización y competencias de los ministerios tienen carácter de decretos leyes, pues modifican las leyes relativas a tales competencias; decretos mediante los cuales, sin embargo, no se pueden modificar otras leyes sustantivas. Los decretos orgánicos dictados en ejecución del decreto de organización ministerial, por otra parte, no tienen tal carácter de rango legal. Lamentablemente, sin embargo, la flexibilización que buscó la Constitución, conducida por la improvisación (ausencia de planificación administrativa), ha implicado una inflación burocrática que en los últimos años (2002-2005) ha doblado el número de ministerios.

c. *La administración pública descentralizada*

En cuanto a la Administración Pública nacional descentralizada, también hay una reserva legal de importancia, al establecer el artículo 142 C. que sólo por ley pueden crearse institutos autónomos, por lo que la potestad organizativa en el campo de los institutos autónomos corresponde exclusivamente al poder legislativo. No pueden crearse, como consecuencia, institutos autónomos por decreto, porque se trata de un ámbito de reserva legal.

d. *La administración pública cuyos órganos ejercen otros poderes públicos*

En el campo de la Administración Pública nacional cuyos órganos ejercen los poderes ciudadano, electoral y judicial, también se consagran diversos ámbitos de reserva legal, en cuanto a la organización administrativa.

En efecto, el artículo 273 C. remite a la ley la regulación sobre "la organización y funcionamiento" de los órganos del poder ciudadano; lo que se reafirma en los artículos 283 (Defensor del Pueblo), 286 (ministerio público), y 290 (Contralor General de la República), en el sentido de que sólo la ley puede establecer la organización y funcionamiento de dichos órganos.

Otra disposición similar es la que se refiere a la organización y funcionamiento del Consejo Nacional Electoral y de los otros órganos que ejercen el poder electoral, que remite a la ley orgánica respectiva (Art. 292). Igualmente, en cuanto a la Dirección Ejecutiva de la Magistratura del Tribunal Supremo de Justicia, la misma debe estar regulada en la ley (Art. 262), de manera que sólo la ley podría establecer la organización de esta institución, y todos los mecanismos relativos a la administración de justicia. En esta materia, sin embargo, la omisión legislativa ha sido manifiesta, y sólo fue en 2004 cuando se legisló parcialmente al respecto mediante la Ley Orgánica del Tribunal Supremo de Justicia.

e. *Las administraciones públicas territoriales y federales*

Por último, la Constitución también reserva a la ley, y en particular a la ley orgánica, la organización del Distrito Capital, de los territorios federales y de las dependencias federales (arts. 16, 17 y 18), con la única indicación de que en las dos primeras organizaciones políticas debe dejarse a salvo la autonomía municipal. Al sancionarse la Constitución de 1999, sin embargo, ya no había en Venezuela territorios federales, y las dependencias federales conformadas por las islas del mar Caribe, seguían reguladas por la vieja Ley Orgánica de 1938.

B. La reserva legal en el ámbito estadal

En cuanto a los ámbitos estadales y municipales, o básicamente, al ámbito estadal, que es donde está situada la reserva en materia de organización, debemos hacernos la misma pregunta: cuando la Constitución reserva al estado la organización de sus poderes y la organización de sus municipios, en concreto, ¿a cuál órgano le atribuye el ejercicio de la potestad organizativa? ¿Al gobernador o al Consejo Legislativo? La respuesta a esta pregunta resulta del texto del artículo 162 C. que determina, entre las atribuciones de estos, el "legislar sobre las materias de competencia estadal" (ord. 1°), y entre las materias de competencia estadal está la organización de sus poderes y la organización de sus municipios (Art. 164.1 y 2), Por tanto, la potestad organizativa de los poderes públicos estadales y de los municipios de cada estado corresponde al respectivo Consejo Legislativo, particularmente mediante la sanción de las Constituciones estadales.

Como consecuencia de todo lo anterior, se puede concluir señalando que la potestad organizativa corresponde, en general, al órgano que ejerce el poder legislativo, tanto a nivel nacional como a nivel estadal; con la sola excepción de la competencia para fijar el número, competencias y organización de los ministerios que conforman el Ejecutivo nacional, lo cual corresponde al Presidente de la República.

4. El régimen de la reserva en la Ley Orgánica de la Administración Pública

A. La reserva legal en la asignación de la titularidad de la potestad organizativa

De acuerdo con el artículo 15 LOAP los órganos y entes de la Administración Pública se crean, modifican y suprimen por los titulares de la potestad organizativa, conforme a lo establecido en la Constitución y la ley, por lo que sólo estos instrumentos pueden asignar la titularidad de la potestad organizativa[28].

En cuanto a la Constitución, esta atribuye a la Asamblea Nacional potestad organizativa respecto de la Administración Pública nacional, al asignarle la competencia genérica para legislar "en las materias de la competencia nacional" (Art. 187.9), definiendo el artículo 156 como de la competencia del poder público nacional las siguientes materias que tienen relación con la organización de la Administración Pública en sentido general: 8. La organización de la Fuerza Armada; 10. La organización del Distrito Capital y de las dependencias federales; 31. La organización y administración nacional de la justicia, del ministerio Público y de la Defensoría del Pueblo; y 32. La organización de los órganos del poder público nacional y demás órganos e instituciones nacionales del Estado. Además, expresamente se le atribuye a la Asamblea Nacional competencia en materia de organización administrativa respecto de otros órganos del poder público nacional como los del poder ciudadano, en general, (Art. 273), y en particular la Contraloría General de la República (Art. 290); los del poder electoral (Art. 292), y la Procuraduría General de la República (Art. 247) que está integrada del poder ejecutivo nacional.

---

28 *Cfr.* Allan R. Brewer-Carías, *Principios del régimen jurídico de la organización administrativa venezolana, cit.*, pp. 21 y ss.

La Asamblea Nacional también tiene atribuida la titularidad de la potestad organizativa en materia de organización de los municipios y demás entidades locales, con la obligación de establecer diferentes regímenes para dicha organización (Art. 169).

La Constitución, por otra parte, en relación con la Administración Pública nacional, estableció la reserva legal sólo en relación con la creación de los institutos autónomos (Art. 142); pero en cuanto a la organización de la Administración Pública nacional centralizada, particularmente en lo que se refiere al número de ministerios, su organización y competencia, asignó la potestad organizativa al Presidente de la República en Consejo de Ministros, "dentro de los principios y lineamientos" señalados en la ley orgánica (Art. 236.20).

B. La titularidad para la organización de la administración pública central nacional

En efecto, de acuerdo con lo establecido en el artículo 236.20 C., corresponde al Presidente de la República en Consejo de Ministros, fijar el número, organización y competencia de los ministerios y la organización y funcionamiento del Consejo de Ministros, dentro de los principios y lineamientos que señale la correspondiente ley orgánica.

Como se ha dicho, en esta forma se varió de manera sustancial el sistema de la Constitución de 1961, que seguía la tradición constitucional iniciada desde el siglo XIX, y que rigidizaba la organización ministerial que sólo la ley podía determinar (Art. 193).

En desarrollo de esta potestad organizativa de rango constitucional atribuida al Presidente de la República en Consejo de Ministros, el artículo 58 LOAP le atribuye la facultad para fijar, mediante decreto, "el número, denominación, competencia y organización de los ministerios y otros órganos de la Administración Pública nacional, con base en parámetros de adaptabilidad de las estructuras administrativas a las políticas públicas que desarrolla el poder ejecutivo nacional y en los principios de organización y funcionamiento establecidos en la presente ley".

Conforme a esta atribución, desde 2001[29], luego de sancionarse la ley Orgánica, se han dictado sucesivamente decretos de organización ministerial, con enumeración de competencias de los ministerios. Los decretos se ha sido modificado muchas veces en el último lustro, aumentándose sucesivamente el número de ministerios, sin planificación administrativa alguna[30]

En los decretos, además, se ha establecido la estructura organizativa básica de cada ministerio, integrada por el despacho del ministro y los despachos de los viceministros; estando estos últimos integrados en orden jerárquico descendente así: Direcciones Generales, Direcciones de línea y Divisiones (arts. 16 y 17). Cada ministerio, en todo caso, ha sido objeto de regulación, en cuanto a su organización detallada, de un Reglamento Orgánico dictado por el Presidente de la República en Consejo de Ministros, "previa propuesta del respectivo Ministro" (Art. 18), en el cual se ha determinado la estructura y las funciones de los viceministros y de las demás dependencias que integran cada ministerio (Art. 17, LOAP).

---

29 *V.* decreto N° 1.475 del 17 de octubre de 2001, *Gaceta Oficial N°* 37.305 del 17 de octubre de 2001.

30 El decreto N° 3570 del 8 de abril de 2005 contemplaba 22 ministerios, *Gaceta Oficial* N° 38.162 del 8 de abril de 2005.

C. Requisitos para la creación y modificación de órganos y entes

En todo caso, el artículo 16 LOAP ha dispuesto que la creación de órganos y entes administrativos esta sujeta al cumplimiento de los siguientes requisitos:

1. Indicación de su finalidad y delimitación de sus competencias o atribuciones.
2. Determinación de su forma organizativa, su ubicación en la estructura de la Administración Pública y su adscripción funcional y administrativa.
3. Previsión de las partidas y créditos presupuestarios necesarios para su funcionamiento. En las correspondientes leyes de presupuesto se deben establecer partidas destinadas al financiamiento de las reformas organizativas que se programen en los órganos y entes de la Administración Pública.

La supresión o modificación de órganos y entes administrativos se debe adoptar mediante actos que gocen de rango normativo igual o superior al de aquéllos que determinaron su creación o última modificación.

Además, conforme al artículo 58 LOAP, el reglamento de la misma debe determinar el órgano que debe velar por la consistencia de la organización de los ministerios y otros órganos de la Administración Pública nacional. Esta fue, en su tiempo, la función que ejerció la Comisión de Administración Pública de la Presidencia de la República (1958-1974)[31].

D. La organización administrativa y el presupuesto

Un último aspecto debe destacarse en relación con el tema de la potestad organizativa, y es el que se refiere a la relación entre la organización administrativa y el presupuesto, muy vinculado al aspecto señalado de la reserva legal en esta materia.

De hecho, para que una organización actúe, no basta que una ley cree el órgano, por ejemplo, un instituto autónomo, o que lo establezca el decreto presidencial en el caso de los ministerios; debe además disponerse la forma cómo se va a estructurar y qué tipo de recursos financieros se le van a asignar. Hay, por tanto, una íntima y estrecha relación entre la organización administrativa y la asignación de recursos financieros.

La misma Constitución, en el artículo 314, establece el principio de la legalidad del gasto al disponer, que "no se hará ningún tipo de gasto que no haya sido previsto en la ley de presupuesto". Por tanto, por cuanto el ejercicio de la potestad organizativa implica gasto, para que una organización administrativa pueda entrar efectivamente en funcionamiento debe haber una previsión presupuestaria, sea por la vía del presupuesto ordinario anual, o por una modificación presupuestaria establecida por la vía del crédito adicional (Art. 314).

Por ello, el artículo 52 de la Ley Orgánica de Administración Financiera del Sector público reserva a la Asamblea Nacional, a solicitud del Ejecutivo nacional, las modificaciones que aumenten el monto total del presupuesto de gastos de la República, para las cuales se deben tramitar los respectivos créditos adicionales.

---

31 *Cfr.* Informe sobre la Reforma de la Administración Pública nacional, Comisión de Administración Pública, Caracas, 1972.

Esta relación entre organización administrativa, particularmente la ministerial, y el presupuesto, bajo la vigencia de la Constitución de 1961 que exigía que la creación de ministerios sólo se efectuara por ley, se planteó con carácter general en la reforma administrativa efectuada en 1976, al promulgarse la Ley Orgánica de la Administración central del 28 de diciembre de 1976, mediante la cual se crearon una serie de nuevos ministerios[32], los cuales no pudieron entrar en funcionamiento de inmediato pues la Ley de presupuesto para 1977 había entrado en vigencia con la organización administrativa ministerial anterior. Por tanto, para poder estructurar los nuevos ministerios se hizo necesario modificar la ley de presupuesto a través de la utilización del crédito adicional, mediante la declaración de una serie de partidas como insubsistentes[33].

A partir de la entrada en vigencia de la Constitución de 1999, como se ha visto, corresponde al Presidente de la República fijar el número de ministerios y determinar su organización y competencias. Sin embargo, el efecto presupuestario sigue siendo el mismo, en el sentido de que toda modificación de la estructura ministerial implica una modificación presupuestaria.

En tal sentido, la propia Ley Orgánica de la Administración Financiera del Sector Público[34] dispone que en los presupuestos se deben indicar "las unidades administrativas que tengan a su cargo la producción de bienes y servicios prevista" (Art. 17), por lo que el proyecto de ley de presupuesto anual debe contener las modificaciones en la estructura administrativa que hayan sido decretadas en el transcurso del año anterior.

Ello implica que el proyecto de ley de presupuesto debería reflejar una determinada organización administrativa, establecida formalmente, por lo que la ley de presupuesto no podría ser fuente de modificaciones a la organización administrativa[35].

Todas estas normas de la Ley Orgánica de la Administración Financiera del Sector Público deben tenerse en cuenta al considerar la potestad organizativa, por cuanto la creación de una organización no tendría mayor relevancia si no se realiza, paralelamente, la previsión de recursos financieros para su funcionamiento.

Por su parte, la Ley Orgánica de la Administración Pública también ha establecido el principio de la previsión financiera en la organización administrativa, al disponer que no pueden crearse nuevos órganos que supongan duplicación de otros ya existentes si al mismo tiempo no se suprime o restringe debidamente la competencia de éstos (Art. 16).

Además, tampoco podrían crearse nuevos órganos o entes en la Administración Pública que impliquen un aumento en el gasto recurrente de la República, los estados, los distritos metropolitanos o de los municipios, sin que se creen o prevean nuevas fuentes de ingresos ordinarios de igual o mayor magnitud a la necesaria para permitir su funcionamiento (Art. 17).

---

32 *V.* en *Gaceta Oficial* N° 1.932, Extra. del 28 de diciembre de 1976.

33 *V.* decreto N° 2.074 de 22 de marzo de 1977, *Gaceta Oficial* N° 1.999, Extra. del 22 de marzo de 1977.

34 *V.* en *Gaceta Oficial* N° 38.198 de 31 de mayo de 2005.

35 *Cfr.* lo expuesto en *Informe sobre la Reforma de la Administración Pública nacional*, *T.* I, Caracas, Comisión de Administración Pública, 1972, pp. 481 y ss., y 530 y ss.

IV. LOS PRINCIPIOS RELATIVOS A LA ADMINISTRACIÓN PÚBLICA EN LA LEY ORGÁNICA DE ADMINISTRACIÓN PÚBLICA

Los principios fundamentales relativos a la Administración Pública se pueden agrupar según se refieran a la organización administrativa o a la actividad administrativa, estando entre los últimos el principio de legalidad, el principio de la responsabilidad de los funcionarios y del Estado, y el principio de finalidad de la Administración Pública. En cuanto a los principios relativos a la organización, se destacan el de la competencia, que se analiza detenidamente más adelante (*segunda parte § 10*), y los de la jerarquía, la coordinación, la cooperación, la lealtad institucional y la información.

1. El principio de jerarquía

La jerarquía es el principio jurídico de mayor relevancia de la organización administrativa, vinculado al principio de la competencia ya que implica la distribución de ésta por razón del grado, pudiendo además, el superior imponer su voluntad sobre el inferior.

Conforme a este principio, entonces, los órganos de la Administración Pública deben estar jerárquicamente ordenados y relacionados de conformidad con la distribución vertical de atribuciones en niveles organizativos, de manera que los órganos de inferior jerarquía están sometidos a la dirección, supervisión y control de los órganos superiores de la Administración Pública con competencia en la materia respectiva (Art. 28).

Por ello, la Corte Primera de lo Contencioso Administrativo ha precisado que el principio de la de jerarquía, "descansa en el principio de la autoridad como una relación interorgánica determinada por la subordinación de un órgano a otro"[36].

A. Características

Constituye un presupuesto fundamental para que exista la jerarquía, el que entre los diversos órganos entre los cuales se establece la relación, debe haber la misma competencia por razón de la materia[37].

Por tanto, para que por ejemplo entre un ministro, un director general, los directores de un ministerio y sus departamentos se establezca una relación jerárquica, es necesario que todos tengan la misma materia como competencia. El efecto fundamental de este principio, precisamente por la unidad competencial, es que la voluntad del superior jerárquico puede imponerse sobre la voluntad del órgano inferior.

Por ello, si no existe la misma competencia por razón de la materia no podría hablarse de jerarquía; podría existir una relación de coordinación, pero en ningún caso una relación jerárquica. Por ejemplo, entre el ministro y una dirección general de su despacho

---

36 *V.* sentencia 1545 del 28 de noviembre de 2000 de la Corte Primera de lo Contencioso Administrativo, *Revista de Derecho Público*, N° 84, Editorial Jurídica Venezolana, Caracas, 2000, p. 131.

37 *Cfr.* José A. García Trevijano-Fos, *Principios jurídicos de la organización administrativa*, Madrid, 1957, p. 208.

existe una relación jerárquica, pero no así entre dicho ministro y una dirección general de otro ministerio. En este caso no hay jerarquía ni puede haberla, porque, entre otros factores, los funcionarios no tienen asignada la misma competencia por la materia. Por tanto, la jerarquía tiene que ver con la competencia y la distribución de ésta, por el grado, dentro de la misma organización.

En cuanto a la jerarquía en la organización ministerial, que forma el núcleo básico de la Administración central a nivel nacional, la misma está esbozada en la Ley Orgánica de la Administración Pública en los niveles superiores, remitiendo a los reglamentos orgánicos la determinación del número y competencia de los viceministros así como de las diversas dependencias del ministerio (Art. 64), las cuales se integran jerárquicamente, no en una forma pura y simplemente vertical, sino en una forma piramidal, como ha sido tradicional en la organización ministerial venezolana.

B. El predominio del superior jerárquico

Entre los efectos de la jerarquía, como principio jurídico de la organización administrativa, está el de que la voluntad del superior jerárquico prevalece sobre la del inferior. De allí que un superior jerárquico, en principio, puede modificar, revisar, anular, dirigir y controlar los actos del inferior, de lo contrario no habría jerarquía. La jerarquía implica, siempre, además, la posibilidad del superior de coordinar, dirigir y planificar los actos de los órganos inferiores.

La Ley Orgánica de la Administración Pública en el artículo 62 le atribuye al ministro la potestad de ejercer la suprema dirección del ministerio, quien la ejerce con la inmediata colaboración de los viceministros y de los órganos de apoyo ministerial; y en el artículo 76.2 precisa entre las atribuciones comunes de los ministros: "orientar, dirigir, coordinar, supervisar y controlar las actividades del ministerio". Esto implica que a cada ministro le corresponde la orientación de todos los niveles jerárquicos de su ministerio, como superior jerárquico.

Además, y dentro de la misma idea, el artículo 20.19 LOAP establece que a los ministros les compete resolver los recursos administrativos que les correspondan, y el artículo 20.22 íd., les atribuye competencia para resolver los conflictos de competencia entre los funcionarios del ministerio y ejercer la potestad disciplinaria.

Por último, otra consecuencia del principio de la jerarquía y del predominio del superior jerárquico sobre los funcionarios inferiores se refleja en materia de actos administrativos. Por ello, la Ley Orgánica de Procedimientos Administrativos establece expresamente que "ningún acto administrativo podrá violar lo establecido en otro de superior jerarquía" (Art. 13); previendo además, dicha ley la jerarquía de los actos administrativos, así: "decretos, resoluciones, órdenes, providencias y otras decisiones dictadas por órganos y autoridades administrativas" (Art. 14). Otro efecto de la jerarquía es la posibilidad que tiene el superior de dirigir la acción de los inferiores. En consecuencia, como se dijo, los órganos administrativos pueden orientar, dirigir, coordinar, supervisar y controlar las actividades de sus órganos jerárquicamente subordinados, lo que incluso pueden hacer mediante instrucciones y órdenes. A tal efecto, cuando una disposición específica así lo establezca o se estime conveniente por razón de los destinatarios o de los efectos que puedan producirse, las instrucciones y órdenes de servicio que dicte el ministro se deben publicar en la *Gaceta Oficial* que corresponda (Art. 43 LOAP).

Dispone el artículo 28 LOAP que el incumplimiento por parte de un órgano inferior, de las órdenes e instrucciones de su superior jerárquico inmediato, obliga a la intervención de éste y acarrea la responsabilidad de los funcionarios o funcionarias a quienes sea imputable dicho incumplimiento, salvo lo dispuesto en el artículo 8° de la ley (Art. 28); norma que recoge el principio del artículo 25 C. en el sentido de establecer la responsabilidad de los funcionarios públicos por las violaciones de los derechos garantizados en la Constitución "sin que les sirvan de excusa órdenes superiores". En consecuencia, si la orden del superior implica una violación de un derecho constitucional, y si el funcionario inferior la cumple, compromete su propia responsabilidad. La "salvedad" que parece implicar la norma del artículo 28 LOAP, sería que el funcionario inferior no incurriría en responsabilidad por incumplimiento de una orden superior cuando la misma implique violación de un derecho constitucional.

Otro efecto de la jerarquía, es la potestad que tiene el superior no sólo de nombrar y remover los funcionarios inferiores, sino de ejercer la potestad disciplinaria. Para el cumplimiento de todas estas tareas, el jerarca se vale de órganos que, dentro de la clasificación de los órganos administrativos, se califican como órganos auxiliares, por contraposición a los órganos de línea que son los de ejecución u operativos, y que lo asisten en su tarea de dirigir y coordinar las acciones de la organización. Entre estos órganos están los de personal los cuales son órganos auxiliares del jerarca, que no están dentro de la jerarquía piramidal y que no tienen programas de ejecución.

C. El ejercicio de las competencias y las competencias genéricas

Otra de las consecuencias de la jerarquía es la posibilidad que tiene el superior jerárquico de dictar actos que le son propios, como es la posibilidad para los ministros, por ejemplo, de suscribir los contratos (Art. 76.18) del despacho, a menos que haya delegado en funcionarios inferiores la atribución, la gestión o la firma de determinados actos (Art. 76.25) o que se haya producido un proceso de desconcentración y, por tanto, de distribución de competencia en los órganos inferiores, en cuyo caso no hay necesidad de delegaciones específicas.

Pero si no hay una asignación específica de competencia a determinados órganos de la organización, bien por una desconcentración, por determinación legal o por delegación, el superior jerárquico, como los ministros, por ejemplo, puede dictar los actos necesarios para el ejercicio de las competencias que le hayan sido atribuidas genéricamente al ministerio.

Otro efecto de la jerarquía es la posibilidad que tienen el ministro y los viceministros de delegar las atribuciones que le estén otorgadas por ley a los órganos o funcionarios inmediatamente inferiores bajo su dependencia (Art. 34 LOAP).

D. La potestad de control

Derivada también del principio de jerarquía es la potestad de control que tiene el superior jerárquico sobre los órganos inferiores. Si aquél es quien tiene la dirección, coordinación, orientación e instrucción de cómo debe actuarse a todos los niveles de su línea jerárquica, es obvio que una de las consecuencias de esta facultad de dirección, sea el poder de controlar si las actividades realizadas se ajustan efectivamente a las directrices dadas. De aquí, por ejemplo, que el ministro, en definitiva, tenga la potestad de control y conozca, en última instancia, de los recursos que se ejerzan contra actos dictados por órganos inferiores. En este sentido se establece en el artículo 76.19 LOPA, al prever que los ministros están facultados para resolver los recursos administrativos que les correspondan.

Ahora bien, esta potestad de control no sólo es ejercida por el superior jerárquico cuando ha habido instancia de parte mediante recursos administrativos, sino que el superior también puede controlar de oficio, los actos dictados por los órganos inferiores, es decir, sin que haya requerimiento de algún particular interesado, a menos que, y esto por vía de excepción, exista alguna norma que expresamente lo prohíba. Por tanto, salvo este supuesto, como consecuencia de la organización jerárquica de la Administración, el superior jerárquico puede revisar, suspender, modificar o revocar los actos dictados por los órganos inferiores, con las limitaciones derivadas, por supuesto, de los derechos adquiridos.

Otros de los efectos de la jerarquía, es la posibilidad que tiene el superior de resolver los conflictos que se establezcan entre los diferentes órganos que integran la jerarquía. Por ello, el artículo 76.22 LOAP atribuye a los ministros la potestad de resolver los conflictos de competencia que surjan entre los funcionarios del ministerio.

2. El principio de coordinación

Conforme al artículo 23 LOAP, las actividades que desarrollen los órganos y entes de la Administración Pública deben estar orientadas al logro de los fines y objetivos del Estado, para lo cual deben coordinar su actuación bajo el principio de unidad orgánica. La organización de la Administración Pública, por tanto, debe comprender la asignación de competencias, relaciones, instancias y sistemas de coordinación necesarios para mantener su orientación institucional de conformidad con la Constitución y la ley.

La coordinación, en consecuencia, es otro de los principios de la organización administrativa, como una de sus características esenciales de la organización[38], ya que, en definitiva, no hay actuación de órganos diversos sin que sea necesario coordinarlos. Es decir, desde el momento en que la Administración Pública está compuesta por variados y diversos órganos, como unidades complejas, se hace necesario establecer ciertos mecanismos de coordinación entre los diversos órganos del Estado, para lograr el resultado deseado como expresión de la voluntad administrativa[39].

---

38 *Cfr.*, en general, José Ortiz Díaz, *El principio de la coordinación en la organización administrativa*, Sevilla, 1956; Luis Blanco de Tella, "El mito de la función coordinadora", en L. Blanco de Tella y F. González Navarro, *Organización y procedimientos administrativos*, Madrid, 1975, pp. 21 y ss.

39 La Sala Constitucional en sentencia 3343 de 19 de diciembre de 2002, caso controversia constitucional entre el Distrito Metropolitano de Caracas *vs.* Ministerio del Interior y Justicia, ha señalado sobre el principio de la coordinación: "En cuanto a la coordinación establecida en la ley, se trata por una parte del cumplimiento de lo que se ha denominado la coordinación formal, que opera entre los sujetos titulares de la competencia de que se trate y que se funda en la información recíproca y en la búsqueda de acuerdos consentidos o auto coordinación. Ello se evidencia del hecho de que el Consejo de Seguridad Ciudadana esté formado por representantes del Ejecutivo nacional, de los estados, municipios y de otros entes cuyas atribuciones guarden relación directa con la actividad policial. En dicho Consejo, naturalmente, y aunque no se exprese claramente, se gestan acuerdos relativos a las políticas y acciones a seguir, fundados en una evaluación previa de las situaciones y un pronóstico de su evolución. Por otra parte, tenemos que también en la ley bajo examen se evidencia otro tipo de coordinación denominado

3. El principio de cooperación

Entre órganos que son autónomos, entre los cuales no se plantea relación jerárquica, el principio fundamental es el de la cooperación para el logro de los fines del Estado. Por ello, por ejemplo, conforme al principio del artículo 136 C., la Administración Pública nacional, la de los estados, la de los distritos metropolitanos y la de los municipios deben colaborar entre sí y con las otras ramas de los poderes públicos en la realización de los fines del Estado (Art. 24).

4. El principio de lealtad institucional

Dispone el artículo 25 LOAP que la Administración Pública nacional, la de los estados, la de los distritos metropolitanos y la de los municipios deben actuar y relacionarse de acuerdo con el principio de lealtad institucional y, en consecuencia, deben:

1. Respetar el ejercicio legítimo de sus competencias por parte de las otras administraciones.
2. Ponderar, en el ejercicio de las competencias propias, la totalidad de los intereses públicos implicados y, en concreto, aquellos cuya gestión esté encomendada a las otras administraciones.
3. Facilitar a las otras administraciones la información que precisen sobre la actividad que desarrollen en el ejercicio de sus propias competencias.
4. Prestar, en el ámbito propio, la cooperación y asistencia activas que las otras administraciones pudieran requerir para el ejercicio de sus competencias.

5. El principio de la información general: el internet

A fin de dar cumplimiento a los principios establecidos en la Ley Orgánica de la Administración Pública, en su artículo 12 se dispone que los órganos y entes de la Administración Pública deberán utilizar las nuevas tecnologías que desarrolle la ciencia, tales como los medios electrónicos, informáticos y telemáticos, para su organización, funcionamiento y relación con las personas.

En tal sentido, por disposición expresa de la Ley Orgánica, cada órgano y ente de la Administración Pública debe establecer y mantener una página en Internet, que debe contener, entre otras informaciones que se considere relevante, los datos correspondientes a su misión, organización, procedimientos, normativa que lo regula, servicios que presta, documentos de interés para las personas, así como un mecanismo de comunicación electrónica con dichos órganos y entes disponible para todas las personas vía Internet (Art. 12).

---

material, que según "Karl Huber (consiste en) una coordinación del 'contenido de los asuntos' [...] que supone un cierto poder directivo de operaciones globales por parte de la unidad superior" (García de Enterría y T.R. Fernández). Es decir, los acuerdos preestablecidos luego son a su vez coordinados, y su seguimiento y examen se lleva a cabo por las denominadas Coordinación Nacional o Regionales, en cabeza del Ministerio del Interior y Justicia. Por lo tanto, la integración en la diversidad de las partes del conjunto, previamente acordada, exige la adopción de medidas necesarias y suficientes para asegurar tal integración", en *Revista de Derecho Público*, Nº 89 a 90, Caracas, Editorial Jurídica Venezolana, 2002, p. 223.

Sección Segunda: EL RÉGIMEN JURÍDICO DE LA ORGANIZACIÓN DE LA ADMINISTRACIÓN PÚBLICA NACIONAL CENTRAL

El texto de esta Sección Segunda está conformado por el Parágrafo Noveno de libro *Derecho Administrativo,* Tomo II (La Organización Administrativa y la Administración Pública Nacional. Los Estados y la Administración Pública Estatal. Los Municipios y la Administración Pública Municipal), Universidad Externado de Colombia y la Universidad Central de Venezuela, Bogotá 2005.

Como se dijo, la Ley Orgánica de la Administración Pública, básicamente regula la organización de la Administración Pública nacional *ejecutiva* (Art. 2), estableciendo en sus normas, la clasificación clásica general de la misma, distinguiendo entre la Administración Pública central del poder nacional (título III) y la Administración Pública nacional descentralizada funcionalmente (cap. II, título IV).

En cuanto a la organización de la Administración Pública nacional central, el artículo 45 LOAP distingue dos tipos de *órganos superiores* de la misma: los órganos superiores de dirección y los órganos superiores de consulta, los cuales ejercen el poder ejecutivo en los términos del artículo 225 C.

La Ley Orgánica enumera como órganos superiores de dirección de la Administración Pública central a los siguientes: el Presidente de la República, el Vicepresidente Ejecutivo, el Consejo de Ministros, los ministros y los viceministros.

En cuanto a los órganos superiores de consulta de la Administración Pública central, el artículo 45 LOAP enumera los siguientes: la Procuraduría General de la República, el Consejo de Estado, el Consejo de Defensa de la Nación, los gabinetes sectoriales y los gabinetes ministeriales, los cuales también ejercen el poder ejecutivo (Art. 225 C.).

Estudiaremos la organización de la Administración Pública central nacional, distinguiendo las regulaciones de la Ley Orgánica de la Administración Pública en las dos grandes categorías de órganos superiores antes mencionados: *órganos superiores* de dirección y de consulta.

De acuerdo con el artículo 46 LOAP, corresponde a los órganos superiores de dirección de la Administración Pública central, dirigir la política interior y exterior de la República, ejercer la función ejecutiva y la potestad reglamentaria de conformidad con la Constitución y las leyes.

Asimismo, tienen a su cargo la conducción estratégica del Estado y, en especial, la formulación, aprobación y evaluación de las políticas públicas, el seguimiento de su ejecución y la evaluación del desempeño institucional y de sus resultados.

Además, los órganos superiores de dirección de la Administración Pública central ejercen el control de la actividad y de las políticas desarrolladas por los órganos inferiores, a los cuales deben evaluar en su funcionamiento, desempeño y resultados.

I. LA PRESIDENCIA DE LA REPÚBLICA

El Presidente de la República, conforme al artículo 226 C., es el Jefe del Estado y del Ejecutivo nacional, "en cuya conducción dirige la acción de gobierno", como lo repite el artículo 236.2 C.

En materia administrativa, el artículo 47 de la LOAP señala que, además, el Presidente de la República dirige la acción de la Administración Pública central del poder nacional con la colaboración inmediata del Vicepresidente Ejecutivo, conforme a lo establecido en la Constitución y en las leyes.

1. Competencias administrativas del Presidente de la República

El artículo 236 C., enumera las atribuciones y obligaciones del Presidente de la República, entre las cuales las referidas a las *materias administrativas o en relación con la Administración Pública*, se destacan las siguientes:

De acuerdo con el artículo 236.11 C., corresponde al Presidente de la República "administrar la Hacienda Pública nacional", teniendo además, la atribución de decretar en Consejo de Ministros "créditos adicionales al Presupuesto, previa autorización de la Asamblea Nacional o de la Comisión Delegada" (Art. 187,7; 236.13 y 314 C.).

Por otra parte, corresponde al Presidente de la República, conforme al artículo 236 de la Constitución:

3. Nombrar y remover el Vicepresidente Ejecutivo y a los Ministros.

15. Designar, previa autorización de la Asamblea Nacional o de la Comisión Delegada, al Procurador General de la República y a los jefes de las misiones diplomáticas permanentes.

16. Nombrar y remover a aquellos funcionarios cuya designación le atribuyen esta Constitución y la ley.

La Asamblea Nacional, conforme al artículo 187.14 C., debe autorizar el nombramiento del Procurador General de la República y de los jefes de misiones diplomáticas permanentes.

Conforme al artículo 236 C., corresponde al Presiente de la República, tanto negociar los empréstitos nacionales (ord. 12), como celebrar los contratos de interés nacional conforme a esta Constitución y la ley (ord. 14); atribuciones que debe ejercer en Consejo de Ministros. Por otra parte, el artículo 150 C. dispone, en general, que para la celebración de los contratos de interés público nacional se requerirá la aprobación de la Asamblea Nacional en los casos que determine la ley.

Se agregó, sin embargo, la misma norma que "no podrá celebrarse contrato alguno de interés público municipal, estadal o nacional con estados o entidades oficiales extranjeras o con sociedades no domiciliadas en Venezuela, ni traspasarse a ellos sin la aprobación de la Asamblea Nacional".

Por ello, el artículo 187.9 C. atribuyó a la Asamblea nacional competencia para autorizar al Ejecutivo nacional para celebrar contratos de interés nacional, en los casos establecidos en la ley, así como autorizar los contratos de interés público municipal, estadal o nacional con estados o entidades oficiales extranjeros o con sociedades no domiciliadas en Venezuela. El artículo 187.12 C., agregó dentro de las competencias de la Asamblea en materia de contratos públicos, la de autorizar al Ejecutivo nacional para enajenar bienes inmuebles del dominio privado de la Nación, con las excepciones que establezca la ley.

El Presidente de la República, además, en materia administrativa tiene las siguientes otras atribuciones conforme al artículo 236 C.:

6. Ejercer el mando supremo de la Fuerza Armada Nacional, promover sus oficiales a partir del grado de coronel o capitán de navío, y nombrarlos para los cargos que les son privativos.

10. Reglamentar total o parcialmente las leyes, sin alterar su espíritu, propósito y razón. Además, el artículo 87 de la LOAP reitera que el ejercicio de la potestad reglamentaria corresponde al Presidente de la República, en Consejo de Ministros, de conformidad con la Constitución y las leyes.

17. Dirigir a la Asamblea Nacional, personalmente o por intermedio del Vicepresidente Ejecutivo, informes o mensajes especiales.

18. Formular el Plan nacional de desarrollo y dirigir su ejecución previa aprobación de la Asamblea Nacional.

23. Convocar y presidir el Consejo de Defensa de la Nación.

Todos los actos antes señalados del Presidente de la República, con excepción del señalado en el ordinal 3° deben ser refrendados para su validez por el Vicepresidente Ejecutivo y el ministro o ministros respectivos.

Las atribuciones antes señaladas en los ordinales 10, 12, 13, 14, 18, las debe ejercer el Presidente en Consejo de Ministros, así como las que le atribuya la ley para ser ejercidas en igual forma.

2. Régimen de ejercicio de la potestad reglamentaria

Como se ha indicado, de acuerdo con el artículo 236.10 C., el Presidente de la República tiene competencia para reglamentar total o parcialmente las leyes, sin alterar su espíritu, propósito y razón. Además, el artículo 87 LOAP reitera que el ejercicio de la potestad reglamentaria corresponde al Presidente de la República, en Consejo de Ministros, de conformidad con la Constitución y las leyes.

La última norma dispone, además en forma expresa, los límites a la potestad reglamentaria, al indicar que los reglamentos no pueden regular materias objeto de reserva de ley, ni infringir normas con dicho rango; y además, que sin perjuicio de su función de desarrollo o colaboración con respecto a la ley, los reglamentos no pueden tipificar delitos, faltas o infracciones administrativas, establecer penas o sanciones, así como tributos, cánones u otras cargas o prestaciones personales o patrimoniales de carácter público.

Conforme al artículo 88 LOAP, la elaboración de los reglamentos de leyes debe ajustarse obligatoriamente al siguiente procedimiento:

1. La iniciación del procedimiento de elaboración de un reglamento se debe llevar a cabo por el ministerio competente según la materia, mediante la elaboración del correspondiente proyecto, al que se debe acompañar un informe técnico y un informe sobre su impacto o incidencia presupuestaria.

2. A lo largo del proceso de elaboración se debe recabar, además de los informes, los dictámenes correspondientes y cuantos estudios y consultas se estimen convenientes para garantizar la eficacia y la legalidad del texto.

3. Elaborado el texto se debe someter a consulta pública para garantizar el derecho de participación de las personas, de conformidad con lo dispuesto en el título VI de la Ley Orgánica. Durante el proceso de consulta las personas, directamente o a través de las organizaciones y asociaciones que los agrupen o representen, pueden presentar observaciones y propuestas sobre el con-

tenido del reglamento las cuales deben ser analizadas por el ministerio encargado de la elaboración y coordinación del reglamento.

4. Aprobado el reglamento por el Presidente de la República en Consejo de Ministros, entrará en vigencia con su publicación en la *Gaceta Oficial* de la República, salvo que el mismo disponga otra cosa.

En todo caso, establece el artículo 89 LOAP que el Ejecutivo nacional debe obligatoriamente aprobar el o los reglamentos necesarios para la eficaz aplicación y desarrollo de las leyes, dentro del año inmediatamente siguiente a la promulgación de las mismas.

3. Otros órganos de la administración pública nacional central adscritos a la Presidencia de la República

Además de los órganos superiores de dirección y de consulta de la Administración Pública antes señalados, la Ley Orgánica regula otros órganos de la Administración Pública nacional central, que son los consejos, comisiones y comisionados presidenciales, las autoridades únicas de área y los sistemas de apoyo.

A. Los consejos nacionales

Los consejos nacionales son órganos colegiados creados por el Presidente de la República con carácter permanente o temporal, integrados por autoridades públicas y personas representativas de la sociedad, para la consulta de las políticas públicas sectoriales que determine el decreto de creación (Art. 70).

En este decreto se debe determinar la integración de la representación de los sectores organizados, económicos, laborales, sociales y culturales y de cualquier otra índole, en cada uno de estos consejos nacionales (Art. 70).

B. Los comisionados y comisiones presidenciales e interministeriales

El Presidente de la República, además, puede designar comisionados y crear comisiones presidenciales o interministeriales, permanentes o temporales, integradas por funcionarios públicos y personas especializadas, para el examen y consideración en la materia que se determine en el decreto de creación (Art. 71), en el cual debe determinarse quién debe presidir las comisiones. Las comisiones presidenciales o interministeriales también pueden tener por objeto la coordinación de criterios y el examen conjunto de materias asignadas a diversos ministerios. Sus conclusiones y recomendaciones deben ser adoptadas por mayoría absoluta de votos (Art. 71).

C. Las autoridades únicas de área o de región

El Presidente de la República puede designar autoridades únicas de área o de región para el desarrollo de territorios o programas regionales, con las atribuciones que determinen las disposiciones legales sobre la materia y los decretos que las crearen (Art. 72).

En esta materia, fue la derogada Ley Orgánica para la Ordenación del Territorio[40] la que reguló dichas autoridades únicas para desarrollo de planes y programas específicos de ordenación del territorio cuya complejidad funcional, por la intervención de varios organismos del sector público o por la cantidad de recursos financieros comprometidos en su desarrollo, así lo requieran (Art. 58). La figura desapareció en la Ley Orgánica para la planificación y gestión de la ordenación del territorio de 2005[41].

D. Las oficinas nacionales y los sistemas de apoyo de la Administración Pública nacional

El Presidente de la República puede crear oficinas nacionales para que auxilien a los órganos y entes de la Administración Pública nacional en la formulación y aprobación de las políticas institucionales respectivas. Dichas oficinas deben ser los órganos rectores de los sistemas que les estén asignados y que comprenden los correspondientes órganos de apoyo técnico y logístico institucional de la Administración Pública nacional (Art. 75).

A tal efecto, conforme al artículo 73 LOAP, los sistemas de apoyo técnico y logístico de la Administración Pública nacional están conformados por la agrupación de procesos funcionales, procedimientos administrativos y redes de órganos coordinados, cuyo propósito es ofrecer asesoría estratégica y suministro de insumos institucionales a los órganos sustantivos, garantizando las condiciones organizacionales necesarias para su adecuado funcionamiento y para el logro de las metas y objetivos esperados por la Administración Pública nacional.

Las oficinas nacionales, como órganos rectores de los sistemas de apoyo, deben fiscalizar y supervisar las actividades de los órganos que integran los respectivos sistemas de apoyo institucional de la Administración Pública nacional, para lo cual estos órganos deben permitir el acceso a documentos, expedientes, archivos, procedimientos y trámites administrativos, y suministrarán cualquier información que les sea requerida.

Los órganos o entes rectores de los sistemas de apoyo institucional deben evaluar la información obtenida y ordenar a los órganos de apoyo la corrección de las deficiencias detectadas. Los órganos de apoyo deben efectuar las correcciones señaladas y, en caso de incumplimiento, el respectivo órgano o ente rector debe formular la queja correspondiente ante el ministro o máximo órgano jerárquico correspondiente, con copia al Vicepresidente Ejecutivo (Art. 74).

Debe señalarse, por último, que las unidades administrativas de las oficinas nacionales también pueden ser desconcentradas mediante reglamento orgánico, aplicándose las mismas regulaciones expuestas en relación con la desconcentración administrativa ministerial (Art. 90 y ss. LOAP).

---

40 *V.* en *Gaceta Oficial* N° 3.238 Extra. del 11 de noviembre de 1983. *Cfr.* Allan R. Brewer-Carías, *Ley Orgánica para la ordenación del Territorio,* Editorial Jurídica Venezolana, Caracas, 1988, pp. 69 y ss.

41 *V.* en *Gaceta Oficial N°* 38.264 del 2 de septiembre de 2005.

II LA VICEPRESIDENCIA DE LA REPÚBLICA

La Constitución de 1999 creó el cargo de Vicepresidente Ejecutivo, como un órgano dependiente del Presidente de la República y de su libre nombramiento y remoción. Por ello, la creación de dicho cargo no significa el establecimiento de separación alguna entre el Jefe de Estado y el gobierno, cuya acción sigue estando dirigida por el Presidente de la República, ni por tanto cambio alguno en el sistema presidencial de gobierno. El Vicepresidente Ejecutivo, por ello tampoco llega a configurarse como un "jefe de gabinete" con funciones de gobierno separado del Jefe del Estado. El Vicepresidente, en realidad, es solamente en un órgano auxiliar del Presidente de la República en la conducción de la Administración Pública lo que, sin duda, podría contribuir a racionalizar el ejercicio del Poder Ejecutivo, desconcentrando su ejercicio.

En efecto, tanto el artículo 238 C. como el artículo 48 LOAP, señalan que el Vicepresidente de la República es órgano directo y colaborador inmediato del Presidente de la República en su condición de jefe del Ejecutivo nacional, con quien debe colaborar en la dirección de la acción de gobierno (Art. 49.1 LOAP). Corresponde al Presidente de la República el libre nombramiento y remoción del Vicepresidente (Art. 236.3, C.), por lo que esta figura no modifica en forma alguna el sistema presidencial tradicional.

De acuerdo a la enumeración de competencias del vicepresidente que establece el artículo 239 C., el artículo 49 LOAP las repite y amplía, indicando entre sus atribuciones las siguientes *relacionadas con la Administración Pública o la función administrativa*, las de:

2. Coordinar la Administración Pública nacional, central y descentralizada funcionalmente, de conformidad con las instrucciones del Presidente de la República.

3. Proponer al Presidente o Presidenta de la República el nombramiento y la remoción de los ministros.

4. Presidir, previa autorización del Presidente o Presidenta de la República, el Consejo de Ministros.

5. Coordinar las relaciones del Ejecutivo nacional con la Asamblea Nacional y efectuar el seguimiento a la discusión parlamentaria de los proyectos de ley.

6. Presidir el Consejo Federal de Gobierno y coordinar las relaciones del Ejecutivo nacional con los estados, los distritos metropolitanos y los municipios.

7. Nombrar y remover, de conformidad con la ley, los funcionarios nacionales cuya designación no esté atribuida a otra autoridad.

8. Suplir las faltas temporales y absolutas del Presidente o Presidenta de la República, de conformidad con la Constitución.

9. Ejercer las atribuciones que le delegue el Presidente o Presidenta de la República.

10. Dirigir y coordinar el proceso de evaluación de los resultados de las políticas públicas adoptadas por el Ejecutivo nacional e informar de ello al Presidente de la República.

11. Efectuar el seguimiento a las decisiones del Consejo de Ministros e informar periódicamente al Presidente de la República sobre el estado general de su ejecución y resultados.

12. Efectuar el seguimiento a las instrucciones impartidas por el Presidente de la República a los ministros o ministras e informarle sobre su ejecución y resultados.

13. Coordinar y ejecutar los trámites correspondientes a la iniciativa legislativa del poder ejecutivo, ante la Asamblea Nacional.

14. Coordinar el proceso de promulgación de las leyes y, de ser el caso, el proceso de reparo presidencial a que se refiere el artículo 214 C.

15. Presidir el Consejo de Estado.

La Vicepresidencia de la República debe contar con la estructura orgánica y los funcionarios que requiera para el logro de su misión, de conformidad con el reglamento orgánico que apruebe el Presidente de la República en Consejo de Ministros (Art. 48).

III. EL CONSEJO DE MINISTROS

1. Integración y misión

De acuerdo con el artículo 242 C. y con el artículo 50 LOAP, el Presidente de la República, el Vicepresidente Ejecutivo y los ministros, reunidos, integran el Consejo de Ministros, el cual debe ser presidido por el Presidente de la República o por el Vicepresidente Ejecutivo.

Este último, sin embargo, de acuerdo con el artículo 242 C., sólo puede presidir el Consejo de Ministros, con autorización del Presidente de la República, cuando éste no pueda asistir a sus reuniones. En este último caso, además, todas las decisiones adoptadas deben ser ratificadas por el Presidente de la República. Por supuesto, el acto de ratificación es un acto posterior al de adopción de la decisión, y así debe constar formalmente en el texto de la decisión.

El procurador general de la República, por su parte, de acuerdo con el mismo artículo 59 LOAP puede asistir al Consejo de Ministros, pero solamente con derecho a voz. Además, el Presidente de la República puede invitar a otros funcionarios y personas a las reuniones del Consejo de Ministros, cuando a su juicio la naturaleza de la materia o su importancia así lo requieran. Por último, corresponde al propio Consejo de Ministros la designación de su secretario.

La finalidad fundamental del Consejo de Ministros, conforme al artículo 51 LOAP, es la consideración y aprobación de las políticas públicas generales y sectoriales que son competencias del poder ejecutivo nacional.

2. Los principios legales sobre la organización y funcionamiento del consejo de Ministros

El artículo 52 LOAP establece, en forma general, que el Presidente de la República, mediante decreto, debe fijar la organización y funcionamiento del Consejo de Ministros, con el objeto de garantizar el ejercicio eficaz de sus competencias y su adaptabilidad a los requerimientos que imponen las políticas públicas cuya consideración y aprobación le corresponde. En el referido decreto se deben establecer las unidades de apoyo técnico y logístico necesarias para el eficaz cumplimiento de sus fines.

Sin embargo, la Ley Orgánica establece algunas regulaciones en la materia, que son las siguientes:

El quórum de funcionamiento del Consejo de Ministros no puede ser menor de las dos terceras partes de sus miembros. Sin embargo, en caso de que el Presidente de la República estime urgente la consideración de uno o determinados asuntos, el Consejo de Ministros puede sesionar con la mayoría absoluta de sus integrantes (Art. 53 LOAP).

El Presidente de la República debe fijar la periodicidad de las reuniones del Consejo de Ministros y está legalmente autorizado para convocarlo extraordinariamente cuando lo juzgue conveniente (Art. 54 LOAP).

De las sesiones del Consejo de Ministros se debe levantar un acta por el secretario, quien la debe asentar en un libro especial y la debe certificar con su firma, una vez aprobada. Dicha acta debe contener las circunstancias relativas al tiempo y lugar de su celebración, la relación de los asistentes, las decisiones adoptadas sobre cada uno de los asuntos tratados en la reunión y los informes presentados (Art. 55 LOAP).

Conforme al artículo 56 LOAP, las deliberaciones del Consejo de Ministros tienen carácter secreto. Sin embargo, las decisiones que se adopten en el Consejo de Ministros por supuesto que no tienen carácter confidencial ni secreto. No obstante, por razones de interés nacional o de carácter estratégico, conforme al mismo artículo 56 LOAP, el Presidente de la República puede declarar reservada algunas de las decisiones del Consejo de Ministros, en cuyo caso, el punto en el acta correspondiente tendrá carácter confidencial o secreto sólo durante el tiempo estrictamente necesario, que tiene que fijar el Presidente, luego del cual el mismo debe levantar la reserva de la decisión adoptada (Art. 56 LOAP).

3. La responsabilidad solidaria de los miembros del Consejo de Ministros

Conforme a lo establecido en el artículo 242 C., lo cual desarrolla el artículo 57 LOAP, el Vicepresidente Ejecutivo y los ministros son solidariamente responsables con el Presidente de la República de las decisiones adoptadas en las reuniones del Consejo de Ministros a que hubieren concurrido, salvo que hayan hecho constar su voto adverso o negativo.

4. El rol del Consejo de Ministros en la iniciativa legislativa del ejecutivo nacional

Conforme al artículo 204.1 C., el poder ejecutivo nacional tiene la iniciativa de las leyes, mediante la elaboración, aprobación y posterior remisión de proyectos de ley a la Asamblea Nacional (Art. 85 LOAP).

A tal efecto, el artículo 86 LOAP establece el siguiente procedimiento de elaboración de proyectos de ley por parte del poder ejecutivo nacional, en el cual se asigna un rol básico al Consejo de Ministros:

1. El procedimiento debe iniciarse en el ministerio o ministerios competentes mediante la elaboración del correspondiente anteproyecto, que debe ir acompañado por un informe jurídico, los estudios o informes técnicos sobre la necesidad y oportunidad del mismo, así como por un informe económico sobre su impacto o incidencia presupuestaria.

2. El titular del ministerio proponente debe elevar el anteproyecto al Consejo de Ministros a fin de que éste decida sobre los ulteriores trámites y, en particular, sobre las consultas, dictámenes e informes que resulten convenientes, así como sobre los términos de su realización.

3. Una vez cumplidos los trámites antes indicados, el ministro proponente debe someter el anteproyecto, nuevamente, al Consejo de Ministros para su aprobación como proyecto de ley y su remisión a la Asamblea Nacional, acompañándolo de una exposición de motivos, del informe técnico y del informe económico sobre su impacto o incidencia presupuestaria, y demás antecedentes necesarios para pronunciarse sobre él.

4. Cuando razones de urgencia así lo aconsejen, el Consejo de Ministros puede prescindir de los trámites contemplados en este artículo y acordar la aprobación de un proyecto de ley y su remisión a la Asamblea Nacional.

5. En todo caso, en el diseño y planificación de los proyectos de ley que proponga a la Asamblea Nacional, el Ejecutivo nacional debe hacer las estimaciones económicas y presupuestarias necesarias para cubrir los costos que genere cada proyecto de ley, exclusivamente con base en ingresos ordinarios.

IV. LA ORGANIZACIÓN MINISTERIAL

1. Los ministerios

A. Carácter y régimen de organización interna

De acuerdo con el artículo 60 LOAP, los ministerios son los órganos del Ejecutivo nacional encargados de la formulación, adopción, seguimiento y evaluación de las políticas, estrategias, planes generales, programas y proyectos en las materias de su competencia y sobre las cuales ejercen su rectoría (Art. 60)[42]. Su número y competencias se deben establecer, conforme al artículo 236.20 C., mediante decreto que, en este caso, tiene rango de ley. A tal efecto el Presidente de la República comenzó a organizar los ministerios a partir del decreto 1475 del 17 de octubre de 2001[43].

En esta forma, la tradicional disposición constitucional que exigía que la ley fuera la que estableciera el número, organización y las competencias de los ministerios, se modificó en la Constitución de 1999, al atribuirse tal facultad al Presidente de la República. El decreto presidencial que al efecto se dicte, por ello, en nuestro criterio puede considerarse como un decreto con fuerza de ley, en cuanto que tiene poder modificatorio o derogatorio de las leyes atributivas de competencias a los ministerios, en los casos en los que el decreto cree o elimine alguno, pero dichos decretos, sin duda, no pueden ser fuente de competencias nuevas. La competencia de los órganos de la Administración

42 *Cfr.* sobre la organización ministerial, Eloy Lares M., "Los ministros", *Libro Homenaje a Rafael Caldera, T.* IV, Universidad Central de Venezuela, Caracas, 1979, pp. 2193-2218; Allan R. Brewer-Carías, "Principios generales de la organización de la Administración central, con particular referencia a la Administración ministerial", *Revista de Derecho Público*, N° 2, Editorial Jurídica Venezolana, Caracas, 1980, pp. 5-22; Antonio De Pedro F., "Los ministros de Estado en el ordenamiento jurídico venezolano. Una aproximación a su estudio", *Revista de Derecho Público*, N° 5, Editorial Jurídica Venezolana, Caracas, 1981, pp. 5-26.

43 *Gaceta Oficial* N° 37.305 del 17 de octubre de 2001.

Pública, incluidos los ministerios, como se ha dicho, sólo puede tener como fuente la ley; y el decreto ejecutivo de fijación del número de ministerios lo que puede es distribuir la competencia legal entre los diversos ministerios, sin crear nuevas competencias.

Ahora bien, en cuanto a la organización de los ministerios, la suprema dirección de los mismos corresponde al ministro, quien la debe ejercer con la inmediata colaboración de los viceministros y de los órganos de apoyo ministerial (Art. 62).

Por ello, cada ministerio debe estar integrado por el despacho del ministro y los despachos de los viceministros. El reglamento orgánico de cada ministerio debe determinar el número y competencias de los viceministros de acuerdo con los sectores que deba atender, así como de las demás dependencias del ministerio que sean necesarias para el cumplimiento de su cometido (Art. 64).

Además, conforme al artículo 61 LOAP, las competencias específicas y las actividades particulares de cada ministerio son las establecidas en el reglamento orgánico respectivo, como instrumento "distribuidor" de competencias. Por ello, estos decretos orgánicos, por supuesto, a pesar de ser dictados por el Presidente de la república, están sujetos a las disposiciones del decreto de organización ministerial, y no pueden en forma laguna modificar las leyes, que son las que crean las competencias.

B. Los ministros

De acuerdo con el artículo 242 C., los ministros son órganos directos del Presidente de la República.

a. *Clases de ministros*

Los ministros pueden ser de dos clases: con despacho ministerial o sin tal despacho. El número de los ministros con despacho ministerial deriva del decreto de organización y funcionamiento de los ministerios que, conforme al artículo 236.20 C. y al artículo 50 LOAP, dicte el Presidente de la República.

En esta forma, de acuerdo con el artículo 1° del decreto 1475 de 17 de octubre de 2001 sobre organización y funcionamiento de la Administración Pública central los siguientes fueron los 14 ministerios establecidos: del Interior y Justicia; de Relaciones Exteriores; de Finanzas; de la Defensa; de la Producción y el Comercio; de Educación, Cultura y Deportes; de Salud y Desarrollo Social; del Trabajo; de Infraestructura; de Energía y Minas; del Ambiente y de los Recursos Naturales, de Planificación y Desarrollo; de Ciencia y Tecnología; y de la Presidencia de la República[44].

Mediante decreto 3570 de 8 de abril de 2005, también sobre organización y funcionamiento de la Administración Pública central los siguientes fueron los 22 ministerios establecidos: del Interior y Justicia; de Relaciones Exteriores; de Finanzas; de la Defensa; de Industrias Ligeras y Comercio; Industrias Básicas y Minería; de Turismo; de Agricultura y Tierras; de Educación Superior; de Educación y deportes; de Salud y Desarrollo Social; del Trabajo; de Infraestructura; de Energía y Petróleo; del Ambiente y

44 Sobre la evolución del número y competencias de los ministerios. *Cfr.* Allan R. Brewer-Carías, *Principios del régimen jurídico de la organización administrativa venezolana,* Editorial Jurídica Venezolana, Caracas, 1994, pp. 127 y ss.

de los Recursos Naturales, de Planificación y Desarrollo; de Ciencia y Tecnología; de Comunicación e Información; para la Economía Popular; de Alimentación; de la Cultura y para la Vivienda y el Hábitat[45].

Pero además de los ministros con despacho ministerial, el artículo 243 C. y el artículo 59 LOAP, autorizan al Presidente de la República para nombrar ministros de Estado, sin asignarles despacho determinado, los cuales además de asistir y participar en el Consejo de Ministros, deben asesorar al Presidente de la República o Vicepresidente Ejecutivo, en los asuntos que les fueren asignados.

Además, conforme al artículo 59 LOAP, por vía de excepción y mediante decreto motivado, el Presidente de la República puede designar ministros de Estado, adscribiéndoles los órganos, entes o fondos necesarios para el eficaz cumplimiento de los fines que se les asignen.

b. *Funciones y competencias comunes de los Ministros*

Corresponde a los ministros y a sus viceministros la planificación y coordinación estratégicos del ministerio y la rectoría de las políticas públicas del sector cuya competencia les esté atribuida (Art. 63 LOAP).

En particular, en cuanto a los ministros con despacho, el artículo 76 LOAP, les asigna las siguientes atribuciones:

1. Dirigir la formulación, el seguimiento y la evaluación de las políticas sectoriales que les correspondan, de conformidad con el decreto presidencial que determine el número y la competencia de los ministerios y con el reglamento orgánico respectivo.

2. Orientar, dirigir, coordinar, supervisar y controlar las actividades del ministerio, sin perjuicio de las atribuciones que, sobre control externo, la Constitución y las leyes confieren a los órganos de la función contralora.

3. Representar política y administrativamente al ministerio.

4. Cumplir y hacer cumplir las órdenes que les comunique el Presidente de la República o el Vicepresidente Ejecutivo, a quienes deberán dar cuenta de su actuación, sin perjuicio de lo dispuesto en esta ley.

5. Informar al Presidente de la República y al Vicepresidente Ejecutivo sobre el funcionamiento de sus ministerios y garantizar el suministro de información a los sistemas de información sobre la ejecución y resultados de las políticas públicas a sus cargos, a los sistemas de información correspondientes.

6. Asistir a las reuniones del Consejo de Ministros, del Consejo Federal de Gobierno y de los gabinetes sectoriales que integren.

7. Convocar y reunir periódicamente los gabinetes ministeriales.

8. Refrendar los actos del Presidente de la República o del Vicepresidente Ejecutivo que sean de su competencia y cuidar de su ejecución, así como de la promulgación y ejecución de los decretos o resoluciones que dicten.

9. Presentar a la Asamblea Nacional la memoria y cuenta de su ministerio, señalando las políticas, estrategias, objetivos, metas, resultados, impactos y obstáculos a su gestión.

---

45 *V.* en *Gaceta Oficial* N° 36.162 del 8 de abril de 2005.

10. Presentar, conforme a la ley, el anteproyecto de presupuesto del ministerio y remitirlo, para su estudio y tramitación, al órgano rector del sistema de apoyo presupuestario.

11. Ejercer la superior administración, dirección, inspección y resguardo de los servicios, bienes y ramos de renta del ministerio.

12. Ejercer la rectoría de las políticas públicas que deben desarrollar los institutos autónomos, empresas y fundaciones del Estado adscritos a sus despachos, así como las funciones de coordinación y control que les correspondan conforme a esta ley, a las leyes especiales de creación y a los demás instrumentos jurídicos respectivos.

13. Ejercer la representación de las acciones pertenecientes a la República en las empresas del Estado que se les asigne, así como el correspondiente control accionario.

14. Comprometer y ordenar los gastos del ministerio e intervenir en la tramitación de créditos adicionales y demás modificaciones de su presupuesto, de conformidad con la ley.

15. Otorgar, previo cumplimiento de las formalidades de ley, los contratos relacionados con asuntos propios del ministerio.

16. Comunicar al Procurador o Procuradora General de la República las instrucciones concernientes a los asuntos en que éste deba intervenir en las materias de la competencia del ministerio.

17. Cumplir oportunamente las obligaciones legales respecto a la Contraloría General de la República.

18. Suscribir los actos y correspondencias del despacho a su cargo.

19. Resolver los recursos administrativos que les corresponda conocer y decidir de conformidad con la ley.

20. Llevar a conocimiento y resolución del Presidente de la República o del Vicepresidente Ejecutivo, los asuntos o solicitudes que requieran su intervención.

21. Legalizar la firma de los funcionarios y funcionarias al servicio del ministerio.

22. Resolver los conflictos de competencia entre funcionarios del ministerio y ejercer la potestad disciplinaria, con arreglo a las disposiciones legales o reglamentarias.

23. Contratar para el ministerio los servicios de profesionales y técnicos por tiempo determinado o para obra determinada.

24. Someter a la decisión del Presidente de la República o del Vicepresidente Ejecutivo los asuntos de su competencia en cuyas resultas tengan interés personal, o lo tengan su cónyuge o algún pariente por consanguinidad en cualquier grado en la línea recta o en la colateral hasta el cuarto grado inclusive, o por afinidad hasta el segundo grado.

25. Delegar sus atribuciones, gestiones y la firma de documentos de conformidad con las previsiones de la presente ley y su reglamento respectivo.

c. *Las cuentas de los ministros al Presidente de la República*

En principio, los ministros deben someter a la consideración del Presidente de la República los asuntos de su despacho que así lo ameriten. Sin embargo, el Presidente puede autorizar a que dichas cuentas se presenten ante los ministros coordinadores de gabinetes sectoriales a fin de que sean estos los que presenten los asuntos al Presidente de la República (Art. 69 LOAP).

d. *Las memorias y cuentas de los ministros ante la Asamblea Nacional*

Las memorias que los ministros deban presentar a la Asamblea Nacional, conforme a lo dispuesto en el artículo 244 C., deben contener la exposición razonada y suficiente de las políticas, estrategias, planes generales, objetivos, metas, resultados, impactos y obstáculos en la gestión de cada ministerio en el año inmediatamente anterior, así como los lineamientos de sus planes para el año siguiente. Si posteriormente se evidenciaren actos o hechos desconocidos por el ministro, que por su importancia merecieran ser del conocimiento de la Asamblea Nacional, estos deben ser dados a conocer a ese poder legislativo (Art. 77 LOAP).

En la memoria y cuenta de sus despachos, los ministros deben informar anualmente a la Asamblea Nacional acerca de las actividades de control que ejerzan, en los términos previstos en la Ley Orgánica de la Administración Pública, sobre los entes que les estén adscritos o se encuentren bajo su tutela.

Además, en las memorias se deben insertar aquellos documentos que el ministro considere indispensables, teniendo en cuenta su naturaleza y trascendencia, por lo que no deberán incluirse en las memorias simples relaciones de actividades o documentos (Art. 77 LOAP).

La aprobación de las memorias de los ministros, conforme al artículo 78 de la LOAP, no comprende la de las convenciones y actos contenidos en ellas que requieran especial aprobación legislativa.

Conforme al artículo 79 LOAP, cada ministerio debe presentar una cuenta que debe acompañar la memoria y que debe contener una exposición de motivos, los estados contables mensuales y el resultado de las contabilidades ordenadas por la ley. La cuenta se dividirá en dos secciones: cuenta de rentas y cuenta de gastos.

Esta cuenta debe estar vinculada a la memoria, al plan estratégico respectivo y a sus resultados, de manera que constituya una exposición integrada de la gestión del ministro y permita su evaluación conjunta (Art. 80).

En el caso específico de la cuenta del Ministerio de Finanzas, el artículo 81 LOAP exige que debe comprender, además, la Cuenta General de Rentas y Gastos públicos, la cual debe centralizar el movimiento general de todos los ramos de rentas y de gastos y la Cuenta de Bienes nacionales adscritos a los diversos ministerios, con especificación del movimiento de los bienes muebles e inmuebles, de conformidad con la Ley Orgánica de Administración Financiera del Sector público[46].

C. Los viceministros

Los viceministros son los órganos inmediatos del ministro, y tienen a su cargo, específicamente, la supervisión de las actividades de sus respectivas dependencias de acuerdo con las instrucciones del ministro. Los viceministros, además, tienen a su cargo las atribuciones que les otorguen la Ley Orgánica de la Administración Pública y el reglamento orgánico del ministerio, así como el conocimiento y la decisión de los asuntos que les delegue el ministro (Art. 82 LOAP).

---

46 *V.* en *Gaceta Oficial* N° 38.198 de 31 de mayo de 2005.

Conforme al artículo 65 LOAP, los viceministros son de libre nombramiento y remoción por el Presidente de la República, oída la propuesta del ministro correspondiente. Lamentablemente, en nuestro criterio, con esta norma se rompe la línea jerárquica en la conducción de los ministerios, pues este nombramiento debería corresponder a los ministros y no al Presidente de la República.

No pueden existir ni crearse cargos de viceministro sin asignación específica de sectores de actividad administrativa; aun cuando los viceministros pueden tener asignado más de un sector (Art. 66).

El artículo 83 LOAP enumera las siguientes competencias comunes de los viceministros:

1. Seguir y evaluar las políticas a su cargo; dirigir, planificar, coordinar y supervisar las actividades de las dependencias de sus respectivos despachos, y resolver los asuntos que les sometan sus funcionarios o funcionarias, de lo cual darán cuenta al ministro o ministra en los gabinetes ministeriales o cuando éste o ésta lo considere oportuno.

2. Ejercer la administración, dirección, inspección y resguardo de los servicios, bienes y ramos de renta de sus respectivos despachos.

3. Comprometer y ordenar, por delegación del ministro o ministra, los gastos correspondientes a las dependencias a su cargo.

4. Suscribir los actos y correspondencia de los despachos a su cargo.

5. Cumplir y hacer cumplir las órdenes e instrucciones que les comunique el ministro o ministra, a quien darán cuenta de su actuación.

6. Coordinar aquellas materias que el ministro o ministra disponga llevar a la cuenta del Presidente de la República, del Vicepresidente Ejecutivo, al Consejo de Ministros y a los gabinetes sectoriales.

7. Asistir a los gabinetes ministeriales y presentar en los mismos los informes, evaluaciones y opiniones sobre las políticas de los ministerios.

8. Ejercer la potestad disciplinaria, con arreglo a las disposiciones legales o reglamentarias correspondientes.

9. Contratar por delegación del ministro o ministra los servicios de profesionales y técnicos por tiempo determinado o para obra determinada.

10. Llevar a conocimiento y resolución del ministro, los asuntos o solicitudes que requieran su intervención, incluyendo las que por su órgano sean presentadas por las comunidades organizadas y las organizaciones públicas no estatales legalmente constituidas.

11. Someter a la decisión del ministro o ministra los asuntos de su atribución en cuyas resultas tengan interés personal directo, por sí o a través de terceras personas.

12. Delegar atribuciones, gestiones y la firma de documentos, conforme a lo que establezca esta ley y su reglamento.

2. Los principios de la organización ministerial

Tal como se ha indicado, los ministros son los órganos directos del Presidente de la República, por lo que los ministerios constituyen las organizaciones más importantes del poder ejecutivo nacional para la ejecución de las políticas estatales. Los principios de organización de mayor relevancia que tiene la Administración ministerial, dentro del complejo de la Administración central, además de la uniformidad organizativa plasmada en el artículo 64 LOAP, son los siguientes: la unidad de la personalidad jurídica; la unidad patrimonial; la unidad presupuestaria; la unidad jerárquica; y la unidad sectorial.

A. La unidad de la personalidad jurídica

La Administración Pública nacional central en Venezuela, está configurada por el conjunto de los órganos administrativos a través de los cuales o por cuyo intermedio se manifiesta la voluntad o el actuar de la República, como persona jurídica.

El Estado venezolano, como entidad nacional, como se ha dicho, tiene una sola personalidad jurídica, la de la República, y todos los órganos de la Administración central responden a dicha personalidad jurídica única (*Introducción, V. y segunda parte*). La "personalidad jurídica de la Administración" nacional central, por tanto, es una sola y única, la de la República, por lo que los diversos órganos de la Administración central no tienen personalidad propia. También, tal como se señaló, los órganos de la Administración Pública nacional que ejercen otros poderes públicos tampoco tienen personalidad jurídica propia, sino que participan de la personalidad de la República, y cuando actúan, jurídicamente hablando, actualizan la personalidad jurídica de la República.

En la misma forma, los ministerios no tienen personalidad jurídica propia, sino que son órganos de una sola persona jurídica: la República. Cuando las Administraciones ministeriales o, en general, el Ejecutivo nacional contratan o sus órganos causan un daño, quien contrata o responde, por supuesto, es la República

Por tanto, la Administración ministerial, como parte de la Administración central, tiene una sola y única personalidad jurídica: la personalidad de la República, como persona nacional, distinta, en el ámbito territorial, de las otras personas político territoriales: los estados y municipios; y distinta, también, en el ámbito funcional, de los entes descentralizados funcionalmente, como por ejemplo los institutos autónomos y las empresas del Estado.

B. La unidad patrimonial: la unidad del tesoro

A la existencia de una sola y única personalidad jurídica de la Administración central ministerial se acompaña la existencia, también, de una unidad patrimonial de la Administración central ministerial.

El patrimonio de la República, como persona jurídica, es uno y único, por lo que todos los ingresos recaudados por los ministerios, incluso por los servicios autónomos sin personalidad jurídica, todos los gastos efectuados por los servicios ministeriales, y todos los bienes adscritos a los ministerios son ingresos, gastos y bienes nacionales, regidos por la Ley Orgánica de la Administración Financiera del Sector público y sometidos al control de la Contraloría General de la República, conforme a lo prescrito en el artículo 289 C.

El sustento fundamental del principio de la unidad patrimonial de la Administración central ministerial, derivado de la unidad de personalidad jurídica, en materia hacendística, es el denominado principio de la unidad del Tesoro, el cual implica que la masa general del Tesoro es una y única, por lo que todos los ingresos nacionales deben ir a la masa general del Tesoro, sin afectación específica a un servicio de la Administración central o ministerial; así como todos los gastos de la Administración central ministerial, deben hacerse con cargo a esa masa general del Tesoro, sin afectar una partida patrimonial específica de algún órgano administrativo.

Este principio de la unidad del Tesoro, o unidad patrimonial de la Administración central ministerial, está indirectamente consagrado en el artículo 14 de la Ley Orgánica de Administración Financiera del Sector público al establecer en su artículo 34 que no se podrá destinar específicamente el producto de ningún ramo de ingreso con el fin de atender el pago de determinados gastos, ni predeterminarse asignaciones presupuestarias para atender gastos de entes o funciones estatales específicas, salvo las afectaciones constitucionales. No obstante, y sin que ello constituya la posibilidad de realizar gastos extra presupuestarios, podrán ser afectados para fines específicos los siguientes ingresos: 1° Los provenientes de donaciones, herencias o legados a favor de la República o sus entes descentralizados funcionalmente sin fines empresariales, con destino específico; 2° Los recursos provenientes de operaciones de crédito público; 3° Los que resulten de la gestión de los servicios autónomos sin personalidad jurídica, y 4° El producto de las contribuciones especiales.

Sin embargo, no todas estas excepciones al principio de la no afectación de ingresos a gastos específicos implican excepciones al principio de la unidad patrimonial de la Administración central ministerial; esto sólo se produciría en caso de que exista una separación patrimonial, mediante la creación de un patrimonio autónomo o separado para la realización de determinadas actividades, con cierta autonomía de gestión, lo cual se produciría en los siguientes casos: el establecimiento de un patrimonio separado, consecuencia de un régimen especial de gestión de un servicio público; la creación de patrimonios autónomos, mediante ley, para constituir fondos de inversión, sea que éstos tengan personalidad jurídica, como fue el Fondo de Inversiones de Venezuela, en cuyo caso había una descentralización funcional, sea que no la tengan, como sucedió con el Fondo de Financiamiento a las Exportaciones; y los que resulten de la gestión de servicios autónomos sin personalidad jurídica.

Respecto de estos últimos, los denominados servicios autónomos sin personalidad jurídica en los últimos años han venido creándose mediante decreto, para la prestación de determinados servicios, con la característica de que los ingresos que originan dichos servicios no van a la masa general del Tesoro, sino que se afectan al funcionamiento del mismo servicio, el cual, a pesar de su autonomía de gestión, permanece integrado en la estructura orgánica del ministerio respectivo.

Estos servicios, como se dijo, están ahora regulados en la Ley Orgánica de la Administración Pública en la cual se dispuso que el Presidente de la República, mediante el reglamento orgánico respectivo, en Consejo de Ministros, puede crear órganos con carácter de servicios autónomos sin personalidad jurídica u otorgar tal carácter a órganos ya existentes en los ministerios y las oficinas nacionales (Art. 92); ello con el propósito de obtener recursos propios producto de su gestión para ser afectados al financiamiento de un servicio público determinado. De acuerdo con la Ley Orgánica de la Administración Pública, sólo puede otorgarse tal carácter de servicio autónomo sin personalidad jurídica en aquellos casos de prestación de servicios a cargo del Estado que permitan, efectivamente, la captación de ingresos propios (Art. 92).

En todo caso, los referidos servicios son órganos que deben depender jerárquicamente del ministro o del viceministro que determine el respectivo reglamento orgánico (Art. 92).

Estos servicios autónomos sin personalidad jurídica deben contar con un fondo separado, para lo cual deben estar dotados de la autonomía que acuerde el reglamento orgánico que les otorgue tal carácter.

Conforme al artículo 34,3 de la Ley Orgánica de Administración Financiera del Sector público[47], los ingresos provenientes de la gestión de los servicios autónomos sin personalidad jurídica no forman parte del Tesoro y, en tal virtud, pueden ser afectados directamente, de acuerdo con los fines para los cuales han sido creados. Tales ingresos sólo pueden ser utilizados para cubrir los gastos que demanda el cumplimiento de sus fines (Art. 93).

C. La unidad presupuestaria

La Administración central, conforme a la Constitución, tiene un régimen presupuestario único, tal como lo precisa el artículo 314 al señalar que "no se hará ningún gasto (*sic*) que no haya sido previsto en la ley de presupuesto".

Esta unidad de régimen, caracterizado por la rigidez presupuestaria con la sola excepción de los créditos adicionales al Presupuesto, se aplica en igual forma a todos los órganos de la Administración central y ministerial.

Por otra parte, en cuanto a la ordenación de pagos, los ministros son los ordenadores de pago en lo que concierne a sus respectivos despachos; y en cuanto a los otros órganos de la Administración Pública, conforme al artículo 51 de la Ley Orgánica de Administración Financiera del Sector público, el director del despacho del Presidente de la República, el Vicepresidente Ejecutivo de la República, el presidente de la Asamblea Nacional, el presidente del Tribunal Supremo de Justicia, el presidente del Consejo Moral Republicano, el Contralor General de la República, el Fiscal General de la República, el Defensor del Pueblo, el presidente del Consejo Nacional Electoral, el Procurador General de la República, el Superintendente Nacional de Auditoria Interna y las máximas autoridades de los entes descentralizados sin fines empresariales serán los ordenadores de compromisos y pagos en cuanto al presupuesto de cada uno de los entes u organismos que dirigen.

Ahora bien, en cuanto a la Administración central ministerial, la unidad presupuestaria se manifiesta, particularmente, en el mismo régimen de ejecución presupuestaria, entre otros, en los siguientes aspectos: en los compromisos presupuestarios, en el sentido de que los ministros no pueden adquirir compromisos para los cuales no existan créditos presupuestarios, ni disponer de créditos para una finalidad distinta a la prevista, estando sometidos dichos compromisos al control de contratos o compromisos financieros establecidos en la Ley Orgánica de la Contraloría General de la República; y en la ordenación de los pagos, sometida a las mismas formalidades y modalidades de control conforme a las normas de la Ley Orgánica de la Contraloría General de la República.

D. La unidad jerárquica

Además de la unidad de la personalidad jurídica y de la unidad patrimonial y presupuestaria, las administraciones ministeriales responden también al principio básico de la

---

47 *V.* en *Gaceta Oficial* N° 37.029 del 5 de septiembre de 2000.

organización administrativa: la jerarquía administrativa. Así, los ministerios tienen una unidad jerárquica fundamental, que sitúa en su cúspide, al ministro, como funcionario encargado de orientar, dirigir, coordinar, supervisar y controlar las actividades del ministerio, tal como lo precisa la Ley Orgánica de la Administración Pública (Art. 76.2). Este mismo texto le asigna al ministro las siguientes funciones relacionadas con la potestad jerárquica: ejercer la superior administración, dirección, inspección y resguardo de los servicios, bienes y ramos de renta del ministerio; resolver los recursos administrativos que les corresponda conocer y decidir de conformidad con la ley; resolver los conflictos de competencia entre funcionarios del ministerio y ejercer la potestad disciplinaria, con arreglo a las disposiciones legales o reglamentarias.

En el ejercicio de sus funciones como superiores jerárquicos del despacho ministerial, los ministros están asistidos por los viceministros, quienes actúan como órganos inmediatos del ministro, conforme al artículo 82 LOAP. Los viceministros tienen a su cargo supervisar las actividades de sus respectivas dependencias de acuerdo con las instrucciones del ministro, y tienen a su cargo, además, el conocimiento y la decisión de los asuntos que les delegue el ministro.

E. La unidad sectorial

De acuerdo con lo previsto en la Ley Orgánica de la Administración Pública, los ministerios deben ser los órganos centrales de los sistemas administrativos que deben establecerse en cada sector; de allí inclusive que las competencias distribuidas en el decreto de organización ministerial deben tener una orientación sectorial.

Esta unidad sectorial, como principio de organización de los ministerios, implica que los ministros tienen entre sus funciones comunes las de control de la Administración descentralizada perteneciente al sector. En tal sentido, a los ministros corresponde, en su respectivo sector, ejercer la rectoría de las políticas públicas que deben desarrollar los institutos autónomos, empresas y fundaciones del Estado adscritos a sus despachos, así como las funciones de coordinación y control que les correspondan conforme a la Ley Orgánica, a las leyes especiales de creación y a los demás instrumentos jurídicos respectivos (Art. 76.12).

V. LA FUERZA ARMADA NACIONAL

Pero además de los órganos constitucionales antes mencionados regulados en la Ley Orgánica de la Administración Pública, en la Constitución se prevé otra organización, que por tanto tiene fuente constitucional y que se ubica dentro de la Administración Pública nacional; y en particular, dentro de la Administración central. Se trata de las Fuerza Armada que forma parte del poder ejecutivo y que tiene dependencia en relación con el Presidente de la República.

En efecto, la Constitución, en el artículo 328, precisa que la Fuerza Armada Nacional constituye una institución esencialmente profesional, sin militancia política, organizada por el Estado para garantizar la independencia y soberanía de la Nación y asegurar la integridad del espacio geográfico, mediante la defensa militar, la cooperación en el mantenimiento del orden interno y la participación activa en el desarrollo nacional, de acuerdo con la Constitución y la ley.

En el cumplimiento de sus funciones, está al servicio exclusivo de la Nación y en ningún caso al de persona o parcialidad política alguna. Sus pilares fundamentales son la disciplina, la obediencia y la subordinación.

Por su parte, el artículo 237 C. le atribuye al Presidente de la República competencias para dirigir la Fuerza Armada nacional en su carácter de comandante en jefe, ejercer la suprema autoridad jerárquica de ella y fijar su contingente (ord. 5°), así como ejercer el mando supremo de la Fuerza Armada Nacional, promover sus oficiales a partir del grado de coronel o capitán de navío, y nombrarlos para los cargos que les son privativos (ord. 6°).

La Constitución precisa. además, que la Fuerza Armada está integrada por el Ejército, la Armada, la Aviación y la Guardia Nacional, que funcionan de manera integral dentro del marco de su competencia para el cumplimiento de su misión, con un régimen de seguridad social integral propio, según lo establezca su respectiva ley orgánica (Art. 327)[48]. Agrega además el artículo 329 C., que el Ejército, la Armada y la Aviación tienen como responsabilidad esencial la planificación, ejecución y control de las operaciones militares requeridas para asegurar la defensa de la Nación. Se indica también que la Guardia Nacional debe cooperar en el desarrollo de dichas operaciones y tiene como responsabilidad básica la conducción de las operaciones exigidas para el mantenimiento del orden interno del país. Además, la Constitución prescribe que la Fuerza Armada podrá ejercer las actividades de policía administrativa y de investigación penal que le atribuya la ley.

La forma de integración de la Fuerza Armada al poder ejecutivo, partiendo, por supuesto, de la Constitución, se realiza a través de uno de los ministerios, el Ministerio de la Defensa que se integra a la Administración Pública nacional, y en particular a la Administración central[49].

Pero la integración de la Fuerza Armada al Ministerio de la Defensa es, sin duda, peculiar, pues da origen a la superposición de dos organizaciones: una administrativa y una jerárquica militar. Esto se produce mediante un sistema de organización a través de cuatro órganos desconcentrados: las comandancias generales de los cuatro componentes (Ejército, Marina, Aviación, Guardia Nacional), reguladas en la Ley Orgánica de las Fuerzas Armadas Nacionales[50]. En cada una de ellas, el nivel jerárquico superior está en la comandancia general de cada uno de los componentes, integrados todos al Ministerio de la Defensa, pero no como dependencias jerárquicas centrales, sino como dependencias jerárquicas desconcentradas. El Ministerio de la Defensa, por tanto, tiene una doble organización: por una parte, una organización central de los servicios centrales (servicios de educación, de sanidad, etc.) de la Fuerza Armada; y por la otra, una organización desconcentrada de los cuatro componentes.

---

48 *V.* Ley Orgánica de las Fuerzas Armadas Nacionales, *Gaceta Oficial* N° 4.860 Extra de 22 de febrero de 1995 y Ley de Seguridad Social de las Fuerzas Armadas Nacionales, *Gaceta Oficial* N° 35.752 de 13 de julio de 1995.

49 *Cfr.* Allan R. Brewer-Carías, "Las Fuerzas Armadas Nacionales y la organización de la Administración central", en *Normativa Fundamental de la Guardia Nacional y de sus Funciones Institucionales*, Obra Conmemorativa del 42 Aniversario de la creación de la Guardia Nacional 1937-1979, *T.* I, vol. I, Mérida, Comandancia General de la Guardia Nacional, 1979, pp. 27-93.

50 *V.* en *Gaceta Oficial* N° 3.256, Extra. del 26 de septiembre de 1983.

En éstos se da la figura precisa de la desconcentración administrativa (no la delegación ni la descentralización), mediante la cual se dota a estas organizaciones de autonomía funcional.

Sin embargo, a pesar de la fuente constitucional de la organización militar, la Fuerza Armada nacional es parte de la Administración pública, de lo que se infiere, como lo ha dicho la Sala Político Administrativa del Tribunal Supremo de Justicia en sentencia 1028 del 9 de mayo de 2000 (caso Poncio Mogollón M. y otros *vs.* República (Ministerio de la Defensa) que en Venezuela no se puede "hablar de una Administración Pública militar, regida por un derecho administrativo militar, en el que exista una forma de agotar la vía administrativa militar" lo que resultaría "un contrasentido, que tan sólo sería viable en la medida en que exista una habilitación constitucional o legal explícita, que limite los derechos del administrado", agregando que:

En este orden de ideas uno de los avances más significativos de la Constitución se centra en incorporar la jurisdicción penal militar a la estructura misma del poder judicial, y establecer como regla el juez natural civil u ordinario frente a la especialidad de la justicia militar, que tan sólo tendrá cabida bajo el régimen excepcional de los delitos militares cuya ocurrencia se produzca en una situación excepcional (artículo 261).

Por otro lado, el artículo 49 del texto fundamental de la República Bolivariana de Venezuela, cuando establece el derecho al debido proceso, extiende su ámbito a los procedimientos y actuaciones de carácter administrativo. En consecuencia, siendo la Fuerza Armada una institución inserta dentro de la organización administrativa del estado, deberá ésta someterse a las reglas de legalidad, racionalidad, debido proceso y justicia, que prevén tanto la Constitución, como en su actuación administrativa, la Ley Orgánica de Procedimientos Administrativos, a menos que exista una norma de rango legal que prime sobre la ley procedimental administrativa[51].

VI. LOS ÓRGANOS SUPERIORES DE CONSULTA DE LA ADMINISTRACIÓN PÚBLICA NACIONAL CENTRAL

En cuanto a los órganos superiores de consulta de la Administración Pública central, el artículo 45 de la Ley se limita a señalar que son la Procuraduría General de la República, el Consejo de Estado, el Consejo de Defensa de la Nación, los gabinetes sectoriales y los gabinetes ministeriales.

1. La Procuraduría General de la República

El artículo 247 C. regula a la Procuraduría General de la República dentro de los órganos que ejercen el poder ejecutivo nacional, con la misión de asesorar, defender y representar judicial y extrajudicialmente los intereses patrimoniales de la República. Dicho órgano, además, debe ser consultado para la aprobación de los contratos de interés público nacional. La ley, sin embargo, debe determinar la modalidad, efectos y casos en los cuales debe formularse esta consulta.

---

51 *V.* en *Revista de Derecho Público*, N° 82, Editorial Jurídica Venezolana, Caracas, 2000, p. 214.

La Procuraduría General de la República depende jerárquicamente del Presidente de la República, y no puede considerarse, a pesar de su rango constitucional, como una Administración con autonomía funcional. Al contrario, forma parte completamente de la Administración Pública central, aun cuando esté regulada por la Ley Orgánica de la Procuraduría General de la República[52] (Art. 247) y no por la Ley Orgánica de la Administración Pública.

2. El Consejo de Estado

El Consejo de Estado, creado por el artículo 251 C., es el órgano superior de consulta de gobierno y de la Administración Pública, y está presidido por el Vicepresidente Ejecutivo (Art. 49.15 LOAP).

Corresponde al Consejo de Estado recomendar políticas de interés nacional en aquellos asuntos a los que el Presidente de la República reconozca de especial trascendencia y requieran de su opinión.

Conforme al artículo 84 LOAP, la competencia, organización y funcionamiento del Consejo de Estado también se remite a una ley especial.

3. El Consejo de Defensa de la Nación

El Consejo de Defensa de la Nación, regulado en el artículo 323 C., es el máximo órgano de consulta para la planificación y asesoramiento del poder público en los asuntos relacionados con la defensa integral de la Nación, su soberanía y la independencia de su espacio geográfico. A tales efectos, le corresponde también establecer el concepto estratégico de la Nación.

El Consejo está presidido por el Presidente de la República y lo integran, además, el Vicepresidente Ejecutivo, el presidente de la Asamblea Nacional, el presidente del Tribunal Supremo de Justicia, el presidente del Consejo Moral Republicano y los ministros de los sectores de la defensa, la seguridad interior, las relaciones exteriores y la planificación y otros cuya participación se considere pertinente.

La Ley Orgánica de Seguridad de la Nación[53], ha fijado la organización y atribuciones del Consejo. Estimamos que en dicha Ley debió incorporar al Consejo, al presidente del Consejo de Nacional Electoral, órgano que ejerce el quinto de los poderes públicos nacionales (poder electoral), el cual, sin embargo, no se enumera en el artículo 323 C. entre los integrantes del Consejo. El artículo 35 de la ley, sin embargo repitió la enumeración constitucional.

4. Los gabinetes sectoriales

Los gabinetes sectoriales tienen por misión asesorar y proponer acuerdos o políticas sectoriales al Presidente de la República, así como estudiar y hacer recomendaciones

---

52 Ley Orgánica de la Procuraduría General de la República, decreto ley N° 1.556, *Gaceta Oficial* N° 5.554 Extra. del 13 de noviembre de 2001

53 *V.* en *Gaceta Oficial* N° 37.594 del 18 de diciembre de 2002.

sobre los asuntos a ser considerados por el Consejo de Ministros. Su creación corresponde al Presidente de la República, quien además, puede crearlos para coordinar las actividades entre varios ministerios o entre éstos y los entes públicos (Art. 67). El reglamento respectivo debe establecer el funcionamiento de los gabinetes sectoriales (Art. 69).

Estos gabinetes sectoriales están integrados por los ministros y las autoridades de los órganos rectores de los sistemas de apoyo técnico y logístico del sector correspondiente.

Los ministros integrantes de los gabinetes sectoriales sólo pueden delegar su asistencia y participación en los mismos en viceministros de su despacho (Art. 68).

Los gabinetes sectoriales deben ser coordinados por el ministro que el Presidente de la República designe o por el Vicepresidente Ejecutivo cuando el Presidente lo considere necesario.

El Presidente de la República puede autorizar a los ministros coordinadores de los gabinetes sectoriales para que reciban la cuenta de los ministros que integran su gabinete sectorial, a fin de que el coordinador correspondiente le presente al Presidente o al Vicepresidente, según el caso, la cuenta de los ministros que integran el gabinete sectorial (Art. 69).

De los asuntos tratados en los gabinetes sectoriales se debe informar al Consejo de Ministros, en cuyo seno deben conocerse y discutirse aquellos que de acuerdo con la Constitución y las leyes se correspondan con competencias que el Presidente de la República deba ejercer en Consejo de Ministros (Art. 69).

5. Los gabinetes ministeriales

Conforme al artículo 63 LOAP, cada ministro reunido con sus viceministros, conforma el gabinete ministerial, el cual debe contar con una unidad estratégica de seguimiento y evaluación de políticas públicas adscrita al despacho del ministro, integrada por un equipo interdisciplinario.

Los gabinetes ministeriales deben ejercer la alta dirección del ministerio y les corresponderá revisar, evaluar y aprobar previamente las resoluciones ministeriales.

La unidad estratégica de seguimiento y evaluación de políticas públicas debe analizar y evaluar la ejecución y el impacto de las políticas públicas que están bajo la responsabilidad del ministerio, y debe someter el resultado de sus estudios a la consideración del gabinete ministerial para que éste adopte las decisiones a que hubiere lugar (Art. 63).

VII. EL RÉGIMEN DE LOS COMPROMISOS DE GESTIÓN

La Ley Orgánica de la Administración Pública ha regulado una novedosa forma de contratos estatales inter administrativos denominados compromisos de gestión, los cuales se definen como convenios celebrados entre órganos superiores de dirección y los órganos o entes de la Administración Pública entre sí, o celebrados entre aquéllos y las comunidades organizadas y organizaciones públicas no estatales, de ser el caso, mediante los cuales se establecen compromisos para la obtención de determinados resultados en los respectivos ámbitos de competencia, así como las condiciones para su cumplimiento, como contrapartida al monto de los recursos presupuestarios asignados (Art. 129).

Los compromisos de gestión, por tanto, pueden celebrarse entre los órganos de la Administración Pública central (órganos superiores y órganos desconcentrados), y entre éstos y los entes descentralizados; y, además, entre los órganos y entes de la Administración Pública y las comunidades organizadas y organizaciones públicas no estatales.

Conforme al artículo 130 LOAP, los compromisos de gestión deben servir de fundamento para la evaluación del desempeño y la aplicación de un sistema de incentivos y sanciones de orden presupuestario en función del desempeño institucional.

La evaluación del desempeño institucional debe atender a los indicadores de gestión que establezcan previamente los órganos y entes de la Administración Pública nacional, de común acuerdo con el Vicepresidente Ejecutivo.

Los compromisos de gestión deben determinar y regular, en cada caso, por lo menos, los siguientes aspectos enumerados en el artículo 131 LOAP:

1. La finalidad del órgano desconcentrado, ente descentralizado funcionalmente, comunidades organizadas u organizaciones públicas no estatales, de ser el caso, con el cual se suscribe.

2. Los objetivos, metas y resultados, con sus respectivos indicadores de desempeño, que se prevé alcanzar durante la vigencia del compromiso nacional de gestión.

3. Los plazos estimados para el logro de los objetivos y metas.

4. Las condiciones organizacionales.

5. Los beneficios y obligaciones de los órganos y entes de la Administración Pública y de las comunidades organizadas y organizaciones públicas no estatales encargados de la ejecución.

6. Las facultades y compromisos del órgano o ente de control.

7. La transferencia de recursos en relación con el cumplimiento de las metas fijadas.

8. Los deberes de información de los órganos o entes de la Administración Pública, o las comunidades organizadas u organizaciones públicas no estatales encargadas de la ejecución.

9. Los criterios e instrumentos de evaluación del desempeño institucional.

10. Los incentivos y restricciones financieras institucionales e individuales de acuerdo al resultado de la evaluación, de conformidad con las pautas que establezca el respectivo reglamento de la LOAP.

Ahora bien, la República, por órgano de los ministerios de adscripción, bajo la coordinación de la Vicepresidencia de la República, puede condicionar las transferencias presupuestarias a las entidades descentralizadas funcionalmente, cuya situación financiera, de conformidad con la correspondiente evaluación por parte de los órganos de control interno, no permita cumplir de manera eficiente y eficaz su objetivo.

Dichas condiciones deben ser establecidas en un compromiso de gestión, en el cual se deben determinar los objetivos y los programas de acción con el fin de garantizar el restablecimiento de las condiciones organizacionales, funcionales y técnicas para el buen desempeño del ente, de conformidad con los objetivos y funciones señalados en la norma de creación y con las políticas de gobierno (Art. 132).

Conforme al artículo 133 LOAP, los compromisos de gestión pueden adoptar las siguientes modalidades:

1. Compromisos de gestión sectorial, celebrados entre el Vicepresidente Ejecutivo y los ministros del ramo respectivo.

2. Compromisos de gestión territorial, celebrados entre el Vicepresidente Ejecutivo y los gobernadores de estado.

3. Compromisos de gestión de servicios públicos, celebrados entre el Vicepresidente Ejecutivo, el ministro de adscripción y la autoridad máxima del órgano o ente adscrito responsable de prestar el servicio.

4. Compromisos de gestión con comunidades organizadas u organizaciones públicas no estatales, celebrados entre el Vicepresidente Ejecutivo, el ministro del ramo afín al servicio prestado y la o las autoridades del servicio público no estatal, definido en los términos que establece la presente ley.

El reglamento respectivo debe determinar los contenidos específicos de cada una de las modalidades de compromisos de gestión.

Los compromisos de gestión se entienden perfeccionados con la firma del Vicepresidente Ejecutivo y la de los ministros de los despachos con competencia en materia de finanzas públicas y de planificación y desarrollo (Art. 134).

Los mismos, sin embargo, deben hacerse del conocimiento público y entran en vigencia a partir de su publicación en la *Gaceta Oficial* de la República, a los fines de permitir el control social sobre la gestión pública (Art. 134).

VIII. EL RÉGIMEN DEL SISTEMA NACIONAL DE ARCHIVO Y DE LOS ARCHIVOS Y DOCUMENTOS DE LA ADMINISTRACIÓN PÚBLICA

Conforme al artículo 143, el Estado debe crear, organizar, preservar y ejercer el control de sus archivos y debe propiciar su modernización y equipamiento para que cumplan la función probatoria, supletoria, verificadora, técnica y testimonial.

1. Los órganos de archivo

El artículo 142 LOAP establece que en cada órgano o ente de la Administración Pública debe haber un órgano de archivo, el cual se define en el artículo 140 ibídem como el ente o unidad administrativa del Estado que tiene bajo su responsabilidad la custodia, organización, conservación, valoración, selección, desincorporación y transferencia de documentos oficiales sea cual fuere su fecha, forma y soporte material, pertenecientes al Estado o aquéllos que se derivan de la prestación de un servicio público por comunidades organizadas, organizaciones públicas no estatales y entidades privadas.

El objetivo esencial de los órganos de archivo del Estado es el de conservar y disponer la documentación de manera organizada, útil, confiable y oportuna, de forma tal que sea recuperable para uso del Estado, en servicio de los particulares y como fuente de la historia (Art. 141).

Los órganos de archivo, además, tienen por finalidad valorar, seleccionar, desincorporar y transferir a los archivos intermedios o al Archivo General de la Nación, según sea el caso, los documentos, expedientes, gacetas y demás publicaciones que deban ser archivadas conforme al reglamento respectivo (Art. 142).

2. El sistema nacional de archivo

Conforme al artículo 145 LOAP, integran el Sistema nacional de Archivos: el Archivo General de la Nación y los órganos de archivo de los órganos y entes del Estado. Los entes u órganos integrantes del Sistema nacional de Archivos, de acuerdo con sus funciones, deben llevar a cabo los procesos de planeación, programación y desarrollo de acciones de asistencia técnica, ejecución, control y seguimiento.

El Archivo General de la Nación es el órgano de la Administración Pública nacional responsable de la creación, orientación y coordinación del Sistema nacional de Archivos y tiene bajo su responsabilidad velar por la homogeneización y normalización de los procesos de archivo, promover el desarrollo de los centros de información, la salvaguarda del patrimonio documental y la supervisión de la gestión archivística en todo el territorio nacional (Art. 144).

El Archivo General de la Nación puede, de oficio o a solicitud de parte, realizar visitas de inspección a los archivos de los órganos y entes del Estado con el fin de verificar el cumplimiento de lo dispuesto en la Ley Orgánica de la Administración Pública y en el respectivo reglamento (Art. 152).

El Archivo General de la Nación debe coordinar la elaboración y ejecución del Plan nacional de Desarrollo Archivístico (Art. 145).

Este Plan nacional de Desarrollo Archivístico se debe incorporar a los planes de la Nación y se debe elaborar con la participación y cooperación de las universidades con carreras en el campo de la archivología (Art. 146).

3. La documentación administrativa

El artículo 147 LOAP establece el principio de que la documentación administrativa e histórica de la Administración Pública es producto y propiedad del Estado, declarando además a los documentos y archivos del Estado como de interés público (Art. 154). En consecuencia el Estado debe ejercer el pleno control sobre los fondos documentales existentes en los archivos, no siendo susceptibles de enajenación (Art. 147).

El artículo 147 LOAP, por otra parte, autoriza a los órganos y entes de la Administración Pública para contratar servicios de custodia, organización, reprografía, digitalización y conservación de documentos de archivos; igualmente para contratar la administración de archivos y fondos documentales históricos con universidades nacionales e instituciones de reconocida solvencia académica e idoneidad (Art. 147).

Los órganos y entes de la Administración Pública pueden incorporar tecnologías y emplear cualquier medio electrónico, informático, óptico o telemático para el cumplimiento de sus fines.

Los documentos reproducidos por los citados medios, gozan de la misma validez y eficacia del documento original, siempre que se cumplan los requisitos exigidos por ley y se garantice la autenticidad, integridad e inalterabilidad de la información (Art. 148). Los órganos y entes de la Administración Pública que se supriman o fusionen deben entregar sus archivos y fondos documentales a las entidades que asuman sus funciones; además, los entes u órganos de la Administración Pública que sean objeto de privatización deben transferir copia de sus documentos históricos al Archivo General de la Nación (Art. 150).

Conforme al artículo 151 LOAP, mediante reglamento deben determinarse las características específicas de los archivos de gestión, la obligatoriedad de la elaboración y adopción de tablas de retención documental en razón de las distintas cronologías documentales y el tratamiento que deben recibir los documentos de los registros públicos, notarías y archivos especiales de la Administración Pública. Asimismo, el reglamento debe establecer lo concerniente a los documentos producidos por las entidades privadas que presten servicios públicos (Art. 151).

4. Los documentos de valor histórico y de interés general

Los documentos que posean valor histórico, aun cuando hayan sido reproducidos o almacenados mediante cualquier medio, no pueden ser destruidos (Art. 149); acarreando la violación de esta prohibición las sanciones que establezca la ley (Art. 149).

El artículo 154 LOAP establece que sin perjuicio del derecho de propiedad y siguiendo el procedimiento que se establezca al efecto por el reglamento respectivo, pueden declararse de interés público documentos privados, los cuales, en tal caso, formarán parte del patrimonio documental de la Nación. El Ejecutivo nacional, por medio del reglamento respectivo, debe establecer las medidas de estímulo al desarrollo de los archivos privados declarados de interés público

Las personas naturales o jurídicas de carácter privado, por tanto, pueden ser propietarios, tenedores o poseedores de los documentos declarados de interés histórico, correspondiendo al Archivo General de la Nación, ejercer el control y vigilancia sobre dichas personas (Art. 153).

Sin embargo, los particulares y las entidades privadas, poseedores o tenedoras de documentos declarados de interés público, no pueden trasladarlos fuera del territorio nacional, ni transferir a título oneroso o gratuito la propiedad, posesión o tenencia de los mismos, sin previa información escrita al Archivo General de la Nación (Art. 154).

El ministerio de adscripción correspondiente puede ejecutar medidas tendientes a impedir la salida del país de documentos históricos, aun cuando fueren de propiedad particular, sin que haya constancia de que hayan sido ofrecidos en venta a la Nación y de que haya quedado copia en el Archivo General de la Nación (Art. 153).

Por otra parte, la ley Orgánica dispone que toda persona que descubra documentos históricos y suministre los datos necesarios para probar el derecho que a ellos tiene la República, debe recibir el resarcimiento correspondiente de conformidad con el reglamento respectivo (Art. 153).

El artículo 153 LOAP considera nulas las enajenaciones o negociaciones que contravengan lo dispuesto en la ley, estableciendo que quienes las efectúen y conserven en su poder sin causa legítima los bienes expresados, deben ser sancionados de conformidad con la ley (art. 153).

Las nuevas normas en esta materia de Archivos nacionales a que nos hemos referido anteriormente, establecidas en la LOAP, sin duda, derogan parcialmente las disposiciones de la vieja Ley de Archivos Nacionales de 1945[54].

Sección Tercera: LOS PRINCIPIOS JURÍDICOS DE LA COMPETENCIA EN LA ORGANIZACIÓN ADMINISTRATIVA (2005)

El texto de esta Sección Tercera es el del Parágrafo Décimo del libro *Derecho Administrativo,* Tomo II (La Organización Administrativa y la Administración Pública Nacional. Los Estados y la Administración Pública Estatal. Los Municipios y la Administración Pública Municipal), Universidad Externado de Colombia y la Universidad Central de Venezuela, Bogotá 2005.

El término Administración Pública, como hemos visto, puede ser definido desde el punto de vista de la actividad administrativa o como el conjunto de órganos del Estado dispuestos para cumplir un determinado fin.

En esta forma, la Administración, configurada como un grupo de órganos dispuestos para un fin, implica la organización, es decir, que esos órganos tienen que estar ordenados en una forma determinada para cumplir adecuadamente los fines del Estado. Así, organizar es ordenar, y en el caso de la organización administrativa es ordenar un conjunto de órganos para el cumplimiento de los fines del Estado. En ese proceso de ordenación se incluyen, básicamente, las reglas o las normas que distribuyen las competencias y las atribuciones, y que regulan el funcionamiento de los órganos del Estado. Por ello, el principio de la competencia es tan esencial a toda organización, como son los mencionados principios jurídicos de la jerarquía, la coordinación y la descentralización, sin los cuales puede decirse que no habría organización[55].

I. LA COMPETENCIA

1. Noción

La competencia es la aptitud legal que tienen los órganos de la Administración para actuar la voluntad del Estado[56], o en otras palabras, es el conjunto de facultades, de poderes y de atribuciones que le han sido legalmente asignados a los órganos del Estado

---

54 *V. Gaceta Oficial* N° 21.760 del 13 de julio de 1945.

55 En general, *V.*, José Antonio García Trevijano-Fos, *Principios jurídicos de la organización administrativa*, Madrid, 1957; íd. *Tratado de derecho administrativo, T.* II, Vol. I, Madrid, Edit. Revista de Derecho Privado, 1974, pp. 389 y ss.; y James O. Mooney, *Principios de organización,* Madrid, 1958.

56 *V.* lo señalado por la Corte Suprema de Justicia en Sala Político-Administrativa en sentencia de 28 de enero de 1964, en *Gaceta Oficial* N° 27.367 de 13 de febrero de 1964, pp. 203.359 y ss. y en Allan R. Brewer-Carías, *Jurisprudencia de la Corte Suprema 1930-1974 y estudios de derecho administrativo, T.* III, vol. 1, "Reglamentos, procedimientos y actos administrativos", Universidad Central de Venezuela, Caracas, 1977, p. 197. Sobre la competencia *V.*, en general, Juan Colombo Campell, *La competencia*, Santiago de Chile, Edit. Jurídica de Chile, 1959; y Rafael A. Arnanz, *De la competencia*, Madrid, 1967.

para actuar en sus relaciones con los particulares[57]. Como la ha definido la jurisprudencia del Tribunal Supremo, la competencia es "la capacidad legal de actuación de la Administración, es decir, representa la medida de una potestad genérica que le ha sido conferida por ley. De allí, que la competencia no se presuma sino que debe constar expresamente por imperativo de la norma legal"[58].

En tal sentido, la Sala Constitucional del Tribunal Supremo también ha señalado:

Conforme a lo anterior, cuando el artículo 136 de la Constitución de la República Bolivariana de Venezuela dispone que "El poder público se distribuye entre el poder municipal, el poder estadal y el poder nacional", significa que cada ente político territorial del poder público, solamente tiene competencia para dictar sus leyes y actos dentro de los límites de los respectivos territorios que le asignan la Constitución y las leyes, y dependiendo de las materias que cada uno de ellos esté llamado a regular.

Con tal manifestación -como antes se expresó- la Constitución no hace otra cosa que consagrar un elemento esencial del derecho público, como lo es el principio de la competencia de los funcionarios y de los órganos públicos, precepto según el cual todas las actuaciones de la Administración están subordinadas a la ley, de modo que ésta sólo puede hacer lo que la ley le permite, de allí que, la nulidad sea la consecuencia jurídica de la inobservancia del aludido principio[59]. Ahora bien, utilizando elementos propios del derecho privado, la competencia puede considerarse como la aptitud que tiene un órgano del Estado para actuar; pero con la diferencia de que la competencia no solamente concede la facultad de actuar, sino que también constituye una obligación y un límite dentro del cual puede actuar el órgano estatal.

Por tanto, la competencia no sólo es atributiva de facultades sino también limitativa; tiene esa doble característica, y por eso es que la competencia, como concepto de derecho público, se distingue de la capacidad de derecho privado.

La competencia, por tanto, no sólo debe ser objeto de texto expreso, sino que incluso por ello en principio es de obligatorio cumplimiento y debe ser ejercida bajo las condiciones, límites y procedimientos establecidos legalmente[60]. De ello deriva el principio general de que la competencia es irrenunciable, indelegable, improrrogable y no puede ser relajada por convención alguna, salvo los casos expresamente previstos en las leyes y demás actos normativos (Art. 26 LOAP).

2. La obligatoriedad de la competencia

Como se dijo, la competencia, aun cuando en la organización administrativa cumple una función similar a la capacidad de las personas jurídicas en el derecho privado, tiene notables diferencias con ésta, entre las cuales está que la competencia no se presume,

57 *Cfr.* en general, Luis Fraga Pittaluga, La incompetencia en el derecho administrativo (Adaptado a la Constitución 1999 y a la Ley Orgánica de la Administración Central 1999), Caracas, 2000.

58 *V.* la sentencia 3052 de la Sala Político Administrativa del Tribunal Supremo, del 19 de diciembre de 2001, caso *Jaime Manzo M. y otros vs. Presidente de la República*, *Revista de Derecho Público*, N° 85 a 88, Caracas, Editorial Jurídica Venezolana, 2001, p. 132. *V.* igualmente, sentencia de la Sala Constitucional 1395 del 7 de agosto de 2001, caso *Fiscal General de la República vs. Asamblea Legislativa del Estado Aragua*, *Ibíd.*, p. 193.

59 *V.* sentencia 3255 del 18 de noviembre de 2003, caso *Impugnación de varios artículos de la Constitución del Estado Miranda*, *Revista de Derecho Público*, N° 93 a 96, Editorial Jurídica Venezolana, Caracas, 2003, p. 315.

60 *Cfr.* Allan R. Brewer-Carías, *Principios del régimen jurídico de la organización administrativa venezolana,* Editorial Jurídica Venezolana, Caracas, p. 47 y ss.

sino que debe estar expresamente prevista en la Constitución o en la ley[61]; y si bien se ha admitido que puede haber competencias implícitas, como excepción a la regla, su aplicación en todo caso es restrictiva, en el sentido de que, "en ejercicio de las potestades implícitas, la Administración no podría desplegar actuaciones que afecten derechos subjetivos de los particulares, por cuanto ello podría suceder sólo mediante norma atributiva de competencia"[62].

Al contrario, en el campo del derecho privado, la capacidad es la regla, siendo las incapacidades la excepción, por lo que son éstas las que deben estar previstas expresamente en la ley.

En contraste, la necesidad de que la competencia esté expresamente prevista en la ley implica, además, que el ejercicio de la misma deba justificarse siempre, razón por la cual, el funcionario, al dictar un acto, debe comenzar por indicar la norma atributiva de competencia (base legal).

Adicionalmente, las leyes que regulan la competencia son de aquellas denominadas de orden público, lo que implica que no pueden relajarse ni derogarse por convenios entre particulares (Art. 6, C.C.), ni por voluntad del funcionario público a quien corresponde su ejercicio. En cambio, contractualmente puede renunciarse al ejercicio de determinados derechos derivados de la capacidad en el campo privado: por ejemplo, a ejercer el comercio en determinada zona para evitar una competencia desleal.

En todo caso, es necesario tener en cuenta que las leyes que regulan la competencia pueden establecer una mayor o menor libertad en la apreciación de la oportunidad y conveniencia de la actuación administrativa, lo que da origen a la denominada actividad discrecional. Pero esta libertad en la forma de ejercer la competencia no elimina su carácter obligatorio en cuanto a su ejercicio, de manera que la competencia, en efecto, no sólo otorga facultades al funcionario, sino que le impone una carga. Los funcionarios del servicio nacional tributario, por ejemplo, están obligados a liquidar los impuestos a quienes hayan hecho la declaración respectiva; no pudiendo libremente decidir no liquidarlos. En el campo del derecho privado, en cambio, los derechos que le confiere la capacidad a los particulares, en general, son de ejercicio facultativo, por lo que por ejemplo, nadie está obligado a comprar, a vender o a arrendar. Por otra parte, la obligatoriedad de ejercicio de la competencia implica que ésta no puede libremente delegarse en un funcionario inferior, para lo cual se necesita una autorización legal expresa. Por último, es preciso señalar que la competencia es constitutiva del órgano que debe ejercitarla; forma parte integrante de él, por lo que éste no se concibe sin competencia.

---

61 Tal como lo señaló la Corte Suprema de Justicia en Sala Político-Administrativa, la competencia "debe emerger del texto expreso de una regla de derecho, ya sea de la Constitución, la ley, el reglamento o la ordenanza". *V.* la sentencia citada del 28 de enero de 1964, *Gaceta Oficial* N° 27.367 de 13 de febrero de 1964, pp. 203.359 y ss. y en Allan R. Brewer-Carías, *Jurisprudencia de la Corte Suprema 1930-1974 y estudios de derecho administrativo, T.* III, vol. 1, "Reglamentos, procedimientos y actos administrativos", *cit.*, p. 197. En igual sentido, *V.* la sentencia de la misma Sala del 11 de agosto de 1965, en *Gaceta Oficial* N° 27.845 de 22 de septiembre de 1965, p. 207.324; y en Allan R. Brewer-Carías, íd., *T.* III, vol. 1, p. 199.

62 *V.* sentencia de la Sala Constitucional del Tribunal Supremo de Justicia N° 97 y 98 del 11 de febrero de 2004, en *Revista de Derecho Público*, N° 97 y 98, Editorial Jurídica Venezolana, Caracas, 2004, p. 190

3. La incompetencia y la nulidad

La consecuencia del ejercicio de actividades o actuaciones por un órgano incompetente, es la propia invalidez de las mismas. Ello significa, conforme al artículo 26 LOAP, que los actos realizados por un órgano manifiestamente incompetente o que ha usurpado la autoridad, es nula y sus efectos se deben tener por inexistentes. Se recoge así el principio establecido en el artículo 138 C., con la misma redacción que tenía el artículo 119 C. de 1961, conforme al cual "toda autoridad usurpada es ineficaz y sus actos son nulos".

Por ello, la Sala Constitucional del Tribunal Supremo en sentencia 1182 del 11 de octubre de 2000, al referirse al "principio de la competencia" de los funcionarios y de los órganos públicos, destacó que ello implica que "las actuaciones de la Administración están subordinadas a la ley, de modo que ésta sólo puede hacer lo que la ley le permite; de allí que la nulidad sea la consecuencia jurídica de la inobservancia del aludido principio[63].

El supuesto de usurpación de autoridad, que es la manifestación más grave de la incompetencia, apunta al hecho de que una persona no investida de autoridad alguna ejerza una función que corresponde a un órgano estatal. Se trata de una incompetencia constitucional que acarrea la nulidad absoluta de los actos que dicte el usurpador.

4. Ámbito de la competencia

La competencia o la habilitación para actuar de la que disponen los órganos del Estado, puede analizarse desde diversos ángulos según el ámbito de la misma[64], en relación con las funciones del Estado, con la distinción entre gobierno y administración y en la propia Administración Pública.

A. La competencia en el ámbito de las funciones del Estado

a. *La separación orgánica de poderes y la no coincidencia con la separación de funciones*

En el ámbito estatal, si se analizan las competencias genéricas del Estado conforme al principio de la separación orgánica de poderes, lo primero que se constata es que la misma no coincide con una separación absoluta de funciones que puedan estar atribuidas exclusivamente a dichos órganos.

En efecto, como postulado general de la aplicación del principio de la separación de poderes en el régimen constitucional venezolano, puede afirmarse que la "división del poder" no coincide exactamente con la "separación de funciones" (*Introducción general, VII*).

Por ello, no sólo en múltiples oportunidades los órganos del Estado ejercen, además de sus "funciones propias", diversas funciones que por su naturaleza deberían corres-

---

63 *V.* en *Revista de Derecho Público*, N° 84, Editorial Jurídica Venezolana, Caracas, 2000, p. 178.

64 *Cfr.* José A. García Trevijano-Fos, *Tratado de derecho administrativo cit.*, *T.* II, vol. 1. pp. 395 y ss.

ponder a otros órganos, sino que también en múltiples oportunidades la Constitución permite y admite la intervención o interferencia de unos órganos en las funciones propias de otros[65].

Así pues, como se ha dicho, la separación de poderes ha de entenderse en el sistema venezolano, en primer lugar, como una separación orgánica entre los órganos del poder público; y en segundo lugar, como una asignación de funciones propias a cada uno de dichos órganos; pero nunca como una separación de funciones atribuidas con carácter exclusivo a los diversos órganos. Al contrario, además de sus funciones propias, los órganos del Estado realizan funciones que por su naturaleza son semejantes a las funciones asignadas a otros órganos. En otras palabras, mediante este principio se reserva a ciertos órganos del Estado el ejercicio de una función en una forma determinada (funciones propias), lo que no excluye la posibilidad de que otros órganos ejerzan esa función en otra forma.

Por ejemplo, la Asamblea Nacional tiene atribuida la función normativa y, en forma privativa, la sanción de leyes actuando como cuerpo colegislador (Art. 202), así como la emisión de diversos actos privativos de orden parlamentario (Art. 187). Sin embargo, además del cumplimiento de la función normativa, la Asamblea Nacional realiza funciones administrativas, por ejemplo, cuando impone sanciones a quienes infrinjan sus reglamentos internos, cuando organiza su servicio de seguridad o cuando ejecuta su presupuesto de gastos (Art. 187.21 y 22). Asimismo, la Asamblea Nacional ejerce funciones administrativas cuando designa o remueve su personal administrativo que ha sido excluido de la aplicación de la Ley del Estatuto de la Función Pública (Art. 1.°, parágrafo 1.1), es decir, cuando realiza cualquier acto relativo a la administración de su personal.

En estos casos, por supuesto, no podría verse violación alguna al principio de la separación de poderes, pues se trata de funciones de naturaleza distinta a las normativas que el ordenamiento jurídico permite realizar, porque en ningún dispositivo se indica que la función administrativa corresponde exclusivamente a los órganos del Ejecutivo nacional.

Por otra parte, los órganos del poder judicial también pueden ejercer funciones administrativas. El Tribunal Supremo de Justicia y los tribunales de la República tienen atribuida la función jurisdiccional y, en forma privativa la adopción de decisiones acerca de pretensiones procesales de una parte frente a otra, de nulidad de actos del poder público o de condena de carácter penal, con fuerza de cosa juzgada, que emiten jurisdiccionalmente, en forma autónoma e independiente de los demás órganos del poder público (Art. 254). Sin embargo, además del cumplimiento de la función jurisdiccional el Tribunal Supremo ejerce la función administrativa al tener a su cargo el gobierno y la administración del poder judicial (Art. 267) y al imponer sanciones administrativas o disciplinarias; y ejerce la función normativa al dictar los reglamentos de organización y funcionamiento del poder judicial En ninguno de estos casos podría verse usurpación alguna o violación del principio de la separación de poderes, pues no hay norma alguna de orden constitucional que reserve con exclusividad el ejercicio de la función administrativa a los órganos del poder ejecutivo o la función normativa a la Asamblea Nacional.

---

65 *Cfr.* Allan R. Brewer-Carías, *Derecho administrativo,* Universidad Central de Venezuela, Caracas, 1975, *T.* I, *cit.* pp. 373 y ss.

Por último, y así como los órganos legislativos y judiciales ejercen funciones administrativas, así también los órganos del poder ejecutivo realizan funciones normativas y jurisdiccionales. El Presidente de la República, además de las funciones ejecutivas propias (función política y función administrativa), realiza funciones normativas no sólo al dictar decretos con valor de ley conforme a las leyes habilitantes (Art. 203), sino cuando crea normas de carácter general en el ordenamiento jurídico al ejercer la potestad reglamentaria (Art. 236.10). Asimismo, los órganos ejecutivos también realizan funciones jurisdiccionales aun cuando no de carácter judicial, cuando resuelven conflictos entre particulares.

b. *Delimitación negativa*

Pero si bien no hay funciones estatales atribuidas exclusivamente y en forma excluyente a los órganos estatales, sí puede decirse que, en ciertos casos, la Constitución reserva a los órganos el ejercicio de ciertas funciones en una forma determinada. El ejercicio de la función normativa mediante leyes corresponde exclusivamente a la Asamblea Nacional, al igual que corresponde en forma exclusiva al Presidente de la República mediante delegación legislativa (decretos leyes); el ejercicio de la función política mediante actos de gobierno corresponde exclusivamente al Presidente de la República; y el ejercicio de la función jurisdiccional mediante sentencias corresponde exclusivamente a los tribunales (*Introducción general, VIII*).

Por otra parte, hay ciertas materias de competencia reservada a ciertos órganos estatales: la reserva legal, por ejemplo, implica que ciertas materias sólo pueden ser reguladas, en exclusividad, por la Asamblea Nacional mediante leyes.

Esto sucede, entre otras materias, con el establecimiento de delitos y penas (Art. 49.6); la creación de impuestos (Art. 317); y la limitación a los derechos y garantías individuales (arts. 19 y ss.)[66].

B. La competencia en el ámbito de los órganos ejecutivos: gobierno y administración

Otro ámbito de la competencia deriva, en particular, en relación con las que ejercen los órganos del poder ejecutivo. Si se analiza la Constitución se evidencia que en varios de sus artículos se establece una diferenciación entre actividad de gobierno y actividad administrativa, por lo que el poder ejecutivo realiza dos actividades y ejerce dos competencias propias: gobierno y administración.

El artículo 160 cuando se refiere a los estados, establece que el gobierno y la administración de cada estado corresponden a un gobernador, y el artículo 169 dispone que la ley puede establecer diferentes regímenes para la organización, gobierno y administración de los municipios. Cuando se analizan las atribuciones del Presidente de la República, en el artículo 236 se observa claramente la diferencia entre actividades de gobierno y de administración. Por ejemplo, dirigir la acción de gobierno (ord. 2°) o las relaciones exteriores (ord. 4°) constituyen una competencia propia de la actividad de gobierno; en cambio, administrar la hacienda pública nacional (ord. 11°) es una compe-

66 *Cfr.*, en general, Allan R. Brewer-Carías, *Las garantías constitucionales de los derechos del hombre*, Editorial Jurídica Venezolana, Caracas, 1976.

tencia de orden administrativa. Por otra parte, constituye una actividad administrativa, conforme al artículo 237 C., la que cumple el Presidente de la República al presentar personalmente un mensaje anual a la Asamblea Nacional, de su gestión política, económica, social y administrativa.

A nivel nacional puede identificarse la actividad de gobierno como localizada en los órganos superiores del poder ejecutivo: se puede decir que el Presidente de la República, actuando solo o en Consejo de Ministros, y el Vicepresidente Ejecutivo, son órganos con competencia política, (Art. 238). Esos mismos órganos también ejercen la actividad administrativa, al igual que los demás órganos ejecutivos (ministerios, por ejemplo, arts. 242 y ss.).

C. La competencia en la administración pública

Otro ámbito de la competencia se conforma dentro de la propia Administración Pública y en el conjunto de órganos que la conforman, de acuerdo con la forma como está asignada a los mismos y con los factores que la condicionan.

a. *Factores que condicionan la competencia: materia, territorio, grado, tiempo*

La asignación de competencias por razón de la materia constituye la forma normal de su determinación. La materia es el contenido propiamente dicho de la competencia, determinado por el conjunto de actividades, funciones o tareas que la ley asigna a un órgano del Estado. La materia, pues, define la competencia: el Ministerio de Salud, por ejemplo, es competente, por la materia, en el campo de la protección de la salud.

Por otra parte, la materia sobre la cual se ejerce la competencia puede estar circunscrita a un ámbito territorial determinado. En los órganos nacionales, la competencia se ejerce en todo el territorio nacional. Por ejemplo, en el caso del Ministerio de Salud, su competencia abarca todo el territorio nacional; pero las divisiones de dicho ministerio a nivel regional o territorial tienen un ámbito territorial específico. Los municipios, en cambio, tienen un ámbito para el ejercicio de sus competencias locales, reducido al territorio del municipio.

El grado está determinado por la posición que ocupan en la jerarquía administrativa los diversos órganos del Estado. La organización de la Administración Pública y ministerial en general es vertical y piramidal. En cada nivel jerárquico hay una serie de competencias atribuidas, lo que implica que, en principio, no puede un inferior asumir competencias que le sean asignadas al superior, ni viceversa. El grado que se ocupa en la jerarquía condiciona el ámbito de competencia que se puede ejercer en una materia determinada.

Por otra parte, el tiempo también es un factor influyente, pues las competencias pueden ser de ejercicio temporal, por ejemplo, las potestades del Ministerio del Ambiente y de Recursos Naturales relativas a controles en época de veda (prohibición de caza) de determinadas especies de animales.

Siempre hay competencia por la materia, lo variable es el tiempo, el territorio y grado en la jerarquía.

b. *Tipos de competencia en la administración pública*

Por otra parte, también según la forma de asignación, se distinguen tipos de competencias.

Se distingue, por una parte, la competencia necesaria de la eventual: la competencia necesaria es la asignada normal y obligatoriamente a un órgano del Estado, conforme a las atribuciones definidas por la ley. Pero un funcionario puede ejercer una suplencia de otro, y en este caso ejerce una competencia en forma eventual. La policía municipal tiene competencia necesaria en el campo del mantenimiento del orden público, pero la Guardia Nacional, eventualmente, puede ser llamada a cooperar y ejercer esta competencia como coadyuvante de la autoridad civil[67].

Otra clasificación de la competencia se refiere al ámbito interno o externo de su ejercicio. Si este tiene relevancia para los particulares, sería una competencia externa, que es lo normal en el ámbito administrativo. Esta se contrapone a la competencia interna, cuyo ejercicio no afecta a los particulares, sino que se concreta, sólo, en el interior de la Administración. Hay órganos con competencias exclusivamente internas, que no tienen relación con los administrados, como por ejemplo los órganos consultivos internos y, entre ellos, en general, las consultorías jurídicas.

Por otra parte, se distinguen las competencias propias de las conjuntas. La competencia es propia cuando sólo está asignada a un órgano administrativo, en cambio se habla de competencia cuando para ejercerla, es necesario que dos o más órganos o funcionarios actúen conjuntamente. Esto es frecuente en ciertas decisiones intersectoriales, es decir, que afectan a diversos sectores de actividad pública. Normalmente, por ejemplo, ciertas medidas de política de precios en agricultura deben ser adoptadas, conjuntamente, por el Ministerio de Tierras y el de Producción y Comercio.

Otra distinción de la competencia es la que establece la diferencia entre competencia general y especial. La competencia general existe cuando a un órgano se atribuyen competencia en diversas materias, lo que es normal respeto de los entes territoriales, atribuyéndosela a los respectivos jerarcas de dichos entes (gobernador, alcalde). La competencia especial, en cambio, tiende a identificarse con cada órgano dentro de una organización. Dentro de las gobernaciones de estado, por ejemplo, hay direcciones con competencia especial, integradas todas dentro de la aquella que dirige el gobernador de estado, quien tiene competencia general.

En la descentralización funcional, los institutos autónomos, por esencia, tienen competencia especial, por lo que la descentralización funcional normalmente está ligada a la especialización.

Otra forma de clasificar la competencia es en exclusiva o concurrente, cuando es atribuida a un órgano en la escala administrativa o a varios. Por ejemplo, el Director de Salud Pública del Ministerio de Salud tiene asignada la competencia en forma exclusiva. Sin embargo, la exclusividad no implica que el ejercicio de la competencia no pueda ser revisado por el superior. Lo exclusivo no quiere decir excluyente. Pero puede darse el caso de que la competencia sea exclusiva y excluyente; por ejemplo, el Superintendente de Protección y promoción de la Libre Competencia conforme a la Ley de promoción y Protección de la Libre Competencia, tiene competencia exclusiva para resolver los casos de violaciones a la misma e imponer los correctivos y sanciones en ella prevista, y sus actos no podían ser revisados por el ministro de Producción y Comercio, al cual está adscrito como Administración independiente: la única forma de revisar esos actos era por vía judicial.

---

67 *V.*, por ejemplo, lo dispuesto en el artículo 5 del decreto N° 349 de la Junta de Gobierno sobre Funciones de las Fuerzas Armadas Nacionales, *Gaceta Oficial* N° 22.041 del 22 de junio de 1946.

La competencia del Superintendente es exclusiva y excluyente, toda vez que sus actos no pueden ser revisados por el superior jerárquico del ministerio al cual está adscrito el órgano.

Se contrapone la forma exclusiva de atribución de la competencia con la forma concurrente, con base en la cual se distribuye la competencia entre varios órganos; sucede, por ejemplo, en la descentralización territorial, donde hay competencias que corresponden a los órganos del poder nacional, estadal, municipal. Por ejemplo, el artículo 156.6 C. establece que corresponde al poder nacional, la policía nacional; el artículo 332 regula a los órganos de seguridad ciudadana como una competencia concurrente de los estados y municipios; el artículo 164.6 señala que es de la competencia de los estados, la organización de la policía y la determinación de las ramas de este servicio atribuidas a la competencia municipal, conforme a la legislación nacional aplicable; y el artículo 178, establece como competencia municipal lo relativo a los servicios de policía municipal. Se trata, en este caso, de un típico supuesto de competencia concurrente, distribuida en los tres niveles territoriales: nacional, estadal y municipal.

5. Las características de la competencia

A. La obligatoriedad e improrrogabilidad

Como antes se ha dicho, la competencia es de ejercicio obligatorio por lo que no puede renunciarse; no admite relajamiento por parte del funcionario público ni restricciones voluntarias; aún en los casos en los cuales la ley otorgue al funcionario cierto margen de apreciación de las circunstancias de hecho para su ejercicio, como sucede en el supuesto de la actividad discrecional.

En efecto, cuando se dice que la competencia es de ejercicio obligatorio, es necesario distinguir entre la actividad reglada y el poder discrecional. Por ejemplo, en materia tributaria cuando se dice que el ejercicio de la competencia es obligatorio, se quiere señalar que producido un hecho imponible, la Administración fiscal está obligada a liquidar el impuesto, y si no es pagado, la Administración tiene la obligación de exigir su pago, no pudiendo el funcionario condonar libremente la deuda, salvo en casos expresamente previstos en la ley. Esta es una actividad reglada.

Por tanto, cuando se dice que la competencia es irrenunciable, hay que distinguir el tipo de competencia: si es de carácter reglado, la obligatoriedad y la irrenunciabilidad son absolutas, pero si es discrecional, la ley le da mayor libertad de apreciación al funcionario para ejercerla, y depende de su apreciación, el ejercicio de la misma.

La obligatoriedad de la competencia, por otra parte, implica la improrrogabilidad, por lo que no puede libremente delegarse su ejercicio, salvo autorización expresa de la norma atributiva de la misma.

B. La asignación formal en actos jurídicos normativos: reserva legal y su excepción

La asignación de competencias normalmente se produce mediante actos de efectos generales, es decir, que tengan carácter normativo. En esta forma, la Constitución es la primera fuente de competencia en todos los niveles del Estado; y además, están las leyes tanto orgánicas como ordinarias. Pero estos cuerpos normativos no podrían incluir todos los aspectos necesarios para el ejercicio de las competencias de todos los órganos del Estado. Por eso se pueden complementar con disposiciones reglamentarias y administrativas que las desarrollen. Como lo ha observado la Sala Político Administrativa del Tribunal Supremo de Justicia:

[Si] bien, como se apuntó anteriormente, la competencia debe estar establecida en una norma de rango legal, ello de ninguna manera impide que la misma pueda ser desarrollada, dentro de dicho marco legal, por la Administración a través de disposiciones de rango sub legal, verbigracia por vía reglamentaria o por providencias administrativas.

Ello encuentra plena justificación en aras del dinamismo que debe enmarcar al desarrollo de la actividad administrativa, es decir, la adecuación y amoldamiento de la misma a las transformaciones y mutaciones de la realidad, adoptando en un determinado momento las medidas que estime más convenientes para el interés del colectivo[68].

De acuerdo con el artículo 236.20 C., es el Presidente de la República quien debe fijar el número, organización y competencias de los ministerios; mediante decreto, el cual se debe considerar como un decreto ley por el poder modificatorio que tiene en relación con las leyes sustantivas reguladoras de competencias estatales, cuando por ejemplo se trata de creación o eliminación de ministerios. Dicho decreto ley, por tanto, no podría ser fuente original de competencia de los ministerios, las cuales deben estar establecidas en leyes sectoriales o sustantivas preexistentes, y además, no está llamado a establecer la competencia de todos y cada uno de los órganos (direcciones o dependencias) de cada ministerio.

Por ello, la Ley Orgánica de la Administración Pública establece que las competencias específicas y las actividades particulares de los diversos órganos de cada ministerio deben ser establecidas en reglamentos orgánicos para cada uno de ellos (arts. 61 y ss.), mediante los cuales, sin embargo, no se pueden modificar las leyes[69]. Por tanto, es en los reglamentos orgánicos donde se especifican las direcciones, departamentos y divisiones, y sus competencias específicas. De allí que además del decreto ejecutivo general, son necesarios diversos actos organizativos para determinar la competencia en los niveles inferiores.

También puede haber asignación de competencias en actos de efectos particulares. Por ejemplo, en el caso de un ministro, cuando delega el ejercicio de una atribución en un funcionario inferior. El acto de delegación es la fuente inmediata de la competencia del inferior.

En conclusión, debe señalarse que las normas legales superiores (la Constitución y las leyes), aún cuando son los únicos instrumentos que pueden crear la competencia, no pueden definir y atribuir todos los niveles para el ejercicio de la misma, y normalmente

---

68 *V.* sentencia 3052 de 19 de diciembre de 2001, caso *Jaime Manzo M. y otros vs. Presidente de la República*, en *Revista de Derecho Público*, N° 85 a 88, Editorial Jurídica Venezolana, Caracas, 2001, p. 134.

69 En tal sentido, por ejemplo, el decreto N° 3.444 del 24 de enero de 2005, *Gaceta Oficial* N° 5.758, Extra. del 27 de enero de 2005 puede considerarse como inconstitucional al pretender reformar Ley de Universidades que regula la autonomía universitaria (ahora con rango constitucional, Art. 109), mediante la reforma del Consejo Nacional de Universidades, que no es un órgano exclusivo del Ejecutivo nacional, sino que es un órgano de coordinación de las Universidades nacionales autónomas. *V.* sobre esto, la sentencia 1545 del 28 de noviembre de 2000 de la Corte Primera de lo Contencioso Administrativo, *Revista de Derecho Público*, N° 84, Editorial Jurídica Venezolana, Caracas, 2000, pp. 131 y ss.

se establece un sistema jerarquizado de fuentes para la asignación de competencias: Constitución, leyes, reglamentos orgánicos, resoluciones ministeriales, y actos administrativos de efectos particulares.

C. La presunción en la asignación de competencias

Por otra parte, la ley no siempre asigna la competencia a un órgano específico dentro de una organización administrativa. En estos casos en los que, por ejemplo, una disposición legal otorgue una competencia al Ejecutivo nacional o la Administración Pública nacional sin especificar el órgano o ente que debe ejercerla, se entiende que corresponde al órgano de la Administración central con competencia en razón de la materia.

De existir un ente competente en razón de la materia, le corresponde a éste el ejercicio de dicha competencia (Art. 27 LOAP).

Lo mismo ocurre, por ejemplo, dentro de la organización ministerial, donde puede decirse que, en general, hay una presunción de competencia a favor del órgano que tenga asignada la materia. También puede tratarse de una presunción que tenga en cuenta, además de la materia, el territorio: si un problema de identificación y extranjería se presenta en una ciudad del interior del país, el órgano competente sería el que, además de competente por razón de la materia (que forme parte de la Dirección de Identificación y Extranjería), esté situado en dicha ciudad (territorio) o en la región respectiva.

Otro punto de interés en la regulación de la competencia es la presunción de su asignación en relación con la jerarquía de los órganos. En consecuencia, en el caso de que una disposición legal o administrativa otorgue una competencia a un órgano o ente de la Administración Pública sin determinar la unidad administrativa competente, de acuerdo con el artículo 27 LOAP se entiende que su ejercicio corresponde no al superior jerárquico sino a la unidad administrativa con competencia por razón de la materia y el territorio, del segundo nivel jerárquico del respectivo órgano o ente.

Por ejemplo, el caso de expulsión de extranjeros, conforme al artículo 20 de la Ley de Extranjería y Migración y al decreto de organización ministerial, corresponde al Ministerio de Interior y de Justicia; por lo que en ese ministerio, salvo disposición específica, se presume que la competencia corresponde al órgano del mismo en el segundo nivel jerárquico, con competencia específica en la materia, es decir, la dirección respectiva especializada en identificación y control de Extranjeros, en cuyo caso la presunción estaría en ese nivel.

D. La regulación de la resolución de los conflictos de competencia

Otra característica de la competencia es la previsión o regulación de los conflictos de competencia que puedan presentarse entre varios de los órganos que se consideren competentes en una misma materia.

La Ley Orgánica de la Administración Pública establece que cuando el órgano que esté conociendo de un asunto se considere incompetente debe remitir las actuaciones al que estime con competencia en la materia. Si este último órgano se considera a su vez incompetente, el asunto debe ser resuelto por el órgano superior jerárquico común a ambos (Art. 44).

Los interesados pueden solicitar a los órganos que estén instruyendo el procedimiento que declinen el conocimiento del asunto en favor del órgano competente. Del mismo modo, pueden solicitar a este último que requiera la declinatoria del órgano que esté conociendo del asunto (Art. 44).

Los conflictos antes mencionados sólo pueden suscitarse entre unidades administrativas integrantes del mismo órgano o ente y con respecto a asuntos sobre los cuales no haya recaído decisión administrativa definitiva o finalizado el procedimiento administrativo (Art. 44).

Por tanto, dentro de la organización ministerial venezolana, por ejemplo, si el conflicto se plantea en el seno de un ministerio, corresponde al ministro la resolución del conflicto de acuerdo al artículo 76.22 LOAP.

Pero si el conflicto es externo, esto es, entre ministerios, o entre un ministerio y un instituto autónomo, o entre autoridades nacionales, estadales y municipales, la resolución del problema varía.

Las controversias administrativas entre los órganos de los tres niveles del poder público deben ser resueltos por el Tribunal Supremo de Justicia, en Sala Político Administrativa de conformidad con lo establecido en el artículo 266.4 C.; lo que también regula la Ley Orgánica del Tribunal Supremo de Justicia (Art. 5, párrafo 1°.34).

Ahora, si el problema de competencia se plantea entre diversos ministerios o entre otros órganos de la Administración Pública, no hay en la Ley Orgánica de la Administración Pública norma alguna que atribuya, por ejemplo, directamente al Presidente de la República competencia para la resolución del problema planteado. Sin embargo, se entiende que ésta sería una competencia normal de carácter implícita, por cuanto que es una competencia político administrativa, que tiene el Presidente como jefe del Ejecutivo nacional, que no necesita estar expresa, y que podría ejercerse, inclusive, mediante instrucciones presidenciales[70].

Sin embargo, como se dijo, en la Ley Orgánica del Tribunal Supremo de Justicia se atribuye competencia a la Sala Político Administrativa (Art. 5, Párrafo 1°, 34) para dirimir las controversias que se susciten entre autoridades políticas o administrativas, de una misma o diferentes jurisdicciones, con motivo de sus funciones, por lo que de no ser resuelto el conflicto por el Presidente de la República podría acudirse al Tribunal Supremo.

6. Los límites de la competencia

El ejercicio de la competencia tiene diversos límites que derivan de los principios de la especialidad, la legalidad y la finalidad[71] que la condicionan. Según el principio de la especialidad cada órgano tiene que actuar dentro de la competencia que le ha sido específicamente asignada, y no puede realizar funciones distintas a las que le han sido señaladas. De lo contrario habría extralimitación de atribuciones.

---

70 Artículo 181 C. La primera Instrucción presidencial que se emitió durante el siglo XX fue la Instrucción RA-1 de 13 de mayo de 1970, mediante la cual se establecieron los lineamientos generales de la reforma administrativa en la Administración Pública nacional, *Gaceta Oficial* N° 1.399, Extra. del 13 de mayo de 1970. Con posterioridad se utilizó frecuentemente.

71 *Cfr.* José A. García Trevijano-Fos, Principios jurídicos de la organización administrativa, *cit.*, pp. 203 y ss.

Por otra parte, el principio de legalidad implica que solo se pueden ejercerse competencias que estén consagradas expresamente en la ley (*Introducción general, III*). Toda actividad realizada por un órgano que no esté previsto en la ley es ilegal, por incompetencia. Esta incompetencia puede ser manifiesta, como por ejemplo, si el ministro de Salud dicta un acto sobre arrendamiento de inmuebles urbanos que es competencia del Ministerio de Producción, en cuyo caso el acto dictado sería nulo de nulidad absoluta; o puede tratarse de una incompetencia relativa, en cuyo caso habría nulidad relativa. Así se regula en el artículo 19 LOPA.

Además, está el principio de la finalidad, de manera que sólo puede ejercerse la competencia para los fines específicamente establecidos por la ley y que motivan su asignación. Toda competencia ejercida para finalidades distintas da origen al vicio de desviación de poder (Art. 259 C).

7. La desviación de la competencia

Una de las características de la competencia, tal como se señaló, es su irrenunciabilidad e improrrogabilidad. Esto significa que el órgano al cual se le atribuye la competencia, está obligado a ejercerla y éste no puede libremente desprenderse de la competencia o delegarla en un inferior. Tampoco puede un funcionario superior, libremente, asumir la competencia de un inferior (avocación). Ambas figuras requieren texto legal expreso que las prevea y autorice.

La desviación de la competencia, por tanto, requiere texto expresa, a cuyo efecto, la ley Orgánica de la Administración Pública, establece los siguientes mecanismos: la descentralización, la desconcentración, la encomienda de gestión, la delegación y la avocación[72].

II. LA DESCENTRALIZACIÓN

1. Principios generales

La primera forma de desviación de la competencia es la que deriva del principio de la descentralización, consistente en la transferencia de competencias decisorias de una persona jurídica estatal político territorial a otra u otras personas jurídicas distintas del ente público territorial transferente. Se trata de una distribución de competencias, pero no dentro de una misma organización jerárquica, sino mediante su transferencia hecha a personas jurídicas distintas del ente transferidor.

---

72 *Cfr.* Allan R. Brewer-Carías, *Principios del régimen jurídico de la organización administrativa venezolana., cit.*, pp. 57 y ss; María M. Matheus Inciarte y Fabiola Del Valle Tavares Duarte, "Ley Orgánica de la Administración Pública de 2001: Algunos elementos definitorios de los principios de descentralización y desconcentración", en *Temas de derecho administrativo. Libro Homenaje a Gonzalo Pérez Luciani*, vol. II, Caracas, Tribunal Supremo de Justicia, 2002, pp. 97-121; José V. González, "Consideraciones sobre la descentralización, la desconcentración y la delegación y el elemento subjetivo del acto administrativo", en *Revista de Derecho Administrativo*, N° 11, Editorial Sherwood, Caracas, 2001, pp. 73-86.

En la delegación y en la desconcentración también opera una distribución de competencias, pero entre órganos de un mismo ente. En cambio, la descentralización es una transferencia de competencias entre sujetos con diferente personalidad jurídica, por ejemplo entre la República y estado o un instituto autónomo. No se realiza, por tanto, entre componentes de una misma organización, sino entre diversos sujetos de derecho.

Por ello se puede afirmar que en la desconcentración y en la delegación se establece una relación entre órganos administrativos diversos de una organización; en cambio, en la descentralización se establece una relación entre diversos sujetos de derecho, es decir, entre personas jurídicas distintas.

A. La descentralización territorial y funcional

En la descentralización, los sujetos de derecho a los cuales se les van a transferir competencias pueden ser tanto personas de derecho público como de derecho privado, creados por el Estado de acuerdo al marco jurídico del derecho público o del derecho privado (*segunda parte, § 5 y 6*).

En cuanto a los sujetos de derecho público descentralizados, éstos pueden ser, a su vez territoriales y no territoriales, lo que da origen a dos formas de descentralización que distingue la Ley Orgánica de la Administración Pública: la descentralización territorial y la funcional.

En efecto, la Ley Orgánica dispone que con el propósito de profundizar la democracia y de incrementar la eficiencia y eficacia de la gestión de la Administración Pública se pueden descentralizar competencias y servicios públicos de la República hacia los estados y municipios, y de los estados hacia los municipios, de conformidad con la Constitución y la ley (Art. 30). Recoge, así, esta norma los principios descentralizadores que están establecidos en los artículos 157, 158 y 165 C.

En cuanto a la descentralización funcional, el artículo 29 LOAP dispone que los titulares de la potestad organizativa pueden crear entes descentralizados funcionalmente cuando para el mejor cumplimiento de los fines del Estado así lo requiera, en los términos y condiciones previstos en la Constitución y en la ley[73]. El mismo artículo 29 LOAP establece los siguientes dos tipos de entes descentralizados funcionalmente:

En *primer lugar*, los entes descentralizados funcionalmente *con forma de derecho privado*, los cuales están conformados por las personas jurídicas constituidas y regidas de acuerdo a las normas del derecho privado en los términos de la ley, y son de dos tipos:

a. Los entes descentralizados funcionalmente sin fines empresariales, que son aquellos entes descentralizados funcionalmente que no realicen actividades de producción de bienes o servicios destinados a la venta y cuyos ingresos o recursos provengan fundamentalmente del presupuesto de la República, los estados, los distritos metropolitanos, o los municipios. En general, las asociaciones civiles o fundaciones del Estado.

---

73 *Cfr.* en general Jesús Caballero Ortiz, "La descentralización funcional", *Revista de Derecho Público,* N° 8, Editorial Jurídica Venezolana, Caracas 1981, pp. 5 y ss; Pedro L. Bracho Navarrete, "La descentralización política y administrativa. Discurso de incorporación como miembro correspondiente por el Estado Falcón", *Boletín de la Academia de Ciencias Políticas y Sociales,* año XXXVII, N° 77, Caracas, 1979, pp. 71-90.

b. Los entes descentralizados funcionalmente con fines empresariales, que son aquellos cuya actividad principal sea la producción de bienes o servicios destinados a la venta y cuyos ingresos o recursos provengan fundamentalmente de esta actividad. En general, las empresas del Estado.

En *segundo lugar*, están los entes descentralizados funcionalmente *con forma de derecho público*, conformados por aquellas personas jurídicas creadas y regidas por normas de derecho público, las cuales pueden perseguir fines empresariales o no empresariales, al igual que pueden tener atribuido el ejercicio de potestades públicas[74]. En general se trata de los institutos autónomos, los cuales sólo pueden crearse por ley como tales personas jurídicas de derecho público; principio que deriva de lo dispuesto en el artículo 142 C. Esta norma, por lo demás, recogió la disposición del artículo 230 C. de 1961 al prever que los institutos autónomos sólo pueden crearse por ley; y que tales instituciones, así como los intereses públicos en corporaciones o entidades de cualquier naturaleza, están sujetos al control del Estado, en la forma que la ley establezca.

En todo caso, conforme al mismo artículo 29 LOAP la descentralización funcional puede revertirse por medio de la modificación del acto que le dio origen.

La descentralización funcional o territorial transfiere la titularidad de la competencia y, en consecuencia, transfiere cualquier responsabilidad que se produzca por el ejercicio de la competencia o de la gestión del servicio público correspondiente, en la persona jurídica y en los funcionarios y funcionarias del ente descentralizado (Art. 32 LOAP).

B. Características jurídicas

En cualquier caso, lo que caracteriza a la descentralización es que, aun cuando haya transferencia de poderes a otros sujetos de derecho, todos estos sujetos, en una forma u otra, quedan enmarcados dentro de la estructura organizativa general del Estado. Por ello, puede decirse que cuando se habla de "sector público", la expresión se utiliza en el sentido de abarcar, en el campo nacional, a la República con todos sus ministerios y demás órganos de su Administración central, y a la Administración descentralizada funcionalmente, tenga forma de derecho público o de derecho privado[75]. Este sentido viene

---

74 *Cfr.* Allan R. Brewer-Carías, "La distinción entre las personas públicas y las personas privadas y el sentido actual de la clasificación de los sujetos de derecho", *Revista de la Facultad de Derecho,* N° 57, Caracas, Universidad Central de Venezuela, 1976, pp. 115 a 135.

75 En este sentido debe destacarse lo expresado por la Corte Suprema de Justicia en Sala Político-Administrativa en sentencia del 23 de octubre de 1973, sobre el proceso de descentralización y la integración del sector público: "Atendiendo a los alegatos expuestos por las partes, la única cuestión a resolver en esta incidencia es si, en conformidad con los artículos 38 y 46 de la ley de la materia, el tribunal de la causa debiera haber notificado a la Procuraduría General de la República, la demanda interpuesta contra la Siderúrgica del Orinoco, C. A. (SIDOR), por el Sindicato Único de Trabajadores Metalúrgicos y sus similares del Estado Bolívar (SUTRAMETAL BOLÍVAR), y el embargo decretado a petición del demandante. Con arreglo a dichos artículos los 'funcionarios judiciales están obligados a notificar al Procurador General de la República de toda demanda, oposición, excepción, providencia, sentencia o solicitud de cualquier naturaleza que, directa o indirectamente obre contra los intereses patrimoniales de la República', y de otra medida preventiva o ejecutiva 'sobre bienes de otras entidades públicas o de particulares, que estén afectados al uso público, a un servicio público o a una actividad de utilidad pública el nacional, antes de su ejecución'. Para precisar mejor la inteligencia y alcance de estas disposiciones en lo que concierne al caso de autos, es necesario tener en cuenta realidades institucionales que se relacionen estrechamente con la organización que actualmente tiene la administración pública en Venezuela, y con la necesidad de que los inter-

corroborado con la previsión del artículo 6 de la Ley Orgánica de Administración Financiera del Sector público[76], en la cual se establece que están sujetos a las regulaciones de la misma “los entes u organismos que conforman el sector público” (personas estatales), enumerados seguidamente: 1. La República; 2. Los estados; 3. El Distrito Metropolitano de Caracas; 4. Los distritos; 5. Los municipios; 6. Los institutos autónomos; 7. Las personas jurídicas estatales de derecho público; 8. Las sociedades mercantiles en las cuales la República o las demás personas a que se refiere el mismo artículo tengan participación igual o mayor al 50 % del capital social. Quedarán comprendidas además, las sociedades de propiedad totalmente estatal, cuya función, a través de la posesión de acciones de otras sociedades, sea coordinar la gestión empresarial pública de un sector de la economía nacional; 9. Las sociedades mercantiles en las cuales las personas a que se refiere el numeral anterior tengan participación igual o mayor al 50 % del capital social, y 10. Las fundaciones, asociaciones civiles y demás instituciones constituidas con fondos públicos o dirigidas por algunas de las personas referidas en el mismo artículo, cuando la totalidad de los aportes presupuestarios o contribuciones en un ejercicio, efectuados por una o varias de las personas referidas en el presente artículo, represente el 50% o más de su presupuesto.

Esto confirma que los entes estatales con forma jurídica de derecho privado están integrados dentro de la estructura general del Estado, conformando lo que se denomina sector público (*Segunda parte § 7*).

Puede haber un tercer tipo de descentralización, además de la descentralización territorial y la descentralización funcional, que se denomina descentralización corporativa. En ésta, también se da la transferencia de competencia a un sujeto de derecho distinto, de carácter no territorial, pero que tiene forma corporativa. Es el supuesto que opera con los colegios profesionales, por ejemplo, que cumplen funciones públicas de control del ejercicio de una profesión. Pero en estos casos, esta descentralización corporativa no trae como consecuencia, que los colegios profesionales queden dentro de la estructura general del Estado, a pesar de tratarse de una forma de descentralización. El Estado les transfiere competencias, por ejemplo, el control del ejercicio de una profesión que es una competencia de carácter público, pero aun así, en ese caso, esas corporaciones, por su sustrato personal, no están dentro del denominado sector público y se consideran personas no estatales (*Segunda parte, § 6 y 7*).

eses nacionales sean protegidos y defendidos en forma pronta y eficaz, independientemente de los órganos de la administración nacional a que estén destinados. Los bienes que constituyen el dominio patrimonial del Estado venezolano, están en la actualidad administrados, directamente, por órganos tradicionales de la Administración centralizada, o, indirectamente, por los institutos o establecimientos autónomos y por la empresa del Estado que forman la Administración descentralizada, y cuya característica común es gozar de cierto grado de autonomía, en conformidad con las leyes y decretos orgánicos que regulan su organización y funcionamiento. Así pues, en Venezuela, al igual que en aquellos que se nos anticiparon por el camino de la descentralización administrativa, ha dejado de ser realidad la idea proclamada por la doctrina clásica, de que la unidad de la persona jurídica implica la unidad del patrimonio, en lo que respecta al Estado, pues, los intereses patrimoniales de éste aparecen vinculados a un complejo sistema de servicios centralizados y de organismos autónomos, cada uno de los cuales persigue fines diferentes, aunque orientados todos a la realización de los grandes cometidos que impone al Estado la realidad contemporánea. Dentro de ese sistema, cada ente descentralizado tiene sus propios bienes, en los cuales están a su vez, involucrados los intereses patrimoniales del Estado”, *Gaceta Oficial* N° 1.657. Extra. del 7 de junio de 1974.

76 *Gaceta Oficial N°* 37.978 del 13 de julio de 2004.

Por tanto, la descentralización es una transferencia de competencia a sujetos de derecho distinto, lo que la distingue de la desconcentración que es una distribución de competencia dentro de la organización de un sujeto de derecho público.

C. Consecuencias de la descentralización: la autonomía

Una de las consecuencias fundamentales de la descentralización administrativa es el hecho de que el ente descentralizado goza, siempre, de cierta autonomía. La autonomía, en todo caso, está en una relación inversa con el control: a mayor autonomía reconocida al ente descentralizado corresponderá, inversamente, menor control ejercido por el ente matriz; y, a menor autonomía, mayor control. En el caso de la Administración descentralizada territorialmente bajo el esquema federal, no existe control ejercido por los entes territoriales mayores, ya que hay una mayor autonomía. En cambio, en el caso de los entes descentralizados funcionalmente, por ejemplo, de los institutos autónomos, hay menor autonomía, y por tanto, un mayor control de tutela.

La autonomía, en su sentido propio, es la facultad que tienen los entes de crear su propio ordenamiento jurídico, esto es, de dictar sus propias normas; de aquí que autonomía es equivalente a autonormación. Puede afirmarse, por tanto, que la autonomía propiamente dicha existe en la Administración descentralizada territorialmente. En los estados, los consejos legislativos tienen como función dictar leyes sobre las materias de competencia estadal. Igualmente sucede con los municipios, a los cuales corresponde la gestión de las materias de su competencia, de acuerdo al artículo 168.2 C. Por tanto, un municipio es autónomo, porque su Concejo Municipal puede producir sus propias normas, que a nivel local son equivalentes a las leyes; de ahí que se hable de leyes locales, en el caso de las ordenanzas (*Cuarta parte, §14*).

Un instituto autónomo tiene autonomía porque también, en principio, puede darse su propia reglamentación interna, aun cuando esta facultad de auto normarse está sometida al control de tutela por parte del ministro de adscripción. Normalmente, el reglamento interno de un instituto autónomo debe ser aprobado por el ministro de adscripción, aun cuando éste no puede dictar directamente esas normas, porque sería contradictorio con el fenómeno de la descentralización.

Por supuesto, en el caso de la descentralización política o territorial, la autonomía es mayor que en el caso de la descentralización funcional, y paralelamente, como se ha dicho, en tanto en cuanto la autonomía es mayor, el control es menor. En el sistema federal venezolano, por tanto, no existe mecanismo alguno de control de tutela de la República, por ejemplo, respecto a los estados y los municipios, porque la autonomía, que es correlativa, es mayor.

2. La descentralización territorial

A. Régimen constitucional

La descentralización es territorial, como se ha dicho, si la transferencia de competencia se realiza en favor de algunas de las personas jurídicas de derecho público de carácter político territorial: los estados o los municipios.

En este campo, en principio la distribución de competencias la hace la propia Constitución, al establecer autonomía a nivel de los municipios y a nivel de los estados dentro de la estructura federal del Estado, distintas a las del poder nacional, lo que configura un proceso de descentralización territorial (*Introducción general, IV; Tercera parte, § 11*). Por otra parte, la misma Constitución consagra el principio de la descentralización administrativa hacia los estados y municipios.

En efecto, el artículo 178 C. atribuye directamente a los municipios una serie de competencias que son las llamadas materias concernientes a la vida local, en especial la ordenación y promoción del desarrollo económico y social, la dotación y prestación de los servicios públicos domiciliarios, la promoción de la participación y el mejoramiento de las condiciones de vida de la comunidad (*Cuarta parte, § 14*).

Por otra parte, el artículo 184 dispone que la ley debe crear mecanismos abiertos y flexibles para que los estados y municipios descentralicen y transfieran servicios locales a las comunidades y grupos vecinales organizados. Una norma similar es la contenida en el artículo 157 C., que establece que la Asamblea Nacional por mayoría de sus integrantes puede atribuir a los municipios o a los estados determinadas materias de la competencia nacional a fin de promover la descentralización.

En esta forma, el poder nacional puede atribuirle a los estados y municipios determinadas materias que sean de la competencia nacional, para promover la descentralización, lo que sucedió por primera vez con la Ley Orgánica de Descentralización, Delimitación y Transferencia de Competencias del poder público de 1989[77] (LOD), en la cual se establecieron las bases para un proceso de descentralización territorial de la República hacia los estados que conforman la Federación (*Cuarta parte, § 13*), siendo esta quizás la reforma más importante que desde el punto de vista político se dictó en las últimas décadas del siglo XX[78].

Además de éstas, existen otras normas que establecen algunas orientaciones en materia de descentralización. Por ejemplo, en materia impositiva, el artículo 167.5 establece como ingresos de los estados, los impuestos, tasas y contribuciones especiales que se le asignen por ley nacional con el fin de promover el desarrollo de las haciendas públicas estadales. Esta sería otra forma de descentralización prevista en la Constitución, específicamente en materia tributaria. De lo anterior puede concluirse que la propia Constitución consagra la descentralización territorial, al establecer la posibilidad, para los órganos del poder nacional, de transferir competencias a los estados y municipios; competencias éstas adicionales a las que ya tienen, en virtud de las normas de la propia Constitución.

B. La definición del ámbito de la descentralización territorial hacia los Estados de materias de competencia concurrente

La Ley Orgánica de Descentralización, Delimitación y Transferencia de Competencias del poder público de 1989, en efecto, estableció en primer lugar, la pauta para la descentralización de competencias que si bien en la Constitución se regulan como con-

77 Ley Orgánica de descentralización, delimitación y transferencia de competencias del poder público, *Gaceta Oficial* Extra. N° 4.153 de 28 de diciembre de 1989; reformada en 2003, *Gaceta Oficial* N° 37.753 de 14 de agosto de 2003.

78 *V. Gaceta Oficial* N° 4.153, Extra. de 28 de diciembre de 1989. *Cfr.* Allan R. Brewer-Carías, *Problemas del Estado de partidos*, Editorial Jurídica Venezolana, Caracas, 1988.

currentes (competencias atribuidas a la vez a la República y a los estados), por el proceso de centralismo que se ha producido en el país desde comienzos del siglo pasado, fueron asumidas por el poder nacional.

En esa forma, el artículo 4 estableció que "en ejercicio de las competencias concurrentes que establece la Constitución" y conforme a los procedimientos previstos en la propia ley, debían ser "transferidos progresivamente a los estados" una serie de servicios que se prestaban por el poder nacional, y entre ellos, la planificación, coordinación y promoción de su propio desarrollo integral, la protección de la familia, y en especial del menor, el mejoramiento de las condiciones de vida de la población campesina; la protección de las comunidades indígenas; la educación, en los diversos niveles y modalidades del sistema educativo, la cultura en sus diversas manifestaciones; el deporte, la educación física y la recreación; los servicios de empleo; la formación de recursos humanos, la promoción de la agricultura, la industria y el comercio, la conservación, defensa y mejoramiento del ambiente y los recursos naturales, la ordenación del territorio del estado, la ejecución de las obras públicas de interés estadal y la apertura y conservación de las vías de comunicación estadales, la vivienda popular, urbana y rural, la protección a los consumidores, la salud pública y la nutrición y la coordinación de los servicios destinados a la defensa de las mismas que disponga el poder nacional, la investigación científica y la defensa civil.

A los efectos de este proceso de transferencia de amplísimas competencias, que no es otra cosa que un proceso de descentralización política, el artículo 5 de la ley estableció un procedimiento basado en "convenios" a ser celebrados entre la República y el estado respectivo, por órgano, respectivamente, del Ministro de Relaciones Interiores (artículo 34) y del correspondiente gobernador.

Dichos convenios y, por tanto, el proceso de transferencia de competencias puede realizarse tanto a iniciativa del gobernador del estado respectivo como a iniciativa del Ejecutivo nacional[79] (*Cuarta parte, § 13*).

En este primer caso, por tanto, la ley orgánica nacional no realizó por sí misma un proceso de descentralización política desde el nivel nacional hacia los estados, sino que definió un ámbito de competencias concurrentes en el cual podía producirse una descentralización, la cual en todo caso no se previó para ser uniforme.

Podría efectuarse en determinadas materias, en ciertos estados y en otros no, y la iniciativa puede partir tanto del Ejecutivo nacional como del gobernador de un estado. Se trata por tanto de una descentralización "a la carta" en la cual se escogen las materias a descentralizar, sea por el Ejecutivo nacional sea por los gobernadores, y el proceso cristaliza en un "convenio" que debía ser sometido a diversas aprobaciones, entre ellas la de la Asamblea Nacional (antes del Senado) y la del Consejo Legislativo respectivo.

C. La descentralización territorial hacia los estados de materias de la competencia nacional

Pero en segundo lugar, la Ley Orgánica de Descentralización, Delimitación y Transferencia de Competencias del poder público, en aplicación del artículo 137 C. de 1961,

79 *Cfr.* Informe sobre la descentralización en Venezuela 1993. Memoria del Dr. Allan R. Brewer-Carías, Ministro de Estado para la descentralización, Caracas, 1994.

equivalente al artículo 157 C. de 1999, resolvió directamente la descentralización de una serie de competencias atribuidas al poder nacional, disponiendo en su artículo 11 que se transfería "a los estados la competencia exclusiva" en materias tales como la organización, recaudación, control y administración del ramo de papel sellado; el régimen, administración y explotación de las piedras de cualquier otra especie, que no sean preciosas, arenas, sustancias terrosas, las salinas y los ostrales de perlas, así como la organización, recaudación y control de los impuestos respectivos; la conservación, administración y aprovechamiento de las carreteras, puentes y autopistas en sus territorios; y la administración y mantenimiento de puertos y aeropuertos públicos de uso comercial.

Sin embargo, a pesar de la transferencia que se ordenaba en la norma, la materialización de la misma sólo operó en cada estado, cuando éstos asumieron dichas competencias por ley especial dictada por las antiguas asambleas legislativas (consejos legislativos). Hasta tanto ello no ocurriera, en cada estado la ley orgánica dispuso que se mantendría vigente el régimen legal que existía en diciembre de 1989 (Parágrafo Único, artículo 11) (*Cuarta parte § 14*).

D. La autonomía territorial

En la descentralización territorial, toda vez que se trata de una descentralización política, existe un mayor grado de autonomía, la cual por lo demás se prevé y garantiza en la Constitución, al consagrar en el artículo 159 que los estados son entidades autónomas e iguales en lo político, y en el artículo 168, que los municipios constituyen la unidad primaria de la organización nacional y gozan de autonomía aun cuando "dentro de los límites de esta Constitución y de la ley". Esto implica, en todo caso, que no hay control de tutela del poder central hacia los estados y municipios. En concreto, en relación con los municipios, dicha autonomía se garantiza constitucionalmente al disponer el mismo artículo 168 C., que los actos de los municipios no pueden ser impugnados sino por ante los tribunales competentes, de conformidad con la Constitución y la ley, que no son otros que los de la jurisdicción contencioso administrativa o de la jurisdicción constitucional. Por tanto, no pueden ser impugnados ante el poder ejecutivo nacional.

Por lo tanto, y sin perjuicio de que conforme a la Constitución, la autonomía de los estados y municipios pueda limitarse por ley nacional, el poder nacional no puede controlar a la actividad de la Administración político territorial, salvo en la forma autorizada en la Constitución (vía judicial).

Ahora bien, en relación con los estados y municipios, la autonomía territorial lleva implícita la autonormación, la autonomía tributaria, la autonomía política y la autonomía administrativa.

a. *La autonomía normativa*

En primer lugar, está la autonomía normativa. Como se dijo, los estados pueden dictarse su propio ordenamiento jurídico, pues corresponde a los consejos legislativos respectivos "legislar sobre las materias de la competencia estadal" (artículo 162.1). En el campo municipal, los concejos municipales, como autoridad legislativa en los municipios (Art. 175), pueden dictar las ordenanzas municipales, es decir, dictar las leyes que van a regular la comunidad en el ámbito municipal, por supuesto, en las materias que son propias de la vida local. Estas están asignadas a los municipios dentro del sistema de descentralización propio del sistema federal venezolano.

Ahora bien, este sistema de distribución de competencias puede dar origen a conflictos entre la autoridad nacional, la autoridad estadal y la autoridad municipal, por invasión mutua de competencias. En particular, ha sido frecuente la invasión de los entes municipales en el campo tributario reservado al poder nacional, correspondiendo a la jurisdicción constitucional su solución[80], sea mediante el control de la constitucionalidad de las leyes y ordenanzas, sea mediante la resolución de las controversias constitucionales que se susciten entre los tres niveles de gobierno (Art. 336).

En todo caso, la consecuencia de esa autonomía normativa es que los actos de los estados y municipios sólo pueden ser revisados por la autoridad judicial y particularmente por los órganos de la jurisdicción constitucional (Sala Constitucional del Tribunal Supremo, Art. 336,2) y de la jurisdicción contencioso administrativa (artículos 259). Expresamente la Constitución dice en su artículo 168 que los actos de los municipios no pueden ser impugnados sino por ante los órganos jurisdiccionales, de manera que no hay instancia de revisión alguna entre un acto municipal y las autoridades ejecutivas nacionales.

b. *La autonomía tributaria*

Otro elemento de la autonomía propia de la descentralización territorial es la autonomía tributaria. A nivel de los estados, sin embargo, ésta no está establecida expresamente, sino que deriva de las transferencias que haga el poder nacional conforme al artículo 167.5 C.

En cuanto a los municipios, también gozan de autonomía tributaria conforme a la cual pueden crear impuestos y tienen sus ingresos propios dentro del ámbito de las competencias propias de la vida local. Esta autonomía tributaria da origen a una potestad tributaria propia de los municipios para crear impuestos a las actividades económicas (patentes de industria y comercio), a los inmuebles urbanos y a los espectáculos públicos, etc. (art. 179 C.) (*Tercera parte § 11*).

En todo caso, estados y municipios, en el ejercicio de la autonomía tributaria, están sometidos a las limitaciones establecidas en el artículo 183 C.

c. *La autonomía política*

La autonomía política en los estados se manifiesta en el hecho de que sus autoridades deben ser electas, es decir, no son designadas por el nivel nacional. En cuanto a los legisladores miembros de los consejos legislativos, éstos siempre han sido elegidos por votación universal, secreta y directa (artículo 162 C.); y en cuanto a los gobernadores, a partir de 1989 primero, conforme a la Ley de elección y remoción de los gobernadores de Estado de 1988, reformada en 1989, dictada en ejecución de lo previsto en el artículo 22 C. de 1961, y luego, por las previsiones de la Constitución de 1999, se eligen por votación popular, universal, directa y secreta por mayoría de las personas que voten (Art. 160 C.).

Por supuesto, los municipios tienen también autonomía política, porque el municipio elige sus propias autoridades, tanto a los alcaldes como a los concejales, sin ninguna

---

80 *V.* al respecto, las sentencias de la Corte Suprema de Justicia dictadas con motivo de conflictos en materia tributaria, en Allan R. Brewer-Carías, *Jurisprudencia de la Corte Suprema 1930-1974 y estudios de derecho administrativo, T.* II, *cit.*, pp. 449 y ss.

interferencia de poderes nacionales (arts. 174 y 175 C.). Por tanto, la descentralización territorial va acompañada de la descentralización política, ya que la entidad local tiene, no sólo autonomía y auto administración, sino también autogobierno, es decir, puede elegir y elige, en efecto, sus propias autoridades, que ha sido regulado en la Ley Orgánica del Poder Público Municipal de 2005 (*cuarta parte, § 14*).

d. *La autonomía administrativa*

La descentralización territorial implica, asimismo, autonomía administrativa, en el sentido de que, por ejemplo, los estados tienen dentro de sus competencias "la administración de sus bienes y la inversión y administración de sus recursos, incluso de los provenientes de transferencias, subvenciones o asignaciones especiales del poder nacional, así como de aquellos que les asignen como participación en los tributos nacionales" (Art. 164.3). Esta autonomía, sin embargo, está sometida constitucionalmente a limitaciones derivadas de la posibilidad para el legislador nacional de establecer por ley los principios, normas y procedimientos que propendan a garantizar el uso correcto y eficiente de los recursos provenientes del situado constitucional y de la participación municipal en el mismo (Art. 167.4), lo que ha estado regulado mediante el "plan coordinado de inversiones" en la Ley Orgánica de Descentralización, Delimitación y Transferencia de Competencias del Poder Público de 1989; y de las potestades de control atribuidas a la Contraloría General de la República (artículo 289 C.).

Los municipios tienen, también, autonomía administrativa. Constitucionalmente tienen la libre gestión de los asuntos propios de la entidad, y esa libre gestión significa que no hay ni puede haber interferencia de entes nacionales en la Administración municipal, salvo por lo que respecta a la intervención de la Contraloría General de la República, por autorización de la propia Constitución (Art. 235 C.)[81].

3. La descentralización funcional

A. Principios generales

La segunda forma de descentralización es la descentralización funcional que implica la transferencia de competencia a un ente público no territorial, por razones de servicio, y no por razones político-territoriales como en el supuesto de la descentralización territorial[82]. En este tipo de descentralización se requiere, igualmente, la presencia de dos sujetos de derecho: el ente transferidor, que debe ser de carácter político territorial (la República, los estados o los municipios, y el ente receptor, al cual se le van a transferir las competencias, el cual puede existir, jurídicamente hablando, o bien puede ser creado por el mismo acto que realiza o formaliza la descentralización.

Del primero, esto es, cuando el ente que recibe la competencia ya tiene existencia jurídica, se puede citar como ejemplo, en Venezuela, el de la antigua Compañía Anónima de Teléfonos de Venezuela, cuando era una empresa pública y tenía el monopolio

81 Ley Orgánica de la Contraloría General de la República y del Sistema Nacional de Control Fiscal, ley N° 59, *Gaceta Oficial* N° 37.347 del 17 de diciembre de 2001.

82 *Cfr.*, en general, Fernando Garrido Falla, *Administración indirecta y descentralización funcional*, Madrid, 1950.

de las telecomunicaciones, a la cual, en el año 1965, la ley que reorganizó los servicios de telecomunicaciones del país le transfirió una serie de competencias que anteriormente eran ejercidas por el Ministerio de Comunicaciones[83].

En el otro supuesto está el ejemplo de los institutos autónomos, los cuales, de acuerdo a lo previsto en el artículo 142 C., sólo pueden ser creados por ley. En esta forma, si para la descentralización funcional se va a utilizar la forma jurídica de una persona de derecho público (*Segunda parte, § 6*), el nuevo ente debe crearse a través de una ley.

Por tanto, debe tenerse siempre presente que el Ejecutivo nacional no puede crear un instituto autónomo para transferirle competencias. La creación de estos entes se reserva al legislador. En consecuencia, es por la vía legislativa que se realiza la descentralización funcional, toda vez que es materia de reserva legal la creación de entes de derecho público a través de los cuales se va a realizar la descentralización.

Ahora bien, si la descentralización se va a realizar mediante la creación de personas jurídicas con formas de derecho privado, el supuesto plantea aspectos diferentes (*Segunda parte, § 6*).

En efecto, en primer lugar, en estos casos no es necesario que el sujeto de derecho sea creado por ley, por cuanto el Ejecutivo puede crear personas jurídicas a través de los medios del derecho privado, por ejemplo, constituyendo una sociedad anónima o una fundación por la vía del registro mercantil o del registro público. Sin embargo, el solo hecho de que no se requiera o no se utilice la vía legislativa para crear estos entes implica una limitación, por cuanto no se le pueden transferir competencias que estén específicamente asignadas por ley a un ente de la Administración central. Siendo, como se dijo, la competencia indisponible, para transferirla sería necesaria también una norma de rango legal.

Por consiguiente, y en virtud de que por decreto o por un acto de derecho privado que cree una persona jurídica no se pueden transferir competencias legalmente atribuidas a los órganos administrativos, la descentralización funcional que se pretende instrumentar a través de estas formas jurídicas será siempre, por ello, mucho más limitada que la que se realice mediante la utilización de entes de derecho público. En estos casos, al requerirse la vía legal para la creación de éstos, la transferencia de competencia puede efectuarse sin ningún tipo de obstáculos, ya que la ley puede modificar la asignación inicial de competencia.

En todo caso, lo que se puede transferir hacia los entes de derecho privado es lo que autorice la ley o lo que esté expresamente regulado en una ley[84]. Por ello, por ejemplo, en el caso citado de la antigua compañía telefónica, cuando era una sociedad mercantil de capital público, la transferencia de competencias públicas que se le hizo en el campo

83 Artículo 3 de la derogada Ley que regula la reorganización de los servicios de telecomunicaciones del 6 de julio de 1965, en *Gaceta Oficial* N° 27.781 del 8 de julio de 1965.

84 Por ejemplo, cuando se creó la "Fundación para el desarrollo de la comunidad y fomento municipal" (Fundacomún) en 1960, no había ley alguna que atribuyera a algún órgano nacional competencias en materia de fomento municipal y desarrollo de la comunidad; por tanto, el Ejecutivo nacional, ante tal situación, pudo crear una fundación (ente de derecho privado), y atribuirle competencias en el campo de la promoción social y de la comunidad. Pero si hubiera habido una ley que atribuyera esa competencia a un ente de carácter público, la transferencia de competencias a un ente de derecho privado creado por la Administración, no se hubiera podido haber realizado por decreto.

de las telecomunicaciones y teléfonos, se realizó mediante una ley en la cual se reorganizaron los servicios de telecomunicaciones de 1965[85].

Por lo tanto, la descentralización funcional, a través de formas de derecho privado, es mucho más limitada que la descentralización funcional hecha a través de formas de derecho público.

B. Formas jurídicas de la descentralización funcional en la Ley Orgánica de la Administración Pública

Conforme se ha dicho, la descentralización administrativa funcional tiene por objeto la creación de personas jurídicas a las cuales se transfiere la titularidad de determinadas competencias y la responsabilidad de ejecutarlas (arts. 29 y 32 LOAP). Conforme a lo indicado en el artículo 29 de la LOAP, esta descentralización funcional puede realizarse mediante la creación de personas jurídicas con forma de derecho público o con forma de derecho privado[86], distinción que ya se ha estudiada exhaustivamente con anterioridad (*segunda parte, § 7)*.

a. *Formas jurídicas de derecho público: los institutos autónomos*

En la Ley Orgánica de la Administración Pública sólo se regula una de las formas jurídicas de derecho público para la descentralización administrativa funcional constituida por la figura del instituto autónomo[87] (Art. 95), como una persona jurídica de de-

---

85 Al comentar las normas de la Ley que reguló la reorganización de los servicios de telecomunicaciones de 1965, y que asignó a la CANTV, cuando era una empresa del Estado, los servicios telefónicos, la Corte Suprema de justicia en Sala Político Administrativa, en sentencia del 5 de octubre de 1970, señaló: "Del análisis de lo expuesto se deducen las siguientes conclusiones: 1° Que al adquirir el Estado la totalidad de las acciones de la compañía, el Congreso decidió conservar la persona jurídica creada por el contrato de sociedad suscrito por sus promotores en el año de 1930, y utilizar la organización ya existente para los fines antes señalados, por el cual el servicio telefónico sigue a cargo de una entidad diferente del Estado, capaz de adquirir derechos y de contraer obligaciones con independencia de éste, y que tiene un patrimonio formado por bienes distintos a los que pertenecen al Fisco Nacional; 2° Sin embargo, la empresa ya no actúa como concesionaria de un servicio de interés público, sino como un instrumento del Estado, subordinado a la voluntad de los órganos superiores de éste y, en particular, del Congreso aunque sometida a un régimen especial en cuanto a sus relaciones con el Estado, lo cual hace de ella un caso excepcional entre los servicios públicos descentralizados existentes actualmente en el país. En efecto, la empresa telefónica es la única entidad estatal creada en virtud de un contrato de sociedad celebrado entre particulares, y cuyas relaciones con el Estado están reguladas por las disposiciones de una ley y por las cláusulas de un contrato, pero tales circunstancias no son suficientes para justificar que las autoridades del Distrito Sucre del Estado Miranda, sigan considerándola como una empresa privada, dedicada a una actividad industrial o comercial con fines lucrativos, supuestos éstos indispensables para que le sea aplicable el impuesto establecido en la ordenanza sobre Patente de Industria y Comercio, de dicho Distrito, con arreglo a los términos del artículo 1° de la propia ordenanza; 3° Dadas sus características, la compañía telefónica es actualmente y viene siéndolo, desde 1965, una empresa estatal, cuyas acciones fueron adquiridas con el deliberado propósito de encomendarle la prestación de determinados servicios y la ejecución del Plan Nacional de Telecomunicaciones, actividades a las que ha venido dedicada por disposición del Congreso y del poder ejecutivo, todo lo cual demuestra que ella tiene los atributos de un servicio nacional descentralizado excluido, como todos los de su especie, de la competencia fiscal del municipio", *Gaceta Oficial* N° 1.447, Extra. del 15 de diciembre de 1970, p. 13.

86 *Cfr.* Allan R. Brewer-Carías, *Principios del régimen jurídico de la organización administrativa venezolana, cit.*, pp. 115 y ss.

87 *Cfr.* en general, sobre los institutos autónomos, Jesús Caballero Ortiz, *Los institutos autónomos*, Fondo de Inversiones de Venezuela y Editorial Jurídica Venezolana, Caracas, 1984; Tomás Polanco, "Los institutos autónomos en Venezuela", *Libro Homenaje a Enrique Sayagués Laso, T.* IV, Madrid, 1969, pp. 1073-1086; Juan Garrido Rovira, "El instituto autónomo como figura de la Administración Pública nacional descentralizada en Venezuela",

recho público de naturaleza fundacional, creada por ley nacional, estadal u ordenanza municipal conforme a las disposiciones de dicha ley, dotada de patrimonio propio e independiente de la República, de los estados, de los distritos metropolitanos y de los municipios, según sea el caso, con las competencias o actividades determinadas en la ley que lo cree[88].

Sin embargo, las formas jurídicas de derecho público estatales no se agotan en los institutos autónomos, pues también las corporaciones públicas como los colegios profesionales y las comunidades educativas como las universidades son formas jurídicas de derecho público estatales para la descentralización funcional (*Segunda parte, § 6).*

La creación de los institutos autónomos sólo puede realizarse mediante ley nacional, estadal u ordenanza municipal, conforme lo establece el artículo 142 C. y el artículo 96 LOAP. Igualmente los institutos autónomos sólo pueden ser suprimidos por ley especial, la cual debe establecer las reglas básicas de la disolución, así como las potestades necesarias para que el respectivo Ejecutivo nacional, estadal, del Distrito Metropolitano o municipal proceda a su liquidación (Art. 99).

b. *Las formas jurídicas de derecho privado*

La Ley Orgánica de la Administración Pública, en cuanto a las formas jurídicas de derecho privado de la Administración Pública descentralizada funcionalmente, regula a las sociedades mercantiles del Estado, a las fundaciones del Estado y a las asociaciones civiles del Estado (*Segunda parte, § 6).*

En todo caso, tratándose de personas jurídicas de derecho privado, estos entes se rigen por la legislación ordinaria, particularmente, la establecida en el C. C. y en el C. Co., salvo lo establecido en la Ley Orgánica (arts. 106, 112, 113 y 114). La Ley Orgánica, en consecuencia, derogó parcialmente el decreto ley 677 de 21 de junio de 1985 que estableció las normas sobre las fundaciones, asociaciones y sociedades civiles del Estado y el control de los aportes públicos a las instituciones privadas[89].

a'. Las empresas del estado

El artículo 100 LOAP define a las empresas del Estado como las sociedades mercantiles en las cuales la República, los estados, los distritos metropolitanos y los municipios, o alguno de los entes descentralizados funcionalmente regulados en la Ley Orgánica, solos o conjuntamente, tengan una participación mayor al 50% del capital social[90].

Revista de Derecho Público, N° 3, Editorial Jurídica Venezolana, Caracas, 1980, p. 23-29; y "Descripción de los institutos autónomos de la organización administrativa venezolana", en *Revista de Derecho Público*, N° 4, Editorial Jurídica Venezolana, Caracas, 1980, pp. 110-116; Juan Olivares Bohórquez, "Los institutos autónomos", *Revista Control Fiscal y Tecnificación Administrativa,* N° 10, Contraloría General de la República, Caracas, 1959, pp. 21-22.

88 *Cfr.* Jesús Caballero Ortiz, *Los institutos autónomos, cit.*

89 *V.* en *Gaceta Oficial* N° 3.574 *Extra.* de 21 de junio de 1985. *Cfr.* en general, Allan R. Brewer-Carías, "El régimen de las fundaciones en el decreto N° 41 de 14 de diciembre de 1984", *Revista de Derecho Público,* N° 20, Editorial Jurídica Venezolana, Caracas, 1984, pp. 96 y ss.

90 *Cfr.* Allan R. Brewer-Carías, *Régimen de las empresas públicas en Venezuela,* Editorial Jurídica Venezolana, Caracas, 1981.

Conforme a dicha Ley, tanto la República, como los estados, los municipios y los distritos metropolitanos pueden constituir sociedades anónimas y de responsabilidad limitada, incluso como únicos accionistas (Art. 103).

La creación de las empresas del Estado debe ser autorizada respectivamente por el Presidente de la República en Consejo de Ministros, los gobernadores y los alcaldes según corresponda, mediante decreto o resolución de conformidad con la ley (Art. 101).

Las empresas del Estado adquieren la personalidad jurídica con la protocolización de su acta constitutiva en el registro mercantil correspondiente a su domicilio, donde se debe archivar un ejemplar auténtico de sus estatutos y de la *Gaceta Oficial* de la República o del medio de publicación oficial correspondiente donde aparezca publicado el decreto que autorice su creación (Art. 101). Además, conforme al artículo 102 LOAP, todos los documentos relacionados con las empresas del Estado que conforme al Código de Comercio tienen que ser objeto de publicación, deben publicarse en la *Gaceta Oficial* de la República o en el correspondiente medio de divulgación oficial de los estados, de los distritos metropolitanos o de los municipios.

Corresponde al ministro u órgano de adscripción, nacional, estadal, del Distrito Metropolitano o municipal respectivo, ejercer, según corresponda, la representación del órgano respectivo en la asamblea de accionistas u órganos correspondientes de las empresas del Estado que se encuentren bajo su tutela (Art. 120).

En los casos de empresas del Estado nacionales, estadales, de los distritos metropolitanos o municipales con un único accionista, el artículo 104 LOAP dispone que los derechos societarios podrán ser ejercidos, según sea el caso, por la República, los estados, los distritos metropolitanos, los municipios o los entes a que se refiere la Ley Orgánica, que sea titular de las acciones en forma unilateral, sin que ello implique el incumplimiento de las disposiciones pertinentes del Código de Comercio ni las relacionadas con la publicación a que se refiere esta ley.

b'. Las fundaciones del estado

Conforme al artículo 108 LOAP, son fundaciones del Estado los patrimonios afectados a un objeto de utilidad general, artístico, científico, literario, benéfico, social u otros, en cuyo acto de constitución participe la República, los estados, los distritos metropolitanos, los municipios o alguno de los entes descentralizados funcionalmente a los que se refiere esta ley, siempre que su patrimonio inicial se realice con aportes del Estado en un porcentaje mayor al 50% (Art. 108).

Dos son, por tanto, las condiciones para que una fundación pueda considerarse como fundación del Estado: por una parte, que se constituya por un ente público, y por la otra, que en el patrimonio fundacional *inicial* haya aporte del Estado mayor al 50% del mismo. Ambas condiciones deben cumplirse acumulativamente.

La creación de las fundaciones del Estado también debe ser autorizada respectivamente por el Presidente de la República en Consejo de Ministros, los gobernadores, los alcaldes, según corresponda, mediante decreto o resolución (Art. 109).

Las fundaciones del Estado adquieren personalidad jurídica conforme al artículo 19 C.C. con la protocolización de su acta constitutiva en la oficina subalterna de registro correspondiente a su domicilio, donde se debe archivar un ejemplar auténtico de sus estatutos y de la *Gaceta Oficial* de la República o del medio de publicación oficial estadal o municipal correspondiente donde aparezca publicado el decreto o resolución que autorice su creación.

En el acta constitutiva de las fundaciones del Estado se debe indicar el valor de los bienes que integran su patrimonio, así como la forma en que deben ser dirigidas y administradas (Art. 111).

El acta constitutiva, los estatutos y cualquier reforma de tales documentos de las fundaciones del Estado deben ser publicados en la *Gaceta Oficial* de la República o en el respectivo medio de publicación oficial, estadal o municipal, con indicación de los datos correspondientes al registro (Art. 110).

Corresponde al ministro u órgano de adscripción nacional, estatal, del Distrito Metropolitano o municipal respectivo ejercer, según proceda, la representación del órgano respectivo en los órganos correspondientes de las fundaciones del Estado que se encuentren bajo su tutela (Art. 120).

c'. Las sociedades civiles del estado (nacionales)

El artículo 113 LOAP define a las asociaciones y sociedades civiles del Estado como aquéllas en las cuales la República o algún ente descentralizado funcionalmente nacional posea el 50% o más de las cuotas de participación, y aquéllas cuyo monto se encuentre conformado en la misma porción por aporte de los mencionados entes, siempre que tales aportes hubiesen sido efectuados en calidad de socio o miembro. La Ley Orgánica, por tanto, no regula las sociedades civiles del Estado que puedan constituir los estados, municipios o distritos metropolitanos.

La creación de las asociaciones y sociedades civiles del Estado debe estar autorizada por el Presidente de la República mediante decreto, o a través de resolución dictada por el máximo jerarca del ente descentralizado funcionalmente, que participe en su creación (Art. 114). El acta constitutiva de las sociedades civiles del Estado debe indicar el valor de los bienes que integran su patrimonio, así como la forma en que serán dirigidas y administradas (arts. 114 y 111).

Las sociedades civiles del Estado adquieren personalidad jurídica con la protocolización de su acta constitutiva en la oficina del registro subalterno correspondiente a su domicilio, donde se debe archivar un ejemplar auténtico de sus estatutos y de la *Gaceta Oficial* de la República, donde aparezca publicado el decreto que autorice la creación (Art. 114).

El acta constitutiva y estatutos de las sociedades civiles del Estado deben ser publicado en la *Gaceta Oficial* de la República, con indicación de los datos de registro (arts. 114 y 110).

C. La autonomía funcional y el control de tutela (adscripción)

La autonomía de los entes descentralizados funcionalmente es mucho más limitada que la autonomía de los entes territoriales, lo que implica que el control sobre los mismos de parte de los órganos de la Administración central es mucho mayor.

a. *El control de adscripción*

La consecuencia fundamental de la descentralización funcional es la existencia del control de adscripción, el cual es un tipo de control que se establece en el campo administrativo, entre órganos pertenecientes a personas jurídicas distintas, y por tanto sustancialmente distinto al control jerárquico.

Ya se ha indicado que una de las consecuencias de la jerarquía es el control que el superior ejerce sobre el inferior. Ahora bien, si el control jerárquico es consecuencia de la jerarquía, el control de adscripción es consecuencia de la descentralización funcional, y se da entre dos sujetos de derecho diferentes. En cambio, el control jerárquico, se da entre órganos de un mismo sujeto de derecho, en una misma unidad jerárquica.

Este control de adscripción puede ser el llamado control de tutela, el cual se refiere a la Administración descentralizada funcionalmente conforme a las formas del derecho público (instituto autónomo). Cuando se utilizan formas de derecho privado, el tipo de control dependerá de la forma que se utilice: por ejemplo, si la descentralización se hace mediante una sociedad anónima, el control será accionarial: el Estado accionista controla la compañía a través del funcionario que representa las acciones en la Asamblea; si se trata, por el contrario, de una fundación, el control lo realiza el fundador, en el supuesto que tratamos, el Estado, mediante los mecanismos que se establezcan en los estatutos.

En consecuencia, el control de tutela se presenta en la descentralización funcional con formas de derecho público, y es en este sentido que la Ley Orgánica de la Administración Pública establece, en el artículo 76.12 que le corresponde al ministerio de adscripción ejercer sobre los institutos autónomos, las funciones de coordinación y control que le correspondan conforme a la Ley Orgánica y a las leyes especiales de creación.

b. *Diferencias entre el control jerárquico y el control de tutela*

Ahora bien, entre el control de tutela y el control jerárquico se pueden establecer varias diferencias[91].

Una primera diferencia viene dada por el hecho de que la jerarquía implica un control entre órganos de un mismo sujeto de derecho público; en cambio, la tutela establece una relación de control entre diversos sujetos de derecho, esto es, entre diversas personas jurídicas.

El control jerárquico es un control normal, en el sentido de que se presume siempre. El superior jerárquico tiene la potestad de dirigir, controlar y revisar los actos del inferior, salvo que haya limitaciones legales. En cambio, el control de tutela no se presume, tiene que estar expresamente establecido en la ley, determinándose qué es lo que puede hacer el ente titular de esta facultad, sobre el ente descentralizado. No es un control ilimitado sino que, por el contrario, las formas como se debe realizar y los actos sujetos al mismo deben estar expresamente consagrados en la ley.

En esta forma, el recurso jerárquico se presume que existe siempre, salvo exclusión legal expresa, por lo que un acto del inferior puede ser impugnado, normalmente, ante el ministro. En cambio, en materia de tutela, la presunción opera en sentido contrario. Así en Venezuela hasta 1982, no existía recurso jerárquico ante el ministro de adscripción contra el acto de un ente descentralizado, salvo que la ley expresamente lo autorizare.

De manera que sólo procedía un recurso contra un acto de un instituto autónomo cuando la ley expresamente lo preveía. En nuestra legislación había pocos casos de este tipo, y entre ellos puede citarse el contemplado en la Ley de Reforma Agraria, cuyo

91 *Cfr.* José A. García Trevijano-Fos, *Principios jurídicos de la organización administrativa, cit.*, pp. 214 y ss.

artículo 201 establecía que las decisiones dictadas por el Directorio del Instituto Agrario Nacional, en los casos especificados en dicho artículo, eran "apelables" para ante el ministro de Agricultura y Cría, dentro de los lapsos previstos en el mismo[92].

Con la Ley Orgánica de Procedimientos Administrativos de 1981, sin embargo, esta situación cambió y la excepción fue erigida en regla al establecerse con carácter general que "el recurso jerárquico podrá ser intentado contra las decisiones de los órganos subalternos de los institutos autónomos por ante los órganos superiores de ellos. Contra las decisiones de dichos órganos superiores operará recurso jerárquico para ante el respectivo ministro de adscripción, salvo disposición en contrario de la ley" (artículo 96).

Otra diferencia entre el control de tutela y el control jerárquico está, en que en la jerarquía se presume que el superior jerárquico puede dictar normas e instruir la acción del inferior. En cambio en el control de tutela el principio es el contrario: el ministro no tiene facultades de dar instrucciones al instituto que le está adscrito, sino cuando la ley lo establezca expresamente. Por ejemplo, la ley que reguló el Instituto Venezolano de Petroquímica, antes de su transformación en compañía anónima, atribuía al ministro de Energía y Minas la facultad de definir la política general del instituto e instruir, con carácter general, las acciones del mismo[93].

Se puede anotar también, como diferencia entre ambos medios de control, que en la relación jerárquica hay una sumisión del inferior al superior, en el sentido de que si un ministro dicta un acto administrativo determinado, por más que el inferior no esté de acuerdo con el mismo, por la relación de subordinación en que se encuentra debe acatarlo, cumplirlo y hacerlo cumplir, sin que quepa la posibilidad de que pueda impugnarlo ante la jurisdicción contencioso administrativa.

En cambio, este principio no se da en el caso de la descentralización funcional, y puede ser, por el contrario, perfectamente admitido un recurso de un instituto autónomo contra el acto del ministro de tutela.

c. *La adscripción de los entes descentralizados a los órganos de la administración pública nacional central*

a'. La potestad de adscripción

Corresponde al Presidente de la República en Consejo de Ministros decretar la adscripción de los institutos autónomos, empresas, fundaciones, asociaciones y sociedades civiles del Estado a los órganos de la Administración Pública central nacional. En dicho decreto, el Presidente, conforme se establece en el artículo 115 de la LOAP, tiene competencias amplísimas en la materia para determinar el ministerio de adscripción en los casos en que ello no se encuentre previsto en la ley o acto jurídico de creación del ente descentralizado funcionalmente; variar la adscripción del ente descentralizado funcionalmente que se encuentre prevista en su correspondiente ley o acto jurídico de creación, de acuerdo a las reformas que tengan lugar en la organización ministerial, y atendiendo, en especial, a la creación o supresión de los ministerios o cambios en sus respectivas competencias; variar la adscripción de las acciones de uno a otro órgano, o

92 *V.* la ley del 5 de marzo de 1960, *Gaceta Oficial* N° 611, Extra. del 19 de marzo de 1960.

93 Al respecto, *V.* Allan R. Brewer-Carías, *El control de las actividades económicas del Estado en el derecho venezolano*, Contraloría General de la República, Caracas, 1969, p. 82.

transferir sus acciones a un instituto autónomo o a otro ente descentralizado funcionalmente; y fusionar empresas del Estado y transformar en éstas o en servicios autónomos sin personalidad jurídica, las fundaciones del Estado que estime conveniente.

Este decreto, por tanto, puede considerarse que tiene valor de ley por el poder derogatorio que tiene respecto de las leyes, por ejemplo la Ley sobre adscripción de institutos autónomos, empresas del estado, fundaciones, asociaciones y sociedades civiles del Estado a los órganos de la Administración central y fundaciones del Estado[94]

Debe señalarse, por último, que la Ley Orgánica no regula la potestad de determinar la adscripción de los entes descentralizados funcionalmente en los estados, municipios o distritos metropolitanos, por lo que debe aplicarse analógicamente el régimen antes indicado, en cuanto que tal atribución corresponde a la autoridad ejecutiva de mayor jerarquía.

Todo instituto autónomo, empresa o fundación, asociación y sociedad civil del Estado se tiene que encontrar adscrito a un determinado ministerio u órgano de la Administración Pública correspondiente y, en ningún caso puede quedar adscrito al despacho del Presidente de la República, del Vicepresidente Ejecutivo, del gobernador o del alcalde (Art. 116).

b'. Atribuciones de los órganos de adscripción

Los ministerios u otros órganos de control, nacionales, estadales, de los distritos metropolitanos o municipales, respecto de los entes descentralizados funcionalmente que le estén adscritos, tienen entre sus atribuciones generales las siguientes indicadas en el artículo 117 LOAP: definir la política a desarrollar por tales entes, a cuyo efecto pueden formular las directivas generales que sean necesarias; ejercer permanentemente funciones de coordinación, supervisión y control; evaluar en forma continua el desempeño y los resultados de su gestión e informar oportunamente al Presidente de la República, gobernador o alcalde, según corresponda; informar trimestralmente al organismo u órgano, nacional, estadal, del Distrito Metropolitano o municipal, encargado de la planificación acerca de la ejecución de los planes por parte de los entes, y proponer al Presidente de la República, gobernador, o alcalde, según corresponda, las reformas necesarias a los fines de crear, modificar o eliminar las entidades descentralizadas funcionalmente que respectivamente le estén adscritas.

c'. Obligatoriedad de publicación de los entes descentralizados adscritos

De acuerdo con el artículo 118 LOAP, en el mes de enero de cada año, los ministerios y órganos de adscripción nacionales, estadales, de los distritos metropolitanos o municipales deben publicar en la *Gaceta Oficial* de la República o en el medio oficial que corresponda, la lista de los entes descentralizados adscritos o bajo su tutela, con indicación del monto de la participación, si se tratare de una empresa del Estado, y de la conformación de su patrimonio, si se tratare de un instituto autónomo o una fundación del Estado.

Igualmente deben indicar los entes que se hallen en proceso de privatización o de liquidación.

---

94 *V. Gaceta Oficial* Nº 5.556 Extra. del 13 de noviembre de 2001.

d'. El control de gestión

Conforme al artículo 119 LOAP, el ministerio u órgano de control, nacional, estadal, del Distrito Metropolitano o municipal, a cargo de la coordinación y planificación debe determinar los indicadores de gestión aplicables para la evaluación del desempeño institucional de los órganos desconcentrados y entes descentralizados funcionalmente, de conformidad con el reglamento respectivo.

Como instrumento del control de tutela sobre el desempeño institucional de los entes descentralizados, de conformidad con la Ley Orgánica se deben suscribir compromisos de gestión entre entes descentralizados funcionalmente y el respectivo ministerio u órgano de adscripción nacional, estadal, del Distrito Metropolitano o municipal, según el caso (Art. 119). Dichos compromisos de gestión se regulan detalladamente en los artículos 129 y siguientes LOAP, como se señala más adelante.

El artículo 121 ibíd. obliga a los entes descentralizados funcionalmente a informar al ministerio u órgano de adscripción, nacional, estadal, del Distrito Metropolitano o municipal, acerca de toda participación accionaria que suscriban y de los resultados económicos de la misma.

Además, los administradores de los entes descentralizados funcionalmente deben remitir anualmente a los ministerios u órgano de adscripción nacional, estadal, del distrito metropolitano o municipal correspondientes el informe y cuenta de su gestión (Art. 121).

e.' La intervención de los institutos autónomos

El Presidente de la República, gobernador, alcalde, según corresponda, puede decidir la intervención de un instituto autónomo, cuando existan razones que lo justifiquen (Art. 123).

Esta intervención se debe decidir mediante decreto o resolución que se debe publicar en la *Gaceta Oficial* de la República o en el medio de publicación oficial estadal, del Distrito Metropolitano o municipal correspondiente.

Dicho acto debe contener el lapso de duración de la intervención y los nombres de las personas que deben formar parte de la junta interventora (Art. 124).

La junta interventora que se designe debe proceder a redactar y ejecutar uno o varios presupuestos sucesivos tendientes a solventar la situación del instituto, cumpliendo al efecto lo preceptuado en la legislación presupuestaria (Art. 125).

La actuación de la junta debe circunscribirse estrictamente a realizar los actos de administración necesarios para mantener la continuidad de las atribuciones o actividades a cargo del instituto intervenido, proveyendo al cumplimiento de sus obligaciones y adoptando las medidas conducentes a evitarle cualquier perjuicio (Art. 125).

El ministro u órgano de adscripción nacional, estadal, del Distrito Metropolitano o municipal debe examinar los antecedentes que hayan motivado la intervención del instituto y, de acuerdo con sus resultados, debe proceder a remitir a los órganos competentes los documentos necesarios a objeto de determinar la responsabilidad penal, civil, administrativa o disciplinaria de los integrantes de los órganos de dirección y administración (Art. 126).

La gestión de la junta interventora debe cesar tan pronto haya logrado rehabilitar la hacienda del instituto intervenido.

El decreto o resolución respectivo del Presidente de la República, gobernador o alcalde, según corresponda, que restituya al instituto su régimen normal, debe disponer lo procedente respecto a la integración de los órganos directivos del mismo (Art. 127).

f'. La intervención, supresión y liquidación de empresas y fundaciones estatales

Las empresas y las fundaciones del Estado también pueden ser objeto de intervención, supresión y liquidación de conformidad con las normas previstas en el Código de Comercio y en el Código Civil.

En todo caso, el Presidente de la República, gobernador o alcalde, según corresponda, mediante decreto o resolución correspondiente, debe dictar las reglas que estime necesarias a los fines de la intervención, supresión o liquidación de las entidades mencionadas y debe designar a las personas encargadas de ejecutarlas.

La personalidad jurídica de las entidades descentralizadas funcionalmente debe subsistir para los fines de la liquidación, hasta el final de ésta (Art. 128).

III. LA DESCONCENTRACIÓN ADMINISTRATIVA

La desconcentración es una forma de distribución de competencias, pero a diferencia de la delegación es una distribución de competencias en forma permanente y abstracta, atribuida siempre al órgano y no al titular del cargo[95]. La misma puede efectuarse por ley especial originando las llamadas administraciones independientes, o mediante actos normativos de carácter ejecutivo.

1. Las administraciones independientes

El legislador puede establecer la desconcentración de órganos de la Administración Pública creando administraciones independientes que, si bien quedan adscritas a la Administración ministerial a efectos fundamentalmente presupuestarios, no están sometidas al control jerárquico por parte del ministro[96].

Por tanto, aparte de la desconcentración administrativa realizada por los propios órganos ejecutivos en los casos de atribuciones genéricas de competencias, existe otra forma de desconcentración administrativa, más pronunciada y estable, basada en la voluntad del legislador. En estos casos es frecuente que las leyes, directamente, atribuyan competencias, no al ministro o al ministerio, sino específicamente a una dirección o unidad organizativa del despacho.

---

95 *Cfr.*, en general, Juan Luis de la Vallina Velarde, "La desconcentración administrativa", N° 35, *Revista de Administración Pública*, Instituto de Estudios Políticos, Madrid, 1961, pp. 75 a 138; María M. Matheus Inciarte y Fabiola Del Valle Tavares Duarte, "Ley Orgánica de la Administración Pública de 2001: Algunos elementos definitorios de los principios de descentralización y desconcentración", en *Temas de Derecho Administrativo. Libro Homenaje a Gonzalo Pérez Luciani*, vol. II, *cit.* pp. 97-121.

96 *Cfr.* Nélida Peña Colmenares, "Breve referencia a las administraciones independientes en el derecho comparado y venezolano", *Ensayos de Derecho Administrativo. Libro Homenaje a Nectario Andrade Labarca,* vol. II, Tribunal Supremo de Justicia, Caracas, 2004, pp. 325-374.

Tal es el caso, por ejemplo, de la Superintendencia de Promoción y Protección a la Libre Competencia que es un órgano creado directamente por el legislador en la Ley de Proyección y Promoción de la Libre Competencia de 1992 (Art. 19), con competencias asignadas también directamente por el propio legislador, aun cuando funcione integrado en la organización del Ministerio de Producción y Comercio. En este caso, por ejemplo, es el propio legislador el que atribuye competencias exclusivas a este órgano, sin que pueda el ministro, a pesar de ser superior jerárquico, ejercerlas directamente, agotándose además la vía administrativa con la decisión que adopte el funcionario respectivo, la cual sólo puede ser impugnada ante los órganos de la jurisdicción contencioso administrativa (Art. 53).

2. La transferencia de competencias en la administración central

A. Competencia ejecutiva

Para el cumplimiento de las metas y objetivos de la Administración Pública, el artículo 31 LOAP dispone que se pueda adaptar su organización a determinadas condiciones de especialidad funcional y de particularidad territorial, transfiriendo atribuciones de sus órganos superiores a sus órganos inferiores, mediante acto normativo de conformidad con la Ley Orgánica.

En todo caso, la desconcentración funcional o territorial transfiere únicamente la atribución. La persona jurídica en cuyo nombre actúe el órgano desconcentrado será responsable patrimonialmente por el ejercicio de la atribución o el funcionamiento del servicio público correspondiente, sin perjuicio de la responsabilidad que corresponda a los funcionarios y funcionarias que integren el órgano desconcentrado y se encuentren encargados de la ejecución de la competencia o de la gestión del servicio público correspondiente (Art. 32).

B. La desconcentración administrativa de la administración ministerial

El Presidente de la República en Consejo de Ministros puede, mediante el respectivo reglamento orgánico, convertir unidades administrativas de los ministerios en órganos desconcentrados, con autonomía presupuestaria, administrativa, financiera o de gestión según acuerde el decreto respectivo (Art. 90).

La desconcentración de atribuciones en órganos inferiores de los entes públicos también puede revertirse mediante la modificación o derogación del instrumento jurídico que le dio origen (Art. 31).

El control jerárquico sobre los órganos desconcentrados corresponde al ministro en aquellas materias cuyas atribuciones de dirección no hayan sido transferidas, y debe ejercer el control que especialmente se determine sobre el ejercicio de las atribuciones transferidas que establezca el decreto de desconcentración (Art. 90).

Adicionalmente, el artículo 91 LOAP establece que los órganos de la Administración Pública que sean desconcentrados deben ser controlados de conformidad con sus disposiciones especiales y, en su defecto, según las previsiones de la ley, particularmente, conforme a lo establecido en el artículo 117 LOAP, el cual establece entre las atribuciones del órgano controlante, las de definir la política a desarrollar por tales entes, a cuyo efecto deben formular las directivas generales que sean necesarias; ejercer permanentemente funciones de coordinación, supervisión y control; evaluar en forma continua el desempeño y los resultados de su gestión e informar oportunamente al Presidente; informar trimestralmente al organismo u órgano nacional, encargado de la planificación acerca de la ejecución de los planes por parte de los entes; y proponer al Presidente de la República, las reformas necesarias a los fines de crear, modificar o eliminar las entidades descentralizadas funcionalmente que respectivamente le estén adscritas.

Por último, también rige para los órganos desconcentrados el control de gestión regulado en los artículos 119 y siguientes LOAP.

C. Los servicios autónomos sin personalidad jurídica

El Presidente de la República, mediante el reglamento orgánico respectivo, en Consejo de Ministros, puede crear órganos con carácter de servicios autónomos sin personalidad jurídica u otorgar tal carácter a órganos ya existentes en los ministerios y las oficinas nacionales (Art. 92); ello con el propósito de obtener recursos propios producto de su gestión para ser afectados al financiamiento de un servicio público determinado[97].

De acuerdo con la Ley Orgánica de la Administración Pública, sólo puede otorgarse tal carácter de servicio autónomo sin personalidad jurídica en aquellos casos de prestación de servicios a cargo del Estado que permitan, efectivamente, la captación de ingresos propios (Art. 92).

En todo caso, los referidos servicios son órganos que deben depender jerárquicamente del ministro o del viceministro que determine el respectivo reglamento orgánico (Art. 92).

En el reglamento orgánico de creación de los servicios autónomos sin personalidad jurídica, tal como lo dispone el artículo 94 LOAP, se debe establecer su finalidad y la asignación de competencias; la integración y las fuentes ordinarias de ingreso; el grado de autonomía presupuestaria, administrativa, financiera y de gestión que se acuerde; los mecanismos de control a los cuales debe quedar sometido; el destino que se debe dar a los ingresos obtenidos en el ejercicio de la actividad y el destino de los excedentes al final del ejercicio fiscal; y la forma de designación del titular que debe ejercer la dirección y administración, y el rango de su respectivo cargo.

Los servicios autónomos sin personalidad jurídica deben contar con un fondo separado, para lo cual deben estar dotados de la autonomía que acuerde el reglamento orgánico que les otorgue tal carácter.

Conforme al artículo 34.3 de la Ley Orgánica de Administración Financiera del Sector público de 2000[98], los ingresos provenientes de la gestión de los servicios autónomos sin personalidad jurídica no forman parte del Tesoro y, en tal virtud, pueden ser afectados directamente, de acuerdo con los fines para los cuales han sido creados. Tales ingresos sólo pueden ser utilizados para cubrir los gastos que demanda el cumplimiento de sus fines (Art. 93).

---

97 *Cfr.* en general, Eduardo E. Soto Parra, "Los servicios autónomos sin personalidad jurídica en la organización administrativa venezolana", *Revista Tachirense de Derecho*, N° 9, Universidad Católica del Táchira, San Cristóbal, 1997, pp. 143-159.

98 *V.* en *Gaceta Oficial* N° 37.029 del 5 de septiembre de 2000.

D. La desconcentración regional

La desconcentración administrativa también podría ser a nivel regional, como sucedió en el proceso de regionalización que se desarrolló en los años setenta. En ese caso, se podía hablar de una desconcentración regional, que se producía cuando determinado ministerio tenía, a nivel de cada una de las regiones del país, una dirección regional. Podía haber desconcentración de competencias en esas direcciones en forma permanente y abstracta. Esa desconcentración regional como política gubernamental se inició con el primer reglamento de regionalización administrativa, en 1969[99], y a partir de esa fecha se comenzó a plantear la necesidad de desconcentrar regionalmente a la Administración Pública. El último reglamento de regionalización administrativa fue el dictado por decreto 3128 del 6 de marzo de 1979[100], en el cual se hablaba de la desconcentración regional de la Administración Pública nacional utilizando el término preciso desde el punto de vista administrativo: desconcentración a nivel regional de la competencia de la Administración central[101]. Para esa desconcentración regional se preveían varias exigencias en el reglamento, y entre ellas, ante todo, la necesidad de uniformar las zonas de acción de los diversos ministerios, es decir, que cada ministerio debía identificar nueve áreas de acción regional, y al identificarlas debía designar nueve directores regionales.

Otra exigencia era la establecida en el artículo 29 de dicho decreto, con base en la cual la desconcentración regional debía hacerse con criterio sectorial. Esta orientación parecía ser política de interés en el Gobierno, según podía observarse del contenido del Instructivo N° 27 del 4 de enero de 1977, que el Presidente de la República dirigió a los ministerios, institutos autónomos y empresas del Estado, incitando a la desconcentración de actividades a nivel regional y a la coordinación y organización de las unidades regionales en forma adecuada[102].

Debe destacarse, por último, la exhortación que hizo la Ley Orgánica de Descentralización, Delimitación y Transferencia de Competencias del poder público de 1989[103] al Ejecutivo nacional de impulsar la desconcentración de funciones dentro de sus respectivas dependencias, a fin de facilitar la transferencia de competencias.

IV. LA ENCOMIENDA DE GESTIÓN

La encomienda de gestión es la potestad regulada en la Ley Orgánica, conforme a la cual los órganos de adscripción de entes descentralizados funcionalmente en la Administración Pública nacional, de los estados, de los distritos metropolitanos y de los mu-

99 *Cfr.* lo señalado en Allan R. Brewer-Carías y Norma Izquierdo Corser, *Estudios sobre la regionalización en Venezuela*, *cit.* pp. 431 y ss.

100 *V.* en *Gaceta Oficial* N° 2.422, Extra. del 9 de marzo de 1979.

101 En tal sentido, por ejemplo, el artículo 27 del Reglamento de Regionalización, señaló que "los diversos organismos de la Administración Pública nacional, descentralizada y las empresas del Estado que lleven a cabo actividades en las regiones, deberán establecer a nivel de cada Región una Delegación o Dirección Regional para la programación y coordinación de la ejecución de dichas actividades, en tanto no sea contrario a la naturaleza de las mismas".

102 *V.* en *Gaceta Oficial* N° 31.177 del 17 de febrero de 1977.

103 *Gaceta Oficial* N° 4.153, Extra. del 28 de diciembre de 1989.

nicipios, pueden "encomendar", total o parcialmente, la realización de actividades de carácter material o técnico de determinadas competencias a sus respectivos entes descentralizados funcionalmente por razones de eficacia o cuando no se posean los medios técnicos para su desempeño, de conformidad con las formalidades que determinen la Ley Orgánica de la Administración Pública y su reglamento (Art. 39).

La encomienda de gestión no supone cesión de la titularidad de la competencia ni de los elementos sustantivos de su ejercicio, siendo responsabilidad del órgano encomendante dictar cuantos actos o resoluciones de carácter jurídico den soporte o en los que se integre la concreta actividad material objeto de encomienda (Art. 39)[104].

Cuando la encomienda se establezca entre órganos de las administraciones de distintos niveles territoriales o entre entes públicos, la Ley Orgánica exige que se adopte mediante convenio, es decir, contrato del Estado de carácter inter administrativo, cuya eficacia queda supeditada a su publicación en la *Gaceta Oficial* de la República o en el medio de publicación equivalente estadal o municipal (Art. 40).

La encomienda de gestión, en todo caso debe decidirse por acto motivado, en el cual se deben identificar los órganos o entes entre los cuales se transfiere el ejercicio de la gestión, y determinar la fecha de inicio de su vigencia.

Cuando en la encomienda no se determine esta fecha de inicio, se entiende que comienza desde su publicación en la *Gaceta Oficial* o en el medio de divulgación oficial del estado, del Distrito Metropolitano del municipio correspondiente (Art. 42).

V. LA DELEGACIÓN

1. Tipos de delegación

Fue la Ley Orgánica de la Administración Central de 1976 la que por primera vez reguló en forma general la desviación de competencia a través de la delegación de atribuciones, esto es, mediante la transferencia del ejercicio de determinadas competencias que un superior jerárquico puede hacer en un funcionario inferior[105].

En efecto, el artículo 20.25 de dicha ley estableció como atribución común a todos los ministros, "delegar atribuciones en el Director General del ministerio o en los Directores Generales"; norma en relación con la cual, la Corte Primera de lo Contencioso Administrativo en sentencia 1133 del 10 de agosto de 2000 (caso: *Banco Occidental de Descuento, S.A.C.A. vs. Superintendencia de Bancos y otras Instituciones Financieras*) sentó el siguiente criterio:

La delegación como desviación legítima o "quiebra" de la competencia originariamente atribuida a un órgano, es una figura excepcional en virtud de la cual un órgano superior encarga a otro inferior el cumplimiento de funciones específicas a individuali-

104 La figura de la "encomienda" tuvo su origen en los Reglamentos de la Ley Orgánica de descentralización, delimitación y transferencia de competencias del poder público, dictados en 1993. *Cfr.* en Allan R. Brewer-Carías et ál., *Leyes para la descentralización política de la Federación,* Editorial Jurídica Venezolana, 3ª Edición, Caracas, 1993, pp. 381 y ss.

105 *Cfr.* en general Juan Luis de la Vallina y Celarde, *Transferencia de funciones administrativas,* Madrid, 1964.

zadas que el ordenamiento jurídico le ha conferido como propias a dicho órgano superior. La delegación es un instituto excepcional dentro del ordenamiento jurídico, no constituyendo un instituto general dentro del derecho público.

El primer texto normativo en Venezuela que consagró expresamente la figura de la delegación fue la Ley Orgánica de la Administración Central de 1976, la cual establecía en su artículo 20, ordinal 25, como atribución común a todos los Ministros "...delegar atribuciones en el Director, General del ministerio o en los Directores Generales...".

Según la interpretación que la doctrina daba a la norma supra citada, solo el Ministro podía mediante Resolución delegar funciones, y únicamente en el Director General del ministerio y en los Directores Generales Sectoriales, considerándose nula toda delegación en órganos de menor jerarquía.

La Ley Orgánica de la Administración Central dictada en fecha 14 de diciembre de 1999 modificó la redacción de la derogada estableciendo como competencia específica del Ministro "*Delegar competencias y la firma de documentos de conformidad con las previsiones legales y reglamentarias*".

En principio puede señalarse en congruencia con la doctrina jurídico pública que la *delegación de firma* no constituye una verdadera delegación de funciones o atribuciones, ya que no obstante producirse ella, el funcionario superior sigue siendo competente para el ejercicio de la facultad específica respecto a la cual se ha delegado la firma.

Por el contrario, en la delegación de atribuciones o de funciones, la competencia y la responsabilidad propias de su ejercicio se transfieren al órgano inferior delegado, de manera que cuando el funcionario delegado decide lo hace en nombre propio, aún cuando sus actos puedan ser revisados por el superior delegante; a diferencia de lo que sucede con la delegación de firma en la que el funcionario delegado no decide en nombre propio, sino que la decisión se considera dictada por el funcionario superior delegante de la firma.

Vale la pena destacar que con la delegación de atribuciones o funciones se transfiere solamente el ejercicio de competencias determinadas, más no la titularidad de la competencia la cual sigue radicada en el titular originario dado el carácter esencialmente temporal y revocable del acto de delegación. Admitir lo contrario sería aceptar una subversión del principio de la jerarquía normativa y del rango sublegal de los actos administrativos, concibiendo como posible que mediante una Resolución el funcionario transfiriera definitivamente la competencia atribuida al órgano por una norma de rango legal.

Las diferencias señaladas han sido expresamente asentadas por la antigua Corte Suprema de Justicia en Sala Político Administrativa mediante sentencia del fecha 22 de julio de 1993 (caso *Lourdes A. Vargas de Trujillo vs. Ministerio de Hacienda*) que ya integra el acervo jurisprudencial venezolano, y en la cual el Máximo Tribunal en oportunidad de pronunciarse respecto a si la delegación altera el régimen recursivo administrativo y refiriéndose a la Ley Orgánica de la Administración Central derogada, expresó lo siguiente:

> "En Venezuela, la Ley Orgánica de la Administración Central prevé el instituto de la delegación en las dos formas en que se le conoce: la delegación de atribución y la delegación de firmas. Así, en el artículo 20 de la mencionada ley establece un conjunto de potestades comunes a los ministerios, se incluye, en su numeral 25: 'Delegar atribuciones en el Director General del ministerio o en los Directores Generales, y en éstos y otros funcionarios la firma de documentos, conforme a lo que establezca el Reglamento. La Resolución que contenga estas delegaciones será publicada en la *Gaceta Oficial*'".

Ahora bien, la primera, esto es la delegación de atribuciones, que es considerada por los autores como la delegación propiamente dicha, modifica el orden de las competencias entre las autoridades administrativas involucradas, transfiriendo la competencia de una a otra; en cambio, la delegación de firma tiene sólo por objeto descargar al delegante de la tarea material de firmar los documentos que contienen sus decisiones.

En cuanto a las consecuencias jurídicas de una y otra forma de delegación y, concretamente, si la delegación de atribuciones incide o modifica el régimen de los recursos que contra el acto del derogatorio se puedan ejercer, la Sala observa:

> Si el funcionario titular de la competencia está legalmente autorizado para encargar a un inferior de ejercer esa competencia, la decisión que éste último emita tiene exactamente la misma naturaleza y rango que si fuese dictada por el titular de la competencia. Por consiguiente, el régimen de los recursos contra esa decisión dictada por el delegatario no puede ser diferente, porque ello implicaría que la delegación de atribuciones no consiste en encargar a otro funcionario como si se tratara del superior de que ejerza una competencia originalmente de otro, sino en un cambio del procedimiento mismo que le agregaría un grado al aplicable cuando actúa el propio titular de la competencia. Deben quedar a salvo los casos en que la ley expresamente declara que los actos serán dictados por el Ministro sin que puedan delegar tal atribución, así como los límites a la delegación consagrados en el artículo 88 de la Ley Orgánica de Procedimientos *Administrativos* [...]
>
> De manera que cuando un funcionario decide por delegación de un superior, debe entenderse que el delegatario actúa en lugar del delegante, siendo su decisión de la misma naturaleza y rango que la de aquél. La única diferencia que existe entre las dos modalidades de delegación examinadas es que, en la delegación de atribuciones el delegatario es el responsable personal del acto dictado, mientras que en la delegación de firma, la responsabilidad sigue siendo del titular de la competencia"[106].

Ahora bien, en la actualidad, la Ley Orgánica de la Administración Pública, que derogó la vieja ley Orgánica de la Administración Central, distingue tres tipos de delegación: la inter orgánica, la subjetiva y la de gestión[107].

A. La delegación inter orgánica

El artículo 34 LOAP autoriza al Presidente de la República, al Vicepresidente Ejecutivo, a los ministros, los viceministros, los gobernadores, los alcaldes y los superiores jerárquicos de los órganos y entes de la Administración Pública para delegar las atribuciones que les estén otorgadas por ley a los órganos o funcionarios inmediatamente inferiores bajo su dependencia, de conformidad con las formalidades que determine la Ley Orgánica y su reglamento (Art. 34). Los funcionarios del órgano al cual se haya delegado una atribución serán responsables por su ejecución (Art. 37). Los actos administrativos derivados del ejercicio de las atribuciones delegadas, a los efectos de los recursos correspondientes, se tendrán como dictados por la autoridad delegante (Art. 37).

---

106 *V.* en *Revista de Derecho Público*, N° 83, Editorial Jurídica Venezolana, Caracas, 2000, p. 105.

107 *Cfr.* Antonieta Garrido de Cárdenas, "Consideraciones sobre las formas de organización administrativa establecidas en la Ley Orgánica de Administración Pública (2001) con especial referencia a la delegación", en *Temas de Derecho Administrativo. Libro Homenaje a Gonzalo Pérez Luciani*, vol. I, *cit.*, pp. 691-739; José L. Velásquez, "La delegación de gestión: ¿Una inadvertencia legislativa?", en *Ensayos de Derecho Administrativo. Libro Homenaje a Nectario Andrade Labarca,* vol. II, *cit.* pp. 935-945.

Sobre esta delegación, la Corte Primera de lo Contencioso Administrativo en sentencia del 14 de junio de 2000, (caso *María F. Dos Santos A. vs. Instituto Autónomo de Policía Administrativa del municipio Vargas*), ha señalado:

> [Que] tanto la doctrina como la jurisprudencia han ido precisando la figura de la delegación como una de las formas de traslación de la competencia y, por tanto, de naturaleza excepcional, la cual comprende dos formas o modalidades: la delegación de atribuciones y la delegación de firmas.
>
> La primera, implica la delegación propiamente dicha, pues mediante ésta se transfieren competencias de un superior jerárquico a un funcionario inferior, lo que incluye la responsabilidad que implica el ejercicio del cargo.
>
> Aquí, el delegatario actúa en lugar del delegante, por lo que tiene la facultad de dictar las actuaciones que le fueron atribuidas mediante una resolución en la que se hace constar la delegación, lo que deberá ser publicado en la Gaceta respectiva a los fines de que surta efectos ante terceros[108].

B. La delegación inter subjetiva

El artículo 33 LOAP, por otra parte, denomina delegación intersubjetiva al acto mediante el cual la Administración Pública nacional, la de los estados, la de los distritos metropolitanos y la de los municipios deleguen las competencias que les estén otorgadas por ley a sus respectivos entes descentralizados funcionalmente, de conformidad con las formalidades que determine la ley y su reglamento (Art. 33).

La delegación intersubjetiva, en los términos establecidos por la Ley Orgánica, transfiere la responsabilidad por su ejercicio al ente delegado. Los funcionarios o funcionarias del ente delegado encargados del ejercicio de la competencia delegada serán responsables personalmente por su ejecución, sin perjuicio de la responsabilidad personal del funcionario o de los funcionarios que integren los órganos encargados de su ejecución en dicho ente (Art. 36)

C. La delegación de gestión y de firma

El artículo 38 LOAP autoriza al Presidente de la República, al Vicepresidente Ejecutivo, los ministros, los viceministros, los gobernadores, los alcaldes y las autoridades de superior jerarquía de la República, de los estados, de los distritos metropolitanos, de los municipios y de los entes de la Administración Pública para delegar la gestión, total o parcial, de determinadas atribuciones a los órganos bajo su dependencia, así como la firma de documentos, en funcionarios o funcionarias adscritos a los mismos, de conformidad con las formalidades previstas en la ley y su reglamento (Art. 38)[109].

Sobre la delegación de firmas, la Corte Primera de lo Contencioso Administrativo ha señalado que "no implica una transferencia de competencias o facultades de decisión, por lo que no constituye una verdadera traslación de competencia, manteniendo el Superior la responsabilidad de la competencia y de la decisión.

---

108 *V.* en *Revista de Derecho Público*, N° 82, Editorial Jurídica Venezolana, Caracas, 2000, p. 416.

109 La Ley Orgánica, en consecuencia, derogó el viejo Reglamento de delegación de firmas de los ministros del Ejecutivo nacional dictado por decreto N° 140 del 17 de septiembre de 1969, *Gaceta Oficial* N° 29.025 del 18 de septiembre de 1969.

Al funcionario a quien se le concede este tipo de delegación, sólo estará facultado a suscribir el acto delegado y en consecuencia, ordenar su notificación"[110]. Conforme al artículo 38 LOAP, en ningún caso procede la delegación de firmas en los supuestos de actos administrativos de carácter sancionatorio ni en los casos en los cuales no procede la delegación inter orgánica a inter subjetiva previstos en el artículo 35 LOAP.

En todo caso, los actos administrativos que se firmen por delegación de gestión indicarán esta circunstancia y señalarán la identificación del órgano delegante (Art. 42). Por lo demás, la delegación de firma, en realidad, no es una verdadera desviación de competencia, ya que con ella el funcionario superior sigue siendo responsable de la decisión y de la competencia. En cambio, en la delegación de atribuciones, la competencia y la responsabilidad que acompañan su ejercicio, se transfieren al órgano inferior delegado.

Este funcionario, cuando decide, lo hace a nombre propio; lo que no sucede en la delegación de firma: en este caso, la decisión no se tiene como decisión del inferior, sino como del funcionario superior.

2. Los requisitos formales de la delegación

El acto contentivo de la delegación, cualquiera sea su tipo, inter subjetiva o interorgánica, y de la delegación de gestión, debe ser motivado, identificar los órganos o entes entre los que se transfiera el ejercicio de la competencia o la gestión administrativa y determinar la fecha de inicio de su vigencia.

En los casos de delegación, en que no se determine la fecha de inicio de su vigencia, se entiende que ésta comienza desde su publicación en la *Gaceta Oficial* de la República o el medio de divulgación oficial del estado, del Distrito Metropolitano o del municipio correspondiente (Art. 42). Las delegaciones inter subjetivas y su revocación deben publicarse en la *Gaceta Oficial* de la Administración Pública correspondiente (Art. 35).

Las resoluciones administrativas que se adopten por delegación deben indicar expresamente esta circunstancia y se consideran dictadas por el órgano delegante. En todo caso, la delegación será revocable en cualquier momento por el órgano que la haya conferido (Art. 35).

3. Limitación a las delegaciones inter subjetivas e inter orgánicas

Conforme al artículo 35 LOAP y sin perjuicio de lo dispuesto en la Constitución o en leyes especiales, la delegación inter subjetiva o inter orgánica no procede cuando se trate de la adopción de disposiciones de carácter normativo; de la resolución de recursos en los órganos administrativos que hayan dictado los actos objeto de recurso; de competencias o atribuciones ejercidas por delegación, en aquellas materias que así se determinen por norma con rango de ley.

---

110 *V.* sentencia del 14 de junio de 2000, caso *María F. Dos Santos A. vs. Instituto Autónomo de Policía Administrativa del Municipio Vargas*, *Revista de Derecho Público*, N° 82, Editorial Jurídica Venezolana, Caracas, 2000, p. 416.

VI. LA AVOCACIÓN

El artículo 41 LOAP autoriza al Presidente de la República, al Vicepresidente Ejecutivo, a los ministros, a los viceministros, a los gobernadores, a los alcaldes y a los superiores jerárquicos de los órganos y entes de la Administración Pública, para poder avocarse al conocimiento y resolución de un asunto cuya resolución corresponda ordinariamente o por delegación a sus órganos jerárquicamente subordinados, cuando razones de índole técnica, económica, social, jurídica o de interés público lo hagan pertinente.

La avocación comprende las actividades materiales y las decisiones que correspondan al ejercicio de las atribuciones aplicables al caso, de conformidad con las formalidades que determinen la Ley Orgánica y el reglamento respectivo.

El mismo artículo 41 LOAP dispone que, en todo caso, la avocación se debe realizar mediante acuerdo motivado que debe ser notificado a los interesados en el procedimiento, si fuere el caso, con anterioridad al acto administrativo definitivo que se dicte.

Contra el acuerdo de avocación no opera recurso, aunque podrá impugnarse en el recurso que, en su caso, se interponga contra el acto administrativo definitivo que se dicte (Art. 41).

Sección Cuarta: LA DISTRIBUCIÓN TERRITORIAL DE COMPETENCIAS DEL PODER PÚBLICO EN LA CONSTITUCIÓN (1991)

El texto de esta Sección Cuarta es el del Parágrafo Décimo Primero de libro *Derecho Administrativo,* Tomo II (La Organización Administrativa y la Administración Pública Nacional. Los Estados y la Administración Pública Estatal. Los Municipios y la Administración Pública Municipal), Universidad Externado de Colombia y la Universidad Central de Venezuela, Bogotá 2005.

Siguiendo la tradición constitucional que se remonta a 1811[111], la Constitución venezolana de 1999[112] conservó la organización del Estado con forma federal, estableciendo una distribución del poder público en tres niveles: nacional, estadal y municipal (*Introducción general, IV*); atribuyendo su ejercicio a diversos órganos, y asignando competencias exclusivas en los tres niveles, además de las competencias concurrentes entre ellos, y algunas competencias residuales e implícitas.

En el artículo 136 C. se dispone entonces que "El poder público se distribuye entre el poder municipal, el de los estados y el nacional" lo que implica el reconocimiento de autonomías territoriales en el nivel intermedio, es decir, de los estados federados, los que antes de 1864 se denominaban provincias. En esa fecha, el triunfo de la Revolución federal precisamente condujo a la adopción definitiva de la forma federal del Estado, que sustituyó a la fórmula mixta de 1830, que a la vez había sustituido a la "Confedera-

---

111 *Cfr.* sobre la evolución del Estado en Venezuela, Allan R. Brewer-Carías, *Instituciones Políticas y Constitucionales*, t. I, "Evolución histórica del Estado", San Cristóbal y Caracas, Universidad Católica del Táchira y Editorial Jurídica Venezolana, Caracas, 1996

112 *V.* el texto comentado de la Constitución de 1999, *Gaceta Oficial* N° 36.860 de 30 de diciembre de 1999, en Allan R. Brewer-Carías, *La Constitución de 1999. Derecho Constitucional Venezolano, 2 T.*, Editorial Jurídica Venezolana, Caracas, 2004.

ción" de 1811; adoptándose la denominación de la República como "estados Unidos de Venezuela", la que se conservó hasta 1953. Pero la Federación venezolana a partir de 1901, cuando se produjo el colapso del sistema de Estado federal liberal que se había instaurado en 1864, progresivamente comenzó a ser una "Federación centralizada" por la concentración en el nivel nacional de casi todos los poderes; situación que ha continuado hasta la actualidad a pesar del cambio político democrático de 1946 y, luego, del desarrollado a partir de 1958.

La gran transformación política que debió haber ocurrido en el proceso constituyente de 1999, debió consistir en la sustitución efectiva de la Federación centralizada por una Federación descentralizada. Grandes esfuerzos se hicieron en la materia; pero la profundización de la descentralización política como forma de perfeccionar la democracia, que debió ser el tema central del debate constituyente[113], no pasó del nominalismo expresado tanto en el Preámbulo como en el artículo 4° que precisa que "La República Bolivariana de Venezuela es un Estado federal descentralizado en los términos consagrados por esta Constitución"; fórmula más o menos similar a la del artículo 2° C. de 1961 que decía que "La República de Venezuela es un Estado federal, en los términos consagrados por esta Constitución".

En uno u otro caso, "los términos consagrados por la Constitución" son la clave para determinar efectivamente el grado de descentralización del Estado y, por tanto, de la Federación; y la comparación entre unos y otros "términos" revela muy poca diferencia. Puede decirse que en la Constitución de 1999, salvo en el nominalismo, no se avanzó mayormente en relación con lo que existía en el texto de 1961[114]. En realidad, sólo se constitucionalizaron aspectos ya establecidos en la Ley Orgánica de Descentralización, Delimitación y Transferencia de Competencias del poder público de 1989[115], que ya tenía rango de ley constitucional en lo que se refería a la transferencia a los estados de competencias del poder nacional. Pero no hubo los avances y transformaciones que eran necesarios para hacer realidad la descentralización política de la Federación; y más bien se retrocedió institucionalmente al eliminarse el Senado y establecerse una Asamblea Nacional unicameral (Art. 186), y al permitirse la limitación por ley nacional de la autonomía de los estados (Art. 162) y de los municipios (Art. 168), lo que implica negar, de entrada, la idea misma de descentralización política que tiene que estar basada en el concepto de autonomía territorial.

---

113 Véanse nuestros planteamientos durante las sesiones de la Asamblea Nacional Constituyente de 1999 en Allan R. Brewer-Carías, "Propuesta sobre la forma federal del Estado en la nueva Constitución: Nuevo Federalismo y Nuevo Municipalismo" en *Debate Constituyente, (Aportes a la Asamblea Nacional Constituyente), T.* I, 8 agosto a 8 septiembre, Fundación de Derecho Público y Editorial Jurídica Venezolana, Caracas, 1999, pp. 155 a 170). *Cfr.* también, Allan R. Brewer-Carías "El reforzamiento de la forma federal del Estado Venezolano en la Nueva Constitución: Nuevo Federalismo y Nuevo Municipalismo", ponencia presentada en *The International Conference on Federalism in an Era of globalization*, Québec, Canadá octubre 1999 (mimeo), 13 págs. *V.* en www.allanbrewercarias.com (Documentos 1999).

114 *Cfr.* lo que hemos expuesto en Allan R. Brewer-Carías, *Federalismo y Municipalismo en la Constitución de 1999 (Alcance de una reforma insuficiente y regresiva)*, Editorial Jurídica Venezolana, Caracas, 2001; íd., "El Estado Federal Descentralizado y la centralización de la Federación en Venezuela (Situación y perspectiva de una contradicción constitucional)", en Diego Valadés y José María Serna de la Garza (Coordinadores), *Federalismo y Regionalismo*, Universidad Nacional Autónoma de México y Tribunal Superior de Justicia del Estado de Puebla, México, 2005 pp. 717 a 750.

115 *Cfr.* Allan R. Brewer-Carías et ál, *Leyes y reglamentos para la descentralización política de la Federación*, Caracas, 1994.

En consecuencia, la denominación de "Federación descentralizada" para identificar la forma del Estado que trae la Constitución es, sin duda, un avance nominal, que en "los términos establecidos" en la misma no significa realmente avance alguno, sino consolidación y mantenimiento parcial de reformas que se habían venían realizando desde 1989 hasta 1994, con algunos retrocesos.

Ahora bien, como toda Federación, así sea centralizada, la venezolana está montada sobre el principio de la distribución territorial del poder público entre tres niveles de gobierno: municipal, estadal y nacional"; distribución que debe regirse, conforme lo indica el artículo 4° C., "por los principios de integridad territorial, cooperación, solidaridad, concurrencia y corresponsabilidad".

Es decir, la distribución territorial del poder público no puede en forma ni caso alguno atentar contra la integridad territorial de la República, cuyo territorio no puede ser afectado por el principio descentralizador, lo que impide cualquier intento separatista de parte de las entidades políticas que componen el Estado.

Por otra parte, la distribución del poder público entre la República, los estados y los municipios exige la cooperación entre los diversos niveles territoriales para alcanzar en conjunto los fines del Estado (Art. 136); por ello, los principios de la concurrencia y corresponsabilidad de todos los entes públicos hacia los mismos fines superiores del Estado. Además está el principio de la solidaridad entre las entidades políticas, de manera que el incumplimiento de sus deberes por algunas de ellas no excluye la asunción de los mismos por las otras entidades políticas.

Además de los anteriores principios, el artículo 165 C., que se refiere a las materias de competencia concurrente entre los tres niveles territoriales del poder público (República, estados y municipios), exige que las mismas sean desarrolladas mediante *leyes de bases* dictadas por la Asamblea Nacional y leyes de desarrollo aprobadas por los estados, legislación que debe estar orientada por los principios de interdependencia, coordinación, cooperación, corresponsabilidad y subsidiariedad.

En cuanto al principio de interdependencia, este implica que los niveles territoriales, en el ejercicio de las competencias concurrentes, deben tener relaciones de dependencia, unos respecto de otros, en forma recíproca y mutua, para lo cual la coordinación de esfuerzos es fundamental. Esta coordinación debe realizarse, fundamentalmente, por un órgano intergubernamental que se creó en la Constitución de 1999, como es el Consejo Federal de Gobierno (Art. 185).

Por último se destaca el principio de la subsidiariedad en la distribución de competencias. Si "el poder público se distribuye entre el poder municipal, el poder estadal y el poder nacional", "colocados en este orden según su cercanía con el ciudadano, sujeto protagónico de este modelo de democracia participativa", según lo expresa la Exposición de motivos de la Constitución, el principio general para la asignación de competencias debería estar en el nivel municipal, debiendo ser asumidas las mismas en niveles superiores sólo en forma subsidiaria, cuando no puedan efectivamente desarrollarse a nivel local.

Ahora bien, la distribución vertical del poder público entre el poder municipal, el poder estadal y el poder nacional en los términos definidos en el artículo 136 C., conduce a una distribución de competencias entre los distintos órganos que ejercen el poder público: el poder público nacional, el poder público estatal y el poder público municipal.

Esta distribución de competencias permite distinguir entre las *atribuciones* asignadas a los órganos de los tres niveles territoriales, y las *materias* sobre las cuales se ejercen las atribuciones en los tres niveles territoriales (arts. 156, 164, 178 y 179).

En efecto, cuando el artículo 156 C. dispone que "Es de la competencia del poder público nacional", en el texto enumera un conjunto de *materias* que corresponden a los órganos del poder nacional pero sin precisar si son competencias exclusivas o no. En esa enumeración, en realidad, hay materias que son tanto de la competencia exclusiva del poder nacional como de competencia concurrente con otros niveles territoriales. En este artículo 156 C., por supuesto, no se regulan las *atribuciones* que corresponden a cada uno de los órganos del poder público nacional las cuales se asignan aparte en forma de exclusiva: a la Asamblea Nacional, por ejemplo, la atribución de "legislar en las materias de la competencia nacional" (Art. 178.1), al Presidente de la República, por ejemplo, administrar la Hacienda Pública nacional (Art. 236.11), y al Tribunal Supremo de Justicia, por ejemplo, ejercer el control de la constitucionalidad de las leyes (Art. 336.1).

En cuanto a los municipios, la distinción normativa entre *atribuciones* y *materias* sobre las cuales se ejercen las atribuciones también está establecida en la Constitución: en el artículo 178 se regula "la competencia del municipio", traducida en un conjunto de *materias* que no son de ejercicio exclusivo; y en los artículos 174 y siguientes se precisan las *atribuciones* de los órganos del poder público municipal, las cuales, por supuesto, son de carácter exclusivo: al Concejo Municipal se asigna la competencia para ejercer la "función legislativa del municipio" (Art. 175), y al alcalde la competencia para ejercer "el gobierno y la administración del municipio" (Art. 174).

En relación con los estados, la distinción de regulación normativa antes indicada que existe con relación al poder nacional y al poder municipal no es tan precisa. El artículo 164 C., cuando enumera la "competencia exclusiva de los estados", mezcla un conjunto de *atribuciones* con *materias* sobre las cuales se ejercen dichas atribuciones.

Por ejemplo, al indicar que "es de la competencia exclusiva de los estados": "dictar su propia Constitución" (ord. 1°), "la organización de sus municipios" (ord. 2°) y "administrar sus bienes" (ord. 3°), está precisando, en realidad, *atribuciones* de los órganos que ejercen el poder público en cada estado; pero cuando enumera dentro de las mismas "competencias exclusivas": "la ejecución, conservación, administración y aprovechamiento de las vías terrestres estadales" (ord. 9°), está indicando una "materia" de la competencia estadal, de carácter exclusivo, que deben ejercer los órganos de cada estado conforme a sus respectivas atribuciones.

Para ello, la Constitución en otras normas precisa el detalle de esas atribuciones: al Consejo Legislativo le asigna la atribución de "legislar sobre las materias de la competencia estadal" (Art. 162.1), y al gobernador del estado la de ejercer "el gobierno y administración de cada Estado" (Art. 160).

De lo anterior resulta que si bien las *atribuciones* de los diversos órganos del poder público, tanto nacional como estadal y municipal, son siempre "competencias" de carácter exclusivo (dentro de las limitaciones constitucionales), en cambio no todas las competencias, en el sentido de *materias* sobre las cuales se ejercen las atribuciones, son atribuidas en forma exclusiva a los órganos del poder público.

En algunos casos, sí son materias de la competencia exclusiva de los distintos niveles territoriales, en otros, son materias de competencias concurrentes, en otros, se trata de materias de competencia residual[116].

A continuación analizaremos separadamente las competencias de los niveles territoriales del poder público (poder nacional, poder estadal, poder municipal), en el sentido de las *materias* sobre las cuales sus órganos ejercen sus atribuciones, distinguiendo las materias de competencia exclusiva, concurrente y residual[117].

I. LAS MATERIAS DE COMPETENCIA EXCLUSIVA EN LOS TRES NIVELES TERRITORIALES

Las materias de la competencia exclusiva, como su nombre lo indica, son las atribuidas a cada uno de los niveles territoriales del poder público para ser ejercidas por sus órganos constitucionales en forma exclusiva y excluyente respecto de otros órganos del poder público.

1. Las materias de la competencia exclusiva de los órganos del poder público nacional

En la misma tradición del artículo 136 C. de 1961, el artículo 156 C. de 1999 enumera un conjunto de materias de la competencia del poder nacional. En algunos casos, la enunciación de la "materia" de la competencia exclusiva se hace con carácter global, abarcando toda la materia; en otros casos, la indicación de la materia se hace atribuyendo al poder nacional sólo un aspecto de la misma.

A. Las materias relativas al régimen político y a la organización del estado nacional

a. *Las relaciones internacionales*

Corresponde al poder nacional, conforme al Art. 156.1 C., "La política y la actuación internacional de la República" (Art. 152 y ss. C.). Adicionalmente se debe agregar la competencia para la aprobación y ratificación de los tratados internacionales (Art. 154 C.).

---

116 Para esta sistematización seguimos lo que hemos expuesto en el libro Allan R. Brewer-Carías, *Federalismo y Municipalismo en la Constitución de 1999, cit.*, pp. 46 y ss.

117 *Cfr.* Allan R. Brewer-Carías, "La distribución territorial de competencias en la federación venezolana" en *Revista de Estudios de Administración Local. Homenaje a Sebastián Martín Retortillo,* N° 291, Instituto Nacional de Administración Pública, Madrid, 2003, pp. 163-200; íd., "Consideraciones sobre el régimen de distribución de competencias del poder público en la Constitución de 1999", en *Estudios de Derecho Administrativo. Libro Homenaje a la Universidad Central de Venezuela*, vol. I, Tribunal Supremo de Justicia, Caracas, 2001, pp. 107-138. *Cfr.* además, Tulio Álvarez A., "Distribución de competencias del poder público", *Revista de Derecho Público,* N° 49, Editorial Jurídica Venezolana, Caracas, 1992, pp. 95-108.

b. *Las cuestiones de seguridad y defensa*

El mismo artículo 156 C. atribuye al poder nacional, competencia en materia de la defensa y suprema vigilancia de los intereses generales de la República, la conservación de la paz pública y la recta aplicación de la ley en todo el territorio nacional (ord. 2°); la seguridad, la defensa y el desarrollo nacional (ord 7°, arts. 326 y ss. C.); la organización y régimen de la Fuerza Armada Nacional (ord. 8°, arts. 328 y ss. C.) y el manejo de la política de fronteras con una visión integral del país, que permita la presencia de la venezolanidad y el mantenimiento territorial y la soberanía en esos espacios (ord. 30°, arts. 15 y 327 C.).

c. *El régimen de los símbolos patrios*

El artículo 156.3 C. atribuye al poder nacional, competencia en materia de "La bandera, escudo de armas, himno, fiestas, condecoraciones y honores de carácter nacional" (Art. 8 C.).

d. *El estatuto de las personas*

El artículo 156 C. atribuye al poder nacional competencia en materia de naturalización, admisión, extradición y expulsión de extranjeros (ord. 4°, Art. 38 C.); y de los servicios de identificación (ord. 5°)

e. *El régimen de la división territorial*

El artículo 156.10 C. atribuye al poder nacional competencia para "La organización y régimen del Distrito Capital y de las dependencias federales (arts. 17 y 18 C.). Adicionalmente, conforme al artículo 16 C., también corresponde al poder nacional la división político territorial de la República, la creación y régimen de los territorios federales y el régimen municipal (Art. 169 C.). Por tanto, el establecimiento de la división del territorio en estados, corresponde al legislador nacional.

f. *El régimen de los poderes públicos nacionales*

El mismo artículo 156.31 C. atribuye al poder nacional competencia para "La organización y administración nacional de la justicia, el ministerio Público y el Defensor del Pueblo". Además, corresponde al poder nacional la legislación sobre la organización y funcionamiento de todos los órganos del poder público nacional y de los demás órganos e instituciones nacionales del Estado (ord. 32).

En virtud de esta competencia nacional, la Sala Constitucional del Tribunal Supremo ha declarado la nulidad por inconstitucionalidad de disposiciones de Constituciones estadales en las cuales se han regulado figuras organizativas de Defensor del ciudadano, de los derechos o del pueblo de los estados. En efecto, en sentencia 1395 del 7 de agosto de 2001 (caso *Fiscal General de la República vs. Asamblea Legislativa del Estado Aragua*), al constatar que la Constitución del Estado Aragua había creado la figura del Defensor del Pueblo de Aragua, para la defensa de los derechos fundamentales y las libertades públicas del individuo, atribuyéndole funciones para "promover la observancia de los derechos humanos en el Estado", señaló lo en el marco de la Constitución de 1961, tales competencias se encontraban consagradas en favor de un órgano con competencia nacional como lo era el ministerio público, y que adicionalmente la Constitución de 1999 creó a la Defensoría del Pueblo como un órgano de carácter nacional, que forma parte del poder ciudadano, al cual asignó en virtud de lo dispuesto en los numerales 1°, 2° y 4° del artículo 281 C. entre otras competencias, velar por el efectivo respeto y garantía de los derechos humanos, investigando de oficio o a instancia de parte las denuncias que lleguen a su conocimiento; velar por el correcto funcionamiento de los servicios públicos, amparar y proteger los derechos e intereses legítimos, colectivos o difusos de las personas, e instar al Fiscal General de la República para que intente las acciones o recursos a que hubiere lugar contra los funcionarios públicos o funcionarias públicas, responsables de la violación o menoscabo de los derechos humanos; concluyendo que "algunas de las funciones que antes tenía atribuidas el ministerio público, hoy corresponden a la Defensoría del Pueblo, como órgano del poder ciudadano llamado a velar por el efectivo respeto y garantía de los derechos e intereses de los ciudadanos", por lo cual:

Producto del examen de las normas constitucionales antes citadas, en comparación con las previstas en la Constitución del Estado Aragua, resulta claro para esta Sala, en primer lugar, la similitud que existe entre algunas de las funciones que antes atribuía la Constitución de 1961 al ministerio público -que hoy día asigna la nueva Constitución a la Defensoría del Pueblo-, y las que le atribuye el artículo 56 Constitución del Estado Aragua al Defensor del Pueblo de Aragua; y en segundo término, que la competencia para legislar y determinar el funcionamiento de las distintas ramas del poder público nacional corresponde al legislativo nacional, representado actualmente por la Asamblea Nacional, y que la competencia atribuida a los estados para la organización de los poderes públicos debe ser ejercida de acuerdo a lo previsto en la Constitución.

Por ello, estima esta Sala Constitucional, que la atribución por parte de la entonces Asamblea Legislativa estadal al Defensor del Pueblo del Estado Aragua, de competencias tan similares a las que constitucionalmente estaban asignadas a un órgano del poder público nacional como lo era el ministerio público, hoy a la Defensoría del Pueblo, resulta contrario a lo previsto en el Texto Fundamental.[118].

B. Las materias relativas a la policía nacional y seguridad ciudadana

a. *La policía nacional*

El artículo 156.6 C. atribuye competencia exclusiva al poder nacional en materia de "policía nacional", lo que implica que no toda la materia relativa a la policía que regula la Constitución (Art. 332) corresponde al poder nacional. Se trata de una materia distribuida entre los diversos niveles territoriales.

Sin embargo, lo que es materia de competencia exclusiva del poder nacional es la *policía nacional.*

b. *El régimen de la administración de riesgos y emergencias*

El artículo 156.9° C. atribuye al poder nacional competencia en materia de régimen de la administración de riesgos y emergencias, como parte de la función de seguridad ciudadana que regula la Constitución (arts. 52 y 332 C.).

---

118 *V.* en *Revista de Derecho Público*, N° 85-88, Editorial Jurídica Venezolana, Caracas, 2001, p. 195. En sentido similar, *V.* sentencia 3255 de 18 de noviembre de 2003 de la misma Sala, caso *Impugnación de varios artículos de la Constitución del Estado Miranda*, *Revista de Derecho Público*, N° 93 a 96, Editorial Jurídica Venezolana, Caracas, 2003, pp. 314 y 317.

Lo que se atribuye al poder nacional como competencia exclusiva en esta materia, es el "régimen" y la creación de "un cuerpo de bomberos y administración de emergencias de carácter civil" y "una organización de protección civil y administración de desastres" (Art. 332 C.), existiendo otros aspectos que son de la competencia concurrente con los estados y municipios.

C. Las materias relativas al régimen económico

a. *El régimen general de la economía*

De acuerdo con el artículo 156, se atribuye al poder nacional competencia en las siguientes materias que corresponden al régimen económico general: la regulación de la banca central, del sistema monetario, de la moneda extranjera, del sistema financiero y del mercado de capitales; la emisión y acuñación de moneda (ord. 11); el régimen del comercio exterior y la organización y régimen de las aduanas (ord. 15)[119]; el régimen de metrología legal y control de calidad (ord. 17); los censos y estadísticas nacionales (ord. 18), y las políticas macroeconómicas, financieras y fiscales de la República (ord. 21). Además, corresponde al poder nacional la legislación antimonopolio (Art. 113 C.) y la que regule los ilícitos económicos (Art. 114 C.).

b. *El régimen del correo y las telecomunicaciones*

El mismo artículo 156.28 le atribuye al poder nacional, competencia en materia del régimen de servicio de correo y de las telecomunicaciones, así como el régimen y la administración del espectro electromagnético.

c. *Régimen y administración de las minas*

El artículo 156.16 C. atribuye al poder nacional competencia en materia del régimen y administración de las minas e hidrocarburos. La materia minera, sin embargo, también está atribuida a los estados, en relación con el régimen y administración de minerales no metálicos y las salinas de conformidad con la ley" (Art. 164.5 C.).

d. *El régimen de las tierras baldías*

El poder nacional tiene competencia en materia de "régimen de las tierras baldías" (Art. 156.16 C.). La Constitución, por otra parte, atribuye a los estados "la administración de las tierras baldías en su jurisdicción, de conformidad con la ley" (Art. 164.5), las cuales, sin embargo han sido declaradas como del dominio público por la Ley de Tierras y Desarrollo Agrícola.

e. *Los recursos naturales renovables*

El artículo 156.16 C. asigna al poder nacional competencia en materia de "la conservación, fomento y aprovechamiento de los bosques, suelos, aguas y otras riquezas natu-

---

119 Sobre el régimen nacional de las aduanas, *V.* la sentencia 473 de 25 de marzo de 2003 de la Sala Político Administrativa del Tribunal Supremo, caso *Distribuidora Samtronic de Venezuela C.A. vs. Samsung Electronics Latinoamérica (Zona Libre), C.A)* en *Revista de Derecho Público*, N° 93 a 96, Editorial Jurídica Venezolana, Caracas, 2003, pp. 243 y ss.

rales del país". Por su parte, el artículo 164,5 C. atribuye a los estados competencias sobre "los ostrales de conformidad con la ley".

f. *La ordenación nacional del ambiente y de la ocupación del territorio*

El artículo 156 C. atribuye como competencia exclusiva del poder nacional "las políticas *nacionales* y la legislación en materia de ambiente, aguas y ordenación del territorio" (ord. 23); y "la legislación sobre ordenación urbanística" (ord. 19).

Las políticas estadales y municipales en esas materias, por tanto, corresponden a los estados y municipios.

g. *Las obras de infraestructura*

a'. La ordenación normativa de las obras de infraestructura

Corresponde en forma exclusiva al poder nacional regular el sistema normativo de las obras de infraestructura, para lo cual el artículo 156.19 C. le asigna competencia para el establecimiento, coordinación y unificación de normas y procedimientos técnicos para obras de ingeniería, de arquitectura y de urbanismo.

Además, corresponde al poder nacional la competencia para establecer "el régimen de los puertos, aeropuertos y su infraestructura" (Art. 156.26 C.).

b'. Las obras públicas nacionales

En materia de obras públicas, la Constitución asigna competencia exclusiva al poder nacional en materia de "obras públicas de interés nacional" (Art. 156.20 C.), por lo que la competencia en materia de obras públicas estadales y municipales corresponde, respectivamente, a los estados y municipios.

c'. La vialidad nacional

Conforme al artículo 156.27 C., corresponde en forma exclusiva al poder nacional el sistema de vialidad y de ferrocarriles nacionales. Lo que se reserva al poder nacional no es la vialidad, sino el sistema (se entiende, nacional) de vialidad nacional.

Por ello los estados y municipios, tienen competencia en materia de vialidad estadal y municipal.

h. *El transporte nacional*

El artículo 156.26 C. atribuye competencia exclusiva al poder nacional, en materia del régimen de la navegación y del transporte aéreo, terrestre, marítimo fluvial y lacustre, de carácter *nacional;* y el ord. 27 del mismo artículo, además, atribuye al poder nacional competencia en materia de "ferrocarriles nacionales".

En consecuencia, también puede haber transporte estadal y municipal, cuyo régimen compete a estados y municipios.

Sin embargo, sólo compete al poder nacional "las políticas nacionales y la legislación en materia naviera" (Art. 156.23 C.), lo que no excluye que pueda haber políticas estadales y municipales en esa materia.

i. *La política nacional y la ordenación normativa del turismo*

El 156.23 C. atribuye al poder nacional competencia en materia de "las políticas nacionales y la legislación en materia de turismo"; lo que no excluye las competencias de los estados y municipios en las políticas estadales y municipales de turismo.

j. *Las políticas nacionales para la producción agropecuaria*

Corresponde a la competencia del poder nacional, conforme al artículo 156.25 C., las políticas *nacionales* para la producción agrícola, ganadera, pesquera y forestal. El ordinal 23 del mismo artículo, además, atribuye al poder nacional "las políticas nacionales y la legislación en materia de seguridad alimentaria".

En consecuencia, sólo se reservan al poder nacional las políticas nacionales en esta materia, lo que permite el desarrollo por los estados y municipios, de políticas estadales y municipales en la misma materia.

k. *El régimen general de los servicios públicos domiciliarios*

El artículo 156.29 C. atribuye al poder nacional competencia en materia del régimen general de los servicios públicos domiciliarios y en especial, electricidad, agua potable y gas. La exclusividad de la competencia nacional en esta materia sólo se refiere al "régimen general" de los servicios, pero no al régimen particular y la prestación que puede corresponder a los estados (Art. 164.8) y municipios (178.6). Con base en esta norma, la Sala Constitucional del Tribunal Supremo, sin embargo, ha interpretado que el régimen tarifario de dichos servicios públicos domiciliarios es de la competencia nacional, en el sentido de que "una de las competencias nacionales que están legalmente reconocidas al poder nacional, es la potestad de regulación de la contraprestación de aquellas actividades económicas que están sometidas a la ordenación municipal"[120]

D. Las materias relativas al régimen del desarrollo social

a. *El régimen de la seguridad social*

El artículo 156.22 C. establece en general que corresponde al poder nacional, el régimen y organización del sistema de seguridad social. Con fundamento en esta competencia del poder nacional, la Sala Constitucional ha declarado la inconstitucionalidad de ordenanzas municipales que han regulado el régimen de pensiones de funcionarios, para lo cual dejó "claramente sentado que, en efecto, la competencia para legislar sobre el régimen de la seguridad social en general, sea o no funcionarial, corresponde en exclusiva al poder nacional, en atención a lo dispuesto en los artículos 86, 147, 156.22, 156.32, 187.1 del Texto Fundamental vigente, con lo que resulta inconstitucional que estados o municipios dicten leyes y ordenanzas en esa materia"[121].

---

120 *V.* la sentencia de la Sala Constitucional del Tribunal Supremo de 13 de noviembre de 2001, *caso Fernando Chumaceiro*, citada y ratificada en sentencia 2641 del 1° de octubre de 2003, caso *Impugnación de varios artículos de la ordenanza sobre Prestación de Servicios de Estacionamiento, Guarda y Custodia de Vehículos Automotores del municipio Turístico el Morro Licenciado Diego Bautista Urbaneja, Revista de Derecho Público*, N° 93 a 96, Editorial Jurídica Venezolana, Caracas, 2003, pp. 333 y ss.

121 Véanse las sentencias de la Sala Constitucional del Tribunal Supremo 819/2002, 2724/2001 y 835/2000), citadas y ratificadas en sentencia 3347 del 3 de diciembre de 2003, caso *Impugnación de la ordenanza sobre Pen-*

b. *Régimen nacional de la vivienda*

Corresponde al poder público nacional competencia en materia de "las políticas nacionales y la legislación en materia de vivienda" (Art. 156.23 C.), lo que no excluye las competencias estadales y municipales en materia de política de vivienda.

c. *La política relativa a los servicios públicos nacionales de educación y salud*

El artículo 156.23 C. atribuye al poder nacional competencia en materia de "las políticas nacionales y la legislación en materia de sanidad"; y el ordinal 24 de la misma norma, le atribuye competencia en cuanto a las políticas y los servicios nacionales de educación y salud.

E. Las competencias tributarias nacionales y la regulación del régimen tributario estadal y municipal

La Constitución de 1999 siguió la tendencia constitucional anterior de vaciar a los estados de competencias tributarias, y centralizó aún más el Estado al atribuir al poder nacional potestad para regular y limitar el ejercicio de sus competencias por los estados y municipios, lo que constituye una contradicción con la declaración de los estados y municipios como entidades autónomas (Art. 159 y 168).

El artículo 156.12 C. define el ámbito de la competencia exclusiva del poder nacional en relación con la potestad tributaria, y establece cuáles son los tributos nacionales, así:

La creación, organización, recaudación, administración y control de los impuestos sobre la renta, sobre sucesiones, donaciones y demás ramos conexos, el capital, la producción, el valor agregado, los hidrocarburos y minas, de los gravámenes a la importación y exportación de bienes y servicios, los impuestos que recaigan sobre el consumo de licores, alcoholes y demás especies alcohólicas, cigarrillos y demás manufacturas del tabaco, y los demás impuestos, tasas y rentas no atribuidas a los estados y municipios por esta Constitución y la ley.

Se destaca, de esta norma, la asignación de competencia *residual* a favor del poder nacional, en toda materia tributaria no atribuida por la Constitución y la ley a los estados y municipios, con lo cual se restringió aún más en esta materia, la competencia tributaria estadal. En consecuencia, los impuestos al consumo, otrora competencia residual de los estados, pasaron a ser de la competencia nacional.

---

siones y Jubilaciones del municipio José Antonio Páez del Estado Yaracuy, *Revista de Derecho Público*, nº 93 a 96, Caracas, Editorial Jurídica Venezolana, 2003, pp. 237 y ss. En particular, en sentencia 359 del 11 de mayo de 2000 la misma Sala señaló: "De acuerdo con las citadas disposiciones constitucionales, a la Asamblea Nacional en representación del poder nacional, le corresponde la potestad de legislar en materia de previsión y seguridad social, uno de cuyos aspectos es la jubilación del funcionario público. Y sobre esta base, las jubilaciones y pensiones de los funcionarios y empleados públicos, sean estos funcionarios de carrera o de elección; pertenecientes bien al poder ejecutivo, legislativo, judicial, ciudadano o electoral, forman parte de los sistemas de previsión y seguridad social, materia ésta sobre la cual la Asamblea Nacional tiene potestad genérica de legislar por disposición expresa de las normas señaladas", *Revista de Derecho Público*, Nº 82, Editorial Jurídica Venezolana, Caracas, 2000, pp. 313.

En tal virtud, la Sala Constitucional, por ejemplo, declaró la nulidad por inconstitucionalidad de una ordenanza municipal sobre contribución por consumo de cerveza con contenido alcohólico[122].

Además, corresponde al poder nacional, conforme al mismo artículo 156.14 C., la creación y organización de impuestos territoriales o sobre predios rurales y sobre transacciones inmobiliarias, cuya recaudación y control corresponda a los municipios, de conformidad con la Constitución. Los municipios, en efecto, conforme al Art. 179.3 C.tienen entre sus ingresos "El impuesto territorial rural o sobre predios rurales, la participación en la contribución de mejoras y otros ramos tributarios nacionales o estadales, conforme a las leyes de creación de dichos tributos".

Pero además de estas competencias tributarias propias, como se ha señalado, la Constitución asigna al poder nacional competencia expresa para intervenir en el ejercicio de las competencias tributarias de estados y municipios, al disponer, el artículo 156.13 C., la competencia del poder nacional para dictar:

La legislación para garantizar la coordinación y armonización de las distintas potestades tributarias, definir principios, parámetros y limitaciones, especialmente para la determinación de los tipos impositivos o alícuotas de los tributos estadales y municipales, así como para crear fondos específicos que aseguren la solidaridad interterritorial.

Además, corresponde al poder nacional, mediante ley, regular la participación de los estados en los tributos nacionales (arts. 164.3 y 167.6 C.) y asignar a los estados impuestos, tasas y contribuciones especiales con el fin de promover el desarrollo de las haciendas públicas estadales (Art. 167.5 C.). En este último caso, de leyes que creen o transfieran ramos tributarios a favor de los estados, las mismas podrán compensar dichas asignaciones con modificaciones de los ramos de ingresos de los estados, a fin de preservar la equidad interterritorial (Art. 167.5 C.).

En todos estos casos de leyes nacionales que se refieren a los estados, la Asamblea Nacional está obligada a consultarlos a través de los consejos legislativos estadales, antes de la sanción de las mismas (Art. 206). Ello implica que también los estados y municipios tienen competencia en materia de políticas y servicios estadales y municipales de educación y salud.

F. La competencia en materia de legislación general

De acuerdo con el artículo 156,32 C. el poder nacional además de las competencias legislativas que tiene respecto de las materias que se le atribuyen, tiene además las siguientes competencias generales de legislación:

La legislación en materia de derechos, deberes y garantías constitucionales; la civil, mercantil, penal, penitenciaria, de procedimientos y de derecho internacional privado; la de elecciones; la de expropiación por causa de utilidad pública o social; la de crédito público; la de propiedad intelectual, artística e industrial; la del patrimonio cultural y arqueológico; la agraria; la de inmigración y poblamiento; la de pueblos indígenas y territorios ocupados por ellos; la del trabajo, previsión y seguridad sociales; la de sani-

122 *V.* la sentencia 670 de 06 de julio de 2000 de la Sala Constitucional del Tribunal Supremo, *Revista de Derecho Público*, N° 83, Editorial Jurídica Venezolana, Caracas, 2000, pp. 197 y ss.

dad animal y vegetal; la de notarías y registro público; la de bancos y la de seguros; la de loterías, hipódromos y apuestas en general; la de organización y funcionamiento de los órganos del poder público nacional y demás órganos e instituciones nacionales del Estado; y la relativa a todas las materias de la competencia nacional.

Al tratarse de legislación que se refiere al régimen civil de propiedad sobre bienes, también compete al poder nacional la legislación sobre el dominio público de las costas (Art. 12), las aguas (Art. 304) y las riquezas del subsuelo (Art. 12).

Con fundamento en estas competencias nacionales, por ejemplo, la sala Constitucional del Tribunal Supremo ha anulado ordenanzas y actos administrativos municipales que han pretendido regular en alguna forma tipos penales[123], las loterías[124] o los bancos[125].

2. Las materias de la competencia exclusiva del poder público estadal

Al contrario de lo que sucede con el artículo 156 C. relativo a las materias de la competencia del poder nacional, antes analizado, el artículo 164 del mismo texto cuando enumera la competencia *exclusiva* de los estados, mezcla *atribuciones* con *materias* sobre las cuales se ejercen las mismas.

En efecto, los ordinales 1°, 2° y 3° del artículo 164 en realidad lo que definen son *atribuciones* generales exclusivas de los órganos de los poderes públicos estadales, que en particular corresponden a los consejos legislativos y al gobernador de cada estado, así:

1. Dictar su Constitución para organizar los poderes públicos.
2. La organización de sus municipios y demás entidades locales y su división política territorial, conforme a esta Constitución y a la ley.
3. La administración de sus bienes y la inversión y administración de sus recursos, incluso de los provenientes de transferencias, subvenciones o asignaciones especiales del poder nacional, así como de aquellos que se les asignan como participación en los tributos nacionales

Sin embargo, a pesar de que estas se califican como atribuciones exclusivas, la propia Constitución las limita, al atribuir al poder nacional, por ejemplo, competencia para que la Asamblea Nacional pueda regular por ley, la organización y funcionamiento de los consejos legislativos estadales o el nombramiento de los contralores estadales, que integran los poderes públicos de los estados los cuales sólo deberían estar regulados en las Constituciones de los estados (Art. 164. 1 C.) (*Cuarta parte § 12*).

---

123 *V.* la sentencia 195 de 4 de abril de 2000 de la Sala Constitucional del Tribunal Supremo, *Revista de Derecho Público*, N° 82, Editorial Jurídica Venezolana, Caracas, 2000, pp. 341 y ss.

124 *V.* las sentencias 1535 del 10 de junio de 2003 de la Sala Constitucional del Tribunal Supremo, caso *Impugnación de la ordenanza sobre Juegos y Apuestas Lícitas del concejo municipal del Municipio Junín del Estado Táchira*, *Revista de Derecho Público*, N° 93 a 96, Caracas, Editorial Jurídica Venezolana, 2003, pp. 233 y ss.; y 886 del 13 de mayo de 2004, caso *Impugnación de la ordenanza de Impuestos sobre Juegos y Apuestas dictada por el Municipio Iribarren del Estado Lara*, *Revista de Derecho Público*, N° 97 a 98, Editorial Jurídica Venezolana, Caracas, 2004, pp. 201 y ss.

125 *V.* la sentencia 1237 de 30 de mayo de 2000 de la Sala Político Administrativa del Tribunal Supremo, caso *Banco Venezolano de Crédito S.A.C.A. vs. Alcaldía del Municipio Sucre del Estado Miranda*, *Revista de Derecho Público*, N° 82, Editorial Jurídica Venezolana, Caracas, 2000, pp. 339 y ss.

Ahora bien, en relación con las *materias* de la competencia exclusiva de los estados enumerados en el artículo 164 C. las mismas, en general, pueden considerarse como de competencia exclusiva parcial, pues otros aspectos de las mismas materias se asignan a otros órganos del poder público.

A. La policía estadal y el ámbito de la policía municipal

Conforme a dicho artículo 164.6 C., los estados tienen como materia de la competencia exclusiva para la organización de la policía y la determinación de las ramas de este servicio atribuidas a la competencia municipal, conforme a la legislación nacional aplicable. Esta competencia exclusiva, sin embargo, como lo dispone la norma, debe ejercerse por los estados "conforme a la legislación nacional aplicable", lo que implica una sujeción al régimen general de la policía que establezca el poder nacional.

B. Competencias en materia económica

a. *El régimen de los minerales no metálicos y las salinas*

El artículo 164.5 C. asigna competencia a los estados en cuanto al régimen y aprovechamiento de minerales no metálicos, no reservados al poder nacional, las salinas, de conformidad con la ley. Esta materia de la competencia exclusiva se había transferido a los estados por el Art. 11.2 de la Ley Orgánica de Descentralización, Delimitación y Transferencia de Competencias del poder público de 1989[126].

Ahora bien, en cuanto a su ejercicio, en todo caso, queda sujeta al régimen general que el poder nacional puede establecer sobre "las minas e hidrocarburos y otras riquezas naturales del país" (Art. 156.16 C.).

b. *La administración de las tierras baldías*

El artículo 164.5 C. asigna a los estados competencia para "la administración de las tierras baldías en su jurisdicción". Esta competencia, sin embargo, debe ejercerse conforme al régimen de las tierras baldías que establezca el poder nacional (Art. 156.16 C.).

En todo caso, conforme a la Disposición transitoria décimo primera de la Constitución, "hasta tanto se dicte la legislación nacional relativa al régimen de las tierras baldías, la administración de las mismas continuará siendo ejercida por el poder nacional, conforme a la legislación vigente".

c. *Los ostrales*

Los estados tienen competencia en relación con "los ostrales de conformidad con la ley" (Art. 164.5 C.). Por supuesto, correspondiendo al poder nacional la competencia general respecto de "la conservación, fomento y aprovechamiento de los bosques, suelos, aguas y otras riquezas naturales del país" (Art. 156.16 C.), los estados están sujetos a esa regulación general al ejercer su competencia en relación con los ostrales.

---

126 *V.* en *Gaceta Oficial* N° 4.153 Extra. del 28 de diciembre de 1998.

d. *Las obras públicas estadales*

Al atribuirse al poder nacional competencia exclusiva en materia de obras públicas nacionales (Art. 156.20 C.), corresponde a los estados la competencia exclusiva en materia de obras públicas estadales.

e. *Los servicios públicos estadales*

El artículo 164.8 C. atribuye a los estados competencia exclusiva para la creación, régimen y organización de los servicios públicos estadales. En ninguna norma constitucional, sin embargo, se atribuye a los estados competencias en materia de servicios públicos específicos, por lo que esta materia, en realidad, se configura como una materia de la competencia concurrente con otros niveles del poder público, como las referidas a los servicios de salud, educativos o de deportes, por ejemplo. En todo caso, la competencia estadal en materia de servicios públicos se corrobora por lo dispuesto en el artículo 184 C.

f. *La vialidad estadal*

La Constitución atribuye a los estados competencia exclusiva para la ejecución, conservación, administración y aprovechamiento de las vías terrestres estadales (Art. 164.9). Estas vías terrestres estadales son "las que conforman la red vial dentro del territorio de cada Estado, con exclusión de las vías de comunicación nacionales que se encuentren en el mismo y de las vías urbanas municipales", tal como las definió el artículo 6° del Reglamento Parcial N° 7 LOD, en materia de vialidad terrestre[127]; siendo vías de comunicación nacionales, "las carreteras que atraviesan un Estado y salgan de sus límites" (Art. 4.1).

La precisión del ámbito de la materia objeto de esta competencia exclusiva es esencial, ya que el artículo 156.27 asigna al poder nacional competencia en cuanto al "sistema de vialidad y de ferrocarriles nacionales", y el artículo 178.2 atribuye a los municipios competencia en materia de "vialidad urbana".

g. *La administración de la vialidad nacional*

Siguiendo la decisión adoptada en el artículo 11.3 LOD, el artículo 164.10 C. asigna competencia exclusiva a los estados en materia de conservación, administración y aprovechamiento de carreteras y autopistas nacionales en coordinación con el poder nacional.

Esta competencia, por supuesto no sólo está sujeta al ejercicio de la competencia nacional en materia de "sistema de vialidad y ferrocarriles nacionales" (Art. 156.27 C.) sino a "la coordinación con el poder nacional" que este debe regular.

h. *Administración de puertos y aeropuertos comerciales*

La Constitución, siguiendo la descentralización de competencia efectuada a favor de los estados por el artículo 11.5 LOD, también asigna competencia exclusiva a los estados en materia de conservación, administración y aprovechamiento de puertos y aeropuertos de uso comercial, en coordinación con el poder nacional".

---

127 *V.* en *Gaceta Oficial* N° 35.327 del 28 de octubre de 1993.

En esta materia, sin embargo, la competencia estadal es de ejercicio parcial, pues el poder nacional tiene competencia en materia del régimen de los puertos, aeropuertos y su infraestructura (Art. 156.26 C.) y en todo caso, la competencia estadal debe ejercerse "en coordinación con el poder nacional" conforme al régimen establecido en la legislación nacional.

C. Los tributos estadales

El artículo 164.4 asigna competencia exclusiva a los estados en materia de organización, recaudación, control y administración de los recursos tributarios propios, según las disposiciones de las leyes nacionales y estadales.

Esta competencia "exclusiva", sin embargo, conforme a la Constitución, es una competencia vacía de contenido ya que la propia Constitución no prevé "recursos tributarios propios" algunos de los estados. Esos recursos dependen totalmente de la ley nacional que asigne a los estados impuestos, tasas y contribuciones especiales "para promover el desarrollo de las haciendas públicas estadales" (Art. 167.5 C.). En consecuencia, no sólo la materia tributaria como competencia exclusiva es una competencia vacía en la Constitución, sino que su ejercicio depende íntegramente de la ley nacional.

En todo caso, la única competencia en relación con los tributos que se asigna directamente a los estados, en forma exclusiva, es la creación, organización, recaudación, control y administración de los ramos de papel sellado, timbres y estampillas (Art. 164.7 C.). En tal sentido, se declaran como ingresos estadales el producto de lo recaudado por venta de especies fiscales (Art. 167.3 C.). Sin embargo, debe destacarse que la Sala Constitucional del Tribunal Supremo de Justicia, en la sentencia del 13 de diciembre de 2000 dictada con motivo de la interpretación de la Ley especial sobre el Distrito Metropolitano de Caracas sobre este ramo fiscal, ha señalado que la venta de especies fiscales es sólo "una forma de pago de los tributos" que puede ser explotado por cualquier ente público territorial para pechar los servicios que presta[128].

Del resto, los estados no tienen otras competencias tributarias que las que puedan serles asignadas expresamente por ley *nacional*. Así, el artículo 167.5 C. le atribuye a los estados, como ingresos, los demás impuestos, tasas y contribuciones especiales que se le asignen por ley nacional, con el fin de promover el desarrollo de las haciendas públicas estadales; pudiendo la ley nacional, además asignar a los estados participación en los tributos nacionales (Art. 164.3 y 167.6).

Los estados, sin embargo, conforme al artículo 183 C. en ningún caso pueden crear aduanas ni impuestos de importación, de exportación o de tránsito sobre bienes nacionales o extranjeros, o sobre las demás materias rentísticas de la competencia nacional; ggravar bienes de consumo antes de que entren en circulación dentro de su territorio; ni prohibir el consumo de bienes producidos fuera de su territorio, ni gravarlos en forma diferente a los producidos en él.

Los estados, además, sólo podrían gravar la agricultura, la cría, la pesca y la actividad forestal en la oportunidad, forma y medida que lo permita la ley nacional.

128 *V.* sentencia 1563 del 13 de diciembre de 2000, pp. 55 de 61 y 56 de 61 (del texto original), *Revista de Derecho Público*, N° 84, Editorial Jurídica Venezolana, Caracas, 2000, pp. 184 y ss.

3. Las materias de la competencia exclusiva del poder municipal

A. Las materias de la competencia exclusiva del poder municipal en cuanto concierne a la vida local

El artículo 178 C. contiene una larga enumeración de materias que se atribuyen a los municipios. Sin embargo, puede decirse que las mismas no son, en absoluto, materias de la competencia exclusiva de los mismos. Lo que es exclusivo de los municipios son los aspectos de esas materias que *"conciernen a la vida local"*, pero las materias, en sí mismas, abarcan competencias atribuidas al poder nacional y al poder estadal (*cuarta parte § 15*).

Por ello, fue la derogada Ley Orgánica de Régimen Municipal la que precisó los aspectos de las materias que conciernen a la vida local y que eran de la competencia exclusiva de los municipios[129]; lo que ha hecho de nuevo, pero con mayor precisión, la Ley Orgánica del Poder Público Municipal de 2005 (Art. 56), dado lo extenso de las regulaciones constitucionales en la materia.

En consecuencia, puede decirse que conforme al artículo 178 C., es competencia exclusiva de los municipios "el gobierno y administración de sus intereses y la gestión de las materias que le asigne esta Constitución y las leyes nacionales, *en cuanto concierne a la vida local*", en particular, en relación con la ordenación y promoción del desarrollo económico y social; la promoción de la participación y el mejoramiento, en general de las condiciones de vida de la comunidad; la dotación y prestación de los servicios públicos domiciliarios, en particular, los servicios de agua potable, electricidad y gas doméstico, alcantarillado, canalización y disposición de aguas servidas; aseo urbano y domiciliario, comprendidos los servicios de limpieza, de recolección y tratamiento de residuos (Encabezamiento y ords. 2° , 4° y 6°); la ordenación territorial y urbanística (ord. 1°); el patrimonio histórico (ord. 1°); la vivienda de interés social y aplicación de la política referente a la materia inquilinaria "con criterios de equidad, justicia y contenido de interés social de conformidad con la delegación prevista en la ley que rige la materia" (ord. 1°); el turismo local (ord. 1°); los parques y jardines, plazas, balnearios y otros sitios de recreación (ord. 1°); la arquitectura civil, nomenclatura y ornato público (ord. 2°); la vialidad urbana (ord. 2.°); la circulación y ordenación del tránsito de vehículos y personas por vías municipales (ord. 2°); los servicios de transporte público urbano de pasajeros (ord. 2°); los espectáculos públicos (ord. 3°); la publicidad comercial, en cuanto concierne a los intereses y fines específicos municipales (ord. 3°); la protección del ambiente y cooperación con el saneamiento ambiental (ord. 4°); la protección civil, prevención y protección vecinal y servicios de policía municipal, conforme a la legislación nacional aplicable, y servicios de prevención y protección vigilancia y control de los bienes y las actividades relativas a las materias de la competencia municipal; (ords. 4°, 5° y 6°); la salubridad y atención primaria a la salud (ord. 5°); los servicios de protección a la primera y segunda infancia, a la adolescencia y a la tercera edad (ord. 5°); la educación preescolar (ord. 5°); los servicios de integración familiar de la persona

129 *Cfr*. en relación con la Ley de 1989, Ana Elvira Araujo García, "Las competencias municipales y la nueva Ley Orgánica de Régimen Municipal", *Libro Homenaje al Profesor Antonio Moles Caubet, T.* I, Universidad Central de Venezuela, Caracas, 1981, pp. 265-291.

con discapacidad al desarrollo comunitario (ord. 5°); las actividades e instalaciones culturales (ord. 5°); las actividades deportivas (ord. 5°); los cementerios y servicios funerarios (ord. 6°) y la justicia de paz (ord. 7°).

A este listado debe agregarse la competencia municipal en materia de "obras públicas municipales" dado que el artículo 156.20 C. atribuye al poder nacional competencia exclusiva en materia de obras públicas *nacionales.*

Los municipios, en consecuencia, tienen competencia exclusiva en relación con las anteriores materias, pero *sólo en cuanto concierne a la vida local,* ya que la gran mayoría de las mismas se configuran como materias de la competencia concurrente. En realidad, sólo pueden identificarse como materias de la competencia exclusiva global del poder municipal, las relativas a los espectáculos públicos (ord. 3°) y los cementerios y servicios funerarios (ord. 6°).

Sin embargo, a pesar de la exclusividad, la autonomía municipal en cuanto al ejercicio de las competencias municipales queda sujeta, en general, a las limitaciones que establezca la ley nacional (Art. 168), lo que es una negación de la propia autonomía.

B. Las competencias tributarias municipales

De acuerdo con el artículo 171 C., los municipios tienen los siguientes ingresos tributarios:

En *primer lugar*, los impuestos sobre actividades económicas de industria, comercio, servicios, o de índole similar, con las limitaciones establecidas en la Constitución (Art. 179.2 C.). De acuerdo con el artículo 207 LOPPM de 2005[130] (LOPPM), el el hecho imponible de este impuesto es el ejercicio habitual, en la jurisdicción del Municipio, de cualquier actividad lucrativa de carácter independiente, aún cuando dicha actividad se realice sin la previa obtención de licencia, sin menoscabo de las sanciones que por esa razón sean aplicables. El comercio eventual o ambulante también estará sujeto al impuesto sobre actividades económicas. Aclara el artículo 208 LOPPM, que este impuesto es distinto a los tributos que corresponden al poder nacional o estadal sobre la producción o el consumo específico de un bien, o al ejercicio de una actividad en particular y se causará con independencia de éstos. En estos casos, al establecer las alícuotas de su impuesto sobre actividades económicas, los municipios deben ponderar la incidencia del tributo nacional o estadal en la actividad económica de que se trate. En definitiva, este impuesto se causa con independencia de los tributos previstos en legislación general o la dictada por la Asamblea Nacional.

En *segundo lugar*, los impuestos sobre inmuebles urbanos, que conforme al artículo 176 LOPPM, recae sobre toda persona que tenga derechos de propiedad, u otros derechos reales, sobre bienes inmuebles urbanos ubicados en la jurisdicción municipal de que se trate o los beneficiarios de concesiones administrativas sobre los mismos bienes. A tal efecto, conforme al artículo 178 LOPPM, se consideran inmuebles urbanos: 1. El suelo urbano susceptible de urbanización, definiéndose como "suelo urbano" "los terrenos que dispongan de vías de comunicación, suministro de agua, servicio de disposición de aguas servidas, suministro de energía eléctrica y alumbrado público"; 2. Las cons-

---

130 *V.* en *Gaceta Oficial* N° 38.204 del 8 de junio de 2005.

trucciones ubicadas en suelo susceptible de urbanización, entendidas por tales los edificios o lugares para el resguardo de bienes y/o personas, cualesquiera sean los elementos de que estén constituidos, aun cuando por la forma de su construcción sean perfectamente transportables y aun cuando el terreno sobre el que se hallen situados no pertenezca al dueño de la construcción (se exceptúan los terrenos con vocación agrícola), y las instalaciones asimilables a los mismos, tales como diques, tanques, cargaderos y muelles. No se consideran inmuebles las maquinarias y demás bienes semejantes que se encuentran dentro de las edificaciones, aún y cuando estén de alguna manera adheridas a éstas.

De acuerdo con el artículo 177 LOPPM, la base imponible de este impuesto es el valor de los inmuebles, el cual se determina partiendo del valor catastral de los mimos, el cual se debe fijar tomando como referencia el precio corriente en el mercado, entendiéndose por tal el que normalmente se haya pagado por bienes de similares características en el mes anterior a aquél en el que proceda la valoración, según la ordenanza respectiva, siempre que sea consecuencia de una enajenación efectuada en condiciones de libre competencia entre un comprador y un vendedor no vinculados.

En *tercer lugar*, los impuestos sobre vehículos, el cual conforme al artículo 195 LOPPM, grava la propiedad de vehículos de tracción mecánica, cualesquiera sean su clase o categoría y sean propiedad de una persona natural residente o una persona jurídica domiciliada en el Municipio respectivo.

En *cuarto lugar*, los impuestos sobre espectáculos públicos, mediante el cual se grava la adquisición de cualquier boleto, billete o instrumento similar que origine el derecho a presenciar un espectáculo en sitios públicos o en salas abiertas al público (LOPPM 199); impuesto que es pagado por el adquirente del respectivo billete o boleto de entrada en el momento de la adquisición (Art. 200).

En *quinto lugar*, los impuestos sobre juegos y apuestas lícitas, que se causa al ser pactada una apuesta en jurisdicción del respectivo municipio. A tal efecto, el artículo 201 LOPPM entiende pactada la apuesta con la adquisición efectuada, al organizador del evento con motivo del cual se pacten o a algún intermediario, distribuidor o cualquier otro tipo de agente en la respectiva jurisdicción, de cupones, vales, billetes, boletos, cartones, formularios o instrumentos similares a éstos que permitan la participación en rifas, loterías o sorteos de dinero o de cualquier clase de bien, objeto o valores, organizados por entes públicos o privados. También se gravan con este impuesto las apuestas efectuadas mediante máquinas, monitores, computadoras y demás aparatos similares para juegos o apuestas que estén ubicados en la jurisdicción del municipio respectivo. El contribuyente de este impuesto es el apostador (Art. 202 LOPPM); y conforme artículo 203 LOPPM, la base imponible del impuesto la constituye el valor de la apuesta, de manera que las ganancias derivadas de las apuestas sólo quedarán sujetas al pago de impuestos nacionales, de conformidad con la ley.

En *sexto lugar*, los impuestos sobre propaganda y publicidad comercial (Art. 179.2 C.), mediante el cual, como lo establece el artículo 204 LOPPM, se grava todo aviso, anuncio o imagen que con fines publicitarios sea exhibido, proyectado o instalado en bienes del dominio público municipal o en inmuebles de propiedad privada siempre que sean visibles por el público, o que sea repartido de manera impresa en la vía pública o se traslade mediante vehículo, dentro de la respectiva jurisdicción municipal. A los efectos de este tributo, la Ley Orgánica entiende por propaganda comercial o publicidad todo aviso, anuncio o imagen dirigido a llamar la atención del público hacia un producto, persona o actividad específica, con fines comerciales (Art. 205 LOPPM); siendo el anunciante el contribuyente de este tributo, es decir, la persona cuyo producto o actividad se beneficia con la publicidad (Art. 206 LOPPM)

En *séptimo lugar*, el impuesto territorial rural o sobre predios rurales (Art. 179. C. el cual debe ser creado y organizado por el poder nacional, correspondiendo la recaudación y control a los municipios (Art. 156.4 C.; y Art. 179 LOPPM).

En *octavo lugar*, el impuesto sobre transacciones inmobiliarias, el cual también debe ser creado y organizado por el poder nacional, correspondiendo la recaudación y control a los municipios (Art. 156.14 C.; y Art. 180 LOPPM).

En *noveno lugar*, la contribución especial sobre plusvalías de las propiedades generadas por cambios de uso o de intensidad de aprovechamiento con que se vean favorecidas por los planes de ordenación urbanística (Art. 179.2 C.; y Art. 181,1 LOPPM). Conforme al artículo 181 LOPPM, estas contribuciones pueden ser creadas mediante ordenanza "cuando sea acordado un cambio de uso o de intensidad de aprovechamiento o la realización de la obra o servicio que origine la mejora".

En cuanto a la contribución especial sobre plusvalía de las propiedades inmuebles originada por cambios de uso o de intensidad en el aprovechamiento, conforme al artículo 182 LOPPM, la misma se causa por el incremento en el valor de la propiedad como consecuencia de los cambios de uso o de intensidad de aprovechamiento previstos en los planes de ordenación urbanística con que esa propiedad resulte beneficiada. Esta contribución, que debe destinarse a la realización de las obras o prestación de los servicios urbanos que se determinen en la ordenanza, conforme al artículo 183, sólo puede crearse cuando el aumento del valor de las propiedades inmuebles sea igual o superior al 25% de su valor antes del cambio de uso o de intensidad de aprovechamiento. A los fines de la determinación de la contribución, la Ley Orgánica dispone que se presume que todo cambio de uso o de intensidad de aprovechamiento produce en los bienes afectados, un aumento de valor de al menos un 25%; presunción que sin embargo, puede ser desvirtuada en el curso de los procedimientos que se establezcan para la determinación del monto de la contribución por los sujetos afectados. En todo caso, esta contribución especial no puede exceder de un 15% del monto total de la plusvalía que experimente cada inmueble (Art. 184 LOPPM).

Y en *décimo lugar*, la participación en la contribución por mejoras (Art. 179.3 C.; y Art. 181.2 LOPPM), la cual conforme al artículo 183 LOPPM, se causa por la ejecución por parte del municipio o con su financiamiento de las obras públicas o prestación de un servicio público que sea de evidente interés para la comunidad, siempre que, como consecuencia de esas obras o servicios, resulten especialmente beneficiadas determinadas personas. El importe de esta contribución debe ser determinado por el Concejo Municipal en función del costo presupuestado de las obras o de los servicios pero no excederá, en ningún caso, del 50% del costo de las obras o servicios.

Por otra parte, el artículo 180 C. dispuso que la potestad tributaria que corresponde a los municipios "es distinta y autónoma de las potestades reguladoras que esta Constitución o las leyes atribuyan al poder nacional o estadal sobre determinadas materias o actividades", y además, que "las inmunidades frente a la potestad impositiva de los municipios, a favor de los demás entes político territoriales, se extiende sólo a las personas jurídicas estatales creadas por ellos, pero no a concesionarios ni a otros contratistas de la Administración nacional o de los estados". Con esta norma se persiguió, por una parte, deslindar de la materia tributaria las potestades reguladoras del poder nacional, en el sentido de que las actividades correspondientes a materias que puedan ser objeto de regulación por el poder nacional conforme al artículo 156 C., no por ello quedan exentas de tributación municipal; y por la otra, que la inmunidad tributaria de la República y de los estados respecto de la tributación municipal se extiende a las personas jurídicas estatales creadas por la República o por los estados, pero no respecto de las empresas concesionarias ni a otros contratistas de las administraciones nacional o estadal.

Por otra parte, los municipios están sometidos a las mismas limitaciones tributarias que los estados previstas en el artículo 183 C.; y la competencia tributaria municipal, en todo caso, puede ser limitada por el poder nacional, en la legislación que la Asamblea Nacional dicte para "garantizar la coordinación y armonización de las distintas potestades tributarias; definir principios, parámetros y limitaciones, especialmente para la determinación de los tipos impositivos o alícuotas de los tributos estadales y municipales; así como para crear fondos específicos que aseguren la solidaridad inter territorial" (Art. 156.13 C.).

II. LAS COMPETENCIAS CONCURRENTES ENTRE LOS NIVELES TERRITORIALES DEL PODER PÚBLICO

La gran mayoría de las materias referidas a las competencias que, en los artículos 156, 164 y 178 C. se distribuyen entre los tres niveles territoriales del poder público en realidad, son materias de la competencia concurrente entre la República, los estados y los municipios, o entre la República y los municipios, o entre la República y los estados.

Estas materias objeto de competencias concurrentes son las que conforme al artículo 165 C. deben ser reguladas mediante *leyes de bases* dictadas por el poder nacional, lo que puede conducir a un condicionamiento excesivo por parte del poder nacional de los otros poderes territoriales; y además, por leyes de desarrollo sancionadas por los consejos legislativos de los estados. En todo caso, es obvio que estas leyes de base no pueden referirse a las materias de la competencia exclusiva, global o parcial, que se asignan a los estados indicados en el artículo 164 C., sino sólo a las materias de la competencia *concurrente*[131].

Sobre las leyes de bases, la Exposición de motivos de la Constitución indicó lo siguiente:

En cuanto a las competencias concurrentes se adopta la experiencia de Derecho Comparado en materia de descentralización y se asume que las leyes nacionales tienen la naturaleza de leyes bases, en las que se establecen conceptos generales, básicos y orientadores; y las leyes estadales son leyes de desarrollo de esos principios básicos, lo que permitirá mejores condiciones para la delimitación de competencias.

Por su parte, la Sala Constitucional al referirse al artículo 165 C., y en relación con las leyes de base, ha establecido lo siguiente:

De acuerdo con lo expuesto en la referida norma constitucional (artículo 165), y a diferencia de lo que ocurría durante la vigencia de la Constitución de la República de Venezuela de 1961 que únicamente contemplaba (como también lo hacía la Ley Orgánica

---

131 Un ejemplo de estas leyes de bases es la Ley de residuos y desechos sólidos, *Gaceta Oficial* N° 38.068 del 18 de noviembre de 2004.

de Descentralización, Delimitación y Transferencia de Competencias del poder público) la transferencia de competencias de la República a los estados o a los municipios, en la actualidad es posible que los consejos legislativos estadales dicten leyes de transferencia de competencias de los estados a los municipios, con el objeto de profundizar los objetivos que el artículo 158 de la Norma Fundamental encomienda a la política de descentralización, pero sujeto a las condiciones y dentro de los límites que impone el mismo precepto constitucional.

En efecto, para que los órganos legislativos de las entidades federales ejerzan conforme a la Constitución dicha competencia, es menester que se cumplan dos (2) condiciones indispensables, en tanto determinantes de la validez del acto de transferencia de competencias que pretenda realizarse: (i) que se haya dictado una ley nacional de delimitación de las competencias concurrentes entre los estados y los municipios, pues sólo dichas materias son susceptibles de ser descentralizadas mediante ley estadal de las entidades federales a las municipales, (ii) que la descentralización efectuada esté circunscrita a la prestación de servicios, sin que pueda extenderse a otro tipo de competencias, como son las vinculadas a la construcción de obras públicas, por ejemplo, y (iii) que los municipios a los cuales se transfiera la competencia para prestar determinado servicio, estén en capacidad de asumir tal obligación, más allá de la correspondiente transferencia de los recursos necesarios para cumplir con la misma.

Considera esta Sala que el único aparte de la norma citada [Art. 165] debe interpretarse en coherencia con lo dispuesto por el encabezado de la misma y en armonía con la materia regulada por el Capítulo en el cual está inserta (Del poder público estadal), pues sólo así resulta comprensible por qué las competencias concurrentes entre los estados y los municipios deben estar previamente delimitadas en una ley de base nacional, y ello es así por que sólo el Órgano legislativo nacional tiene competencia para dictar leyes de base reguladoras (según los principios de interdependencia, coordinación, cooperación, corresponsabilidad y subsidiariedad) de las competencias concurrentes, no sólo de la República con los estados y los municipios, sino también de las de estos últimos entre sí, siendo la existencia de un texto legal nacional que delimite las competencias concurrentes entre las entidades federales y municipales requisito indispensable para que pueda operar la descentralización (de los estados a los municipios) prevista en el único aparte de la misma disposición constitucional, tal y como fue necesario bajo la vigencia de la Constitución de 1961 que se dictara la Ley Orgánica de Descentralización, Delimitación y Transferencia de Competencias del poder público de 1989 para que tuviera lugar la descentralización de la República a los estados[132].

En todo caso, la legislación sobre las materias de competencia concurrente debe estar orientada por los principios de interdependencia, coordinación, cooperación, corresponsabilidad y subsidiariedad que ya se han comentado; y cuando se dicten leyes de bases por el poder nacional, la Asamblea Nacional obligatoriamente debe someterlas a consulta de los estados, a través de los consejos legislativos (Art. 206 C.). Estos también tienen la iniciativa legislativa, ante la Asamblea Nacional, respecto de las leyes relativas a los estados (Art. 204.8 C.).

---

132 *V.* la sentencia 843 de 11 de mayo de 2004 de la Sala Político Administrativa del Tribunal Supremo, caso *Impugnación de la Ley de descentralización y transferencia de recursos a los municipios del Estado Guárico*, *Revista de Derecho Público*, Nº 97 a 98, Editorial Jurídica Venezolana, Caracas, 2004, pp. 267 y ss.

1. Antecedentes

La noción de materia de la competencia concurrente entre las diversas entidades del Estado federal (República, estados y municipios) se elaboró a finales de la década de los setenta con motivo de la elaboración de los proyectos de Constitución de los estados Aragua y Yaracuy[133], para identificar lo que podían ser, en consecuencia, materias de la competencia de los estados, pero que no les correspondían en forma exclusiva, sino que en las mismas concurrían los diversos niveles político territoriales. En particular, las competencias concurrentes se identificaron por deducción en todos los casos en los cuales la Constitución nacional atribuía determinadas competencias y responsabilidades al "Estado".

En el constitucionalismo venezolano, dada la forma federal del Estado, esta expresión "Estado" comprende toda la organización política del Estado federal y, por tanto, a estos efectos competenciales, tan "Estado" es la República como los estados y los municipios[134]; por ejemplo, cuando la Constitución señala que "El Estado protegerá a las familias como asociación natural de la sociedad..." (Art. 75), esta es una obligación que corresponde tanto a los órganos del poder nacional (la República) como a los órganos del poder estadal (estados) y a los órganos del poder municipal (municipios). Por tanto, cuando la Constitución utiliza la expresión "Estado" no sólo se refiere al "Estado nacional" sino a todos los niveles territoriales derivados de la división del poder público.

En esta orientación se dictaron, por tanto, las Constituciones de Yaracuy, en 1979[135], y Aragua, en 1980[136], y varias otras Constituciones estadales, y como culminación del proceso se sancionó la Ley Orgánica de Descentralización, Delimitación y Transferencia de Competencias del poder público de 1989, en cuyo artículo 4° se enumeraron, conforme a la Constitución de 1961, las "competencias concurrentes" entre la República y los estados a los efectos de promover la transferencia progresiva de la República hacia los estados, de los siguientes servicios:

1. La planificación, coordinación y promoción de su propio desarrollo integral, de conformidad con las leyes nacionales de la materia;
2. La protección de la familia, y en especial del menor;
3. Mejorar las condiciones de vida de la población campesina;
4. La protección de las comunidades indígenas atendiendo a la preservación de su tradición cultural y la conservación de sus derechos sobre su territorio;
5. La educación, en los diversos niveles y modalidades del sistema educativo, de conformidad con las directrices y bases que establezca el poder nacional;

---

133 *Cfr.* Allan R. Brewer-Carías, "El régimen de los estados en la Federación venezolana. Con ocasión de la Exposición de Motivos de la Ley Orgánica del Estado Aragua", *Proyecto de Ley Orgánica del Estado Aragua,* Maracay, Asamblea Legislativa del Estado Aragua, 1979, pp. 1 a 31.

134 *Cfr.* Allan R. Brewer-Carías, *Instituciones Políticas y Constitucionales, T.* II, "El poder público: nacional, estadal y municipal", Universidad Católica del Táchira y Editorial Jurídica Venezolana, San Cristóbal y Caracas, 1996, pp. 387 y ss.

135 Constitución de 31 de diciembre de 1979, *Gaceta Oficial* del Estado Yaracuy del 1° de enero de 1980.

136 Constitución de 3 de diciembre de 1980, *Gaceta Oficial* del Estado Aragua del 4 de diciembre de 1980.

6. La cultura en sus diversas manifestaciones, la protección y conservación de las obras, objetos y monumentos de valor histórico o artístico;

7. El deporte, la educación física y la recreación;

8. Los servicios de empleo;

9. La formación de recursos humanos, y en especial los programas de aprendizaje, capacitación y perfeccionamiento profesionales; y, de bienestar de los trabajadores;

10. La promoción de la agricultura, la industria y el comercio;

11. La conservación, defensa y mejoramiento del ambiente y los recursos naturales;

12. La ordenación del territorio del Estado de conformidad con la ley nacional;

13. La ejecución de las obras públicas de interés estadal con sujeción a las normas o procedimientos técnicos para obras de ingeniería y urbanismo establecidas por el poder nacional y municipal, y la apertura y conservación de las vías de comunicación estadales;

14. La vivienda popular, urbana y rural;

15. La protección a los consumidores, de conformidad con lo dispuesto en las leyes nacionales;

16. La salud pública y la nutrición, observando la dirección técnica, las normas administrativas y la coordinación de los servicios destinados a la defensa de las mismas que disponga el poder nacional;

17. La investigación científica; y

18. La defensa civil.

Siguiendo la misma orientación de estos antecedentes constitucionales y legales, en nuestro criterio pueden distinguirse las siguientes materias como de la competencia concurrente entre los niveles nacional, estadal y municipal del poder público.

2. El régimen de la seguridad y protección ciudadana: policía y administración de riesgos

El artículo 55 C. garantiza el derecho de toda persona a la protección por parte del Estado, a través de los órganos de seguridad ciudadana regulados por ley, frente a situaciones que constituyen amenaza, vulnerabilidad o riesgo para la integridad física de las personas, sus propiedades, el disfrute de sus derechos y el cumplimiento de sus deberes". La norma asigna al "Estado" la obligación de proteger, y la expresión "Estado" comprende la totalidad de los entes que conforman su organización política como Estado federal. En consecuencia, esta obligación corresponde, concurrentemente, a la República, a los estados y a los municipios, como lo confirma expresamente el artículo 332 C., tanto por lo que se refiere a la policía como a la administración de riesgos y emergencias, al indicar que la función de los órganos de seguridad ciudadana constituye una "competencia concurrente". Esto lo confirma, además, el artículo 184 C. al reconocer como competencia de los estados y los municipios la materia de "prevención y protección vecinal".

En cuanto a la policía, además, como se ha visto, el poder nacional tiene competencia exclusiva en materia de "policía nacional" (Art. 156.6 C.), correspondiendo al Ejecutivo nacional organizar, de conformidad con la ley, un cuerpo uniformado de policía nacional (Art. 332 C.). El poder estadal tiene competencia exclusiva para "la organización de la policía y la determinación de las ramas de este servicio atribuidas a la competencia municipal, de conformidad con la ley" (Art. 164.6 C.) y el poder municipal tiene competencia exclusiva, "en cuanto concierne a la vida local", en materia de "prevención y protección vecinal y servicios de policía municipal, conforme a la legislación nacional aplicable" (Art. 178.7 C.). Además, se atribuye a los municipios competencia exclusiva, también en cuanto concierne a la vida local, en materia de servicios de "protección civil" (Art. 178.4 C.) y de "servicios de prevención y protección, vigilancia y control de los bienes y las actividades relativas a las materias de la competencia municipal" (Art. 178.5 C.).

Esto implica, también, una concurrencia de competencias en materia de administración de riesgos y emergencias: el artículo 156.9 C., atribuye al poder nacional el régimen de la administración de riesgos y emergencias, y el artículo 332 C. encarga al Ejecutivo nacional, de conformidad con la ley, organizar un cuerpo de bomberos y administración de emergencias de carácter civil y una organización de protección civil y administración de desastres, como parte de los órganos de seguridad ciudadana. La misma norma considera como una competencia concurrente de los estados y municipios la función de los órganos de seguridad ciudadana, por lo que aquellos, conforme con el artículo 164.8 y 178.4, 5 y 7 C., de conformidad con la legislación nacional, pueden establecer los servicios respectivos.

3. Régimen del desarrollo económico

La legislación básica en materia de economía, como se ha dicho, es una competencia exclusiva del poder nacional (Art. 156.11, 15, 17, 18 y 21 C.). Sin embargo, el régimen de ordenación y promoción del desarrollo económico es competencia concurrente de los tres niveles territoriales de gobierno.

A. Ordenación y promoción del desarrollo económico y social

Los artículos 112, 299, 308, 309 y 310 C. atribuyen competencia al "Estado" para promover la iniciativa privada con facultad para dictar medidas para planificar, racionalizar y regular la economía e impulsar el desarrollo integral del país; promover el desarrollo armónico de la economía nacional; proteger la artesanía e industrias populares; velar por la creación y fortalecimiento del sector turístico nacional, y proteger y promover la pequeña y mediana industria.

De nuevo, la atribución al "Estado" de estas competencias exige precisar que dicha expresión comprende a los diversos niveles territoriales que conforman la organización política del Estado: la República, los estados y los municipios. Por tanto, aquí también se trata de una materia de la competencia concurrente que se corrobora en otras normas constitucionales, que atribuyen a los órganos del poder público competencia exclusiva en aspectos específicos de esta materia.

En efecto, la Constitución asigna a la Asamblea Nacional la competencia exclusiva para aprobar las líneas generales del plan de desarrollo económico y social (Art. 187.8 C.) y atribuye al Presidente de la República competencia exclusiva para formular el plan *nacional* de desarrollo y dirigir su ejecución previa aprobación de la Asamblea Nacional (Art. 236.18 C.). Ello implica, por supuesto, que puede y debe haber planes estadales y municipales de desarrollo, para lo cual los estados y municipios tienen competencia. Por ello, en cada estado debe existir un consejo estadal de planificación y coordinación (Art. 166 C.) y en cada municipio, un consejo local de planificación (Art. 182 C.). Los municipios, además, tienen competencia exclusiva, en cuanto concierne a la vida local, en materia de ordenación y promoción del desarrollo económico y social (Art. 178 C.).

Por otra parte, como órgano intergubernamental, el Consejo Federal de Gobierno tiene la misión de planificar y coordinar las políticas y acciones de los tres niveles territoriales para el desarrollo del proceso de descentralización (Art. 185 C.).

B. Turismo

El artículo 310 C. regula el turismo como una actividad económica de interés nacional, prioritario para el país en su estrategia de diversificación y desarrollo sostenido. En tal sentido, como consecuencia, atribuye al "Estado" la obligación tanto de dictar medidas que garanticen el desarrollo del turismo como de velar por la creación y fortalecimiento del turismo nacional.

El "Estado", en esa norma, igualmente, es tanto el Estado nacional (República) como los estados federados y los municipios, configurándose la materia como de la competencia concurrente entre los tres niveles territoriales.

Además, debe destacarse que, en particular, en materia turística el poder nacional tiene asignada competencia exclusiva para la política *nacional* y legislación en materia de turismo (Art. 156.23 C.), por lo que también existe una política estadal y municipal en la materia que corresponde a los estados y municipios. En especial, a estos últimos se asigna competencia exclusiva, en cuanto concierne a la vida local, en materia de "turismo local" (Art. 178.1 C.).

C. Promoción del desarrollo rural y seguridad alimentaria

Los artículos 305, 306 y 307 C. también atribuyen al "Estado" obligaciones de promover el desarrollo rural integral; promover las condiciones para fomentar la actividad agrícola y la agricultura sustentable, a fin de garantizar la seguridad alimentaria, y alcanzar niveles estratégicos de autoabastecimiento; proteger las comunidades y asentamientos de pescadores artesanales; proteger y promover las formas asociativas y particulares de propiedad, y velar por la ordenación sustentable de las tierras de vocación agrícola.

Estas obligaciones del "Estado", de nuevo, corresponden en forma concurrente a todos los entes que conforman la organización política del mismo, es decir, a la República, a los estados y a los municipios.

Por otra parte, como se ha visto, en la materia el poder nacional tiene competencia exclusiva para dictar la "legislación agraria" (Art. 156.32 C.) y definir la política *nacional* en materia tanto de seguridad alimentaria (Art. 156.23 C.) como de producción agrícola, ganadera, forestal y pesquera (Art. 156.25 C.).

Por tanto, los estados y municipios tienen competencia, respectivamente, para definir la política *estadal* y *municipal* en materia de seguridad alimentaria y para la producción agrícola, ganadera, pesquera y forestal.

D. Ciencia y tecnología

El artículo 110 C. también atribuye al "Estado" diversas obligaciones y misiones en materia de ciencia, tecnología, conocimiento, innovación y sus aplicaciones y los servicios de información necesarios, por ser instrumentos fundamentales para el desarrollo económico, social y político del país, con obligaciones de fomento y desarrollo de esas actividades. De nuevo, el "Estado" en la Constitución comprende a la República, a los estados y a los municipios, entidades que, por tanto, tienen competencia concurrente en la materia.

E. Información económico social

El artículo 156.18 C., como se ha dicho, atribuye al poder nacional competencia exclusiva en materia de "censos y estadísticas *nacionales*". En consecuencia, los estados y municipios tendrían competencia concurrente en materia de censos y estadísticas *estadales* y *municipales*, respectivamente.

F. Publicidad comercial

En cuanto a la publicidad comercial, el artículo 178.3 C., como antes indicamos, atribuye a los municipios competencia exclusiva en la materia "en cuanto concierne a los intereses y fines específicos *municipales*".

Por tanto, el poder nacional y el poder estadal tendrían competencia en la materia en cuanto concierne a los fines específicos *nacionales* o *estadales*, respectivamente.

4. Régimen del desarrollo social

En el campo del desarrollo social, conforme a las previsiones constitucionales, puede decirse que todas las materias relativas al mismo son de la competencia concurrente de todos los órganos del Estado, es decir, de la República, de los estados y de los municipios.

A. Asistencia y protección social

Conforme a los artículos 75 a 81 C., el "Estado" tiene un conjunto de obligaciones tendientes a asegurar la protección de las familias y de quienes ejerzan la jefatura de la familia; a garantizar asistencia y protección integral a la maternidad; a proteger el matrimonio entre hombre y mujer; a asegurar protección integral a los niños y adolescentes y a promover su integración progresiva a la ciudadanía activa; a crear oportunidades para estimular el tránsito productivo de los jóvenes a la vida adulta, su capacitación y acceso al primer empleo; a garantizar a los ancianos el pleno ejercicio de sus derechos y garantías, así como atención integral; respecto de los discapacitados, a garantizar el respeto a su dignidad humana, la equiparación de oportunidades, condiciones laborales satisfactorias y promover su formación, capacitación y acceso al empleo acorde con sus condiciones.

Todas estas responsabilidades, sin duda, corresponden en forma concurrente tanto a la República como a los estados y municipios. La "legislación nacional" en la materia corresponde en forma exclusiva al poder nacional, pero por ejemplo la Constitución atribuye en forma expresa a los municipios competencia exclusiva, en cuanto concierne a la vida local, en materia de servicios de protección a la primera y segunda infancia, a la adolescencia y a la tercera edad, así como en materia de servicios de integración familiar del discapacitado al desarrollo comunitario (Art. 178.5 C.).

Estos servicios públicos de asistencia y protección, dado el carácter de materia de competencia concurrente, también serían, en los términos del artículo 164.8 C., servicios públicos estadales.

B. Salud y sanidad

Las obligaciones públicas en materia de salud, conforme a los artículos 83, 84 y 85 C., también se atribuyen al "Estado", es decir, tanto a la República como a los estados y municipios. En consecuencia, se trata de servicios que son de la competencia concurrente de los tres niveles territoriales.

En la materia, sin embargo, como se ha dicho, el artículo 156.23 C. atribuye al poder nacional competencia exclusiva en materia de políticas y servicios *nacionales* de salud y de legislación sobre sanidad nacional y vegetal (Art. 156.32 C.). En particular, los artículos 84 y 85 C. precisan como competencia del poder nacional el establecimiento de un Sistema público *nacional* de Salud. En consecuencia, los estados y municipios tienen competencia en materia de políticas y servicios estadales y municipales de salud.

El poder nacional, además, tiene competencia exclusiva para dictar la legislación sobre sanidad animal y vegetal (Art. 156.32 C.) y los municipios tienen competencia exclusiva expresa, en cuanto concierne a la vida local, en materia de salubridad y atención primaria en salud (Art. 178.5 C.).

En cuanto a los estados, los servicios de salud, como materia de la competencia concurrente, serían servicios públicos estadales (Art. 164.8 C.). Ello lo confirma, además, el artículo 184, al establecer la descentralización de los "servicios de salud" de los estados y municipios a las organizaciones comunitarias.

C. Vivienda

El artículo 82 asigna al "Estado en todos sus ámbitos" la obligación de satisfacer progresivamente el derecho de toda persona a la vivienda; por lo que se trata de una materia que corresponde, en forma concurrente, a la República, a los estados y a los municipios.

Además, la Constitución atribuye como competencia exclusiva del poder nacional la política *nacional* y la legislación en materia de vivienda (Art. 156.23 C.), por lo que los estados y municipios tienen competencia en materia de políticas estadales y municipales de vivienda, respectivamente. Ello también lo confirma el artículo 184 C.

Adicionalmente, los municipios tienen competencia expresa exclusiva, en cuanto concierne a la vida local, en materia de vivienda de interés social (Art. 178.1 C.) y de aplicación de la política inquilinaria conforme a la delegación prevista en la ley nacional (Art. 178 C.).

D. Educación

Los artículos 102 a 109 C. también asignan un conjunto de obligaciones al "Estado" en materia de educación, lo que conlleva que la competencia en la materia sea concurrente entre la República, los estados y los municipios.

Por otra parte, como ya se ha indicado, el artículo 156.24 C. atribuye al poder nacional competencia exclusiva para las políticas y los servicios *nacionales* de educación.

En consecuencia, los estados y municipios tienen competencia, respectivamente, para las políticas y los servicios estadales y municipales de educación.

Los servicios de educación, por tanto, también serían servicios públicos estadales en los términos del artículo 164.8 C.; y en cuanto a los municipios, el artículo 178.5 C. les atribuye competencia exclusiva, en cuanto concierne a la vida local, en materia de educación preescolar. La competencia estadal y municipal en "servicios de educación", también la confirma el artículo 184 C.

E. Cultura y patrimonio histórico

Los artículos 98 a 191 C. establecen también un conjunto de obligaciones, asignadas al "Estado", en materia de cultura y patrimonio histórico, cultural y arquitectónico lo que las configura como una de las materias de competencia concurrente entre la República, los estados y los municipios, que se ejerce de acuerdo con la legislación nacional en materia de "patrimonio cultural y arqueológico" (Art. 156.32 C.).

Además, como se indicó, el artículo 156.32 C. le asigna al poder nacional competencia exclusiva para dictar la legislación en la materia. El artículo 178,1 y 5 le atribuye en forma expresa competencia exclusiva a los municipios, en cuanto concierne a la vida local, en materia de actividades e instalaciones culturales y de patrimonio histórico. Los servicios culturales constituirían servicios públicos estadales, en los términos del artículo 164.8 C. El artículo 184 C., además, confirma la competencia de los estados y municipios en materia de "servicios culturales".

F. Deporte

El artículo 111 C. atribuye al "Estado" la responsabilidad de asumir el deporte y la recreación como política de educación y salud, correspondiendo, por tanto, a la República, a los estados y a los municipios dicha responsabilidad.

El artículo 178.1 C., además, atribuye a los municipios la competencia exclusiva, en cuanto concierne a la vida local, en materia de sitios de recreación; y el artículo 184 C. confirma la competencia de los estados y municipios en materia de "servicios de deporte".

G. La protección a las comunidades indígenas

Los artículos 119 a 125 C. que regulan el régimen de los derechos de los pueblos indígenas, establecen una serie de obligaciones de protección y atención que corresponden al "Estado", es decir, a la globalidad de las entidades políticas que componen el Estado federal: la República, los estados y los municipios.

Se trata, por tanto, de una materia de la competencia concurrente entre los tres niveles territoriales que se ejerce de acuerdo con la legislación nacional en materia de "pueblos indígenas" (Art. 156.32 C.), salvo en aspectos que expresamente alguna de dichas normas atribuye al "Ejecutivo nacional", como la demarcación de las tierras indígenas (Art. 119 C.).

H. La protección del trabajo

Los artículos 87 y siguientes C. regulan los derechos laborales, y asignan al "Estado" un conjunto de obligaciones como la adopción de medidas para asegurar empleo, el fomento del empleo, y la protección del trabajo sin discriminación. En todos estos casos, las obligaciones asignadas al "Estado", sin duda, corresponden tanto a la República como a los estados y municipios. Se trata, por tanto, de una materia de competencia concurrente que se ejerce de acuerdo con la legislación nacional en materia de trabajo, previsión y seguridad social (Art. 156.32 v).

5. Régimen de la infraestructura y de la ordenación del territorio

A. Ordenación del territorio

El artículo 128 C. atribuye al "Estado" competencia en materia de ordenación territorial, razón por la cual se trata de una competencia concurrente entre la República, los estados y los municipios.

Además, como se ha dicho, el artículo 156.23 C. le atribuye al poder nacional competencia exclusiva en cuanto a las políticas *nacionales* y la "legislación" en materia de ordenación de territorio, por lo que a los estados y municipios les corresponde la política estadal y municipal, respectivamente, en la ordenación del territorio de las respectivas entidades.

Adicionalmente, el artículo 178 C. le atribuye expresamente a los municipios competencia exclusiva, en cuanto concierne a la vida local, en materia de "ordenación territorial", y el artículo 184 C. confirma la competencia de estados y municipios en la materia, por ejemplo, al referirse al "mantenimiento de áreas industriales".

B. Ambiente

En igual forma, los artículos 127 a 129 C. le asignan al "Estado" competencias en materia ambiental, lo que la configura como una de las materias de competencia concurrente entre la República, los estados y los municipios.

Por otra parte, el artículo 156.23 C., además, atribuye al poder nacional competencia exclusiva en cuanto a las políticas *nacionales* y la "legislación" en materia de ambiente y aguas, por lo que los estados y municipios tienen competencia en las políticas estadales y municipales en la materia.

Además, el artículo 178.4 C. le atribuye en forma exclusiva a los municipios, en cuanto concierne a la vida local, competencias en materia de "protección del ambiente y cooperación con el saneamiento ambiental".

El artículo 184 C., además, confirma la competencia de estados y municipios en materia de "servicios ambientales".

C. Urbanismo

En materia de urbanismo no hay en la Constitución, una disposición que le asigne el carácter de competencia concurrente, salvo su inclusión como un aspecto urbano de la ordenación territorial que corresponde a los tres niveles de gobierno.

El artículo 184 C., por otra parte, confirma la competencia tanto de los estados como de los municipios en materia de "mantenimiento y conservación de áreas urbanas".

Además, como se dijo, el poder nacional tiene competencia exclusiva para el establecimiento, coordinación y unificación de normas y procedimientos técnicos para obras de ingeniería, de arquitectura y de urbanismo y la legislación sobre ordenación urbanística, (Art. 156.19 C.).

Y el poder municipal tiene competencia exclusiva, en cuanto concierne a la vida local, en materia de ordenación urbanística, parques, jardines, plazas, balnearios, otros sitios de recreación, arquitectura civil, nomenclatura y ornato público (Art. 178.1 C.).

Se trata, por tanto, de una materia de la competencia concurrente entre el poder nacional, el poder estadal y el poder municipal.

III. LAS COMPETENCIAS RESIDUALES

Conforme a la tradición de los sistemas federales, los estados tienen competencia en todo lo que no corresponda de conformidad con la Constitución a la competencia nacional o municipal (Art. 164.11 C.). Es lo que se denomina la competencia residual de los estados.

Sin embargo, en virtud de la *competencia implícita* a favor del poder nacional establecida en el artículo 156.33 C., el residuo a favor de los estados puede resultar aún más exiguo y dependiente del poder nacional. Dicha norma, en efecto, atribuye competencia al poder nacional en toda otra materia que la Constitución atribuya al poder público nacional, o que le corresponda por su índole o naturaleza. Sobre esta disposición, que también estaba en la Constitución de 1961, la sala Constitucional del Tribunal Supremo ha señalado que:

En este sentido, se observa que el artículo 136 de la Constitución de 1961, norma rectora de las competencias nacionales y de la cual debía partirse a los fines de analizar las competencias de los demás poderes, contiene una enumeración de las materias que crean competencia exclusiva del poder nacional, para culminar con la denominada por la doctrina "cláusula de poderes implícitos" prevista en el ordinal 25°, del mismo artículo el cual disponía que "Toda otra materia que la presente Constitución atribuya al poder nacional o que le corresponda por su índole o naturaleza". Cláusula que se mantiene incólume en el numeral 33 del artículo 156 de la vigente Constitución. Esta cláusula de poderes implícitos lo que significa es que, la enumeración realizada por el Constituyente del 61 en dicho artículo, no se agotaba allí; no era una enumeración taxativa sino meramente enunciativa, pudiendo en todo caso el legislador cuando existía una materia que por su importancia y trascendencia para el interés nacional, que ameritara ser incluida en esta lista, ello fuera posible. Es decir, que sería de la competencia del poder nacional "toda otra materia" diferente a las allí mencionadas que por su índole o naturaleza merezca ser reservada por el poder nacional[137].

Además, como excepcionalmente ocurrió en la Constitución centralista y autoritaria de 1953, la Constitución de 1999 también estableció una competencia residual a favor del poder nacional, aun cuando reducida a la materia tributaria, al asignarle competencia en materia de impuestos, tasas y rentas "no atribuidos a los estados y municipios" por la Constitución y la ley (Art. 156.12 C.).

En consecuencia, en la Constitución de 1999 se estableció una doble competencia residual: a favor del poder nacional en materia tributaria; y el resto, a favor de los estados.

IV. EL PRINCIPIO DESCENTRALIZADOR EN LAS COMPETENCIAS DEL PODER PÚBLICO

A pesar de la sustancia centralista del esquema federal venezolano, el texto formal de la Constitución de 1999 puede decirse que está impregnado de descentralización: el artículo 4° declara al Estado como "federal descentralizado"; el artículo 6° precisa que el gobierno de la República y de las demás entidades políticas debe ser "descentralizado"; y el artículo 16 garantiza que la ley orgánica relativa a la división política del territorio nacional debe garantizar la "descentralización político administrativa".

La descentralización, por otra parte, se declara como una política nacional, que debe profundizar la democracia, acercando el poder a la población, creando las mejores condiciones, tanto para el ejercicio de la democracia como para la prestación eficaz y eficiente de los cometidos estatales (Art. 158 C.)[138].

Sin embargo, con un esquema de distribución de competencias, en gran parte sometidas a las regulaciones del poder nacional, la descentralización como política queda en manos de los órganos del poder nacional. Para ejecutarla, además, la Constitución prevé mecanismos de transferencias de competencias en cascada, desde el ámbito nacional hacia el ámbito local y hacia las comunidades.

En efecto, el artículo 157 C., establece que la Asamblea Nacional, por mayoría de sus integrantes, puede atribuir a los municipios o a los estados determinadas materias de la competencia nacional, a fin de promover la descentralización. Esta norma, que sigue la línea que se había establecido en el artículo 137 C. de 1961, permite la descentralización hacia los estados de competencias nacionales tanto exclusivas como concurrentes.

---

137 *V.* sentencia 2257 del 13 de noviembre de 2001, *Revista de Derecho Público*, N° 85 a 88, Editorial Jurídica Venezolana, Caracas, 2001, p. 204.

138 *Cfr.* José Peña Solís, "Aproximación al proceso de descentralización delineado en la Constitución de 1999", *Estudios de Derecho Público. Libro Homenaje a Humberto J. La Roche*, vol. II, Tribunal Supremo de Justicia, Caracas, 2001, pp. 217 a 282.

En el primer caso, de llegar a darse, bastaría la decisión de la mayoría de los integrantes de la Asamblea Nacional para producir la modificación constitucional prevista en la norma, lo cual estimamos que no debió regularse así, sino más bien conservarse el voto calificado que establecía la Constitución de 1961.

Por otra parte, el artículo 165 C. establece que los estados, a su vez, descentralizarán y transferirán a los municipios los servicios y competencias que gestionen y que éstos estén en capacidad de prestar, así como la administración de los respectivos recursos, dentro de las áreas de competencias concurrentes entre ambos niveles del poder público. Corresponde a los consejos legislativos estadales regular dichos mecanismos de transferencia.

Por último, el artículo 184 C. precisa que la ley, que puede ser nacional, estadal o municipal, debe crear mecanismos abiertos y flexibles para que los estados y los municipios descentralicen y transfieran a las comunidades y grupos vecinales organizados los servicios que éstos gestionen, previa demostración de su capacidad para prestarlos, promoviendo:

> "1. La transferencia de servicios en materia de salud, educación, vivienda, deporte, cultura, programas sociales, ambiente, mantenimiento de áreas industriales, mantenimiento y conservación de áreas urbanas, prevención y protección vecinal, construcción de obras y prestación de servicios públicos. A tal efecto, pueden establecer convenios cuyos contenidos deben estar orientados por los principios de interdependencia, coordinación, cooperación y corresponsabilidad.
>
> 2. La participación de las comunidades y de ciudadanos o ciudadanas, a través de las asociaciones vecinales y organizaciones no gubernamentales, en la formulación de propuestas de inversión ante las autoridades estadales y municipales encargadas de la elaboración de los respectivos planes de inversión, así como en la ejecución, evaluación y control de obras, programas sociales y servicios públicos en su jurisdicción.
>
> 3. La participación en los procesos económicos estimulando las expresiones de la economía social, tales como cooperativas, cajas de ahorro, mutuales y otras formas asociativas.
>
> 4. La participación de los trabajadores o trabajadoras y comunidades en la gestión de las empresas públicas mediante mecanismos autogestionarios y cogestionarios.
>
> 5. La creación de organizaciones, cooperativas y empresas comunales de servicios, como fuentes generadoras de empleo y de bienestar social, propendiendo a su permanencia mediante el diseño de políticas en las cuales aquellas tengan participación.
>
> 6. La creación de nuevos sujetos de descentralización a nivel de las parroquias, las comunidades, los barrios y las vecindades a los fines de garantizar el principio de la corresponsabilidad en la gestión pública de los gobiernos locales y estadales y desarrollar procesos autogestionarios y cogestionarios en la administración y control de los servicios públicos estadales y municipales.
>
> 7. La participación de las comunidades en actividades de acercamiento a los establecimientos penales y de vinculación de éstos con la población.

Sección Quinta: PRINCIPIOS RELATIVOS AL RÉGIMEN DE LOS ESTADOS DE LA FEDERACIÓN (2005)

El texto de esta Sección Quinta es el del Parágrafo Décimo Segundo de libro *Derecho Administrativo,* Tomo II (La Organización Administrativa y la Administración Pública Nacional. Los Estados y la Administración Pública Estatal. Los Municipios y la Administración Pública Municipal), Universidad Externado de Colombia y la Universidad Central de Venezuela, Bogotá 2005.

I. LOS ESTADOS Y LA DISTRIBUCIÓN VERTICAL DEL PODER PÚBLICO

1. La constante histórica del federalismo

Como se ha mencionado anteriormente, de acuerdo con lo establecido en el artículo 136 C., "El poder público se distribuye entre el poder municipal, el poder estadal y el poder nacional", lo que da origen a una estructura territorial en tres niveles de descentralización política: nacional, estadal y municipal (*Introducción general, IV*), para lo cual la Constitución atribuye el ejercicio del poder público a diversos órganos, asignándoles competencias exclusivas, concurrentes y residuales (*Tercera parte, § 11*).

Este sistema de distribución vertical o territorial del poder público, en todo caso, deriva de la forma federal del Estado[139],, la cual ha sido una constante desde el nacimiento de la República en 1811, lo que implica el reconocimiento de autonomías territoriales no sólo en el nivel municipal, sino en el nivel intermedio, es decir, el de los estados federados. Venezuela fue así, después de los estados Unidos de Norteamérica, el primer país del mundo que adoptó la forma federal del Estado recién inventada (1787), al sancionar la *Constitución Federal para los Estados de Venezuela* el 21 de diciembre de 1811.

Esa forma federal del Estado puede decirse que ha perdurado hasta nuestros días, aún cuando no siempre con la efectividad descentralizadora que han expresado los textos constitucionales. En particular, la Constitución de 1999 que califica el Estado federal como "descentralizado", es la más centralista de todas cuantas se han dictado en los casi doscientos años de existencia del Estado.

Venezuela, por tanto, nació como Estado en 1811 como una Federación de siete Provincias que conformaban la Capitanía General de Venezuela, las cuales se habían decla-

---

139 *Cfr.* en general, sobre el poder público y la forma del Estado, Carlos Luis Carrillo Artiles, "La composición del poder público en la Constitución", *Libro Homenaje a Enrique Tejera París. Temas sobre la Constitución de 1999,* Centro de Investigaciones Jurídicas (CEIN), Caracas, 2001, pp. 51 a 76; C. Kiriadis Ionghi, "Notas sobre la estructura orgánica del Estado venezolano en la Constitución de 1999", *Temas de derecho administrativo. Libro Homenaje a Gonzalo Pérez Luciani,* vol. I, Tribunal Supremo de Justicia, Caracas, 2002, pp. 1031-1082; Hildegard Rondón de Sansó, "Las transformaciones fundamentales en la organización y dinámica del Estado derivadas de la Constitución de 1999", *Temas de derecho administrativo. Libro Homenaje a Gonzalo Pérez Luciani,* vol. II, *cit.* pp. 619-644; Allan R. Brewer-Carías, "La descentralización política en la Constitución de 1999: Federalismo y Municipalismo (una reforma insuficiente y regresiva"), *Boletín de la Academia de Ciencias Políticas y Sociales,* Año LXVIII, Nº 138, Caracas 2002, pp. 313-359; y publicado también en *Provincia. Revista Venezolana de Estudios Territoriales,* Nº 7, II Etapa, Mérida, Centro Iberoamericano de Estudios Provinciales y Locales (CIEPROL) y Universidad de los Andes, 2001, pp. 7-92; íd., "Consideraciones sobre el régimen de distribución de competencias del poder público en la Constitución de 1999" en Fernando Parra Aranguren y Armando Rodríguez García (edits.), *Estudios de derecho administrativo. Libro Homenaje a la Universidad Central de Venezuela, T.* I, Caracas, Tribunal Supremo de Justicia, 2001, pp. 107-136; íd., "Consideraciones sobre el régimen constitucional de la organización y funcionamiento de los poderes públicos", *Revista Derecho y Sociedad,* Nº 2, Universidad Monteávila, Caracas, 2001, pp. 135-150; Ricardo Combellas, *Derecho constitucional: una introducción al estudio de la Constitución,* Caracas, Mc Graw Hill, 2001, pp. 121 y ss; Cecilia Sosa Gómez, "La organización política del Estado venezolano: el poder público Nacional", *Revista de Derecho Público,* Nº 82, Editorial Jurídica Venezolana, Caracas, 2000, pp. 71-83; María V. Espina Molina y Ornella Bernabei Zaccaro, "Nueva estructura del Estado venezolano", en *Comentarios a la Constitución",* Vadell Hermanos, Caracas, 2000, pp. 65-116; César A. Loaiza Moyetones, "Los órganos del Estado", en *Derecho Constitucional. General y Particular. Actualizado con la Constitución del 24-03-2000, T.* I, Universidad Santa María, Caracas, pp. 151-175.

rado independientes de España y sucesivamente se habían constituido como estados soberanos y autónomos a partir del 19 de abril de 1810, cuando se inició el proceso de Independencia.

Esa primera Constitución de 1811 tuvo corta vigencia debido a las guerras de independencia (1812-1824); pero a pesar de las críticas de Simón Bolívar a la Federación y del fuerte contenido centralista de la Constitución de Angostura de 1819, la cual tampoco tuvo mayor duración por la integración de Venezuela a lo que se llamó la Gran Colombia en 1821; lo cierto es que cuando se reconstituyó la República de Venezuela (separada de Colombia) a partir de 1830, reaparecieron los principios federalistas en un sistema que los constituyentes de la época denominaron como producto de un pacto centro federal.

En las Constituciones posteriores la forma federal del Estado concretizada en la distribución vertical del poder público, se comenzó a expresar formalmente en la Constitución de 1858, adoptándose incluso a partir de 1864 la denominación de la República como "Estados Unidos de Venezuela", la cual se conservó hasta 1953[140]. En esa fecha, precisamente por el triunfo de la Revolución federal, se adoptó en forma definitiva la forma federal del Estado, sustituyéndose la fórmula mixta de 1830.

Pero la Federación venezolana, que en paralelo a la consolidación del caudillismo regional se estructuró durante la segunda mitad del Siglo XIX, aún con un progresivo acento centralizante, particularmente en materia fiscal (no así, por ejemplo, en materia legislativa); a partir de 1901, al producirse el colapso del sistema del Estado federal liberal, comenzó configurarse como una verdadera "Federación centralizada", luego de que se produjo la centralización de todos los ordenes estatales: políticos, militares, administrativos, legislativos y fiscales[141]; proceso que a pesar del cambio político democrático de 1947 y de la consolidación de la democracia a partir de 1958, continuó desarrollándose y ha perdurado hasta nuestros días, reforzándose en la Constitución de 1999.

En verdad, la gran transformación política que debió haber ocurrido con la Constitución de 1999 para afianzar la democracia era más bien sustituir efectivamente la Federación centralizada por una Federación descentralizada, y sobre ello debió haberse centrado el debate constituyente[142]; pues como lo señaló la Corte Primera de lo Contencioso Administrativo en sentencia 1037 de 1° de agosto de 2000:

---

140 Sobre la evolución histórica del Estado *V.* Allan R. Brewer-Carías, "Estudio Preliminar", *Las Constituciones de Venezuela,* Academia de Ciencias Políticas y Sociales, Caracas, 1997, pp. 21-256; íd., "La formación del Estado venezolano", en *Revista Paramillo. Miscellanea Ioseph del Rey Fajardo, S.J. Sexagenario dicata,* N° 14, Caracas 1995, pp. 197-361, y en *II Jornadas Colombo Venezolanas de Derecho Público,* Universidad Externado de Colombia, Bogotá,1996, pp. 33-217; íd., *Instituciones Políticas y Constitucionales, T.* I, "Evolución histórica del Estado", Universidad Católica del Táchira y Editorial Jurídica Venezolana, San Cristóbal y Caracas, 1996.

141 *Cfr.* Tulio Chiossone, "Constitución centralista con ribetes federales", *Libro Homenaje a Rafael Caldera: Estudios sobre la Constitución, T.* I, Universidad Central de Venezuela, Caracas, 1979, pp. 207-214; Allan R. Brewer-Carías, *Instituciones Políticas y Constitucionales,* t. I, "Evolución histórica del Estado", *cit.*, pp. 351 y ss.; íd. "El desarrollo institucional del Estado Centralizado en Venezuela (1899-1935) y sus proyecciones contemporáneas", *Revista de Estudios de la Vida Local y Autonómica,* N° 227 y 228, Instituto Nacional de Administración Pública, Madrid 1985, pp. 487 a 514 y 695 a 726, respectivamente.

142 *Cfr.* nuestros planteamientos durante las sesiones de la Asamblea Nacional Constituyente de 1999 en Allan R. Brewer-Carías, "Propuesta sobre la forma federal del Estado en la nueva Constitución: Nuevo Federalismo y Nuevo Municipalismo" en *Debate Constituyente (Aportes a la Asamblea Nacional Constituyente),* t. I, 8 agosto a 8 septiembre, Caracas, Fundación de Derecho Público y Editorial Jurídica Venezolana, 1999, pp. 155 a

Un elemento fundamental dentro de lo que es la democracia, es la descentralización, no puede haber democracia sin descentralización, ese debe ser el apellido de la democracia. Estando cada vez más cerca de las comunidades quien toma las decisiones que los orienten o satisfagan sus necesidades es que exista una interacción entre los vecinos y la Administración[143].

Sin embargo, la descentralización política no se hizo realidad en la Constitución, y su expresión en el texto constitucional no pasó del puro nominalismo[144] que se aprecia tanto en el Preámbulo como en el artículo 4 en el sentido de calificar la República como "*un Estado federal descentralizado en los términos consagrados por esta Constitución*"; fórmula más o menos similar a la del artículo 2° C. de 1961 que disponía que "La República de Venezuela es un Estado federal, en los términos consagrados por esta Constitución". Es decir, en la Constitución de 1999 se configuró la "Federación descentralizada" con el marco centralista de "Federación centralizada", lo que constituye una contradicción constitucional[145] manifestada particularmente en la autonomía limitada y limitable que se atribuye a las entidades territoriales.

En consecuencia, la denominación de "Estado federal descentralizado" que se incorporó en la Constitución de 1999 para identificar la forma del Estado, viene a ser sólo un avance nominal pero en los términos establecidos en la Constitución, lo que no significó realmente avance sustancial alguno respecto del proceso de descentralización que se había venido desarrollando durante la última década en el país, al amparo de la Constitución de 1961[146]. Más bien significó un retroceso centralizador, a pesar de que se mantuvieron parcialmente algunas de las reformas que se realizaron en 1989[147], con la Ley Orgánica de Descentralización, Delimitación y Transferencia de Competencias del poder público de 1989[148], la cual ya tenía rango de ley constitucional en lo que se refería a la transferencia a los estados de competencias del poder nacional.

Esta contradicción que existe entre la fórmula nominal del "Estado federal descentralizado" y la centralización de la Federación que se ha consagrado en el propio texto constitucional de 1999[149], se manifiesta por ejemplo, institucionalmente, con la elimina-

---

170. *Cfr.* también, lo expuesto íd., *Instituciones Políticas y Constitucionales, T.* II, "El poder público nacional, estadal y municipal, Universidad Católica del Táchira y Editorial Jurídica Venezolana, San Cristóbal y Caracas, 1996, pp. 227 a 233.

143 Caso *Asociación de Propietarios y Residentes de la Urbanización Miranda (APRUM) vs. Alcaldía del municipio Sucre del Estado Miranda, Revista de Derecho Público*, N° 83, Editorial Jurídica Venezolana, Caracas, 2000, p. 394.

144 *Cfr.* lo que hemos expuesto en Allan R. Brewer-Carías, Federalismo y Municipalismo en la Constitución de 1999 (Alcance de una reforma insuficiente y regresiva), Editorial Jurídica Venezolana, Caracas, 2001.

145 *Cfr.* Allan R. Brewer-Carías, "La Federación descentralizada en el marco de la centralización de la Federación en Venezuela. Situación y perspectivas de una contradicción constitucional" (conferencia en el Seminario Internacional sobre Federalismo y Regionalismo, Instituto de Investigaciones Jurídicas, UNAM y Tribunal Supremo del Estado de Puebla, Puebla, México, 12 al 14 de noviembre de 2003), en Allan R. Brewer-Carías, *Constitución, democracia y control del poder*, Universidad de Los Andes, Mérida, 2004, pp. 111 a 144.

146 *Cfr.* en general Allan R. Brewer-Carías, Informe sobre la descentralización en Venezuela 1993, Memoria del Ministro de Estado para la Descentralización, Caracas, 1993.

147 *Cfr.* en general Allan R. Brewer-Carías, Federalismo y Municipalismo en la Constitución de 1999 (Alcance de una reforma insuficiente y regresiva), *cit.*

148 *Cfr.* Allan R. Brewer-Carías et ál, *Leyes y reglamentos para la descentralización política de la Federación*, Editorial Jurídica Venezolana, Caracas, 1994.

149 *Cfr.* en general, Rafael J. Chavero Gazdik, "La forma de Estado prevista en la Constitución de 1999 (¿Un canto de sirenas?)", *Revista de Derecho Público*, N° 81, Editorial Jurídica Venezolana, Caracas, 2000, pp. 29-39; José Peña Solís, "Aproximación al proceso de descentralización delineado en la Constitución de 1999", *Estudios de*

ción del Senado y el establecimiento de una Asamblea Nacional unicameral (Art. 186), y al permitirse la limitación por ley nacional de la autonomía de los estados (Art. 162) y de los municipios (Art. 168) lo que implica negar, de entrada, la idea misma de descentralización política que tiene que estar basada en el concepto de autonomía territorial.

2. Los Estados y sus límites territoriales

Contrariamente a lo que fue tradición en las Constituciones venezolanas a partir de 1864 y hasta el Texto Fundamental de 1953, la Constitución de 1999, al igual que la de 1961, no enumera en su texto cuáles y cuántos son los estados que conforman la división político territorial básica de la República. En la Constitución de 1961, la única parte del Texto donde aparecía la enumeración de los estados era en el encabezamiento, cuando señalaba que para haberse decretado la Constitución, se había requerido el voto de las asambleas legislativas de los estados Anzoátegui, Apure, Aragua, Barinas, Bolívar, Carabobo, Cojedes, Falcón, Guárico, Lara, Mérida, Miranda, Monagas, Nueva Esparta, Portuguesa, Sucre, Táchira, Trujillo, Yaracuy y Zulia. Por tanto, la Constitución de 1961 partió, necesariamente, del supuesto constitucional precedente y existente para el momento en el cual se promulgó, que existían 20 estados, cuyas asambleas legislativas fueron consultadas para sancionar el Texto Fundamental. Durante la vigencia de la Constitución, en 1991 y 1992 se elevaron a la categoría de estados los dos Territorios Federales que existían, Delta Amacuro, como Estado Amacuro; y Amazonas como Estado Amazonas[150]; y se creó el Territorio Vargas en parte del territorio del antiguo Distrito Federal, que luego fue transformado en Estado Vargas.

La Constitución de 1999, al haber sido sancionada por una Asamblea Nacional Constituyente no contiene en su texto referencia alguna a los estados de la Federación, encontrándose sólo en las disposiciones transitorias algunas referencias incidentales, por ejemplo, al Estado Miranda o al Estado Apure. Sin embargo, para el momento en el cual se sancionó, ya existían 23 estados, que son los siguientes: Amazonas, Anzoátegui, Apure, Aragua, Barinas, Bolívar, Carabobo, Cojedes, Delta Amacuro, Falcón, Guárico, Lara, Mérida, Miranda, Monagas, Nueva Esparta, Portuguesa, Sucre, Táchira, Trujillo, Vargas, Yaracuy y Zulia. Esos son los estados a los que se refiere el artículo 16 C., cuya división político territorial debe regularse por ley orgánica en la cual se debe garantizar la autonomía municipal y la descentralización político administrativa.

Ahora bien, los límites de esos estados son básicamente los establecidos en la Ley de 28 de abril de 1856, sobre División Territorial, con algunas modificaciones menores posteriores. A esa Ley remitió la Constitución de 1909 que reconstituyó los 20 estados que existían al sancionarse (Arts. 4 y 5); y así se repitió en las Constituciones sucesivas (Art. 2 del Estatuto Provisorio de 1914; Art. 2 C. de 1914; Art. 2 C. de 1922; Art. 5 C. de 1925; Art. 5 C. de 1928; Art. 5 C. de 1929; Art. 5 C. de 1931; Art. 5 C. de 1936; Art. 5 C. de 1945; y Art. 4 C. de 1947).

Derecho Público. Libro Homenaje a Humberto J. La Roche Rincón, vol. II, Tribunal Supremo de Justicia, Caracas, 2001, pp. 217-282; Ricardo Combellas, *Derecho constitucional: una introducción al estudio de la Constitución*, Mc Graw Hill, Caracas, 2001, pp. 121 y ss.

150 *V.* Ley especial que da la categoría de Estado al Territorio Federal Delta Amacuro, *Gaceta Oficial* N° 4.295 Extra, de 3 de agosto de 2091 y Ley especial que eleva a la categoría de Estado al Territorio Federal Amazonas, *Gaceta Oficial* N° 35.015 de 29 de julio de 1992.

La Constitución de 1953 eliminó, al igual que la actual, la referencia a los límites previstos en aquella Ley de 1856, pero evidentemente que esos eran, básicamente, los límites de los estados.

3. Los principios del estado federal

Conforme al artículo 4° C., la Federación que deriva de la distribución territorial del poder público y que implica atribución de autonomía a los entes territoriales, debe regirse "por los principios de integridad territorial, cooperación, solidaridad, concurrencia y corresponsabilidad".

Ello significa ante todo, que la distribución territorial del poder, en forma ni caso alguno puede atentar contra la propia integridad territorial de la República, cuyo territorio no puede ser afectado en forma alguna por el principio descentralizador, lo que impide cualquier intento separatista de parte de las entidades políticas que componen el Estado.

Por otra parte, esa distribución del poder público entre la República, los estados y los municipios, exige la cooperación entre los diversos niveles territoriales para alcanzar, en conjunto, los fines del Estado (Art. 136); por ello, entre los principios que rigen al Estado federal están los de concurrencia y corresponsabilidad de todos los entes públicos hacia los mismos fines superiores del Estado. Además, está el principio de la solidaridad entre las entidades políticas, de manera que los deberes de algunas de ellas que no puedan ser cumplidos, no excluyen la asunción de los mismos por las otras entidades políticas.

Además de los anteriores principios, el artículo 165 C., que se refiere a las materias de competencia concurrente entre los tres niveles territoriales del poder público (República, estados y municipios), exige que las mismas sean desarrolladas mediante *leyes de bases* dictadas por la Asamblea Nacional y leyes de desarrollo aprobadas por los estados, legislación que debe estar orientada por los principios de interdependencia, coordinación, cooperación, corresponsabilidad y subsidiariedad.

En cuanto al principio de interdependencia, este implica que los niveles territoriales, en el ejercicio de las competencias concurrentes, deben tener relaciones de dependencia, unos respecto de otros, en forma recíproca y mutua, para lo cual la coordinación de esfuerzos es fundamental. Esta coordinación debe realizarse, fundamentalmente por un órgano intergubernamental que se creó en la Constitución de 1999, como es el Consejo Federal de Gobierno (Art. 185).

Por último se destaca el principio de la subsidiariedad en la distribución de competencias. Si "el poder público se distribuye entre el poder municipal, el poder estadal y el poder nacional", "colocados en este orden según su cercanía con el ciudadano, sujeto protagónico de este modelo de democracia participativa" según lo expresa la Exposición de motivos de la Constitución; el principio general para la asignación de competencias debería estar en el nivel municipal, debiendo ser asumidas las mismas en niveles superiores sólo en forma subsidiaria, cuando no puedan efectivamente desarrollarse a nivel local.

II. LA AUTONOMÍA E IGUALDAD DE LOS ESTADOS

1. El marco constitucional de la autonomía de los Estados y sus limitaciones

Ahora bien, en un Estado federal o en todo sistema de distribución política territorial del poder público (descentralización), como se ha dicho, la autonomía de las entidades territoriales es consustancial al sistema, e implica, no sólo la autonomía política (elección democrática de las autoridades), sino además, la autonomía organizativa (organización de sus poderes públicos al dictar los estados sus propias Constituciones), la autonomía administrativa (inversión de los ingresos), la autonomía jurídica (no revisión de los actos de los entes territoriales salvo por los tribunales), la autonomía normativa (regulación legislativa de las materias de la competencia de la entidad) y la autonomía tributaria (creación, administración y control de los tributos).

Esta autonomía territorial, por otra parte, al derivar de la distribución vertical del poder público, debería estar garantizada en la propia Constitución[151], de manera que los límites a la misma sólo deberían ser los establecidos en la misma. La Constitución de 1999, sin embargo, en esta materia, en cuanto a los estados se limitó a disponer que los mismos son "entidades políticas autónomas en lo político" (Art. 159), atribuyendo contradictoriamente al poder nacional (Asamblea Nacional) la regulación de aspectos muy importantes relativos a la organización y funcionamiento de los Consejos legislativos de los estados; y en cuanto a los municipios, como se dijo, dispuso que gozan de "autonomía dentro de los límites de esta Constitución y de la ley" (Art. 168), con lo cual la autonomía municipal quedó a merced del legislador nacional.

Ahora bien, en cuanto a los estados como entidades político territoriales, la autonomía de los mismos está sometida en la Constitución a las siguientes limitaciones:

En *primer lugar*, las limitaciones a la autonomía organizativa respecto de la organización y funcionamiento de los consejos legislativos, que son los órganos a los que la Constitución atribuye el ejercicio del poder legislativo estadal y que en principio, debían ser objeto de regulación en las propias Constituciones que los estados pueden dictar conforme lo indica la Constitución nacional como parte de la organización de sus poderes públicos (Art. 164,1).

Como se ha dicho, sin embargo, ha sido la propia Constitución de 1999 la que ha limitado esta autonomía al establecer que una *ley nacional* debe regular "la organización y funcionamiento" precisamente de uno de los órganos de los poderes públicos estadales, como son los consejos legislativos estadales (Art. 162), a cuyo efecto la Asamblea Nacional dictó en 2001 la Ley Orgánica de los consejos legislativos de los estados[152] en la cual se ha regulado, en detalle, no sólo las bases y principios del régimen de organización y funcionamiento de los consejos legislativos de los estados, sino las regulaciones referidas a los Legisladores; y más aún, las atribuciones de los consejos legislativos

151 Lamentablemente, sin embargo, la Sala Constitucional ha negado la posibilidad de proteger dicha garantía constitucional a la autonomía territorial mediante la acción de amparo. *V.* sentencia 1395 del 21 de noviembre de 2000, *Revista de Derecho Público*, N° 84, Editorial Jurídica Venezolana, Caracas, 2000, p. 315.

152 *Gaceta Oficial* N° 37.282 de 13 de septiembre de 2001. *Cfr.* Mariela de Jesús Morales Soto, "El régimen jurídico aplicable a los consejos legislativos de los estados", *Revista de Derecho Administrativo*, N° 15, Editorial Sherwood, Caracas, 2002, pp. 193-205.

y los principios generales para el ejercicio de la "función legislativa" (Art. 1), con lo cual la Asamblea Nacional se excedió incluso respecto de lo autorizado excepcionalmente en la Constitución.

En *segundo lugar*, se destacan las limitaciones al ejercicio de las funciones legislativas y de control por parte de los mencionados consejos legislativos, que la Constitución les asigna (Art. 162, 1); lo que se estableció en el propio texto constitucional, por ejemplo, en materia de tributos (arts. 167, 5; y 156, 13). Además, en cuanto a las competencias, como ya se señaló, las que son de carácter concurrente sólo pueden ejercerse por los estados conforme a las "leyes de base" que dicte el poder nacional (Art. 165); y en los otros casos de competencias exclusivas también están sujetos a lo establecido en la ley nacional, como sucede en materia de policía estadal que sólo puede ejercerse conforme a la legislación *nacional* aplicable (Art. 164, ord. 6). Pero además, la Asamblea Nacional sin tener autorización constitucional alguna para regular el ejercicio de la "función legislativa" o la función de control por parte de los consejos legislativos de los estados, en la mencionada Ley Orgánica de los consejos legislativos de los estados de 2001 estableció con todo detalle todo el procedimiento para la formación de las leyes estadales, lo que debía ser regulado en las Constituciones de los estados.

En *tercer lugar*, está la limitación a la autonomía organizativa en cuanto al régimen de la organización y funcionamiento del los órganos del poder ejecutivo estadal, es decir, de la Administración Pública de los estados, el cual está establecido como régimen general en el conjunto de regulaciones constitucionales relativas a la Administración Pública y a la función pública en general, que se aplican por igual a los tres niveles territoriales de gobierno (arts. 141 y ss.), las cuales, por tanto, escapan de la posibilidad de regulación por los consejos legislativos estadales en las Constituciones estadales.

En *cuarto lugar*, también se destacan las limitaciones a la potestad organizativa referida al poder ciudadano estadal, es decir, la regulación en las Constituciones estadales de las contralorías de los estados, cuyos titulares deben designarse mediante concurso público (Art. 163). En esta materia también se ha producido una intolerable y no autorizada limitación a la autonomía organizativa de los estados, al dictarse por la Asamblea Nacional la Ley para la designación y destitución del contralor o contralora del estado de 2001[153], con el objeto de establecer los conceptos y procedimientos generales, básicos y orientadores que regulan el proceso de designación y destitución del contralor (Art. 1). Además, ha sido la Sala Constitucional del Tribunal Supremo, la que ha limitado la posibilidad para los estados de organizar otros poderes públicos, como los destinados a la defensa de los derechos humanos en los estados, al haber anulado normas de Constituciones estadales que habían establecido defensorías del pueblo de los estados, argumentando que ello es una competencia exclusiva de la República (poder nacional)[154]. Así, efectivamente, mediante sentencias 1182 de 11 de octubre de 2000, 1395 de 7 de agosto de 2001 y 111 de 12 de febrero de 2004, anuló las normas de las Constituciones de los estados Mérida, Aragua y Lara respectivamente que creaban las figuras del Defensor de los Derechos (Mérida), del Defensor del Pueblo (Aragua) y de la De-

153 *Gaceta Oficial* N° 37.303 del 15 de octubre de 2001.

154 *V.* sentencia 1395 del 7 de agosto de 2001, caso *Fiscal General de la República vs. Asamblea Legislativa del Estado Aragua, Revista de Derecho Público*, Nº 85 a 88, Editorial Jurídica Venezolana, Caracas, 2001, p. 195; y sentencia de la misma Sala 3255 del 18 de noviembre de 2003, caso *Impugnación de varios artículos de la Constitución del Estado Miranda, Revista de Derecho Público*, N° 93 a 96, Editorial Jurídica Venezolana, Caracas, 2003, p. 314 y 317.

fensoría del Pueblo (Lara), al considerarlas viciadas de usurpación de funciones partiendo del supuesto errado, en nuestro criterio, de que la competencia en materia de defensa de los derechos humanos es exclusiva del poder nacional (Asamblea Nacional), al regular el Defensor del Pueblo y el ministerio público. Al contrario, estimamos que además de competencia, todos los órganos del Estado tienen el deber de velar por la defensa de los derechos humanos, por lo que los estados podrían crear en sus ordenamientos y para actuar en su jurisdicción, órganos dedicados a tal defensa. Las erradas sentencias de la Sala, en todo caso, se basaron en el mismo argumento de relatividad de la descentralización política antes anotado, en el sentido de que:

Resulta claro entonces, que los estados son favorecidos constitucionalmente por el principio de autonomía para organizar sus poderes públicos, sin embargo, debe entenderse que tal autonomía es relativa y por tanto está sometida a diversas restricciones establecidas en la Constitución y en la ley, por ello, el artículo 4° del Texto Fundamental vigente, dispone que "*La República Bolivariana de Venezuela es un Estado federal descentralizado en los términos consagrados en esta Constitución (...)*"[155].

En esta materia del poder ciudadano como organización reservada al poder nacional, en todo caso, en la más reciente sentencia citada 111 de 12 de febrero de 2004, dictada con motivo del recurso de nulidad interpuesto por el Defensor del Pueblo contra artículos de la Constitución del Estado Lara que regularon el poder ciudadano en dicho Estado, alegando la incompetencia del Consejo Legislativo del Estado Lara para crear y organizar un poder ciudadano dentro de dicha entidad, la Sala Constitucional resolvió dándole la razón al impugnante, señalando que:

[Al] poder estadal se le atribuyó la potestad de legislar sobre las materias de su competencia. No obstante, de un estudio detallado del Capítulo III, Título IV de la Constitución de la República, referido al poder público estadal, y particularmente su artículo 164, que expresa las competencias exclusivas de los estados, puede concluirse que en la organización de tales entidades federales no fue incluido un poder ciudadano, ni les fue conferida de ninguna forma ni en ningún grado la potestad de legislar sobre el ejercicio de la Defensoría del Pueblo o del ministerio público. Sí pueden dictar normas acerca de la contraloría estadal (Art. 163 de la Constitución de la República), sin menoscabo del alcance de las funciones de la Contraloría General de la República[156].

En *quinto lugar*, está la limitación a la potestad organizativa estadal relativa a los consejos de planificación y coordinación de políticas públicas regulados en el artículo 166 C. La "ley" conforme a la cual debían funcionar estos consejos debía ser la que dictase cada Consejo Legislativo estadal. Sin embargo, también en este caso la Asamblea Nacional ha dictado al Ley de los consejos estadales de planificación y coordinación de políticas públicas de 2002[157] con el objeto de crear, organizar y establecer las competencias del consejo estadal de planificación y coordinación de políticas públicas que debe funcionar en cada Estado, como órgano rector de la planificación de las políticas públicas, a los fines de promover el desarrollo armónico, equilibrado y sustentable (Art. 1). En esta materia, de nuevo, se produjo un vaciamiento no autorizado de las competencias legislativas de los estados, lesionándose su autonomía.

---

155 *V.* en *Revista de Derecho Público*, N° 84, Caracas, Editorial Jurídica Venezolana, 2000, pp. 177 y ss; y en *Revista de Derecho Público* N° 85 a 88, Editorial Jurídica Venezuela, Caracas, 2001.

156 Exp. N° 02-0731.

157 *Gaceta Oficial* N° 37.509 del 20 de agosto de 2002.

2. El ámbito de la autonomía de los estados

La autonomía de los estados de la federación implica en principio, que los mismos disponen de una autonomía política, en cuanto a la elección de sus autoridades; de una autonomía organizativa, en cuanto que dictan su propia Constitución para organizar sus poderes públicos; de una autonomía administrativa, a los efectos de la inversión de sus ingresos; de una autonomía jurídica, en cuanto a que los actos de los estados sólo pueden ser revisados por los tribunales y una autonomía tributaria, que debería implicar la creación de sus tributos. El ejercicio de esta autonomía, dentro del marco limitativo que establece la Constitución, antes comentado, como lo ha precisado la Sala Constitucional del Tribunal Supremo en sentencia 1182 del 11 de octubre de 2000, "es relativo y por tanto, está sometida a diversas restricciones establecidas en la Constitución y en la ley"[158].

Ya hemos mencionado el marco de las limitaciones institucionales y organizativas de los estados, a lo que se agregan limitaciones similares establecidas en la Constitución en cuanto al ejercicio de las competencias. Por ejemplo, en materia de tributos, en la Constitución no sólo se eliminó toda potestad tributaria originaria de los estados, sino que se ha dejado la materia a una legislación futura, siendo la Asamblea nacional la llamada a regular el ejercicio de la potestad tributaria, estadal y municipal (Art. 156.13). Y en cuanto a las competencias, como se dijo, las que son de carácter concurrente sólo pueden ejercerse por los estados conforme a las "leyes de base" que dicte el poder nacional (Art. 165), todo lo cual da origen a una autonomía limitada, lo que es lo mismo que una descentralización más nominal que real, la cual por lo demás no tiene garantía constitucional alguna.

Ello se confirma además por la injustificada ratificación que ha hecho la Sala Constitucional del Tribunal Supremo de Justicia mediante sentencia N° 1395 de 21 de noviembre de 2000 (caso Gobernación del Estado Mérida y otros *vs.* Ministerio de Finanzas), de la inconstitucional doctrina establecida por la antigua Corte Suprema de Justicia de negar la vía judicial del amparo para proteger la autonomía territorial de los estados y municipios, garantizada en la Constitución. En efecto, en la mencionada sentencia, la Sala señaló lo siguiente:

Una vez que la institución estaba consolidada como un medio de tutela judicial reforzada de los derechos y garantías constitucionales, algunos[159] propusieron su extensión a la protección de las potestades o competencias de entes públicos, especialmente de las personas político-territoriales. Sin embargo, esta ampliación del objeto tutelado por el amparo fue rechazada por la extinta Corte Suprema de Justicia, en Pleno, mediante sentencia del 2 de octubre de 1997, la cual resolvió el amparo incoado, conjuntamente con una acción de inconstitucionalidad, contra la Ley Orgánica sobre Emolumentos y Jubilaciones de Altos Funcionarios de las Entidades federales y municipales. En ese amparo se planteaba que la autonomía municipal y las potestades que llevaba aparejadas debían considerarse incluidas en el concepto de "garantía constitucional" y, con ello, en el ámbito de aplicación del amparo constitucional.

---

158 *V.* en *Revista de Derecho Público,* N° 84, Editorial Jurídica Venezolana, Caracas, 2000, p. 180.

159 Así lo propusimos en la acción ejercida contra la Ley Orgánica sobre Emolumentos que dio origen a la sentencia de la Sala Político Administrativa; y así lo hemos sostenido en Allan R. Brewer-Carías, *El amparo a los derechos y garantías constitucionales (una aproximación comparativa),* Editorial Jurídica Venezolana, Caracas, 1993, pp. 92 y ss.

En dicha sentencia la extinta Corte Suprema de Justicia, declaró que:

> [...] los entes territoriales como personas jurídicas pueden ser sujetos activos de la acción de amparo; pero sólo respecto a la tutela de los derechos y garantías constitucionales entendidos estos últimos en su sentido estricto, ha de excluírsele como una vía para la tutela de sus potestades y competencias, así como para dirimir los conflictos que puedan plantearse entre tales entes entre sí o con otros organismos del poder público.
>
> [...] En el caso de los entes territoriales, la Constitución les otorga varios recursos destinados específicamente a impedir el desconocimiento y usurpación de los fines que le han sido asignados y de las potestades que constitucionalmente le competen [....]
>
> Esta concepción del amparo ha quedado en lo fundamental plasmada en la Constitución. Incluso, podría afirmarse que en la vigente Constitución la vinculación del amparo con la persona y sus derechos esenciales se ha profundizado.
>
> Ciertamente, el artículo 27 C. reconoce a toda persona (natural o jurídica) el derecho a ser amparada por los tribunales en el goce y ejercicio de los derechos y garantías constitucionales, "aun de aquellos inherentes a la persona que no figuren expresamente en esta Constitución o en los instrumentos internacionales sobre derechos humanos [....]".
>
> Obsérvese que el elemento que permite incluir a ciertas facultades subjetivas dentro del ámbito de tutela del amparo, es su condición de "inherentes a la persona", lo cual se ve confirmado por la referencia a los instrumentos internacionales sobre "derechos humanos".

Por si quedara alguna duda, la Exposición de motivos de la Constitución señala que el amparo:

> se reconoce como una garantía derecho constitucional, cuya finalidad es la tutela judicial reforzada de los derechos humanos, aun de aquellos inherentes a la persona humana que no figuren expresamente en la Constitución o en los instrumentos internacionales sobre derechos humanos.

Esta íntima vinculación entre el amparo y los derechos fundamentales la pone igualmente de manifiesto el último párrafo del artículo 27, según el cual el ejercicio del derecho al amparo no puede ser afectado por la declaratoria de un estado de excepción o por la restricción de garantías constitucionales.

El Constituyente quiso dejar claro que incluso durante situaciones de emergencia, en las que pueden resultar necesarias restricciones extraordinarias al ejercicio de las garantías o derechos constitucionales, conserva el amparo plena vigencia, como instrumento imprescindible para medir la necesidad y proporcionalidad de la actuación de las autoridades (En igual sentido *cfr.* la *Opinión Consultiva* de la Corte Interamericana de Derechos Humanos OC-8/87, del 30 de enero de 1987, El *Habeas Corpus* bajo suspensión de garantías).

Esos principios inspiran también la decisión de esta Sala en la que se introducen correctivos al procedimiento de amparo contemplado en la ley de la materia, en virtud de la fuerza normativa de la Constitución y de la oralidad ahora exigida por el citado artículo 27.

La singular celeridad y simplicidad del proceso de amparo está también al servicio de la persona humana y de los derechos que la Constitución protege con toda firmeza.

Esta conclusión es confirmada por lo dispuesto en los instrumentos internacionales sobre derechos humanos, ya que tanto la Declaración Universal de Derechos Humanos (artículo 8), como el Pacto Internacional de Derechos Civiles y Políticos (artículo 2.3) y la Convención Americana sobre Derechos Humanos (artículo 25), consagran el derecho de toda persona a un recurso efectivo ante las instancias nacionales a fin de que se le ampare frente a posibles violaciones de sus derechos humanos. Así, el artículo 8 de la Declaración Universal de Derechos Humanos dispone:

Toda persona tiene derecho a un recurso efectivo ante los tribunales nacionales competentes, que la ampare contra actos que violen sus derechos fundamentales reconocidos por la Constitución o por la ley.

Desde esta óptica, el artículo 27 de nuestra Constitución es un desarrollo de ese derecho de validez universal, el cual, al igual que los demás derechos proclamados en esa Declaración, se basa "en el reconocimiento de la dignidad intrínseca y de los derechos iguales e inalienables de todos los miembros de la familia humana" (Preámbulo de la Declaración Universal de Derechos Humanos). Por tanto, el objeto del amparo es la tutela judicial reforzada de los derechos y garantías constitucionales, lo cual comprende los derechos enunciados por la Constitución, algunos de los cuales se encuentran fuera de su Título III (*vid.*, por ejemplo, los artículos 143, 260 y 317 C.), así como los consagrados en tratados internacionales sobre derechos humanos ratificados por la República, y cualquier otro que sea inherente a la persona humana.

Lo dicho no implica restringir la noción de derechos o garantías constitucionales a los derechos de las personas naturales, pues también las personas jurídicas son titulares de derechos fundamentales. Incluso las personas jurídicas de Derecho público pueden ostentar algunos de esos derechos. Pero lo hasta ahora expuesto sí permite concluir que entes político territoriales como los estados o municipios, sólo han de acudir al amparo para defender los derechos o libertades de los que puedan ser titulares, como el derecho al debido proceso, o el derecho a la igualdad, o a la irretroactividad de la ley. En cambio, no pueden accionar en amparo para tutelar la autonomía que la Constitución les reconoce o las potestades y competencias que aquélla comporta.

La autonomía de un ente público únicamente goza de la protección del amparo cuando la Constitución la reconoce como concreción de un derecho fundamental de trasfondo, como ocurre con la autonomía universitaria respecto del derecho a la educación (artículo 109 C.).

En el caso de autos, los accionantes no invocan un derecho constitucional de los estados que hubiese sido vulnerado, sino la autonomía que la Constitución les asegura y, particularmente, *"la garantía de la autonomía financiera que se contempla en los artículos 159, 164, ordinal 3º, 167, ordinales 4º y 6º, de la Constitución"* (cursivas de la Sala).

Sin embargo, bajo el concepto de garantía constitucional no pueden subsumirse contenidos completamente ajenos al elenco de libertades públicas constitucionalmente protegidas, como se pretende, ya que la garantía se encuentra estrechamente relacionada con el derecho. La garantía puede ser entendida como la recepción constitucional del derecho o como los mecanismos existentes para su protección. Tanto en uno como en otro sentido la garantía es consustancial al derecho, por lo que no cabe emplear el concepto de garantía para ensanchar el ámbito tutelado por el amparo, incluyendo en el mismo toda potestad o competencia constitucionalmente garantizada. Ello conduciría a una desnaturalización del amparo, que perdería su especificidad y devendría en un medio de protección de toda la Constitución[160].

---

160 *V.* en *Revista de Derecho Público,* Nº 84, Editorial Jurídica Venezolana, Caracas, 2000, pp. 317 y ss.

3. La legislación nacional reguladora del poder legislativo de los estados

Conforme a la orientación que tenía el texto constitucional de 1961, la Constitución de 1999 establece los principios generales de la organización del poder público estadal, conforme al principio de separación orgánica en dos poderes: el poder legislativo, a cargo de los consejos legislativos estadales cuyos miembros son electos por votación popular directa y secreta; y el poder ejecutivo, a cargo de los gobernadores, cuya elección se estableció a partir de 1989. Además en la Constitución se prevé un órgano del poder público estadal con autonomía funcional, que es la contraloría del Estado, la cual puede ser configurada como poder Contralor.

En cuanto al poder legislativo estadal, este se ejerce en cada Estado por un Consejo Legislativo conformado por un número no mayor de 15 ni menor de 7 integrantes, quienes proporcionalmente deben representar a la población del Estado y a los municipios (Art. 162).

El régimen de la organización y funcionamiento de los consejos legislativos, por supuesto, debería ser objeto de regulación en las Constituciones que los estados pueden dictar conforme lo indica la Constitución nacional como parte de la organización de sus poderes públicos (Art. 164,1), y como consecuencia de la autonomía organizativa de los estados. A pesar de ello, sin embargo, ha sido la propia Constitución de 1999 la que ha limitado esta autonomía al establecer que una *ley nacional* puede regular "la organización y funcionamiento" de uno de los poderes públicos estadales, como son los consejos legislativos estadales (Art. 162).

Se trata, sin duda, de una limitación desusada y absolutamente inconveniente, ya que esa materia a la vez se declara como de la competencia exclusiva de los estados a ser regulada en sus respectivas Constituciones (Art. 164, ord. 1).

En ejecución de la norma constitucional, sin embargo, la Asamblea Nacional dictó en 2001 la Ley Orgánica de los consejos legislativos de los estados[161] contentiva de 50 artículos en los cuales se han regulado, en detalle, no sólo las bases y principios del régimen de organización y funcionamiento de los consejos legislativos de los estados, sino las regulaciones referidas a los Legisladores; y más aún, las atribuciones de los consejos legislativos y los principios generales para el ejercicio de la función legislativa (Art. 1), con lo cual la Asamblea Nacional se excedió incluso respecto de lo autorizado excepcionalmente en la Constitución.

En cuanto a los miembros de los consejos, la Ley Orgánica detalla su denominación como legisladores (Art. 3); sus condiciones de elegibilidad igual que para los diputados nacionales (Art. 4); sus deberes (Art. 5); las incompatibilidades de los mismos, similares a las previstas en la Constitución para los diputados nacionales (Art. 6); su dedicación exclusiva definida como el deber que tiene el legislador de estar en todo momento a disposición de la institución parlamentaria estadal sin poder excusar el cumplimiento de sus deberes por el ejercicio de actividades públicas o privadas (Art. 7); los derechos de los Legisladores (Art. 8); su inmunidad en el ejercicio de sus funciones, correspondiendo al Tribunal Supremo de Justicia autorizar su enjuiciamiento (Art. 9, 10); el carácter de la representación de los legisladores (Art. 11); su remuneración (Art. 122) y el régimen de su jubilación (Art. 14).

---

161 *Gaceta Oficial* Nº 37.282 del 13 de septiembre de 2001.

En cuanto a las atribuciones de los consejos, la Ley Orgánica las regula en materia de sanción de la Constitución y leyes estadales; participación en la designación, juramentación y destitución del contralor del estado; ejercicio de control parlamentario de la Administración Pública estadal, evaluación de la gestión del gobernador; autorización de créditos adicionales a los presupuestos estadales; aprobación de las líneas generales del plan de desarrollo del Estado; solicitud de remoción, destitución o retiro del secretario general de gobierno, y de los directores generales sectoriales que en el ejercicio de sus funciones violen o menoscaben los derechos constitucionales o causen perjuicio patrimonial a la administración o a los particulares; autorización al gobernador del Estado el nombramiento del procurador general del estado; autorización de la salida del gobernador del estado del espacio geográfico venezolano cuando su ausencia se prolongue por un lapso superior a cinco días consecutivos; sanción de su Reglamento interno de organización; aprobación de su presupuesto de gastos; autorización al Ejecutivo estadal para enajenar bienes muebles e inmuebles; designación de su representante ante el consejo de planificación de políticas públicas (Art. 15); y sanción de su reglamento interior y de debates, con indicación precisa de su contenido para tratar "en lo posible de fijar su organización bajo parámetros de homogeneidad con los consejos legislativos de los demás estados" (Art. 19).

En cuanto a la organización de los consejos legislativos, La ley Orgánica nacional regula la sede en la cual deben realizarse las sesiones (Capital del Estado) (Art. 2); el presupuesto anual de los consejos (Art. 13); su instalación (Art. 17); los períodos de sesiones (Art. 18); las sesiones extraordinarias (Art. 19); la junta directiva y su integración (Art. 20), sus atribuciones (Art. 21); las del presidente (Art. 22), del vicepresidente (Art. 23); y la secretaría (arts. 23, 24, 25).

En cuanto al funcionamiento de los consejos legislativos de los estados, la Ley Orgánica regula en detalle las comisiones y sus formas de funcionamiento (Art. 27); las comisiones permanentes (Art. 28), su número no mayor de siete (Art. 29), su creación y supresión (Art. 30); las comisiones especiales (Art. 31); los grupos parlamentarios de opinión (Art. 32); la comisión delegada (Art. 33), y sus atribuciones (Art. 34).

Como puede apreciarse, en la ley nacional no sólo se reguló con todo detállelo relativo a la organización y funcionamiento de los consejos legislativos, sino el régimen de sus miembros y sus atribuciones, lo cual no está autorizado en la Constitución. Además, también se regula sin autorización constitucional alguna el procedimiento de formación de las leyes estadales. Con una regulación tan completa nada tiene que agregar las Constituciones de los estados, las cuales en esta materia carecerían de objeto.

Pero, por otra parte, la Constitución asigna a los consejos legislativos de los estados competencia exclusiva para legislar sobre las materias de la competencia estadal (Art. 162, 1), sin embargo, ello está limitado en el propio texto constitucional.

Por ejemplo, en materia de tributos, en la Constitución no sólo se ha dejado la materia a una legislación nacional futura, (Art. 167, 5), sino que en definitiva el poder nacional es el llamado a regular el ejercicio de la potestad tributaria estadal (Art. 156, 13).

En cuanto a las competencias, las que son de carácter concurrente, como se ha dicho, sólo pueden ejercerse por los estados conforme a las "leyes de base" que dicte el poder nacional (Art. 165); y en los otros casos de competencias exclusivas también están sujetos a lo establecido en la ley nacional, como sucede en materia de policía estadal que sólo puede ejercer conforme a la legislación *nacional* aplicable (Art. 164, ord. 6).

Pero además, como se indicó, la Asamblea Nacional, sin tener autorización constitucional alguna para regular el ejercicio de la función legislativa por parte de los consejos legislativos de los estados, en la Ley Orgánica de los Consejos Legislativos de los estados de 2001, estableció con todo detalle todo el procedimiento para la formación de las leyes estadales, lo que debía ser regulado en las Constituciones de los estados.

En dicha regulación sobre la función legislativa se especificó las clases de leyes que pueden dictar los consejos legislativos (Art. 35); el proceso de su formación y las discusiones requeridas (Art. 37); la iniciativa legislativa (Art. 38); los mecanismos de consulta a los municipios y la sociedad civil (Art. 39); y los Acuerdos (Art. 40). Todas estas normas debían haberse regulado en las Constituciones estadales, constituyendo una usurpación la regulación que ha hecho la Asamblea Nacional.

Lo mismo puede decirse respecto de las funciones de control que constitucionalmente se atribuyen a los consejos legislativos y cuyo ejercicio ha sido también regulado por la Ley Orgánica de los consejos legislativos de 2001, lo que constituye otra limitación no autorizada constitucionalmente a la autonomía de los estados. En efecto, en dicha ley se han regulado los mecanismos de control: las interpelaciones, las investigaciones, las preguntas, las autorizaciones y las aprobaciones parlamentarias y la declaración de la responsabilidad política de los funcionarios (Art. 41); la obligación de comparecencia de los funcionarios públicos estadales (Art. 42); y las invitaciones a funcionarios públicos nacionales (Art. 43).

La limitación efectuada por el poder nacional a los poderes estadales mediante la referida Ley Orgánica, llegó al extremo de la intervención contenida en el artículo 48 de la misma, en el cual se obliga a los consejos legislativos de los estados en un breve término a "ajustar" sus Constituciones a los términos establecidos en la ley. La verdad es que con las regulaciones de dicha Ley Orgánica muy poco o nada quedaría por regular en las Constituciones de los estados, salvo repeticiones normativas. En todo caso, todo lo anterior lo que hace es configurar una autonomía limitada del poder legislativo estadal, lo que es lo mismo que una descentralización más nominal que real.

4. La igualdad de los estados

La Constitución, además de establecer la autonomía política de los estados, en los términos antes analizados, dispone que los mismos son iguales. Sin embargo, esta igualdad de los estados ha perdido su garantía que estaba en la representación igualitaria en el Senado, al haberse eliminado esta cámara federal, y el Congreso bicameral que Venezuela tuvo desde 1811 por primera vez en la historia constitucional se convirtió en la Constitución de 1999, en una Asamblea legislativa unicameral.

En efecto, el establecimiento de la forma de Estado federal con efectiva descentralización política, como sucede en todos los países desarrollados y descentralizados del mundo, exigía que se conservara la estructura del órgano legislativo nacional con dos cámaras, una de las cuales (normalmente, el Senado) fuera el instrumento de participación política igualitaria de las entidades territoriales en la definición de las políticas nacionales. Con voto igual en una cámara federal es que podría hablarse de igualdad de los estados (Art. 159).

Por ello estimamos que resultaba necesario e indispensable, que en la Constitución de 1999 y como consecuencia de la reafirmación de la forma federal del Estado, se conservara el Senado y el bicameralismo, de manera que la forma de elección tanto de diputados como de Senadores, reflejara la representación territorial necesaria. Sin embargo, en un contrasentido federal, en la Constitución de 1999 el Senado quedó eliminado, organizándose una Asamblea Nacional unicameral[162].

En una cámara federal o Senado, en realidad, es donde podría tender sentido la disposición del artículo 159 que declara a los estados como entidades políticas *iguales*. Esa igualdad sólo puede ser garantizada en una cámara federal, donde haya igual representación de cada uno de los estados, independientemente de su población, para participar igualitariamente en la definición de las políticas nacionales. Con la eliminación del Senado y el establecimiento de una Asamblea Nacional unicameral, en esta forma, se establece una contradicción institucional entre el federalismo y la centralización política.

III. EL RÉGIMEN DE LA ADMINISTRACIÓN PÚBLICA ESTADAL

1. El poder ejecutivo estadal: los gobernadores

De acuerdo con el artículo 160, el gobierno y administración de cada Estado corresponde a un gobernador[163] electo por un período de 4 años, por mayoría de las personas que votan en la entidad. El gobernador puede ser reelegido de inmediato y por una sola vez, para un período adicional. Para ser gobernador se requiere ser venezolano (por nacimiento o por naturalización), mayor de veinticinco años y de estado seglar. En el caso de los venezolanos por naturalización para poder ser electos gobernadores, deben tener residencia ininterrumpida en Venezuela por más de 15 años (Art. 41).

Sin embargo, en el caso de estados ubicados en las fronteras, los gobernadores deben ser venezolanos por nacimiento, sin otra nacionalidad como lo establece el artículo 41 C. (Art. 41). Sobre la noción de "Estado fronterizo" a los efectos de la aplicación de dicha norma, la Sala Constitucional del Tribunal Supremo de Justicia ha establecido el siguiente criterio:

Pues bien, a juicio de esta Sala, el concepto de frontera, incluye en el vigente ordenamiento jurídico un tratamiento que abarca aspectos espaciales y de seguridad y defensa de la nación, que no pueden ser tratados de manera separada.

Tampoco distingue el constituyente venezolano entre fronteras naturales como las terrestres, insulares, lacustres y marítimas y las fronteras artificiales, entre las que se podrían encontrar los puentes, señales u otra de creación humana; por el contrario, se amplía el concepto de frontera dentro del marco espacial y de seguridad y defensa de la nación, ya mencionado.

De todo lo antes expuesto, interpreta esta Sala que, la expresión "estado fronterizo" a que alude el artículo 41 de la Constitución de la República Bolivariana de Venezuela, abarca en el ámbito espacial, tanto las fronteras naturales como las artificiales, por lo

162 *Cfr.* María M. Matheus Inciarte y María Elena Romero Ríos, "Estado Federal y unicameralidad en el nuevo orden constitucional de la República Bolivariana de Venezuela", *Estudios de derecho público. Libro Homenaje a Humberto J. La Roche Rincón,* vol. I, Tribunal Supremo de Justicia, Caracas, 2001, pp. 637-676.

163 *Cfr.* en general Alfonso Rivas Quintero, *Derecho constitucional,* Paredes Editores, Valencia, 2002, pp. 320 y ss.

que los venezolanos por naturalización no podrían optar y ser elegidos para ejercer los cargos referidos en dicho articulado, respecto a cualquiera de los estados fronterizos, salvo la excepción contenida en el único aparte del artículo 40 del Texto Fundamental. Así se declara[164].

Los gobernadores deben rendir, anual y públicamente, cuenta de su gestión ante el contralor del estado y además, deben presentar un informe de dicha gestión ante los respectivos Consejos Legislativos y consejos de planificación y coordinación de políticas públicas (Art. 161). La gobernación es por tanto, el órgano en torno a la cual se configura la Administración Pública estadal central.

Ahora bien, el régimen general de organización y funcionamiento de las gobernaciones de estado, está establecido en los artículos constitucionales 161 y 162, y su contenido debía haber sido objeto de desarrollo legislativo en las Constituciones de los estados y en las leyes de la Administración estadal.

Sin embargo, la Constitución de 1999, en lo que se puede considerar como una innovación respecto de la tradición constitucional precedente, establece directamente un conjunto de regulaciones relativas a la Administración Pública, que se aplican por igual a los tres niveles territoriales de gobierno (arts. 141 y ss.), las cuales, por tanto, escapan de la posibilidad de regulación por los consejos legislativos estadales en las Constituciones estadales.

Aparte de algunos principios generales sobre principios de la actividad administrativa (Art. 141), creación de institutos autónomos, control del Estado sobre las entidades públicas (Art. 142), y derecho ciudadano a la información administrativa (Art. 243 y 156,32) que rigen por igual respecto de los entes nacionales, estadales y municipales; la Constitución regula directamente en sus artículos 144 a 148 el régimen de la función pública, el cual se aplica tanto a la Administración Pública nacional como a las Administraciones Públicas estadal y a municipal.

En ejecución de esta norma constitucional la Asamblea nacional sancionó la Ley del Estatuto de la Función Pública[165] con el objeto de regir las relaciones de empleo público entre los funcionarios públicos y "las administraciones públicas nacionales, estadales y municipales", lo que comprende tanto el sistema de dirección y de gestión de la función pública y la articulación de las carreras públicas, como el sistema de administración de personal (Art. 1); indicando expresamente que "las normas que se refieren en general a la Administración Pública, o expresamente a los estados y municipios, serán de obligatorio cumplimiento por éstos" (Art. 2°). La regulación del régimen de los funcionarios públicos estadales, por tanto, dejó de ser competencia de los estados y fue centralizada en el ámbito nacional.

La ley nacional, por tanto, es la que establece la competencia de los gobernadores para ejercer la dirección y gestión de la función pública en los estados (arts. 4° y 5.3); la competencia de las oficinas de planificación de los estados en materia de planes de personal (Art. 14, único) y de registro de funcionarios públicos estadales (Art. 9°, único), y la competencia de las oficinas de recursos humanos de los estados (Art. 10°, único).

---

164 *V.* sentencia 2394 del 28 de agosto de 2003, caso *Interpretación del artículo 41 de la Constitución*, *Revista de Derecho Público,* N° 93 a 96, Editorial Jurídica Venezolana, Caracas, 2003, pp. 202 y ss.

165 *Gaceta Oficial* N° 37.522 del 6 de septiembre de 2002.

Se reguló también nacionalmente el régimen del sistema de administración de personal que abarca la selección, el ascenso, la clasificación de cargos, las remuneraciones, la evaluación, la capacitación, la jornada de servicio, las situaciones administrativas, el retiro y el reingreso (arts. 40 a 78).

En la ley nacional, por otra parte, se regulan las condiciones generales para ejercer cargos en la Administración estadal (Art. 17); los funcionarios de carrera (Art. 19) y de libre nombramiento y remoción (Art. 20) de los estados; los derechos (arts. 22 a 32) y los deberes de los funcionarios públicos estadales (arts. 33 y 34); las incompatibilidades (arts. 35 y 36); el régimen del personal contratado (Art. 37), y las responsabilidades y el régimen disciplinario (arts. 79 a 89). Además, en esta materia relativa al régimen del personal de los estados, se reserva al poder nacional la potestad, mediante "ley orgánica", para fijar los límites a los emolumentos de los funcionarios públicos estadales (Art. 147); y para mediante "ley nacional" establecer el régimen de jubilaciones y pensiones para los funcionarios públicos estadales.

En cuanto a los emolumentos de los funcionarios estadales, la Asamblea Nacional sancionó la Ley Orgánica de Emolumentos para Altos Funcionarios y Funcionarias de los estados y municipios de 2002[166] en la cual se fijaron los límites máximos y mínimos de los emolumentos que devenguen los gobernadores, los Legisladores de los consejos legislativos y demás altos funcionarios de la administración pública estadal, considerando como nulas y sujetas a repetición las remuneraciones percibidas fuera de los límites establecidos directamente en la ley (arts. 4° a 10). La ley nacional, además estableció la obligación de las administraciones públicas estadales de ajustar sus presupuestos a lo establecido en la ley (Art. 12). En esta forma, el poder legislativo estadal ha sido vaciado por la Constitución y la ley nacional.

2. Las contralorías estadales

En cada Estado, además, debe existir una contraloría que goza de autonomía orgánica y funcional, a la cual corresponde ejercer, conforme a la Constitución y la ley, el control, la vigilancia y la fiscalización de los ingresos, gastos y bienes estadales, sin menoscabo del alcance de las funciones de la Contraloría General de la República (Art. 163)[167]. Se trata, también, de un órgano que integra la Administración Pública estadal, aún cuando no de la "central".

La contraloría estadal debe actuar bajo la dirección y responsabilidad de un Contralor, cuyas condiciones para el ejercicio del cargo son "las que determine la ley", la cual garantizará su idoneidad e independencia; así como la neutralidad en su designación, que debe ser mediante concurso público (Art. 163).

Como se dijo, no se precisa en esta norma, cuál es "la ley" que ha de regular a las contralorías estadales, por lo que podría ser la ley nacional que regule el sistema nacional de control fiscal (Art. 290); ni a qué autoridad corresponde la designación del contralor de cada estado y la realización del concurso público, la que podría ser la Contraloría General de la República, como lo propusimos[168].

---

166 *Gaceta Oficial* N° 37.412 del 26 de marzo de 2002.

167 *Cfr.* Alfonso Rivas Quintero, *Derecho constitucional, cit.*, pp. 329 y ss.

168 *V.* nuestro voto salvado en esta materia en Allan R. Brewer-Carías, *Debate Constituyente, t.* III, *op. cit.*, p. 193.

Ahora bien, como se ha dicho, los estados tienen constitucionalmente competencia para "dictar su Constitución para organizar los poderes públicos, de conformidad con lo dispuesto en la Constitución" (Art. 164,1). Por tanto, es competencia *exclusiva* de los estados, a través de sus consejos legislativos mediante la sanción de la Constitución estadal, no sólo organizar los respectivos consejos legislativos y la gobernación de los estados, lo que como se ha visto ha sido limitado por la propia Constitución y por leyes nacionales; sino también a las contralorías estadales y a los demás órganos de los poderes públicos estadales, con la única limitación de que ello deben hacerlo "de conformidad con lo dispuesto en la Constitución". Conforme al artículo 163 del Texto Fundamental la Constitución de cada estado y la legislación estadal complementaria son las que deberían regular a las contralorías estadales conforme a los principios que establece la Constitución.

En cuanto a los contralores de los estado, la Constitución sólo dispone que las condiciones para el ejercicio de sus cargos son las determinadas por la ley; la cual sólo debía ser la ley del estado, es decir, la que se dicte por el Consejo Legislativo, en la cual es que debería garantizarse la idoneidad e independencia del contralor estadal, así como la neutralidad en su designación, la cual, en todo caso, debe realizarse mediante concurso público (Art. 163).

Sin embargo, aquí también se ha producido una intolerable y no autorizada limitación a la autonomía organizativa de los estados, al dictarse por la Asamblea Nacional la Ley para la designación y destitución del contralor o contralora del estado de 2001[169], con el objeto de establecer los conceptos y procedimientos generales, básicos y orientadores que regulan el proceso de designación y destitución del contralor (Art. 1°).

La Ley, en definitiva, ha tenido por objeto limitar la autonomía de los consejos legislativos al atribuirse a un jurado calificador la competencia para seleccionar al contralor, el cual una vez seleccionado debe ser designado por el consejo. A tal efecto, la Ley precisa que la designación corresponde al Consejo Legislativo estadal mediante concurso público (Art. 2°), el cual debe garantizar la imparcialidad, publicidad y participación de la ciudadanía en el proceso mediante la conformación y juramentación del jurado calificador, el cual debe actuar ad honoren (Art. 3°).

A tal efecto, en la Ley se regula con todo detalle al jurado calificador, sus miembros (Art. 6°), su composición con la previsión de un representante del grupo parlamentario estadal ante la Asamblea Nacional (Art. 7°), sus funciones (Art. 4°) y atribuciones (Art. 16); las condiciones para la realización del concurso público (Art. 5°); su organización y funcionamiento (Art. 9); su designación (Art. 10), su instalación (Art. 11); su sede (Art. 14); el quórum y de la toma de decisiones (Art. 15).

La ley nacional regula además con precisión, el procedimiento para la selección del candidato para el cargo de contralor del estado al establecer los requisitos para el cargo (Art. 17); la forma de la convocatoria (Art. 18); y los requisitos para las postulaciones (Art. 21). La Ley atribuye además al Contralor General de la República, competencia para establecer el baremo que debe regir el concurso (Art. 20); regulando los criterios de evaluación y puntuación (Art. 23); la preclasificación mediante la elaboración de una lista máxima de los diez que reúnan la mayor puntuación (Art. 24); y la entrevista (Art. 26).

---

169 *Gaceta Oficial* N° 37.303 del 15 de octubre de 2001.

El jurado calificador debe oficiar al Consejo Legislativo estadal, el nombre y apellido del concursante seleccionado para la designación como contralor del estado (Art. 27), para su designación por el mismo (Art. 28).

En cuanto a la destitución de contralor del estado, la Ley también regula las causales (Art. 30), y atribuye a la Contraloría General de la República a solicitud del Consejo Legislativo estadal, la competencia para proceder a la instrucción del expediente respectivo, el cual una vez instruido se debe remitir al Consejo Legislativo estadal para su consideración (Art. 29), pudiendo destituir al contralor con el voto de las dos terceras partes de sus miembros (Art. 31), en cuyo caso se debe proceder a convocar un nuevo concurso (Art. 32).

Dicha Ley, como se señaló constituye una abierta violación nacional a la autonomía de los estados, los cuales tienen competencia constitucional a través del órgano legislativo (Consejo Legislativo Estadal), para dictar sus propias Constituciones para organizar los poderes públicos estadales (incluida la contraloría estadal) o para dictar la ley de la contraloría del Estado; y regular por tanto, tanto la organización y funcionamiento de la contraloría estadal como órgano con autonomía orgánica y funcional y la idoneidad e independencia del contralor, como la forma de su designación mediante concurso público, que garantice la neutralidad de la designación. Conforme a la Constitución, ninguna "ley nacional" podía constitucionalmente dictarse en estas materias, lo cual ha sido ignorado por la Asamblea Nacional en su afán uniformista y centralista.

3. El consejo de planificación y coordinación de políticas públicas

En cada Estado, y conforme a la orientación de las reformas descentralizadoras de 1993[170], debe crearse un consejo de planificación y coordinación de políticas públicas, presidido por el gobernador e integrado por los alcaldes, los directores estadales de los ministerios y una representación de los legisladores elegidos por el Estado a la Asamblea Nacional, del Consejo Legislativo, de los concejales y de las comunidades organizadas, incluyendo las indígenas donde las hubiere.

Este consejo debe funcionar y debe organizarse de acuerdo con lo que determine la ley, la cual también debía ser la que dictase cada Consejo Legislativo estadal. No tiene fundamento constitucional alguno pretender que esa "ley" pudiera ser una ley nacional, lo cual sería contrario a la distribución vertical del poder público que regula el artículo 136 C.

Sin embargo, en este caso la Asamblea Nacional también ha dictado al Ley de los consejos estadales de planificación y coordinación de políticas públicas de 2002[171] con el objeto de crear, organizar y establecer las competencias del consejo estadal de planificación y coordinación de políticas públicas que debe funcionar en cada estado, como órgano rector de la planificación de las políticas públicas, a los fines de promover el desarrollo armónico, equilibrado y sustentable (Art. 1).

La Ley reguló con todo detalle los principios (Art. 2), los lineamientos (Art. 3) y el marco de referencia (Art. 4) que deben seguir los consejos estadales de planificación y

---

170 *Cfr.* Informe sobre la descentralización en Venezuela 1993. Memoria del Ministro de Estado para la Descentralización, Caracas, 1994, p. 267.

171 *V.* en *Gaceta Oficial* N° 37.509 del 20 de agosto de 2002.

coordinación de políticas públicas en el cumplimiento de sus funciones; además de la organización de los mismos, en cuanto a su sede (Art. 5), composición (Art. 6.º), instalación (Art. 7.º), elección y mandato de los representantes (Art. 8.º), competencias y funcionamiento (Art. 9), quórum (Art. 11), toma de decisiones (Art. 12), sesiones (Art. 13), apoyo institucional de la Gobernación (Art. 15), cooperación con otros órganos de planificación (arts. 16 a 18), financiación y el control (arts. 19 y 20) y las sanciones (Art. 21).

Como puede apreciarse, en esta materia, de nuevo, se produjo un vaciamiento no autorizado de las competencias legislativas de los estados, lesionándose su autonomía.

IV. EL PRECARIO ÁMBITO DE LAS COMPETENCIAS ESTADALES CUYO EJERCICIO SE SUJETA A LO QUE DISPONGA LA LEGISLACIÓN NACIONAL

Conforme a la tradición constitucional venezolana, como se ha dicho, la Constitución de 1999 conservó nominalmente la organización del Estado con forma federal, mediante un sistema de distribución del poder público en tres niveles: nacional, estadal y municipal, atribuyendo su ejercicio a diversos órganos, y asignando como se ha descrito anteriormente, competencias *exclusivas* en los tres niveles, además de las competencias *concurrentes* entre ellos, y algunas competencias *residuales* y otras *implícitas (Tercera parte, § 11).*

La reforma constitucional de 1999, cuyo objetivo final debió haber sido perfeccionar la democracia mediante el reforzamiento de la descentralización de la Federación, debió haber revertido la tendencia histórica de los últimos 150 años de reducción y vaciamiento de las competencias de los estados y, por tanto, asignar más competencias exclusivas a los estados acordes con las realidades contemporáneas.

Una de las formas de fortalecer al poder nacional sin duda, era deslastrar a la República de competencias que bien y más eficientemente se pueden cumplir a nivel estadal, al cual también debían ir competencias que históricamente se habían atribuido a los municipios, las cuales, como estos debían haberse multiplicado con regímenes diferenciados más cerca del ciudadano y de las comunidades, debían ubicarse en el nivel intermedio (estadal) de la descentralización del poder. Sin embargo, en esta materia muy poco se varió del régimen constitucional de 1961, salvo para centralizar más competencias a nivel nacional.

En cuanto a las competencias exclusivas de los estados, como se ha visto, éstas son precarias y su ejercicio está sometido a lo dispuesto en leyes nacionales; en cuanto a las competencias concurrentes, su ejercicio por los estados sólo podría realizarse si se dictan leyes nacionales; y en cuanto a las competencias residuales, las mismas no sólo se establecieron a favor de los estados sino también a favor del poder nacional, y las de los estados podrían ser reducidas mediante su asunción por los órganos nacionales en virtud de la interpretación de la cláusula de las competencias implícitas.

1. Las precarias competencias exclusivas de los estados y su ejercicio conforme a la ley nacional

De acuerdo con la enumeración que hemos hecho precedentemente, si se analiza detenidamente el artículo 164 C., en contraste con el contenido de los artículos 156 (materias de la competencia del poder nacional) y 178 (materias de la competencia municipal), se puede constatar una precaria indicación de competencias que serían exclusivas de los estados[172], las cuales en general son sólo en forma parcial, pues su ejercicio debe realizarse con alguna sujeción a las regulaciones que dicten los órganos del poder nacional.

A. Las competencias de orden institucional

Desde el punto de vista institucional, se pueden identificar dos competencias exclusivas de los estados en cuanto a la organización de sus propios poderes públicos estadales y en cuanto a la organización de sus municipios.

a. *La supuesta competencia para la organización de los poderes públicos estadales*

Conforme a la Constitución, los estados tienen competencia "exclusiva" para organizar sus propios poderes públicos; competencia que sin embargo no es plena, pues ha sido vaciada de contenido por estar sujeta en una u otra forma a la legislación nacional.

En efecto el ordinal 1 del artículo 164 atribuye a los Estado, a través de sus consejos legislativos, la potestad de dictar la Constitución del Estado para organizar los poderes públicos. Este sería uno de los signos fundamentales de la autonomía de los estados, lo que debería implicar la potestad de regular la organización y funcionamiento de los órganos de los poderes legislativo (consejos legislativos) y ejecutivo (Gobernación y Administración Pública estadal) de cada Estado, así como de los otros órganos del poder público estadal como las contralorías de los estados. En cuanto al poder judicial, su organización y funcionamiento en Venezuela es de exclusiva competencia nacional.

Sin embargo, como se verá, la realidad constitucional es que las Constituciones de los estados materialmente dejaron de tener contenido propio, pues su parte orgánica, que es la única que en sentido estricto deberían tener (la parte dogmática de la Constitución sobre los derechos y garantías constitucionales es una competencia nacional), destinada a regular la organización y funcionamiento de los órganos estadales, en definitiva ha sido regulada por leyes nacionales, cuyo contenido es el que en una forma u otra se repite en los textos constitucionales estadales.

Entonces, en cuanto a lo que en esta materia institucional sería de la competencia "exclusiva" de los estados, como se analizará más adelante al comentar la autonomía limitada de los mismos, la Constitución sujeta su ejercicio a la legislación nacional o directamente atribuye al poder nacional su regulación, como ocurre respecto del la organización y funcionamiento de los consejos legislativos estadales, respecto de la Administración Pública y de la función pública estadal y respecto de la designación de los Contralores de los estados.

---

172 *Cfr.* en general, Alfonso Rivas Quintero, *Derecho constitucional, cit.*, pp. 331 y ss.

b. *La organización de los municipios sujeta a la ley nacional*

El artículo 162 C. también atribuye a los estados, competencia "exclusiva" para organizar los municipios y demás entidades locales que se establezcan en el territorio de cada Estado así como su división política territorial, pero ello conforme a la Constitución y a la ley; y es el artículo 169 C., el que dispone que la organización de los municipios y demás entidades locales se debe regir por la Constitución, por las normas que para desarrollar los principios constitucionales establezcan las *leyes orgánicas nacionales* y por las disposiciones legales que de conformidad con aquellas dicten los estados.

Se establece, así, un orden jerárquico de las fuentes legales que rigen respecto de la organización de los municipios conforme a lo cual las leyes estadales que se dicten en esta materia están sujetas a lo que establezca una ley orgánica nacional; e incluso, como antes se ha dicho, según el criterio de la Sala Constitucional del Tribunal Supremo, sólo después que se dictase la ley nacional es que los estados podían ejercer su competencia en relación con la organización de sus municipios.

Como se analizará detenidamente más adelante (*Cuarta parte § 15*), la Ley Orgánica del Poder Público Municipal de 2005 ha regulado lo fundamental de la organización municipal, dejando muy poco margen a margen a los consejos legislativos estadales para legislar en la materia.

Además, en lo que se refiere a la posibilidad de creación de nuevos municipios y de las parroquias y demás entidades locales como barrios, urbanizaciones caseríos y aldeas; los requisitos y limitantes dispuestos por la legislación nacional son de tal naturaleza, que materialmente la hacen casi imposible.

B. Las materias de la competencia exclusiva de los estados

La Constitución establece una larga enumeración de materias de la competencia exclusiva de los órganos del poder nacional (Art. 156) y de los órganos del poder municipal (Art. 178); en contraste con una exigua enumeración de materias que serían de la competencia exclusiva de los estados, enumeradas en el artículo 164 C., y relativas a los servicios públicos estadales, la policía estadal y la fijación del ámbito de la policía municipal; la explotación de algunos bienes y recursos; y la materia de infraestructura, básicamente vial y de transporte.

Estas, en realidad, pueden considerarse materias de la competencia exclusiva parcial, pues en muchos aspectos de las mismas materias, se asignan competencias a otros órganos del poder público.

a. *Las competencias en materia de servicios públicos*

El artículo 164.8 C. atribuye a los estados competencia "exclusiva" en materia de "creación, régimen y organización de los servicios públicos estadales". Sin embargo, ninguna norma constitucional atribuye a los estados servicio público específico alguna, por lo que esta materia, en realidad se está en presencia de una materia de la competencia concurrente con otros niveles del poder público, como las referidas a los servicios de salud, educativos o de deportes por ejemplo, cuyo ejercicio, en todo caso, requiere la sanción previa de leyes de bases por el poder nacional.

b. *La competencia en materia de policía estadal y de fijación del ámbito de la policía municipal*

Los estados tienen como materia de la competencia exclusiva "La organización de la policía y la determinación de las ramas de este servicio atribuidas a la competencia municipal, conforme a la legislación nacional aplicable" (Art. 164,6).

Esta competencia exclusiva, sin embargo, como lo dispone la norma, debe ejercerse por los estados "conforme a la legislación nacional aplicable", lo que implica una sujeción al régimen general de la policía que establezca el poder nacional.

La policía, en efecto, es una materia que la Constitución distribuye como competencia en los tres niveles de gobierno: El poder nacional tiene competencia exclusiva en materia de "policía nacional" (Art. 156,6), correspondiendo al Ejecutivo nacional organizar, de conformidad con la ley, un cuerpo uniformado de policía nacional (Art. 332); y el poder municipal tiene competencia exclusiva, "en cuanto concierne a la vida local", en materia de "prevención y protección vecinal y servicios de policía municipal, conforme a la legislación nacional aplicable" (Art. 178,7).

En esta materia se ha dictado la Ley de Coordinación de Seguridad Ciudadana[173], con el objeto de coordinar entre los órganos de seguridad ciudadana, "sus competencias concurrentes, cooperación recíproca y el establecimiento de parámetros en ámbito de su ejercicio" (Art. 1). A tal efecto, la ley definió las competencias *concurrentes*, como "aquellas facultades cuya titularidad y ejercicio le son atribuidas por igual tanto al poder nacional como al poder estadal y municipal"; como *coordinación*, "el mecanismo mediante el cual el Ejecutivo Nacional; los estados y los municipios, unen esfuerzos para la ejecución de acciones tendentes a desarrollar los principios de comunicación, reciprocidad' y cooperación que permitan garantizar la seguridad ciudadana", y por tal *seguridad ciudadana*, "el estado de sosiego, certidumbre y confianza que debe proporcionarse a la población, residente o de tránsito, mediante acciones dirigidas a proteger su integridad física y propiedades" (Art. 1).

En cuanto a los órganos de seguridad ciudadana, se enumeró en el artículo 2° de la ley a la policía nacional, que para el momento de la sanción de la ley no había sido creada; las policías de cada estado; las policías de cada municipio, y los servicios mancomunados de policías prestados a través de las policías metropolitanas; el cuerpo de investigaciones científicas, penales y criminalísticas; el cuerpo de bomberos y administración de emergencias de carácter civil; y la organización de protección civil y administración de desastre.

En cuanto al funcionamiento interno de dichos órganos, el artículo 6 de la Ley atribuyó a los tres niveles de órganos del poder público nacional, estadal y municipal, competencia para dictar las normas necesarias para establecer el régimen disciplinario aplicable a los funcionarios adscritos a los órganos de seguridad ciudadana, en atención a la naturaleza de la actividad que desempeñan y los principios establecidos en la ley (Art. 6).

En cuanto al ejercicio de las competencias concurrentes entre los órganos de policía, en forma coincidente, el artículo 8 de la Ley dispuso que en los casos en que se produzca tal coincidencia mediante la presencia de representantes de los órganos de seguridad correspondientes a más de uno de los niveles del poder público, para atender una situa-

173 *Gaceta Oficial* N° 37.318 del 6 de noviembre de 2001.

ción relacionada con competencias concurrentes, la responsabilidad de coordinación y el manejo de la misma, la debe asumir el órgano que disponga en el lugar de los acontecimientos de la mayor capacidad de respuesta y cantidad de medios que se corresponda con la naturaleza del hecho; debiendo los otros órganos darle apoyo al órgano coordinador (Art. 8).

La Ley le atribuyó al Ministerio del Interior y Justicia, competencia para ejercer la coordinación de los órganos de seguridad ciudadana mediante la dos órganos que estableció: la Coordinación nacional de seguridad ciudadana y de las Coordinaciones regionales de seguridad ciudadana en los diferentes estados (Art. 22), las cuales deben contar con la cooperación de los gobernadores y alcaldes (Art. 23).

Por otra parte, en especial, la Ley de los cuerpos de bomberos y bomberas y administración de emergencias de carácter civil[174], reguló la prestación del servicio de bomberos y administración de emergencias de carácter civil, como una "competencia concurrente con los estados y los municipios" en los términos establecidos en la Constitución y en dicha ley (Art. 11), considerando dichos cuerpos como "órganos de seguridad ciudadana, al exclusivo servicio de los intereses del Estado" (Art. 2). El artículo 19 de la Ley define dichos órganos como los competentes para la prevención, preparación y atención de incendios y otras emergencias; así como para la realización de inspecciones técnicas y emisión de informes sobre las condiciones de seguridad en espacios públicos, comerciales o privados de uso público.

c. *Las competencias en materia de explotación de bienes y recursos*

La Constitución atribuye a los estados competencia exclusiva en materia de explotación de minerales no metálicos, salinas y ostrales, y de la administración de las tierras baldías.

En cuanto al régimen y aprovechamiento de los minerales no metálicos y las salinas, el artículo 164.5 C. asigna competencia a los estados en cuanto al "régimen y aprovechamiento de minerales no metálicos, no reservados al poder nacional, las salinas, ostrales, de conformidad con la ley". Esta materia de la competencia exclusiva se había transferido a los estados por el Art. 11,2 de la Ley Orgánica de Descentralización, Delimitación y Transferencia de Competencias del poder público de 1989[175].

Ahora bien, en cuanto a su ejercicio, este debe realizarse "de conformidad con la ley", es decir, sujeto al régimen general que la Asamblea Nacional establezca en relación con "las minas e hidrocarburos... y otras riquezas naturales del país" (Art. 156,16); particularmente, conforme a la competencia general del poder nacional respecto de "la conservación, fomento y aprovechamiento de los bosques, suelos, aguas y otras riquezas naturales del país" (Art. 156,16); es decir conforme a las regulaciones contenidas en la Ley de Minas[176], en la Ley Orgánica del Ambiente[177] y en la Ley forestal, de suelos y aguas[178].

---

174 *V.* en *Gaceta Oficial* Extra. N° 5.561 del 28 de noviembre de 2001.

175 *V.* en *Gaceta Oficial* Extra. N° 4.153 del 28 de diciembre de 1998.

176 *V.* en Ley de Minas (decreto ley N° 295) en *Gaceta Oficial* Extra. N° 5.382 del 28 de septiembre de 1999.

177 *V.* en *Gaceta Oficial* N° 31.004 del 16 de junio de 1976.

178 *V.* en. *Gaceta Oficial.* Extra. N° 1.004 del 26 de enero de 1966.

En cuanto a la administración de las tierras baldías que son las que al no tener dueño conforme al Código Civil, son de la titularidad de los estados, el artículo 164.5 C. la asigna a estos como competencia "exclusiva". Esta competencia, sin embargo, debe ejercerse conforme al régimen de las tierras baldías que establezca el poder nacional (Art. 156.16). Además, conforme a la Disposición Transitoria décimo primera de la Constitución, "hasta tanto se dicte la legislación nacional relativa al régimen de las tierras baldías, la administración de las mismas continuará siendo ejercida por el poder nacional, conforme a la legislación vigente". La Ley de Tierras y Desarrollo Agrícola, en todo caso, ha declarado en forma general a las tierras baldías como bienes del dominio público[179].

d. *Las competencias en materia de infraestructura*

La Constitución asigna a los estados competencia exclusiva en una serie de materias vinculadas a la infraestructura, particularmente en materia de obras públicas, vialidad y transporte acuático y aéreo.

En efecto, en materia de obras públicas estadales puede decirse que al atribuirse al poder nacional competencia exclusiva en materia de obras públicas nacionales (Art. 156,20), corresponde entonces a los estados la competencia exclusiva en materia de obras públicas estadales.

En materia de vialidad estadal, la Constitución atribuye a los estados competencia exclusiva en materia de "ejecución, conservación, administración y aprovechamiento de las vías terrestres estadales" (Art. 164,9). Estas serían "las que conforman la red vial dentro del territorio de cada Estado, con exclusión de las vías de comunicación nacionales que se encuentren en el mismo y de las vías urbanas municipales", tal como las definió en su momento, el artículo 6 del Reglamento Parcial N° 7 LOD en materia de vialidad terrestre de 1993[180]; siendo vías de comunicación nacionales, "las carreteras que atraviesan un Estado y salgan de sus límites" (Art. 4,1). La Ley de Tránsito y Transporte Terrestre[181] en todo caso, ha definido a las "vías de comunicación estadales las que constituyen la red vial dentro cada estado, con exclusión de las vías de comunicación nacionales que se encuentren en el mismo" (Art. 91).

En todo caso, la precisión del ámbito de la materia objeto de esta competencia exclusiva es esencial, ya que el artículo 156 asigna al poder nacional competencia en cuanto al "sistema de vialidad y de ferrocarriles nacionales" (ord. 27); y el artículo 178,2 atribuye a los municipios competencia en materia de "vialidad urbana". La Ley de Tránsito y Transporte Terrestre, en todo caso, le atribuyó a los estados la ejecución, conservación, administración y aprovechamiento de las vías terrestres estadales, así como la circulación en el ámbito estadal (Art. 5)

Además, los estados tienen competencia en cuanto a la administración de la vialidad nacional siguiendo la decisión descentralizadora adoptada por la Ley Orgánica de Descentralización, Delimitación y Transferencia de Competencias del poder público de 1989 (Art. 11.3). En efecto, el artículo 164.10 C. asigna competencia exclusiva a los estados en materia de "conservación, administración y aprovechamiento de carreteras y autopistas nacionales... en coordinación con el poder nacional". Esta competencia no sólo está sujeta al ejercicio de la competencia nacional en materia de "sistema de viali-

179 *V.* en *Gaceta Oficial* N° 35.771 del 18 de mayo de 2005.

180 *V.* en *Gaceta Oficial* N° 35.327 del 28 de octubre de 1993.

181 *V.* en *Gaceta Oficial* N° 37.332 del 26 de noviembre de 2001.

dad y ferrocarriles nacionales" (Art. 156,27) sino a "la coordinación con el poder nacional" que éste debe regular, a cuyo efecto, la mencionada Ley de Tránsito y Transporte Terrestres reconoció la competencia de los estados en materia de la conservación, administración y aprovechamiento de las carreteras y autopistas nacionales en coordinación con el Ejecutivo Nacional, en los términos previstos en dicha Ley (Art. 5). La Ley, además, estableció que entre las autoridades administrativas encargadas de controlar y hacer cumplir la regulación del tránsito y transporte terrestre, estarían "las policías estadales de circulación" (arts. 7.2 y 13).

La Ley, por ejemplo, en su artículo 97, atribuyó al Ministerio de Infraestructura competencia exclusiva para establecer, mediante Resolución, las normas y procedimientos técnicos para la fijación de las tarifas a ser aplicadas por los estados y los concesionarios que administran la infraestructura vial. En todo caso, para la fijación de las tarifas que se pueden cobrar a los usuarios por concepto de peaje por la utilización de las carreteras, puentes, túneles y autopistas que constituyen la red vial nacional y estadal, la gobernación del estado o autoridad estadal competente, debe elaborar la propuesta del pliego tarifario, con sujeción a las normas y procedimientos técnicos que establezca el Ministerio de Infraestructura, y la debe someter a éste para su aprobación o no. El Ministerio de Infraestructura tiene un plazo de 60 días hábiles para pronunciarse, contados a partir de la fecha de recepción de la correspondiente solicitud. De aprobarse el pliego tarifario, que será publicada en la *Gaceta Oficial*, el Ministerio mediante Resolución debe fijar las tarifas, pudiendo ajustar el monto propuesto por el estado. De no aprobar el pliego tarifario, el Ministerio lo debe comunicar a la gobernación del estado o autoridad estadal competente, según el caso, no pudiéndose variar el monto de las tarifas que se estén cobrando a los usuarios. En todo caso, la Ley, en su artículo 98 declara que no tiene efecto alguno la fijación de tarifas por concepto de peajes en contravención de lo dispuesto en dicha norma y su incumplimiento acarrea la intervención de la correspondiente estación recaudadora por parte del Ejecutivo nacional.

La Ley de Tránsito y Transporte Terrestre, además, conforme lo disponía la Ley Orgánica de Descentralización y sus reglamentos, dispone que cuando las carreteras, puentes, túneles o autopistas atraviesen el territorio de dos o más estados, se deben constituir mancomunidades para operar bajo una única administración (Art. 101)

En cuanto a la administración de puertos y aeropuertos comerciales, la Constitución, siguiendo también la descentralización de competencias efectuada a favor de los estados por el artículo 11,5 LOD, asigna competencia exclusiva a los estados en materia de "conservación, administración y aprovechamiento de... puertos y aeropuertos de uso comercial, en coordinación con el poder nacional" (Art. 164,10). En esta materia, sin embargo, la competencia estadal también es de ejercicio parcial, pues el poder nacional tiene competencia en materia de "El régimen de... los puertos, aeropuertos y su infraestructura" (Art. 156,26) y en todo caso, la competencia estadal debe ejercerse "en coordinación con el poder nacional" conforme al régimen establecido en la legislación nacional.

En materia de puertos se ha dictado la Ley General de Puertos[182], a los efectos de regular la competencia del poder público en materia portuaria, lo que comprende "el régimen de los puertos y su infraestructuras; la regulación, formulación y seguimientos de políticas en materias de puertos y construcciones de tipo portuario; el establecimien-

182 *V.* en *Gaceta Oficial* N° 37.589 del 11 de diciembre de 2002.

to de normas y procedimientos técnicos para la construcción y mantenimiento de la infraestructura portuaria; los estudios y proyectos de desarrollo, construcción, modernización, y el mantenimiento de los puertos y construcciones de tipo portuario, conservación, administración aprovechamiento y defensa de los puertos". El artículo 9 de la Ley agrega que "la coordinación entre los distintos niveles del poder público en el ejercicio de estas competencias", se debe desarrollar en los términos previstos en la Constitución y en dicha ley".

En tal sentido, el artículo 17 de la Ley dispone que el poder público nacional y el poder público estadal coordinarán entre sí el ejercicio de sus competencias en la materia portuaria, a cuyos fines, la autoridad acuática y las administraciones portuarias estadales deben cooperar en la planificación de la utilización del espacio portuario nacional y en la realización e implantación de los estudios y proyectos necesarios para la integración de un sistema nacional de transporte de carga.

En cuanto a los "puertos de uso comercial", respecto de los cuales los estados tienen competencias, el artículo 42 de la Ley los define como "todos los puertos públicos de uso público, e interés general". En relación con estos, dispone la misma norma, los Estados debe ejercer esta competencia de conformidad con la ley nacional y con lo que dispongan las leyes sancionadas por los respectivos consejos legislativos estadales, debiendo siempre "constituir un ente descentralizado que se encargue de la administración del puerto, u otorgarlo en concesión o habilitación".

Por último, en materia de aeropuertos, la Ley de Aeronáutica Civil[183] destina su artículo 45 a definir a los aeropuertos, distinguiéndolos entre nacionales o internacionales, los cuales pueden ser de uso comercial o estratégico. Son nacionales los destinados a la operación de vuelo dentro del territorio venezolano, e internacionales, cuando sean designados por la autoridad aeronáutica para permitir la llegada o partida, desde o hacia el extranjero.

Son de uso comercial los que exclusivamente se utilizan con fines de explotación y aprovechamiento de sus posibilidades, correspondiendo la conservación, administración y aprovechamiento de los mismos a los estados, en coordinación con el Ejecutivo nacional, de conformidad con lo establecido en la ley. En esta materia, la disposición final segunda de dicha ley se dedicó al tema de la "revisión de convenios relativos a materia aeronáutica", disponiendo que "sin perjuicio a la descentralización de los estados", dentro de los 2 años siguientes a la entrada en vigencia de la ley, se debía proceder "coordinadamente a revisar los convenios suscritos por el estado y los establecidos entre los distintos órganos y entes del poder público, adecuándolos a la normativa establecida en esta ley".

2. Las competencias concurrentes y su ejercicio con sujeción a la ley nacional

A. La concurrencia y las leyes de bases

Además de las competencias exclusivas de cada nivel territorial, debe señalarse que la gran mayoría de las materias referidas a las competencias "exclusivas" que en los artí-

183 *V.* en *Gaceta Oficial* N° 38.226 del 12 de julio de 2005.

culos 156, 164 y 178 C. se distribuyen entre los tres niveles territoriales del poder público, resultan ser en realidad materias de la competencia concurrente entre la República, los estados y los municipios, o entre la República y los municipios o entre la República y los estados.

Entre estas materias que por ser de competencia concurrente corresponden también a los estados, se pueden identificar en la Constitución algunas relativas a la protección ciudadana, es decir, policía y administración de riesgos (Art. 55); al desarrollo económico, como las relativas a la ordenación y promoción del desarrollo económico y social (arts. 112, 299, 308, 309 y 310), a la promoción del desarrollo rural y seguridad alimentaria (Art. 305, 306 y 307), a la ciencia y tecnología (Art. 110); al desarrollo social, como la asistencia y protección social (arts. 75 a 81), a la salud (arts. 83, 84 y 85), a la vivienda (Art. 82), a la educación (Art. 102 a 109), a la cultura y el patrimonio histórico (Art. 98 a 191), al deporte (Art. 111), a la protección del trabajo (arts. 87 y ss.); y a la infraestructura y desarrollo físico, como la ordenación del territorio (Art. 128), y el ambiente (arts. 127 a 129).

Sin embargo, aparte de que en la mayoría de estas materias se atribuye expresamente al poder nacional la competencia para dictar la legislación correspondiente, las mismas no pueden ejercerse por los estados sino siempre con sujeción a lo que disponga la ley nacional que se dicte.

En efecto, conforme al artículo 165 C., todas estas materias deben ser reguladas mediante *leyes de bases* dictadas por el poder nacional, lo que conduce a un condicionamiento excesivo por parte de los órganos nacionales respecto de los otros niveles territoriales; y además, por leyes de desarrollo sancionadas por los consejos legislativos de los estados.

Sobre esas "leyes de bases", las cuales constituyen una novedad en el constitucionalismo venezolano, la Exposición de motivos de la Constitución que se elaboró *ex post facto,* ha indicado lo siguiente:

> En cuanto a las competencias concurrentes se adopta la experiencia de derecho comparado en materia de descentralización y se asume que las leyes nacionales tienen la naturaleza de leyes bases, en las que se establecen conceptos generales, básicos y orientadores; y las leyes estadales son leyes de desarrollo de esos principios básicos, lo que permitirá mejores condiciones para la delimitación de competencias[184].

Esta "explicación" en realidad, lo que pone de manifiesto es la inadecuada traslación de una figura desarrollada en la experiencia de estados unitarios descentralizados, como España con sus Comunidades Autónomas, totalmente extrañas a lo que debería ser una Federación. En todo caso, los proyectos de tales leyes de bases deben ser sometidos por la Asamblea Nacional, obligatoriamente a consulta de los estados, a través de los consejos legislativos (Art. 206). Los Consejos Legislativos de los estados también pueden tener la iniciativa legislativa, ante la Asamblea Nacional, respecto de las leyes relativas a los estados (Art. 204,8).

Como ejemplos de estas leyes de bases en materias de competencia concurrente, aún cuando no hayan sido sancionadas como tales ni se haya efectuado la consulta mencionada, se pueden citar las siguientes:

---

184 *Gaceta Oficial* N° 5.453 Extra. del 24 de marzo de 2000.

B. Las competencias en materia de salud

En materia de salud, la Ley Orgánica de Salud[185], establece que los gobernadores de los estados son los responsables en su respectiva entidad, del cumplimiento de la política nacional de salud y de la programación, organización, dirección, ejecución y coordinación de la organización pública en salud, de conformidad con las disposiciones contenidas en esta ley (Art. 14); asignándole a dichos gobernadores, en el artículo 15, las siguientes atribuciones: elaborar el plan estadal de salud, de conformidad con las políticas del Ministerio de la Salud; coordinar a nivel local la ejecución de los programas de la organización pública en salud; organizar el registro estadal de la salud bajo la dirección del Ministerio de la Salud y en coordinación con el registro nacional de la salud; evaluar la situación epidemiológica de su entidad federal para la estimulación de riesgos, formulación de diagnósticos y el establecimiento de medidas preventivas, en concordancia con las políticas del Ministerio de la Salud; administrar los establecimientos de atención médica propiedad del Estado dedicados a la atención preventiva, restitutoria y rehabilitadora de la salud en los términos previstos en la ley; realizar periódicamente las actualizaciones de la certificación y la acreditación de los establecimientos de atención médica, de acuerdo con las directrices técnicas dictadas por el Ministerio de la Salud; intervenir y reestructurar, sólo a los efectos de la organización y dirección administrativa, los establecimientos públicos de atención médica y aprobar un plan de recuperación y mantenimiento de los mismos, a los fines de garantizar su buen funcionamiento, ello de conformidad con lo previsto en los reglamentos de la ley, la Ley Orgánica del Trabajo, la Ley del Estatuto de la Función Pública y las leyes estadales en materia funcional; administrar los programas nacionales y locales de asistencia social, correspondientes a su entidad territorial; administrar el Fondo estadal de asistencia social para el financiamiento de la salud, correspondiente a su entidad territorial; y promover hacia los municipios la descentralización administrativa y de gestión de los programas y actividades relacionadas con la atención médica, con la Ley Orgánica del Poder Público Municipal y lo dispuesto en la ley nacional.

Por otra parte, la Ley dispone que los gobernadores deben ser los órganos de tutela de los establecimientos de atención médica propiedad del Estado.

Además, corresponde a los Ejecutivos regionales, solicitar a los alcaldes informes periódicos sobre la programación, coordinación y ejecución de los planes y programas destinados a la organización municipal de la salud, y la situación epidemiológica de los municipios, así como también rendición de cuentas periódicas del manejo presupuestario de aquellas partidas que hayan sido transferidas (Art. 19).

C. Las competencias en materia de servicios de agua potable y saneamiento

En materia de prestación de los servicios de agua potable y de saneamiento, conforme a la Ley Orgánica para la prestación de los servicios de agua potable y de saneamiento[186], dispuso en su artículo 10, como competencia de los estados, participar en la provisión de asistencia técnica, administrativa y financiera a los municipios, distritos metropolitanos, mancomunidad de municipios, cooperativas y organizaciones comunitarias y

---

185 *Gaceta Oficial* N° 36.579 del 11 de noviembre de 1998.
186 *Gaceta Oficial* Extra. N° 5.568 del 31 de diciembre de 2001.

grupos vecinales organizados, en los aspectos de la operación, mantenimiento, expansión, administración y comercialización de los sistemas de agua potable y de saneamiento, así como en el financiamiento de programas de inversión para la prestación de los servicios y de los subsidios de acuerdo a la política que establezca el poder ejecutivo nacional; aportar total o parcialmente los recursos financieros para la construcción de obras o instalaciones de infraestructura hidráulica o sanitaria que estén contempladas en los planes de desarrollo del sector para el estado correspondiente; coadyuvar en el desarrollo y gestión de los servicios en los acueductos rurales y en los desarrollos no controlados, y contribuir al funcionamiento del régimen de subsidios de acuerdo a lo establecido en el respectivo reglamento y a la política que establezca el poder ejecutivo nacional.

D. Las competencias en materia de residuos y desechos sólidos

Por último, conforme a la Ley de Residuos y Desechos Sólidos[187], sancionada para regular la producción y gestión responsable de los residuos y desechos sólidos, con el objeto de generar la reducción de los desperdicios al mínimo, y evitar situaciones de riesgo para la salud humana y calidad ambiental (Art. 1), asignó a los estados (Art. 13), las siguientes atribuciones: coordinar la elaboración de los planes estadales de gestión integral de residuos y desechos sólidos con los otros niveles de gobierno y velar por su ejecución; apoyar, técnica y financieramente en la gestión de residuos y desechos sólidos a los municipios; y diseñar y apoyar planes conjuntos con el ejecutivo nacional y los gobiernos locales para la gestión de residuos y desechos sólidos, en casos especiales como: contingencias, emergencias y catástrofes naturales.

E. Las competencias en materia de pesca

Por otra parte, en materia de pesca, la Ley de Pesca y Acuacultura[188], es la propia ley, en su artículo 6 la que dispone que son competencias concurrentes de los órganos del poder público nacional, estadal y municipal, dictar medidas dirigidas a: promover la pesca y la acuacultura, de acuerdo a las políticas establecidas por el Ministerio competente, organizar, desarrollar y consolidar, los asentamientos y las comunidades de pescadores artesanales; establecer incentivos financieros, comerciales, de capacitación, de infraestructura y de transferencia tecnológica; procurar el acceso directo y abastecimiento nacional de productos y subproductos pesqueros y de acuacultura; y las relativas a la vigilancia de las actividades de pesca, acuacultura y las que le fueren conexas.

Agrega además, el artículo 8 de la Ley , en cuanto a los estados, que los mismos pueden dictar leyes de desarrollo según corresponda, de acuerdo con lo establecido en la Constitución, atendiendo a las políticas y planes de desarrollo nacional que regulen las actividades de pesca, acuacultura y las que le fueren conexas; los resultados de las investigaciones realizadas por instituciones públicas o privadas de reconocida trayectoria en el sector de pesca y acuacultura; la disponibilidad de los recursos hidrobiológicos; el menor impacto social y económico negativo en las comunidades de pescadores artesa-

187 *Gaceta Oficial* N° 38.068 del 18 de noviembre de 2004.
188 *Gaceta Oficial* N° 37.323 del 13 de noviembre de 2001.

nales que puedan resultar afectadas; y la participación efectiva de los diferentes representantes de las comunidades, que tengan ingerencia en las actividades de pesca, acuacultura y las que le fueren conexas en los diversos niveles del poder público.

F. Las competencias en materia de vivienda

La Ley del régimen prestacional de vivienda y hábitat[189] reguló la vivienda como una materia de competencia concurrente entre los tres niveles de gobierno, precisando en su artículo 72, que el gobernador de cada estado debe crear un sólo organismo integral estadal de vivienda y hábitat, de conformidad con lo establecido en la Ley Orgánica de la Administración Pública, estando su funcionamiento enmarcado en las competencias y atribuciones que se le asignan en la ley.

Conforme al artículo 73 de la Ley son competencias del organismo integral estadal de vivienda y hábitat, las siguientes: formular el plan estadal anual de vivienda y hábitat, en cogestión con los municipios y dentro de las líneas estratégicas de la nación. en este sentido los planes estadales representarán la consolidación de los planes municipales, en coordinación con los consejos estadales de planificación y coordinación de políticas públicas, en una visión integradora así como la consideración de la infraestructura estadal necesaria; remitir al Banco Nacional de Vivienda y Hábitat, los planes estadales del sector vivienda y hábitat en los lapsos que éste establezca y en los términos que disponga la ley y su reglamento para su incorporación al plan nacional anual; presentar los requerimientos de recursos necesarios ante el Ministerio con competencia en materia de vivienda y hábitat, para la ejecución de los planes estadales; vigilar el cumplimiento del plan estadal anual conjuntamente con la superintendencia del sistema de seguridad social y con las comunidades, en coordinación con los consejos estadales de planificación y coordinación de políticas públicas; recibir y canalizar ante las instancias competentes las denuncias por incumplimiento a las disposiciones establecidas en el presente marco legal, y coordinar con la superintendencia del sistema de seguridad social la aplicación de las sanciones que se requieran y vigilar por el cumplimiento de las mismas; presentar un informe semestral al Ministerio con competencia en materia de vivienda y hábitat, sobre la gestión habitacional cumplida por los sectores públicos y privados en el estado, en su área de competencia; asesorar, orientar, asistir técnicamente y garantizar la transferencia de competencias al ámbito municipal y contribuir en todas las actividades que fortalezcan el desarrollo de la vivienda y el hábitat en el estado, a fin de facilitar y apuntalar la gestión de los municipios; licitar y contratar la ejecución de los proyectos de equipamientos necesarios para el hábitat en el ámbito de su competencia; fomentar programas de cooperación e intercambio entre organismos municipales de vivienda y hábitat así como coordinar con los entes locales las acciones que faciliten la ejecución de los proyectos; y promocionar, de conformidad con los lineamientos que el Ministerio con competencia en materia de vivienda y hábitat establezca al respecto, los programas y las actuaciones relacionadas con la gestión habitacional y el desarrollo urbano.

189 *Gaceta Oficial* N° 38.204 del 8 de junio de 2005.

G. Las competencias en deportes

En cuanto al deporte, como competencia concurrente, la Ley del Deporte[190] dispone que los organismos nacionales, estatales, municipales y parroquiales, así como los organismos privados, deben prestar asistencia y protección a las actividades deportivas públicas y privadas, y conjuntamente con los particulares deben velar por su fomento y desarrollo en conformidad con los propósitos definitivos dicha ley (Art. 11). Además, la Ley considera como entes del sector público de la organización deportiva del país, no sólo a los organismos públicos a nivel nacional, sino a nivel estatal, municipal y parroquial a los cuales corresponde la formulación, desarrollo y ejecución de la política deportiva, en sus respectivos niveles de conformidad con lo establecido en el plan general del deporte venezolano; y a los órganos públicos que destinen y ejecuten programas especiales dirigidos a la niñez, juventud, trabajadores, indígenas, campesinos, población penitenciaria, discapacitados y tercera edad, entre otros (Art. 13).

En particular, la Ley dispone que las unidades de administración y control de la actividad deportiva de los estados dependientes del ejecutivo estatal respectivo, deben ejercer dicha gestión específica en el campo del desarrollo deportivo y la alta competencia estatal, en armonía con los lineamientos que sobre las políticas deportivas se establezcan en el plan general del deporte venezolano. (Art. 23). Además, las unidades administrativas descentralizada dependiente del poder ejecutivo estatal que en cada uno de los estados, esté encargada de dirigir, planificar, ejecutar y supervisar las actividades deportivas a nivel estatal, deben hacerlo en colaboración con el Instituto Nacional de Deportes y las unidades administrativas del sector de los niveles municipal, parroquial y las entidades deportivas, a los fines de garantizar la mayor participación posible (Art. 24).

H. Las competencias en turismo

En materia de turismo, conforme a la Ley Orgánica de Turismo[191], los estados deben ejercer las atribuciones constitucionales y legales en materia turística, de manera coordinada, armónica y con sujeción a las directrices de la política nacional de turismo sustentable, a fin de garantizar el tratamiento integral previsto en dicha ley (art. 26). Dichas actividades que competen a los estados en su ámbito territorial, "en un marco de cooperación y coordinación con el poder público nacional", conforme al artículo 27 de la ley, son las siguientes: crear la corporación de turismo estadal a objeto de impulsar la ejecución de los planes, programas y proyectos turísticos conforme a la ley, su reglamento y los lineamientos de la política turística dictada por el Ministerio de Turismo, en el plan nacional estratégico de turismo; asistir y asesorar en materia turística, a las entidades municipales ubicadas dentro de su jurisdicción; participar con los entes y organismos públicos o privados, nacionales o internacionales, en las actividades vinculadas directa o indirectamente al turismo regional; propiciar el establecimiento de centros de información y servicios turísticos; coadyuvar con el Ministerio de Turismo en el desarrollo de los espacios turísticos, conforme a lo establecido en la ley; incentivar y promover, en coordinación con entes públicos o privados, a los pequeños y medianos inversionistas o

---

190 *V.* en *Gaceta Oficial* Extra. N° 4.975 del 25 de septiembre de 1995.

191 *Gaceta Oficial* N° 38.215 del 23 de junio de 2005.

prestadores de servicios en el área turística, así como a las organizaciones de usuarios y consumidores turísticos; elaborar y mantener actualizadas las estadísticas de la oferta y la demanda turística en su territorio, con la cooperación de las autoridades municipales y del sector privado, en concordancia con los lineamientos dictados por el Ministerio de Turismo en el Plan Nacional Estratégico de Turismo; elaborar, actualizar y publicar el inventario de atractivos turísticos, prestadores de servicios turísticos y el catálogo turístico estadal.; y proteger la integridad física del turista o usuario turístico y sus bienes, en sus regiones correspondientes, en coordinación con los órganos de seguridad ciudadana".

I. Las competencias en materia de zonas costeras

En materia de zonas costeras, se dictó la Ley de Zonas Costeras[192], a cuyo efecto definió como tal "la unidad geográfica de ancho variable, conformada por una franja terrestre, el espacio acuático adyacente y sus recursos, en la cual se interrelacionan los diversos ecosistemas, procesos y usos presentes en el espacio continental e insular" (Art. 2); declarando a los organismos del poder público nacional, estadal y municipal, como responsables de la aplicación y consecución de los objetivos de dicha ley en el ámbito de sus respectivas competencias (Art. 22). En particular, el artículo 24 de la ley dispuso que en las zonas costeras compete al poder público estadal: adecuar el plan estadal de ordenación del territorio a lo previsto en la ley nacional; coadyuvar con la gestión integrada de las zonas costeras en los municipios; establecer el régimen de aprovechamiento de los minerales no metálicos, no reservados al poder nacional, las salinas y los ostrales en su jurisdicción, de conformidad con la ley; recomendar al poder público nacional, una vez oída la opinión conforme a los medio de consulta y participación pública previstos en la ley, las áreas y recursos que deban someterse a un régimen de administración especial; colaborar en la implementación de programas de saneamiento ambiental, incluyendo la caracterización y señalización de las playas aptas o no, involucrando a los medios de consulta y participación pública previstos en la ley; cooperar con los municipios en la dotación de servicios y el saneamiento ambiental; establecer los mecanismos de coordinación interinstitucional estadal; y cooperar a través de sus órganos de policía en la vigilancia de las actividades que en ella se desarrollen.

A los efectos del ejercicio de dichas competencias, como lo dispone el artículo 26 de la ley, los estados deben dictar sus leyes de desarrollo de la ley, de acuerdo con los lineamientos que deriven de la política socio económica del estado y conforme a las políticas de estado relativas a la ordenación del espacio geográfico nacional, a la protección, conservación y aprovechamiento de los recursos naturales, y a la actividades a desarrollarse en las zonas costeras; todo ello, conforme al plan de ordenación y gestión integrada de las zonas costeras, asegurándose además la participación efectiva de los diferentes medios de consulta y participación pública que prevea la ley.

Corresponde al Ministerio del Ambiente y de los Recursos Naturales asesorar y apoyar a los organismos públicos nacionales, estadales y municipales en el cumplimiento e implementación de las disposiciones establecidas en la ley, y en particular, a tales efectos, conforme al artículo 27 de la ley, debe promover mecanismos institucionales para el desarrollo de la gestión integrada de las zonas costeras así como programas de inves-

---

192 *Gaceta Oficial* N° 37.319 del 7 de noviembre de 2005.

tigación y monitoreo de las zonas costeras; debe desarrollar metodologías y procedimientos para la valoración económica de los recursos naturales y para el adecuado manejo de las zonas costeras; debe mantener una base de datos actualizada con la información disponible sobre las zonas costeras; debe coordinará conjuntamente con el Ministerio de Salud y Desarrollo Social y las autoridades estadales y municipales, los programas de saneamiento ambiental de las playas, estableciendo mecanismos para la definición de las playas aptas para el uso público; y debe elaborar conjuntamente con los demás órganos competentes del estado, el proyecto del plan de ordenación y gestión integrada de las zonas costeras, y una vez oída la opinión de los medios de consulta y participación pública, para su aprobación en Consejo de Ministros.

J. Las competencias en materia de ordenación del territorio

La Ley Orgánica para la planificación y gestión de la ordenación del territorio de 2005[193], que derogó y sustituyó la Ley Orgánica para la Ordenación del Territorio de 1983 y la Ley Orgánica de Ordenación Urbanística de 1987, regula en la materia una competencia concurrente, que también corresponde a los estados, por lo que dicho texto también puede considerarse como una ley de bases.

En particular, dentro de los planes de ordenación territorial, la ley Orgánica contempla los planes estadales de ordenación del territorio, como instrumentos de planificación a largo plazo, que deben concretar las directrices del plan nacional de ordenación del territorio en el ámbito de cada estado y orientan las acciones y actividades a desarrollar por los organismos y entes públicos y privados con base a potencialidades y restricciones del territorio; y el mismo, conforme al artículo 78, debe contener lineamientos en las siguientes materias: los usos a que debe destinarse prioritariamente el territorio estadal, de acuerdo a sus potencialidades económicas, condiciones específicas, políticas de desarrollo y realidades ecológicas; la localización de las principales actividades económicas y de servicios; los lineamientos generales del proceso de urbanización y del sistema de ciudades centros poblados; la localización de las áreas naturales protegidas y áreas de uso especial; la política de incentivos que coadyuven a la ejecución del plan estadal de ordenación del territorio y los planes municipales; la localización de los proyectos de redes de servicios, corredores viales y de infraestructura en general de carácter estadal; la definición de las áreas sujetas a riesgos asociados a eventos naturales (geológicos, sismológicos, hidrológicos, inestabilidad de laderas, desertización, etc.), tecnológicos o antrópicos (desertificación, contaminación de aire, agua y suelo), así como los mecanismos adecuados para disminuir su vulnerabilidad y salvaguardar la vida y seguridad de la población; y la incorporación de los espacios que constituyan el hábitat y las tierras de los pueblos y comunidades indígenas, demarcados según la ley de la materia.

A los efectos de la elaboración del plan, en cada se estableció una comisión estadal de ordenación del territorio, presidida por el gobernador e integrada por representantes de los ministerios cuyas competencias están vinculadas al tema (Art. 79).

193 *Gaceta Oficial* N° 38.264 del 2 de septiembre de 2005.

Dicha comisión debe tener como secretaría técnica la dirección estadal ambiental del Ministerio del Ambiente y de los Recursos Naturales, con amplias competencias en la materia (Art. 80), entre las cuales está la coordinación de la elaboración del proyecto de plan estadal de ordenación del territorio (Art. 81).

Dichos planes estadales deben ser aprobados por el gobernador respectivo, previa opinión favorable de la comisión nacional de ordenación del territorio y la aprobación unánime de los ministerios representados en la comisión estadal de ordenación del territorio (Art. 83), y deben publicarse en la *Gaceta Oficial* del respectivo estado. La ejecución de los planes estadales se puede llevar a cabo a través de los organismos públicos, directamente o mediante entidades creadas al efecto, y por los particulares, actuando éstos bajo la coordinación y control de los organismos públicos (Art. 85), particularmente del gobernador del respectivo estado, con la asesoría de la correspondiente comisión estadal de ordenación del territorio. En ejercicio de estas facultades de control, los funcionarios competentes deben realizar las actividades necesarias para garantizar el cumplimiento de las previsiones del plan estadal y, en particular, les corresponde otorgar o negarán las constancias de uso conforme previstas en la ley orgánica, e imponer las sanciones administrativas correspondientes en caso de incumplimiento o violación a las disposiciones del plan estadal de ordenación del territorio (Art. 86).

3. Las competencias residuales no sólo estadales sino nacionales y la amplitud desmesurada de la cláusula de competencias implícitas

Conforme a la tradición de los sistemas federales, los estados tienen competencia en todo lo que no corresponda de conformidad con la Constitución a la competencia nacional o municipal (Art. 164,11). Es lo que se denomina la competencia residual de los estados.

Sin embargo, en virtud de la competencia implícita establecida a favor del poder nacional en el artículo 156.33 C., el residuo a favor de los estados puede resultar aún más exiguo y dependiente del poder nacional. Dicha norma, en efecto, atribuye al poder nacional competencia en toda otra materia que la Constitución atribuya al poder público nacional, o que "le corresponda por su índole o naturaleza". Con ello, cualquiera de las materias de la competencia residual de los estados podría ser centralizada sin límite alguno.

Además, como excepcionalmente ocurrió en la Constitución centralista y autoritaria de 1953, la Constitución de 1999 también estableció una competencia residual a favor del poder nacional, aun cuando reducida a la materia tributaria, al asignarle competencia en materia de impuestos, tasas y rentas "no atribuidos a los estados y municipios" por la Constitución y la ley (Art. 156,12).

En consecuencia, en la Constitución de 1999 se estableció una doble competencia residual: a favor del poder nacional en materia tributaria; y el resto, a favor de los estados.

V. LAS RELACIONES INTERGUBERNAMENTALES COMO SUJECIÓN INSTITUCIONAL

1. Los principios de las relaciones intergubernamentales

Toda Federación, sea centralizada o descentralizada, está montada sobre un principio de la distribución vertical del poder público que conforme al artículo 136 C., es "entre el poder municipal, el poder estadal y el poder nacional".

La coherencia y unicidad del Estado y su organización política exige que dicha distribución del poder se rija, conforme lo indica el artículo 4 C., "por los principios de integridad territorial, cooperación, solidaridad, concurrencia y corresponsabilidad".

Es decir, la distribución territorial del poder público no puede, en forma ni caso alguno, atentar contra la integridad territorial de la República, cuyo territorio no puede ser afectado por el principio descentralizador, lo que impide cualquier intento separatista de parte de las entidades políticas que componen el Estado.

Por otra parte, la distribución del poder público entre la República, los estados y los municipios, exige la cooperación entre los diversos niveles territoriales para alcanzar en conjunto, los fines del Estado (Art. 136); por ello, los principios de la concurrencia y corresponsabilidad de todos los entes públicos hacia los mismos fines superiores del Estado. Además está el principio de la solidaridad entre las entidades políticas, de manera que los deberes de algunas de ellas que no puedan ser cumplidos, no excluyen la asunción de los mismos por las otras entidades políticas.

Además de los anteriores principios, el artículo 165 C., que se refiere a las competencias concurrentes entre los tres niveles territoriales del poder público (República, estados y municipios), exige que las mismas sean desarrolladas mediante leyes de bases dictadas por la Asamblea Nacional y leyes de desarrollo aprobadas por los estados, legislación que debe estar orientada por los principios de interdependencia, coordinación, cooperación, corresponsabilidad y subsidiariedad.

En cuanto al principio de interdependencia, este implica que los niveles territoriales, en el ejercicio de las competencias concurrentes, deben tener relaciones de dependencia, unos respecto de otros, en forma recíproca y mutua, para lo cual la coordinación de esfuerzos es fundamental. Esta coordinación debe realizarse, fundamentalmente por un órgano intergubernamental que es el Consejo Federal de Gobierno (Art. 185).

Por último se destaca el principio de la subsidiariedad en la distribución de competencias. Si "el poder público se distribuye entre el poder municipal, el poder estadal y el poder nacional", "colocados en este orden según su cercanía con el ciudadano, sujeto protagónico de este modelo de democracia participativa" según lo expresa la Exposición de motivos de la Constitución; el principio de asignación de competencia debería estar en el primer nivel, el municipal, debiendo ser asumidas las mismas en niveles superiores, sólo en forma subsidiaria, cuando no puedan efectivamente desarrollarse en el ámbito local.

2. Los órganos para las nuevas relaciones intergubernamentales y la solución de conflictos entre los poderes: el Consejo Federal de Gobierno

Una efectiva distribución del poder público entre el nivel nacional y el nivel estadal, imponía nuevas formas de relaciones políticas de carácter intergubernamental, fundamentadas en la autonomía política de las entidades territoriales cuyas autoridades, por supuesto, tenían que seguir siendo electas democráticamente.

Debía actualizarse, por tanto, el principio constitucional de que "los estados son entidades autónomas e iguales en lo político" como lo establecía el artículo 16 C. de 1961, y lo repite el artículo 159 C. de 1999; lo que excluye cualquier tipo de tutela y control político del poder nacional sobre los estados.

Las nuevas relaciones intergubernamentales, en todo caso, requieren de nuevos órganos del poder público que permitan la coparticipación efectiva y no tutelada ni por el poder nacional ni por el poder estadal en la conducción y diseño de las políticas públicas.

El artículo 185 C. establece un órgano de carácter intergubernamental, que integra los tres niveles de distribución del poder público (nacional, estadal y municipal), que es el Consejo Federal de Gobierno[194] como órgano del poder público encargado de la planificación y coordinación de políticas y acciones para el desarrollo del proceso de descentralización y transferencia de competencias del poder nacional a los estados y municipios[195].

Este Consejo está presidido por el Vicepresidente Ejecutivo e integrado por los Ministros, los gobernadores, un alcalde por cada Estado y por representantes de la sociedad organizada de acuerdo con la ley. El Consejo Federal de Gobierno debe contar con una Secretaría, integrada por el Vicepresidente Ejecutivo, dos Ministros, tres gobernadores y tres alcaldes.

Por otra parte, del Consejo Federal de Gobierno depende el Fondo de Compensación Interterritorial, destinado al financiamiento de inversiones públicas dirigidas a promover el desarrollo equilibrado de las regiones, la cooperación y complementación de las políticas e iniciativas de desarrollo de las distintas entidades públicas territoriales, y a apoyar especialmente la dotación de obras y servicios esenciales en las regiones y comunidades de menor desarrollo relativo. Corresponde al Consejo Federal de Gobierno, con base en los desequilibrios regionales, discutir y aprobar anualmente los recursos que deben destinarse al Fondo de Compensación Interterritorial y las áreas de inversión prioritaria a las cuales se deben aplicar dichos recursos.

---

194 *Cfr.* Manuel Rachadell, "El Consejo Federal de Gobierno y el Fondo de Compensación", *Revista de Derecho,* N° 7, Tribunal Supremo de Justicia, Caracas, 2002, pp. 417 a 457; Emilio Spósito Contreras, "Reflexiones sobre el Consejo Federal de Gobierno como máxima instancia de Participación administrativa", *Temas de derecho administrativo. Libro Homenaje a Gonzalo Pérez Luciani,* vol. II, Tribunal Supremo de Justicia, Caracas, 2002, pp. 827 a 863, y José V. Haro, "Aproximación a la noción del Consejo Federal de Gobierno prrevisto en la Constitución de 1999", *Revista de Derecho Constitucional,* N° 7, Editorial Sherwood, Caracas, 2003, pp. 161-166.

195 Este órgano intergubernamental, con el nombre de Consejo Territorial de Gobierno, se creó por decreto N° 3104 del 12 de agosto de 1993, *Gaceta Oficial* N° 35.273 del 12 de agosto de 1993. *Cfr.* los comentarios en *Informe sobre la descentralización en Venezuela 1993, Memoria del Dr. Allan R. Brewer-Carías, Ministro de Estado para la Descentralización,* 1993, pp. 214 y ss.

Además, debía tenerse en cuenta que cualquier sistema de distribución territorial del poder, origina conflictos entre poderes, lo cual es natural y normal en una Federación o en cualquier esquema de descentralización política del poder público, que debían encontrar canales expeditos de solución. En los estados Unidos de América, por ejemplo, ha sido la Corte Suprema como juez constitucional, la institución que ha ido moldeando el federalismo, y lo mismo ha correspondido, en la República Federal Alemana, con el Tribunal Constitucional federal, y con el Tribunal Constitucional en el Estado español de Autonomías.

En consecuencia, la institucionalización de una Sala Constitucional en el Tribunal Supremo de Justicia, creada por la Constitución de 1999, es una pieza esencial para la solución expedita de los conflictos.

Sección Sexta: EL RÉGIMEN PARA LA DESCENTRALIZACIÓN POLÍTICA DE LA FEDERACIÓN (2005)

El texto de esta Sección Sexta es el del Parágrafo Décimo Tercero del libro *Derecho Administrativo,* Tomo II (La Organización Administrativa y la Administración Pública Nacional. Los Estados y la Administración Pública Estatal. Los Municipios y la Administración Pública Municipal), Universidad Externado de Colombia y la Universidad Central de Venezuela, Bogotá 2005.

I. ALGUNOS ANTECEDENTES

Cualquier análisis somero de la normativa constitucional en lo que se refiere a la diferenciación del poder público en poder nacional y poder de los estados o poder estadal, evidentemente que conduce a la apreciación de que en cuanto a atribuciones y facultades, la organización "estadal" está constitucionalmente minimizada en relación a las que se asignan al poder nacional. A lo anterior debía añadirse la minimización de la autonomía política de los estados que existió hasta 1989, dado que los gobernadores de los mismos, no sólo eran designados libremente por el Presidente de la República, sino que eran agentes del Ejecutivo nacional[196].

A finales de los años ochenta, puede decirse que el régimen político entró en crisis, entre otros aspectos, por las exigencias de la democratización. Más de 10 años de planteamientos políticos y de sacudimientos a la sociedad civil, condujeron a una toma de conciencia que se catalizó en los trabajos de la Comisión para la Reforma del Estado, y que condujeron, a fines de los ochenta, a la formulación de un proyecto de reforma del Estado en cuatro frentes: reforma electoral, reforma de los partidos políticos, reforma de la forma federal del Estado (descentralización política) y reforma municipal. El descontento popular, además, se había manifestado en las elecciones municipales durante la década de los ochenta, donde la alta abstención (en un país donde ésta nunca había sido superior al 7%) fue el detonante necesario para que los partidos políti-

196 *Cfr.* Allan R. Brewer-Carías, *Instituciones Políticas y Constitucionales, T.* II, "El Poder nacional, estadal y municipal", San Cristóbal y Caracas, Universidad Católica del Táchira y Editorial Jurídica Venezolana, 1996, pp. 367 y ss.

cos se dieran cuenta de la gravedad de la crisis y de la necesidad de realizar las reformas, como una cuestión de supervivencia del sistema. Así, a finales de la década de los ochenta, se sentaron las bases para la reforma político estadal, con la aprobación de leyes de descentralización política, de régimen municipal y de reforma electoral.

En todo caso, la discusión política pública del tema, condujo, en una primera fase, a la sanción en 1989, de la Ley relativa a la elección directa del órgano ejecutivo de los estados de la Federación, los gobernadores, buscando superar el esquema tradicional conforme al cual los gobernadores de los estados eran de la libre designación y remoción por el Presidente de la República; reflejo claro, sin duda, del esquema de Federación centralizada existente.

Conforme a esa Ley sobre elección y remoción de los gobernadores de estado[197], la primera elección de gobernadores se efectuó en diciembre de 1989. Sin embargo, era evidente que por supuesto, el problema de la crisis del federalismo del Estado venezolano no se podía resolver con la sola elección directa de los gobernadores por voto popular. Esa era, sin duda, una pieza importante que debía adoptarse en un proceso general de descentralización política a través de la redefinición del federalismo; pero reducir el problema a la sola elección directa de los gobernadores era confundir la parte con el todo, y no percatarse de que con una reforma de esa naturaleza, realizada en forma aislada, no se solucionaba el problema de fondo global, que era el de centralismo. En efecto, nada se ganaba con elegir a los gobernadores de estado si éstos no tenían materialmente atribuciones estadales que ejercer, ya que básicamente actuaban sólo como agentes del Ejecutivo nacional. Era necesario, por tanto, que se realizara un esfuerzo adicional para comenzar el proceso de convertir a los estados de la Federación en entidades con competencias autónomas de importancia, a los efectos de que la elección de los gobernadores fuera un paso más de avance en el proceso de descentralización política. Era indispensable, por tanto, iniciar el proceso de reformulación de la Federación centralizada, de manera de cambiar el sistema de distribución de competencias entre la República a los órganos que ejercen el poder nacional (federal) y los estados, cuyos órganos ejercen el poder estadal. En definitiva, se trataba de replantearse el sistema de distribución vertical del poder público, o, en otras palabras, los términos conforme a los cuales la Constitución de 1961 regulaba el Estado federal (Art. 2). Para ello se recurrió a lo que establecía el artículo 137 C. de 1961, en el cual se autorizaba al Congreso para con el voto de las dos terceras partes de los miembros de cada Cámara (Diputados y Senado), para atribuir a los estados o a los municipios determinadas materias de la competencia nacional, a fin de promover la descentralización administrativa. Como consecuencia de ello se sancionó la Ley Orgánica de Descentralización, Delimitación y Transferencia de Competencias del Poder Público (LOD) de 28 de diciembre de 1989, que entró en vigencia el 1° de enero de 1990[198].

Debe indicarse que en la Constitución de 1999 se recogió el mismo principio del artículo 137 C. de 1961, al disponer el artículo 157 que la Asamblea Nacional, por mayoría de sus integrantes, puede atribuir a los municipios o a los estados determinadas materias de la competencia nacional, a fin de promover la descentralización, agregando el artícu-

---

197 *V.* en *Gaceta Oficial* Extra. N° 4.086 del 14 de abril de 1989.

198 *V.* en *Gaceta Oficial* Extra N° 4.153 del 28 de diciembre de 19 82. *Cfr.* en materia de descentralización política lo expuesto Allan R. Brewer-Carías, *Instituciones Políticas y Constitucionales*, *T.* II, "Evolución histórica del Estado", *cit.* pp. 229 y ss.; 458 y ss.; y 536 y ss.; y t. II, "El Poder nacional, estadal y municipal", *cit.*, y 394 y ss.

lo 158 que "la descentralización, como política nacional, debe profundizar la democracia, acercando el poder a la población y creando las mejores condiciones, tanto para el ejercicio de la democracia como para la prestación eficaz y eficiente de los cometidos estatales".

En la referida Ley Orgánica de descentralización, delimitación y transferencia de competencias del poder público se establecen las bases legislativas para la descentralización política de la Federación en Venezuela, mediante el reforzamiento del papel no sólo de los estados, sino incluso del antiguo Distrito Federal, al cual también debía extenderse la normativa de la ley en la medida que fuera posible (Art. 2). Dicha Ley Orgánica ha continuado en vigencia después de entrada en vigencia de la Constitución de 1999, y la Asamblea Nacional incluso ha reformado alguno de sus artículos en 2003, adaptando la terminología de su articulado al texto de la Constitución[199].

Por tanto, dado que dicha ley establece las bases legales para la revitalización del federalismo en Venezuela, y aún cuando su ejecución se haya detenido a partir de 1995, a continuación analizaremos su contenido, partiendo de su objeto múltiple que se enumera en el artículo 1°, así:

1. Desarrollar los principios constitucionales para promover la descentralización administrativa;
2. Delimitar competencias entre el poder nacional y los estados;
4. Determinar las fuentes de ingresos de los estados;
5. Coordinar los planes anuales de inversión de las entidades federales con los que realice el Ejecutivo nacional en ellas; y
6. Facilitar la transferencia de la prestación de los servicios del poder nacional a los estados.

Debe señalarse que la Ley Orgánica de Descentralización, a pesar de haber sido publicada a fines de 1989, tampoco durante sus primeros años de vigencia fue objeto de ejecución sistemática, ni el Gobierno Nacional definió su ejecución como una política gubernamental. La descentralización, inicialmente, solo consistió en una Ley orgánica cuya ejecución parcial quedó en manos de las antiguas asambleas legislativas de los estados, las cuales aprobaron algunas leyes estadales en el ámbito de las competencias concurrentes.

En realidad solo fue a partir de junio de 1993 y hasta febrero de 1994, cuando la descentralización se asumió como una política gubernamental, a cuyo efecto el Presidente de la República en Consejo de Ministros no sólo aprobó cerca de quince reglamentos de la Ley, sino que alentó el proceso, habiéndose suscrito los primeros convenios de transferencia de servicios en materia de competencias concurrentes, como la salud, entre la República y cinco de los estados de la Federación[200]. En esa tarea, fue fundamental la designación de un Ministro de Estado para la Descentralización[201].

---

199 Ley de reforma de 14 de agosto de 2003, en *Gaceta Oficial* N° 37753 del 14 de agosto de 2003.

200 *V.* Informe sobre la Descentralización en Venezuela, 1993. Memoria del Dr. Allan R. Brewer-Carías, Ministro del Estado para la Descentralización, Caracas, 1994.

201 *V.* decreto N° 3.032 de 7 de junio de 1993 en *Gaceta Oficial* N° 35.229 del 9 de junio de 1993.

II. LA DESCENTRALIZACIÓN DE LAS MATERIAS DE COMPETENCIA CONCURRENTE

1. La enumeración de las competencias concurrentes entre los niveles del poder público

La Ley Orgánica, luego de repetir en su artículo 3° la enumeración de las competencias de los estados que realizaba el artículo 17 C. de 1961 (equivalente al artículo 164 C. de 1999), las que calificó como de "competencia exclusivas de los estados", estableció una lista de materias que se denominan "competencias concurrentes" y que vino a configurarse como el primer reconocimiento formal por parte de los órganos del poder nacional, en el sentido de que la Constitución, permitía identificar esas materias concurrentes entre los diversos niveles del poder público, y que por tanto, correspondían por igual a la República (poder nacional), a los estados (poder estadal), y a los municipios (poder municipal) (*Tercera parte, § 11*).

En relación a esas materias, el artículo 4° LOD reconoció formalmente que en el país se había operado un proceso de centralización, en el sentido de que a pesar del carácter concurrente de las competencias, el poder nacional, sin embargo, las había venido asumiendo; y que por ello, en virtud de la nueva ley, se establecía como una formulación de política estatal, el que dichas materias "serán transferidas progresivamente a los estados".

En efecto, el artículo 4° LOD establece que en ejercicio de las competencias concurrentes que establece la Constitución, y conforme a los procedimientos que esta ley señala, deben ser transferidos progresivamente a los estados, los siguientes servicios "que actualmente presta el Poder Nacional":

1° La planificación, coordinación y proporción de su propio desarrollo integral, de conformidad con las leyes nacionales de la materia;

2° La protección de la familia y en especial del menor;

3° Mejorar las condiciones de vida de la población campesina;

4° La protección de las comunidades indígenas atendiendo a la preservación de su tradición cultural y la conservación de sus derechos sobre su territorio;

5° La educación, en los diversos niveles y modalidades del sistema educativo, de conformidad con las directrices y bases que establezca el Poder Nacional;

6° La cultura en sus diversas manifestaciones, la protección y conservación de las obras, objetos y monumentos de valor histórico o artístico;

7° El deporte, la educación física y la recreación; 8ª) Los servicios de empleo;

9° La formación de recursos humanos, y en especial los programas de aprendizaje, capacitación y perfeccionamiento profesional; y de bienestar de los trabajadores;

10° La promoción de la agricultura, la industria y el comercio; 11°) La conservación, defensa y mejoramiento del ambiente y los recursos naturales;

12° La ordenación del territorio del Estado de conformidad con la ley nacional;

13° La ejecución de las obras públicas de interés estadal con sujeción a las normas o procedimientos técnicos para obras de ingeniería y urbanismo establecidas por el Poder Nacional y Municipal, y la apertura y conservación de las vías de comunicación estadales;

14° La vivienda popular, urbana y rural;

15° La protección a los consumidores, de conformidad con lo dispuesto en las leyes nacionales;

16° La salud pública y la nutrición, observando la dirección técnica, las normas administrativas y la coordinación de los servicios destinados a la defensa de las mismas que disponga el Poder Nacional;

17° La investigación científica; y

18° La defensa civil.

Conforme al Parágrafo Único del artículo 1° del Reglamento parcial N° 1 LOD, sobre transferencias de servicios y competencias a los estados y sobre los acuerdos previos a la transferencia de servicios y la cogestión, dictado por decreto N° 3.250 del 18 de noviembre de 1993[202], se entiende por servicios la organización comprehensiva del personal, de los bienes y de los recursos financieros que los órganos del poder nacional destinan para gestionar las materias que los estados asuman, de conformidad con los procedimientos establecidos en la ley orgánica y en el reglamento.

Las competencias concurrentes y los respectivos servicios establecidos en el artículo 4° LOD, constituyen actividades básicas dentro de las tareas del Estado, como servicios públicos que están destinados a la satisfacción de necesidades fundamentales de la sociedad en cada uno de los estados. De ellos, son de índole social: la educación, la salud, la protección de la familia y del menor, la atención a las comunidades indígenas, el mejoramiento de las condiciones de vida de la población campesina, los servicios de empleo, la formación de recursos humanos y de bienestar de los trabajadores, el deporte, la educación física y la recreación, la vivienda popular, urbana y rural.

Corresponden al plano cultural y científico, los servicios para la formación de la cultura, en sus diversas manifestaciones y la protección y conservación de obras, objetos y monumentos de valor histórico o artístico y la investigación científica.

Los servicios de índole económica están referidos a la planificación, coordinación y promoción del desarrollo integral del ámbito estadal, la promoción de la agricultura, la industria y el comercio y la protección a los consumidores.

Entre los servicios de índole ambiental, ordenación territorial y de infraestructura están la conservación del territorio del estado, la ejecución de obras públicas de interés estadal y la prestación de servicios públicos.

En lo atinente a la seguridad y orden público está la defensa civil.

Este conjunto de servicios a ser transferidos progresivamente a los estados, constituye, en esencia, la descentralización negociada que anima la Ley Orgánica de Descentralización, mediante un proceso de concertación entre el poder nacional y los estados. Así se le debería dar respuesta a las exigencias de las regiones y comunidades en los campos social, económico, cultural, ambiental y de seguridad y orden público, aún cuando en el económico no se contempla una actividad productiva de tanta actualidad, como la

---

202 *V.* el texto en *Gaceta Oficial* N° 3.250 del 18 de noviembre de 1993.

información estadística y automatizada. Sin embargo, se trata de servicios que la dinámica del proceso de descentralización incluso incorporó de hecho en los acuerdos y convenios que se realizaron entre algunos estados y los órganos del poder nacional.

En algunos casos de servicios de orden social y ambiental territorial, como son la educación, la salud y la nutrición, la ordenación del territorio y la ejecución de obras públicas de interés estadal, más que una transferencia puede decirse que se trata de una delimitación de competencias entre los diversos niveles de gobierno.

Además de la anterior enumeración de servicios que el poder nacional reconoce como concurrentes y centralizados, a los efectos de su progresiva transferencia a los estados, la Ley Orgánica, en forma indirecta, establece otro conjunto de materias que se consideran como de competencias concurrentes, y que son "la prestación de los servicios públicos de agua, luz, teléfonos, transporte y gas", respecto de los cuales la ley no prescribe la necesaria transferencia progresiva a los estados, sino que se limita a establecer en el artículo 5°LOD, como definición de política pública, que la prestación de esos servicios "podrá ser administrada por empresas venezolanas de carácter mixto, bien sean nacionales, estadales o municipales", con lo que se abría campo a la privatización parcial de esos servicios, al preverse la constitución de empresas mixtas, es decir, con participación de capital privado, en aquellos casos en los cuales dichos servicios se prestasen por empresas públicas.

Era el caso del antiguo Instituto Nacional de Obras Sanitarias (INOS) para los servicios de agua en todo el territorio nacional, que fue sustituido por las empresas Hidroven y las Hidro regionales y estadales; de la antigua Compañía Anónima de Administración y Fomento Eléctrico (CADAFE) en las áreas donde prestaba el servicio de luz, también descentralizada con la creación de empresas eléctricas regionales; de las empresas públicas de transporte aéreo, transporte terrestre o transporte marítimo; y de la antigua empresa CORPOVEN, filial de Petróleos de Venezuela S.A. (PDVSA) que prestaba el servicio de gas.

La política de empresas mixtas mencionadas, podría originar empresas regionales (participación de varios estados y el poder nacional, como sucedió en algunos casos, de Hidros regionales), estadales (participación de los estados) o municipales (participación de los municipios).

2. El procedimiento para la transferencia de servicios

La Ley Orgánica estableció un procedimiento para la transferencia de los servicios del poder nacional a los estados que al momento de promulgarse la ley estaban siendo prestados por el poder nacional ("actualmente prestados" dice el artículo 6° LOD) y que corresponden a las materias concurrentes establecidas en el antes mencionado artículo 4° LOD; procedimiento de carácter concertado, basado en la suscripción de "convenios" o contratos públicos intergubernamentales, entre los órganos nacionales y estadales. Este procesamiento fue reglamentado en el citado Reglamento parcial N° 1 LOD[203].

203 Dictado por el citado decreto N° 3.250 del 13 de diciembre de 1993, *Gaceta Oficial* N° 35.359 de 13 de diciembre de 1993.

A. Iniciativa de la transferencia

La iniciativa para la realización de la transferencia de los servicios mencionados, puede partir de los dos niveles interesados; tanto del nivel nacional como del nivel estadal. En efecto, en primer lugar, la iniciativa para la transferencia puede partir del nivel estadal y, en particular, del gobernador del estado. En este caso, cuando el Gobernador considere que la Administración estadal pueda asumir la prestación de un servicio de los mencionados, debe hacer una solicitud al Ejecutivo nacional, a través del Ministro de Interior y Justicia, a cuyo efecto debe oír previamente la opinión del Consejo Legislativo o de su comisión delegada (Art. 6.1). La Ley Orgánica sólo establece el carácter obligatorio de esta consulta pero no establece que sea vinculante, por lo que aun en el supuesto de que el Consejo Legislativo expresase una opinión desfavorable, el Gobernador, en todo caso, podría formular la solicitud de transferencia al Ejecutivo nacional.

En estos casos de iniciativa para la realización de la transferencia de parte del gobernador de un estado, el Ministro de Interior y Justicia debe someter el programa de transferencia del servicio, en un lapso de 90 días, a la aprobación de la Asamblea Nacional o de su Comisión Delegada, el cual deberá contener, como mínimo, conforme a los artículos 2, 3 y 6 del Reglamento parcial N° 1, lo siguiente:

1. Las disposiciones constitucionales y legales que justifiquen cada transferencia, así como la identificación de los servicios nacionales afectados y la organización de la Administración Pública nacional a los que éstos están adscritos o que sea responsable de los mismos.

2. La determinación de las funciones y competencias, que corresponden al estado, incluidas las de supervisión, inspección y control, que quedan reservados a la Administración Pública nacional.

3. La especificación de los órganos y unidades, así como en su caso, de las entidades descentralizadas y establecimientos objeto de transferencia.

4. La relación detallada del personal objeto de transferencia, con indicación de su categoría, condiciones de empleo y retribución y situación administrativa.

5. El inventario detallado de los bienes inmuebles y muebles, así como de los restantes derechos y obligaciones, objeto de transferencia.

6. La valoración definitiva o en su defecto provisional del costo del servicio o los servicios a transferir.

7. La determinación de la capacidad económica y administrativa del Estado para la asunción de los servicios que se solicitan.

8. El inventario de la documentación administrativa relativa al servicio objeto de transferencia.

9. El cronograma detallado del proceso de la transferencia del servicio solicitado.

Aún cuando el artículo 3° del Reglamento parcial N° 1 LOD establece el contenido mínimo de los programas de transferencia que deben formular los gobernadores, debe indicarse que dicho programa de transferencias debe incluir los bienes y recursos financieros, así como los mecanismos específicos de supervisión y coordinación de cada uno de los servicios objeto del programa de transferencia. En tal sentido, los bienes muebles e inmuebles asignados al servicio a transferir, que antes de la transferencia sean propiedad de la República por órgano del ministerio u organismo adscrito o instituto autónomo, deben pasar a propiedad de los estados.

El personal que labore en el servicio a transferir, por su parte, también debe pasar a la Administración estadal con las mismas condiciones laborales existentes para el momento de la transferencia.

Asimismo, los recursos asignados por el poder nacional a la prestación del servicio, deben ser transferidos a los estados incorporando a los presupuestos nacionales y estadales la partida correspondiente al servicio transferido. Esta partida inicial se debe ajustar anualmente de acuerdo a la variación de los ingresos ordinarios.

En el segundo párrafo del artículo 7° LOD, se establece que los consejos legislativos, previa aprobación del Gobernador, deben ratificar o no el acuerdo de la Asamblea nacional en un lapso de 30 días. En caso afirmativo, el gobernador le debe poner el ejecútese y se debe proceder a la celebración de los convenios respectivos, de conformidad con lo establecido en el artículo 6.2, 3, 4 y 5 LOD.

El Ejecutivo nacional, en estos casos, no puede rechazar la iniciativa del gobernador, sino que debe limitarse, por órgano del Ministro de Interior y Justicia, a someter el programa a la Asamblea nacional, incluyendo en el mismo las transferencias de bienes del personal y de los recursos financieros, así como la previsión de los mecanismos específicos de supervisión y de coordinación de cada uno de los servicios (Art. 6.2).

La Ley Orgánica no precisó las facultades de la Asamblea nacional, pero al establecer que la propuesta debe ser sometida a su aprobación, ello implica que el órgano legislativo podría negarla, por lo que en los casos de iniciativa de transferencia de servicios por parte de un gobernador, ésta sólo podría ser negada si la Asamblea Nacional no le da su aprobación.

En segundo lugar, la Ley Orgánica también estableció la posibilidad de que la iniciativa de la transferencia de competencias parta del Ejecutivo nacional, por órgano del Ministerio de Interior y Justicia, Despacho al cual corresponde llevar adelante el proceso de descentralización en todo aquello que competa al Ejecutivo nacional (Art. 34). En estos casos, el Ministro debe formular la propuesta de transferir el servicio, a la Asamblea Nacional, y en este caso la ley es expresa en cuanto a la facultad que le confiere a la Asamblea para acordar o negar la transferencia y modalidades de la misma. En caso de acuerdo, la Asamblea Nacional debe informar de su decisión a los consejos legislativos respectivos (Art. 7°).

Conforme al artículo 3° del Reglamento parcial N° 1 LOD, cuando la iniciativa para la transferencia la asuma el Ejecutivo nacional, ésta debe ejercerse mediante la elaboración y presentación a la Asamblea nacional de una solicitud en la cual se especifique, como mínimo:

1. Las disposiciones constitucionales y legales que justifiquen cada transferencia, así como la identificación de los servicios nacionales afectados y la organización de la Administración Pública nacional a los que éstos están adscritos o que sea responsabilidad de los mismos.

2. La especificación de los órganos y unidades, así como en su caso, de las entidades descentralizadas y establecimientos objeto de transferencia.

3. La relación detallada del personal objeto de transferencia, con indicación de su categoría, condiciones de empleo y retribución y situación administrativa.

4. El inventario detallado de los bienes e inmuebles, así como de los restantes derechos y obligaciones, objeto de transferencia.

5. La valoración definitiva o en su defecto provisional del costo del servicio o los servicios a transferir.

6. El inventario de la documentación administrativa relativa al servicio objeto de transferencia.

En todo caso, las solicitudes de transferencia que formule el Ejecutivo nacional deben basarse en un estudio previo de su procedencia y justificación que debe someterse a la consideración de la Comisión Nacional para la Descentralización que en su momento estableció el Reglamento parcial N° 2 LOD contenido en el decreto N° 3.085 del 22 de julio de 1993 (Art. 4°).

Con posterioridad a la deliberación de la Comisión Nacional para la Descentralización, en el artículo 4° del Reglamento parcial N° 1 LOD se prevé que el Ejecutivo nacional debe iniciar un proceso de negociación y acuerdo con el gobierno del estado respectivo en el seno de los grupos de trabajo establecidos en el artículo 6° del Reglamento parcial N° 2 LOD contenido en el decreto N° 3.805 del 22 de julio de 1993, el cual se debe realizar en un lapso de 90 días; lapso dentro del cual se debe elaborar el programa de transferencia, el cual debe contener los elementos establecidos en los artículos 3° y 6° del Reglamento parcial N° 7

Logrado el acuerdo sobre el programa de transferencia, se debe proceder de conformidad a lo establecido en el artículo 7° LOD, y el convenio a suscribirse debe entonces ajustarse al contenido mínimo señalado en el artículo 8° del Reglamento parcial N° 1 LOD.

En estos casos de iniciativa del Ejecutivo nacional, los consejos legislativos deben ratificar o no el acuerdo de la Asamblea nacional en un lapso de 30 días, y sólo en caso de que sea ratificado, el gobernador respectivo debe ponerle el ejecútese a la decisión del consejo, sin que tenga posibilidad legal de oponerse a ello.

B. Las etapas del procedimiento de las transferencias de servicios

De acuerdo al Reglamento parcial N° 1 LOD, cuando la iniciativa de la transferencia provenga del gobernador del estado, éste debe presentar las solicitudes de acuerdo a lo establecido en el artículo 2° del Reglamento, al Consejo Legislativo respectivo, y posteriormente, lo debe hacer ante el Ejecutivo nacional, a través del Ministerio de Interior y Justicia.

Una vez presentada la solicitud de transferencia al Ejecutivo nacional, dicho ministerio debe iniciar un proceso de negociación y acuerdo sobre ésta, en el seno de los grupos de trabajo establecidos en el artículo 6° del Reglamento N° 2 LOD, contenido en el decreto N° 3.085 del 22 de julio de 1993, el cual debe realizarse en un lapso de 90 días; lapso dentro del cual debe elaborarse el programa de transferencia con el contenido ya indicado (Art. 6°).

Logrado el acuerdo sobre el programa de transferencia, el Ejecutivo nacional debe someterlo a la consideración de la Asamblea Nacional (Art. 7.°).

Ahora bien, si se observa el procedimiento administrativo para la transferencia de competencias y de servicios, éste se ajusta a una secuencia de etapas y a una serie de requisitos a cumplir por los organismos que constituyen las partes del convenio. El proceso comienza por una primera etapa donde se establece la prioridad en cuanto a los términos de los servicios a transferir y los objetivos que con el mismo se persiguen. Es una manera de jerarquizar las áreas a transferir, de establecer los términos en que se realiza la transferencia del servicio y los propósitos estratégicos que se pretenden alcanzar con la transferencia. Paralelamente, en esta etapa se deben determinar las potencialidades y limitaciones del ámbito estadal y/o local, para llevar a cabo el proceso de transferencia. Significa realizar una evaluación técnica, administrativa, financiera y política que permita determinar la capacidad y factibilidad entre los poderes estadales y locales, para cumplir de manera eficiente y oportuna con las exigencias del proceso.

Una segunda etapa implica la elaboración del proyecto de transferencia, el cual debe contener claramente definidos los diferentes actores que participan en el proceso, los objetivos y alcances del programa de transferencia en distintos horizontes de tiempo, las modalidades y mecanismos de negociación, las funciones y competencias para los diferentes niveles de gobierno, los recursos y fuentes financieras para el desarrollo del programa, y la asignación de recursos económicos, materiales y bienes y la organización del personal en el programa. Finalmente, también debe contener, la gestión del proceso que se define en el artículo 6° LOD, y en el Reglamento parcial N° 1 LOD.

Una tercera etapa encierra el procedimiento administrativo del proceso de transferencia, su control, seguimiento y evaluación.

Es evidente que el proceso de transferencia tiene que cumplir una serie de requisitos tanto a nivel de los organismos estadales y/o municipales, como a nivel del poder nacional. En este contexto, las Gobernaciones y los municipios deben modernizar sus estructuras organizativas, a fin de adecuarlas a las exigencias que impone la transferencia de los servicios, de tal manera que el manejo de las transferencias se haga de la forma más eficiente. En consecuencia, es necesario establecer una organización multiforme, flexible y participativa, que permita sobreponerse a las estructuras básicas de las organizaciones tradicionales, excesivamente burocratizadas, estratificadas y centralizadas. Se hace imprescindible estructurar una organización en las gobernaciones y en los municipios, con objetivos claros que guíen su acción, dotadas con normas, procedimientos y mecanismos para una adecuada gestión, y un sistema de toma de decisiones que prive sobre criterios personales o partidistas.

Un sistema de gestión moderno y eficiente debe demostrar capacidad técnica, administrativa, de negociación, financiera y organizativa, para cumplir con las exigencias del proceso de transferencia. El nivel central, a su vez debe contar con estructuras desconcentradas en el área a transferir y brindar apoyo técnico, administrativo y financiero a los niveles estadales y municipales.

C. Los acuerdos previos a la transferencia de servicios y la cogestión de los servicios susceptibles de transferencia

El decreto N° 3.250 del 18 de noviembre de 1993 sobre el Reglamento parcial N° 1 LOD, en su artículo 23 dispone que, antes de la presentación de las solicitudes de transferencia, de conformidad con las previsiones contenidas en los artículos 6° y 7° LOD, tanto los gobernadores como el Ejecutivo nacional, pueden manifestar a la contraparte en ejercicio de derecho de iniciativa que les corresponde, su disposición a celebrar un acuerdo previo a la transferencia y a la ejecución de un período previo de cogestión del servicio o servicios de que se trate. El acuerdo previo a la transferencia del servicio debe ser celebrado por el Ministro de Interior y Justicia, el ministro al que le corresponda el servicio y el gobernador del estado respectivo, en un lapso no mayor de un mes.

Cuando la iniciativa provenga del Ejecutivo nacional, antes de la firma del acuerdo, éste debe ser sometido a la consideración de la Comisión Nacional para la Descentralización establecida en el Reglamento parcial N° 2 LOD.

El artículo 26 del Reglamento parcial N° 1 LOD establece los aspectos mínimos que debe contener el acuerdo previo a la transferencia, así:

1. Los términos, las condiciones y el alcance de la participación de la gobernación respectiva en la gestión del servicio de que se trate, incluida la participación económico financiera.

2. La designación del director o coordinador de la dependencia ministerial a la que esté adscrito el servicio solicitado, conforme a lo establecido en el Reglamento N° 4° LOD.

3. La constitución de una comisión mixta integrada como mínimo por tres representantes del Ejecutivo nacional y tres por la gobernación del estado, con las siguientes atribuciones:

a. Realizar los estudios necesarios para formular el proyecto del programa de transferencia del servicio en los aspectos organizativos, financieros, funcionales, de infraestructura, de personal y del cronograma de la transferencia, asimismo como del proyecto de convenio a suscribirse entre las partes.

b. Hacer el seguimiento y evaluación de la cogestión del servicio y resolver, en su caso, las diferencias y dificultades que pudieran surgir.

c. Estudiar las propuestas que presenten las organizaciones no gubernamentales y autoridades, e informar a los ministros y gobernadores.

d. Asesorar la modernización organizacional de los despachos que recibirán los servicios a transferirse, así como fomentar el desarrollo de las capacidades de gestión, la profesionalización de la gerencia y la creación de mecanismos de participación de la comunidad en los servicios a transferirse.

e. Asesorar a los ministros y gobernadores y cualquier otra atribución que estos funcionarios encomienden de común acuerdo.

Los artículos 27, 28 y 29 establecen el lapso en el cual la comisión mixta prevista en el artículo 25 del Reglamento parcial N° 1 LOD debe presentar al Ejecutivo nacional y a la gobernación del estado, el proyecto del programa de transferencia del servicio.

El lapso no debe exceder de 2 años, contados a partir de la celebración del acuerdo previo. Una vez que el proyecto del programa de transferencia sea aprobado por las partes, se debe proceder según lo establecido en los artículos 6° y 7° LOD, según sea el caso y con lo establecido en el Reglamento parcial N° 1 LOD. El acuerdo previo finalizará con la firma del convenio de transferencia del servicio.

A título de ejemplo, podría concebirse un acuerdo tipo entre los órganos del poder nacional y la gobernación del estado para la regulación de la presentación de un servicio en proceso de transferencia; etapa previa a la elaboración del programa de transferencia y a la firma del respectivo convenio, que requiere de ciertas pautas.

Dichos acuerdos deberían comenzar por identificar las partes intervinientes y a las personas que las representan, así como el objetivo, que es la promoción de transferencia de servicio específico de conformidad con lo establecido en el artículo 4° LOD y el Reglamento parcial N° 1 LOD.

La primera cláusula debería referirse a la intención de acordar en la regulación de las relaciones interinstitucionales, en la etapa previa a la transferencia del servicio de que se trate.

Mediante la segunda cláusula se debería acordar la designación del funcionario responsable de la dirección del servicio en el estado de acuerdo con el Reglamento parcial N° 4 LOD.

La tercera cláusula debería asignar las funciones de coordinación y ejecución del servicio al Ejecutivo del estado, de acuerdo con los lineamientos nacionales, como ente rector del mismo.

La cuarta cláusula debería crear una comisión mixta que tiene la importante tarea de elaborar el programa de transferencia que ha de conocer la Asamblea Nacional. En esta comisión mixta debe participar un representante del Ministerio de Interior y Justicia, uno del organismo que transfiere el servicio y otro del Ejecutivo estadal.

La quinta cláusula debería facultar a la comisión mixta para formular el programa de transferencia del servicio y su cronograma, oír la opinión de entidades no gubernamentales e informar a los signatarios del acuerdo, recomendar fórmulas para mejorar la gestión del servicio y presentar el programa a los jerarcas de los organismos involucrados, a quienes además también podrían asesorar.

El acuerdo requiere de un cruce de información fluido y permanente entre los organismos signatarios en relación con el servicio.

D. Los convenios de transferencia

a. *El marco regulador*

En todo caso en que conforme al procedimiento antes mencionado, el programa de transferencia sea aprobado, debe procederse a la celebración de un convenio entre la República, por órgano del Ministro de Interior y Justicia y el gobernador del estado respectivo, el cual debe tener el siguiente contenido (Art. 6.2 a 6.5 y Art. 7 LOD):

1. La descripción del programa de transferencia del servicio, con inclusión de las transferencias de bienes, personal y recursos financieros, así como el establecimiento de los mecanismos específicos de supervisión y de coordinación de cada uno de los servicios (Art. 6.2).

2. El traspaso en propiedad al estado, de los bienes muebles e inmuebles asignados al servicio a transferir y que sean de propiedad de la República o de los "entes autónomos" (así lo señala el artículo 6.3), debiendo entenderse por esa expresión, el organismo descentralizado que preste el servicio a nivel nacional (por ejemplo, un instituto autónomo).

3. La indicación del personal que labore en el servicio a transferir, el cual pasará a la Administración estadal, con las mismas condiciones laborales existentes para el momento de la transferencia (Art. 6.4).

4. La indicación de los recursos financieros asignados por el poder nacional a la prestación del servicio y que serán transferidos a los estados con la indicación de las partidas presupuestarias correspondientes que deben ser incorporadas al presupuesto nacional y al presupuesto del estado. La Ley Orgánica precisa que esta partida inicial se debe ajustar anualmente de acuerdo a la variación de los ingresos ordinarios (Art. 6.5).

De acuerdo con el artículo 8° del Reglamento parcial N° 1 LOD, los convenios de transferencia de servicios debe contener, como mínimo, los aspectos siguientes:

1. Objeto del convenio, alcance y cronograma de la transferencia.

2. La delimitación de competencias entre el poder nacional y el estado correspondiente, en la materia de que se trate.

3. Normas que definan la supervisión técnica, asesoría, administración de la gestión, participación de la comunidad de ser procedente, así como la evaluación y control del servicio a transferir.

4. Los aspectos referidos al personal que se transfiere, su gestión futura y la política de personal, las condiciones laborales, el tratamiento de las prestaciones sociales, sus intereses y su valor, así como lo relativo al entrenamiento del personal.

5. Los bienes adscritos a los servicios transferidos, señalando la forma en que se realizará la transferencia de éstos y su inventario.

6. Los recursos financieros, indicando el régimen presupuestario que se adoptará y la manera en que se considerarán los recursos internacionales, si los hubiese; el tratamiento de las obligaciones contraídas con terceros y la revisión periódica de los procedimientos de asignación de recursos.

7. Los aspectos relativos a la coordinación y cooperación en la prestación de los servicios, indicando la coordinación y cooperación con las alcaldías, el suministro de información, la compatibilidad de planes y proyectos y la cooperación internacional.

8. Aspectos relativos al proceso de descentralización y desconcentración de los servicios transferidos hacia los municipios, pudiendo establecerse figuras como la cogestión de servicios entre los niveles estadal y municipal.

9. El establecimiento de comisiones de seguimiento de las transferencias, constituidas entre el Ejecutivo nacional y estadal para la supervisión del cronograma acordado, y resolver las dudas y controversias que pudieran presentarse en la ejecución del programa de transferencia y el cumplimiento de los otros convenios que se firmen con relación a los servicios transferidos.

10. Las disposiciones finales necesarias referidas a los diferentes anexos al convenio, a su modificación, su revisión y al domicilio de éste.

b. *El objeto, alcance y cronograma de la transferencia*

El objeto del convenio debe hacer referencia a los propósitos y los lineamientos de la transferencia del poder nacional al estado, de conformidad con el programa de la misma aprobado por el Senado y publicado en la *Gaceta Oficial*.

El alcance de la transferencia debe referirse al órgano que transfiere el o los servicios, en este caso el ministerio u organismo adscrito y al órgano que recibe el servicio determinado en el convenio, en este caso el gobierno del estado.

Debe incluir lo especificado en el programa de transferencia, relativo a los recursos humanos que laboran en ellos, los bienes muebles e inmuebles y los recursos financieros que tienen asignados en el estado el organismo del poder nacional que transfiere el servicio. En el caso de que funcionen en el estado otros entes autónomos adscritos al ente rector prestador del servicio y, siempre que dichos servicios sean transferibles, se puede celebrar convenios específicos complementarios al convenio principal. Por ejemplo, es el caso de los servicios de salud prestados por el Ministerio de Salud y por órganos adscritos.

El cronograma de la transferencia se refiere a los lapsos para que opere la misma, en forma efectiva, respecto de los servicios a los que se refiere al convenio. Debe tenerse en cuenta que la transferencia puede hacerse de manera progresiva, según el tipo de servicios de que se trate y que la transferencia deberá realizarse dentro de un plazo de 90 días continuos, contados a partir de la fecha de aprobación del cronograma por la comisión de alto nivel, creada al momento de la firma del convenio e integrada por dos representantes de la gobernación del estado, uno del Ministerio de Interior y Justicia y dos del ministerio o instituto que transfiere el servicio.

c. *La delimitación de responsabilidades ínter gubernamentales*

Uno de los asuntos más importantes de la descentralización es el establecimiento de las responsabilidades correspondientes a cada nivel territorial de gobierno; tarea que se deja al proceso de negociaciones entre cada ministerio o instituto autónomo y las gobernaciones del estado.

En tal sentido, no existe un patrón único para fijar las responsabilidades o funciones propias que corresponden al poder nacional, por cuanto ello depende de la naturaleza, objeto, funciones y características de cada organismo en particular. Sin embargo, con base en los antecedentes expuestos y las negociaciones concluidas en 1993 en relación con el sector salud, se pueden establecer las siguientes, como funciones propias de los órganos del Poder Nacional:

1. La planificación del servicio a nivel nacional.
2. La definición de las políticas nacionales.
3. Las relaciones internacionales en la materia.
4. El establecimiento de la normativa general del servicio.
5. La evaluación de los procesos y resultados y la normativa sobre la evaluación del servicio.
6. El establecimiento, seguimiento y control del sistema nacional de información y estadística.
7. La asistencia financiera, técnica y científica del sector o servicio.
8. El establecimiento de las políticas de adiestramiento y capacitación del personal.
9. La fijación de los indicadores de la prestación del servicio.
10. La cooperación con los estados y municipios para la adecuada gestión del servicio.

En cuanto a las responsabilidades a nivel estadal, las mismas se refieren, en general, a la gestión operativa del servicio, es decir, a la prestación directa de los servicios, construcción de obras y gestión administrativa correspondiente. Así, en general se puede plantear que serían responsabilidades de cada estado:

1. La formulación de los planes y programas estadales en la materia, en cumplimiento de las políticas nacionales del sector.
2. La administración de los órganos y servicios del sector en cada Estado.
3. La formulación y ejecución del presupuesto estadal.
4. La construcción y mantenimiento de la infraestructura e instalaciones estadales para la prestación del servicio.
5. La gestión del personal, incluyendo la selección, dirección, organización, administración, programación, supervisión y evaluación.
6. La adquisición, administración, distribución y asignación de los equipos y suministras de los servicios transferidos.
7. La administración del sistema estadal de estadística e informática y de su inserción en el sistema nacional sectorial.
8. La ejecución de las políticas nacionales de adiestramiento y capacitación de personal.
9. La captación y asignación de recursos para el financiamiento del servicio.
10. El establecimiento de los mecanismos de participación de la sociedad civil en la gestión del servicio.

d. *Las condiciones de ejercicio de las competencias*

El ejercicio de las competencias por las partes involucradas en el convenio debe realizarse observando un conjunto de condiciones relativas a la normativa legal vigente, a normas y procedimientos, a asesoría en materia de programas de inversión, de ejecución física de obras y de asesoría en la elaboración del presupuesto; sobre mecanismos de modernización de administración y gestión, mecanismos de participación de la comunidad y normas de evaluación y control. Todas estas son condiciones para el ejercicio eficiente dentro de la rigurosidad legal y técnico administrativa que exige observar el convenio.

En efecto, el gobierno estadal debe tomar en consideración los criterios de dirección técnica, normas administrativas y de coordinación relacionadas, establecidas en las leyes nacionales en sus reglamentos, resoluciones y demás normas en vigencia que rigen la materia sobre el servicio transferido.

Por otra parte, los manuales de normas y procedimientos establecidos para la ejecución de los programas del o de los servicios transferidos, deben ser los instrumentos a aplicarse en el proceso de supervisión técnico normativa, tanto por parte de las autoridades estadales como nacionales, dadas las exigencias que impone administrar adecuadamente el servicio.

En cuanto a la asesoría y aprobación de programas de inversión, se trata de la asesoría que debe brindar el ministerio u organismo adscrito que transfiere el servicio en cuanto a programas y proyectos de construcción, remodelación y ampliación de obras y edificaciones relacionadas con el servicio transferido.

Además, a solicitud de la autoridad regional, el ministerio u organismo adscrito respectivo debe brindar asesoría en materia de los presupuestos programas anuales, de acuerdo con la normativa y los procedimientos establecidos por el poder nacional.

En cuanto a la administración de la gestión, se refiere a la modernización de la estructura organizativa de las gobernaciones, en particular en cuanto al establecimiento de mecanismos que le permitan cumplir una gestión moderna, ágil y eficiente, en relación con el servicio transferido. Se hace imprescindible establecer una organización que posea mecanismos de gestión adecuados y un sistema de toma de decisiones que supere los criterios personalistas.

Por otra parte, la participación de la comunidad debe asegurarse, mediante la creación de los mecanismos y las instancias a través de la promoción de las organizaciones sociales con interés en el servicio transferido, tanto a nivel estadal como municipal.

Por último, en cuanto a los trámites y procedimientos administrativos en curso de tramitación correspondiente a los servicios objeto de transferencia, deben entregarse al estado para su resolución, a la fecha de entrada en vigor de la transferencia de que se trate. En este contexto, el artículo 11 del Reglamento parcial N° 1 LOD, añade, además, que los recursos administrativos que se puedan formular contra las decisiones ya adoptadas por la Administración Pública nacional se deben tramitar y resolver por ésta. Asimismo, agrega, que las consecuencias económicas de todo orden que se derivan de las resoluciones corren a cargo de la instancia territorial que adopten la recepción definitiva. La entrega de toda clase de bienes, derechos y obligaciones, debe ser finalizada en un acta levantada al efecto, en la que debe quedar constancia de la recepción por el Estado.

Lo relativo a las concesiones y contratos administrativos con terceros, el Estado beneficiario de la transferencia se debe responsabilizar de los derechos y deberes de la Administración Pública nacional desde la fecha de entrada en vigor de la transferencia.

El personal adscrito a los servicios, objeto de transferencia incluido en el programa de transferencia aprobado, pasa a depender del estado y forma parte, a todos los efectos, de su personal, a partir de la fecha de entrada en vigor de la correspondiente transferencia.

e. *Los recursos financieros del servicio*

La República debe garantizar el financiamiento de los servicios objeto de transferencia con una cantidad anual por lo menos igual al costo real de los servicios, a partir de la fecha de entrada en vigor de la transferencia.

A tal efecto, el artículo 6.5 LOD establece que los recursos asignados por el poder nacional a la prestación del servicio deben ser transferidos a los estados, incorporando a los presupuestos nacionales y estadales la partida correspondiente al servicio transferido. Esta partida se debe ajustar anualmente de acuerdo a la variación de ingresos ordinarios.

De acuerdo con lo establecido en dicha Ley, el Ejecutivo nacional debe transferir a la gobernación del estado durante el ejercicio fiscal del correspondiente año, los recursos equivalentes al monto de créditos asignados en la ley de presupuesto del año fiscal en referencia a los programas del ministerio u organismo adscrito, para financiar los gastos del servicio que se transfiere.

Para cada año sucesivo, el monto de transferencia anual que debe hacer el Ejecutivo nacional a la gobernación del estado, debe ser el monto que resulte de ajustar el monto transferido en el año inmediatamente anterior de acuerdo a la variación de los ingresos estimados en la ley de presupuesto del respectivo año. Los recursos asignados en el presupuesto nacional deben ser traspasados a las partidas correspondientes según el Clasificador de partidas del presupuesto y luego transferidos a la gobernación del estado para su ejecución presupuestaria.

Ahora bien, de acuerdo con el artículo 17 del Reglamento parcial N° 1 LOD, los órganos del poder nacional correspondientes deben contribuir con el financiamiento de los servicios transferidos, mediante la asignación anual de recursos presupuestarios a los estados, que se deben calcular tomando como base inicial, el monto de los recursos destinados a financiar el costo real del servicio transferido contenidos en la ley de presupuesto vigente para el momento de la transferencia.

Para cada año sucesivo, el monto de la transferencia anual que debe hacer el Ejecutivo nacional a la gobernación del estado correspondiente conforme al artículo 6.5 LOD, debe corresponder a la cantidad que resulte de ajustar el monto transferido el año anterior de acuerdo a la variación de los ingresos ordinarios estimados en la ley de presupuesto del año respectivo.

Ahora bien, a los efectos de calcular el monto de los recursos presupuestarios a ser transferidos a los estados, el artículo 18 del Reglamento parcial N° 1 LOD dispone que el costo real del servicio respectivo se debe determinar sumando:

1. El costo directo, que es la suma de los gastos de personal y de funcionamiento directamente vinculados a la prestación del servicio de que se trate en el estado respectivo, relativos a las tareas que deben desarrollarse para la producción del mismo.

2. El costo indirecto, que es la suma de los gastos de personal y de funcionamiento necesarios para realizar las funciones de apoyo, dirección y coordinación del servicio de que se trate en el estado respectivo, y que corresponda tanto a la unidad tomada como referencia a aquellas otras que colateralmente intervengan en la producción del servicio.

3. Al gasto de inversión, compuesto únicamente por los correspondientes a las acciones de conservación, mejora y sustitución de capital fijo destinado a la prestación del servicio de que se trate en el estado respectivo y, por tanto, exclusivamente los necesarios para mantener el nivel de funcionamiento del servicio.

En todo caso, en el presupuesto nacional, las cantidades que resulten conforme a lo establecido en los artículos antes indicados, se deben traspasar a la partida 60 del clasificador de partidas del presupuesto, a los efectos de ser transferidos mediante dozavos a la gobernación del estado respectivo, en cuyo Presupuesto anual debe establecerse ese ingreso, como ingreso extraordinaria, a los efectos de su ejecución presupuestaria.

Si como consecuencia de la firma de convenios con organismos internacionales el ministerio u organismo adscrito obtienen de fuentes financieras de carácter internacional que impliquen recursos atinentes al servicio objeto del convenio de transferencia, estos recursos, en la proporción correspondiente, deben ser transferidos al estado a los fines de ser aplicados a los referidos programas.

A los fines de ajustar los recursos financieros a ser previstos en los proyectos de ley de presupuesto, el Ejecutivo nacional y la gobernación del estado deben convenir en revisar las normas y procedimientos para la asignación de los recursos financieros sucesivos, a fin de incorporar, de manera concertada, criterios, métodos y procedimientos que garanticen una mayor coherencia y vinculación entre los requerimientos de recursos financieros con las exigencias del servicio transferido. Asimismo, la revisión periódica debe permitir ajustar los recursos financieros a ser previstos en los presupuestos, en función de los ingresos del estado y de los gastos que deben realizar.

f. *El régimen del personal*

De acuerdo con el artículo 14 del Reglamento parcial N° 1 LOD, el personal adscrito a los servicios objeto de transferencia que sea incluido en el programa aprobado, a partir del momento en que se haga efectiva la transferencia queda sometido al sistema de administración de personal que rige en la gobernación del estado respectivo.

En consecuencia, en relación a los funcionarios o empleados públicos de los servicios transferidos, éstos pasan a ser funcionarios o empleados estadales, por lo que se regirán por las leyes de estatuto de la función pública de los estados, dictadas por el correspondiente Consejo Legislativo.

En todo caso, dispone el mismo artículo, que en los reglamentos de la Ley Orgánica de Descentralización, Delimitación y Transferencia de Competencias del Poder Público que se dicten para normar las transferencias de servicios en sectores específicos, se pueden establecer las modalidades del régimen de aplicación de estas normas.

La consecuencia del cambio de régimen jurídico, en todo caso implica que a partir del momento en que se haga efectiva la transferencia de los funcionarios o trabajadores, los respectivos cargos nacionales deben ser eliminados del registro nacional de asignación de cargos. Debe señalarse, además, que el ministerio transferente debe notificar al personal de manera individual y por escrito, su paso a la Administración de la gobernación; asimismo debe notificar al Ministerio del Trabajo, al Ministerio de Planificación, al Ministerio de Finanzas, al Ejecutivo estadal y a los demás entes indicados en la ley.

Por último, en general deben exceptuarse del proceso de transferencia de personal aquél que haya sido jubilado, el incapacitado, el que se encuentre en proceso de jubilación, y el que estando en nómina no preste sus servicios en la entidad federal receptora del servicio, o no los preste por razones de salud.

En todo caso, el cumplimiento efectivo de la transferencia de personal debe ser sometido a la revisión por las partes dentro de un lapso no mayor a los 90 días, contados a partir de la firma del convenio.

El personal del servicio transferido queda sometido, desde el momento de la firma del convenio, al sistema de administración que rige en la gobernación del estado, sin que se le pueda desmejorar en las condiciones de trabajo de las que disfrutaba al momento de su traslado administrativo a la gobernación.

Conforme al artículo 6.4 LOD, el personal transferido debe disfrutar de las mismas condiciones laborales existentes al momento de la transferencia del servicio, a cuyo efecto las condiciones laborales se deben indicar en el listado de convenciones colectivas que se debe anexar al convenio.

Conforme a estos lineamientos, el artículo 15 del Reglamento parcial N° 1 LOD insiste en que el personal debe ser transferido en las mismas condiciones laborales existentes para el momento de la transferencia. En consecuencia, en el convenio de transferencia debe garantizarse al personal del servicio transferido, la remuneración y demás derechos reconocidos en las leyes, contratos, convenios y acuerdos que para el momento de la transferencia se hayan celebrado con el órgano nacional correspondiente. En todo caso, la gobernación del estado debe garantizar al personal del servicio transferido la remuneración y demás derechos reconocidos en las leyes, contratos, convenios vigentes y acuerdos celebrados por el ministerio u organismos adscritos.

A su vez, el Ejecutivo nacional debe obligarse a tramitar ante los organismos competentes, en un lapso no mayor de 90 días a partir de la firma del convenio, el traspaso del monto de las partidas de los fondos correspondientes para cancelar todas las obligaciones legales o contractuales causadas y, aún no pagadas, provenientes de los contratos colectivos, convenios, convenciones, acuerdos laudos, actas convenios o cualquier documento contentivo de dichas obligaciones vigentes, celebrados por el ministerio u organismos adscritos, antes de la firma del convenio.

Por otra parte, la consecuencia de la transferencia de personal conforme al artículo 10 del Reglamento parcial N° 1 LOD, es que el estado beneficiario de la transferencia queda automáticamente subrogado, en la fecha en que ésta entre en vigor, en los derechos y las obligaciones de la Administración Pública nacional por razón de la relación de empleo con todos y cada uno de los miembros del personal transferido, a menos que las partes acuerden otra forma de cancelar los derechos y obligaciones con los trabajadores, anteriores a la transferencia del servicio.

Este régimen general, en todo caso, conforme al Parágrafo Único del artículo 16 del mismo Reglamento parcial N° 1 LOD, puede ser modificado en los reglamentos de la Ley Orgánica de Descentralización que regulen la transferencia de competencias y servicios en sectores específicos, en los cuales puede establecerse otro régimen para la cancelación de los pasivos laborales.

En el sector salud, por ejemplo, en los convenios de transferencia de competencias que se celebraron en 1993 con los Estados Aragua, Bolívar, Carabobo, Falcón y Anzoátegui[204], se estableció que el pago de las prestaciones sociales e intereses sobre éstas acumuladas hasta la fecha de la efectiva transferencia de personal, debía ser garantizado plenamente por parte del Ejecutivo nacional, al término de la relación laboral con la gobernación. A tal efecto el Ejecutivo nacional, se obligó a:

1. Solicitar la tramitación de los fondos correspondientes ante los organismos competentes de recursos económicos para el pago de las prestaciones sociales acumuladas del personal que se transfería, hasta la fecha en que se hizo efectiva la transferencia del personal.

2. Los recursos destinados al pago de las prestaciones sociales y sus intereses debían ser colocados en un fondo fiduciario que debía tener como beneficiarios a los trabajadores objeto del proceso de transferencia y como finalidad cancelar las prestaciones sociales a cada trabajador al término de su relación laboral.

En estos casos, el incremento en el valor de las prestaciones sociales derivado de aumentos salariales debía ser asumido por el Ejecutivo nacional si provenía de decretos o medidas de carácter nacional. En el caso de que la decisión proviniera del Ejecutivo regional éste lo debía asumir, a menos que las partes acordasen otra forma de asumir las obligaciones derivadas de las incidencias de los aumentos salariales en las prestaciones sociales.

g. *Los bienes adscritos a los servicios transferidos*

La transferencia de los bienes muebles e inmuebles adscritos a los servicios a transferir se debe realizar de acuerdo con lo establecido en leyes y reglamentos aplicables (Ley Orgánica de la Contraloría General de la República y reglamentos, Ley Orgánica de Descentralización, y Reglamento Parcial N° 1 LOD), sin indemnización alguna. Acordada la transferencia de bienes nacionales a los estados, debe formalizarse en acta levantada al efecto, el inventario relativo a los bienes muebles e inmuebles de manera que quede constancia de la recepción por el estado de todos y cada uno de los que efectivamente se entreguen.

El estado beneficiario queda subrogado en los derechos y deberes de la Administración Pública nacional sobre los bienes transferidos a la fecha de entrada en vigor de la transferencia.

h. *La coordinación y cooperación en la prestación de los servicios*

El Ejecutivo del estado, de mutuo acuerdo con la, autoridad del ministerio u organismo adscrito en el ámbito del estado, deben establecer normas y mecanismos de coordinación y cooperación con las alcaldías del estado, con la finalidad de que los municipios, para la gestión de sus intereses y en el ámbito de sus competencias, puedan dar cumplimiento, de una manera eficiente, a los servicios que tienen encomendados conforme a la Ley Orgánica del Poder Público Municipal. La coordinación y cooperación en la prestación de los servicios entre el Ejecutivo regional y las alcaldías significa establecer y disponer de una forma metódica de sistemas y normas, de manera que puedan concurrir juntos a la prestación del servicio transferido.

---

204 *V.* el texto de dichos convenios en Informe sobre la Descentralización en Venezuela, 1993. Memoria del Dr. Allan R. Brewer-Carías, Ministro del Estado para la Descentralización, Caracas, 1994, pp. 623 y ss. y 825 y ss.

Un requisito a cumplir es el establecimiento de un sistema de información estadístico que sirva de instrumento para el control y la evaluación de la ejecución de los programas del servicio transferido, así como de los efectos sociales, económicos e institucionales logrados. Un sistema de información estadística permite, además, el diseño de nuevas políticas nacionales y estadales, en materia del servicio transferido. En este sentido, la unidad o ente responsable de la prestación del servicio en el estado, debe presentar periódicamente, al ministerio u organismo adscrito, la información presupuestaria y administrativa, de acuerdo a la normativa establecida y aquellos indicadores que permitan realizar la evaluación técnica del servicio para averiguar si los resultados obtenidos se corresponden con las propuestas.

La gobernación del estado debe elaborar un plan operativo anual y el proyecto de presupuesto relacionado con el servicio de que se trate, para la entidad federal, el cual debe ser presentado al ministerio u organismo adscrito, a los fines de su análisis y de compatibilización programática con el presupuesto nacional. Dicho proyecto de presupuesto relativo al servicio, deberá ser presentado en los primeros 5 días del mes de marzo, de cada ejercicio fiscal.

La información periódica de ejecución del plan operativo anual del presupuesto descentralizado de la unidad federal, debe servir como instrumento para el control, la evaluación y supervisión del servicio.

Cuando el ministerio u organismo adscrito promueva, auspicie y suscriba convenios de asesoría técnica y científica relacionada con el servicio transferido, con organismos extranjeros e internacionales, tanto público como privados, debe tomar en cuenta las necesidades del estado receptor del servicio, a fin de que se beneficie de los términos de los convenios de asesoría.

El ministerio u organismo adscrito y la gobernación del estado pueden suscribir cuantos convenios de cooperación sean oportunos para el mejor desarrollo de la prestación de los servicios. Sin embargo, al momento de la firma del convenio, el Ejecutivo nacional y la gobernación del estado deben convenir en crear una comisión de alto nivel, integrada por representantes de la gobernación del estado, del ministerio u organismo adscrito y del Ministerio de Interior y Justicia.

La comisión de alto nivel debe cumplir dos funciones básicas: elaborar el cronograma del proceso de ejecución de la transferencia en un lapso no mayor de treinta días continuos, a partir de la firma del convenio; y resolver las dudas y controversias que se presenten con motivo de la ejecución del programa de transferencia y el cumplimiento del convenio y de cualquiera otros que se firmen, relacionados con el servicio transferido.

3. Los principios de la desconcentración administrativa nacional

Con motivo de regular las bases para el proceso de transferencia de competencias concurrentes del nivel nacional al de los estados, la ley orgánica estableció como obligación del Ejecutivo nacional el impulsar "la descentralización y la desconcentración de funciones dentro de sus respectivas dependencias, a fin de facilitar la celebración de los convenios para la transferencia de la prestación de servicios específicos". Además, dicha norma estableció el principio de que la contratación y ejecución de las obras debe siempre corresponder "a unidades desconcentradas de los organismos nacionales a nivel de cada estado, bajo la coordinación del gobernador" (Art. 9).

En todo caso el Ejecutivo nacional, por órgano del Ministro de Interior y Justicia, debe informar anualmente a la Asamblea Nacional de las realizaciones en materia de descentralización y desconcentración (Art. 10).

4. La reasunción nacional de servicios transferidos

La Ley Orgánica prevé que los servicios transferidos de conformidad con lo que antes se ha indicado (arts. 5 y 6), pueden ser reasumidos por el Ejecutivo nacional, aun cuando no precisa, en qué casos y por qué motivos podría producirse la reasunción. La Ley Orgánica se limita a establecer el procedimiento para que la reasunción se produzca, pudiendo ésta realizarse sea a iniciativa del Ejecutivo nacional o del gobernador (Art. 8).

En ambos casos, tanto el Ministro de Interior y Justicia como el gobernador respectivo, deben solicitar la reversión de un servicio, es decir, su reasunción por parte del Ejecutivo nacional, ante la Asamblea Nacional. En el caso de que sea el gobernador quien solicite la reversión, debe requerir la opinión previa del Consejo Legislativo, la cual no es vinculante para el gobernador. Es decir, aun si el consejo da una opinión desfavorable, el gobernador puede hacer la solicitud a la Asamblea, la cual puede autorizar o no la reversión debiendo adoptar su decisión en un lapso de 90 días, debiendo comunicar su decisión al Ministro de Interior y Justicia o al gobernador según el caso (Art. 8).

III. LA TRANSFERENCIA A LOS ESTADOS DE COMPETENCIAS RESERVADAS AL PODER NACIONAL

Además de la transferencia de competencias concurrentes que hubiesen sido centralizadas, la Ley Orgánica fue el primer instrumento legislativo que dio aplicación al artículo 137 C. de 1961, equivalente al artículo 157 C de 1999, a cuyo efecto dispuso en el artículo 11 la transferencia a los estados "la competencia exclusiva" en las siguientes materias:

1. La organización, recaudación, control y administración del ramo de papel sellado;

2. El régimen, administración y explotación de las piedras de construcción y de adorno o de cualquier otra especie, que no sean preciosas, el mármol, pórfido, caolín, magnesita, las arenas, pizarras, arcillas, calizas, yeso; puzolonas, turbas, de las sustancias terrosas, las salinas y los ostrales de perlas, así como la organización, recaudación y control de los impuestos respectivos. El ejercicio de esta competencia está sometido a la Ley Orgánica para la [Planificación y Gestión de la] Ordenación del Territorio y a las leyes relacionadas con la protección del ambiente y de los recursos naturales renovables;

3. La conservación, administración y aprovechamiento de las carreteras, puentes y autopistas en sus territorios. Cuando se trate de vías interestadales esta competencia se ejercerá mancomunadamente, a cuyos efectos se celebrarán los convenios respectivos;

4. La organización, recaudación, control y administración de los impuestos específicos al consumo, no reservados por ley al poder nacional; y

5. La administración y mantenimiento de puertos y aeropuertos públicos de uso comercial.

La transferencia de estas competencias nacionales a los estados, para que fueran asumidas por éstos como "competencias exclusivas", sin embargo, no se operó con la sola promulgación de la Ley Orgánica, pues el mismo artículo 11, en su parágrafo único estableció que "hasta tanto los estados" asumieran estas competencias por ley especial, dictadas por los respectivos consejos legislativos (antes asambleas legislativas), se debía mantener vigente "el régimen legal existente en la actualidad" (dic. 1989)[205].

Por tanto, sólo cuándo cada estado estableciera, por ley especial, el régimen de ejercicio de estas competencias, la transferencia se producía respecto a dicha entidad, lo que significó que el proceso de transferencia en definitiva dependió de las antiguas asambleas legislativas de los estados.

Esto significó que la transferencia ni se produjo a la vez en todos los estados ni necesariamente se realizó en forma uniforme. En todo caso, con la promulgación de la Ley Orgánica puede decirse que se operó una modificación o mutación de la Constitución de 1961 en virtud de la expresa disposición del artículo 137, habiendo adquirido la Ley Orgánica en ese aspecto, rango constitucional, razón por la cual ese proceso de descentralización no podía revertirse ni centralizarse de nuevo las competencias, salvo mediante una enmienda constitucional[206]. En todo caso, la Constitución de 1999 en términos generales, constitucionalizó las transferencias.

IV. LOS AVANCES DEL PROCESO DE DESCENTRALIZACIÓN: 1993-1994

1. La reglamentación de la ley orgánica

El gobierno de transición de 1993, dada la crisis política que le había dado origen[207], asumió una política clara y precisa: agilizar y profundizar el proceso de descentralización en un marco de equilibrio entre los diferentes niveles y órganos del poder público, como mecanismo para fortalecer la democracia. Para lograr este objetivo, fue necesario definir un marco normativo que sin entrabar las iniciativas de los estados, le imprimiera un sentido y una orientación al proceso, a cuyo efecto se designó un Ministro de Estado para la Descentralización.

Había para entonces la percepción de cierta anarquía o desorden que retardaba innecesariamente el proceso, y de ciertas desviaciones que lo desnaturalizaban. En realidad, muy poco se había avanzado en la transferencia efectiva de competencias y servicios desde el nivel central a los estados.

Había un clima de confusión en el propio Ejecutivo nacional donde algunos ministerios realizaban planes para desconcentrarlos sin entender que el proceso deseado y deli-

---

205 *V.* el texto de las diferentes leyes estadales en Informe sobre la Descentralización en Venezuela, 1993. Memoria del Dr. Allan R. Brewer-Carías, Ministro del Estado para la Descentralización, Caracas, 1994, pp. 389 y ss. y 459 y ss.

206 *V.* Allan R. Brewer-Carías, "Bases legislativas para la descentralización política de la Federación centralizada (1990: El inicio de una reforma)", en Allan R. Brewer-Carías, *Leyes para la descentralización política de la Federación,* Editorial Jurídica Venezolana, Caracas, 1994, pp. 25 y ss.

207 Con motivo del enjuiciamiento del Presidente de la República que había sido electo en 1989, en junio de 1993 el Congreso designó un Presidente temporal que concluyó el mandato del Presidente suspendido.

neado por las políticas nacionales tenía un carácter administrativo, pero también y quizás más importante que aquél, un carácter político.

Frente a esta realidad se imponía una actuación pronta y segura. Los gobernadores estaban conscientes de la necesidad de un cierto orden en el proceso, además que se quejaban de la lentitud del mismo.

Por otra parte, había la necesidad de romper con las resistencias en algunas áreas de la Administración Pública nacional a desprenderse de importantes funciones que debían traspasarse a los estados. También era necesario realizar una intensa labor de convencimiento en todos los ámbitos de la sociedad, especialmente en, aquellos sectores que de alguna manera directa o indirecta tuviesen que ver con el proceso, o se vieran afectados por él.

Aparte de las actividades de divulgación y promoción dirigidas al general entendimiento de la verdadera naturaleza política y administrativa del proceso de descentralización, el gobierno se dedicó a establecer el marco normativo necesario para ordenar el proceso, y a crear los mecanismos institucionales que aseguraran su correcta y oportuna coordinación, asegurando la participación de todos los interesados en el mismo.

La base para la actuación en el establecimiento de las normas reguladoras del proceso era la mencionada Ley Orgánica de Descentralización. Delimitación y Transferencia de Competencias del Poder Público de 1989. Hasta 1993 sólo se había dictado el Reglamento parcial N° 1 LOD sobre transferencia de servicios a los estados (1992), que era escueto en demasía para regular correctamente un proceso tan complejo como el de la transferencia de los servicios desde el poder central a los estados.

La urgencia en las demandas para agilizar y profundizar el proceso no daba tiempo para dictar un Reglamento general de la Ley Orgánica, tarea larga y compleja, por lo que se optó por Reglamentos parciales que resolvieran los asuntos que debían ser regulados con mayor prontitud. También surgió la posibilidad de aprovechar la ley habilitante que le había otorgado poderes especiales al Presidente de la República para legislar en determinadas materias económicas y financieras, y establecer algunas normas de rango legal, como el decreto ley que reguló los mecanismos de participación de los estados y municipios en el impuesto al valor agregado y el Fondo intergubernamental para la descentralización; texto normativo que efectivamente se utilizó[208].

A. El régimen para la transferencia de servicios a los estados

Mediante el Reglamento N° 1 LOD, aprobado por decreto N° 3.250 del 18 de noviembre de 1993, que sustituyó el que se había dictado en 1992[209], como antes se ha analizado, se reguló en forma detallada del proceso de transferencia de los servicios que se definieron como de materias de competencias concurrentes.

El título I del reglamento se dedica a las transferencias de servicios. A tal efecto, en el capítulo I se define lo que se entiende por servicios (parágrafo único del artículo 1); se establece el contenido mínimo de los programas de transferencias mediante los cuales

208 *V.* el texto de dichos reglamentos en Allan R. Brewer-Carías, *Leyes para la descentralización política de la Federación, cit.* 297 y ss.

209 *V.* en *Gaceta Oficial* N° 35.359 del 13 de diciembre de 1993.

deben solicitarse éstas (Art. 3.º); se establece que cuando la iniciativa sea del Ejecutivo nacional ésta debe basarse en un estudio previo aprobado por la Comisión Nacional para la Descentralización, pudiendo en tal caso solicitarse la transferencia, para una parte o para la totalidad de estados, si así se considerase conveniente (Art. 4º).

En el capítulo II se regula el procedimiento para las transferencias de servicios, a cuyo efecto se dispone que una vez presentada la solicitud al Ejecutivo nacional, debe realizarse un proceso de negociación en el seno de los grupos de trabajo establecidos en el Reglamento parcial Nº 2 LOD, el cual no debe ser mayor de 90 días (Art. 6); se establece el contenido mínimo de los convenios de transferencia a firmarse una vez lograda la aprobación de la Asamblea Nacional (Art. 8); y un procedimiento de negociación entre el Gobierno nacional y los estados en el seno de los grupos de trabajo previstos en el Reglamento Nº 2 LOD, cuando la iniciativa de la transferencia sea del Ejecutivo nacional, con un lapso máximo de 90 días (Art. 9). De esta manera, el programa de transferencia y el proyecto de convenio que debe estudiar la Asamblea Nacional ya debe contar con el acuerdo de las partes.

En el capítulo III se regula la incidencia de la transferencia en los asuntos administrativos, en particular, lo relativo a los trámites y procedimientos en curso de tramitación (Art. 11); a la entrega de los bienes, derechos y obligaciones (Art. 12); a las concesiones y contratos administrativos con terceros (Art. 13); y los asuntos relativos al personal adscrito a los servicios objeto de la transferencia (Art. 14).

En el capítulo IV se contempla la determinación del costo de los servicios a transferir; se define lo qué se entiende por costo directo, indirecto y gastos de inversión (Art. 15); se establece que la valoración de los servicios se debe realizar según el costo real durante el ejercicio presupuestario inmediatamente anterior a la valoración, provisional o definitiva del costo de los servicios (Art. 18); y finalmente se contempla que la República debe garantizar el financiamiento de los servicios objeto de transferencia con una cantidad anual por lo menos igual al costo real de los servicios (Art. 19).

El Título II del Reglamento regula la transferencia de competencias establecidas en el artículo 11 LOD, mediante la asunción de las competencias a través de una ley especial de los consejos legislativos respectivos, que debe diferenciarse del proceso de obtención de la transferencia de los recursos, bienes y personal que el poder nacional podía destinar a la gestión de la competencia, antes de que ésta fuera asumida por el estado respectivo (Art. 20).

Por ello, el Reglamento establece un procedimiento de negociación de la transferencia del personal, bienes y recursos anejos a las competencias asumidas, cuando la ley especial aprobada por el Consejo Legislativo no establezca un mecanismo específico. Esta negociación se debe realizar a través de los comités de trabajo establecidos en el Reglamento Nº 3 LOD, y no debe tener una duración superior a los 60 días (Art. 21). Cuando las partes lleguen a un acuerdo se debe suscribir un convenio de acuerdo al artículo 13 del Reglamento Nº 3 LOD. La entrega de los bienes, derechos y obligaciones debe formalizarse mediante acta levantada al efecto (Art. 22).

Finalmente, el título III del reglamento se refiere a los acuerdos previos a la transferencia de servicios y a la cogestión previa de los servicios susceptibles de transferencia. En el capítulo I se establece la posibilidad de ellos y se expresa que cuando la iniciativa provenga del Ejecutivo nacional, antes de la firma del acuerdo, debe ser aprobada por la Comisión Nacional para la Descentralización establecida en el Reglamento parcial Nº 2 LOD (Art. 25); se establece el contenido mínimo de los acuerdos previos, indicándose que debía tomarse en cuenta el Reglamento Nº 4 sobre nombramiento de directores de las dependencias de los ministerios y de los institutos autónomos en los estados (Art. 26) que luego derogado en 1994; y se establece un plazo máximo para el acuerdo previo y la cogestión de 2 años (Art. 27).

B. El régimen sobre los mecanismos institucionales para la descentralización de la administración pública nacional

Mediante Reglamento parcial Nº 2 LOD, dictado por decreto N° 3.085 del 22 de julio de 1993[210], se creó la Comisión Nacional para la Descentralización como mecanismo de coordinación de las distintas dependencias del Ejecutivo nacional. También se ordenó la creación de los órganos ministeriales que se deben ocupar de liderizar el proceso en aquellos ministerios que realicen competencias transferibles a los estados. Por último, en este Reglamento se ordenó la adecuación interna de los organismos de planificación y desarrollo para que pudieran atender eficazmente el proceso de descentralización.

C. El régimen del consejo territorial de gobierno y la organización ínter gubernamental para la descentralización

El objeto de este Reglamento parcial Nº 3 LOD aprobado por decreto Nº 3.104 del 12 de agosto de 1993[211], fue el establecimiento de mecanismos de relación ínter gubernamental, que se lograron con la creación del consejo territorial de gobierno y su comité de consulta permanente; de los consejos regionales de gobierno y de los comités de trabajo de cada uno de ellos. el Reglamento también reguló los convenios de colaboración entre la Administración Pública nacional y los estados. Sus normas, sin embargo, desde la creación en la Constitución de 1999 del Consejo Federal de Gobierno (Art. 185) puede considerarse que han quedado derogadas, aún cuando no se haya dictado la ley reguladora de este último órgano constitucional.

D. El régimen sobre nombramiento de los directores o coordinadores de las dependencias de los ministerios y de los institutos autónomos en los estados

El Reglamento parcial Nº 4 LOD, buscó resolver uno de los problemas más agudos de la estructura administrativa territorial, consistente en las relaciones que deben tener los gobernadores elegidos popularmente en los estados, con los funcionarios jefes de las unidades administrativas nacionales designados por el respectivo jerarca ministerial. El Reglamento reguló el papel de los gobernadores como coordinadores de la acción de las diversas dependencias de la Administración Pública nacional en su estado, y en consecuencia, la posibilidad que tenían de dictar órdenes e instrucciones a los funcionarios que dirigían estas dependencias.

---

210 *V.* en *Gaceta Oficial* Nº 35.268 de 5 de agosto de 1993. *Cfr.* lo expuesto en Allan R. Brewer-Carías, *Instituciones Políticas y Constitucionales*, *T.* II, "El poder público nacional, estadal y municipal", *cit.*, pp. 430 y ss..

211 *V.* en *Gaceta Oficial* Nº 3.104 de 12 de agosto de 1993. *Cfr.* lo expuesto en Allan R. Brewer-Carías, *Instituciones Políticas y Constitucionales*, *T.* II, "El poder público nacional, estadal y municipal", *cit.* pp. 436 y ss.

El Reglamento estableció que los ministros debían delegar en los gobernadores, la firma de las resoluciones de nombramiento de los directores o coordinadores de sus respectivas unidades en los estados, de acuerdo con el procedimiento que se reguló en el mismo; ordenándole igualmente a los ministros la exhortación a los directivos de sus organismos de adscripción a proceder en ese mismo sentido, de acuerdo con el procedimiento allí descrito.

Así se resolvió en gran medida las diferencias de criterio que existían entre los responsables de la acción de gobierno en los estados y el gobernador. Se estableció una relación de jerarquía muy conveniente a los fines de la correcta y pronta actuación oficial bien coordinada, y se le otorgaron mayores responsabilidades a los gobernantes regionales.

El Reglamento fue dictado mediante decreto N° 3.109 del 19 de agosto de 1993; sin embargo, fue derogado, y sustituido por el Reglamento para coordinar las funciones del poder nacional con las de los estados en materia de transferencia de competencias[212], el cual eliminó toda ingerencia de los gobernadores en la designación de los funcionarios nacionales en su entidad.

E. El régimen sobre la desconcentración de atribuciones en materia de transporte, tránsito terrestre y vigilancia de la circulación a las gobernaciones

La condición de agentes del Ejecutivo nacional que conforme a la Constitución de 1961 tenían los gobernadores de estado sirvió en algunos casos no previstos en la Ley Orgánica de Descentralización, como fundamento para lograr la desconcentración de funciones. Consideró el Gobierno nacional la conveniencia de complementar la transferencia de competencias con la desconcentración de algunas funciones cuyo ejercicio resultaba más oportuno en el nivel estadal, tal como lo había previsto el artículo 9 LOD, a cuyo efecto dictó el Reglamento parcial N° 5 mediante decreto N° 3.121 del 2 de septiembre de 1993[213].

La materia objeto de la desconcentración, en este caso, fue la de transporte, tránsito terrestre y vigilancia de la circulación que se reconoce estrechamente relacionada con competencias transferibles como la construcción, conservación, administración y aprovechamiento de carreteras, puentes y autopistas.

La figura que se utilizó para desconcentrar funciones del Gobierno nacional en los gobernadores de estado fue la de la encomienda, tal como lo prevé el artículo 22.6 LOD, figura ahora recogida en la LOAP de 2001 (*Tercera parte, § 9*).

Encomendar, es, según el *Diccionario de la Lengua Española*: "encargar a uno que haga alguna cosa o que cuide de ella o de una persona", razón por la cual, no se trataba de un traspaso de poderes, los cuales conservaba plenamente el Gobierno nacional, sino de encargar a los gobernadores en su calidad de agentes de aquél, del ejercicio de determinadas competencias y funciones.

---

212 *V.* decreto N° 44 de 23 de febrero de 1994, *Gaceta Oficial* N° 35.407 de 23 de febrero de 1994.

213 *V.* en *Gaceta Oficial* N° 35.289 del 3 de septiembre de 1993.

El artículo 1° del Reglamento parcial N° 5 LOD facultó al Ministro de Infraestructura (entonces de Transporte y Comunicaciones) para encomendar mediante resolución, a los gobernadores de estado, el ejercicio de una serie de competencias en materia de tránsito y transporte interurbano.

El procedimiento previsto se iniciaba con la solicitud de la encomienda ante el ministro, de manera que una vez formalizada la solicitud, se debían negociar los términos concretos de la misma, como resultado de lo cual se debía suscribir el convenio de colaboración previsto en el artículo 14 del Reglamento parcial N° 3 LOD. Firmado el convenio, entonces debe el ministro debía proceder a dictar la correspondiente resolución. Cuando se tratase del establecimiento de tarifas del servicio de transporte público de personas en rutas suburbanas e interurbanas, la encomienda debía decidirse por una resolución conjunta de los entonces Ministerios de Fomento y de Transporte y Comunicaciones (actuales Ministerios de Producción y Comercio e Infraestructura).

Dictadas como hubieran sido las correspondientes resoluciones de encomienda, los gobernadores debían cumplir las funciones encomendadas mediante órdenes y resoluciones, bajo la supervisión del ministerio que mantenía la jerarquía administrativa a todos los efectos legales.

F. El régimen sobre el Consejo de Gobiernos del área metropolitana de Caracas

La existencia de diversos organismos de gobierno, algunos de ellos con autonomía, que ejercen sus competencias en el ámbito del área metropolitana de Caracas, y la franca colisión de decisiones y criterios en el manejo de los asuntos públicos atinentes a la capital de la República, obligó a los alcaldes capitalinos a solicitar la creación de un medio institucional de coordinación, especialmente de las funciones de los estados y de los municipios que coparticipaban en el gobierno de Caracas.

A tal efecto, se dictó el Reglamento parcial N° 6 mediante decreto N° 3.133 de 9 de septiembre de 1993, reformado por decreto N° 3.309 de 22 de diciembre de 1993[214]. Este decreto reconoció la incidencia desfavorable de la situación, por la ausencia de mecanismos de coordinación y la posibilidad de resolver esa carencia mediante el desarrollo de los principios de coordinación.

Para dictar este Reglamento, se consideró el hecho del rompimiento de los límites político territoriales debido al incremento demográfico y urbano de los municipios y la influencia de las actividades y servicios que se desarrollaban en el área, considerándose además que el fenómeno urbano es único por lo que se imponía la superación de la fragmentación de gobiernos autónomos, que por lo demás debían ser consolidados.

De allí que sin menoscabo de las autonomías, se impuso la coordinación de la actividad administrativa que desarrollaban los distintos entes en el área metropolitana de Caracas, mediante un órgano venía a llenar el vacío y a permitir la cooperación, la conciliación y la coordinación de las actividades de los gobiernos nacional, del Estado Miranda, del antiguo Distrito Federal, y de los Municipios Libertador del dicho Distrito, y

---

214 *V.* en *Gaceta Oficial* N° 35.301 de 21 de septiembre de 1993 y en *Gaceta Oficial* N° 35.386 de 21 de enero de 1994. *Cfr.* lo expuesto en Allan R. Brewer-Carías, *Instituciones Políticas y Constitucionales, T.* II, "El poder público nacional, estadal y municipal", Editorial Jurídica Venezolana, Caracas, 1996, pp. 517 y ss.

Sucre, Baruta, Chacao, El Hatillo, Los Salías y Carrizal del Estado Miranda, que coincidían en el desarrollo de actividades urbanísticas, de prestación de servicios y de realización de obras en el área metropolitana de Caracas.

El Reglamento que creó el consejo de gobiernos del área metropolitana de Caracas, además, señaló su integración y sus funciones, los mecanismos para la toma de decisiones, y las formas de realización o prestación en común de las obras y de los servicios básicos metropolitanos.

El Reglamento finalmente quedó derogado a raíz de la constitución del Distrito metropolitano de Caracas (Art. 18) (*Cuarta parte, §16*), cuyas regulaciones, sin duda, tuvieron su antecedente inmediato en aquél Reglamento parcial.

G. El régimen en materia de vialidad terrestre

Por decreto N° 3.177 del 30 de septiembre de 1993 se dictó el Reglamento parcial N° 7 LOD sobre vialidad terrestre[215], con el objeto de regular el régimen de transferencia de competencias nacionales a los estados en materia de vialidad, tanto de competencias concurrentes como de competencias exclusivas.

A tal efecto, el Reglamento definió y precisó por primera vez en el ordenamiento jurídico, qué debía entenderse por vías de comunicación, tanto nacionales como estadales; y reglamentó en general a las vías de comunicación, en particular cuanto concierne a la explotación y uso de las mismas.

H. El régimen sobre encomienda a los gobernadores de estado de las atribuciones en materia de administración de las cárceles nacionales

Una vez más se apeló al carácter de agentes del Ejecutivo nacional que tenían los gobernadores de estado para desconcentrar en ellos algunas atribuciones que eran ejercidas desde el poder central, y que resultaba más conveniente y oportuno su ejercicio en el nivel estadal.

El Reglamento parcial N° 8 LOD dictado por decreto N° 3.188 del 8 de octubre de 1993[216], estableció que por resolución del Ministro de Interior y Justicia, se podía encomendar a los gobernadores de los estados, estos últimos en su carácter de agentes del Ejecutivo nacional, el ejercicio de las competencias que en principio le correspondía a ese ministerio, en materia de administración de las cárceles nacionales.

Para ello se debía seguir el mismo procedimiento que ya se había definido en el Reglamento parcial N° 5 LOD, que se iniciaba con la solicitud del gobernador, la negociación de las condiciones para el ejercicio de las funciones objeto de la desconcentración y la firma del convenio.

---

215 *V.* en *Gaceta Oficial* N° 35.327 del 28 de octubre de 1993.

216 *V.* en *Gaceta Oficial* N° 35.317 del 14 de octubre de 1993.

I. El régimen sobre transferencias a los estados de los servicios de salud pública

Por decreto N° 3.324 de 7 de enero de 1994, se dictó el Reglamento parcial Nº 9 LOD sobre la transferencia a estados de los servicios de salud pública[217], en cuyo texto se recogió el contenido de los convenios de transferencia de los servicios de salud que se suscribieron en 1993 entre el entonces Ministro de Relaciones Interiores, el Ministro de Sanidad y Asistencia Social y los gobernadores de los Estados Aragua, Falcón, Anzoátegui, Bolívar y Carabobo, a los efectos de normativizar lo que en su inicio fueron cláusulas de convenios intergubernamentales.

La experiencia desarrollada en esos convenios permitió, sin duda, la emisión del referido Reglamento parcial Nº 9 LOD que debía servir de base para los futuros convenios que habían de suscribirse con los restantes estados de la República para la transferencia de los servicios de salud pública.

J. Otras regulaciones vinculadas con el proceso de descentralización

Aparte de los Reglamentos parciales de la Ley Orgánica de Descentralización, durante los meses del gobierno de transición de 1993-1994, se dictaron otros reglamentos vinculados con la descentralización, algunos incluso reglamentando conjuntamente otras leyes.

Se destaca, en primer lugar, el reglamento sobre coordinación de los servicios de policía y sobre normas de conducta de los miembros de los cuerpos de policía. En virtud de que conforme a la Constitución la actividad de policía era y es una competencia concurrente entre los órganos del poder nacional, los estados y los municipios, y en virtud de la proliferación de las policías municipales, precisamente por el proceso de descentralización que se había acelerado, mediante decreto Nº 3.179 del 7 de octubre de 1993 se dictó este Reglamento sobre coordinación de los servicios de policía y sobre normas de conducta de los miembros de los cuerpos de policía[218].

El Reglamento creó la Comisión Nacional de Policía, como parte del sistema nacional de coordinación de los servicios de policía que dirige el Ministerio de Interior y Justicia; reguló las comisiones regionales de policía, presididas por los gobernadores de estado y estableció normas para la coordinación de los cuerpos de policía de los estados. Adicionalmente, el decreto estableció, conforme a disposiciones de los Pactos y Convenciones Internacionales sobre Derechos Humanos, normas de conducta a los miembros de los cuerpos de policía.

Este decreto fue derogado por la Ley de Coordinación de Seguridad Ciudadana de 2001[219], texto en el cual lamentablemente no se incorporaron las normas de conducta a los miembros de los cuerpos de policía.

En segundo lugar, se dictó el decreto Nº 3.015 del 24 de septiembre de 1993 de creación del Consejo Nacional de alcaldes, como órgano permanente para la colaboración,

---

217 A raíz del cambio de Gobierno este decreto no se publicó en la *Gaceta Oficial*, a pesar de haber sido aprobado en Consejo de Ministros.

218 *V.* en *Gaceta Oficial* Nº 35.317 del 14 de octubre de 1993. *Cfr.* lo expuesto Allan R. Brewer-Carías, *Instituciones Políticas y Constitucionales*, *t.* II, "El Poder nacional, estadal y municipal", *cit.* pp. 188 y ss.

219 *V.* decreto ley Nº 1.453, *Gaceta Oficial* Nº 37.318 del 6 de noviembre de 2001.

cooperación y coordinación de políticas y acciones entre el poder nacional y los municipios, en el desarrollo del proceso de descentralización administrativa hacia los municipios[220]. El Consejo estaba integrado por el Presidente de la República, algunos ministros y por un alcalde por cada uno de los estados de la República, designado por la correspondiente asociación de alcaldes del estado o por el Consejo Regional de Gobierno a que se refería el artículo 5 del decreto N° 3.104 del 12 de agosto de 1993. El decreto se aplicó en 1993, pero posteriormente ha sido olvidado.

En tercer lugar, debe mencionarse el Reglamento parcial de la Ley Orgánica de Descentralización y de la derogada Ley de Protección al Consumidor sobre encomienda a los gobernadores y sobre delegación a los gobiernos municipales de las atribuciones de fiscalización y control de alza indebida de precios y defensa y protección al consumidor, dictado por decreto Nº 3.184 del 7 de octubre de 1993[221]. En particular, con motivo del alza indebida de precios que se evidenció con la creación del impuesto al valor agregado, resultaba indispensable establecer mecanismos de fiscalización y control de la defensa y protección al consumidor. Por ello se resolvió no sólo delegar en los municipios estas tareas conforme a lo previsto en la derogada Ley de Protección al Consumidor, sino también encomendar a los gobernadores de estado esas tareas, utilizando la figura de la encomienda.

En cuarto lugar, debe mencionarse el decreto N° 3.180 del 7 de octubre de 1993, que reglamentó el ejercicio de las competencias del Ejecutivo nacional en materia de relaciones internacionales. Con motivo del proceso de descentralización y de la consolidación de los poderes regionales, los gobernadores de estado habían venido desplegando actividades en el exterior, de promoción de sus respectivas entidades. A los efectos de que esas acciones no colidieran con las competencias del Ejecutivo nacional en la conducción de las relaciones internacionales, mediante este decreto se buscó asegurar la información y presencia del Ministerio de Relaciones Exteriores en todas las actuaciones de los gobiernos estadales en el exterior[222].

En quinto lugar, se destaca el decreto N° 3.304 del 22 de diciembre de 1993[223], que reglamentó parcialmente de la Ley Orgánica de Descentralización y de la anterior Ley de Turismo sobre encomienda a los gobernadores de estado de atribuciones en materia turística. La actividad pública en materia de turismo, que regulaba la anterior Ley de Turismo se había concebido como una materia de carácter concurrente entre el poder nacional y los municipios. Los estados conforme a la Constitución de 1961 no tenían en tal materia, competencia ni de orden constitucional ni legal, lo cual fue cambiado en la Constitución de 1999 (Art. 310). En 1993 era evidente que la promoción del turismo y el control de las actividades turísticas, exigía la participación del nivel intermedio de los estados en la misma, por lo que mediante este Reglamento parcial tanto de la Ley Orgánica de Descentralización como de la Ley de Turismo, se procedió a regular la encomienda a los gobernadores de estado, en su carácter de agentes del Ejecutivo nacional en los estados, de la materia turística.

---

220 *V.* en *Gaceta Oficial* Nº 35.320 del 19 de noviembre de 1993. *V.* lo expuesto Allan R. Brewer-Carías, *Instituciones Políticas y Constitucionales*, *T.* II, "El Poder nacional, estadal y municipal", *cit.* pp. 441 y ss.

221 *V.* en *Gaceta Oficial* Nº 35.326 del 27 de octubre de 1993.

222 *V.* en *Gaceta Oficial* Nº 35.317 del 7 de octubre de 1993. *V.* lo expuesto Allan R. Brewer-Carías, *Instituciones Políticas y Constitucionales*, *T.* II, "El Poder nacional, estadal y municipal", *cit.* pp. 225 y ss.

223 *V.* en *Gaceta Oficial* Nº 35.386 del 21 de enero de 1994.

En sexto lugar, se destaca el Reglamento relativo a la participación de los municipios en los recursos del FIDES. En efecto, el decreto ley N° 3.265 del 25 de noviembre de 1993 sobre Mecanismos de Participación por los estados y municipios en el impuesto al valor agregado y el Fondo intergubernamental para la descentralización[224], había establecido que los recursos provenientes del impuesto al valor agregado a ser asignados a los municipios, sólo podían ser destinados, exclusivamente, al financiamiento de:

1. Servicios correspondientes a competencias concurrentes y exclusivas, transferidos o transferidas a los estados conforme a lo previsto en la Ley Orgánica de Descentralización, Delimitación y Transferencia de Competencias del Poder Público y a sus reglamentos; y

2. Servicios prestados por la República, sus institutos autónomos transferidos a los municipios, conforme al Reglamento que a tal efecto dictase el Presidente de la República en Consejo de Ministros.

Se precisó, por tanto, de acuerdo con la Ley habilitante, que el financiamiento de servicios efectivamente transferidos a los municipios (se entiende, en el campo de las competencias concurrentes), también podía ser cubiertos con recursos provenientes del producto del IVA. La Ley Orgánica de Descentralización sólo reguló el procedimiento de transferencia de competencias y servicios del poder nacional hacia los estados, no regulando nada en relación a la transferencia de servicios hacia los municipios. De allí que el decreto ley N° 3.265 del 25 de noviembre de 1993 hubiera exhortado expresamente al Presidente de la República para reglamentar el procedimiento de la transferencia de servicios prestados por órganos nacionales a los municipios, a los efectos de garantizarle a estos entes acceso al financiamiento previsto en la ley habilitante. En tal virtud, se dictó el Reglamento parcial N° 1 del decreto ley N° 3.265, por decreto N° 3.323 de 7 de enero de 1994.

A pesar de que fue aprobado en Consejo de Ministros, debido al cambio de Gobierno en enero de 1994, este decreto no fue publicado en la *Gaceta Oficial*. Posteriormente, sin embargo, se dictó el Reglamento sobre la participación de los municipios en los recursos del FIDES por decreto N° 796 de 16 de agosto de 1995[225].

2. El régimen de las relaciones interadministrativas para descentralización: la Comisión Nacional para la descentralización

La descentralización política, como proceso de transferencia de competencias y servicios prestados por los órganos de la Administración Pública nacional central o descentralizada a los estados, afecta e interesa, sin lugar a dudas, a todos los organismos de aquélla que ejecuten o presten competencias o servicios transferibles, conforme a los artículos de la Ley Orgánica.

Por ello, para la conducción del proceso como política nacional, resultaba indispensable no sólo involucrar en el mismo a todos los ministerios, sino establecer los adecuados mecanismos de coordinación entre ellos, a efectos de que el proceso tuviera un mínimo de coherencia y organicidad, aun cuando no de uniformidad, dada la variada situación y realidad de los estados. Para ello, resultaba necesario constituir en todos los

224 *V.* en *Gaceta Oficial* N° 35.359 del 13 de diciembre de 1992.
225 *V.* en *Gaceta Oficial* N° 35.779 del 22 de agosto de 1995.

ministerios e institutos autónomos que les estuvieran adscritos y que ejercieran competencias transferibles de acuerdo a la Ley Orgánica, órganos de programación, ejecución y control del proceso de descentralización; y además facilitar el seguimiento de las decisiones que en materia de descentralización se produjeran en el seno de la Administración central, requiriéndose la coordinación de dichos procesos en la organización ministerial. Para ello se dictó el Reglamento parcial N° 2 LOD sobre los mecanismos institucionales para la descentralización de la Administración Pública nacional contenido en el decreto N° 3.085 del 22 de junio de 1993, que en definitiva regula los mecanismos interadministrativos para la descentralización[226].

El Reglamento estableció principios sobre coordinación de la Administración Pública para la descentralización; reguló la Comisión nacional para la descentralización, la cual se reunió en varias oportunidades durante el período 1993-1994; estableció los organismos ministeriales para la descentralización; precisó normas sobre la adecuación de los organismos regionales de planificación y desarrollo para la descentralización y estableció normas sobre la necesaria reforma de la Administración Pública nacional como consecuencia del proceso de descentralización.

En el artículo 1° del Reglamento se estableció que el Ministerio de Interior y Justicia en su calidad de órgano del Ejecutivo nacional en las tareas de promover, desarrollar y ejecutar el proceso de transferencias de competencias y servicios del poder público nacional a los estados y municipios, es el encargado de asegurar la eficaz coordinación de todas las dependencias de la Administración Pública nacional entre sí, y de esta última con los estados y los municipios en la referida tarea.

De acuerdo con el artículo 34 LOD, y a los fines de la misma, el Ejecutivo nacional debe actuar por órgano del Ministro de Interior y de Justicia, el cual, a su vez, tiene a cargo lo relativo al proceso de descentralización, en todo aquello que competa al Ejecutivo nacional. Por otra parte, debe señalarse que el Reglamento establece que los institutos autónomos, empresas del Estado y demás instituciones descentralizadas funcionalmente de la Administración Pública nacional, deben cooperar con el Ministro de Interior y Justicia en el logro de sus objetivos, y sus representantes deben asistir a la Comisión nacional para la descentralización cuando sean convocados por el mismo (Art. 17).

Precisamente, para la coordinación de las diversas dependencias de la Administración Pública nacional conforme a lo establecido en el artículo 1° del Reglamento parcial N° 2, el mismo creó la Comisión nacional para la descentralización (Art. 2), integrada por el Ministro de Interior y Justicia quien la preside; el director general sectorial para el desarrollo regional del ministerio, el director general sectorial de descentralización y desarrollo institucional del Ministerio de Planificación, el director general sectorial o el funcionario de jerarquía equivalente encargado del proceso de transferencia de competencias y servicios a los estados y municipios en los ministerios en que se desarrollen competencias transferibles de acuerdo con lo previsto en el artículo 2° LOD.

En consecuencia, en aquellos organismos de la Administración Pública nacional donde se realicen competencias transferibles, los ministros correspondientes deben atribuir mediante resolución, al viceministro, a uno de los directores generales sectoriales o a otro funcionario de jerarquía similar, las funciones de orientación y coordinación del proceso de descentralización del ministerio respectivo (Art. 7).

226 *V.* en *Gaceta Oficial* N° 35.268 del 5 de agosto de 1993.

El Reglamento establece la posibilidad de que cuando la índole de los asuntos a tratar en la reunión correspondiente así lo aconsejen, el ministro de Interior y Justicia puede invitar a asistir a las reuniones de la Comisión nacional a los residentes, directores u otros representantes de cualquiera de los institutos autónomos nacionales o empresas del Estado, así como, cuando el caso lo amerite, de otras instituciones públicas o sociales (Art. 3). En todo caso, esos funcionarios deben asistir a las reuniones de la Comisión cuando sean convocados (Art. 17).

De acuerdo con lo establecido en el artículo 4 del Reglamento, corresponde a la Comisión nacional para la descentralización impulsar, apoyar, planificar y coordinar, así como también seguir, supervisar y evaluar permanentemente el desarrollo y la ejecución de los programas y las medidas que en materia de desconcentración y descentralización, corresponda adoptar a los distintos ministerios, institutos autónomos y Empresas de estado nacionales (Art. 4.1).

Así mismo, es tarea de la Comisión estudiar y formular propuestas sobre los distintos aspectos que se susciten en el proceso de desconcentración y descentralización sobre la organización y el funcionamiento de la Administración Pública nacional, central y descentralizada así como sobre los medios personales, materiales, económico y financieros de los organismos públicos. A este efecto, puede encomendar la realización de análisis, estudios e informes o requerirlas de las comisiones u otros órganos de estudio sobre desarrollo institucional instituidas en los distintos estados (Art. 4.2).

La Comisión, igualmente, debe elaborar y establecer los criterios, orientaciones y directrices generales en materia de valoración de costos de los servicios y el traspaso de recursos humanos, así como de medios materiales, a fin de asegurar la mínima organicidad y coherencia de las distintas transferencias de competencias y servicios (Art. 4.3).

Con el objeto de desarrollar el flujo de información sobre el proceso descentralización, la Comisión deben implantar, mantener, coordinar y supervisar un sistema de información y documentación sobre el proceso de descentralización, que comprenda todos los datos y documentos relevantes que se produzcan tanto en la Administración Pública nacional como en los estados y municipios, así como de todos aquellos aspectos que estén en relación con el proceso descentralización (Art. 16).

El Reglamento establece que la Comisión nacional para la descentralización puede constituir grupos de trabajo para el desarrollo de los estudios preparatorios de materias determinadas por acuerdo de la propia Comisión. En todo caso deben existir grupos de trabajo para las siguientes materias: hacienda pública, infraestructura, salud, vivienda, protección al menor y la familia, deporte, cultura y educación (Art. 6)

Ya se señaló que en cada ministerio, el Ministro debe designar por Resolución un funcionario con rango de director general responsable de orientar y coordinar el proceso de descentralización en el ministerio (Art. 7). En tal sentido señala el artículo 8 del Reglamento que los Directores Generales o funcionarios de análoga jerarquía encargados en cada ministerio de los programas y medidas relativas al proceso de descentralización en su condición de miembros de la Comisión nacional para la descentralización deben actuar en coordinación con el Ministerio de Interior y Justicia convirtiéndose así en responsables del impulso, estudio, elaboración, coordinación y supervisión de los programas y medidas que, por razón de la materia, deban adaptarse y ejecutarse en el correspondiente ministerio y en las instituciones descentralizadas que estén adscritas o dependan de cualquier otra forma del mismo (Art. 8).

En consecuencia, le corresponde a dichos funcionarios ministeriales asegurar el cumplimiento, en el ámbito de competencias del ministerio respectivo, de la política general de desconcentración y descentralización y, en especial, de los criterios, orientaciones y directrices establecidas por la Comisión nacional para la descentralización en consulta con el Ministro de Interior y Justicia (Art. 9.1).

De igual forma deben participar y asegurar la intervención de sus ministerios en los grupos de trabajos constituidos en la Comisión nacional para la descentralización (Art. 9.3), así como dirigir los grupos de trabajos y órganos especiales que se creen para la programación y la ejecución del correspondiente proceso de transferencias en su respectivo ministerio (Art. 9.5), todo esto, con el objeto de facilitar al ministro de adscripción la pronta y completa información de los trabajos de la Comisión nacional para la descentralización, de sus grupos de trabajo y de enterar al Ministerio de Interior y Justicia en relación con las tareas y actuaciones de sus respectivos ministerios, y de todas aquellas que resulten relevantes para el proceso de transferencias de competencias y servicios (Art. 9.4).

Se establece, así mismo, que estos funcionarios son los encargados de asumir y desarrollar las tareas que resulten de la actuación y los acuerdos de la Comisión nacional para la descentralización (Art. 9.6), así como de asegurar el apoyo administrativo suficiente para el funcionamiento de las comisiones sectoriales y, en su caso, de las comisiones mixtas constituidas para la negociación de los términos y condiciones de las distintas transferencias de competencias y servicios responsabilidad del respectivo ministerio (Art. 9.7) y de cualquier otra que les encomienden su ministro y el de Interior y Justicia (Art. 9.8).

El Reglamento establece, por otra parte, que los ministros que ejerzan competencias transferibles conforme a la Ley Orgánica de Descentralización, delimitación y transferencia de competencias del poder público, a los efectos de suministrar los recursos necesarios para la ejecución de los estudios y proyectos que se requieran realizar en sus respectivos ámbitos de competencia, deben realizar los correspondientes apartados en sus partidas presupuestarias (Art. 15).

El Reglamento establece que los organismos regionales de planificación y desarrollo, en la actualidad, los Consejos estadales de planificación de políticas públicas, deben formar parte de la organización nacional para la descentralización (Art. 12). En tal sentido, y con el objeto de su incorporación en el proceso de descentralización, éstos deben adecuar su organización interna a fin de dar cumplimiento a lo dispuesto en el artículo 21 LOD (Art. 10) según el cual los organismos regionales de planificación y desarrollo deben servir de entes de asesoría y asistencia técnica a las gobernaciones de las entidades federales, municipales y organismos del Ejecutivo nacional.

En el marco del proceso de descentralización, los organismos regionales de planificación y desarrollo son los responsables de la prestación del servicio de asistencia técnica a los estados y municipios en materia de planificación, transferencia de competencias, modernización de la gestión pública, capacitación de recursos humanos y cooperación técnica (Art. 11.1).

A tal efecto deben crear y desarrollar los servicios de estadística e informática en materia demográfica, social, económica, financiera y de cartografía, así como del seguimiento estadístico de la gestión intergubernamental a nivel del estado y municipio, (Art. 11.2). De igual forma, son los responsables del seguimiento de las políticas nacionales en cada estado (Art. 11.3). Por otra parte, deben promover el desarrollo de la región, fundamentalmente referido a la elaboración de proyectos de desarrollo económico (Art. 11.4). Finalmente los organismos regionales de planificación y desarrollo deben brindar apoyo a la sociedad civil para su incorporación y participación en el proceso de descentralización (Art. 11.5).

3. El régimen de las relaciones intergubernamentales para la descentralización

El proceso de descentralización política, como proceso de transferencia de competencias de los órganos que ejercen el Poder Nacional, básicamente de la República y de los institutos autónomos, a los estados y municipios, esencialmente genera un conjunto de relaciones intergubernamentales entre los niveles de gobierno nacional y los gobiernos estadales y municipales. Estas relaciones que, sin duda, son de carácter permanente, exigen procesos de concertación y conciliación de intereses y de coordinación de actividades.

A tal efecto, durante el Gobierno de Transición de 1993-1994 se dictaron un conjunto de instrumentos para regular esas relaciones intergubernamentales. Estos fueron, en primer lugar, el decreto N° 3.104 del 12 de agosto de 1993 mediante el cual se dictó el Reglamento parcial N° 3 LOD sobre el Consejo Territorial de Gobierno y la organización intergubernamental para la descentralización: en segundo lugar, el decreto N° 3.169 del 24 de septiembre de 1993 sobre creación del Consejo nacional de alcaldes; en tercer lugar, el decreto N° 3.133 del 9 de septiembre de 1933 mediante el cual se dictó el Reglamento parcial N° 6 LOD sobre el Consejo de gobiernos del área metropolitana de Caracas; y en cuarto lugar, el decreto N° 3.265 del 25 de noviembre de 1933 sobre participación de los estados y municipios en el producto del impuesto al valor agregado y sobre el Fondo intergubernamental para la descentralización.

A los efectos de facilitar las relaciones intergubernamentales entre los órganos que ejercen el poder nacional y las gobernaciones de estado, de manera de canalizar y darle coherencia y organicidad al proceso, se dictó el Reglamento parcial N° 3 LOD sobre el Consejo territorial de gobierno y las relaciones intergubernamental entre el gobierno nacional y los gobiernos estadales mediante decreto N° 3.104 del 12 de agosto de 1993[227], cuyas normas puede decirse que, sin embargo, han quedado derogadas por el artículo 185 C. que regula el Consejo federal de Gobierno, al cual le sirvieron de antecedente.

V. EL FONDO INTERGUBERNAMENTAL PARA LA DESCENTRALIZACIÓN (FIDES)

El proceso de transferencia de competencias y servicios del poder nacional a los estados y municipios requería de grandes recursos financieros, especialmente para resolver problemas claves que lo provocaban. En algunos casos, los estados y los municipios han sido reacios a recibir servicios transferibles debido a los enormes costos que signi-

227 *V.* en *Gaceta Oficial* N° 35.273 del 12 de agosto de 1993.

fica la recuperación de los activos, el pago de los pasivos laborales, la liquidación del personal excesivo o costoso, a modernización de los procesos administrativos o la ejecución de nuevas inversiones.

El establecimiento mediante decreto ley del Impuesto al Valor Agregado conforme a las previsiones de la ley habilitante de 1993, que autorizó al Presidente de la República para dictar medidas extraordinarias en materias económicas y financieras, fue una coyuntura feliz a los fines del financiamiento del proceso de descentralización, porque permitió la elaboración de un mecanismo específico de financiamiento, contenido en decreto ley Nº 3.265 del 25 de noviembre de 1993[228], que reguló los mecanismos de participación de los estados y municipios en el impuesto al valor agregado y creó el Fondo intergubernamental para la descentralización (FIDES). El decreto ley de creación fue objeto de varias reformas en los años subsiguientes, en los cuales se desnaturalizó su la concepción inicial del Fondo como instrumento para la descentralización, convirtiéndose posteriormente en un Fondo nacional para financiar proyectos de estados y municipios, tal como se regula en la Ley que crea el Fondo intergubernamental para la descentralización de 2000[229].

En efecto, el FIDES se creó a los fines de la asignación y administración por parte de los estados y municipios de los recursos que les correspondían provenientes del Impuesto al Valor Agregado, habiéndose establecido como un servicio autónomo sin personalidad jurídica, con autonomía administrativa, financiera y de gestión de sus recursos físicos, presupuestarios de personal. Estuvo inicialmente adscrito administrativamente al antiguo Ministerio de Relaciones Interiores, quien debía ejercer sus funciones en coordinación con la antigua Oficina Central de Coordinación y Planificación de la Presidencia; ahora está adscrito al Ministerio de Planificación (Art. 11, LFIDES).

El Fondo tiene su sede en la capital de la República pero sus órganos pueden ser trasladados o funcionar, permanente y temporalmente, en cualquier otra ciudad del país (artículo 13). El Fondo tiene por finalidad promover la descentralización administrativa, la solidaridad interterritorial y el desarrollo de los estados y municipios, así como propiciar la parta para un mejor logro de dichos fines (Art. 1).

El FIDES, originalmente tenía como ingresos, el monto de la participación porcentual de los estados y municipios en el Impuesto al Valor Agregado, excluido lo que les correspondiera por el Situado constitucional; concepto que fue modificado posteriormente, al eliminarse todo derecho de los estados a "participar" en el producto del IVA. Por ello, el artículo 2.1 de la LFIDES dispone que el Fondo tiene entre sus ingresos, principalmente, los recursos que deben establecerse en una partida de la ley de presupuesto anual, bajo la denominación "Fondo intergubernamental para la descentralización", cuyo monto debe ser aprobado por la Asamblea Nacional en un porcentaje entre el 15% y el 20 %, que debe ser equivalente al ingreso real estimado por concepto del producto del Impuesto al valor agregado, tomando en consideración la estimación presupuestaria estimada por el Ejecutivo nacional.

Los recursos administrados por el Fondo, conforme se había indicado en el artículo 7° del decreto ley de creación, debían destinarse al financiamiento de los siguientes

228 *V.* en *Gaceta Oficial* Nº 35.359 del 13 de diciembre de 1995.
229 *V.* en *Gaceta Oficial* Nº 37022 del 25 de agosto de 2000.

aspectos que estaban estrechamente vinculados al proceso de transferencia de competencias del poder nacional a los estados y municipios:

1. La inversión nueva en los sectores donde se haya producido transferencia de competencias o servicios.

2. Los programas de modernización y adecuación institucional de estados y municipios para asumir las competencias y servicios transferidos.

3. Las deudas por concepto de prestaciones sociales y otras obligaciones contraídas por el Ejecutivo nacional con el personal adscrito a los servicios y competencias objetos de transferencia. En este caso, los recursos asignados no podrán exceder el 20% de la asignación anual individual de cada estado y municipio.

4. Los gastos de preinversión, diseño y preparación de programas y proyectos.

5. Asistencia técnica a los estados y municipios. En particular, en los casos de financiamiento de asistencia técnica a los municipios, el Fondo debe coordinar sus actividades con la Fundación para el Desarrollo de la Comunidad y Fomento Municipal (FUNDACOMUN).

6. Estudios y propuestas que faciliten, promuevan y fortalezcan el proceso de descentralización y el desarrollo regional.

7. Sus gastos de funcionamiento.

8. Otros gastos cónsonos con su objeto.

Esta orientación del Fondo fue totalmente modificada, y sus ingresos, conforme al artículo 22 de la Ley de 2000, ahora se destinan no sólo para financiar servicios correspondientes a competencias concurrentes y exclusivas, efectivamente transferidas a los estados, municipios y el Distrito Metropolitano de Caracas como consecuencia de la política de descentralización, sino entre otros, para financiar en general los servicios desconcentrados administrativamente que se encuentren en la etapa de cogestión previa a la transferencia; los servicios prestados por la República y sus institutos autónomos, bajo el régimen de de encomienda a los estados, municipios y el Distrito Metropolitano de Caracas; los servicios prestados por los estados, que sean transferidos a los municipios de conformidad con las leyes que deben dictar los consejos legislativos estadales; los gastos correspondientes a la implantación del servicio de justicia de paz; las deudas por concepto de prestaciones sociales y otras obligaciones contraídas por el Ejecutivo nacional con el personal adscritos a los servicios y competencias efectivamente transferidos; los servicios públicos competencia de las entidades; los proyectos de inversión productiva que promuevan el desarrollo sustentable de la comunidad, de los estados y de los municipios; actividades derivadas de estados de alarma; proyectos relativos a la conservación y defensa del ambiente y los recursos naturales renovables; y proyectos destinados al financiamiento de las áreas de ciencia y tecnología.

A los fines de administrar eficientemente el monto que corresponda a los estados y los municipios en el Fondo, conforme a lo establecido en el artículo 4° LFIDES, los recursos de éste se deben ubicar en cuatro cuentas separadas, que se denominan Cuenta de participación de los estados, Cuenta de participación de los municipios, Cuenta especial de reserva y Cuenta de gastos de funcionamiento. En particular, en el caso de los recursos asignados a los estados y municipios no deben ser contabilizados a los fines del cálculo del Situado constitucional, lo que implica que deben considerarse como ingresos ordinarios de los mismos.

Las reformas a la LFIDES, progresivamente minimizada la participación de representantes de los estados y municipios en la administración del Fondo, el cual terminó atribuyéndose a un Directorio Ejecutivo integrado por 5 representantes de los ministerios, dos representantes de los gobernadores de estado y dos representantes de los alcaldes (Art. 14).

Sección Séptima: LOS PRINCIPIOS RELATIVOS AL RÉGIMEN DEL PODER PÚBLICO MUNICIPAL (2005)

El texto de esta Sección Séptima es el del Parágrafo Décimo Cuarto del libro *Derecho Administrativo,* Tomo II (La Organización Administrativa y la Administración Pública Nacional. Los Estados y la Administración Pública Estatal. Los Municipios y la Administración Pública Municipal), Universidad Externado de Colombia y la Universidad Central de Venezuela, Bogotá 2005.

I. EL MUNICIPIO Y LA DISTRIBUCIÓN TERRITORIAL DEL PODER PÚBLICO

1. La distribución del poder público

El poder público municipal es otro de los poderes públicos que resulta de la distribución vertical del poder en tres niveles territoriales conforme a la forma federal del Estado. Este principio, en forma distinta a lo que establecía la Constitución de 1961, se formuló *expresamente* en la Constitución de 1999, siguiendo una tendencia que se inició en el texto constitucional de 1858, en el cual se estableció una división en dos niveles al disponer que "El poder público se divide en nacional y municipal" (Art. 9).

En efecto, el poder público municipal es el nivel inferior de la distribución territorial del poder público, de manera que el municipio es copartícipe de éste, en el sentido de que no se trata de una simple demarcación administrativa dentro de la estructura de un Estado unitario. Se trata de un nivel político territorial, con un órgano legislativo y una Administración Pública municipales propios, que ejerce una cuota parte del poder público. Por ello, el poder público municipal, en definitiva, es una de las ramas del poder público en el contexto del artículo 136 C.

De allí que el municipio sea una persona de derecho público territorial, producto de la descentralización política, como expresamente lo reconoce el artículo 168 C. y lo repite el artículo 2 de la Ley Orgánica del Poder Público Municipal de 2005 (LOPPM)[230].

Como se dijo, la expresión "poder municipal" apareció por primera vez en la Constitución de 1858, al distribuirse el poder público en dos niveles, el nacional y el municipal, el cual en ese contexto abarcaba también al ámbito provincial (Art. 9)[231]. Hasta cier-

---

230 *Gaceta Oficial* N° 38.204 de 8 de junio de 2005. *Cfr.* Allan R. Brewer-Carías, Fortunato González y José Ignacio Hernández, *Ley Orgánica del Poder Público Municipal*, Caracas, Editorial Jurídica Venezolana, 2005.

231 *Cfr.* el texto de esta Constitución y de todas las anteriores a la de 1999 en Allan R. Brewer-Carías, *Las Constituciones de Venezuela*, Caracas, Academia de Ciencias Políticas y Sociales, 1997.

to punto, entonces, el poder municipal apareció constitucionalmente como una reacción contra el poder desarrollado por las Provincias de la primera época de la República. La fórmula constitucional de "distribución vertical" del poder, sin embargo, después de 1858 desapareció de los textos constitucionales durante toda la segunda mitad del Siglo XIX, precisamente a partir de la estructuración formal del Estado federal en 1863, en el cual los asuntos municipales se atribuyeron a los estados, y que fueron regulados en consecuencia, en las Constituciones estadales.

La división fue posteriormente retomada en forma expresa en la Constitución de 1901, en la cual se expresó que "El poder público se distribuye entre el poder federal y el poder de los estados" (Art. 29). Ello se repitió en todas las Constituciones posteriores hasta la de 1925, en la cual, a pesar de ser la Constitución paradigmática del centralismo gomecista, la división del poder público pasó a ser regulada en tres niveles, agregándose al "poder municipal" pero sin sustituirse el nivel intermedio, así: "El poder público se distribuye entre el poder federal, el de los estados y el municipio" (Art. 51).

Esta norma se repitió en las Constituciones posteriores, invirtiéndose el orden de la enumeración en la Constitución de 1947, así: "El poder público se distribuye entre el poder municipal, el de los estados y el nacional..." (Art. 86), lo que se repitió en la Constitución de 1953 (Art. 40); fórmula que, como se ha dicho, fue la que recogió la Constitución de 1999[232].

La Constitución de 1961, en cambio, no utilizó la fórmula tradicional y se limitó a señalar que "Cada una de las ramas del poder público tienen sus funciones propias..." (Art. 118), aludiendo sin duda a las ramas nacional, estadal y municipal, pero sin enumerarlas.

2. El régimen legal de los municipios y sus antecedentes

El artículo 169 C., en el mismo sentido que el artículo 26 C. de 1961, dispone que la organización de los municipios y demás entidades locales se deben regir por la Constitución, por las normas que para desarrollar los principios constitucionales establezcan las leyes orgánicas nacionales, y por las disposiciones legales que en conformidad con aquellas dicten los estados mediante sus Consejos Legislativos.

A tal efecto, como se ha dicho, se ha dictado la Ley Orgánica del Poder Público Municipal de 2005[233], en cuyo artículo 5, en sentido similar, se reitera que los municipios y las demás entidades locales "se regirán por las normas constitucionales, las disposiciones de [dicha] ley, la legislación aplicable, las leyes estadales y, lo establecido en las ordenanzas y demás instrumentos jurídicos municipales"; siendo las ordenanzas municipales las llamadas a determinar "el régimen organizativo y funcional de los poderes municipales según la distribución de competencias" establecidas en la Constitución, en la Ley Orgánica y en las leyes estadales.

---

232 *Cfr.* nuestra propuesta para ello en Allan R. Brewer-Carías, *Debate Constituyente (Aportes a la Asamblea Nacional Constituyente), T.* II 9 septiembre-17 octubre 1999, Fundación de Derecho Público y Editorial Jurídica Venezolana, Caracas, 1999, pp. 161 y ss. *Cfr.* sobre la Constitución de 1999 Allan R. Brewer-Carías, *La Constitución de 1999. Derecho constitucional venezolano,* Editorial Jurídica Venezolana, Caracas, 2004

233 *Gaceta Oficial* N° 38.204 del 8 de junio de 2005.

Ahora bien, en cuanto a la jerarquía de las fuentes, la Sala Constitucional del Tribunal Supremo de Justicia ha sido enfática en considerar que la legislación nacional tiene primacía en la regulación de la organización de los municipios, particularmente en relación con las leyes estadales. Ha señalado, así, en la sentencia 618 del 2 de mayo de 2001, que:

> Asimismo, esta Sala estima necesario señalar que la vida de los municipios se rige no sólo por las normas que en virtud de su autonomía éstos dictan, sino que además se deben regir, en primer término, por la Constitución de la República, así como por las leyes orgánicas nacionales que desarrollan los postulados constitucionales y por las disposiciones legales dictadas por las asambleas legislativas estadales, de conformidad con la Constitución y las mencionadas leyes orgánicas.
>
> Al respecto, el artículo 169 constitucional dispone expresamente: *La organización de los municipios y demás entidades locales se regirá por esta Constitución, por las normas que para desarrollar los principios constitucionales establezcan las leyes orgánicas nacionales, y por las disposiciones legales que en conformidad con aquellas dicten los estados....* (Resaltado y subrayado de la Sala)

Observa esta Sala la gran relevancia que el propio Texto Fundamental le otorga a las leyes orgánicas nacionales que desarrollan principios constitucionales en materia de organización municipal, y la sujeción que con respecto de éstas tienen las leyes estadales en dicha materia. En tal virtud, es incuestionable el valor normativo vinculante que posee la Ley Orgánica de Régimen Municipal sobre las leyes estadales que desarrollen o regulen la división político territorial dictadas por los estados, tal como ocurre en el caso *sub examine*, más aún cuando la propia ley orgánica en referencia, expresamente dispone que su *leit motiv* es el desarrollo de los postulados contenidos en el artículo 169 C. de la República, precedentemente transcrito[234].

El régimen de los municipios, por tanto, además de estar establecido en la Constitución, ha sido objeto de regulación legal en la mencionada la Ley Orgánica del Poder Público Municipal de 2005, la cual tiene por objeto desarrollar los principios constitucionales, relativos al poder público municipal, su autonomía, organización y funcionamiento, gobierno, administración y control, como lo indica el artículo 1°, "para el efectivo ejercicio de la participación protagónica del pueblo en los asuntos propios de la vida local, conforme a los valores de la democracia participativa, la corresponsabilidad social, la planificación, la descentralización y la transferencia a las comunidades y grupos vecinales organizados". Esta Ley Orgánica del Poder Público Municipal, dictada después de cinco años de vigencia de la nueva Constitución de 1999, derogó la Ley Orgánica de Régimen Municipal de 1989[235], cuyo régimen constituye su antecedente inmediato.

En efecto, en forma similar a lo que se establece en el artículo 169 C. de 1999, la Constitución de 1961 también disponía que la organización de los municipios y demás entidades locales se debía regir, además de por las normas del propio Texto Fundamental, por las normas que para desarrollar los principios constitucionales establecieran las leyes orgánicas nacionales y las disposiciones legales que en conformidad con debían dictar las antiguas asambleas legislativas de los estados (Art. 26).

234 *V.* en *Revista de Derecho Público*, N° 85 a 88, Editorial Jurídica Venezolana, Caracas, 2001, pp. 199-200.

235 *Gaceta Oficial* N° 4.409 Extra. 15 de junio de 1989. *Cfr.* Allan R. Brewer-Carías, *Ley Orgánica de Régimen Municipal 1989*, Editorial Jurídica Venezolana, Caracas, 1994.

Debe recordarse que al promulgarse la Constitución de 1961, y en ausencia de las mencionadas "leyes orgánicas nacionales" reguladoras del régimen municipal, la Disposición Transitoria Primera de dicho Texto había dispuesto que se debía mantener "en vigencia el actual (1961) régimen y organización municipal de la República", con lo cual, los principios constitucionales del municipio democrático que la Constitución regulaba, hasta cierto punto habían quedado pospuestos, previéndose en cambio que se aplicaría el régimen municipal precedente, que era de corte centralista o autocrático, y que desconocía la propia institución local denominada "municipio". En lugar del municipio, en efecto, desde 1904 a lo que se había dotado de autonomía municipal era a los distritos[236], los cuales eran las entidades que eran "autónomas" como "municipalidades" que tenían un solo órgano de actuación que eran los concejos municipales. Los "municipios" que existían entonces como división de los distritos, no eran autónomos ni eran por tanto "municipios" en los términos de la Constitución. Esta situación, sin embargo, perduró después, hasta 1989, por la mencionada Disposición Transitoria Constitucional.

En 1978, con 17 años de retraso, se pretendió regular a nivel nacional el régimen municipal, lo cual se hizo inadecuadamente. La Ley Orgánica de Régimen Municipal de 18 de agosto de 1978[237], en efecto, puede decirse que no actualizó ni concretizó el "municipio" democrático que consagraba la Constitución de 1961, sino que lo que hizo fue regular con carácter nacional el régimen municipal de las municipalidades a nivel de distritos que provenía de un régimen centralista, prorrogando su transitoriedad (Art. 163) hasta 1984[238]. En esa fecha, sin embargo, mediante la reforma de la Ley Orgánica promulgada el 29 de marzo de 1984[239] que se sancionó para permitir la elección de autoridades municipales a nivel de distritos (y no de municipios) (Art. 165), se volvió a prorrogar el régimen municipal de la autocracia hasta 1988.

Desde el mismo momento de la promulgación de la Ley Orgánica de Régimen Municipal de 1978 se había planteado la necesidad de su reforma, pues el régimen de aquella no satisfacía las aspiraciones constitucionales, para lo cual en 1984 se elaboró un Proyecto de reforma[240], que derivó en la Ley Orgánica de Régimen Municipal de 20 de sep-

---

236 Artículo 7.3 en el cual los estados se comprometieron a garantizar la autonomía municipal de los distritos y su independencia del poder político de los estados mismos.

237 *Gaceta Oficial* N° 2.297 Extra. del 18 de agosto de 1978.Véanse los comentarios sobre las reformas de 1988 y 1989 en sentencia N° 2.651 del 2 de octubre de 2003 de la Sala Constitucional, *Revista de Derecho Público*, N° 93 a 96, Editorial Jurídica Venezolana, Caracas, 2003, pp. 327 y ss.

238 *Cfr.* las críticas a dicha Ley cuando aún era Proyecto, en Allan R. Brewer-Carías, "La Reforma del régimen local y el proyecto de Ley Orgánica del poder municipal", *Revista Resumen,* N° 161, Caracas 5 de diciembre de 19 76, pp. 20 a 29, y en el libro Allan R. Brewer-Carías y Norma Izquierdo Corser, *Estudios sobre la regionalización en Venezuela,* Universidad Central de Venezuela, Caracas, 1977, pp. 353 a 368. *Cfr.* además, las críticas a la Ley en Allan R. Brewer-Carías, *El régimen municipal en Venezuela,* Editorial Jurídica Venezolana, Caracas, 1984, pp. 167 a 197.

239 *Gaceta Oficial N°* 3.371 Extra. de 2 de abril de 1984

240 Dicho Proyecto se presentó a la consideración de la Cámara de Diputados el 24 de enero de 1984 por un grupo de diputados. *Cfr.* el texto en Allan R. Brewer-Carías, *Estudios de derecho público,* (Labor en el Senado 1983), *T.* II, Congreso Nacional, Caracas, 1985, pp. 251 a 253. Los planteamientos básicos que orientaron la reforma propuesta tuvieron su origen en la crítica al proyecto de Ley de 1978, formuladas en 1976, en nuestro citado trabajo, "La Reforma del régimen local y el proyecto de Ley Orgánica del poder municipal", *Revista Resumen,* N° 161, Caracas 5 de diciembre de 1976, pp. 20 a 29. *Cfr.*, además, los planteamientos centrales que orientaron el proyecto de Ley de reforma en íd., *Estudios de derecho administrativo,* Bogotá, Colegio Mayor Nuestra Señora del Rosario, 1986, pp. 125 a 156.

tiembre de 1988 que debió haber entrado en vigencia el 15 de junio de 1989[241]. En esa misma fecha, sin embargo, apareció publicada en *Gaceta Oficial* N° 4.109 Extraordinaria, la Ley de reforma parcial de la Ley Orgánica de Régimen Municipal, que impidió que entrara en vigencia la Ley de 1988, y previo una nueva transitoriedad hasta el 2 de enero de 1990 (Art. 195), día en el cual entró en vigencia la Ley Orgánica de Régimen Municipal de 1989, sustituyéndose efectivamente la Ley de 1978, que había sido reformada parcialmente en 1984[242]. Con ella, quedaron eliminados los distritos[243] como municipalidades y comenzaron a funcionar los municipios.

La Constitución de 1999 reguló de nuevo el municipio[244], y en las Disposición Transitoria Cuarta, se ordenó a la Asamblea Nacional a sancionar la nueva Ley Orgánica del Poder Público Municipal en un lapso de un año después de su entrada en vigencia, es decir, durante 2000.

Sin embargo, sólo fue en mayo de 2005 cuando la Asamblea Nacional sancionó la Ley Orgánica del Poder Público Municipal[245], con la cual se derogó y sustituyó la Ley Orgánica de 1989.

El proceso de concepción de la ley estuvo precedido de varias exhortaciones por parte de la Sala Constitucional, emitidas con motivo de acciones de inconstitucionalidad por omisión legislativa que fueron intentadas por diversos particulares[246]. A pesar de la exhortación formulada por la Sala Constitucional a la Asamblea Nacional sólo fue en 2005 cuando se sancionó la ley[247].

---

241 *V.* en *Gaceta Oficial* N° 4.054 Extra. del 10 de octubre de 1988. A pesar de la *vacatio legis,* sin embargo, los artículos 50, 51, 55, 58 y 69 de la Ley entraron en vigencia a partir de su publicación en la *Gaceta Oficial,* a los efectos de la elección de los representantes de los órganos de los poderes públicos municipales, en concordancia con lo establecido por la Ley Orgánica del Sufragio. A esta ley destinamos los comentarios publicados en Allan R. Brewer-Carías, "Introducción General al Régimen Municipal", *Ley Orgánica de Régimen Municipal,* Editorial Jurídica Venezolana, Caracas, 1988.

242 A pesar de la *vacatio legis,* la reforma de 1989 mandó a aplicar de inmediato los artículos 51, 52, 55, 56, 57, 59, 71, 188, 189, 193 y 195 referidos fundamentalmente a cuestiones electorales y conforme a los cuales (Art. 193), los concejales elegidos en 1984 continuaron en sus funciones por un período superior a 5 años, hasta que en enero de 1990, se instalaron los Concejos, con los nuevos concejales electos en las elecciones de diciembre de 1989.

243 La Corte Suprema de Justicia en Sala Político-Administrativa en sentencia del 10 de mayo de 1984 declaró la nulidad de una Ley de División Político-Territorial del Estado Portuguesa, en la cual se habían creado nuevos "distritos" autónomos. La Corte, para ello, señaló lo siguiente: "A partir de la Constitución de 1961 se modifica radicalmente la conformación político territorial de la organización nacional, convirtiendo a los municipios en los verdaderos centros del poder local, contrariamente de lo que hasta entonces estaba establecido, en que correspondía al concejo municipal del Distrito, como personero de los municipios, la autoridad económica y administrativa sobre la totalidad del territorio integrado por aquéllos. La posibilidad de agrupar los municipios en Distritos, prevista en la Constitución, ya no tendría significación política sino que estará destinada a facilitar el logro de determinados fines en beneficio de las entidades locales agrupadas", *Revista de Derecho Público,* N° 19, Editorial Jurídica Venezolana, Caracas, 1984, p. 113.

244 *Cfr.* los comentarios sobre las normas constitucionales relativas a los municipios en Allan R. Brewer-Carías, *La Constitución de 1999. Derecho constitucional venezolano, T.* I, *cit.*, 2004.

245 *V.* en *Gaceta Oficial* N° 38.204 del 8 de junio de 2005.

246 *V.* las sentencias de la Sala Constitucional N° 1347 de 27 de mayo de 2003, *Revista de Derecho Público* N° 93 a 96, Editorial Jurídica Venezolana, Caracas, 2003, pp. 108 y ss.; N° 3118 del 6 de octubre de 2003, *Revista de Derecho Público* N° 93 a 96, *ídem.* pp. 527 y ss; y N° 1043 del 31 de mayo de 2004, *Revista de Derecho Público,* N° 97 a 98, Editorial Jurídica Venezolana, Caracas, 2004, pp. 270 y ss. y 409 y ss.

247 *V.* sentencia 1347 del 27 de mayo de 2003 de la Sala Constitucional del Tribunal Supremo de Justicia, caso *Interpretación de las Disposiciones Transitorias Cuarta,* numeral 7 y Decimocuarta de la Constitución, *Revista de Derecho Público* N° 93 a 96, Editorial Jurídica Venezolana, Caracas, 2003, pp. 108 y ss.

II. EL MUNICIPIO COMO LA UNIDAD POLÍTICA PRIMARIA EN EL TERRITORIO

Ahora bien, de acuerdo con el artículo 168 C., los municipios constituyen la unidad política primaria de la organización nacional, gozan de personalidad jurídica y autonomía dentro de los límites de la Constitución y de la ley[248].

Además, agrega el texto fundamental, que la organización del municipio debe ser democrática y debe responder a la naturaleza propia del gobierno local (Art. 169)[249].

1. Algunos antecedentes del régimen municipal

A. El municipio en el origen del constitucionalismo moderno

El municipio moderno como unidad política primaria en la organización nacional puede decirse que surgió de los postulados del constitucionalismo derivados tanto de la revolución norteamericana como de la francesa[250], que sustituyeron al Estado absoluto y que originaron la concepción del Estado de derecho.

En particular en Europa y en Iberoamérica, ese municipio del mundo moderno tomó raíces al mismo tiempo, siguiendo un desarrollo paralelo en los dos continentes. Una diferencia fundamental, sin embargo, se evidenció desde el inicio, en el sentido que desde comienzos del siglo XIX, en Europa, el municipio como unidad política se ubicó en cuanta aldea, burgo, pueblo, villa y ciudad que existía, bien cerca del ciudadano; y en cambio, en América Latina, el municipio colonial que traspasó las batallas de la Independencia, continuó ubicado tal como se lo había creado, en el nivel territorial de las antiguas Provincias coloniales, bien lejos del ciudadano. En los primeros, la participación política es tan cotidiana en las cosas pequeñas que es imperceptible; en los segundos, simplemente no hay participación alguna o hay muy poca.

Otro principio que condicionó el municipio derivado también de la revolución francesa fue el principio de la igualdad, la madre de todos los principios del Estado moderno, esencia misma de los derechos humanos y fundamento del principio de legalidad, en el cual la igualdad ante la ley tiene primacía, de manera que lo que hace iguales a los hombres es el sometimiento a la ley. Es el origen mismo de la Administración Pública,

---

248 *Cfr.* nuestras propuestas para la reforma hacia un "Nuevo Municipalismo" en Allan R. Brewer-Carías, *Debate Constituyente, t.* I, *cit.* pp. 164 a 169; y los comentarios críticos al proyecto constitucional en *ídem.*, Tomo II, *cit.*, pp. 230 y ss.

249 *Cfr.* en general sobre el régimen municipal en la Constitución, Argenis Urdaneta, "El poder público municipal en el Estado federal descentralizado", *El Derecho público a comienzos del siglo XXI. Estudios en homenaje al Profesor Allan R. Brewer-Carías,* Tomo I, Madrid, Universidad Central de Venezuela y Thompson-Civitas, 2003, pp. 731-744; Ricardo Combellas, *Derecho Constitucional: una introducción al estudio de la Constitución,* Caracas, Mc Graw Hill, 2001, pp. 129 y ss.; Hildegard Rondón de Sansó, *Análisis de la Constitución venezolana de 1999,* Editorial Ex Libris, Caracas, 2001, pp. 161 y ss.

250 *V.* Allan R. Brewer-Carías, *Reflexiones sobre la Revolución Americana (1776) y la Revolución Francesa (1789) y sus aportes al constitucionalismo moderno,* Caracas, Editorial Jurídica Venezolana, 1992; e íd., "El paralelismo entre el constitucionalismo venezolano y el constitucionalismo de Cádiz (o de cómo el de Cádiz no influyó en el venezolano)"en *La Constitución de Cádiz. Hacia los orígenes del constitucionalismo iberoamericano y latino*, Unión Latina, Universidad Católica Andrés Bello, Caracas, 2004, pp. 223-333.

la cual, como lo analizó magistralmente hace décadas Eduardo García de Enterría, al estar sometida a la ley es igual para todos sin privilegios y sin sociedades intermedias estamentales o poderes secundarios, a los cuales precisamente sustituyó tanto la estructura de la Administración centralizada como local para garantizar la libertad y la misma igualdad[251]. La creación de municipios uniformes en todo el territorio de Francia, por tanto, condujo a la sustitución definitiva de las cartas, fueros y privilegios locales. Como lo observó De Tocqueville", producto de la Revolución: "las instituciones deben ser las mismas para todas las partes del territorio y para todos los hombres que los habitan"'[252].

Las reformas del régimen municipal en Francia sin embargo, habían precedido la Revolución, con la creación antes de 1787, a iniciativa de los Ministros de Luis XVI, de asambleas provinciales junto al Intendente, y en cada pueblo, de un cuerpo municipal electivo que buscaba sustituir a las antiguas asambleas parroquiales, y en la mayoría de los casos, al síndico.

Contrario a las costumbres que existían, todos los poderes que se pretendieron crear fueron colectivos, y el intendente fue disminuido en su poder. Todo ello condujo a la parálisis de la administración, y, como lo apuntó De Tocqueville, "Las asambleas, queriendo mejorarlo todo, acabaron por enredarlo todo", produciéndose entonces "una de las mayores perturbaciones que haya registrado jamás la historia de un gran pueblo", en la cual "Cada francés había experimentado una confusión particular. Nadie sabía ya ni a quien obedecer, ni a quién dirigirse"; y terminaba señalando De Tocqueville, que "Perdido el equilibrio de las partes que componían la Nación, un último golpe bastó para hacerla oscilar y producir el más vasto trastorno y la más espantosa confusión que hayan tenido lugar jamás[253].

La Revolución quiso poner fin a esta situación, y en el mismo año de 1789, la Asamblea Nacional Constituyente definió un nuevo orden municipal uniforme, fragmentado, generalizado y de carácter electivo; el cual en definitiva, si bien complicó aún más la situación de la Administración, puso las bases para el régimen municipal del constitucionalismo moderno. Comenzó el 4 de agosto de 1789, con un decreto que declaró irrevocablemente abolidos "todos los privilegios particulares de provincias, principados, cantones, ciudades y comunidades de habitantes, sean pecuniarios o de cualquier otra naturaleza"[254]; y al mismo lo siguieron los decretos de 14 y 22 de diciembre del mismo año 1789.

En el primero se dispuso la supresión y abolición que "las municipalidades existentes en cada villa, burgo, parroquia o comunidad", con las denominaciones que tuvieren, y se agregó que serían sustituidas por "colectividades locales del reino" tanto en las ciudades como en el campo, con la misma naturaleza y situadas en el mismo plano constitucional, con el nombre común de municipalidad, que tendían en su cabeza al alcalde.

En el segundo decreto se dividió el territorio francés de manera uniforme en departamentos, distritos y cantones, suprimiéndose los intendentes, y además se dispuso que:

---

251 Eduardo García de Enterría, *Revolución Francesa y administración contemporánea*, Taurus Ediciones, Madrid, 1981, pp. 17, 41, 43, 46, 49, 50 y 56.

252 *V.* Alexis de Tocqueville, *El Antiguo Régimen y la Revolución*, Tomo I, Alianza Editorial, Madrid, 1982, pp. 99, 201.

253 Alexis de Tocqueville, *El Antiguo Régimen y la Revolución*, Tomo II, *cit.*, p. 197.

254 *V.* Luciano Vandelli, *El poder Local. Su origen en la Francia revolucionaria y su futuro en la Europa de las regiones*, Ministerio para las Administraciones Públicas, Madrid, 1992, p. 28, nota 10.

"en cada villa, burgo, parroquia y comunidad del campo habrá una municipalidad"[255]. De ello resultó que en 1791 en la Francia revolucionaria había 43.915 municipios, que comenzaron a llamarse comunas. Estas entidades municipales, además de las funciones propias de la Administración general que les podían ser delegadas, ejercían el "poder municipal", concepto que venía de los escritos de Benjamín Constant y de las propuestas de reforma del ministro Turgot (1775)[256], y que luego se arraigaría en el constitucionalismo iberoamericano[257].

Con esta división territorial, como lo percibió Burke en tiempos de la Revolución: "Es la primera vez que se ve a los hombres hacer pedazos su patria de una manera tan bárbara"; pero De Tocqueville acotaría años después, que en realidad, si bien "Parecía, en efecto que se desagarraban cuerpos vivos, lo único que se hacía era despedazar cuerpos muertos"[258]. Sin embargo, lo cierto es que el sistema produjo la disolución del Estado al haber estallado Francia en cuarenta mil pedazos, cada uno con una especie de república soberana y anárquica que no tenían nexo alguno con el poder central en construcción.

B. Los efectos de la revolución: de la anarquía municipal a la organización piramidal del poder

De tal anarquía vinieron las reformas para tratar de controlar la acción municipal desde el poder central, como por ejemplo, al atribuírsele en la Constitución de 1791 poderes anulatorios al Rey, respecto de los actos municipales; al crearse en la Ley del 14 de frimario del año II (4 de diciembre de 1793) unos agentes nacionales directamente conectados al centro (Paris) para ejercer la vigilancia sobre los municipios; y además, al pretender reducir el número de comunas en la Constitución del año III (5 fructuoso, 22 de agosto de 1795), reagrupándoselas en entidades locales, y estableciendo la subordinación de las comunas a las Administraciones departamentales, y estas a los Ministros.

Pero el torbellino revolucionario que no había cesado, comenzó a producir su propia transformación con el golpe de Estado del 18 de brumario del año VIII (9 de noviembre de 1799), a raíz del cual Napoleón reimplantará la centralización que se había establecido en el Antiguo Régimen y que había quedado destrozada con la Revolución.

Se estableció, así, un esquema de control centralizado sobre las más de 40.000 comunas que fueron restablecidas, creándose un sistema escalonado y jerarquizado de control sobre las mismas, donde serían esenciales las figuras del prefecto y subprefecto dependientes del poder central y controlando a los alcaldes, establecidos en la Ley de 28 pluvioso del año VIII (17 de febrero de 1800)[259].

---

255 *V.* Albert Soboul, *La révolution française*, Gallimard, Paris, 1981, pp. 198 y ss.

256 *V.* Eduardo García de Enterría, *Revolución Francesa y Administración contemporánea*, Taurus Ediciones, Madrid, 1981, pp. 72, 76 y 135.

257 En Venezuela, por ejemplo, aparece a partir de la Constitución de 1857, artículos 6 y 85. *Cfr.* en Allan R. Brewer-Carías, *Las Constituciones de Venezuela, cit*, pp. 467 y 475.

258 *V.* Alexis de Tocqueville, *El Antiguo Régimen y la Revolución*, Tomo I, *cit.*, p. 107.

259 *Cfr.* Luciano Vandelli, El poder Local. Su origen en la Francia revolucionaria y su futuro en la Europa de las regiones, *cit.* pp. 29 y ss.; Eduardo García de Enterría, Revolución Francesa y Administración contemporánea, *cit.* pp. 107 y ss.; Sandra Morelli, La Revolución Francesa y la Administración Territorial en Colombia, Perspectivas comparadas, Universidad Externado de Colombia, Bogotá, 1991, pp. 31 y ss.

La centralización administrativa por el establecimiento de esa rígida cadena institucional que unía: Ministro, Prefecto, Subprefecto y alcalde, y que dio origen al llamado control de tutela, sin duda, fue uno de los aportes más importantes a la Administración municipal y local, y a la propia construcción del Estado centralizado.

Como lo diría el Presidente François Mitterrand, casi doscientos años después, al proponer la reforma descentralizadora de 1981: "Francia tuvo que acudir a un poder fuerte y centralizado para hacerse. Hoy necesita un poder descentralizado para no deshacerse[260]. Esta, entre tantas, fue precisamente una de las motivaciones de la sanción de la conocida ley francesa de Libertad de las Comunas de 1982[261].

C. Los principios del régimen municipal napoleónico y sus repercusiones en Iberoamérica

Tres principios configuraron el régimen municipal napoleónico: *primero,* el principio de la creación de un municipio por cada colectividad local -aún de dimensiones mínimas- abarcando desde el pequeño pueblo rural hasta el gran centro urbano; *segundo*, el principio de la uniformidad e igualdad formal del régimen de los municipios a pesar de la diversidad territorial, geográfica y demográfica de los mismos a lo largo y ancho de los territorios estatales; y *tercero*, las reglas generales de funcionamiento de la tutela, como instrumento de control sobre las entidades locales. Todo ello configuró un modelo de régimen municipal, sin duda que se extendió por toda Europa[262].

Hacia América, sin embargo, sólo hicieron la travesía del Atlántico algunos aspectos del régimen de municipalización uniforme, pero ni el primero ni el último de los principios, es decir, el de la generalización de colectividades locales en el territorio y el del control de tutela, llegaron a nuestras costas; y al contrario, desde el inicio del Siglo XIX, no sólo el municipio se ubicó en niveles territoriales muy alejados de los pueblos sino que además, se implantó el principio de la autonomía municipal.

a. *El principio de la multiplicidad de municipios en Europa y en particular en España*

En cuanto al primer aspecto que es el que nos interesa destacar aquí, el de la creación de un municipio por cada colectividad local que existiera en un territorio, con la consecuente fragmentación territorial, puede decirse que el mismo si dejó su impronta en toda Europa; y por ello, por ejemplo, en los años setenta, todavía existían 2.539 municipios en Bélgica, con una población promedio de 3.600 habitantes, los cuales después de la paradigmática operación quirúrgica realizada en el mapa municipal en 1972, hayan sido reducidos a 589 municipios, ahora con una población promedio de 16.900 habitantes por municipio. En Alemania Occidental aunque antes de la unificación, de los más de 24.000 municipios que existían, entre 1968 y 1980 habían quedado reducidos a

260 Citado por Jaime Castro, *La cuestión territorial*, Editorial Oveja Negra, Bogotá, 2003, p. 26.

261 Sobre la aplicación de la Ley del 2 de marzo de 1982, *V.* en general, André Terrazzoni, *La décentralisation a l'épreive des faits*, Librairie générale de droit et de jurisprudence, París, 1987.

262 *Cfr.* Luciano Vandelli, El poder local. Su origen en la Francia revolucionaria y su futuro en la Europa de las regiones, *cit.*, pp. 153 y ss.

8.357.[263]; actualmente existen 16.121 municipios, con un promedio de 5.086 habitantes. En Italia hay 8.104 municipios con un promedio de 7.156 habitantes; y en Suiza hay 3.000 cantones con 2.333 habitantes promedio[264].

En España, la influencia francesa en este aspecto también fue decisiva, por lo que la Constitución de Cádiz de 1812, en efecto, dispondría en su artículo 310 que "Se pondrá Ayuntamiento en los pueblos que no lo tengan, y en que convenga le haya, no pudiendo dejar de haberle en los que por sí o con su comarca lleguen a mil almas, y también se les señalará término correspondiente"; correspondiéndole a los Ayuntamientos, sin embargo, desempeñar sus encargos bajo la inspección de las diputaciones provinciales (Art. 323). Todo el territorio español se sembró así también de municipios todo el territorio español, y ello explica los 9.245 municipios que Cirilo Martín Retortillo reseñaba en la edición de su recordado libro sobre *El municipio Rural*[265], de 1950; cifra que ha pasado a los 8.056 municipios actuales, con un promedio de población de 4.825 habitantes. El municipio que derivó de la influencia francesa, sustituyó así lo que quedaba del municipio de arraigo medieval, con sus fueros, privilegios y cartas pueblas, con raíces en el proceso de la Reconquista. Esos fueron, a pesar de su progresivo control por la Corona a partir del Siglo XVI, por su arraigo en las ciudades los que condujeron la guerra de Independencia contra la invasión napoleónica. El precio que pagaron por ello, en todo caso, en nombre de la igualdad, fue su uniformización y su multiplicación territorial.

b. *El régimen municipal colonial en Iberoamérica: los cabildos provinciales*

El Iberoamérica, el municipio colonial también fue el factor fundamental del proceso de Independencia frente a España, de manera que sin lugar a dudas se puede afirmar que a también a comienzos del siglo XIX, la Independencia americana la hicieron los Cabildos, de manera que el municipio, "fue la raíz de la República"[266]. Ese municipio también fue radicalmente transformado con el republicanismo constitucional, en forma paralela a la transformación que se estaba operando en la Península, al punto de que por ejemplo se puede leer en la "Constitución para el gobierno y administración de la provincia de Caracas" de enero de 1812, que formaba parte de la Confederación de los Estados de Venezuela creada conforme a la Constitución de diciembre de 1811 (ambas promulgadas antes que lo fuera la Constitución de Cádiz de marzo de 1812); se puede leer, decía, sobre la división del territorio de la Provincia, uniformemente, en Departamentos, Cantones y distritos, debiendo tener estos últimos un territorio con aproximadamente 10.000 habitantes[267].

---

263 *Cfr*. Torsten Sagawe, "La situación de los pequeños municipios en Europa: con especial referencia a la República Federal de Alemania", en Luís Villar Borla et ál, *Problemática de los pequeños municipios en Colombia ¿Supresión o reforma?*, Universidad Externado de Colombia, Bogotá, pp. 42-43.

264 *Cfr*. Luciano Vandelli, "El poder Local. Su origen en la Francia revolucionaria y su futuro en la Europa de las regiones", *cit.* pp. 179; Allan R. Brewer-Carías, *Reflexiones sobre el constitucionalismo en América*, Editorial Jurídica Venezolana, Caracas, 2001, pp. 139 y ss.

265 *Cfr*. Cirilo Martín Retortillo, *El municipio rural*, Bosch, casa Edit., Barcelona, 1950, p. 139.

266 *Cfr*. Joaquín Gabaldón Márquez, *El municipio, raíz de la República*, Academia Nacional de la Historia, Caracas, 1977.

267 Allan R. Brewer-Carías, "La formación del Estado venezolano", en *Revista Paramillo*, Nº 14, Universidad Católica del Táchira, San Cristóbal, 1996, pp. 290 y ss.

En las capitales de Distrito se establecieron municipalidades, así como en muchos de los pueblos entonces existentes, denominándose estas pequeñas municipalidades como villas. La municipalidad, se concibió, así, inicialmente más como una corporación local electa conforme al principio representativo para la atención de los intereses de la comunidad, que una división uniforme del territorio; por lo que con frecuencia tenían jurisdicción sobre otros pueblos y parroquias[268]. La uniformización territorial municipal fue posterior y paulatinamente arraigándose durante el Siglo XIX en todos los países iberoamericanos, pudiendo decirse que el municipio que en América también derivó, en cierta forma de la influencia de la revolución francesa además de la norteamericana, y luego, por supuesto la española de Cádiz.

Se sustituyó así al municipio colonial indiano, el cual, por lo demás era distinto del que en la época colonial funcionaba en España, pues como bien sabemos, la mayoría de las instituciones americanas antes de la Independencia, fueron concebido por España especialmente para América o se desarrollaron en el Continente americano en forma distinta a la de España. Ello ocurrió en cierta forma con los Cabildos, que en el mismo momento en que su poder y autonomía era pulverizada por Carlos V en campo de Villamar, al poner fin a la rebelión de los Comuneros de esta tierra castellana, florecieron en América a partir del inicio mismo del poblamiento en lo que se ha denominado una "adaptación regresiva de las instituciones coloniales"[269].

Los Cabildos americanos en la época colonial, como Cabildos provinciales, con la gran descentralización de que gozaron derivada de la distancia (Recordemos la extraordinaria máxima administrativa colonial: "Se acata pero no se cumple"), incluso tenían poder para designar a los gobernadores en forma interina. Ese privilegio lo reclamaron los cabildantes en Santa Ana de Coro, la primera ciudad fundada en la Provincia de Venezuela en 1528 a la muerte del gobernador Ambrosio Alfinger en 1533, y fue ejercida sucesivamente por los Cabildos provinciales durante todo el período colonial, confirmada por Real Cédula 1560 y luego por otra Real Cédula de 1676[270]. No es de extrañar, entonces, porqué fueron los Cabildos coloniales los que hicieron la Independencia.

c. *El municipio republicano en América hispana alejado del ciudadano*

El municipio republicano americano, por otra parte, desarrolló características propias: como dijimos, en nuestros países se adoptó el uniformismo napoleónico en cuanto a la organización y funcionamiento de las corporaciones locales, pero los otros dos principios que derivaron de la revolución francesa y sus correcciones napoleónicas puede decirse que no se siguieron. Por una parte, en América no se arraigó la institución del control de tutela derivada de la centralización napoleónica, y en cambio si germinaron los conceptos del "poder municipal" y de la "autonomía municipal", al punto de haber adquirido por ejemplo, rango constitucional a partir de 1857, por ejemplo, en la Constitución de Venezuela de ese año al disponer en su artículo 6° que "El poder público se

---

268 *Cfr.* el texto de la Constitución provincial de la Provincia de Caracas, en *Las Constituciones Provinciales*, Biblioteca de la Academia Nacional de la Historia, Caracas, 1959, pp. 77 y ss.

269 *Cfr.* Laureano Vallenilla Lanz, *Disgregación e Integración, Ensayo sobre la formación de la nacionalidad venezolana,* 2ª ed., Caracas 1953, *cit.* por Joaquín Gabaldón Márquez, *El municipio, raíz de la República, cit.*, p. 66. *V.* además, en Laureano Vallenilla Lanz, *Obras Completas*, Tomo II, (Recopilación de Federico Brito Figueroa y Nikita Harwich Vallenilla), Universidad Santa María, Caracas, 1984.

270 El privilegio sólo lo perdieron los Cabildos a partir de 1737. *Cfr.* Joaquín Gabaldón Márquez, *El municipio, raíz de la República, cit.*, pp. 73-110; 125-169.

divide para su administración en legislativo, ejecutivo, judicial y municipal", dedicando entonces un Título a regular dicho "poder municipal"[271], cuyo contenido relativo a los asuntos propios de la vida local no era distinto al del decreto de la Asamblea Constituyente en Francia, de diciembre de 1789.

El otro principio, el de la creación de un municipio por cada colectividad local, es decir, por cada caserío, por cada pueblo, por cada villa o ciudad, tampoco se siguió en América, y de los viejos municipios provinciales coloniales con territorios amplísimos, se pasó a los alejados municipios republicanos, establecidos en ámbitos territoriales cada vez más y más alejados de los ciudadanos y de sus comunidades, con muy pocas excepciones.

Recordemos de nuevo el contraste de la relación entre autoridad local y población derivado de los datos que antes mencionábamos sobre la municipalización en Europa, que lleva incluso a situaciones extremas como la de los 2.248 municipios que tiene una sola Comunidad Autónoma española, como lo es Castilla y León, para los 2.582.327 habitantes que tenía hace 20 años (1986), lo que daba un promedio general de algo más de 1000 habitantes por municipio.

En Venezuela, en cambio, con 10 veces más de población (24 MM de habitantes aproximadamente), solo hay los 335 municipios con un promedio de población de 70.00 habitantes aproximadamente[272].

Lo que resulta más interesante de esta información comparativa es que ninguno de los países latinoamericanos, con todos sus enormes territorios y gran población, alcanza siquiera el número de municipios que tiene la sola Comunidad Autónoma española de Castilla y León, cuyos habitantes, además, a pesar de todos los proyectos y esfuerzos que se han hecho por reducir o fusionar municipios, se han opuesto radicalmente a tales propósitos y a perder su personalidad municipal.

El municipio latinoamericano contemporáneo, al contrario, está en el otro extremo y en general ha adquirido un ámbito territorial tan alto y extraño al ciudadano, que hace que no sirva ni para gerenciar adecuadamente los intereses locales ni para servir de instancia de participación política de la ciudadanía en la decisión o gestión de sus propios asuntos comunales.

2. El régimen constitucional del municipio y sus limitantes

El municipio, por tanto, debería ser conforme a la Constitución, la unidad política primaria o de base de la organización nacional en el territorio, de manera de poder ser la entidad llamada a hacer efectiva la participación ciudadana. Por ello, el artículo 2° LOPPM agrega respecto de lo regulado en el artículo 168 C., que las actuaciones del municipio deben incorporar "la participación ciudadana de manera efectiva, suficiente y oportuna, en la definición y ejecución de la gestión pública y en el control y evaluación de sus resultados".

---

271 *V.* en Allan R. Brewer-Carías, *Las Constituciones de Venezuela*, Biblioteca de la Academia de Ciencias Políticas y Sociales, Caracas, 1997, p. 475.

272 *Cfr.* las referencias en Allan R. Brewer-Carías, *Reflexiones sobre el constitucionalismo en América, cit.*, pp. 139 y ss.

La Sala Constitucional del Tribunal Supremo de Justicia en sentencia 618 del 2 de mayo de 2001, analizó el indicado carácter del municipio como unidad primaria y autónoma en la organización política del país, en los siguientes términos:

Al respecto, se hace imperativo para esta Sala recordar que, a tenor de lo dispuesto en el artículo 168 constitucional, los municipios constituyen la unidad política primaria de la organización nacional, gozan de personalidad jurídica y autonomía dentro de los límites de la propia Constitución y de la ley, comprendiendo tal autonomía la elección de sus autoridades, la gestión de la materia de su competencia y la creación, recaudación e inversión de sus ingresos. La señalada norma constitucional, ya se contenía en el artículo 25 de la Constitución de 1961, artículo este que se repite casi de forma exacta en el artículo 3 de la Ley Orgánica de Régimen Municipal.

En ese sentido, el municipio es la unidad política de menor nivel territorial dentro del sistema de distribución vertical del poder en el Estado venezolano, pero cuyos mecanismos de ejercicio del poder se encuentran más próximos a los ciudadanos, por ello es definido constitucionalmente como un ente "primario" y esencialmente autónomo, autonomía esta que se encuentra limitada por la propia normativa constitucional, principalmente en lo que respecta al reparto de competencias de los distintos poderes político territoriales, cuestión que ha sido prevista así, lógicamente, a objeto de mantener la convivencia armónica de todos los elementos que conforman el Estado.

Así las cosas, siendo el municipio la unidad política primaria dentro del sistema de división vertical del poder (constituye el vínculo más estrecho entre el individuo y el centro de toma de decisiones), es evidente que debe contar con ingresos propios suficientes que le garanticen a sus ciudadanos la prestación de unos servicios mínimos obligatorios, prestación esta que es esencial a su propia existencia[273].

Sin embargo, independientemente del nominalismo constitucional, para que el municipio sea realmente la escuela de la libertad y de la democracia, tal y como lo descubrió Alexis de Tocqueville cuando ilustró a Europa sobre *La Democracia en América (1834[274])*, esa "unidad política primaria de la organización nacional" por sobre todo tendría que estar cerca del ciudadano; única forma, por lo demás, de poder representar los intereses colectivos de los mismos[275]. Un municipio lejos de las comunidades y vecindades, como es en general el municipio en Venezuela y lo ha sido en el pasado, materialmente ha servido para muy poco, ni para la participación política ni para la gestión eficiente de los asuntos locales, ni por supuesto, para la democracia.

Para entender el planteamiento quizás habría que comenzar por indagar el por qué, realmente, las democracias consolidadas de Occidente son tales democracias, y cómo es que en ellas la participación del ciudadano en la gestión de los intereses locales forma parte de la cotidianidad de la vida democrática, que se desarrolla imperceptiblemente. Es cierto que todas las democracias tienen partidos políticos y ciclos electorales en los cuales se vota con regularidad, y tienen además sistemas institucionales que son propios

---

273 Caso *Municipio Simón Bolívar*, Estado Zulia, *Revista de Derecho Público*, N° 85 a 88, Editorial Jurídica Venezolana, Caracas, 2001, p. 199.

274 Hemos utilizado la edición publicada por el Fondo de Cultura Económica (Introducción de Enrique González Pedrero), México 1957.

275 La Sala Constitucional del Tribunal Supremo, sin embargo, le ha negado a los municipios la posibilidad de intentar acciones judiciales en representación de los intereses colectivos y difusos de los habitantes de sus mismos. *V.* sentencia 1395 del 21 de noviembre de 2000 (caso *Gobernación del Estado Mérida y otras vs. Ministerio de Finanzas*), *Revista de Derecho Público*, N° 84, Editorial Jurídica Venezolana, Caracas, 2000, pp. 329 y ss.

del Estado de derecho. Pero sin embargo, unos países son efectivamente más democráticos que otros, lo que obliga a preguntarnos el porqué ello es así. La respuesta, tan simple pero esencial, en todo caso, está precisamente en la municipalización o, si se quiere, en la efectiva fragmentación y desparramamiento de las instituciones locales. Las democracias con muchos municipios cerca de los ciudadanos son más democracias, porque son más representativas y más participativas. En cambio, las democracias con pocos municipios situados lejos de los ciudadanos, son precariamente representativas y nada participativas.

Y para darnos cuenta de ello, basta hacer las comparaciones que hemos efectuado anteriormente en cuanto a la relación entre la autoridad local y la población, entre la unidad política primaria y el ciudadano, por las que se constata que en Venezuela, con casi un millón de kilómetros cuadrados de superficie y más de 24 millones de habitantes, tiene sólo 335 municipios; y en cambio en el otro extremo, en Francia, con la mitad de dicha superficie y algo más del doble de población, tiene 36.559 municipios o Comunas; es decir, cien veces más; por lo que el promedio de habitantes por municipio en Venezuela es de más de 70.000 habitantes por municipio, y en cambio en Francia, es de alrededor de 1.600 habitantes por municipio, es decir, cuarenta veces menos[276]. Por ello, cualquier revisión de esta relación que se haga en los países democráticos da cifras sorprendentes, sobre todo cuando las comparamos con las nuestras en América Latina, de lo que resulta que en el mundo de los países con democracias más desarrolladas, el promedio de habitantes por municipio varía entre 1.600 y 16.000 habitantes; y en contraste, en nuestros países de América Latina la proporción varía entre 22.000 y 75.000 habitantes de promedio[277].

En efecto, recuérdese que España tiene 8.082 municipios con un promedio de población de 4.825 habitantes; y que en Austria hay 2.353 municipios, con un promedio de población de 3.400 habitantes. Los 8.104 municipios de Italia tienen un promedio de 7.157 habitantes. En Suiza hay 3.000 municipios con un promedio de 2.333 habitantes; en Alemania hay 16.121 municipios, con un promedio de 5.086 habitantes; y en Bélgica hay 589 municipios, con un promedio de 16.978 habitantes. En Europa continental, además, debe destacarse que los municipios de menos de 2000 habitantes representan un porcentaje elevadísimo en relación con los muy poblados, por ejemplo, el 40% en Italia y el 89% en Francia. En nuestro Continente Americano también se destaca el caso de los estados Unidos y Canadá que tienen territorios casi iguales de casi 10 millones de kilómetros cuadrados, pero con una población muy disímil: aproximadamente 30 millones en Canadá y más de 250 millones en los estados Unidos. Sin embargo, en Canadá sus 4.507 municipios, tienen un promedio de 6.878 habitantes; y en los EEUU, sus 70.500 municipios, tienen un promedio de 3.872 habitantes por municipio.

En definitiva, de estas cifras resulta que en el mundo de los países con democracias más desarrolladas, el promedio de habitantes por municipio varía entre 1.600 y 16.000 habitantes. En contraste, en nuestros países de América Latina el panorama es muy dife-

276 *Cfr.* Allan R. Brewer-Carías, "Democracia municipal, descentralización y desarrollo local", *Revista Iberoamericana de Administración Pública*, N° 11, Ministerio de Administraciones Públicas, Madrid, 2003, pp. 11-34. Texto de la Conferencia Inaugural dictada en el XXVI Congreso Iberoamericano de municipios, OICI, Valladolid 13 de octubre 2004.

277 *Cfr.* lo que hemos expuesto sobre municipalismo y descentralización en Allan R. Brewer-Carías, *Reflexiones sobre el constitucionalismo en América, cit.*, pp. 127 y ss.

rente: en Argentina hay 1.617 municipios con 22.800 habitantes de promedio; en Brasil, hay 5.581 municipios pero con un promedio de 30.100 habitantes; en Guatemala hay 324 municipios con un promedio de 33.950 habitantes; en Nicaragua hay 143 municipios con un promedio de 34.965 habitantes; en Colombia hay 1.068 municipios, con un promedio de 39.325 habitantes, en México hay 2.418 municipios, con un promedio de 40.000 habitantes; en Chile hay 340 municipios con un promedio de 44.117 habitantes; y como dijimos, en Venezuela hay sólo 338 municipios con 71.715 habitantes por municipio. Casi igual que en la República Dominicana, donde hay sólo 120 municipios con 75.000 habitantes de promedio. En Uruguay hay 19 municipios con un promedio de 157.000 habitantes[278].

De lo anterior deriva que la clave de la democracia de participación está precisamente en acercar el poder al ciudadano, para que pueda efectivamente participar, y ello debería ocurrir en el municipio si este fuera efectivamente la unidad política primaria dentro de la organización nacional. Por ello, en nuestros países, y a pesar de todo el verbalismo constitucional, mientras la autoridad local esté alejada del ciudadano, no llegaremos a ser efectiva y cotidianamente democráticos, y será difícil actualizar el énfasis en la participación que hace la Ley Orgánica, al disponer en su artículo 7 que los municipios y las demás entidades locales "conforman espacios primarios para la participación ciudadana en la planificación, diseño, ejecución, control y evaluación de la gestión pública", a cuyo efecto, "los órganos del municipio y demás entes locales, deberán crear los mecanismos para garantizar la participación de las comunidades y grupos sociales organizados en su ejercicio, de acuerdo a la ley".

En realidad, la gran reforma política democrática aún pendiente en Venezuela, está no en el establecimiento de un marco legislativo formal sobre municipio y participación, sino en el desarrollo de una efectiva municipalización, que permita la posibilidad real de participar, pero sin uniformismo, pues no se puede multiplicar al gran municipio burocratizado de las áreas urbanas y trasladarlo a las rurales. Por ello, la diferenciación de regímenes municipales es una de las primeras necesidades de la vida local.

Conforme a lo antes señalado, por tanto, más importante para la participación en cuanto a la creación de un municipio, tendría que ser la existencia de una comunidad con vínculos permanentes de vecindad, es decir, como lo indica el artículo 10.1 de la Ley Orgánica, de "una población asentada establemente en un territorio determinado, con vínculos de vecindad permanente"; que la "capacidad para generar recursos propios suficientes para atender los gastos de gobierno y administración general, y proveer la prestación de los servicios mínimos obligatorios" como también lo precisa el mismo artículo 10.3 de la Ley Orgánica, con el agregado limitante centralista, de que "a los efectos del cumplimiento de este requisito, deberá constar en acta la opinión favorable del órgano rector nacional en la materia de presupuesto público" así como "la opinión del consejo de planificación y coordinación de políticas públicas", debidamente motivada en la que se deben "determinar los efectos socioeconómicos en el o los municipios que resulten segregados" (Art. 10,3).

Sobre los requisitos para la creación de los municipios, conforme a lo que establecía en sentido similar la derogada Ley Orgánica de Régimen Municipal, que consideramos

278 *Cfr.* además, lo que hemos expuesto en Allan R. Brewer-Carías, "El municipio, la descentralización política y la democracia" en *XXV Congreso Iberoamericano de municipios*, Guadalajara, México, 23 al 26 de octubre del 2001, México, 2003, pp. 53-61.

totalmente contraria a la idea del municipio como centro e instrumento esencial para la participación política, la Sala Constitucional del Tribunal Supremo de Justicia en la sentencia 618 de 2 de mayo de 2001, señaló lo siguiente:

> "Así las cosas, queda claro que de conformidad con la ley nacional que regula el régimen de creación y ordenación de los municipios de la República, es imprescindible, a los fines de que una Asamblea Legislativa pueda crear válidamente un municipio dentro del territorio estadal, que ese nuevo municipio creado posea: una población, un territorio, un centro de población y suficiencia presupuestaria a los fines de que pueda autosatisfacer los gastos de gobierno, administración y los servicios mínimos que todo municipio debe prestar a los administrados que bajo su jurisdicción se desarrollan.
>
> De lo contrario, ningún sentido tendría la creación de ese nuevo ente político territorial, siendo este último requisito el que ha sido denunciado por el actor como faltante en el caso de autos, y consecuentemente, en su criterio, no podía ser creado el municipio Simón Bolívar del Estado Zulia [...]
>
> [...] Así pues, de un análisis armónico de las normas constitucionales y legales referidas *supra*, se arriba a la inequívoca conclusión de que todo municipio debe poseer, como elementos esenciales de su existencia, los siguientes: un territorio claramente delimitado, una cantidad poblacional que amerite su existencia, un centro de población que funja de asiento permanente del gobierno local, un gobierno elegido democráticamente y una capacidad racional para autosatisfacer las necesidades del colectivo que se desarrolla bajo su jurisdicción, es decir, en términos de finanzas públicas, suficiencia presupuestaria (una relación coherente entre los ingresos y gastos que fomente el desarrollo de la entidad, atendiendo a sus propias necesidades).
>
> Siendo entonces los elementos enumerados esenciales para la vida de todo municipio, su relevancia implica que la ausencia de uno cualesquiera de ellos, trae como consecuencia la violación de los postulados constitucionales previstos en los artículos 168 y 169 de la Carta Magna y, por ende, la legislación estadal que incurre en dicha violación (ley creadora de los municipios) resulta nula de nulidad absoluta."[279]

La Ley Orgánica de 2005, además, ha establecido otras limitantes a la posibilidad de creación de municipios por los consejos legislativos de los estados, que lo alejan aún más del ciudadano, al disponer un límite poblacional mínimo de 10.000 habitantes, aún cuando en forma imprecisa: el municipio debe tener "un centro poblado no menor a la media poblacional de los municipios preexistentes en el estado, excluidos los dos de mayor población. Este requisito deberá ser certificado por el servicio nacional de estadística. En caso de no existir otro municipio en esa entidad para hacer comparación, se requerirá de una población no menor de diez mil habitantes" (Art. 10,2).

Debe recordarse que la tradición de los distritos autónomos creados en 1904, había hecho que las municipalidades del país, precisamente por existir a nivel de los distritos, se hubieran organizado con superficies territoriales excesivamente amplias. Esta tradición la siguió la Ley Orgánica de Régimen Municipal de 1978, al exigir que para que pudieran crearse municipios era necesaria una población mínima de 12.000 habitantes y un centro poblado no menor de 2.500 que le sirviera de asiento a sus autoridades (Art. 15), razón por la cual, las asambleas legislativas que a partir de 1983 crearon los municipios autónomos en lugar de los antiguos distritos Autónomos, en general, lo que hicieron fue cambiarle a éstos de nombre (distrito por municipio), conservando el mismo ámbito territorial.

---

279 *V.* en *Revista de Derecho Público*, N° 85 a 88, Editorial Jurídica Venezolana, Caracas, 2001, pp. 199 y ss.

La reforma de 1989 redujo la población mínima de los municipios a 10.000 habitantes (Art. 18, ord. 1), con lo cual, sin embargo, no se podría lograr la posibilidad de establecer el municipio como la mencionada entidad política y primaria. Diez mil habitantes podía ser una cifra suficiente si se piensa en los municipios de los centros urbanos densamente poblados, pero era evidentemente insuficiente para ubicar territorialmente a los municipios democráticos en el resto del territorio, formados por áreas rurales, donde en definitiva debería estar la mayoría numérica de las autoridades locales. Si la ley se hubiera limitado a prever pura y simplemente esta exigencia de población basada en esta cifra excesivamente alta y arbitrariamente establecida, por lo demás, ello hubiera impedido el desarrollo del municipio como entidad local primaria en las áreas rurales del país. Sin embargo, el legislador de 1989, afortunadamente, acogió la propuesta de reforma que habíamos formulado en 1984[280], y estableció que en sustitución de ese número de habitantes, podía optarse para establecer un municipio, aun con una población menor, cuando lo justificara "la existencia de un grupo social asentado establemente con vínculos de vecindad permanentes".

En esta forma, a partir de 1990, había posibilidad de que se hubiese llegado efectivamente, a tener municipios como entidad política primaria dentro de la organización nacional, conforme a la Constitución, pudiendo tener cualquier base de población siempre que se tratase de un grupo social asentado establemente con vínculos de vecindad permanentes. Quedaba, en todo caso, el límite de los 2.500 habitantes del centro poblado que le sirviera de asiento a sus autoridades.

La Ley Orgánica, sin embargo, se apartó de esa tendencia y volvió a exigir un límite poblacional mínimo de 10.000 habitantes. La Ley Orgánica además dispone que cumplidas las mencionadas condiciones, "el Consejo Legislativo una vez aprobada la ley de creación del nuevo municipio, someterá el instrumento legal a un *referéndum* aprobatorio, donde participarán todos los habitantes del municipio afectado" (Art. 10).

De todo ello lo que resulta es lo extremadamente difícil que es la creación de nuevos municipios conforme a la nueva ley; siendo la única excepción a toda esta rigidez legislativa respecto de la creación de municipios, la relativa a los municipios indígenas, los cuales deben ser creados, "previa solicitud de los pueblos, comunidades u organizaciones indígenas, formuladas ante el respectivo Consejo Legislativo y atendiendo a las condiciones geográficas, poblacionales, elementos históricos y socioculturales de estos pueblos y comunidades" (Art. 11).

3. La autonomía municipal

A. La autonomía como "libertad condicionada"

Los municipios, como se ha dicho, como entes político territoriales, de acuerdo con el artículo 168 C. gozan de autonomía[281] "dentro de los límites de esta Constitución y de la

280 *V.* la "Exposición de Motivos del Proyecto de Ley Orgánica de Régimen Municipal", en Allan R. Brewer-Carías, *Estudios de Derecho Público,* (Labor en el Senado 1983), Tomo I, Congreso Nacional, Caracas, 1984, pp. 235 a 239.

281 *Cfr.* José L. Villegas Moreno, "La autonomía local y su configuración en la Constitución venezolana de 1999", en *El Derecho Público a comienzos del Siglo XXI. Estudios Homenaje al Profesor Allan R. Brewer-Carías,* Tomo I, Universidad Central de Venezuela, Thompson-Civitas Ediciones, Madrid, 2003, pp. 715-729.

ley"; por lo que el artículo 2 de la Ley Orgánica del Poder Público Municipal también dispone que los municipios "ejercen sus competencias de manera autónoma, conforme a la Constitución y la ley".

Esta autonomía municipal, conforme al mismo artículo 168 C., comprende, 1. La elección de sus autoridades; 2. La gestión de las materias de su competencia; y 3. La creación, recaudación e inversión de sus ingresos[282]; lo que precisa el artículo 3 de la Ley Orgánica, indicando que "es la facultad que tiene el municipio para elegir sus autoridades, gestionar las materias de su competencia, crear, recaudar e invertir sus ingresos, dictar el ordenamiento jurídico municipal, así como organizarse con la finalidad de impulsar el desarrollo social, cultural y económico sustentable de las comunidades locales, y los fines del Estado".

Ahora bien, conforme a estas normas, que en cuanto a la remisión a la ley puede decirse que no tiene antecedentes en el nuestro constitucionalismo, la ley, que podría ser tanto nacional como estadal, podría limitar esa autonomía municipal, la cual, por tanto, perdió su garantía constitucional. Tal y como lo ha reafirmado la Sala Constitucional del Tribunal Supremo en sentencia N° 2257 de 13 de noviembre de 2001, en la cual sentó el criterio de que:

> [...] la intención que proyecta la Constitución vigente, no es la de consagrar la autonomía municipal con carácter absoluto sino relativo, es decir, dentro del marco de los principios y limitaciones establecidas en la propia Constitución y en las leyes nacionales y en las leyes estadales habilitadas para desarrollar el contenido de las normas constitucionales, debiendo esas leyes, por sobre todo, conservar y respetar ciertos -principios rectores- establecidos en el Texto Fundamental. Luego, el ámbito de esa autonomía sólo podría ser delimitado con la interpretación unitaria de la red normativa de referencias, sin que pueda afirmarse que alguna de las disposiciones constitucionales se basta a sí misma para dar un cabal concepto de la autonomía municipal, por más esencial que ella sea [...]
>
> Agregando que
>
> [...] en criterio de esta Sala, la "libre gestión de las materias de su competencia" que garantiza la Constitución a los municipios, se trata de una ***libertad condicionada***, no sólo por las limitaciones que directamente impone el Constituyente sino por todas aquellas que pueda imponer el Legislador nacional, y los legisladores estadales al ejercicio de la autonomía municipal, de acuerdo con las normas de la propia Constitución y dentro de los límites por ella indicados[283].

La autonomía municipal, por tanto, reducida lamentablemente por la Sala Constitucional a ser sólo una "libertad condicionada", ha sido interpretada en cuanto a su alcance por la misma Sala Constitucional del Tribunal Supremo en sentencia 670 de 6 de

---

282 Como lo ha señalado la Sala Constitucional en la mencionada sentencia 618 del 2 de mayo de 2001: "Esa autonomía municipal contiene tres aspectos, a saber: a) Político: en tanto se autogobierna por la elección de sus autoridades por parte de los ciudadanos que conviven en su jurisdicción, mediante los mecanismos democráticos previstos en la Constitución y la ley; b) Normativo: en el sentido de que tienen capacidad para dictar su propio ordenamiento jurídico en las materias que le han sido atribuidas constitucionalmente, sean estas materias exclusivas o concurrentes con otro ente político territorial (República y estados); y, c) Financiero: toda vez que la Constitución precisó las distintas fuentes de ingresos con las que cuenta el gobierno municipal para llevar a cabo su gestión, teniendo la posibilidad de invertir dichos ingresos según las prioridades que determine la realidad de cada municipio, sin injerencia del poder nacional y poder estadal, con la excepción de la inversión de los ingresos provenientes del Situado Constitucional, puesto que estos se invierten coordinadamente con planes desarrollados por los estados", *Revista de Derecho Público*, N° 85 a 88, Editorial Jurídica Venezolana, Caracas, 2001, pp. 199 y ss.

283 *V.* en *Revista de Derecho Público*, N° 85 a 88, Editorial Jurídica Venezolana, Caracas, 2001, pp. 202 y ss.

julio de 2000 (caso *Impugnación ordenanza sobre Contribución por Consumo de Cerveza, Municipio San Carlos, Estado Cojedes*), en esta forma:

> Así las cosas, debe pronunciarse esta Sala sobre el alcance de la autonomía municipal.

Sobre este particular, la entonces Corte Suprema de Justicia en Sala Plena, en sentencia del 13 de noviembre de 1989, caso *Herberto Contreras Cuenca*, señaló lo siguiente:

> La Constitución confiere *autonomía normativa* limitada a las municipalidades, entendida ella no como el poder soberano de darse su propia ley y disponer de su existencia, que sólo le corresponde a la República de Venezuela, sino como el poder derivado de las disposiciones constitucionales de dictar normas destinadas a integrar el ordenamiento jurídico general, en las materias de su competencia local, incluso con respecto a aquellas que son de la reserva legal; circunstancia ésta que ha dado lugar a que la jurisprudencia de este Supremo Tribunal haya otorgado carácter de "leyes locales" a las ordenanzas municipales.

En cuanto al valor normativo de esas fuentes de derecho emanadas de los municipios, en algunos casos se equiparan a la ley nacional, supuestos en los cuales se da una relación de competencia, mientras que en otros deben subordinase a las leyes nacionales y estadales, supuestos en los cuales se da una relación de jerarquía normativa, todo ello según lo predispuesto en el texto constitucional.

La Constitución atribuye *autonomía financiera y tributaria* a los municipios dentro de los parámetros estrictamente señalados en su artículo 31, con las limitaciones y prohibiciones prescritas en los artículos 18, 34 y 136 del mismo texto constitucional, derivadas de las competencias del poder nacional, a fin de garantizar la autosuficiencia económica de las entidades locales. No obstante, la Constitución sujeta a la ley nacional y a la leyes estadales, el aporte que reciben las municipalidades, por intermedio de los estados, del poder nacional, al cual se denomina Situado Constitucional. Por lo que respecta a los límites de la autonomía tributaria municipal, su ejercicio debe supeditarse a los principios de la legislación reglamentaria de las garantías constitucionales, que corresponden al poder nacional, ya que la legalidad tributaria es una garantía ligada al surgimiento mismo del Estado de derecho.

Reiterando el criterio sentado en la referida sentencia, estima esta Sala Constitucional de este Tribunal Supremo de Justicia, que en el ordenamiento constitucional que entró en vigencia como consecuencia de promulgación de la Constitución, se mantienen los límites de la autonomía tributaria municipal a que dicha decisión alude, siendo los mismos, aquellos que se deriven de las competencias que en materia tributaria ostentan las otras personas político territoriales que conforman el modelo federal del Estado venezolano[284]. En todo caso, y dentro de estas limitaciones, el artículo 4 LOPPM ha precisado que corresponde a los municipios en ejercicio de su autonomía, lo siguiente:

> 1. Elegir sus autoridades.
>
> 2. Crear parroquias y otras entidades locales.

---

284 *V.* en *Revista de Derecho Público*, N° 83, Editorial Jurídica Venezolana, Caracas, 2000, p. 199. *V.* igualmente sentencia 1153 de 10 de octubre de 2000 de la Sala Constitucional, *Revista de Derecho Público*, N° 84, Editorial Jurídica Venezolana, Caracas, 2000, pp. 226 y ss; la sentencia 726 de 23 de mayo de 2002 de la Sala Político Administrativa, *Revista de Derecho Público*, N° 89 a 92, Editorial Jurídica Venezolana, Caracas, 2002, pp. 288 y ss; la sentencia 1535 de 10 de junio de 2003 de la Sala Constitucional, *Revista de Derecho Público*, N° 93-96, Editorial Jurídica Venezolana, Caracas, 2003, pp. 232 y ss; y la sentencia del 1 de octubre de 2003 de la misma Sala, *Revista de Derecho Público*, N° 93 a 96, Editorial Jurídica Venezolana, Caracas, 2003, pp. 336 y ss

3. Crear instancias, mecanismos y sujetos de descentralización, conforme a la Constitución y la ley.

4. Asociarse en mancomunidades y demás formas asociativas intergubernamentales para fines de interés público determinados.

5. Legislar en materia de su competencia, y sobre la organización y funcionamiento de los distintos órganos del municipio.

6. Gestionar las materias de su competencia.

7. Crear, recaudar e invertir sus ingresos.

8. Controlar, vigilar y fiscalizar los ingresos, gastos y bienes municipales, así como las operaciones relativas a los mismos.

9. Impulsar y promover la participación ciudadana, en el ejercicio de sus actuaciones.

10. Las demás actuaciones relativas a los asuntos propios de la vida local conforme a su naturaleza.

Todo ello, implica que la autonomía municipal comprende una autonomía política, una autonomía normativa, una autonomía organizativa, una autonomía tributaria y una autonomía administrativa; y que en todo caso, los actos de los municipios no pueden estar sujetos a revisión ni intervención de parte de los otros órganos del poder público ni estadal ni nacional, excepto del poder judicial en vía constitucional o contencioso administrativa.

Sobre este alcance de la autonomía municipal, la Sala Constitucional en sentencia 618 del 2 de mayo de 2001, ha indicado que:

> Esa autonomía municipal contiene tres aspectos, a saber: a) Político: en tanto se autogobierna por la elección de sus autoridades por parte de los ciudadanos que conviven en su jurisdicción, mediante los mecanismos democráticos previstos en la Constitución y la ley; b) Normativo: en el sentido de que tienen capacidad para dictar su propio ordenamiento jurídico en las materias que le han sido atribuidas constitucionalmente, sean estas materias exclusivas o concurrentes con otro ente político territorial (República y estados); y, c) Financiero: toda vez que la Constitución precisó las distintas fuentes de ingresos con las que cuenta el gobierno municipal para llevar a cabo su gestión, teniendo la posibilidad de invertir dichos ingresos según las prioridades que determine la realidad de cada municipio, sin injerencia del poder nacional y poder estadal, con la excepción de la inversión de los ingresos provenientes del Situado Constitucional, puesto que estos se invierten coordinadamente con planes desarrollados por los estados[285].

B. La autonomía política

En primer lugar, está la autonomía política que es la que da origen al autogobierno, y que implica la "elección de sus autoridades" lo que debería ocurrir a través de mecanismos que, como lo indicaba la Constitución de 1961, deberían ser "siempre de carácter democrático (Art. 27)[286].

---

285 *V. Revista de Derecho Público*, N° 85 a 88, Editorial Jurídica Venezolana, Caracas, 2001, p. 199.

286 Ello también lo exigía la Ley Orgánica de Régimen Municipal de 1989 (Art. 3). La exigencia expresa, sin embargo, fue eliminada de la Constitución de 1961 y de la Ley Orgánica del Poder Público Municipal de 2005.

En efecto, la autonomía, políticamente hablando, en un Estado democrático federal y que pretende ser descentralizado, tiene que implicar el carácter democrático representativo de los municipios, lo que conduce a que sus autoridades o representantes, los concejales y los alcaldes, tengan que ser electos por votación universal, directa y secreta. Por ello, la vieja figura de los Prefectos (funcionarios designados por los gobernadores de los estados) que en el régimen municipal de los distritos autónomos antes de 1961 tenían algunas funciones "ejecutivas" municipales, a partir de la promulgación de la Constitución de 1961 fueron progresivamente "desmunicipalizados"[287].

La Constitución, en cuanto a la forma de elección de los alcaldes y concejales no reguló nada en forma específica, de manera que incluso en cuanto a estos últimos, se limitó a decir que deben ser electos "en la forma establecida en la Constitución" (Art. 175), lo que repite el artículo 92 de la Ley Orgánica, remitiendo además a lo que establezca la ley respectiva, que debe ser la Ley Orgánica del Sufragio, la cual no hasta julio de 2005 no se había dictado. En dicha elección, en todo caso, conforme a la Constitución, la ley debe garantizar tanto el principio de la personificación del sufragio como la representación proporcional (Art. 63).

C. La autonomía normativa

En segundo lugar, los municipios tienen autonomía normativa, es decir, se dictan su propio ordenamiento en las materias de su competencia, o como lo indica la Ley Orgánica, legislan en las materias de su competencia, y sobre la organización y funcionamiento de los distintos órganos del municipio.

El instrumento normativo por excelencia, de carácter legislativo del cual disponen los municipios, son las ordenanzas, definidas en el artículo 54,1 de la ley Orgánica como "actos que sancionan los concejos municipales para establecer normas con carácter de ley municipal, de aplicación general sobre asuntos específicos de interés local".

Dado el carácter legislativo de las ordenanzas, las mismas deben recibir por lo menos dos discusiones y en días diferentes, deberán ser promulgadas por el alcalde y ser publicadas en la *Gaceta Municipal* o *Distrital,* según el caso, y prever, de conformidad con la ley o si lo ameritare la naturaleza de su objeto, la *vacatio legis* a partir de su publicación. La Ley Orgánica exige además, que durante el proceso de discusión y aprobación de las ordenanzas, el Concejo Municipal debe consultar al alcalde, a los otros órganos del municipio, a los ciudadanos y ciudadanas, a la sociedad organizada de su jurisdicción, y debe atender las opiniones por ellos emitidas (Art. 54,1).

Por ello, ante todo, son las ordenanzas municipales las llamadas a determinar el régimen organizativo y funcional de los poderes municipales según la distribución de competencias establecidas en la Constitución, en la Ley Orgánica y en las leyes estadales (Art. 5 de la ley Orgánica).

En consecuencia, las ordenanzas municipales en Venezuela, tienen carácter de "leyes locales" y así lo reconoció la jurisprudencia de la antigua Corte Suprema de Justicia

---

287 *V.* sobre la figura de los Prefectos los comentarios en sentencia de la Sala Constitucional 2651 de 2 de octubre de 2003, *Revista de Derecho Público*, N° 93 a 96, Editorial Jurídica Venezolana, Caracas, 2003, pp. 330 y ss.

desde hace ya varias décadas[288], y lo ha ratificado la del Tribunal Supremo. Es decir, las normas que los concejos municipales producen, tienen carácter de ley en relación, por supuesto, con las materias propias de la competencia municipal. De lo contrario no se entendería, por ejemplo, cómo mediante ellas se pueden establecer impuestos, lo cual está reservado a la ley (Art. 317 C.).

En tal sentido, la Sala Constitucional del Tribunal Supremo de Justicia, en su sentencia N° 886 de 13 de mayo de 2004 (caso *Impugnación de la ordenanza de Impuestos sobre Juegos y Apuestas dictada por el municipio Iribarren del Estado Lara, de 19-10-1994)*, revisó el alcance de la autonomía normativa y financiera de los municipios tal como había sido descrita por la jurisprudencia de la Sala Plena de la entonces Corte Suprema de Justicia (caso *Heberto Contreras Cuenca*, de fecha 13 de noviembre de 1989), en los siguientes términos:

La Constitución confiere autonomía normativa limitada a las municipalidades, entendida ella no como el poder soberano de darse su propia ley y disponer de su existencia, que sólo le corresponde a la República de Venezuela, sino como el poder derivado de las disposiciones constitucionales de dictar normas destinadas a integrar el ordenamiento jurídico general, en las materias de su competencia local, incluso con respecto a aquellas que son de la reserva legal; circunstancia ésta que ha dado lugar a que la jurisprudencia de este Supremo Tribunal haya otorgado carácter de 'leyes locales' a las ordenanzas municipales.

En cuanto al valor normativo de esas fuentes de derecho emanadas de los municipios, en algunos casos se equiparan a la ley nacional, supuestos en los cuales se da una relación de competencia, mientras que en otros deben subordinarse a las leyes nacionales y estadales, supuestos en los cuales se da una relación de jerarquía normativa, todo ello según lo predispuesto en el texto constitucional[289].

La competencia normativa de los municipios, por tanto, conforme a esta jurisprudencia, también es una autonomía limitada, pero en las materias de la exclusiva competencia municipal, debería implicar su ejercicio pleno, en el sentido de que no estaría sujeta a la ley nacional o estadal en las materias que sean exclusivamente municipales y donde no exista concurrencia, en cuyo caso, sólo estaría sujeta al control jurisdiccional por la jurisdicción constitucional y la jurisdicción contencioso administrativa conforme lo dispone el artículo 168 C.

Por ello, incluso, conforme a la Ley Orgánica y en virtud precisamente de la autonomía municipal, "las ordenanzas, acuerdos, reglamentos, decretos, resoluciones y demás instrumentos jurídicos municipales son de obligatorio cumplimiento por parte de los particulares y de *las autoridades nacionales, estadales y locales"* (Art. 54).

Ahora bien, la Constitución establece, en algunos casos (la mayoría), materias en las cuales hay concurrencia de competencias entre los diversos niveles, y en estos casos, corresponde a la ley nacional establecer el ámbito que corresponde a cada nivel. Sin

---

288 *Cfr.* Allan R. Brewer-Carías, *Jurisprudencia de la Corte Suprema 1939-1974 y Estudios de Derecho Administrativo,* Tomo II, Universidad Central de Venezuela, Caracas, 1976, pp. 278 y ss.

289 *V.* en *Revista de Derecho Público*, N° 98 a 99, Editorial Jurídica Venezolana, Caracas, 2004, pp. 186-187. *V.* también sentencia 1535 de 10 de junio de 2003 de la Sala Constitucional (caso *Impugnación de la ordenanza sobre Juegos y Apuestas Lícitas del concejo municipal del Municipio Junín del Estado Táchira*), *Revista de Derecho Público*, N° 93 a 96, Editorial Jurídica Venezolana, Caracas, 2003, p. 233.

embargo, en las materias propias de la vida local, donde no hay concurrencia, el municipio es enteramente autónomo y las ordenanzas son dictadas sin sujeción a la normativa nacional, porque ésta no puede invadir las competencias municipales.

Por ello fue muy frecuente la participación de la antigua Corte Suprema de Justicia en el conocimiento de conflictos entre ordenanzas municipales y leyes nacionales, denunciadas tanto por los municipios como por el poder nacional, en el sentido de que se considera que hay invasión de competencias o usurpación de funciones, cuando un órgano del poder municipal invade competencias de un órgano del poder nacional y viceversa.

En la materia existe una muy extensa jurisprudencia donde delimita las competencias en los casos de conflicto[290].

D. La autonomía organizativa

Los municipios, además, tienen autonomía organizativa, parapara por ejemplo, crear parroquias y otras entidades locales; crear instancias, mecanismos y sujetos de descentralización, conforme a la Constitución y la ley; asociarse en mancomunidades y demás formas asociativas intergubernamentales para fines de interés público determinados, y legislar en materia de su competencia, y sobre la organización y funcionamiento de los distintos órganos del municipio (Art. 4, ords. 2,3,4,5).

Sin embargo, por expresa disposición constitucional, esta potestad organizativa está sujeta a lo que se establezca en las leyes nacionales y estadales. Para ello el artículo 169 C. dispone que "La organización de los municipios y demás entidades locales se regirá por esta Constitución, por las normas que para desarrollar los principios constitucionales establezcan las leyes orgánicas nacionales, y por las disposiciones legales que de conformidad con aquellas dicten los estados".

En particular, a los efectos del establecimiento de los diversos y diferenciados regímenes municipales que exige dicho 169 C., el artículo 47 LOPPM ha remitido tal regulación a lo que establezcan las leyes estadales, atendiendo a las condiciones de población, desarrollo económico, capacidad para generar ingresos fiscales propios, situación geográfica, elementos históricos y culturales y otros factores relevantes.

E. Autonomía tributaria

Pero además de la autonomía política, normativa y organizativa, el municipio tiene autonomía tributaria, en el sentido de que en la Constitución se prevén sus tributos propios. Por tanto, puede señalarse que así como los órganos del poder nacional tienen una potestad tributaria originaria, también los municipios tienen una potestad tributaria originaria, de manera que es la Constitución la que establece cuáles tributos son nacionales y cuáles son municipales, y éstos son desarrollados por los propios municipios en sus propias ordenanzas, no pudiendo el poder nacional intervenir en estas regulaciones tributarias locales.

---

290 *Cfr.* Allan R. Brewer-Carías, Jurisprudencia de la Corte Suprema 1939-1974 y Estudios de Derecho Administrativo, Tomo II, *cit.*, pp. 246 y ss.

En esta forma, el artículo 179.2 del texto fundamental, por ejemplo, establece como ingresos municipales, los siguientes "los impuestos sobre actividades económicas de industria, comercio, servicios, o de índole similar, con las limitaciones establecidas en esta Constitución; los impuestos sobre inmuebles urbanos, vehículos, espectáculos públicos, juegos y apuestas lícitas, propaganda y publicidad comercial; y la contribución especial sobre plusvalías de las propiedades generadas por cambios de uso o de intensidad de aprovechamiento con que se vean favorecidas por los planes de ordenación urbanística", los cuales deben ser regulados con entera autonomía, en cada municipio, en sus respectivas ordenanzas, con las limitaciones previstas en el artículo 183 del texto fundamental. Por otra parte, la Constitución también prevé como ingreso municipal al impuesto territorial rural o sobre predios rurales, así como la participación en la contribución por mejoras y otros ramos tributarios nacionales o estadales, "conforme a las leyes de creación de dichos tributos" (Art. 179.3), en cuyo caso, la regulación municipal que se pueda dictar en relación con estos tributos está enteramente sometida a la regulación establecida en la ley nacional.

En tal sentido la propia Constitución atribuye al poder nacional competencia para "La creación y organización de impuestos territoriales o sobre predios rurales y sobre transacciones inmobiliarias, cuya recaudación y control corresponda a los municipios, de conformidad con esta Constitución" (156.14). Se debe mencionar, por otra parte, que la Constitución de 1999 estableció como competencia del poder nacional, la atribución de la Asamblea nacional de dictar la "legislación para garantizar la coordinación y armonización de las distintas potestades tributarias; para definir principios, parámetros y limitaciones, especialmente para la determinación de los tipos impositivos o alícuotas de los tributos estadales y municipales; así como para crear fondos específicos que aseguren la solidaridad interterritorial" (Art. 156.13). Ello, sin duda, se configura como otra limitación a la autonomía normativa y tributaria municipal. A ello se agrega, lo que la antigua Corte Suprema de Justicia destacó en el sentido de que "por lo que respecta a los límites de la autonomía tributaria municipal, su ejercicio debe supeditarse a los principios de la legislación reglamentaria de las garantías constitucionales, que corresponden al poder nacional, ya que la legalidad tributaria es una garantía ligada al surgimiento mismo del Estado de derecho[291].

F. Autonomía administrativa

Además de la autonomía política, normativa, organizativa y tributaria, los municipios tienen, por supuesto, también, una autonomía administrativa o de libre gestión de las materias de su competencia (Art. 168.2 C.), lo que implica no sólo autonormación, sino también autoadministración y, por lo tanto, la posibilidad de invertir los ingresos municipales en la forma como lo juzguen conveniente, sin intervención alguna del poder nacional o del poder estadal. Podríamos señalar, sin embargo, que una limitación a esta libre gestión sólo se podría deducir del sistema del situado constitucional, en cuanto a los ingresos del municipio provenientes del situado que se asigna a los estados y que

---

291 *V.* en *Revista de Derecho Público*, N° 98 a 99, Editorial Jurídica Venezolana, Caracas, 2004, pp. 186-187. *V.* también sentencia 1535 de 10 de junio de 2003 de la Sala Constitucional (caso *Impugnación de la ordenanza sobre Juegos y Apuestas Lícitas del concejo municipal del Municipio Junín del Estado Táchira*), *Revista de Derecho Público*, N° 93 a 96, Editorial Jurídica Venezolana, Caracas, 2003, p. 233.

éstos, a su vez, deben transferir, en un porcentaje, a los municipios. En este caso, el artículo 167.4 C., al regular el situado como una partida equivalente a un máximo del veinte por ciento del total de los ingresos ordinarios estimados anualmente por el Fisco Nacional, la cual se distribuirá entre los estados y el Distrito Capital, establece que los estados deben destinar a la inversión un mínimo del 50 % del monto que les corresponda por concepto de situado, correspondiéndoles a los municipios de cada estado, en cada ejercicio fiscal, una participación no menor del 20 % del situado y de los demás ingresos ordinarios del respectivo estado; disponiendo además, que la ley nacional debía establecer los principios, normas y procedimientos que deben propender "a garantizar el uso correcto y eficiente de los recursos provenientes del situado constitucional y de la participación municipal en el mismo".

La Ley Orgánica de Descentralización, Delimitación y Transferencia de Competencias del poder público[292], en la materia, sólo estableció que en las leyes de presupuesto de los estados se debía incorporar una partida destinada a los municipios denominada situado municipal, no menor del 20 % de la estimación de los demás ingresos ordinarios de la entidad federal, diferente del respectivo situado constitucional. La ley agregó que el situado municipal sería distribuido entre los municipios del estado de conformidad con la Ley Orgánica del Poder Público Municipal (Art. 14), la cual modificó dicha disposición, al establecer en su artículo 141 que el situado municipal comprende: 1. Una cantidad no menor al 20% de la correspondiente al respectivo estado en el presupuesto de los ingresos ordinarios del Fisco nacional; y 2. Una participación no menor del 20% de los demás ingresos ordinarios del mismo estado. Agregó la ley que la distribución del situado entre los municipios de cada estado se debe hacer conforme a los siguientes parámetros: 30% en partes iguales, 50% en proporción a la población de los municipios y 20% en proporción a su extensión territorial.

En cuanto a los principios, normas y procedimientos que deben propender "a garantizar el uso correcto y eficiente de los recursos provenientes del situado constitucional y de la participación municipal en el mismo" a que se refiere el artículo 167 C., los mismos estarían regulados en la Ley de los consejos locales de planificación[293] y en sus regulaciones sobre el presupuesto participativo que se abalizan más adelante.

2. La garantía de la autonomía

La autonomía de los municipios, tal como se ha señalado, es un principio constitucional fundamental derivado de la distribución vertical del poder público que caracteriza nuestra forma de Estado.

Por ello, la propia Constitución establece la garantía de dicha autonomía al prescribir, que "los actos de los municipios no podrán ser impugnados sino por ante los tribunales competentes de conformidad con la Constitución y con la ley" (Art. 168); garantía que se repite en la Ley Orgánica (Art. 4).

En consecuencia, en Venezuela no existe ninguna forma de control de tutela de carácter administrativo o político, por parte de la República o de los estados sobre los municipios, siendo sólo posible que por ley se extiendan las funciones de la Contraloría Ge-

---

292 *Gaceta Oficial* N° 37.753 de 14 de agosto de 2003.
293 *Gaceta Oficial* N° 37.453 del 12 de junio de 2003.

neral de la República a las administraciones municipales (Art. 289,1), "sin perjuicio de las facultades que se atribuyan a otros órganos, como las contralorías municipales.

Por otra parte, la garantía de la autonomía municipal también se configura como una garantía objetiva de orden constitucional, en el sentido de que las invasiones de competencias y lesiones a la autonomía por parte de los órganos de la República y de los estados, se consideran usurpación de funciones y autoridad, cuyos actos son nulos (Art. 138 C.) y pueden ser anulados por la Sala Constitucional del Tribunal Supremo de Justicia (Art. 336 C.) y por los órganos de la jurisdicción contencioso administrativos (Art. 259 C.).

III. EL MUNICIPIO Y LA DEMOCRACIA PARTICIPATIVA

1. La democracia: representación y participación

Ahora bien, en vista de la necesidad de constituir al municipio como la unidad política primara de la organización nacional y el nivel esencial para permitir la participación ciudadana, es necesario ubicar el régimen municipal en la perspectiva democrática[294], en particular de la llamada democracia participativa, como si se tratara de conceptos dicotómicos.

La democracia participativa, en realidad, es la que podría permitir y asegurar una efectiva participación política del ciudadano en la conducción de los asuntos públicos más allá del ejercicio del derecho al sufragio, como sólo la descentralización y municipalización pueden lograr. Pero la participación, por supuesto, no excluye la representación ni la democracia participativa se contrapone a la representativa, y menos sustituirla. En efecto, los dos principios fundamentales de la democracia en el mundo contemporáneo puede decirse que siguen siendo la representación y la participación. El primero, el de la representación, si a algo se contrapone sin duda es a la democracia directa: la dicotomía está, en este caso, entre la democracia representativa o indirecta, por una parte, y por la otra, la democracia directa[295].

El segundo principio, el de la participación, a la vez, si a algo se contrapone es a la exclusión política, no a la representación. La dicotomía está aquí entre democracia participativa o de inclusión y democracia de exclusión o exclusionista. Y esto es precisamente lo que no se tiene claro cuando se habla de democracia participativa como "contrapuesta" a la democracia representativa[296]: en algunos casos refiriéndose a los meca-

---

294 *Cfr.* Allan R. Brewer-Carías, "Democracia municipal, descentralización y desarrollo local", *Revista Iberoamericana de Administración Pública,* N° 11, Ministerio de Administraciones Públicas, Madrid, 2003, pp. 11-34 (Conferencia Inaugural dictada por el autor en el *XXVI Congreso Iberoamericano de municipios*, organizado por la Organización Iberoamericana de Cooperación Intermunicipal (OICI) y el Ayuntamiento de Valladolid, Valladolid, España, 13 de octubre de 2004).

295 *Cfr.* en general, Luis Aguiar de Luque, *Democracia directa y Estado constitucional*, Editorial Revista de Derecho Privado, Madrid, 1977.

296 En sentencia 1037 del 1 de agosto de 2000, la Corte Primera de lo Contencioso Administrativo (caso *APRUM*) puntualizó lo siguiente: "La democracia participativa no choca necesariamente con la democracia representativa, ni se excluyen, y dentro de un sistema republicano necesariamente debe haber autoridades, poderes

nismos de democracia directa; y en otros casos, confundiéndose los conceptos para propugnar la eliminación o minimización de la representatividad y buscar establecer una supuesta relación directa entre el líder y sus estructuras de poder y el pueblo, a través de los mecanismos institucionales del Estado dispuestos para hacer creer que se participa.

A. La representación: la democracia directa y la democracia indirecta (representativa)

En cuanto a la democracia representativa o democracia indirecta, esta es y seguirá siendo de la esencia de la democracia. Su sustitución es imposible si de democracia se trata, sin perjuicio de que afortunadamente se haya venido enriqueciendo en las últimas décadas, precisamente, con la introducción en nuestros sistemas políticos de mecanismos de democracia directa que la complementan, pero que jamás podrán sustituirla. No puede existir en el mundo contemporáneo una democracia que sólo sea refrendaria o de cabildos abiertos permanentes. Recordemos incluso que ni en la antigua Grecia existieron realmente sistemas que sólo fueran de democracia directa, donde las decisiones supuestamente sólo se tomaban en asambleas, pues la conducción de los asuntos públicos realmente la hacían los magistrados, que si bien no eran siempre electos, si eran designados por sorteo.

Pero lo cierto es que hoy por hoy, en casi todos los sistemas constitucionales contemporáneos se han incorporado mecanismos de consultas populares y de asambleas de ciudadanos con el objeto de complementar la representatividad. Además, todos los tipos imaginable de referendos, como los consultivos, aprobatorios, decisorios, abrogatorios, autorizatorios y revocatorios, los hemos ensayado; al igual que se han regulado las iniciativas populares. Todo ello, sin duda, ha contribuido a la movilización popular y a la relativa manifestación directa de voluntad del pueblo; pero es claro que esos mecanismos no pueden sustituir a la democracia conducida por representantes electos.

Lo importante en este aspecto, es asegurar que dichos representantes sean realmente representativos de las sociedades y sus comunidades, y sean elegidos mediante sistemas de sufragio directo, universal y secreto donde impere el pluralismo político, y a través de procesos electorales transparentes que aseguren el acceso al poder con sujeción al Estado de derecho, tal como lo establece la *Carta Democrática Interamericana* de la Organización de Estados Americanos de 2001.

B. La participación: La democracia de inclusión (participativa) o la democracia de exclusión

Pero sin duda, más interés contemporáneo tiene el segundo principio básico de la democracia, que es el de la participación política, el cual exige que el régimen democrático sea uno de inclusión política, donde el ciudadano sea parte de su comunidad política, y pueda contribuir a toma de las decisiones que le conciernen.

---

públicos que representen a los demás, y esa es la esencia de la República como tal; son estos entes representativos quienes van a establecer las normas para poder permitir la participación, porque toda participación debe estar sujeta a normas o a un principio de legalidad que establezca cuáles son los poderes de la administración Pública y en qué manera los ciudadanos pueden hacerse parte de la actividad administrativa y la participación legítima a los órganos de representación republicanos, razón por la cual ambos tipos de democracia se complementan", *Revista de Derecho Público*, Nº 83, Editorial Jurídica Venezolana, Caracas, 2000, p. 394.

Si, hay que decirlo con claridad, participar en realidad es estar incluido, por lo que la dicotomía en este caso de la participación política se establece con la exclusión política, que además conlleva la de orden social y económico, y con ello la marginalización.

Lamentablemente, sin embargo, en la doctrina política democrática, con demasiada frecuencia se confunden los conceptos, y cuando se habla de democracia participativa se la confunde con los mecanismos de democracia directa, y se la reduce, por ejemplo, a las iniciativas legislativas, consultas populares, cabildos abiertos y referendos[297]. Sin embargo, la democracia participativa es mucho más que eso.

Por ello, la participación política no es otra cosa que ser parte de una comunidad política, en la cual el individuo tiene un rol específico de carácter activo conforme al cual contribuye a la toma de decisiones, y que no se puede agotar, por ejemplo, en el sólo ejercicio del derecho al sufragio (que sin duda es una forma mínima de participación); o en ser miembro de sociedades intermedias, aún las de carácter político como los partidos políticos; o en votar en referendos (que también es otra forma mínima de participación).

Participación política democrática, por tanto, es estar incluido en el proceso político y ser parte activa del mismo, sin mediatizaciones; es en fin, poder tener acceso a la toma de decisiones públicas. Y ello, en ninguna sociedad democrática se ha logrado permanentemente con referendos o cabildos abiertos. Estos son formas de participación, pero de carácter mínimo. Tampoco se logra con manifestaciones así sean multitudinarias, donde la gente desfila blandiendo banderitas, criticando acerbamente o cantando o alabando obediente y sumisamente a un líder. Eso no es participación política; eso no es más que manifestación política, que es otra cosa. Esa, la historia se ha encargado de enseñárnosla en todas sus facetas, incluyendo las propias de los autoritarismos fascistas. Incluso las manifestaciones pueden ser poco amistosas, de protesta, a veces furiosas y violentas. Pero lo que es cierto es que no se la puede confundir con participación política.

La democracia participativa, o si se quiere, para que la democracia sea inclusiva o de inclusión, tiene que permitir al ciudadano poder ser parte efectivamente de su comunidad política; tiene que permitirle desarrollar incluso conciencia de su efectiva pertenencia, es decir, de pertenecer a un determinado orden social y político, por ejemplo, a una comunidad; a un lugar; a una tierra; a un campo; a una comarca; a un pueblo; a una región; a una ciudad; en fin, a un estado.

Se trata de lo que Norberto Bobbio denominó “el proceso de expansión del poder ascendente”, que amplía de la esfera de las relaciones políticas, y que pasa -decía- “de la esfera de las relaciones en que el individuo es tomado en consideración en su papel de ciudadano, a la esfera de las relaciones sociales, donde el individuo es tomado en consideración en una diversidad de estatus y papeles específicos, por ejemplo, como padre y como hijo, como cónyuge, como empresario y trabajador, como maestro y como estudiante; y también como oficial y como soldado, como administrador y administrado, como productor y como consumidor, como gestor de servicios públicos y como usuario”[298].

---

297 *Cfr.* el importante discurso de incorporación como Individuo de Número de la Academia de Ciencias Políticas y Sociales del profesor Humberto Njaim, sobre el tema de *La democracia participativa,* Caracas, marzo 2005.

298 *V.* Norberto Bobbio, *El futuro de la democracia,* Fondo de Cultura Económica, México, 1992, p. 42.

Pero por supuesto, el tema central a resolver cuando se trata de la participación democrática, es determinar cómo y en qué lugar la misma puede realizarse. Como por su parte lo advirtió Giovanni Sartori: "O el autor de la democracia participativa se decide a clarificar positivamente dónde está lo que corresponde a cuál participación (de cuál naturaleza) y en cuáles lugares (en todas partes?); o nos quedamos con un animal que no logró identificar". Sobre ello, agregaba, "mucho ruido, es cierto, también mucha polémica furiosa; pero queda la duda de que haya nacido algo nuevo"[299].

2. La democracia de inclusión (participativa) y la participación política en el ámbito local

A. La participación como esencia histórica de la democracia

La verdad, sin embargo, es que la democracia participativa no es nada nuevo; ha estado siempre, desde los mismos días de las Revoluciones del Siglo XIX en muchos países hoy con democracias consolidadas; allí, en el nivel más ínfimo de los territorios de los estados, en las asambleas locales, en los municipios, en las comunas. Lo que pasa es que no la hemos querido reconocer, e insistimos en confundirla con algunos instrumentos de democracia directa.

Por ello, el gran problema de la democracia contemporánea, y particularmente el problema de sus líderes y conductores, comenzando por los de los partidos políticos, es que a veces no entienden o mejor, no han querido entender qué es, efectivamente, participar en política, y dónde es que se puede realmente participar.

Así, en el ámbito de los demócratas, con gran frecuencia la hemos reducido al ejercicio político del voto, de elegir o de ser miembro de partidos políticos; y es que toda participación, sin duda, complica el control férreo que los partidos políticos han desarrollado respecto del proceso político. No olvidemos que muchas democracias contemporáneas han funcionado conforme al principio del centralismo democrático el cual también sirvió, en su momento, a las democracias que en 1989 desaparecieron con la caída del muro de Berlín.

En el ámbito de los neo autoritarismos, por otra parte, donde con frecuencia se blande la bandera de una supuesta "democracia participativa" para rechazan la democracia representativa, en realidad no se concibe otra forma de "participación" que no sea la que deriva de la relación directa entre líder y pueblo, signada por la ordenes y consignas del primero y la obediencia y sumisión del segundo. Eso, por supuesto, tampoco es participación política; es un engaño y una sustitución autocrática de la voluntad popular.

Por su parte, los líderes de los partidos políticos, con harta frecuencia, han concebido la participación política como un monopolio de estos mismos, que por ello adquieren un supuesto derecho de mediatizar totalmente la voluntad popular, sustituyéndola y apoderándose de ella, y excluyendo de la vida política a quienes no son miembros de los mismos. En las sociedades democráticas avanzadas, en cambio, la participación está en la corriente sanguínea de la propia democracia, y por ello, incluso quienes la ejercen y la viven cotidianamente no se dan cuenta de ella; no le prestan atención y por ello, a

299 *V.* Giovanni Sartori, *¿Que es democracia?*, Altamira Editores, Bogotá, 1994.

veces no se la logra identificar. Como sucede en las democracias europeas, que son democracias inclusivas, pero a veces se piensa que ello es así, naturalmente, cuando no es cierto.

B. La participación ciudadana y el ámbito municipal y local

No olvidemos que ello lo descubrió para Europa, Alexis de Tocqueville, cuando precisamente se topó con el régimen local asambleario que funcionaba desparramado en todo el territorio de las colonias inglesas en la costa este de Norteamérica, con su libro *La Democracia en América*, democracia que hervía en los *Town Halls*[300]. Esas instituciones comunales, decía De Tocqueville, "son a la libertad lo que las escuelas vienen a ser a la ciencia; la ponen al alcance del pueblo, le hacen paladear su uso político y lo habitúan a servirse de ella"[301]. Y en Europa misma, esa democracia local fue uno de los productos más acabados y a veces incomprendidos de la propia Revolución Francesa, la cual sin embargo, también fue advertido por el propio De Tocqueville en su otra clásica obra sobre *El Antiguo Régimen y la Revolución*, escrito veinte años después. Decía: "La administración local tiene un contacto diario con [los ciudadanos]; toca continuamente sus puntos más sensibles; influye en todos los pequeños intereses que forman el gran interés que se pone en la vida; es el objeto principal de sus temores y también el de sus esperanzas más queridas; los mantiene vinculados a ella por una infinidad de lazos invisibles que los arrastran sin que se den cuenta"[302].

Y en efecto, dejando aparte y sin sustituir al sufragio y a los instrumentos de democracia directa, la participación política como democracia de inclusión en la cual el ciudadano puede tomar parte personalmente en un proceso decisorio, interviniendo en actividades estatales y en función del interés general[303], sólo puede tener lugar efectivamente en los estamentos territoriales más reducidos, en el nivel local, comunal o municipal. Es decir, sólo en los niveles territoriales inferiores de la organización del Estado es que se puede montar una organización participativa que permita la incorporación del ciudadano individual, o en grupos o en comunidades, en la vida pública, y particularmente, en la toma de decisiones públicas generales o de orden administrativo.

Como lo señaló el ex alcalde de Bogotá, Jaime Castro, "La democracia moderna no se concibe sin audaces formas de participación ciudadana y comunitaria en el ejercicio del poder a nivel local y regional. Sin la garantía de que todas y todos pueden y deben participar en la preparación de las decisiones que se piensen tomar sobre temas de interés general, en su adopción y ejecución, esto último mediante el control que realicen sobre la gestión de las autoridades y los particulares que ejerzan funciones públicas.

---

300 *V.* Alexis de Tocqueville, *La democracia en América*, Fondo de Cultura Económica, México, 1973, pp. 79 y ss.

301 *Ídem.*, p. 78.

302 Alexis de Tocqueville, *El Antiguo Régimen y la Revolución*, Tomo I, Alianza Editorial, Madrid, 1982, p. 15.

303 *Cfr.* por ejemplo, en relación con la administración de justicia, Alberto González, "Participación en la Administración de Justicia", en Jorge Londoño U. (Compilador), *Constitucionalismo, participación y democracia*, Librería Jurídica Ethos y Uniboyacá, Bogotá y Tunja, 1997, pp. 76 y 77.

Sólo esas formas democráticas de participación le cambian la cara a las instituciones y permiten hablar de un nuevo régimen político"[304]. Pero por supuesto, el tema central que tiene que resolverse cuando se habla con propiedad de democracia participativa, es el de la determinación del nivel territorial que se requiere para la participación como cotidianeidad democrática, y la opción está entre el municipio desparramado en todos los rincones de un Estado, en cada villa, pueblo y caserío, situado bien cerca del ciudadano; o el gran municipio urbano o rural, situado al contrario bien lejos del ciudadano. Lo cierto, en definitiva, es que en la mayoría de los llamados países desarrollados democráticos predomina la existencia de muchos municipios, y entre ellos, de municipios pequeños: en Alemania, por ejemplo, de sus 16.098 municipios, un 76% tiene menos de 5.000 habitantes; y en España, alrededor del 86% de sus más de 8.056 municipios, tienen menos de 5.000 habitantes, agrupando sólo el 16% de la población, y el 61% tiene menos de 1.000 habitantes[305]. Debe destacarse además, como un ejemplo de lo que significa para un país tener territorialmente muchos pequeños municipios, el caso de la sola Comunidad de Castilla y León de España, que alberga algo más de un cuarto del total de los municipios de ese país, con 2.248 municipios para 2,484.603 habitantes, de los cuales el 68,5 %, es decir, 1.540 municipios tienen menos de 500 habitantes[306]. En contraste, por ejemplo, en Venezuela, con casi un millón de kilómetros cuadrados de territorio, y más de 24 millones de habitantes, sólo hay 338 municipios, con un promedio de población superior a los 70.000 habitantes.

3. La democracia participativa y la descentralización política

A. La participación como fenómeno de la vida local

La democracia participativa está indisolublemente ligado no a la democracia directa, sino a la descentralización política y la municipalización, y la misma no se puede materializar con solo propuestas de incorporación al régimen democrático de instrumentos como los referendos o las consultas o las iniciativas populares. La democracia participativa no se agota ni se puede confundir con la democracia directa, como suele suceder en muchos estudios sobre la democracia que propugnan se perfeccionamiento[307]. Como lo ha señalado la Corte Primera de lo Contencioso Administrativo en sentencia N° 1037 de 1° de agosto de 2000:

Un elemento fundamental dentro de lo que es la democracia, es la descentralización, no puede haber democracia sin descentralización, ese debe ser el apellido de la demo-

---

304 *V.* Jaime Castro, *La cuestión territorial*, Editorial Oveja Negra, Bogotá, 2003, pp. 201-202. Se destaca, *p.j.* Que en el libro Olivier Duhamel y Manuel José Cepeda Espinosa, *Las democracias. Entre el Derecho Constitucional y la Política*, TM Editores y Universidad de los Andes, Bogotá, 1997, en la única página en la cual se habla y se usa la expresión de "democracia de participación" es en relación con el sistema suizo, país que es el paradigma del federalismo y del régimen local o cantonal, p. 56.

305 *Cfr.* Torsten Sagawe, "La situación de los pequeños municipios en Europa: con especial referencia a la República Federal de Alemania", en Luis Villar Borla et ál, *Problemática de los pequeños municipios en Colombia ¿Supresión o reforma?*, Universidad Externado de Colombia, Bogotá, 2003, p. 40.

306 *Informe sobre el Gobierno Local,* Ministerio para las Administraciones Públicas y Fundación Carles Pi i Sunyer d'Etudis Autonòmics y Locals, Madrid, 1992, p. 27.

307 *Cfr.* por ejemplo, en Venezuela, los estudios publicados en *Participación Ciudadana y Democracia*, Comisión Presidencial para la Reforma del Estado, Caracas, 1998.

cracia. Estando cada vez más cerca de las comunidades quien toma las decisiones que los orienten o satisfagan sus necesidades es que exista una interacción entre los vecinos y la Administración[308].

Por ello, para ubicar exactamente qué es la democracia participativa, lo que habría que hacer es preguntarse: ¿porqué hay países que llamamos democráticamente desarrollados como los europeos, donde no se plantea con tanta urgencia la necesidad de la participación ciudadana y en los cuales precisamente impera la fragmentación municipal? En cambio, también tenemos que preguntarnos, ¿Por qué es que en todos nuestros países latinoamericanos, que al contrario, tienen muy pocos municipios para sus enormes territorios estatales y su población, es donde sin embargo, más se grita al unísono contra nuestras insuficiencias democráticas clamándose a la vez por una democracia participativa?

La participación política como cotidianeidad democrática o como parte de la democracia como forma de vida, sólo puede darse a nivel local. No hay otra instancia en los estados; lo demás es falacia y engaño, o mecanismos de democracia directa. Por ello es que el tema, precisamente, no tiene tanta notoriedad en los países europeos, donde la participación es de todos los días, en las pequeñas cosas que pueden tratarse en esos pequeños municipios rurales como son precisamente la mayoría de los países europeos. La participación local se tiene; está allí, diariamente, en la vecindad e, incluso, en los consejos abiertos que tan bien ha estudiado Enrique Orduña, con los cuales se gobiernan, por ejemplo, al menos los 419 municipios de la Comunidad de Castilla y León con población inferior a 100 habitantes, y que se ha mantenido a través de los Siglos y de los regímenes políticos, habiendo encontrado incluso reconocimiento constitucional en 1978[309].

B. La participación, el localismo y la descentralización

La participación política o la democracia participativa están por tanto, íntimamente unidas al localismo y a la descentralización, y ésta, a la limitación del poder, lo que es consustancial con la democracia. El régimen local, es entonces, como lo ha dicho Eduardo García de Enterría, la estructura que "da curso al derecho ciudadano a participar en todos, completamente en todos los asuntos públicos que afectan a la propia comunidad"[310]; de manera que como ya nos lo advirtió hace más mas de treinta años nuestro muy recordado amigo Sebastián Martín Retortillo, cuando España aún no había entrado en el proceso de transición hacia la democracia, en aquella excelente obra que dirigió sobre *Descentralización administrativa y organización política,* al destacar las raíces eminentemente políticas del tema; constataba que la participación efectiva del ciudadano común, siempre presupone la descentralización[311]; de manera que sin temor a equivocarnos podemos afirmar que no sólo sin descentralización político o territorial, es

308 Caso *Asociación de Propietarios y Residentes de la Urbanización Miranda (APRUM) vs. Alcaldía del Municipio Sucre del Estado Miranda*, *Revista de Derecho Público*, N° 83, Editorial Jurídica Venezolana, Caracas, p. 394.

309 *V.* Enrique Orduña R., *Democracia directa municipal. Concejos y Cabildos Abiertos,* Editorial Civitas, Madrid, 1994.

310 Citado en Sebastián Martín Retortillo, en "Introducción" al libro Sebastián Martín Retortillo et ál, *Descentralización administrativa y organización política,* Tomo I, Ediciones Alfaguara, Madrid, 1973, p. LVIII.

311 *Ídem*, p. LIX.

decir, sin que exista una multiplicidad de poderes locales y regionales, no puede haber participación política, sino que en definitiva no puede haber una democracia participativa. La descentralización es, por tanto, la base de la democracia participativa y a la vez, el impulso de la democratización y control del poder. El centralismo, en cambio es la base de la exclusión política al concentrar el poder en unos pocos electos, y a la vez, el motivo del desprestigio de la democracia representativa por más aditivos de democracia directa o refrendaria se le implantes.

Por ello hemos dicho que "el debate contemporáneo en nuestros países por más democracia, tiene que centrarse en el rescate del proceso de descentralización política. Perfeccionar la democracia exige hacerla más participativa y más representativa, para lo cual la única vía posible que existe es acercando el poder al ciudadano, y ello sólo puede lograrse descentralizando territorialmente el poder del Estado y llevarlo hasta la más pequeña de las comunidades; es decir, distribuyendo el poder en el territorio nacional"; a lo cual hemos agregado además, que "cualquiera que sea la forma de descentralización política, se trata de proyectos y propuestas contrapuestos radicalmente al centralismo de Estado y a la concentración del poder, que son esencialmente antidemocráticos". En definitiva, la propuesta política que formulamos, y ahora insistimos en ratificar, "busca el diseño en nuestros países, de un nuevo sistema político que la democracia exige, y que sólo puede tener por objeto hacerla más participativa, con gran presencia de la sociedad civil, y más representativa de las comunidades. Ello implica desparramar el poder en todo el territorio, hasta la última de las comunidades, para que el ciudadano y sus sociedades intermedias puedan realmente participar"[312].

C. La participación, el municipio y la lugarización

Y ello implica, por sobre todo, la municipalización de los territorios de nuestros países, para rescatar, más de doscientos años después, lo que fue la decisión terminante de la Asamblea Nacional Constituyente francesa en aquél diciembre de 1789, y que se traduciría hoy en nuestros países contemporáneos, en la frase de que toda comunidad rural, todo caserío, todo pueblo, todo barrio urbano, debía tener su autoridad local como comunidad política, que llamaremos municipio conforme a nuestra tradición histórica. Como lo enuncia la Constitución de la Provincia del Chaco, en Argentina: "Todo centro de población constituye un municipio autónomo...[313].

Pero por supuesto, para ello, es decir, para una reforma política de esta naturaleza, tenemos que pensar en otro municipio, para no desparramar territorialmente la estructura burocrática local, mal y uniformemente concebida que tenemos en muchos de nuestros países y que lo que podría provocar es peor democracia.

La diferenciación municipal, entonces, es consustancial con la municipalización como instrumento para acercar el municipio al ciudadano; porque como ya lo hemos dicho más de una vez, "Un municipio lejos de las comunidades y vecindades, como es en ge-

---

312 *V.* Allan R. Brewer-Carías, "Municipio, la participación y la democracia", *XXV Congreso Iberoamericano de municipios, Guadalajara, Jalisco, México del 23 al 26 de octubre de 2001*, Fundación Española de municipios y Provincias, Madrid, 2003, pp. 453 y ss.

313 Artículo 182. Citado por Augusto Hernández Barrera, "Objetivos inéditos de la categorización municipal" en Luis Villar Borda et ál, *Problemática de los Pequeños municipios en Colombia ¿Supresión o reforma?*, Universidad Externado de Colombia, Bogotá, 2003, p. 108. *Cfr.* además, Augusto Hernández Becerra, *Ordenamiento y desarreglo territorial en Colombia*, Universidad Externado de Colombia, Bogotá, 2001.

neral el municipio en nuestros países latinoamericanos, materialmente no sirve para nada bueno, ni para la participación política ni para la gestión eficiente de los asuntos locales, ni por supuesto, para la democracia"[314].

A nivel local, además, es donde florece la libertad en medio de la diversidad, y es donde en definitiva en un mundo cada vez más globalizado como el actual, el hombre, el ciudadano común encuentra su refugio e identifica el lugar de su pertenencia. Los hombres tenemos que terminar de constatar que en definitiva, frente a la incontenible tendencia hacia la globalización, que está allí y aquí, basada en lo trasnacional y en la integración de los países, que produce ese proceso de uniformismo personal, que desdibuja la singularidad de las personas o que despersonaliza al individuo, que todos captamos; frente a ello, se ha venido desarrollando en paralelo otra tendencia mundial pero hacia la lugarización, basada en el rescate de los "lugares", donde se identifica la singularidad de las personas, es decir, se vuelve a la persona, en su pertenencia a un lugar, donde se revaloriza lo "lugareño" y la vecindad. Eso lo han llamado los europeos como regionalismos o localismos; pero como "lugarización" lo ha destacado Francisco González Cruz, definiéndola como "todo proceso que revaloriza lo local"; y el "lugar", como "el espacio territorial íntimo y cercano donde se desenvuelven la mayor parte de las actividades del ser humano"; o la "comunidad definida en términos territoriales y de relaciones humanas, con la cual la persona siente vínculos de pertenencia. Puede ser una aldea, un pueblo, un barrio o un condominio. Siempre será, necesariamente, un espacio geográfico limitado en tamaño, de tal manera que la gente pueda establecer relaciones interpersonales[315]. Y allí, en definitiva, es donde se puede efectivamente participar desde el punto de vista político.

En todo caso, ha sido la organización política de la lugarización, la que precisamente y sin duda, ha sido la característica fundamental del mapa municipal de Europa durante los últimos 200 años; es esa lugarización la que justifica los más de dos mil municipios de una sola Comunidad Autónoma española como Castilla y León; y es esa abundancia de municipios, incluso, lo que permite incluso racionalizarlos, por lo que algunos de los países europeos se han dado el lujo de reducirlos. En esto, por ejemplo, en las últimas décadas la vanguardia la lleva Suecia: de los 2500 municipios que tenía en 1943 pasó a 800 en 1952, y a 278 en 1974. Pero en nuestros países iberoamericanos, donde al contrario tenemos que multiplicar las autoridades locales, una política de reducción como esta no sería otra cosa que un verdadero "genocidio municipal", como acertadamente Jaime Castro calificó el intento que se hizo en Colombia, en 2001, con el Proyecto de ley 041/01, que proponía la desaparición de materialmente la mitrad de los 1067 municipios colombianos, aquellos que tenían menos de 14.000 habitantes, advirtiendo entre otras cosas, que en Colombia "los municipios son el Estado -la única presencia del Estado- en extensas y abandonadas regiones del país", por lo que lo que habría que hacer, al contrario, es "fortalecer y transformar el pequeño municipio [para] convertirlo en herramienta eficaz de una política de poblamiento territorial y de ocupación continua del espacio físico[316].

---

314 *V.* el texto en Allan R. Brewer-Carías, *Reflexiones sobre el constitucionalismo en América*, Editorial Jurídica Venezolana, Caracas, 2001, pp. 127 y ss.

315 Francisco González Cruz, *Globalización y Lugarización*, La Quebrada y Mérida, Universidad Valle del Momboy y Centro Iberoamericano de Estudios Provinciales y Locales, 2001.

316 *V.*, Jaime Castro, *La cuestión territorial*, Editorial Oveja Negra, Bogotá, 2003, pp. 136-137.

De allí la enorme revalorización que requiere en nuestros países el tema del pequeño municipio rural, como parte del proceso de descentralización político territorial, para asegurar no sólo la presencia del Estado en el territorio, sino para hacer posible la participación democrática, partiendo de la necesaria diversidad que deben tener las entidades locales; es decir, todo lo contrario al uniformismo organizacional.

Ese nuevo "municipio lugarizado", como lo ha advertido Fortunato González Cruz, debe ser apropiado a la realidad social y espacial que representa, con una organización municipal "heterogénea, adaptada a las necesidades de cada comunidad" y que de origen a la necesaria diversidad municipal en el territorio, debe además tender a ser un "municipio sostenible por la propia economía local, de manera que su estructura burocrática y sus gastos ordinarios de administración sean pagadas con ingresos propios"[317].

4. La descentralización como asunto propio de las democracias: no hay autocracias descentralizadas

En fin, lo que debemos concienciar es que no hay que temerle a la descentralización política, pues ello es un fenómeno propio de las democracias. No hay ni ha habido autocracias descentralizados. Por ello solo los autoritarismos temen y rechazan tanto la descentralización política como la participación democrática, incluyendo los autoritarismos que tradicionalmente nos han gobernado bajo el ropaje del "centralismo democrático" de cualquier cuño que sea, incluso de orden partidista.

No nos dejemos engañar con los cantos de sirenas autoritarios que no se cansan de hablar de democracia participativa, pero no para hacerla posible, sino para acabar con la democracia representativa, imposibilitando a la vez la participación. No nos confundamos los demócratas, al intentar dar respuesta a las exigencias políticas crecientes de participación democrática, con el sólo establecimiento de paños calientes de carácter refrendario o de iniciativas o consultas populares, que no la agotan en absoluto. En fin, no hay que tenerle miedo a lo pequeño, que territorialmente hablando es precisamente la lugarización, el pequeño municipio rural y la subdivisión municipal suburbana. Como dijo Santiago Ramón y Cajal, "No hay cuestiones pequeñas; las que lo parecen son cuestiones grandes no comprendidas"[318]. Y eso es precisamente lo que ocurre con la multiplicidad de municipios y la cuestión que plantea: es más grande de lo que a veces creemos, porque en ello nos va la vida de la democracia participativa.

IV. LA PARTICIPACIÓN CIUDADANA EN EL RÉGIMEN LOCAL

De acuerdo con el mismo artículo 168 C., las actuaciones de los municipios en el ámbito de sus competencias se deben cumplir incorporando la participación ciudadana al proceso de definición y ejecución de la gestión pública y en el control y evaluación de sus resultados, en forma efectiva, suficiente y oportuna, conforme a la ley.

---

317 Fortunato González, "Un nuevo municipio para Venezuela", Centro Iberoamericano de Estudios Provinciales y Locales y Universidad de los Andes, Mérida, 1998, p. 89.

318 En su libro: *El mundo visto a los ochenta años.*

Para ello, por supuesto, como antes hemos señalado, el municipio tendía que estar cerca del ciudadano[319], pues de lo contrario, resulta muy difícil implementarla.

En todo caso, el artículo 253 LOPPM también indica que la participación protagónica del pueblo en la formación, ejecución y control de la gestión pública municipal es el medio necesario para garantizar su completo desarrollo tanto individual como colectivo, dentro del municipio; estableciendo la obligación de las autoridades municipales deberán promover y garantizar la participación de los ciudadanos y ciudadanas en la gestión pública y facilitar las formas, medios y procedimientos para que los derechos de participación se materialicen de manera efectiva, suficiente y oportuna. Por ello, en cuanto a la participación ciudadana, la Ley Orgánica la ha regulado, en primer lugar, como un "propósito" o política general de la actuación municipal; y en segundo lugar, mediante el establecimiento de mecanismos específicos para asegurar dicha participación.

1. La participación ciudadana como política general de la actuación municipal

La Ley Orgánica del Poder Público Municipal, en efecto, en primer lugar contiene innumerables declaraciones de propósito o de política general sobre la misma, entre las cuales se destacan las siguientes:

La definición del municipio como unidad política primaria en la organización nacional "para el efectivo ejercicio de la participación protagónica del pueblo en los asuntos propios de la vida local" (Art. 1); la exigencia de que en el ejercicio de su autonomía, el municipio debe impulsar y promover la participación ciudadana, en el ejercicio de sus actuaciones (Art. 4,9); la indicación de que los municipios en sus actuaciones, deben incorporar la participación ciudadana de manera efectiva, suficiente y oportuna, en la definición y ejecución de la gestión pública y en el control y evaluación de sus resultados (Art. 2); y la declaración de que el municipio y las demás entidades locales conforman espacios primarios para la participación ciudadana en la planificación, diseño, ejecución, control y evaluación de la gestión pública; a cuyo efecto, los órganos del municipio y demás entes locales, deben crear los mecanismos para garantizar la participación de las comunidades y grupos sociales organizados en su ejercicio de acuerdo a la ley (Art. 7).

---

319 *Cfr.* en general, sobre la participación ciudadana a nivel local, Ana P. Deniz, "La participación ciudadana en la Constitución de 1999", *Revista de Derecho Constitucional,* N° 7, Editorial Sherwood, Caracas, 2003, pp. 115-124; Manuel Feo La Cruz, "La participación de la sociedad civil en el proceso de gestión pública. Retos y desafíos", *El Derecho Público a comienzos del Siglo XXI. Estudios homenaje al Profesor Allan R. Brewer-Carías,* Tomo I, Universidad Central de Venezuela y Thompson-Civitas Ediciones, Madrid, 2003, pp. 415-429; Yusby S. Méndez-Apolinar, "La obligación ciudadana de participar en los asuntos públicos, como expresión de la cultura democrática", *El Derecho público a comienzos del siglo XXI. Estudios homenaje al Profesor Allan R. Brewer-Carías,* Tomo I., *cit.*, pp. 431-437; María A. Grau, "Participación ciudadana en la actividad normativa de la Administración", *Temas de Derecho Administrativo. Libro Homenaje a Gonzalo Pérez Luciani,* vol. II, Tribunal Supremo de Justicia, Caracas, 2002, pp. 797-814; Fernando Flores Jiménez, "La participación ciudadana en la Constitución venezolana de 1999", *Revista de Derecho Constitucional,* N° 5 Editorial Sherwood, Caracas, 2001, pp. 75-88; Carlos E. Mouriño V., "Participación ciudadana", *Estudios de Derecho Público. Libro Homenaje a Humberto J. La Roche Rincón,* vol. II, Tribunal Supremo de Justicia, Caracas, 2001, pp. 1-38; José Mendoza Angulo, "Democracia, descentralización y participación ciudadana", *Estudios de Derecho Administrativo. Libro Homenaje a la Universidad Central de Venezuela,* vol. I, Tribunal Supremo de Justicia, Caracas, 2001, pp. 121-144.

La indicación de que las parroquias y las otras entidades locales dentro del territorio municipal, son demarcaciones creadas con el objeto de desconcentrar la gestión municipal, promover la participación ciudadana y una mejor prestación de los servicios públicos municipales (Art. 30); razón por la cual . Por ello, la parroquia tiene atribuida facultad expresa para servir como centro de información, producción y promoción de procesos participativos, para la identificación de prioridades presupuestarias; y para promover los principios de corresponsabilidad, protagonismo y participación ciudadana en la gestión pública municipal (Art. 37)

La indicación de que los estatutos de las mancomunidades deben establecer de manera precisa los mecanismos de participación de la ciudadanía, con mención de la rendición de cuentas a la población de los municipios mancomunados (Art. 43).

La exigencia de que en los municipios indígenas, la administración municipal debe garantizar la participación protagónica en el marco de su desarrollo socio cultural (Art. 50), a cuyo efecto, los municipios con población predominantemente indígena deben determinar sus medios de participación en conformidad con su especificidad cultural; agregando que los municipios donde existan comunidades indígenas, deben respetarse sus valores, identidad étnica y sus tradiciones en lo referente a la participación de la comunidad en las decisiones de interés colectivo (Art. 279).

Las obligaciones de los municipios de promover de la participación ciudadana en las diversas áreas de competencias municipales (Art. 56); de promover la constitución de empresas autogestionarias y cogestionarias, para facilitar la participación de los trabajadores y de las comunidades y garantizar la participación ciudadana en la gestión municipal (Art. 70); de establecer en los procesos de desconcentración, formas efectivas de participación ciudadana (Art. 71); de crear y mantener programas de formación ciudadana dirigidos a fortalecer las capacidades de los integrantes de las comunidades e incorporar a los ciudadanos y ciudadanas y a otras organizaciones de la sociedad que manifiesten su deseo de participar en dichos programas (Art. 256); y además, de favorecer la constitución y desarrollo de las diversas formas de organización de la sociedad, destinadas a la defensa de los intereses colectivos; de facilitar a dichas organizaciones, la información sobre la gestión pública local y, dentro de sus posibilidades, el uso de los medios públicos y el beneficio de subsidios o aportes para la realización de sus fines; de promover, facilitar y proveer la formación ciudadana a través de programas diseñados a tal fin (Art. 260).

Las obligaciones de los órganos del poder público municipal, en el ejercicio de sus funciones (ejecutiva, deliberante, control fiscal, de planificación), deben incorporar la participación ciudadana en el proceso de definición y ejecución de la gestión pública y en el control y evaluación de sus resultados, en forma efectiva, suficiente y oportuna, para lo cual deberán crear los mecanismos que la garanticen (Art. 75); de los alcaldes, de promover la participación ciudadana y la educación para la participación (Art. 88); y de los concejos municipales de promover los mecanismos que legalmente le estén conferidos y que contribuyan a garantizar en forma eficiente, suficiente y oportuna la participación ciudadana en el proceso de formación, ejecución, control y evaluación de la gestión pública municipal (Art. 95).

La indicación, entre los principios que rigen respecto de la administración pública municipal, de la necesidad de alcanzar mayores niveles de desempeño, atención y participación de los ciudadanos en la gestión, racionalidad de costos y continuidad en el ejercicio de la función pública (Art. 76).

2. La regulación de la participación ciudadana como derecho

Además, la Ley Orgánica establece directamente algunos derechos de participación, como los siguientes:

En la elaboración del proyecto de ley de creación de un Distrito metropolitano se debe hacer con la efectiva participación ciudadana (Art. 22);

Los pueblos indígenas, sus comunidades y organizaciones participarán en la formación, instrumentación y evaluación del Plan municipal de desarrollo (Art. 49).

En particular, conforme al artículo 278 LOPPM, se establece el derecho y deber de los ciudadanos de la parroquia de:

1. Participar con la junta parroquial en la gestión y fiscalización del mantenimiento y conservación de las plazas, parques, vías públicas y aceras, instalaciones deportivas y recreacionales, asistenciales y cualesquiera otras instalaciones municipales ubicadas en la jurisdicción de la parroquia.

2. Acompañar a la junta parroquial en la promoción y gestión ante las direcciones de la alcaldía, de todo tipo de actividades culturales, recreacionales, deportivas, turísticas, de saneamiento y limpieza ambiental.

3. Participar con las juntas parroquiales en la promoción y en la fiscalización de la ejecución de obras y servicios públicos municipales en sus respectivas jurisdicciones, y solicitar toda la información sobre las obras públicas para proponer reformas y mejoras en la ejecución de dichas obras.

4. Informar a las juntas parroquiales las deficiencias en la prestación de los servicios públicos para la gestión de reclamos ante las autoridades municipales de su jurisdicción.

5. Pedir toda la información necesaria para la organización y formación de las asociaciones vecinales y otras organizaciones comunitarias.

6. Otros derechos y deberes que, de su condición de vecinos residentes, se desprendan.

Por otra parte, el artículo 258 LOPPM dispone los ciudadanos tienen derecho a requerir y utilizar los servicios públicos locales y a participar en la formación de los planes y proyectos para su dotación, ejecución, gestión y evaluación; e igualmente, de forma organizada, tienen derecho a la gestión de los servicios públicos conforme a la legislación vigente respectiva. En todo caso, asimismo, están obligados a contribuir al mantenimiento, preservación y mejora de la calidad de los mismos.

Se establece, además, en la Ley Orgánica (Art. 254), el derecho de los ciudadanos a obtener información general y específica sobre las políticas, planes, decisiones, actuaciones, presupuesto, proyectos y cualesquiera otras del ámbito de la actividad pública municipal. Asimismo, el derecho de poder acceder a archivos y registros administrativos, en los términos de la legislación nacional aplicable. Igualmente, tienen derecho a formular peticiones y propuestas; y a recibir oportuna y adecuada respuesta; a la asistencia y apoyo de las autoridades municipales en sus actividades para la capacitación, formación y educación a los fines del desarrollo y consolidación de la cultura de participación democrática y protagónica en los asuntos públicos, sin más limitaciones que las dictadas por el interés público y la salvaguarda del patrimonio público

A los efectos de la Ley Orgánica, el artículo 255 establece que los derechos de participación en la gestión local se ejercen mediante actuaciones de los ciudadanos, y de la sociedad organizada, a través de sus distintas expresiones, entre otras:

1. Obteniendo información del programa de gobierno del alcalde, del Plan municipal de Desarrollo, de los mecanismos para la elaboración y discusión de las ordenanzas, y, en especial, de la formulación y ejecución del presupuesto local; de la aprobación y ejecución de obras y servicios, de los contenidos del informe de gestión y de la rendición de cuentas, en términos comprensibles a los ciudadanos y ciudadanas.

2. Presentando y discutiendo propuestas comunitarias prioritarias en la elaboración del presupuesto de inversión de obras y servicios, a cuyo efecto el gobierno municipal establecerá mecanismos suficientes y oportunos.

3. Participando en la toma de decisiones, a cuyo efecto las autoridades municipales generarán mecanismos de negociación, espacios de información suficiente y necesaria e instancias de evaluación.

3. Los medios de participación ciudadana

En cuanto a los medios de participación ciudadana (o del pueblo en ejercicio de su soberanía), de acuerdo con el artículo 260 LOPPM, son aquellos a través de los cuales los ciudadanos pueden, en forma individual o colectiva, manifestar su aprobación, rechazo, observaciones, propuestas, iniciativas, quejas, denuncias y, en general, para expresar su voluntad respecto a asuntos de interés colectivo. Dichos medios de participación son, entre otros, los siguientes: los cabildos abiertos; las asambleas ciudadanas; las consultas públicas; la iniciativa popular; el presupuesto participativo; el control social; los referendos; la iniciativa legislativa; los medios de comunicación social alternativos; las instancias de atención ciudadana; la autogestión; y la cogestión.

El enunciado de estos medios específicos no excluye el reconocimiento y desarrollo de otras formas de participación en la vida política, económica, social y cultural del municipio.

En todo caso, los ciudadanos y sus organizaciones tienen el derecho y el deber de utilizar los medios de participación antes indicados; y los municipios están obligados a legislar acerca de los requisitos exigibles para demostrar el interés legítimo local de aquellos interesados en el ejercicio de alguno de estos medios de participación, sin menoscabo de los derechos y limitaciones que establece la Constitución y la legislación aplicable (Art. 262). En todo caso, los medios de participación deben ser desarrollados de acuerdo a la realidad y condiciones de cada municipio, mediante los instrumentos jurídicos correspondientes para señalar los requisitos, procedimientos, períodos, condiciones y demás elementos que se requieran para hacer efectivo su cumplimiento en el municipio, de conformidad con lo establecido en la Constitución, la ley Orgánica y otras normas (Art. 257).

A. Los concejos parroquiales y comunales

El artículo 112 LOPPM, al regular a los consejos parroquiales y comunales los establece como instancias del consejo local de planificación pública que tienen como función, la de servir de centro principal para la participación y protagonismo del pueblo en la formulación, ejecución, control y evaluación de las políticas públicas, así como para viabilizar las ideas y propuestas que la comunidad organizada presente ante el consejo local de planificación pública.

Estas instancias de consejos locales de planificación en todo caso, deberían generalizarse aún si no están establecidas formalmente las parroquias, incluso en los niveles de las potenciales entidades locales como las urbanizaciones, barrio, aldeas y caseríos.

B. Los cabildos abiertos

Los cabildos abiertos se pueden convocar por iniciativa de los concejos municipales, de las juntas parroquiales por acuerdo de la mayoría de sus integrantes; del alcalde y de los ciudadanos de conformidad con lo establecido en la respectiva ordenanza (Art. 263). Se requiere, por tanto, que en las ordenanzas respectivas los concejos municipales regulen la forma de ejercicio de la iniciativa ciudadana para la convocatoria de tales cabildos. Conforme al artículo 264 LOPPM, las decisiones adoptadas en cabildos abiertos serán válidas con la aprobación de la mayoría de los presentes, siempre y cuando sean sobre asuntos atinentes a su ámbito espacial y sin perjuicio de lo establecido en la legislación respectiva.

C. Las asambleas de ciudadanos

Las asambleas de ciudadanos se regulan en el artículo 265 LOPPM como medios de participación en el ámbito local de carácter deliberativo, en la que todos los ciudadanos tienen derecho a participar por sí mismos, y cuyas decisiones serán, como lo indica además la Constitución (Art. 70), de carácter vinculante.

Dispone además el artículo 266 LOPPM, que las asambleas de ciudadanos deberán estar referidas a "las materias que establece la ley correspondiente", y deben ser convocadas "de manera expresa, anticipada y pública"; repitiendo la norma que si bien sus decisiones tienen carácter vinculante para las autoridades, "deben contribuir a fortalecer la gobernabilidad, impulsar la planificación, la descentralización de servicios y recursos, pero nunca contrarias a la legislación y los fines e intereses de la comunidad y del Estado".

Agrega, sin embargo, que "todo lo referido a iniciativa, procedimiento, ámbito, materia, validez, efecto vinculante y, comisión de control y seguimiento, será desarrollado por la ley especial que trata la materia", con lo que, en la práctica, el funcionamiento de las asambleas de ciudadanos, ha quedado supeditado a lo que se regule en una futura legislación que se presume debe ser nacional.

D. La participación en las sesiones de los Concejos

Dispone el artículo 267 LOPPM que los concejos municipales deben abrir espacios de discusión e intercambios de opiniones a los ciudadanos para considerar materia de interés local. Ello, sin embargo, no significa que en cualquier sesión de un concejo municipal, los ciudadanos o vecinos puedan participar o solicitar un derecho de palabra. Para que pueda ocurrir tal participación ciudadana, es necesario que la misma sea inscritas, por supuesto, con anterioridad a la sesión respectiva del concejo, en el orden del día, a los efectos de que en dicha sesión el público asistente pueda formular preguntas, emitir opiniones y hacer proposiciones. Los concejos municipales deben dar a los vecinos respuesta oportuna y razones a sus planteamientos y solicitudes.

En todo caso, para la celebración de esta reunión, se debe convocar, entre otras, a las organizaciones vecinales, gremiales, sociales, culturales, educativas y deportivas de la comunidad.

Por otra parte, mediante las ordenanzas correspondientes de los concejos municipales, es que se deben regular, según la especificidad y diversidad municipal, las formas y procedimientos para hacer efectivo el ejercicio de este deber legal. En consecuencia, en esta materia, para hacer efectiva la participación vecinal o ciudadana, también se requiere de una normativa local.

E. Las consultas populares sobre actos normativos

El artículo 268 LOPPM, siguiendo la orientación de lo dispuesto en el artículo 211 C., impone a los concejos municipales la obligación de consultar a los ciudadanos y a la sociedad organizada, durante el proceso de discusión y aprobación de los proyectos de ordenanzas, a los fines de promover la incorporación de sus propuestas.

Esta consulta se debe hacer a través de diversas modalidades de participación, que garanticen una consulta abierta a los efectos de aprobar su contenido, todo de acuerdo con lo establecido en su Reglamento Interior y de Debates, y demás normativas relativas a la materia de participación. En consecuencia, también queda supeditada la operatividad de estas consultas a lo que se regule en las ordenanzas. Sin embargo, la norma agrega que "el incumplimiento de este requisito será causal para la nulidad del respectivo instrumento jurídico".

Por otra parte, en particular respecto de los actos de efectos generales que afecten el desarrollo urbano y la conservación ambiental del municipio o de la parroquia, el artículo 269 LOPPM impone a las autoridades municipales la obligación de consultarlos entre la organizaciones vecinales y otras de la sociedad organizada, previamente a su adopción; de manera que "en caso contrario, estarán viciados de nulidad absoluta".

F. El asesoramiento vecinal

Los concejos municipales deben requerir, de conformidad con lo dispuesto en el artículo 270 LOPPM y con lo que dispongan los reglamentos, la cooperación vecinal para labores de asesoramiento, en comisiones permanentes del propio concejo municipal; y en comisiones de vecinos encargadas de vigilar el buen funcionamiento de los servicios públicos y cualesquiera otras de la competencia prestacional del municipio.

La operatividad de este medio de participación vecinal, de nuevo, se sujeta a lo que se establezca en "los reglamentos"; sin embargo, como éstos son dictados por los alcaldes, aquí hay una incongruencia, pues no corresponde al alcalde reglamentar el funcionamiento de las comisiones permanentes de los concejos.

G. El presupuesto participativo

De acuerdo con el artículo 271 LOPPM, el presupuesto participativo es el resultado de la utilización de los procesos mediante los cuales los ciudadanos del municipio proponen, deliberan y deciden en la formulación, ejecución, control y evaluación del presupuesto de inversión anual municipal; todo ello con el propósito de materializarlo en proyectos que permitan el desarrollo del municipio, atendiendo a las necesidades y propuestas de las comunidades y sus organizaciones en el consejo local de planificación pública.

Ahora bien, esta conforme a la Ley de los Consejos locales de planificación pública[320], el presupuesto consolidado de inversión municipal se debe elaborar de acuerdo con las necesidades prioritarias que deben presentar las comunidades organizadas, en concordancia con lo estimado por la alcaldía, en el presupuesto destinado al referido sector. Asimismo, se debe elaborar de acuerdo con los proyectos generales sobre urbanismo, infraestructura, servicios y vialidad que demande el municipio (Art. 12).

A fin de orientar el presupuesto de inversión municipal, el alcalde debe presentar al consejo local de planificación pública y a las comunidades organizadas, en reunión extraordinaria que debe efectuarse con 15 días continuos de antelación a la reunión formal del consejo local de planificación pública, la cifra o monto total de inversión de cada sector, incluyendo los detalles a que haya lugar (Art. 13).

Las alcaldías están en la obligación de darle curso a los proyectos que las comunidades organizadas presenten, con cargo a los porcentajes de las asignaciones que correspondan a éstas, por concepto de leyes que otorguen y transfieran recursos para las comunidades organizadas (Art. 14).

En todo caso, conforme al artículo 15 de la Ley, el presupuesto de inversión municipal debe estar dirigido al desarrollo humano, social, cultural y económico del municipio, tomando en cuenta las variables de población y pobreza de cada comunidad, debiendo cubrir con los proyectos prioritarios, que presenten las comunidades organizadas; los proyectos generales sobre urbanismo, infraestructura, servicios y vialidad y el fondo de emergencia, para atender desastres naturales, calamidad pública e imprevistos.

Este fondo debe ser administrado por el alcalde, previa aprobación del Concejo Municipal, con participación del consejo local de planificación pública que debe hacer el seguimiento respectivo, para que los recursos sean invertidos en los fines a los que se refiere esta norma. La ordenanza respectiva que regula la materia determinará el porcentaje que le corresponda al fondo de emergencia.

H. El control social y las contralorías sociales

El control social, conforme lo dispone el artículo 272 LOPPM, es un mecanismo a través del cual todo ciudadano, individual o colectivamente participa en la vigilancia y control de la gestión pública municipal, en la ejecución de programas, planes y proyectos, en la prestación de los servicios públicos municipales, así como en la conducta de los funcionarios públicos, para prevenir, racionalizar y promover correctivos.

El artículo 275 LOPPM, por otra parte, repite que los ciudadanos y sus organizaciones deben ejercer el control social sobre la gestión municipal, a cuyo fin, las autoridades municipales deben dar la mayor publicidad a los actos de gestión de interés general, tales como proyectos, licitaciones, contrataciones, costos de las mismas y elementos relevantes.

---

320 Ley de los consejos locales de planificación pública, *Gaceta Oficial* N° 37.463 del 12 de junio de 2002.

Para ejercer este control social, los ciudadanos y sus organizaciones pueden solicitar la información y documentación administrativa que sean de interés para la comunidad; y la administración municipal está en la obligación de suministrarlas.

Por otra parte, conforme al artículo 259 LOPPM, los ciudadanos tienen derecho a organizarse en contralorías sociales con el objeto del control del gobierno local. Los contralores municipales tienen la obligación de vincular a la ciudadanía a sus labores de fiscalización de la gestión pública y a la valoración del desempeño de las entidades y los organismos de la administración pública municipal.

I. La rendición de cuentas

El artículo 8 LOPPM dispone que las autoridades del municipio, de sus entes descentralizados y de las entidades locales deben presentar informe sobre su gestión y rendir cuentas públicas, transparentes, periódicas y oportunas ante las comunidades de su jurisdicción; a cuyo fin, deben garantizar la información y convocatoria oportuna y los mecanismos de evaluación pertinentes, acerca de los recursos asignados, y los efectivamente dispuestos, con los resultados obtenidos

Además, de acuerdo con la orientación constitucional, el artículo 274 LOPPM asegura el derecho de los ciudadanos de poder solicitar a través de alguno de los medios de participación previstos en el municipio, que el alcalde, los concejales y el cuerpo colegiado de las juntas parroquiales rindan cuenta de una gestión determinada, antes de la finalización de su mandato.

J. Los referendos

Conforme a la Constitución, en el artículo 276 LOPPM se regula la posibilidad de convocatoria a referendos consultivos, revocatorios, abrogatorios o aprobatorios, para cuya solicitud y validez se debe cumplir con los requisitos establecidos en la Constitución y en la legislación electoral; y debe hacerse ante el Consejo Nacional Electoral, órgano llamado a organizar, administrar, dirigir y vigilar todos los actos relativos a los referendos.

En cuanto a la convocatoria a referendos sobre un proyecto de ordenanza o cualquier materia objeto de consulta, la Ley Orgánica precisa que sólo podrá hacerse una sola vez en el mismo período constitucional.

K. La iniciativa legislativa

El artículo 277 LOPPM establece el derecho de los ciudadanos, en un porcentaje no menor al 0,1% de los electores del municipio, de poder presentar proyectos de ordenanzas o de modificación de las ya vigentes ante el concejo municipal.

Tales proyectos, por tanto, deben ser sometidos a la consideración del Concejo Municipal para su admisión o rechazo, a cuyo efecto, previamente, el Concejo Municipal debe fijar una reunión con los presentadores de la iniciativa legislativa a fin de discutir su contenido. Una vez examinado el proyecto, el Concejo Municipal debe pronunciarse sobre su admisión o rechazo dentro de los 30 días siguientes a su presentación.

Admitido el proyecto, el debate del mismo debe iniciarse en un lapso de 30 días siguientes. Si el debate no se inicia dentro dicho lapso, el proyecto se debe someter a consulta popular de conformidad con lo establecido en la legislación electoral. El Concejo Municipal en todo caso, debe motivar el rechazo a la iniciativa cuando sea el caso.

4. El encasillamiento asambleístico de la participación ciudadana en un órgano público: los consejos locales de planificación pública

El artículo 182 C. creó los consejos locales de planificación pública, presididos en cada municipio por el alcalde e integrado por los concejales, los presidentes de la juntas parroquiales y representantes de organizaciones vecinales y otras de la sociedad organizada, de conformidad con las disposiciones que establezca la ley, a cuyo efecto, en 2002 se dictó la Ley de los consejos locales de planificación pública[321].

Esta Ley dispuso, en su artículo 2, en efecto, que el consejo local de planificación pública es el órgano encargado de la planificación integral del gobierno local, para lo cual, se debe sujetar a lo dispuesto en el artículo 55 de Ley Orgánica de Planificación, con el propósito de lograr la integración de las comunidades organizadas y grupos vecinales mediante la participación y el protagonismo dentro de una política general de Estado, descentralización y desconcentración de competencias y recursos, de conformidad con lo establecido en la Constitución.

Por ello, por ejemplo, el artículo 8 de la ley dispone que los consejos locales de planificación pública deben promover la red de consejos parroquiales y comunales en cada uno de los espacios de la sociedad civil que, en general, respondan a la naturaleza propia del municipio cuya función debe ser convertirse en el centro principal de la participación y protagonismo del pueblo en la formulación, ejecución, control y evaluación de las políticas públicas, así como viabilizar ideas y propuestas para que la comunidad organizada las presente ante el consejo local de planificación pública.

Una vez aprobadas sus propuestas y convertidas en proyectos, los miembros de los consejos parroquiales y comunales podrán realizar el seguimiento, control y evaluación respectivo.

Por otra parte, cada consejo local de planificación pública debe promover y orientar una tipología de municipio atendiendo a las condiciones de población, nivel de progreso económico, capacidad para generar ingresos fiscales propios, situación geográfica, elementos históricos, culturales y otros factores relevantes.

El consejo local de planificación pública para el cumplimiento de sus funciones, conforme lo exige el artículo 3 de la ley, esta conformado por:

1. Un presidente, quien será el alcalde.
2. Los concejales del municipio.
3. Los presidentes de las juntas parroquiales.

---

321 *Gaceta Oficial* N° 37.463 de 12 de junio de 2002.

4. El o los representantes de organizaciones vecinales de las parroquias, el o los representantes, por sectores, de las organizaciones de la sociedad organizada y el o los representantes de las comunidades o pueblos indígenas, donde los hubiere; todos los cuales deben ser electos en asamblea de ciudadanos de la comunidad o sector respectivo, para lo cual, debe ser convocado un representante de la Defensoría del Pueblo, de su jurisdicción, quien debe testificar en el acta de la asamblea de ciudadanos los resultados, de dicha elección (Art. 4).

En cuanto a los representantes en el ámbito municipal de los distintos sectores de la sociedad civil organizada: educación, salud, cultura, deporte, producción y comercio, transporte, ecología, servicios y todos aquellos que, en general, respondan a la naturaleza propia del municipio, también deben ser elegidos en asamblea de las comunidades organizadas del sector respectivo, en la forma indicada (Art. 4).

Ahora bien, la comunidad organizada, para postular sus representantes al consejo local de planificación pública, debe hacerlo por intermedio de una organización civil creada de acuerdo a la ley, en asamblea de sus miembros, cuyos requisitos conforme al artículo 9 de la ley, son estar inscrita en el registro subalterno para determinar su personalidad jurídica; presentar el libro de actas de reuniones y de asambleas; presentar constancia de la última elección, de su junta directiva; presentar un ejemplar de sus estatutos; presentar nómina actualizada de sus integrantes, contentiva de nombres y apellidos, cédula de identidad y dirección; e inscribirse, para tal fin, en la oficina de control del consejo local de planificación pública.

Ahora bien, estos consejos locales de planificación pública, sin menoscabo de cualquier otra función conferida al municipio de que se trate, tiene las siguientes funciones enumeradas en el artículo 5 de la ley:

1. Recopilar, procesar y priorizar las propuestas de las comunidades organizadas.

2. Impulsar, coadyuvar, orientar y presentar dentro del plan municipal de desarrollo las políticas de inversión del presupuesto municipal, contempladas en el artículo 178 C. Todo ello, de conformidad con los lineamientos del Plan de la Nación, los planes y políticas del Consejo Federal de Gobierno y del consejo de planificación y coordinación de políticas públicas, con las propuestas de las comunidades organizadas.

3. Presentar propuestas y orientar el plan municipal de desarrollo hacia la atención de las necesidades y capacidades de la población, del desarrollo equilibrado del territorio y del patrimonio municipal.

4. Instar y facilitar la cooperación equilibrada de los sectores públicos y privados para la instrumentación, en el municipio, de los planes suscritos.

5. Controlar y vigilar la ejecución del plan municipal de desarrollo.

6. Formular y promover ante el consejo de planificación y coordinación de políticas públicas o el Consejo Federal de Gobierno los programas de inversión para el municipio.

7. Impulsar la celebración de acuerdos de cooperación entre el municipio y los sectores privados, tendentes a orientar sus esfuerzos al logro de los objetivos del desarrollo de la entidad local.

8. Impulsar y planificar las transferencias de competencia y recursos que el municipio realice hacia la comunidad organizada, de conformidad con lo previsto en el artículo 184 de la Constitución.

9. Impulsar la coordinación con otros consejos locales de planificación pública para coadyuvar en la definición, instrumentación y evaluación de planes para el desarrollo de mancomunidades, solicitando, en su caso, la intervención de los poderes nacionales y de los estados para tales efectos.

10. Atender cualquier información atinente a su competencia que solicite el gobierno nacional, estadal o municipal sobre la situación socioeconómica y sociocultural del municipio.

11. Proponer al gobierno nacional, estadal o municipal las medidas de carácter jurídico, administrativo o financiero, necesarias para el cumplimiento de las funciones y la consecución de los objetivos del municipio y del propio consejo local de planificación pública.

12. Emitir opinión razonada, a solicitud del alcalde sobre transferencias de competencia que el Ejecutivo nacional, el estadal o el Consejo Legislativo estadal, acuerden hacia el municipio.

13. Impulsar con el poder nacional, estadal o municipal, así como con las comunidades organizadas, el plan de seguridad local de personas y bienes.

14. Coordinar, con el consejo de planificación y coordinación de políticas públicas y el Consejo Federal de Gobierno, los planes y proyectos que éstos elaboren en el marco de sus competencias, tomando en cuenta los planes y proyectos locales.

15. Impulsar la organización de las comunidades organizadas integrándolas al consejo local de planificación pública, de acuerdo con lo establecido en la presente ley.

16. Interactuar, con el Consejo Municipal de derechos, en todo lo atinente a las políticas de desarrollo del niño, del adolescente y de la familia.

17. Colaborar en la elaboración de los planes locales de desarrollo urbano y las normativas de zonificación cuyas competencias le correspondan al municipio.

18. Elaborar el estudio técnico para la fijación de los emolumentos de los altos funcionarios y funcionarias de los municipios.

A tal efecto, el consejo local de planificación pública solicitará la información necesaria referida al número de habitantes, situación económica del municipio, presupuesto municipal consolidado y ejecutado, correspondiente al período fiscal inmediatamente anterior, capacidad recaudadora y disponibilidad presupuestaria municipal para cubrir el concepto de emolumentos, a los órganos que corresponda.

19. Elaborar el mapa de necesidades del municipio.

20. Elaborar un banco de datos que contenga información acerca de proyectos, recursos humanos y técnicos de la sociedad organizada.

21. Evaluar la ejecución de los planes y proyectos e instar a las redes parroquiales y comunales, a ejercer el control social sobre los mismos.

5. Las organizaciones para la participación ciudadana

A. El régimen de la Ley Orgánica de 2005

En cuanto a las organizaciones para la participación ciudadana, el artículo 273 LOPPM sólo dispone que los ciudadanos pueden organizarse con el objeto de coadyuvar en el ejercicio del control, vigilancia, supervisión y evaluación de la gestión pública municipal; por lo que dichas organizaciones deben ejercer sus actividades sobre cualquier nivel o sector de la administración municipal y sobre particulares que cumplan funciones públicas.

Estas organizaciones deben estar inscritas en un registro sistematizado que, a tal efecto, debe llevar cada municipio.

La norma del artículo 273 LOPPM agrega, que sin perjuicio de lo dispuesto en la legislación nacional que regula la participación ciudadana, las organizaciones de ciudadanos tendrán, entre otros, los siguientes deberes y obligaciones:

1. Comunicar a la ciudadanía los avances y resultados de los procesos de control, vigilancia, supervisión y evaluación realizados.

2. Presentar informe sobre los avances y resultados de sus actividades a los órganos y entidades que ejecutan el programa, proyecto o contrato, realizando las recomendaciones que estimen pertinentes.

3. Remitir el informe de avances y resultados de sus actividades a los órganos de control fiscal y demás organismos públicos competentes.

4. Denunciar ante las autoridades competentes los actos, hechos u omisiones presuntamente irregulares que hubieren detectado.

La Ley Orgánica de 2005, al establecer estas regulaciones, si bien conservó en diversos artículos la expresión "organizaciones vecinales" (p. ej. arts. 267 y 269), eliminó toda referencia sobre formas específicas de organización para la participación ciudadana y, en particular, eliminó las regulaciones que había establecido la Ley Orgánica de Régimen Municipal de 1989 sobre las "asociaciones de vecinos", expresión que ni siquiera se encuentra en la nueva Ley Orgánica, la cual, incluso, derogó expresamente el Reglamento parcial N° 1 de la ley, dictado por decreto N° 3.130 de 6 de marzo de 1979 (Art. 297)[322].

Sin embargo, aún cuando se haya eliminado dicha regulación, las asociaciones de vecinos continúan siendo formas legítimas de organización para la participación ciudadana en el ámbito municipal[323], pues son, precisamente, las "organizaciones vecinales" a que se refiere tanto la ley Orgánica como la ley de los Consejos locales de planificación pública, por lo que estimamos necesario realizar algunos comentarios, como recuerdo histórico, de la regulación precedente de dichas asociaciones.

B. Recuerdo histórico: La regulación de las asociaciones de vecinos en la Ley Orgánica de Régimen Municipal de 1989

a. *Residencia y vecindad*

Los municipios están integrados ante todo por los personas que son los residentes o vecinos, no sólo nacionales sino extranjeros, y éstos con derecho a voto elección de las autoridades municipales si tienen más de 10 años de residencia en el país y con más de un año de residencia en el municipio (Art. 8 de la Ley Orgánica del Sufragio).

---

322 *V.* en *Gaceta Oficial* N° 31.692 del 8 de marzo de 1979.

323 *Cfr.* Allan R. Brewer-Carías, "La participación política a nivel local", *Revista de la Escuela Superior de las Fuerzas Armadas de Cooperación,* Edición 42 aniversario de la creación de las Fuerzas Armadas de Cooperación, Caracas, 1980, pp. 35 a 62. Parte de este trabajo se publicó con el título "La participación política en la nueva Ley Orgánica de Régimen Municipal", *Libro-Homenaje a Rafael Pizani,* Universidad Central de Venezuela, Caracas, 1979, pp. 45 y ss. Sobre el mismo tema de la participación, *V.* íd., "El derecho Administrativo y la participación de los administrados en las tareas administrativas", *Revista de Derecho Público,* N° 22, Editorial Jurídica Venezolana, Caracas, 1985, pp. 5 a 32.

El vínculo político de la comunidad con la unidad política municipal es, por tanto, la residencia, es decir, el lugar donde se desarrollan habitualmente las actividades normales de la vida humana. Este concepto civil de la residencia adquiere su significado público en el de vecindad como permanencia habitual del individuo en una comunidad.

Pero no basta la simple permanencia habitual en un lugar para que surja la vecindad: es necesario un acto administrativo que la declare, y a falta de otro control, ese acto es el de incorporación en el registro electoral permanente.

El ser residente de un municipio en esa condición, no sólo posibilita el ejercicio del derecho a elegir las autoridades municipales, sino también a ser electo concejal o alcalde. En ambos casos se necesita ser residente del respectivo municipio, incluso por un período de tiempo superior a 3 años (Art. 85).

La residencia, por tanto, da el carácter de vecino, y el ser vecino de un municipio da los derechos políticos (sufragio) y los diversos derechos de participación ciudadana, que la vieja Ley Orgánica resumía en su artículo 167, al referirse a ser electores y ser elegibles de acuerdo a lo dispuesto en la Ley Orgánica del Sufragio; utilizar los servicios públicos municipales en las condiciones establecidas en las ordenanzas municipales; participar en la gestión municipal de acuerdo con lo dispuesto en la ley; y contribuir mediante el pago de impuestos, tasas y demás prestaciones económicas legalmente previstas, para la realización de las competencias municipales.

b. *Las asociaciones de vecinos*

Ahora bien, no hay duda en poder afirmar que una de las manifestaciones más características de las formas de participación de la comunidad en la conducción de los asuntos locales, está en las denominadas asociaciones o juntas de vecinos o residentes, y que como movimientos sociales urbanos, hicieron su aparición en las últimas décadas. Incluso, no hay que olvidar que en sus orígenes, la institución municipal no era otra cosa que una asociación de vecinos, autónoma, políticamente hablando.

Fue la progresiva burocratización o centralización del municipio, la que alejó esta institución local de los vecinos y residentes, quienes dejaron de encontrar en el municipio una fuente de participación, y más bien lo comenzaron a sentir como un enemigo de sus intereses vecinales. Las asociaciones de vecinos o Residentes buscaron así llenar el vacío de participación dejado por el municipio, y al aparecer como un fenómeno espontáneo y como un auténtico movimiento social urbano, incluso vinieron a enfrentarse al poder local en la defensa de los intereses vecinales.

Después de una acción continua desarrollada a finales de los sesenta y en la década de los setenta, la Ley Orgánica de Régimen Municipal de 1978 reconoció formalmente a las asociaciones de vecinos, a lo que contribuyó, sin duda, el planteamiento formulado por la Federación de Comunidades Urbanas al Congreso en abril de 1978[324].

Estas asociaciones de vecinos, en todo caso, se concibieron como de carácter privado y no sometidas a las autoridades municipales. Es cierto que pretendieron ser instrumentos de participación, pero más bien actuaron como grupos de presión, con frecuencia frente y contra la autoridad municipal.

---

324 *Cfr.* Allan R. Brewer-Carías, "Introducción General al Régimen Municipal" en Allan R. Brewer-Carías et al., *Ley Orgánica de Régimen Municipal 1989*, Editorial Jurídica Venezolana, Caracas, 1990, pp. 143 y ss.

En todo caso, políticamente hablando, el movimiento de vecinos debería ser cuidadosamente tratado: desde el punto de vista de los poderes públicos, debería impulsarse como cauce de participación política, pero sin ahogárselo en reglamentaciones y sin burocratizárselo; y desde el punto de vista del propio movimiento social urbano, deberían precisarse sus objetivos de defensa de intereses auténticamente vecinales frente a la autoridad municipal y no convertirse en instrumentos de lucha guiados por la sola emotividad de algunos de sus miembros conductores.

La Ley Orgánica de 1989, en todo caso, había continuado regulando a las asociaciones de vecinos, imponiendo a los municipios y demás entidades locales el deber de favorecer el desarrollo de las mismas, destinadas a la defensa de los intereses colectivos. Los municipios, debían, además, facilitar a dichas asociaciones la más amplia información sobre sus actividades y, dentro de sus posibilidades, el uso de los medios públicos y el beneficio de ayudas económicas para la realización de sus fines, impulsando su participación en la gestión municipal (Art. 170).

c. *El ámbito personal y territorial de las asociaciones de vecinos*

El ámbito personal y territorial de las asociaciones de vecinos se había determinado por la vecindad, es decir, por la vinculación que por la residencia tenían un grupo de personas con un ámbito territorial determinado: barrio o urbanización.

Este concepto de vecindad estaba basado en el concepto jurídico de residencia, es decir, el lugar donde habitualmente una persona desarrolla sus actividades humanas.

Por tanto, la vecindad no está ligada a la existencia del derecho de propiedad, por lo que si bien algunas asociaciones de vecinos se constituyeron como de propietarios y residentes, realmente la calidad de miembro de la asociación nunca estuvo vinculada a la propiedad sino a la residencia.

Por otra parte, el carácter de vecino surge independientemente del estado civil de la persona. La vecindad, por tanto, no tiene relación con la familia como categoría sociológica, y la pertenencia a las asociaciones de vecinos nunca ha estado vinculada a la familia o al número de familias que pueda existir en un área determinada.

Pero en todo caso, la vecindad, es decir, la comunidad de intereses vecinales que existe entre un grupo de personas, viene referida a un ámbito territorial determinado. Por ello, normalmente las asociaciones de vecinos se constituyeron, en el área metropolitana de Caracas, en las urbanizaciones y en los barrios de de la ciudad.

La Ley de 1989 estableció que las asociaciones de vecinos se podían constituir por "los vecinos que integran una comunidad, con lazos y vínculos permanentes en un barrio, vecindad o urbanización, de acuerdo al ámbito espacial que determina la oficina municipal que tenga a su cargo la planificación urbana" (Art. 173).

En cuanto al número de personas que debían integrarlas, la ley remitió al reglamento para determinar "el número mínimo de sus integrantes" (Art. 173); y en efecto, el Reglamento parcial N° 1 de la Ley, dictada por decreto N° 3.130 de 6 de marzo de 1979[325], estableció como principio general que "los habitantes que integran una comunidad de doscientas (200) familias, por lo menos, podrán constituir una asociación de vecinos, la cual tendrá personalidad jurídica".

325 *V.* en *Gaceta Oficial* N° 31.692 del 8 de marzo de 1979.

En esta forma, artificialmente fijó un número mínimo de población para la constitución de una asociación de vecinos, y lo que se podían formular varias observaciones: en primer lugar, que introdujo el concepto de familia, extraño al de vecindad, como se ha dicho; en segundo lugar, que el límite poblacional que implicaban las 200 familias era totalmente arbitrario, pues la vecindad tiene relación con un ámbito territorial determinado y que en muchos casos da origen a una población inferior; y en tercer lugar, que con dicha norma se estableció una odiosa e injustificada limitación al derecho de asociarse con fines lícitos, previsto en la Constitución.

En cuanto al ámbito territorial de las asociaciones de vecinos, la ley partía de la premisa que éste debía ser determinado por la "oficina municipal que tuviera a su cargo la planificación urbana". (Art. 173).

Además, la Ley Orgánica exigía, en general, que la organización y funcionamiento de las asociaciones debía ser democrática y responder a su naturaleza propia. (Art. 173); y para adquirir personalidad jurídica, las asociaciones de vecinos debían inscribir su acta constitutiva y estatutos en la correspondiente oficina subalterna de registro.

Además, sólo para fines informativos, el Concejo Municipal debía mantener un archivo actualizado de las asociaciones de vecinos legalmente constituidas en su jurisdicción (Art. 172).

d. *Las funciones de las asociaciones de vecinos*

Ahora bien, en cuanto a las funciones de las asociaciones de vecinos, como cuerpos intermedios de participación, su característica general era y continúa siendo la de ser movimientos sociales con pluralidad funcional vinculada al interés colectivo. Es decir, no tenían ni tienen, en la defensa de los intereses vecinales, una función concreta ni de carácter sectorial. Así se distinguen las funciones múltiples de las asociaciones de vecinos, de las funciones concretas de otras sociedades intermedias: asociaciones sindicales, gremiales, profesionales, culturales, deportivas, de usuarios, o de consumidores.

Las funciones múltiples de las asociaciones de vecinos, conforme al derogado Reglamento parcial N° 1, giraban en torno a un objetivo definido: la defensa del interés colectivo, lo cual podía abarcar múltiples aspectos: defensa de la integridad urbana de su ámbito territorial; solución de los problemas derivados de la renovación urbana; actividad reivindicativa para el logro de dotaciones de equipamientos urbanos o la prestación de servicios públicos eficientes; la defensa de valores históricos y tradicionales de su ámbito territorial; la colaboración con la Administración en la planificación urbana del ámbito vecinal; la representación de los vecinos ante las autoridades municipales; y, en fin, la cooperación vecinal en todas sus manifestaciones (Art. 6° del Reglamento N° 1). Incluso, en la jurisprudencia de la Corte Primera de lo Contencioso Administrativo se le reconoció a las asociaciones de vecinos la legitimación necesaria para recurrir en vía contencioso administrativa contra actos municipales, precisamente en defensa de los intereses de la comunidad[326].

Estas diversas funciones las realizaban las asociaciones de vecinos como organismos autónomos y, por tanto, no dependientes de cualquier otra organización social superior y, por supuesto, no dependientes de las autoridades municipales.

326 *V.* sentencia N° 1037 del 1 de agosto de 2000 (caso *APRUM*), *Revista de Derecho Público*, N° 83, Editorial Jurídica Venezolana, Caracas, 2000, pp. 391 y ss.

La autonomía, por otra parte, derivaba y deriva de la propia forma jurídica que adoptan las asociaciones de vecinos. Se trata de personas jurídicas de derecho privado, cuya personalidad jurídica la adquieren como sociedades civiles sin fines de lucro, mediante la inscripción de su acta constitutiva y estatutos en la correspondiente oficina subalterna de registro. Esta forma jurídica de derecho privado se acompaña, además, con la característica de que se trata de personas jurídicas no estatales, en el sentido de que no están integradas a la organización general del Estado, aun en el supuesto de que puedan participar en ciertas actividades de gestión de intereses locales. En tal sentido, el registro de las asociaciones de vecinos legalmente constituidas que debía llevar cada Concejo Municipal en su jurisdicción, debía tenerse como un simple elemento de información a los efectos de promover la participación vecinal.

El carácter de personas jurídicas de derecho privado no estatales de las asociaciones de vecinos, resulta, además, del hecho de que son asociaciones de carácter voluntario, donde la afiliación no es obligatoria; de que, en general, no ejercen autoridad; y de que sus directivos son electos por la propia comunidad vecinal sin injerencia de la Administración municipal. Las decisiones que adopten, y que puedan producir daños a terceros, por otra parte, comprometen la responsabilidad de la propia asociación y no la de la Administración municipal.

Otra característica de las asociaciones de vecinos es que sus funciones las ejercen en forma permanente y formal. No se trata de la simple reunión de vecinos ante un problema concreto urbano de carácter espontáneo, aun cuando sin duda, así surgió la mayoría de las asociaciones de vecinos constituidas en las últimas décadas. Por ello, el reto de la permanencia es el más importante de las asociaciones de vecinos: es fácil la aglutinación de una voluntad vecinal ante un problema concreto circunstancial; pero no es tan fácil lograr su permanencia, cuando el fenómeno coyuntural desaparece.

6. La descentralización de servicios municipales a las comunidades y grupos vecinales organizados

El artículo 184 C. establece el principio de la descentralización municipal, al disponer que la ley debe crear mecanismos abiertos y flexibles para que los municipios descentralicen y transfieran a las comunidades y grupos vecinales organizados los servicios que éstos gestionen previa demostración de su capacidad para prestarlos, promoviendo:

1. La transferencia de servicios en materia de salud, educación, vivienda, deporte, cultura, programas sociales, ambiente, mantenimiento de áreas industriales, mantenimiento y conservación de áreas urbanas, prevención y protección vecinal, construcción de obras y prestación de servicios públicos. A tal efecto, podrán establecer convenios cuyos contenidos estarán orientados por los principios de interdependencia, coordinación, cooperación y corresponsabilidad.

2. La participación de las comunidades y de ciudadanos o ciudadanas, a través de las asociaciones vecinales y organizaciones no gubernamentales, en la formulación de propuestas de inversión ante las autoridades estadales y municipales encargadas de la elaboración de los respectivos planes de inversión, así como en la ejecución, evaluación y control de obras, programas sociales y servicios públicos en su jurisdicción.

3. La participación en los procesos económicos estimulando las expresiones de la economía social, tales como cooperativas, cajas de ahorro, mutuales y otras formas asociativas.

4. La participación de los trabajadores o trabajadoras y comunidades en la gestión de las empresas públicas mediante mecanismos autogestionarios y cogestionarios.

5. La creación de organizaciones, cooperativas y empresas comunales de servicios, como fuentes generadoras de empleo y de bienestar social, propendiendo a su permanencia mediante el diseño de políticas en las cuales aquellas tengan participación.

6. La creación de nuevos sujetos de descentralización a nivel de las parroquias, las comunidades, los barrios y las vecindades a los fines de garantizar el principio de la corresponsabilidad en la gestión pública de los gobiernos locales y estadales y desarrollar procesos autogestionarios y cogestionarios en la administración y control de los servicios públicos estadales y municipales.

7. La participación de las comunidades en actividades de acercamiento a los establecimientos penales y de vinculación de éstos con la población.

Este principio descentralizador ha sido desarrollado en la Ley Orgánica del Poder Público Municipal, al repetirse que los municipios, de acuerdo a sus ordenanzas y a las leyes que regulan la materia, deben descentralizar y transferir a las comunidades y grupos vecinales organizados la prestación de los servicios públicos municipales, previa demostración de su capacidad para prestarlos (Art. 280).

A tal efecto, el artículo 281 LOPPM dispone que las comunidades y grupos vecinales organizados que soliciten la descentralización o transferencia de un servicio público municipal deben demostrar como mínimo capacidad legal; formación profesional o técnica en el área relacionada con el servicio; experiencia previa en gestión de servicios públicos o en áreas afines del servicio solicitado; comprobación por certificación emitida por el municipio, de los planes de formación ciudadana; comprobación por certificación emitida, de curso en el área; legitimidad ante la comunidad involucrada, y presentación del proyecto.

En los casos en los cuales se efectúe la descentralización y la transferencia de servicios y recursos, ello debe realizarse mediante convenios, suscritos entre el municipio y la comunidad o grupo vecinal organizado legalmente constituido, previa elaboración del programa del servicio solicitado, de acuerdo a lo establecido en las normativas que regulan la materia (art 282). En todos esos caso, sin embargo, puede decirse que la descentralización es precaria, pues los municipios pueden intervenir el servicio o reasumir la prestación del servicio público transferido o descentralizado a comunidades y grupos vecinales organizados, cuando se deje de prestar el servicio o se preste deficientemente., mediante el voto favorable de la mayoría absoluta de los integrantes del Concejo Municipal respectivo (Art. 283).

La Ley Orgánica, por otra parte, remitió a la ley estadal respectiva para el establecimiento del procedimiento de transferencia y la forma de supervisión en los casos de servicios públicos estadales a ser descentralizados y transferidos a los municipios, a las comunidades y a los grupos vecinales organizados (Art. 284).

En esta materia deben destacarse, por otra parte, las previsiones de la Ley de asignaciones económicas especiales para los estados y el Distrito Metropolitano de caracas derivadas de minas e hidrocarburos[327], conforme a las cuales las alcaldías deben destinar un porcentaje no menor al 20% del monto asignado, para que las comunidades, asociaciones vecinales y organizaciones no gubernamentales, que reúnan los requisitos esta-

327 *V.* en *Gaceta Oficial* N° 37.086 del 27 de noviembre de 2000.

blecidos en el reglamento de dicha ley, presenten, dentro de los 3 meses siguientes al inicio del ejercicio fiscal y hasta el tercer trimestre del mismo, los proyectos de inversión a los cuales deban aplicarse dichos recursos. Dichos proyectos deben ser presentados por las comunidades organizadas ante la alcaldía correspondiente a fin de que estas inicien el trámite de aprobación por ante el Ministerio del Interior y Justicia. Si transcurridos 30 días hábiles contados a partir de la presentación de los proyectos, la alcaldía no emitiera respuesta a la organización presentante sobre el trámite realizado, dichas organizaciones quedan facultadas para presentar los proyectos directamente ante el Ministerio del Interior y Justicia conjuntamente con el acuse de recibo del cual se pueda inferir el vencimiento del plazo establecido. Una vez aprobado el proyecto por el Ministro del Interior y Justicia, el alcalde debe, dentro de los 30 días siguientes, iniciar los trámites necesarios para proceder a la contratación respectiva cumpliendo con lo dispuesto en la legislación vigente.

Sección Octava: ASPECTOS GENERALES DEL RÉGIMEN DEL MUNICIPIO (2005)

El texto de esta Sección Octava es el del Parágrafo Décimo Quinto del libro *Derecho Administrativo,* Tomo II (La Organización Administrativa y la Administración Pública Nacional. Los Estados y la Administración Pública Estatal. Los Municipios y la Administración Pública Municipal), Universidad Externado de Colombia y la Universidad Central de Venezuela, Bogotá 2005.

I. LAS COMPETENCIAS MUNICIPALES

1. Las competencias municipales en la constitución y los intereses propios de la vida local

Como se ha dicho anteriormente, si bien el artículo 178 C. contiene una larga enumeración de materias que se atribuyen a los municipios (*Tercera parte, § 11*), puede decirse que las mismas no son, en absoluto, materias de la competencia exclusiva de los mismos. Lo que es exclusivo de los municipios son los aspectos de esas materias que *"conciernen a la vida local"*[328], pero las materias, en sí mismas, abarcan competencias también atribuidas al poder nacional y al poder estadal. Por ello, tratándose de un concepto jurídico indeterminado, era la Ley Orgánica del Poder Público Municipal la llamada a precisar los aspectos de las materias que conciernen a la vida local y que son de la competencia exclusiva de los municipios.

---

328 Así lo ha ratificado la Sala Político Administrativa del Tribunal Supremo en sentencia N° 1090 de 11 de mayo de 2000, al considerar incluso que "la competencia de los municipios es residual; todo aquello que no sea competencia del poder nacional, propiamente dicho, será competencia de los municipios. Y, por cuanto las materias referentes a la vida local no se encuentran reservadas al poder nacional, es lógico y necesario pensar que es materia de competencia municipal"; en *Revista de Derecho Público,* N° 82, Editorial Jurídica Venezolana, Caracas, 2000, p. 349. *Cfr.* la sentencia N° 329 de 04 de mayo de 2000 de la Sala Constitucional en *Revista de Derecho Público,* N° 82, Editorial Jurídica Venezolana, Caracas, 2000, p. 382.

En todo caso, el elemento clave para identificar la competencia municipal en las materias propias de la vida local, radica en la determinación del alcance del concepto jurídico determinado que se refiere a "*lo que concierne a la vida local*". Sobre ello, la Sala Constitucional del Tribunal Supremo en sentencia 2257 de 13 de noviembre de 2001 ha sentado los siguientes criterios:

Destaca que la determinación de las competencias en él previstas se hace en atención a conceptos jurídicos indeterminados, como se alude con las expresiones "intereses peculiares de la entidad" y "materias propias de la vida local", razón por la que se dejó al legislador el desarrollo de las materias que sin ser las allí enumeradas, son inherentes y de interés de las entidades locales, dejando abierta la Constitución su conceptualización, así como la posterior inclusión de las materias que se consideraren propias de la vida local e igualmente el establecimiento, en cada caso, a los municipios de determinadas materias en exclusividad (competencias exclusivas).

Debía sin embargo, analizarse este artículo conjuntamente con el artículo 136 del mismo Texto Constitucional y, en especial referencia, con su ordinal 25, y de ese análisis se determinará la competencia para aquellas materias que no resultaren ser intereses particulares ni propios de la vida local, pero que por su índole o naturaleza fueran de tal importancia que debían ser materias reservadas al poder nacional.

Y es así, como debe entenderse, en la actualidad, que hay materias que no corresponden a los intereses peculiares del municipio, especialmente aquellas que no guardan relación con sus bienes e ingresos ni con las materias propias de la vida local, como las referidas al urbanismo, abastos, circulación, cultura, salubridad, asistencia social, institutos populares de crédito, turismo y policía municipal y por ello, siendo estas materias de tal importancia y naturaleza debían quedar reservadas al poder nacional.

En este orden de ideas, debe reseñarse el régimen de esta competencia en la Constitución de 1999, a cuyos efectos se observa que, el artículo 178 expresa en su encabezado que "Son de la competencia del municipio el gobierno y administración de sus intereses y la gestión de las materias que le asignen esta Constitución y las leyes nacionales, en cuanto concierne a la vida local, en especial la ordenación y promoción del desarrollo económico y social, la dotación y la prestación de los servicios públicos domiciliarios, la aplicación de la política referente a la materia inquilinaria con criterios de equidad, justicia y contenido de interés social, de conformidad con la delegación prevista en la ley que rige la materia, la promoción de la participación, y el mejoramiento en general de las condiciones de vida de la comunidad en las siguientes áreas...". De lo anteriormente expuesto se deriva que, la Constitución quiso además de definir el contenido de la autonomía municipal, darle una mayor amplitud y radio de acción a dichas competencias, por otro lado, se incluyó la participación ciudadana como elemento inherente y necesario a la naturaleza del gobierno y la administración municipal. Asimismo, se elaboró en dicho artículo una enumeración clara y precisa más no definitiva, de las áreas dentro de las cuales se circunscribe y se llevará a cabo la competencia municipal, dejando a la legislación el desarrollo de los principios allí establecidos, respecto a los municipios y demás entidades locales. Concretamente, en el encabezado y en el numeral 6, se establece, que respecto a los servicios públicos domiciliarios, es competencia municipal la dotación y prestación del servicio de electricidad, dejando a salvo en la parte final del referido artículo, que "las actuaciones que correspondan al municipio en las materias de su competencia no menoscaban las competencias nacionales o estadales que se definan en la ley conforme a esta constitución", siendo esta disposición una clara limitación a las competencias antes enumeradas en la norma *in comento*.

Según lo señalado por el recurrente, mediante el último aparte del parágrafo único del artículo 36 Ley Orgánica de Régimen Municipal, se pretende que el poder nacional interfiera en la libre gestión de las materias de competencia local desde que dicho aparte prevé: "...sin menoscabo de las competencias nacionales referentes a la reglamentación técnica para instalaciones y modificaciones de las mismas, requisitos y condiciones de producción y suministro, facultades de inspección y potestades sancionadoras que se encuentren establecidas o se establezcan en normas nacionales. En todo caso, "las competencias municipales se ejercerán sin perjuicio de las atribuidas a los órganos que ejercen el poder nacional para el establecimiento de las tarifas de los servicios públicos, dentro del régimen de regulación de precios que le corresponde".

Por otra parte, el ordinal 2° del referido artículo establece que son de la competencia propia del municipio la "distribución y venta de electricidad y gas en las poblaciones de su jurisdicción".

Cabe destacar que, de la disposición antes transcrita, se desprende que es de la competencia nacional aquellas materias que sin ser propias de la vida local (servicios públicos), deben ser reguladas por el poder nacional, en especial todo lo referente a: a) reglamentación técnica para instalaciones de las mismas; b) requisitos y condiciones de producción y suministro; y c) facultades sancionadoras que se encuentren establecidas o se establezcan en normas nacionales.

Además, ya está previsto en el aparte Único de dicho artículo, la competencia del poder nacional para el establecimiento de las tarifas de los servicios públicos, por lo que toda regulación que pretenda llevar a cabo el municipio en este sentido debe ser excluida.

Sin embargo, a pesar de que el ordinal 2° establece como competencia del municipio la distribución y venta de electricidad, tal competencia debe llevarse a cabo sin perjuicio de la facultad del poder nacional en la imposición de las tarifas, y a su vez, debe ser analizado a la luz del principio de prevalencia o de supremacía de las competencias atribuidas al poder nacional, razón por la que, el ordinal 2° que atribuye competencia al municipio en la distribución y venta del servicio eléctrico, debe ser entendido como una potestad de los municipios de tal servicio dentro de su territorio, ya que realmente lo que hace la Ley Orgánica de Régimen Municipal es habilitar al municipio para que participe en la prestación del servicio, sin que ello signifique una competencia exclusiva y excluyente del sector, ya que no puede analizarse la competencia que tiene el municipio en materia de servicios, partiendo de la única base de la Ley Orgánica que los rige, obviando el análisis del Texto Constitucional y las demás disposiciones legales.

El criterio anterior ha sido expuesto en diversas decisiones de este Supremo Tribunal, así por ejemplo, en sentencia del 25 de septiembre de 1990, la Corte Suprema de Justicia en Sala Plena, declaró que "no está viciado de inconstitucionalidad el penúltimo párrafo del artículo 7 de la Ley Orgánica de Régimen Municipal, en lo relativo al ordinal 5°", fundamentándolo de la siguiente manera:

En consecuencia, sin lugar a dudas, la Carta Fundamental prevé que se dicten en esta materia -municipal- al igual que en otras leyes orgánicas nacionales y disposiciones legales, por parte de los estados -en conformidad con aquellas-, tales normas no pueden, so pena de anulabilidad, colidir con las Constituciones de la República.

La competencia atribuida a las municipalidades, en muchos aspectos, y debido a la importancia de alguno de ellos, está compartida con el poder nacional y al efecto, existen reservas constitucionales al respecto; en consecuencia, considera la Corte que, lejos de existir impedimentos, es la propia Constitución la que ordena el desarrollo de determinados principios constitucionales, entre ellos los referentes a la circulación sin menoscabar la autonomía y la competencia de las municipalidades.

A partir de las consideraciones hechas, debe concluir esta Sala Constitucional que el artículo 36, parágrafo único, de la Ley Orgánica de Régimen Municipal cuando establece como competencia del poder nacional, el definir el régimen tarifario de los servicios públicos municipales dentro de la competencia de regulación de precios que le corresponde, lo hace cumpliendo con la normativa legal dispuesta para tales efectos, constituyendo, por tanto, un acto formal de las Cámaras Legislativas actuando como cuerpo colegiado, conforme a los artículos 136.25 y 139 C. de 1961, determinando por tanto que ese servicio por su "índole o naturaleza" es competencia nacional, no correspondiendo a las llamadas materias propias de la vida local o los intereses peculiares de cada municipio. Razón por la que la referida disposición, lejos de ser inconstitucional, está conforme a derecho y además ajustada a los intereses del colectivo, no incurriendo así en el vicio alegado por los recurrentes, en relación con los artículos 26, 29 y 30 C. de 1961, así como, tampoco en ninguna violación de disposiciones de la vigente Constitución, referente a la competencia municipal en materia de servicios públicos domiciliarios, máxime cuando en la enumeración que contiene el artículo 30 C. de 1961 (artículo que se consideraba neurálgico de las competencias municipales a nivel constitucional) no estaban los servicios públicos de electricidad.

Pudiendo destacarse, a su vez, que la competencia que tiene el poder municipal en la materia de servicios eléctricos, según el artículo 178. 7 C. de 1999, se refiere sólo a la "dotación y prestación" de dicho servicio[329].

Ahora bien, el artículo 52 LOPPM, conforme a lo anterior, también declara que es competencia de los municipios, el gobierno y la administración de los *intereses propios de la vida local*, la gestión de las actividades y servicios que requiera la comunidad municipal, de acuerdo con la Constitución y las leyes; teniendo adicionalmente cada municipio, competencia organizativa, es decir, para organizar el funcionamiento de sus órganos, regular las atribuciones de las distintas entidades municipales y regular su autonomía funcional y su ordenamiento interno (Art. 53).

En cuanto a las materias sustantivas de la competencia de los municipios, el artículo 55 LOPPM las clasifica en "propias, concurrentes, descentralizadas y delegadas". La ley no utiliza la expresión de "competencias exclusivas", las cuales, como se ha visto, son mínimas (*Tercera parte, § 11*); y en cuanto a la distinción entre las competencias propias y las concurrentes, la misma, como antes se analizó, radica en la determinación de lo que en relación con las materias de competencia concurrente se puede identificar como *aspectos relativos a de la vida local*[330].

---

329 *V.* en *Revista de Derecho Público*, N° 85 a 88, Editorial Jurídica Venezolana, Caracas, 2001, pp. 205 y ss.

330 *V.* la sentencia de la Sala Constitucional N° 2641 del 1° de octubre de 2003, en *Revista de Derecho Público*, N° 93 a 96, Editorial Jurídica Venezolana, Caracas, 2001, pp. 336 y ss.

2. Las competencias propias

A. Enumeración general: lo concerniente a los intereses propios de la vida local

El artículo 56 LOPPM enumera como "competencias propias" de los municipios, las siguientes:

1. El gobierno y administración de los *intereses propios de la vida local.*

2. La gestión de las materias que la Constitución y las leyes nacionales les confieran *en todo lo relativo a la vida local,* en especial, la ordenación y promoción del desarrollo económico y social, la dotación y prestación de los servicios públicos domiciliarios, la aplicación de la política referente a la materia inquilinaria, la promoción de la participación ciudadana y, en general, el mejoramiento de las condiciones de vida de la comunidad en las áreas siguientes:

   a. La ordenación territorial y urbanística; el servicio de catastro; el patrimonio histórico; la vivienda de interés social; el turismo local; las plazas, parques y jardines; los balnearios y demás sitios de recreación; la arquitectura civil; la nomenclatura y el ornato público.

   b. La vialidad urbana, la circulación y ordenación del tránsito de vehículos y personas en las vías municipales y los servicios de transporte público urbano.

   c. Los espectáculos públicos y la publicidad comercial en lo relacionado con los intereses y fines específicos del municipio.

   d. La protección del ambiente y la cooperación en el saneamiento ambiental; la protección civil y de bomberos; y el aseo urbano y domiciliario, incluidos los servicios de limpieza, recolección y tratamiento de residuos.

   e. La salubridad y la atención primaria en salud; los servicios de protección a la primera y segunda infancia, a la adolescencia y a la tercera edad; la educación preescolar; los servicios de integración familiar de las personas con discapacidad al desarrollo comunitario; las actividades e instalaciones culturales y deportivas; los servicios de prevención y protección, vigilancia y control de los bienes; y otras actividades relacionadas.

   f. Los servicios de agua potable, electricidad y gas doméstico; de alumbrado público, alcantarillado, canalización y disposición de aguas servidas; de mataderos, cementerios, servicios funerarios, de abastecimiento y mercados[331];.

   g. La justicia de paz; la atención social sobre la violencia contra la mujer y la familia, la prevención y protección vecinal y los servicios de policía municipal, conforme a la legislación nacional aplicable.

   h. La organización y funcionamiento de la administración pública municipal y el estatuto de la función pública municipal.

   i. Las demás relativas a la vida local y las que le atribuyan la Constitución y las leyes nacionales y estadales.

Como puede observarse, la mayoría de las materias que se enumeran en este artículo 56 LOPPM, son de competencia concurrente entre el poder nacional, el de los estados y

331 *Cfr.* Víctor R. Hernández-Mendible, "El régimen de los servicios públicos municipales: especial referencia a los servicios públicos domiciliarios", en *Temas de Derecho Administrativo. Libro Homenaje a Gonzalo Pérez Luciani,* vol. II, Tribunal Supremo de Justicia, Caracas, 2002, pp. 961-1030.

el poder municipal; siendo sólo competencias municipales propias, los aspectos de dichas materias que sean relativos a la vida local, o que sólo incumben al municipio. Entre ellas, la ley hace especial énfasis respecto de algunas que se comentan a continuación.

B. La ordenación y planificación del desarrollo económico y social relativo a la vida local

El municipio es competente en materia de ordenación y promoción del desarrollo económico y social (Art. 56,2 LOPPM), por lo que cada municipio, según sus particularidades, tal como lo establece el artículo 60 LOPPM, debe tener un plan que contemple la ordenación y promoción de su desarrollo económico y social que incentive el mejoramiento de las condiciones de vida de la comunidad municipal. Este plan municipal de desarrollo debe ser aprobado por el Concejo Municipal (Art. 95.3 LOPPM).

Por supuesto, la planificación del desarrollo económico y social es una materia de competencia concurrente, en el sentido de que los artículos 112, 299, 308, 309 y 310 C. atribuyen competencia al "Estado" para promover la iniciativa privada con facultad para dictar medidas para planificar, racionalizar y regular la economía e impulsar el desarrollo integral del país; promover el desarrollo armónico de la economía nacional; proteger la artesanía e industrias populares; velar por la creación y fortalecimiento del sector turístico nacional; y proteger y promover la pequeña y mediana industria.

La atribución al "Estado" de estas competencias exige precisar que dicha expresión comprende a los diversos niveles territoriales que conforman la organización política del Estado: la República, los estados y los municipios. Por tanto, aquí también se trata de una materia de la competencia concurrente que se corrobora en otras normas constitucionales, que atribuyen a los órganos del poder público competencia exclusiva en aspectos específicos de esta materia.

En efecto, la Constitución asigna a la Asamblea Nacional la competencia exclusiva para aprobar las líneas generales del plan de desarrollo económico y social (Art. 187.8) y atribuye al Presidente de la República competencia exclusiva para formular el plan *nacional* de desarrollo y dirigir su ejecución previa aprobación de la Asamblea Nacional (Art. 236.18). Ello implica, por supuesto, que puede y debe haber planes estadales y municipales de desarrollo, para lo cual los estados y municipios tienen competencia. Por ello, en cada estado debe existir un consejo estadal de planificación y coordinación (Art. 166) y en cada municipio, un consejo local de planificación (Art. 182). Los municipios, además, como se ha dicho, tienen competencia exclusiva en cuanto concierne a la vida local, en materia de ordenación y promoción del desarrollo económico y social (Art. 178), a cuyo efecto cuentan con sus respectivos consejos locales de planificación.

C. La ordenación del territorio municipal y la planificación del desarrollo urbano local

Como se ha indicado, el artículo 56.2.a LOPPM, atribuye competencia a los municipios en materia de ordenación territorial y urbanística; patrimonio histórico; plazas, parques y jardines; balnearios y demás sitios de recreación; arquitectura civil; nomenclatura y ornato público. Por tanto, a la competencia tradicional en materia de urbanismo, ahora se agrega la competencia municipal en materia de ordenación territorial.

Debe recordarse que en materia de ordenación del territorio, la Constitución atribuye al "Estado" competencia en materia de ordenación territorial" (Art. 128), por lo que se trata de una competencia concurrente entre la República, los estados y los municipios. Además, el artículo 156.23 C. le atribuye al poder nacional competencia exclusiva en cuanto a las políticas *nacionales* y la "legislación" en materia de ordenación de territorio, por lo que a los estados y municipios les corresponde la política estadal y municipal, respectivamente, en la ordenación del territorio de las respectivas entidades. Adicionalmente, el artículo 178 le atribuye expresamente a los municipios competencia exclusiva, en cuanto concierne a la vida local, en materia de "ordenación territorial", y el artículo 184 confirma la competencia de estados y municipios en la materia, por ejemplo, al referirse al "mantenimiento de áreas industriales".

Ahora bien, conforme lo establece el artículo 61 LOPPM, cada municipio, según sus peculiaridades, debe tener un plan local de desarrollo urbano mediante el cual se debe regular el uso y aprovechamiento del suelo según las directrices contenidas en el plan nacional de ordenación urbanística, y en concordancia con el plan de desarrollo económico y social señalado en el artículo 60. Este plan debe ser aprobado por el Consejo Municipal (Art. 95,3 LOPPM)

Este plan, además de contener la ordenación del territorio municipal, debe hacer una clasificación de los suelos y sus usos, y debe regular los diferentes usos y niveles de intensidad de los mismos, definir los espacios libres y de equipamiento comunitario, adoptar las medidas de protección del medio ambiente, de conservación de la naturaleza y del patrimonio histórico, así como la defensa del paisaje y de los elementos naturales. A los efectos del plan de ordenación urbanística, por supuesto, la competencia en materia de servicio de catastro es fundamental (Art. 56.2.a LOPPM). El plan debe contener además, si fuere necesario, la determinación de las operaciones destinadas a la renovación o reforma interior de las ciudades.

Ahora bien, en esta materia de urbanismo, sin duda, también se está en presencia de una competencia concurrente, ya que el artículo 156.19 C. atribuye al poder nacional el establecimiento, coordinación y unificación de normas y procedimientos técnicos para obras de ingeniería, de arquitectura y de urbanismo, y la legislación sobre ordenación urbanística

En todo caso, debe recordarse que en cuanto a los aspectos de la vida local del urbanismo, la competencia municipal tiene una larga tradición[332], que se comienza a delinear desde la Constitución de 1925, en la cual se atribuyó a la competencia local sólo la materia de ornamentación municipal y la construcción en general. Ello derivó luego hacia el urbanismo, pero sometido a las regulaciones del poder nacional, hasta llegar al régimen de la Constitución de 1947, en la cual se estableció un principio que guió la mentalidad de los urbanistas en Venezuela, y es que el urbanismo, siendo una materia de competencia concurrente entre el nivel municipal y el nacional, está sometida a una peculiaridad, que repitió la Constitución de 1953, en el sentido de que sólo podía ejercerse con sujeción a las leyes nacionales.

---

332 Allan R. Brewer-Carías, *Urbanismo y Propiedad Privada,* Editorial Jurídica Venezolana, Caracas, 1980, pp. 117 y ss.

Por tanto, la competencia municipal en materia de urbanismo, con sujeción a las leyes nacionales, fue el principio en las Constituciones de 1947 y 1953. Sin embargo, ello se eliminó a partir de la Constitución de 1961, estableciéndose la autonomía municipal, es decir, la libre gestión por el municipio de la materia de urbanismo en lo que interesa a la vida local. En este contexto, la única atribución constitucional nacional en la materia es la mencionada del citado ordinal 19 del artículo 156 (similar al artículo 136.14 C. de 1961), la cual se configuró como una limitación sensata pero con alcance limitado, pues se refiere sólo al establecimiento, coordinación y unificación de normas y procedimientos técnicos en materia de urbanismo.

Esta competencia atribuida al poder nacional, sin embargo, en más de una ocasión fue interpretada en una forma excesivamente centralista, en perjuicio de las competencias municipales. En efecto, por ejemplo, en la Ley Orgánica de la Administración Central, de 1986 esa competencia, con el mismo texto que tenía el artículo 136.14 C. de 1961, fue asignada al entonces Ministerio del desarrollo urbano[333], pura y simplemente, sin que hubiera mediado la sanción de una ley nacional de ordenación urbanística. La Ley Orgánica de la Administración central, en realidad, endosó todo el enunciado del artículo 136.14 C. de 1961, en forma impropia al poder ejecutivo y dentro de éste, a dicho Ministerio del desarrollo urbano, cuando al ser una competencia que la Constitución atribuía al poder nacional, de acuerdo al artículo 139, era el poder legislativo directamente quien debía legislar sobre esa competencia nacional. Sin embargo, en 1976 el poder legislativo legisló, y lo que hizo fue endosar la misma competencia de artículo 136.14 C. de 1961 al poder ejecutivo, de manera que, conforme a esa ley orgánica, era el poder ejecutivo el encargado de establecer y coordinar normas y procedimientos técnicos para obras de ingeniería, arquitectura y urbanismo, porque así lo había establecido la derogada Ley Orgánica de la Administración Central al asignar competencias al mencionado Ministerio del desarrollo urbano.

Al contrario, el urbanismo tenía que estar regulado en una ley sustantiva que dijera cuál era el ámbito de la competencia nacional y municipal en la materia. Hasta 1988, las únicas leyes que se habían dictado en este sentido, y que regulaban algo sobre las competencias públicas en materia de urbanismo, como ley nacional, eran las derogadas Ley Orgánicas de Régimen Municipal de 1978 y Ley Orgánica para la Ordenación del Territorio de 1983[334], en las cuales se estableció cuál era el sentido de la concurrencia de competencias.

En efecto, el artículo 7.3 de la primera de dichas leyes estableció, en materia de urbanismo, por una parte, que los planes de desarrollo urbano local, debían ser elaborados de acuerdo con las normas y procedimientos técnicos establecidos por el poder nacional. Por otra parte, estableció que esos planes de desarrollo local entrarían en vigencia una vez aprobados por la autoridad nacional competente, el entonces Ministerio del desarrollo urbano, de acuerdo a la Ley Orgánica de Administración Central, conforme a la atribución para establecer, coordinar y unificar dichas normas y procedimientos en materia de urbanismo, de conformidad con lo dispuesto en el artículo 136.14 C.

---

333 Art. 37, Ord. 6. *V.* la Ley Orgánica en *Gaceta Oficial* N° 3.945 Extra. de 30 de diciembre de 1986.

334 *V.* en *Gaceta Oficial,* N° 3.328 Extra, de 11 de agosto de 2083; y Allan R. Brewer-Carías, "El régimen de urbanismo en la Ley Orgánica para la Ordenación del Territorio", en *Ley Orgánica para la Ordenación del Territorio,* Editorial Jurídica Venezolana, Caracas, 1983.

Esta norma de la vieja Ley Orgánica de Régimen Municipal de 1978, en realidad, era lógica y no violaba la autonomía municipal, sino que más bien era una aplicación de la concurrencia de competencias: el poder nacional tiene competencia para establecer y unificar principios y normas técnicas en materia de urbanismo; los municipios tienen competencia para sancionar los planes de desarrollo urbano local, de acuerdo a esos principios y normas; y la forma de verificar que éstos se elaboran de acuerdo a aquellos principios y normas técnicas, es mediante una técnica aprobatoria, que implica una simple verificación de que se cumplió con lo que la Constitución prescribía.

Este esquema, básicamente fue el adoptado en la derogada Ley Orgánica de Ordenación Urbanística de 16 de diciembre de 1987[335] en la cual se atribuyó a los municipios la aprobación de los planes de desarrollo urbano local (Art. 41); sin embargo, hecho esto, antes de su aprobación definitiva y publicación en la *Gaceta Municipal*, el plan de desarrollo urbano local debía ser sometido a la consideración del antiguo Ministerio del desarrollo urbano, para que se pronunciase "sobre la conformidad del mismo con respecto al plan de ordenación urbanística correspondiente, si lo hubiere" (Art. 42).

En este contexto, por tanto, es que se enmarca la competencia que la Ley Orgánica del Poder Público Municipal de 2005 atribuye a los municipios en el artículo 61, adoptar un plan local de desarrollo urbano mediante el cual se debe regular el uso y aprovechamiento del suelo según las directrices contenidas en el plan nacional de ordenación urbanística, y en concordancia con el plan de desarrollo económico y social.

Ahora bien, en esta materia de urbanismo, además del artículo 61 LOPPM, conforme a la tradición de la enumeración constitucional, el artículo 178.1 C. también atribuye competencias al municipio en materia de "arquitectura civil, nomenclatura y ornato público" (Art. 56.2.a LOPPM). Otra norma que establece una competencia en materia de urbanismo en la Constitución es el mismo artículo 178.1 que se refiere al "patrimonio histórico; vivienda de interés social; turismo local; parques y jardines, plazas, balnearios y otros sitios de recreación" (Art. 56.2.a LOPPM). Se destaca además, las regulaciones del mismo artículo 56.2.a y b LOPPM que atribuyen a los municipios competencia en materias como "el servicio de catastro"; "vialidad urbana, la circulación y ordenación del tránsito de vehículos y personas en las vías municipales y los servicios de transporte público urbano".

En esta materia de ordenación urbanística, por último, especial mención debe hacerse respecto del la regulación del artículo 89 LOPPM que asigna a los alcaldes la potestad de poder ordenar la demolición de las obras construidas en contravención a las normas relativas al uso del suelo o la conservación, restauración o demolición de edificios en situación ruinosa.

Ahora bien, en el contexto de toda esta normativa en 2005 se sancionó la Ley Orgánica para la Planificación y gestión de la ordenación del territorio (LOPGOT)[336], que derogó, sustituyó y refundió en un solo texto la normativa de las antes mencionadas Ley Orgánica para la Ordenación del Territorio de 1983 y a la Ley Orgánica de Ordenación Urbanística de 1987. Conforme a esta nueva Ley Orgánica, la autoridad municipal en materia de planificación y gestión de la ordenación del territorio, es ejercida por las al-

335 Entró en vigencia el 19 de marzo de 1988. *Gaceta Oficial* N° 33.868 de 16 de diciembre de 1987. *Cfr.* Allan R. Brewer-Carías, "Introducción general al régimen legal de la ordenación urbanística", en *Ley Orgánica de Ordenación Urbanística*, Editorial Jurídica Venezolana, Caracas, 1988.

336 *V.* en *Gaceta Oficial* N° 38.264 del 2 de septiembre de 2005.

caldías y los concejos municipales de cada municipio, según corresponda, regulándose como planes municipales los de Ordenación del Territorio, de Desarrollo Urbano Local y los especiales.

En tal sentido, dispone el artículo 88 LOPGOT que en cada Municipio se debe dictar un plan municipal de ordenación del territorio, como instrumento a mediano plazo, que desarrolle las directrices del plan estadal de ordenación del territorio y del plan de ordenación del territorio urbanístico en el ámbito del respectivo municipio; plan que debe contener lineamientos en las siguientes materias: la localización de los usos a que debe destinarse prioritariamente el territorio municipal, de acuerdo a sus potencialidades económicas, condiciones especificas, políticas de desarrollo y realidades ecológicas; la delimitación de los espacios sujetos a conservación, defensa y mejoramiento del ambiente; a los espacios libres, áreas verdes destinadas a parques y jardines públicos, zonas recreacionales y de expansión; en general a todo aquello que constituya equipamientos urbanos; la armonización de los usos del espacio con las exigencias establecidas en los planes de seguridad y defensa; la política de incentivos que coadyuven a la ejecución del plan estadal y municipal de ordenación del territorio; el régimen de aprovechamiento de los recursos naturales; el trazado y características de la red de dotación de agua potable, cloacas y drenajes en la secuencia de incorporación recomendada; el trazado y características de la red vial del Municipio, definición del sistema de transporte y organización de las rutas extraurbanas del mismo; la definición de las áreas sujetas a riesgos asociados a fenómenos naturales, tecnológicos, así como los mecanismos adecuados para disminuir su vulnerabilidad y salvaguardar la vida y seguridad de la población; la programación por etapas de la ejecución del plan, con indicación precisa de las zonas de acción prioritaria, del costo de implantación de los servicios o de la realización de las obras urbanísticas, así como las fuentes de financiamiento; la identificación de los terrenos de propiedad privada que resultarán afectados por la ejecución de obras de carácter público de acuerdo al del plan; y la incorporación de los espacios que constituyan el hábitat y las tierras de los pueblos y comunidades indígenas, demarcados según la ley de la materia (Art. 89).

Estos planes municipales de ordenación del territorio, deben ser coordinados en el proceso de elaboración por la alcaldía correspondiente, con el apoyo técnico de la comisión estadal de ordenación del territorio y los consejos locales de planificación del respectivo municipio (Art. 90). Dicho plan debe ser presentado por el alcalde a la cámara municipal para su aprobación, previa opinión favorable de la comisión estadal de ordenación del territorio, para ordenar la publicación en la *Gaceta municipal* respectiva (Art. 91).

El control de la ejecución del plan corresponde al alcalde del municipio respectivo, con la asesoría de la comisión estadal de ordenación del territorio; y en ejercicio de las facultades de control, los funcionarios competentes deben realizar las actividades necesarias para garantizar el cumplimiento de las previsiones del plan y, en particular, les corresponde otorgar o negar las correspondientes constancias de uso conforme previstas en la ley (Art. 95), y deben imponer las sanciones administrativas correspondientes en caso de incumplimiento o violación a las disposiciones del plan (Art. 94).

En cuanto a los planes de desarrollo urbano local, estos son el instrumento jurídico de planificación que representa la concreción espacial urbana detallada de las directrices y determinantes de desarrollo urbano contenidas en el plan de ordenación urbanística respectivo (Art. 96), los cuales deben ser aplicados al área urbana definida en los mismos (Art. 97).

Estos planes de desarrollo urbano local tienen los siguientes objetivos fundamentales, tal como los enumera el 99 LOPGOT: concretar espacialmente las políticas y lineamientos urbanísticos establecidos en los planes de ordenación urbanística; definir, organizar y precisar los usos del suelo propuestos en los planes de ordenación urbanística; determinar áreas prioritarias de desarrollo; establecer estrategias y acciones específicas que orienten el desarrollo de la ciudad; proporcionar las directrices fundamentales para la elaboración de los planes especiales; establecer el programa de obras, presupuesto, fuente de financiamiento y entes responsables de la ejecución, y establecer el programa de adquisición de tierras.

Estos planes de desarrollo urbano local deben ser elaborados por el organismo municipal de planificación o, en su defecto, por quien designe el concejo municipal, y para su elaboración debe consultarse al Ejecutivo nacional y a los estados respectivos sobre los lineamientos del plan en términos de sus proposiciones económicas, sociales y los de carácter físico espacial (Art. 100). Su aprobación corresponde al concejo municipal, al cual se lo debe someter la alcaldía (Art. 102), debiendo publicarse en la *Gaceta Municipal* (Art. 103).

En todo caso, las actuaciones en el suelo con fines urbanísticos requieren la previa aprobación de los respectivos planes de ordenación del territorio urbanísticos, para la asignación de uso y de su régimen correspondiente, así como de la fijación de volúmenes, densidades y demás procedimientos técnicos (Art. 101).

La Ley Orgánica también regula en el ámbito municipal, a lo planes especiales como instrumentos jurídicos de planificación que representan la concreción espacial detallada de las directrices y determinantes del desarrollo municipal, contenidas en el plan de ordenación del territorio urbanístico y en los planes municipales de ordenación del territorio respectivo (Art. 106), los cuales pueden ser aplicables a áreas centrales o centros de ciudades; a zonas de renovación o expansión urbana; a zonas de rehabilitación urbana; a zonas de asentamientos no controlados; o a otras áreas del municipio con condiciones específicas (Art. 108).

Los planes de ordenación del territorio urbanísticos, por supuesto, delimitan el contenido del derecho de propiedad, quedando este derecho, conforme lo indica el artículo 118 LOPGOT, vinculado al destino fijado por los planes, conforme al ordenamiento constitucional y legal. En esta materia, la competencia urbanística en concordancia con el régimen del suelo comprende, entre otras, las siguientes funciones: determinar la utilización del suelo en congruencia con la utilidad pública y la función social y urbanística de la propiedad; asegurar el mantenimiento de una densidad adecuada al bienestar de la población; imponer la justa distribución de las cargas y beneficios del plan entre los propietarios afectados; afectar las plusvalías del valor del suelo originado por el plan al pago de los gastos de urbanización; y adquirir terrenos para construir patrimonios públicos de suelo.

Conforme lo dispone el artículo 136 de la Ley Orgánica, todas las actividades que impliquen ocupación del territorio a ser desarrolladas en áreas urbanas, deben ser ejecutadas por organismos públicos y privados o por particulares, a cuyo efecto deben estar acordes con las ordenanzas municipales y ajustadas a las variables urbanas fundamentales previstas en la ley, así como a los demás instrumentos jurídicos que regulen la materia urbanística, siendo el ente competente para su autorización el municipio. Además, corresponde a los organismos municipales competentes, la inspección, directamente o mediante contrato de servicios profesionales, de la construcción de las urbanizaciones y edificaciones, a fin de verificar el cumplimiento de las variables urbanas fundamentales y de las normas técnicas nacionales en cuanto a urbanismo y edificación. A tal efecto, conforme al artículo 149 de la ley, el propietario de la obra debe contribuir a costear la fiscalización por contrato de servicio mediante el pago de una tasa de inspección, que debe fijar la alcaldía conforme la ordenanza correspondiente. Para el cumplimiento de estas funciones, los Municipios deben establecer las dependencias y procedimientos de inspección que correspondan a sus necesidades, recursos y demás particulares circunstancias.

Por último, debe indicarse en relación con las competencias municipales en materia de ordenación territorial, las atribuciones que le asigna a los municipios la Ley de Zonas Costeras[337], que comprenden las de adecuar el plan de ordenación urbanística a lo previsto la ley; recomendar al poder público nacional, una vez oída la opinión conforme a los medios de consulta y participación pública previsto en la ley, las áreas y recursos que deban someterse a un régimen de administración especial; colaborar en la implementación de programas de saneamiento ambiental, incluyendo la caracterización y señalización de las playas aptas o no, conforme a los medios de consulta y participación pública previstos en la ley; garantizar el mantenimiento de las condiciones de limpieza, higiene y salubridad pública en las playas y balnearios, así como coadyuvar en la observancia de las normas e instrucciones sobre salvamento y seguridad de las vidas humanas; prever los recursos presupuestarios para la dotación de servicios y el saneamiento ambiental; cooperar, a través de sus órganos de policía, en la vigilancia y control de las actividades que en ella se desarrollen; y establecer los mecanismos de coordinación interinstitucional municipal (Art. 25).

Para el ejercicio de dichas competencias, conforme al artículo 20 de la ley, los municipios deben dictar sus ordenanzas de desarrollo de acuerdo con los siguientes lineamientos: las políticas de Estado que regulen lo referente a la ordenación del espacio geográfico nacional; la política de Estado de protección, conservación y aprovechamiento de los recursos naturales; la política de Estado sobre las actividades a desarrollarse en las zonas costeras; el plan de ordenación y gestión integrada de las zonas costeras; la política socio-económica del Estado; y la participación efectiva de los diferentes medios de consulta y participación pública previstos en la ley. El Ministerio del Ambiente y de los Recursos Naturales debe asesorar y apoyar a los organismos públicos municipales en el cumplimiento e implementación de las disposiciones establecidas en la ley (Art. 27).

D. La ordenación de la vialidad y la circulación urbana

Los municipios tienen competencia en materia de vialidad urbana, circulación y ordenación del tránsito de vehículos y personas en las vías municipales (Art. 56.2.b LOPPM). Esta competencia tradicional de los municipios no sólo les atribuye la vialidad urbana, su ordenación y regulación, sino el régimen de circulación y ordenación del tránsito de vehículos y personas en las vías municipales[338], lo que configura la policía de circulación.

---

337 *V.* en *Gaceta Oficial* N° 37.319 del 7 de noviembre de 2001.

338 *V.* Allan R. Brewer-Carías, "Estudio sobre la delimitación de competencias entre el poder nacional y el poder municipal en materia de tránsito y transporte terrestre (Con especial referencia a la Municipalidad del Distri-

La Ley Orgánica del Poder Público Municipal, además, declara como bienes del dominio público municipal todas las vías terrestres urbanas, rurales y de usos comunales (Art. 135.2).

Ahora bien, en este caso se trata de otra competencia municipal tradicional, en torno a la cual ha habido una discusión tradicional sobre qué es circulación y cuál es el tipo de concurrencia que existe respecto de las competencias nacionales en la materia. En realidad, circulación equivale a tránsito y esto se traduce en uso de las vías públicas y la regulación del mismo.

Por tanto, la circulación es una competencia municipal, porque se trata de un uso de la vía pública municipal (tránsito por la vía pública municipal), que es un bien del dominio público municipal.

Por ello, es que hay esa competencia local en materia de circulación y tránsito urbano, lo que implica competencia para la regulación de la circulación, la policía de la circulación y la imposición de sanciones en materia de circulación.

Como se dijo, en la materia ha habido discusión en cuanto a la delimitación de la misma en relación con las que corresponden al poder nacional. En efecto, en cuanto al régimen de la circulación, podría decirse que casi todo es de la competencia nacional, por su índole o naturaleza conforme al artículo 156. 33 C., aun cuando el artículo 158.2 del propio Texto Constitucional enumere a la circulación dentro de las materias propias de la vida local. En efecto, el régimen y regulación de la autorización a los vehículos para circular (matriculación) y de las licencias de conductores son hoy materias de naturaleza nacional, pues no tendría sentido, por ejemplo, con las interconexiones territoriales actuales, que cada municipio diera licencias a su leal saber y entender. En el mismo sentido, por ejemplo, el sistema de señalización para la circulación, tiene que ser nacional e, incluso, internacional, pues no podría cada municipio establecer sus particulares sistemas de señalización.

Sin embargo, hay otros elementos de la circulación que permanecen locales, por ejemplo: determinación de las vías peatonales, y las horas o días en los cuales se restringe la circulación de vehículos. Así, una típica competencia local es la determinación, en las ciudades, de los días de restricción de circulación de vehículos. Por ello, por ejemplo, la decisión del Ejecutivo nacional de 1979, que fijó el "día de parada" en la ciudad de Caracas[339], fue absolutamente inconstitucional, pues ésa no es materia de índole nacional, sino típicamente local. Igual situación se presenta con el establecimiento de las vías que deben o no circularse, o con el cierre de avenidas para usarlas para peatones, lo cual debe ser local.

En cuanto al régimen de la policía de la circulación, ésta tiene que ser materia local. Por ello es que la tradicional regulación del cuerpo nacional de vigilantes de tránsito, sin competencias locales en la materia, no se ajustaba a la Constitución[340]. En ésta, al contrario, la policía de la circulación es una típica función de la policía municipal; como ocurre en cualquier parte, de manera que es difícil encontrar una policía exclusiva-

to Federal)," Caracas, Gobernación del Distrito Federal, 1965; íd. *Aspectos institucionales del transporte y tránsito en el área metropolitana de Caracas* (con Prólogo de Antonio Moles Caubet), Fondo Editorial Común, Caracas, 1971.

339 *V.* decreto N° 340 de 1-11-79 en *Gaceta Oficial* N° 1.857 de 7-11-79.

340 *V.* Allan R. Brewer-Carías, *Aspectos institucionales del transporte y tránsito en el área metropolitana de Caracas, cit.*, pp. 74 y ss.

mente "nacional" del tránsito. Además, desde el punto de vista práctico, es un absurdo que la policía de la circulación no sea una rama especializada de la policía municipal destinada al tránsito y que se pretenda que puede funcionar una policía nacional de tránsito.

En efecto, si la circulación es una competencia municipal, en el ámbito urbano, una de las típicas áreas de la policía es la policía de la circulación, la cual debe ser municipal. Esto tiene sus consecuencias: las sanciones, por ejemplo, deben ser impuestas por la autoridad municipal, y el producto de las multas debe ingresar a la hacienda municipal. Recuérdese que de acuerdo al artículo 179.5 C., las "el producto de las multas" que impongan las autoridades municipales constituyen un típico ingreso local, por lo que las sanciones derivadas de la violación de las normas de circulación en las vías públicas municipales, así sean, inclusive, normas nacionales que se establezcan por su índole o naturaleza, pero cuya aplicación es local, deben imponerse por las autoridades municipales y su producto ingresar a la hacienda municipal.

En esta materia, además, es de la competencia municipal en materia de circulación, los impuestos sobre vehículos (Art. 179.2).

Ahora bien, en la legislación nacional se ha regulado esta materia de competencia concurrente, y a tal efecto, en la Ley de Tránsito y Transporte Terrestre[341], en cuanto a la competencia municipal en materia de tránsito, en el artículo 6 de la misma se dispone que comprende la ordenación de la circulación de vehículos y personas; la construcción y mantenimiento de la vialidad urbana; los servicios conexos; la ejecución de las sanciones; el control y fiscalización del tránsito urbano, de conformidad con lo establecido en dicha ley. En tal sentido, entre las autoridades encargadas de controlar y hacer cumplir la regulación del tránsito, además del Cuerpo Técnico de Vigilancia del Tránsito y Transporte Terrestre, se indican a las policías estadales y municipales de circulación (Art. 7); y entre las autoridades administrativas del tránsito y transporte terrestre, además, del Ministerio de Infraestructura y el Instituto Nacional de Tránsito y Transporte Terrestre, a nivel nacional, se indica a las autoridades administrativas con competencia en los estados y municipios, en el ámbito de sus respetivas circunscripciones (Art. 13).

E. Los servicios públicos municipales

La Ley Orgánica del Poder Público Municipal regula con bastante detalle la competencia municipal en materia de servicios públicos municipales, en particular, los siguientes:

a. *Los servicios de transporte público de pasajeros*

De acuerdo con el artículo 178.2 C. y con el artículo 56.2.b LOPPM, los municipios tienen competencia en materia de "los servicios de transporte público urbano"; lo que significa que ello sólo se refiere al transporte urbano de pasajeros y no al transporte in-

341 *V. Gaceta Oficial* Nº 37.332 del 26 de noviembre de 2001.

terurbano[342]. En efecto, uno de los usos más importantes de las vías públicas, es para el transporte público o colectivo de pasajeros.

Por ello, la competencia local en materia de circulación por las vías públicas urbanas, trae consigo la competencia en materia de transporte urbano de personas.

En efecto, en las Constituciones de 1947 y de 1953, entre las competencias municipales estaba el transporte urbano, lo cual se había eliminado en la enumeración del artículo 30 de la Constitución de 1961. En la Constitución de 1999, en cambio, como se ha dicho, se restableció esta competencia expresamente en materia de "servicios de transporte urbano de pasajeros" (Art. 178.2).

El transporte terrestre, en general, sin embargo es una competencia concurrente. En efecto, el poder nacional, conforme al artículo 156.26 C., tiene competencia en lo relativo al régimen del transporte terrestre y, además, también se atribuye al poder nacional en el artículo 156.27 C. competencia en materia del "sistema de vialidad y ferrocarriles nacionales". Sin embargo, debe observarse que de la Constitución de 1999, se eliminó la competencia el poder nacional que se regulaba en la Constitución de 1961 en materia de "cables aéreos de tracción y vías férreas aunque estén dentro de los límites de un estado, salvo que se trate de tranvías o cables de tracción urbanos cuya concesión y reglamentación compete a los respectivos municipios" (Art. 136). En esta forma, indirectamente, se atribuía a los municipios de una competencia en materia de transporte urbano[343], por lo que se refería a los tranvías o los cables de tracción urbana.

Ahora bien, de acuerdo con el régimen de la Constitución de 1961, no todo transporte urbano era de la competencia municipal, pues había un medio de transporte cuyo régimen la Constitución reserva al poder nacional, y que era el realizado por las vías férreas, salvo los tranvías que aun cuando sin duda, también eran mediante vías férreas, que la Constitución de 1961 atribuía al Municipio. El Metro, por tanto, conforme a la Constitución de 1961 era de la competencia nacional, y en efecto, si algo distingue al Metro del tranvía y que uno fuera de competencia nacional y el otro municipal, es el uso de la vía pública: el tranvía circula por vías del dominio público municipal: la calle, que se convierte en una vía de uso múltiple superficial; en cambio, el Metro circula por una vía férrea de uso exclusivo, y que también constituye dominio público, y como transporte por vía férrea la Constitución de 1961 reservaba al poder nacional. Por ello, la competencia en relación al Metro era una competencia nacional, y así se estableció expresamente en la Ley de los sistemas rápidos de transporte de personas de 15 de diciembre de 1982[344].

La Constitución de 1999 modificó la atribución de competencia en materia de vías férreas, y sólo atribuyó al poder nacional la competencia en materia de "ferrocarriles nacionales" (Art. 156.27), lo que implica que podría haber ferrocarriles de los estados y de los municipios. Ello, en todo caso, queda a ser determinado por la ley, y la vigente ley de los sistemas rápidos de transporte de personas de 1982, atribuye el metro al poder nacional.

---

342 *Ídem*. *V.* además, la sentencia 1815 de 3 de agosto de 2000 de la Sala Político Administrativa del Tribunal Supremo, *Revista de Derecho Público*, N° 83, Editorial Jurídica Venezolana, Caracas, 2000, p. 227.

343 *V.* Allan R. Brewer-Carías, *Aspectos institucionales del transporte y tránsito en el área metropolitana de Caracas*, *cit.* pp. 87 y ss.

344 *Gaceta Oficial* Extra. N° 3.078 del 28 de diciembre de 1982.

Ahora bien, al atribuirse al municipio competencia en materia de transporte urbano, ello implica la competencia para regularlo, otorgar las concesiones y establecer la fijación de tarifas.

En este último aspecto, sin embargo, ello sería sin perjuicio de las competencias que pueden atribuirse por ley a los órganos que ejercen el poder nacional en cuanto al establecimiento de las tarifas de los servicios públicos, dentro del régimen de regulación de precios.

En todo caso, en esta materia del régimen del transporte de personas en el pasado se sucedieron discusiones y problemas, básicamente de legalidad. El viejo Reglamento de la anterior Ley de Tránsito Terrestre (Art. 57), en efecto, contenía un típico caso de inconstitucionalidad, porque invadía competencias locales, al establecer una intromisión de las autoridades nacionales en el otorgamiento de concesiones de transporte urbano y no sólo de carácter extraurbano, que es lo que le corresponde.

En efecto, para el transporte extraurbano, la concesión de su servicio, su regulación y la policía del mismo le corresponde al ámbito nacional, en su momento, al Ministerio de transporte y comunicaciones. Ello es perfectamente admisible. En cambio, para el transporte urbano de personas son los municipios los que deben otorgar la concesión de las líneas de autobuses y camionetas. Pero el Reglamento exigía que ello fuera con la previa buena pro o visto bueno que el Ministerio nacional debía dar a la respectiva concesión. Al preverse una actuación del antiguo Ministerio de Transporte y Comunicaciones en esta última materia en el Reglamento de la Ley de Tránsito Terrestre, ello se estimó inconstitucional y la Corte Suprema de Justicia en 1970 declaró la nulidad del artículo respectivo, al considerar que el poder nacional no podía invadir las competencias municipales en materia de transporte urbano, que comprendían el régimen, la concesión, la tarifa y la policía de transporte urbano[345].

En la actualidad, la Ley de Tránsito y Transporte Terrestre[346] precisa que corresponde al poder público municipal, en materia de transporte terrestre, "la prestación del servicio de transporte público de pasajeros urbano y, suburbano, interurbano, periférico y metropolitano, en el ámbito de su circunscripción y en los términos que establezca la ley y los reglamentos" (Art. 6); configurándose como autoridades administrativas del transporte terrestre, además del Ministerio de Infraestructura y el Instituto Nacional de Tránsito y Transporte Terrestre, a nivel nacional, las autoridades administrativas con competencia en los estados y en los municipios, en el ámbito de sus respetivas circunscripciones (Art. 13).

En los municipios, por tanto, el servicio de transporte público de pasajeros se puede prestar directamente por la autoridad municipal o por personas naturales o jurídicas debidamente autorizadas (Art. 7) por la misma, a la cual además corresponde establecer el régimen tarifario (Art. 77).

b. *Los servicios de alumbrado público*

De acuerdo con el artículo 56.2.f LOPPM, corresponde a los municipios, como un servicio público propio y tradicional de la vida local, el relativo al alumbrado público.

345 *V.* Allan R. Brewer-Carías, *Aspectos institucionales del transporte y tránsito en el área metropolitana de Caracas, cit.*, pp. 87 y ss.

346 *V.* en *Gaceta Oficial* N° 37.332 del 26 de noviembre de 2001.

En tal sentido, la Ley del Servicio Eléctrico[347], dispone entre las competencias de los municipios, el asegurar un servicio adecuado de alumbrado público en su jurisdicción, directa o indirectamente; y en este último caso debe garantizar la debida remuneración del servicio a la empresa que lo suministre (Art. 42.2).

Por otra parte, la Ley de armonización y coordinación de competencias de los poderes públicos nacional y municipal para la prestación de los servicios de distribución de gas con fines domésticos y de electricidad[348], ratificó que es de la competencia exclusiva del poder público municipal el servicio de alumbrado público dentro de su ámbito territorial, bajo la modalidad que se estime más conveniente para los intereses de la comunidad (Art. 4).

c. *Los servicios funerarios y de cementerios*

El artículo 56.2.f LOPPM también atribuye a los municipios competencia en materia de servicios relativos a los cementerios y servicios funerarios.

d. *Los servicios de abastecimiento, mercados y mataderos*

El artículo 56.2.f LOPPM atribuye al municipio competencia en materia de abastecimiento y mercados, la cual, con la denominación de "abastos", ha sido tradicionalmente una competencia municipal en la evolución constitucional venezolana. Se estima que si algo compete a la autoridad local es asegurar el abastecimiento de la población. Sin embargo, esta competencia hay que confrontarla a la luz del proceso de urbanización. Por ello, básicamente para un municipio rural y para las poblaciones que lo conforman, ésta será una materia propia de la vida local; y de allí surge, por ejemplo, la competencia tradicional en materia de mataderos. Sin embargo, en un gran municipio urbano, el problema del abastecimiento de la ciudad rebasa el ámbito municipal, y pasa a ser una materia de interés nacional. En todo caso, esta materia tendría que ser regulada a nivel local tomando en cuenta las diversas categorías de autoridades locales que debe haber.

Ahora bien, en esta materia, la Ley Orgánica atribuye al municipio los servicios además de competencia en los servicios de "abastecimiento y mercados", competencia en materia de "mataderos". Por supuesto, en esta materia también hay una concurrencia de competencias entre el nivel municipal y el nivel nacional. En la propia Constitución hay una norma, dentro de las que regulan los derechos económicos, que establece, con carácter general, que el Estado promoverá la iniciativa privada, sin perjuicio de la facultad para dictar medidas para planificar, racionalizar y regular la economía e impulsar el desarrollo integral del país (Art. 112). Esta es una competencia que se le atribuye al Estado y cuando el texto constitucional habla del Estado, insistimos, se refiere a los tres niveles territoriales nacional, estadal y municipal.

De acuerdo a esta norma, sin duda, el municipio tiene competencia para regular los servicios de abastos. Hasta ahora, a nivel legislativo, para concretarla se ha dictado la norma de la Ley Orgánica que le atribuye funciones para estos servicios, de manera que es una competencia local específica. Además, están las normas de la Ley de Protección al Consumidor y al Usuario, y las relativas al mercadeo agrícola.

---

347 *V.* en *Gaceta Oficial* N° 5.568 Extra. del 31 de diciembre de 2001

348 *V.* en *Gaceta Oficial* N° 37.319 del 7 de noviembre de 2001.

En estas normas nacionales se regula la distribución, circulación y consumo de bienes de primera necesidad, a lo que hay que agregar las normas sobre pesos y medidas (Ley de Metrología Legal), de carácter nacional.

En presencia de estas normas nacionales, la competencia genérica municipal en materia de abastos y mataderos prevista en el artículo 56.2,f LOPPM,, en realidad se reduce a establecer servicios que faciliten el mercadeo y abastecimiento de productos (abastos y mataderos); es decir, a establecer la infraestructura para facilitar la comercialización de los productos y para el beneficio de las reses.

Sin embargo, la política pública para asegurar el abastecimiento dentro de los mercados o asegurar la producción pecuaria, es un proceso que entra dentro de las competencias nacionales y, de allí, las dos leyes mencionadas sobre protección al consumidor y mercadeo agrícola.

e. *Los servicios públicos domiciliarios: agua potable, electricidad y gas*

Pero además de los servicios propios de la vida local antes mencionados, también corresponden a la competencia de los municipios, la dotación y prestación de los servicios públicos domiciliarios, que se refieren al suministro de agua potable (suministro de agua, Art. 64 LOPPM), de electricidad y de gas (Art. 56.2.f LOPPM).

Estos servicios, conforme se establece en el artículo 63 LOPPM, deben ser prestados directamente por éstos o mediante alguna forma de contratación, con sujeción al régimen general que se establezca en la correspondiente ley nacional. Incluso, la Sala Constitucional ha considerado que el poder nacional es el competente para el establecimiento del régimen tarifario de dichos servicios públicos[349].

Debe además indicarse que el artículo 156.29 C. atribuye al poder nacional competencia en materia de "el régimen general de los servicios públicos domiciliarios y en especial, electricidad, agua potable y gas[350].La exclusividad de la competencia nacional en esta materia, sin embargo, sólo se refiere al "régimen general" de los servicios, pero no al régimen particular y la prestación que puede corresponder a los estados (Art. 164.8) y municipios (178.6).

Ahora bien, en el ámbito municipal, conforme lo dispone el artículo 68 LOPPM, corresponde a la ley estadal respectiva determinar los servicios públicos mínimos que cada municipio debe prestar de manera obligatoria, atendiendo a su categoría demográfica y actividad predominante, así como otros elementos relevantes. En todo caso, dispone el mismo artículo, la prestación de los servicios de agua potable, de recolección de basura, de alcantarillado de aguas servidas y pluviales, de alumbrado público, de plazas y parques públicos, será obligatoria para todos los municipios.

---

349 *V.* la sentencia de la Sala Constitucional N° 2257 de 13 de noviembre de 2001, en *Revista de Derecho Público* N° 85-88, Editorial Jurídica Venezolana, Caracas, 2001, pp. 205 y ss; y N° 2641 del 1 de octubre de 2003, en *Revista de Derecho Público* N° 93-96, Editorial Jurídica Venezolana, Caracas, 2003, pp. 337 y ss.

350 *V.* decreto ley N° 1.507 con de Ley de armonización y coordinación de competencias de los poderes públicos nacional y municipal para la prestación de los servicios de distribución de gas con fines domésticos y de electricidad en *Gaceta Oficial* N° 37.319 del 7 de noviembre de 2001; Ley N° 75. Ley Orgánica para la prestación de los servicios de agua potable y de saneamiento en *Gaceta Oficial* N° 5.568 Extra. del 31 de diciembre de 2001; Ley Orgánica del servicio eléctrico (Ley N° 78) en *Gaceta Oficial* N° 5.568 Extra. del 31 de diciembre de 2001.

En relación con estos servicios públicos, los mismos han sido objeto de regulaciones específicas en leyes nacionales.

En cuanto al servicio de agua potable, la Ley Orgánica para la prestación de los servicios de agua potable y de saneamiento[351], dictada con el objeto regular la prestación de dichos servicios públicos y de establecer el régimen de fiscalización, control y evaluación de tales servicios y promover su desarrollo, en beneficio general de los ciudadanos, de la salud pública, la preservación de los recursos hídricos y la protección del ambiente y en concordancia con la política sanitaria y ambiental que en esta materia dicte el poder ejecutivo nacional y con los planes de desarrollo económico y social de la Nación (Art. 1), atribuyó en su artículo 11 a los municipios la prestación y el control dichos servicios, a cuyo efecto, y en particular, deben: prestar directamente o a través de terceros, de manera eficiente los servicios de agua potable y de saneamiento, de acuerdo con las políticas, estrategias y normas fijadas por el poder ejecutivo nacional; participar, de acuerdo con los lineamientos, instructivos y otros mecanismos que establezca la oficina nacional para el desarrollo de los servicios de agua potable y de saneamiento, así como la superintendencia nacional de los servicios de agua potable y de saneamiento, en el proceso de elaboración de los planes y estrategias sectoriales que son competencia del Poder Ejecutivo Nacional; someter a la consideración de las comunidades, en cabildos abiertos, los programas de inversión para el desarrollo de los servicios; solicitar al poder ejecutivo nacional la concesión para el aprovechamiento y captación del agua cruda, así como para hacer las respectivas descargas de aguas servidas; establecer las condiciones y términos específicos conforme a los cuales se prestarán los servicios, de conformidad con la ley, sus reglamentos y los criterios establecidos por la superintendencia nacional de los servicios de agua potable y de saneamiento; reglamentar la prestación de los servicios de agua potable y de saneamiento mediante la respectiva ordenanza, con base en la presente ley y en las directrices que al efecto establezca la superintendencia nacional de los servicios de agua potable y de saneamiento; seleccionar la modalidad de gestión y establecer los términos y condiciones específicos conforme a los cuales se prestará el servicio, de acuerdo con la normativa general aprobada por el poder ejecutivo nacional; seleccionar los prestadores de los servicios de agua potable y de saneamiento de acuerdo con lo establecido en esta ley y en las demás leyes que rijan la materia; aprobar la tarifa calculada por el prestador de servicios en base en el modelo tarifario elaborado por la superintendencia nacional de los servicios de agua potable y de saneamiento y a los procedimientos establecidos en la ley y su reglamento; aportar total o parcialmente los recursos financieros para la construcción de obras o instalaciones de infraestructura hidráulica o sanitaria que estén contempladas en los planes de desarrollo del Sector de carácter local; promover y apoyar programas educativos y de inducción acerca de la necesidad del uso eficiente del agua y del pago oportuno de la tarifa que se establezca para la prestación de los servicios; promover la participación de los suscriptores, a través de las mesas técnicas de agua, en la supervisión, fiscalización y control de la prestación de los servicios objeto de la ley; promover la organización y capacitación de comunidades rurales e indígenas definiendo modalidades de gestión o cogestión, para la administración de los sistemas de agua potable y de saneamiento; imponer a los prestadores de los servicios, las sanciones que le correspondan por incumplimiento de las condiciones de prestación, de acuerdo a lo establecido en el correspondiente contrato;

351 *V. Gaceta Oficial* N° 5.568 Extra. del 31 de diciembre de 2001.

prever en los presupuestos las partidas necesarias con el objeto de financiar las inversiones incluidas en el respectivo plan de inversiones; contribuir al financiamiento del régimen de subsidios de acuerdo con lo establecido en el respectivo reglamento, y desarrollar una administración y contabilidad separadas, en los casos en que decidan prestar directamente los servicios, de manera que se facilite la imputación de los activos, pasivos, ingresos, costos y gastos relacionados con el servicio.

El artículo 12 de dicha Ley dispone, por otra parte, que a los fines de la prestación de los servicios de agua potable o de saneamiento, los municipios deberán establecer la correspondiente mancomunidad o asociación más conveniente con otros municipios con los cuales estén relacionados por criterios técnicos, económicos o de solidaridad regional, de conformidad con la ley y su reglamento.

En materia de servicios eléctricos, la Ley Orgánica del Servicio Eléctrico[352], atribuye a los municipios competencia para promover la prestación del servicio eléctrico en el área de su jurisdicción; fiscalizar la calidad del servicio eléctrico en su jurisdicción, con base en las normas que a tal efecto dicte la Comisión Nacional de Energía Eléctrica; promover la participación de las comunidades en la fiscalización del servicio; promover la organización de usuarios del servicio eléctrico; velar por la existencia de un adecuado servicio de atención a los reclamos en materia de calidad de servicio y atención al usuario, e informar a la Comisión Nacional de Energía Eléctrica cuando el mismo no sea satisfactorio; velar porque las sanciones aplicadas por la Comisión Nacional de Energía Eléctrica sean acatadas; proponer a la Comisión Nacional de Energía Eléctrica las medidas que considere convenientes para mejorar la prestación del servicio en su jurisdicción; coordinar los planes de expansión del servicio de las empresas eléctricas con los planes municipales de desarrollo urbano; presentar recomendaciones y observaciones a las empresas locales de servicio eléctrico, relativas a los planes de expansión y mejoramiento de la calidad del servicio (Art. 42).

Por otra parte, en la Ley de armonización y coordinación de competencias de los poderes públicos nacional y municipal para la prestación de los servicios de distribución de gas con fines domésticos y de electricidad[353], dictada un mes antes que la anteriormente comentada, con la finalidad adecuar el régimen, organización, funcionamiento y condiciones para la prestación eficaz y eficiente de los servicios públicos de distribución de gas con fines domésticos y de electricidad, al régimen legal aplicable, estableció en su artículo 4 que la competencia del poder público municipal en materia de prestación del servicio de distribución de gas con fines domésticos y de electricidad, es la siguiente: promover y asegurar la prestación, el mantenimiento, el mejoramiento y la ampliación de los servicios de distribución de gas con fines domésticos y de electricidad en su ámbito territorial, en armonía con el régimen general y con la ordenación de la actividad de distribución establecida por el poder público nacional; otorgar las concesiones para la prestación del servicio de distribución de gas con fines domésticos, cuando ésta comprenda exclusivamente su ámbito territorial, a cuyo efecto, el municipio debe acordar previamente con el poder público nacional las modalidades y condiciones para el otorgamiento de la concesión, sin perjuicio de la obtención del permiso por parte del Ministerio de energía y minas; otorgar las concesiones para prestación de distribución de electricidad, previo acuerdo sobre las modalidades y condiciones de las mismas

---

352 *V. Gaceta Oficial* N° 5.568 Extra. del 31 de diciembre de 2001.
353 *V. Gaceta Oficial* N° 37.319 del 7 de noviembre de 2001.

con el poder público nacional, siempre que el área de servicio esté incluida totalmente dentro del ámbito territorial de un solo municipio; colaborar con el poder público nacional en las labores de fiscalización de la calidad del servicio de distribución de gas con fines domésticos y del servicio eléctrico en su ámbito territorial, de acuerdo con la normativa que a tales efectos dicte el poder público nacional; promover la organización de los usuarios del servicio de gas con fines domésticos y del servicio eléctrico a los fines de velar por la calidad del servicio; atender reclamos en materia de calidad de servicio y atención a los usuarios del servicio de distribución de gas con fines domésticos y de electricidad, de conformidad con los lineamientos que dicte el poder público nacional; y cooperar en la construcción, instalación y expansión de los sistemas de distribución de gas con fines domésticos y de las instalaciones de distribución de electricidad mediante la simplificación de los trámites y autorizaciones correspondientes.

En la misma Ley de armonización se asignó a los municipios competencia para otorgar las concesiones para la prestación del servicio de distribución de electricidad y gas con fines doméstico, a través de la mancomunidad que se constituya, cuando el área de servicio o región de distribución comprenda el ámbito territorial de más de un municipio, previo acuerdo con el poder público nacional sobre las modalidades y condiciones de la concesión. En estos casos, la mancomunidad estará conformada por todos los municipios que se encuentren comprendidos en el área de servicio para la distribución de electricidad o en la región de distribución de gas definido por el poder público nacional. Los municipios dispondrán, para la constitución de la mancomunidad, de un plazo de ciento ochenta (180) días continuos, contados a partir de la fecha en que sean notificados por el Ministerio de Energía y Minas del establecimiento del área de servicio o región de distribución a ser otorgada en concesión (Art. 4).

En cuanto al Distrito Metropolitano de Caracas, el Distrito Capital y los distintos que se formen por agrupación de Municipios, el artículo 5 de la Ley de armonización dispuso que deben ser las leyes especiales respectivas las que deben establecer las normas para la coordinación de sus competencias con las atribuidas a los Municipios sobre las servicios de distribución de gas con fines domésticos y de electricidad, sin perjuicio de las competencias del poder público nacional en estas materias.

f. *Los servicios públicos de alcantarillado y de cloacas*

De acuerdo con el artículo 56.2.f LOPPM, corresponde también a los municipios los servicios de alcantarillado, así como los de canalización y disposición de aguas servidas, que el artículo 64 LOPPM identifica como servicios de tratamiento de las aguas residuales.

Esta materia se ha regulado en la antes mencionada Ley Orgánica para la Prestación de los Servicios de Agua Potable y de Saneamiento[354], dictada con el objeto regular la prestación de dichos servicios públicos y de establecer el régimen de fiscalización, control y evaluación de tales servicios y promover su desarrollo, en beneficio general de los ciudadanos, de la salud pública, la preservación de los recursos hídricos y la protección del ambiente y en concordancia con la política sanitaria y ambiental que en esta materia dicte el poder ejecutivo nacional y con los planes de desarrollo económico y social de la Nación (Art. 1). Las competencias municipales en esta materia, son las que se refieren al saneamiento y tratamiento de aguas servidas, a lo que antes no es hemos referido.

354 *V. Gaceta Oficial* Extra. Nº 5.568 del 31 de diciembre de 2001.

g. *Los servicios públicos de aseo urbano y domiciliario (tratamiento de residuos sólidos)*

De acuerdo con el artículo 56.2.d, también corresponden a los municipios los servicios públicos de aseo urbano y domiciliario, incluidos los servicios de limpieza, recolección y tratamiento de residuos.

En este último caso, sin embargo la competencia municipal debe ejercerse de acuerdo a lo que se ha establecido en la Ley de residuos y desechos sólidos de 2004, dictada con el objeto de establecer y aplicar un régimen jurídico a la producción y gestión responsable de los residuos y desechos sólidos, cuyo contenido normativo y utilidad práctica debe generar la reducción de los desperdicios al mínimo, y evitar situaciones de riesgo para la salud humana y calidad ambiental. La Ley constituye una ley de bases, que distribuye la competencia entre los tres niveles de gobierno territorial[355].

En particular, en cuanto, a las competencia del municipio la protección del ambiente y la cooperación con el saneamiento ambiental, especialmente en lo atinente al servicio de aseo urbano y domiciliario, comprendidas todas las fases de gestión de los residuos y desechos sólidos, el artículo 14 de la Ley le asigna las siguientes atribuciones: prestar directamente o a través de terceros, de manera eficiente los servicios comprendidos dentro de cada una de las etapas de gestión de los residuos y desechos sólidos, de acuerdo con las políticas, estrategias y normas fijadas por el Ejecutivo nacional; establecer las condiciones, modalidades y términos específicos conforme a los cuales se realizará el manejo integral de los residuos y desechos sólidos, con base en la presente ley y su reglamento; regular la gestión integral de los residuos y desechos sólidos mediante la respectiva normativa municipal, con base en la ley y su reglamento; seleccionar los prestadores de servicios; aprobar las tarifas, los tributos o cualquier otra contraprestación por la prestación del servicio, calculado sobre la base de sus costos reales, mediante instrumento jurídico autorizado por el órgano competente, y según las normas y procedimientos que al efecto se establezcan; incorporar la participación de la comunidad en el proceso de definición, ejecución, control y evaluación de la prestación del servicio; establecer formas asociativas entre municipios o entre éstos y otros niveles de gobierno con los cuales estén relacionados por criterios técnicos, económicos o de solidaridad regional para la prestación del servicio; aportar total o parcialmente los recursos financieros para la construcción de obras, instalación de infraestructura o adquisición de equipos, contemplados en los planes de desarrollo del sector de los residuos y desechos sólidos de carácter local; prever en los presupuestos las partidas necesarias con el objeto de financiar las inversiones incluidas en el plan local de gestión integral de los residuos y desechos sólidos, para la prestación del servicio; promover y ejecutar programas educativos y de inducción a la comunidad en el manejo integral de los residuos y desechos sólidos; elaborar el plan local de gestión integral de los residuos y desechos sólidos, en concordancia con los planes de los otros niveles de gobierno; identificar las zonas adecuadas para la ubicación de infraestructuras a ser utilizadas para la gestión y manejo integral de los residuos y desechos sólidos, de conformidad con la presente ley, su reglamento, el plan nacional de ordenación del territorio, los planes de gestión integral de residuos y desechos sólidos y demás planes vinculados con la material; y coordinar con la autoridad ambiental y sanitaria competente, la aplicación del plan local de gestión integral de los residuos y desechos sólidos.

---

355 *V.* Ley de residuos y desechos sólidos, *Gaceta Oficial* N° 38.068 de 18 de noviembre de 2004.

h. *Los servicios públicos de salud*

De acuerdo con el artículo 56.2.e LOPPM, corresponde a los municipios la salubridad y la atención primaria de la salud. Ello implica la asignación al municipio de un aspecto específico de los servicios de protección a la salud, los que conciernen a la "atención primaria de la salud".

La Ley Orgánica de Régimen Municipal de 1989, era más precisa al indicar in relación con la competencia en materia de atención primaria de la salud, la "de carácter preventivo, curativo o rehabilitador, sanidad de urgencia, información y educación sanitaria; planificación familiar y control epidemiológico" (Art. 37.2).

En la terminología tradicional municipal, por otra parte, esto debe entenderse como parte del orden público sanitario local y, por tanto, parte de la policía local, y que abarca básicamente la protección de la salud en la vía pública.

En todo caso, la salubridad entra dentro de la obligación general de los entes públicos de velar por la protección de la salud, como competencia concurrente, prevista en los artículos 83 y 84 C. El Estado al cual se alude en dichas normas comprende las autoridades municipales, estadales y nacionales. Sin embargo, expresamente se prevé en la Constitución que corresponde al poder nacional definir la política en materia de salud (Art. 157.24).

Por su parte, corresponde a los municipios competencias en materia de salubridad, lo que tiene relación directa con los servicios públicos como los de acueductos, cloacas, drenajes y tratamiento de aguas residuales, aseo urbano y domiciliario, comprendido los servicios de limpieza, de recogida y tratamiento de residuos.

En esta materia, la Ley Orgánica de Salud[356] dispone que los alcaldes son responsables en sus respectivos municipios de la gestión de los servicios de promoción de la salud, saneamiento ambiental, atención médica del nivel primario y contraloría sanitaria, de conformidad con lo dispuesto en dicha ley; quienes deben actuar de acuerdo con las políticas del Ministerio de la salud, el plan estadal de la salud y los programas de la organización pública de la salud (Art. 16).

Los municipios, además, pueden asumir en mancomunidad los servicios de salud para su mejor administración y deben promover la descentralización de estos servicios, según los casos, a las parroquias (art. 17).

El artículo 39 de dicha Ley dispone, además, que los establecimientos municipales de atención médica primaria, y los establecimientos estadales de atención médica descentralizados para su gestión por los municipios, deben ser tutelados por los alcaldes.

i. *Los servicios públicos de educación preescolar*

De acuerdo con el artículo 56.2.e LOPPM, también corresponde a los municipios la educación preescolar.

j. *Los servicios públicos de protección social*

El artículo 56.2.e y g LOPPM, también le atribuye a los municipios competencia en materia de servicios de protección a la primera y segunda infancia, a la adolescencia y a la tercera edad; los servicios de integración familiar de las personas con discapacidad al

356 *V. Gaceta Oficial* N° 36.579 del 11 de noviembre de 1998.

desarrollo comunitario; y la atención social sobre la violencia contra la mujer y la familia. También se puede considerar como una competencia en materia de protección social, la aplicación de la política referente a la materia inquilinaria, y en general, la competencia municipal en cuanto al mejoramiento de las condiciones de vida de la comunidad a que se refiere el artículo 56.2 LOPPM.

k. *La protección y defensa civil y los bomberos*

El artículo 56.2.d LOPPM, corresponde a los municipios la protección civil y de bomberos. Por ello, el artículo 66 LOPPM atribuye a los municipios, en especial, la protección y defensa civil, la prevención y extinción de incendios, la prevención y acción inmediata en caso de accidentes naturales o de otra naturaleza, como inundaciones, terremotos, epidemias u otras enfermedades contagiosas, conforme a la ley (Art. 66).

La materia, sin embargo, vinculada a las actividades de protección ciudadana es de competencia concurrente. En efecto, el artículo 55 C. garantiza el derecho de toda persona a la protección por parte del Estado, a través de los órganos de seguridad ciudadana regulados por ley, frente a situaciones que constituyen amenaza, vulnerabilidad o riesgo para la integridad física de las personas, sus propiedades, el disfrute de sus derechos y el cumplimiento de sus deberes". La norma asigna al "Estado" la obligación de proteger, y la expresión "Estado" comprende la totalidad de los entes que conforman su organización política como Estado federal. En consecuencia, esta obligación corresponde, concurrentemente, a la República, a los estados y a los municipios, como lo confirma expresamente el artículo 332 C., tanto por lo que se refiere a la policía como a la administración de riesgos y emergencias, al indicar que la función de los órganos de seguridad ciudadana constituye una "competencia concurrente". Esto lo confirma, además, el artículo 184 C. al reconocer como competencia de los estados y los municipios la materia de "prevención y protección vecinal".

Esto implica, también, una concurrencia de competencias en materia de administración de riesgos y emergencias: el artículo 156.9 C. atribuye al poder nacional el régimen de la administración de riesgos y emergencias, y el artículo 332 C. encarga al Ejecutivo nacional, de conformidad con la ley, organizar un cuerpo de bomberos y administración de carácter civil y una organización de protección civil y administración de desastres, como parte de los órganos de seguridad ciudadana. La misma norma considera como una competencia concurrente de los estados y municipios la función de los órganos de seguridad ciudadana, por lo que aquellos, conforme con el artículo 164,8 y 178,4, 5, y 7, de conformidad con la legislación nacional, pueden establecer los servicios respectivos.

En la Ley de los cuerpos de bomberos y administración de emergencias de carácter civil[357], como se ha dicho, se consideró la prestación del servicio de bomberos y administración de emergencias de carácter civil, es decir, los competentes para la prevención, preparación y atención de incendios y otras emergencias; así como para la realización de inspecciones técnicas y emisión de informes sobre las condiciones de seguridad en espacios públicos, comerciales o privados de uso público; como una "competencia concurrente con los estados y los municipios" en los términos establecidos en la Constitución y en dicha ley (Art. 11), considerando dichos cuerpos como "órganos de seguridad ciudadana, al exclusivo servicio de los intereses del Estado" (Art. 2).

---

357 *V.* en *Gaceta Oficial* Extra. Nº 5.561 del 28 de noviembre de de 2001.

F. La protección del medio ambiente y saneamiento ambiental

Además de los servicios anteriores que se refieren a la salubridad pública, el artículo 56.2.d y e, LOPPM, dispone que en general, corresponde al municipio, la protección del ambiente y la cooperación en el saneamiento ambiental. En relación con esta competencia, el artículo 64 LOPPM agrega que a los municipios les corresponde la protección del medio ambiente y de la salubridad pública, así como el respeto y garantía de los derechos ambientales de los vecinos. A tal efecto, además, los municipios deben ser convocados para que participen en la formulación de la política nacional o estadal en materia ambiental.

En particular, dispone el mismo artículo 64 LOPPM, que la administración municipal además de tener a su cargo, como se señaló, la gestión de la materia de los residuos urbanos y de las aguas residuales, tienen a su cargo la intervención contra los ruidos molestos, el control de las emisiones de los vehículos que circulen por el ámbito municipal, así como el establecimiento de los corredores de circulación para el transporte de sustancias tóxicas o peligrosas. A tal efecto, el poder nacional y los estados deben facilitar a los municipios los apoyos técnicos y los recursos que se requieran para cumplir con estas funciones.

Ahora bien, la protección del medio ambiente, sin duda, es una materia de la competencia concurrente de los diversos niveles territoriales del poder público; a cuyo efecto, los artículos 127 a 129 C. regulan los derechos ambientales de las personas, entre ellos, el derecho de proteger y mantener el ambiente en beneficio de las generaciones y del mundo futuro; y el derecho a disfrutar de una vida y de un ambiente seguro, sano y ecológicamente equilibrado.

A tal efecto, se regulan las obligaciones del Estado (es decir, de los tres niveles territoriales del poder público) de proteger el ambiente, la diversidad biológica, los recursos genéticos, los procesos ecológicos, los parques nacionales y monumentos naturales y demás áreas de especial importancia ecológica; de garantizar que la población se desenvuelva en un ambiente libre de contaminación, donde el aire, el agua, los suelos, las costas, el clima, la capa de ozono, las especies vivas, sean especialmente protegidos (Art. 127) y de desarrollar una política de ordenación del territorio.

En materia de ambiente, además, el artículo 156.23 C., atribuye al poder nacional competencia exclusiva en cuanto a las políticas *nacionales* y la "legislación" en materia de ambiente y aguas, por lo que los estados y municipios tienen competencia en las políticas estadales y municipales en la materia.

Además, como se ha visto, el artículo 178.4 le atribuye en forma exclusiva a los municipios, en cuanto concierne a la vida local, competencias en materia de "protección del ambiente y cooperación con el saneamiento ambiental" y el artículo 184 C., además, confirma la competencia de estados y municipios en materia de "servicios ambientales".

G. La vivienda de interés social

De acuerdo con el artículo 56.2.a LOPPM, corresponde a los municipios la vivienda de interés social. En tal sentido, la Ley del régimen prestacional de vivienda y hábitat[358], precisa la integración del sector público de vivienda con todos los órganos y entes na-

358 *V.* en *Gaceta Oficial* N° 38.204 del 8 de junio de 2005.

cionales, estadales y municipales con competencia en materia de vivienda y hábitat, considerando en el ámbito municipal, al organismo integral municipal de vivienda y hábitat; con la precisión de que a fin de evitar la duplicidad de funciones e ineficiencia en el gasto e inversión pública, sólo puede existir un organismo integral de vivienda y hábitat por unidad territorial, abarcando cada uno de éstos las distintas funciones contempladas en la ley y su reglamento.

En particular, la Ley, en su artículo 74, dispone que los alcaldes deben crear un solo organismo integral municipal de vivienda y hábitat, de conformidad con lo establecido en la Ley Orgánica de Administración Pública, cuya actuación debe estar enmarcada en las competencias y atribuciones que se le asignan en la ley. A dicho organismo, el artículo 75 de la Ley le asigna las siguientes competencias: formular la política municipal de vivienda y hábitat de acuerdo con los lineamientos de política estadal y nacional de vivienda y hábitat; elaborar los planes municipales de vivienda y hábitat, con participación protagónica, deliberativa y vinculante a nivel parroquial, comunitario e intersectorial, y articularlos con los planes de desarrollo del municipio y con los planes estadales y nacionales de vivienda y hábitat, presentarlos ante el organismo integral estadal y remitirlos al Banco Nacional de Vivienda y Hábitat; facilitar y coordinar la elaboración de los proyectos técnicos, mediante la asistencia técnica y la participación de la comunidad, promoviendo la autoconstrucción, la cogestión y la autogestión; licitar y contratar la ejecución de los programas de vivienda y hábitat y el equipamiento urbano en el ámbito de su competencia; monitorear y evaluar el cumplimiento de los planes municipales de vivienda y hábitat, garantizar, en coordinación con los consejos locales de planificación pública, la articulación entre los planes municipales de vivienda y hábitat y los planes de ordenación del municipio de conformidad con la ley; propiciar la conformación y fortalecer las funciones de los Consejos Parroquiales, los consejos comunitarios y de las organizaciones comunitarias integrales de vivienda y hábitat, en cuanto a su participación en la formulación, e implementación de los planes de vivienda y hábitat de conformidad con lo establecido en esta ley; procesar y dar respuesta a los planteamientos de los consejos parroquiales, los consejos comunitarios y de las organizaciones comunitarias integrales de vivienda y hábitat; mantener informada a la comunidad a través de la red de información y comunicación de vivienda y hábitat y trimestralmente rendir cuenta sobre sus actividades, gestiones y logros al organismo integral estadal de vivienda y hábitat y al Ministerio con competencia en materia de vivienda y hábitat, a través de los instrumentos que establezca la ley y su reglamento; acompañar y orientar a las comunidades en el establecimiento de una relación armónica entre vivienda, hábitat y ambiente, con el objeto de fortalecer su capacidad cogestionaria y autogestionaria, crear condiciones óptimas en la relación del hombre con su entorno y estimular su participación protagónica en la consecución de una vivienda digna, en la vigilancia del desarrollo constructivo y en el proceso completo de obtención de la misma; auspiciar y fortalecer procesos de producción que consoliden el desarrollo de las comunidades en los aspectos político, social, económico, físico-espacial, ambiental y legal, que tendrán su expresión en el fortalecimiento de las organizaciones sociales, constructivas, culturales, ambientalistas, deportivas, de salud, productivas, de planificación, turísticas, de promoción, educativas y financieras; promover y difundir los programas de vivienda y hábitat del estado venezolano a nivel de la población, así como las formas de participación y control social; implementar el sistema municipal de información como parte de la red de información y comunicación de vivienda y hábitat en el área de vivienda y hábitat que incluya banco de tierras urbanizables, demanda habitacional, adjudicatarios del sistema y todas aquellas variables que, en conjunto, constituyan una base global de datos en el sector, y suministrar oportunamente los datos requeridos por el sistema estadal y nacional de información en vivienda y hábitat; fomentar programas de cooperación, coordinación, e intercambios con otros entes municipales, estadales, nacionales e internacionales a fin de lograr la eficiencia para alcanzar los fines de esta ley; sistematizar la captación de la demanda realizada por los consejos parroquiales de vivienda y hábitat y de los consejos comunitarios de vivienda y hábitat e implementar el sistema de elegibilidad de beneficiarios y adjudicación de viviendas.

H. Las actividades de cultura y de deportes y los espectáculos públicos

El mismo artículo 56.2.e LOPPM atribuye a los municipios competencia en materia de actividades e instalaciones culturales y deportivas; y el artículo 56.2.c LOPPM le atribuye competencia en materia de espectáculos públicos "en lo relacionado con los intereses y fines específicos del municipio".

En particular, en materia de cultura, la misma también se configura como una materia de competencia concurrente, pues el poder nacional y los estados tienen competencia en materia de cultura.

En efecto, el artículo 99 de la Constitución atribuye al Estado el fomentar y garantizar la cultura en sus diversas manifestaciones y velará por la protección y conservación del patrimonio cultural, es decir, de las obras, objetos y monumentos de valor histórico o artístico que se encuentren en el país. Al atribuirse esta competencia al "Estado", debe entenderse que se trata de una competencia de los tres niveles: nacional, estadal y municipal.

Conforme a ello, la cultura es una competencia local, para promover las iniciativas en materia de cultura popular y local, que deben desarrollarse por los entes locales, así como para la protección de bienes culturales.

En cuanto al deporte, la Ley del Deporte[359] dispone que los organismos nacionales, estatales, municipales y parroquiales, así como los organismos privados, deben prestar asistencia y protección a las actividades deportivas públicas y privadas, y conjuntamente con los particulares deben velar por su fomento y desarrollo en conformidad con los propósitos definitivos dicha ley (art..11).

Además, la ley considera como entes del sector público de la organización deportiva del país, a los organismos públicos a nivel nacional, estatal, municipal y parroquial a los cuales corresponde la formulación, desarrollo y ejecución de la política deportiva, en sus respectivos niveles de conformidad con lo establecido en el plan general del deporte venezolano; y a los órganos públicos que destinen y ejecuten programas especiales dirigidos a la niñez, juventud, trabajadores, indígenas, campesinos, población penitenciaria, discapacitados y tercera edad, entre otros (Art. 13).

I. La policía municipal

En cuanto a la policía municipal, la competencia municipal la atribuye el artículo 56.2 LOPPM a los municipios, al disponer su competencia en materia de "servicios de pre-

---

359 *V.* en *Gaceta Oficial* Extra. Nº 4.975 del 25 de septiembre de 1995.

vención y protección, vigilancia y control de los bienes" (lit.e), y en materia de "prevención y protección vecinal y los servicios de policía municipal, conforme a la legislación nacional aplicable" (lit. g)

Por otra parte, conforme al artículo 65 LOPPM, corresponde a los municipios cumplir funciones de policía administrativa, de control de espectáculos públicos, de orden público y de circulación, conforme a lo dispuesto en la Constitución y demás leyes de la República.

Ahora bien, la policía municipal se enmarca dentro de la actividad de policía general del Estado, la cual es una materia de competencia concurrente. En efecto, en la materia el poder nacional tiene competencia exclusiva en materia de "policía nacional" (Art. 156.6), correspondiendo al Ejecutivo nacional organizar, de conformidad con la ley, un cuerpo uniformado de policía nacional (Art. 332). El poder estadal tiene competencia exclusiva para "la organización de la policía y la determinación de las ramas de este servicio atribuidas a la competencia municipal, de conformidad con la ley" (Art. 164.6) y el poder municipal tiene competencia exclusiva, "en cuanto concierne a la vida local", en materia de "prevención y protección vecinal y servicios de policía municipal, conforme a la legislación nacional aplicable" (Art. 178.7). Además, se atribuye a los municipios competencia exclusiva, también en cuanto concierne a la vida local, en materia de servicios de "protección civil" (Art. 178.4) y de "servicios prevención y protección, vigilancia y control de los bienes y las actividades relativas a las materias de la competencia municipal" (Art. 178.5).

De estas normas surge una distinción que es básica en materia administrativa, entre la policía como cuerpo (fuerza), y la policía como actividad reguladora y ejecutora. No toda actividad de policía implica una fuerza de policía, de manera que la policía es una de las típicas actividades administrativas, distinta a los cuerpos policiales. Estos, es decir, las fuerzas de policía, deben ser determinadas en ley nacional, aún no dictada. En cambio, la actividad de policía, como actividad administrativa, da origen a una serie de competencias distribuidas entre una policía nacional, regulada en una multitud de leyes especiales; una policía estadal en materia rural regulada en las leyes estadales, y una policía municipal regulada insuficientemente en las ordenanzas municipales. La muestra de esta actividad reguladora, por ejemplo, está en los Códigos Orgánicos de Policía de los estados dictados hace varias décadas, los cuales eran unos verdaderos monumentos jurídicos.

En cuanto a las fuerzas o cuerpos de policía estadales y municipales, la regulación estadal es deficiente, e incluso, puede decirse que materialmente no existen cuerpos de policías municipales, salvo en los grandes municipios urbanos. Las policías, en general, son estadales en todos los estados. Sin embargo, el artículo 57.2.g LOPPM atribuye al municipio competencia en materia de "servicios de policía municipal, conforme a la legislación nacional aplicable", lo que puede exigir la organización de cuerpos de policía municipales. La Ley Orgánica, por otra parte, en materias conexas con la policía, atribuye a los municipios competencia en materia de "espectáculos públicos y publicidad comercial, en lo relacionado con los intereses y fines específicos del municipio" (Art. 56.2.c); y de "la protección civil y de bomberos" (Art. 56.2.d).

Ahora bien, en la materia se ha dictado la Ley de Coordinación de Seguridad Ciudadana[360], con el objeto regular la coordinación entre los órganos de seguridad ciudadana, sus competencias concurrentes, cooperación recíproca y el establecimiento de parámetros en ámbito de su ejercicio; considerándose como órganos de seguridad ciudadana, a la policía nacional; las policías de cada estado; las policías de cada municipio, y los servicios mancomunados de policías prestados a través de las policías metropolitanas; el cuerpo de investigaciones científicas, penales y criminalísticas; el cuerpo de bomberos y administración de emergencias de carácter civil, y la organización de protección civil y administración de desastre (Art. 2).

En todo caso, en la actualidad, en cuanto a las fuerzas de policía, la materia está mal regulada. No hay ley nacional ni se ha establecido la policía nacional. En cambio muchas leyes han establecido competencias nacionales en materia de policía, que dan origen a cuerpos de policía: en materia de circulación, por ejemplo, el cuerpo de vigilantes de tránsito; en materia forestal, la guardería forestal o ambiental asumida por la Guardia Nacional, y en general, las incompletas regulaciones concernientes a esta última, como Fuerzas Armadas de Cooperación, con funciones de policía de fronteras, de policía industrial, de policía vial, de policía fiscal, etc.

Por otra parte, en cuanto al cuerpo de funcionarios de la Dirección General de los Servicios de Inteligencia y Prevención del Ministerio del Interior y de Justicia, no encuentra una regulación legal, salvo indirectamente en la Ley de Policía Judicial[361], en materia de las actuaciones que realicen como auxiliares de la Justicia, como agentes de la policía judicial.

En cuanto al Cuerpo de Policía Científica (policía judicial), como cuerpo nacional, su regulación completa se ha realizado en la Ley de Policía Judicial, donde se regulan sus atribuciones.

J. El turismo local

El artículo 56.2.a LOPPM atribuye al municipio competencia en materia de turismo local, y conforme se establece en el artículo 62 LOPPM, los municipios con vocación turística, deben dictar los planes locales de turismo para promover y desarrollar esa actividad, en los cuales se debe promover, conjuntamente con los sectores público y privado, el desarrollo turístico de aquellos sitios de interés histórico, de bellezas naturales, recreativos y de producción de artesanía, así como cualquiera otra manifestación de interés turístico.

En todo caso, los municipios deben coordinar sus actividades turísticas con las que desarrollen el poder nacional o el estado respectivo, en el ámbito municipal, pues sin duda, se trata de una materia de competencia concurrente, ya que el turismo no sólo se declara en el artículo 310 C. como "una actividad económica de interés nacional, prioritaria para el país en su estrategia de diversificación y desarrollo sustentable", estando el Estado en todos sus niveles, obligado a velar por la creación y fortalecimiento del sector turístico nacional, sino que la Constitución atribuye al poder nacional competencia respecto de las políticas nacionales y la legislación en material turismo (Art. 156.23).

360 *V. Gaceta Oficial* N° 37.318 del 6 de noviembre de 2001.
361 *V.* en *Gaceta Oficial* N° 30.739 del 10 de julio de 1975.

En esta materia, la Ley Orgánica de Turismo[362], precisa que los municipios, en ejercicio de su autonomía deben fomentar e integrar la actividad turística en sus planes de desarrollo local (Art. 28), prescribiendo que deben incluir dentro de sus actividades, en lo que compete a su ámbito territorial y dentro de un marco de cooperación y coordinación con el poder público nacional y estadal, las siguientes actividades: formular los proyectos turísticos.

En su circunscripción, en coordinación con la Corporación de Turismo estadal y en concordancia con los lineamientos y políticas dictadas por el Ministerio de Turismo en el plan nacional estratégico de turismo; desarrollar en forma armónica los planes de ordenación del territorio, en el ámbito de sus competencias, conforme con el espacio turístico existente y con el plan nacional estratégico de turismo; elaborar y mantener actualizadas las estadísticas de la oferta y la demanda turística en su territorio, con la cooperación del sector privado, en concordancia con los lineamientos dictados por el Ministerio de Turismo en el plan nacional estratégico de turismo; elaborar, actualizar, publicar y difundir el inventario de atractivos turísticos, prestadores de servicios turísticos y el catálogo turístico municipal; garantizar la seguridad personal y la de los bienes de los turistas, en coordinación con los órganos de seguridad ciudadana; incentivar y promover, en coordinación con los entes públicos o privados, las actividades dirigidas al desarrollo del turismo y la recreación de las comunidades; mantener actualizado y en buen estado el sistema de señalización local con énfasis en los sitios de interés turístico, histórico, cultural o natural; y propiciar la creación de fondos municipales de financiamiento de proyectos y desarrollos turísticos (Art. 29).

K. La publicidad comercial

El artículo 56.2.c LOPPM, atribuye a los municipios competencia en materia de la publicidad comercial pero "en lo relacionado con los intereses y fines específicos del municipio".

L. La justicia de paz

Por último, el artículo 56.2.g LOPPM, atribuye a los municipios competencia en materia de justicia de paz.

Esta materia, regulada en la Ley Orgánica de la Justicia de Paz, implica que corresponde a los municipios, tal como la ha precisado la Sala Constitucional del Tribunal Supremo en sentencias 3098 del 14 de diciembre de 2004 (caso Interpretación de los artículos 10, 11, 26 y 52 de la Ley Orgánica de la Justicia de Paz) y 302 del 16 de marzo de 2005 (caso *Impugnación de la ordenanza Electoral de Justicia de Paz del Municipio Autónomo Baruta del Estado Miranda*), como competencia exclusiva, la administración, prestación y gestión del servicio de justicia de paz, pero no así del procedimiento de elección de sus jueces, que corresponde exclusivamente a los órganos del Poder Electoral. En cuanto a la competencia municipal, la misma se ejerce bien:

---

362 *V.* en *Gaceta Oficial* N° 38.215 de 23 de junio de 2005.

[A] través de la ejecución y administración que corresponda al alcalde (artículos 174 y 175 C.), bien a través de la regulación legislativa que corresponda a los Concejos Municipales; siempre, por supuesto, con plena adecuación a la legislación nacional, en este caso, la Ley Orgánica de la Justicia de Paz. Asimismo, la organización y ejecución de los procedimientos electorales de jueces de paz (por parte de los órganos del Poder Electoral) ha de adecuarse a las normas especiales que, en este materia, establece la Ley Orgánica de la Justicia de Paz (artículos 12 y siguientes), como lo son, entre otras, las condiciones de postulación y de elegibilidad de los candidatos, la periodicidad de tal elección, las divisiones en circunscripciones electorales que tal ley ordena y las normas relativas a las campañas electorales. Así se decide"[363].

Con fundamento en lo anterior, la Sala Constitucional anuló los artículos 10 y 11 de la Ley Orgánica de la Justicia de Paz, y reiteró que, de acuerdo a lo establecido en el artículo 293.5 C., compete de forma exclusiva a los órganos del poder electoral, la organización, administración, dirección y vigilancia de los procesos para la elección de los jueces de paz, para lo cual debe dictar la normativa imprescindible que regule estos procesos comiciales en ejercicio de tales atribuciones y en atención a las disposiciones que, sobre esta materia, se encuentran contenidas en la Ley Orgánica de la Justicia de Paz y demás leyes electorales que sean aplicables. De modo, pues, que si bien el Texto Fundamental establece en su artículo 178.7, que es de la competencia de los municipios, en sus ramas ejecutiva y legislativa, la justicia de paz conforme a la legislación nacional aplicable:

[D]ebe entenderse, en consonancia con el artículo 2 de la Ley Orgánica de la Justicia de Paz, que esta última únicamente alcanza la organización y funcionamiento del servicio de justicia de paz, mas no a los actos concernientes a los procesos de elección de sus jueces, dado que, la posible participación de los Municipios en tales procesos sólo puede efectuarse cuando así lo requieran los órganos del Poder Electoral, en virtud del principio de colaboración de poderes que acogió el artículo 136 de la Constitución, y del apoyo obligatorio que establece el artículo 5 de la Ley Orgánica del Poder Electoral.[364]

3. Las competencias concurrentes: los aspectos que no sean propios de la vida local

En cuanto a las competencias concurrentes, el artículo 57 LOPPM se limita a señalar que "son aquellas que el municipio comparte con el poder nacional o estadal", las cuales son todas las que se enumeran en el artículo 56 LOPPM en sus aspectos no concernientes a la vida local, y que los municipios deben ejercer conforme a la Constitución, las leyes de base y las leyes de desarrollo. Esta legislación debe estar orientada por los principios de la interdependencia, coordinación, cooperación, corresponsabilidad y subsidiaridad, previsto en el artículo 165 C. Dispone el artículo 57 LOPPM, sin embargo, que la falta de la legislación nacional (leyes de base) no impide al municipio el ejercicio de estas competencias[365].

363 *V.* en *Revista de Derecho Público*, N° 101, Editorial Jurídica Venezolana, Caracas, 2005, pp. 151 y ss.
364 *Ídem.*
365 Sobre las leyes de base *V.* los comentarios en sentencia de la Sala Constitucional N° 843 de 11 de mayo de 2004 (Caso: *Impugnación de la Ley de Descentralización y Transferencia de Recursos a los municipios del Estado Guárico*), *Revista de Derecho Público*, N° 97 a 98, Editorial Jurídica Venezolana, Caracas, 2004, pp. 267 y ss.

Un ejemplo de estas materias de sería la relativa a la pesquería, conforme a lo que se regula en la Ley de Pesca y Acuacultura[366], en la cual se establece como una competencias concurrente de los órganos del poder público nacional, estadal y municipal, el dictar medidas dirigidas a promover la pesca y la acuacultura, de acuerdo a las políticas establecidas por el Ministerio de adscripción; organizar, desarrollar y consolidar, los asentamientos y las comunidades de pescadores artesanales; establecer incentivos financieros, comerciales, de capacitación, de infraestructura y de transferencia tecnológica; procurar el acceso directo y abastecimiento nacional de productos y subproductos pesqueros y de acuacultura y las relativas a la vigilancia de las actividades de pesca, acuacultura y las que le fueren conexas (Art. 6). A tal efecto y conforme al artículo 8 de dicha ley, los municipios pueden dictar ordenanzas de desarrollo según corresponda, atendiendo a las políticas y planes de desarrollo nacional que regulen las actividades de pesca, acuacultura y las que le fueren conexas; los resultados de las investigaciones realizadas por instituciones públicas o privadas de reconocida trayectoria en el sector de pesca y acuacultura; la disponibilidad de los recursos hidrobiológicos; el menor impacto social y económico negativo en las comunidades de pescadores artesanales que puedan resultar afectadas, y la participación efectiva de los diferentes representantes de las comunidades, que tengan ingerencia en las actividades de pesca, acuacultura y las que le fueren conexas en los diversos niveles del poder público.

4. Las competencias descentralizadas

La Ley Orgánica del Poder Público Municipal dispone en su artículo 58, que de acuerdo con los principios establecidos en el artículo 158 C., el poder nacional o los estados mediante ley pueden transferir al municipio determinadas materias de sus competencias y la administración de sus respectivos recursos.

En la respectiva ley nacional o estadal de descentralización se debe determinar el alcance, contenido y condiciones de la transferencia, así como el control que puede ejercer el poder nacional o los estados, según el caso, sobre los recursos de personal, materiales y económicos que se transfieran.

Los municipios también pueden solicitar al poder nacional o al estado respectivo la transferencia de determinadas competencias.

Ahora bien, en lo que respecta a la descentralización de servicios y competencias de los estados a los municipios, la Sala Constitucional del Tribunal Supremo en sentencia 843 de 11 de mayo de 2004, se ha referido extensamente a dicha descentralización, estableciendo las condiciones para que la misma pueda efectuarse, así:

> "Al respecto, se observa que junto a la cláusula general prevista en el artículo 157 constitucional que establece la competencia de la Asamblea Nacional para atribuir, por el voto favorable de la mayoría de sus integrantes, a los municipios o a los estados determinadas materias de la competencia del poder nacional, a fin de promover la descentralización, y a la norma contenida en el artículo 158 del mismo Texto Constitucional que consagra a la descentralización como una política nacional dirigida a profundizar la democracia, acercar el poder a la población y crear mejores condiciones tanto para el ejercicio de la democracia como para la prestación eficaz y eficiente de los cometidos estadales, el artículo 165 constitucional, en su único aparte, establece que los esta-

366 *V.* en *Gaceta Oficial* N° 37.323 del 13 de noviembre de 2001.

dos descentralizarán y transferirán a los municipios los servicios y competencias que gestionen y que éstos estén en capacidad de prestar, así como la administración de los respectivos recursos, dentro de las áreas de competencias concurrentes entre ambos niveles político territoriales, y que dichos mecanismos de transferencia estarán regulados por el ordenamiento jurídico estadal, esto es, por las leyes y demás actos normativos que dicten los órganos legislativos y ejecutivos estadales.

De acuerdo con lo expuesto en la referida norma constitucional (artículo 165), y a diferencia de lo que ocurría durante la vigencia de la Constitución de la República de Venezuela de 1961 que únicamente contemplaba (como también lo hacía la Ley Orgánica de Descentralización, Delimitación y Transferencia de Competencias del poder público) la transferencia de competencias de la República a los estados o a los municipios, en la actualidad es posible que los consejos legislativos estadales dicten leyes de transferencia de competencias de los estados a los municipios, con el objeto de profundizar los objetivos que el artículo 158 de la Norma Fundamental encomienda a la política de descentralización, pero sujeto a las condiciones y dentro de los límites que impone el mismo precepto constitucional.

En efecto, para que los órganos legislativos de las entidades federales ejerzan conforme a la Constitución dicha competencia, es menester que se cumplan dos (2) condiciones indispensables, en tanto determinantes de la validez del acto de transferencia de competencias que pretenda realizarse: (i) que se haya dictado una ley nacional de delimitación de las competencias concurrentes entre los estados y los municipios, pues sólo dichas materias son susceptibles de ser descentralizadas mediante ley estadal de las entidades federales a las municipales, (ii) que la descentralización efectuada esté circunscrita a la prestación de servicios, sin que pueda extenderse a otro tipo de competencias, como son las vinculadas a la construcción de obras públicas, por ejemplo, y (iii) que los municipios a los cuales se transfiera la competencia para prestar determinado servicio, estén en capacidad de asumir tal obligación, más allá de la correspondiente transferencia de los recursos necesarios para cumplir con la misma [...]

[...] Considera esta Sala que el único aparte de la norma citada (art 165 C.) debe interpretarse en coherencia con lo dispuesto por el encabezado de la misma y en armonía con la materia regulada por el Capítulo en el cual está inserta (Del poder público estadal), pues sólo así resulta comprensible por qué las competencias concurrentes entre los estados y los municipios deben estar previamente delimitadas en una ley de base nacional, y ello es así por que sólo el órgano legislativo nacional tiene competencia para dictar leyes de base reguladoras (según los principios de interdependencia, coordinación, cooperación, corresponsabilidad y subsidiariedad) de las competencias concurrentes, no sólo de la República con los estados y los municipios, sino también de las de estos últimos entre sí, siendo la existencia de un texto legal nacional que delimite las competencias concurrentes entre las entidades federales y municipales requisito indispensable para que pueda operar la descentralización (de los estados a los municipios) prevista en el único aparte de la misma disposición constitucional, tal y como fue necesario bajo la vigencia de la Constitución de 1961 que se dictara la Ley Orgánica de Descentralización, Delimitación y Transferencia de Competencias del poder público de 1989 para que tuviera lugar la descentralización de la República a los estados.

Por otro lado, además de la existencia de la legislación nacional que exige la Constitución de 1999 para que se produzca la transferencia de competencias, la lectura del único aparte del artículo 165 constitucional permite sostener que dicho proceso de transferencia de competencias de los estados a los municipios no es ilimitado sino que está circunscrito a una materia específica, ya que sólo puede tener lugar en aquella referida a competencias concurrentes entre ambos niveles político territoriales que supongan la prestación de servicios, dado que dicho aparte único emplea como sinónimos los términos "servicios" y "competencias", según se infiere del uso por la misma disposición de los términos "gestionen" y "prestar", los cuales aluden en forma inequívoca a la gestión y prestación de servicios, y a ninguna otra actividad del ente político territorial federal que transfiere la obligación al ente político territorial municipal; asimismo, la norma es lo suficientemente clara para indicar al intérprete que es condición para la validez y no para la eficacia de la transferencia del servicio o competencia, el que el respectivo municipio esté en condiciones efectivas de asumir dicha obligación y garantizar la satisfacción del interés general y los derechos colectivos que dependan de dicha actividad, lo cual comporta la realización de estudios técnicos dirigidos a establecer en forma previa con qué recursos se contará, además de los que serán transferidos con el servicio, para la efectiva prestación universal, continua, ininterrumpida y eficaz del mismo, así como la celebración de los respectivos convenios de transferencia de servicios entre el ente transferente y el ente transferido"[367].

5. Las competencias delegadas

Tanto el poder nacional como los estados también pueden delegar en los municipios, previa aceptación de éstos, el ejercicio de determinadas actividades nacionales o estadales con el fin de mejorar la eficiencia de la gestión pública o de la prestación de un servicio público; competencias delegadas que deben ejercer los municipios conforme a las prescripciones contenidas en el respectivo acto nacional o estadal de delegación.

Conforme se regula en el artículo 59 LOPPM, en estos casos de delegación, la misma sólo debe comenzar a ejecutarse cuando se hayan transferido al municipio los recursos que se requieran para dar cumplimiento a la delegación.

En estos casos, los municipios también pueden solicitar al poder nacional o al del estado respectivo, la delegación de determinadas actividades.

6. Los instrumentos jurídicos para el ejercicio de las competencias municipales

Tal como lo precisa el artículo 54 LOPPM, los municipios deben ejercer sus competencias mediante los siguientes instrumentos jurídicos:

1. Ordenanzas: son los actos que sanciona el Concejo Municipal para establecer normas con carácter de ley municipal, de aplicación general sobre asuntos específicos de interés local. Las ordenanzas recibirán por lo menos dos discusiones y en días diferentes, deberán ser promulgadas por el alcalde y ser Publicadas en la *Gaceta Municipal* o *Distrital,* según el caso, y prever, de conformidad con la ley o si lo ameritare la naturaleza de su objeto, la *vacatio legis* a partir de su publicación. Durante el proceso de discusión y aprobación de las ordenanzas, el Concejo Municipal consultará al alcalde, a los otros órganos del municipio, a los ciudadanos y ciudadanas, a la sociedad organizada de su jurisdicción, y atenderá las opiniones por ellos emitidas.

2. Acuerdos: son los actos que dicten los concejos municipales sobre asuntos de efecto particular. Estos acuerdos serán publicados en la *Gaceta Municipal* cuando afecten la Hacienda Pública municipal.

3. Reglamentos: Son los actos del Concejo Municipal para establecer su propio régimen, así como el de sus órganos, servicios y dependencias. Estos reglamentos serán sancionados mediante dos discusiones y publicados en *Gaceta Municipal.*

4. Decretos: son los actos administrativos de efecto general, dictados por el alcalde y deberán ser publicados en la *Gaceta Municipal* o *Distrital.* El alcalde reglamentará las ordenanzas mediante decreto, sin alterar su espíritu, propósito o razón y, en todo caso, deberán ser publicados en la *Gaceta Municipal* o *Distrital.*

---

367 (Caso *Impugnación de la Ley de Descentralización y Transferencia de Recursos a los municipios del Estado Guárico*), *Revista de Derecho Público,* N° 97 a 98, Editorial Jurídica Venezolana, Caracas, 2004, pp. 267 y ss.

5. Resoluciones: son actos administrativos de efecto particular, dictados por el alcalde, el contralor municipal y demás funcionarios competentes.

6. Otros instrumentos jurídicos de uso corriente en la práctica administrativa, ajustados a las previsiones que las leyes señalen.

En todo caso, las ordenanzas, acuerdos, reglamentos, decretos, resoluciones y demás instrumentos jurídicos municipales son de obligatorio cumplimiento por parte de los particulares y de las autoridades nacionales, estadales y locales.

7. Los modos de gestión

A. La libertad de modos de gestión y la descentralización funcional

Los municipios tienen la potestad para elegir el modo de gestión que consideren más conveniente para el gobierno y administración de sus competencias, por lo que el artículo 69 LOPPM establece que pueden gestionarlas por sí mismos o por medio de organismos que dependan jerárquicamente de ellos. También pueden hacerlo mediante formas de descentralización funcional o de servicios o mediante la creación de empresas públicas municipales de economía exclusiva o de economía mixta. También pueden contratar con los particulares la gestión de servicios y obras públicas.

En cuanto a la creación de institutos autónomos, conforme al artículo 72 LOPPM, sólo puede realizarse mediante ordenanza, correspondiendo la iniciativa exclusivamente al alcalde, debidamente motivada.

En cuanto la creación de sociedades, fundaciones o asociaciones civiles municipales también corresponde la iniciativa al alcalde mediante decreto con la autorización del concejo municipal. En todo caso, en el procedimiento de creación, debe obtenerse la opinión previa del síndico procurador y del contralor municipal.

B. El estímulo de las empresas de economía social

Sin embargo, como lo dispone el artículo 70 LOPPM, los municipios están en la obligación de estimular la creación de empresas de economía social, tales como cooperativas, cajas de ahorro, mutuales y otras formas asociativas. Asimismo, deben promover la constitución de empresas autogestionarias y cogestionarias, para facilitar la participación de los trabajadores y de las comunidades y garantizar la participación ciudadana en la gestión municipal.

C. La política de desconcentración y descentralización

Los municipios deben promover la desconcentración del gobierno y administración, así como la descentralización para la prestación de los servicios; debiendo establecerse en los procesos de desconcentración, efectivas de participación ciudadana (Art. 71 LOPPM).

D. Las concesiones de servicios públicos municipales

Conforme lo dispone el artículo 73 LOPPM, la prestación de los servicios públicos municipales puede ser objeto de concesión, pero ello sólo mediante licitación pública a particulares y bajo las siguientes condiciones mínimas que deben ser establecidas en el contrato de concesión:

1. Plazo de la concesión, no podrá excederse de 20 años.
2. Precio que pagará el concesionario por los derechos que le otorga la concesión y participación del municipio en las utilidades o ingresos brutos por la explotación de la concesión. En el respectivo contrato de concesión se establecerán los mecanismos de revisión periódica de estas ventajas otorgadas al municipio.
3. Garantía de fiel cumplimiento constituida por el concesionario a favor del municipio y aceptada por éste, la cual se actualizará periódicamente durante el término de la concesión.
4. Derecho del municipio a revisar periódicamente los términos del contrato para su adopción y posibles mejoras tecnológicas.
5. Derecho del municipio a la intervención temporal del servicio y a asumir su prestación por cuenta del concesionario, en las situaciones que previamente se establezcan.
6. Derecho de revocatoria por parte del municipio sin menoscabo de la indemnización por el monto de las inversiones no amortizadas, en ningún caso la revocatoria dará lugar a indemnización por lucro cesante.
7. Traspaso gratuito al municipio, libre de gravámenes, de los bienes, derechos y acciones objeto de la concesión, al extinguirse ésta por cualquier título.

En el caso de las concesiones de uso para el servicio público de transporte colectivo urbano las mismas se deben regir por las disposiciones aprobadas por el respectivo concejo municipal, a solicitud del alcalde y las mismas deben tener una duración no mayor de 5 años (Art. 74).

II. EL RÉGIMEN DE ORGANIZACIÓN DE LOS MUNICIPIOS Y DEMÁS ENTIDADES LOCALES

1. Los diferentes regímenes municipales y las entidades locales

Ahora bien, una de las críticas más importantes que tradicionalmente se han formulado al régimen municipal, es el excesivo uniformismo en la organización municipal, que hizo prácticamente inaplicable en muchos de los municipios, a la Ley Orgánica de Régimen Municipal de 1989[368]. Por ello, el artículo 169 C. de 1999 establece que la legislación que debe dictarse para desarrollar los principios constitucionales relativos a los municipios y demás entidades locales, debía obligatoriamente establecer diferentes regímenes para su organización, gobierno y administración, incluso en lo que respecta a la determinación de sus competencias y recursos, atendiendo a las condiciones de po-

---

368 *V.* nuestra propuesta en Allan R. Brewer-Carías, *Debate Constituyente (Aportes a la Asamblea nacional Constituyente),* Tomo I, Fundación de Derecho Público, Caracas, 1999, p. 165.

blación, desarrollo económico, capacidad para generar ingresos fiscales propios, situación geográfica, elementos históricos y culturales y otros factores relevantes. En particular, dicha legislación debe establecer las opciones para la organización del régimen de gobierno y administración local que debe corresponder a los municipios con población indígena.

Sin embargo, este mandato para la variedad de regímenes municipales está seriamente limitado y contradicho en el propio texto constitucional, al haberse "constitucionalizado" en forma rígida la separación orgánica de poderes municipales, entre los alcaldes y los concejos municipales, los cuales antes de la entrada en vigencia de la Constitución de 1999, sólo estaban regulados en la ley. Esto podía al menos permitir (aún cuando nunca se hizo) que en los pequeños municipios no se establecieran órganos excesivamente burocratizados. Sin embargo, con la rigidez constitucional de 1999, la creación de un pequeño municipio en alguna comunidad aislada del país, necesariamente tiene que tener la compleja organización mencionada, la cual en muchos casos no se justifica.

Dada la rigidez constitucional, la Ley Orgánica en esta materia, nada reguló y se limitó a reproducir declaraciones principistas. En primer lugar, en el Artículo 6.°, indica que los procesos de formación de las leyes estadales relativos al régimen y la organización de los municipios, y demás entidades locales, deben atender "a las condiciones peculiares de población, desarrollo económico, capacidad fiscal, situación geográfica, historia, cultura, étnica y otros factores relevantes". A tal efecto, dispone la misma norma, los consejos legislativos o sus comisiones, deben oír la opinión de los alcaldes, de los concejos municipales, de las juntas parroquiales y de los ciudadanos, y de sus organizaciones, en la correspondiente jurisdicción. Para tales fines, deben aplicar los mecanismos apropiados de consulta de acuerdo con la ley. En todo caso, corresponde a los consejos legislativos reglamentar la participación de los alcaldes.

Por otra parte, en segundo lugar, la exigencia de diversificación de regímenes municipales, se transfirió hacia los niveles territoriales inferiores a cuyo efecto el artículo 47 LOPPM dispuso que es la legislación municipal que desarrollen los consejos legislativos y los concejos municipales, la que debe establecer "diferentes regímenes para la organización, gobierno y administración de los municipios, incluso en lo que respecta a la determinación de sus competencias y recursos, atendiendo a las condiciones de población, desarrollo económico, capacidad para generar ingresos fiscales propios, situación geográfica, elementos históricos y culturales y otros factores relevantes; así como las opciones para la organización del régimen de gobierno y administración democrática que corresponda a los municipios indígenas y a los municipios con población indígena, de acuerdo a la naturaleza del gobierno local y las características de la entidad federal respectiva".

Estos regímenes de organización, gobierno y administración, conforme lo exige el artículo 48 LOPPM, deben estar en correspondencia con los planes de desarrollo elaborados por los consejos de planificación a nivel municipal y estadal, orientados a atender con eficiencia los requerimientos para el desarrollo de la vocación económica respectiva.

En tercer lugar, en cuanto a los municipios indígenas, la Ley Orgánica estableció que una definición de municipio indígena, como "la organización del régimen de gobierno y administración local, mediante la cual los pueblos y comunidades indígenas definen, ejecutan, controlan y evalúan la gestión pública de acuerdo a los planes previstos en su jurisdicción territorial, tomando en cuenta la organización social, política y económica, cultural, usos y costumbres, idiomas y religiones, a fin de establecer una administración municipal que garantice la participación protagónica en el marco de su desarrollo socio cultural". Esta organización municipal de los municipios indígenas, en todo caso, debe ser democrática y debe responder a la naturaleza propia del gobierno local (Art. 50).

Ahora bien, de acuerdo con la Constitución, el poder público municipal no sólo lo ejercen "los municipios" como unidad política primaria de la organización nacional (Art. 168), sino también "*las demás entidades locales*" a las que alude el artículo 169 C.

Es decir, el poder público municipal se ejerce por los municipios y por las demás entidades locales y la organización de los mismos se rige por la "Constitución, por las normas que para desarrollar los principios constitucionales, establezcan las leyes orgánicas nacionales y por las disposiciones legales que en conformidad con aquellas dicten los estados" (Art. 169).

Por tanto, además de los municipios, la Constitución y las leyes orgánicas nacionales pueden establecer otras entidades locales cuya organización debe ser siempre democrática y responder a la naturaleza propia del gobierno local. Así, la Constitución regula expresamente a los distritos metropolitanos (arts. 171 y 172) y a las Parroquias (Art. 173); y la Ley Orgánica dispone en su artículo 19 que además de los municipios, son entidades locales territoriales, los distritos metropolitanos, las parroquias "y demás demarcaciones dentro del territorio del municipio, tales como *la urbanización, el barrio, la aldea y el caserío*".

Sin embargo, en cuanto a los supuestos y condiciones establecidos en la Ley para la creación de estas últimas demarcaciones dentro del territorio del municipio, así como los recursos de que deben disponer, concatenadas a las funciones que se les deban asignar, incluso su participación en los ingresos propios del municipio, deben ser considerados en la ley estadal que la desarrolle.

2. Las mancomunidades

Las mancomunidades, de acuerdo con lo establecido en el artículo 170, son el producto del derecho de asociación entre municipios. Por ello, el artículo 40 LOPPM define a las mancomunidades como figuras asociativas constituida en forma voluntaria por dos o más municipios para la gestión de materias específicas de su competencia; por lo que proceden "cuando se asocien dos o más municipios, colindantes o no, de la misma o de diversas entidades federales" (Art. 41). Como figuras producto de un convenio de asociación, por supuesto, las mancomunidades tienen personalidad jurídica propia y no pueden comprometer a los municipios que la integran, más allá de los límites establecidos en el estatuto respectivo (Art. 44).

Las mancomunidades, en todo caso, sólo pueden asumir una o varias materias o funciones dentro de la competencia de los municipios mancomunados, pero no pueden asumir la totalidad de ellas; es decir, no pueden sustituir a los municipios (Art. 41).

Para la creación de una mancomunidad se requiere la aprobación mediante Acuerdo celebrado entre los municipios que concurren a su formación, el cual contendrá el estatuto que la debe regir. En todo caso, para la creación de una mancomunidad ello debe estar contemplado en el plan de desarrollo de los municipios comprometidos, o ser considerada favorablemente en los consejos locales de planificación pública de esos municipios, con informes económicos que sustenten su creación (Art. 42).

Conforme se dispone en el artículo 43 LOPPM, los estatutos de la mancomunidad deben establecer de manera precisa:

1. El nombre, objeto y domicilio de la mancomunidad y los municipios que la constituirán.
2. Los fines y objetivos para los cuales se crea.
3. El tiempo de su vigencia.
4. Los aportes a los cuales se obligan las entidades que la constituyen.
5. La composición del organismo directivo de la mancomunidad, forma de su designación, facultades y responsabilidades.
6. Procedimiento para la reforma o disolución de la mancomunidad y la manera de resolver las divergencias que pudieren surgir en relación con su gestión, sus bienes, ingresos u obligaciones.
7. La disolución de la mancomunidad antes de la expiración del tiempo de su vigencia o la denuncia del acuerdo mancomunitario por alguna de las entidades que lo conforman, deberá llenar las mismas exigencias establecidas en el artículo anterior para la creación de la mancomunidad, y sólo tendrán efecto una vez transcurrido un año de la correspondiente manifestación de voluntad.
8. Definición de las funciones que serán objeto de la mancomunidad.
9. Determinación de las funciones de control externo y de los dispositivos orgánicos para hacerla efectiva.
10. Mecanismos de participación de la ciudadanía, con mención de la rendición de cuentas a la población de los municipios mancomunados.
11. Los mecanismos que garanticen el cumplimiento de los aportes a los cuales se obligan las entidades que la constituyen, incluida la posibilidad de autorizar derivaciones de transferencias nacionales o estadales, en caso de incumplimiento.

El poder nacional o el poder estadal pueden crear fondos especiales a favor de las mancomunidades de vocación única o de vocación múltiple que se creen, a los fines de la descentralización de competencias y actividades de un nivel a otro, de conformidad con la legislación rectora en cada sector (Art. 41).

3. Las asociaciones intergubernamentales

Además, la Constitución admite que los municipios pueden acordar entre sí o con los demás entes públicos territoriales, la creación de modalidades asociativas intergubernamentales para fines de interés público relativos a materias de su competencia (Art. 170).

Se le dio rango constitucional, así, a las corporaciones de derecho público que se establecieron en los Reglamentos de la Ley Orgánica de Descentralización, Delimitación y Transferencia de Competencias del poder público en 1993[369]. Por ello, la Ley Orgánica del Poder Público Municipal insiste en establecer que los municipios también pueden acordar con los demás entes públicos territoriales, la creación de otras figuras asociativas intergubernamentales a los fines de interés público relativos a materias de su competencia (Art. 46).

---

369 *Cfr.* Allan R. Brewer-Carías, Informe sobre la descentralización en Venezuela 1993, Memoria del Ministro de Estado para la Descentralización, Caracas, 1994, pp. 306 y 309.

Además, los municipios pueden acordar entre sí la creación de empresas, fundaciones, asociaciones civiles y otras figuras descentralizadas para el cumplimiento de acciones de interés local o intermunicipal. (Art. 45).

4. Los distritos municipales

A. El régimen constitucional

El artículo 170 C. además, remite a la ley para la determinación de las normas concernientes a la *agrupación de dos o más municipios en distritos*. Esa fue la intención de la norma, y así fue que quedó redactada en la publicación inicial de la Constitución del 30 de diciembre de 1999, a pesar de que en la reimpresión del texto constitucional de marzo de 2000, después de la palabra "distritos" se le haya agregado la palabra "metropolitanos", lo cual no fue ni sancionado por la Asamblea nacional Constituyente ni aprobado en el referendo del 15 de diciembre de 1999.

Por lo demás, la previsión de los distritos municipales fue el sentido que se le dio a la Ley Orgánica de Régimen Municipal de septiembre de 1988, que debió haber entrado en vigencia el 15 de junio de 1989, en la cual se estableció expresamente esa figura como una entidad local. En efecto, en aquella Ley se estableció lo siguiente:

> *Artículo* 24: Los distritos municipales son entidades locales de carácter público y con personalidad jurídica, formadas por la agrupación de dos o más municipios.

Los distritos Municipales se denominan distritos metropolitanos cuando la agrupación de municipios se realice debido a la conurbación de sus centros poblados capitales y se hayan desarrollado en forma tal que lleguen a constituir una unidad urbana, social y económica con más de 250.000 habitantes.

Se estableció, así, la figura de los distritos como agrupación de municipios, que podían ser urbanos o rurales, distinguiendo la ley, por tanto, los distritos metropolitanos (urbanos) de los distritos municipales (rurales). La disposición de la Ley Orgánica de Régimen Municipal, antes indicada, sin embargo, lamentablemente fue suprimida en la reforma de la Ley Orgánica de 1989, en la cual se redujo la figura de los distritos municipales sólo a los distritos metropolitanos, olvidándose el legislador del carácter mayoritariamente rural de los municipios venezolanos.

Este antecedente legislativo de la Ley Orgánica de 1988 es importante, porque permite apreciar cómo el legislador, en ejecución de una norma similar de la Constitución de 1961 que se refería a las "demás entidades locales", estableció la figura de los distritos municipales rurales y de los distritos municipales urbanos (distritos metropolitanos).

Como se dijo, en la versión de la Constitución de 1999 publicada el 30 de diciembre de 1999, se precisó que los municipios podían agruparse en distritos (Art. 170) sin calificarse a estos como "metropolitanos", lo que si apareció en la versión corregida de la Constitución publicada el 24 de marzo de 2000. Pero incluso con este ilegítimo cambio, el hecho de que en el texto constitucional, además de los municipios se haya regulado por encima de ellos expresamente sólo a los distritos metropolitanos y, por debajo de ellos a las Parroquias, ello no excluía que la Ley Orgánica que debía dictarse conforme al artículo 169 C., hubiera podido establecer otras entidades locales con organización municipal democrática que respondiera a la naturaleza propia del gobierno local, como podían ser los distritos municipales para los municipios rurales, por encima de los mismos; e, incluso "otras entidades locales" distintas a las parroquias en el territorio intramunicipal, como lo establece expresamente el artículo 173 C., como efectivamente se reguló a la *urbanización, el barrio, la aldea y el caserío* (Art. 19).

Por otra parte, el hecho de que el artículo 18 C. hubiera establecido la organización municipal del área metropolitana de Caracas conforme a un sistema de gobierno municipal a dos niveles, ello no puede interpretarse como si se tratase de una organización que es exclusiva y excluyente sólo del área metropolitana de Caracas. Toda agrupación de municipios, en distritos metropolitanos o distritos municipales rurales, conlleva a una organización de gobierno municipal a dos niveles.

De lo anterior resulta evidente, por tanto, que la Ley Orgánica del Poder Público Municipal podía haber creado entidades locales por encima de los municipios, además de los distritos metropolitanos y debió haber previsto el régimen de los distritos municipales para los municipios rurales, con un régimen de gobierno municipal a dos niveles. El hecho de que el Constituyente hubiera destinado dos normas para regular a los distritos metropolitanos (arts. 171 y 172) no podía ni puede interpretarse como excluyente de la posibilidad de que el legislador nacional, en ejecución del artículo 169 de la misma Constitución, pudiera crear otras entidades locales supra municipales, en áreas rurales, no urbanas, como serían los distritos municipales con un régimen de gobierno municipal a dos niveles. Lamentablemente, sin embargo, la Ley Orgánica de 2005 nada reguló en esta materia.

B. El régimen especial de distrito municipal para los municipios del Alto Apure

En el ordinal 3º de la disposición transitoria tercera de la Constitución, en el cual se definió un programa legislativo para el desarrollo del Texto fundamental; se estableció que la Asamblea Nacional debía aprobar "dentro de los primeros seis meses siguientes a su instalación", una ley especial para establecer "las condiciones y características de un régimen especial para los municipios José Antonio Páez y Rómulo Gallegos del Estado Apure".

Se trató, por tanto, de una previsión que obligaba a la Asamblea Nacional a establecer, mediante "ley especial", un "régimen especial" para dos municipios del Estado Apure, por lo que no era concebible que pudiera pretenderse, mediante esa ley especial, establecerse con el territorio de los dos municipios mencionados, alguna entidad político territorial distinta, o fuera del Estado Apure. El régimen especial se refiere a dos municipios del Estado Apure, que conforme a dicha Disposición debían seguir perteneciendo al Estado Apure, como entidad político territorial.

En consecuencia, el régimen especial que conforme a la disposición transitoria tercera la Asamblea Nacional debía regular "para los municipios José Antonio Páez y Rómulo Gallegos", no podía ser otro que un *régimen especial de carácter municipal*. A tal efecto, la Asamblea Nacional dictó en 2001 la Ley especial que crea el Distrito del Alto Apure[370] integrando territorialmente los municipios José Antonio Páez y Rómulo Gallegos de dicho Estado (Art. 2), y estableciendo un sistema de gobierno municipal a dos niveles, que responde a un carácter democrático y a la naturaleza propia del gobierno

370 *Gaceta Oficial* Nº 37.326 de 16 de noviembre de 2001.

local (Art. 169). Por ello, el régimen de gobierno municipal democrático (Art. 4) se estableció a dos niveles: el municipal de los municipios Páez y Gallegos y el distrital (Art. 8). El gobierno distrital está a cargo de un alcalde distrital como órgano ejecutivo, y de un Cabildo distrital, como órgano legislativo, con jurisdicción en todo el territorio del Distrito Alto Apure (Art. 8,1).

5. Los Distritos Metropolitanos

A. El régimen constitucional

En cuanto a los distritos metropolitanos, el artículo 171 C. dispone que cuando dos o más municipios pertenecientes a una misma entidad federal tengan relaciones económicas, sociales y físicas que den al conjunto características de un área metropolitana, pueden organizarse como tales. Ello lo repite el artículo 20 LOPPM, agregando la exigencia de que los municipios en cuestión para organizarse en un Distrito metropolitano, deben haber "desarrollado previamente experiencias de mancomunidades durante al menos dos períodos municipales continuos".

Los distritos metropolitanos son entidades locales territoriales con personalidad jurídica, cuya creación corresponde al Consejo Legislativo de la entidad federal a la que pertenezcan los municipios (Art. 20). Sin embargo, cuando los municipios que deseen constituirse en un Distrito Metropolitano pertenezcan a entidades federales distintas, corresponde a la Asamblea Nacional su creación y organización (Art. 172 C.).

En los casos de distritos metropolitanos, dispone la Constitución que la ley orgánica "debe garantizar el carácter democrático y participativo del gobierno metropolitano y establecer sus competencias funcionales, así como el régimen fiscal, financiero y de control. También debe asegurar que en los órganos de gobierno metropolitano tengan adecuada participación los respectivos municipios, y debe señalar la forma de convocar y realizar las consultas populares que decidan la vinculación de estos últimos al distrito metropolitano" (Art 171).

Además, debe precisarse que la regulación constitucional de la figura de los distritos metropolitanos, no convierte a esas entidades en una excepción al régimen de la división político territorial prevista en el artículo 16 C. Los distritos metropolitanos, cuando se creen, no constituyen entidades político territoriales que formen parte de la división político territorial, como ni siquiera lo es el Distrito Metropolitano de Caracas (Art. 18) que es una organización municipal a dos niveles que no ha afectado la división político territorial de la República (Estado Miranda y Distrito Capital) en la cual tiene su ámbito de actuación municipal, tal como se indica más adelante.

B. La iniciativa para la creación de los Distritos Metropolitanos

La Ley Orgánica de 2005 reguló detalladamente el régimen de creación de los distritos metropolitanos, y en cuanto a la iniciativa para la creación de un distrito metropolitano, el artículo 21 dispuso que corresponde:

1. Al quince por ciento (15%), por lo menos, de los vecinos inscritos en el Registro electoral de los municipios afectados.

2. A los alcaldes de los respectivos municipios, con acuerdo de los concejos municipales correspondientes, aprobado por las dos terceras (2/3) partes de sus integrantes.

3. A los concejos municipales respectivos, mediante acuerdo aprobado por las dos terceras (2/3) partes de sus integrantes.

4. Al gobernador del estado, con acuerdo del Consejo Legislativo aprobado por las dos terceras (2/3) partes de sus integrantes.

5. Al Consejo Legislativo, aprobada por las dos terceras (2/3) partes de sus integrantes.

6. Cuando se trate de municipios pertenecientes a varias entidades federales, la iniciativa también podrá tomarse con el apoyo de la mayoría de los diputados de la Asamblea Nacional, electos o electas en cada una de las respectivas entidades federales.

La iniciativa para la creación del Distrito Metropolitano debe ser presentada dentro de los dos primeros años del período del poder público municipal. Admitida la iniciativa por el Consejo Legislativo o por la Asamblea Nacional, según el caso, y realizados los informes técnicos relativos a la viabilidad del distrito metropolitano, se debe proceder a la convocatoria de una consulta popular de la población afectada, si el 25% de los electores inscritos en el Registro electoral participa y más del 50% da su aprobación. El Consejo Legislativo o la Asamblea Nacional, según el caso, deben elaborar la ley de creación correspondiente, siguiendo los lineamientos de los informes técnicos aprobados en el referendo (Art. 22).

La ley de creación del Distrito Metropolitano una vez aprobada por la Asamblea Nacional o por el Consejo Legislativo cuando se trate de municipios de la misma entidad federal, debe seguir el trámite ordinario para la entrada en vigencia de las leyes establecido en la Constitución nacional o estadal, según el caso, pero deberá publicarse para que sea efectiva la elección de las nuevas autoridades distritales, por lo menos con un año de anticipación a la fecha del proceso comicial. La elaboración de la ley respectiva se debe hacer con la efectiva participación ciudadana y, en especial, con la de las autoridades de los municipios involucrados.

C. Régimen legal

Por otra parte, y para evitar el uniformismo, el artículo 171 C. dispone que la ley puede establecer diferentes regímenes para la organización, gobierno y administración de los distritos metropolitanos atendiendo a las condiciones de población, desarrollo económico y social, situación geográfica y otros factores de importancia. En todo caso, la atribución de competencias para cada Distrito Metropolitano debe tener en cuenta esas condiciones.

De acuerdo con el artículo 172 C., el Consejo Legislativo estadal, previo pronunciamiento favorable mediante consulta popular de la población afectada, debe definir los límites del Distrito Metropolitano y lo debe organizar según lo establecido en la ley orgánica nacional, determinando cuáles de las competencias metropolitanas deben ser asumidas por los órganos de gobierno del respectivo distrito metropolitano.

Además, en cuanto a la ley de creación del distrito metropolitano, el artículo 23 de la ley Orgánica dispone que la misma debe definir los límites del mismo y su organización, con determinación expresa de las competencias metropolitanas que deben asumir sus órganos de gobierno, administración y legislación (Art. 23).

En cuanto al gobierno y la administración del distrito metropolitano, los mismos corresponden a la autoridad ejecutiva metropolitana, que debe funcionar bajo la denominación que establezca la correspondiente ley de creación. La función legislativa debe ser ejercida por el consejo metropolitano, el cual debe estar integrado de la manera que se establezca en la ley de creación del respectivo Distrito. Además, en la ordenanza de reglamento interior y de debates del consejo metropolitano se debe prever la participación permanente, con derecho a voz, de un representante del organismo nacional de desarrollo de la jurisdicción del distrito metropolitano, la cual debe ser solicitada a ese organismo, dentro de los quince días siguientes a la instalación del Cuerpo (Art. 24).

El Distrito Metropolitano debe contar con los ingresos que le sean asignados en la ley de creación respectiva, la cual también debe regular la transferencia de bienes municipales que se debe hacer al Distrito Metropolitano para la prestación de los servicios o la gestión de las actividades transferidas (Art. 25). En todo caso, conforme al artículo 26 de la Ley Orgánica, los distritos metropolitanos deben contar con los siguientes ingresos:

1. Los que obtengan por derechos y tarifas en los servicios públicos que presten en ejercicio de su competencia.

2. Las rentas y productos de su patrimonio.

3. Los provenientes de la enajenación de sus bienes.

4. Un porcentaje de los impuestos creados y recaudados por los municipios agrupados, proporcional al costo del ejercicio de las competencias que le sean asignadas, en la ley respectiva. El Distrito Metropolitano puede asumir, mediante convenio con los municipios agrupados, la recaudación de estos impuestos municipales

5. Los aportes especiales y cualesquiera otros que por disposición legal le correspondan o le sean asignados.

En los artículos 27 y siguientes LOPPM se regula en detalle el mecanismo transitorio necesario para la estructuración del Distrito Metropolitano que se establezca.

6. Las parroquias

A. Régimen constitucional

Todos los municipios podrán crear parroquias conforme a las condiciones que determine la ley, aún cuando el artículo 173 C. precisa que en ningún caso las Parroquias deben ser asumidas como divisiones exhaustivas o imperativas del territorio del municipio.

La Constitución remite, por supuesto, a la legislación que se dicte para desarrollar los principios constitucionales sobre régimen municipal, para el establecimiento de los supuestos y condiciones para la creación de otras entidades locales dentro del territorio municipal, así como los recursos de que deben disponer, concatenados a las funciones que se les asignen, incluso su participación en los ingresos propios del municipio. La creación de las parroquias, en todo caso, debe atender a la iniciativa vecinal o comunitaria, con el objeto de promover a la desconcentración de la administración del municipio, la participación ciudadana y la mejor prestación de los servicios públicos.

Conforme a estas orientaciones la Ley Orgánica del poder municipal de 2005, en su artículo 30 dispone que las parroquias y las otras entidades locales dentro del territorio municipal "son demarcaciones creadas con el objeto de desconcentrar la gestión municipal, promover la participación ciudadana y una mejor prestación de los servicios públicos municipales". Las parroquias y las otras entidades locales dentro del territorio municipal, sólo pueden ser creadas mediante ordenanza aprobada con una votación de las tres cuartas (3/4) partes como mínimo de los integrantes del concejo municipal, con la organización, funciones, atribuciones y recursos que se les confieran en el momento de su creación, sobre la base de las características sociológicas, culturales y económicas del asentamiento de la población en el territorio municipal, sin perjuicio de la unidad de gobierno y de gestión del municipio. Las parroquias podrán ser urbanas o no urbanas y, en ningún caso, constituirán divisiones exhaustivas del territorio municipal (Art. 31).

Por supuesto, las otras entidades locales inframunicipales diferentes de las parroquias, conforme con el artículo 19 LOPPM son *la urbanización, el barrio, la aldea y el caserío*.

B. La iniciativa para la creación de las parroquias y otras entidades locales

La iniciativa para la creación de las parroquias y las otras entidades locales dentro del territorio municipal, conforme al artículo 32 LOPPM corresponde en forma alternativa:

1. A los ciudadanos y ciudadanas inscritas en el Registro electoral, en un número no menor al quince por ciento (15%) de residentes en el territorio municipal que servirá de base a la entidad local, mediante solicitud escrita al concejo municipal.

2. Al alcalde mediante solicitud razonada ante el concejo municipal.

3. Al Concejo Municipal, mediante acuerdo razonado de la mayoría de sus integrantes.

En todo caso, conforme al artículo 33 de la ley Orgánica, para crear una parroquia u otra de las entidades locales dentro del municipio, se requiere que en el territorio correspondiente exista:

1. Una población con residencia estable, igual o superior a la exigida en la ley estadal para tales fines.

2. En los espacios urbanos, un plan de desarrollo urbano local debidamente sancionado y publicado en los espacios no urbanos, los lineamientos de la ordenación y ocupación del territorio.

3. Organización de la comunidad mediante agrupaciones sociales, electas democráticamente y debidamente registradas por ante los órganos competentes del municipio.

4. Estructura social de actuación para el desarrollo de la justicia de paz.

5. Organización de servicios públicos básicos.

6. Registro catastral, con sujetos de tributación y contribuciones municipales, de modo especial los inmobiliarios.

Estos requisitos, por supuesto, hacen que sea muy difícil la creación de parroquias, pues los mismos ni siquiera es frecuente que se cumplan en el ámbito municipal.

El proyecto de creación, en todo caso, debe ser informado en forma pública y sometido a consulta de la población asentada en el espacio territorial de la parroquia o entidad local territorial propuesta.

C. Contenido de la ley de creación

En la ordenanza de creación de la parroquia u otra entidad local dentro del territorio del municipio, conforme al artículo 34 LOPPM, se debe indicar:

1. Las atribuciones, actividades y funciones que le puedan ser delegadas y las bases para la delegación de estas atribuciones por otros actos normativos.

2. El órgano de la administración municipal que ejercerá la supervisión de las atribuciones, actividades y funciones delegadas.

3. Los recursos humanos y de equipos asignados a la parroquia o entidad local territorial, y los medios necesarios para su eficaz ejecución.

4. La asignación del ingreso propio del municipio que tendrá carácter de ingreso de la parroquia o entidad local territorial a los efectos de su creación y funcionamiento, de acuerdo a las atribuciones, actividades y funciones delegadas.

D. Las juntas parroquiales

Conforme al artículo 35 LOPPM, la parroquia tiene facultades de gestión, consultivas y de evaluación de la gestión municipal en sus respectivos ámbitos territoriales, en los términos y alcances que se les señale en la ordenanza respectiva.

Sin perjuicio de la unidad de gobierno y gestión del municipio, la parroquia debe ser gestionada por una junta parroquial integrada por 5 miembros y sus respectivos suplentes cuando sea urbana y 3 miembros y sus respectivos suplentes cuando sea no urbana; todos los cuales deben ser electos democráticamente por los vecinos, de conformidad con la legislación electoral.

Los miembros de las juntas parroquiales están obligados a presentar dentro del primer trimestre del ejercicio fiscal respectivo, de manera organizada y pública a sus electores, la rendición de cuentas de su gestión del año anterior, relacionando los logros obtenidos con las metas propuestas en el programa presentado como candidato.

La no presentación de la memoria y cuenta en forma organizada y pública por parte del miembro de la junta parroquial, tiene como consecuencia inmediata la suspensión de dieta, hasta tanto cumplan con este deber.

Para ser miembro de la junta parroquial, se requiere ser venezolano, mayor de 18 años de edad, y tener residencia en el municipio durante, al menos, los 3 últimos años previos a su elección. (Art. 36).

E. Competencia de las parroquias

La parroquia, conforme lo dispone el artículo 37 LOPPM, tiene atribuida facultad expresa para gestionar los asuntos y procesos siguientes:

1. Servir como centro de información, producción y promoción de procesos participativos para la identificación de prioridades presupuestarias.

2. Promover los principios de corresponsabilidad, protagonismo y participación ciudadana en la gestión pública municipal.

3. Promover los servicios y el principio de corresponsabilidad en lo atinente a la seguridad ciudadana, la protección civil y la defensa integral de la República.

4. Promover los servicios y políticas dirigidos a la infancia, a la adolescencia, a la tercera edad y a las personas con discapacidad.

5. Promover, organizar, coordinar, supervisar y llevar a cabo los procesos electorales para la elección de los jueces de paz.

6. Promover procesos comunitarios de contraloría social.

7. Proteger el ambiente y fortalecer las áreas de los parques naturales, en coordinación con el ente responsable del parque y conforme a las pautas que le señalen las autoridades del municipio.

8. Velar por el cumplimiento de la limpieza urbana y aseo domiciliario.

9. Supervisar los servicios de agua potable, electricidad y gas doméstico.

10. Coadyuvar en el cuidado y mantenimiento de plazas, parques y jardines en la parroquia.

11. Inspeccionar la prestación del servicio de transporte público de pasajeros.

12. El Presidente de la junta parroquial podrá celebrar los matrimonios y llevar el registro de éstos, dentro del ámbito territorial correspondiente, de conformidad con los parámetros establecidos en el Código Civil.

13. Auspiciar y promover la masificación deportiva.

14. Auspiciar y promover las actividades culturales que integren a la comunidad.

15. Coadyuvar con las administraciones tributarias locales en la gestión de los tributos, a los efectos de garantizar el cumplimiento de las obligaciones tributarias y demás deberes formales.

16. Respaldar a la sala técnica del consejo local de planificación pública en la elaboración del censo social municipal, conjuntamente con la participación de las organizaciones vecinales y la sociedad organizada.

17. Apoyar al consejo local de planificación pública, en la creación en el ámbito de su jurisdicción, de la red de consejos comunales y parroquiales por sector o vecinal, determinado en la ordenanza respectiva.

18. Cooperar en la supervisión de la realización de espectáculos públicos, de conformidad con lo dispuesto en la ordenanza respectiva.

19. Cooperar con las autoridades locales correspondientes en la gestión de los servicios de cementerio y mercados municipales y recaudar los derechos fiscales y tasas previstos en la ordenanza respectiva, cuando se trate de parroquias no urbanas.

20. Tramitar las solicitudes de particulares referentes a parcelas de terrenos municipales y a los servicios sociales.

21. Las demás que le sean delegadas por el alcalde, de conformidad con los instrumentos jurídicos municipales.

Por otra parte, en cuanto a la participación ciudadana, el artículo 38 LOPPM establece que las juntas parroquiales están en la obligación de requerir toda la información de la gestión municipal para ponerla a disposición de todos los ciudadanos y ciudadanas de la parroquia que se la soliciten.

F. El financiamiento de las parroquias

El artículo 39 de la ley Orgánica dispone que el presupuesto municipal de cada ejercicio fiscal debe incorporar los planes, programas, proyectos y actividades encomendados a la parroquia o a la entidad local territorial, con previsión de los respectivos créditos presupuestarios, así como de los resultados que se esperan obtener en términos de producción de bienes y servicios, cuando sea posible cuantificarlos. En la ordenanza respectiva, se establecerá el órgano de la administración pública municipal que hará el seguimiento de las atribuciones señaladas.

7. La urbanización, el barrio, la aldea, el caserío

Como se ha señalado, conforme al artículo 19.2 LOPPM, además de las anteriores entidades locales, se califican como tales, las "demás demarcaciones dentro del territorio del Municipio, tales como la urbanización, el barrio, la aldea y el caserío", que deben ser objeto de regulación en la ley estadal respectiva.

Estas demarcaciones, por supuesto, podrían ser instancias de participación ciudadana importante; sin embargo, al exigir la ley que para su creación deben cumplir los mismos requisitos que para crear las parroquias, la previsión legal se convierte en una ilusión, En efecto, conforme al artículo 33 LOPPM, para crear cualquiera de estas entidades locales (urbanización, barrio, aldea, caserío) dentro del municipio, se requiere que en el territorio correspondiente exista una población con residencia estable, igual o superior a la exigida en la ley estadal para tales fines; en los espacios urbanos, un plan de desarrollo urbano local debidamente sancionado y publicado, y en los espacios no urbanos, los lineamientos de la ordenación y ocupación del territorio; la organización de la comunidad mediante agrupaciones sociales, electas democráticamente y debidamente registradas por ante los órganos competentes del municipio; una estructura social de actuación para el desarrollo de la justicia de paz; una organización de servicios públicos básicos; y el registro catastral, con sujetos de tributación y contribuciones municipales, de modo especial los inmobiliarios. Además, el proyecto de creación debe ser informado en forma pública y sometido a consulta de la población asentada en el espacio territorial de la entidad local territorial propuesta.

III. EL RÉGIMEN GENERAL DE LOS ÓRGANOS DEL PODER PÚBLICO MUNICIPAL

1. La regulación constitucional de la separación orgánica de poderes a nivel municipal

Una de las innovaciones de la Constitución de 1999 en materia municipal, fue la regulación en el propio texto constitucional de los órganos del poder municipal. En efecto, la Constitución de 1961 dejaba esta materia a la regulación de la ley, permitiendo así mayor flexibilidad en cuanto a la posibilidad de diferenciar los regímenes de organización municipal. Sobre el significado de estos cambios constitucionales, la Sala Constitucional del Tribunal Supremo de Justicia en sentencia 2651 de 2 de octubre de 2003 hizo las siguientes consideraciones incluso de carácter histórico sobre el régimen municipal en el país, al analizar el carácter del alcalde como primera autoridad civil, y su significado:

La disposición que atribuye el carácter de primera autoridad civil de los municipios a los alcaldes estaba ausente del anterior Texto Fundamental, y lo estuvo de todos los que hasta ahora han regido a la República venezolana. De hecho, la Constitución de 1961 no concebía la figura del alcalde, como tampoco concibió la de ningún otro órgano municipal. Se limitó a remitirse a una o varias leyes de desarrollo, a saber: a) estableció que la representación de los municipios la ejercerían "los órganos que determine la ley" (artículo 25); b) dispuso que "la organización de los municipios se regirá por esta Constitución, por las normas que para desarrollar los principios constitucionales establezcan las leyes orgánicas nacionales y por las disposiciones legales que en conformidad con aquéllas dicten los estados" (artículo 26); c) dispuso que "la ley podrá establecer diferentes regímenes para la organización, gobierno y administración de los municipios, atendiendo a las condiciones de población, desarrollo económico, situación geográfica y otros factores de importancia", si bien siempre obedeciendo a un régimen democrático (artículo 27).

Como se observa, la Constitución de 1961 se remitió a la ley. Mientras ella no había sido dictada, los municipios siguieron rigiéndose por las normas previas, lo que llevó incluso a una situación de evidente trastorno constitucional: se aplicaban normas, principios y hasta tradiciones que ni siquiera tomaban en cuenta que el Texto Fundamental había denominado municipios a la "unidad política primaria y autónoma dentro de la organización nacional" y a tal fin le había dotado de la personalidad jurídica que hasta entonces era privativa de los denominados Distritos.

Así, si bien la Constitución anterior permitía diferentes regímenes organizativos y dejaba al legislador la libertad para decidir acerca de la forma de gobierno y administración municipal, lo cierto es que, en la práctica, el vacío legislativo llegó al extremo de mantener un régimen que no era el querido por el Constituyente. Los Distritos -que no deben confundirse con la actual figura de distritos metropolitanos- mantuvieron durante años el lugar que correspondía realmente a los municipios.

Todo, por supuesto, tiene explicación. Debe recordarse que la división político administrativa de los estados venezolanos se basó tradicionalmente en la figura del Distrito, si bien éstos a su vez estaban integrados por municipios, carentes de personalidad jurídica. Así, la entidad de relevancia jurídico política era el Distrito y en él se asentaba el concejo municipal. Sin duda, se trataba de una situación anómala en la que los Distritos gozaban de la autonomía denominada municipal y el poder público lo ejercían a través de un órgano llamado concejo municipal, a la vez que existían unos municipios totalmente privados de poder, al ser sólo una circunscripción administrativa, sin relevancia política.

La Constitución de 1961 pretendió cambiar esa situación y atribuir a los municipios la personalidad jurídica y, en consecuencia, hacer que fueran ellos los que gozaren de autonomía y donde residiese el poder público. Sin embargo, al no ser posible variar de inmediato un régimen ya tradicional, por ser necesario desmontar la estructura existente e instalar la nueva, la propia Constitución previó, en su Disposición Transitoria Primera, que mientras se dictaba la nueva legislación sobre régimen municipal quedaría en vigencia el régimen jurídico pre constitucional. De esta manera, los municipios, pese a su declaración constitucional como base del poder local, debieron esperar algún tiempo para su efectiva conversión en unidades primarias de la organización política.

El legislador tardó en cumplir con su obligación constitucional y fue sólo en 1978 cuando se sancionó la Ley Orgánica de Régimen Municipal. Sin embargo, ese texto mantuvo el régimen pre constitucional, con lo que el poder local continuaba en los Distritos y los municipios permanecían relegados, apartados de su nuevo rango constitucional. Dicha ley se modificó en 1984, pero sin que la situación variase respecto de la preeminencia de los Distritos.

La segunda reforma de la Ley, producida en 1988 y que entró en vigencia en 1989, sí satisfizo la exigencia constitucional e hizo desaparecer la figura del Distrito, asumiendo los municipios el poder que les correspondía desde 1961.

Pero no ha sido éste el único cambio relevante producido durante la vigencia de la Constitución de 1961. Los municipios ocuparon el lugar de los Distritos (que no deben confundirse con los ahora llamados distritos metropolitanos), pero en ellos existía un reparto del poder distinto al estadal y nacional, más próximo a un sistema de gobierno parlamentario que a uno ejecutivista.

En efecto, en virtud de que la Constitución dejaba al legislador la determinación de lo relativo al gobierno y administración municipal, en Venezuela estuvo vigente, durante décadas, un régimen de confusión entre funciones ejecutivas y deliberantes, típico de los sistemas parlamentarios y que fue herencia del derecho español. Así, un órgano parlamentario -ahora comúnmente conocido como Concejo, antes como cabildo, municipalidad, ayuntamiento u otras denominaciones- reunía lo que a nivel nacional y estadal estaba dividido.

Los concejos municipales tenían, como es natural en un órgano colegiado, un Presidente, que en la tradición oral -e incluso casi protocolar- recibió luego el nombre de alcalde.

El alcalde era un Concejal como el resto, pero que, en virtud de sus atribuciones, se distinguía de los demás. Sin embargo, a efectos jurídicos el órgano era uno sólo: el Concejo, que ejercía la totalidad del poder público en el ámbito municipal.

Una de las más relevantes innovaciones de la Ley Orgánica de Régimen Municipal que se sancionó en 1989, aparte de eliminar del todo la figura del Distrito como sustituta del municipio -lo que no impide que los estados la conserven a otros fines meramente administrativos-, fue separar el ejercicio del poder público local. Para ello se mantuvo la institución del Concejo, ya de larga tradición, pero se creó un verdadero poder ejecutivo separado del órgano parlamentario.

Ese poder ejecutivo está encabezado por el alcalde, de la misma forma como el Presidente o el gobernador son la cúspide de los ejecutivos nacional y estadal, respectivamente[371].

2. La separación orgánica de poderes y el tema de las funciones del Estado

El artículo 75 LOPPM ha introducido en la legislación, una definición de funciones de acuerdo con los órganos del Estado, lo cual no tiene utilidad alguna, salvo para crear confusión; introduciendo entonces una especie de "separación orgánica de funciones", la cual no tiene asidero alguno en el derecho administrativo venezolano, el cual, al con-

371 *V.* en *Revista de Derecho Público*, N° 93-96, Editorial Jurídica Venezolana, Caracas, 2003, pp. 327 y ss.

trario, está montado en el principio del carácter interorgánico de las funciones del Estado, y la imposibilidad de identificar funciones con órganos[372] (*Introducción general, VII*).

En efecto, dicha norma establece que "El poder público municipal se ejerce a través de cuatro funciones: la función ejecutiva, desarrollada por el alcalde a quien corresponde el gobierno y la administración; la función deliberante que corresponde al concejo municipal, integrado por concejales.

La función de control fiscal corresponderá a la contraloría municipal, en los términos establecidos en la ley y su ordenanza. Y la función de planificación, que será ejercida en corresponsabilidad con el consejo local de planificación pública".

Sin embargo, en la propia Ley Orgánica, en otras normas se asigna la función legislativa al Concejo Municipal (Art. 92), al igual que la función de control sobre el gobierno y administración pública municipal (Art. 95,20).

3. El poder ejecutivo municipal: el alcalde

A. El alcalde como primera autoridad civil

La dirección del gobierno y administración del municipio corresponde al alcalde (Art. 88,2 LOPPM), quien además, y en los términos del Código Civil (Art. 446 y siguientes) tiene el carácter de la primera autoridad civil (Art. 174)[373].

Sobre el significado de la institución del alcalde, y su deslinde con la figura del prefecto como funcionario estadal, la Sala Constitucional del Tribunal Supremo de Justicia, en la citada sentencia 2651 del 2 de octubre de 2003, sentó los siguientes criterios:

En 1989, entonces, surge la figura del alcalde con nueva concepción, esta es como jerarca de un poder ejecutivo que ha recibido el nombre de alcaldía. Es cierto -debe sin embargo reconocer la Sala- que la separación a nivel municipal no es idéntica a la del resto de las personas político territoriales. En parte por dificultades en cambiar una tradición, en parte por la estrechez territorial y la cercanía de los asuntos que les compete manejar -todos puramente locales, aunque no siempre sencillos- el gobierno municipal sigue siendo parcialmente parlamentario.

---

372 *Cfr.* Allan R. Brewer-Carías, *Derecho Administrativo*, Tomo I, Caracas, Universidad Central de Venezuela, 1975.

373 Por ello, desde hace años habíamos sostenido que las competencias en materia de registro civil, debían ser asumidas por los Alcaldes. *Cfr.* sobre esto *Informe sobre la descentralización en Venezuela 1993, Memoria del Ministro de Estado para la Descentralización, op. cit.*, pp. 957 y ss. *V.* la sentencia 2651 del 02 de octubre de 2003 de la Sala Constitucional del Tribunal Supremo de Justicia en la cual se estableció que si bien a partir de la Constitución de 1999, el Registro Civil y Electoral, como registro único, es competencia del poder electoral, a través de la Comisión de Registro Civil y Electoral, a tenor de lo dispuesto en sus artículos 292 y 293. 7 C.; como la primera autoridad civil de un municipio es el Alcalde, de acuerdo con el artículo 174 C., es él quien debe llevar los registros correspondientes, y ya no los Prefectos ni Jefes Civiles, antiguas primeras autoridades de municipios y parroquias. Ello, sin perjuicio de las reglas para casos especiales que fijó el Código Civil. Esa primera autoridad civil de los municipios, si bien anteriormente tenía el control total del Registro Civil, ahora debe actuar sólo como "colaborador" con el órgano que constitucionalmente tiene el poder de centralización del Registro: la Comisión de Registro Civil y Electoral, por lo que debe atenerse a lo que, al respecto, dispone la Ley Orgánica del poder electoral, *Revista de Derecho Público*, N° 93-96, Editorial Jurídica Venezolana, Caracas, 2003, pp. 327 y ss.

Por ello, el artículo 50 de la referida ley dispone que "el Gobierno municipal se ejerce por un alcalde y un Concejo Municipal" y luego aclara que la "rama ejecutiva del gobierno municipal se ejerce por órgano del alcalde y la deliberante por órgano del concejo municipal, al cual corresponde legislar sobre las materias de la competencia del municipio y ejercer el control de la rama ejecutiva del gobierno municipal". Ello explica, también, el que el artículo 77 *eiusdem* enumere las competencias que corresponden al alcalde, "como Presidente de la Cámara municipal". Precisamente una de esas funciones es la de "cumplir con las obligaciones que le imponga el Código Civil en relación con los actos y registros referentes al estado civil" (ordinal 6°).

En el relato que efectúa esta Sala puede observarse, entonces, que la figura del alcalde, como autoridad de una rama ejecutiva del poder público, sólo se materializó en 1989 y que ello no era un requerimiento de la Constitución de 1961, pero sí una exigencia político social. Los actuales alcaldes, de este modo, tuvieron un origen legal, no uno constitucional, y fue sólo en 1999 cuando encontraron acogida en el Texto Fundamental, concediéndoseles expresamente el carácter de primera autoridad civil de los municipios.

Ahora bien, el que los alcaldes obtuviesen ese rango constitucional en 1999 y que sólo en ese momento se reconociese normativamente su carácter de primera autoridad civil local, no implica que no lo tuvieron, incluso, antes.

En efecto, por algo sólo explicable por la tradición, y no por la razón, se consideraba a los prefectos y jefes civiles como las primeras autoridades civiles locales, aun cuando no fueran más que unas figuras de desconcentración de la actividad de los estados. En ello ayudó mucho, sin duda, el Código Civil -de antigua sanción, pese a sus reformas- que al referirse a la primera autoridad civil de una localidad la llamaba ocasionalmente Jefe Civil. Las normas venezolanas, como es parcialmente comprensible, no se han ido siempre adaptando a los muchos cambios en la organización política, con lo que las primeras autoridades civiles locales siguieron siendo, para todos, unos funcionarios que no eran locales. La representante del municipio Chacao del Estado Miranda lo ha puesto en cierta manera de manifiesto al sostener en su escrito que el "verdadero perfil de esos funcionarios [Prefectos y Jefes Civiles] desde el punto de vista práctico" era el de "una autoridad local estrechamente vinculada con la vida del municipio".

Observa la Sala que, aun sin previsión expresa sobre el carácter de primera autoridad civil local, lo que sí constituía una exigencia constitucional era la necesidad de que en los municipios se eligiera libremente a sus autoridades, y ello ejerció gran incidencia en la figura de los Prefectos distritales y Jefes Civiles parroquiales, los cuales eran designados por los gobernadores de estado, siendo en realidad sus agentes, de la misma forma en que esos gobernadores eran agentes del poder nacional mientras no fueron electos por la colectividad.

Los Prefectos eran, por tanto, una autoridad de ámbito municipal, pero no de carácter municipal, que no correspondían realmente al municipio al que se refería el Texto Fundamental de 1961. Eran y son, pues aún subsisten- funcionarios estadales sin ningún reconocimiento constitucional nacional. Su origen está siempre en las Constituciones estadales, como es natural. Sólo la Carta Magna de 1819 mencionó a los Prefectos. Según esa Constitución, en "cada capital de departamento hay un prefecto y una municipalidad" (artículo 1, Sección Segunda, Título 9°). Al Prefecto se le calificó como "teniente del gobernador de la provincia" en el ámbito de un departamento (artículo 3° de la misma Sección), es decir, como su subalterno. Era tal su condición de teniente, que el propio gobernador debía ser el "prefecto del departamento de la capital de la provincia" (artículo 1º). Esos prefectos tenían asignado, entre otras competencias, llevar el censo de la población, así como el registro de nacimientos y defunciones.

La figura del prefecto como funcionario provincial (luego estadal, con el cambio de denominación que vino aparejada con la evolución político institucional venezolana) se mantuvo entre nosotros y no puede dudarse de su utilidad, si bien hoy en día su relevancia es bastante menor. Los prefectos, al no ser funcionarios municipales, sino estadales de ámbito municipal, necesitaban de adaptación a la Constitución de 1961. Así, debe insistir la Sala en que, ya bajo la vigencia de la misma, los prefectos debieron dejar de ser la primera autoridad civil del municipio. Ahora, como esa Constitución no mencionaba ningún órgano, y como era difícil atribuir al Concejo -órgano colegiado, de funciones diversas- la primera autoridad civil, el Prefecto se mantuvo como tal durante más tiempo del debido.

Con la Ley Orgánica de Régimen Municipal de 1989 la situación varió: es obvio que debe entenderse que el alcalde era la primera autoridad civil del municipio, al ser el jerarca máximo de la rama ejecutiva del poder público a ese nivel. Se trata de un funcionario electo popularmente, respondiendo a las exigencias democráticas de la Constitución, que debía necesariamente desplazar a los Prefectos y Jefes Civiles en los ámbitos de competencia de los municipios o en cualquiera para la cual fuese titular de la competencia la primera autoridad civil del municipio, como sucede precisamente con el registro del estado civil. Sin embargo, la fuerza de la tradición llevó a seguir considerando a Prefectos y Jefes Civiles como primeras autoridades civiles locales, sin reparar de manera suficiente en que su origen no era democrático -exigencia de los artículos 27 y 29 C. de 1961- ni formaban parte del poder público de la entidad llamada constitucionalmente "municipio".

La Constitución de 1999 vino a resolver esa situación, pues incorporó entre sus normas lo que no podía ser de otra forma: era absurdo sostener que la primera autoridad civil de un municipio fuese un funcionario designado por el gobernador estadal y que, en consecuencia, respondiese ante éste, cuando existía otro funcionario legalmente creado que tenía un claro origen local y contaba con respaldo de la población. Pudo ser así durante largo tiempo, pero debió dejar de serlo en el momento cuando cambió la regulación sobre la materia, de la misma manera como, desde la sanción de la Ley de Elección y Remoción de gobernadores, era lógico que estos funcionarios dejasen de ser representantes del Presidente de la República en el territorio de un estado[374].

Para ser alcalde se requiere ser venezolano mayor de 25 años y de estado seglar. El artículo 41 C., sin embargo, exige que en los estados Fronterizos, para ser alcalde se requiere ser venezolano por nacimiento, sin otra nacionalidad.

Por otra parte, el artículo 177 permite que la ley nacional pueda establecer principios, condiciones y requisitos de residencia, prohibiciones, causales de inhibición e incompatibilidades para la postulación y ejercicio de las funciones de alcaldes y concejales.

El alcalde debe ser elegido por un período de 4 años por mayoría de las personas que votan, y podrá ser reelegido de inmediato y por una sola vez, para un período adicional.

---

374 *V.* en *Revista de Derecho Público*, Nº 93 a 96, Editorial Jurídica Venezolana, Caracas, 2003, pp. 327 y ss.

Tampoco se estableció, en este caso el principio de la elección por mayoría absoluta, como se había planteado en la discusión constitucional[375].

De acuerdo con el artículo 88 LOPPM, los alcaldes tienen las siguientes atribuciones y obligaciones:

1. Cumplir y hacer cumplir la Constitución, la constitución del estado, leyes nacionales, estadales, ordenanzas y demás instrumentos jurídicos municipales.

2. Dirigir el gobierno y la administración municipal, velando por la eficacia y eficiencia en la prestación de los servicios públicos dentro del ámbito de su competencia, y ejercer la representación del municipio.

3. Dictar reglamentos, decretos, resoluciones y demás actos administrativos en la entidad local.

4. Proteger y conservar los bienes de la entidad, para lo cual deberá hacer la actualización del inventario correspondiente; y solicitar a la autoridad competente el establecimiento de las responsabilidades a que haya lugar para quienes los tengan a su cargo, cuidado o custodia.

5. Ejecutar, dirigir e inspeccionar los servicios y obras municipales.

6. Suscribir contratos que celebre la entidad, con previsión de la disposición de los gastos que generen, y ordenar sus pagos de conformidad con lo establecido en las leyes y ordenanzas que rigen la materia.

7. Ejercer la máxima autoridad en materia de administración de personal y, en tal carácter, ingresar, nombrar, remover, destituir y egresar, conforme a los procedimientos administrativos establecidos en la ordenanza que rige la materia, con excepción del personal asignado al concejo municipal.

8. Presidir el consejo local de planificación pública, conforme al ordenamiento jurídico.

9. Formular y someter a consideración del consejo local de planificación pública, el plan municipal de desarrollo con los lineamientos del programa de gestión presentado a los electores, de conformidad con las disposiciones nacionales y municipales aplicables.

10. Someter a consideración del Concejo Municipal los planes de desarrollo urbano local, conforme a las normas y procedimientos establecidos en los instrumentos normativos nacionales.

11. Elaborar y presentar el proyecto de ordenanza de presupuesto de ingresos y gastos para el ejercicio fiscal siguiente.

12. Presentar a consideración del concejo municipal, proyectos de ordenanzas con sus respectivas exposiciones de motivos, así como promulgar las ordenanzas sancionadas por el Concejo Municipal y objetar las que considere inconvenientes o contrarias al ordenamiento legal, de conformidad con el procedimiento previsto en la ordenanza sobre instrumentos jurídicos municipales.

13. Designar los apoderados judiciales o extrajudiciales que asuman la representación de la entidad para determinados asuntos, previa consulta al síndico procurador municipal.

14. Realizar las atribuciones que en materia del registro civil del municipio le asigne el poder electoral[376].

---

375 *V.* nuestro voto salvado en Allan R. Brewer-Carías, *Debate Constituyente*, Tomo III, *cit.*, p. 195.

376 *V.* el desarrollo de esta materia hecho por la Sala Constitucional del Tribunal Supremo en la sentencia N° 2651 de 02 de octubre de 2003, *Revista de Derecho Público*, N° 93 a 96, Editorial Jurídica Venezolana, Caracas, 2003, pp. 260 y ss.

15. Ejercer la autoridad sobre la policía municipal, a través del funcionario de alta dirección que designe.

16. Conceder ayudas y otorgar becas y pensiones de acuerdo a las leyes y ordenanzas.

17. Informar al Concejo Municipal sobre asuntos de su competencia, cuando le sea requerido, o cuando lo estime conveniente.

18. Presentar al concejo municipal, en el segundo mes siguiente a la finalización de cada ejercicio económico financiero de su mandato, el informe de su gestión y a la contraloría municipal la cuenta de la misma, en la cual incluirá informe detallado de las obligaciones impagadas o morosas de los contribuyentes.

19. Presentar dentro del primer trimestre del año, de manera organizada y pública a la comunidad respectiva convocada previamente, la rendición de cuentas de la gestión política y administrativa del año económico financiero precedente, relacionando los logros con las metas del plan municipal de desarrollo y el programa presentado como candidato.

20. Promover la participación ciudadana y la educación para la participación.

21. Ejercer las atribuciones relativas a la competencia municipal, cuando no estén expresamente asignadas a otro órgano.

22. Mantener la observancia rigurosa del ciudadano o ciudadana en la preservación del ambiente, así como hacer cumplir toda la legislación establecida en materia ambiental.

23. Revisar y resolver los recursos jerárquicos y demás actos administrativos dictados por las distintas dependencias del municipio.

Debe destacarse que entre las reformas importantes introducidas por la Ley Orgánica de 2005, está el haberle quitado al alcalde el carácter de presidente del concejo municipal, lo que se había establecido en la Ley de 1989 con el objeto de impedir que la Administración municipal se pudiera desdoblar de hecho, entre la que depende del alcalde, y otra que corría el riesgo de desarrollarse en torno a un presidente del consejo.

La reforma de 2005, lamentablemente, podría provocar la reapertura de ese riesgo, para lo cual debe interpretarse cuidadosamente la Ley Orgánica en su conjunto. En efecto, el gobierno y administración municipal, es decir, las funciones ejecutivas municipales están exclusivamente en manos del alcalde, no pudiendo el Concejo Municipal ni su Presidente pretender ejercer funciones ejecutivas ni crear una Administración municipal paralela a la que dirige el alcalde.

En efecto, ante todo, el proyecto de ordenanza de presupuesto municipal, que es uno y único, debe ser elaborado por el alcalde (arts. 88.11 y 235) para su presentación al concejo municipal. En dicho presupuesto deben estar incorporadas las partidas del "presupuesto del Concejo Municipal", a los efectos del pago de personal adscrito al concejo para el cumplimiento de las funciones deliberantes, legislativa y de control de la administración municipal, cuya administración le corresponde a dicho órgano colegiado (no al Presidente del mismo) mismo Concejo (arts. 95.12 y 15); y a los efectos de la ejecución del plan legislativo anual, el cual debe ser aprobado por el concejo (Art. 95.5) para su incorporación en el proyecto de ordenanza de presupuesto que debe elaborar el alcalde.

La atribución del Concejo Municipal de "aprobar el presupuesto de gastos que soporte el plan legislativo anual" (Art. 95.5), implica precisamente la atribución de elaborar dicho plan legislativo, es decir, el plan de ordenanzas y actos normativos que se pretenden aprobar durante el año, estimado entonces los gastos destinados a ejecutar ese plan legislativo, estimado que el concejo debe hacer tomando en cuenta las limitaciones financieras del municipio. Una vez realizada esa aprobación de la estimación del presupuesto de gastos que soporte el plan legislativo del concejo, éste debe remitirlo al alcalde para su incorporación al proyecto de ordenanza de presupuesto.

Por ningún respecto puede entenderse de esa atribución como si se tratara de que en el municipio puedan existir dos presupuestos paralelos: por una parte, el presupuesto municipal contenido en la ordenanza de presupuesto de ingresos y gastos del municipio (Art. 235), y por otra parte, un supuesto presupuesto aprobado por el Concejo Municipal aisladamente. Ello sería contrario a lo establecido en los artículos 230 a 252 LOPPM.

Siendo por tanto uno sólo el presupuesto municipal, en cuanto a la ejecución del mismo, la misma conforme a la Ley, está atribuida, por una parte al alcalde, como director del gobierno y administración municipal; y por la otra, al Presidente del concejo municipal, a quien el artículo 96,8 de la ley Orgánica le atribuye la facultad de "ejecutar el presupuesto del concejo municipal" que debe estar contenido en la ordenanza de presupuesto.

Esta doble ejecución presupuestaria, por otra parte, implica una dualidad de atribuciones en materia de administración del personal al servicio del municipio: el alcalde ejerce la máxima autoridad en ametría de administración de personal, con excepción del personal asignado al Concejo Municipal (Art. 88,7; y al Concejo Municipal (no a su presidente) le corresponde ejercer la autoridad en materia de sistema de administración de recursos humanos del concejo, de la secretaría y del cronista del municipio (Art. 95, 12 y 15).

B. Los principios sobre la administración pública municipal

Como se ha señalado anteriormente, los principios relativos a la Administración Pública que establece la Constitución (arts. 141 y ss), rigen también para la Administración Pública municipal *(Tercera parte, § 8)*. Por ello, en esta materia, el artículo 76 LOPPM se limita a señalar que la Administración Pública municipal se rige por los principios establecidos en la Constitución y en las leyes respectivas, entre ellas, la Ley Orgánica de la Administración Pública en lo que resulta aplicable.

Cada municipio mediante ordenanza, debe desarrollar esos principios para la organización y funcionamiento de los órganos del nivel local, central, descentralizado o desconcentrado, con el fin de alcanzar mayores niveles de desempeño, atención y participación de los ciudadanos en la gestión, racionalidad de costos y continuidad en el ejercicio de la función pública. Los órganos que la componen colaborarán entre sí para el cumplimiento de los fines del municipio.

En particular, en cuanto a la administración financiera de la Hacienda Pública Municipal el artículo 129 LOPPM dispone que debe ejercerse en forma planificada con arreglo a los principios de legalidad, eficiencia, celeridad, solvencia, transparencia, rendición de cuentas, responsabilidad, equilibrio fiscal y de manera coordinada con la hacienda de la República y la de los estados, sin perjuicio de la autonomía que la Constitución consagra a favor de los municipios para la gestión de las materias de su competencia y para la creación, recaudación e inversión de sus ingresos. En universo de los entes y organismos que conforman el sector público municipal, conforme al artículo 131 LOPPM, sujetos a estos principios son los distritos metropolitanos, los institutos autónomos municipales, los servicios autónomos sin personalidad jurídica creados por los municipios, las sociedades mercantiles en las cuales los municipios tengan participación igual o mayor al 50% de su capital social, las fundaciones, sociedades civiles, asociaciones civiles y demás instituciones constituidas con fondos públicos municipales que representen el 50% o más de su patrimonio, y las demás personas jurídicas municipales de derecho público, con o sin fines empresariales no contempladas en los numerales anteriores.

Dispone el artículo 77 LOPPM que la administración pública municipal debe desarrollar programas de gerencia con procesos de mejora y formación continua, de elevación de la competencia funcionarial y de continuidad en el ejercicio de la función pública a los fines del mejor servicio a los ciudadanos y la mayor eficacia y eficiencia en la prestación de los servicios públicos. Igualmente, debe desarrollar progresivamente la utilización de la telemática en los sistemas de información, seguimiento y control de la gestión. En tal sentido, se debe propender a la creación de un sistema intermunicipal de recursos humanos que facilite la acreditación de conocimientos y experiencia de las personas que laboran en los municipios, con el propósito de promover el desarrollo de la carrera del funcionario municipal en el territorio nacional. A tal efecto, los municipios deben desarrollar las acciones asociativas entre sí y con otros entes para tales propósitos, y acordar sobre los mecanismos de implantación y los plazos para su ejecución.

Dentro de las competencias municipales propias que enumera el artículo 56.h LOPPM está "la organización y funcionamiento de la administración pública municipal y el estatuto de la función pública municipal". Por ello, el artículo 78 LOPPM dispone que cada municipio, mediante ordenanza, debe dictar el estatuto de la función pública municipal en el cual se debe regular "el ingreso por concurso, ascenso por evaluación de méritos, seguridad social, traslado, estabilidad, régimen disciplinario y demás situaciones administrativas"; asimismo, los "requerimientos de formación profesional, los planes de capacitación y carrera de los funcionarios al servicio de la administración pública municipal", de conformidad con lo establecido en la Constitución y las leyes.

4. El poder legislativo municipal: los Concejos Municipales y las ordenanzas municipales como leyes locales

El artículo 175 C., atribuye la función legislativa del municipio al concejo municipal, integrado por concejales elegidos en la forma establecidas en la Constitución, en el número y condiciones de elegibilidad que determine la ley, conforme al principio de la representación proporcional[377].

Los concejos, por otra parte, eligen su presidente, como se dijo, habiendo dejado los alcaldes de presidirlos, reforma que debe interpretarse adecuadamente a la propia Ley para evitar la reproducción burocrática de hecho de una especie de administración municipal paralela a la alcaldía, dependiente del presidente del concejo y de las comisiones del mismo[378].

---

377 *V.* nuestro Voto Salvado en Allan R. Brewer-Carías, *Debate Constituyente,* Tomo I, *cit.,* pp. 195 y 196.

378 La Corte Primera de lo Contencioso Administrativa ha sido clara, sin embargo, en atribuir la administración municipal exclusivamente al Alcalde. *V.* la sentencia 1586 del 5 de diciembre de 2000 en *Revista de Derecho Público,* N° 84, Editorial Jurídica Venezolana, Caracas, 2000, pp. 404 y ss.

A. Las ordenanzas como leyes locales

En todo caso, los concejos municipales como titulares del poder legislativo municipal, tienen la potestad de dictar leyes locales, denominadas ordenanzas, a las cuales tradicionalmente se les ha atribuido el carácter de "leyes" como actos de ejecución directa de la Constitución. Se destaca, por ejemplo, la sentencia 713 de la Sala Político Administrativa del Tribunal Supremo, en la cual sentó el siguiente criterio:

Sin embargo, la jurisprudencia de este Máximo Tribunal ha sostenido, reiteradamente, que las ordenanzas municipales, son consideradas leyes locales, es decir, que los municipios tienen competencia para legislar en materia de sus competencias constitucionales. En este sentido, podemos referir las siguientes decisiones en las que se ha tratado el tema.

> [...] Se convierte así el municipio en un agente recaudador del impuesto, por sí o por intermedio de los selladores de los formularios de juegos o expendedores de boletos o billetes; y, para el cumplimiento de esa función recaudadora, la Ley deja a las Cámaras municipales -a través de ordenanzas- la *posibilidad de dictar las normas* [...]. (Cursivas de la Sala). (Sentencia de la Corte en Pleno de fecha 8 de junio de 1999, caso ordenanza de Apuestas Lícitas del municipio Autónomo San Felipe del Estado Yaracuy).

Asimismo, en la Sentencia de la Corte Suprema de Justicia en Sala Plena de 22 de enero de 1998, se reafirma la competencia para legislar que tiene el municipio.

> [...] Un análisis preliminar de la norma transcrita, contenida en el capítulo I de la ordenanza denominado "Disposiciones Generales" y que informa la totalidad de sus disposiciones, nos revela los siguientes elementos: a) Parte del supuesto de la existencia de "relaciones" entre el municipio y los titulares de los derechos mineros y otros sujetos que realicen otra actividad directa o indirectamente relacionada con la minería en el municipio; b) Que esas "relaciones" derivan de "principios legales", c) Que *el municipio tiene competencia para legislar en el ámbito local* en materia minera, esto es, regularla por ordenanzas al punto de poder regular relaciones que se dan entre los sujetos vinculados de alguna forma con la minería [...] (Cursivas de la Sala).

> Esta misma posición es la que sostiene nuestra doctrina al referirse a la autonomía normativa al señalar que [...] tanto la República como los estados y los municipios tienen autonomía normativa, en el sentido de que pueden regular o normar las materias de su respectiva competencia, sin injerencias de ningún otro órgano, salvo las limitaciones establecidas en la propia Constitución, que es la que distribuye el poder [...] (*Vid.* Brewer-Carías, Allan, *Instituciones Políticas y Constitucionales,* EJV-UCAT, p. 18).

> En el mismo sentido, el profesor Allan Brewer-Carías, al referirse a la función normativa, -con respecto al texto constitucional de 1961- señala que: [...] cuando el artículo 139 atribuye al Congreso, la tarea de legislar sobre las materias de la competencia nacional, está atribuyendo la función normativa a uno de los órganos que ejercen alguno de los poderes del Estado: la función propia de las Cámaras Legislativas, como lo dice el mencionado artículo 118 C., es la función normativa. El mismo supuesto lo encontramos en el artículo 20, donde se atribuye competencia a las asambleas legislativas de los estados, para 'legislar sobre las materias de la competencia estadal'. Indirectamente también puede identificarse la función normativa a nivel municipal, como un signo de la autonomía.

La Constitución de 1999 establece, con respecto al ejercicio de la función normativa de los municipios lo siguiente:

> *Artículo* 175. La función legislativa del municipio corresponde al Concejo, integrado por concejales elegidos en la forma establecida en esta Constitución, en el número y condiciones de elegibilidad que determine la ley.

Asimismo, en la misma decisión de la CSJ-SP 22 de enero de 1998 citada supra, se precisa la naturaleza jurídica que la jurisprudencia le acuerda a las ordenanzas municipales.

> [...] Como se ha señalado, el reenvío a la ley debe entenderse como un llamamiento a la regulación por ley formal, esto es a la prevista en el artículo 162 de la Constitución que la define como los actos emanados de las Cámaras Legislativas actuando como cuerpos colegisladores, de conformidad con el procedimiento previsto en ese texto. En consecuencia, aludiendo tal concepto a la ley dictada por el poder legislativo nacional, mal puede considerarse comprendido en tal reenvío a la ordenanza municipal, a la que se denomina justamente como 'leyes locales' (Sentencia de la CSJ-SP 22 de enero de 1998).

Sistematizando lo hasta aquí expuesto, esta Sala considera que el concepto de "ley" que ha venido desarrollando la jurisprudencia de este Máximo Tribunal y la doctrina es una noción material referida, precisamente, a la función normativa que ejercen los órganos deliberantes a todos los niveles políticos territoriales con respecto a sus competencias constitucionales. Por el contrario, la noción de "ley" consagrada en el texto Fundamental es una noción estrictamente *formal*"[379].

El carácter de las ordenanzas como leyes locales ha sido ratificado por la Sala Político Administrativa[380] y por la Sala Constitucional del Tribunal Supremo en muchos fallos[381], después de haberlas considerado impropiamente como "actos administrativos"[382].

B. Las atribuciones de los Concejos Municipales

Conforme al artículo 95 LOPPM, son deberes y atribuciones de los concejos municipales:

1. Iniciar, consultar a las comunidades y sus organizaciones, discutir y sancionar los proyectos de ordenanzas incluida la relativa a su reglamento interior y de debates, a fin de proveer a la organización de sus funciones, para sancionar las reglas de orden aplicables a sus deliberaciones.
2. Dictar y aprobar su reglamento interior y de debates. En tal reglamento deberá preverse la persona y el mecanismo para suplir las ausencias temporales o absolutas del presidente.
3. Aprobar el plan municipal de desarrollo y los planes y demás instrumentos de ordenación urbanística, según lo dispuesto en la legislación respectiva.
4. Ejercer la potestad normativa tributaria del municipio.
5. Aprobar el presupuesto de gastos que soporte su plan legislativo anual, tomando en cuenta las limitaciones financieras del municipio.

---

379 *V.* en *Revista de Derecho Público*, N° 81, Editorial Jurídica Venezolana, Caracas, 2000, pp. 191 y ss. *V.* además, sentencia 733 de 31-03-2000 de la misma Sala, *Revista de Derecho Público*, N° 81, Editorial Jurídica Venezolana, Caracas, 2000, p. 215.

380 *V.* sentencia 1090 de 11 de mayo de 2000, *Revista de Derecho Público*, N° 82, Editorial Jurídica Venezolana, Caracas, 2000, p. 347

381 *V.* las sentencias 406 del 8 de marzo de 2002 y 928 de 15 de mayo de 2001, *Revista de Derecho Público*, N° 89 a 92, Editorial Jurídica Venezolana, Caracas, 2002, pp. 285 y pp. 383 y ss.; sentencias 572 de 18 de marzo de 2003, 1535 de 16 de junio de 2003, y 2641 del 1° de octubre de 2003, *Revista de Derecho Público*, N° 93 a 96, Editorial Jurídica Venezolana, Caracas, 2003, pp. 503, 233, 504 y 335 y ss.

382 *V.* la sentencia 2353 de 23 de noviembre de 2001, *Revista de Derecho Público*, N° 85 a 88, Editorial Jurídica Venezolana, Caracas, 2001, pp. 387 y ss.

6. Acordar la participación del municipio en organizaciones intermunicipales y autorizar la creación, modificación o supresión de órganos desconcentrados o descentralizados, de conformidad con esta ley.

7. Aprobar el cambio de nombre del municipio, previa consulta con la población del mismo y de conformidad con las leyes aplicables.

8. Aceptar, previa solicitud motivada del alcalde la delegación o transferencia de competencias que le hagan al municipio.

9. Elegir en la primera sesión de cada año del período municipal o en la sesión más inmediata siguiente, al presidente dentro de su seno, y al secretario fuera de su seno, así como a cualquier otro directivo o funcionario auxiliar que determine su reglamento interno.

10. Aprobar las concesiones de servicios públicos o de uso de bienes del dominio público, y lo concerniente a la enajenación de los ejidos y otros inmuebles, previa solicitud motivada del alcalde.

11. Aprobar la escala de remuneraciones de empleados y obreros al servicio del municipio, y la de los altos funcionarios, de conformidad con las condiciones y límites establecidos en la legislación que regula sus asignaciones.

12. Ejercer la autoridad en materia del sistema de administración de recursos humanos, y, en tal carácter, podrá nombrar, promover, remover y destituir, de conformidad con los procedimientos establecidos en la ordenanza que rija la materia, con excepción del personal de otros órganos del poder público municipal.

13. Promover los mecanismos que legalmente le estén conferidos y que contribuyan a garantizar en forma eficiente, suficiente y oportuna la participación ciudadana en el proceso de formación, ejecución, control y evaluación de la gestión pública municipal.

14. Autorizar al alcalde, oída la opinión del síndico o síndica municipal, para desistir de acciones y recursos, convenir, transigir y comprometer en árbitros.

15. Nombrar el personal de las oficinas del concejo municipal, de la secretaría y del cronista del municipio.

16. Imponer, de acuerdo con lo establecido en la Constitución y las leyes, las sanciones de suspensión e inhabilitación para el desempeño del cargo de concejal.

17. Aprobar el plan de inversión municipal, contenido en el proyecto de ordenanza del presupuesto presentado por el consejo local de planificación pública, conforme al mecanismo presentado en la Ley de los consejos locales de planificación pública.

18. Autorizar al alcalde para ausentarse por más de quince días de la alcaldía.

19. Autorizar créditos adicionales al presupuesto de ingresos y gastos del ejercicio económico financiero del municipio.

20. Ejercer funciones de control sobre el gobierno y la administración pública municipal, en los términos consagrados en la Constitución y en la ley.

21. Los concejales deberán presentar dentro del primer trimestre del ejercicio fiscal respectivo, de manera organizada y pública a los electores de la jurisdicción correspondiente, la rendición de su gestión legislativa y política del año inmediatamente anterior, en caso contrario, se le suspenderá la dieta hasta su presentación.

22. Organizar toda la normativa referente a la justicia de paz en el municipio.

Debe destacarse que conforme a estas atribuciones, los concejos municipales no tienen competencia en materia de gestión local ni de administración de los asuntos locales. Su competencia se reduce básicamente a legislar y a controlar la administración municipal. Se destaca, sin embargo, las competencias en materia de administración del personal al servicio del concejo municipal, que corresponde al concejo. El concejo, además, tiene competencia para aprobar el estimado de su presupuesto de gastos que soporte el plan legislativo, y exclusivamente legislativo (Art. 95.5); lo que por ningún respecto puede implicar la existencia de dos presupuestos paralelos en el municipio, por más que sea el presidente del concejo y no el alcalde quien ejecute el presupuesto del Concejo Municipal (Art. 96.8) y que sea el propio Concejo Municipal la autoridad en materia de administración del personal del concejo (Art. 95.12 y 15).

En cuanto a los concejales, debe mencionarse que a pesar de su carácter de funcionarios públicos electos, conforme a la Ley Orgánica, los mismos no perciben sueldo ni su dedicación es exclusiva, sino que lo que perciben es una dieta por la asistencia a las sesiones del concejo municipal.

Ello estaba regulado así expresamente en el artículo 56 de la derogada Ley Orgánica de Régimen Municipal de 1989, en el cual se disponía que los concejales no devengaran sueldo y únicamente podían percibir dietas por asistencia a las sesiones de la cámara y a las comisiones. La norma se eliminó en la Ley Orgánica de 2005, pero en el artículo 95.21 de la misma se conservó una referencia a las dietas al indicar que "Los concejales deberán presentar dentro del primer trimestre del ejercicio fiscal respectivo, de manera organizada y pública a los electores de la jurisdicción correspondiente, la rendición de su gestión legislativa y política del año inmediatamente anterior, en caso contrario, *se le suspenderá la dieta* hasta su presentación".

En todo caso, debe señalarse que, precisamente, es este carácter sin sueldo del cargo de concejal el que justifica la excepción a la incompatibilidad del desempeño de cargos públicos, que la Constitución de 1961 establecía respecto de los cargos edilicios. En efecto, de acuerdo al artículo 123 C. de 1961, "nadie podrá desempeñar a la vez más de un destino público remunerado, a menos que se trate de cargos académicos, accidentales, asistenciales, docentes, *edilicios* o electorales que determine la ley".

Por tanto, los cargos de concejal conforme a ese texto, eran compatibles con un cargo público en la Administración Pública nacional o estadal, y el concejal, además de su sueldo en la Administración Pública, podía percibir sus dietas por asistencia a las sesiones del concejo. La Constitución de 1999 eliminó la referencia a los cargos "edilicios" al regular las excepciones a las incompatibilidades en el artículo 148; sin embargo, en nuestro criterio, la excepción a la incompatibilidad continúa en aplicación, pues si los concejales no perciben sueldo, dicho cargo electivo no puede considerarse como "destino público remunerado" en los términos de dicha norma constitucional.

5. Las contralorías municipales

En cuanto a las contralorías municipales, de acuerdo con el artículo 176 LOPPM, les corresponde el control, vigilancia y fiscalización de los ingresos, gastos y bienes municipales, así como las operaciones relativas a los mismos, sin menoscabo del alcance de las atribuciones de la Contraloría General de la República.

Las contralorías son dirigidas por el contralor, designado por el concejo mediante concurso público que garantice la idoneidad y capacidad de quien sea designado para el cargo, de acuerdo con las condiciones establecidas por la ley. El Concejo Municipal es también el órgano competente para remover a contralor municipal[383].

La Ley Orgánica le otorga autonomía orgánica y funcional a las contralorías municipales (Art. 101)[384], lo cual ha llevado a la Sala Político Administrativa del Tribunal Supremo a garantizarla ordenándole a un alcalde, por ejemplo, abstenerse de reducir o modificar el presupuesto de la contraloría[385]

De acuerdo con el artículo 104 LOPPM, las atribuciones de los contralores municipales son las siguientes:

1. El control posterior de los organismos y entes descentralizados.

2. El control y las inspecciones en los entes públicos, dependencias y organismos administrativos de la entidad, con el fin de verificar la legalidad y veracidad de sus operaciones.

3. El control perceptivo que sea necesario con el fin de verificar las operaciones de los entes municipales o distritales, sujetos a control que, de alguna manera, se relacionen con la liquidación y recaudación de ingresos, el manejo y el empleo de los fondos, la administración de bienes, su adquisición y enajenación, así como la ejecución de contratos.

La verificación a que se refiere el presente numeral tendrá por objeto, no sólo la comprobación de la sinceridad de los hechos en cuanto a su existencia y efectiva realización, sino también, examinar si los registros o sistemas contables respectivos se ajustan a las disposiciones legales y técnicas prescritas.

4. El control, vigilancia y fiscalización en las operaciones que realicen por cuenta del tesoro en los bancos auxiliares de la tesorería municipal.

5. Elaborar el código de cuentas de todas las dependencias sometidas a su control, que administren, custodien o manejen fondos u otros bienes del municipio o del distrito; velar por el cumplimiento de las disposiciones establecidas en materia de contabilidad y resolver las consultas que al respecto formulen.

6. Ordenar los ajustes que fueren necesarios en los registros de contabilidad de los entes sujetos a su control, conforme al sistema contable fiscal de la República, los cuales estarán obligados a incorporar en el lapso que se les fije, salvo que demuestren la improcedencia de los mismos.

7. Realizar el examen selectivo o exhaustivo, así como la calificación de las cuentas, en la forma y oportunidad que determine la Contraloría General de la República.

8. El control de los resultados de la acción administrativa y, en general, la eficacia con que operan las entidades sujetas a su vigilancia, fiscalización y control.

9. La vigilancia para que los aportes, subsidios y otras transferencias hechas por la República u organismos públicos al municipio o a sus dependencias, entidades descentralizadas y mancomunidades, o los que hiciere el Concejo Municipal a otras entidades públicas privadas, sean invertidos en las finalidades para las cuales fueron efectuadas.

---

383 *V.* sentencia 900 de 06 de julio de 2000 de la Corte Primera de lo Contencioso Administrativo, *Revista de Derecho Público*, N° 83, Editorial Jurídica Venezolana, Caracas, 2000, pp. 203 y ss.

384 Ello ha sido desarrollado por la Sala Político Administrativa del Tribunal Supremo en sentencia 2148 de 14-11, *Revista de Derecho Público*, N° 84, Caracas, Editorial Jurídica Venezolana, 2000, pp. 203 y ss.

385 *V.* sentencia 2148 de 14 de noviembre de 2000, *Revista de Derecho Público*, N° 84, Caracas, Editorial Jurídica Venezolana, 2000, pp. 203 y ss.

A tal efecto, la contraloría podrá practicar inspecciones y establecer los sistemas de control que estime convenientes.

10. Velar por la formación y actualización anual del inventario de bienes, que corresponde hacer al alcalde, conforme con las normas establecidas por la Contraloría General de la República.

11. Elaborar el proyecto de presupuesto de gastos de la contraloría, el cual remitirá al alcalde, quien deberá incluirlo sin modificaciones en el proyecto de presupuesto que presentará al concejo municipal. La contraloría está facultada para ejecutar los créditos de su respectivo presupuesto, con sujeción a las leyes, reglamentos y ordenanzas respectivas.

6. Los concejos locales de planificación pública

Por último, como se ha analizado anteriormente, el artículo 182 C. creó los consejos locales de planificación pública, presididos por el alcalde correspondiente e integrados en cada municipio, por los concejales, los presidentes de la juntas parroquiales y representantes de organizaciones vecinales y otras de la sociedad organizada, de conformidad con las disposiciones que establezca la ley. A tal efecto, en 2002 se dictó la Ley de los consejos locales de planificación pública[386].

Sección Novena: EL RÉGIMEN MUNICIPAL DEL DISTRITO METROPOLITANO DE CARACAS Y EL DISTRITO CAPITAL (2005)

El texto de esta Sección Novena es el del Parágrafo Décimo sexto de libro *Derecho Administrativo,* Tomo II (La Organización Administrativa y la Administración Pública Nacional. Los Estados y la Administración Pública Estatal. Los Municipios y la Administración Pública Municipal), Universidad Externado de Colombia y la Universidad Central de Venezuela, Bogotá 2005.

I. LA DESAPARICIÓN DEL DISTRITO FEDERAL

1. El Distrito Capital en sustitución del Distrito Federal

De acuerdo con lo establecido en el artículo 16 C. de 1999, con el fin de organizar políticamente la República, el territorio nacional se divide "en el de los estados, el del Distrito Capital, el de las dependencias federales y el de los territorios federales".

Esta división política del territorio nacional es geográfica y cartográficamente idéntica a la que preveía el artículo 9° C. de 1961, (salvo en cuanto a la reducción del territorio del Distrito Federal por la creación del Estado Vargas), pero con el muy importante cambio de denominación del territorio de la parte oeste del valle de Caracas, del "Distrito Federal" por el "Distrito Capital".

En efecto, una de las reformas más importantes que se produjo constitucionalmente respecto de la división política del territorio nacional, con el antes mencionado cambio

386 *Gaceta Oficial* N° 37.463 de 12 de junio de 2002.

de denominación, fue la *eliminación* del "Distrito Federal" como entidad política vinculada al poder nacional o federal.

Conforme al régimen constitucional anterior, no sólo le correspondía al Congreso Nacional la organización del Distrito mediante ley orgánica (Ley Orgánica del Distrito Federal), (Art. 136,6), sino que correspondía al Presidente de la República, la designación del gobernador del Distrito Federal (Art. 190,17), habiendo permanecido siempre, el Presidente de la República, desde la misma creación del Distrito Federal en 1864, como la superior autoridad civil y política del Distrito, quien la ejercía, precisamente, a través del gobernador del Distrito Federal, de su libre nombramiento y remoción[387].

Con la Constitución de 1999, en consecuencia, se eliminó todo vínculo del poder nacional con el territorio del antiguo Distrito Federal, el cual se sustituyó por el del Distrito Capital. Este, ahora, es parte de la división política del territorio nacional, por lo que la Ley Orgánica de División Político Territorial que habrá de dictarse en el futuro en sustitución de la vieja Ley de 1856, por supuesto, deberá incluir el territorio del Distrito Capital, en el cual también debe garantizarse la autonomía municipal y la descentralización político administrativa (Art. 16).

2. Los efectos constitucionales de la creación del Distrito Capital

En las discusiones en la Asamblea Nacional Constituyente para la redacción de la Constitución de 1999, la propuesta original no fue cambiarle de nombre al Distrito Federal, sino crear un "Distrito Capital" en un territorio que abarcara mucho más que el del antiguo Distrito Federal, es decir, además de éste, el de los territorios de los municipios Chacao, Sucre, Baruta y El Hatillo del Estado Miranda, equivalente al territorio geográfico del valle de Caracas y sus zonas más próximas. Se propuso así, inicialmente, separar del Estado Miranda esos municipios e integrarlos territorialmente al Distrito Capital, como una nueva entidad política en el territorio nacional. Lamentablemente, factores políticos circunstanciales impidieron la solución territorial definitiva para Caracas[388], y el debate terminó con el establecimiento del Distrito Capital *única y exclusivamente en el territorio del antiguo Distrito Federal*, con la mención expresa de que debía preservarse "la integridad territorial del Estado Miranda" (Disposición transitoria primera).

En consecuencia, el Distrito Capital en la Constitución de 1999 es una parte de la división política del territorio nacional que, sin embargo, no abarca territorialmente toda la ciudad de Caracas, sino que coincide con el territorio del antiguo Distrito Federal, por lo que en forma alguna afecta o puede afectar el territorio del Estado Miranda, el cual, conforme a la voluntad del Constituyente, ha permanecido incólume. En consecuencia, conforme a la Constitución de 1999, los municipios del valle de Caracas, al este de la Quebrada Chacaíto y en línea hacia el sur, necesariamente continúan y continuarán siendo parte del territorio del Estado Miranda.

---

387 *Cfr.* Allan R. Brewer-Carías, *El régimen de gobierno municipal del Distrito Federal*, Gobernación del Distrito Federal, Caracas, 1968.

388 *V.* Asamblea Nacional Constituyente, *Gaceta Constituyente (Diario de Debates)*, Caracas, octubre-noviembre 1999.

Ahora bien, la existencia ahora del Distrito Capital en sustitución del antiguo Distrito Federal implica, constitucionalmente hablando, lo siguiente: en *primer lugar,* que a todos los efectos administrativos, el Distrito Capital es una división política del territorio nacional, por lo que las unidades administrativas nacionales que actúan en el territorio nacional, pueden adoptar la división del Distrito Capital. Por ejemplo, habrá oficinas subalternas de registro del Distrito Capital, en lugar de las del Distrito Federal; habrá tribunales con jurisdicción en el Distrito Capital en lugar del Distrito Federal; y habrá unidades ministeriales, por ejemplo, educativas o de salud, con jurisdicción en el Distrito Capital en lugar del Distrito Federal.

Debe señalarse, en todo caso, que en aquellos supuestos en los cuales la ley establece una distribución territorial entre estados y el Distrito Federal, después de la Constitución, la antigua unidad territorial del Distrito Federal se convierte en unidad del Distrito Capital. Esto sucede, por ejemplo, respecto de los Colegios Profesionales cuyas leyes preveían su existencia en el Distrito Federal (*p.e.* Colegio de Médicos del Distrito Federal que se convierte en Colegio de Médicos del Distrito Capital). En efecto, de acuerdo con el texto expreso de la Ley de Abogados y de la Ley de Ejercicio de la Medicina, por ejemplo, los Colegios profesionales de abogados y médicos deben crearse y funcionar en cada entidad federal. Antes de la Constitución de 1999 existían colegios en cada uno de los estados y en el Distrito Federal, por lo que después de la Constitución de 1999 lo único que cambia es la denominación de Distrito Federal por el de Distrito Capital. En consecuencia, el antiguo Colegio de Médicos del Distrito Federal puede y debe denominarse Colegio de Médicos del Distrito Capital, siendo absolutamente contrario a la Ley de Ejercicio de la Medicina la decisión de dicho Colegio adoptada en el año 2000 de pasar a denominarse Colegio de Médicos del Distrito Metropolitano de Caracas, en perjuicio de la jurisdicción del Colegio de Médicos del Estado Miranda.

En *segundo lugar,* que como entidad político territorial, al Distrito Capital le corresponde participar en la distribución del situado constitucional (una partida equivalente a un máximo del 20% del total de los ingresos ordinarios estimados anualmente por el Fisco Nacional) junto con los estados de la República (Art. 167,4). Por tanto, en la asignación del situado constitucional, al Distrito Capital le corresponde igual parte que a cada uno de los estados respecto del 30% del situado constitucional; y una parte muy importante respecto del 70% restante del situado constitucional, que se reparte en proporción a la población de cada uno de los estados y del Distrito Capital.

En *tercer lugar*, que corresponde a la Asamblea Nacional sancionar una Ley que regule la organización y régimen del Distrito Capital (Art. 156,10) en cuyo territorio puede haber uno o más municipios. Es decir, una ley nacional podría establecer un régimen y organización del Distrito Capital, el cual no necesariamente tiene que conducir a crear alguna nueva "autoridad" a nivel del Distrito Capital, como incluso podría deducirse de lo indicado en el artículo 189.2 C., sino que puede perfectamente regular sólo la existencia de diversos municipios que podrían establecerse en dicho territorio (Art. 18), dividiendo el actual municipio Libertador del Distrito Capital. En *cuarto lugar,* que una ley nacional, en todo caso, es la llamada a determinar a cual autoridad corresponde administrar y ejecutar los ingresos que por situado constitucional, corresponden al Distrito Capital como entidad territorial, lo cual se ha atribuido al Distrito Metropolitano de Caracas.

3. La relación entre el Distrito Capital y el Distrito Metropolitano de Caracas

La Constitución de 1999, al renunciar a la creación de una entidad federal que abarcara territorialmente todo el valle de Caracas y comprendiera el territorio del antiguo Distrito Federal y el de los municipios Chacao, Sucre, Baruta y El Hatillo del Estado Miranda, desmembrando el territorio de esta entidad federal; optó por dejar incólume la división territorial del Estado Miranda y, en general, de la República, cambiando sólo el nombre del Distrito Federal por el del Distrito Capital, con las consecuencias constitucionales antes indicadas, y dejando los municipios del este del valle de Caracas, en el territorio del Estado Miranda[389].

Con base en esta división política del territorio nacional, la Constitución, además, introdujo una reforma que significó un avance sustancial en relación con la Constitución de 1961, respecto de la organización del área metropolitana de Caracas.

La Constitución de 1961, en efecto, sólo establecía que una ley especial podía *coordinar* las distintas jurisdicciones existentes dentro del área metropolitana de Caracas, sin menoscabo de la autonomía municipal (Art. 11); ley especial que jamás llegó a sancionarse, a pesar de todas las propuestas que se fueron formulando. En todo caso, la Constitución de 1961 planteaba, como principio, la necesidad de coordinar las distintas jurisdicciones (nacionales, del Estado Miranda, del Distrito Federal y municipales) que existían en el Área Metropolitana de la Capital.

La Constitución de 1999, por supuesto, fue mucho más allá del sólo reconocimiento de la existencia de distintas jurisdicciones con competencias en el territorio del Área Metropolitana de Caracas y del establecimiento del principio de coordinación; al regular, en su lugar, directamente, la necesidad de establecer un *sistema de gobierno municipal para toda el área.*

En efecto, el artículo 18 C., luego de establecer que la ciudad de Caracas es la capital de la República y el asiento de los órganos del poder nacional, agregó:

> "Una ley especial establecerá la unidad político territorial de la ciudad de Caracas que integre en un sistema de gobierno municipal a dos niveles, los municipios del Distrito Capital y los correspondientes del Estado Miranda."

Esa Ley fue sancionada por la Asamblea Nacional Constituyente como ley especial sobre el régimen del Distrito Metropolitano de Caracas de 8 de marzo de 2000[390] a la cual la sala Constitucional ha atribuido carácter de ley orgánica[391].

---

389 *Cfr.* en general, María de los Ángeles Delfino M., "La gobernabilidad de Caracas, la Capital y el Distrito Metropolitano", *Revista de Derecho Público,* N° 82, Editorial Jurídica Venezolana, Caracas, 2000, pp. 107-114; Manuel Rachadell, "¿Distrito Capital o Distrito Metropolitano?", *El Derecho Público a comienzos del siglo XXI. Estudios en homenaje al Profesor Allan R. Brewer-Carías, T.* III, Universidad Central de Venezuela y Thompson-Civitas Ediciones, Madrid, 2003, pp. 3271 a 3311; Alfredo De Stefano Pérez, "Aproximación al estudio del Distrito Metropolitano de Caracas", *Temas de Derecho Administrativo. Libro Homenaje a Gonzalo Pérez Luciani,* vol. II, Tribunal Supremo de Justicia, Caracas, 2002, pp. 553-592; Allan R. Brewer-Carías, "Consideraciones sobre el régimen constitucional del Distrito Capital y del sistema de gobierno municipal de Caracas", *Revista de Derecho Público,* N° 82, Editorial Jurídica Venezolana, Caracas, 2000, pp. 5-17; íd. "Consideraciones sobre el régimen constitucional del Distrito Capital y del sistema de gobierno municipal de Caracas", *Revista Iberoamericana de Administración Pública,* N° 5, Ministerio de Administraciones Públicas, Madrid, 2000, pp. 17-39.

390 *Gaceta Oficial* N° 36.906 del 8 de marzo de 2000.

391 *V.* sentencia 1563 del 13 de diciembre de 2000, *Revista de Derecho Público,* N° 84, Editorial Jurídica Venezolana, Caracas, 2000, pp. 98 y ss

En todo caso, de la norma constitucional, quedó claro en *primer lugar*, que existe un territorio denominado Distrito Capital (antes Distrito Federal) y un territorio denominado Estado Miranda, como parte de la división política de la República. En consecuencia, con el establecimiento del Distrito Metropolitano de Caracas, como lo ha señalado la sentencia N° 1563 de la Sala Constitucional de 13 de diciembre de 2000[392] (caso *Interpretación de la ley especial sobre el régimen del Distrito Metropolitano de Caracas*), "no ha nacido ninguna nueva entidad político territorial que deje sin efecto las previstas en el artículo 16 C." (pp. 33 de 61).

En *segundo lugar,* que en dicho territorio, en lo que se refiere al área ocupada por la ciudad de Caracas como realidad urbana, debe establecerse un sistema de gobierno municipal, léase bien, *municipal*, a dos niveles, que integre en una unidad político territorial, a los municipios (que pueden y deberían ser varios) del Distrito Capital y a los correspondientes municipios del Estado Miranda donde tiene su asiento parte de la ciudad capital (Chacao, Sucre, Baruta y El Hatillo) como unidad y continuidad urbanística. Por ello, la sentencia 1563 de la Sala Constitucional antes citada del 13 de diciembre de 2000, correctamente califica al Distrito Metropolitano de Caracas como "una entidad estrictamente municipal" (pp. 32 de 61) que "forma parte del poder municipal" (pp. 35 de 61); aclarando que "no es una entidad estadal" (pp. 38 de 61).

En *tercer lugar*, que el establecimiento de la unidad político territorial de la ciudad de Caracas mediante la integración de los municipios en los cuales tiene su asiento, en un sistema de gobierno municipal a dos niveles, no afecta en forma alguna la división política de la República, que sigue siendo en estados y el Distrito Capital, ni afecta en forma alguna los territorios del Distrito Capital y del Estado Miranda, cuyo territorio, en particular, conforme a la Disposición Transitoria Primera, debe preservarse; es decir, que la organización del sistema de gobierno municipal a dos niveles en Caracas, debe preservar la integridad territorial del Estado Miranda y de los municipios del mismo. Por tanto, no es cierto, como lo ha señala la sentencia de la Sala Constitucional citada del 13 de diciembre de 2000, que supuestamente la Ley sobre el régimen del Distrito Metropolitano de Caracas le haya dado "de una vez a dicho Distrito (capital) el régimen de distrito metropolitano" (pp. 32 de 61). Tampoco es correcto afirmar, como lo ha hecho la Sala Constitucional en la antes citada sentencia, que con la creación de un Distrito Metropolitano se "fusionen" los municipios que integran el mismo (pp. 33 de 61 y 34 de 61). No ha habido allí fusión alguna de municipios.

Por último, en *cuarto lugar,* la integración de un gobierno municipal a dos niveles implica un sistema de distribución de la competencia municipal entre los dos niveles, de manera que el nivel metropolitano ejerza los aspectos metropolitanos (macro) de la competencia municipal y los niveles municipales ejerzan los aspectos locales (micro) de las mismas competencias. En la materia, por tanto, no hay "sujeción" de un nivel a otro, en el sentido de subordinación jerárquica y sólo podría hablarse de primacía normativa del nivel metropolitano. En consecuencia, no es sino desafortunada la expresión utilizada en la sentencia N° 1563 citada de la Sala Constitucional, cuando señala que habría "sujeción" de los alcaldes municipales al alcalde metropolitano, en el siguiente párrafo:

---

392 *V.* el texto de la sentencia en *Revista de Derecho Público,* N° 84, Editorial Jurídica Venezolana, Caracas, 2000, pp. 184 y ss. En el texto, sin embargo, las referencias que hacemos a las páginas de la sentencia se refieren a las de la versión publicada en la *página web* del Tribunal Supremo.

"Para determinar las competencias del Distrito Metropolitano de Caracas, la Sala puntualiza que por mandato constitucional, existe un gobierno municipal de dos niveles, uno macro para toda la extensión territorial y uno micro para cada uno de los municipios que conforman al distrito.

En el nivel macro, es el alcalde metropolitano la primera autoridad civil, política y administrativa del distrito, mientras que en el nivel micro y en lo que sean competentes, los alcaldes de cada municipio son la primera autoridad civil, política y administrativa de ellos.

En consecuencia, existe en el nivel macro una sujeción de los alcaldes de los municipios integrados al alcalde metropolitano, pero éste no puede intervenir en el nivel micro, en lo que sea competencia exclusiva de los municipios que conforman el distrito" (p. 38 de 61).

El alcalde metropolitano no es ningún "alcalde Mayor" al cual se encuentren "subordinados" (sujetos) los alcaldes municipales; y además, no se puede hablar de materias de la competencia municipal "exclusiva" de alguno de los dos niveles de gobierno. Ambos son gobierno municipal, y como tales tienen el gobierno y la administración de las materias de la competencia municipal, cada nivel en los aspectos que le corresponden: los aspectos "macro", de carácter metropolitano para el nivel metropolitano; y los aspectos "micro", locales, para los municipios.

II. EL RÉGIMEN DE GOBIERNO MUNICIPAL DEL DISTRITO METROPOLITANO DE CARACAS

1. La creación del Distrito Metropolitano de Caracas mediante ley especial

En ejecución del mandato establecido en la Disposición Transitoria Primera de la Constitución, conforme al artículo 18 C., la Asamblea Nacional Constituyente sancionó la Ley especial sobre el régimen del Distrito Metropolitano de Caracas de 8 de marzo de 2000[393]. En todo caso, por el hecho de que haya sido dictada por la Asamblea Nacional Constituyente, dicha ley no adquirió ningún rango distinto al de la ley y mucho menos algún rango constitucional.

Esto lo ha aclarado la Sala Constitucional en la citada sentencia Nº 1563 de 13 de diciembre de 2000, donde ha dejado sentado el carácter de la Ley especial, como ley "de rango inferior a la Constitución" (pp. 29 de 61), a la cual, sin embargo, le atribuyó la naturaleza, el carácter y las características de "ley orgánica, así no se le haya dado tal denominación" (pp. 30 de 61), en virtud de que en ella se regulan materias que están contenidas en la Ley Orgánica de Régimen Municipal.

En todo caso, debe advertirse, que se trata de la Ley especial que regula el Distrito Metropolitano de Caracas, que es la exigida en el artículo 18 C., para regular, conforme a los principios generales establecidos en la Constitución para los distritos metropolitanos (Art. 171), la unidad político territorial de la ciudad de Caracas que integra en un sistema de gobierno municipal a dos niveles, los municipios Libertador del Distrito Capital y Chacao, Sucre, Baruta y El Hatillo del Estado Miranda.

Por tanto, la Ley especial no es, en absoluto, la Ley del Distrito Capital a que hacen referencia los artículos 156.10 y 187.1 C., constituyendo un lamentable error de la dis-

393 *Gaceta Oficial* Nº 36.906 del 8 de marzo de 2000.

posición transitoria primera de la Constitución, el haber hecho referencia a una supuesta "Ley especial sobre el Régimen del Distrito Capital", cuando de lo que se trataba era de la Ley especial sobre el Distrito Metropolitano de Caracas. Sin embargo, la remisión expresa que hace la Disposición Transitoria Primera a la Ley especial "prevista en el artículo 18 C." despeja toda duda, pues esta norma no regula ley alguna del "Distrito Capital" sino de la unidad político territorial de la ciudad de Caracas que integre los municipios tanto del Distrito Capital como del Estado Miranda en los cuales la ciudad tiene su asiento, en un sistema de gobierno a dos niveles.

En todo caso, esta confusión quedó aclarada en la oportunidad de la primera discusión del "Proyecto de ley especial sobre el régimen del Distrito Capital" en la Asamblea Nacional Constituyente, sesión del 25 de enero de 2000, lo que condujo a que en la segunda discusión, sesión del 28 de enero de 2000, se hubiera modificado el título de la ley por el de Ley sobre el régimen del Distrito Metropolitano de Caracas[394]. Esos debates, lamentablemente no fueron tomados en cuenta por la Sala Constitucional en su sentencia Nº 1563 del 13 de diciembre de 2000 al haber afirmado que la Asamblea Nacional Constituyente, de acuerdo con la disposición transitoria primera de la Constitución, antes de dictar la Ley sobre el régimen del Distrito Metropolitano de Caracas, debió dictar la Ley sobre el Régimen del Distrito Capital (pp. 29 de 61).

En todo caso, se debe señalar que con base en lo establecido en el artículo 18 C., entonces, el artículo 1° LDMC, establece que:

> *Artículo* 1°. Esta ley tiene por objeto regular la creación del Distrito Metropolitano de Caracas como *unidad* político territorial de la ciudad de Caracas, conforme a lo dispuesto en el artículo 18 de la Constitución de la República Bolivariana de Venezuela, y establecer las bases de su régimen de gobierno, organización, funcionamiento, administración, competencia y recursos. El Distrito Metropolitano de Caracas goza de personalidad jurídica y autonomía dentro de los límites de la Constitución y la ley, y su representación la ejercerán los órganos que determine la ley.

A tal efecto, el artículo 2° LDMC determinó el ámbito territorial del Distrito Metropolitano de Caracas así:

> *Artículo* 2°. Los límites del Distrito Metropolitano de Caracas, son los del municipio Libertador del Distrito Capital, el cual sustituye al Distrito Federal y de los municipios Sucre, Baruta, Chacao y El Hatillo del Estado Miranda. Cualquier controversia que pudiera surgir sobre los mismos será decidida por el Tribunal Supremo de Justicia de conformidad con la Constitución y las leyes de la República, en cualquier caso preservando la integridad territorial del Estado Miranda.

Sobre la necesaria posible subdivisión del municipio Libertador del Distrito Capital en otros municipios, el artículo 38 LDMC estableció que corresponde a la Asamblea Nacional "en el lapso no mayor de un (1) año a partir de su instalación" dictar las medidas para la reorganización político territorial del municipio Libertador, de conformidad con los principios de descentralización y participación contenidos en la Constitución. La ley del Distrito Capital prevista en la Constitución (Art. 156,10), por tanto, en realidad sólo podría tener por objeto la división político territorial del Distrito en municipios, no siendo necesario dictarla a ningún otro efecto como lo ha exhortado la Sala Constitucional en la sentencia 1563 citada del 13 de diciembre de 2000, considerándola como "una urgente necesidad" (pp. 30 de 61).

---

394 *V.* Asamblea Nacional Constituyente, *Gaceta Constituyente (Diario de Debates)*, Noviembre 1999-Enero 2000, Caracas, 2000.

Por otra parte, en cuanto a la integración de nuevas entidades territoriales al Distrito Metropolitano de Caracas, ello debe ser aprobado por la Asamblea Nacional, mediante acuerdo (Art. 29 LDMC).

2. El sistema de gobierno municipal a dos niveles en el Distrito Metropolitano de Caracas

Conforme al mencionado artículo 18 C., el artículo 3° LDMC dispuso que el Distrito Metropolitano de Caracas se organiza en un sistema de gobierno municipal a dos niveles, así:

> "1. El nivel metropolitano, formado por un órgano ejecutivo y un órgano legislativo, cuya jurisdicción comprende la totalidad territorial metropolitana de Caracas;
>
> 2. El nivel municipal formado por un órgano ejecutivo y un órgano legislativo en cada municipio integrante del Distrito Metropolitano de Caracas, con jurisdicción municipal."

En el Distrito Metropolitano de Caracas, el gobierno y la administración corresponden al alcalde metropolitano; y la función legislativa corresponde al cabildo metropolitano (Art. 4). Por su parte, conforme a la Ley Orgánica del Poder Público Municipal, en cada uno de los municipios que integran el distrito metropolitano, el poder ejecutivo lo ejerce el alcalde municipal; y el poder legislativo lo ejerce el concejo municipal, con sus respectivas competencias, de conformidad con lo establecido en la Constitución y leyes de la República (Art. 5).

En el nivel metropolitano, el alcalde metropolitano es la primera autoridad civil, política y administrativa del Distrito Metropolitano de Caracas, así como los alcaldes municipales lo son en cada uno de los municipios que lo integran (Art. 8).

En cuanto al cabildo metropolitano, conforme al artículo 11 LDMC, es el órgano legislativo del Distrito Metropolitano de Caracas, integrado por los concejales metropolitanos elegidos en la oportunidad y en el número determinados por la legislación electoral aplicable. Se regula, además, en la Ley especial, al consejo de gobierno del Distrito Metropolitano de Caracas como órgano superior de consulta y asesoría del alcalde metropolitano, integrado por los alcaldes de los municipios que conforman el Distrito Metropolitano de Caracas (Art. 10). Dicho consejo de gobierno, lo preside el alcalde metropolitano y se reúne a convocatoria suya (arts. 9 y 10). Se reguló así, en la ley, la figura que se había creado en los Reglamentos de la Ley Orgánica de Descentralización de 1993 (*Cuarta parte, § 13*).

Tanto el nivel metropolitano como el nivel municipal en el Distrito Metropolitano de Caracas, son *gobiernos municipales* y, por tanto, sus competencias son estrictamente municipales.

Por ello, el artículo 28 LDMC, establece que las disposiciones de la Ley Orgánica del Poder Público Municipal, en el tiempo de su vigencia, así como la legislación prevista en el numeral 7 de la disposición transitoria cuarta de la Constitución, regirán para el Distrito Metropolitano de Caracas en cuanto sean aplicables.

Precisamente por este carácter *municipal* del sistema, el artículo 19 LDMC otorga al mismo "las competencias municipales atribuidas a los municipios en el artículo 178 C". Con tal declaratoria no se produjo ningún "contrasentido con la organización municipal" como lo afirmó la Sala Constitucional en la sentencia 1563 del 13 de diciembre de

2000 (pp. 42 de 61), pues el Distrito Metropolitano como lo dijo la misma Sala en la misma sentencia 1563, es "una entidad estrictamente municipal" (pp. 32 de 61) que organiza un sistema de gobierno municipal a dos niveles, distrital y municipal, ambos formando parte del "poder municipal" y con las competencias establecidas en la Constitución para los municipios (Art. 178).

Siendo los dos niveles de carácter municipal, la ley lo que tenía que hacer era "distribuir" el ámbito de las competencias municipales en los dos niveles, pero sin pretender atribuir a alguno de los dos niveles competencias municipales exclusivas.

Por otra parte, las autoridades del Distrito Metropolitano de Caracas conforme al artículo 27 LDMC, deben velar por la estricta observancia de la normativa constitucional que consagra el proceso de descentralización como principal estrategia del desarrollo y, en tal sentido deben estimular la cooperación institucional y la armonización en relación de los dos niveles de gobierno metropolitano y entre éstos y el gobierno nacional y el del Estado Miranda.

El artículo 18 C., además, exige que la ley debía garantizar el carácter democrático y participativo del gobierno municipal en los dos niveles (Art. 18). De allí que el artículo 6 LDMC, en general, disponga que:

> *Artículo 6º.* El alcalde metropolitano de Caracas, los concejales metropolitanos, los alcaldes municipales y los miembros de los concejos municipales serán electos por votación popular, universal, directa y secreta en la misma oportunidad en que se lleven a cabo las elecciones municipales en todo el país. En las correspondientes al alcalde metropolitano participarán todos los electores residentes en los municipios que integran el Distrito Metropolitano de Caracas. En las destinadas a elegir alcaldes y concejos municipales participarán los electores correspondientes al municipio respectivo.

En particular, en cuanto a las condiciones de elegibilidad de los titulares de los órganos municipales en el distrito metropolitano, la Ley especial dispone:

> *Artículo 7º.* Para ser elegido alcalde metropolitano o de alguno de sus municipios integrantes, concejales del cabildo metropolitano o de los concejos municipales, se requiere ser venezolano, mayor de veintiún (21) años de edad, de estado seglar, no estar sometido a condena mediante sentencia definitivamente firme, residencia de no menos de cinco (5) años en el área del Distrito Metropolitano de Caracas y estar inscrito en el Registro Electoral Permanente del mismo. Deberá, además, cumplir los requisitos establecidos en la Constitución y leyes de la República.

Los concejales metropolitanos del cabildo metropolitano, por su parte se eligen por períodos de 4 años, pudiendo ser reelegidos para un período inmediato por una sola vez. (Art. 4).

3. Las atribuciones de las autoridades metropolitanas

En cuanto a los órganos de las autoridades municipales metropolitanas, la Ley especial definió las atribuciones tanto del alcalde metropolitano como del cabildo metropolitano.

A. Las atribuciones del Alcalde Metropolitano

En cuanto al alcalde metropolitano, el artículo 8 LDMC, le atribuye las siguientes atribuciones:

"1. Cumplir y velar por el cumplimiento de la Constitución, las leyes nacionales y acuerdos y ordenanzas que dicte el cabildo metropolitano;

2. Administrar la hacienda pública metropolitana;

3. Preservar el orden público y la seguridad de las personas y propiedades;

4. Presentar al cabildo metropolitano el proyecto de presupuesto de ingresos y gastos para cada ejercicio fiscal, conforme a la ley;

5. Gerenciar y coordinar las competencias metropolitanas para unificar las áreas de servicios públicos de interés común y fijar las tasas y tarifas por los servicios;

6. Promulgar las ordenanzas dictadas por el cabildo metropolitano, dentro de los ocho (8) días de haberlas recibido. Cuando a su juicio existan razones para su revisión podrá devolverlas al cabildo metropolitano, dentro del mismo plazo, con una exposición razonada pidiendo su reconsideración. En estos casos, el Cabildo procederá a la revisión, pudiendo ratificar la ordenanza, modificarla o rechazarla por una mayoría de las tres cuartas partes de los presentes en una sola discusión, teniéndose por definitivamente firme lo que así decida;

7. Presidir el consejo de gobierno del Distrito Metropolitano de Caracas;

8. Organizar y dirigir los espacios u oficinas relativas al funcionamiento de la alcaldía Metropolitana;

9. Ejercer la representación del Distrito Metropolitano de Caracas;

10. Concurrir a las sesiones del cabildo metropolitano con derecho a palabra cuando lo considere conveniente, también deberá hacerlo cuando sea invitado por este cuerpo.

11. Dictar los decretos previstos en el ordenamiento jurídico y los reglamentos que desarrollen las ordenanzas sin alterar el espíritu, propósito o razón y los reglamentos autónomos previstos en esta ley;

12. Suscribir los contratos y concesiones de la competencia del nivel metropolitano;

13. Rendir cuenta anual de su gestión al contralor del Distrito Metropolitano de Caracas;

14. Asumir las competencias que correspondían al gobernador del Distrito Federal.

Además, corresponde al alcalde metropolitano, la coordinación de las mancomunidades metropolitanas que se establezcan entre los municipios que integran el distrito "(Art. 26).

B. Las atribuciones del Cabildo Metropolitano

En cuanto al cabildo metropolitano, el artículo 12 LDMC, le asigna las siguientes atribuciones:

"1. Dictar su reglamento interno;

2. Sancionar ordenanzas y acuerdos sobre las materias de la competencia metropolitana;

3. Recibir informe de la gestión anual del alcalde metropolitano;

4. Aprobar o rechazar los contratos que someta a su consideración el alcalde metropolitano, cuando lo exija la legislación aplicable;

5. Designar al contralor metropolitano, de acuerdo al procedimiento establecido en el artículo 176 C.;

6. Considerar el proyecto de presupuesto de ingresos y gastos del Distrito Metropolitano de Caracas que deberá presentar el alcalde metropolitano, y pronunciarse sobre el mismo en la oportunidad y forma prevista en la legislación aplicable;

7. Las demás que le asignen el ordenamiento jurídico aplicable."

4. Las otras autoridades del Distrito Metropolitano de Caracas

En la Ley especial del Distrito Metropolitano de Caracas, además de las autoridades antes mencionadas, se regula la contraloría metropolitana y el procurador metropolitano.

A. La Contraloría Metropolitana

Conforme al artículo 13 LDMC, la contraloría metropolitana debe ser dirigida por un contralor designado de conformidad con lo dispuesto en la Constitución y en las leyes aplicables; el cual debe durar en sus funciones 4 años, pero puede ser destituido por faltas graves calificadas por el poder ciudadano nacional (Art. 15).

Le corresponde a la contraloría metropolitana el control, vigilancia y fiscalización de los bienes, ingresos y gastos del distrito metropolitano, así como las operaciones relativas a los mismos, conforme la ley y a las ordenanzas aplicables (Art. 14).

B. El Procurador Metropolitano

El procurador metropolitano debe ser nombrado por el cabildo metropolitano, a propuesta del alcalde, por la aprobación de la mayoría absoluta de sus miembros, en los primeros treinta (30) días posteriores a su instalación, al iniciarse el período constitucional. Para ser procurador metropolitano se requiere ser venezolano, mayor de treinta (30) años y de profesión abogado.

La destitución del procurador metropolitano debe ser propuesta por el alcalde, previa elaboración del expediente respectivo, por fallas graves en el ejercicio de sus funciones. Dicha destitución deberá ser aprobada por la mayoría absoluta de los miembros del cabildo metropolitano (Art. 16).

El artículo 17 LDMC le asigna al procurador metropolitano las siguientes competencias: sostener y defender, judicial y extrajudicialmente los derechos del Distrito Metropolitano de Caracas en todos los asuntos y negocios en las cuales tenga interés el distrito, conforme a las instrucciones del alcalde metropolitano.

Además, está obligado a advertir a los funcionarios y empleados metropolitanos sobre las faltas que observe en el desempeño de sus funciones y solicitar su destitución en caso de reincidencia.

Para facilitar las funciones del procurador metropolitano, el artículo 18 LDMC señala que todo ciudadano que tenga información sobre alguna situación que afecte los derechos del Distrito Metropolitano de Caracas, que debe ser conocido prevenido o evitado por el procurador metropolitano lo debe comunicar, a éste, a fin de que proceda en consecuencia.

C. Consejo metropolitano de planificación de políticas públicas

El artículo 33 LDMC creó el consejo metropolitano de planificación de políticas públicas, presidido por el alcalde metropolitano e integrado por los alcaldes de los municipios que conforman el Distrito Metropolitano de Caracas, un concejal de cada uno de estos municipios, un representante del Ejecutivo nacional, un representante de la gobernación del Estado Miranda, los presidentes de las juntas parroquiales, por representantes de las organizaciones vecinales y otras de la sociedad organizada de conformidad con la Constitución y la ley.

Por otra parte, dispuso la Ley especial que cuando se tratasen temas concernientes al Distrito Metropolitano de Caracas, los consejos de gobierno y planificación tanto nacionales como del Estado Miranda deberán invitar al alcalde metropolitano de Caracas (Art. 34); cuando se trate de la consideración de temas que afecten o sean de interés del Estado Miranda, el cabildo metropolitano y el consejo de gobierno metropolitano, deben invitar con derecho a voz al gobernador de esa entidad (Art. 35).

III. LA DISTRIBUCIÓN DEL ÁMBITO DE COMPETENCIAS MUNICIPALES EN LOS DOS NIVELES DE GOBIERNO MUNICIPAL EN EL DISTRITO METROPOLITANO

1. Lo macro y lo micro en la distribución de competencias

Como se ha dicho, de acuerdo con el artículo 19 LDMC, el Distrito Metropolitano de Caracas, es decir, los dos niveles de gobierno municipal que funcionan en el mismo, tienen las competencias establecidas en el artículo 178 C. de la República y en la Ley Orgánica del Poder Público Municipal para todos los municipios.

Es decir, como lo precisa la sentencia 1563 de la Sala Constitucional de 13 de diciembre de 2000, en el Distrito Metropolitano de Caracas, "existe un gobierno municipal a dos niveles, uno "*macro*" para toda la extensión territorial y no "*micro*" para cada uno de los municipios que conforman al Distrito" (pp. 38 de 61).

Por tanto, ambos niveles "macro" y "micro" son gobiernos municipales con competencias municipales, por lo que la distribución del ámbito de las mismas entre los dos niveles debe seguir el mismo criterio: lo "macro" de las competencias debe corresponder al Distrito Metropolitano y lo "micro" de las mismas competencias a los municipios que lo integran.

Bajo ese ángulo es que, en nuestro criterio, tiene que analizarse el artículo 19 LDMC, cuando señala que el nivel metropolitano de Caracas tiene competencias en las siguientes materias:

"1. El acueducto metropolitano de Caracas;

2. Distribución y venta de electricidad y gas doméstico;

3. Planificación y ordenación urbanística, ambiental, arquitectura civil y viviendas de interés social;

4. Vialidad urbana, circulación y ordenación del tránsito de vehículos en el área metropolitana;

5. Los servicios de transporte urbano intermunicipal de pasajeros del Distrito Metropolitano de Caracas;

6. Protección civil y seguridad de precaución y administración de emergencia o desastre y prestación de servicio del cuerpo de bomberos;

7. Institutos metropolitanos de créditos;

8. Servicios de policía de orden público en el ámbito metropolitano, así como de policía administrativa con fines de vigilancia y fiscalización en las materias de su competencia;

9. Promover y coordinar conjuntamente con los municipios del Distrito Capital el desarrollo de acciones que garanticen la salud pública en el marco de las políticas nacionales de salud;

10. La normativa para armonizar de las tasas y definir principios, parámetros y limitaciones para el ejercicio de la potestad fiscal de los municipios que integran el distrito metropolitano.

11. Tratamiento y disposición de residuos sólidos;

12. Parques y espacios abiertos de carácter metropolitano; y,

13. Las demás que le sean atribuidas por el poder nacional y que no estén expresamente señaladas como de la competencia nacional o municipal."

Además de las competencias antes indicadas, la Asamblea Nacional puede atribuir al Distrito Metropolitano de Caracas determinadas competencias nacionales con el fin de promover la descentralización política y administrativa (Art. 32). Cuando la Asamblea Nacional legisle sobre materias relativas al Distrito Metropolitano de Caracas, debe "consultar a las autoridades del mismo" (Art. 31).

De acuerdo con el mismo artículo 19 LDMC, las actuaciones metropolitanas se deben realizar en un marco de participación vecinal tomando en cuenta las opiniones e iniciativas de las autoridades de las entidades municipales integradas en el área metropolitana, en el proceso de definición de políticas, planes y proyectos, control y evaluación de los resultados de la gestión.

Ahora bien, en relación con el artículo 19 LDMC, debe señalarse, ante todo, que la identificación de competencias, que contiene, todas municipales, como correspondientes al nivel metropolitano, sólo tuvo por objeto identificar, con precisión, cuáles de todas las competencias municipales exigían su ejercicio (no excluyente) a nivel metropolitano, además del ejercicio a nivel local municipal. Por ello, en ningún caso puede identificarse esta enumeración como excluyente del nivel local municipal, y como una atribución de competencias exclusivas al nivel metropolitano, pues ello sería inconstitucional. Se trató, sólo, de indicar qué materias de la competencia municipal debían ser necesariamente compartidas o concurrentes entre los dos niveles de gobierno municipal.

En relación al alcance de estas competencias del nivel metropolitano, las cuales son por supuesto *concurrentes* con las del nivel municipal (todas son competencias municipales), la Sala Constitucional se ha pronunciado en una forma totalmente incorrecta, en la sentencia 1563 del 13 de diciembre de 2000, antes citada, señalando que en virtud de la enumeración del antes citado artículo 19 LDMC, entonces:

"[Por] exclusión con las competencias anteriores expresamente señaladas, corresponde a los municipios en particular, gobernar y administrar en lo concerniente a la vida local, en las siguientes áreas, que señala la Sala a título enunciativo, y que contempla tanto la Constitución como la Ley Orgánica de Régimen Municipal:

1. Tránsito local y patrimonio histórico.
2. Sitios de recreación.

3. Ornato público.
4. Nomenclatura.
5. Transporte público urbano dentro del municipio.
6. Espectáculos públicos.
7. Publicidad comercial.
8. Protección del ambiente.
9. Aseo urbano y domiciliario, comprendido la limpieza y recolección de basura y residuos, exceptuando el tratamiento y disposición de los residuos sólidos.
10. Parques, jardines y plazas, destinados por sus instalaciones a prestar servicios a la población del municipio.
11. Atención primaria en salud.
12. Servicios de protección a la primera y segunda infancia, a la adolescencia y a la tercera edad.
13. Educación preescolar.
14. Servicios de integración familiar de las personas con discapacidad, al desarrollo comunitario.
15. Actividades e instalaciones culturales y deportivas.
16. Cementerios y servicios funerarios.
17. Canalización de aguas servidas y alcantarillado
18. Justicia de paz.
19. Servicios de prevención y protección, vigilancia y control de los bienes y ejidos, y las actividades relativas a las materias de competencia municipal" (pág. 43 de 61)."

El ejercicio que realizó la Sala Constitucional con este planteamiento, es completamente incongruente con los fundamentos de la sentencia misma y contradice el encabezamiento del mismo artículo 19 LDMC, por lo que en definitiva, es inconstitucional.

En efecto, los dos niveles de gobierno ("macro" y "micro", para usar la terminología de la Sala) son *municipales*, y sus competencias son las *municipales* enumeradas en el artículo 178 C. La enumeración que hizo el artículo 19 LDMC, fue un intento del legislador de precisar aspectos "macro" de las competencias municipales que correspondían al nivel metropolitano, sin que ello pudiera significar que se excluyeran las competencias "micro" en *las mismas materias* que corresponden a los municipios.

En consecuencia, es totalmente equivocada la operación de "sustracción" o "resta" que arbitrariamente hizo la Sala Constitucional, de "quitarle" a los municipios del Área Metropolitana de Caracas parte de sus competencias constitucionales (Art. 178) y pretender crear una exclusión y una "materia" de competencia municipales exclusivas del nivel distrital metropolitano. La Sala debió sólo interpretar en las mismas competencias municipales, conforme a la enumeración del artículo 19, qué ámbito "macro" correspondía al nivel distrital metropolitano y qué ámbito "micro" correspondía al nivel municipal.

En consecuencia, estimamos que la Sala partió de una premisa falsa y, por tanto, errada, al analizar la distribución de competencias entre los dos niveles de gobierno municipal en el Distrito Metropolitano de Caracas. La enumeración del artículo 19 LDMC nunca podría ser exclusiva ni excluyente sobre "la materia" de la competencia municipal de manera que se pudiera concluir, como lo hizo la Sala, que "por exclusión" de lo indicado en el artículo 19 (supuesta materia de la competencia municipal exclusiva del nivel distrital metropolitano) habría, por tanto, "otras" materias de la competencia municipal que serían "exclusivas" de los municipios del Distrito.

La Sala se equivocó; lo que debía y podía hacer en este caso era precisar e interpretar, no qué "materias" de la competencia municipal correspondían a uno y otro nivel de gobierno (ambos municipales), en forma exclusiva, lo cual era y es contrario a la Constitución; sino qué aspecto "macro" de las competencias municipales correspondían al nivel metropolitano y qué aspecto "micro" de las mismas competencias municipales correspondían a los municipios; pues como competencias municipales, las enumeradas en el artículo 178 C. son siempre *concurrentes* entre los dos niveles de gobierno.

En todo caso, teniendo en cuenta los aspectos resaltantes de la sentencia Nº 1563 de la Sala Constitucional, en nuestro criterio, la siguiente sería la distribución de los ámbitos de las competencias municipales en los dos niveles de gobierno municipal en el Distrito Metropolitano de Caracas, conforme a la enumeración del artículo 178 C. y a la orientación del artículo 19 LDMC.

Seguimos, en este análisis, el orden enumerativo del artículo 178 C., pero refiriéndonos única y exclusivamente a las materias de la competencia municipal incluidas en el artículo 19 LDMC.

2. Ordenación territorial y urbanística

En el artículo 178.1 C. se atribuye a los municipios competencia exclusiva, "en cuanto concierne a la vida local", en la materia de "ordenación territorial y urbanística"; y el artículo 19.3 LDMC, identifica como competencia del nivel metropolitano, un aspecto de dicha competencia, que es la "planificación y ordenación urbanística.

Ahora bien, conforme al artículo 128 C., como ya se ha analizado, la ordenación del territorio es una política del "Estado" (en sus tres niveles territoriales), correspondiendo al poder nacional exclusivamente dictar la ley orgánica de la materia.

El poder nacional también tiene competencia exclusiva para dictar la legislación sobre ordenación urbanística (Art. 156.19), así como para el establecimiento, coordinación y unificación de normas y procedimientos técnicos para obras de ingeniería, de arquitectura y de urbanismo (Art. 156.19).

En particular, además, corresponde a los municipios, ejercer competencias exclusivas, en cuanto concierne a la vida local, en materia de "ordenación territorial y urbanística" (Art. 178.1). Esta es una competencia municipal de orden constitucional que no se le puede "quitar" a ningún municipio y menos cuando se organiza un distrito metropolitano. En estos casos, como debe suceder en el de Caracas, lo que el legislador y su intérprete deben hacer es distribuir los ámbitos "macro" y "micro" de la misma materia, que corresponden al nivel distrital metropolitano y al nivel municipal.

En tal sentido, por el hecho de que la Ley especial haya previsto para el nivel metropolitano, "la planificación y ordenación urbanística y la arquitectura civil" (Art. 19.3), ello no significa que, en consecuencia, los municipios del Área Metropolitana de Caracas hubieran perdido totalmente competencia en esas materias y le quede sólo el "ornato público", por ejemplo, como lo indica la sentencia 1563 de la Sala Constitucional. Ello no sólo sería inconstitucional, sino contrario a la lógica metropolitana.

Cuando la Ley especial atribuyó al nivel metropolitano la competencia en materia de "planificación y ordenación urbanística" y la "arquitectura civil" fue considerando que en relación a esa competencia municipal no sólo había aspectos "locales", sino "metropolitanos", de manera que el ejercicio de la competencia tenía y tiene que distribuirse en los dos niveles. Esa distribución debe realizarse, precisamente, distinguiendo los aspectos "macro" de los aspectos "micro" en la materia.

El plan general de ordenación urbanística de toda la ciudad de Caracas, por supuesto, corresponde al nivel metropolitano, pero los planes de desarrollo urbano local y el detalle de la zonificación urbanística, conforme a las indicaciones del Plan General, tienen que corresponder al nivel municipal, es decir, a cada municipio.

Ahora bien, en esta materia de la ordenación urbanística, la sentencia 1563 de la Sala Constitucional hizo las siguientes consideraciones:

> "Corresponde al nivel metropolitano la planificación y ordenación urbanística y ambiental del área territorial donde ejerce sus competencias. Esto presupone una ordenación legal referente a lo general del área, pero no impide una particular dictada por cada municipio en lo que es propio y que no choque con la general.
>
> Tratándose de un territorio con problemas comunes, y donde el desarrollo de un sector puede perjudicar a otro en lo urbanístico, en lo ambiental o en lo vial, lo lógico es que una ordenanza del cabildo metropolitano cree los organismos de planificación necesarios, y las normas generales de planificación urbanística, ambiental, de vialidad, urbana, arquitectura civil y viviendas de interés social, que regirán todo el distrito metropolitano.
>
> Mientras las ordenanzas no se promulguen, quedan vigentes las ordenanzas de cada municipio, quienes no deberán modificarlas, hasta que los lineamientos generales en estas materias sean dictados por el cabildo metropolitano. Todo ello a su vez debe adaptarse a lo que la legislación y la política nacional sobre viviendas disponga, ya que es un principio que lo que es competencia del poder nacional, no puede colisionar con lo que es competencia del poder municipal. (p. 47 de 61).

La Sala Constitucional, lamentablemente, no fue lo exacto que se requería fuera en esta materia. Reconoció que la competencia en la materia es una competencia compartida entre los dos niveles de gobierno municipal, e indicó correctamente que, en particular, corresponde al concejo metropolitano de Caracas, dictar mediante ordenanza el régimen de distribución del ejercicio de la competencia, conforme a lo "macro" y lo "micro", entre el nivel metropolitano y el nivel municipal.

Con razón señaló la sentencia 1563 que mientras se dicte la ordenanza metropolitana, continuaría vigente todo el sistema normativo municipal (ordenanzas de planificación urbana local y de zonificación) pero en una afirmación sin asidero jurídico ni lógico urbanístico, señaló que mientras no se dictara a nivel metropolitano el plan general de ordenación urbanística de Caracas, los municipios no podían modificar sus ordenanzas. Esto no tiene sentido alguno desde el punto de vista del ejercicio de las competencias municipales ni desde el punto de vista urbanístico. Recuérdese, por ejemplo, que la Ley Orgánica de para la planificación y gestión de la ordenación del territorio, como antes lo establecía la Ley Orgánica de Ordenación Urbanística, al prever el sistema jerarquizado y graduado de planes (nacionales, regionales, de ordenación urbanística, de desarrollo urbano local y especial), indicó expresamente que la ausencia de uno de nivel superior, no impide que se aprueben los de nivel inferior. Así, el artículo 115 LOPGOT dispone:

> "La ausencia de planes de ámbito territorial superior no será impedimento para la formulación y ejecución de los demás planes del sistema integrado de planificación.
>
> Una vez que los planes de ámbito territorial superior entren en vigencia, los planes elaborados previamente deberán revisarse y adaptarse a las previsiones correspondientes."

Esta norma, que equivale al artículo 18 de la derogada Ley Orgánica de Ordenación Urbanística, y el principio que la integraba está vigentes, de manera que la "interpretación" que hizo la Sala Constitucional, por no ser de una norma constitucional, no es vinculante. En consecuencia, la mención que hace la sentencia 1563 de que las ordenanzas de planificación urbana local y de zonificación de los municipios no pueden ser modificadas "hasta que los lineamientos generales en estas materias sean dictados por el cabildo metropolitano", no es más que una apreciación errada del ordenamiento jurídico en esta materia, que no tiene carácter vinculante.

Ahora bien, conforme a la Constitución, tanto el nivel metropolitano como el nivel municipal en el Distrito Metropolitano de Caracas, tienen competencia municipal en materia de "ordenación territorial y urbanística" en cuanto concierne a la vida local (Art. 178.1 C.).

En consecuencia, en esta materia, que es concurrente y compartida entre los dos niveles de gobierno municipal de Caracas, la asignación de competencia al nivel metropolitano en materia de "planificación y ordenación urbanística" (Art. 19,3 LDMC), lo que persigue es precisar, expresamente, que la materia tiene un nivel "macro" (para toda la ciudad) que corresponde al nivel metropolitano y un nivel "micro" que corresponde a los municipios.

En materia de planificación urbanística, la distribución de la competencia entre los dos niveles por la Ley especial debe seguir la orientación de la Ley Orgánica para la planificación y gestión de la ordenación del territorio, por lo que corresponde al nivel metropolitano el Plan de Ordenación Urbanística (Art. 21 y ss.) de toda la ciudad de Caracas (en lugar de al Ministerio de Infraestructura, antiguo Ministerio de Desarrollo Urbano) y a los niveles municipales, los planes de desarrollo urbano local (arts. 34 y ss.), con todas las implicaciones y diferencias que establece la Ley Orgánica de para la planificación y gestión de la ordenación del territorio, que regula la ordenación urbanística.

3. Arquitectura civil

La materia "arquitectura civil" se atribuye en la Constitución a los municipios como competencia exclusiva "en cuanto concierne a la vida local" (Art. 178,1), y en la Ley especial se identifica como una competencia del nivel metropolitano (Art. 19.3).

Ahora bien, sobre esa materia en la ciudad de Caracas, conforme a lo antes argumentado, tanto el nivel metropolitano como el nivel municipal tienen competencias, y lo que debe distinguir la ordenanza respectiva que dicte el cabildo metropolitano son los aspectos "macros" que corresponderían al nivel metropolitano, de los aspectos "micros" que corresponden a los municipios.

La arquitectura civil, conforme a la tradición legal municipal, es la disciplina que regula las normas básicas de diseño de las edificaciones en cuanto a alturas, fachadas, retiros, densidades, y otros elementos. Sin duda, para la ordenación urbanística de una ciudad metropolitana puede haber aspectos "macro" de arquitectura civil para establecer criterios generales uniformes, pero en general, se tratará de aspectos "micro" que debe ser definido por cada municipio, de acuerdo con sus características y peculiaridades dentro de la ciudad. Sólo los aspectos "macro" serían los que caerían dentro de las competencias del cabildo metropolitano, y ello debe determinarse en la ordenanza metropolitana respectiva.

4. Viviendas de interés social

El artículo 178.1 C. atribuye a los municipios competencia exclusiva "en cuanto concierne a la vida local" en materia de "vivienda de interés social"; y el artículo 19.3 LDMC identifica la misma materia como competencia del nivel metropolitano.

Como se ha dicho, esto último no excluye la competencia de los municipios en la materia, y lo que hay que precisar en el Distrito Metropolitano de Caracas, es cuáles aspectos "macro" de esa materia corresponden a las autoridades del nivel metropolitano y cuáles a los municipios del área metropolitana de Caracas.

Uno y otro nivel tienen competencias en la materia, por lo que el cabildo metropolitano es la entidad que debe distribuir el ejercicio de esa competencia por los dos niveles.

5. Parques y recreación

El mismo artículo 178.1 C. atribuye a los municipios competencia exclusiva "en cuanto concierne a la vida local", en materia de "parques y jardines, plazas, balnearios y otros sitios de recreación". Esta es una competencia municipal que se ejerce en el Área Metropolitana de Caracas por los dos niveles de gobierno municipal, en sus aspectos "macro" y "micro", respectivamente. Por ello, el artículo 19.12 LDMC identifica como competencia del nivel metropolitano "parques y espacios abiertos de *carácter metropolitano*", y no podía ser de otra forma.

Como más o menos lo comenta la sentencia 1.563 citada de la Sala Constitucional:

> "No se trata de cualquier tipo de parque o espacio abierto. Es necesario puntualizar que parque es diferente a instalación deportiva, y que se refiere a un terreno destinado a jardines y arbolado para recreo y ornato, así como el lugar donde se exponen plantas (jardines botánicos), animales (parques zoológicos), o peces (acuarios).
>
> Pero lo importante de los parques es que ellos son metropolitanos, lo que significa que por su capacidad y contenido estético, cultural o de otra naturaleza, resultan atractivos para la población del Distrito a fines de recreación, esparcimiento, o adquisición de conocimientos técnicos o científicos. Por lo tanto, parques que no reúnen tales características, como lugares de menor capacidad o atractivos, serán parques municipales administrados por los propios municipios. Con la voz espacios abiertos que utiliza el numeral 12 citado, considera la Sala que se refiere a lugares de diversión o recreo en descampado, el cual sí tiene capacidad suficiente para atraer una masa de personas, adquiere el carácter de metropolitano, ya que sirve a la metrópolis.
>
> Es sobre estos espacios que tiene competencia el distrito metropolitano, así se encuentren en otros municipios, y que puede administrarlos si son propiedad de cualquiera de los municipios que integran al Distrito" (pp. 53 de 61).

6. Vialidad urbana

La Constitución atribuye a los municipios competencia exclusiva, en cuanto concierne a la vida local, en materia de "vialidad urbana" (Art. 178.2); y esa misma competencia la identifica la Ley especial como del nivel metropolitano (Art. 19.4). Ello no significa, por supuesto, que pueda pretenderse que los municipios del área metropolitana hayan dejado de tener competencia en la materia; lo que significa es que en materia de vialidad urbana debe distinguirse la que es de carácter metropolitano, intermunicipal o que permite trasladarse en toda el área (p. ej. autopistas metropolitanas), de la que es puramente local, intramunicipal. Allí está también lo "macro" y lo "micro" que debe distinguirse en la materia para la distribución de la competencia.

7. Circulación y ordenación del tránsito de vehículos

El artículo 178.2 C., atribuye a los municipios competencia exclusiva, en cuanto concierne a la vida local, en materia de "circulación y ordenación del tránsito de vehículos y personas en vías municipales"; y el artículo 19, ordinal 4 de la Ley especial, identifica como competencia del nivel metropolitano, la "circulación y ordenación del tránsito de vehículos en el área metropolitana".

La competencia es municipal, pero la distribución entre el nivel metropolitano y el municipal es lo que deben hacer las ordenanzas del cabildo metropolitano habrá aspectos que se deben regular a nivel de toda el área metropolitana (por ejemplo, días de circulación de vehículos u horas de circulación de vehículos de carga) pero habrá aspectos que deben ser regulados a nivel local municipal (horas de descarga, por ejemplo, o instalación de parquímetros)[395].

Sobre esto, la sentencia 1563 de la Sala Constitucional trae comentarios, algunos ambiguos y otros confusos, como los siguientes:

> "La ordenación del tránsito de vehículos en el área metropolitana es tarea del Distrito, debido a la interconexión que tienen las vías de los municipios integrados.
>
> Tal ordenación tiene un sector normativo y otro ejecutivo. Ambos sectores corresponden a las autoridades competentes del distrito metropolitano.
>
> Los artículos 4 y 51 de la Ley de Tránsito Terrestre, atribuyen competencia a los municipios, para ordenar el tránsito de vehículos y personas en las vías urbanas (ordinal 6 del artículo 36 de la Ley Orgánica de Régimen Municipal); y como la sola función normativa no basta, los servicios en materia de transporte y tránsito terrestre que por su naturaleza no sean de la competencia del poder nacional, podrán ser transferidas a los municipios, y por ende, al Distrito Metropolitano de Caracas" (pp. 49 de 61).

En otra parte de la sentencia 1563, al referirse a la policía de circulación y tránsito, la Sala Constitucional señala:

> "Entre sus funciones están el control y vigilancia del tránsito terrestre en el área metropolitana, ya que conforme el artículo 49 de la Ley de Tránsito Terrestre, a las policías municipales les puede corresponder el control y vigilancia del tránsito en sus demarcaciones territoriales. Siendo competencia del distrito metropolitano, la vialidad urbana, y la circulación y ordenación del tránsito de vehículos en el área metropolitana, corresponde a las policías municipales ser autoridad administrativa de tránsito terrestre, exclusivamente para el control y vigilancia del mismo. Las ordenanzas que dicte el cabildo metropolitano regularán el funcionamiento de dichas policías" (pp. 50 de 61).

---

395 *Cfr.* Allan R. Brewer-Carías, *Aspectos institucionales del transporte y tránsito en el Área Metropolitana de Caracas*, Fondo Editorial Común, Caracas, 1971.

8. El transporte urbano

La Constitución atribuye a los municipios competencia exclusiva, "en cuanto concierne a la vida local", en materia de "servicios de transporte público urbano de pasajeros" (Art. 178.2). De esta indicación resulta que no son de la competencia municipal los servicios de transporte *extra urbanos*, es decir, que salen de una ciudad hacia otra, que competen al poder nacional.

Ahora bien, en relación con los servicios de transporte urbano, la Ley especial precisó que corresponden al nivel metropolitano, "los servicios de transporte urbano intermunicipal de pasajeros del distrito metropolitano" (Art. 19.5).

Conforme a lo anterior, por tanto, corresponden al nivel metropolitano los servicios de transporte urbano *intermunicipal*, es decir, entre los municipios del área metropolitana; por lo que corresponde a los municipios del área metropolitana, los servicios de transporte urbano *intramunicipal,* en cada municipio.

Sobre esta competencia, la Sala Constitucional, en unos confusos párrafos, señaló lo siguiente:

> "Al Distrito Metropolitano también competen los servicios de transporte urbano intermunicipal de pasajeros.
>
> ¿Qué es lo que le compete? Para dar respuesta a tal pregunta, la Sala debe puntualizar que los municipios -y por ende el Distrito Metropolitano de Caracas- gobiernan y administran los bienes municipales o locales. Dentro de sus territorios ordenan (legalmente) y promocionan el desarrollo económico y social; dotan (construyen) y prestan los servicios públicos domiciliarios, por sí mismos o mediante concesión; legislan en las áreas señaladas en los ocho numerales del artículo 178 C. vigente, y promueven la participación de la comunidad, ya que se trata del mejoramiento de sus condiciones de vida; y además, aplican la política inquilinaria conforme a la ley.
>
> Dentro de la dotación y prestación de servicios, el municipio puede incidir en las áreas a que se refiere el artículo 178, construyendo las instalaciones necesarias para los servicios públicos, pero ello no quiere decir que el Ejecutivo nacional, o los particulares están obligados a ceder las construcciones, instalaciones y servicios ya existentes, para que los preste el municipio.
>
> En este orden de ideas, los municipios pueden -según la Ley Orgánica de Régimen Municipal- prestar directamente servicios de transporte urbano de pasajeros, pueden legislar sobre ellos, pero en materia de transporte urbano intermunicipal, dentro de dos o más municipios de un distrito metropolitano, es el cabildo metropolitano quien puede legislar, derogando la normativa municipal existente, y quien puede crear una policía de transporte y de circulación exclusiva del distrito metropolitano.
>
> Según el decreto con Rango y Fuerza de Ley de Reforma del decreto con Rango y Fuerza de Ley sobre adscripción de institutos autónomos y fundaciones del Estado (publicado en la *Gaceta Oficial* Nº 5.395 Extraordinario del 25 de octubre de 1999), se adscribió al Ministerio de Infraestructura la Compañía Anónima Metro de Caracas (CAMETRO); por lo tanto, la República debe ser el propietario de las acciones de dicha compañía anónima y sólo mediante el procedimiento señalado en el Capítulo II de este fallo, relativo a las posibilidades de transferencia, podría el Distrito Metropolitano acceder a dicho sistema de transporte.
>
> Ahora bien, los permisos para la instalación de dichos sistemas, y su expansión, nuevas estaciones, etc., son de la competencia del distrito metropolitano, quien deberá legislar al respecto sin menoscabo de las competencias del alcalde." (pp. 46 de 61 y 47 de 61).

En otra parte de la sentencia 1563 (VIII. Transporte urbano), la Sala Constitucional señaló lo siguiente:

"A continuación pasa la Sala a interpretar, conforme a lo solicitado en la Interpretación N° 4 del escrito que origina esta causa, el alcance de la competencia referida al servicio de transporte urbano intermunicipal de pasajeros del Distrito Metropolitano de Caracas. Como antes se dijo, se trata de una competencia municipal contemplada en el ordinal 7° del artículo 36 de la Ley Orgánica de Régimen Municipal (7°: servicio de transporte público urbano y de pasajeros).

Tal competencia significa que el transporte público urbano de pasajeros puede ser normatizado por las municipalidades respectivas, e incluso pueden prestarlos con las unidades de transporte que consideren convenientes (de superficie o subterráneas). Ello no obsta para que ese transporte, mediante concesiones, sea prestado por empresas privadas, conforme a lo que las ordenanzas municipales pauten.

Entre las competencias del Distrito Metropolitano se encuentra la materia de servicios de transporte intermunicipal de pasajeros en el Distrito Metropolitano de Caracas. Luego, los organismos de este distrito, regulan el transporte urbano que se practique entre los diversos municipios, y así como se regula tal transporte de pasajeros, igualmente el distrito debe organizar y normar el transporte urbano de pasajeros que de sus límites territoriales salen, ya que ello es parte el transporte intermunicipal.

La Sala reitera, que el transporte intermunicipal puede ser prestado por el distrito metropolitano, pero el que prestaban entes particulares o entes nacionales, conforme a la ley, no puede serles negado, y como antes se apuntó, no surge de la Ley especial sobre el régimen del Distrito Metropolitano de Caracas, transferencia *ope legis* de los servicios nacionales al distrito en lo que corresponden a las competencias atribuidas por el artículo 19 *eiusdem.*

La Ley de los Sistemas Metropolitanos de Transporte, no ha sido derogada, ni se opone a la Ley especial sobre el régimen del Distrito Metropolitano de Caracas; y como lo expresa el artículo 4 de aquella ley, el servicio público de los sistemas metropolitanos de transporte lo presta la Administración Pública nacional, quien además fija las tarifas (artículo 6 de la mencionada ley). También corresponde a la Administración nacional ejercer las funciones de seguridad en las áreas del Metro (al cual se refiere la ley), las que puede delegar en un órgano policial preexistente, como la policía metropolitana, por ejemplo, de acuerdo al artículo 14 *eiusdem.*

Como a estos sistemas de transporte no le es aplicable la Ley de Ferrocarriles, ella tampoco es aplicable al transporte intermunicipal mediante sistemas rápidos que utilicen trenes sobre vías de uso exclusivo, que circulan en el ámbito del área metropolitana y sus alrededores.

Como la planificación y ordenación urbanística corresponde al distrito metropolitano, en lo que atañe a su territorio, la construcción de nuevas vías para trenes de transporte, así como estaciones y otros servicios, toca al Distrito Metropolitano aprobarlo, de acuerdo a los planes de ordenación urbanística y de vialidad urbana y ordenación del tránsito de vehículos del área metropolitana, ya que el numeral 4 del artículo 19 de la Ley especial sobre el régimen del Distrito Metropolitano de Caracas, no distingue sobre la clase de vialidad, si es o no subterránea [...]

[...] Los transportes metropolitanos mediante trenes, los cuales son distintos a los ferrocarriles nacionales, no son de la competencia exclusiva del poder público nacional, y por ello pueden ser transferidos a los distritos metropolitanos" (pp. 47 de 61, 48 de 61 y 49 de 61).

De estos párrafos se destaca la afirmación de la Sala, totalmente contraria a la Constitución, que atribuye al nivel metropolitano la regulación del transporte intermunicipal, no sólo entre los municipios del distrito metropolitano, que es donde sólo tiene competencia, sino "el que sale de sus límites territoriales" es decir, el de carácter *extra urbano*, que compete al poder nacional. Todas las consideraciones sobre si las empresas que prestan los servicios deben o no transferir sus bienes a las autoridades metropolitanas no tienen sentido alguno, pues esas empresas operan concesiones de servicios públicos. Lo que se transfiere a la autoridad metropolitana es la regulación de las concesiones, como ente concesionario, y nada más.

9. Protección del ambiente

La Constitución atribuye a los municipios competencia exclusiva, en cuanto concierne a la vida local, en materia de "protección del ambiente y cooperación con el saneamiento ambiental" (Art. 178.4). Por su parte, la Ley especial identifica como competencia del nivel metropolitano la "planificación y ordenación... ambiental" (Art. 19.3).

En esta materia, por tanto, los municipios siguen teniendo su competencia constitucional en la materia, y lo que se refiere al nivel metropolitano es un aspecto "macro" de la misma, que se concreta en la "planificación" y ordenación ambiental" de carácter metropolitanas.

10. Tratamiento de residuos sólidos

El artículo 178.4 C. atribuye a los municipios competencia exclusiva, en cuanto concierne a la vida local, en materia de "aseo urbano y domiciliario, comprendidos los servicios de limpieza, de recolección y tratamiento de residuos". Es una competencia municipal que en Caracas se ejerce por los dos niveles de gobierno.

Para contribuir a definir lo que corresponde al nivel "macro", la Ley especial indicó como competencia del nivel metropolitano "el tratamiento y disposición de residuos sólidos" (Art. 19.11), por lo que la limpieza y recolección continúan en el nivel municipal.

Por ello, la Sala Constitucional, en esta materia, señaló en la antes citada sentencia 1563:

> "[En] lo particular, el tratamiento de residuos sólidos es competencia del distrito metropolitano, por lo que en sus límites puede legislar sobre ellos y construir o dar en concesiones las plantas para su manejo.
>
> Los residuos sólidos y su transporte son el resultado por lo recolectado por el aseo urbano domiciliario, que corresponde a los municipios que integran al distrito metropolitano, mientras que su tratamiento y disposición serán dirigidos y legislados por el distrito metropolitano" (pp. 54 de 61).

11. Protección civil

El artículo 178.4 C. atribuye a los municipios competencia en materia de "protección civil" y el artículo 332 considera a los servicios de seguridad ciudadana, entre ellos la administración de emergencias de carácter civil y de desastres, como materia de competencia concurrente entre el poder nacional, el poder estadal y el poder municipal.

Ahora bien, la Ley especial identificó como del nivel metropolitano la competencia en materia de "protección civil y seguridad de precaución y administración de emergencias o desastres y prestación de servicio de cuerpo de bomberos" (Art. 19.6).

En esta materia, de nuevo, la competencia municipal debe distribuirse entre los dos niveles, conforme a los aspectos "macro" o "micro" de la misma, de manera que correspondan al nivel metropolitano los servicios que sean de ese carácter metropolitano, correspondiendo a los municipios, los locales. Corresponde al cabildo metropolitano, mediante ordenanza, la distribución de la competencia municipal entre los dos niveles de gobierno municipal.

12. Salud

Los municipios tienen competencia exclusiva, en cuanto concierne a la vida local, conforme a la Constitución, en materia de "salubridad y atención primaria en salud" (Art. 178.,5). En el distrito metropolitano, esa competencia corresponde a los dos niveles de gobierno, debiendo el cabildo metropolitano distribuir entre los aspectos "macro" de carácter metropolitano y los de ámbito "micro" local municipal.

En todo caso, el artículo 19.9 LDMC sólo indicó como de carácter "macro" la competencia del nivel metropolitano para:

> "Promover y coordinar conjuntamente con los municipios del distrito metropolitano, el desarrollo de acciones que garanticen la salud pública en el marco de las políticas nacionales de salud."

13. Los servicios públicos domiciliarios

En el artículo 178.6 C. se atribuye a los municipios competencia exclusiva en cuanto concierne a la vida local, en materia de "servicios de agua potable", "electricidad y gas doméstico, alcantarillado, canalización y disposición de aguas servidas". En general, estos servicios en un gran centro poblado como el Valle de Caracas, terminaron prestándose uniformemente, como tenía que ser, por una sola empresa o entidad concesionaria: la C.A. La Electricidad de Caracas, para la electricidad y la empresa de PDVSA para el gas. En cuanto al abastecimiento de agua, correspondió la prestación al Instituto Nacional de Obras Sanitarias (INOS), como ente concesionario municipal, y los servicios luego pasaron a las empresas hidrológicas que derivaron del INOS.

En la ciudad de Caracas, por tanto, las concesiones municipales y las necesidades de abastecimiento de la ciudad llevaron al desarrollo de un sistema de acueducto metropolitano que se surte, básicamente, con aguas provenientes de otras cuencas y otros municipios del Estado Miranda, por ejemplo. Por tanto, el regularse el distrito metropolitano, era lógica la identificación, como competencia del nivel metropolitano en materia de "servicio de agua potable", "del acueducto metropolitano de Caracas", como lo indica el artículo 19, ordinal 1° de la Ley especial. Ese es el nivel "macro" en la materia, por lo que la concesión del servicio que presta Hidrocapital, como empresa concesionaria, pasa a ser una concesión metropolitana, cuya regulación y otorgamiento corresponde al nivel metropolitano. Ello no excluye que la distribución del agua potable a nivel local, sea gestionada por los municipios.

El mismo razonamiento debe hacerse respecto de los otros servicios públicos domiciliarios indicados en el artículo 19.2 LDMC, como "distribución y venta de electricidad y gas doméstico".

Ahora bien, sobre esto la sentencia 1563 de la Sala Constitucional, también con unas consideraciones bastantes confusas, señaló lo siguiente:

> "Es de la competencia del poder público municipal, el régimen general de los servicios públicos domiciliarios y, en especial, los de electricidad, agua potable y gas (artículos 178 C. de 1999 y 38 de la Ley Orgánica de Régimen Municipal).
>
> El poder público nacional está conformado por el poder legislativo, ejecutivo, judicial, ciudadano y electoral (artículo 136 de la Carta Fundamental), por lo que de dicho poder se encuentra separado el municipal.

En lo referente al régimen general de los servicios públicos domiciliarios, éste lo establece el poder nacional (numeral 29 del artículo 156 constitucional), y a nivel municipal, dentro del régimen general, corresponde a los municipios y en particular al Distrito Metropolitano, lo concerniente al acueducto metropolitano de Caracas a la distribución y venta de electricidad y gas doméstico, y los servicios de transporte urbano intermunicipal de pasajeros.

¿Significa ello que las empresas que explotan el acueducto de Caracas y las empresas destinadas a distribuir y vender electricidad y gas doméstico, o a transportar pasajeros, deben ser municipales y corresponde al municipio producir lo distribuible y prestar el servicio?.

La Constitución de 1999, entre los derechos económicos, ha prohibido a los particulares los monopolios y ha limitado de manera general (para el Estado y los particulares) la posición de dominio (artículo 113), por lo que mal puede entenderse que los municipios en general, y el Distrito Metropolitano en particular, tengan como meta el monopolizar la producción de agua potable, energía eléctrica o gas, o la distribución y venta de dichos rubros, o del transporte urbano. De allí que los municipios puedan construir o adquirir acueductos, redes de distribución de electricidad o gas en sus territorios, establecer servicios de transporte y claro está, el Distrito Metropolitano puede hacerlo, pero permitiendo la libre competencia, principio económico contenido en los artículos 112 y 113 de la Carta Magna.

Ahora bien, debido al numeral 1 del artículo 19 de la Ley especial sobre el régimen del Distrito Metropolitano de Caracas ¿está obligada Hidrocapital a enajenar gratuitamente sus acciones, o sus bienes correspondientes al acueducto de Caracas, al distrito metropolitano? No encuentra la Sala disposición alguna que ordene al poseedor del acueducto a cederlo al distrito metropolitano, y sólo en el caso que las instalaciones del acueducto fueran del municipio Libertador o de los municipios que conforman el distrito metropolitano, y éste solicitara entrar en posesión de ellas para prestar el servicio, Hidrocapital tendría que cederlas, previos los arreglos que fueren menester. Diferente es la situación si Hidrocapital transfiere al Distrito Metropolitano el acueducto, de acuerdo a lo señalado en este fallo" (pp. 45 de 61 y 46 de 61).

Con estos razonamientos, la Sala Constitucional, de nuevo, parece ignorar el régimen de las concesiones de servicio público. Con la distribución de competencias municipales entre los dos niveles de gobierno municipal de Caracas, lo único que cambia es el ente concedente: la autoridad concedente pasa a ser el nivel distrital metropolitano en lugar de ser sólo el nivel municipal; pero ello no implica que debe siquiera pensarse en un traslado de la propiedad de las empresas concesionarias.

No se olvide que Hidrocapital es una empresa pública nacional que presta el servicio, como sucesora del INOS, que era el concesionario municipal. No era que el poder nacional prestase el servicio en ejercicio de sus propias competencias, por lo que es totalmente incomprensible el razonamiento de la Sala Constitucional en la sentencia 1563 citada cuando afirma:

"Para prestar los servicios de su competencia, el Distrito Metropolitano ha recibido las dependencias, instalaciones y bienes que correspondían al Distrito Federal, de acuerdo a la Ley de transición del Distrito Federal al Distrito Metropolitano de Caracas, pero hay servicios públicos en el área del Distrito que vienen siendo prestados por entes del poder público nacional, y que pueden ser regulados por el distrito metropolitano, pero ello no significa que como resultado de la Ley especial sobre el régimen metropolitano de Caracas, los bienes nacionales y las instalaciones propiedad de la Nación, aptos o necesarias para prestar el servicio, se transfieran de pleno derecho al distrito metropolitano.

Durante la vigencia de la Constitución de la República de Venezuela de 1961, se promulgó la Ley Orgánica de Régimen Municipal, y en su artículo 36, en los ordinales 1° y 7° se atribuyó a las municipalidades, la materia de acueductos, cloacas, drenajes, y tratamiento de aguas residuales; así mismo el servicio de transporte público urbano de pasajeros. Ello no significó entonces, ni

> puede significar ahora, que los servicios en esas áreas prestadas por el poder nacional se transfirieron de pleno derecho al municipio, sino que éste los regulaba y siendo de su competencia hasta podía competir con el poder nacional en dichas materias. Aquella situación, en criterio de esta Sala no ha variado, y la competencia en esas áreas las puede prestar directamente el Distrito Metropolitano con sus recursos propios, o puede ser prestado por el poder nacional, regido por la normativa municipal, sin que esté obligado a transferir los bienes con que presta el servicio al Distrito Metropolitano o a municipio alguno" (pp. 39 de 61 y 40 de 61).

En otra parte de la sentencia 1563, sobre esta materia de los servicios públicos domiciliarios, la Sala Constitucional agregó:

> a) Los servicios públicos de prestación de electricidad y gas en el Distrito Metropolitano de Caracas, podrán ser prestados directamente por el distrito, o mediante otras formas de delegación o contratos de concesiones; todo de conformidad con los artículos 41 y 42 de la Ley Orgánica de Régimen Municipal. Mientras el cabildo metropolitano no legisle sobre estas materias, las ordenanzas correspondientes a los diversos municipios que lo integran siguen vigentes sobre dichos servicios.
>
> Es necesario para esta Sala resaltar, que por el hecho que se haya creado el Distrito Metropolitano de la ciudad de Caracas, no han quedado derogadas las leyes (ordenanzas) vigentes en los distintos municipios que lo conforman, por la simple razón que la ley se deroga por otra ley, y por ello es la labor legislativa del cabildo metropolitano la que irá desarrollando a nivel del Distrito Metropolitano de Caracas, las competencias que le atribuyó el artículo 19 de la Ley que lo rige.
>
> No tiene que esperar el Cabildo Metropolitano a que el poder nacional sancione leyes sobre estos servicios. Las ordenanzas que dicte el cabildo no pueden ir contra las leyes nacionales vigentes" (pp. 51 de 61 y 52 de 61).

14. Servicios de policía

La Constitución atribuye a los municipios competencia exclusiva, en cuanto concierne a la vida local, en materia de "prevención y protección vecinal y servicios de policía municipal, conforme a la legislación nacional aplicable" (Art. 178.7) y en materia de "servicios de prevención y protección, vigilancia y control de los bienes y las actividades relativas a las materias de la competencia municipal" (Art. 178,5).

La policía municipal, por tanto, es una competencia que corresponde a los dos niveles de gobierno municipal en el distrito metropolitano. A los efectos de la distribución de la competencia en los aspectos "macro" y "micro", el artículo 19.8 LDMC identificó como competencia del nivel metropolitano: "Servicios de policía de orden público en el ámbito metropolitano, así como de policía administrativa con fines de vigilancia y fiscalización en las materias de su competencia".

Por tanto, en la materia, corresponde al nivel metropolitano la policía de orden público "en el ámbito metropolitano", lo que no implica la extinción de los servicios de policía en el ámbito municipal local; y la policía administrativa en relación con los bienes y actividades del nivel metropolitano, lo que no implica la extinción de los servicios de policía administrativa en relación con los bienes y actividades de cada municipio.

Sobre este tema, la sentencia 1563 de la Sala Constitucional también disertó, igualmente en forma algo confusa, así:

> "Con relación a la Interpretación N° 5 letra D) solicitada, referente a cuáles son las facultades del alcalde metropolitano en materia policial, la Sala debe hacer los siguientes señalamientos:

Por aplicación del artículo 332 C. de 1999, deberá crearse una Policía nacional que dependerá del poder ejecutivo. Esta policía, al igual que otros órganos de seguridad ciudadana previstos en dicho artículo, concurrirán con los estados y los municipios en los términos establecidos en la ley.

Tomando en cuenta que por mandato del artículo 178 Constitucional, es de la competencia municipal los servicios de policía municipal, cuya organización y ramas de actividades les será atribuida por las leyes estadales, y que puedan existir policías estadales, conforme a lo dispuesto en el numeral 6 del artículo 164 de la vigente Constitución, en materia de policía surge una superposición de cuerpos para una misma área territorial.

No tiene dudas la Sala, que la policía nacional a ser creada, puede obrar en los distritos metropolitanos, debido a su carácter nacional, mas no la Policía estadal, cuando un distrito metropolitano, como el de la ciudad de Caracas, esté formado por entes político territoriales correspondientes a dos entidades diferentes, ya que si la finalidad de los distritos metropolitanos es la armonía de los servicios de la metrópolis, resulta un contrasentido que en un territorio, funcionen policías locales con direcciones distintas, que hasta podrán ser opuestas.

Por ello, considera la Sala que los distritos metropolitanos con territorios en diversas entidades político territoriales, escapan (*sic*) de la previsión del numeral 6 del artículo 164 C. de 1999, ya que las leyes estadales no podrán determinar las ramas del servicio policial atribuidas a la competencia municipal, y cuáles en el mismo territorio del estado corresponderán a las policías estadales, ya que ello chocaría o pudiera contradecir con lo que los cabildos metropolitanos han decidido para ordenar la metrópolis.

En el Distrito Metropolitano de Caracas, es el alcalde metropolitano el encargado de preservar el orden público y la seguridad de las personas y propiedades, tal como se lo impone el numeral 3 del artículo 8 de la Ley especial sobre el régimen del Distrito Metropolitano de Caracas, y al tener tal atribución, el alcalde es de pleno derecho de quien depende el servicio de policía metropolitana. Estos servicios se prestan mediante la policía de orden público y la policía administrativa.

A pesar de que la noción de policía de orden público puede tener un significado multívoco, a juicio de esta Sala, se trata de una policía, cuya finalidad es mantener el orden y evitar el caos, pero igualmente -como parte de ese orden- preservar la seguridad de las personas y propiedades, por lo que es básicamente una policía preventiva de vigilancia urbana, así las leyes le puedan atribuir otras funciones.

En contraste, la policía administrativa, va a vigilar y a fiscalizar el cumplimiento de las ordenanzas municipales, y de todo lo que sea competencia del distrito metropolitano. Se trata de una policía que vigila y fiscaliza las plazas, los espectáculos públicos, el metro, las vías, los servicios de transporte urbano, etc., en lo que compete al distrito metropolitano. Se trata también de un servicio de policía municipal, uniformado o no, que puede realizar funciones de policía fiscal...

Ahora bien, la existencia de una policía distrital, tanto de prevención de orden público, como administrativa, no atenta contra la existencia de servicios de policía correspondientes a cada municipio destinados a actuar dentro de ellos.

Estos últimos son policías destinadas (*sic*) a prevenir el delito y proteger a los vecinos, por lo que la misión de mantener el orden público, por su envergadura, debe corresponder a una sola fuerza, que es la distrital.

Sin embargo, el Cabildo Metropolitano en definitiva, será quien legisle sobre la organización de la policía preventiva o de la administrativa para todo el distrito metropolitano, teniendo en cuenta que en cuanto a las policías administrativas, cada municipio podrá establecer su propio servicio, y dirigirla, cónsono con sus necesidades y realidades.

Mientras las ordenanzas sobre policía del Distrito Metropolitano no se dicten, cada cuerpo policial de los municipios seguirá siendo dirigido orgánica y funcionalmente por el respectivo alcalde, aunque coordinados por el alcalde metropolitano. Dentro de esa coordinación podrá desplazar policías del municipio Libertador del Distrito Capital a otros municipios, o pedir ayuda a éstos en materia policial.

Hasta que no se dicten las ordenanzas sobre vialidad urbana y circulación de vehículos del área metropolitana, a cada municipio corresponde dirigir su propia policía de tránsito, cuyas funciones pueden coincidir con las de la policía preventiva, y a cada municipio corresponde también el ingreso del producto de las multas que impongan por infracciones tipificadas en las respectivas ordenanzas, las cuales no existen a nivel del distrito metropolitano.

Todas estas policías son órganos de consulta civil, y así se declara.

Podrá el Ejecutivo nacional, como director de los sistemas metropolitanos de transporte, y conforme a la ley que los rige, transferir a las policías municipales funciones de los cuerpos de seguridad de dichos servicios, a tenor de lo previsto en el artículo 14 de la Ley de los sistemas metropolitanos de transporte" (pp. 49 de 61; 50 de 61 y 51 de 61).

15. Otras competencias

Nos hemos referido anteriormente a las materias de la competencia exclusiva municipal, en cuanto concierne a la vida local, establecidas en el artículo 178 C., que el artículo 19 LDMC identifica como de nivel metropolitano en sus aspectos "macro" y, por tanto, compartida o concurrente con las que continúan ejerciendo por los municipios, en los aspectos "micro".

El artículo 19.7 LDMC menciona otra competencia como de nivel metropolitano y se refiere a los "institutos metropolitanos de Crédito", lo que por supuesto no excluye la posibilidad de que existan Institutos municipales de Crédito, en cada municipio del Área Metropolitana, conforme a la competencia que establecía el artículo 36.14 de la derogada Ley Orgánica de Régimen Municipal de 1989.

Las otras materias de la competencia municipal, indicadas en el artículo 178 C., no mencionadas en el artículo 19 LDMC, sin embargo, también podrían ser susceptibles de distribuirse entre los dos niveles de gobierno municipal del Área Metropolitana de Caracas, en los aspectos "macro" (carácter metropolitano) y "micro" (carácter local municipal), que puedan distinguirse en ellas.

Esas otras materias enumeradas en el artículo 178 C. excluidas las ya analizadas enumeradas en el artículo 19 LDMC, son las siguientes:

"1. Ordenación y promoción del desarrollo económico y social, la promoción de la participación y el mejoramiento, en general, de las condiciones de vida de la comunidad.
2. Los servicios de alcantarillado, canalizaciones y disposiciones de aguas servidas.
3. Patrimonio histórico
4. Turismo local
5. Nomenclatura y ornato público
6. Espectáculos públicos
7. Publicidad comercial, en cuanto concierne a los fines específicos municipales
8. Servicios de protección a la primera y segunda infancia, a la adolescencia y a la tercera edad
9. Educación preescolar
10. Servicios de integración familiar de las personas con discapacidades al desarrollo comunitario
11. Actividades e instalaciones culturales
12. Actividades deportivas

13. Cementerios y servicios funerarios
14. Justicia de paz."

En todo caso, en todas las materias de la competencia municipal como lo ha señalado la Sala Constitucional en la citada sentencia Nº 1563:

> "Sobre las áreas correspondientes al nivel metropolitano de Caracas, legislará el cabildo metropolitano, lo que debe hacer con carácter de urgencia, y mientras esto no suceda, cada municipio continuará gobernando y administrando esas áreas, conforme lo que el consejo de gobierno del Distrito Metropolitano vaya asesorando y consultando" (pp. 44 de 61).

IV. EL RÉGIMEN TERRITORIAL DE LOS MUNICIPIOS DEL ÁREA METROPOLITANA DE CARACAS

Como lo establece el artículo 164 C., corresponde a los estados "la organización de sus municipios y demás entidades locales y su división político territorial, conforme a esta Constitución y a la ley".

Por tanto, sin duda alguna, el Estado Miranda es competente para determinar a través de la Ley de división político territorial del estado el régimen territorial de los municipios del estado. Es incomprensible, por inconstitucional, por tanto, lo expresado por la Sala Constitucional en su antes citada sentencia 1563, así:

> "Pero la Sala quiere asentar un criterio. El Distrito Metropolitano se constituyó para solucionar problemas de desarrollo de la ciudad, que se va conformando por sus con urbanismos, a fin que tal desarrollo sea armónico e integral.
>
> Cuando esto sucede, y de allí la necesidad de una ley orgánica que los rija, la organización interna de los municipios y de sus entidades locales, deja de ser competencia del poder estadal, y este no puede modificar la división político territorial de los municipios afectados al Distrito" (pp. 52 de 61).

Este criterio es totalmente inconstitucional; no se puede pretender despojar al Estado Miranda de sus competencias constitucionales.

En cuanto al municipio Libertador, ya hemos señalado, el mismo debe ser dividido en varios municipios, para darle coherencia a la división municipal en el Distrito Metropolitano, lo que corresponde a la Asamblea Nacional al dictar la ley del Distrito Capital.

LIBRO QUINTO:

SOBRE EL RÉGIMEN DE LA ADMINISTRACIÓN PÚBLICA NACIONAL EN LA LEGISLACIÓN A PARTIR DE 2008

En este Libro Quinto del *Tratado de Derecho Administrativo* se incluyen tres trabajos sobre las regulaciones de la Administración Pública Nacional establecidas en leyes posteriores a 2008: el primero es el estudio sobre la Ley Orgánica de la Administración Pública de 2008 titulado "Introducción general al régimen jurídico de la Administración Pública", publicado en el libro: Allan R. Brewer-Carías, Rafael Chavero Gazdik y Jesús María Alvarado Andrade, *Ley Orgánica de la Administración Pública, Decreto Ley N° 4317 de 15-07-2008,* Colección Textos Legislativos, N° 24, 4ª edición actualizada, Editorial Jurídica Venezolana, Caracas 2009, 7-103. En dicho estudio se desarrollaron las ideas expuestas en la nota sobre "El sentido de la reforma de la Ley Orgánica de la Administración Pública," publicada en la *Revista de Derecho Público. Estudios sobre los decretos leyes 2008*, N° 115, (julio-septiembre 2008), Editorial Jurídica Venezolana, Caracas 2008, pp. 155-162. El segundo, es el estudio sobre "Una nueva tendencia en la organización administrativa venezolana: las "misiones" y las instancias y organizaciones del "poder popular" establecidas en paralelo a la administración pública," elaborada para el X Foro Iberoamericano de Derecho Administrativo sobre "Retos de la Organización Administrativa Contemporánea," organizado por la Corte Suprema de Justicia, Universidad de El Salvador y Universidad Doctor José Matías Delgado, El Salvador, 26-27 de septiembre de 2011, y publicado en el libro:*Retos de la Organización Administrativa Contemporánea, X Foro Iberoamericano de Derecho Administrativo*, El Salvador, 2011, pp. 927-978. El tercero es el estudio sobre "¿Reforma administrativa en Venezuela? O la transformación no siempre planificada de la Administración Pública, para la implementación de un Estado Socialista al margen de la Constitución, mediante la multiplicación, dispersión y centralización de sus órganos y entes," que fue la Ponencia elaborada para el *Cuarto Congreso Iberoamericano y Quinto Mexicano de Derecho Administrativo*, Xalapa, México, octubre 2012. Y el cuarto es el estudio sobre "Introducción general al régimen del Distrito Capital y su incidencia en el régimen municipal del Distrito Metropolitano de Caracas," publicado en el libro Allan R. Brewer-Carías, Manuel

Rachadell, Nelson Socorro, Enrique Sánchez Falcón, Tulio Álvarez y Juan Carmona, *Leyes sobre el Gobierno del Distrito Capital y del Área Metropolitana de Caracas,* Editorial Jurídica venezolana, Caracas 2009, pp. 7-37. Mediante dichas Leyes se nacionalizó el régimen administrativo del Distrito capital al margen de la Constitución.

Sección Primera: INTRODUCCIÓN GENERAL AL RÉGIMEN JURÍDICO DE LA ADMINISTRACIÓN PÚBLICA (2009)

Esta Sección Primera es el texto del estudio: "Introducción general al régimen jurídico de la Administración Pública", en Allan R. Brewer-Carías (Coordinador y Editor), Rafael Chavero Gazdik y Jesús María Alvarado Andrade, *Ley Orgánica de la Administración Pública, Decreto Ley N° 4317 de 15-07-2008,* Colección Textos Legislativos, N° 24, 4ª edición actualizada, Editorial Jurídica Venezolana, Caracas 2009, pp. 7-103.

I. BASES CONSTITUCIONALES DE LA ADMINISTRACIÓN PÚBLICA Y SU DESARROLLO LEGISLATIVO

La Constitución de 1999 contiene un extenso Título IV relativo al "Poder Público", cuyas normas se aplican a todos los órganos que ejercen el Poder Público tal como lo indica el artículo 136: en su distribución vertical o territorial (Poder Municipal, Poder Estadal y Poder Nacional); y, en el nivel Nacional, en su distribución horizontal (Legislativo, Ejecutivo, Judicial, Ciudadano y Electoral)[1]. En particular, además, en dicho Título se incorporó una "sección segunda" relativa a "la Administración Pública", cuyas normas también se aplican a todos los órganos y entes que ejercen esos Poderes Públicos.

De allí que lo primero que debe determinarse de acuerdo con la Constitución es cuáles son los órganos estatales que ejercen el Poder Público y que pueden considerarse como parte de la "Administración Pública."

Ante todo, por supuesto, están los órganos de los diversos niveles del Poder Público (Nacional, Estadal y Municipal) que ejercen el Poder Ejecutivo. En consecuencia, las normas que contiene la sección segunda mencionada se aplican a todas las "Administraciones Públicas" *ejecutivas* de la República (administración pública nacional), de los Estados (administración pública estadal), de los Municipios (administración pública municipal) y de las otras entidades políticas territoriales que establece el artículo 16 de la Constitución, entre las cuales se destacan los Distritos Metropolitanos cuyos órganos ejercen el Poder Municipal.

Pero la Administración Pública del Estado venezolano, en los tres niveles territoriales de distribución vertical del Poder Público, no se agota en los órganos y entes de la Administración Pública *ejecutiva* (que ejercen el Poder Ejecutivo), pues también compren-

---

1 *V.* nuestra propuesta sobre este título en Allan R. Brewer-Carías, *Debate Constituyente* (aportes a la Asamblea Nacional Constituyente), *T.* II, (9 Sept.-17 Oct. 1999), Caracas 1999, pp. 159 y ss.

de los otros órganos de los Poderes Públicos que desarrollan las funciones del Estado de carácter sublegal. En tal sentido, en el nivel nacional, los órganos que ejercen el Poder Ciudadano (Fiscalía General de la República, Contraloría General de la República y Defensoría del Pueblo) y el Poder Electoral (Consejo Nacional Electoral), sin la menor duda, son órganos que integran la Administración Pública del Estado, organizados con autonomía funcional respecto de los órganos que ejercen otros poderes del Estado.

En cuanto a los órganos que ejercen el Poder Judicial, los que conforman la Dirección Ejecutiva de la Magistratura mediante la cual el Tribunal Supremo de Justicia ejerce la dirección, gobierno y administración del Poder Judicial, también son parte de la Administración Pública del Estado.

En consecuencia, en los términos de la sección segunda del Título IV de la Constitución, la Administración Pública del Estado no sólo está conformada por órganos que ejercen el Poder Ejecutivo, sino por los órganos que ejercen el Poder Ciudadano y el Poder Electoral, y por la Dirección Ejecutiva de la Magistratura que en ejercicio del Poder Judicial tiene a su cargo la dirección, el gobierno y la administración del Poder Judicial[2].

Para desarrollar los principios constitucionales relativos a la Administración Pública, se dictó la Ley Orgánica de la Administración Pública de 2001[3], la cual si bien ha sido objeto de una reforma general mediante Decreto Ley N° 6.217 de 15 de julio de 2008[4] (en lo adelante LOAP), la misma, básicamente, consistió en un cambio de redacción en muchos artículos de la misma, en particular por la utilización expresa del género femenino al referirse a las diversas "funcionarias y funcionarios" poniendo primero el femenino y luego el masculino;[5] y la introducción de las siguientes "reformas" sustantivas:

En *primer lugar*, la regulación de la "Administración Pública" como una sola organización que comprende la de la República (nacional), la de los estados y la municipal (Art. 1), en forma centralizada, sometida toda a los lineamientos de la planificación centralizada (arts. 15, 18, 23, 32, 44, 48, 60, 77, 84, 91, 99, 119, 121, 131), bajo la dirección del Presidente de la República (Art. 46) y la coordinación del Vicepresidente ejecutivo (Art. 49,3).

En *segundo lugar*, la previsión expresa de las "misiones" como organizaciones que forman parte de la Administración Pública (arts. 15 y 131), que se agregan a los "órganos y entes" que han sido las organizaciones que tradicionalmente han conformado la misma, pero con la peculiaridad de que se las excluye, en general, de la aplicación de la Ley Orgánica, la cual básicamente se destina a dichos "órganos y entes."

En *tercer lugar*, la incorporación en los órganos superiores de la Administración Pública nacional central (ahora denominada Nivel Central de la Administración Pública Nacional (Art. 44), además de los de dirección y de consulta, al de "coordinación y control de la planificación centralizada", que es la Comisión Central de Planificación (arts. 44, 57).

---

2 *V.* en general, Allan R. Brewer-Carías, *Principios del Régimen Jurídico de la Organización Administrativa Venezolana*, Caracas 1994, pp. 11 y 53.

3 *Gaceta Oficial* N° 37.305 de 17-10-2001. Esta Ley Orgánica sólo derogó expresamente la Ley Orgánica de la Administración Central, cuya última reforma había sido la hecha mediante Decreto-Ley N° 369 de 14-9-99, en *Gaceta Oficial* N° 36.850 de 14-12-99.

4 *Gaceta Oficial* Extra N° 5.890 de 31-07-2008.

5 En estas notas, por razones de simplificación de redacción nos limitaremos a utilizar sólo el género masculino para referirnos a dichos funcionarios, lo que incluye, por supuesto, a las mujeres.

En *cuarto lugar*, la incorporación dentro de los órganos superiores de dirección del Nivel Central de la Administración Pública nacional, de las "autoridades regionales" (arts. 44, 70).

En *quinto lugar*, la eliminación de toda noción de "autonomía", reflejada en la transformación de los "servicios autónomos sin personalidad jurídica" en "servicios desconcentrados" (Art. 93) y la creación de los "institutos públicos" en lugar de los "institutos autónomos" como entes descentralizados funcionalmente, aún cuando sin eliminar los últimos en virtud de tratarse de una institución con rango constitucional (Art. 96).

En *sexto lugar*, la contradictoria calificación de las empresas del Estado como entes "con forma de derecho privado" (Art. 29) y, a la vez, como "personas de derecho público" (Art. 102); en sexto lugar, el cambio de nombre de los "gabinetes sectoriales" por "juntas sectoriales" y de los "gabinetes ministeriales" por "juntas ministeriales" (Art. 44).

En *séptimo lugar*, la limitación de la participación política en la gestión de los asuntos administrativos sólo a las "comunidades organizadas"(incluyendo a los Consejos Comunales), al eliminarse la posibilidad de la participación de las "organizaciones públicas no estatales legalmente constituidas"(arts. 84,10; 138; 139;140); en *octavo lugar*, el establecimiento de normas que refuerzan la posibilidad de declarar como reservados o confidenciales los documentos administrativos limitándose el acceso de los administrados a la información pública (arts. 7,1); y

La Ley Orgánica de 2008[6], como lo disponía la de 2001 en el mismo artículo 1°, tiene por objeto general:

> 1° Establecer los principios, bases y lineamientos que rigen la organización y el funcionamiento de la Administración Pública;
>
> 2° Establecer los principios y lineamientos de la organización y funcionamiento de la Administración Pública;[7]
>
> 3° Regular los compromisos de gestión;
>
> 4° Crear mecanismos para promover la participación y el control, seguimiento y evaluación de las políticas, planes y proyectos públicos; y
>
> 5° Establecer las normas básicas sobre los archivos y registros de la Administración Pública.

En la Ley Orgánica de 2001, sin embargo, siendo una ley nacional, sus disposiciones eran básicamente "aplicables a la Administración Pública Nacional" (Art. 2), deduciéndose de su normativa que tal concepto abarcaba la Administración Pública que conformaban los órganos que ejercía el Poder Ejecutivo Nacional y aquéllos que conformaban la Administración Pública nacional descentralizada sometida al control de aquél, con forma de derecho público. En cuanto a la Administración Pública que conformaban los

---

6 En el texto, en adelante, al hacer referencia a la *Ley Orgánica de la Administración Pública* de 2008, por supuesto la identificaremos como la "*Ley Orgánica*" y no como el "*Decreto con rango, valor y fuerza de Ley Orgánica* de la Administración Pública", pues se trata de una Ley Orgánica dictada con base en una delegación legislativa. En nuestro criterio, es errado la calificación del instrumento como "decreto", ya que ello es una mera forma jurídica constitucional, utilizada para sancionar una "ley".

7 La Ley Orgánica de 2001 se refería a la "Administración Pública nacional y a la administración descentralizada funcionalmente". *V.* Allan R. Brewer-Carías, *Principios del Régimen Jurídico de la Organización... cit.*, pp. 35 y ss.

demás órganos del Poder Público Nacional, es decir, los que a nivel nacional ejercían el Poder Judicial, el Poder Ciudadano y el Poder Electoral, las disposiciones de la Ley Orgánica de 2001 sólo se les aplicaban "supletoriamente" (Art. 2). En cuanto a los órganos que ejercían el Poder Legislativo, respecto de las funciones administrativas que realizasen, conforme al artículo 2 de la Ley Orgánica, también se les podían aplicar sus disposiciones supletoriamente.

En relación con los órganos de los Poderes Públicos que derivan de la distribución territorial del Poder Público, conforme al artículo 2 de la LOAP de 2001, "los principios y normas (de la Ley Orgánica) que se refieran en general a la Administración Pública, o expresamente a los Estados, Distritos metropolitanos y Municipios, serán de obligatoria observancia por éstos, quienes desarrollarán los mismos dentro del ámbito de sus respectivas competencias". Con ello, se respetaba la autonomía administrativa de los Estados y Municipios, y de sus propias Administraciones Públicas, que debía ejercerse dentro de un marco legal común. En cuanto a las demás regulaciones de la Ley Orgánica, regía el mismo principio de su posible aplicación supletoria a las Administraciones Públicas de los Estados y Municipios (Art. 2).

La Ley Orgánica de 2008, en cambio, ahora centraliza todo en una sola Administración Pública, "nacionalizando" totalmente el régimen de la misma, al disponer que sus normas se aplican a la Administración Pública que abarca los tres niveles de distribución vertical del poder, es decir, "incluidos los estados, distritos metropolitanos y municipios, quienes deberán desarrollar su contenido dentro del ámbito de sus respectivas competencias" (Art. 2). Además, centraliza totalmente la Administración Pública, al someterla (incluyendo la de los Estados y Municipios) a los lineamientos dictados por la Comisión Nacional de Planificación o conforme con la planificación centralizada (arts. 15, 18, 23, 32, 44, 48, 60, 77, 84, 91, 99, 119, 121, 131), a la dirección del Presidente de la República (Art. 46) y a la coordinación del Vicepresidente de la República (Art. 48,3). Es decir, la Ley Orgánica de 2008 no es que establece un régimen normativo común para todas las administraciones públicas, sino que regula una sola Administración Pública, totalmente centralizada, sin que los Gobernadores y Alcaldes tengan autonomía alguna en sus Administraciones Públicas, ya que las mismas están bajo la dirección del Presidente de la República, la coordinación del Vicepresidente ejecutivo y sometidas a los lineamientos de la planificación centralizada a cargo de una Comisión Central de Planificación que es un órgano de coordinación y control nacional.

Por otra parte, en cuanto al carácter supletorio de la Ley, sólo se refiere a las Administraciones de los demás órganos del Poder Público nacional, al disponer que "las disposiciones de la presente Ley se aplicarán supletoriamente a los demás órganos y entes del Poder Público" (Art. 2).

II. EL UNIVERSO DE LA ADMINISTRACIÓN PÚBLICA: ÓRGANOS, ENTES Y MISIONES

El universo de la Administración Pública conforme a la LOAP de 2001 englobaba dos tipos de organizaciones, los "órganos y entes" que se constituían en los componentes organizativos esenciales de la misma. Los "órganos" eran los que tradicionalmente conformaban lo que se denominaba "Administración Central," y los "entes," los que tradicionalmente conformaban la "Administración descentralizada," cada uno con personalidad jurídica propia.

La LOAP de 2008 retiene dicha clasificación, pero agrega una categoría más que son las "misiones", regulándose así, por primera vez legislativamente, una forma de organización administrativa "sin forma" organizativa precisa, que desde 2003 se ha venido utilizando para atender programas específicos de la Administración Pública.

Dichas "misiones" como integrando la Administración Pública, incluso se pretendieron incorporar en el proyecto de Reforma Constitucional de 2007 que fue rechazado por el pueblo en el referendo de diciembre de 2007,[8] en la cual se propuso una nueva redacción del artículo 141 constitucional, que pasaba de regular un régimen universal aplicable a toda "la Administración Pública," a establecer varias "administraciones públicas", las cuales, incluso, contra toda técnica legislativa, se las buscaba "clasificar" en la propia Constitución en las siguientes dos "categorías": "las administraciones públicas burocráticas o tradicionales, que son las que atienden a las estructuras previstas y reguladas en esta Constitución"; y "las misiones, constituidas por organizaciones de variada naturaleza, creadas para atender a la satisfacción de las más sentidas y urgentes necesidades de la población, cuya prestación exige de la aplicación de sistemas excepcionales, e incluso, experimentales, los cuales serán establecidos por el Poder Ejecutivo mediante reglamentos organizativos y funcionales".

Es decir, con el rechazado proyecto de reforma constitucional de 2007, en lugar de corregirse el descalabro administrativo que se había producido en los últimos años por el desorden organizativo y la indisciplina presupuestaria derivada de fondos asignados a programas específicos del gobierno denominados "misiones", concebidos en general fuera del marco de la organización general del Estado, lo que se buscaba hacer era constitucionalizar dicho desorden administrativo, calificándose a las estructuras administrativas del Estado como "burocráticas o tradicionales", renunciando a que las mismas fueran reformadas para convertirlas en instrumentos para que, precisamente, pudieran atender a la satisfacción de las más sentidas y urgentes necesidades de la población.

Ahora, con la reforma de la LOAP de 2008, se ha regularizado legislativamente a las "misiones" pero precisamente para no regularlas, pues la Ley, como se verá, se destina íntegramente a regular exclusivamente a los "órganos y entes", dejando fuera de sus regulaciones a las "misiones," estando sin embargo, todas en común, solo sujetas a "los lineamientos dictados conforme a la planificación centralizada" (Art. 15).

En efecto, en el artículo 15 de la Ley, que se refiere al ejercicio por los titulares respectivos de la potestad organizativa, es decir, de la potestad de crear, modificar y suprimir organizaciones, se definen las siguientes tres organizaciones que ahora forman el universo de la Administración Pública:

En *primer lugar*, están los "entes" que son todas las organizaciones administrativas descentralizadas funcionalmente con personalidad jurídica (se entiende, distinta de la república, de los Estados y Municipios). Ello sin embargo, no implica "autonomía" alguna (concepto que materialmente ha desaparecido de la Ley de 2008), pues se dispone expresamente que están "sujetos al control, evaluación y seguimiento de sus actuaciones por parte de sus órganos rectores, de adscripción y de la Comisión Central de Planificación."

---

8 *V.* Allan R. Brewer-Carías, *La Reforma Constitucional de 2007 (Comentarios al proyecto inconstitucionalmente sancionado por la Asamblea Nacional el 2 de noviembre de 2007)*, Editorial Jurídica Venezolana, Caracas 2007.

En *segundo lugar*, están los "órganos", que son las unidades administrativas "de la República, de los Estados, de los Distritos metropolitanos y de los municipios, a los que se les atribuyan funciones que tengan efectos jurídicos frente a terceros, o cuya actuación tenga carácter regulatorio".

En *tercer lugar*, están las "misiones", que "son aquellas creadas con la finalidad de satisfacer las necesidades fundamentales y urgentes de la población, " lo que es redundante con las anteriores, pues tanto los órganos como los entes de la Administración Pública en general, por esencia, tienen por objeto la realización de actividades que tienen que ver con la satisfacción de necesidades fundamentales y urgentes de la población.

Sobre estas misiones, en la Exposición de Motivos del Decreto Ley mediante el cual se dictó la Ley Orgánica de 2008, se indicó, sobre esta "novedad legislativa", que se trata de "la figura de las Misiones, las cuales nacieron como organismo de ejecución de políticas públicas, obteniendo niveles óptimos de cumplimiento de los programas y proyectos asignados, y se conciben dentro del proyecto, como aquellas destinadas a atender a la satisfacción de las necesidades fundamentales y urgentes de la población, que pueden ser creadas por el Presidente de la República en Consejo de Ministros, cuando circunstancias especiales lo ameriten."

Se ha establecido, así, en la Ley, una distinción entre una Administración Pública "tradicional" conformada por órganos y entes que es la regulada precisamente en la LOAP, y otra Administración Pública conformada por las misiones, destinada "a atender a la satisfacción de las necesidades fundamentales y urgentes de la población", como si la primera no tuviera esa función, pero con la diferencia de que la primera está sometida estrictamente a todas las prescripciones de la LOAP y la segunda no está sometida a todas dichas previsiones. Es decir, se ha creado una nueva organización en la LOAP para excluirla de su régimen, el cual como se puede apreciar del conjunto de su normativa, en su casi totalidad sólo rige para los "órganos y entes."[9] En el único artículo en el cual se nombra expresamente a las Misiones, además del mencionado artículo 15, es en el artículo 131 que atribuye al Presidente de la República en Consejo de Ministros, "cuando circunstancias especiales lo ameriten," potestad para "crear misiones destinadas a atender a la satisfacción de las necesidades fundamentales y urgentes de la población, las cuales estarán bajo la rectoría de las políticas aprobadas conforme a la planificación centralizada."

En todo caso, en las presentes notas, nuestro propósito es analizar el conjunto de principios que rigen la Administración Pública tal como se han establecido en la Constitución y en la Ley Orgánica, para lo cual analizaremos, en primer lugar, los principios fundamentales que rigen respecto de todos los órganos que ejercen el Poder Público y por tanto, de los que conforman la Administración Pública; en segundo lugar, los principios relativos a la actividad de la Administración Pública; en tercer lugar, los principios relativos a la competencia; en cuarto, quinto, sexto y séptimo lugar, los principios y el régimen de la organización administrativa y de la gestión de los órganos y entes públicos; en octavo lugar, los derechos de los administrados frente a la Administración Pública; y en noveno lugar, el régimen de los archivos públicos y de la documentación administrativa.

---

9 En igual sentido, las "misiones" también quedan excluidas de la aplicación de la Ley Orgánica de Simplificación de Trámites Administrativos, pues la misma solo se aplica a "los órganos y entes" de la misma (Art. 2). *Gaceta Oficial* Nº 5.891 *Extraordinaria* de 22-7-2008.

III. PRINCIPIOS FUNDAMENTALES RELATIVOS A LA ADMINISTRACIÓN PÚBLICA

El Titulo II de la LOAP está destinado a regular las bases y principios fundamentales relativos a la organización y funcionamiento de la Administración Pública, que rigen para los entes, los órganos y las misiones, y que por tanto son comunes a todos las organizaciones que ejercen el Poder Público, entre los cuales deben mencionarse: el principio de legalidad, el principio de la responsabilidad de los funcionarios y del Estado, y el principio de finalidad de la Administración Pública.

1. El principio de la legalidad

El primer principio relativo a la Administración Pública y a todos los órganos del Estado en general, es el principio de legalidad que deriva del artículo 137 de la Constitución, que dispone:

> "La Constitución y la Ley definirán las atribuciones de los órganos que ejercen el Poder Público, a las cuales deben sujetarse las actividades que realicen".

Este principio de legalidad o de actuación en conformidad con el derecho, por tanto, implica que las actividades que realicen todos los órganos que ejercen el Poder Público y no sólo las organizaciones que conforman la Administración Pública, deben someterse a la Constitución y a las leyes.

La consecuencia de ello, en un Estado de derecho como el que organiza la Constitución de 1999, es que las actividades contrarias al derecho están sometidas al control tanto de la jurisdicción constitucional (Art. 334) como de la jurisdicción contencioso administrativa (Art. 259), cuyos tribunales pueden anularlos.

En relación con la Administración Pública, la LOAP expresa formalmente el principio, vinculándolo a la competencia, para lo cual, además, precisa la jerarquía de las fuentes del derecho aplicable a la Administración, así:

> *"Artículo* 4°. La Administración Pública se organiza y actúa de conformidad con el principio de legalidad, por el cual la asignación, distribución y ejercicio de sus competencias se sujeta a la Constitución de la República Bolivariana de Venezuela, las leyes y a los actos administrativos de carácter normativo, dictados formal y previamente conforme a la ley, en garantía y protección de las libertades públicas que consagra el régimen democrático participativo y protagónico".

Se destaca de esta norma, como se dijo, la indicación formal de la jerarquía de las fuentes del derecho: 1) la Constitución, 2) las leyes y 3) los actos administrativos normativos; y la referencia al principio teleológico de la sumisión a la ley, cuyo fin es la garantía y protección de las libertades públicas propias del régimen democrático. Las fuentes del derecho, además, para ser tales, deben haberse dictado formal y previamente a la actividad que se regule, lo que implica la proscripción de la retroactividad de la ley.

El principio de la legalidad, además, se erige como un principio en el cual se fundamenta la Administración Pública, definiéndose en la Constitución como "el sometimiento pleno a la ley y al derecho" (Art. 141), siendo una de las misiones fundamentales de los órganos del Poder Ciudadano, el velar por "la aplicación del principio de la legalidad en toda la actividad administrativa del Estado" (Art. 274).

Adicionalmente, el artículo 8 de la LOAP recoge la previsión del artículo 7 de la Constitución, y precisa que todos los funcionarios de la Administración Pública "están en la obligación de cumplir y hacer cumplir la Constitución". Toda autoridad, por tanto, deriva y debe ejecutarse conforme a la Constitución.

2. El principio de la responsabilidad de los funcionarios

El segundo principio fundamental que rige para todos los órganos del Estado, es decir, que ejercen el Poder Público, y por supuesto, para la Administración Pública, es el regulado en el artículo 139 de la Constitución, que recoge otra norma tradicional de nuestro constitucionalismo, y es el principio de la responsabilidad individual de los funcionarios públicos en el ejercicio del Poder Público. Dispone dicha norma que:

> "El ejercicio del Poder Público acarrea responsabilidad individual por abuso o desviación de poder o por violación de esta Constitución o de la Ley".

Esta norma recogió el principio del artículo 121 de la Constitución de 1961, pero agregando a la desviación de poder dentro de los supuestos que generan responsabilidad del funcionario.

En consecuencia, la responsabilidad de los funcionarios cuando en ejercicio del Poder Público causen daños, puede originarse por abuso de poder, es decir, por el llamado vicio en la causa de los actos estatales (falso supuesto, por ejemplo); por desviación de poder, que es el vicio en la finalidad del acto estatal, al usarse el poder conferido para perseguir fines distintos a los establecidos en la norma atributiva de competencia; y en general, por violación de la Constitución o de la Ley, es decir, en general, por contrariedad al derecho.

La Constitución, por otra parte, y también siguiendo una larga tradición de nuestro constitucionalismo, reitera el principio de la responsabilidad de los funcionarios públicos pero, en particular, respecto de los actos que dicten, ordenen o ejecuten, que violen o menoscaben los derechos garantizados constitucionalmente; responsabilidad que puede ser civil, penal y administrativa, sin que pueda servirles de excusa órdenes superiores que reciba el funcionario (Art. 25).

Este mismo principio lo repite el artículo 8 de la LOAP, en relación con los funcionarios "de la Administración Pública," agregando además, la responsabilidad por "hechos u omisiones en el ejercicio de sus funciones".

En la Ley de 2001 (Art. 10), estos casos, y sin perjuicio del derecho de acceso a la justicia establecido en la Constitución (Art. 26) y la ley, se disponía que las personas cuyos derechos humanos hubieran sido violados o menoscabados por un acto u orden de un funcionario público podía, directamente o a través de su representante, acudir ante el Ministerio Público para que éste ejerciera las acciones a que hubiere lugar para hacer efectiva "la responsabilidad civil, laboral, militar, penal, administrativa o disciplinaria" en que hubiere incurrido dicho funcionario. Igualmente, se disponía que podían acudir ante la Defensoría del Pueblo para que ésta instare al Ministerio Público a ejercer dichas acciones y, además, para que la Defensoría del Pueblo solicitare ante el Consejo Moral Republicano que adoptase las medidas a que hubiere lugar con respecto a tales funcionarios, de conformidad con la ley. Esta norma, sin embargo, fue eliminada en la reforma de la Ley de 2008.

En todo caso, sin embargo, a los efectos de la posibilidad de exigencia de responsabilidad, la LOAP establece el principio de rendición de cuentas, al disponer su artículo 14 que las autoridades y funcionarios de la Administración Pública deben "rendir cuentas de los cargos que desempeñen en los términos y condiciones que determine la ley".

3. El principio de la responsabilidad patrimonial del Estado

Una de las innovaciones importantes de la Constitución de 1999 en materia de régimen general del ejercicio del Poder Público, fue la previsión expresa del principio de la responsabilidad patrimonial del Estado, es decir, de las personas jurídicas estatales, básicamente, de las que resultan de la distribución vertical del Poder Público (República, Estados y Municipios); por los daños y perjuicios que causen los funcionarios en ejercicio de sus funciones.

En la Constitución de 1961, el principio de la responsabilidad del Estado se deducía de la previsión del artículo 47, que establecía que las personas no podían pretender que los entes estatales los indemnizaren sino por daños causados por "autoridades legítimas en ejercicio de su función pública"; y del artículo 206, que regulaba la jurisdicción contencioso administrativa (equivalente al artículo 259 de la Constitución de 1999), al atribuirle a los tribunales de dicha jurisdicción, competencia para dictar sentencias de condena "al pago de sumas de dinero y a la reparación de daños y perjuicios originados en responsabilidad de la Administración".

En la Constitución de 1999, sin embargo, se incluyó una norma expresa en la materia, con el siguiente texto:

> "*Artículo* 140: El Estado responderá patrimonialmente por los daños que sufran los particulares en cualquiera de sus bienes y derechos, siempre que la lesión sea imputable al funcionamiento de la Administración Pública".

La expresión "funcionamiento de la Administración Pública" admite que la responsabilidad del Estado se origine cuando la lesión se derive tanto del funcionamiento normal como del funcionamiento anormal de la Administración Pública.

Se observa, ante todo, que conforme a este artículo, la responsabilidad es del "Estado", es decir, de las personas jurídicas estatales en particular, de la República, de los Estados y de los Municipios en sus respectivos niveles territoriales, por el funcionamiento de sus Administraciones Públicas.

Ahora bien, en cuanto a la expresión "Administración Pública" utilizada en este artículo, en todo caso, debe interpretarse conforme se utiliza la expresión en el Título IV de la Constitución, donde está ubicada, abarcando no sólo la Administración Pública conformada por los órganos que ejercen el Poder Ejecutivo, en los tres niveles político territoriales, sino la conformada por los órganos que ejercen el Poder Ciudadano y el Poder Electoral, así como la Administración Pública que constituye la Dirección Ejecutiva de la Magistratura del Tribunal Supremo de Justicia y las unidades administrativas de la Asamblea Nacional.

La redacción de la norma, sin embargo, no permite su aplicación a los casos de responsabilidad del Estado legislador, causada, por ejemplo, al sancionar una ley. En cuanto a la responsabilidad del Estado por actos judiciales o de los jueces, ésta, sin embargo, sí está regulada expresamente en los artículos 49,8 y 255 de la Constitución.

El principio de la responsabilidad patrimonial del Estado, por la actividad de la Administración Pública, por otra parte, lo reitera el artículo 14 de la LOAP, aún cuando en forma impropia, al disponer que la responsabilidad patrimonial sería de la "Administración Pública", cuando esta no es sujeto de derecho ni persona jurídica.

La norma, en efecto, señala:

> "La Administración Pública será responsable ante las personas por la gestión de sus respectivos órganos, de conformidad con la Constitución de la República Bolivariana de Venezuela y la ley, sin perjuicio de la responsabilidad de cualquier índole que corresponda a las funcionarias y funcionarios por su actuación.

La Administración Pública responderá patrimonialmente por los daños que sufran las personas en cualquiera de sus bienes y derechos siempre que la lesión sea imputable a su funcionamiento".

La "Administración Pública", en efecto, no puede ser responsable pues no es un sujeto de derecho; la responsabilidad es de las personas jurídicas estatales político-territoriales, (República, Estado, Municipios, Distritos Metropolitana), o descentralizadas (*p.e.*, institutos autónomos) que la Constitución comprende en la expresión "Estado".

4. El principio de finalidad de la Administración Pública: al servicio de los ciudadanos o personas

La Constitución de 1999 en forma expresa establece que "la Administración Pública está al servicio de los ciudadanos" (Art. 141); lo que reitera el artículo 3° de la LOAP, sustituyendo, sin embargo, la expresión ciudadanos por "personas", agregando que en su actuación la Administración Pública debe dar preferencia a la atención de "sus requerimientos y la satisfacción de sus necesidades, brindando especial atención a las de carácter social" (Art. 5). En la ley de 2001 en lugar de personas se utilizaba la expresión "particulares" en el sentido de "administrados", sin que ello pudiera interpretarse que se trataba de privilegiar intereses privados.

Sin embargo, en la Exposición de Motivos del decreto Ley de 2008 se indicó que "se reforma lo referente a la administración al servicio de los particulares regulado por la Ley vigente, toda vez que tal visión pudiera generar concepciones erradas, referidas a que la Administración Pública está al servicio de particularidades individuales y no a la satisfacción de las necesidades del colectivo, incorporando el proyecto el principio de la administración pública al servicio de las personas, lo cual redunda en la integralidad del instrumento legislativo."

Por su parte, el artículo 3 de la LOAP, señala que el "objetivo" de la organización y funcionamiento de la Administración Pública, es hacer efectivos los principios, valores y normas consagrados en la Constitución y, en especial, conforme se indica en el artículo 19 de la Constitución, "garantizar a todas las personas el goce y ejercicio de los derechos humanos". En la reforma de la Ley de 2008, sin embargo, se eliminó la referencia conforme al principio de progresividad y sin discriminación alguna, y al carácter irrenunciable, indivisible e interdependiente de los derechos humanos.

La Administración Pública, agrega el artículo 5 de la LOAP, debe asegurar a los personas la efectividad de sus derechos cuando se relacionen con ella; además, debe tener entre sus objetivos, la continua mejora de los procedimientos, servicios y prestaciones públicas, de acuerdo con las políticas que se dicten. En la reforma de 2008, se eliminó de la norma la importante precisión sobre la necesidad de tener en cuenta "los recursos disponibles, determinando al respecto las prestaciones que proporcionan los servicios de la Administración Pública, sus contenidos y los correspondientes estándares de calidad" que contenía la misma norma de la Ley de 2001

IV. LOS PRINCIPIOS DE LA ACTIVIDAD DE LA ADMINISTRACIÓN PÚBLICA

De acuerdo con el artículo 141 de la Constitución, la Administración Pública se fundamenta en "los principios de honestidad, participación, celeridad, eficacia, eficiencia, transparencia, rendición de cuentas y responsabilidad en el ejercicio de la función pública, con sometimiento pleno a la ley y al derecho".

Estos principios los repite el artículo 10 de la LOAP al precisar que la actividad de la Administración Pública se desarrollará con base en "los principios de economía, celeridad, simplicidad, rendición de cuentas, eficacia, proporcionalidad, oportunidad, objetividad, imparcialidad, participación, honestidad, accesibilidad, uniformidad, modernidad, transparencia, buena fe, paralelismo de la forma y responsabilidad en el ejercicio de la misma, con sometimiento pleno a la ley y al derecho, y con supresión de las formalidades no esenciales." De esta enumeración de principios, se eliminó la previsión que tenía el artículo 12 de la Ley de 2001, en relación con la necesidad de que la actividad administrativa se efectúe "dentro de parámetros de racionalidad técnica y jurídica."

Tales principios, con anterioridad, también habían sido definidos como principios de la actividad administrativa por la Ley Orgánica de Procedimientos Administrativos de 1982, en cuyo artículo 30 se enumeraron los de "principios de economía, eficacia, celeridad e imparcialidad"[10].

1. El principio de la simplicidad y derechos de las personas

El artículo 12 de la LOAP dispone que la simplificación de los trámites administrativos así como la supresión de los que fueren innecesarios será tarea permanente de los órganos y entes de la Administración Pública (se excluye las misiones), así como la supresión de los que fueren innecesarios, todo de conformidad con los principios y normas que establezca la ley correspondiente. Dicha Ley es la Ley Orgánica de Simplificación de Trámites Administrativos, dictada mediante decreto Ley N° 6.265 de 22 de julio de 2008,[11] la cual sin embargo, sólo se aplica a los "órganos y entes" de la Administración Pública Nacional, Estadal y Municipal (Art. 2), con lo que quedan excluidas las "misiones."

---

10 *V. Gaceta Oficial* N° 2818 *Extraordinaria* de 1-7-81. *V.* además, en Allan R. Brewer-Carías y otros, *Ley Orgánica de Procedimientos Administrativos*, Editorial Jurídica Venezolana, 12 edición, Caracas 2001, pp. 175 y ss.

11 *V. Gaceta Oficial* N° 5.891 *Extraordinaria* de 22-7-2008.

Dicha Ley, que sustituyó la Ley de Simplificación de Trámites Administrativos de 1999[12], se destina específicamente a desarrollar, en detalle, este principio de la simplificación con el objeto de racionalizar las tramitaciones que realizan las personas ante la Administración Pública; mejorar su eficiencia, pertinencia y utilidad, a fin de lograr mayor celeridad y funcionalidad en las mismas; reducir los gastos operativos; obtener ahorros presupuestarios; cubrir insuficiencias de carácter fiscal y mejorar las relaciones de la Administración Pública con los ciudadanos

En todo caso, estando la Administración Pública al servicio de los ciudadanos y, en general, de las personas (particulares o administrados), el artículo 6 de la misma exige que debe desarrollar su actividad y organizarse de manera que las personas puedan:

> "1. Resolver sus asuntos, ser auxiliadas en la redacción formal de documentos administrativos, y recibir información de su interés por cualquier medio escrito, oral, telefónico, electrónico e informático;
>
> 2. Presentar reclamaciones sobre el funcionamiento de la Administración Pública (se entiende, sin el carácter de recursos administrativos);
>
> 3. Acceder fácilmente a información actualizada sobre el esquema de organización de los órganos y entes de la Administración Pública, así como a guías informativas sobre los procedimientos administrativos, servicios y prestaciones que ellos ofrecen."

Además, en el artículo 22 de la Ley, se dispone como principio que la organización de la Administración Pública debe procurar la simplicidad institucional y la transparencia en su estructura organizativa, asignación de competencias, adscripciones administrativas y relaciones inter-orgánicas. La estructura organizativa, además, debe prever la comprensión, acceso, cercanía y participación de las personas de manera que les permitan resolver sus asuntos, ser auxiliados y recibir la información que requieran por cualquier medio

2. El principio de la información general (internet)

A fin de dar cumplimiento a los principios establecidos en la Ley, ésta dispone (Art. 11) que los órganos y entes de la Administración Pública (no las misiones) deberán utilizar las nuevas tecnologías que desarrolle la ciencia, tales como los medios electrónicos o informáticos y telemáticos, para su organización, funcionamiento y relación con las personas.

En tal sentido, por disposición expresa de la Ley Orgánica, cada órgano y ente de la Administración Pública (no las misiones) debe establecer y mantener una página en internet, que debe contener, entre otra, la información que se considere relevante, los datos correspondientes a su misión, organización, procedimientos, normativa que lo regula, servicios que presta, documentos de interés para las personas, ubicación de sus dependencias e información de contactos (Art. 11).

---

12 *V. Gaceta Oficial* Nº 36.845 de 7-12-99. *V.* además en Allan R. Brewer-Carías y otros, *Ley Orgánica de Procedimiento Administrativos, cit.*, pp. 199 y ss.

3. El principio de la publicidad de los actos generales

Todos los reglamentos, resoluciones y actos administrativos de carácter general dictados por los órganos y entes de la Administración Pública (no las misiones) deberán ser publicados, sin excepción, en la *Gaceta Oficial* de la República o, según el caso, en el medio de publicación oficial del Estado, Distrito metropolitano o Municipio correspondiente (Art. 12). La norma recoge el principio general del comienzo de la eficacia de los actos administrativos de efectos generales (normativos) o de carácter general (destinados a varios sujetos de derecho), sujetándolo a la publicación en la *Gaceta Oficial.*

El artículo 13, sin embargo, además de referirse a los reglamentos (siempre de carácter normativo) y a los actos administrativos de carácter general, menciona a las "resoluciones". Estas, conforme a la Ley Orgánica de Procedimientos Administrativos (Art. 16) son los actos administrativos que emanan de los Ministros del Ejecutivo Nacional, por lo que las mismas, sean o no de efectos generales o de carácter general, deben publicarse en la *Gaceta Oficial.*

En cuanto a los Estados, Distritos Metropolitanos y Municipios, los actos de los mismos de orden normativo o de carácter general, también deben publicarse en la correspondiente "publicación oficial" de las entidades respectivas.

4. El principio de la sujeción a los planes, metas y objetivos y a la planificación centralizada

Los órganos y entes de la Administración Pública (no las misiones), en su funcionamiento, deben sujetarse a las políticas, estrategias, metas y objetivos que se establezcan en los respectivos planes estratégicos, compromisos de gestión y lineamientos dictados conforme a la planificación centralizada (Art. 18). Igualmente, comprenderá el seguimiento de las actividades, así como la evaluación y control del desempeño institucional y de los resultados alcanzados.

En particular, la actividad de las unidades administrativas de apoyo técnico y logístico se debe adaptar a la de las unidades administrativas sustantivas de los órganos y entes de la Administración Pública (Art. 19).

5. El principio de la eficacia

La actividad de los órganos y entes de la Administración Pública debe perseguir el cumplimiento eficaz de los objetivos y metas fijados en las normas, planes y compromisos de gestión, bajo la orientación de las políticas y estrategias establecidas por el Presidente de la República, la Comisión Central de Planificación, por el gobernador, y el alcalde según el caso (Art. 19).

En todo caso, el funcionamiento de los órganos y entes de la Administración Pública, debe comprender el seguimiento de las actividades, así como la evaluación y control del desempeño institucional y de los resultados alcanzados (Art. 18).

6. El principio de la adecuación de los medios financieros a los fines

La asignación de recursos a los órganos, entes de la Administración Pública y demás formas de organización que utilicen recursos públicos se deben ajustar estrictamente a los requerimientos de su organización y funcionamiento para el logro de sus metas y objetivos, con uso racional de los recursos humanos, materiales y presupuestarios (Art. 20).

Los órganos y entes de la Administración Pública (no las misiones) además, deben procurar que sus unidades de apoyo administrativo no consuman un porcentaje del presupuesto destinado al sector correspondiente mayor que el estrictamente necesario. A tales fines, los titulares de la potestad organizativa de los órganos y entes de la Administración Pública, previo estudio económico y con base en los índices que fueren más eficaces de acuerdo al sector correspondiente, deben determinar los porcentajes mínimos de gasto permitido en unidades de apoyo administrativo (Art. 20).

Por otra parte, conforme al artículo 21 de la LOAP la dimensión y la estructura organizativa de los órganos y entes de la Administración Pública deben ser proporcionales y consistentes con los fines y propósitos que les han sido asignados. Las formas organizativas que adopte la Administración Pública deben ser suficientes para el cumplimiento de sus metas y objetivos y deben propender a la utilización racional de los recursos públicos.

Excepcionalmente, y sólo en el caso que se requiera la contratación de determinados profesionales especialistas para actividades eventuales y transitorias, los órganos y entes de la Administración Pública (no las misiones) podrán incorporar asesores cuya remuneración se debe establecer por vía contractual con base en honorarios profesionales u otras modalidades fijadas de conformidad con la ley (Art. 21).

7. El principio de la privatización y gestión comunal

En los casos en que las actividades de los órganos y entes de la Administración Pública (no las misiones), en ejercicio de potestades públicas que por su naturaleza lo permitan, fueren más económicas y eficientes mediante la gestión de los Consejos Comunales y demás formas de organización comunitaria o del sector privado, dichas actividades podrán ser transferidas a éstos, de conformidad con la ley, reservándose la Administración Pública la supervisión, evaluación y control del desempeño y de los resultados de la gestión transferida (Art. 20).

8. El principio de coordinación

Conforme al artículo 23 de la LOAP, las actividades que desarrollen los órganos y entes de la Administración Pública deben efectuarse de manera coordinada y estar orientadas al logro de los fines y objetivos del Estado, con base en los lineamientos dictados conforme a la planificación centralizada.

9. El principio de cooperación

Conforme al principio del artículo 136 de la Constitución, los órganos y entes de la Administración Pública (no las misiones) deben colaborar entre sí y con las otras ramas de los Poderes Públicos en la realización de los fines del Estado (Art. 24).

10. El principio de lealtad institucional

Dispone el artículo 25 de la LOAP que los órganos y entes de la Administración Pública (no las misiones) deben actuar y relacionarse de acuerdo con el principio de lealtad institucional y, en consecuencia, deben:

"1. Respetar el ejercicio legítimo de las respectivas competencias.

2. Ponderar, en el ejercicio de las competencias propias, la totalidad de los intereses públicos implicados.

3. Facilitar la información que le sea solicitada sobre la actividad que desarrollen en el ejercicio de sus competencias.

4. Prestar la cooperación y asistencia activa que puedan serles requeridas en el ámbito de sus competencias".

V. LOS PRINCIPIOS RELATIVOS A LA COMPETENCIA

1. La obligatoriedad de la competencia

La competencia otorgada a los órganos y entes de la Administración Pública (no las misiones) no sólo debe ser objeto de texto expreso, sino que es de obligatorio cumplimiento y debe ser ejercida bajo las condiciones, límites y procedimientos establecidos[13]. En la Ley de 2001, se exigía que dichas condiciones, límites y procedimientos fueran siempre establecidos "legalmente", palabra que lamentablemente se eliminó de la norma. La competencia, por tanto, es irrenunciable, indelegable, improrrogable y no puede ser relajada por convención alguna, salvo los casos expresamente previstos en las leyes y demás actos normativos (Art. 26).

2. La incompetencia y la nulidad

Toda actividad realizada por un órgano o ente (no las misiones) manifiestamente incompetente, o usurpada por quien carece de autoridad pública, es nula y sus efectos se tendrán por inexistentes (Art. 26). Se recoge así, el principio establecido en el artículo 138 de la Constitución, con la misma redacción del artículo 119 de la Constitución de 1961, conforme al cual "Toda autoridad usurpada es ineficaz y sus actos son nulos".

---

13 *V.* Allan R. Brewer-Carías, *Principios del Régimen Jurídico de la Organización... cit.*, pp. 47 y ss.

El supuesto de usurpación de autoridad, que es la manifestación más grave de la incompetencia, apunta al hecho de que una persona no investida de autoridad, ejerza una función que corresponde a un órgano estatal. Se trata de una incompetencia constitucional que acarrea la nulidad absoluta de los actos que dicte el usurpador.

Agrega la norma del artículo 26 que quienes dicten dichos actos, serán responsables conforme a la ley, sin que les sirva de excusa órdenes superiores.

3. La asignación genérica de competencia

En el caso que una disposición legal o administrativa otorgue una competencia a la Administración Pública, sin especificar el órgano o ente que debe ejercerla, se entiende que corresponde al órgano o ente con competencia en razón de la materia. En realidad, la competencia en estos casos debería corresponder a los órganos de la Administración Central con competencia en la materia (Art. 27).

En el caso que una disposición legal o administrativa otorgue una competencia a un órgano o ente de la Administración Pública sin determinar la unidad administrativa competente, se entiende que su ejercicio corresponde a la unidad administrativa con competencia por razón de la materia y el territorio (Art. 27). En estos casos se entiende que se trata de los órganos del segundo nivel jerárquico de la organización.

4. La desviación de la competencia

La LOAP establece los siguientes mecanismos de desviación de la competencia: la descentralización, la desconcentración, la encomienda de gestión, la delegación, y la avocación[14].

A. La descentralización

a. *Tipos de descentralización*

La LOAP distingue dos tipos descentralización: la territorial y la funcional.

a'. La descentralización político territorial

Con el propósito de incrementar la eficiencia y eficacia de su gestión, la Administración Pública nacional, conforme al artículo 30 de la LOPA, puede descentralizar competencias y servicios públicos en los Estados, los Distritos metropolitanos y Municipios, de conformidad con la Constitución y la ley. Asimismo, los Estados pueden descentralizar competencias y servicios públicos, en los Distritos Metropolitanos y los Municipios.

Recoge, así, esta norma los principios descentralizadores que están establecidos en los artículos 157, 158 y 165 de la Constitución.

---

14 *V.* Allan R. Brewer-Carías, *Principios del Régimen Jurídico de la Organización Administrativa, cit.*, pp. 57 y ss.

b'. La descentralización funcional

Dispone el artículo 29 de la LOAP que los titulares de la potestad organizativa pueden crear entes descentralizados funcionalmente cuando el mejor cumplimiento de los fines del Estado así lo requiera, en los términos y condiciones previstos en la Constitución y en la Ley.

El artículo 29 de la LOAP establece que estos entes descentralizados pueden tener dos formas jurídicas: forma de derecho privado y forma de derecho público.

En primer lugar, los entes *con forma de derecho privado* que están conformados "por las personas jurídicas constituidas de acuerdo a las normas del derecho privado y podrán adoptar o no la forma empresarial de acuerdo a los fines y objetivos para los cuales fueron creados y en atención a si la fuente fundamental de sus recursos proviene de su propia actividad o de los aportes públicos, respectivamente".[15]

Entre estos entes descentralizados con forma de derecho privado, por supuesto, están las compañías anónimas o sociedades mercantiles del Estado, es decir, las empresas del Estado constituidas de acuerdo con el Código de Comercio, las cuales, sin embargo y contradictoriamente, en el artículo 102 de la Ley Orgánica se las califica como "personas jurídicas de derecho público."

En segundo lugar, los entes *con forma de derecho público*, conformados por aquellas personas jurídicas creadas y regidas por normas de derecho público, que pueden tener atribuido el ejercicio de potestades públicas[16].

En relación con estos últimos, sólo por ley pueden crearse las personas jurídicas de derecho público; principio que deriva de lo dispuesto en el artículo 142 de la Constitución que recogió la disposición del artículo 230 de la Constitución de 1961 al prever que los institutos autónomos sólo pueden crearse por ley; y que tales instituciones, así como los intereses públicos en corporaciones o entidades de cualquier naturaleza, están sujetos al control del Estado, en la forma que la ley establezca.

En todo caso, conforme al mismo artículo 29 de la LOAP, la descentralización funcional puede revertirse por medio de la modificación del acto que le dio origen.

b. *Efectos de la descentralización funcional y territorial sobre la competencia*

La descentralización funcional o territorial transfiere la titularidad de la competencia y, en consecuencia, transfiere cualquier responsabilidad que se produzca por el ejercicio de la competencia o de la gestión del servicio público correspondiente, en la persona jurídica y en los funcionarios y funcionarias del ente descentralizado (Art. 32).

---

15 En la Ley de 2001 se estableció con mas precisión que estos entes descentralizados funcionalmente con forma de derecho privado, eran de dos tipos: "a. Entes descentralizados funcionalmente sin fines empresariales, que son aquellos entes descentralizados funcionalmente que no realicen actividades de producción de bienes o servicios destinados a la venta y cuyos ingresos o recursos provengan fundamentalmente del presupuesto de la República, los Estados, los Distritos metropolitanos, o los Municipios;" y "b. Entes descentralizados funcionalmente con fines empresariales, que son aquellos cuya actividad principal sea la producción de bienes o servicios destinados a la venta y cuyos ingresos o recursos provengan fundamentalmente de esta actividad".

16 *V.* Allan R. Brewer-Carías, "La distinción entre las personas públicas y las personas privadas y el sentido actual de la clasificación de los sujetos de derecho", *Revista de la Facultad de Derecho,* UCV, Nº 57, Caracas 1976, pp. 115 a 135.

En el caso de los entes descentralizados funcionalmente, el artículo 32 de la Ley Orgánica estableció, que el Ministro de adscripción respectivo, previa delegación de la ley o del instrumento de creación de los respectivos que le estén adscritos, puede atribuirles o delegarles competencias y atribuciones, regulando su organización y funcionamiento en coordinación con los lineamientos de la planificación centralizada. En todo caso, el principio, con la denominación de "delegación inter subjetiva" se repite en el artículo 33 de la Ley, al disponer que "La Administración Pública, podrá delegar las competencias que le estén otorgadas por ley a sus respectivos entes descentralizados funcionalmente, de conformidad con los lineamientos de la planificación centralizada," y de acuerdo con las formalidades establecidas en la Ley Orgánica y su Reglamento.

En estos casos, el acto contentivo de la delegación intersubjetiva, debe ser motivado, identificar los órganos o entes entre los que se transfiera el ejercicio de la atribución o competencia y determinar la fecha de inicio de su vigencia, y de culminación cuando fuere el caso (Art. 40). Si ello no se determina, la fecha de inicio de su vigencia, se entenderá que es la de la publicación en la *Gaceta Oficial* correspondiente.

B. La desconcentración administrativa

a. *La transferencia de competencias*

La Administración Pública, con el objetivo de acercarse a las personas y mejorar el servicio prestado, conforme al artículo 31 de la LOAP, puede adaptar su organización a determinadas condiciones de especialidad funcional y de particularidad territorial, transfiriendo atribuciones de sus órganos superiores a sus órganos inferiores, mediante acto administrativo dictado de conformidad con la Ley.

En todo caso, la desconcentración funcional o territorial, transfiere únicamente la atribución. La persona jurídica en cuyo nombre actúe el órgano desconcentrado será responsable patrimonialmente por el ejercicio de la atribución o el funcionamiento del servicio público correspondiente, manteniendo la responsabilidad que corresponda a los funcionarios y funcionarias que integren el órgano desconcentrado y se encuentren encargados de la ejecución de la competencia o de la gestión del servicio público correspondiente (Art. 32).

b. *Las potestades de control*

Los ministerios u otros órganos de control, nacionales, estadales, de los distritos metropolitanos o municipales, respecto de los órganos desconcentrados, tienen las siguientes atribuciones numeradas en el artículo 119 de la LOAP:

"1. Definir la política a desarrollar por tales entes, a cuyo efecto formularán las directivas generales que sean necesarias.

2. Ejercer permanentemente funciones de coordinación, supervisión y control conforme a los lineamientos de la planificación centralizada.

3. Nombrar los presidentes de institutos públicos, institutos autónomos y demás entes descentralizados.

4. Evaluar en forma continua el desempeño y los resultados de su gestión e informar oportunamente a la Presidenta o Presidente de la República, gobernadora o gobernador, alcaldesa o alcalde, según corresponda.

5. Ser informado permanentemente acerca de la ejecución de los planes, y requerir dicha información cuando lo considere oportuno.

6. Proponer a la Presidenta o Presidente de la República, gobernadora o gobernador, alcaldesa o alcalde, según corresponda, las reformas necesarias a los fines de modificar o eliminar entes descentralizados funcionalmente que le estuvieren adscritos, de conformidad con la normativa aplicable.

7. Velar por la conformidad de las actuaciones de sus órganos desconcentrados dependientes y entes descentralizados funcionalmente que le estén adscritos, a los lineamientos, políticas y planes dictados conforme a la planificación centralizada.

c. *La reversión de la desconcentración*

La desconcentración de atribuciones sólo se puede revertir mediante la modificación o derogación del instrumento jurídico que le dio origen (Art. 31).

C. La encomienda de gestión

a. *La encomienda a entes descentralizados funcionalmente*

La Administración Pública puede encomendar temporalmente la realización de actividades de carácter material o técnico de determinadas competencias a sus respectivos entes descentralizados funcionalmente por razones de eficacia o cuando no se posea los medios técnicos para su desempeño, de conformidad con las formalidades que determinen la LOAP y su Reglamento (Art. 38).

La encomienda de gestión no supone cesión de la titularidad de la competencia ni de los elementos sustantivos de su ejercicio, siendo responsabilidad del órgano encomendante dictar resoluciones que le den soporte o en los que se identifique la concreta actividad material objeto de encomienda (Art. 38)[17].

b. *La encomienda convenida entre administraciones públicas territoriales*

Cuando la encomienda se establezca entre órganos de distintos niveles territoriales de la Administración Pública o entre entes públicos, se debe adoptar mediante convenio cuya eficacia queda supeditada a su publicación en la *Gaceta Oficial* correspondiente (Art. 39).

c. *Requisitos*

La encomienda de gestión debe decidirse por acto motivado, en el cual se debe identificar los órganos o entes entre los cuales se transfiere el ejercicio de la gestión, y determinar la fecha de inicio de su vigencia. Cuando en la encomienda no se determine esta fecha de inicio, se entiende que comienza desde su publicación en la *Gaceta Oficial* correspondiente (Art. 40).

---

17 La figura de la "encomienda" tiene su origen en los Reglamentos de la Ley Orgánica de Descentralización, Delimitación y Transferencia de Competencias del Poder Público, dictados en 1993. *V.* en Allan R. Brewer-Carías y otros, *Leyes para la Descentralización Política de la Federación,* Editorial Jurídica Venezolana, 3ª Edición, Caracas 1993, pp. 381 y ss.

D. La delegación

a. *Tipos de delegación*

La Ley es el acto mediante el cual los funcionarios superiores de la Administración transfieren competencias a los órganos o funcionarios inmediatamente inferiores bajo su dependencia. La LOAP distingue tres tipos de delegación: la interorgánica, la subjetiva y la de firma.

a'. La delegación interorgánica

El artículo 34 de la LOAP autoriza al Presidente de la República, al Vicepresidente Ejecutivo, los Ministros, los Viceministros, los Gobernadores, los Alcaldes y los superiores jerárquicos de los órganos y entes de la Administración Pública así como los otros funcionarios superiores de dirección, para delegar las atribuciones que les estén otorgadas por ley a los órganos o funcionarios inmediatamente inferiores bajo su dependencia, de conformidad con las formalidades que determine la LOAP y su Reglamento (Art. 34). Los funcionarios del órgano al cual se haya delegado una atribución serán responsables por su ejecución (Art. 37).

Los actos administrativos derivados del ejercicio de las atribuciones delegadas, a los efectos de los recursos correspondientes, se tendrán como dictados por la autoridad delegante (Art. 37).

b'. La delegación intersubjetiva

El artículo 33, por otra parte, denomina delegación intersubjetiva el acto mediante el cual la Administración Pública delega las competencias que les estén otorgadas por ley a sus respectivos entes descentralizados funcionalmente, de conformidad con los lineamientos de la planificación centralizada y las formalidades que determine la presente Ley y su reglamento (Art. 33). La delegación intersubjetiva, en los términos establecidos por la LOAP, transfiere la responsabilidad por su ejercicio al ente delegado. Los funcionarios o funcionarias del ente delegado encargados del ejercicio de la competencia son responsables personalmente por su ejecución (Art. 36).

c'. La delegación de firma

El artículo 34 de la LOAP autoriza al Presidente de la República, al Vicepresidente Ejecutivo, los Ministros, los Viceministros, los Gobernadores, los Alcaldes y las autoridades de superior jerarquía de los órganos y entes de la Administración Pública, para delegar la firma de documentos en funcionarios adscritos a los mismos, de conformidad con las formalidades previstas en la LOAP y su Reglamento (Art. 34)[18]. En todo caso, los actos administrativos que se firmen por delegación de firma deben indicar esta circunstancia y señalar la identificación del órgano delegante.

b. *Los requisitos formales de la delegación*

El acto contentivo de la delegación cualquiera sea su tipo, intersubjetiva o interorgánica, y de la delegación de firma, debe ser motivado, identificar los órganos o entes en-

18 La Ley Orgánica de 2001, en consecuencia, derogó el viejo Reglamento de delegación de firmas de los Ministros del Ejecutivo Nacional dictado por Decreto N° 140 de 17-9-69, *Gaceta Oficial* N° 29.025 de 18-9-69.

tre los que se transfiera el ejercicio de la competencia o la firma y determinar la fecha de inicio de su vigencia. En los casos de delegación, en que no se determine la fecha de inicio de su vigencia, se entiende que ésta comienza desde su publicación en la *Gaceta Oficial* correspondiente (Art. 40).

c. *Limitación a las delegaciones intersubjetivas e interorgánicas*

Conforme al artículo 35 de la LOAP y sin perjuicio de lo dispuesto en la Constitución o en leyes especiales, la delegación intersubjetiva o interorgánica no procede en los siguientes casos:

1. Cuando se trate de la adopción de disposiciones de carácter normativo.
2. Cuando se trate de la resolución de recursos en los órganos administrativos que hayan dictado los actos objeto de recurso.
3. Cuando se trate de competencias o atribuciones ejercidas por delegación.
4. En aquellas materias que así se determinen por norma con rango de ley.

d. *Publicación*

Las delegaciones intersubjetivas y su revocación deben publicarse en la *Gaceta Oficial* de la Administración Pública correspondiente (Art. 35).

e. *Indicación expresa de que se actúa por delegación*

Los actos administrativos que se adopten por delegación deben indicar expresamente esta circunstancia y se consideran dictadas por el órgano delegante (Art. 35).

f. *Revocación de la delegación*

La delegación será revocable en cualquier momento por el órgano que la haya conferido (Art. 35).

E. La avocación

El artículo 41 de la LOAP autoriza al Presidente de la República, al Vicepresidente Ejecutivo, a los Ministros, a los Viceministros, a los Gobernadores, a los Alcaldes, a los superiores jerárquicos de los órganos y entes de la Administración Pública y a los demás funcionarios superiores de dirección, para poder avocarse al conocimiento y resolución de un asunto cuya resolución corresponda ordinariamente o por delegación a sus órganos jerárquicamente subordinados, cuando razones de índole técnica, económica, social, jurídica o de interés público lo hagan pertinente.

La avocación se debe realizar mediante acto motivado que debe ser notificado a los interesados.

5. La solución de los conflictos de atribuciones

Cuando el órgano que esté conociendo de un asunto se considere incompetente debe remitir las actuaciones al que estime con competencia en la materia. Si este último órgano se considera a su vez incompetente, o si ambos se consideran competentes, el asunto debe ser resuelto por el órgano superior jerárquico común a ambos. Dichos conflictos sólo pueden suscitarse entre unidades administrativas integrantes del mismo órgano o ente y con respecto a asuntos sobre los cuales no haya recaído decisión administrativa definitiva o finalizado el procedimiento administrativo (Art. 43).

La Ley de 2001 establecía la posibilidad de que los interesados pudieran solicitar a los órganos que estuviesen instruyendo el procedimiento que declinasen el conocimiento del asunto en favor del órgano competente; y solicitar a este último que requiriera la declinatoria del órgano que estuviese conociendo del asunto (Art. 44). Esto, sin embargo, fue eliminado en la Ley de 2008.

VI. LOS PRINCIPIOS RELATIVOS A LA ORGANIZACIÓN ADMINISTRATIVA

1. La reserva legal en la asignación de la titularidad de la potestad organizativa

De acuerdo con el artículo 15 de la LOAP los órganos, los entes y las misiones de la Administración Pública se deben crear, modificar y suprimir por los titulares de la potestad organizativa conforme a lo establecido en la Constitución y la ley; para lo cual se deben sujetar a los lineamientos dictados conforme a la planificación centralizada.

Por tanto, la titularidad de la potestad organizativa sólo puede ser asignada por la Constitución o la ley,[19] y ejercerse conforme a lo dispuesto en la planificación centralizada.

En cuanto a la Constitución, esta atribuye a la Asamblea Nacional potestad organizativa respecto de la Administración Pública Nacional, al asignarle la competencia genérica para legislar "en las materias de la competencia nacional" (Art. 187,9), definiendo el artículo 156, como de la competencia del Poder Público Nacional, las siguientes materias que tienen relación con la organización de la Administración Pública en sentido general: *ord. 8*. La organización de la Fuerza Armada; *ord. 10*. La organización del Distrito Capital y de las dependencias federales; *ord. 31*. La organización y administración nacional de la Justicia, del Ministerio Público y de la Defensoría del Pueblo; y el *ord. 32*. La organización de los órganos del Poder Público Nacional y demás órganos e instituciones nacionales del Estado.

Además, expresamente se le atribuye a la Asamblea Nacional competencia en materia de organización administrativa respecto de otros órganos del Poder Público Nacional como los del Poder Ciudadano, en general, (Art. 273) y, en particular, la Contraloría General de la República (Art. 290); los del Poder Electoral (Art. 292), y la Procuraduría General de la República (Art. 247) que está integrada al Poder Ejecutivo Nacional.

La Asamblea Nacional también tiene atribuida la titularidad de la potestad organizativa en materia de organización de los Municipios y demás entidades locales, con la obligación de establecer diferentes regímenes para dicha organización (Art. 169).

La Constitución, por otra parte, en relación con la Administración Pública Nacional, estableció la reserva legal sólo en relación con la creación de los institutos autónomos

19 *V.* Allan R. Brewer-Carías, *Principios del Régimen Jurídico de la Organización Administrativa Venezolana, cit.*, pp. 21 y ss.

(Art. 142); pero en cuanto a la organización de la Administración Pública nacional centralizada, asignó la potestad organizativa al Presidente de la República, en Consejo de Ministros, "dentro de los principios y lineamientos" señalados en la Ley Orgánica (Art. 236,20).

2. La titularidad para la organización de la Administración Pública Central Nacional

En efecto, de acuerdo con lo establecido en el artículo 236,20 de la Constitución, corresponde al Presidente de la República en Consejo de Ministros, fijar el número, organización y competencia de los ministerios y otros organismos de la Administración Pública Nacional, así como también la organización y funcionamiento del Consejo de Ministros, dentro de los principios y lineamientos que señale la correspondiente ley orgánica. Se varió, en esta forma, de manera sustancial, el sistema de la Constitución de 1961, que seguía la tradición constitucional iniciada desde el siglo XIX, y que rigidizaba la organización ministerial que sólo la ley podía determinar (Art. 193).

En desarrollo de esta potestad organizativa de rango constitucional atribuida al Presidente de la República en Consejo de Ministros, el artículo 58 de la Ley Orgánica le atribuye la facultad para fijar, mediante decreto, "el número, denominación, competencia y organización de los ministerios y otros órganos de la Administración Pública Nacional, así como sus entes adscritos, con base en parámetros de adaptabilidad de las estructuras administrativas a las políticas públicas que desarrolla el Poder Ejecutivo Nacional y en los principios de organización y funcionamiento establecidos en la presente ley".

Conforme a la atribución constitucional, el Presidente de la República dictó el Decreto Nº 5.246 de 20-03-2007[20] sobre organización y funcionamiento de la Administración Pública Central, donde se regulan veintisiete (27) Ministerios y se enumeran sus competencias. El Decreto establece, además, la estructura organizativa básica de cada Ministerio, integrada por el Despacho del Ministro y los Despachos de los Viceministros; estando estos últimos integrados en orden jerárquico descendente así: Direcciones Generales, Direcciones de línea y Divisiones (arts. 16 y 17). Cada Ministerio, en todo caso, debe estar regulado internamente por un Reglamento Orgánico dictado por el Presidente en Consejo de Ministros, "previa propuesta del respectivo Ministro" (Art. 18), en el cual se deben determinar la estructura y las funciones de los Viceministros y de las demás dependencias que integran cada Ministerio (Art. 17). El Decreto, además, establece en sus normas transitorias la adscripción de los entes descentralizados a los diversos Ministerios.

Por otra parte, se destaca ahora, en la Ley Orgánica de 2008, la atribución al Presidente de la República en Consejo de Ministros, la potestad de crear "misiones" cuando circunstancias especiales lo ameriten, "destinadas a atender a la satisfacción de las necesidades fundamentales y urgentes de la población, las cuales estarán bajo la rectoría de las políticas aprobadas conforme a la planificación centralizada," debiendo, en el decreto de creación, determinar el órgano o ente de adscripción o dependencia, formas de financiamiento, funciones y conformación del nivel directivo encargado de dirigir la ejecución de las actividades encomendadas (Art. 131).

---

20 *Gaceta Oficial* Nº 38.654 de 28-03-08.

3. Requisitos para la creación y modificación de órganos y entes

En todo caso, el artículo 16 de la LOAP dispone que la creación de órganos y entes administrativos se debe sujetar a los siguientes requisitos:

1. Indicación expresa de su objetivo y competencia.

2. Determinación de su forma organizativa, su ubicación en la estructura de la Administración Pública y su adscripción funcional y administrativa.

3. Previsión de las partidas y asignaciones presupuestarias necesarias para su organización, funcionamiento o reformas organizativas

La modificación, supresión o liquidación de órganos y entes administrativos se debe adoptar mediante actos que gocen de rango normativo igual o superior al de aquéllos que determinaron su creación o última modificación.

Corresponde al Ministerio de Planificación, velar por la consistencia de la organización de los Ministerios y otros órganos de la Administración Pública Nacional. Ésta fue, en su tiempo, la función que ejerció la Comisión de Administración Pública de la Presidencia de la República (1958-1974)[21].

4. El principio de la previsión financiera

No pueden crearse nuevos órganos o entes (no respecto de las misiones) que supongan duplicación de otros ya existentes si al mismo tiempo no se suprime o restringe debidamente la competencia de éstos (Art. 16).

Además, no pueden crearse nuevos órganos o entes en la Administración Pública que impliquen un aumento en el gasto recurrente de la República, los Estados, los Distritos metropolitanos o de los municipios, sin que se creen o prevean fuentes de ingresos ordinarios de igual o mayor magnitud a las necesarias para permitir su funcionamiento (Art. 17).

5. El principio de simplicidad y transparencia de la organización administrativa

Como se dijo, la LOAP exige que la organización de la Administración Pública debe perseguir la simplicidad institucional y la transparencia en su estructura organizativa, asignación de competencias, adscripciones administrativas y relaciones interorgánicas.

Además, la estructura organizativa debe prever la comprensión, acceso, cercanía y participación de los particulares de manera que les permitan resolver sus asuntos, ser auxiliados y recibir la información que requieran por cualquier medio (Art. 22)

6. El principio de jerarquía

Los órganos y entes de la Administración Pública debe estar internamente ordenados de manera jerárquica y relacionados de conformidad con la distribución vertical de atri-

21 *V.* Comisión de Administración Pública, *Informe sobre la Reforma de la administración Pública Nacional,* Caracas 1972.

buciones en niveles organizativos. Los órganos de inferior jerarquía están sometidos a la dirección, supervisión, evaluación y control de los órganos superiores de la Administración Pública con competencia en la materia respectiva (Art. 28).

En consecuencia, los órganos administrativos pueden dirigir las actividades de sus órganos jerárquicamente subordinados mediante instrucciones, órdenes y circulares. Cuando una disposición específica así lo establezca o se estime conveniente por razón de los destinatarios o de los efectos que puedan producirse, las instrucciones, órdenes y circulares de servicio se deben publicar en la *Gaceta Oficial* que corresponda (Art. 42). Además, se deben establecer los mecanismos necesarios para garantizar la difusión del contenido de las mismas.

Dispone el artículo 28 de la LOAP que el incumplimiento por parte de un órgano inferior de las órdenes e instrucciones de su superior jerárquico inmediato obliga a la intervención de éste y acarrea la responsabilidad de los funcionarios o funcionarias a quienes sea imputable dicho incumplimiento, "salvo lo dispuesto en el artículo 8 de esta Ley" (Art. 28).

Este artículo 8 recoge el principio del artículo 25 de la Constitución en el sentido de establecer la responsabilidad de los funcionarios públicos por las violaciones de los derechos garantizados en la Constitución "sin que les sirvan de excusa órdenes superiores". En consecuencia, si la orden del superior implica una violación de un derecho constitucional, y si el funcionario inferior la cumple, compromete su propia responsabilidad. La "salvedad" que parece implica la norma del artículo 28 de la LOAP sería que el funcionario inferior no incurriría en responsabilidad por incumplimiento de una orden superior, cuando la misma implique violación de un derecho constitucional.

VII. EL RÉGIMEN DE LA ORGANIZACIÓN DEL NIVEL CENTRAL DE LA ADMINISTRACIÓN PÚBLICA NACIONAL (EJECUTIVA)

Como se dijo, la Ley Orgánica de la Administración Pública, básicamente regula la organización de la Administración Pública Nacional *ejecutiva* (Art. 2), estableciendo en sus normas, la clasificación clásica general de la misma distinguiendo el Nivel Central de la Administración Pública Nacional (Administración Pública Nacional Central) (Título III) y la Administración Pública Nacional Descentralizada funcionalmente (Capítulo II, Título IV).

En cuanto a la organización del Nivel Central de la Administración Pública Nacional, el artículo 44 de la LOAP distingue tres tipos de *órganos superiores* de la misma: los órganos superiores de dirección, los órganos superiores de coordinación y control de la planificación centralizada y los órganos superiores de consulta, los cuales ejercen el Poder Ejecutivo en los términos del artículo 225 de la Constitución.

La Ley Orgánica enumera como *órganos superiores de dirección* del Nivel Central de la Administración Pública a los siguientes: el Presidente de la República, el Vicepresidente Ejecutivo, el Consejo de Ministros, los Ministros, los Viceministros y las autoridades regionales.

En cuanto a los *órganos superiores de coordinación y control de la planificación centralizada*, se trata de la Comisión Central de Planificación.

En cuanto a los *órganos superiores de consulta* del Nivel Central de la Administración Pública Nacional, el artículo 44 de la LOAP enumera los siguientes: la Procuraduría General de la República, el Consejo de Estado, el Consejo de Defensa de la Nación, las juntas sectoriales (antiguos gabinetes sectoriales) y las juntas ministeriales (antiguos gabinetes ministeriales), los cuales también ejercen el Poder Ejecutivo (Art. 225 C).

Estudiaremos la organización de la Administración Pública Central nacional, llamada en la reforma de la LOAP "Nivel Central de la Administración Pública Nacional," distinguiendo las regulaciones de la LOAP en las tres grandes categorías de órganos superiores antes mencionados: *órganos superiores* de dirección, de coordinación y control de la planificación centralizada, y de consulta.

1. Los órganos superiores de dirección de la Administración Pública Nacional Central

A. Atribuciones generales

De acuerdo con el artículo 45 de la LOAP, corresponde a los órganos superiores de dirección del Nivel Central de la Administración Pública Nacional, dirigir la política interior y exterior de la República, ejercer la función ejecutiva y la potestad reglamentaria de conformidad con la Constitución y la ley.

Asimismo, tienen a su cargo la conducción estratégica del Estado y, en especial, la formulación, aprobación y evaluación de las políticas públicas, el seguimiento de su ejecución y la evaluación del desempeño institucional y de sus resultados.

Además, los órganos superiores de dirección del Nivel central de la Administración Pública Nacional ejercen la rectoría y el control de la actividad y de las políticas desarrolladas por los órganos inferiores, a los cuales deben evaluar en su funcionamiento, desempeño y resultados.

B. El Presidente de la República

El Presidente de la República, conforme al artículo 226 de la Constitución, es el Jefe del Estado y del Ejecutivo Nacional, "en cuya conducción dirige la acción de gobierno", como lo repite el artículo 236,2 de la Constitución.

En materia administrativa, el artículo 46 de la LOAP señala que, además, el Presidente de la República "dirige la acción del gobierno y de la Administración Pública" con la colaboración inmediata del Vicepresidente Ejecutivo, conforme a lo establecido en la Constitución y en las leyes.

Se observa que conforme a esta disposición, el Presidente no sólo dirigiría la Administración Pública Nacional, ni sólo el Nivel Central de la Administración Pública Nacional, como corresponde conforme a la Constitución, sino toda la Administración Pública, la cual conforme al artículos 1 y 2 de la Ley abarca a los Estados y Municipios.

Tal como está redactada, esta disposición, sin duda, es inconstitucional, pues lesiona la autonomía de los Estados y Municipios.

a. *Competencias administrativas del Presidente de la República*

De acuerdo con el artículo 236 de la Constitución, las siguientes serían las atribuciones y obligaciones del Presidente de la República, en *materia administrativa o en relación con la Administración Pública*:

"3. Nombrar y remover al Vicepresidente Ejecutivo y a los Ministros.

6. Ejercer el mando supremo de la Fuerza Armada Nacional, promover sus oficiales a partir del grado de coronel o capitán de navío, y nombrarlos para los cargos que les son privativos.

10. Reglamentar total o parcialmente las leyes, sin alterar su espíritu, propósito y razón.[22]

11. Administrar la Hacienda Pública Nacional.

12. Negociar los empréstitos nacionales.

13. Decretar créditos adicionales al Presupuesto, previa autorización de la Asamblea Nacional o de la Comisión Delegada.

14. Celebrar los contratos de interés nacional conforme a esta Constitución y a la ley.

15. Designar, previa autorización de la Asamblea Nacional o de la Comisión Delegada, al Procurador General de la República y a los jefes de las misiones diplomáticas permanentes.

16. Nombrar y remover a aquellos funcionarios cuya designación le atribuyen esta Constitución y la ley.

17. Dirigir a la Asamblea Nacional, personalmente o por intermedio del Vicepresidente Ejecutivo, informes o mensajes especiales.

18. Formular el Plan Nacional de Desarrollo y dirigir su ejecución previa aprobación de la Asamblea Nacional.

20. Fijar el número, organización y competencia de los ministerios y otros organismos de la Administración Pública Nacional, así como también la organización y funcionamiento del Consejo de Ministros, dentro de los principios y lineamientos señalados por la correspondiente ley orgánica.

23. Convocar y presidir el Consejo de Defensa de la Nación".

Todos los actos antes señalados del Presidente de la República, con excepción del señalado en el ordinal 3 deben ser refrendados para su validez por el Vicepresidente Ejecutivo y el Ministro o Ministros respectivos. Las atribuciones antes señaladas en los numerales 10, 12, 13, 14, 18, las debe ejercer el Presidente en Consejo de Ministros, así como las que le atribuya la ley para ser ejercidas en igual forma.

b. *Régimen de ejercicio de la potestad reglamentaria*

a'. Límites

La potestad reglamentaria que se atribuye en la Ley Orgánica al Presidente de la República, en Consejo de Ministros, se encuentra limitada conforme al principio de la reserva legal establecido en la Constitución, y en el artículo 88 de la LOAP, al disponerse expresamente que los reglamentos no pueden "regular materias objeto de reserva de ley, ni infringir normas con dicho rango"; y "sin perjuicio de su función de desarrollo o colaboración con respecto a la ley..., no pueden tipificar delitos, faltas o infracciones administrativas, establecer penas o sanciones, así como tributos, cánones u otras cargas o prestaciones personales o patrimoniales de carácter público."

---

22 Además, el artículo 87 de la LOAP reitera que el ejercicio de la potestad reglamentaria corresponde al Presidente de la República, en Consejo de Ministros, de conformidad con la Constitución y las leyes

b'. El procedimiento de elaboración de los reglamentos

Conforme al artículo 89 de la LOAP, la elaboración de los reglamentos de leyes debe ajustarse obligatoriamente al siguiente procedimiento:

1. La iniciación del procedimiento de elaboración de un reglamento se debe llevar a cabo por el ministerio competente según la materia, mediante la elaboración del correspondiente proyecto, al que se debe acompañar un informe técnico y un informe sobre su impacto o incidencia presupuestaria.

2. A lo largo del proceso de elaboración se debe recabar, además de los informes, los dictámenes correspondientes y cuantos estudios y consultas se estimen convenientes para garantizar la eficacia y la legalidad del texto.

3. Elaborado el texto se debe someter a consulta pública para garantizar el derecho de participación de las personas, de conformidad con lo dispuesto en el Título VI de la LOAP. En la Ley de 2001 se disponía, además, expresamente que "durante el proceso de consulta las personas, directamente o a través de las organizaciones y asociaciones que los agrupen o representen, pueden presentar observaciones y propuestas sobre el contenido del reglamento las cuales *deben ser analizadas* por el ministerio encargado de la elaboración y coordinación del reglamento.". Esta norma, sin embargo, se eliminó en la reforma de 2008, y con ello la obligación de los órganos públicos de analizar las opiniones recibidas en la consulta, con lo que esta queda como una mera formalidad.

4. Aprobado el reglamento por el Presidente de la República en Consejo de Ministros, entrará en vigencia con su publicación en la *Gaceta Oficial* de la República, salvo que el mismo disponga otra cosa.

c'. El termino para la reglamentación de las Leyes

En todo caso, establece el artículo 90 de la LOAP, que el Ejecutivo Nacional debe obligatoriamente aprobar el o los reglamentos necesarios para la eficaz aplicación y desarrollo de las leyes, dentro del año inmediatamente siguiente a la promulgación de las mismas.

c. *Otros órganos de la Administración Pública Nacional Central adscritos a la Presidencia de la República*

Además de los órganos superiores de dirección y de consulta de la Administración Pública antes señalados, la Ley Orgánica regula otros órganos de la Administración Pública Nacional Central, que son los consejos, comisiones y comisionados presidenciales, las autoridades únicas de área y los sistemas de apoyo.

a'. Los consejos nacionales

Los consejos nacionales son órganos colegiados creados por el Presidente de la República con carácter permanente o temporal, integrados por autoridades públicas y personas representativas de las comunidades organizadas, para la consulta de las políticas públicas sectoriales que determine el decreto de creación (Art. 71). En este decreto se debe determinar la integración de la representación de los sectores organizados, económicos, laborales, sociales y culturales y de cualquier otra índole, en cada uno de estos consejos nacionales (Art. 71). La Ley de 2001, se refería en forma más amplia a los representantes de "la sociedad", que ahora se reducen solo a los de las "comunidades organizadas", reduciéndose así el ámbito de la participación.

b'. Los comisionados y comisiones presidenciales e interministeriales

El Presidente de la República, además, puede designar comisionados y crear comisiones presidenciales o interministeriales, permanentes o temporales, integradas por funcionarios públicos y personas especializadas, para el examen y consideración en la materia que se determine en el decreto de creación (Art. 72), en el cual debe determinarse quién debe de presidir las comisiones.

Las comisiones presidenciales o interministeriales también pueden tener por objeto la coordinación de criterios y el examen conjunto de materias asignadas a diversos ministerios. Sus conclusiones y recomendaciones deben ser adoptadas por mayoría absoluta de votos (Art. 72).

c'. Las autoridades únicas de área

El Presidente de la República puede designar autoridades únicas de área para el desarrollo de territorios o programas regionales, con las atribuciones que determinen las disposiciones legales sobre la materia y los decretos que las crearen (Art. 73). En esta materia, era la Ley Orgánica para la Ordenación del Territorio[23] la que regulaba dichas autoridades únicas para desarrollo de planes y programas específicos de ordenación del territorio cuya complejidad funcional, por la intervención de varios organismos del sector público o por la cantidad de recursos financieros comprometidos en su desarrollo, así lo requieran (Art. 58).

d'. Las oficinas nacionales y los sistemas de apoyo de la Administración Pública Nacional

El Presidente de la República puede crear oficinas nacionales para que auxilien a los órganos y entes de la Administración Pública en la formulación y aprobación de las políticas institucionales respectivas. Dichas oficinas deben ser los órganos rectores de los sistemas que les estén asignados y que comprenden los correspondientes órganos de apoyo técnico y logístico institucional de la Administración Pública (Art. 76).

A tal efecto, conforme al artículo 74 de la LOAP, los sistemas de apoyo técnico y logístico de la Administración Pública Nacional están conformados por la agrupación de procesos funcionales, procedimientos administrativos y redes de órganos coordinados, cuyo propósito es ofrecer asesoría estratégica y suministro de insumos institucionales a los órganos sustantivos, garantizando las condiciones organizacionales necesarias para su adecuado funcionamiento y para el logro de las metas y objetivos esperados por la Administración Pública.

Las oficinas nacionales, como órganos rectores de los sistemas de apoyo, deben fiscalizar y supervisar las actividades de los órganos que integran los respectivos sistemas de apoyo institucional de la Administración Pública, para lo cual estos órganos deben permitir el acceso a documentos, expedientes, archivos, procedimientos y trámites administrativos, y suministrarán cualquier información que les sea requerida (Art. 75).

Los órganos o entes rectores de los sistemas de apoyo institucional deben evaluar la información obtenida y ordenar a los órganos de apoyo la corrección de las deficiencias

---

23 *V.* en *Gaceta Oficial* N° 3.238 Extraordinaria de 11-11-83. *V.* Allan R. Brewer-Carías, *Ley Orgánica para la ordenación del Territorio,* Caracas 1988, pp. 69 y ss.

detectadas. Los órganos de apoyo deben efectuar las correcciones señaladas y, en caso de incumplimiento, el respectivo órgano o ente rector debe formular la queja correspondiente ante el ministro o máximo órgano jerárquico correspondiente, con copia al Vicepresidente Ejecutivo (Art. 75).

Debe señalarse, por último, que las unidades administrativas de las oficinas nacionales también pueden ser desconcentradas mediante reglamento orgánico, aplicándose las mismas regulaciones expuestas en relación con la desconcentración administrativa ministerial (Art. 91 y sgts. LOAP).

e'. La posibilidad de adscripción a la Presidencia de la República de entes descentralizados y de misiones

El artículo 116 de la Ley Orgánica de 2001 expresamente prohibía la posibilidad de adscripción de entes descentralizados a la Presidencia o Vicepresidencia de la República, lo cual ha sido expresamente eliminado en la reforma de 2008 (Art. 118).

En cuanto a las misiones, en el decreto de creación de las mismas también se puede disponer su adscripción a la Presidencia de la república (Art. 131).

C. El Vicepresidente de la República

Tanto el artículo 238 de la Constitución como el artículo 47 de la LOAP, señalan que el Vicepresidente de la República es órgano directo y colaborador inmediato del Presidente de la República en su condición de Jefe del Ejecutivo Nacional, con quien debe colaborar en la dirección de la acción de gobierno; correspondiéndole suplir las faltas temporales y absolutas del Presidente (Art. 48,1 y 2, LOAP).

De acuerdo a la enumeración de competencias del Vicepresidente que establece el artículo 239 de la Constitución, el artículo 48 de la LOAP las repite y amplía, indicando entre sus atribuciones las siguientes *relacionadas con la Administración Pública o la función administrativa*:

"3. Coordinar la Administración Pública de conformidad con las instrucciones de la Presidenta o el Presidente de la República.

4. Proponer a la Presidenta o al Presidente de la República el nombramiento y la remoción de los ministros.

5. Presidir, previa autorización de la Presidenta o al Presidente de la República, el Consejo de Ministros.

6. Coordinar las relaciones del Ejecutivo Nacional con la Asamblea Nacional y efectuar el seguimiento a la discusión parlamentaria de los proyectos de ley.

7. Presidir la Comisión Central de Planificación

8. Presidir el Consejo Federal de Gobierno y coordinar las relaciones del Ejecutivo Nacional con los estados, los distritos metropolitanos y los municipios.

9. Nombrar y remover, de conformidad con la ley, los funcionarios nacionales cuya designación no esté atribuida a otra autoridad.

10. Ejercer las atribuciones que le delegue la Presidenta o el Presidente de la República.

11. Dirigir y coordinar el proceso de evaluación de los resultados de las políticas públicas adoptadas por el Ejecutivo Nacional e informar de ello a la Presidenta o Presidente de la República.

12. Efectuar el seguimiento a las decisiones del Consejo de Ministros e informar periódicamente a la Presidenta o Presidente de la República sobre el estado general de su ejecución y resultados.

13. Efectuar el seguimiento a las instrucciones impartidas por la Presidenta o Presidente de la República a las ministras o ministros e informarle sobre su ejecución y resultados.

14. Coordinar y ejecutar los trámites correspondientes a la iniciativa legislativa del Poder Ejecutivo ante la Asamblea Nacional.

15. Coordinar el proceso de promulgación de las leyes y, de ser el caso, el proceso al que se refiere el artículo 214 de la Constitución de la República Bolivariana de Venezuela.

16. Presidir el Consejo de Estado".

La Vicepresidencia de la República debe contar con la estructura orgánica y los funcionarios que requiera para el logro de su misión, de conformidad con el reglamento orgánico que apruebe el Presidente de la República en Consejo de Ministros (Art. 47).

D. El Consejo de Ministros

a. *Integración*

De acuerdo con el artículo 242 de la Constitución y con el artículo 49 de la LOAP, el Presidente de la República, el Vicepresidente Ejecutivo y los ministros, reunidos, integran el Consejo de Ministros, el cual debe ser presidido por el Presidente de la República o por el Vicepresidente Ejecutivo.

Este último, sin embargo, de acuerdo con el artículo 242 de la Constitución, sólo puede presidir el Consejo de Ministros, con autorización del Presidente de la República, cuando éste no pueda asistir a sus reuniones. En este último caso, además, todas las decisiones adoptadas deben ser ratificadas por el Presidente de la República. Por supuesto, el acto de ratificación es un acto posterior al de adopción de la decisión y así debe constar formalmente en el texto de la decisión.

El Procurador General de la República, por su parte, de acuerdo con el mismo artículo 49 de la LOAP debe asistir al Consejo de Ministros, pero solamente con derecho a voz. Además, el Presidente de la República puede invitar a otros funcionarios y personas a las reuniones del Consejo de Ministros, cuando a su juicio la naturaleza de la materia o su importancia así lo requieran.

Por último, corresponde al propio Consejo de Ministros la designación de su Secretario.

b. *La misión del Consejo de Ministros*

La finalidad fundamental del Consejo de Ministros, conforme al artículo 50 de la LOAP, es la consideración y aprobación de las políticas públicas generales y sectoriales que son competencias del Poder Ejecutivo Nacional.

c. *Los principios legales sobre la organización y funcionamiento del Consejo de Ministros*

El artículo 51 de la LOAP establece, en forma general, que el Presidente de la República, mediante decreto, debe fijar la organización y funcionamiento del Consejo de Ministros, con el objeto de garantizar el ejercicio eficaz de sus competencias y su adaptabilidad a los requerimientos que imponen las políticas públicas cuya consideración y aprobación le corresponde.

En el referido decreto se deben establecer las unidades de apoyo técnico y logístico necesarias para el eficaz cumplimiento de sus fines. Sin embargo, la Ley Orgánica establece algunas regulaciones en la materia, que son las siguientes:

a'. El quórum de funcionamiento

El quórum de funcionamiento del Consejo de Ministros no puede ser menor de las 2/3 partes de sus miembros. Sin embargo, en caso de que el Presidente de la República estime urgente la consideración de uno o determinados asuntos, el Consejo de Ministros puede sesionar con la mayoría absoluta de sus integrantes (Art. 52 LOAP).

b'. La periodicidad de las reuniones

El Presidente de la República debe fijar la periodicidad de las reuniones del Consejo de Ministros y está legalmente autorizado para convocarlo extraordinariamente cuando lo juzgue conveniente (Art. 53 LOAP).

c'. Las actas de las sesiones

De las sesiones del Consejo de Ministros se debe levantar un acta por el Secretario, quien la debe asentar en un libro especial y la debe certificar con su firma, una vez aprobada.

Dicha acta debe contener las circunstancias relativas al tiempo y lugar de su celebración, la relación de los asistentes, las decisiones adoptadas sobre cada uno de los asuntos tratados en la reunión y los informes presentados (Art. 54 LOAP).

d'. El carácter de las deliberaciones y decisiones

Conforme al artículo 55 de la LOAP, las deliberaciones del Consejo de Ministros tienen carácter secreto. Sin embargo, las decisiones que se adopten en el Consejo de Ministros, por supuesto que no tienen carácter confidencial ni secreto.

No obstante, por razones de interés nacional o de carácter estratégico, conforme al mismo artículo 55 de la LOAP, el Presidente de la República puede declarar reservada alguna de las decisiones del Consejo de Ministros, en cuyo caso, el punto en el acta correspondiente tendrá carácter confidencial o secreto sólo durante el tiempo estrictamente necesario, que tiene que fijar el Presidente de la República, luego del cual el mismo Presidente de la República debe levantar la reserva de la decisión adoptada (Art. 55 LOAP).

d. *La responsabilidad solidaria de los miembros del Consejo de Ministros*

Conforme a lo establecido en el artículo 242 de la Constitución, lo cual desarrolla el artículo 56 de la LOAP, el Vicepresidente Ejecutivo y los ministros son solidariamente responsables con el Presidente de la República de las decisiones adoptadas en las reuniones del Consejo de Ministros a que hubieren concurrido, salvo que hayan hecho constar su voto adverso o negativo.

e. *El rol del Consejo de Ministros en la iniciativa legislativa del Ejecutivo Nacional*

Conforme al artículo 204,1 de la Constitución, el Poder Ejecutivo Nacional tiene la iniciativa de las leyes, mediante la elaboración, aprobación y posterior remisión de proyectos de ley a la Asamblea Nacional (Art. 86 LOAP).

A tal efecto, el artículo 87 de la LOAP establece el siguiente procedimiento de elaboración de proyectos de ley por parte del Poder Ejecutivo Nacional, que se debe iniciar en la Vicepresidencia de la República o en el ministerio respectivo, en el cual se asigna un rol básico al Consejo de Ministros:

1. El procedimiento debe mediante la elaboración del correspondiente anteproyecto, que debe ir acompañado por un informe jurídico, los estudios o informes técnicos sobre la necesidad y oportunidad del mismo, así como por un informe económico sobre su impacto o incidencia presupuestaria.

2. El Vicepresidente o el titular del ministerio proponente, previa revisión por la Procuraduría General de la República, debe elevar el anteproyecto al Consejo de Ministros a fin de que éste decida sobre los ulteriores trámites y solicite las consultas, dictámenes e informes que resulten convenientes, así como sobre los términos de su realización.

3. Una vez cumplidos los trámites antes indicados, el ministro proponente debe someter el anteproyecto, nuevamente, al Consejo de Ministros para su aprobación como proyecto de ley y su remisión, por órgano de la Vicepresidencia de la República, a la Asamblea Nacional, acompañándolo de una exposición de motivos, del informe técnico y del informe económico sobre su impacto o incidencia presupuestaria, y demás antecedentes necesarios para pronunciarse sobre él.

4. Cuando razones de urgencia así lo aconsejen, el Consejo de Ministros puede prescindir de los trámites contemplados en este artículo y acordar la aprobación de un proyecto de ley y su remisión a la Asamblea Nacional.

En la ley de 2001 se exigía obligatoriamente que en el diseño y planificación de los proyectos de ley que se propusieran a la Asamblea Nacional, el Ejecutivo Nacional debía hacer las estimaciones económicas y presupuestarias necesarias para cubrir los costos que generase cada proyecto de ley, exclusivamente con base en ingresos ordinarios. Ello, sin embargo, fue eliminado de la Ley de 2008.

E. Los Ministerios

a. *Carácter y régimen de organización interna*

De acuerdo con el artículo 60 de la LOAP, los ministerios son los órganos del Ejecutivo Nacional encargados de la formulación, adopción, seguimiento y evaluación de las políticas, estrategias, planes generales, programas y proyectos en las materias de su competencia y sobre las cuales ejercen su rectoría de conformidad con la planificación centralizada (Art. 60).

Su número y competencias se debe establecer, conforme al artículo 236,20 de la Constitución, mediante Decreto que en este caso tiene rango de ley. A tal efecto el Presidente de la República ha dictado los decretos correspondientes, el último de los cuales es el Decreto Nº 5.246 de 20-03-07[24].

La suprema dirección del ministerio corresponde al ministro, quien la debe ejercer con la inmediata colaboración de los viceministros y de los órganos de apoyo ministerial (Art. 62).

---

24 *Gaceta Oficial* Nº 38.654 de 28-03-07.

Por ello, cada ministerio debe estar integrado por el despacho del ministro y los despachos de los viceministros y las demás unidades y dependencias administrativas. El reglamento orgánico de cada ministerio debe determinar el número y competencias de los viceministros de acuerdo con los sectores que deba atender, así como de las demás dependencias del ministerio que sean necesarias para el cumplimiento de su cometido (Art. 64).

Conforme al artículo 61 de la LOAP, las competencias específicas y las actividades particulares de cada ministerio son las establecidas en el reglamento orgánico respectivo.

b. *Los Ministros*

De acuerdo con el artículo 242 de la Constitución, los Ministros son órganos directos del Presidente de la República.

a'. Clases de Ministros

Los Ministros pueden ser de dos clases: con Despacho Ministerial o sin tal Despacho. El número de los Ministros con Despacho Ministerial deriva del Decreto de organización y funcionamiento de los Ministerios que, conforme al artículo 236,20 de la Constitución y al artículo 58 de la Ley Orgánica, dicte el Presidente de la República.

En esta forma de acuerdo con el artículo 1° del Decreto N° 5.246 de 20-03-07 sobre organización y funcionamiento de la Administración Pública Central, los siguientes son los 27 Ministerios existentes, denominados sin asidero constitucional o legal alguno como "del Poder Popular": Ministerio del Poder Popular del Despacho de la Presidencia; Ministerio del Poder Popular para Relaciones Interiores y Justicia; Ministerio del Poder Popular para Relaciones Exteriores; Ministerio del Poder Popular para las Finanzas; Ministerio del Poder Popular para la Defensa; Ministerio del Poder Popular para las Industrias Ligeras y Comercio; Ministerio del Poder Popular para las Industrias Básicas y Minería; Ministerio del Poder Popular para el Turismo; Ministerio del Poder Popular para la Agricultura y Tierras; Ministerio del Poder Popular para la Educación Superior; Ministerio del Poder Popular para la Educación; Ministerio del Poder Popular para la Salud; Ministerio del Poder Popular para el Trabajo y Seguridad Social; Ministerio del Poder Popular para la Infraestructura; Ministerio del Poder Popular para la Energía y Petróleo; Ministerio del Poder Popular para el Ambiente; Ministerio del Poder Popular para la Planificación y Desarrollo; Ministerio del Poder Popular para Ciencia y Tecnología; Ministerio del Poder Popular para la Comunicación y la Información; Ministerio del Poder Popular para la Economía Comunal; Ministerio del Poder Popular para la Alimentación; Ministerio del Poder Popular para la Cultura; Ministerio del Poder Popular para la Vivienda y Hábitat; Ministerio del Poder Popular para la Participación y Protección Social; Ministerio del Poder Popular para el Deporte; Ministerio del Poder Popular para las Telecomunicaciones y la Informática; y Ministerio del Poder Popular para los Pueblos Indígenas.[25]

Pero además de los Ministros con Despacho Ministerial, el artículo 243 de la Constitución y el artículo 59 de la LOAP, autorizan al Presidente de la República para nom-

25 Sobre la evolución del número y competencias de los ministerios. *V.* Allan R. Brewer-Carías, *Principios del Régimen Jurídico de la Organización Administrativa... cit.*, pp. 127 y ss.

brar Ministros de Estado, sin asignarles Despacho determinado, los cuales además de asistir y participar en el Consejo de Ministros, deben asesorar al Presidente de la República o Vicepresidente Ejecutivo, en los asuntos que les fueren asignados.

Además, conforme al artículo 59 de la LOAP, por vía de excepción y mediante Decreto motivado, el Presidente de la República puede designar Ministros de Estado para adscribirles los órganos, entes o fondos necesarios para el eficaz cumplimiento de los fines que se le asignen.

b'. Funciones y competencias comunes de los Ministros

Corresponde a los Ministros y a sus Viceministros, la planificación y coordinación estratégicas del ministerio y la rectoría de las políticas públicas del sector cuya competencia les esté atribuida (Art. 63 LOAP).

En particular, en cuanto a los Ministros con Despacho, el artículo 77 de la LOAP, les asigna las siguientes atribuciones:

"1. Dirigir la formulación, el seguimiento y la evaluación de las políticas sectoriales que les correspondan, de conformidad con el decreto presidencial que determine el número y la competencia de los ministerios y con el reglamento orgánico respectivo.

2. Orientar, dirigir, coordinar, supervisar y controlar las actividades del ministerio, sin perjuicio de las atribuciones que, sobre control externo, la Constitución y las leyes confieren a los órganos de la función contralora.

3. Representar política y administrativamente al ministerio.

4. Cumplir y hacer cumplir las órdenes que les comunique la Presidenta o Presidente de la República o la Vicepresidenta Ejecutiva o Vicepresidente Ejecutivo, así como los lineamientos estratégicos y políticas dictadas conforme a la planificación centralizada.

5. Formular y aprobar los planes y proyectos en atención a los lineamientos y políticas dictados conforme a la planificación centralizada

6. Informar a la Presidenta o Presidente de la República y a la Vicepresidenta Ejecutiva o Vicepresidente Ejecutivo sobre el funcionamiento de sus ministerios; y garantizar el suministro de información sobre la ejecución y resultados de las políticas públicas y los proyectos a los correspondientes sistemas de información.

7. Asistir a las reuniones del Consejo de Ministros, del Consejo Federal de Gobierno y de las juntas sectoriales que integren.

8. Convocar y reunir periódicamente las juntas ministeriales.

9. Refrendar los actos de la Presidenta o Presidente de la República o de la Vicepresidenta Ejecutiva o Vicepresidente Ejecutivo que sean de su competencia y cuidar de su ejecución, así como de la promulgación y ejecución de los decretos o resoluciones que dicten.

10. Presentar a la Asamblea Nacional la memoria y cuenta de su ministerio, señalando las políticas, estrategias, objetivos, metas, resultados, impactos y obstáculos a su gestión.

11. Presentar, conforme a la ley, el anteproyecto de presupuesto del ministerio y remitirlo, para su estudio y tramitación, al órgano rector del sistema de apoyo presupuestario.

12. Ejercer la superior administración, dirección, inspección y resguardo de los servicios, bienes y ramos de renta del ministerio.

13. Ejercer la rectoría de las políticas públicas que deben desarrollar los entes descentralizados funcionalmente adscritos a sus despachos, así como las funciones de coordinación y control que le correspondan conforme al presente Decreto con Rango, Valor y Fuerza de Ley Orgánica, y a los demás instrumentos jurídicos respectivos.

14. Ejercer la representación de las acciones pertenecientes a la República en las empresas del Estado que se les asigne, así como el correspondiente control accionario.

15. Comprometer y ordenar los gastos del ministerio e intervenir en la tramitación de créditos adicionales y demás modificaciones de su presupuesto, de conformidad con la ley.

16. Suscribir, previo cumplimiento de las formalidades de ley, los contratos relacionados con asuntos propios del ministerio.

17. Instruir a la Procuradora o Procurador General de la República sobre los asuntos en que debe intervenir en las materias de la competencia del ministerio, conforme a lo establecido en la Constitución de la República Bolivariana de Venezuela y la ley.

18. Cumplir oportunamente las obligaciones legales respecto a la Contraloría General de la República.

19. Suscribir los actos y correspondencias del despacho a su cargo.

20. Conocer y decidir los recursos administrativos que les corresponda conocer y decidir de conformidad con la ley.

21. Presentar a conocimiento y resolución de la Presidenta o Presidente de la República y a la Vicepresidenta Ejecutiva o Vicepresidente Ejecutivo, los asuntos o solicitudes que requieran su intervención.

22. Legalizar la firma de los funcionarios y funcionarias al servicio del ministerio.

23. Resolver los conflictos de competencia entre funcionarios del ministerio y ejercer la potestad disciplinaria, con arreglo a las disposiciones legales o reglamentarias.

24. Contratar para el ministerio los servicios de profesionales y técnicos por tiempo determinado o para obra determinada, de conformidad con lo establecido en la normativa aplicable.

25. Someter a la decisión del Presidente de la República o del Vicepresidente Ejecutivo los asuntos de su competencia en cuyas resultas tenga interés personal, o lo tenga su cónyuge o algún pariente por consanguinidad en cualquier grado en la línea recta o en la colateral hasta el cuarto grado inclusive, o por afinidad hasta el tercer grado.

26. Delegar sus atribuciones, gestiones y la firma de documentos de conformidad con las previsiones de la presente Ley y su reglamento respectivo".

c'. Las cuentas de los Ministros al Presidente de la República

En principio, los Ministros deben someter a la consideración del Presidente de la República los asuntos de su Despacho que así lo ameriten. Sin embargo, el Presidente de la República puede autorizar a que dichas cuentas se presenten ante los Ministros coordinadores de juntas sectoriales a fin de que sean estos los que presenten los asuntos al Presidente de la República (Art. 69).

d'. Las memorias y cuentas de los Ministros ante la Asamblea Nacional

a". *Contenido de las memorias*

Las memorias que los ministros deban presentar a la Asamblea Nacional, conforme a lo dispuesto en el artículo 244 de la Constitución, deben contener la exposición razonada y suficiente de las políticas, estrategias, planes generales, objetivos, metas, resultados, impactos y obstáculos en la gestión de cada ministerio en el año inmediatamente anterior, así como los lineamientos de sus planes para el año siguiente. Si posteriormente se evidenciaren actos o hechos desconocidos por el ministro, que por su importancia merecieran ser del conocimiento de la Asamblea Nacional, estos deben ser dados a conocer (Art. 78 LOAP). En la memoria y cuenta de su gestión, los ministros deben informar anualmente a la Asamblea Nacional acerca de las actividades de control que ejerzan, en los términos previstos en la LOAP, sobre los entes que le estén adscritos o se encuentren bajo su tutela.

Además, en las memorias se deben insertar aquellos documentos que el ministro considere indispensables, teniendo en cuenta su naturaleza y trascendencia (Art. 77). La ley Orgánica de 2001 indicaba además, que en las memorias no debían incluirse simples relaciones de actividades o documentos, lo cual fue eliminado en la Ley de 2009.

La aprobación de las memorias de los ministros, conforme al artículo 79 de la LOAP, no comprende la de las convenciones y actos contenidos en ellas que requieran especial aprobación legislativa.

b". *Las cuentas de los Ministros*

Conforme al artículo 80 de la LOAP, cada ministerio debe presentar una cuenta que debe acompañar la memoria y que debe contener una exposición de motivos, los estados financieros conforme a la ley.

Esta cuenta debe estar vinculada a la memoria, al plan estratégico y operativo respectivo y a sus resultados, de manera que constituya una exposición integrada de la gestión del ministro y permita su evaluación conjunta (Art. 81).

En el caso específico de la cuenta del Ministerio de Finanzas, el artículo 82 de la LOAP exige que debe comprender, además, la Cuenta General de Rentas y Gastos Públicos, la cual debe centralizar el movimiento general de todos los ramos de rentas y de gastos y la Cuenta de Bienes Nacionales adscritos a los diversos ministerios, con especificación del movimiento de los bienes muebles e inmuebles, de conformidad con la Ley Orgánica de Administración Financiera del Sector Público[26].

c. *Los Viceministros*

Los viceministros son los órganos inmediatos del ministro, y tienen a su cargo, específicamente, la supervisión de las actividades de sus respectivas dependencias de acuerdo con las instrucciones del ministro. Los viceministros, además, tienen a su cargo las atribuciones que la Ley les otorgue, así como el conocimiento y la decisión de los asuntos que les delegue el ministro (Art. 83 LOAP).

---

26 *V.* en *Gaceta Oficial Extraordinaria* 5.891 de 31 de julio de 2008.

a'. Nombramiento

Conforme al artículo 65 de la LOAP, los viceministros son de libre nombramiento y remoción por el Presidente de la República, oída la propuesta del ministro correspondiente. Lamentablemente, en nuestro criterio, con esta norma se rompe la línea jerárquica en la conducción de los ministerios, pues esta nombramiento debería corresponder a los Ministros y no al Presidente de la República.

b'. Asignación de competencias sectoriales

No pueden existir ni crearse cargos de viceministro sin asignación específica de sectores de actividad administrativa; aún cuando los viceministros pueden tener asignado más de un sector (Art. 66).

c'. Competencias comunes de los viceministros

El artículo 84 de la LOAP enumera las siguientes competencias comunes de los viceministros:

> "1. Seguir y evaluar las políticas a su cargo; dirigir, planificar, coordinar y supervisar las actividades de las dependencias de sus respectivos despachos; y resolver los asuntos que les sometan sus funcionarios o funcionarias, de lo cual darán cuenta al ministro o ministra en las juntas ministeriales o cuando éste o ésta lo considere oportuno.
>
> 2. Ejercer la administración, dirección, inspección y resguardo de los servicios, bienes y ramos de renta de sus respectivos despachos.
>
> 3. Comprometer y ordenar, por delegación del ministro o ministra, los gastos correspondientes a las dependencias a su cargo.
>
> 4. Suscribir los actos y correspondencia de los despachos a sus cargos.
>
> 5. Cumplir y hacer cumplir las órdenes e instrucciones que les comunique el ministro o ministra, a quien darán cuenta de su actuación.
>
> 6. Coordinar aquellas materias que la ministra o ministro disponga llevar a la cuenta de la Presidenta o Presidente de la República y a la Vicepresidenta Ejecutiva o Vicepresidente Ejecutivo, al Consejo de Ministros, a la Comisión Central de Planificación y a las juntas sectoriales.
>
> 7. Asistir a las juntas ministeriales y presentar en el mismo los informes, evaluaciones y opiniones sobre las políticas de los ministerios.
>
> 8. Ejercer la potestad disciplinaria, con arreglo a las disposiciones legales o reglamentarias correspondiente.
>
> 9. Contratar por delegación del ministro o ministra los servicios de profesionales y técnicos por tiempo determinado o para obra determinada.
>
> 10. Presentar a conocimiento y resolución de la ministra o ministro los asuntos o solicitudes que requieran su intervención, incluyendo los que por su órgano sean presentadas por las comunidades organizadas.
>
> 11. Someter a la decisión del ministro o ministra los asuntos de su atribución en cuyas resultas tenga interés personal directo, por sí o a través de terceras personas.
>
> 12. Delegar atribuciones, gestiones y la firma de documentos, conforme a lo que establezca esta Ley y su reglamento.
>
> 13. Suplir las faltas temporales de la ministra o ministro."

d. *La desconcentración administrativa de la administración ministerial*

a'. La creación de órganos desconcentrados

El Presidente de la República, en Consejo de Ministros, puede mediante el respectivo reglamento orgánico, convertir unidades administrativas de los ministerios en órganos desconcentrados, con capacidad de gestión presupuestaria, administrativa o financiera según acuerde el respectivo reglamento orgánico (Art. 91). Se eliminó de la ley la "autonomía" (presupuestaria, administrativa, financiera o de gestión) que conforme a la Ley de 2001 podían tener los órganos desconcentrados.

b'. Control

El control jerárquico sobre los órganos desconcentrados corresponde al ministro pero de conformidad con los lineamientos de la Planificación Centralizada (Art. 92).

Adicionalmente, el artículo 119 de la LOAP establece las siguientes atribuciones del órgano controlante:

"1. Definir la política a desarrollar por tales entes, a cuyo efecto deben formular las directivas generales que sean necesarias.

2. Ejercer permanentemente funciones de coordinación, supervisión y control conforme a los lineamientos de la planificación centralizada.

4. Evaluar en forma continua el desempeño y los resultados de su gestión e informar oportunamente a la Presidenta o Presidente de la República, gobernadora o gobernador, alcaldesa o alcalde, según corresponda.

5. Ser informado permanentemente acerca de la ejecución de los planes, y requerir dicha información cuando lo considere oportuno.

7. Velar por la conformidad de las actuaciones de sus órganos desconcentrados dependientes y entes descentralizados funcionalmente que le estén adscritos, a los lineamientos, políticas y planes dictados conforme a la planificación centralizada".

Por último, también rige para los órganos desconcentrados el control de gestión regulado en los artículos 119 y siguientes de la LOAP.

c'. Los servicios desconcentrados

a''. ***Creación***

El Presidente de la República, mediante el reglamento orgánico respectivo, en Consejo de Ministros, puede crear órganos con carácter de "servicios desconcentrados sin personalidad jurídica" (lo que es una redundancia, ya que estos son órganos y no entes de la Administración Pública), u otorgar tal carácter a órganos existentes en los ministerios y en las oficinas nacionales, con el propósito de obtener recursos propios para ser afectados a la prestación de un servicio (Art. 93). Esta figura sustituye la de los "servicios autónomos sin personalidad jurídica" regulados en la legislación venezolana desde hace décadas, como una muestra más del empeño de eliminar toda noción de "autonomía" de la normativa relativa a la Administración Pública.

De acuerdo con la LOAP, sólo podrá otorgarse el carácter de servicio desconcentrado en aquellos casos de prestación de servicios a cargo del Estado que permitan, efectivamente, la captación de ingresos (Art. 93).

En todo caso, los referidos servicios son órganos que dependerán jerárquicamente del ministro o del viceministro, o del jefe de la oficina nacional que determine el respectivo reglamento orgánico (Art. 93).

b''. *Contenido del decreto orgánico de creación*

En el reglamento orgánico de creación de los servicios desconcentrados sin personalidad jurídica, tal como lo dispone el artículo 95 de la LOAP, se debe establecer lo siguiente:

"1. La finalidad y la asignación de competencias del servicio desconcentrado que se cree.

2. La integración y fuentes ordinarias de ingreso.

3. El grado de autonomía presupuestaria, administrativa, financiera y de gestión que se acuerde.

4. Los mecanismos de control a los cuales quedará sometido.

5. El destino que se deben dar a los ingresos obtenidos, incluidos los excedentes al final del ejercicio fiscal.

6. La forma de designación del titular que debe ejercer la dirección y administración, y el rango de su respectivo cargo".

c''. *Los ingresos de los servicios desconcentrados sin personalidad jurídica*

Los servicios desconcentrados sin personalidad jurídica deben contar con un fondo separado, para lo cual deben estar dotados de la capacidad presupuestaria o financiera que acuerde el reglamento orgánico que les otorgue tal carácter.

Conforme al artículo 34,3 de la Ley Orgánica de Administración Financiera del Sector Público de 2008[27], los ingresos provenientes de la gestión de los servicios desconcentrados sin personalidad jurídica no forman parte del Tesoro y, en tal virtud, pueden ser afectados directamente, de acuerdo con los fines para los cuales han sido creados. Tales ingresos sólo pueden ser utilizados para cubrir los gastos que demanda el cumplimiento de sus fines (Art. 94).

F. Las autoridades regionales

La Ley Orgánica de 2008, estableció dentro de los órganos superiores de dirección del Nivel central de la Administración Pública Nacional a las "autoridades regionales"(Art. 45), limitándose el artículo 70 de la misma Ley Orgánica a indicar que el Presidente de la República puede "designar autoridades regionales, las cuales tendrán por función la planificación, ejecución, seguimiento y control de las políticas, planes y proyectos de ordenación y desarrollo del territorio aprobados conforme a la planificación centralizada, así como, las demás atribuciones que le sean fijadas de conformidad con la ley, asignándoles los recursos necesarios para el eficaz cumplimiento de su objeto."

---

27 *V.* en *Gaceta Oficial Extraordinaria* 5.891 de 31 de julio de 2008

2. La Comisión Central de Planificación como órgano superior de coordinación y control de la planificación centralizada

La Ley Orgánica dedica el artículo 57 a regular la Comisión Central de Planificación con el carácter de órgano superior de coordinación y control de la planificación centralizada de la Administración Pública Nacional, de carácter permanente, encargado de garantizar la armonización y adecuación de las actuaciones de los órganos y entes de la Administración Pública Nacional.

Dicha Comisión está regulada en la Ley Orgánica de Creación de la Comisión Central de Planificación,[28] en la cual se fija su objeto, atribuciones, organización y funcionamiento.[29]

3. Los órganos superiores de consulta de la Administración Pública nacional central

En cuanto a los órganos superiores de consulta de la Administración Pública nacional central, el artículo 45 de la Ley se limita a señalar que son la Procuraduría General de la República, el Consejo de Estado, el Consejo de Defensa de la Nación, las juntas sectoriales y las juntas ministeriales.

A. La Procuraduría General de la República

El artículo 247 de la Constitución regula a la Procuraduría General de la República dentro de los órganos que ejercen el Poder Ejecutivo Nacional, con la misión de asesorar, defender y representar judicial y extrajudicialmente los intereses patrimoniales de la República. Dicho órgano, además, debe ser consultado para la aprobación de los contratos de interés público nacional. La Ley, sin embargo, debe determinar la modalidad, efectos y casos en los cuales debe formularse esta consulta.

La LOAP no regula este órgano superior de consulta de la Administración Pública Nacional Central, cuya organización corresponde a una ley orgánica especial (Art. 247 C), que es la Ley Orgánica de la Procuraduría General de la República[30].

B. El Consejo de Estado

El Consejo de Estado, creado por el artículo 251 de la Constitución, es el órgano superior de consulta de gobierno y de la Administración Pública, y está presidido por el Vicepresidente Ejecutivo (Art. 48,16 LOAP).

---

28 *V.* Decreto Ley N° 5.384, *G.O.* Extra. N° 5.841 de 22-06-2007. *V.* además, la Ley Orgánica de Planificación, Decreto-Ley N° 1.528, *G.O.* Extra. N° 5.554 de 13-11-2001.

29 *V.* Allan R. Brewer-Carías, "Comentarios sobre la inconstitucional creación de la Comisión Central de Planificación, centralizada y obligatoria" en *Revista de Derecho Público*, N° 110, (abril-junio 2007), Editorial Jurídica Venezolana, Caracas 2007, pp. 79-89.

30 *V.* Decreto-Ley N° 6.286, *Gaceta Oficial Extraordinaria* N° 5.892 de 31 de julio de 2008

Corresponde al Consejo de Estado, recomendar políticas de interés nacional en aquellos asuntos a los que el Presidente de la República reconozca de especial trascendencia y requieran de su opinión (Art. 85).

En la Ley de 2001 se remitía a la ley especial para todo lo concerniente a la regulación de la competencia, organización y funcionamiento del Consejo de Estado, lo que se eliminó en la reforma de 2008.

C. El Consejo de Defensa de la Nación

El Consejo de Defensa de la Nación, regulado en el artículo 323 de la Constitución, es el máximo órgano de consulta para la planificación y asesoramiento del Poder Público en los asuntos relacionados con la defensa integral de la Nación, su soberanía y la independencia de su espacio geográfico. A tales efectos, le corresponde también establecer el concepto estratégico de la Nación.

El Consejo está presidido por el Presidente de la República y lo integran, además, el Vicepresidente Ejecutivo, el Presidente de la Asamblea Nacional, el Presidente del Tribunal Supremo de Justicia, el Presidente del Consejo Moral Republicano y los Ministros de los sectores de la defensa, la seguridad interior, las relaciones exteriores y la planificación y otros cuya participación se considere pertinente.

Corresponde a la ley orgánica respectiva, fijar la organización y atribuciones del Consejo. Estimamos que en dicha Ley debería incorporarse al Consejo, al Presidente del Consejo de Nacional Electoral, órgano que ejerce el quinto de los Poderes Públicos Nacionales (Poder Electoral), el cual, sin embargo, no se enumera en el artículo 323 de la Constitución entre los integrantes del Consejo.

D. Las juntas sectoriales

a. *Creación*

Las juntas sectoriales tienen por misión asesorar y proponer acuerdos o políticas sectoriales al Presidente de la República, así como estudiar y hacer recomendaciones sobre los asuntos a ser considerados por el Consejo de Ministros. Su creación corresponde al Presidente de la República, quien además, puede crearlos para coordinar las actividades entre varios ministerios o entre éstos y los entes públicos (Art. 67).

b. *Integración*

Las juntas sectoriales están integrados por los ministros y las autoridades de los órganos rectores de los sistemas de apoyo técnico y logístico del sector correspondiente.

Los ministros integrantes de las juntas sectoriales sólo pueden delegar su asistencia y participación en los mismos, en viceministros de su despacho (Art. 68).

El reglamento respectivo debe establecer el funcionamiento de las juntas sectoriales (Art. 69).

c. *Coordinación y los ministros coordinadores*

Las juntas sectoriales deben ser coordinados por el ministro que el Presidente designe o por el Vicepresidente Ejecutivo cuando el Presidente de la República lo considere necesario (Art. 68).

El Presidente de la República puede autorizar a los ministros coordinadores de las juntas sectoriales para que reciban la cuenta de los ministros que integran su junta sectorial, a fin de que el coordinador correspondiente le presente al Presidente de la República o al Vicepresidente Ejecutivo, según el caso, la cuenta de los ministros que integran la junta sectorial (Art. 69).

d. *Articulación de las juntas sectoriales a la actividad del Consejo de Ministros*

De los asuntos tratados en las juntas sectoriales se debe informar al Consejo de Ministros, en cuyo seno deben conocerse y discutirse aquellos que de acuerdo con la Constitución y las leyes, se correspondan con competencias que el Presidente de la República deba ejercer en Consejo de Ministros (Art. 69).

E. Las juntas ministeriales

Conforme al artículo 63 de la LOAP, cada ministro reunido con sus viceministros, conforman la junta ministerial, el cual debe contar con una unidad estratégica de seguimiento y evaluación de políticas públicas adscrita al despacho del ministro, integrada por un equipo interdisciplinario.

La unidad estratégica de seguimiento y evaluación de políticas públicas debe analizar y evaluar la ejecución y el impacto de las políticas públicas que están bajo la responsabilidad del ministerio y debe someter el resultado de sus estudios a la consideración de la junta ministerial para que éste adopte las decisiones a que hubiere lugar (Art. 63).

VIII. EL RÉGIMEN DE LA ORGANIZACIÓN DE LA ADMINISTRACIÓN PÚBLICA DESCENTRALIZADA FUNCIONALMENTE

Además de los principios relativos a la organización del Nivel central de la Administración Pública nacional, la LOAP establece el régimen general de la organización de la administración pública descentralizada tanto nacional, como estadal y municipal.

1. Las formas jurídicas de la descentralización administrativa funcional

Conforme se ha dicho, la descentralización administrativa funcional tiene por objeto la creación de personas jurídicas a las cuales se transfiere la titularidad de determinadas competencias y la responsabilidad de ejecutarlas (arts. 29 y 32 LOAP).

Conforme a lo indicado en el artículo 29 de la LOAP, esta descentralización funcional puede realizarse mediante la creación de personas jurídicas con forma de derecho público o con forma de derecho privado[31].

Tradicionalmente, la figura de los institutos autónomos ha sido la más importante con forma de derecho público, aún cuando esta no se agota en los institutos autónomos,

31 *V.* Allan R. Brewer-Carías, *Principios del Régimen Jurídico de la Organización Administrativa... cit.*, pp. 115 y ss.

pues también los establecimientos públicos corporativos, como las universidades nacionales y aquellas personas jurídicas de derecho público específicas, como el Banco Central de Venezuela (establecimientos públicos asociativos), son formas jurídicas de derecho público estatales para la descentralización funcional.

A. Formas jurídicas de derecho público: los institutos públicos y los institutos autónomos

En la LOAP de 2001 sólo se regulaba una de las formas jurídicas de derecho público para la descentralización administrativa funcional que era la figura del instituto autónomo,[32] que es una institución de rango constitucional (Art. 142), a la cual con la reforma de la Ley de 2008, se le agrega una nueva figura que es la de los "institutos públicos" con idéntico régimen que aquellos, pero sin el calificativo de "autónomo" dada la orientación general de esta reforma de eliminar todo vestigio de autonomía en la Administración Pública y organización del Estado.

a. *La figura de los institutos públicos*

En efecto, en el artículo 96 de la LOAP se regula a los "institutos públicos", como personas jurídicas de derecho público de naturaleza fundacional, creados por ley nacional, estadal u ordenanza municipal, dotado de patrimonio propio, con las competencias o actividades determinadas en estas.

a'. La creación por ley

La creación de los institutos públicos sólo puede realizarse mediante ley, conforme lo establece el artículo 142 de la Constitución, a cuyo efecto, el artículo 97 de la LOAP dispone que la ley respectiva (nacional, estadal u ordenanza) que cree un instituto público debe contener:

"1. El señalamiento preciso de su finalidad, competencias y actividades a su cargo.

2. El grado de autogestión presupuestaria, administrativa y financiera que se establezca

3. La descripción de la integración de su patrimonio y de sus fuentes ordinarias de ingresos.

4. Su estructura organizativa interna a nivel superior, con indicación de sus unidades administrativas y señalamiento de su jerarquía y atribuciones.

5. Los mecanismos particulares de control de tutela que ejercerá el órgano de adscripción."

b'. Los privilegios y prerrogativas de los institutos autónomos

La LOAP, con carácter general, dispone que los institutos autónomos gozan de los privilegios y prerrogativas que la ley nacional acuerde a la República, los estados, los distritos metropolitanos o los municipios (Art. 98). No se estableció, entonces, que la ley de creación determinaría los privilegios y prerrogativas de los cuales gozarían los institutos autónomos, sino que la Ley Orgánica directamente se los otorgó.

---

32 *V.* Jesús Caballero Ortiz, *Los Institutos Autónomos,* Caracas 1985.

c'. El régimen legal administrativo

La actividad de los institutos públicos está sujeta a los principios y bases establecidos en la normativa que regule la actividad administrativa, en particular, la Ley Orgánica de Procedimientos Administrativos, así como a los lineamientos de la Planificación Centralizada (Art. 99).

d'. La supresión de los institutos públicos

Los institutos públicos pueden ser suprimidos por ley especial, la cual debe establecer las reglas básicas de la disolución, así como las potestades necesarias para que el respectivo ejecutivo nacional, estadal, del Distrito Metropolitano o municipal proceda a su liquidación (Art. 100).

b. *La figura de los institutos autónomos*

De acuerdo con el artículo 101 de la Ley Orgánica, los institutos autónomos subsisten, y se regulan conforme a las disposiciones previstas en la sección de la Ley destinada a los "institutos públicos", y en todas aquellas normas que les sean aplicables a los institutos públicos.

B. Las formas jurídicas de derecho privado

La LOAP, en cuanto a las formas jurídicas de derecho privado de la Administración Pública descentralizada funcionalmente, regula a las sociedades mercantiles del Estado, a las fundaciones del Estado y a las asociaciones civiles del Estado.

a. *Las empresas del Estado y su contradictoria regulación como "personas jurídicas de derecho público"*

a'. Noción legal

El artículo 10ª de la Ley de 2001 definía a las empresas del Estado como "las sociedades mercantiles en las cuales la República, los estados, los distritos metropolitanos y los municipios, o alguno de los entes descentralizados funcionalmente regulados en la Ley Orgánica, solos o conjuntamente, tuvieran una participación mayor al 50% del capital social. "[33]

Esta definición se ha eliminado del artículo 102 de la Ley de 2008, e ignorando la "forma de derecho privado" de las empresas del Estado conforme a los principios de la descentralización establecidos en el artículo 29 de la misma Ley, se definen las empresas del Estado, eliminándose toda referencia al carácter "de sociedades mercantiles" de las mismas, en forma totalmente contradictoria, como:

> "personas jurídicas de derecho público constituidas de acuerdo a las normas de derecho privado, en las cuales la República, los estados, los distritos metropolitanos y los municipios, o alguno de los entes descentralizados funcionalmente a los que se refiere el presente Decreto con Rango, Valor y Fuerza de Ley Orgánica, solos o conjuntamente, tengan una participación mayor al cincuenta por ciento del capital social."

---

33 *V.* Allan R. Brewer-Carías, *Régimen de las Empresas Públicas en Venezuela,* Caracas 1981.

Frente a tamaña contradicción, no hay otra conclusión que no sea considerar que se trata de un error de la Ley.

b'. Creación

a''. *El acto administrativo de creación*

La creación de las empresas del Estado, conforme al artículo 103 de la Ley, debe ser autorizada por el Presidente de la República en Consejo de Ministros, los gobernadores y los alcaldes según corresponda, mediante decreto de conformidad con la ley (Art. 103).

Las empresas del Estado, como sociedades mercantiles, deben constituirse con al menos dos accionistas; sin embargo, el artículo 105 de la Ley permite que las empresas del Estado puedan constituirse con un único accionista, estableciéndose así, la excepción al régimen del contrato de sociedad que establece el Código de Comercio para la constitución de sociedades mercantiles.

En estos casos, los derechos societarios podrán ser ejercidos, según sea el caso, por la República, los estados, los distritos metropolitanos, los municipios o los entes a que se refiere la Ley Orgánica, que sea titular de la totalidad de las acciones, sin que ello implique el incumplimiento de las disposiciones establecidas en la ley.

b''. *Adquisición de la personalidad jurídica*

El artículo 101 de la Ley Orgánica de 2001 establecía que las empresas del Estado, como sociedades mercantiles, adquirían la personalidad jurídica con la protocolización de su acta constitutiva en el registro mercantil correspondiente a su domicilio, donde se debía archivar un ejemplar auténtico de sus estatutos y de la *Gaceta Oficial* de la República o del medio de publicación oficial correspondiente donde apareciese publicado el decreto que autorizaba su creación.

Esta previsión ha sido sustituida en la Ley Orgánica de 2008, por una previsión que dispone que las empresas del Estado "adquieren la personalidad jurídica con la protocolización de su acta constitutiva en el registro correspondiente a su domicilio, donde se archivará un ejemplar auténtico de sus estatutos y de la *Gaceta Oficial* de la República Bolivariana de Venezuela o del medio de publicación oficial correspondiente, donde aparezca publicado el decreto que autorice su creación" (Art. 103). No se precisa, sin embargo, si se trata o no del registro mercantil, que es lo lógico tratándose de empresas mercantiles.

Lo único que se indica es que "los trámites de registro de los documentos referidos a las empresas del Estado, estarán exentos del pago de aranceles y otras tasas previstas en la legislación que regula la actividad notarial y registral."

c''. *Publicación*

Conforme al artículo 104 de la LOAP, todos los documentos relacionados con las empresas del Estado que conforme al ordenamiento jurídico vigente (en la Ley de 2001 se hacía referencia al Código de Comercio, Art. 102) deben ser objeto de publicación, deben publicarse en la *Gaceta Oficial de la República* o en el correspondiente medio de divulgación oficial, se entiende de los estados, de los distritos metropolitanos o de los municipios.[34]

c'. Creación de las empresas matrices

Cuando varias empresas del Estado operen en un mismo sector, o requieran una vinculación aunque operen en diversos sectores, el Presidente de la República, el gobernador y el alcalde correspondiente, pueden crear empresas matrices tenedoras de las acciones de las empresas del Estado y de las empresas mixtas correspondientes, sin perjuicio de que los institutos públicos o autónomos puedan desempeñar igual función (Art. 106).

d'. Representación

Corresponde al ministro u órgano de adscripción, nacional, estadal, del Distrito Metropolitano o municipal respectivo, ejercer, según corresponda, la representación de la República, del estado, del Distrito Metropolitano o del municipio respectivo, en la asamblea de accionistas u órganos correspondientes de las empresas, fundaciones y asociaciones civiles del Estado que se encuentren bajo su tutela (Art. 122).

En los casos de empresas del Estado nacionales, estadales, de los distritos metropolitanos o municipales con un único accionista, como se ha dicho, el artículo 105 de la LOAP dispone que los derechos societarios podrán ser ejercidos, según sea el caso, por la República, los estados, los distritos metropolitanos, los municipios o los entes a que se refiere la LOAP, que sea titular de las acciones en forma unilateral, sin que ello implique el incumplimiento de las disposiciones establecidas en la ley.

e'. Legislación que rige las empresas del Estado

En todo caso, tratándose de personas jurídicas con forma jurídica de derecho privado (a pesar de la contradictoria calificación del artículo 102 como "personas jurídicas de derecho público"), las empresas del Estado se rigen por la legislación ordinaria, particularmente la establecida en el Código de Comercio, por lo establecido en la LOAP y las demás normas aplicables.

La Ley Orgánica ahora dispone expresamente que los trabajadores de las empresas del Estado se regirán por la legislación laboral ordinaria (Art. 107).

f'. El registro de la participación estatal en empresas

El órgano nacional, estadal o municipal que sea competente en materia presupuestaria, según corresponda, debe llevar un registro de la composición accionaria de las empresas donde el Estado tenga participación en su capital social, y remitir semestralmente

34 El artículo 102 de la Ley Orgánica de 2001 agregaba que "Con el cumplimiento de esta obligación la LOAP considera satisfechas las exigencias previstas el Código de Comercio, sin perjuicio que la publicación pueda hacerse también en otros medios de comunicación si así lo estima conveniente la empresa. En este último supuesto, debe dejarse constancia del número y fecha de la *Gaceta Oficial de la República* o del medio de divulgación oficial, estadal, del distrito metropolitano o municipal en el cual se hizo la publicación legal" (Art. 102); lo que se ha eliminado en la reforma de 2008.

copia del mismo a la comisión correspondiente de la Asamblea Nacional, de los consejos legislativos, de los cabildos metropolitanos o de los consejos municipales, dentro de los primeros treinta días del semestre siguiente (Art. 108).

b. *Las fundaciones del Estado*

a'. Noción

Conforme al artículo 109 de la LOAP, son fundaciones del Estado aquellas cuyo patrimonio está afectado a un objeto de utilidad general, artístico, científico, literario, benéfico o social, en cuyo acto de constitución participe la República, los estados, los distritos metropolitanos, los municipios o alguno de los entes descentralizados funcionalmente a los que se refiere esta Ley, siempre que su patrimonio inicial se realice con aportes del Estado en un porcentaje mayor al 50%. Dos son, por tanto, las condiciones para que una fundación pueda considerarse como fundación del Estado: por una parte, que se constituya por un ente público y por la otra, que en el patrimonio fundacional *inicial* haya aporte del Estado mayor al 50% del mismo. Ambas condiciones deben cumplirse acumulativamente.

b'. Creación de las fundaciones del Estado

La creación de las fundaciones del Estado debe ser autorizada respectivamente por el Presidente de la República en Consejo de Ministros, los gobernadores, los alcaldes (art.110).

c'. Adquisición de personalidad jurídica

Las fundaciones del Estado adquieren personalidad jurídica conforme al artículo 19 del Código Civil con la protocolización de su acta constitutiva en la oficina subalterna de registro correspondiente a su domicilio, donde se debe archivar un ejemplar auténtico de sus estatutos y de la *Gaceta Oficial de la República* o del medio de publicación oficial estadal o municipal correspondiente donde aparezca publicado el instrumento jurídico que autorice su creación (Art. 110).

En este caso, también se precisa en la Ley que los trámites de registro de los documentos referidos a las fundaciones del Estado, están exentos del pago de aranceles y otras tasas previstas en la legislación que regula la actividad notarial y registral.

d'. Indicación del valor patrimonial y régimen de administración

Conforme al artículo 112 de la Ley, tanto en el instrumento jurídico que acuerde la creación, como en el acta constitutiva de las fundaciones del Estado, se debe indicar el valor de los bienes que integran su patrimonio, así como la forma en que deben ser dirigidos y administrados, y los mecanismos para la designación de los miembros de la directiva, garantizándose que en el mismo tengan participación los órganos del sector público vinculados con el objeto de la Fundación. La modificación de los estatutos de la Fundación no podrá hacerse sin la previa aprobación del órgano que ejerce el control estatutario.

e'. Publicación de los documentos de las fundaciones del Estado

El acta constitutiva, los estatutos y cualquier reforma de tales documentos de las fundaciones del Estado deben ser publicados en la *Gaceta Oficial de la República* o en el respectivo medio de publicación oficial correspondiente con indicación de los datos del registro (Art. 111).

f'. Representación

Corresponde al Ministro u órgano de adscripción nacional, estatal, del Distrito Metropolitano o municipal respectivo, ejercer, según proceda, la representación del órgano respectivo en los órganos correspondientes de las fundaciones del Estado que se encuentren bajo su tutela (Art. 122).

g'. Régimen legal

Conforme lo indica el artículo 114 de la LOAP, las fundaciones del Estado se rigen por el Código Civil, la Ley Orgánica y las demás normas aplicables.[35] En este caso, la Ley Orgánica también precisa que los empleados de las fundaciones del Estado se rigen por la legislación laboral ordinaria.

c. *Las sociedades civiles del Estado (nacionales)*

a'. Noción

El artículo 115 de la LOAP define a las asociaciones y sociedades civiles del Estado como aquéllas en las cuales la República o algún ente descentralizado funcionalmente nacional posea más del 50% de las cuotas de participación, y aquéllas conformadas en la misma porción, por aporte de los mencionados entes, siempre que tales aportes hubiesen sido efectuados en calidad de socio o miembro.

La LOAP, por tanto, no regula las sociedades civiles del Estado que puedan constituir los estados, municipios o distritos metropolitanos.

b'. Creación de las asociaciones y sociedades civiles del Estado

La creación de las asociaciones y sociedades civiles del Estado debe estar autorizada por el Presidente de la República mediante decreto (Art. 114).

El acta constitutiva de las sociedades civiles del Estado debe indicar el valor de los bienes que integran su patrimonio, así como la forma en que serán dirigidas y administradas (Art. 116 y 112).

c'. Adquisición de personalidad jurídica

Las sociedades civiles del Estado adquieren personalidad jurídica con la protocolización de su Acta Constitutiva en la Oficina del Registro Subalterno correspondiente a su domicilio, donde se debe archivar un ejemplar auténtico de sus Estatutos y de la *Gaceta Oficial de la República*, donde aparezca publicado el Decreto que autorice la creación (Art. 116).

---

35 La Ley de 2001 derogó parcialmente el Decreto Ley N° 677 de 21-6-85 que estableció las Normas sobre las Fundaciones, Asociaciones y Sociedades Civiles del Estado y el control de los aportes públicos a las instituciones privadas*V.* en *Gaceta Oficial* N° 3574 *Extraordinaria* de 21-6-85. *V.* en general, Allan R. Brewer-Carías, "El régimen de las fundaciones en el Decreto N° 41 de 14-12-84" en *Revista de derecho Público,* N° 20, Caracas 1984, pp. 96 y ss.

d'. Publicación

El acta constitutiva y estatutos de las sociedades civiles del Estado debe ser publicado en la *Gaceta Oficial de la República*, con indicación de los datos de registro (Art. 116, 111).

e'. Régimen Legal

Las asociaciones civiles del Estado también se rigen por el Código Civil y las demás normas aplicables, salvo lo establecido en la LOAP (Art. 116, 114). En cuanto a los empleados de las mismas, también se rigen por la legislación laboral ordinaria.

2. La adscripción de los entes descentralizados a los órganos de la administración pública nacional central

A. La potestad de adscripción

Corresponde al Presidente de la República en Consejo de Ministros decretar la adscripción de los institutos públicos o autónomos, empresas, fundaciones, asociaciones y sociedades civiles del Estado a los órganos de la administración pública central nacional. En dicho decreto, el Presidente, conforme se establece en el artículo 117 de la LOAP, puede:

> "1. Determinar el ministerio de adscripción en los casos en que ello no se encuentre previsto en la ley o acto jurídico de creación del ente descentralizado funcionalmente.
>
> 2. Variar la adscripción del ente descentralizado funcionalmente que se encuentre prevista en su correspondiente ley o acto jurídico de creación, de acuerdo a las reformas que tengan lugar en la organización ministerial, y atendiendo, en especial, a la creación o supresión de los ministerios o cambios en sus respectivas competencias.
>
> 3. Variar la adscripción de las acciones de uno a otro órgano, o transferir sus acciones a un instituto autónomo o a otro ente descentralizado funcionalmente.
>
> 4. Fusionar empresas del Estado y transformar en éstas o en servicios desconcentrados sin personalidad jurídica, las fundaciones del Estado que estime conveniente".

Debe señalarse, por último, que la LOAP no regula la potestad de determinar la adscripción de los entes descentralizados funcionalmente en los Estados, municipios o distritos metropolitanos, por lo que debe aplicarse analógicamente el régimen anterior, en cuanto que tal atribución corresponde a la autoridad ejecutiva de mayor jerarquía.

B. Limitaciones de adscripción

Todo instituto público o autónomo, empresa o fundación, asociaciones y sociedades civiles del Estado se tiene que encontrar adscrito a un determinado ministerio u órgano de la Administración Pública correspondiente a los efectos del ejercicio del control correspondiente. (Art. 118). La Ley de 2001, agregaba a esta norma la prohibición de que algún ente descentralizado pudiese estar adscrito al despacho del Presidente de la República, del Vicepresidente Ejecutivo, del gobernador, o del alcalde (Art. 116), lo cual ha sido eliminada de la Ley.

C. Atribuciones de los órganos de adscripción

Los ministerios u otros órganos de control, nacionales, estadales, de los distritos metropolitanos o municipales, respecto de los entes descentralizados funcionalmente que le estén adscritos, tienen las siguientes atribuciones generales indicadas en el artículo 119 de la LOAP:

"1. Definir la política a desarrollar por tales entes, a cuyo efecto formularán las directivas generales que sean necesarias.

2. Ejercer permanentemente funciones de coordinación, supervisión y control conforme a los lineamientos de la planificación centralizada.

3. Nombrar los presidentes de institutos públicos, institutos autónomos y demás entes descentralizados

4. Evaluar en forma continua el desempeño y los resultados de su gestión e informar oportunamente al Presidente de la República, gobernador o alcalde, según corresponda.

5. Ser informado permanentemente acerca de la ejecución de los planes, y requerir dicha información cuando lo considere oportuno.

6. Proponer a la Presidenta o Presidente de la República, gobernadora o gobernador, alcaldesa o alcalde, según corresponda, las reformas necesarias a los fines de modificar o eliminar entes descentralizados funcionalmente que le estuvieren adscritos, de conformidad con la normativa aplicable.

7. Velar por la conformidad de las actuaciones de sus órganos desconcentrados dependientes y entes descentralizados funcionalmente que le estén adscritos, a los lineamientos, políticas y planes dictados conforme a la planificación centralizada

8. Las demás que determinen las leyes nacionales, estadales y las ordenanzas y sus reglamentos".

D. Obligatoriedad de publicación de los entes descentralizados adscritos

De acuerdo con el artículo 120 de la LOAP, en el mes de enero de cada año, los ministerios y órganos de adscripción nacionales, estadales, de los distritos metropolitanos o municipales deben publicar en la *Gaceta Oficial* de la República o en el medio oficial que corresponda, la lista de los entes descentralizados adscritos o bajo su tutela, con indicación del monto de la participación, si se tratare de una empresa del Estado y de la conformación de su patrimonio, si se tratare de un instituto público o autónomo o una fundación del Estado.

Igualmente deben indicarán los entes que se hallen en proceso de privatización o de liquidación.

3. La adscripción de bienes a los entes descentralizados

Tanto la República, como los estados, los distritos metropolitanos y los municipios pueden incorporar determinados bienes públicos a un ente descentralizado funcionalmente, sin que dicho ente adquiera la propiedad. En tales casos, el ente queda obligado a utilizarlos exclusivamente para los fines que determine los titulares de la propiedad. En los casos de incorporación de bienes a entes descentralizados funcionalmente, éstos pueden conservar su calificación jurídica originaria (Art. 124).

4. El control de tutela sobre la administración descentralizada funcionalmente

A. El control de gestión

a. *Los indicadores de gestión*

Conforme al artículo 121, el ministerio u órgano de control, nacional, estadal, del Distrito Metropolitano o municipal, a cargo de la coordinación y planificación bajo los lineamientos de la Comisión Central de Planificación, deben determinar los indicadores de gestión aplicables para la evaluación del desempeño institucional de los y entes descentralizados funcionalmente, de conformidad con el reglamento respectivo.

b. *Los compromisos de gestión*

Como instrumento del control de tutela sobre el desempeño institucional de los entes descentralizados, de conformidad con la LOAP se deben suscribir compromisos de gestión entre entes descentralizados funcionalmente y el respectivo ministerio u órgano de adscripción nacional, estadal, del Distrito Metropolitano o municipal, según el caso (Art. 121). Dichos compromisos de gestión se regulan detalladamente en los artículos 132 y siguientes de la LOAP, como se señala más adelante.

B. La obligación de información

El artículo 123 de la LOAP obliga a los entes descentralizados funcionalmente informar al ministerio u órgano de adscripción, nacional, estadal, del Distrito Metropolitano o municipal acerca de toda participación accionaria que suscriban y de los resultados económicos de la misma.

Además, los administradores de los entes descentralizados funcionalmente deben remitir anualmente a los ministerios u órgano de adscripción nacional, estadal, del Distrito Metropolitano o municipal correspondientes, el informe y cuenta de su gestión (Art. 123).

C. La intervención de los entes descentralizados

a. *El decreto de intervención*

El Presidente de la República, gobernador, alcalde, según corresponda, puede decidir la intervención podrá decidir la intervención de un instituto público, instituto autónomo, fundación del Estado, empresa del Estado, asociación o sociedad civil del Estado, o algún otro ente descentralizado, cuando existan razones que lo justifiquen, sin perjuicio de lo establecido en leyes especiales (Art. 125).

Esta intervención se debe decidir mediante acto administrativo que se debe publicar en la *Gaceta Oficial de la República* o en el medio de publicación correspondiente. Dicho acto debe contener el lapso de duración de la intervención y los nombres de las personas que deben formar parte de la junta interventora (Art. 126).

b. *La junta interventora*

La junta interventora que se designe debe proceder a redactar y ejecutar uno o varios presupuestos sucesivos tendientes a solventar la situación del instituto, cumpliendo al efecto lo preceptuado en la legislación presupuestaria (Art. 127).

La actuación de la junta debe circunscribirse estrictamente a realizar los actos de administración necesarios para mantener la continuidad de las atribuciones o actividades a cargo del ente intervenido, proveyendo al cumplimiento de sus obligaciones y adoptando las medidas conducentes a evitarle cualquier perjuicio (Art. 127).

c. *La determinación de responsabilidades*

El ministro u órgano de adscripción nacional, estadal, del Distrito Metropolitano o municipal, debe examinar los antecedentes que hayan motivado la intervención del ente y, de acuerdo con sus resultados, debe proceder a remitir a los órganos competentes los documentos necesarios a objeto de determinar la responsabilidad penal, civil, administrativa o disciplinaria de los integrantes de los órganos de dirección y administración (Art. 128).

d. *La cesación de la intervención*

La gestión de la junta interventora debe cesar tan pronto haya logrado rehabilitar el patrimonio del ente intervenido.

El acto administrativo respectivo del Presidente de la República, gobernador, alcalde que restituya al instituto su régimen normal, debe disponer lo procedente respecto a la integración de los órganos directivos del mismo (art 129).

D. La intervención, supresión y liquidación de empresas y fundaciones estatales

En el caso de empresas y fundaciones del Estado, corresponde al Presidente de la República, el gobernador o alcalde, según corresponda, la decisión de supresión y liquidación de las mismas, a cuyo efecto se debe designar a las personas encargadas de ejecutarlas y las reglas que estime necesarias a tales fines (Art. 130). En estos casos, la personalidad jurídica subsistirá a los exclusivos efectos de su liquidación, hasta el final de ésta.

IX. LA PREVISIÓN SOBRE LAS MISIONES

Como se dijo al inicio, una de las innovaciones de la reforma de la Ley Orgánica de 2008, fue regularizar legislativamente a las Misiones, como organizaciones administrativas que además de los órganos y entes, conforman la Administración Pública.

Sobre las mismas, sin embargo, en la Ley Orgánica sólo se encuentra el artículo 131 que atribuye al Presidente de la República en Consejo de Ministros, "cuando circunstancias especiales lo ameriten," la potestad para "crear misiones destinadas a atender a la satisfacción de las necesidades fundamentales y urgentes de la población, las cuales estarán bajo la rectoría de las políticas aprobadas conforme a la planificación centralizada."

Nada más dispone la Ley Orgánica sobre las Misiones, las cuales, por lo demás, se excluyen de la aplicación de la casi totalidad de las normas de la Ley Orgánica así como de la Ley Orgánica de Simplificación de Trámites Administrativos, que se refieren única y exclusivamente a los "órganos y entes" de la Administración Pública. En definitiva, se trató de una "regularización" de las Misiones para no someterlas a las previsiones de la Ley.

En todo caso, con anterioridad a la entrada en vigencia de la Ley Orgánica, y con la denominación de "misiones" se fueron creando una serie de organizaciones administrativas con el objeto de atender programas puntuales, utilizándose para ello, muy desordenadamente, las "formas" organizativas de órganos, como son las Comisiones Presidenciales o Interministeriales, o de entes, como las Fundaciones de Derecho Público.

En efecto, utilizándose la figura de las *Comisiones Presidenciales o Interministeriales*, se establecieron las siguientes "misiones":

-MISIÓN RIBAS, regulada por Decreto N° 2.656, mediante el cual se creó la Comisión Presidencial de Participación Comunitaria para la incorporación y apropiado desempeño en el nivel de Educación Media, de los ciudadanos y ciudadanas que no han culminado sus estudios de bachillerato.

Tiene como objeto la incorporación y apropiado desempeño en el nivel de Educación Media, de los ciudadanos y ciudadanas que no han culminado sus estudios de bachillerato.[36]

-MISIÓN ALIMENTACIÓN (MERCAL), regulada por Decreto N° 5.112, mediante el cual se creó con carácter permanente, la Comisión Presidencial "Misión Alimentación", para la Seguridad y Soberanía Agroalimentaria, encargada de diseñar, elaborar y formular lineamientos en materia alimentaria específicamente en el ciclo de producción, transformación, distribución, comercialización y consumo, integrado en un proceso que permita la elaboración del balance nacional y el establecimiento de las reservas operativas y estratégicas de alimentos, tendentes a promover mecanismos de participación protagónica en el pueblo, con la finalidad de garantizar la seguridad alimentaria del país.[37]

-MISIÓN GUAICAIPURO, regulada por Decreto N° 5.551, mediante el cual se creó la Comisión Presidencial "Misión Guaicaipuro", con el objeto coordinar, promover y asesorar todo lo relativo a la restitución de los derechos originarios y específicos de los pueblos y comunidades indígenas de la República Bolivariana de Venezuela, en cumplimiento a lo establecido en la Constitución de la República Bolivariana de Venezuela.[38]

-MISIÓN ÁRBOL, regulada por Decreto N° 4.500, mediante el cual se creó con carácter temporal la Comisión Presidencial "Misión Árbol", con el objeto de recuperar las áreas verdes y boscosas del país, así como brindar refugio a las especies animales y la conservación de terrenos y afluentes, sustentado en la participación protagónica de la comunidad, y en la construcción de un nuevo modelo de desarrollo que se fundamenta en la recuperación, conservación y uso sustentable de los bosques para el mejoramiento de su calidad de vida.[39]

36 *Gaceta Oficial* N° 37.798 del 16 de octubre de 2003.
37 *Gaceta Oficial* N° 38.603 del 12 de enero de 2007.
38 *Gaceta Oficial* N° 38.758 del 30 de agosto de 2007.
39 *Gaceta Oficial* N° 38.445 del 26 de mayo de 2006.

-MISIÓN ROBINSON, regulada por el Decreto N° 2.434, mediante el cual se creó, con carácter permanente, la Comisión Presidencial de Alfabetización, con la finalidad de estudio, formulación, coordinación, seguimiento y evaluación del Plan Extraordinario de Alfabetización "Simón Rodríguez."[40]

-MISIÓN VILLANUEVA, regulada por Decreto N° 5.243, mediante el cual se creó la "Misión Villanueva," a cargo de la Comisión Interministerial "Misión Villanueva," creada con carácter permanente, dirigida al reordenamiento del país, fundamentada en ámbitos de actuación y acciones específicas, estrategia de distribución de recursos financieros, distribución de responsabilidades en los procesos de ejecución de obras y proyectos, productos en el orden físico-espacial, socio-económico, legal y acciones estratégicas de carácter territorial y urbano. La Misión Villanueva se realizará en todo el país a través del Sistema Nacional de Vivienda y Hábitat y tiene por objeto de igual forma actuar en ciudades y centros poblados y en la creación de nuevas ciudades sustentables.[41]

-MISIÓN MADRES DEL BARRIO "JOSEFA JOAQUINA SÁNCHEZ," regulada inicialmente por Decreto N° 4.342 de 2006, y luego por Decreto N° 4.922, mediante el cual se creó la Misión Madres del Barrio, a cargo de la Comisión Presidencial Misión Madres del Barrio "Josefa Joaquina Sánchez" con el objeto de apoyar a las amas de casa que se encuentren en estado de necesidad, a fin de que logren, junto con sus familias, superar la situación de pobreza extrema y prepararse para salir de la pobreza en su comunidad, mediante la incorporación a programas sociales y misiones, el acompañamiento comunitario y el otorgamiento de una asignación económica.[42]

Por otra parte, utilizándose la figura de las *Fundaciones del Estado*, se establecieron las siguientes "misiones":

-MISIÓN BARRIO ADENTRO, regulada por Decreto N° 4.382, mediante el cual se ordenó la creación de la Fundación "Misión Barrio Adentro," con el objeto brindar asistencia médica general, gratuita, accesible, oportuna, personalizada, continua, suficiente, adecuada e integral en diversas áreas de salud que permitan coadyuvar al Estado a mejorar la calidad de vida de los venezolanos.[43]

-MISIÓN CHE GUEVARA, que sustituyó a la "Misión Vuelvan Caras," regulada inicialmente por Decreto N° 3.279 de 2004, mediante el cual se autorizó la creación de la Fundación "Misión Vuelvan Caras," como "programa de formación con valores socialistas integrando lo ético, ideológico, político y técnico productivo, para contribuir a generar el mayor número de satisfacción social y transformar del sistema socio-económico capitalista en un modelo económico socialista comunal, sustentado en el Plan de Desarrollo Económico y Social de la Nación 2007–2013 y en la Nueva Geometría del Poder con principios Bolivarianos como factores determinantes del cambio, dentro del objetivo supremo de alcanzar la Misión Cristo: Pobreza y Miseria Cero en el 2.021." El régimen de la misma fue luego establecido en el Decreto N° 5.704 de 2007.[44]

40 *Gaceta Oficial* N° 37.711 del 13 de junio de 2003.
41 *Gaceta Oficial* N° 38.647 del 19 de marzo de 2007.
42 *Gaceta Oficial* N° 38.549 del 25 de octubre de 2006.
43 *Gaceta Oficial* N° 38.423 del 25 de abril de 2006.
44 *Gaceta Oficial* N° 38.819 del 27 de noviembre de 2007.

-MISIÓN IDENTIDAD, regulada en el Decreto N° 3.654, mediante el cual se autorizó la creación de la Fundación "Misión Identidad", con el objeto de coadyuvar en los procesos de otorgamiento de documentos públicos que comprueben la identidad de los ciudadanos y ciudadanas, a través de operativos periódicos en los cuales participen de forma coordinada, tanto los organismos competentes en esta materia y cualquier otro organismo auxiliar, a los fines de salvaguardar los derechos constitucionales que posee toda persona, de obtener un nombre propio y los documentos que comprueben su identidad biológica.[45]

-MISIÓN MILAGRO, regulada por Decreto N° 5.217, mediante el cual se autorizó la creación de una Fundación del Estado, denominada Fundación Misión Milagro, con el objeto de dar apoyo integral en materia de asistencia médico - quirúrgica a las personas nacionales o extranjeras que padecen deficiencias visuales, tales como: cataratas, desprendimiento de retina, retinitis pigmentaria, carnosidad, párpado caído, afecciones del iris, entre otras, potenciando sus capacidades y habilidades con el fin de incorporarlos a la vida activa, dentro de sentimientos de solidaridad y hermandad.[46]

-MISIÓN SUCRE, regulada inicialmente por N° 2.604 de 2003 y luego por Decreto N° 3.610, mediante el cual se autorizó la creación de la Fundación Misión Sucre, con el objeto desarrollar, y ejecutar planes y programas destinados a garantizarle a los bachilleres venezolanos su legítimo derecho a la educación superior venezolana, con el fin de darle fiel y cabal cumplimiento al mandato constitucional que prevé el derecho a la educación gratuita y de calidad, el desarrollo del potencial creativo del ser humano y el pleno ejercicio de su personalidad en una sociedad democrática, participativa y no excluyente.[47]

-MISIÓN NEGRA HIPÓLITA, regulada por Decreto N° 5.616, mediante el cual se autorizó la creación de una Fundación que se denominará "Fundación Misión Negra Hipólita", con el objeto de ejecutar planes, programas y proyectos dirigidos a la atención y formación integral de todos los niños, niñas, adolescentes y adultos, con especial énfasis en aquéllos que se encuentran en situación de calle, adolescentes embarazadas, personas con discapacidad y adultos mayores en situación de pobreza extrema y sus familiares de origen.[48].

-MISIÓN PIAR, regulada por Decreto Nº 3.958, mediante el cual se autorizó la creación de una Fundación del Estado, denominada Fundación «Misión Piar», con el objeto de promover el desarrollo sustentable de las comunidades mineras para que los pequeños mineros alcancen un nivel de vida acorde con la dignidad humana.[49]

Como se puede apreciar, hasta la promulgación de la Ley Orgánica de 2008, las "misiones" se crearon adoptando la forma de "órganos" como las Comisiones Presidenciales o Interministeriales, o la forma de "entes" descentralizados, conforme a la forma de derecho privado de las Fundaciones del Estado, mostrando en todo caso, una falta total de coherencia, particularmente en cuanto al manejo presupuestario, ya que las mismas han manejado ingentes recursos públicos. En los casos de las Misiones configuradas como Comisiones Presidenciales o Interministeriales, las previsiones presupuestarias

45 *Gaceta Oficial* N° 38.188 del 17 de mayo de 2005.
46 *Gaceta Oficial* Nº 38.632 del 26 de febrero de 2007.
47 *Gaceta Oficial* N° 38.188 del 17 de mayo de 2005.
48 *Gaceta Oficial* Nº 38.776 del 25 de septiembre de 2007.
49 *Gaceta Oficial* Nº 38.282 del 28 de septiembre de 2005

establecidas en los decretos de creación en general se refieren solo a los gastos administrativos que ocasione el funcionamiento de las mismas, agregándose muchas veces, que los gastos de la ejecución de las misiones están a cargo del presupuesto de respectivo Ministerio, conforme a la competencia en la materia específica.

En los casos de las Fundaciones del Estado, como entes descentralizados, en los decretos de creación en general se han dispuesto los aportes públicos al patrimonio de las mismas, que deben asignarse en Ley de Presupuesto; o mediante el aportes de bienes muebles e inmuebles propiedad de la República. En todo caso, sea que se trate de Fundaciones o de Comisiones, en la mayoría de los casos, la actividad desplegada forma parte de las competencias asignadas a los Ministerios, pero desarrolladas sin relación efectiva con os mismos.

En todo caso, en el futuro, habiéndose establecido en la Ley Orgánica de 2008 las "misiones," como una organización administrativa separada de los "órganos y entes" de la Administración Pública, la sólo será la práctica administrativa y reglamentaria la que permitirá identificar sus trazos definitivos.

X. EL RÉGIMEN DE LOS COMPROMISOS DE GESTIÓN

La LOAP de 2001 reguló una novedosa forma de contratos estatales interadministrativos, que se recogen en la Ley de 2008, denominados compromisos de gestión, los cuales se definen como convenios celebrados entre órganos superiores de dirección y los órganos o entes de la Administración Pública entre sí, o celebrados entre aquéllos y las comunidades organizadas y organizaciones públicas no estatales, de ser el caso, mediante los cuales se establecen compromisos para la obtención de determinados resultados en los respectivos ámbitos de competencia, así como las condiciones para su cumplimiento, como contrapartida al monto de los recursos presupuestarios asignados (Art. 132).

Los compromisos de gestión, por tanto, pueden celebrarse entre los órganos de la Administración Pública central (órganos superiores y órganos desconcentrados) y entre éstos y los entes descentralizados; y, además, entre los órganos y entes de la Administración Pública y las comunidades organizadas y organizaciones públicas no estatales.

1. El fundamento de los compromisos de gestión

Conforme al artículo 133 de la LOAP, los compromisos de gestión deben servir de fundamento para la evaluación del desempeño y la aplicación de un sistema de incentivos y sanciones de orden presupuestario en función del desempeño institucional.

La evaluación del desempeño institucional debe atender a los indicadores de gestión que establezcan previamente los órganos y entes de la Administración Pública Nacional, de común acuerdo con el Vicepresidente Ejecutivo.

2. El contenido de los compromisos de gestión

Los compromisos de gestión deben determinar y regular, en cada caso, por lo menos, los siguientes aspectos enumerados en el artículo 133 de la LOAP:

"1. La finalidad del órgano desconcentrado, ente descentralizado funcionalmente, comunidades organizadas u organizaciones públicas no estatales, de ser el caso, con el cual se suscribe.

2. Los objetivos, metas y resultados, con sus respectivos indicadores de desempeño, que se prevé alcanzar durante la vigencia del compromiso nacional de gestión.

3. Los plazos estimados para el logro de los objetivos y metas.

4. Las condiciones organizacionales.

5. Los beneficios y obligaciones de los órganos y entes de la Administración Pública y de las comunidades organizadas y organizaciones públicas no estatales encargados de la ejecución.

6. Las facultades y compromisos del órgano o ente de control.

7. La transferencia de recursos en relación con el cumplimiento de las metas fijadas.

8. Los deberes de información de los órganos o entes de la Administración Pública, o las comunidades organizadas u organizaciones públicas no estatales encargadas de la ejecución.

9. Los criterios e instrumentos de evaluación del desempeño institucional.

10. Los incentivos y restricciones financieras institucionales e individuales de acuerdo al resultado de la evaluación, de conformidad con las pautas que establezca el respectivo reglamento de la LOAP".

3. Los compromisos de gestión y las transferencias presupuestarias a entidades descentralizadas funcionalmente

La República, por órgano de los ministerios de adscripción, bajo la coordinación de la Vicepresidencia de la República, podrá condicionar las transferencias presupuestarias a las entidades descentralizadas funcionalmente, cuya situación financiera, de conformidad con la correspondiente evaluación por parte de los órganos de control interno, no permita cumplir de manera eficiente y eficaz su objetivo.

Dichas condiciones deben ser establecidas en un compromiso de gestión, en el cual se deben determinar los objetivos y los programas de acción con el fin de garantizar el restablecimiento de las condiciones organizacionales, funcionales y técnicas para el buen desempeño del ente, de conformidad con los objetivos y funciones señalados en la norma de creación y con las políticas de gobierno (Art. 135).

4. Las modalidades de los compromisos de gestión

Conforme al artículo 136 de la LOAP, los compromisos de gestión pueden adoptar las siguientes modalidades:

"1. Compromisos de gestión sectorial, celebrados entre el Vicepresidente Ejecutivo o Vicepresidenta Ejecutiva y los ministros o ministras del ramo respectivo.

2. Compromisos de gestión territorial, celebrados entre el Vicepresidente Ejecutivo o la Vicepresidenta Ejecutiva y los gobernadores o gobernadoras de estado.

3. Compromisos de gestión de servicios públicos, celebrados entre el Vicepresidente Ejecutivo o la Vicepresidenta Ejecutiva, el ministro o ministra de adscripción y la autoridad máxima del órgano o ente adscrito responsable de prestar el servicio.

> 4. Compromisos de gestión con comunidades organizadas u organizaciones públicas no estatales, celebrados entre el Vicepresidente Ejecutivo o la Vicepresidenta Ejecutiva, el ministro o ministra del ramo afín al servicio prestado y la o las autoridades del servicio público no estatal, definido en los términos que establece la presente Ley".

El reglamento respectivo debe determinar los contenidos específicos de cada una de las modalidades de compromisos de gestión.

5. Las formalidades de los compromisos de gestión

Los compromisos de gestión se entienden perfeccionados con la firma del Vicepresidente Ejecutivo y la de los ministros de los despachos con competencia en materia de finanzas públicas y de planificación y desarrollo (Art. 137).

6. Publicidad

Los compromisos de gestión deben hacerse del conocimiento público y entran en vigencia a partir de su publicación en la *Gaceta Oficial* de la República, a los fines de permitir el control social sobre la gestión pública (Art. 137).

XI. LOS DERECHOS DE LOS PARTICULARES FRENTE A LA ADMINISTRACIÓN PÚBLICA

1. El derecho a petición

El derecho más importante de los particulares frente a la Administración Pública es el derecho de petición y a obtener oportuna respuesta, que establece el artículo 51 de la Constitución[50].

Este derecho lo refuerza la LOAP en cuanto a su garantía, al disponer en su artículo 9°, que los funcionarios de la Administración Pública:

> "[...] tienen la obligación de recibir y atender, sin excepción, las peticiones o solicitudes que les formulen las personas, por cualquier medio escrito, oral, telefónico, electrónico o informático; así como de responder oportuna y adecuadamente tales solicitudes, independientemente del derecho que tienen las personas de ejercer los recursos administrativos o judiciales correspondientes, de conformidad con la ley.

En caso de que una funcionaria o funcionario público se abstenga de recibir las peticiones o solicitudes de las personas, o no de adecuada y oportuna respuesta a las mismas, serán sancionados de conformidad con la ley.

En caso de que un funcionario público se abstenga de recibir las peticiones o solicitudes de las personas, o no de adecuada y oportuna respuesta a las mismas, serán sancionados de conformidad con la ley (Art. 9).

---

50 *V.* Allan R. Brewer-Carías, *Principios del Procedimiento Administrativo,* Madrid 1990, pp. 141 y ss.

Consecuencia del derecho de petición son todas las regulaciones de la LOAP relativas al registro de presentación de las peticiones.

A. Los registros de documentos presentados

Los órganos administrativos deben llevar un registro general en el que se debe hacer el correspondiente asiento de todo escrito o comunicación que sea presentado o que se reciba en cualquier unidad administrativa propia. También se debe anotar la salida de los escritos y comunicaciones oficiales dirigidas a otros órganos o personas (Art. 159)[51]. El archivo de los escritos y comunicaciones deberá efectuarse de manera tal que se mantengan todos los documentos relacionados con determinado asunto en un mismo expediente, pudiendo auxiliarse de medios electrónicos.

Los órganos administrativos pueden crear en las unidades administrativas correspondientes de su propia organización, otros registros con el fin de facilitar la presentación de escritos y comunicaciones. Estos deben ser auxiliares del registro general, al que deben comunicar toda anotación que efectúen.

Los asientos se deben anotar respetando el orden temporal de recepción o salida de los escritos y comunicaciones, e indicar la fecha del día de la recepción o salida.

Concluido el trámite de registro, los escritos y comunicaciones deben ser cursados sin dilación a sus destinatarios y a las unidades administrativas correspondientes desde el registro en que hubieran sido recibidas (Art. 163).

B. Información sobre los registros

Los registros que la Administración Pública establezca para la recepción de escritos y comunicaciones de los particulares o de órganos administrativos, deben instalarse en soporte informático.

El sistema debe garantizar la constancia, en cada asiento que se practique, de un número, epígrafe expresivo de su naturaleza, fecha de entrada, fecha y hora de su presentación, identificación del interesado, órgano administrativo remitente, si procede, y persona u órgano administrativo al que se envía, y, en su caso, referencia al contenido del escrito o comunicación que se registra.

Asimismo, el sistema debe garantizar la integración informática en el registro general de las anotaciones efectuadas en los restantes registros del órgano administrativo (Art. 164).

Por otra parte, cada órgano o ente de la Administración Pública debe establecer los días y el horario en que deban permanecer abiertos sus oficinas, garantizando el derecho de las personas a la presentación de documentos previsto en esta Ley (Art. 166).

Las Administración Pública debe hacer pública y mantener actualizada una relación de sus oficinas, sus sistemas de acceso y comunicación, así como los horarios de funcionamiento (Art. 166).

---

51 Estas regulaciones implican la derogación de las contenidas en el Reglamento de Registro de Presentación de Documentos, Decreto Nº 1.364 de 30-12-81, *Gaceta Oficial* Nº 32.358 de 4-1-1982.

C. Lugar de presentación de documentos

Conforme al artículo 165 de la LOAP las solicitudes, escritos y comunicaciones que las personas dirijan a los órganos de la Administración Pública pueden presentarse:

"1. En la unidad correspondiente de los órganos administrativos a que se dirijan.

2. En las oficinas de correo en la forma que reglamentariamente se establezca.

3. En las representaciones diplomáticas o delegaciones consulares de Venezuela en el extranjero.

4. En cualquier otro que establezca la ley".

A los fines antes previstos pueden hacerse efectivos, por cualquier medio, tales como giro postal o telegráfico, o mediante transferencia dirigida a la oficina pública correspondiente, cualesquiera tributos que haya que satisfacer en el momento de la presentación de solicitudes y escritos a la Administración Pública (Art. 162).

2. Los derechos de los administrados en el procedimiento administrativo

El artículo 7 de la LOAP establece el siguiente conjunto de derechos de los particulares en sus relaciones con la Administración Pública:

"1. Conocer, en cualquier momento, el estado de los procedimientos en los que tengan interés, y obtener copias de documentos contenidos en los archivos que se lleven a tales efectos, siempre y cuando no estén calificados como reservados o confidenciales de conformidad con la normativa aplicable, a excepción de los jueces y las partes interesadas.[52]

2. Conocer la identidad de las funcionarias o funcionarios al servicio de la Administración Pública bajo cuya responsabilidad se tramiten los procedimientos.

3. Obtener copia sellada de los documentos que presenten, aportándola junto con los originales, así como a la devolución de éstos, salvo cuando los originales deban cursar en un procedimiento.

4. Obtener copias certificadas de expedientes o documentos en los términos previstos en el presente Decreto con Rango, Valor y Fuerza de Ley Orgánica y demás normativa aplicable

5. Formular alegatos y presentar documentos en los procedimientos administrativos en los cuales tengan interés, en los términos o lapsos previstos legalmente.

6. Presentar sólo los documentos exigidos por las normas aplicables al procedimiento de que se trate.

7. Obtener información y orientación acerca de los requisitos jurídicos o técnicos que las disposiciones vigentes impongan a los proyectos, actuaciones o solicitudes que se propongan realizar.

8. Acceder a los archivos y registros de la Administración Pública en los términos previstos en la Constitución de la República Bolivariana de Venezuela y demás normativa aplicable.

---

52 La salvedad sobre el tema de la confidencialidad se agregó en la reforma de 2008.

9. Ser tratados con respeto y deferencia por las funcionarias y funcionarios, los cuales están obligados a facilitar a las personas el ejercicio de sus derechos y el cumplimiento de sus obligaciones.

10. Ejercer, a su elección y sin que fuere obligatorio el agotamiento de la vía administrativa, los recursos administrativos o judiciales que fueren procedentes para la defensa de sus derechos e intereses frente a las actuaciones u omisiones de la Administración Pública, de conformidad con la ley, salvo el procedimiento administrativo previo a las acciones contra la República".

3. El derecho a la participación

Conforme al artículo 138 de la LOAP, los órganos y entes de la Administración Pública deben promover la participación ciudadana en la gestión pública.

A tales fines, las personas podrán, directamente o a través de las comunidades organizadas, presentar propuestas y formular opiniones sobre la gestión de los órganos y entes de la Administración Pública, así como participar en la elaboración de los instrumentos de contenido normativo.

A los efectos de su participación los órganos y entes públicos deben llevar un registro de las comunidades organizadas cuyo objeto se refiera al sector correspondiente (Art. 138)

4. Las consultas públicas obligatorias sobre actos de efectos generales

A. Tipos de consulta

a. *La consulta a las comunidades organizadas y a las organizaciones públicas no estatales*

De acuerdo con el artículo 139 de la LOAP, cuando los órganos o entes públicos, en su rol de regulación sectorial, propongan la adopción de normas reglamentarias o de otra jerarquía, deben iniciar el correspondiente proceso de consulta públicas y remitir el anteproyecto a las comunidades organizadas. En la Ley de 2001, también se incluían dentro de las normas de obligatoria consulta, las "normas legales", lo que se refería a la emisión de decretos leyes en virtud de una ley habilitante. Ello, sin embargo se eliminó de la Ley en la reforma de 2008.

En el oficio de remisión del anteproyecto correspondiente se indicará el lapso durante el cual se recibirán por escrito las observaciones, el cual comenzará a correr a partir del décimo día hábil siguiente a la entrega del anteproyecto correspondiente.

b. *La consulta pública en general*

Paralelamente a ello, el órgano o ente público correspondiente difundirá a través de cualquier medio de comunicación el inicio del proceso de consulta indicando su duración. De igual manera lo informará a través de su página en internet, en la cual se expondrá el o los documentos sobre los cuales verse la consulta.

Durante el proceso de consulta cualquier persona puede presentar por escrito sus observaciones y comentarios sobre el correspondiente anteproyecto.

B. Carácter no vinculante de la consulta

El resultado del proceso de consulta no tiene carácter vinculante, o como ahora dice el artículo 139 de la Ley: "El resultado del proceso de consulta tendrá carácter participativo no vinculante." En todo caso, una vez concluido el lapso de recepción de las observaciones, el órgano o ente público podrá fijar una fecha para que sus funcionarias o funcionarios, especialistas en la materia que sean convocados y las comunidades organizadas intercambien opiniones, hagan preguntas, realicen observaciones y propongan adoptar, desechar o modificar el anteproyecto propuesto o considerar un anteproyecto nuevo. (Art. 139)

C. El carácter obligatorio de la consulta y la sanción de nulidad absoluta

El artículo 140 de la LOAP establece que el órgano o ente público no puede aprobar normas para cuya resolución sea competente, ni remitir a otra instancia proyectos normativos que no sean consultados, de conformidad con lo antes indicado.

Las normas que sean aprobadas por los órganos o entes públicos o propuestas por éstos a otras instancias serán nulas de nulidad absoluta si no han sido consultadas según el procedimiento antes indicado (Art. 140).

D. La excepción en casos de emergencia

Sin embargo, en caso de emergencia manifiesta, por fuerza de la obligación del Estado en la seguridad y protección de la sociedad o en los casos de legislación excepcional previstos en la Constitución el Presidente de la República, gobernador o alcalde, según corresponda, puede autorizar la aprobación de normas sin la consulta previa.

En este caso, las normas aprobadas serán consultadas seguidamente bajo el mismo procedimiento a las comunidades organizadas. El resultado de la consulta deberá ser considerado por la instancia que aprobó la norma y éstas podrán ratificarla, modificarla o eliminarla (Art. 140).

5. El derecho a la información administrativa

El artículo 143 de la Constitución establece un conjunto normativo innovador sobre régimen de la información administrativa, consagrado el derecho de los ciudadanos a ser informados oportuna y verazmente por la Administración Pública, sobre el estado de las actuaciones en que estén directamente interesados, y a conocer las resoluciones definitivas que se adopten; el derecho a ser noticiados de los actos administrativos y a ser informados de los trámites del procedimiento administrativo.

Estos principios los ha desarrollado la LOAP estableciendo que la Administración Publica debe establecer sistemas que suministren a la población la más amplia, oportuna y veraz información sobre sus actividades, con el fin de ejercer el control social sobre la gestión pública. Cualquier particular puede solicitar de los órganos y entes de la Administración Pública la información que considere necesaria para el ejercicio del control social sobre la actividad de éstos de conformidad y con las excepciones establecidas en la legislación vigente (Art. 141).

Todos los órganos y entes de la Administración Pública deben mantener permanentemente actualizadas y a disposición de las personas, en las unidades de información correspondientes, el esquema de su organización y la de los órganos dependientes o entes adscritos, así como guías informativas sobre los procedimientos administrativos, servicios y prestaciones aplicables en el ámbito de su competencia y de sus órganos adscritos (Art. 142).

En cuanto a los documentos en poder de la Administración Pública, el artículo 161 de la LOAP, dispone que será objeto de periódica publicación la relación de los documentos que estén en poder de las Administración Pública sujetos a un régimen de especial publicidad.

También deben ser objeto de publicación regular las instrucciones y respuestas a consultas planteadas por las personas u otros órganos administrativos que comporten una interpretación del derecho positivo o de los procedimientos vigentes a efectos de que puedan ser alegadas por los personas en sus relaciones con la Administración (Art. 161).

6. El derecho de acceso a los archivos y registros

A. El derecho constitucional

El artículo 147 de la Constitución, también regula el derecho de acceder a los archivos y registros administrativos, sin perjuicio de los limites aceptables dentro de una sociedad democrática en materias relativas a seguridad interior y exterior, a investigación criminal y a la intimidad de la vida privada, de conformidad con la ley que regule la materia de clasificación de documentos de contenido confidencial o secreto.

Este derecho lo regula igualmente el artículo 158 de la LOAP, al disponer que toda persona tiene el derecho de acceder a los archivos y registros administrativos, cualquiera sea la forma de expresión o el tipo de soporte material en que figuren, salvo las excepciones establecidas en la Constitución y en la ley que regule la materia de clasificación de contenido confidencial o secreto.

B. Condiciones para el ejercicio

El derecho de acceso a los archivos y registros de la Administración Pública debe ser ejercido por las personas de forma que no se vea afectada la eficacia del funcionamiento de los servicios públicos, debiéndose a tal fin, formular petición individualizada de los documentos que se desee consultar, sin que quepa, salvo para su consideración con carácter potestativo, formular solicitud genérica sobre una materia o conjunto de materias.

No obstante, cuando los solicitantes sean investigadores que acrediten un interés histórico, científico o cultural relevante, se podrá autorizar el acceso directo de aquellos a la consulta de los expedientes (Art. 159).

C. Las copias de documentos

a. *El derecho a copias*

El derecho de acceso a los archivos y registros conlleva el de obtener copias simples o certificadas de los mismos, previo pago o cumplimiento de las formalidades que se hallen legalmente establecidas (Art. 160).

Por otra parte, todo aquel que presentare petición o solicitud ante la Administración Pública tendrá derecho a que se le expida, de conformidad con la Constitución y la ley respectiva, copia certificada del expediente o de sus documentos (arts. 7,4 y 170).

Conforme al artículo 173 de la LOAP, para expedir copias certificadas por procedimientos que requieran del conocimiento y de la intervención de técnicos, el órgano superior respectivo debe nombrar un experto para ejecutar la copia, quién debe prestar juramento de cumplir fielmente su cometido, antes de realizar el trabajo.

Los honorarios del experto, de ser necesario, se deben fijar previamente en acto verificado ante el funcionario correspondiente y deben ser por cuenta del solicitante, quien debe consignarlos de conformidad con el reglamento respectivo. Los gastos y derechos que ocasionen la expedición de copias certificadas, conforme a lo establecido en los artículos anteriores, deben ser por cuenta de los interesados.

b. *La expedición de copias certificadas y su prohibición respecto de documentos secretos o confidenciales*

Las copias certificadas que solicitaren los interesados y las autoridades competentes se deben expedir por el funcionario correspondiente, salvo que los documentos y expedientes hubieran sido previa y formalmente declarados secretos o confidenciales de conformidad con las leyes que regulen la materia (Art. 171).

c. *Prohibición de certificaciones de mera relación*

El artículo 172 de la LOAP, prohíbe la expedición de certificaciones de mera relación, entendidas como aquellas que sólo tengan por objeto hacer constar el testimonio u opinión del funcionario declarante sobre algún hecho o dato de su conocimiento de los contenidos en los expedientes archivados o en curso.

D. Limitaciones de exhibición o inspección judicial de documentos

De acuerdo con el artículo 168 de la LOAP, las autoridades judiciales pueden acordar la copia, exhibición o inspección de determinado documento, expediente, libro o registro administrativo y se debe ejecutar la providencia, a menos que la autoridad competente hubiera resuelto con anterioridad otorgarle al documento, libro, expediente o registro la clasificación como secreto o confidencial, por afectar la estabilidad del Estado y de las instituciones democráticas, el orden constitucional o en general el interés nacional, de conformidad con la Constitución y las leyes que regule la materia de clasificación de contenido confidencial o secreto (Art. 168).

E. Prohibición de conservación de documentos por los funcionarios públicos

La LOAP expresamente prohíbe a los funcionarios públicos conservar para sí documentos de los archivos de la Administración Pública y tomar o publicar copia de ellos sin autorización del órgano superior respectivo (Art. 169).

F. El acceso a los archivos

Conforme al artículo 164, el reglamento respectivo, es el que debe determinar los funcionarios que tendrán acceso directo a los documentos, archivos y registros administrativos de la Administración Pública.

G. La consulta de documentos confidenciales o secretos

Para la consulta por otros funcionarios o particulares de los documentos, archivos y registros administrativos que hayan sido expresamente declarados como confidenciales o secretos, debe requerirse autorización del órgano superior respectivo, de conformidad con la ley que regule la materia de clasificación de contenido confidencial o secreto (Art. 167).

XII. EL RÉGIMEN DEL SISTEMA NACIONAL DE ARCHIVO Y DE LOS ARCHIVOS Y DOCUMENTOS DE LA ADMINISTRACIÓN PÚBLICA

Conforme al artículo 146 de la LOAP, el Estado debe crear, organizar, preservar y ejercer el control de sus archivos y debe propiciar su modernización y equipamiento para que cumplan la función probatoria, supletoria, verificadora, técnica y testimonial.

1. Los órganos de archivo

A. Las unidades de archivo

El artículo 145 de la LOAP establece que en cada órgano o ente de la Administración Pública debe haber un órgano de archivo, los cuales se definen en el artículo 143 de la LOAP como el ente o unidad administrativa del Estado que tiene bajo su responsabilidad la custodia, organización, conservación, valoración, selección, desincorporación y transferencia de documentos oficiales sea cual fuere su fecha, forma y soporte material, pertenecientes al Estado o aquéllos que se derivan de la prestación de un servicio público.

B. Objetivo y finalidad de los órganos de archivos de la Administración Pública

El objetivo esencial de los órganos de archivo del Estado es el de conservar y disponer la documentación de manera organizada, útil, confiable y oportuna, de forma tal que sea recuperable para uso del Estado, en servicio de los particulares y como fuente de la historia (Art. 144).

Los órganos de archivo, además, tienen por finalidad valorar, seleccionar, desincorporar y transferir a los archivos intermedios o al Archivo General de la Nación, según sea el caso, los documentos, expedientes, gacetas y demás publicaciones que deban ser archivadas conforme al reglamento respectivo (Art. 145).

2. El Sistema Nacional de Archivo

A. Definición

Conforme al artículo 148 de la LOAP, integran el Sistema Nacional de Archivos: el Archivo General de la Nación y los órganos de archivo de los órganos y entes del Estado.

Los entes u órganos integrantes del Sistema Nacional de Archivos, de acuerdo con sus funciones, deben llevar a cabo los procesos de planeación, programación y desarrollo de acciones de asistencia técnica, ejecución, control y seguimiento.

B. El Archivo General de la Nación

El Archivo General de la Nación es el órgano de la Administración Pública Nacional responsable de la creación, orientación y coordinación del Sistema Nacional de Archivos y tiene bajo su responsabilidad velar por la homogeneización y normalización de los procesos de archivo, promover el desarrollo de los centros de información, la salvaguarda del patrimonio documental y la supervisión de la gestión archivística en todo el territorio nacional (Art. 147).

C. Visitas e Inspecciones

El Archivo General de la Nación puede, de oficio o a solicitud de parte, realizar visitas de inspección a los archivos de los órganos y entes del Estado así como los prestadores de servicios públicos, con el fin de verificar el cumplimiento de lo dispuesto en la LOAP y en el respectivo reglamento (Art. 155).

D. El Plan Nacional de Desarrollo Archivístico

El Archivo General de la Nación debe coordinar la elaboración y ejecución del Plan Nacional de Desarrollo Archivístico (Art. 148).

Este Plan Nacional de Desarrollo Archivístico se debe incorporar a los planes de la Nación y se debe elaborar con la participación y cooperación de las universidades con carreras en el campo de la archivología (Art. 149).

3. La documentación administrativa

A. Naturaleza de la documentación administrativa

El artículo 150 de la LOAP establece el principio de que la documentación administrativa e histórica de la Administración Pública es producto y propiedad del Estado. Por tal motivo, el Estado debe ejercer el pleno control sobre los fondos documentales existentes en los archivos, no siendo susceptibles de enajenación.

B. La contratación de servicios

El artículo 150 de la LOAP, por otra parte, autoriza a los órganos y entes de la Administración Pública para contratar servicios de custodia, organización, reprografía, digitalización y conservación de documentos de archivos; igualmente pueden contratar la administración de archivos y fondos documentales históricos con universidades nacionales e instituciones de reconocida solvencia académica e idoneidad.

C. Nuevas tecnologías

Los órganos y entes de la Administración Pública pueden incorporar tecnologías y emplear cualquier medio electrónico, informático, óptico o telemático para el cumplimiento de sus fines.

Los documentos reproducidos por los citados medios, gozar de la misma validez y eficacia del documento original, siempre que se cumplan los requisitos exigidos por ley y se garantice la autenticidad, integridad e inalterabilidad de la información (Art. 151).

D. Transferencia de archivos

Los órganos y entes de la Administración Pública que se supriman o fusionen deben entregar sus archivos y fondos documentales a las entidades que asuman sus funciones, o en su caso, el Archivo general de la nación. Además, los entes u órganos de la Administración Pública que sean objeto de privatización deben transferir copia de sus documentos históricos al Archivo General de la Nación (art 153).

E. Características de los archivos

Conforme al artículo 151 de la LOAP, mediante reglamento deben determinarse las características específicas de los archivos de gestión, la obligatoriedad de la elaboración y adopción de tablas de retención documental en razón de las distintas cronologías documentales y el tratamiento que deben recibir los documentos de los registros públicos, notarías y archivos especiales de la Administración Pública.

Asimismo, al reglamento debe establecer lo concerniente a los documentos producidos por los consejos comunales, comunidades organizadas o entidades privadas que presten servicios públicos (Art. 154).

4. Los documentos de valor histórico y de interés general

A. Prohibición de destrucción de documentos de valor histórico

El artículo 152 de la LOAP establece la prohibición general de destrucción de los documentos que posean valor histórico, aun cuando hayan sido reproducidos o almacenados mediante cualquier medio. La violación de esta prohibición acarrea las sanciones que establezca la ley.

B. El control y vigilancia de documentos de interés histórico

El Estado, a través del Archivo General de la Nación, debe ejercer el control y vigilancia sobre los documentos declarados de interés histórico cuyos propietarios, tenedores o poseedores sean personas naturales o jurídicas de carácter privado (Art. 156).

C. Restricción respecto de la venta de documentos históricos

El artículo 156 también prevé que cuando el ministerio de adscripción considere que se trata de documentos históricos sobre los que no exista constancia de que han sido ofrecidos en venta a la Nación y de que ha quedado copia en el Archivo General de la Nación, podrá ejecutar medidas tendentes a impedir su salida del país, aún cuando fuere de propiedad particular.

Toda persona que descubra documentos históricos, una vez acreditado el derecho que a ellos tiene la República, recibirá el resarcimiento correspondiente de conformidad con el reglamento respectivo (Art. 156).

El artículo 156 de la LOAP declara nulas las enajenaciones o negociaciones que contravengan lo dispuesto en la Ley, estableciendo que quienes las efectúen y conserven en su poder sin causa legítima, deben ser sancionados de conformidad con la ley.

D. La declaratoria de interés público de archivos y documentos privados y sus efectos

El artículo 157 de la LOAP establece que sin perjuicio del derecho de propiedad y siguiendo el procedimiento que se establezca al efecto por el reglamento respectivo, pueden declararse de interés público documentos privados, los cuales, en tal caso, formarán parte del patrimonio documental de la Nación.

Las personas poseedores o tenedoras de documentos declarados de interés público, no pueden trasladarlos fuera del territorio nacional, sin previa autorización del Archivo general de la Nación, ni transferir su propiedad, posesión o tenencia a título oneroso o gratuito, sin previa información escrita al mismo (Art. 157).

El Ejecutivo Nacional, por medio del reglamento respectivo, debe establecer las medidas de estímulo al desarrollo de los archivos privados declarados de interés público[53].

Sección Segunda. NUEVAS TENDENCIAS EN LA ORGANIZACIÓN ADMINISTRATIVA: LAS MISIONES Y LAS INSTANCIAS DEL PODER POPULAR (2011)

Esta Sección Segunda del Libro Quinto está conformada por el texto do estudio sobre "Una nueva tendencia en la organización administrativa venezolana: las "misiones" y las instancias y organizaciones del "poder popular" establecidas en paralelo a la administración pública," en *Retos de la Organización Administrativa Contemporánea, X Foro Iberoamericano de Derecho Administrativo*, El Salvador, 2011, pp. 927-978.

El más grande reto que tiene la Organización Administrativa Contemporánea, como la han tenido todas las Organizaciones Administrativas desde que se creó el Estado Moderno, siempre es lograr su trasformación y adaptación a los cambios que se operan en la sociedad y que derivan básicamente de los que afectan el rol atribuido al Estado en el sistema económico y social. De allí todos los procesos de reforma administrativa y de modernización del Estado que en tantas ocasiones se han realizado para asegurar la transformación de la Administración Pública, aplicando en general técnicas de planificación administrativa a corto, mediano y largo plazo, en muchos casos con éxito. En tal sentido, por ejemplo, a finales de los años sesenta y comienzos de los setenta del siglo pasado, en Venezuela se inició un proceso de Reforma Administrativa[54] que estuvo a cargo de la Comisión de Administración Pública de la Presidencia de la República, a la cual correspondió diseñar el Plan de Reforma Administrativa de 1972,[55] complementado posteriormente por los trabajos de la Comisión Presidencial para la Reforma del Estado creada en los años ochenta. Dicho Plan tuvo aplicación sucesiva en las décadas subsiguientes, pudiendo considerarse como su último producto legislativo, la Ley Orgánica de la Administración Pública de 2001.[56]

Esa Ley Orgánica fue reformada en 2008 mediante Decreto Ley N° 6.217 de 15 de julio de 2008,[57] o más bien deformada, insertándose en la Organización Administrativa

---

53 Las normas en esta materia de Archivos Nacionales incorporadas en la Ley de 2001, derogaron parcialmente la Ley de Archivos Nacionales de 1945. *V. Gaceta Oficial* N° 21.760 de 13-7-45.

54 *V.* en general Allan R. Brewer-Carías, "Orientación general del proceso de reforma administrativa en Venezuela," "El sentido de la Instrucción Presidencial sobre la reforma administrativa" y "Los criterios de la reforma administrativa," en Allan R. Brewer-Carías (Coordinador y editor), *La Reforma Administrativa en Venezuela 1969-1971*, Comisión de Administración Pública, Caracas, 1971, pp. 1-36; 56-64; y 82-96.

55 *V.* el *Informe sobre la Reforma de la Administración Pública Nacional,* Comisión de Administración Pública, Caracas 1972, Vol. 1, 645 pp. y Vol. 2, 621 pp.

56 *V.* en *Gaceta Oficial* N° 37.305 de 17-10-2001. Esta Ley Orgánica sólo derogó expresamente la Ley Orgánica de la Administración Central, cuya última reforma había sido la hecha mediante Decreto-Ley N° 369 de 14-9-99, en *Gaceta Oficial* N° 36.850 de 14-12-99. *V.* los comentarios a dicha Ley Orgánica en Allan R. Brewer-Carías y Rafael Chavero Gazdik, *Ley Orgánica de la Administración Pública*, Editorial Jurídica Venezolana, Caracas 2002.

57 *Gaceta Oficial* Extra N° 5.890 de 31-07-2008. *V.* los comentarios a dicha Ley Orgánica en Allan R. Brewer-Carías, Rafael Chavero Gazdik y Jesús María Alvarado Andrade, *Ley Orgánica de la Administración Pública, Decreto Ley* N° *431 de 15-07-2008,* Editorial Jurídica Venezolana. Caracas 2009. *V.* también, Allan R. Brewer-

existentes unas nuevas formas organizativas denominadas "Misiones," sin que para ello hubiese existido un plan o estudio previo alguno, con lo cual simplemente se pretendió dar forma jurídica al desquiciante desorden derivado de la definición de programas administrativos concebidos sin orden ni concierto en los primeros años del siglo XXI, y desarrollados con criterio inmediatista contra toda disciplina administrativa y presupuestaria a los cuales se le dio en nombre genérico de misiones. Las mismas pretendieron regularse incluso en el texto constitucional mediante la reforma constitucional que se intentó aprobar en 2007, pero la misma fue rechazada por el pueblo.[58] Por otra parte, más recientemente, sin reformarse ni la Constitución ni la Ley Orgánica de la Administración Pública, mediante la regulación inconstitucional en un conjunto de Leyes Orgánicas en 2010 que regulan al "Poder Popular" y al "Estado Comunal," se ha buscado estructurar precisamente a un llamado "Estado Comunal" que actúa en ejercicio del "Poder Popular," en paralelo al Estado Constitucional que actúa en ejercicio del Poder Público, se ha producido un nuevo desquiciamiento de la Organización Administrativa en Venezuela, para su destrucción, mediante la estructuración de organizaciones paralelas a la de la Administración Pública.

Estas notas tienen por objeto, precisamente, analizar estos dos procesos de desquiciamiento de la Organización Administrativa venezolana. Antes, sin embargo, precisaremos el marco de las disposiciones constitucionales básicas que regulan a la Administración Pública y su organización, y su desarrollo legislativo.

I. BASES CONSTITUCIONALES DE LA ADMINISTRACIÓN PÚBLICA

La Constitución de 1999 contiene un extenso Título IV relativo al "Poder Público," como el poder del Estado constitucional, cuyas normas se aplican a todos los órganos que lo ejercen tal como lo indica el artículo 136: en primer lugar, en su distribución vertical o territorial, que implica la distribución del Poder Público en el Poder Municipal, el Poder Estadal y el Poder Nacional; y, en segundo lugar, mediante su distribución horizontal en el nivel Nacional, en cinco Poderes Públicos, los Poderes Legislativo, Ejecutivo, Judicial, Ciudadano y Electoral.[59] En particular, además, en dicho Título IV de la Constitución, se incorporó una "sección segunda" específicamente referida a "la Administración Pública," cuyas normas también se aplican a todos los "órganos" y a todos los "entes" que ejercen esos Poderes Públicos.

En cuanto a los órganos estatales que ejercen el Poder Público y que pueden considerarse como parte de la "Administración Pública," ante todo están los diversos órganos de los tres niveles del Poder Público (Nacional, Estadal y Municipal) que en cada uno de ellos ejercen el Poder Ejecutivo.

Carías: "El sentido de la reforma de la Ley Orgánica de la Administración Pública," en *Revista de Derecho Público* N° 115 *(Estudios sobre los decretos leyes)*, Editorial Jurídica Venezolana, Caracas 2008, pp. 155-162

58 *V.* Allan R. Brewer-Carías, "La proyectada reforma constitucional de 2007, rechazada por el poder constituyente originario," en *Anuario de Derecho Público 2007,* Año 1, Instituto de Estudios de Derecho Público de la Universidad Monteávila, Caracas 2008, pp. 17-65.

59 *V.* nuestra propuesta sobre este título en Allan R. Brewer-Carías, *Debate Constituyente (Aportes a la Asamblea Nacional Constituyente)*, *T.* II, (9 Sept.-17 Oct. 1999), Caracas 1999, pp. 159 ss.

En consecuencia, las normas que contiene la sección segunda mencionada se aplican a todas las "Administraciones Públicas" *ejecutivas* de la República (administración pública nacional), de los Estados (administración pública estadal), de los Municipios (administración pública municipal) y de las otras entidades políticas territoriales que establece el artículo 16 de la Constitución, entre las cuales se destacan los Distritos Metropolitanos cuyos órganos ejercen el Poder Municipal.

Pero la Administración Pública del Estado venezolano, en los tres niveles territoriales de distribución vertical del Poder Público, no se agota en los órganos de las Administraciones Públicas *ejecutivas* (que ejercen el Poder Ejecutivo), pues también comprende los otros órganos de los Poderes Públicos que desarrollan otras funciones del Estado de carácter sublegal. En tal sentido, en el nivel nacional, los órganos que ejercen el Poder Ciudadano (Fiscalía General de la República, Contraloría General de la República y Defensoría del Pueblo) y el Poder Electoral (Consejo Nacional Electoral), sin la menor duda, que pueden considerarse como órganos que integran la Administración Pública del Estado, organizados con autonomía funcional respecto de los órganos que ejercen otros poderes del Estado. En cuanto a los órganos que ejercen el Poder Judicial, los que conforman la Dirección Ejecutiva de la Magistratura mediante la cual el Tribunal Supremo de Justicia ejerce la dirección, gobierno y administración del Poder Judicial, también son parte de la Administración Pública del Estado.

En consecuencia, en los términos de la sección segunda del Título IV de la Constitución, la Administración Pública del Estado no sólo está conformada por órganos que ejercen el Poder Ejecutivo, sino por los órganos que ejercen el Poder Ciudadano y el Poder Electoral, y por la Dirección Ejecutiva de la Magistratura que en ejercicio del Poder Judicial tiene a su cargo la dirección, el gobierno y la administración del Poder Judicial[60].

Además de los órganos, también conformen a la Administración Pública, los "entes" creados por los tres niveles del Poder Público (Nacional, estadal y municipal), como formas de descentralización administrativa para el cumplimiento de sus tareas, y que resultan siempre dotadas de personalidad jurídica propia, sea de derecho público como por ejemplo, los institutos autónomos (nacionales, estadales o municipales) o de derecho privado como las empresas del Estado (nacionales, estadales o municipales), o las fundaciones del Estado (nacionales, estadales o municipales).

Este universo de la Administración Pública, como se dijo, encontró regulación definitiva en la Ley Orgánica de la Administración Pública de 2001, la cual, siendo una ley nacional, sus disposiciones fueron básicamente "aplicables a la Administración Pública Nacional" (Art. 2), deduciéndose de su normativa que tal concepto abarcaba la Administración Pública que conformaban los órganos que ejercía el Poder Ejecutivo Nacional y aquéllos que conformaban la Administración Pública Nacional descentralizada sometida al control de aquél, con forma de derecho público.

En cuanto a la Administración Pública que conformaban los demás órganos del Poder Público Nacional, es decir, los que a nivel nacional ejercían el Poder Judicial, el Poder Ciudadano y el Poder Electoral, las disposiciones de la Ley Orgánica de 2001 sólo se les aplicaban "supletoriamente" (Art. 2). En cuanto a los órganos que ejercían el Poder

60 *V.* en general, Allan R. Brewer-Carías, *Principios del Régimen Jurídico de la Organización Administrativa Venezolana,* Caracas 1994, pp. 11 y 53.

Legislativo, respecto de las funciones administrativas que realizasen, conforme al artículo 2 de la Ley Orgánica, también se les podían aplicar sus disposiciones supletoriamente.

En relación con los órganos de los Poderes Públicos que derivan de la distribución territorial del Poder Público, conforme al artículo 2 de la Ley Orgánica de 2001, "los principios y normas de la Ley Orgánica que se refirieran "en general a la Administración Pública, o expresamente a los Estados, Distritos Metropolitanos y Municipios," serían de "obligatoria observancia por éstos, quienes desarrollarán los mismos dentro del ámbito de sus respectivas competencias". Con ello, se respetaba la autonomía administrativa de los Estados y Municipios, y de sus propias Administraciones Públicas, que debía ejercerse dentro de un marco legal común. En cuanto a las demás regulaciones de la Ley Orgánica, regía el mismo principio de su posible aplicación supletoria a las Administraciones Públicas de los Estados y Municipios (Art. 2).

En esta definición del ámbito de aplicación de la Ley Orgánica de la Administración Pública, sin embargo, con la reforma de la Ley Orgánica de 2008, se ha producido una centralización administrativa en torno a una sola Administración Pública, "nacionalizándose" totalmente el régimen de la misma, al disponer que sus normas se aplican a la Administración Pública que abarca los tres niveles de distribución vertical del poder, es decir, "incluidos los estados, distritos metropolitanos y municipios, quienes deberán desarrollar su contenido dentro del ámbito de sus respectivas competencias" (Art. 2). Además, centraliza totalmente la Administración Pública, al someterla (incluyendo la de los Estados y Municipios) a los lineamientos dictados por la Comisión Nacional de Planificación o conforme con la planificación centralizada (arts. 15, 18, 23, 32, 44, 48, 60, 77, 84, 91, 99, 119, 121, 131), a la dirección del Presidente de la República (Art. 46) y a la coordinación del Vicepresidente de la República (Art. 48,3). Es decir, la Ley Orgánica de 2008 no es que establece un régimen normativo común para todas las Administraciones Públicas, sino que regula una sola Administración Pública, totalmente centralizada, sin que los Gobernadores y Alcaldes tengan autonomía alguna en sus Administraciones Públicas, ya que las mismas están bajo la dirección del Presidente de la República, la coordinación del Vicepresidente ejecutivo y sometidas a los lineamientos de la planificación centralizada a cargo de una Comisión Central de Planificación que es un órgano de coordinación y control nacional.

Por otra parte, en cuanto al carácter supletorio de la Ley, sólo se refiere a las Administraciones de los demás órganos del Poder Público nacional, al disponer que "las disposiciones de la presente Ley se aplicarán supletoriamente a los demás órganos y entes del Poder Público" (Art. 2).

II. EL RÉGIMEN ORGANIZATIVO BÁSICO DE LA ADMINISTRACIÓN PÚBLICA: LOS ÓRGANOS Y LOS ENTES ADMINISTRATIVOS

El universo de la Administración Pública conforme a la Ley Orgánica de 2001, que continúa regulándose en la reforma de 2008, englobaba dos tipos de organizaciones, los "órganos y entes," conformando, los "órganos," los que tradicionalmente integraban lo que se denominaba "Administración Central," y los "entes," dotados de personalidad jurídica propia, los que tradicionalmente conformaban la "Administración descentralizada."

La Ley Orgánica de la Administración Pública, siendo dictada en el nivel nacional de la distribución del Poder Público, básicamente regula la organización de la Administración Pública Nacional *ejecutiva* (Art. 2), estableciendo en sus normas, la clasificación clásica general de la misma distinguiendo el Nivel Central de la Administración Pública Nacional (órganos de la Administración Pública Nacional Central) (Título III) y la Administración Pública Nacional Descentralizada funcionalmente (entes de la Administración Pública Nacional) (Capítulo II, Título IV).

1. Sobre los "órganos" de la Administración Pública

En cuanto a los "órganos" de la Administración Pública, para regula la organización del Nivel Central de la Administración Pública Nacional, el artículo 44 de la Ley Orgánica distingue tres tipos de *órganos superiores* de la misma: los órganos superiores de dirección, los órganos superiores de coordinación y control de la planificación centralizada y los órganos superiores de consulta, los cuales ejercen el Poder Ejecutivo en los términos del artículo 225 de la Constitución. La Ley Orgánica enumera como *órganos superiores de dirección* del Nivel Central de la Administración Pública a los siguientes: el Presidente de la República, el Vicepresidente Ejecutivo, el Consejo de Ministros, los Ministros, los Viceministros y las autoridades regionales. En cuanto al *órganos superiores de coordinación y control de la planificación centralizada*, se trata de la Comisión Central de Planificación. En cuanto a los *órganos superiores de consulta* del Nivel Central de la Administración Pública Nacional, el artículo 44 de la Ley Orgánica enumera los siguientes: la Procuraduría General de la República, el Consejo de Estado, el Consejo de Defensa de la Nación, las juntas sectoriales (antiguos gabinetes sectoriales) y las juntas ministeriales (antiguos gabinetes ministeriales), los cuales también ejercen el Poder Ejecutivo.

Entre los órganos superiores de dirección de la organización de la Administración Pública Central nacional, llamada en la reforma de la Ley Orgánica "Nivel Central de la Administración Pública Nacional," está, por supuesto, la organización ministerial, o de los Ministerios, que conforme al artículo 60 de la Ley Orgánica, son "los órganos del Ejecutivo Nacional encargados de la formulación, adopción, seguimiento y evaluación de las políticas, estrategias, planes generales, programas y proyectos en las materias de su competencia y sobre las cuales ejercen su rectoría de conformidad con la planificación centralizada" (Art. 60). Su número y competencias, contrariamente al régimen constitucional anterior a 1999, no se establece por ley, sino conforme al artículo 236,20 de la Constitución, mediante Decreto del Presidente de la República.

En desarrollo de esta potestad organizativa de rango constitucional atribuida al Presidente de la República en Consejo de Ministros, el artículo 58 de la Ley Orgánica le atribuye la facultad para fijar, mediante decreto, "el número, denominación, competencia y organización de los ministerios y otros órganos de la Administración Pública Nacional, así como sus entes adscritos, con base en parámetros de adaptabilidad de las estructuras administrativas a las políticas públicas que desarrolla el Poder Ejecutivo Nacional y en los principios de organización y funcionamiento establecidos en la presente ley".

Conforme a la atribución constitucional, el Presidente de la República ha dictado innumerables decretos ejecutivos cambiando, sin orden ni concierto, la organización ministerial a medida que surgían nuevas y circunstanciales exigencias administrativas, creando ministerios, eliminándolos, y recreándolos. Meses antes de que se produjera la reforma de la Ley Orgánica en 2008, por ejemplo, había dictado el Decreto N° 5.246 de 20 de marzo de 2007[61] sobre organización y funcionamiento de la Administración Pública Central, donde se regularon los siguientes veintisiete (27) Ministerios y se enumeraron sus competencias, denominándolos además, sin asidero constitucional o legal alguno como "Ministerios del Poder Popular": Ministerio del Poder Popular del Despacho de la Presidencia; Ministerio del Poder Popular para Relaciones Interiores y Justicia; Ministerio del Poder Popular para Relaciones Exteriores; Ministerio del Poder Popular para las Finanzas; Ministerio del Poder Popular para la Defensa; Ministerio del Poder Popular para las Industrias Ligeras y Comercio; Ministerio del Poder Popular para las Industrias Básicas y Minería; Ministerio del Poder Popular para el Turismo; Ministerio del Poder Popular para la Agricultura y Tierras; Ministerio del Poder Popular para la Educación Superior; Ministerio del Poder Popular para la Educación; Ministerio del Poder Popular para la Salud; Ministerio del Poder Popular para el Trabajo y Seguridad Social; Ministerio del Poder Popular para la Infraestructura; Ministerio del Poder Popular para la Energía y Petróleo; Ministerio del Poder Popular para el Ambiente; Ministerio del Poder Popular para la Planificación y Desarrollo; Ministerio del Poder Popular para Ciencia y Tecnología; Ministerio del Poder Popular para la Comunicación y la Información; Ministerio del Poder Popular para la Economía Comunal; Ministerio del Poder Popular para la Alimentación; Ministerio del Poder Popular para la Cultura; Ministerio del Poder Popular para la Vivienda y Hábitat; Ministerio del Poder Popular para la Participación y Protección Social; Ministerio del Poder Popular para el Deporte; Ministerio del Poder Popular para las Telecomunicaciones y la Informática; y Ministerio del Poder Popular para los Pueblos Indígenas.[62]

2. Sobre los "entes" de la Administración Pública

En cuanto a los "entes" de la Administración Pública, que configuran la administración pública descentralizada funcionalmente tanto nacional, como estadal y municipal, que siempre están dotadas de personalidad jurídica propia.

En efecto, la descentralización administrativa funcional tiene por objeto la creación de personas jurídicas a las cuales se transfiere la titularidad de determinadas competencias y la responsabilidad de ejecutarlas (arts. 29 y 32 Ley Orgánica), lo que puede resultar en la creación de personas jurídicas con forma de derecho público o con forma de derecho privado.[63]

---

61 *Gaceta Oficial* N° 38.654 de 28-03-08.

62 Apenas se publicó la nueva Ley, se comenzaron a dictar nuevos reglamentos modificándose la estructura ministerial. *V.* por ejemplo, el Decreto N° 6.626 de la Presidencia de la República, mediante el cual se dicta el Decreto sobre Organización y Funcionamiento de la Administración Pública Nacional, en *Gaceta Oficial* N° 39.130 de 3-3-2009; y el Decreto N° 6.732 de la Presidencia de la República, sobre Organización y Funcionamiento de la Administración Pública Nacional, en *Gaceta Oficial* N° 39.202 de 17-6-2009. Sobre la evolución del número y competencias de los ministerios en décadas anteriores, *V.* Allan R. Brewer-Carías, *Principios del Régimen Jurídico de la Organización Administrativa... cit.*, pp. 127 ss.

63 *V.* Jesús Caballero Ortíz, "Algunos comentarios sobre la descentralización funcional en la nueva Ley Orgánica de la Administración Pública," en *Revista de Derecho Público* N° 115 *(Estudios sobre los decretos leyes)*, Editorial Jurídica Venezolana, Caracas 2008, pp. 169 ss.

Tradicionalmente, la figura de los institutos autónomos ha sido la más importante con forma de derecho público, aún cuando esta no se agota en los institutos autónomos, pues también los establecimientos públicos corporativos, como las universidades nacionales y aquellas personas jurídicas de derecho público específicas, como el Banco Central de Venezuela (establecimientos públicos asociativos), son formas jurídicas de derecho público estatales para la descentralización funcional.

En la Ley Orgánica de 2001 sólo se regulaba una de las formas jurídicas de derecho público para la descentralización administrativa funcional que era la figura del instituto autónomo,[64] que es una institución de rango constitucional (Art. 142), a la cual con la reforma de la Ley de 2008, se le agregó una nueva figura que es la de los "institutos públicos" con idéntico régimen que aquellos, pero sin el calificativo de "autónomo" dada la orientación general de esta reforma de eliminar todo vestigio de autonomía en la Administración Pública y organización del Estado.

En efecto, en el artículo 96 de la LOAP se regula a los "institutos públicos," como personas jurídicas de derecho público de naturaleza fundacional, creados por ley nacional, estadal u ordenanza municipal, dotado de patrimonio propio, con las competencias o actividades determinadas en estas. Por su parte, en cuanto a los "institutos autónomos," los mismos subsisten en el artículo 101 de la Ley Orgánica, y se regulan conforme a las disposiciones previstas en la sección de la Ley destinada a los "institutos públicos", y en todas aquellas normas que les sean aplicables a los institutos públicos. En cuanto a las formas jurídicas de derecho privado de la Administración Pública descentralizada funcionalmente, la ley Orgánica regula a las sociedades mercantiles del Estado, a las fundaciones del Estado y a las asociaciones civiles del Estado.

Respecto de las empresas del Estado, el artículo 100 de la Ley Orgánica de 2001 las definía como "las sociedades mercantiles en las cuales la República, los estados, los distritos metropolitanos y los municipios, o alguno de los entes descentralizados funcionalmente regulados en la Ley Orgánica, solos o conjuntamente, tuvieran una participación mayor al 50% del capital social."[65] Esta definición se eliminó del artículo 102 de la Ley de 2008, e ignorando la "forma de derecho privado" de las empresas del Estado conforme a los principios de la descentralización establecidos en el artículo 29 de la misma Ley, se definen las empresas del Estado, eliminándose toda referencia al carácter "de sociedades mercantiles" de las mismas, en forma totalmente contradictoria, como las "personas jurídicas de derecho público constituidas de acuerdo a las normas de derecho privado, en las cuales la República, los estados, los distritos metropolitanos y los municipios, o alguno de los entes descentralizados funcionalmente a los que se refiere el presente Decreto con Rango, Valor y Fuerza de Ley Orgánica, solos o conjuntamente, tengan una participación mayor al cincuenta por ciento del capital social." Frente a tamaña contradicción, no hay otra conclusión que no sea considerar que se trata de un error de la Ley. En cuanto a las fundaciones del Estado, conforme al artículo 109 de la Ley Orgánica, son aquellas cuyo patrimonio está afectado a un objeto de utilidad general, artístico, científico, literario, benéfico o social, en cuyo acto de constitución participe la República, los estados, los distritos metropolitanos, los municipios o alguno de los entes descentralizados funcionalmente a los que se refiere esta Ley, siempre que su patrimonio inicial se realice con aportes del Estado en un porcentaje mayor al 50%. Dos

---

64 *V.* Jesús Caballero Ortiz, *Los Institutos Autónomos,* Caracas 1985.

65 *V.* Allan R. Brewer-Carías, *Régimen de las Empresas Públicas en Venezuela,* Caracas 1981.

son, por tanto, las condiciones para que una fundación pueda considerarse como fundación del Estado: por una parte, que se constituya por un ente público y por la otra, que en el patrimonio fundacional *inicial* haya aporte del Estado mayor al 50% del mismo. Ambas condiciones deben cumplirse acumulativamente.

Por último, en cuanto a las asociaciones y sociedades civiles del Estado, el artículo 115 de la Ley Orgánica las define como aquéllas en las cuales la República o algún ente descentralizado funcionalmente nacional posea más del 50% de las cuotas de participación, y aquéllas conformadas en la misma porción, por aporte de los mencionados entes, siempre que tales aportes hubiesen sido efectuados en calidad de socio o miembro. La LOAP, por tanto, no regula las sociedades civiles del Estado que puedan constituir los estados, municipios o distritos metropolitanos.

III. LA REFORMA DE LA LEY ORGÁNICA DE LA ADMINISTRACIÓN PÚBLICA DE 2008 Y LA CREACIÓN DE LAS "MISIONES" COMO "NUEVA" FORMA DE ORGANIZACIÓN ADMINISTRATIVA

Como se dijo, en 2008 se reformó la Ley Orgánica de la Administración Pública, introduciéndose reformas que pueden considerarse como sustanciales, básicamente en los siguientes aspectos:[66]

En *primer lugar*, a pesar de que constitucionalmente el Estado continúa siendo un "Estado federal descentralizado," se reguló a la "Administración Pública" como una sola organización que comprende la Administración Pública de la República (nacional), la Administración Pública de los estados y la Administración Pública municipal (Art. 1), en forma centralizada, sometida toda a los lineamientos de la planificación centralizada (arts. 15, 18, 23, 32, 44, 48, 60, 77, 84, 91, 99, 119, 121, 131), bajo la dirección del Presidente de la República (Art. 46) y la coordinación del Vicepresidente ejecutivo (Art. 49,3).

En *segundo lugar*, se incorporó en los órganos superiores de la Administración Pública nacional central (ahora denominada Nivel Central de la Administración Pública Nacional (Art. 44), además de los de dirección y de consulta, al de "coordinación y control de la planificación centralizada," que es la Comisión Central de Planificación (arts. 44, 57).

En *tercer lugar*, se incorporación dentro de los órganos superiores de dirección del Nivel Central de la Administración Pública nacional, a unas denominadas "autoridades regionales" (arts. 44, 70).

En *cuarto lugar*, se eliminó de la Ley Orgánica la noción de "autonomía," lo que se reflejó en la transformación de los "servicios autónomos sin personalidad jurídica" en "servicios desconcentrados" (Art. 93), y la creación de los "institutos públicos" en lugar de los "institutos autónomos," como entes descentralizados funcionalmente, aún cuando sin eliminar los últimos en virtud de tratarse de una institución que tiene rango constitucional (Art. 96).

---

66 *V.* en general, Allan R. Brewer-Carías: "El sentido de la reforma de la Ley Orgánica de la Administración Pública," en *Revista de Derecho Público* N° 115 *(Estudios sobre los decretos leyes)*, Editorial Jurídica Venezolana, Caracas 2008, pp. 155-162.

En *quinto lugar*, se calificó en forma contradictoria a las empresas del Estado, como entes "con forma de derecho privado" (Art. 29) y, a la vez, como "personas de derecho público" (Art. 102);

En *sexto lugar*, se cambio de nombre de los "gabinetes sectoriales" por "juntas sectoriales" y de los "gabinetes ministeriales" por "juntas ministeriales" (Art. 44).

En *séptimo lugar*, se limitó la participación política en la gestión de los asuntos administrativos sólo a las "comunidades organizadas" (incluyendo a los Consejos Comunales), eliminándose la posibilidad de la participación de las "organizaciones públicas no estatales legalmente constituidas" como se establecía (arts. 84,10; 138; 139;140);

En *octavo lugar*, se establecieron normas que refuerzan la posibilidad de declarar como reservados o confidenciales los documentos administrativos limitándose el acceso de los administrados a la información pública (arts. 7,1);

Y por último, en *noveno lugar*, y quizás el aspecto más importante que motivó la reforma, se previó en forma expresa una "nueva" figura organizativa de la Administración Pública, además de los "órganos" y "entes," denominada las "misiones," como organizaciones que forman parte de la Administración Pública (arts. 15 y 131), pero con la peculiaridad de que se las excluye, en general, de la aplicación de las normas de la Ley Orgánica, la cual básicamente continúa destinada a regular sólo a los "órganos y entes." En esta forma, se reguló por primera vez legislativamente, una forma de organización administrativa "sin forma" organizativa precisa, que desde 2003 se ha venido utilizando para atender programas específicos de la Administración Pública. A tal fin, se atribuye al Presidente de la República en Consejo de Ministros, la potestad de crear dichas "misiones" cuando circunstancias especiales lo ameriten, "destinadas a atender a la satisfacción de las necesidades fundamentales y urgentes de la población, las cuales estarán bajo la rectoría de las políticas aprobadas conforme a la planificación centralizada," debiendo, en el decreto de creación, determinar el órgano o ente de adscripción o dependencia, formas de financiamiento, funciones y conformación del nivel directivo encargado de dirigir la ejecución de las actividades encomendadas (Art. 131).

Debe mencionarse que las mencionadas "misiones," como integrando la Administración Pública, fue uno de los aspectos que se pretendió constitucionalizar en el proyecto de Reforma Constitucional de 2007 que fue rechazado por el pueblo en el referendo de diciembre de 2007,[67] en la cual se propuso una nueva redacción del artículo 141 constitucional, que pasaba de regular un régimen universal aplicable a toda "la Administración Pública," a establecer varias "administraciones públicas", las cuales, incluso, contra toda técnica legislativa, se las buscaba "clasificar" en la propia Constitución en las siguientes dos "categorías": "las *administraciones públicas burocráticas o tradicionales*, que son las que atienden a las estructuras previstas y reguladas en esta Constitución"; y "las *misiones*, constituidas por organizaciones de variada naturaleza, creadas para atender a la satisfacción de las más sentidas y urgentes necesidades de la población, cuya prestación exige de la aplicación de sistemas excepcionales, e incluso, experimentales, los cuales serán establecidos por el Poder Ejecutivo mediante reglamentos organizativos y funcionales".

---

67 *V.* Allan R. Brewer-Carías, *La Reforma Constitucional de 2007 (Comentarios al proyecto inconstitucionalmente sancionado por la Asamblea Nacional el 2 de noviembre de 2007)*, Editorial Jurídica Venezolana, Caracas 2007.

Es decir, con el rechazado proyecto de reforma constitucional de 2007, en lugar de corregirse el descalabro administrativo que se había producido a partir de 2003 por el desorden organizativo y la indisciplina presupuestaria derivada de fondos asignados a programas específicos del gobierno denominados "misiones", concebidos en general fuera del marco de la organización general del Estado, lo que se buscaba hacer era constitucionalizar dicho desorden administrativo, calificándose a las estructuras administrativas del Estado como "burocráticas o tradicionales", renunciando a que las mismas fueran reformadas para convertirlas en instrumentos para que, precisamente, pudieran atender a la satisfacción de las más sentidas y urgentes necesidades de la población.

Ahora, con la reforma de la Ley Orgánica de 2008, se ha regularizado legislativamente a las "misiones"[68] pero precisamente para no regularlas, pues la Ley, como se dijo, se destina íntegramente a regular exclusivamente a los "órganos y entes," dejando fuera de sus regulaciones a las "misiones," estando sin embargo, todas, en común, solo sujetas a "los lineamientos dictados conforme a la planificación centralizada" (Art. 15).

En efecto, en el artículo 15 de la Ley, que se refiere al ejercicio por los titulares respectivos de la potestad organizativa, es decir, de la potestad de crear, modificar y suprimir organizaciones, se definen las siguientes tres organizaciones que ahora forman el universo de la Administración Pública:

En *primer lugar*, están los "entes" que son todas las organizaciones administrativas descentralizadas funcionalmente con personalidad jurídica (se entiende, distinta de la república, de los Estados y Municipios). Ello sin embargo, no implica "autonomía" alguna (concepto que materialmente ha desaparecido de la Ley de 2008), pues se dispone expresamente que están "sujetos al control, evaluación y seguimiento de sus actuaciones por parte de sus órganos rectores, de adscripción y de la Comisión Central de Planificación."

En *segundo lugar*, están los "órganos", que son las unidades administrativas "de la República, de los Estados, de los Distritos metropolitanos y de los municipios, a los que se les atribuyan funciones que tengan efectos jurídicos frente a terceros, o cuya actuación tenga carácter regulatorio".

En *tercer lugar*, están las "misiones", que "son aquellas creadas con la finalidad de satisfacer las necesidades fundamentales y urgentes de la población, " lo que es redundante con las anteriores, pues tanto los órganos como los entes de la Administración Pública en general, por esencia, tienen por objeto la realización de actividades que tienen que ver con la satisfacción de necesidades fundamentales y urgentes de la población.

Sobre estas misiones, en la Exposición de Motivos del Decreto Ley mediante el cual se dictó la Ley Orgánica de 2008, se indicó, sobre esta "novedad legislativa", que se trata de "la figura de las Misiones, las cuales nacieron como organismo de ejecución de políticas públicas, obteniendo niveles óptimos de cumplimiento de los programas y proyectos asignados, y se conciben dentro del proyecto, como aquellas destinadas a atender a la satisfacción de las necesidades fundamentales y urgentes de la población, que pueden ser creadas por el Presidente de la República en Consejo de Ministros, cuando circunstancias especiales lo ameriten."

---

68 *V.* Cosimina G. Pellegrino Pacera, "La reedición de la propuesta constitucional de 2007 en el Decreto N° 6.217 con rango, valor y fuerza de Ley Orgánica de la Administración Pública," en *Revista de Derecho Público* N° 115 *(Estudios sobre los decretos leyes)*, Editorial Jurídica Venezolana, Caracas 2008, pp. 163 ss.

Se ha establecido, así, en la Ley, una distinción entre una Administración Pública "tradicional" conformada por órganos y entes que es la regulada precisamente en la LOAP, y otra Administración Pública conformada por las misiones, destinada "a atender a la satisfacción de las necesidades fundamentales y urgentes de la población", como si la primera no tuviera esa función, pero con la diferencia de que la primera está sometida estrictamente a todas las prescripciones de la LOAP y la segunda no está sometida a todas dichas previsiones. Es decir, se ha creado una nueva organización en la LOAP para excluirla de su régimen, el cual como se puede apreciar del conjunto de su normativa, en su casi totalidad sólo rige para los "órganos y entes."[69] En el único artículo en el cual se nombra expresamente a las Misiones, además del mencionado artículo 15, es en el artículo 131 que atribuye al Presidente de la República en Consejo de Ministros, "cuando circunstancias especiales lo ameriten," potestad para "crear misiones destinadas a atender a la satisfacción de las necesidades fundamentales y urgentes de la población, las cuales estarán bajo la rectoría de las políticas aprobadas conforme a la planificación centralizada."

Como se dijo, nada más dispone la Ley Orgánica sobre las Misiones, las cuales se excluyen de la aplicación de la casi totalidad de las normas de la Ley Orgánica así como de la Ley Orgánica de Simplificación de Trámites Administrativos, que se refieren única y exclusivamente a los "órganos y entes" de la Administración Pública. En definitiva, se trató de una "regularización" de las Misiones para no someterlas a las previsiones de la Ley.

En todo caso, con anterioridad a la entrada en vigencia de la Ley Orgánica, y con la denominación de "misiones" lo que se había ido creando era una serie de organizaciones administrativas como Administraciones paralelas,[70] con el objeto de atender programas puntuales, utilizándose para ello, muy desordenadamente, las más variadas "formas" organizativas autorizadas en la Ley Orgánica, en algunos casos de órganos, como son las Comisiones Presidenciales o Interministeriales, o de entes, como las fundaciones del Estado.

En efecto, utilizándose la figura de las *Comisiones Presidenciales o Interministeriales*, se establecieron las siguientes "misiones":

-*Misión Ribas*, regulada por Decreto N° 2.656, mediante el cual se creó la Comisión Presidencial de Participación Comunitaria para la incorporación y apropiado desempeño en el nivel de Educación Media, de los ciudadanos y ciudadanas que no han culminado sus estudios de bachillerato.

Tiene como objeto la incorporación y apropiado desempeño en el nivel de Educación Media, de los ciudadanos y ciudadanas que no han culminado sus estudios de bachillerato.[71]

-*Misión Alimentación (Mercal),* regulada por Decreto N° 5.112, mediante el cual se creó con carácter permanente, la Comisión Presidencial "Misión Alimentación", para la

---

69 En igual sentido, las "misiones" también quedan excluidas de la aplicación de la Ley Orgánica de Simplificación de Trámites Administrativos, pues la misma solo se aplica a "los órganos y entes" de la misma (Art. 2). *Gaceta Oficial* N° 5.891 *Extraordinaria* de 22-7-2008.

70 *V.* Manuel Rachadell, "La centralización del poder en el Estado federal descentralizado," en *Revista de Derecho Público* N° 115 *(Estudios sobre los decretos leyes),* Editorial Jurídica Venezolana, Caracas 2008, pp. 115-116, 125.

71 *Gaceta Oficial* N° 37.798 del 16 de octubre de 2003.

Seguridad y Soberanía Agroalimentaria, encargada de diseñar, elaborar y formular lineamientos en materia alimentaria específicamente en el ciclo de producción, transformación, distribución, comercialización y consumo, integrado en un proceso que permita la elaboración del balance nacional y el establecimiento de las reservas operativas y estratégicas de alimentos, tendentes a promover mecanismos de participación protagónica en el pueblo, con la finalidad de garantizar la seguridad alimentaria del país.[72]

-*Misión Guaicaipuro*, regulada por Decreto Nº 5.551, mediante el cual se creó la Comisión Presidencial "Misión Guaicaipuro", con el objeto coordinar, promover y asesorar todo lo relativo a la restitución de los derechos originarios y específicos de los pueblos y comunidades indígenas de la República Bolivariana de Venezuela, en cumplimiento a lo establecido en la Constitución de la República Bolivariana de Venezuela.[73]

-*Misión Árbol*, regulada por Decreto Nº 4.500, mediante el cual se creó con carácter temporal la Comisión Presidencial "Misión Árbol", con el objeto de recuperar las áreas verdes y boscosas del país, así como brindar refugio a las especies animales y la conservación de terrenos y afluentes, sustentado en la participación protagónica de la comunidad, y en la construcción de un nuevo modelo de desarrollo que se fundamenta en la recuperación, conservación y uso sustentable de los bosques para el mejoramiento de su calidad de vida.[74]

-*Misión Robinson*, regulada por el Decreto N° 2.434, mediante el cual se creó, con carácter permanente, la Comisión Presidencial de Alfabetización, con la finalidad de estudio, formulación, coordinación, seguimiento y evaluación del Plan Extraordinario de Alfabetización "Simón Rodríguez."[75]

-*Misión Villanueva*, regulada por Decreto Nº 5.243, mediante el cual se creó la "Misión Villanueva," a cargo de la Comisión Interministerial "Misión Villanueva," creada con carácter permanente, dirigida al reordenamiento del país, fundamentada en ámbitos de actuación y acciones específicas, estrategia de distribución de recursos financieros, distribución de responsabilidades en los procesos de ejecución de obras y proyectos, productos en el orden físico-espacial, socio-económico, legal y acciones estratégicas de carácter territorial y urbano. La Misión Villanueva se realizará en todo el país a través del Sistema Nacional de Vivienda y Hábitat y tiene por objeto de igual forma actuar en ciudades y centros poblados y en la creación de nuevas ciudades sustentables.[76]

-*Misión Madres del Barrio "Josefa Joaquina Sánchez,"* regulada inicialmente por Decreto Nº 4.342 de 2006, y luego por Decreto Nº 4.922, mediante el cual se creó la Misión Madres del Barrio, a cargo de la Comisión Presidencial Misión Madres del Barrio "Josefa Joaquina Sánchez" con el objeto de apoyar a las amas de casa que se encuentren en estado de necesidad, a fin de que logren, junto con sus familias, superar la situación de pobreza extrema y prepararse para salir de la pobreza en su comunidad, mediante la incorporación a programas sociales y misiones, el acompañamiento comunitario y el otorgamiento de una asignación económica.[77]

---

72 *Gaceta Oficial* Nº 38.603 del 12 de enero de 2007.
73 *Gaceta Oficial* Nº 38.758 del 30 de agosto de 2007.
74 *Gaceta Oficial* Nº 38.445 del 26 de mayo de 2006.
75 *Gaceta Oficial* N° 37.711 del 13 de junio de 2003.
76 *Gaceta Oficial* Nº 38.647 del 19 de marzo de 2007.
77 *Gaceta Oficial* Nº 38.549 del 25 de octubre de 2006.

Por otra parte, utilizándose la figura de las *fundaciones del Estado*, se establecieron las siguientes "misiones":

-*Misión Barrio Adentro*, regulada por Decreto N° 4.382, mediante el cual se ordenó la creación de la Fundación "Misión Barrio Adentro," con el objeto brindar asistencia médica general, gratuita, accesible, oportuna, personalizada, continua, suficiente, adecuada e integral en diversas áreas de salud que permitan coadyuvar al Estado a mejorar la calidad de vida de los venezolanos.[78]

-*Misión Che Guevara*, que sustituyó a la "Misión Vuelvan Caras," regulada inicialmente por Decreto N° 3.279 de 2004, mediante el cual se autorizó la creación de la Fundación "Misión Vuelvan Caras," como "programa de formación con valores socialistas integrando lo ético, ideológico, político y técnico productivo, para contribuir a generar el mayor número de satisfacción social y transformar del sistema socioeconómico capitalista en un modelo económico socialista comunal, sustentado en el Plan de Desarrollo Económico y Social de la Nación 2007–2013 y en la Nueva Geometría del Poder con principios Bolivarianos como factores determinantes del cambio, dentro del objetivo supremo de alcanzar la Misión Cristo: Pobreza y Miseria Cero en el 2.021." El régimen de la misma fue luego establecido en el Decreto N° 5.704 de 2007.[79]

-*Misión Identidad*, regulada en el Decreto N° 3.654, mediante el cual se autorizó la creación de la Fundación "Misión Identidad", con el objeto de coadyuvar en los procesos de otorgamiento de documentos públicos que comprueben la identidad de los ciudadanos y ciudadanas, a través de operativos periódicos en los cuales participen de forma coordinada, tanto los organismos competentes en esta materia y cualquier otro organismo auxiliar, a los fines de salvaguardar los derechos constitucionales que posee toda persona, de obtener un nombre propio y los documentos que comprueben su identidad biológica.[80]

-*Misión Milagro*, regulada por Decreto N° 5.217, mediante el cual se autorizó la creación de una Fundación del Estado, denominada Fundación Misión Milagro, con el objeto de dar apoyo integral en materia de asistencia médico - quirúrgica a las personas nacionales o extranjeras que padecen deficiencias visuales, tales como: cataratas, desprendimiento de retina, retinitis pigmentaria, carnosidad, párpado caído, afecciones del iris, entre otras, potenciando sus capacidades y habilidades con el fin de incorporarlos a la vida activa, dentro de sentimientos de solidaridad y hermandad.[81]

-*Misión Sucre*, regulada inicialmente por N° 2.604 de 2003 y luego por Decreto N° 3.610, mediante el cual se autorizó la creación de la Fundación Misión Sucre, con el objeto desarrollar, y ejecutar planes y programas destinados a garantizarle a los bachilleres venezolanos su legítimo derecho a la educación superior venezolana, con el fin de darle fiel y cabal cumplimiento al mandato constitucional que prevé el derecho a la educación gratuita y de calidad, el desarrollo del potencial creativo del ser humano y el pleno ejercicio de su personalidad en una sociedad democrática, participativa y no excluyente.[82]

---

78 *Gaceta Oficial* N° 38.423 del 25 de abril de 2006.
79 *Gaceta Oficial* N° 38.819 del 27 de noviembre de 2007.
80 *Gaceta Oficial* N° 38.188 del 17 de mayo de 2005.
81 *Gaceta Oficial* N° 38.632 del 26 de febrero de 2007.
82 *Gaceta Oficial* N° 38.188 del 17 de mayo de 2005.

-*Misión Negra Hipólita*, regulada por Decreto N° 5.616, mediante el cual se autorizó la creación de una Fundación que se denominará "Fundación Misión Negra Hipólita", con el objeto de ejecutar planes, programas y proyectos dirigidos a la atención y formación integral de todos los niños, niñas, adolescentes y adultos, con especial énfasis en aquéllos que se encuentran en situación de calle, adolescentes embarazadas, personas con discapacidad y adultos mayores en situación de pobreza extrema y sus familiares de origen.[83].

-*Misión Piar*, regulada por Decreto N° 3.958, mediante el cual se autorizó la creación de una Fundación del Estado, denominada Fundación «Misión Piar», con el objeto de promover el desarrollo sustentable de las comunidades mineras para que los pequeños mineros alcancen un nivel de vida acorde con la dignidad humana.[84]

Como se puede apreciar, hasta la promulgación de la Ley Orgánica de 2008, las "misiones" se crearon adoptando la forma de "órganos" como las Comisiones Presidenciales o Interministeriales, o la forma de "entes" descentralizados, conforme a la forma de derecho privado de las Fundaciones del Estado, mostrando en todo caso, una falta total de coherencia, particularmente en cuanto al manejo presupuestario, ya que las mismas han manejado ingentes recursos públicos.

En los casos de las Misiones configuradas como Comisiones Presidenciales o Interministeriales, las previsiones presupuestarias establecidas en los decretos de creación en general se refieren solo a los gastos administrativos que ocasione el funcionamiento de las mismas, agregándose muchas veces, que los gastos de la ejecución de las misiones están a cargo del presupuesto de respectivo Ministerio, conforme a la competencia en la materia específica.

En los casos de las Fundaciones del Estado, como entes descentralizados, en los decretos de creación en general se han dispuesto los aportes públicos al patrimonio de las mismas, que deben asignarse en Ley de Presupuesto; o mediante el aportes de bienes muebles e inmuebles propiedad de la República.

En todo caso, sea que se trate de Fundaciones o de Comisiones, en la mayoría de los casos, la actividad desplegada forma parte de las competencias asignadas a los Ministerios, pero desarrolladas sin relación efectiva con os mismos.

IV. LAS INSTANCIAS DEL "ESTADO COMUNAL," COMO "ADMINISTRACIONES PÚBLICAS" PARALELAS A LAS DEL ESTADO CONSTITUCIONAL

1. El Estado Constitucional en Venezuela y la creación en paralelo de un Estado Comunal

La Constitución de 1999, organiza al Estado venezolano como un Estado Democrático y Social de Derecho y de Justicia, "que propugna como valores superiores de su ordenamiento jurídico y de su actuación, la vida, la libertad, la justicia, la igualdad, la solidaridad, la democracia, la responsabilidad social y, en general, la preeminencia de

83 *Gaceta Oficial* N° 38.776 del 25 de septiembre de 2007.
84 *Gaceta Oficial* N° 38.282 del 28 de septiembre de 2005.

los derechos humanos, la ética y el pluralismo político" (Art. 2), organizando a la República como "un Estado federal descentralizado" que "se rige por los principios de integridad territorial, cooperación, solidaridad, concurrencia y corresponsabilidad" (Art. 4).

Ese es el Estado Constitucional en Venezuela: un Estado Federal descentralizado, Democrático y Social de Derecho y de Justicia, montado sobre el antes mencionado sistema de distribución vertical del Poder Público en tres niveles territoriales, entre el Poder Nacional, el Poder de los Estados y el Poder Municipal (Art. 136), cada uno debiendo tener siempre un gobierno de carácter "electivo, descentralizado, alternativo, responsable, pluralista y de mandatos revocables," tal como lo exige el artículo 6 de la Constitución.

No es posible, por tanto, constitucionalmente hablando, crear por ley instancias políticas que vacíen de competencias a los órganos del Estado (la República, los Estados, los Municipios y demás entidades locales) y menos aún establecerlos con funciones políticas sin que se asegure su carácter electivo mediante la elección de representantes del pueblo a través de sufragio universal, directo y secreto; sin que se asegure su autonomía política propia del carácter descentralizado; y sin que se garantice su carácter pluralista, en el sentido de que no pueden estar vinculados a una ideología determinada como es el Socialismo. Este modelo de Estado Constitucional se intentó cambiar mediante la antes mencionada Reforma Constitucional sancionada por la Asamblea Nacional en noviembre de 2007, con el objeto de establecer un Estado Socialista, Centralizado, Militarista y Policial[85] denominado "Estado del Poder Popular" o "Estado Comunal,"[86] la cual sin embargo, una vez sometida a consulta popular, fue rechazada por el pueblo el 7 de diciembre de 2007.[87]

Sin embargo, en burla a la voluntad popular y en fraude a la Constitución, desde antes de que se efectuara dicho referendo, la Asamblea Nacional en abierta violación a la Constitución comenzó a desmantelar el Estado Constitucional para sustituirlo por un Estado Socialista mediante la estructuración *paralela* de un Estado del Poder Popular o Estado Comunal, a través de la sanción de la Ley de los Consejos Comunales de 2006,[88] reformada posteriormente y elevada al rango de ley orgánica en 2009.[89] Posteriormente, puede decirse que el empeño por implantar en Venezuela un Estado Socialista fue rechazado de nuevo con ocasión de las elecciones legislativas efectuadas el 26 de septiembre de 2010, las cuales fueron planteadas por el Presidente de la República y la mayoría oficialista de la propia Asamblea Nacional, quienes hicieron una masiva campaña a favor de sus candidatos, como un "plebiscito" respecto al propio Presidente, su actua-

---

85 *V.* Allan R. Brewer-Carías, *Hacia la Consolidación de un Estado Socialista, Centralizado, Policial y Militarista. Comentarios sobre el sentido y alcance de las propuestas de reforma constitucional 2007*, Colección Textos Legislativos, N° 42, Editorial Jurídica Venezolana, Caracas 2007.

86 *V.* Allan R. Brewer-Carías, *La reforma constitucional de 2007 (Comentarios al Proyecto inconstitucionalmente sancionado por la Asamblea Nacional el 2 de noviembre de 2007)*, Colección Textos Legislativos, N° 43, Editorial Jurídica Venezolana, Caracas 2007.

87 *V.* Allan R. Brewer-Carías, "La proyectada reforma constitucional de 2007, rechazada por el poder constituyente originario", en *Anuario de Derecho Público 2007,* Año 1, Instituto de Estudios de Derecho Público de la Universidad Monteávila, Caracas 2008, pp. 17-65

88 *V.* en *Gaceta Oficial* N° 5.806 Extra. de 10-04-2006

89 *V.* en *Gaceta Oficial* N° 39.335 de 28-12-2009. *V.* la sentencia N° 1.676 de 03-12-2009 de la Sala Constitucional del Tribunal Supremo de Justicia sobre la constitucionalidad del carácter orgánico de esta Ley Orgánica de los Consejos Comunales, en www.tsj.gov.ve/decisiones/scon/diciembre/1676-31209-2009-09-1369. html

ción y sus políticas socialistas ya previamente rechazadas por el pueblo en 2007, "plebiscito" que el Presidente de la República y su partido perdieron abrumadoramente pues la mayoría del país votó en contra de las mismas.

Sin embargo, al haber perdido a raíz de dichas elecciones parlamentarias, el Presidente y su partido, el control absoluto que ejercían sobre la Asamblea Nacional, lo que en el futuro les impedirá imponer sin límites cualquier ley, antes de que los nuevos diputados electos a la Asamblea pudieran tomar posesión de sus cargos en enero de 2011, en diciembre de 2010, atropelladamente y de nuevo en fraude a la voluntad popular y a la Constitución, la deslegitimada Asamblea Nacional precedente procedió a la sanción de un conjunto de Leyes Orgánicas del Poder Popular,[90] de las Comunas,[91] del Sistema Económico Comunal,[92] de Planificación Pública y Comunal[93] y de Contraloría Social,[94] mediante las cuales se ha terminado de definir, al margen de la Constitución, el marco normativo de un nuevo Estado, *paralelo al Estado Constitucional*, que no es otra cosa que un Estado Comunista, es decir, Socialista, Centralizado, Militarista y Policial denominado "Estado Comunal," que origina una "nueva" Administración Pública paralela a la Administración Pública regulada en la Ley Orgánica de la Administración Pública.[95]

Además de dichas Leyes Orgánicas, en el mismo marco de estructuración del "Estado Comunal" montado sobre el "Poder Popular" se destaca la reforma de la Ley Orgánica del Poder Público Municipal,[96] y de las Leyes de los Consejos Estadales de Planificación y Coordinación de Políticas Públicas,[97] y de los Consejos Locales de Planificación Pública.[98] En diciembre de 2010, además, se trató de aprobar la Ley Orgánica del Sistema de Transferencia de Competencias y Atribuciones de los Estados y Municipios a las Organizaciones del Poder Popular, la cual sin embargo no llegó a ser sancionada.[99] La deslegitimada Asamblea Nacional, además, sancionó una Ley habilitante autorizando al Presidente de la República para, por vía de legislación delegada, dictar leyes en todas las materias imaginables, incluso de carácter orgánico, vaciando así por un período de 18 meses, hasta 2012, a la nueva Asamblea Nacional de materias sobre las cuales poder legislar.

---

90 *V.* en *Gaceta Oficial* N° 6.011 Extra. de 21-12-2010. La Sala Constitucional mediante sentencia N° 1329 de 16-12-2009 declaró la constitucionalidad del carácter orgánico de esta Ley.

91 *V.* en *Gaceta Oficial* N° 6.011 Extra. de 21-12-2010. La Sala Constitucional mediante sentencia N° 1330 de 17-12-2010 declaró la constitucionalidad del carácter orgánico de esta Ley. *V.* en www.tsj.gov.ve/decisiones/scon/Diciembre/1330-171210-2010-10-1436.html

92 *V.* en *Gaceta Oficial* N° 6.011 Extra. de 21-12-2010. La Sala Constitucional mediante sentencia N° 1329 de 16-12-2010 declaró la constitucionalidad del carácter orgánico de esta Ley. *V.* en www.tsj.gov.ve/decisiones/scon/Diciembre/131329-161210-2010-10-1434.html

93 *V.* en *Gaceta Oficial* N° 6.011 Extra. de 21-12-2010. La Sala Constitucional mediante sentencia N° 1326 de 16-12-2009 declaró la constitucionalidad del carácter orgánico de esta Ley.

94 *V.* en *Gaceta Oficial* N° 6.011 Extra. de 21-12-2010. La Sala Constitucional mediante sentencia N° 1329 de 16-12-2010 declaró la constitucionalidad del carácter orgánico de esta Ley. *V.* en www.tsj.gov.ve/decisiones/scon/Diciembre / %201328-161210-2010-10-1437.html

95 *V.* sobre estas leyes Allan R. Brewer-Carías, Claudia Nikken, Luis A. Herrera Orellana, Jesús María Alvarado Andrade, José Ignacio Hernández y Adriana Vigilanza, *Leyes Orgánicas sobre el Poder Popular y el Estado Comunal (Los Consejos Comunales, las Comunas, la Sociedad Socialista y el Sistema Económico Comunal)*, Editorial Jurídica Venezolana, Caracas 2011.

96 *V.* en *Gaceta Oficial* N° 6.015 Extra. de 28-12-2010.

97 *V.* en *Gaceta Oficial* N° 6.015 Extra. de 30-12-2010

98 *V.* en *Gaceta Oficial* N° 6.015 Extra. de 30-12-2010

99 El proyecto de esta Ley fue aprobado en Primera Discusión en la Asamblea Nacional el 21 de diciembre de 2010. Para el 31 de diciembre de 2010 quedó en discusión en la Asamblea Nacional.

2. El Estado Comunal creado como Estado Socialista sin reformar la Constitución: de un sistema de la democracia representativa a una supuesta democracia directa controlada por el Poder Ejecutivo nacional

Ahora bien, el marco definitorio general del Estado Socialista que se quiere imponer a los venezolanos conforme a la Ley Orgánica del Poder Popular, por el cual nadie ha votado, está montado, por una parte, sobre el supuesto ejercicio de la soberanía del pueblo exclusivamente en forma directa a través del ejercicio del Poder Popular; y por la otra, en el establecimiento de un "Estado Comunal" que tiene a la Comuna como a su célula fundamental, suplantando inconstitucionalmente al Municipio en el carácter que tiene de "unidad política primaria de la organización nacional" (Art. 168 de la Constitución).

A través de la organización de este Estado Comunal, y de la Administración Pública que implica, se ejerce el "Poder Popular," que se concreta en el ejercicio de la soberanía popular sólo directamente por el pueblo, y no mediante representantes. Se trata por tanto, de un sistema político estatal en el cual se ignora la democracia representativa, violándose así abiertamente la Constitución de la República.[100]

El Estado Socialista que se busca implantar con estas leyes, denominado Estado Comunal, *en paralelo* al Estado Constitucional, se basa en este simple esquema: como el artículo 5 de la Constitución dispone que "La soberanía reside intransferiblemente en el pueblo, quien la ejerce directamente en la forma prevista en esta Constitución y en la ley, e indirectamente, mediante el sufragio, por los órganos que ejercen el Poder Público," habiéndose estructurado el Estado Constitucional basado en el concepto de democracia representativa, es decir, el ejercicio de la soberanía en forma indirecta mediante el sufragio; entonces ahora se estructura el Estado Comunal, basado en el ejercicio de la soberanía en forma directa. Ello incluso ha sido "legitimado" por las sentencias dictadas por la Sala Constitucional del Tribunal Supremo de Justicia cuando al analizar el carácter orgánico de las leyes, como en la dictada en relación con la Ley Orgánica de las Comunas, señaló que la misma se dictó:

> "en desarrollo del principio constitucional de la democracia participativa y descentralizada que postula el preámbulo constitucional y que reconocen los artículos 5 y 6 de la Constitución de la República Bolivariana de Venezuela, de cuyo contenido se extrae el principio de soberanía, cuyo titular es el pueblo, quien está además facultado para ejercerla "*directamente*" y no sólo "*indirectamente*" por los órganos del Poder Público; así como del artículo 62 *ejusdem*, que estatuye el derecho de las personas a la libre participación en los asuntos públicos y, especialmente, el artículo 70 del mismo texto fundamental, que reconoce expresamente medios de autogestión como mecanismos de participación popular protagónica del pueblo en ejercicio de su soberanía, medios que son sólo enunciativos en los términos de la predicha norma."[101]

Es con base en estos principios que en el artículo 8.8 de la Ley Orgánica del Poder Popular se define al Estado Comunal, como la:

---

100 *V.* Allan R. Brewer-Carías, "La desconstitucionalización del Estado de Derecho en Venezuela: Del Estado Democrático y Social de Derecho al Estado Comunal Socialista sin reformar la Constitución," en *El Cronista del Estado Social y Democrático de Derecho*, N° 19, Editorial Iustel, Madrid 2011, pp. 26-39.

101 *V.* la sentencia N° 1.330, Caso: *Carácter Orgánico de la Ley Orgánica de Comunas*, de fecha 17/12/2010, en http://www.tsj.gov.ve/decisiones/scon/Diciembre/1330-171210-2010-10-1436.html

> Forma de organización político social, fundada en el Estado democrático y social de derecho y de justicia establecido en la Constitución de la República, en la cual el poder es ejercido directamente por el pueblo, con un modelo económico de propiedad social y de desarrollo endógeno sustentable, que permita alcanzar la suprema felicidad social de los venezolanos y venezolanas en la sociedad socialista. La célula fundamental de conformación del estado comunal es la Comuna.[102]

Se busca establecer así, un Estado Comunal con una Administración Pública propia, en paralelo al Estado Constitucional y su Administración Pública regulada en la Ley Orgánica de la Administración Pública. El primero estaría basado en el ejercicio de la soberanía directamente por el pueblo, y el segundo, en el ejercicio de la soberanía indirectamente por el pueblo, mediante representantes electos por sufragio universal; en un sistema, en el cual el primero irá vaciando progresivamente de competencias al segundo, y su Administración Pública suplantando progresivamente a la del Estado Constitucional. Todo ello es inconstitucional, particularmente porque en la estructura del Estado Comunal que se monta, el ejercicio de la soberanía en definitiva es "indirecta" pues se ejerce mediante "representantes" que se "eligen" para ejercer el Poder Popular en nombre del pueblo, y que son denominados "voceros" o "vocerías," pero que no son electos mediante sufragio universal directo y secreto, sino a dedo por Asamblea de ciudadanos en sesiones pública y a mano alzada.

El sistema que se busca montar, en definitiva, controlado todo por un Ministerio del Ejecutivo Nacional, lejos de ser un instrumento de descentralización –concepto que está indisolublemente unido a la autonomía política–, es un sistema de centralización y control férreo de las comunidades por el Poder Ejecutivo nacional. Por ello la aversión al sufragio que se encuentra en dicha Ley Orgánica del Poder Popular. En ese esquema, una verdadera democracia participativa sería la que garantizaría que los miembros de los Consejos Comunales, las comunas y todas las organizaciones e instancias del Poder Popular fueran electas por sufragio universal, directo y secreto, y no a mano alzada por asambleas controladas por el partido oficial y el Ejecutivo Nacional, en contravención al modelo de Estado democrático y social de derecho y de justicia descentralizado establecido en la Constitución.

Pues bien, es en este contexto, y buscando establecer en paralelo al Estado Constitucional en el cual el pueblo ejerce indirectamente el Poder Público mediante representantes electos por sufragio universal directo y secreto, un Estado Comunal en el cual el pueblo supuestamente ejercería directamente el Poder Popular mediante voceros que no son electos por sufragio universal, directo y secretos, sino en asambleas de ciudadanos, el artículo 2 de la Ley Orgánica del Poder Popular, define a éste, como:

> "el ejercicio pleno de la soberanía por parte del pueblo en lo político, económico, social, cultural, ambiental, internacional, y en todo ámbito del desenvolvimiento y desarrollo de la sociedad, a través de sus diversas y disímiles formas de organización, que edifican el estado comunal."

Todo lo cual no es más que una falacia, pues en definitiva en ese "edificio" del Estado Comunal se le niega al pueblo el derecho de elegir libremente, mediante sufragio uni-

---

102 En la Ley Orgánica de las Comunas, sin embargo, se define al Estado Comunal de la siguiente manera: "Forma de organización político-social, fundada en el Estado democrático y social de derecho y de justicia establecido en la Constitución de la República, en la cual el poder es ejercido directamente por el pueblo, a través de los autogobiernos comunales, con un modelo económico de propiedad social y de desarrollo endógeno y sustentable, que permita alcanzar la suprema felicidad social de los venezolanos y venezolanas en la sociedad socialista. La célula fundamental de conformación del estado comunal es la Comuna" (Art. 4.10).

versal, directo y secreto a quienes van a representarlo en todos esos ámbitos, incluyendo el internacional. Se trata más bien de un "edificio" de organizaciones para evitar que el pueblo realmente ejerza la soberanía e imponerle mediante férreo control central políticas por las cuales nunca tendrá la ocasión de votar.

Por otra parte, según el artículo 4 de la Ley Orgánica del Poder Popular, la finalidad del mismo que se ejerce por los órganos del Estado Comunal, es "garantizar la vida y el bienestar social del pueblo, mediante la creación de mecanismos para su desarrollo social y espiritual, procurando la igualdad de condiciones para que todos y todas desarrollen libremente su personalidad, dirijan su destino, disfruten los derechos humanos y alcancen la suprema felicidad social; sin discriminaciones por motivos de origen étnico, religioso, condición social, sexo, orientación sexual, identidad y expresión de genero, idioma, opinión política, nacionalidad u origen, edad, posición económica, condición de discapacidad o cualquier otra circunstancia personal, jurídica o social, que tenga por resultado anular o menoscabar el reconocimiento, goce o ejercicio de los derechos humanos y garantías constitucionales." Por supuesto todos estos principios de igualdad se rompen desde que el sistema de Estado Comunal, paralelo al Estado Constitucional, se monta sobre una concepción única, que es el Socialismo, de manera que quien no sea socialista está automáticamente discriminado. No es posible, por tanto, en el marco de esta ley poder conciliar el pluralismo que garantiza la Constitución y el principio de la no discriminación por razón de "opinión política" a que se refiere este artículo, con el resto de las disposiciones de la Ley que persiguen todo lo contrario, es decir, el establecimiento de un Estado Comunal, cuyas instancias sólo pueden actuar en función del Socialismo y en las cuales todo ciudadano que tenga otra opinión queda excluido.

Es decir, mediante esta Ley Orgánica se ha establecido el marco definitorio de un nuevo modelo de Estado paralelo y distinto al Estado Constitucional, denominado el Estado Comunal, con su propia Administración Pública paralela a la regulada en la ley Orgánica de la Administración Pública, basado en forma exclusiva y exclusionista en el socialismo como doctrina y practica política, que es la organización política a través de la cual se produce el ejercicio del Poder Popular que es a la vez supuestamente "el ejercicio pleno de la soberanía por parte del pueblo."

Ese Poder Popular se fundamenta, como se declara en el artículo 3 de la Ley Orgánica del Poder Popular, "en el principio de soberanía y el sentido de progresividad de los derechos contemplados en la Constitución de la República, cuyo ejercicio y desarrollo está determinado por los niveles de conciencia política y organización del pueblo" (Art. 3). Con esta declaración, sin embargo, lejos de la universalidad, prevalencia y progresividad de los derechos humanos que se garantizan la Constitución, lo que se ha establecido es la desaparición total de la concepción universal de los derechos humanos, el abandono a su carácter prevalente y el retroceso ante los principios *pro homines* y *favor libertatis*, al condicionarse su existencia, alcance y progresividad a lo que se determine "por los niveles de conciencia política y organización del pueblo," es decir, por lo que dispongan y prescriban las organizaciones del Poder Popular con las que se busca "organizar" al pueblo, todas sometidas al Socialismo. Con ello desaparece la concepción de los derechos humanos como esferas que son innatas al hombre e inmunes frente al poder; pasándose a una concepción de los derechos humanos dependientes de lo que ordene un poder central, que en definitiva controla todo el "edificio" del Estado Comunal o Estado Socialista, como clara demostración del totalitarismo que está a la base de esta Ley.

En el mismo sentido se dispone en el artículo 5 de la Ley Orgánica del Poder Popular, que "la organización y participación del pueblo en el ejercicio de su soberanía se inspira en la doctrina del Libertador Simón Bolívar, y se rige por los principios y valores socialistas,"[103] con lo cual, como se ha dicho, se vincula la organización del Estado Comunal que se organiza en paralelo al Estado Constitucional, con la ideología política socialista, es decir, con el *socialismo*, el cual se define en el artículo 8.14 como:

> "un modo de relaciones sociales de producción centrado en la convivencia solidaria y la satisfacción de necesidades materiales e intangibles de toda la sociedad, que tiene como base fundamental la recuperación del valor del trabajo como productor de bienes y servicios para satisfacer las necesidades humanas y lograr la suprema felicidad social y el desarrollo humano integral. Para ello es necesario el desarrollo de la propiedad social sobre los factores y medios de producción básicos y estratégicos que permita que todas las familias, ciudadanos venezolanos y ciudadanas venezolanas posean, usen y disfruten de su patrimonio, propiedad individual o familiar, y ejerzan el pleno goce de sus derechos económicos, sociales, políticos y culturales."[104]

Lo primero que debe observarse respecto de esta norma, es la insostenible pretensión de vincular "la doctrina del Libertador Simón Bolívar" con los principios y valores socialistas. En la obra de Bolívar y en relación con su concepción del Estado nada puede encontrarse al respecto,[105] no siendo la norma sino una pretensión más de continuar manipulando el "culto" a Bolívar para justificar los autoritarismos, como tantas veces ha ocurrido antes en nuestra historia.[106] Con la norma, por otra parte y por supuesto, se viola abiertamente la garantía del derecho de propiedad que está en la Constitución (Art. 115) que no permite su restricción sólo a la propiedad colectiva o social excluyendo la propiedad privada de los medios de producción

El artículo 5 de la Ley Orgánica del Poder Popular, por otra parte, define como "principios y valores socialistas" los siguientes:

---

103 La misma expresión se utilizó en la Ley Orgánica de las Comunas respecto de la constitución, conformación, organización y funcionamiento de las mismas (Art. 2); en la Ley Orgánica de los Consejos Comunales respecto de los mismos (Art. 1), y en la Ley Orgánica de Contraloría Social (Art. 6).

104 Igual definición se encuentra en el artículo 4.14 de la Ley Orgánica de las Comunas. Muchas son las definiciones de socialismo, pero en todas, se pueden identificar sus elementos básicos: (i) un sistema de organización social y económico, (ii) basado en la propiedad y administración colectiva o estatal de los medios de producción, y (iii) en regulación por el Estado de las actividades económicas y sociales y de la distribución de los bienes, (iv) buscando la progresiva desaparición de las clases sociales.

105 *V.* Allan R. Brewer-Carías, "Ideas centrales sobre la organización el Estado en la Obra del Libertador y sus Proyecciones Contemporáneas," en *Boletín de la Academia de Ciencias Políticas y Sociales*, N° 95-96, enero-junio 1984, pp. 137-151.

106 Ha sido el caso de Antonio Guzmán Blanco en el siglo XIX y de Cipriano Castro, Juan Vicente Gómez, Eleazar López Contreras y Marcos Pérez Jiménez en el siglo XX. John Lynch ha señalado que: "El tradicional culto a Bolívar ha sido usado como ideología de conveniencia por dictadores militares, culminando con los regímenes de Juan Vicente Gómez y Eleazar López Contreras; quienes al menos respetaron, mas o menos, los pensamientos básicos del Libertador, aún cuando tergiversaron su significado." Concluye Lynch señalando que en el caso de Venezuela, en la actualidad, el proclamar al Libertador como fundamento de las políticas del régimen autoritario, constituye una distorsión de sus ideas. *V.* John Lynch, *Simon Bolívar: A Life*, Yale University Press, New Haven 2007, p. 304. *V.* también, Germán Carrera Damas, *El culto a Bolívar, esbozo para un estudio de la historia de las ideas en Venezuela*, Universidad Central de Venezuela, Caracas 1969; Luis Castro Leiva, *De la patria boba a la teología bolivariana*, Monteávila, Caracas 1987; Elías Pino Iturrieta, *El divino Bolívar. Ensayo sobre una religión republicana*, Alfail, Caracas 2008; Ana Teresa Torres, *La herencia de la tribu. Del mito de la independencia a la Revolución bolivariana*, Editorial Alfa, Caracas 2009. Sobre la historiografía en relación con estos libros *V.* Tomás Straka, *La épica del desencanto*, Editorial Alfa, Caracas 2009.

> "democracia participativa y protagónica, interés colectivo, equidad, justicia, igualdad social y de género, complementariedad, diversidad cultural, defensa de los derechos humanos, corresponsabilidad, cogestión, autogestión, cooperación, solidaridad, transparencia, honestidad, eficacia, eficiencia, efectividad, universalidad, responsabilidad, deber social, rendición de cuentas, control social, libre debate de ideas, voluntariedad, sustentabilidad, defensa y protección ambiental, garantía de los derechos de la mujer, de los niños, niñas y adolescentes, y de toda persona en situación de vulnerabilidad, defensa de la integridad territorial y de la soberanía nacional. (Art. 5).[107]

Este catálogo de "principios" por supuesto no están vinculados necesariamente al socialismo, ni son exclusivamente "principios y valores socialistas" como se pretende hacer ver, en una apropiación indebida que hace el legislador. Los redactores de la norma, en realidad, lo que hicieron fue copiar todo el elenco de principios que se encuentran definidos a lo largo de la Constitución, en muchas normas (Preámbulo y arts. 1, 2, 3, 4, 6, 19, 20, 21, 22, 26, 84, 86, 102, 112, 137, 141, 153, 165, 257, 293, 299, 311, 316, 326, por ejemplo), y que son los valores del Estado Constitucional.

Sólo en algún caso no se han atrevido a utilizar la terminología clásica como "libertad de expresión," y la han querido sustituir por "libre debate de ideas," lo que por supuesto no es lo mismo, sobre todo porque dicha libertad no se tolera en un Estado Socialista que sólo conoce de una ideología única.

Para desarrollar y consolidar el Poder Popular, ignorando los valores y principios constitucionales básicos que tienen que tener todas las instancias de gobierno en Venezuela que deben ser "electivos, descentralizados, alternativos, responsables, pluralistas y de mandatos revocables" tal como lo exige el artículo 6 de la Constitución, es que se ha dictado la Ley Orgánica del Poder Popular para supuestamente generar:

> "condiciones objetivas a través de los diversos medios de participación y organización establecidos en la Constitución de la República, en la ley y los que surjan de la iniciativa popular, para que los ciudadanos y ciudadanas ejerzan el pleno derecho a la soberanía, la democracia participativa, protagónica y corresponsable, así como a la constitución de formas de autogobierno comunitarias y comunales, para el ejercicio directo del poder" (Art. 1).

Conforme a la Constitución "la creación de nuevos sujetos de descentralización a nivel de las parroquias, las comunidades, los barrios y las vecindades" sólo es posible "a los fines de garantizar el principio de la corresponsabilidad en la gestión pública de los gobiernos locales y estadales y desarrollar procesos autogestionarios y cogestionarios en la administración y control de los servicios públicos estadales y municipales." (Art. 184.6)

Ello significa que los mecanismos de participación que puedan establecerse conforme a la Constitución no son para vaciar a las estructuras del Estado Constitucional, es decir, de los "gobiernos locales y estadales," y sustituir sus Administraciones por otras, sino para reforzarlas en la gestión pública. Por otra parte, conforme a la Constitución, no puede haber gobierno alguno que no sea *electivo, descentralizado y pluralista;* sin embargo, en la Ley Orgánica del Poder Popular se define un Estado paralelo que es el Estado Comunal, montado sobre "gobiernos" o "autogobiernos" que no son ni electivos, ni descentralizados ni pluralistas.

Sobre estos, el artículo 14 de la LOPP, se limita a definir "el autogobierno comunal y los sistemas de agregación que surjan entre sus instancias" como "un ámbito de actua-

---

107 Estos mismos principios se enumeran en relación con las comunas en el artículo 2 de la Ley Orgánica de las Comunas; y en relación con la contraloría social en el artículo 6 de la Ley Orgánica de Contraloría Social.

ción del Poder Popular en el desarrollo de su soberanía, mediante el ejercicio directo por parte de las comunidades organizadas, de la formulación, ejecución y control de funciones públicas, de acuerdo a la ley que regula la materia."

En este contexto, además, a la "comunidad" se la define en la LOPP como el "núcleo espacial básico e indivisible constituido por personas y familias que habitan en su ámbito geográfico determinado, vinculadas por características e intereses comunes que comparten una historia, necesidades y potencialidades culturales, económicas, sociales, territoriales y de otra índole" (Art. 8.4).[108]

3. Las instancias del Poder Popular como sistemas de agregación comunal

Ahora bien, las "instancias del Poder Popular" para el "ejercicio pleno de la soberanía por parte del pueblo," es decir, el conjunto de "Administraciones Públicas" de este Estado paralelo, y que forman las "diversas y disímiles formas de organización, que edifican el Estado Comunal" (Art. 2), conforme se precisa en el artículo 8.9 de la Ley Orgánica del Poder Popular, están "constituidas por los diferentes sistemas de agregación comunal y sus articulaciones, para ampliar y fortalecer la acción del autogobierno comunal: *consejos comunales, comunas, ciudades comunales, federaciones comunales, confederaciones comunales* y las que, de conformidad con la Constitución de la República, la ley que regule la materia y su reglamento, surjan de la iniciativa popular,"[109] constituyendo las "organizaciones de base del Poder Popular" aquéllas "constituidas por ciudadanos y ciudadanas para la búsqueda del bienestar colectivo" (Art. 8.10).

Todas estas instancias del Poder Popular reconocidas en la Ley Orgánica del Poder Popular, como lo dispone su artículo 32, adquieren personalidad jurídica mediante el registro ante el Ministerio del Poder Popular de las Comunas, atendiendo a los procedimientos que se establezcan en el Reglamento de la Ley. Se trataría por tanto de entes descentralizados funcionalmente, pero dejando en manos del Ejecutivo Nacional, la decisión de registrar o no un consejo comunal, una comuna o una ciudad comunal, y ello lo hará, por supuesto, aplicando la letra de la Ley lo que significa que si no está dominada por "voceros" que no sean socialistas, no cabe su registro ni, por tanto, su reconocimiento como persona jurídica, así sea producto genuino de una iniciativa popular.

Ninguna de las personas que ejercen la titularidad de los órganos o entidades del Poder Popular, y que se denominan "voceros," tienen su origen en elecciones efectuadas mediante sufragio directo, universal y secreto. Ni siquiera puede decirse que tienen su origen en elecciones indirectas, pues en ningún caso hay elección directa de primer grado. En efecto, la Ley Orgánica del Poder Popular no indica la forma de "elección" de los voceros de las "instancias" del mismo, y lo que se regula en las diferentes leyes dictadas para normar dichas "instancias" es una designación por órganos que *no tienen* su

---

108 La misma definición se repite en la ley Orgánica de las Comunas (Art. 4.4) y en la Ley Orgánica de los Consejos Comunales (Art. 4.1)

109 En la Ley Orgánica de las Comunas, sin embargo, se define a las "instancias del Poder Popular como las constituidas "por los diferentes sistemas de agregación comunal: consejos comunales, comunas, ciudades comunales, federaciones comunales, confederaciones comunales y los otros que, de acuerdo a la Constitución de la República y la ley, surjan de la iniciativa popular. " (Art. 4.12)

origen en elecciones directas universales y secretas. En particular, por ejemplo, en la Ley Orgánica de los Consejos Comunales, se dispone que los voceros de los mismos son "electos" por las asambleas de ciudadanos (arts. 4.6 y 11), y no precisamente mediante sufragio universal, directo y secreto como lo prescribe la Constitución, sino mediante una supuesta "votación popular" que *no es organizada* por el Poder Electoral, y que se realiza en asambleas abiertas en las cuales no hay garantía del sufragio. La Ley, sin embargo, indica que todas las instancias del Poder Popular que sean "electas por votación popular," son revocables a partir del cumplimiento de la mitad del período de gestión correspondiente, en las condiciones que establece la ley (Art. 17).

Debe indicarse, en efecto, que a la base de estas instancias del Poder Popular, están las Asambleas de Ciudadanos que si bien la Ley Orgánica del Poder Popular no las regula específicamente ni las nombra en artículo alguno, sin embargo, las define como la "máxima instancia de participación y decisión de la comunidad organizada, conformada por la integración de personas con cualidad jurídica, según la ley que regule la forma de participación, para el ejercicio directo del poder y protagonismo popular, cuyas decisiones son de carácter vinculante para la comunidad, las distintas formas de organización, el gobierno comunal y las instancias del Poder Público, de acuerdo a lo que establezcan las leyes que desarrollen la constitución, organización y funcionamiento de los autogobiernos comunitarios, comunales y los sistemas de agregación que de éstos surjan" (Art. 8.1).

Entre las instancias del Poder Popular, el artículo 15.4 de la Ley Orgánica del Poder Popular define a los sistemas de agregación comunal, que son aquellas instancias que por iniciativa popular surjan entre los consejos comunales y entre las comunas; sobre lo cual el artículo 50 de la Ley Orgánica de las Comunas precisa que "las instancias del Poder Popular podrán constituir sistemas comunales de agregación entre sí, con el propósito de articularse en el ejercicio del autogobierno, para fortalecer la capacidad de acción sobre aspectos territoriales, políticos, económicos, sociales, culturales, ecológicos y de seguridad y defensa de la soberanía nacional, de conformidad a la Constitución de la República y la ley." Las finalidades de estos sistemas comunales de agregación conforme al artículo 59 de la Ley Orgánica de las Comunas, son las siguientes: 1. Ampliar y fortalecer la acción del autogobierno comunal; 2. Llevar adelante planes de inversión en su ámbito territorial, atendiendo los lineamientos y requerimientos establecidos en los planes comunales de desarrollo respectivos; 3. Asumir las competencias que mediante transferencias se le otorguen para la administración, ejecución de obras y prestación de servicios públicos; 4. Impulsar el desarrollo del sistema económico comunal, mediante la articulación en redes, por áreas de producción y servicios, de las organizaciones socio-comunitarias de propiedad social comunal directa o indirecta; y 5. Ejercer funciones de control social, sobre los diferentes planes y proyectos que en su ámbito territorial ejecuten las instancias del Poder Popular o el Poder Público. La Ley Orgánica de las Comunas, sin embargo, nada establece sobre las condiciones para la constitución de los sistemas comunales de agregación y sobre su funcionamiento, lo que se remite a ser establecido en el Reglamento de la LOC y los lineamientos que a tales efectos dicte el Ministerio del Poder Popular de las Comunas.

En todo caso, la Ley Orgánica de las Comunas enumeró en su artículo 60, los diversos tipos de sistemas de agregación comunal, que por supuesto originan sendas Administraciones Públicas paralelas, así:

1. El *Consejo Comunal*: como instancia de articulación de los movimientos y organizaciones sociales de una comunidad.

2. La *Comuna*: como instancia de articulación de varias comunidades organizadas en un ámbito territorial determinado.

3. La *Ciudad Comunal*: constituida por iniciativa popular, mediante la agregación de varias comunas en un ámbito territorial determinado.

4. *Federación Comunal*: como instancia de articulación de dos o más ciudades que correspondan en el ámbito de un Distrito Motor de Desarrollo; y

5. *Confederación Comunal*: instancia de articulación de federaciones comunales en el ámbito de un eje territorial de desarrollo.

En particular, en cuanto a la Ciudad Comunal, la Federación Comunal y la Confederación Comunal, las condiciones para su conformación deben ser desarrolladas en el Reglamento de cada Ley.

Ahora bien, de todas estas instancias del Poder Popular previstas para "el ejercicio del autogobierno," el artículo 15 de la Ley Orgánica del Poder Popular sólo se refiere con algún detalle a los Consejos Comunales y a las Comunas, las cuales por lo demás, son las que han sido reguladas en la Ley Orgánica de los Consejos Comunales y en la ley Orgánica de Comunas; y a las Ciudades Comunales. Estas "instancias," sin duda, son las que darán origen a las mas importantes "Administraciones Públicas" del nuevo Estado Comunal, en paralelo a las Administraciones Públicas del Estado Constitucional.

En cuanto a los Consejos Comunales, se definen en la Ley como la "instancia de participación, articulación e integración entre los ciudadanos, ciudadanas y las diversas organizaciones comunitarias, movimientos sociales y populares, que permiten al pueblo organizado ejercer el gobierno comunitario y la gestión directa de las políticas públicas y proyectos orientados a responder a las necesidades, potencialidades y aspiraciones de las comunidades, en la construcción de nuevo modelo de sociedad socialista de igualdad, equidad y justicia social" (Art. 15.1).[110] Se destaca de esta definición legal, que los Consejos Comunales sólo pueden tener por objeto, en forma exclusiva, el contribuir a "la construcción de un nuevo modelo de sociedad socialista," en violación al principio del pluralismo que establece el artículo 6 de la Constitución, por lo que todo aquél ciudadano que no siga o acepte la doctrina socialista no tiene cabida en este nuevo Estado paralelo que se busca construir con esta Ley.

Esta "instancia" del Poder Popular constituida por los Consejos Comunales está regulada en la mencionada Ley Orgánica de los Consejos Comunales,[111] a cuyos "voceros," además, mediante la reforma de la Ley Orgánica del Poder Público Municipal de diciembre de 2010, se les ha asignado la función de designar a los miembros de las Juntas Parroquiales, las cuales, en consecuencia, fueron "degradadas" dejando de ser las "entidades locales" que eran, con gobiernos electos por sufragio universal directo y secreto, pasando a ser simples órganos "consultivos, de evaluación y articulación entre el Poder Popular y los órganos del Poder Público Municipal" (Art. 35), cuyos miembros, además, los deben designar los voceros de los consejos comunales de la parroquia respectiva (Art. 35), y sólo de entre aquellos avalados por la Asamblea de Ciudadanos "de

---

110 Igual definición se establece en el artículo 2 de la ley Orgánica de los Consejos Comunales (Art. 2).
111 *V.* en *Gaceta Oficial* N° 39.335 de 28-12-2009.

su respectivo consejo comunal"(at. 36). A tal efecto, en forma evidentemente inconstitucional, la Ley de reforma del Poder Municipal, decretó la "cesación" en sus funciones de "los miembros principales y suplentes, así como los secretarios o secretarias, de las actuales juntas parroquiales, quedando las alcaldías responsables del manejo y destino del personal, así como de los bienes correspondientes" (Disposición Derogatoria Segunda).

En cuanto a las Comunas, por su parte, que están concebidas en la Ley Orgánica del Poder Popular como la "célula fundamental" del Estado Comunal, se las define en el artículo 15.2 como el "espacio socialista que como entidad local es definida por la integración de comunidades vecinas con una memoria histórica compartida, rasgos culturales, usos y costumbres que se reconocen en el territorio que ocupan y en las actividades productivas que le sirven de sustento y sobre el cual ejercen los principios de soberanía y participación protagónica como expresión del Poder Popular, en concordancia con un régimen de producción social y el modelo de desarrollo endógeno y sustentable contemplado en el Plan de Desarrollo, Económico y Social de la Nación."[112]

Esta misma definición de la Comuna como espacio socialista está en el artículo 5 de la Ley Orgánica de las Comunas; noción que implica que la misma está vedada a todo aquél que no sea socialista o que no crea en el socialismo o que no comulgue con el socialismo como doctrina política. La concepción legal de la Comuna, por tanto, es contraria al pluralismo democrático que garantiza la Constitución, siendo abiertamente discriminatoria y contraria a la igualdad que también garantiza el artículo 21 de la Constitución.

Por otra parte, en la norma mencionada de la Ley Orgánica del Poder Popular se define a la Comuna como una "entidad local," y la misma calificación se encuentra en el artículo 1 de la Ley Orgánica de las Comunas, que las define "como entidad local donde los ciudadanos y ciudadanas en el ejercicio del Poder Popular, ejercen el pleno derecho de la soberanía y desarrollan la participación protagónica mediante formas de autogobierno para la edificación del estado comunal, en el marco del Estado democrático y social de derecho y de justicia" (Art. 1). También en la reforma de la Ley Orgánica del Poder Público Municipal de diciembre de 2010, se incluyó a las comunas en el listado de las "entidades locales territoriales," disponiéndose que las mismas, al estar reguladas por una legislación diferente como es la relativa al Poder Popular, y al deber constituirse "entre varios municipios," quedan exceptuadas de las disposiciones de la Ley Orgánica del Poder Público Municipal.

Ahora bien, en cuanto a calificar a las Comunas como "entidades locales," el Legislador deslegitimado de diciembre de 2010, olvidó que conforme a la Constitución (arts. 169, 173), esta expresión de "entidad local" sólo se puede aplicar a las entidades políticas del Estado en las cuales necesariamente tiene que haber "gobiernos" integrados por representantes electos mediante sufragio universal, directo y secreto (arts. 63, 169) ceñidos a los principios establecidos en el artículo 6 de la Constitución, es decir, tiene que se "siempre democrático, participativo, electivo, descentralizado, alternativo, responsable, pluralista y de mandatos revocables."

112 Igual definición se establece en el artículo 5 de la Ley Orgánica de las Comunas.

Conforme a la Constitución, por tanto, no puede haber "entidades locales" con gobiernos que no sean democráticos en los términos mencionados, y menos por "representantes" designados por otros órganos públicos.

Y esto es precisamente lo que ocurre con los llamados "gobiernos de las comunas," que conforme a esta legislación sobre el Poder Popular y sus organizaciones, no se garantiza su origen democrático mediante elección por sufragio universal, directo y secreto, siendo en consecuencia inconstitucional su concepción.

Debe destacarse, además, que en relación a el gobierno de las comunas, que como se establece en el artículo 28 de la LOPP, pueden transferir la gestión, la administración y la prestación de servicios a las diferentes organizaciones del Poder Popular. A tal efecto, las organizaciones de base del Poder Popular deben hacer las respectivas solicitudes formales, cumpliendo con las condiciones previas y requisitos establecidos en las leyes que regulen la materia. Esta instancia del Poder Popular constituida por las Comunas ha sido regulada en la Ley Orgánica de las Comunas.[113]

Respecto de las ciudades comunales, conforme a la Ley, "son aquellas constituidas por iniciativa popular mediante la agregación de varias comunas en un ámbito territorial determinado" (Art. 15.3). Siendo las Comunas, conforme a la Ley, el "espacio socialista" y "célula fundamental" del Estado Comunal, las Ciudades Comunales como agregación de varias comunas o sea de varios espacios socialistas, son concebidas también conforme a la Ley como Ciudades "socialistas" que como tales, están vedadas de hecho a todo aquel ciudadano o vecino que no sea socialista.

4. Las organizaciones y expresiones organizativas del Poder Popular

Además de las instancias del Poder Popular, en la LOPP se establecen previsiones tendientes a regular dos formas organizativas específicas del Poder Popular: las organizaciones y las expresiones organizativas del Poder Popular, que originarán, por supuesto, sendas nuevas Administraciones Públicas, las cuales tienen conforme al artículo 11.1 de la LOPP, como fin esencial, "Consolidar la democracia participativa y protagónica, en función de la insurgencia del Poder Popular como hecho histórico para la construcción de la sociedad socialista, democrática, de derecho y de justicia." En esta forma, con el agregado de "socialista" que esta previsión impone a la sociedad, se rompe el principio del pluralismo que garantiza la propia Constitución, abriendo la vía para la discriminación política de todo aquél ciudadano que no sea socialista, a quien se le niega el derecho político a participar

Ahora bien, en cuanto a las organizaciones del Poder Popular, conforme al artículo 9 de la Ley Orgánica del Poder Popular, las mismas "son las diversas formas del pueblo organizado, constituidas desde la localidad o de sus referentes cotidianos por iniciativa popular, que integran a ciudadanos y ciudadanas con objetivos e intereses comunes, en función de superar dificultades y promover el bienestar colectivo, para que las personas involucradas asuman sus derechos, deberes y desarrollen niveles superiores de conciencia política.

113 *V.* en *Gaceta Oficial* N° 6.011 Extra. de 21-12-2010.

Las organizaciones del Poder Popular actuarán democráticamente y procurarán el consenso popular entre sus integrantes." Estas organizaciones del Poder Popular se constituyen por iniciativa de los ciudadanos y ciudadanas, de acuerdo con su naturaleza, por intereses comunes, necesidades, potencialidades y cualquier otro referente común, según lo establecido en la ley que rija el área de su actividad (Art. 12).

Estas organizaciones del Poder Popular, al igual que las instancias del Poder Popular, conforme al artículo 32 de la Ley Orgánica del Poder Popular, adquieren su personalidad jurídica mediante el registro ante el Ministerio del Poder Popular con competencia en materia de participación ciudadana, atendiendo a los procedimientos que se establezcan en el Reglamento de la presente Ley. Queda entonces en manos del Ejecutivo Nacional, por tanto, el reconocimiento formal de estas organizaciones, de mantera que todas aquellas que no sean socialistas por ser contrarias a los fines prescritos en la Ley (art.1), serían rechazadas. En las registradas, por lo demás, no tendrían cabida los ciudadanos que no compartan la ideología socialista.

En cuanto a las "expresiones organizativas del Poder Popular," conforme se dispone en el artículo 10 de la Ley Orgánica del Poder Popular, las mismas son "integraciones de ciudadanos y ciudadanas con objetivos e intereses comunes, constituidas desde la localidad, de sus referentes cotidianos de ubicación o espacios sociales de desenvolvimiento, que de manera transitoria y en base a los principios de solidaridad y cooperación, procuran el interés colectivo."

Estas expresiones del Poder Popular se constituyen, por iniciativa popular y como respuesta a las necesidades y potencialidades de las comunidades, de conformidad con la Constitución de la República y la ley. (Art. 13).

Conforme a la Disposición final Tercera, el ejercicio de la participación del pueblo y el estímulo a la iniciativa y organización del Poder Popular establecidos en la Ley, se deben aplicar en los pueblos y comunidades indígenas, de acuerdo a sus usos, costumbres y tradiciones.

5. Las diversas organizaciones socio productivas del sistema económico comunal

En particular, en el marco del Estado Comunal paralelo, como consecuencia de la estructuración de un "sistema económico comunal," la Ley Orgánica del Sistema Económico Comunal,[114] buscando sustituir el sistema económico de economía mixta consagrado en la Constitución de 1999, por un sistema económico comunista, basado en la propiedad social de los medios de producción, la eliminación de la división social del trabajo y la reinversión social del excedente, ha regulado las "organizaciones socioproductivas" como los "actores" fundamentales que se han diseñado para dar soporte al sistema económico comunal, pues es a través de ellas que se desarrolla el "modelo productivo socialista" que propugna.

Dichas organizaciones socioproductivas, que se configuran como una "nueva" Administración Pública económica, se definen como las:

---

114 *V.* en *Gaceta Oficial* N° 6.011 Extra. de 21 de diciembre de 2010.

"unidades de producción constituidas por las instancias del Poder Popular, el Poder Público o por acuerdo entre ambos, con objetivos e intereses comunes, orientadas a la satisfacción de necesidades colectivas, mediante una economía basada en la producción, transformación, distribución, intercambio y consumo de bienes y servicios, así como de saberes y conocimientos, en las cuales el trabajo tiene significado propio, auténtico; sin ningún tipo de discriminación" (Art. 9).[115]

Esta afirmación legal, que proviene de los mismos viejos manuales comunistas basados en las apreciaciones de Marx y Engels en las sociedades anteriores a las europeas de mitades del siglo XIX sobre el trabajo asalariado, su explotación y carácter esclavista y discriminatorio, particularmente en relación con las mujeres,[116] lo cual no tiene ninguna relación con la actualidad en ningún país occidental, parecería que parte de supuesto de que en Venezuela, el trabajo hasta ahora no habría tenido "significado propio" y no habría sido "auténtico," y además, se habría realizado basado en la "discriminación," lo que no tiene base ni sentido algunos. El trabajo es la tarea desarrollada por el hombre generalmente sobre una materia prima con ayuda de instrumentos con la finalidad de producir bienes y servicios; y es, por tanto, el medio para la producción de la riqueza. Ese es el sentido propio y auténtico del trabajo, en cualquier parte del mundo, y su división es de la esencia de la productividad en una sociedad, pues una sola persona no podría nunca cubrir todas las fases de la producción o comercialización de bienes o de la prestación de servicios. De manera que no se entiende qué es lo que se quiere decir que, con la nueva Ley, el trabajo supuestamente ahora adquirirá un significado "propio y auténtico." Por otra parte, en la definición se sugiere que supuestamente hasta ahora, el trabajo se habría realizado en el país sobre la base de la explotación y la discriminación, lo que está desmentido por la avanzada legislación laboral que ha habido desde la década de los cuarenta.

Ahora bien, ese trabajo con sentido "propio y auténtico," y "sin discriminación," al que se refiere la Ley Orgánica del Sistema Económico Comunal, es el que supuestamente ahora sería garantizado a través de las "organizaciones socioproductivas" que se regulan en la ley, mediante las cuales, en forma exclusiva, se desarrollará la economía del país, y que conforme al artículo 10 de la Ley Orgánica del Sistema Económico Comunal, son sólo cuatro: primero, las empresas del Estado Comunal; segundo, las empresas públicas del Estado Constitucional; tercero, las unidades productivas familiares; y cuarto, los grupos de trueque, variándose sustantivamente las formas que se regulaban en el régimen de la derogada Ley de 2008.[117]

---

115 La Ley de 2008 las definía como las:"unidades comunitarias con autonomía e independencia en su gestión, orientadas a la satisfacción de necesidades de sus miembros y de la comunidad en general, mediante una economía basada en la producción, transformación, distribución e intercambio de saberes, bienes y servicios, en las cuales el trabajo tiene significado propio y auténtico; y en las que no existe discriminación social ni de ningún tipo de labor, ni tampoco privilegios asociados a la posición jerárquica" (Art. 8). Dicha autonomía e independencia desapareció totalmente de la nueva LOSEC.

116 Al referirse al trabajo en la misma obra la Ideología Alemana, Marx y Engels hablaron de la "explotación del hombre por el hombre": y se refirieron a la "distribución desigual, tanto cuantitativa como cualitativamente, del trabajo y de sus productos." *Ídem*.

117 Debe señalarse que la Ley derogada de 2008 establecía además, como unidades socio-productivas, las siguientes unidades de trabajo colectivo para la producción y distribución social y para la autogestión: Primero, la Empresa de Producción Social, que era la "unidad de trabajo colectivo destinada a la producción de bienes o servicios para satisfacer necesidades sociales y materiales a través de la reinversión social de sus excedentes, con igualdad sustantiva entre sus integrantes." (Art. 9.3), entendiéndose como "trabajo colectivo" la "actividad organizada y desarrollada por los miembros de las distintas formas organizativas, basada en relaciones de producción no alienada, propia y auténtica, con una planificación participativa y protagónica (Art. 5.2). Segundo, la Empresa de Distri-

O sea, que del trabajo en empresas privadas en las cuales los trabajadoras tienen herramientas para lograr mejores condiciones que ha sido una de las bases del sistema económico del país, se quiere pasar al trabajo exclusivamente en empresas de carácter público, creadas por las instancias del Estado Comunal y por los órganos y entes del Estado Constitucional, sometidas todas a una planificación centralizada, en las cuales no puede haber movimientos sindicales u organizaciones de trabajadores libres que puedan presionar para el logro de mejores condiciones laborales, y donde el "empresario" en definitiva resultará ser un burócrata de un régimen autoritario que usa el "excedente" para su propio confort, explotando a los asalariados alienados.

En *primer lugar*, están las "empresas de propiedad social directa comunal," o empresas del Estado Comunal, concebidas como la "unidad socio productiva constituida por las instancias de Poder Popular en sus respectivos ámbitos geográficos, destinada al beneficio de los productores y productoras que la integran, de la colectividad a las que corresponden y al desarrollo social integral del país, a través de la reinversión social de sus excedentes." (Art. 10.1)

Se trata siempre de empresas de propiedad social directa comunal creadas por las diversas instancias del Poder Popular, cuya gestión y administración es por tanto siempre ejercida la instancia que la constituya, de manera que siempre tienen un ámbito geográfico local limitado, confinadas a una comuna o alguna agregación de comunas.

Estas empresas del Estado Comunal, es decir, aquellas "de propiedad social directa comunal," como se establece en el artículo 12, deben ser constituidas "mediante documento constitutivo estatutario, acompañado del respectivo proyecto socioproductivo, haciendo este último las veces de capital social de la empresa," el cual debe ser "elaborado con base en las necesidades y potencialidades de las comunidades de la instancia del Poder Popular a la que corresponda, y de acuerdo al plan de desarrollo del correspondiente sistema de agregación comunal." En los documentos de las empresas de propiedad social comunal deben siempre indicarse tal carácter, bien sea con la mención expresa de "Empresa de Propiedad Social" o abreviación mediante las siglas "EPS" (Art. 17).

En *segundo lugar* están las "empresa de propiedad social indirecta comunal,"o empresas públicas del Estado Constitucional, concebidas como la "unidad socioproductiva constituida por el Poder Público en el ámbito territorial de una instancia del Poder Popular, destinadas al beneficio de sus productores y productoras, de la colectividad del ámbito geográfico respectivo y del desarrollo social integral del país, a través de la reinversión social de sus excedentes." (Art. 10.2).

En estos casos se trata siempre de empresas de propiedad social indirecta comunal, constituidas por los órganos del Poder Público (República, Estados y Municipios), es decir, empresas públicas nacionales, estadales y municipales pero siempre creadas en un ámbito geográfico y territorial limitado reducido al de alguna instancia del Poder Popular, y cuya gestión y administración corresponde siempre, como principio, al ente u órgano del Poder Público que las constituya; sin que ello obste para que, progresiva-

bución Social, que era la "unidad de trabajo colectivo destinada a la distribución de bienes o servicios para satisfacer necesidades sociales y materiales a través de la reinversión social de sus excedentes, con igualdad sustantiva entre sus integrantes." (Art. 9.4). Y tercero, la Empresa de Autogestión, que era la "unidad de trabajo colectivo que participan directamente en la gestión de la empresa, con sus propios recursos, dirigidas a satisfacer las necesidades básicas de sus miembros y de la comunidad." (Art. 9.5).

mente, la gestión y administración de estas empresas sea transferida a las instancias del Poder Popular, en cuyo caso, se constituirían en empresas de propiedad social comunal directa, es decir, en empresas del Estado Comunal.

En cuanto a estas empresas públicas constituidas por órganos o entes de la Administración Pública, es decir, del Poder Público, que son las "de propiedad social indirecta comunal," dispone el artículo 13, que las mismas son constituidas mediante "documento constitutivo estatutario, de acuerdo a las normativas que rijan al órgano o ente público encargado de su constitución." Se entiende que se refiere al acto ejecutivo por medio del cual se decide en la Administración Central o descentralizada, la creación de una empresa, en los términos de la Ley Orgánica de la Administración Pública

En *tercer lugar*, están las "unidades productivas familiares," es decir, empresas de carácter netamente familiar, concebidas como "una organización cuyos integrantes pertenecen a un núcleo familiar que desarrolla proyectos socioproductivos dirigidos a satisfacer sus necesidades y las de la comunidad; y donde sus integrantes, bajo el principio de justicia social, tienen igualdad de derechos y deberes." (Art. 10.3).

Conforme al artículo 14 de la Ley, el grupo familiar que puede confirmar estas empresas familiares, debe estar "integrado por personas relacionadas hasta el cuarto grado de consanguinidad y segundo de afinidad," y debe estar sustentada "en los saberes y el conocimiento propios del grupo familiar, destinado al beneficio de sus integrantes y a satisfacer necesidades de la comunidad donde el grupo familiar tenga su domicilio." Por tanto, un grupo de amigos y relacionados con intereses comunes, no podría establecer una unidad socioproductiva de esta naturaleza, destinada beneficiar a sus integrantes y a satisfacer necesidades de la comunidad.

En cuanto a estas "unidades productivas familiares," el artículo 14 establece que cada una de las mismas se constituye "por un grupo familiar integrado por personas relacionadas hasta el cuarto grado de consanguinidad y segundo de afinidad, mediante documento constitutivo estatutario y un proyecto socioproductivo sustentado en los saberes y el conocimiento propios del grupo familiar, destinado al beneficio de sus integrantes y a satisfacer necesidades de la comunidad donde el grupo familiar tenga su domicilio."

Por último, en *cuarto lugar*, la Ley Orgánica del Sistema Económico Comunal regula como organización socioproductiva a los "grupos de intercambio solidario," como organizaciones de "trueque" concebidas como el "conjunto de prosumidores y prosumidoras organizados voluntariamente, con la finalidad de participar en alguna de las modalidades de los sistemas alternativos de intercambio solidario."A los efectos de estos Grupos, estos llamados "prosumidores y prosumidoras" se definen en la Ley Orgánica como las "personas que producen, distribuyen y consumen bienes, servicios, saberes y conocimientos, mediante la participación voluntaria en los sistemas alternativos de intercambio solidario, para satisfacer sus necesidades y las de otras personas de su comunidad" (Art. 16.6).

Es imposible leer estas modalidades de "trueque" como uno de los pilares fundamentales del sistema de producción socialista que propugna esta Ley, sin que venga a la memoria, precisamente, el esquema utópico descrito por Marx y Engels respecto de una sociedad primitiva en la cual como decían, se pudiera, el mismo día, ser cazador, pescador, pastor y crítico, de manera que durante el transcurso del día incluso se pudiera intercambiar liebres o gallinas por unos pescados !! Es posible que ello pudiera aplicarse respecto de grupos o humanos o comunidades aislados que pueda haber en territorios inaccesibles, como forma de vida cotidiana, pero no es más que un disparate pensar que se pueda aplicar en las grandes urbes contemporáneas y en las intercomunicadas áreas rurales del país, salvo que se las reduzca todas, a la miseria.

Estos grupos de intercambio solidario, conforme al artículo 15 de la Ley Orgánica del Sistema Económico Comunal, se constituyen "mediante acta de asamblea de prosumidores y prosumidoras, en la cual toda persona natural o jurídica puede pertenecer a un determinado grupo de intercambio solidario para ofrecer y recibir saberes, conocimientos, bienes y servicios," siempre y cuando cumpla con lo establecido en la Ley y su Reglamento.

En este último caso, el acuerdo solidario, conforme se indica en el artículo 44 de la ley, se debe llevar a cabo a través de una asamblea constitutiva de prosumidores, en la que se debe proponer la denominación del grupo, de "la moneda comunal" que se va a utilizar, así como "la especificación y organización del sistema alternativo de intercambio solidario," el cual se debe regir por lo dispuesto en la Ley y su Reglamento.

Todas estas organizaciones socioproductivas que contempla la Ley Orgánica del Sistema Económico Comunal, conforme se dispone en el artículo 16 de la misma, no adquieren personalidad jurídica mediante la inscripción de su documento constitutivo en el registro mercantil, sino mediante el registro del mismo "ante el órgano coordinador" que no es otro que el Ministerio de las Comunas (Art. 8.1), donde debe establecerse una dependencia funcional de verificación, inscripción y registro con el fin de mantener el seguimiento y control de las organizaciones socioproductivas y de los espacios de intercambio solidario del país (Art. 19). Nada se indica en la Ley, sin embargo, sobre la publicidad de este registro, es decir, sobre el acceso del público al mismo, ni sobre la potestad del funcionario innominado a cargo de la inscripción de dar fe pública o autenticidad a los documentos registrados. Parecería que se trata de desmantelar el sistema registral general, sin reformar la ley respectiva.

El Ministerio de las Comunas, sólo puede abstenerse de registrar una organización socioproductiva, además de cuando no se acompañen los documentos exigidos en la Ley o si éstos presentan alguna deficiencia u omisión no subsanada, "cuando el proyecto socio productivo de la organización tenga por objeto finalidades distintas a las previstas en la Ley." (Art. 18) Por tanto, ninguna organización socioproductiva que no sea socialista o que no responda al modelo productivo socialista podría ser registrada.

V. EL DESQUICIAMIENTO DE LA ADMINISTRACIÓN PÚBLICA CON LA REGULACIÓN DE DOS "ESTADOS" PARALELOS CON SUS RESPECTIVAS "ADMINISTRACIONES PÚBLICAS" PARALELAS

Como hemos señalado, el Estado Comunal que se establece en la Ley Orgánica del Poder Popular, se ha establecido como un "Estado paralelo" al Estado Constitucional cuyos órganos electos por votación popular directa universal y secreta ejercen el Poder Público. Se trata de dos "Estados" establecidos en paralelo, con sus "Administraciones Públicas" también paralelas, uno establecido en la Constitución y otro en una Ley Orgánica inconstitucional, pero con previsiones que de llegar a ser aplicadas, permitirán al Estado Comunal y su "Administración Pública comunal" ahogar y secar al Estado Constitucional y su Administración Pública, comportándose como en botánica lo hace el árbol *Ficus benjamina L.*, originario de la India, Java y Bali, conocido como "matapalo" que puede crecer como "estranguladora", como epífitos, rodeando al árbol huésped hasta formar un tronco hueco, destruyéndolo.

A tal efecto, en la Ley Orgánica del Poder Popular se establecen unas previsiones para regular las relaciones entre el Estado Constitucional o el Poder Público y el Estado Comunal o el Poder Popular, que en general se dispone que "se rigen por los principios de igualdad, integridad territorial, cooperación, solidaridad, concurrencia y corresponsabilidad, en el marco del sistema federal descentralizado consagrados en la Constitución de la República" (Art. 26), y que son las siguientes:

En *primer lugar*, se establece como obligación legal para los órganos, entes e instancias del Poder Público el promover, apoyar y acompañar las iniciativas populares para la constitución, desarrollo y consolidación de las diversas formas organizativas y de autogobierno del pueblo (Art. 23).[118] En particular, incluso, la Ley Orgánica de Comunas dispone que "los órganos integrantes del Poder Ciudadano apoyarán a los consejos de contraloría comunal a los fines de contribuir con el cumplimiento de sus funciones" (Art. 48).

En *segundo lugar*, se sujeta a todos los órganos del Estado Constitucional que ejercen el Poder Público, a los mandatos de las organizaciones del Poder Popular, al instaurarse un nuevo principio de gobierno, consistente en "gobernar obedeciendo." El artículo 24 de la LOPP en efecto dispone:

> *Artículo* 24. Actuaciones de los órganos y entes del Poder Público. Todos los órganos, entes e instancias del Poder Público guiarán sus actuaciones por el principio de gobernar obedeciendo, en relación con los mandatos de los ciudadanos, ciudadanas y de las organizaciones del Poder Popular, de acuerdo a lo establecido en la Constitución de la República y las leyes.

Como las organizaciones del Poder Popular no tienen autonomía política pues no sus "voceros" no son electos democráticamente mediante sufragio universal, directo y secreto, sino designados por asambleas de ciudadanos controladas e intervenidas por el partido oficial y el Ejecutivo Nacional que controla y guía todo el proceso organizativo del Estado Comunal, en el ámbito exclusivo de la ideología socialista, sin que tenga cabida vocero alguno que no sea socialista, en definitiva esto de "gobernar obedeciendo" es una limitación a la autonomía política de los órganos del Estado Constitucional electos, como la Asamblea nacional, los Gobernadores y Consejos legislativos de los Estados y los Alcaldes y Concejos Municipales, a quienes se le impone en definitiva la obligación de obedecer lo que disponga el Ejecutivo Nacional y el partido oficial enmarcado en el ámbito exclusivo del socialismo como doctrina política. La voluntad popular expresada en la elección de representantes del Estado Constitucional, por tanto, no tiene valor alguno, y al pueblo se le confisca su soberanía trasladándola de hecho a unas asambleas que no lo representan.

En *tercer lugar*, en particular, se establece la obligación para el Poder Ejecutivo Nacional, para que "conforme a las iniciativas de desarrollo y consolidación originadas desde el Poder Popular," planifique, articule y coordine "acciones conjuntas con las organizaciones sociales, las comunidades organizadas, las comunas y los sistemas de agregación y articulación que surjan entre ellas, con la finalidad de mantener la coherencia con las estrategias y políticas de carácter nacional, regional, local, comunal y comunitaria"(Art. 25).

---

118 Una norma similar está en el artículo 62 de la Ley Orgánica de las Comunas, a los efectos de "la constitución, desarrollo y consolidación de las comunas como forma de autogobierno."

En *cuarto lugar*, se establece la obligación para los órganos y entes del Poder Público en sus relaciones con el Poder Popular, de dar "preferencia a las comunidades organizadas, a las comunas y a los sistemas de agregación y articulación que surjan entre ellas, en atención a los requerimientos que las mismas formulen para la satisfacción de sus necesidades y el ejercicio de sus derechos, en los términos y lapsos que establece la ley" (Art. 29). Igualmente se prevé que los órganos, entes e instancias del Poder Público, en sus diferentes niveles político-territoriales, deben adoptar "medidas para que las organizaciones socio-productivas de propiedad social comunal, gocen de prioridad y preferencia en los procesos de contrataciones públicas para la adquisición de bienes, prestación de servicios y ejecución de obras" (Art. 30).[119]

En *quinto lugar*, se establece la obligación para la República, los estados y municipios, de acuerdo con la ley que rige el proceso de transferencia y descentralización de competencias y atribuciones, la obligación de trasferir "a las comunidades organizadas, a las comunas y a los sistemas de agregación que de éstas surjan; funciones de gestión, administración, control de servicios y ejecución de obras atribuidos a aquéllos por la Constitución de la República, para mejorar la eficiencia y los resultados en beneficio del colectivo" (Art. 27).[120]

Con ello, se dispone legalmente el vaciamiento de competencias de los Estados y Municipios, y de sus Administraciones Públicas, de manera que queden como estructuras vacías, con gobiernos representativos electos por el pueblo pero que no tienen materias sobre las cuales gobernar.

Sección Tercera. ¿REFORMA ADMINISTRATIVA EN VENEZUELA? O LA TRANSFORMACIÓN NO SIEMPRE PLANIFICADA DE LA ADMINISTRACIÓN PÚBLICA, PARA LA IMPLEMENTACIÓN DE UN ESTADO SOCIALISTA AL MARGEN DE LA CONSTITUCIÓN, MEDIANTE LA MULTIPLICACIÓN, DISPERSIÓN Y CENTRALIZACIÓN DE SUS ÓRGANOS Y ENTES (2012)

El texto de esta Sección Tercera es el de la Ponencia elaborada para el *Cuarto Congreso Iberoamericano y Quinto Mexicano de Derecho Administrativo*, Xalapa, México, octubre 2012.

El tratamiento del tema de la "reforma administrativa" en Venezuela durante la última década, lejos de poder referirse a un plan de transformación de la Administración Pública elaborado e implementado coherentemente por los órganos del gobierno,[121] en realidad sólo puede referirse al proceso de cambios o transformaciones que se han introdu-

119 En particular, conforme al artículo 61 de la Ley Orgánica de las Comunas, se dispone que "todos los órganos y entes del Poder Público comprometidos con el financiamiento de proyectos de las comunas y sus sistemas de agregación, priorizarán aquéllos que impulsen la atención a las comunidades de menor desarrollo relativo, a fin de garantizar el desarrollo territorial equilibrado.

120 Esta misma norma se repite en la Ley Orgánica de las Comunas (Art. 64). El 31 de diciembre de 2010, aún estaba pendiente en la Asamblea Nacional la segunda discusión del proyecto de Ley Orgánica del Sistema de Transferencia de Competencias y atribuciones de los Estados y Municipios a las organizaciones del Poder Popular.

121 *V.*, por ejemplo, el Plan de Reforma Administrativa de 1972 en *Informe sobre la Reforma de la Administración Pública Nacional,* Comisión de Administración Pública, Caracas 1972, Vol. 1, 645 pp. y Vol. 2, 621 pp.

cido en la Administración Pública tendientes a implementar las políticas públicas de un Estado Socialista que se ha venido desarrollando al margen de la Constitución,[122] y que se pueden caracterizar en las siguientes cuatro tendencias: en *primer lugar*, por la multiplicación de la Administración Ministerial sin plan preconcebido alguno; en *segundo lugar*, por la dispersión de la organización de la Administración Pública nacional, al establecerse nuevas organizaciones en paralelo a la Administración Ministerial; en *tercer lugar*, por la centralización de la totalidad del universo de la Administración Pública, lesionándose la autonomía de los entes descentralizados territorial y funcionalmente, sometidos todos a una planificación centralizada; y en *cuarto lugar*, por la implementación en paralelo a la Administración del Estado Constitucional, de una organización administrativa propia de un sistema de economía comunal, con la multiplicación de empresas estatales.

A continuación, nos referiremos separadamente a esos cuatro aspectos de la transformación sufrida por la Administración Pública en los últimos dos lustros.

I. LA INFLACIÓN DE LA ADMINISTRACIÓN MINISTERIAL

De acuerdo con la Constitución, los Ministros son órganos directos del Presidente de la República, y reunidos conjuntamente con este y con el Vicepresidente Ejecutivo, integran el Consejo de Ministros (Art. 242). Los Ministros, en general, son los titulares de los Despachos Ministeriales que resulten de la organización de los Ministerios, los cuales constituyen los órganos básicos de la Administración Pública Nacional.

Precisamente por ello, el artículo 60 de la Ley Orgánica de la Administración Pública,[123] dispone que los ministerios son los órganos del Ejecutivo Nacional encargados de la formulación, adopción, seguimiento y evaluación de las políticas, estrategias, planes generales, programas y proyectos en las materias de su competencia y sobre las cuales ejercen su rectoría de conformidad con la planificación centralizada.

La suprema dirección de cada ministerio corresponde al ministro, quien la debe ejercer con la inmediata colaboración de los viceministros y de los órganos de apoyo minis-

---

122 Se trató de las Orgánicas del Poder Popular, de las Comunas, del Sistema Económico Comunal, de Planificación Pública y Comunal y de Contraloría Social; de la reforma de la Ley Orgánica del Poder Público Municipal, y de las Leyes de los Consejos Estadales de Planificación y Coordinación de Políticas Públicas, y de los Consejos Locales de Planificación Pública. *V.* en *Gaceta Oficial* N° 6.011 Extra. de 21-12-2010 y *Gaceta Oficial* N° 6.015 Extra. de 30-12-2010. Sobre estas leyes *V.* Allan R. Brewer-Carías, "*Introducción General al Régimen del Poder Popular y del Estado Comunal (O de cómo en el siglo XXI, en Venezuela se decreta, al margen de la Constitución, un Estado de Comunas y de Consejos Comunales, y se establece una sociedad socialista y un sistema económico comunista, por los cuales nadie ha votado),*" *en* Allan R. Brewer-Carías, Claudia Nikken, Luis A. Herrera Orellana, Jesús María Alvarado Andrade, José Ignacio Hernández y Adriana Vigilanza, *Leyes Orgánicas sobre el Poder Popular y el Estado Comunal (Los consejos comunales, las comunas, la sociedad socialista y el sistema económico comunal*) Colección Textos Legislativos N° 50, Editorial Jurídica Venezolana, Caracas 2011, pp. 9-182; y "Las leyes del Poder Popular dictadas en Venezuela en diciembre de 2010, para transformar el Estado Democrático y Social de Derecho en un Estado Comunal Socialista, sin reformar la Constitución," en *Cuadernos Manuel Giménez Abad,* Fundación Manuel Giménez Abad de Estudios Parlamentarios y del Estado Autonómico, N° 1, Madrid, Junio 2011, pp. 127-131.

123 *V.* Ley Orgánica de la Administración Pública, sancionada inicialmente en 2001 y reformada en 2008 (Decreto Ley N° 6217 de 15-07-2008), en *Gaceta Oficial* N° 5890 Extra. de 31-07-2008. *V.* los comentarios a dicha Ley en Allan R. Brewer-Carías, Rafael Chavero y Jesús María Alvarado A., *Ley Orgánica de la Administración Pública,* Editorial jurídica Venezolana, Caracas 2009

terial (Art. 62), correspondiéndoles en general, la planificación y coordinación estratégicas del ministerio y la rectoría de las políticas públicas del sector cuya competencia les esté atribuida (Art. 63 LOAP). A tal efecto, cada ministerio está integrado por el despacho del ministro, los despachos de los viceministros y las demás unidades y dependencias administrativas. El reglamento orgánico de cada ministerio es el que determina el número y competencias de los viceministros de acuerdo con los sectores que deba atender, así como de las demás dependencias del ministerio, en general, direcciones generales, direcciones, departamentos y divisiones que sean necesarias para el cumplimiento de su cometido (Art. 64).

Conforme al artículo 61 de la LOAP, las competencias específicas y las actividades particulares de cada ministerio son las establecidas en el reglamento orgánico respectivo, correspondiendo al Presidente de la República en Consejo de Ministros, conforme al artículo 236,20 de la Constitución, "fijar el número, organización y competencia de los ministerios y otros organismos de la Administración Pública Nacional, así como también la organización y funcionamiento del Consejo de Ministros, dentro de los principios y lineamientos señalados por la correspondiente Ley Orgánica."

Con anterioridad a la entrada en vigencia de la Constitución de 1999, esta competencia correspondía al legislador, de manera que la Ley Orgánica de la Administración Central, en ese mismo año de 1999,[124] antes de la entrada en vigencia de la Constitución, se habían regulado los siguientes catorce (14) Ministerios: de Interior y Justicia (Art. 25); de Relaciones Exteriores (Art. 26); de Finanzas, (Art. 27); de Defensa (Art. 28); de Producción y el Comercio (Art. 29); de Educación, Cultura y Deportes (Art. 30) , de Salud y Desarrollo Social, (Art. 31); del Trabajo (Art. 32); de Infraestructura (Art. 33); de Energía y Minas (Art. 34); de Ambiente y de los Recursos Naturales (Art. 35); de Planificación y Desarrollo (Art. 36); de Ciencia y Tecnología (Art. 37); y de la Secretaría de la Presidencia de la República (Art. 38).[125]

A partir de 2000, en cambio, con la nueva Ley Orgánica, la organización ministerial pasó a ser competencia del Poder Ejecutivo, estableciéndose en el artículo 58 de la Ley Orgánica de la Administración Pública[126], en que corresponde al Presidente de la República la potestad de fijar, mediante decreto, el número, denominación, competencias y organización de los ministerios y otros órganos de la Administración Pública Nacional, con base en parámetros de adaptabilidad de las estructuras administrativas a las políticas públicas que desarrolla el Poder Ejecutivo Nacional y en los principios de organización y funcionamiento establecidos en la ley orgánica.

A tal efecto el Presidente de la República durante los últimos doce años ha dictado decretos de organización ministerial sucesivos, en un proceso de multiplicación, sin orden ni concierto, de los Ministerios, que fueron creados en general por la necesidad de implementar políticas sectoriales, o subsectoriales, como si la eficiencia derivara de la creación de un Ministerio, al punto de haberse llegado en 2012 a una organización ministerial de 29 Ministerios. [127]

---

124 *V.* la Ley Orgánica de la Administración Central, *Gaceta Oficial* N° 36.775 del 30 de agosto de 1999.

125 Ese mismo número de ministerios permaneció en las reformas a la ley sancionadas en el mismo año 1999. *V.* en *Gaceta Oficial* N° 36.807 del 14-10-1999; y *Gaceta Oficial* N° 36.850 del 14-12-1999

126 *V. Gaceta Oficial* N° 37.305 de 17-10-2001.

127 *V.* Jesús María Alvarado Andrade, "Análisis sobre el acrecentamiento de la Administración Central del Estado venezolano (Consideraciones especiales sobre la transformación y el aumento en la Administrativización de la

La inflación de la organización ministerial tomó cuerpo en 2006, al establecerse mediante el Decreto N° 5.103 de fecha 28 de diciembre de 2006[128], veintisiete (27) ministerios comenzando los mismos a denominarse "Ministerio del Poder Popular para" sin asidero constitucional o legal alguno, anticipándose así a una proyectada reforma constitucional que fue rechazada, presentada en 2007 por el Presidente de la República ante la Asamblea nacional en la cual, entre otros aspectos, se proponía un nuevo sistema de separación de poderes en el sentido de establecer que "El Poder Público se distribuye territorialmente en la siguiente forma: el Poder Popular, el Poder Municipal, el Poder Estadal y el Poder Nacional," agregándose que "El pueblo es el depositario de la soberanía y la ejerce directamente a través del Poder Popular. Éste no nace del sufragio ni de elección alguna, sino de la condición de los grupos humanos organizados como base de la población. El Poder Popular se expresa constituyendo las comunidades, las comunas y el autogobierno de las ciudades, a través de los consejos comunales, consejos de trabajadores y trabajadoras, consejos estudiantiles, consejos campesinos, consejos artesanales, consejos de pescadores y pescadoras, consejos deportivos, consejos de la juventud, consejos de adultos y adultas mayores, consejos de mujeres, consejos de personas con discapacidad y otros entes que señale la ley."[129] Como es sabido, la propuesta de reforma constitucional fue rechazada en diciembre de 2007, por lo que la mencionada denominación de Poder Popular no tiene fundamento constitucional alguno. Luego, en forma evidentemente contraria a la Constitución, se sancionaron en diciembre de 2010, las Leyes del Poder Popular estableciendo un Estado Comunal o del Poder Popular en paralelo al Estado Constitucional.[130]

Antes de ello, sin embargo, y luego de varias reformas puntuales creándose nuevos Ministerios o desdoblándose otros,[131] mediante el Decreto N° 6.670 de 22 de abril de 2009[132] quedaron establecidos los siguientes 26 Ministerios: 1. Ministerio del Poder Popular del Despacho de la Presidencia; 2. Ministerio del Poder Popular para Relaciones Interiores y Justicia; 3. Ministerio del Poder Popular para Relaciones Exteriores; 4. Ministerio del Poder Popular para Economía y Finanzas; 5. Ministerio del Poder Popular para la Defensa; 6. Ministerio del Poder Popular para el Comercio; 7. Ministerio del

---

sociedad 1999-2009)" en *Revista de la Facultad de Derecho de la Universidad Católica Andrés Bello* N° 60-61, Universidad Católica Andrés Bello, Caracas, 2006, pp. 209-259; y "Consideraciones sobre la evolución de la Administración Ministerial," en Allan R. Brewer-Carías et al., *Ley Orgánica de la Administración Pública*, Editorial jurídica Venezolana, Caracas 2009, pp. 171 ss.

128 *V.* el Decreto N° 5.103 sobre Organización y Funcionamiento de la Administración Pública Nacional, *Gaceta Oficial* N° 5.836 Extra. de 08-01-2007.

129 *V.* Allan R. Brewer-Carías, *La Reforma Constitucional de 2007 (Comentarios al Proyecto Inconstitucionalmente sancionado por la Asamblea Nacional el 2 de noviembre de 2007)*, Editorial Jurídica Venezolana, Caracas, 2007, pp. 55, 76, 77, 85.

130 *V.* las Orgánicas del Poder Popular, de las Comunas, del Sistema Económico Comunal, de Planificación Pública y Comunal y de Contraloría Social, en *Gaceta Oficial* N° 6.011 Extra. de 21-12-2010. *V.* los comentarios a dichas leyes en Allan R. Brewer-Carías, Claudia Nikken, Luis A. Herrera Orellana, Jesús María Alvarado Andrade, José Ignacio Hernández y Adriana Vigilanza, *Leyes Orgánicas sobre el Poder Popular y el Estado Comunal (Los consejos comunales, las comunas, la sociedad socialista y el sistema económico comunal)* Colección Textos Legislativos N° 50, Editorial Jurídica Venezolana, Caracas 2011.

131 *V.* Decretos N° 5.246 en *Gaceta Oficial* N° 38.654 del 28-03-2007; Decreto N° 6.626 en *Gaceta Oficial* N° 39.130 del 03-03-2009; y Decreto N° 6.663 de 02-04-2009 en *Gaceta Oficial* N° 39.156 del 13-04-2009 sobre Organización y Funcionamiento de la Administración Pública Nacional; y el Decreto N° 6.663, mediante el cual se crea el Ministerio del Poder Popular para la Mujer y la Igualdad de Género, en *Gaceta Oficial* N° 39.156 de 13-04-2009.

132 *V.* en *Gaceta Oficial* N° 39163 de 22-04-2009

Poder Popular para las Industrias Básicas y Minería; 8. Ministerio del Poder Popular para el Turismo; 9. Ministerio del Poder Popular para la Agricultura y Tierras; 10. Ministerio del Poder Popular para la Educación Superior; 11. Ministerio del Poder Popular para la Educación; 12. Ministerio del Poder Popular para la Salud y Protección Social; 13. Ministerio del Poder Popular para el Trabajo y Seguridad Social; 14. Ministerio del Poder Popular para las Obras Públicas y Viviendas; 15. Ministerio del Poder Popular para la Energía y Petróleo; 16. Ministerio del Poder Popular para el Ambiente; 17. Ministerio del Poder Popular para la Planificación y Desarrollo; 18. Ministerio del Poder Popular para Ciencia, Tecnología e Industrias Intermedias; 19. Ministerio del Poder Popular para la Comunicación y la Información; 20. Ministerio del Poder Popular para las Comunas; 21. Ministerio del Poder Popular para la Alimentación; 22. Ministerio del Poder Popular para la Cultura; 23. Ministerio del Poder Popular para el Deporte; 24. Ministerio del Poder Popular para las Telecomunicaciones y la Informática; 25. Ministerio del Poder Popular para los Pueblos Indígenas; y 26. Ministerio del Poder Popular para la Mujer y la Igualdad del Género.

Con posterioridad, a finales de 2009 se creó el Ministerio del Poder Popular para Energía Eléctrica;[133] en julio de 2011 se creó el Ministerio del Poder Popular para el Servicio Penitenciario;[134] y en noviembre de 2011, por una parte se ordenó la supresión del Ministerio del Poder Popular para Transporte y Comunicaciones y, se crearon el Ministerio del Poder Popular para Transporte Acuático y Aéreo, y el Ministerio del Poder Popular para Transporte Terrestre;[135] y por la otra se creó el Ministerio del Poder Popular de Industrias en sustitución del Ministerio del Poder Popular para las Industrias Básicas y Minería, cambiando se las denominaciones del Ministerio del Poder Popular de Energía y Petróleo, en Ministerio del Poder Popular de Petróleo y Minería, y del Ministerio del Poder Popular para Ciencia, Tecnología e Industrias en Ministerio del Poder Popular para Ciencia y Tecnología.[136]

En consecuencia, para septiembre de 2012, la organización ministerial en Venezuela está estructurada en los siguientes 29 Ministerios, que agrupamos por áreas o sectores de actividad:

Administración general

1. Ministerio del Poder Popular del Despacho de la Presidencia;
2. Ministerio del Poder Popular para la Comunicación y la Información;
3. Ministerio del Poder Popular para Ciencia, Tecnología e Innovación

Política, Seguridad y defensa

3. Ministerio del Poder Popular para Relaciones Interiores y Justicia;
4. Ministerio del Poder Popular para Relaciones Exteriores;
5. Ministerio del Poder Popular para el Servicio Penitenciario
6. Ministerio del Poder Popular para la Defensa;

Desarrollo económico

---

133 *V.* Decreto 6991 de 21-10-2009 en *Gaceta Oficial* N° 39294 de 28-4-2009, reformado por Decreto N° 7377 en *Gaceta Oficial* N° 39414 de 30-4-2010.

134 *V.* Decreto N° 8266 en *Gaceta Oficial* N° 39721 de 26-7-2011.

135 *V.* Decreto N° 8559 en *Gaceta Oficial* N° 39791 de 2-11-2011.

136 *V.* Decreto N° 8609 en *Gaceta Oficial* N° 6058 Extra de 26-11-2011.

7. Ministerio del Poder Popular de Planificación y Finanzas
8. Ministerio del Poder Popular para el Comercio
9. Ministerio del Poder Popular para las Industrias
10. Ministerio del Poder Popular para el Turismo;
11. Ministerio del Poder Popular para la Agricultura y Tierras;
12. Ministerio del Poder Popular de Petróleo y Minería
13. Ministerio del Poder Popular para la Energía Eléctrica

Desarrollo social

14. Ministerio del Poder Popular para la Educación Universitaria;
15. Ministerio del Poder Popular para la Educación;
16. Ministerio del Poder Popular para la Salud;
17. Ministerio del Poder Popular para el Trabajo y Seguridad Social;
18. Ministerio del Poder Popular para Vivienda y Hábitat;
19. Ministerio del Poder Popular para las Comunas y Protección Social; y
20. Ministerio del Poder Popular para la Alimentación;
21. Ministerio del Poder Popular para la Cultura;
22. Ministerio del Poder Popular para el Deporte;
23. Ministerio del Poder Popular para los Pueblos Indígenas;
24. Ministerio del Poder Popular para la Mujer y la Igualdad del Género;.
25. Ministerio del Poder Popular para la Juventud

Desarrollo físico y ordenación territorial

27. Ministerio del Poder Popular para el Ambiente;
28. Ministerio del Poder Popular para el Transporte Acuático y Aéreo
29. Ministerio del Poder Popular para el Transporte Terrestre

II. LA ESTRUCTURACIÓN DE UNA ORGANIZACIÓN ADMINISTRATIVA DISPERSA EN PARALELO A LA ADMINISTRACIÓN PÚBLICA MINISTERIAL

El universo de la Administración Pública conforme a la Ley Orgánica de la Administración Pública de 2001[137] englobaba dos tipos de organizaciones, los "órganos" y los "entes" que se constituían en los componentes organizativos esenciales de la misma.

Los "órganos" eran los que tradicionalmente conformaban lo que se denominaba "Administración Central" la cual básicamente la conformaban los Ministerios; y los "entes" eran los que tradicionalmente conformaban la "Administración descentralizada," cada uno con cierto grado de autonomía de de personalidad jurídica propia.

La Ley Orgánica de la Administración Pública de 2008[138] retuvo dicha clasificación, pero agregó una nueva categoría de organización administrativa además de los órga-

137 *V.* en *Gaceta Oficial* N° 37305 de 17-10-2001.

nos y de los entes, que se denominaron "misiones", regulándose así, por primera vez legislativamente, una forma dispersa de organización administrativa que sin tener una "forma" organizativa precisa, desde 2003 se fue utilizando para atender programas específicos de la Administración Pública.[139]

Dichas "misiones" como integrando la Administración Pública, incluso, se pretendieron arraigar en el propio texto Constitucional mediante su incorporación en el proyecto de Reforma Constitucional presentado por el Presidente de la República a la Asamblea Nacional,[140] y que luego de aprobado por ésta,[141] fue rechazado por el pueblo en el referendo de diciembre de 2007.

En dicha propuesta de reforma constitucional, en efecto, se propuso una nueva redacción para el artículo 141 de la Constitución constitucional, con el objeto de que de regular un régimen universal aplicable a toda "la Administración Pública," se pasara a establecer varias "administraciones públicas", las cuales, incluso, contra toda técnica legislativa, se las buscaba "clasificar" en el texto mismo de Constitución en las siguientes dos "categorías":

> "las administraciones públicas burocráticas o tradicionales, que son las que atienden a las estructuras previstas y reguladas en esta Constitución";
>
> y
>
> "las misiones, constituidas por organizaciones de variada naturaleza, creadas para atender a la satisfacción de las más sentidas y urgentes necesidades de la población, cuya prestación exige de la aplicación de sistemas excepcionales, e incluso, experimentales, los cuales serán establecidos por el Poder Ejecutivo mediante reglamentos organizativos y funcionales".

Es decir, con el rechazado proyecto de reforma constitucional de 2007, en lugar de buscar corregirse el descalabro administrativo que se había producido en los años precedentes por el desorden organizativo y la indisciplina presupuestaria derivada de fondos asignados a programas específicos del gobierno, denominados "misiones," concebidos en general fuera del marco de la organización general del Estado, lo que se buscaba hacer era constitucionalizar dicho desorden administrativo, calificándose a las estructuras administrativas del Estado como "burocráticas o tradicionales", renunciando a que las mismas fueran reformadas para convertirlas en instrumentos para que, precisamente, pudieran atender a la satisfacción de las más sentidas y urgentes necesidades de la población.

---

138 *V.* Ley Orgánica de la Administración Pública, Decreto Ley N° 6217 de 15-07-2008, en *Gaceta Oficial* N° 5890 Extra. de 31-07-2008. *V.* los comentarios a dicha Ley en Allan R. Brewer-Carías, Rafael Chavero y Jesús María Alvarado A, *Ley Orgánica de la Administración Pública*, Editorial Jurídica Venezolana, Caracas 2009.

139 *V.* Allan R. Brewer-Carías, "Una nueva tendencia en la organización administrativa venezolana: las "misiones" y las instancias y organizaciones del "poder popular" establecidas en paralelo a la administración pública," en *Retos de la Organización Administrativa Contemporánea, X Foro Iberoamericano de Derecho Administrativo (26-27 de septiembre de 2011)*, Corte Suprema de Justicia, Universidad de El Salvador, Universidad Doctor José Matías Delgado, El Salvador, 2011, pp. 927-978

140 *V.* Allan R. Brewer-Carías, *Hacia la consolidación de un Estado socialista, centralizado, policial y militarista. Comentarios sobre el sentido y alcance de las propuestas de reforma constitucional 2007*, Colección Textos Legislativos, N° 42, Editorial Jurídica Venezolana, Caracas 2007.

141 *V.* Allan R. Brewer-Carías, *La Reforma Constitucional de 2007 (Comentarios al proyecto inconstitucionalmente sancionado por la Asamblea Nacional el 2 de noviembre de 2007)*, Editorial Jurídica Venezolana, Caracas 2007

Después de rechazada la reforma constitucional en 2007, sin embargo, mediante la reforma de la Ley Orgánica de la Administración Pública de 2008, lo que se hizo fue implementar legislativamente dicha reforma constitucional rechazada por el pueblo, regularizándose legislativamente a las "misiones" pero asombrosamente para no regularlas, pues la Ley Orgánica a lo que se destina íntegramente es a regular exclusivamente a los "órganos y entes" de la Administración, dejando fuera de sus regulaciones a las "misiones," estando sin embargo, todas en común, solo sujetas a "los lineamientos dictados conforme a la planificación centralizada" (Art. 15).

En efecto, en el artículo 15 de la Ley Orgánica, que se refiere al ejercicio por los titulares respectivos de la potestad organizativa, es decir, de la potestad de crear, modificar y suprimir organizaciones, se definen las siguientes tres organizaciones que ahora forman el universo de la Administración Pública:

En *primer lugar*, los "entes," que son todas las organizaciones administrativas descentralizadas funcionalmente con personalidad jurídica (se entiende, distinta de la República, de los Estados y Municipios). Ello sin embargo, como se verá, no implica "autonomía" alguna (concepto que materialmente ha desaparecido de la Ley Orgánica de 2008), pues se dispone expresamente que están "sujetos al control, evaluación y seguimiento de sus actuaciones por parte de sus órganos rectores, de adscripción y de la Comisión Central de Planificación."

En *segundo lugar*, están los "órganos", que son las unidades administrativas "de la República, de los Estados, de los Distritos metropolitanos y de los municipios, a los que se les atribuyan funciones que tengan efectos jurídicos frente a terceros, o cuya actuación tenga carácter regulatorio".

Con ello, de una ley Orgánica dictada por la Asamblea nacional, cuyo objetivo era inicialmente regular la Administración Pública nacional, se pasó a una Ley nacional que regula directamente las Administraciones Públicas de los Estados y Municipios, en lesión abierta a la autonomía de los entes descentralizados del Estado federal.

En *tercer lugar*, están las "misiones", que "son aquellas [organizaciones] creadas con la finalidad de satisfacer las necesidades fundamentales y urgentes de la población," lo que es redundante con las anteriores, pues tanto los "órganos" como los "entes" de la Administración Pública en general, por esencia, también tienen por objeto la realización de actividades que tienen que ver con la satisfacción de necesidades fundamentales y urgentes de la población.

Sobre estas misiones, en la Exposición de Motivos del Decreto Ley mediante el cual se dictó la Ley Orgánica de la Administración Pública de 2008, se indicó, sobre esta "novedad legislativa", que se trata de "la figura de las Misiones, las cuales nacieron como organismo de ejecución de políticas públicas, obteniendo niveles óptimos de cumplimiento de los programas y proyectos asignados, y se conciben dentro del proyecto, como aquellas destinadas a atender a la satisfacción de las necesidades fundamentales y urgentes de la población, que pueden ser creadas por el Presidente de la República en Consejo de Ministros, cuando circunstancias especiales lo ameriten."

Se estableció, así, en la Ley Orgánica, una distinción entre, por una parte, una Administración Pública "tradicional" conformada por órganos, básicamente los Ministerios en la Administración nacional, y entes descentralizados funcionalmente, que son los regulados precisamente en la Ley Orgánica; y por la otra, una Administración Pública conformada por las "misiones," destinada "a atender a la satisfacción de las necesidades fundamentales y urgentes de la población", como si la primera no tuviera esa función, pero con la diferencia de que la primera está sometida estrictamente a todas las prescripciones de la Ley Orgánica de la Administración Pública y la segunda no está sometida a todas sus previsiones.

Es decir, en 2008 se creó formalmente una nueva organización administrativa en la Ley Orgánica para excluirla de su régimen general, el cual como se puede apreciar del conjunto de su normativa, en su casi totalidad sólo rige para los "órganos y entes" administrativos[142]

En el único artículo en el cual se nombra expresamente a las Misiones, además del mencionado artículo 15, es en el artículo 131 que atribuye al Presidente de la República en Consejo de Ministros, "cuando circunstancias especiales lo ameriten," potestad para "crear misiones destinadas a atender a la satisfacción de las necesidades fundamentales y urgentes de la población, las cuales estarán bajo la rectoría de las políticas aprobadas conforme a la planificación centralizada".

Nada más dispone la Ley Orgánica sobre las "misiones," las cuales, por lo demás, como se dijo se excluyen de la aplicación de la casi totalidad de las normas de la Ley Orgánica así como de la Ley Orgánica de Simplificación de Trámites Administrativos,[143] que se refieren única y exclusivamente a los "órganos y entes" de la Administración Pública. En definitiva, como se dijo, se trató de una "regularización" de las misiones que existían al momento de sancionarse la ley Orgánica para no someterlas a sus previsiones, y que eran las siguientes, con formas organizativas diversas como las Comisiones Presidenciales o Interministeriales, o los entes, como las Fundaciones de Derecho Público. Así, utilizándose la figura de las *Comisiones Presidenciales o Interministeriales*, se habían establecido las siguientes "misiones":

-***Misión Ribas***, regulada por Decreto N° 2.656, mediante el cual se creó la Comisión Presidencial de Participación Comunitaria para la incorporación y apropiado desempeño en el nivel de Educación Media, de los ciudadanos y ciudadanas que no han culminado sus estudios de bachillerato. Tiene como objeto la incorporación y apropiado desempeño en el nivel de Educación Media, de los ciudadanos y ciudadanas que no han culminado sus estudios de bachillerato.[144]

-***Misión Alimentación (Mercal)***, regulada por Decreto N° 5.112, mediante el cual se creó con carácter permanente, la Comisión Presidencial "Misión Alimentación", para la Seguridad y Soberanía Agroalimentaria, encargada de diseñar, elaborar y formular lineamientos en materia alimentaria específicamente en el ciclo de producción, transformación, distribución, comercialización y consumo, integrado en un proceso que permita la elaboración del balance nacional y el establecimiento de las reservas operativas y estratégicas de alimentos, tendentes a promover mecanismos de participación protagónica en el pueblo, con la finalidad de garantizar la seguridad alimentaria del país.[145]

-***Misión Guaicaipuro***, regulada por Decreto N° 5.551, mediante el cual se creó la Comisión Presidencial "Misión Guaicaipuro", con el objeto coordinar, promover y ase-

142 En igual sentido, las "misiones" también quedan excluidas de la aplicación de la Ley Orgánica de Simplificación de Trámites Administrativos, pues la misma solo se aplica a "los órganos y entes" de la misma (Art. 2). *Gaceta Oficial* N° 5.891 *Extraordinaria* de 31-7-2008.

143 *V.* en *Gaceta Oficial* N° 5891 Extra. de 31-07-2008.

144 *V.* en *Gaceta Oficial* N° 37.798 de 16-10-2003.

145 *V. Gaceta Oficial* N° 38.603 del 12-01-2007.

sorar todo lo relativo a la restitución de los derechos originarios y específicos de los pueblos y comunidades indígenas de la República Bolivariana de Venezuela, en cumplimiento a lo establecido en la Constitución de la República Bolivariana de Venezuela.[146]

-***Misión Árbol***, regulada por Decreto N° 4.500, mediante el cual se creó con carácter temporal la Comisión Presidencial "Misión Árbol", con el objeto de recuperar las áreas verdes y boscosas del país, así como brindar refugio a las especies animales y la conservación de terrenos y afluentes, sustentado en la participación protagónica de la comunidad, y en la construcción de un nuevo modelo de desarrollo que se fundamenta en la recuperación, conservación y uso sustentable de los bosques para el mejoramiento de su calidad de vida.[147]

-***Misión Robinson***, regulada por el Decreto N° 2.434, mediante el cual se creó, con carácter permanente, la Comisión Presidencial de Alfabetización, con la finalidad de estudio, formulación, coordinación, seguimiento y evaluación del Plan Extraordinario de Alfabetización "Simón Rodríguez."[148]

-***Misión Villanueva***, regulada por Decreto N° 5.243, mediante el cual se creó la "Misión Villanueva," a cargo de la Comisión Interministerial "Misión Villanueva," creada con carácter permanente, dirigida al reordenamiento del país, fundamentada en ámbitos de actuación y acciones específicas, estrategia de distribución de recursos financieros, distribución de responsabilidades en los procesos de ejecución de obras y proyectos, productos en el orden físico-espacial, socio-económico, legal y acciones estratégicas de carácter territorial y urbano. La Misión Villanueva se realizará en todo el país a través del Sistema Nacional de Vivienda y Hábitat y tiene por objeto de igual forma actuar en ciudades y centros poblados y en la creación de nuevas ciudades sustentables.[149]

-***Misión Madres Del Barrio "Josefa Joaquina Sánchez,"*** regulada inicialmente por Decreto N° 4.342 de 2006, y luego por Decreto N° 4.922, mediante el cual se creó la Misión Madres del Barrio, a cargo de la Comisión Presidencial Misión Madres del Barrio "Josefa Joaquina Sánchez" con el objeto de apoyar a las amas de casa que se encuentren en estado de necesidad, a fin de que logren, junto con sus familias, superar la situación de pobreza extrema y prepararse para salir de la pobreza en su comunidad, mediante la incorporación a programas sociales y misiones, el acompañamiento comunitario y el otorgamiento de una asignación económica.[150]

Por otra parte, utilizándose la figura de las *fundaciones del Estado*, se habían establecido las siguientes "misiones":

-***Misión Barrio Adentro***, regulada por Decreto N° 4.382, mediante el cual se ordenó la creación de la Fundación "Misión Barrio Adentro," con el objeto brindar asistencia médica general, gratuita, accesible, oportuna, personalizada, continua, suficiente, adecuada e integral en diversas áreas de salud que permitan coadyuvar al Estado a mejorar la calidad de vida de los venezolanos.[151]

---

146 *Gaceta Oficial* N° 38.758 de 30-08-2007.
147 *Gaceta Oficial* N° 38.445 del 26-05-2006.
148 *Gaceta Oficial* N° 37.711 del 13-06-2003.
149 *Gaceta Oficial* N° 38.647 del 19-03-2007.
150 *Gaceta Oficial* N° 38.549 del 25-10-2006.
151 *Gaceta Oficial* N° 38.423 del 25-04-2006.

-***Misión Che Guevara***, que sustituyó a la "Misión Vuelvan Caras," regulada inicialmente por Decreto Nº 3.279 de 2004, mediante el cual se autorizó la creación de la Fundación "Misión Vuelvan Caras," como "programa de formación con valores socialistas integrando lo ético, ideológico, político y técnico productivo, para contribuir a generar el mayor número de satisfacción social y transformar del sistema socioeconómico capitalista en un modelo económico socialista comunal, sustentado en el Plan de Desarrollo Económico y Social de la Nación 2007-2013 y en la Nueva Geometría del Poder con principios Bolivarianos como factores determinantes del cambio, dentro del objetivo supremo de alcanzar la Misión Cristo: Pobreza y Miseria Cero en el 2.021." El régimen de la misma fue luego establecido en el Decreto Nº 5.704 de 2007.[152]

-***Misión Identidad***, regulada en el Decreto N° 3.654, mediante el cual se autorizó la creación de la Fundación "Misión Identidad", con el objeto de coadyuvar en los procesos de otorgamiento de documentos públicos que comprueben la identidad de los ciudadanos y ciudadanas, a través de operativos periódicos en los cuales participen de forma coordinada, tanto los organismos competentes en esta materia y cualquier otro organismo auxiliar, a los fines de salvaguardar los derechos constitucionales que posee toda persona, de obtener un nombre propio y los documentos que comprueben su identidad biológica.[153]

-***Misión Milagro***, regulada por Decreto N° 5.217, mediante el cual se autorizó la creación de una Fundación del Estado, denominada Fundación Misión Milagro, con el objeto de dar apoyo integral en materia de asistencia médico - quirúrgica a las personas nacionales o extranjeras que padecen deficiencias visuales, tales como: cataratas, desprendimiento de retina, retinitis pigmentaria, carnosidad, párpado caído, afecciones del iris, entre otras, potenciando sus capacidades y habilidades con el fin de incorporarlos a la vida activa, dentro de sentimientos de solidaridad y hermandad.[154]

-***Misión Sucre***, regulada inicialmente por N° 2.604 de 2003 y luego por Decreto N° 3.610, mediante el cual se autorizó la creación de la Fundación Misión Sucre, con el objeto desarrollar, y ejecutar planes y programas destinados a garantizarle a los bachilleres venezolanos su legítimo derecho a la educación superior venezolana, con el fin de darle fiel y cabal cumplimiento al mandato constitucional que prevé el derecho a la educación gratuita y de calidad, el desarrollo del potencial creativo del ser humano y el pleno ejercicio de su personalidad en una sociedad democrática, participativa y no excluyente.[155]

-***Misión Negra Hipólita***, regulada por Decreto N° 5.616, mediante el cual se autorizó la creación de una Fundación que se denominará "Fundación Misión Negra Hipólita", con el objeto de ejecutar planes, programas y proyectos dirigidos a la atención y formación integral de todos los niños, niñas, adolescentes y adultos, con especial énfasis en aquéllos que se encuentran en situación de calle, adolescentes embarazadas, personas con discapacidad y adultos mayores en situación de pobreza extrema y sus familiares de origen.[156].

152 *Gaceta Oficial* Nº 38.819 del 27-11-2007.
153 *Gaceta Oficial* N° 38.188 del 17-05-2005.
154 *Gaceta Oficial* N° 38.632 del 26-02-2007.
155 *Gaceta Oficial* N° 38.188 del 17-05-2005.
156 *Gaceta Oficial* Nº 38.776 de 25-09-2007.

-***Misión Piar***, regulada por Decreto N° 3.958, mediante el cual se autorizó la creación de una Fundación del Estado, denominada Fundación "Misión Piar", con el objeto de promover el desarrollo sustentable de las comunidades mineras para que los pequeños mineros alcancen un nivel de vida acorde con la dignidad humana.[157]

Como se puede apreciar, hasta la promulgación de la Ley Orgánica de 2008, las "misiones" se habían creado adoptando la forma de los "órganos," como fue el caso de las Comisiones Presidenciales o Interministeriales, o la forma de los "entes" descentralizados, con forma de derecho privado como fue el caso de las fundaciones del Estado, en un proceso que mostró una falta total de coherencia, particularmente en cuanto al manejo presupuestario, ya que las mismas han manejado ingentes recursos públicos generalmente fuera de la disciplina presupuestaria.

En los casos de las "Misiones" configuradas como Comisiones Presidenciales o Interministeriales, las previsiones presupuestarias establecidas en los decretos de creación en general se refirieron solo a los gastos administrativos que ocasionase el funcionamiento de las mismas, agregándose muchas veces, que los gastos de la ejecución de las misiones estarían a cargo del presupuesto de algún Ministerio, conforme a la competencia en la materia específica.

En los casos de las fundaciones del Estado, como entes descentralizados, en los decretos de creación en general se dispuso que los aportes públicos al patrimonio de las mismas, debían asignarse en Ley de Presupuesto; o mediante el aportes de bienes muebles e inmuebles propiedad de la República.

En todo caso, sea que se trate de fundaciones del Estado o de Comisiones, Presidenciales, en la mayoría de los casos, la actividad desplegada por las 'Misiones" forma parte de las competencias asignadas a los Ministerios, pero desarrolladas sin relación efectiva con los mismos.

III. EL DOBLE PROCESO DE CENTRALIZACIÓN DE LA ADMINISTRACIÓN PÚBLICA

En paralelo a la multiplicación, sin concierto de la Administración Ministerial y de la dispersión de la organización de la Administración Pública Nacional, la tercera característica del proceso de transformación de la Administración Pública venezolana en la última década ha sido el doble proceso de centralización a la cual ha sido sometida, con el resultado de que en la práctica se ha eliminado tanto la descentralización territorial de la misma a pesar de tener su fuente en la Constitución, como la descentralización funcional que se regula en la Ley Orgánica de la Administración Pública.

En primer lugar, durante los últimos años, si algo puede caracterizar el régimen de la Administración Pública en Venezuela, a pesar de la forma federal del Estado, es su marcada centralización, al punto de que en la Ley Orgánica de la Administración Pública de 2008, a la "Administración Pública" se la concibe como una sola organización que comprende la de la República (Administración pública nacional), la de los estados (Administración pública estadal) y la municipal (Administración Pública municipal)

157 *Gaceta Oficial* N° 38.282 de 28-09-2005.

(Art. 1); y que en forma centralizada se la somete, toda, a los lineamientos de la planificación centralizada (arts. 15, 18, 23, 32, 44, 48, 60, 77, 84, 91, 99, 119, 121, 131), bajo la dirección del Presidente de la República (Art. 46) y la coordinación del Vicepresidente ejecutivo (Art. 49,3).

En efecto, conforme a la forma federal del Estado, la Constitución de 1999 reguló los órganos de los Poderes Públicos que derivan de la distribución vertical o territorial del Poder Público, lo que implicaba la existencia de tres ordenes de Administraciones Públicas (nacional, estadal y municipal). Por ello, el artículo 2 de la LOAP de 2001, se limitó a establecer que "los principios y normas (de la Ley Orgánica) que se refieran en general a la Administración Pública, o expresamente a los Estados, Distritos metropolitanos y Municipios, serán de obligatoria observancia por éstos, quienes desarrollarán los mismos dentro del ámbito de sus respectivas competencias."

Con ello, se respetaba la autonomía administrativa de los Estados y Municipios, y de sus propias Administraciones Públicas, que debía ejercerse dentro de un marco legal común, razón por la cual en cuanto a las demás regulaciones de la Ley Orgánica, regía el principio de su posible aplicación supletoria a las Administraciones Públicas de los Estados y Municipios (Art. 2).

La Ley Orgánica de 2008, en cambio, procedió a centralizar todas las Administraciones Públicas en una sola "Administración Pública," materialmente "nacionalizando" totalmente el régimen de la misma, al disponer que sus normas se aplican a la Administración Pública que abarca los tres niveles de distribución vertical del poder, es decir, "incluidos los estados, distritos metropolitanos y municipios, quienes deberán desarrollar su contenido dentro del ámbito de sus respectivas competencias" (Art. 2).

Además, la Ley Orgánica centralizó totalmente el funcionamiento de la Administración Pública, al someterla (incluyendo la de los Estados y Municipios) a los lineamientos dictados por la Comisión Nacional de Planificación o conforme con la planificación centralizada (arts. 15, 18, 23, 32, 44, 48, 60, 77, 84, 91, 99, 119, 121, 131), a la dirección del Presidente de la República (Art. 46) y a la coordinación del Vicepresidente de la República (Art. 48,3).

Es decir, la Ley Orgánica de 2008 no es que estableció un régimen normativo común para todas las administraciones públicas, sino que reguló "una sola" Administración Pública, totalmente centralizada, sin que los Gobernadores de los Estados ni los Alcaldes municipales tengan real y efectivamente autonomía alguna en sus Administraciones Públicas, ya que las mismas están bajo la dirección del Presidente de la República, la coordinación del Vicepresidente ejecutivo y sometidas a los lineamientos de la planificación centralizada a cargo de una Comisión Central de Planificación que es un órgano de coordinación y control nacional, a cargo del Ministerio de Planificación y Finanzas. Todo lo cual, por supuesto es inconstitucional.

Por otra parte, en cuanto al carácter supletorio de la Ley, sólo se refiere a las Administraciones de los demás órganos del Poder Público nacional, al disponer que "las disposiciones de la presente Ley se aplicarán supletoriamente a los demás órganos y entes del Poder Público" (Art. 2), es decir, por ejemplo, a los órganos administrativos del Poder Ciudadano y del Poder Electoral.

En segundo lugar, el proceso de centralización también se manifestó en la Ley Orgánica de 2008, con la centralización total de la Administración Pública, de manera que incluso de la misma se eliminó la palabra "autonomía" y el propio concepto de autonomía administrativa, lo que se reflejó por ejemplo, no sólo en relación con la desconcentración administrativa ministerial en los que eran "servicios *autónomos* sin personalidad jurídica" que se comenzaron a denominar sólo como "servicios desconcentrados" (Art. 93); y en relación con la descentralización administrativa funcional, habiendo desaparecido del léxico legal la figura de los "institutos *autónomos,*" a pesar de tener base constitucional como entes descentralizados funcionalmente, regulándose sólo en la Ley, en su lugar, una nueva categoría de ente descentralizado que se denominan "institutos públicos" (Art. 96).

Todo el proceso de centralización administrativa, por otra parte, comenzó con la sanción de Ley Orgánica de Creación de la Comisión Central de Planificación,[158] mediante el cual comenzó la construcción de un Estado Socialista en Venezuela,[159] en la cual se creó la Comisión Central de Planificación como órgano permanente de la Administración Pública, integrada por el Vicepresidente Ejecutivo, quien la preside y coordina, el Ministro del Poder Popular de Planificación y Finanzas, quien es su Secretario Ejecutivo, y por los Ministros del Poder Popular y los demás ciudadanos que designe el Presidente de la República (Art. 6).

En la Exposición de Motivos del Decreto Ley para crear dicha Comisión, se partió de la premisa que "la planificación constituye una materia de alta política de Estado y un instrumento fundamental en la actual etapa de la Revolución Bolivariana," y de la constatación de que "la aplicación del modelo de economía de mercado y la imposición de las políticas económicas de la globalización capitalista, produjeron la desarticulación de los diferentes niveles del sistema económico nacional, a lo cual no escaparon las instituciones del Estado y la forma en que éstas abordan la realidad".

En esta forma, se indicó en la Exposición que ante el "problema estructural e histórico" de "la acción atomizada y aislada de los entes del Estado" se consideró necesario "fortalecer la planificación nacional, dotándola no sólo de su carácter estratégico, participativo y corresponsable, sino subrayando su fundamental carácter centralizado y su visión integral o de conjunto", estableciéndose un sistema conforme al cual, los planes adoptados serán obligatorios "debiendo ser acatados por quienes laboren en todos los órganos y entes de la Administración Pública". Con ello, según se dijo en la Exposición de Motivos, se buscó "colocar punto final a la existente "atomización" o "independencia" mal ejercida por los órganos y entes de la Administración Pública".

Dicha Comisión, "atendiendo a una visión de totalidad", elabora, coordina, consolida, y hace el seguimiento y evaluación de "los lineamientos estratégicos, políticas y planes, atendiendo a lo dispuesto en el Plan de Desarrollo Económico y Social de la Nación, estableciendo un marco normativo que permita la integración armónica de todos los principios de rango constitucional y legal relativos a la planificación, organización, control y supervisión de la Administración Pública" (Art. 1). Dichos lineamientos estratégicos, políticas y planes nacionales, regionales, sectoriales e internacionales comprenden al menos, "los ámbitos político, social, económico, político-territorial, seguridad y defensa, científico-tecnológico, cultural, educativo, internacional" (Art. 3); y todos deben ser sometidos "a la aprobación del Presidente de la República, a través del Vicepresidente Ejecutivo, conjuntamente con la Secretaría Ejecutiva" (Art. 7)

---

158 Decreto Ley N° 5841 (*Gaceta Oficial* N° 5.841 Extraordinaria del 22 de junio de 2007; reformada por Decreto N° 8.006 de 18-01-2011 en *Gaceta Oficial* N° 39.604 de 28-01-2011.

159 *V.* Allan R. Brewer-Carías, "Comentarios sobre la inconstitucional creación de la Comisión Central de Planificación, centralizada y obligatoria," en *Revista de Derecho Público*, N° 110, (abril-junio 2007), Editorial Jurídica Venezolana, Caracas 2007, pp. 79-89.

A la Comisión se le asignan diversas funciones para garantizar una planificación estratégica, participativa y corresponsable (Art. 2,2), pero con la finalidad esencial, entre otras, de "impulsar la transición hacia un modelo integrado de planificación centralizada, asegurando la gestión social y planificada de la función pública administrativa"(Art. 2,1) y de "orientar el establecimiento de un modelo capaz de garantizar la satisfacción de las necesidades espirituales y materiales de la sociedad, logrando la suprema felicidad social, esto es, el modelo socialista" (Art. 2,3). Como se indicó también en la Exposición de Motivos: "Con ello, se busca transitar hacia un modelo de sociedad socialista, que asegure la satisfacción de las necesidades del ser humano, donde las instituciones y el sistema económico en su conjunto, sean instrumentos dirigidos a ese fin, con garantía de la justa distribución de la riqueza y de la lucha contra la pobreza y la exclusión, la injusticia y la opresión".

Para ello, entre otras atribuciones, la Comisión debe "elaborar el mapa central de la estructura económica nacional, tanto estatal o pública como privada, que sirva de base para planificar y controlar la construcción del modelo socialista venezolano" (Art. 4,2).

Con el objeto de cumplir sus funciones, la Comisión tiene a su cargo "controlar y coordinar a la Administración Pública en su conjunto", es decir, a "los ministerios, servicios autónomos, institutos autónomos, empresas, fundaciones, asociaciones, sociedades civiles del Estado y demás entes adscritos descentralizados", los cuales se declara que "no gozarán de autonomía organizativa, ni de autonomía para la planificación administrativa-financiera" (Art. 4,3).

El artículo 5 de la Ley Orgánica declaró como materia de prioridad en la elaboración de los lineamientos estratégicos, políticas y planes, el "planificar y controlar el proceso de transformación de las empresas del Estado en empresas de carácter socialista (art.6,2); el "garantizar la planificación centralizada de la actividad económica, para satisfacer las necesidades del pueblo, orientando el proceso productivo a la inclusión de los excluidos y excluidas y a la construcción de un modelo socialista de desarrollo económico soberano, endógeno y sustentable (Art. 6,3); el "combatir el monopolio y los oligopolios privados, como mecanismos y estructuras de dominación, de distorsión de los precios y de la oferta de los productos."(Art. 6,7).

El artículo 13 de la Ley Orgánica dispuso que los lineamientos estratégicos, políticas y planes nacionales, regionales, sectoriales e internacionales, una vez aprobados por el Presidente de la República, en general, "serán de obligatorio cumplimiento y podrán ser dictados mediante decreto, aprobado en Consejo de Ministros, para su publicación en la *Gaceta Oficial*" (Art. 13). Además, el artículo 14 de la Ley agrega, respecto de la Administración Pública nacional, que "los ministerios, servicios autónomos, institutos autónomos, empresas, fundaciones, asociaciones, sociedades civiles del Estado y demás entes adscritos descentralizados, se regirán en sus actuaciones por los lineamientos estratégicos, políticas y planes aprobados conforme a la planificación centralizada" (Art. 14).

Como se dijo, hasta 2008, y conforme a la Constitución (Art. 142) y a la Ley Orgánica de la Administración Pública de 2001, la única figura de ente descentralizado funcionalmente con forma de derecho público que se regulaba, era la figura del instituto autónomo,[160] a la cual, con la reforma de la Ley Orgánica de 2008, se le agregó una

160 *V.* Jesús Caballero Ortiz, *Los Institutos Autónomos,* Caracas 1985.

nueva figura que es la de los "institutos públicos" con idéntico régimen que aquellos, pero sin el calificativo de "autónomo" dada la orientación general de esta reforma de centralizar totalmente la Administración Pública y eliminar todo vestigio de autonomía en la Administración Pública y organización del Estado.

A tal efecto, el artículo 96 de la Ley Orgánica regula a estos "institutos públicos" como personas jurídicas de derecho público de naturaleza fundacional, creados por ley nacional, estadal u ordenanza municipal, dotado de patrimonio propio, con las competencias o actividades determinadas en estas; institutos que conforme al artículo 97 de la Ley Orgánica deben crearse mediante ley (nacional, estadal u ordenanza) la cual debe contener, en forma expresa, el señalamiento preciso de su finalidad, competencias y actividades a su cargo; el grado de autogestión presupuestaria, administrativa y financiera que se establezca; la descripción de la integración de su patrimonio y de sus fuentes ordinarias de ingresos; su estructura organizativa interna a nivel superior, con indicación de sus unidades administrativas y señalamiento de su jerarquía y atribuciones; y los mecanismos particulares de control de tutela que ejercerá el órgano de adscripción.

Dichos institutos públicos de acuerdo con la Ley Orgánica gozan de los privilegios y prerrogativas que la ley nacional acuerde a la República, los estados, los distritos metropolitanos o los municipios (Art. 98), con lo cual se eliminó el régimen legal anterior que exigía que fuera la ley especial de creación de los institutos autónomos la que dispusiera en cada caso el régimen de los privilegios y prerrogativas de los cuales gozarían.

Por otra parte, en relación con el régimen legal administrativo, en la ley Orgánica se dispuso con carácter general que los institutos públicos están sujetos a los principios y bases establecidos en la normativa que regule la actividad administrativa, en particular, la Ley Orgánica de Procedimientos Administrativos, así como a los lineamientos de la Planificación Centralizada (Art. 99).

Como se dijo, la Ley Orgánica de 2008 no reguló sino a la nueva figura de los institutos públicos, sin autonomía, y en cuanto a los institutos autónomos lo que se previó fue, de acuerdo con el artículo 101 de la Ley Orgánica, que los mismos se regulan por las disposiciones previstas en la sección de la Ley destinada a los "institutos públicos", y en todas aquellas normas que les sean aplicables a estos.

IV. LA IMPLEMENTACIÓN DE LA ADMINISTRACIÓN PÚBLICA DEL SISTEMA DE ECONOMÍA COMUNAL

En el antes mencionado proyecto de reforma constitucional de 2007, se buscó cambiar radicalmente la Constitución Económica del texto de 1999,[161] el cual luego de san-

161 *V.* Allan R. Brewer-Carías, *La reforma constitucional de 2007 (Comentarios al Proyecto inconstitucionalmente sancionado por la Asamblea Nacional el 2 de noviembre de 2007)*, Colección Textos Legislativos, N° 43, Editorial Jurídica Venezolana, Caracas 2007; "Estudio sobre la propuesta presidencial de reforma constitucional para la creación de un Estado Socialista, Centralizado y Militarista en Venezuela (análisis del anteproyecto presidencial, agosto 2007," en *Anuario da Facultade de Dereito da Universidade da Coruña*, revista jurídica interdisciplinaria internacional, Con. 12, La Coruña 2008, pp. 87-125; "Hacia la creación de un Estado Socialista, Centralizado y Militarista en Venezuela. Análisis de la propuesta presidencial de reforma constitucional," en *Estudios Jurídicos*, Volumen XIII, Enero 2004-Diciembre 2007, Asociación Hipólito Herrera Billini, Santo Domingo, Re-

cionado por la Asamblea nacional en noviembre de 2007, fue rechazado por el pueblo en referendo de diciembre de ese mismo año.[162]

Dicha reforma constitucional, como se dijo, buscaba crear en lugar del Estado democrático y social de derecho, un Estado del Poder Popular o Estado Comunal, transformando el sistema de economía mixta existente, en un sistema de economía estatal y de planificación centralizada, propia de un Estado y economía socialista, donde desaparecía la libertad económica y el derecho de propiedad como derechos constitucionales, y con ello, el principio mismo de la reserva legal.[163]

En su lugar, se buscaba que en la Constitución sólo se regulara la definición de una política estatal para fomentar y desarrollar "distintas formas de empresas y unidades económicas de propiedad social, tanto directa o comunal como indirecta o estatal, así como empresas y unidades económicas de producción o distribución social, pudiendo ser estas de propiedad mixta entre el Estado, el sector privado y el poder comunal, creando las mejores condiciones para la construcción colectiva y cooperativa de una economía socialista".

Y además, se buscaba eliminar la garantía de la propiedad privada y sólo "reconocer y garantizar "las diferentes formas de propiedad", que eran: primero, la "propiedad pública" que era "aquella que pertenece a los entes del Estado;" segundo, la propiedad social que era aquella "que pertenece al pueblo en su conjunto y las futuras generaciones", y que podía ser de dos tipos: "La propiedad social indirecta cuando es ejercida por el Estado a nombre de la comunidad", y "la propiedad social directa, cuando el Estado la asigna, bajo distintas formas y en ámbitos territoriales demarcados, a una o varias comunidades, a una o varias comunas, constituyéndose así en propiedad comunal o a una o varias ciudades, constituyéndose así en propiedad ciudadana." Tercero, la "propiedad colectiva" era "la perteneciente a grupos sociales o personas, para su aprovechamiento, uso o goce en común, pudiendo ser de origen social o de origen privado"; cuarto la "propiedad mixta" que era "la conformada entre el sector público, el sector social, el sector colectivo y el sector privado, en distintas combinaciones, para el aprovechamiento de recursos o ejecución de actividades, siempre sometida al respeto absoluto de la soberanía económica y social de la Nación;" y quinto, la "propiedad privada" que era "aquella que pertenece a personas naturales o jurídicas y que se reconoce sobre bienes de uso, consumo y medios de producción legítimamente adquiridos, con los atributos de uso, goce y disposición, y las limitaciones y restricciones que establece la ley."

A pesar de que la reforma constitucional fue rechazada por el pueblo mediante referendo de diciembre de 2007, la misma fue inconstitucionalmente implementada en leyes

---

pública Dominica 2008, pp. 17-66; "Estudio sobre la propuesta presidencial de reforma constitucional para la creación de un Estado Socialista, Centralizado y Militarista en Venezuela (Agosto 2007)", *Revista de Derecho Público*, N° 111, (julio-septiembre 2007), Editorial Jurídica Venezolana, Caracas 2007, pp. 7-42

162 *V.* Allan R. Brewer-Carías, "La reforma constitucional en Venezuela de 2007 y su rechazo por el poder constituyente originario," en José Ma Serna de la Garza (Coordinador), *Procesos Constituyentes contemporáneos en América latina. Tendencias y perspectivas*, Universidad Nacional Autónoma de México, México 2009, pp. 407-449; "La proyectada reforma constitucional de 2007, rechazada por el poder constituyente originario", en *Anuario de Derecho Público 2007,* Año 1, Instituto de Estudios de Derecho Público de la Universidad Monteávila, Caracas 2008, pp. 17-65; "La reforma constitucional en Venezuela de 2007 y su rechazo por el poder constituyente originario", en *Revista Peruana de Derecho Público,* Año 8, N° 15, Lima, Julio-Diciembre 2007, pp. 13-53.

163 *V.* Allan R. Brewer-Carías, *La reforma constitucional de 2007 (Comentarios al Proyecto inconstitucionalmente sancionado por la Asamblea Nacional el 2 de noviembre de 2007)*, Colección Textos Legislativos, N° 43, Editorial Jurídica Venezolana, Caracas 2007, pp. 115 ss.

sucesivas, hasta culminar con el conjunto de leyes relativas al Poder Popular y al Estado Comunal dictadas en Venezuela en diciembre de 2010,[164] mediante las cuales se impuso al país un sistema socialista, por el cual nadie ha votado y al contrario fue rechazado popularmente, habiéndose sancionado entre ellas, la Ley Orgánica del Sistema Económico Comunal (LOSEC),[165] el cual se ha concebido, como:

> "el conjunto de relaciones sociales de producción, distribución, intercambio y consumo de bienes y servicios, así como de saberes y conocimientos, desarrolladas por las instancias del Poder Popular, el Poder Público o por acuerdo entre ambos, a través de organizaciones socio productivas bajo formas de propiedad social comunal." (Art. 2)

Se trata, por tanto, de un sistema económico que se desarrolla exclusivamente "a través de organizaciones socio productivas bajo formas de propiedad social comunal" que conforme a la Ley vienen a constituir nuevas organizaciones administrativas, propias del Estado Comunal o del Poder Popular estructurado en paralelo al Estado Constitucional. [166]

En efecto, esas organizaciones socioproductivas se conciben en la Ley como los "actores" fundamentales que se han diseñado para dar soporte al sistema económico comunal, pues es a través de ellas que se desarrolla el "modelo productivo socialista" que propugna, las cuales se definen como las:

> "unidades de producción constituidas por las instancias del Poder Popular, el Poder Público o por acuerdo entre ambos, con objetivos e intereses comunes, orientadas a la satisfacción de necesidades colectivas, mediante una economía basada en la producción, transformación, distribución, intercambio y consumo de bienes y servicios, así como de saberes y conocimientos, en las cuales el trabajo tiene significado propio, auténtico; sin ningún tipo de discriminación" (Art. 9).

Conforme a la Ley, va a ser a través de estas organizaciones socioproductivas que en forma exclusiva se desarrollará la economía del país, las cuales conforme al artículo 10 de la Ley, son sólo cuatro: primero, las empresas del Estado Comunal; segundo, las empresas públicas del Estado Constitucional; tercero, las unidades productivas familiares; y cuarto, los grupos de trueque.

En particular, en relación con lo que conocemos como Administración Pública, la primera "nueva" organización que establece la ley son las Empresas del Estado Comunal o Empresas de propiedad social directa comunal, concebidas como la "unidad socioproductiva constituida por las instancias de Poder Popular en sus respectivos ámbitos geográficos, destinada al beneficio de los productores y productoras que la integran, de la colectividad a las que corresponden y al desarrollo social integral del país, a través de la reinversión social de sus excedentes." (Art. 10.1). Se trata siempre de empresas de

---

164 *V.* las Orgánicas del Poder Popular, de las Comunas, del Sistema Económico Comunal, de Planificación Pública y Comunal y de Contraloría Social, en *Gaceta Oficial* N° 6.011 Extra. de 21-12-2010. *V.* los comentarios a dichas leyes en Allan R. Brewer-Carías, Claudia Nikken, Luis A. Herrera Orellana, Jesús María Alvarado Andrade, José Ignacio Hernández y Adriana Vigilanza, *Leyes Orgánicas sobre el Poder Popular y el Estado Comunal (Los consejos comunales, las comunas, la sociedad socialista y el sistema económico comunal*) Colección Textos Legislativos N° 50, Editorial Jurídica Venezolana, Caracas 2011.

165 *V.* en *Gaceta Oficial* N° 6.011 Extra. del 21 de diciembre de 2010. El Reglamento Parcial de la Ley Orgánica del Sistema Económico Comunal (Decreto N° 8.795 de 02-02-2012) en *Gaceta Oficial* N° 39.856 del 2 de febrero de 2012.

166 *V.* Allan R. Brewer-Carías, "Sobre la Ley Orgánica del Sistema Económico Comunal o de cómo se implanta en Venezuela un sistema económico comunista sin reformar la Constitución," en *Revista de Derecho Público*, N° 124, (octubre-diciembre 2010), Editorial Jurídica Venezolana, Caracas 2010, pp. 102-109.

propiedad social directa comunal creadas por las diversas instancias del Poder Popular, cuya gestión y administración es por tanto siempre ejercida la instancia que la constituya, de manera que siempre tienen un ámbito geográfico local limitado, confinadas a una comuna o alguna agregación de comunas.[167] Además, la otra "nueva" organización administrativa creada conforme a la Ley, son las Empresas públicas o Empresa de propiedad social indirecta comunal, concebidas como la "unidad socio productiva constituida por el Poder Público en el ámbito territorial de una instancia del Poder Popular, destinadas al beneficio de sus productores y productoras, de la colectividad del ámbito geográfico respectivo y del desarrollo social integral del país, a través de la reinversión social de sus excedentes" (Art. 10.2). En estos casos se trata siempre de empresas de propiedad social indirecta comunal, constituidas por los órganos del Poder Público (República, Estados y Municipios), es decir, empresas públicas nacionales, estadales y municipales pero siempre creadas en un ámbito geográfico y territorial limitado reducido al de alguna instancia del Poder Popular, y cuya gestión y administración corresponde siempre, como principio, al ente u órgano del Poder Público que las constituya; sin que ello obste para que, progresivamente, la gestión y administración de estas empresas sea transferida a las instancias del Poder Popular, en cuyo caso, se constituirían en empresas de propiedad social comunal directa, es decir, en empresas del Estado Comunal.

Por supuesto, el sistema de producción socialista que se regula en la Ley es un sistema económico sometido a una planificación centralizada, conforme a la cual está proscrita toda iniciativa privada, controlado además por el Ejecutivo nacional directamente. Para ese fin, la Ley para el Fomento y Desarrollo de la Economía Popular de 2008, ya había establecido que el sistema de economía comunal estaba bajo el control del Ejecutivo Nacional, como "órgano rector," que se ejercía por órgano del Ministerio de las Comunas (Art. 6), lo cual se ha cambiado en la Ley Orgánica del Sistema Económico Comunal (LOSEC) que establece ahora que es el Ministerio de las Comunas, "el órgano coordinador de las políticas públicas relacionadas con la promoción, formación, acompañamiento integral y financiamiento de los proyectos socioproductivos, originados del seno de las comunidades, las comunas o constituidos por entes del Poder Público conforme a lo establecido en el Plan de Desarrollo Económico y Social de la Nación, las disposiciones de la Ley, su Reglamento y demás normativas aplicables" (art 7).

Es dicho Ministerio, por otra parte, el que tiene competencia, conforme al artículo 8 de la Ley, entre otras, para "otorgar la personalidad jurídica a las organizaciones socioproductivas;" para "dictar las políticas y lineamientos en materia de economía comunal;" para "asignar recursos para el desarrollo de las organizaciones socio productivas;" y para "velar porque los planes y proyectos de sistema económico comunal se formulen en correspondencia con el Plan de Desarrollo Económico y Social de la Nación."

En cuanto a las normas destinadas a la constitución de estas nuevas formas organizativas en la Administración Pública, por lo que respecta a las empresas del Estado Comunal (de propiedad social directa comunal), las mismas deben ser constituidas "mediante documento constitutivo estatutario, acompañado del respectivo proyecto socioproductivo, haciendo este último las veces de capital social de la empresa," el cual debe ser "elaborado con base en las necesidades y potencialidades de las comunidades de la instancia del Poder Popular a la que corresponda, y de acuerdo al plan de desarrollo del

167 *V.* la información general sobre las Empresas de Producción Social en http://www.mpcomunas.gob.ve:80/noticias_detalle.php?id=6463

correspondiente sistema de agregación comunal." (Art. 12). En cuanto a las Empresas públicas constituidas por órganos o entes del Poder Público (de propiedad social indirecta comunal), las mismas deben ser constituidas mediante "documento constitutivo estatutario, de acuerdo a las normativas que rijan al órgano o ente público encargado de su constitución." Se entiende que se refiere al acto ejecutivo por medio del cual se decide en la Administración Central o descentralizada, la creación de una empresa, en los términos de la Ley Orgánica de la Administración Pública (Art. 13). Para 2011, se reportaba que existían 402 empresas estatales.[168]

Los documentos de las empresas de propiedad social comunal deben siempre indicar tal carácter, bien sea con la mención expresa de "Empresa de Propiedad Social" o abreviación mediante las siglas "EPS" (Art. 17), y las mismas adquieren personalidad jurídica, no mediante la inscripción de su documento constitutivo en el registro mercantil, sino mediante el registro del mismo "ante el órgano coordinador," es decir, ante el Ministerio de las Comunas (Art. 16). El Ministerio de las Comunas, puede abstenerse de registrar una organización socio productiva, además de cuando no se acompañen los documentos exigidos en la Ley o si éstos presentan alguna deficiencia u omisión no subsanada, "cuando el proyecto socio productivo de la organización tenga por objeto finalidades distintas a las previstas en la Ley." (Art. 18) Por tanto, ninguna organización socio productiva que no sea socialista o que no responda al modelo productivo socialista podría ser registrada.

La promoción, funcionamiento y fiscalización de las Empresas de Producción Social (EPS) se rige por la Resolución N° DM/256-2006 emanada del Ministro de Industrias Básicas y Minería, "por la cual se dicta el "Instrumento Normativo Interno Sobre la Promoción, Funcionamiento y Fiscalización de las Empresas de Producción Social (EPS) y aquellas sociedades mercantiles comprometidas con la construcción del nuevo modelo productivo" en el Ministerio de Industrias Básicas y Minería y sus Entes Adscritos [169]

De lo anterior resulta que conforme a la LOSEC se ha establecido toda una precisa regulación sobre la constitución y funcionamiento de las organizaciones socioproductivas, diferentes a las que rigen en el ordenamiento jurídico de la República para las organizaciones económicas o empresariales, particularmente diferentes a las establecidas en el Código de Comercio, fundamentalmente financiadas a través de fondos provenientes de Petróleos de Venezuela. Con base en ello, en consecuencia, para 2009, en el Registro de las Empresas de producción Social (REPS) de PDVSA existían 7649 empresas y 5822 cooperativas,[170] siendo aplicables, conforme al artículo 39 de la LOSEC, los siguientes principios básicos: primero, las personas naturales y sujetos públicos o privados que formen parte de empresas de propiedad social comunal *no tienen derecho o participación sobre el patrimonio* de las mismas, y el reparto de excedentes económi-

---

168 De las cuales 134 estaban adscritas al Ministerio de Energía y Petróleo, 56 al Ministerio de Ciencia, Tecnología e Industrias, y 50 al Ministerio de Agricultura y Tierras, y 33 al Ministerio de Industrias Básicas y Minería. *V.* en Claudia Curiel Leidenz, *Estado, propiedad y organizaciones socio productivas* (Documento. Versión para discusión), UCAB. Encuentro de Organizaciones Sociales, Caracas 2012, en http://www.eosvene zuela.info/wp-content/uploads/2012/02/curiel.pdf

169 *V.* en *Gaceta Oficial* N° 38462 de 20-06-2006.

170 *V.* la referencia en Claudia Curiel Leidenz, *Estado, propiedad y organizaciones socio-productivas* (Documento. Versión para discusión), UCAB. Encuentro de Organizaciones Sociales, Caracas 2012, en http://www.eosvenezuela.info/wp-content/uploads/2012/02/curiel.pdf

cos, si los hubiere, se hará de conformidad con lo establecido en la Ley; y segundo, las empresas de propiedad social comunal pueden realizar cualesquiera actos de comercio, pero tales actos no pueden constituir su único o exclusivo objeto empresarial, por cuanto éste debe comprender, además de las actividades que resulten en un beneficio para sus productores que las conformen, la reinversión social del excedente para el desarrollo de la comunidad y contribución al desarrollo social integral del país.

Sección Cuarta: LA "NACIONALIZACIÓN" DEL RÉGIMEN ADMINISTRATIVO DEL DISTRITO CAPITAL (2009)

Estudio sobre "Introducción General al régimen del Distrito Capital y su incidencia en el régimen municipal del Distrito Metropolitano de Caracas," publicado en el libro: Allan R. Brewer-Carías, Allan R. Brewer-Carías, Manuel Rachadell, Nelson Socorro, Enrique Sánchez Falcón, Tulio Álvarez y Juan Carmona, *Leyes sobre el Gobierno del Distrito Capital y del Área Metropolitana de Caracas,* Editorial Jurídica Venezolana, Caracas 2009. pp. 7-37.

I. INTRODUCCIÓN

El Distrito Capital en la organización política del territorio de Venezuela como Estado federal, junto con los Estados, conforme al artículo 16 de la Constitución, es una de las entidades políticas que componen la República. Como tal entidad política, su régimen de gobierno tiene necesariamente que ser "democrático, participativo, electivo, descentralizado, alternativo, responsable, pluralista y de mandatos revocables" tal como lo impone el artículo 6 de la Constitución.

Con la previsión del Distrito Capital dentro de la división del territorio nacional en la organización política de la República (artículo 16), el Constituyente de 1999[171] buscó poner fin definitivamente al viejo esquema del antiguo Distrito Federal, que si bien había tenido avances democráticos hasta la Constitución de 1961 al permitirse la existencia de municipios en el mismo, con sus propios gobiernos democráticos, aún respondía al viejo esquema decimonónico propio de los viejos Estados federales en los cuales era un territorio sin autonomía política, que por ser asiento de los órganos del Poder Nacional, no tenía gobierno democrático propio, sino que era gobernado por los poderes nacionales.

Ese fue el esquema que se estableció en la Constitución de 1864 y que perduró hasta 1999, mediante la atribución al Congreso para legislar lo concerniente al Distrito federal y al Presidente de la República para gobernar directamente el Distrito a través de un Gobernador del Distrito Federal de su libre nombramiento y remoción.

---

171 La Constitución de 1999 fue publicada en *Gaceta Oficial* N° 36.860 de 30-12-1999, y republicada en *Gaceta Oficial* N° 5453 Extraordinaria de 24-03-2000. *V.* sobre el régimen del Distrito Capital en la Constitución de 1999, lo que hemos expuesto en Allan R. Brewer-Carías, *La Constitución de 1999. Derecho Constitucional Venezolano*, Editorial Jurídica Venezolana, *T.* I, Caracas 2004, pp. 404 ss.

Precisamente, ese esquema fue el que se cambió radicalmente en la Constitución de 1999, mediante la regulación del Distrito Federal como una entidad política más de la República, que como tal tiene que tener sus propios órganos legislativo y ejecutivo de gobierno democrático, es decir, integrado por funcionarios electos popularmente.

El desarrollo de esos principios era lo que se atribuyó en a Constitución al Poder Nacional (Art. 156,10). Este esquema de autonomía territorial dispuesto en la Constitución se pretendió reformar en la Reforma Constitucional aprobada por la Asamblea Nacional en 2007 bajo la iniciativa del Presidente de la República, la cual fue sin embargo rechazada por el pueblo en referendo efectuado en diciembre de 2007, [172] en la cual se buscaba eliminar el Distrito Capital y recrear la desaparecida figura del Distrito Federal totalmente dependiente del Poder Nacional, en particular del Presidente de la República, sin gobierno propio.

Esto último es lo que precisamente, en fraude a la Constitución que no ha sido reformada, ha hecho la Asamblea Nacional en abril de 2009 al sancionar la Ley Especial Sobre la Organización y Régimen del Distrito Capital[173], mediante la cual, lejos de haber establecido una organización democrática de una entidad política de la Republica, lo ha regulado como una dependencia del Poder Nacional, con ámbito territorial según se indica en el artículo 4 igual al que "correspondían al extinto Distrito Federal a la fecha de entrada en vigencia de la Constitución de la República Bolivariana de Venezuela y que comprende el territorio del actual Municipio Bolivariano Libertador."

Este fraude, por supuesto, se ha cometido usando el propio lenguaje de la Constitución, lo que se evidencia del texto de su artículo 1, en el cual se define como objetivo de la Ley establecer y desarrollar "las bases para la creación y organización del régimen del Distrito Capital, el cual comprende su organización, gobierno, administración, competencias y recursos de esta entidad político-territorial." Es decir, tanto en el artículo 1 como en el artículo 2 de la ley Especial se califica al Distrito capital como una "entidad político-territorial," pero se lo regula como una simple dependencia del Poder Nacional, con "personalidad jurídica y patrimonio propio: (Art. 2) y a pesar de que se diga que "por sus características singulares posee un régimen especial de gobierno", este a lo más que se asemeja es al "gobierno" que pueden tener los "institutos autónomos" como entes descentralizados funcionalmente conforme a la Ley Orgánica de la Administración Pública.

Es decir, el Distrito Capital no tiene autoridades propias de gobierno, sino que es gobernada por el Poder Nacional. Por ello, el "régimen especial ... de gobierno" que se prevé en el artículo 3, dispone que el ejercicio de la función legislativa en el Distrito esta a cargo de la Asamblea Nacional, y que el órgano ejecutivo es ejercido por un Jefe de Gobierno, el cual de acuerdo con el artículo 7 de la Ley Especial es "de libre nombramiento y remoción" por parte del Presidente de la República, con lo que en el mismo territorio del Municipio Libertador se le ha superpuesto una estructura nacional, mediante una Ley nacional que incluso ha dispuesto cual es la sede del Gobierno del Distrito Capital: "el histórico Palacio de Gobierno de la extinta Gobernación del Distrito Federal, el cual se encuentra ubicado en el lado norte de la Plaza Bolívar de la ciudad de

---

172 *V.* sobre esta rechazada reforma, en Allan R Brewer-Carías, La Reforma Constitucional de 2007 (Comentarios al proyecto inconstitucionalmente sancionado por la Asamblea nacional el 2 de noviembre de 2007), Caracas 2007, pp. 81 ss.

173 *Gaceta Oficial* N° 39.156 de 13 de abril de 2009.

Caracas," y que desde 2000 era la sede de la Alcaldía Metropolitana de Caracas. La dependencia del Jefe de Gobierno del Distrito capital del Poder nacional se confirma por otra parte con la previsión del artículo 10 de la Ley Especial según la cual, debe rendir "cuenta de su gestión anualmente, dentro de los primeros sesenta días de cada año ante la Asamblea Nacional y el Poder Popular."

El régimen de este Distrito Capital, como entidad descentralizada funcionalmente del Poder nacional, sin gobierno democrático propio ni autonomía político territorial, por otra parte, ha sido dispuesto en la Ley Especial sin que se haya hecho el más mínimo esfuerzo de compaginarlo con el régimen de gobierno municipal que la Constitución dispone para el Área Metropolitana de Caracas, en la cual está el territorio del Distrito Capital. La Ley Especial ignora totalmente la existencia de este régimen municipal metropolitano y la única mención que hace respecto del mismo es para intervenirlo, al disponer que "los bienes del Distrito Capital son entre otros aquéllos que fueron "transferidos por la extinta Gobernación del Distrito Federal al Distrito Metropolitano a partir de la entrada en vigencia de la Constitución de la República Bolivariana de Venezuela" (Art. 12), con lo cual bienes que ya son de una entidad municipal como el Distrito metropolitano, ilegítimamente se asignan por ley nacional a una entidad nacional.

La otra mención al Distrito metropolitano en la Ley Especial, está en las Disposiciones Transitorias: la Primera, anunciando que la propia Asamblea "aprobará, en un lapso no mayor de treinta días, una Ley especial que regule todo lo concerniente a la transferencia de los recursos y bienes que le correspondían al Distrito Federal y que transitoriamente administra de manera especial y provisional el Distrito Metropolitano de Caracas;" y la segunda, también anunciando que "la Ley Especial sobre el Régimen del Distrito Metropolitano de Caracas deberá ser reformada dentro de un lapso de treinta días contados a partir de la fecha de publicación de esta Ley." Además, en las Disposiciones Derogatorias, la Ley Especial deroga "la Ley de Transición del Distrito Federal al Distrito Metropolitano de Caracas,"[174] afectando ilegítimamente el patrimonio de un ente municipal.

Este estudio tiene por objeto, precisamente, analizar esta Ley Especial en el marco de la Constitución de 1999, destacando su contradicción con la misma y sus inconstitucionalidades y deficiencias.

II. EL SENTIDO DE LA DESAPARICIÓN DEL DISTRITO FEDERAL EN LA CONSTITUCIÓN DE 1999 Y SU SUSTITUCIÓN POR EL DISTRITO CAPITAL

Como se ha dicho, de acuerdo con lo establecido en el artículo 16 de la Constitución de 1999, con el fin de organizar políticamente la República, el territorio nacional se divide "en el de los Estados, el del Distrito Capital, el de las dependencias federales y el de los territorios federales".

Esta división política del territorio nacional fue geográfica y cartográficamente idéntica a la que preveía el artículo 9 de la Constitución de 1961, (salvo en cuanto a la reducción del territorio del Distrito Federal por la creación del Estado Vargas), pero con el muy importante cambio de denominación del territorio de la parte oeste del valle de Caracas, del "Distrito Federal" por el "Distrito Capital".

---

174 *Gaceta Oficial* N° 37.006 de 03 de agosto de 2000.

En efecto, una de las reformas más importantes que se produjo constitucionalmente respecto de la división política del territorio nacional, con el antes mencionado cambio de denominación, fue la *eliminación* del "Distrito Federal" como entidad política vinculada al Poder Nacional o Federal. Conforme al régimen constitucional anterior, no sólo le correspondía al Congreso Nacional la organización del Distrito Federal mediante ley orgánica (Ley Orgánica del Distrito Federal), (Art. 136,6), sino que correspondía al Presidente de la República la designación del Gobernador del Distrito Federal (Art. 190,17), habiendo permanecido siempre, el Presidente de la República, desde la misma creación del Distrito Federal en 1864 y conforme a todas las Leyes Orgánicas del Distrito Federal que se dictaron, como la superior autoridad civil y política del Distrito, quien la ejercía, precisamente, a través del Gobernador del Distrito Federal, como funcionario de su libre nombramiento y remoción[175].

Con la Constitución de 1999, en consecuencia, se eliminó todo vínculo del Poder Nacional con el territorio del antiguo Distrito Federal, el cual se sustituyó por el del Distrito Capital.

Este, a partir de la Constitución de 1999 pasó a ser parte de la división política del territorio nacional, por lo que la Ley Orgánica de División Político Territorial que debió haberse dictado, en sustitución de la vieja Ley de 1856, por supuesto, era la llamada a incluir en la división del territorio nacional, al Distrito Capital como entidad política, en el cual también debe garantizarse conforme a la Constitución la autonomía municipal y la descentralización político administrativa (Art. 16).

En las discusiones que se dieron en la Asamblea Nacional Constituyente para la redacción de la Constitución de 1999, la propuesta original no fue simplemente cambiarle el nombre al "Distrito Federal," sino crear una entidad nueva, distinta, que se denominaba "Distrito Capital" en un territorio que buscaba abarcar más del que correspondía al antiguo Distrito Federal, es decir, además de éste, en esa propuesta inicial se buscaba incluir en el Distrito capital los territorios de los Municipios Chacao, Sucre, Baruta y El Hatillo del Estado Miranda, equivalente al territorio geográfico del valle de Caracas y sus zonas más próximas. Se propuso así, inicialmente, separar del Estado Miranda esos Municipios e integrarlos territorialmente al Distrito Capital, como una nueva entidad política en el territorio nacional. Esa propuesta no obtuvo apoyo en la Asamblea Constituyente donde no pudo darse lo que hubiera podido ser una solución territorial definitiva para Caracas[176], y el debate terminó con el establecimiento del Distrito Capital *única y exclusivamente en el territorio del antiguo Distrito Federal*, con la mención expresa de que debía preservarse "la integridad territorial del Estado Miranda" (Disposición Transitoria Primera).

En consecuencia, el Distrito Capital en la Constitución de 1999 es una parte de la división política del territorio nacional que, sin embargo, no abarca territorialmente toda la ciudad de Caracas, sino que coincide con el territorio del antiguo Distrito Federal, por lo que en forma alguna afecta o puede afectar el territorio del Estado Miranda, el cual, conforme a la voluntad del Constituyente, permaneció incólume.

---

175 *V.* Allan R. Brewer-Carías, El régimen de gobierno municipal del Distrito Federal, Caracas, 1968.

176 *V.* Asamblea Nacional Constituyente, *Gaceta Constituyente (Diario de Debates)*, Caracas, octubre-noviembre 1999.

En consecuencia, conforme a la Constitución de 1999, los Municipios del valle de Caracas, al este de la Quebrada Chacaíto y en línea hacia el sur, necesariamente continúan y continuarán siendo parte del territorio del Estado Miranda.

Ahora bien, la previsión en la Constitución del Distrito Capital en sustitución del antiguo Distrito Federal implicaba, constitucionalmente hablando, lo siguiente: en *primer lugar,* que a todos los efectos administrativos concernientes al Poder Nacional, el Distrito Capital es una división política del territorio nacional, por lo que las unidades administrativas nacionales que actúan en el territorio nacional, además de los Estados pueden adoptar la división del Distrito Capital. Por ejemplo, podría haber oficinas subalternas de Registro del Distrito Capital, en lugar de las del Distrito Federal; Tribunales con jurisdicción en el Distrito Capital en lugar del Distrito Federal; y unidades administrativas ministeriales, por ejemplo, educativas o de salud, con jurisdicción en el Distrito Capital en lugar del Distrito Federal.

Debe señalarse, en todo caso, que en aquellos supuestos en los cuales la ley establece una distribución territorial entre los Estados y el Distrito Federal, después de la Constitución de 1999, la antigua unidad territorial del Distrito Federal se convirtió en la unidad del Distrito Capital. Esto debió suceder, por ejemplo, respecto de los Colegios Profesionales cuyas leyes preveían su existencia en el Distrito Federal (*p.e.* Colegio de Médicos del Distrito Federal que debió convertirse en Colegio de Médicos del Distrito Capital). En efecto, de acuerdo con el texto expreso de la Ley de Abogados y de la Ley de Ejercicio de la Medicina, por ejemplo, los Colegios profesionales de abogados y médicos deben crearse y funcionar en cada entidad federal. Antes de la Constitución de 1999 existían Colegios en cada uno de los Estados y en el Distrito Federal, por lo que después de la Constitución de 1999 lo único que cambió fue la denominación de Distrito Federal por el de Distrito Capital. En consecuencia, el antiguo Colegio de Médicos del Distrito Federal debió denominarse Colegio de Médicos del Distrito Capital, siendo en nuestro criterio contrario a la Ley de Ejercicio de la Medicina, por ejemplo, la decisión de dicho Colegio adoptada en el año 2000 de pasar a denominarse Colegio de Médicos del Distrito Metropolitano de Caracas, en perjuicio de la jurisdicción del Colegio de Médicos del Estado Miranda.

En *segundo lugar,* que como entidad político territorial, a partir de la vigencia de la Constitución de 1999, al Distrito Capital le corresponde participar en la distribución del situado constitucional (una partida equivalente a un máximo del 20% del total de los ingresos ordinarios estimados anualmente por el Fisco Nacional) junto con los Estados de la República (Art. 167,4). Por tanto, en la asignación del situado constitucional, al Distrito Capital le corresponde igual parte que a cada uno de los Estados respecto del 30% del situado constitucional; y una parte muy importante respecto del 70% restante del situado constitucional, que se reparte en proporción a la población de cada uno de los Estados y del Distrito Capital.

En *tercer lugar*, que corresponde a la Asamblea Nacional sancionar una Ley que regule la organización y régimen del Distrito Capital (Art. 156,10) en cuyo territorio puede haber uno o más municipios. Es decir, la ley nacional podría establecer un régimen y organización del Distrito Capital, el cual si bien no necesariamente tenía que conducir a crear alguna nueva "autoridad" a nivel del Distrito Capital, como incluso podría deducirse de lo indicado en el artículo 189,2 de la Constitución, en todo caso si hubiera podido regular la existencia de diversos municipios que podían establecerse en dicho territorio (Art. 18), por ejemplo dividiendo el actual Municipio Libertador del Distrito Capital.

En *cuarto lugar,* en caso de organizarse un régimen de gobierno en el Distrito Capital, el mismo tenía que ser establecido conforme a lo previsto en el artículo 6 de la Constitución para la República y para todas las entidades políticas que componen la división territorial de la República, como gobierno "democrático, participativo, electivo, descentralizado, alternativo, responsable, pluralista y de mandatos revocables." Es decir, en ningún caso la ley nacional podía establecer una autoridad o "gobierno" del Distrito Capital dependiente del Poder Nacional sin gobierno propio, como lo ha hecho inconstitucionalmente la ley Especial de 2009. Lo que si estaba llamada a hacer la ley nacional, antes de organizar el Distrito Capital como entidad política territorial con sus propias autoridades electas, era determinar transitoriamente, a cual autoridad correspondía administrar y ejecutar los ingresos que por situado constitucional, correspondía al Distrito Capital como entidad territorial, lo cual se atribuyó en 2000 al Distrito Metropolitano de Caracas, como gobierno municipal a dos niveles de carácter democrático. En ningún caso, podría pensarse de acuerdo con la Constitución que pueda asignarse la administración de una cuota parte del Situado Constitucional a una entidad que no sea una entidad político territorial con gobierno democrático propio, y menos a una entidad enteramente dependiente del Poder Nacional como es la que se ha creado en 2009 con el nombre de Distrito Capital.

III. LA RELACIÓN ENTRE EL DISTRITO CAPITAL Y EL DISTRITO METROPOLITANO DE CARACAS

La Constitución de 1999, al renunciar a la creación de una entidad federal que abarcara territorialmente todo el valle de Caracas y comprendiera el territorio del antiguo Distrito Federal y el de los Municipios Chacao, Sucre, Baruta y El Hatillo del Estado Miranda, desmembrando el territorio de esta entidad federal; optó por dejar incólume la división territorial del Estado Miranda y, en general, de la República, sustituyendo el Distrito Federal por el Distrito Capital, con las consecuencias constitucionales antes indicadas, y dejando los Municipios del este del valle de Caracas, en el territorio del Estado Miranda[177].

Con base en esta división política del territorio nacional, la Constitución, además, introdujo una reforma que significó un avance sustancial en relación con la Constitución de 1961, respecto de la organización del Área Metropolitana de Caracas. La Constitución de 1961, en efecto, sólo establecía que una ley especial podía *coordinar* las distintas jurisdicciones existentes dentro del área metropolitana de Caracas, sin menoscabo de

177 *V.* en general, María de los Ángeles Delfino M., "La gobernabilidad de Caracas, la Capital y el Distrito Metropolitano", *Revista de Derecho Público,* N° 82, (abril-junio), Editorial Jurídica Venezolana, Caracas 2000, pp. 107-114; Manuel Rachadell, "¿Distrito Capital o Distrito Metropolitano?", en *El Derecho Público a comienzos del siglo XXI. Estudios en homenaje al Profesor Allan R. Brewer-Carías, T.* III, Instituto de Derecho Público, UCV, Civitas Ediciones, Madrid, 2003, pp. 3271 a 3311; Alfredo De Stefano Pérez, "Aproximación al estudio del Distrito Metropolitano de Caracas", en *Temas de Derecho Administrativo: Libro Homenaje a Gonzalo Pérez Luciani,* Volumen II, Editorial Torino, Caracas 2002, pp. 553-592; Allan R. Brewer-Carías, "Consideraciones sobre el régimen constitucional del Distrito Capital y del sistema de gobierno municipal de Caracas", en *Revista de Derecho Público,* N° 82 (abril-junio), Editorial Jurídica Venezolana, Caracas, 2000, pp. 5-17, y en *Revista Iberoamericana de Administración Pública (RIAP),* Ministerio de Administraciones Públicas, N° 5, julio-diciembre 2000, Madrid 2000, pp. 17-39.

la autonomía municipal (Art. 11); ley especial que jamás llegó a sancionarse, a pesar de todas las propuestas que se fueron formulando. Con aquella previsión, en todo caso, la Constitución de 1961 lo que buscaba era, como principio, que se pudieran coordinar las distintas jurisdicciones (nacionales, del Estado Miranda, del Distrito Federal y Municipales) que existían en el Área Metropolitana de la Capital.

La Constitución de 1999, por supuesto, fue mucho más allá del sólo reconocimiento de la existencia de distintas jurisdicciones con competencias en el territorio del Área Metropolitana de Caracas y del establecimiento del principio de coordinación; al regular, en su lugar, directamente, la necesidad de establecer un *sistema de gobierno municipal para toda el área*. En efecto, el artículo 18 de la Constitución, luego de establecer que la ciudad de Caracas es la capital de la República y el asiento de los órganos del Poder Nacional, agregó:

Una ley especial establecerá la unidad político-territorial de la ciudad de Caracas que integre en un sistema de gobierno municipal a dos niveles, los Municipios del Distrito Capital y los correspondientes del Estado Miranda.

Esa Ley fue sancionada por la Asamblea Nacional Constituyente con la denominación de Ley Especial sobre el Régimen del Distrito Metropolitano de Caracas de 8 de marzo de 2000,[178] en ejecución de la Disposición Transitoria Primera de la Constitución en la cual, sin embargo, por error, en lugar de referirse a la "Ley Especial sobre el Régimen del Distrito Metropolitano de Caracas" se puso "Ley Especial sobre el Régimen del Distrito Capital." El evidente error fue soslayado en la Asamblea Nacional Constituyente al sancionar precisamente la Ley Especial sobre el Régimen del Distrito Metropolitano de Caracas de 2000. En todo caso, de la norma constitucional del artículo 18 quedó claro en *primer lugar*, que existe un territorio denominado Distrito Capital (antes Distrito Federal) y un territorio denominado Estado Miranda, como parte de la división política de la República. En consecuencia, con el establecimiento del Distrito Metropolitano de Caracas, como lo señaló la Sala Constitucional del Tribunal Supremo de Justicia en sentencia Nº 1.563 de 13 de diciembre de 2000 (Caso: *Interpretación de la Ley Especial sobre el Régimen del Distrito Metropolitano de Caracas*),[179] "no ha nacido ninguna nueva entidad político territorial que deje sin efecto las previstas en el artículo 16 de la Constitución" (pp. 33 de 61).

En *segundo lugar,* del artículo 18 de la Constitución resultó que en dicho territorio, en lo que se refiere al área ocupada por la ciudad de Caracas como realidad urbana, debía establecerse un sistema de gobierno municipal, léase bien, *municipal*, a dos niveles, que integrase en una unidad político-territorial de gobierno municipal, a los Municipios (que pueden y deberían ser varios) del Distrito Capital y a los correspondientes Municipios del Estado Miranda donde tiene su asiento parte de la ciudad capital (Chacao, Sucre, Baruta y El Hatillo) como unidad y continuidad urbana. Por ello, la sentencia Nº 1.563 de la Sala Constitucional antes citada, correctamente calificó al Distrito Metropolitano de Caracas como "una entidad estrictamente municipal" (pp. 32 de 61) que "forma parte del Poder Municipal" (pp. 35 de 61); aclarando que "no es una entidad estadal" (pp. 38 de 61).

---

178 *V.* en *Gaceta Oficial* Nº 36.906 de 8-3-2000.

179 *V.* en *Revista de Derecho Público,* Nº 84, (octubre-diciembre), Editorial Jurídica Venezolana, Caracas, 2000, pp. 184 y ss. En el texto sin embargo, las referencias que hacemos a las páginas de la sentencia se refieren a las de la versión publicada en la página web del Tribunal Supremo.

En *tercer lugar*, de la norma Constitucional resultó que el establecimiento de la unidad político-territorial de la ciudad de Caracas mediante la integración de los Municipios en los cuales tiene su asiento, en un sistema de gobierno municipal a dos niveles, no afectó en forma alguna la división política de la República, que seguía siendo en Estados y el Distrito Capital, ni afectó en forma alguna los territorios del Distrito Capital y del Estado Miranda, cuyo territorio (de éste último), en particular, conforme a la Disposición Transitoria Primera, debía preservarse; es decir, que la organización del sistema de gobierno municipal a dos niveles en Caracas, tenía que preservar la integridad territorial del Estado Miranda y de los Municipios del mismo. Por tanto, no es cierto, como lo señaló la sentencia N° 1.563 de la Sala Constitucional citada del 13 de diciembre de 2000, que supuestamente la Ley sobre el Régimen del Distrito Metropolitano de Caracas le hubiera dado "de una vez a dicho Distrito (capital) el régimen de Distrito Metropolitano" (pp. 32 de 61). Tampoco es correcto afirmar, como lo hizo la Sala Constitucional en la antes citada sentencia, que con la creación de un Distrito Metropolitano se "fusionen" los Municipios que integran el mismo (pp. 33 de 61 y 34 de 61). No hubo ni ha habido allí fusión alguna de Municipios.

Por último, en *cuarto lugar,* la previsión del artículo 18 de la Constitución sobre la necesaria integración de un gobierno municipal a dos niveles implicó un sistema de distribución de las competencias municipales entre los dos niveles, de manera que el nivel metropolitano pudiera ejercer los aspectos metropolitanos (macro) de la competencia municipal y los niveles municipales pudieran ejercer los aspectos locales (micro) de las mismas competencias.

En la materia, por tanto, no hay ni ha habido "sujeción" de un nivel a otro, en el sentido de subordinación jerárquica, y sólo puede hablarse de primacía normativa del nivel metropolitano en relación al nivel local. En consecuencia, no fue sino desafortunada la expresión utilizada en la sentencia N° 1.563 citada de la Sala Constitucional, cuando señaló que habría "sujeción" de los Alcaldes Municipales al Alcalde Metropolitano, en el siguiente párrafo:

> Para determinar las competencias del Distrito Metropolitano de Caracas, la Sala puntualiza que por mandato constitucional, existe un gobierno municipal de dos niveles, uno macro para toda la extensión territorial y uno micro para cada uno de los municipios que conforman al Distrito.
>
> En el nivel macro, es el Alcalde Metropolitano la primera autoridad civil, política y administrativa del Distrito, mientras que en el nivel micro y en lo que sean competentes, los Alcaldes de cada Municipio son la primera autoridad civil, política y administrativa de ellos.
>
> En consecuencia, existe en el nivel macro una sujeción de los Alcaldes de los municipios integrados al Alcalde Metropolitano, pero éste no puede intervenir en el nivel micro, en lo que sea competencia exclusiva de los municipios que conforman el Distrito (pp. 38 de 61).

El Alcalde Metropolitano no es ningún "Alcalde Mayor" al cual se encuentren "subordinados" (sujetos) los Alcaldes Municipales; y además, no se puede hablar de materias de la competencia municipal "exclusiva" de alguno de los dos niveles de gobierno. Ambos son gobierno municipal, y como tales tienen el gobierno y la administración de las materias de la competencia municipal, cada nivel en los aspectos que le corresponden: los aspectos "macro", de carácter metropolitano para el nivel metropolitano; y los aspectos "micro", locales, para los Municipios.

IV. LA CREACIÓN DEL DISTRITO METROPOLITANO DE CARACAS MEDIANTE LEY ESPECIAL, COMO GOBIERNO MUNICIPAL A DOS NIVELES

En ejecución del mandato establecido en la Disposición Transitoria Primera de la Constitución, conforme al artículo 18 de la Constitución, la Asamblea Nacional Constituyente sancionó la Ley Especial sobre el Régimen del Distrito Metropolitano de Caracas de 8-3-2000,[180] a la cual la Sala Constitucional en la citada sentencia N° 1.563 de 13 de diciembre de 2000, le reconoció las características de "ley orgánica, así no se le haya dado tal denominación" (páginas 30 de 61), en virtud de que en ella se regulan materias que están contenidas en la Ley Orgánica de Régimen Municipal.

En todo caso, debe advertirse, que se trata de la Ley Especial que regula el Distrito Metropolitano de Caracas, que es la exigida en el artículo 18 de la Constitución, para regular, conforme a los principios generales establecidos para los Distritos Metropolitanos (Art. 171), la unidad político-territorial de la ciudad de Caracas que integra en un sistema de gobierno municipal a dos niveles, los Municipios Libertador del Distrito Capital y Chacao, Sucre, Baruta y El Hatillo del Estado Miranda.

Por tanto, la Ley Especial no fue, en absoluto, la Ley del Distrito Capital a que hacían referencia los artículos 156,10 y 187,1 de la Constitución, constituyendo como se dijo, un lamentable error de la Disposición Transitoria Primera de la Constitución, el haber hecho referencia a una supuesta "Ley Especial sobre el Régimen del Distrito Capital", cuando de lo que se trataba era de la "Ley Especial sobre el Distrito Metropolitano de Caracas." En todo caso, la remisión expresa que hace la Disposición Transitoria Primera a la Ley Especial "prevista en el artículo 18 de la Constitución" despejó toda duda, pues esta norma no reguló ley alguna del "Distrito Capital" sino de la unidad político territorial de la ciudad de Caracas que integre los Municipios tanto del Distrito Capital como del Estado Miranda en los cuales la ciudad tiene su asiento, en un sistema de gobierno a dos niveles.

En todo caso, esta confusión quedó aclarada en la oportunidad de la primera discusión del "Proyecto de Ley Especial sobre el Régimen del Distrito Capital" en la Asamblea Nacional Constituyente, sesión del 25-01-2000, lo que condujo a que en la segunda discusión, sesión del 28-01-2000, se hubiera modificado el título de la ley por el de Ley sobre el Régimen del Distrito Metropolitano de Caracas.[181]

Al Distrito Metropolitano de Caracas, conforme a la ley Especial, se le delimitó el territorio comprendiendo los límites del "Municipio Libertador del Distrito Capital, el cual sustituye al Distrito Federal y de los Municipios Sucre, Baruta, Chacao y El Hatillo del Estado Miranda" (Art. 2). El artículo 38 de la Ley Especial dispuso que correspondía a la Asamblea Nacional "en el lapso no mayor de un (1) año a partir de su instalación" dictar las medidas para la reorganización político territorial del Municipio Libertador, de conformidad con los principios de descentralización y participación contenidos en la Constitución de la República Bolivariana de Venezuela; lo que nunca ocurrió.

---

180 *V.* en *Gaceta Oficial* N° 36.906 de 8-3-2000.

181 *V.* Asamblea Nacional Constituyente, *Gaceta Constituyente* (Diario de Debates), Noviembre 1999-Enero 2000, Caracas, 2000.

Conforme al mencionado artículo 18 de la Constitución, el artículo 3° de la Ley Especial dispuso que el Distrito Metropolitano de Caracas se organizó en un sistema de gobierno municipal a dos niveles, así:

1. El Nivel Metropolitano, formado por un órgano ejecutivo y un órgano Legislativo, cuya jurisdicción comprende la totalidad territorial Metropolitana de Caracas;

2. El Nivel Municipal formado por un órgano ejecutivo y un órgano legislativo en cada municipio integrante del Distrito Metropolitano de Caracas, con jurisdicción municipal.

En el Distrito Metropolitano de Caracas, el gobierno y la administración corresponden al Alcalde Metropolitano; y la función legislativa corresponde al Cabildo Metropolitano (Art. 4). Por su parte, conforme a la Ley Orgánica de Régimen Municipal, en cada uno de los Municipios que integran el Distrito Metropolitano, el Poder Ejecutivo lo ejerce el Alcalde Municipal; y el Poder Legislativo lo ejerce el Concejo Municipal, con sus respectivas competencias, de conformidad con lo establecido en la Constitución y leyes de la República (Art. 5).

En el nivel metropolitano, el Alcalde Metropolitano es la primera autoridad civil, política y administrativa del Distrito Metropolitano de Caracas, así como los Alcaldes Municipales lo son en cada uno de los Municipios que lo integran (Art. 8). En cuanto al Cabildo Metropolitano, conforme al artículo 11 de la Ley Especial, es el órgano legislativo del Distrito Metropolitano de Caracas, integrado por los Concejales Metropolitanos elegidos en la oportunidad y en el número determinados por la legislación electoral aplicable.

Se regula, además, en la Ley Especial, al Consejo de Gobierno del Distrito Metropolitano de Caracas como órgano superior de consulta y asesoría del Alcalde Metropolitano, integrado por los Alcaldes de los Municipios que conforman el Distrito Metropolitano de Caracas (Art. 10). Dicho Consejo de Gobierno, lo preside el Alcalde Metropolitano y se reúne a convocatoria suya (arts. 9 y 10). Se reguló así, en la ley, la figura que se había creado en el Reglamento N° 6 de la Ley Orgánica de Descentralización de 1993. Tanto el nivel metropolitano como el nivel municipal en el Distrito Metropolitano de Caracas, son *gobiernos municipales* y, por tanto, sus competencias son estrictamente municipales; y precisamente por ello, el artículo 19 de la Ley Especial sobre el Régimen del Distrito Metropolitano otorga al mismo "las competencias municipales atribuidas a los Municipios en el artículo 178 de la Constitución".

Con tal declaratoria no se produjo ningún "contrasentido con la organización municipal" como lo afirmó la Sala Constitucional en la sentencia N° 1563 del 13-12-00 (pp. 42 de 61), pues el Distrito Metropolitano como lo dijo la misma Sala en la misma sentencia N° 1563, es "una entidad estrictamente municipal" (pp. 32 de 61) que organiza un sistema de gobierno municipal a dos niveles, Distrital y Municipal, ambos formando parte del "Poder Municipal" y con las competencias establecidas en la Constitución para los Municipios (Art. 178). Siendo los dos niveles de carácter municipal, la ley lo que tenía que hacer era "distribuir" el ámbito de las competencias municipales en los dos niveles, pero sin pretender atribuir a alguno de los dos niveles competencias municipales exclusivas. Conforme al artículo 18 de la Constitución, la Ley debía garantizar el carácter democrático y participativo del gobierno municipal en los dos niveles (Art. 18), por lo que el artículo 6 de la Ley Especial dispuso el carácter democrático y electivo del Alcalde Metropolitano de Caracas, de los Concejales Metropolitanos, de los Alcaldes Municipales y de los miembros de los Concejos Municipales, quienes tienen que ser electos por votación popular, universal, directa y secreta.

V. LA HACIENDA PÚBLICA DEL DISTRITO METROPOLITANO DE CARACAS Y LA TRANSFERENCIA DE BIENES DEL DISTRITO FEDERAL AL MISMO

De acuerdo con el artículo 20 de la Ley Especial sobre el Régimen del Distrito Metropolitano, en cuanto a la Hacienda Pública Metropolitana, es decir el conjunto de bienes, ingresos y obligaciones del Distrito Metropolitano de Caracas, se dispuso, en particular que estaría conformada por "los bienes, derechos y acciones que pertenezcan o de los cuales sea titular el Distrito Federal para el momento de la entrada en vigencia de esta Ley Especial, inclusive los derechos y acciones sobre el patrimonio de empresas, fundaciones, asociaciones y cualquier otra forma de organización descentralizada pública o de entidades privadas; los bienes que le sean atribuidos y los que adquiera por cualquier medio conforme a la Constitución y la ley" (Art. 22,1).

Además, el artículo 22,3 de la misma Ley Especial dispuso entre los ingresos del Distrito Metropolitano de Caracas, "el Situado Constitucional que corresponda al Distrito Capital, deducido el aporte correspondiente al o a los municipios de esta Entidad," monto que se dispuso que sólo podía ser "destinado a gastos en el ámbito territorial del Distrito Capital" (Art. 23).

Además, se dispuso que también constituían ingresos del Distrito Metropolitano "el diez por ciento (10%) de la cuota de participación en el Situado que corresponde a cada uno de los municipios integrados en el Distrito Metropolitano de Caracas" (Art. 22,4). También se dispuso como ingresos del Distrito Metropolitano, "El aporte financiero, en cada ejercicio fiscal, de los municipios integrados en el Distrito Metropolitano de Caracas, en proporción equivalente al diez por ciento (10%) del ingreso propio efectivamente recaudado por cada uno de ellos en el ejercicio fiscal inmediatamente anterior (Art. 22,5).

Por último, otro ingreso del Distrito regulado en la Ley Especial fue "la transferencia por concepto de subsidio de capitalidad que se le acuerde en el Presupuesto Nacional para cada ejercicio fiscal, y las demás transferencias y aportes especiales que reciba el Poder Nacional o de otras fuentes"(Art. 22,6). A los efectos de asegurar la estructuración de la Hacienda Pública del Distrito Metropolitano de Caracas, tal como se había dispuesto en la Ley Especial sobre el Régimen del Distrito Metropolitano, en agosto del mismo año 2000, la Comisión Legislativa Nacional creada al margen de la Constitución de 1999 por la Asamblea Nacional Constituyente, mediante el Decreto sobre el Régimen de Transición del Poder Público 22 de diciembre de 1999[182], dictó la Ley de Transición del Distrito Federal al Distrito Metropolitano de Caracas,[183] con el objeto de regular "el régimen de transición administrativa, orgánica y de gobierno del Distrito Federal al Distrito Metropolitano de Caracas, en virtud de lo establecido en el artículo 18 de la Constitución y en la Ley Especial sobre el Régimen del Distrito Metropolitano de Caracas" (Art. 1).

Se trató, por tanto, de una ley de transición patrimonial de efectos temporales, dictada por el Legislador el cual en lugar de organizar el Distrito Capital, dispuso "la transferencia de las dependencias y entes adscritos a la Gobernación del Distrito Federal a la Alcaldía Metropolitana, así como la reorganización y reestructuración de los mismos"

---

182 *V.* en *Gaceta Oficial* N° 36.859 de 29-12-99.

183 *V.* en *Gaceta Oficial* N° 37.006 del 3 de agosto de 2000.

(Art. 4), a cuyo efecto dispuso una serie de previsiones para asegurar la mencionada transición del Distrito Federal al Distrito Metropolitano mientras este se organizaba.

Se dispuso, así, la ejecución del Presupuesto de 2000 del antiguo Distrito Federal por el Distrito Metropolitano (Art. 5), y se estableció un "régimen presupuestario de transición" a los efectos de "la liquidación de las cuentas fiscales de la Gobernación del Distrito Federal y el financiamiento del proceso de transferencia de las competencias y servicios que el Distrito Metropolitano de Caracas debe asumir" (Art. 6); de la liquidación de las deudas y demás obligaciones pendientes de la Gobernación del Distrito Federal (Art. 8); y de la administración del personal durante el régimen de transición (Art. 9).

La Ley de Transición del Distrito Federal al Distrito Metropolitano de Caracas, por otra parte dispuso la adscripción a la Alcaldía del Distrito Metropolitano de Caracas de "los institutos y servicios autónomos, las empresas, fundaciones y demás formas de administración funcional de la Gobernación del Distrito Federal," asignándole al Alcalde, competencia para "acordar su reorganización o liquidación" y tomar las acciones y medidas necesarias para su ejecución (Art. 11).

Finalmente, la Ley de Transición precisó cómo se debe proceder con algunos de los ingresos del Distrito Metropolitano: en relación con el ingreso derivado del diez por ciento (10%) de la cuota de participación en el Situado que corresponde a cada uno de los municipios integrados en el Distrito Metropolitano de Caracas establecido en el artículo 22,4 de la Ley Especial, el artículo 7 de la Ley de Transición estableció que "se deducirán directamente de la cuota correspondiente del Situado Constitucional y serán remitidos directamente por el Ejecutivo Nacional al Distrito Metropolitano de Caracas;. y en cuanto al aporte financiero que en cada ejercicio fiscal, debían hacer los municipios integrados en el Distrito Metropolitano de Caracas, en proporción equivalente al diez por ciento (10%) del ingreso propio efectivamente recaudado por cada uno de ellos en el ejercicio fiscal inmediatamente anterior previsto en el artículo 22,5 de la Ley Especial, el artículo 7 de la Ley de Transición estableció que "serán remitidos a la Alcaldía del Distrito Metropolitano por parte de los municipios respectivos en los primeros treinta (30) días del período de transición."

Como puede apreciarse, la Ley de Transición del Distrito Federal al Distrito Metropolitano de Caracas de 2000, fue una ley de efectos temporales cuyo contenido total, salvo algunas precisiones de desarrollo de la Ley Especial sobre el Régimen del Distrito Metropolitano del mismo año, cumplió su cometido de transición y ya no tiene vigencia, es decir, se agotó. Por ello, no se entiende el sentido de la Disposición Derogatoria de la Ley Especial sobre el Régimen del Distrito Capital de "derogar" la Ley de Transición del Distrito Federal. Los efectos de esta se cumplieron en el pasado y los actos y hechos ocurridos no se pueden revertir, pues el pasado no se puede borrar. Es por tanto un absurdo pretender derogar una ley que cumplió efectos en el pasado y que no tiene efectos en la actualidad.

VI. LOS INTENTOS DE REFORMAR LA CONSTITUCIÓN EN 2007 PARA RECREAR EL DISTRITO FEDERAL Y CENTRALIZAR LA FEDERACIÓN

El 2 de noviembre de 2007, la Asamblea Nacional, luego de haberle dado tres discusiones en algo más de un mes, sancionó un proyecto de reforma a la Constitución de 1999, presentado a iniciativa del Presidente de la República, el cual fue sometido a referendo aprobatorio el 2 de diciembre de 2007, de cuya votación resultó rechazado. Es de importancia destacar los aspectos de esa reforma relacionadas con le territorio y el Distrito capital, para poder captar a cabalidad el fraude constitucional que ha cometido la Asamblea Nacional, al sancionar la Ley Especial sobre el Régimen del Distrito Capital, mediante la cual se pretende efectuar la reforma constitucional que fue rechazada por el pueblo.

En efecto, uno de los aspectos resaltantes de la Reforma Constitucional rechazada de 2007, [184] fue la desarticulación que se quiso introducir a la forma federal del Estado que implica la división política del territorio en "entidades políticas", es decir, que gozan esencialmente de autonomía política territorial, y cuyo gobierno, como lo exige el artículo 6 de la Constitución, debe ser entre otros aspectos "electivo." Para ello, en lugar de la organización política de la República montada en la división del territorio nacional en el de los Estados, el del Distrito Capital, el de las dependencias federales y el de los territorios federales, y la exigencia de que el territorio se organice en Municipios, y en todas esas entidades políticas con gobiernos democráticos electos mediante sufragio; en la Reforma de 2007 en relación con el artículo 16, lo que se buscaba establecer era que "el territorio nacional se conforma a los fines político-territoriales y de acuerdo con la nueva geometría del poder, por un Distrito Federal, en el cual tendrá su sede la capital de la República Bolivariana de Venezuela, por los estados, las regiones marítimas, los territorios federales, los municipios federales y los distritos insulares."[185]

Por otra parte, en lugar de que el territorio se organice en municipios como lo exige la Constitución de 1999, lo que se pretendió establecer era que "los Estados se organizan en municipios" (Art. 16), los que por tanto desaparecerían, si una parte del territorio se convierte en alguna de las entidades antes mencionadas quitándoselas a un Estado. Por ello es que precisamente, el Municipio desaparecía como unidad política primaria en la organización nacional como lo regula la Constitución de 1999.

Además, conforme a la Reforma rechazada de 2007 respecto del mismo artículo 16 de la Constitución, y dejando aparte las reformas de orden local mediante las cuales el Municipio se lo vaciaba en las comunidades, comunas y ciudades a partir de las cuales se proponía desarrollar el Poder Popular, se buscaba autorizar al Presidente de la República, en Consejo de Ministros, para que "previo acuerdo aprobado por la mayoría simple de los diputados y diputadas de la Asamblea Nacional", pudiera "decretar regiones marítimas, territorios federales, municipios federales, distritos insulares, provincias federales, ciudades federales y distritos funcionales, así como cualquier otra entidad que establezca esta Constitución y la Ley".

---

184 *V.* Allan R. Brewer-Carías, *La Reforma Constitucional de 2007 (Comentarios al proyecto inconstitucionalmente sancionado por la Asamblea Nacional el 2 de noviembre de 2007)*, Editorial Jurídica Venezolana, Caracas 2007, pp. 82 ss.

185 En el Anteproyecto presentado por el Presidente, incluso, se proponía que "la vigencia de los Territorios Federales y de los Municipios Federales [quedase] supeditada a la realización de un referéndum aprobatorio en la entidad respectiva", ya que con la creación de los mismos se afecta la división política territorial de los Estados. Esto sin embargo, no se acogió en la reforma constitucional sancionada. *V.* en Allan R. Brewer-Carías, *Hacia la consolidación de un Estado Socialista, Centralizado, Policial y Militarista (Comentarios sobre el alcance y sentido del Anteproyecto de reforma constitucional 2007)*, Editorial Jurídica Venezolana, Caracas 2007, pp. 49 ss.

Es decir, con esta reforma, la división político territorial de la República hubiera dejado de ser una materia de rango constitucional como siempre lo ha sido, y hubiera pasado a ser una materia ni siquiera de regulación mediante ley por la Asamblea Nacional, sino de la sola regulación ejecutiva. Es difícil concebir mayor centralización del poder.

Respecto de las entidades territoriales nuevas que se proponían, en la Reforma rechazada de 2007 en cuanto al mismo artículo 16, se indicaba que los "distritos funcionales" se "crearán conforme a las características históricas, socioeconómicas y culturales del espacio geográfico correspondiente, así como sobre la base de las potencialidades económicas que desde ellos sea necesario desarrollar en beneficio del país"; y que la creación de los mismos implicaba "la elaboración y activación de una Misión Distrital con el respectivo Plan Estratégico Funcional a cargo del Gobierno Nacional, con la participación y en consulta permanente con sus habitantes". Por supuesto, nada se indicaba sobre la forma de dicha participación ni consulta, pero en todo caso, se precisaba que estos distritos funcionales podían ser conformados "por uno o más municipios o lotes territoriales de estos, sin perjuicio del Estado al cual pertenezcan".

En cuanto a las ciudades federales, el proyecto de Reforma constitucional rechazado de 2007 disponía que su organización y funcionamiento se debía hacer "de conformidad con lo que establezca la ley respectiva", y en este caso, también implicaba "la activación de una Misión Local con su correspondiente Plan Estratégico de Desarrollo".

Por último, en cuanto a las "provincias federales", en el proyecto rechazado de Reforma constitucional de 2007, se disponía que las mismas "se conformarán como unidades de agregación y coordinación de políticas territoriales, sociales y económicas a escala regional, siempre en función de los planes estratégicos nacionales y el enfoque estratégico internacional del Estado venezolano". Las mismas se "constituirán pudiendo agregar indistintamente estados y municipios, sin que éstos sean menoscabados en las atribuciones que esta Constitución les confiere".

En relación con todas estas "regiones marítimas, territorios federales, Distrito Federal, municipios federales, distritos insulares, provincias federales, ciudades federales y distritos funcionales, así como cualquier otra entidad que establezca esta Constitución y la ley", conforme a la Reforma que se proponía del artículo 16, el Presidente de la República tenía la competencia para designar y remover "las autoridades respectivas, por un lapso máximo que establecerá la ley."

En consecuencia, se trataba, no de entidades políticas con alguna autonomía, sino de entidades sujetas completamente al Poder Central. Como no se trata de autoridades electas, no estaban por supuesto sujetas a mandatos revocables.

Como se dijo, si bien con el proyecto rechazado popularmente de Reforma constitucional de 2007 no se eliminan formalmente a los Estados ni a los Municipios, sin embargo, las propuestas en materia de distribución de competencias y de vaciamiento de las mismas hacia los Consejos del Poder Popular, y en particular, hacia los Consejos Comunales, hubieran implicado que materialmente desaparecieran por inoperantes.

Por otra parte, y salvo en el caso de los Estados y Municipios, todas las otras entidades territoriales se pretendían establecer sin garantía alguna de que sus gobiernos serían electos mediante sufragio universal, directo y secreto. Al contrario, como nuevas organizaciones que se hubieran integrado al Poder Popular, que conforme se buscaba dijera el artículo 136 de la Constitución, era el pueblo el "depositario de la soberanía" que debía ejercerla directamente, de manera que dicho Poder Popular, supuestamente "no nace del sufragio ni de elección alguna, sino que nace de la condición de los grupos humanos organizados como base de la población". Es decir, el principio del fin de la democracia representativa.

Pero una de las reformas más importantes que se pretendió efectuar con la Reforma Constitucional rechazada de 2007, fue la relativa a la previsión que se incorporó en la Constitución de 1999 con el objeto de asegurar definitivamente un régimen de gobierno local descentralizado y democrático para la ciudad capital, garantizando la autonomía municipal y la participación política de las diversas entidades que componen la ciudad. Por ello fue que en la Constitución de 1999 se institucionalizó la figura del gobierno metropolitano a dos niveles, para asegurar el gobierno global (metropolitano) de la ciudad y a la vez, asegurar el gobierno local. En esta forma, como se ha dicho, se eliminó el Distrito Federal que había quedado como vestigio decimonónico del esquema tradicional de las federaciones, en el cual la ciudad capital carecía de autogobierno.

Sin embargo, con el proyecto rechazado de Reforma constitucional de 2007, lamentablemente, se pretendió volver al mismo esquema del siglo XIX, ya superado en todas las capitales de todas las Federaciones del mundo, donde lejos de la ausencia de gobierno local en la ciudad capital, la tendencia ha sido de establecerlos, con representantes electos por votación popular.

En efecto, con el proyecto de Reforma constitucional de 2007, respecto del artículo 18, se buscaba eliminar la existencia del Distrito Capital y la organización municipal del mismo, y se lo sustituía por un Distrito Federal, que se revivía pero sin garantía constitucional expresa alguna de autonomía municipal o territorial, ni con la exigencia del "carácter democrático y participativo de su gobierno" como lo establecía la Constitución de 1999, con lo cual lo que se pretendía hacer era restablecer el viejo Distrito Federal en su concepción original de 1864, como un territorio controlado y gobernado por el Poder Nacional, y en particular, por el Ejecutivo Nacional, para que en la capital de la República que es la sede del Poder Nacional, no existiera gobierno local democrático alguno con autonomía. Por ello, en el artículo 16 de la Reforma rechazada de 2007, se le atribuía al Presidente la facultad de designar y remover las autoridades del Distrito Federal.

En esta forma, en lugar del artículo 18 de la Constitución de 1999, lo que se buscaba incorporar en la Constitución con la rechazada Reforma de 2007, era una norma que sólo establecía la ciudad de Caracas como la capital de la República y el asiento de los órganos del Poder Nacional, remitiendo a una ley especial el establecimiento "de la unidad político territorial de la ciudad de Caracas, la cual será distinguida como Cuna de Simón Bolívar, El Libertador y Reina del *Warairarepano*".

Dicha organización, dependiente del Poder Central, se la concebía sin autonomía local alguna, proponiéndose que se agregara en la norma que "El Poder Nacional por intermedio del Poder Ejecutivo y con la colaboración y participación de todos los entes del Poder Público Nacional, Estadal y Municipal, así como del Poder Popular, sus comunidades, comuna, consejos comunales y demás organizaciones sociales, dispondrá todo lo necesario para el reordenamiento urbano, reestructuración vial, recuperación ambiental, logros de niveles óptimos de seguridad personal y pública, fortalecimiento integral de la infraestructura del hábitat de las comunidades, sistemas de salud, educación, cultura, deporte y recreación, recuperación total de su casco y sitios históricos, construcción de un sistema de pequeñas y medianas ciudades a lo largo de sus ejes territoriales de expansión y, en general, lograr la mayor suma de humanización posible en la Cuna de Simón Bolívar, El Libertador, y Reina del *Warairarepano*".

Con ese proyecto de Reforma constitucional afortunadamente rechazado en 2007, por tanto, desaparecía del ámbito territorial del Distrito Federal (Capital), toda forma de organización municipal, de autonomía municipal o territorial o de gobierno democrático, pasando sus autoridades a ser designadas y removidas por el Presidente de la República (Art. 16).

Para buscar asegurar la implementación inmediata de esta reforma y barrer las autoridades locales electas en el Distrito Metropolitano de Caracas, en el proyecto rechazado de Reforma constitucional se propuso incorporar una Disposición Transitoria Décima Segunda en la cual se buscaba "delegar" al Ejecutivo Nacional para regular por decreto la transición y designar las autoridades, en la siguiente forma:

> "Corresponderá al Presidente o Presidenta de la República, en Consejo de Ministros, por vía de decreto, regular el régimen de transición del Distrito Metropolitano de Caracas al Distrito Federal; en consecuencia, designará la máxima autoridad del Distrito Federal en sustitución del Alcalde Metropolitano de Caracas, y todas las competencias, atribuciones, entes adscritos, bienes y personal, serán asumidos inmediatamente por el Distrito Federal, mientras se dicte la ley sobre la materia".

Todo eso es lo que precisamente ahora, en fraude a la Constitución y a la soberanía popular, pues dicha Reforma fue rechazada por el pueblo en el referendo del 2 de diciembre de 2007, se ha hacho con la Ley Especial sobre la organización y régimen del Distrito capital de 2009, violándose además, abiertamente las disposiciones de la Constitución de 1999 que siguen vigentes.

VII. LA RECREACIÓN DEL DISTRITO FEDERAL CON NOMBRE DE "DISTRITO CAPITAL" DEPENDIENTE DEL PODER NACIONAL EN 2009 Y LA USURPACIÓN PATRIMONIAL RESPECTO DEL DISTRITO METROPOLITANO DE CARACAS

Como se ha dicho, a pesar de que el pueblo rechazó la Reforma constitucional de 2007, en 2009, en fraude a la Constitución y a la voluntad Popular, la Asamblea Nacional ha sancionado la Ley Especial Sobre la Organización y Régimen del Distrito Capital, mediante la cual, lejos de haber establecido una organización democrática de una entidad política de la Republica, lo que ha regulado es una dependencia del Poder Nacional con ámbito territorial en lo que era el antiguo Distrito Federal.

Para ello, el régimen de gobierno del Distrito Capital, como se ha dicho, de acuerdo con esa Ley Especial, consiste en el ejercicio de una *función legislativa* en el Distrito que esta a cargo de la Asamblea Nacional, y en un *órgano ejecutivo* que es ejercido por un Jefe de Gobierno "de libre nombramiento y remoción" por parte del Presidente de la República.

Conforme al artículo 6 de la Ley Especial, las siguientes son las competencias del Distrito Capital:

> 1. La administración de sus bienes, la inversión y administración de sus recursos, incluyendo los provenientes de las transferencias, subvenciones o asignaciones especiales del Poder Público Nacional, así como de aquéllos que se le asignen como participación en los tributos nacionales;

2.- Definir en concordancia con el Poder Ejecutivo Nacional, la aplicación de políticas destinadas a prevenir y afrontar las calamidades públicas, desastres naturales y protección del medio ambiente. En los casos que les sean aplicables, se incorporará el Poder Popular.

3.- Promover la organización de comunas y del gobierno comunal.

4.- Establecer los servicios de prevención y lucha contra incendios.

5.- Definir en concordancia con el Poder Ejecutivo Nacional, la aplicación de políticas, planes, programas, proyectos y actividades destinados a coadyuvar en la organización, aplicación y puesta en práctica de los servicios públicos del Distrito Capital.

6.- Promover la cultura, valores, tradiciones y toda manifestación que propenda al fortalecimiento de la identidad caraqueña, y a la creación de principios éticos que contribuyan a la convivencia solidaria para la construcción de la nueva sociedad.

7.- La organización, recaudación, control y administración de los ramos tributarios propios, según las disposiciones de las leyes nacionales y del Distrito Capital. La creación, organización, recaudación, control y administración de los ramos de papel sellado, timbres y estampillas.

8.- Coadyuvar con los órganos y entes competentes en materia de prevención del delito, seguridad pública y protección de las personas.

9.- La promoción de la participación de los ciudadanos y ciudadanas en la formación, ejecución y contraloría social de la gestión pública, como medio necesario para lograr el protagonismo que garantice su completo desarrollo, tanto individual como colectivo.

10.- Ejecutar las obras públicas de interés del Distrito Capital, con sujeción a las normas y procedimientos técnicos para obras de ingeniería y urbanismo, establecidos por la Ley y las Ordenanzas. Se desarrollará un modelo urbanístico, humano y armónico con la naturaleza.

11.- La creación, régimen y organización de los servicios públicos del Distrito Capital, en coordinación con el Ejecutivo Nacional.

12.- Colaborar en la protección de los niños, niñas y adolescentes, las personas con discapacidad y del Adulto y Adulta Mayor.

13.- La protección de la familia como institución fundamental de la sociedad y velar por el mejoramiento de sus condiciones materiales y espirituales de vida.

14.- El régimen y aprovechamiento de minerales no metálicos, que le sean asignados por el Ejecutivo Nacional.

15.- El Distrito Capital podrá celebrar operaciones de crédito público con la previa autorización del ejecutivo nacional.

16.- Cualquier otra que le sea asignada por la Constitución de la República, las leyes, los reglamentos o las transferidas por el Ejecutivo Nacional.

Aparte de este elenco de competencias, casi todas de carácter concurrente entre los diversos órganos del Poder Público, con la creación de esta Distrito Capital, lo que se ha buscado fundamentalmente ha sido la intervención del Distrito Metropolitano de Caracas, violándose la autonomía municipal.

En realidad, la creación del Distrito Capital en 2009 en relación con el Distrito Metropolitano de Caracas establecido en 2000, puede decirse que tuvo un solo efecto constitucional fundamental, y que la cesación para el Distrito Metropolitano de Caracas de la posibilidad de seguir percibiendo como ingresos públicos los montos que por concepto de Situado Constitucional correspondían al Distrito Capital, y que sólo porque este no se había estructurado, la Ley Especial sobre el Régimen del Distrito Metropolitano de Caracas de 2000 los asignó al Distrito Metropolitano de Caracas (Art. 22,3). Ahora el artículo 14,1 de la Ley Especial del Régimen del Distrito Capital de 2009, dispone que el Distrito Capital tendrá como ingresos propios: los recursos "correspondientes al Situado Constitucional, tal y como lo expresa la Constitución de la República;" y el artículo 15 de la misma Ley dispone que "En la Ley de Presupuesto Nacional se registrará como ingreso el Situado Constitucional que corresponda al Distrito Capital, de acuerdo con lo establecido en la Constitución de la República y en la Ley Nacional respectiva."

Eso era lo único de los ingresos y de la Hacienda Pública del Distrito Metropolitano que correspondía al Distrito Capital y que una vez que este se ha creado por Ley, le corresponde percibir. Pero todos los otros bienes que le fueron transferidos al Distrito Metropolitano de Caracas, en su momento ingresaron en el patrimonio municipal, y ello no puede revertirse por ley nacional. Es totalmente inconstitucional por violación de la autonomía municipal, entonces, la declaración del artículo 12 de la Ley Especial sobre el Régimen del Distrito Capital de que son bienes de este último aquéllos "transferidos por la extinta Gobernación del Distrito Federal al Distrito Metropolitano a partir de la entrada en vigencia de la Constitución de la República Bolivariana de Venezuela;" y la previsión de la Disposición Transitoria Primera de la Ley Especial del Régimen del Distrito Capital de 2009, en la cual la Asamblea Nacional se asignó a si misma, la tarea de aprobar, "en un lapso no mayor de treinta días, una Ley especial que regule todo lo concerniente a la transferencia de los recursos y bienes que le correspondían al Distrito Federal y que transitoriamente administra de manera especial y provisional el Distrito Metropolitano de Caracas." Lo de "transitoriamente" o "provisional" es completamente falso, pues la transferencia de bienes que se efectuó en 2000 fue plena, en virtud de la Ley, pasando dichos bienes a ser bienes municipales.

Con todas esas disposiciones, a lo que se une la derogación de la Ley de Transición del Distrito Federal al Distrito Metropolitano de Caracas de 2000 en la Disposición Derogatoria de la misma Ley Especial sobre el Régimen del Distrito Capital de 2009; lo que se ha pretendido es dar marcha atrás a la conformación de la Hacienda Pública del Distrito Metropolitano de Caracas, a la cual, en 2000, por voluntad del Legislador, se ordenó transferir los bienes del antiguo Distrito Federal, entre ellos, la sede donde ha venido funcionando la Alcaldía Metropolitana de Caracas desde su creación. Es decir, diez años después, en virtud de Ley Especial sobre el Régimen del Distrito Capital de 2009, se ha decidido que dicha sede no es ya la sede del gobierno municipal metropolitano, sino que es la sede del Jefe de Gobierno del Distrito Capital, usurpándose la autonomía municipal; y se ha ordenado.

Por otra parte, en una evidente extralimitación, la Ley Especial sobre el Régimen del Distrito Capital de 2009 le ha quitado al Distrito Metropolitano de Caracas, que es el gobierno a dos niveles de la ciudad de Caracas que rebasa en mucho el ámbito territorial del Distrito Capital y abarca Municipios del Estado Miranda, el subsidio de capitalidad que el artículo 22,6 de la Ley Especial sobre el Régimen del Distrito Metropolitano de Caracas de 2000 también había asignado al Distrito Metropolitano de Caracas. Ahora, el artículo 14,1, de la Ley Especial sobre el Régimen del Distrito Capital de 2009 dispone que el Distrito Capital tendrá como ingresos propios, "los recursos que le correspondan por concepto de Subsidio de Capitalidad, de acuerdo a la Ley de Presupuesto," y el artículo 16 agrega que "En la Ley de Presupuesto anual se incorporará una partida denominada Subsidio de Capitalidad del Distrito Capital, conforme a lo previsto en las Leyes Nacionales. El Subsidio de Capitalidad anual es un ingreso equivalente a la cantidad que resulte de multiplicar una y media Unidad Tributaria (1½ U.T.) por el número de población del Distrito Capital, suministrado por el ente competente en materia de Estadística." Es totalmente contrario a la lógica del gobierno local que se asigne un subsidio de capitalidad a una entidad nacional, o controlada por el Poder Nacional como es el Distrito Capital que se ha creado, y que además, sólo abarca el territorio de una ínfima parte del Área Metropolitana de Caracas, equivalente sólo al de uno de los Municipios de la misma que es el Municipio Libertador. El subsidio de capitalidad tendría que corresponder a la entidad municipal con jurisdicción en todo el territorio de la Capital Caracas, que es el Distrito Metropolitano de Caracas.

VIII. UN RETROCESO INSTITUCIONAL DE MÁS DE 150 AÑOS

Durante más de cuarenta años nos hemos venido ocupando del estudio del régimen del gobierno del Área Metropolitana de Caracas, en sus diversas facetas y en su evolución, desde los tiempos en los que aún predominaba el marco institucional del Distrito Federal con régimen democrático limitado. [186] Eran los tiempos en que el Distrito era

186 *V.* Allan R. Brewer-Carías, *Estudio sobre la delimitación de competencias entre el Poder Nacional y el Poder Municipal en materia de tránsito y transporte terrestre (con especial referencia a la Municipalidad del Distrito Federal)*, Gobernación del Distrito Federal, Caracas 1965, 84 pp.; "La integración del Área Metropolitana de Caracas y la coordinación de los servicios de transporte urbano," en *Revista Taller*, Facultad de Arquitectura, Universidad Central de Venezuela, N° 20, Caracas 1966, pp. 23-27; "El Área Metropolitana de Caracas y la Cooperación Intermunicipal en materia de urbanismo" en *Revista de la Facultad de Derecho,* N° 35, Universidad Central de Venezuela, Caracas, marzo 1967, pp. 49-76; publicado también en *Jurisprudencia de la Corte Suprema 1930-1974 y Estudios de Derecho Administrativo*, *T.* II: *El Ordenamiento Orgánico y Tributario del Estado*, Ediciones del Instituto de Derecho Público, Facultad de Derecho, Universidad Central de Venezuela, Caracas 1976, pp. 55-69; *El Régimen de Gobierno Municipal en el Distrito Federal Venezolano*, Gobernación del Distrito Federal, Caracas 1968, 172 pp.; "Proyecto de Mancomunidad Urbanística del Área Metropolitana de Caracas y el Proyecto de Ordenanza sobre Ordenación Urbanística de Caracas y de su Zona de Influencia", Oficina Municipal de Planeamiento Urbano OMPU, Concejo Municipal del Distrito Federal, Caracas 1968, (multigrafiado); "El régimen de gobierno municipal en el Distrito Federal venezolano", en Crónicas del IV Congreso Hispano-Luso-Americano-Filipino de Municipios (Barcelona, octubre, 1967), Instituto de Estudios de Administración Local, *T.* I, Madrid 1968, pp. 759-845, publicado también en Estudio de Caracas, Vol. VIII, *T.* I, Universidad Central de Venezuela, Caracas 1972, pp. 113-201, y en Jurisprudencia de la Corte Suprema 1930-1974 y Estudios de Derecho Administrativo, *T.* II: *El Ordenamiento Orgánico y Tributario del Estado*, Ediciones del Instituto de Derecho Público, Facultad de Derecho, Universidad Central de Venezuela, Caracas 1976, 599 pp. 15-54; *Aspectos Institucionales del Transporte y Tránsito en el Área Metropolitana de Caracas* (con Prólogo de Antonio Moles Caubet), Fondo Editorial Común, Caracas 1971, 140 pp.; *Problemas Institucionales del Área Metropolitana de Caracas y del Desarrollo Regional y Urbano*, Ediciones de la Comisión de Administración Pública, (multigrafiado), Caracas 1971, 60 pp. "Algunas soluciones institucionales para el Área Metropolitana de Caracas" en *Revista Venezolana de Estudios Municipales*, Asociación Venezolana de Cooperación Intermunicipal, N° 2, Caracas 1977, pp. 17-39; "Los problemas de las áreas metropolitanas y el Proyecto de Ley Orgánica del Poder Municipal", "Notas y documentos sobre la ordenación del área metropolitana de Caracas", y "Soluciones institucionales para el área metropolitana de Caracas", en Allan R. Brewer-Carías (Coordinador y Editor) y Norma Izquierdo Corser, *Estudios sobre la Regionalización en Venezuela*, Ediciones de la Biblioteca de la Universidad Central de Venezuela, Colección Ciencias Económicas y Sociales, Vol. XXI, Caracas 1977, pp. 221-242, 283-318, y 321-328; "Los aspectos legales e institucionales de la creación de la Autoridad Metropolitana del Transporte" en *Autoridad Metropolitana de Transporte, Ministerio de Transporte y Comunicaciones*, Caracas 1979, pp. 11-20; "La crisis institucional de Caracas y de la Región Capital", en *El Estado, Crisis y Reforma*, Colección Ensayos, N° 4, Academia de Ciencias Políticas y Sociales, Caracas 1982, pp. 127-163; "Propuesta para una Reforma Institucional de Caracas y de la Región Capital, Concejo Municipal del Distrito Federal", Caracas 1982, 41 pp.; (En colaboración con Álvaro Páez Pumar, Alberto Morales Tucker, Odoardo Poggioli y Luis Rojas B., "La transformación total de la estructura jurídica y administrativa de Caracas", Caracas 1982, 12 pp.; "La reforma institucional de la región capital y del Área Metropolitana de Caracas", en *Estudios de Dere-*

gobernado por un Gobernador del libre nombramiento y remoción del Presidente de la República, que era la autoridad ejecutiva del Distrito, y que, sin embargo, tenía una ingerencia en el funcionamiento de la Municipalidad que existía en el mismo ámbito territorial del mismo, lo que originó múltiples conflictos con el Consejo Municipal de dicha Municipalidad, cuyos miembros eran en cambio electos democráticamente.

A medida que se fue consolidando el régimen democrático en el país, se desarrolló progresivamente una lucha por democratizar totalmente el régimen municipal del Distrito, desmunicipalizando progresivamente la figura del Gobernador, a lo que contribuyó la subdivisión del Municipio del Distrito en dos Municipios: uno situado en Caracas (Libertador) y otro en el Litoral central (Vargas). Luego vino la reforma de la Ley Orgánica de de Régimen Municipal, mediante la cual se creó la figura de los Alcaldes, con lo cual los Municipios del Distrito y de todos los Estados de la república comenzaron a tener sus autoridades ejecutivas propias, diferenciándose totalmente del Gobernador del Distrito Federal, quien pasó a ocupar un nivel territorial similar al que tenían los Gobernadores de Estado, pero con la gran diferencia de que continuaba siendo un funcionario ejecutivo dependiente del Poder Nacional conforme a lo previsto en la Constitución de 1961.

La coordinación de las diversas jurisdicciones que actuaban en el área Metropolitana de caracas, que era uno de los postulados de importancia en la Constitución de 1961, sin embargo, no logró materializarse formalmente en la tantas veces esperada y proyectada legislación, y solo se lograron establecer mecanismos de coordinación aislados en ciertas materias como la urbanística, el abastecimiento de aguas y la recolección de residuos sólidos, con problemas recurrentes derivados de conflictos de autoridad. Los esfuerzos de coordinación de los gobiernos metropolitanos realizados en el marco de la política de descentralización a comienzos de los noventa, por otra parte, si bien significaron un avance importante en la atención mancomunada de los asuntos de la capital, nunca tuvieron respaldo legislativo.

La Constitución de 1999, en todo caso, significó el avance definitivo en el proceso de democratización del régimen de gobierno del Área Metropolitana de Caracas, y en su integración gubernamental. Definitivamente eliminó la ingerencia directa del Poder Nacional en los asuntos locales de la Capital, al eliminar el Distrito Federal y su gobernador designado por el Ejecutivo Nacional, y se estableció un sistema de gobierno local a dos niveles para asegurar la coordinación de las autoridades locales de la capital. La Constitución previó, en todo caso, el Distrito Capital, como una de las entidades políticas de la República, lo que implica que necesariamente debía tener un gobierno democrático, con funcionarios electos.

El Distrito capital, sin embargo, de los debates constitucionales resultó con un territorio circunscrito al del Municipio Libertador del antiguo Distrito Federal, el cual debió haberse subdividido en varios Municipios para dar paso a la posibilidad de participación política. Ello, de haberse producido, hubiera quizás justificado la creación del Distrito

---

cho Público, *T.* I, (Labor en el Senado 1982), Ediciones del Congreso de la República, Caracas 1983, pp. 41-83; "Exposición de Motivos y Proyecto de Ley Orgánica del Distrito Federal, Concejo Municipal del Distrito Federal", Caracas 1984, 35 pp.; "Sistemas Jurídico Administrativos de la Ciudad" en *Caracas, Presente, y Futuro. Ideas para transformar una ciudad*, Alcaldía de Caracas, 1995, pp. 65-73; "Consideraciones sobre el régimen constitucional del Distrito Capital y del sistema de gobierno municipal de Caracas" en *Revista Iberoamericana de Administración Pública (RIAP)*, Ministerio de Administraciones Públicas, N° 5, julio-diciembre 2000, Madrid 2000, pp. 17-39, y en *Revista de Derecho Público*, N° 82, Editorial Jurídica Venezolana, Caracas, abril-junio 2000, pp. 5-17.

Capital pero por supuesto, con un Gobernador electo democráticamente y un Consejo Legislativo también electo democráticamente. Sin embargo, ello no se logró a pesar de los proyectos formulados para conformar siete u ocho Municipios en lo que es el área del Municipio Libertador.

Y finalmente ha venido el golpe de gracia al proceso de democratización de los gobiernos del Área Metropolitana de Caracas, con la creación del Distrito Capital en 2009, en violación de la Constitución de 1999, como una entidad totalmente dependiente del Poder Nacional, en un esquema de gobierno que recoge la forma del antiguo Distrito Federal cuando se creo en 1864, con una autoridad legislativa que era el Congreso nacional, y una autoridad ejecutiva que era el Gobernador nombrado por el Presidente de la República. Con esta Ley Especial sobre el Régimen de Gobierno del Distrito Capital, simplemente hemos retrocedido 140 años, y además, violando impunemente la Constitución.

LIBRO SEXTO:

LA ADMINISTRACIÓN PÚBLICA Y EL ESTADO COMUNAL (2011)

Este Libro Sexto del Tomo II del *Tratado Derecho Administrativo* comprende buena parte del estudio "Introducción General al régimen del Poder Popular y del Estado Comunal (O de cómo en el siglo XXI, en Venezuela se decreta, al margen de la Constitución, un Estado de Comunas y de Consejos Comunales, y se establece una sociedad socialista y un sistema económico comunista, por los cuales nadie ha votado)," publicado en la obra colectiva: Allan R. Brewer-Carías, Claudia Nikken, Luis A. Herrera Orellana, Jesús María Alvarado Andrade, José Ignacio Hernández, Adriana Vigilanza, *Leyes Orgánicas sobre el Poder Popular y el Estado Comunal (Los Consejos Comunales, las Comunas, la Sociedad Socialista y el Sistema Económico Comunal)*, Colección Textos Legislativos Nº 50, Editorial Jurídica Venezolana, Caracas 2011, pp. 9-182.

La Constitución de 1999 de Venezuela constituyó al país como un Estado Democrático y Social de Derecho y de Justicia, "que propugna como valores superiores de su ordenamiento jurídico y de su actuación, la vida, la libertad, la justicia, la igualdad, la solidaridad, la democracia, la responsabilidad social y, en general, la preeminencia de los derechos humanos, la ética y el pluralismo político" (Art. 2), organizando a la República como "un Estado federal descentralizado" que "se rige por los principios de integridad territorial, cooperación, solidaridad, concurrencia y corresponsabilidad" (Art. 4).

Ese es el Estado Constitucional en Venezuela: un Estado Federal descentralizado, Democrático y Social de Derecho y de Justicia,[1] que está montado sobre un sistema de distribución vertical del Poder Público en tres niveles territoriales de entidades políticas: el Poder Nacional que ejercen los órganos de la República; el Poder de los Estados que ejercen los Estados de la Federación, y el Poder Municipal (Art. 136) que ejercen los Municipios, cada uno debiendo tener siempre un gobierno de carácter

---

1 *V.* el estudio de la Constitución en cuanto a la regulación de este modelo de Estado Constitucional en Allan R. Brewer-Carías, *La Constitución de 1999. Derecho Constitucional venezolano*, 2 tomos, Caracas 2004.

"electivo, descentralizado, alternativo, responsable, pluralista y de mandatos revocables," tal como lo manda el artículo 6 de la Constitución.[2]

No es posible, por tanto, constitucionalmente hablando, crear por ley instancias políticas y administrativas que vacíen de competencias a los órganos del Estado (la República, los Estados, los Municipios y demás entidades locales) y menos aún establecerlos con funciones políticas sin que se asegure su carácter electivo-representativo mediante la elección de representantes del pueblo a través de sufragio universal, directo y secreto; sin que se asegure su autonomía política, propia del carácter descentralizado del Estado y del gobierno; y sin que se garantice su carácter pluralista, en el sentido de que no pueden estar vinculados a una ideología determinada como es el Socialismo.

Ese modelo de Estado Constitucional desarrollado a partir de la Constitución de 1961 y que se consolidó formalmente en la Constitución de 1999, se intentó cambiar radicalmente mediante una Reforma Constitucional que fue sancionada por la Asamblea Nacional en noviembre de 2007 con el objeto de establecer un Estado Socialista, Centralizado, Militarista y Policial[3] denominado Estado del Poder Popular o Estado Comunal,[4] la cual sin embargo, una vez sometida a consulta popular, fue rechazada por el pueblo en el referendo de 7 de diciembre de 2007.[5]

Sin embargo, en burla a la voluntad popular y en fraude a la Constitución, desde antes de que se efectuara dicho referendo, la Asamblea Nacional, en abierta violación a la Constitución, comenzó a desmantelar el Estado Constitucional para sustituirlo por un Estado Socialista, imponiendo a la fuerza como ideología única la socialista, mediante la estructuración *paralela* de un Estado del Poder Popular o Estado Comunal, a través de la sanción de la Ley de los Consejos Comunales de 2006,[6] reformada posteriormente y elevada al rango de ley orgánica en 2009.[7]

---

2 En el Reglamento de la Ley Orgánica del Consejo Federal de Gobierno, sin embargo, se ha definido el "federalismo" en forma totalmente contraria al esquema de división política territorial que consagra la Constitución, indicándose que ahora es un: "Sistema de organización política de la República Bolivariana de Venezuela, regido por los principios de integridad territorial, económica y política de la Nación venezolana, cooperación, solidaridad, concurrencia y corresponsabilidad entre las instituciones del Estado y el pueblo soberano, para la construcción de la sociedad socialista y del Estado Democrático y Social de Derecho y de Justicia, mediante la participación protagónica del pueblo organizado en las funciones de gobierno y en la administración de los factores y medios de producción de bienes y servicios de propiedad social, como garantía del ejercicio pleno de la soberanía popular frente a cualquier intento de las oligarquías nacionales y regionales de concentrar, centralizar y monopolizar el poder político y económico de la Nación y de las regiones"(Art. 3). *V.* en *Gaceta Oficial* N° 39.382 del 9 de marzo de 2010.

3 *V.* Allan R. Brewer-Carías, *Hacia la Consolidación de un Estado Socialista, Centralizado, Policial y Militarista. Comentarios sobre el sentido y alcance de las propuestas de reforma constitucional 2007*, Colección Textos Legislativos, N° 42, Editorial Jurídica Venezolana, Caracas 2007.

4 *V.* Allan R. Brewer-Carías, *La reforma constitucional de 2007 (Comentarios al Proyecto inconstitucionalmente sancionado por la Asamblea Nacional el 2 de noviembre de 2007)*, Colección Textos Legislativos, N° 43, Editorial Jurídica Venezolana, Caracas 2007.

5 *V.* Allan R. Brewer-Carías, "La proyectada reforma constitucional de 2007, rechazada por el poder constituyente originario", en *Anuario de Derecho Público 2007,* Año 1, Instituto de Estudios de Derecho Público de la Universidad Monteávila, Caracas 2008, pp. 17-65.

6 *V.* en *Gaceta Oficial* N° 5.806 Extra. de 10-04-2006.

7 *V.* en *Gaceta Oficial* N° 39.335 de 28-12-2009. *V.* la sentencia N° 1.676 de 03-12-2009 de la Sala Constitucional del Tribunal Supremo de Justicia sobre la constitucionalidad del carácter orgánico de esta Ley Orgánica de los Consejos Comunales. *V.* en http://www.tsj.gov.ve/decisiones/scon/diciembre/1676-31209-2009-09-1369.html

Posteriormente, el empeño por implantar en Venezuela ese Estado Socialista y tratando de borrar todo vestigio de pluralismo, fue indirectamente rechazado de nuevo con ocasión de las elecciones legislativas efectuadas el 26 de septiembre de 2010, las cuales fueron planteadas por el Presidente de la República y la mayoría oficialista de la propia Asamblea Nacional, quienes hicieron una masiva campaña a favor de sus candidatos como un "plebiscito" respecto al propio Presidente, y de su actuación y sus políticas socialistas ya previamente rechazadas por el pueblo en 2007; "plebiscito" que el Presidente de la República y su partido perdieron abrumadoramente pues la mayoría del país votó en contra de las mismas.

Sin embargo, al haber perdido en dichas elecciones parlamentarias, el Presidente y su partido, teniendo aún el control absoluto sobre la Asamblea Nacional y sabiendo que luego de las elecciones legislativas de diciembre de 2010 ya no podrían imponer a su antojo la legislación que quisieran, antes de que los nuevos diputados electos a la Asamblea pudieran tomar posesión de sus cargos en enero de 2011, en diciembre de 2010, atropelladamente y de nuevo en fraude a la voluntad popular y a la Constitución, utilizaron la deslegitimada Asamblea Nacional precedente para proceder a la sanción de un conjunto de Leyes Orgánicas mediante las cuales se ha terminado de definir, al margen de la Constitución y en violación a la misma,[8] el marco normativo de un nuevo Estado Socialista, *paralelo al Estado Constitucional*, que se denomina "Estado Comunal" y que si nos atenemos a las experiencias históricas precedentes, todas fracasadas, unas desaparecidas como el de la Unión Soviética, y otros en vías de extinción como el de Cuba, no es otra cosa que un Estado Comunista, para el cual se adopta al Socialismo como doctrina oficial pública impuesta a los ciudadanos para poder participar, montado en un sistema Centralizado, Militarista y Policial para el ejercicio del poder; y se adoptan expresa y textualmente los postulados marxistas más tradicionales sobre el comunismo, como son la propiedad social de los medios de producción; eliminación de la división social del trabajo; y reinversión social del excedente productivo tal como ha quedado plasmado en la Ley Orgánica del Sistema Económico Comunal de 2010[9] (arts. 2; 3.2; 3.3;. 3.8; 5; 6.12; 6.15 y 9).

Las Leyes Orgánicas dictadas en diciembre de 2010, en efecto fueron las Leyes Orgánicas del Poder Popular,[10] de las Comunas,[11] del Sistema Económico Comunal,[12] de Planificación Pública y Comunal[13] y de Contraloría Social.[14] Además, en el mismo mar-

---

8 *V.* el estudio de José Ignacio Hernández, Jesús María Alvarado Andrade y Luis A. Herrera Orellana, "Sobre los vicios de inconstitucionalidad de la Ley Orgánica del Poder Popular," en pp. 509 ss. de este libro.

9 *V.* en *Gaceta Oficial* N° 6.011 Extra. de 21-12-2010. La Sala Constitucional mediante sentencia N° 1329 de 16-12-2010 declaró la constitucionalidad del carácter orgánico de esta Ley. *V.* en http://www.tsj.gov.ve/ decisiones/ scon/Diciembre/1329-161210-2010-10-1434.html

10 *V.* en *Gaceta Oficial* N° 6.011 Extra. de 21-12-2010. La Sala Constitucional mediante sentencia N° 1329 de 16-12-2009 declaró la constitucionalidad del carácter orgánico de esta Ley.

11 *V.* en *Gaceta Oficial* N° 6.011 Extra. de 21-12-2010. La Sala Constitucional mediante sentencia N° 1330 de 17-12-2010 declaró la constitucionalidad del carácter orgánico de esta Ley. *V.* en http://www.tsj.gov.ve/ decisiones/ scon/Diciembre/1330-171210-2010-10-1436.html

12 *V.* en *Gaceta Oficial* N° 6.011 Extra. de 21-12-2010. La Sala Constitucional mediante sentencia N° 1329 de 16-12-2010 declaró la constitucionalidad del carácter orgánico de esta Ley. *V.* en http://www.tsj.gov.ve/ decisiones/ scon/Diciembre/1329-161210-2010-10-1434.html

13 *V.* en *Gaceta Oficial* N° 6.011 Extra. de 21-12-2010. La Sala Constitucional mediante sentencia N° 1326 de 16-12-2009 declaró la constitucionalidad del carácter orgánico de esta Ley.

co de estructuración del Estado Comunal montado sobre el Poder Popular se destaca la sanción de la Ley Orgánica del Consejo Federal de Gobierno,[15] y la reforma de la Ley Orgánica del Poder Público Municipal,[16] y de las Leyes de los Consejos Estadales de Planificación y Coordinación de Políticas Públicas,[17] y de los Consejos Locales de Planificación Pública.[18]

La deslegitimada Asamblea Nacional de diciembre de 2012, además, sancionó una Ley habilitante autorizando al Presidente de la República para, por vía de legislación delegada, dictar leyes en todas las materias imaginables, incluso de carácter orgánico, vaciando así por un período de 18 meses, hasta 2012, a la nueva Asamblea Nacional de materias sobre las cuales poder legislar;[19] y la propia Asamblea Nacional en diciembre de 2010, en la víspera de cesar su mandato, reformó el Reglamento Interior y de Debates[20] para materialmente impedir que la nueva Asamblea Nacional que tomó posesión en enero de 2011, pueda funcionar.[21]

Ahora bien, el marco definitorio general del Estado Comunista con una ideología única Socialista que se quiere imponer a los venezolanos, y por el cual nadie ha votado; montado sobre el supuesto ejercicio de la soberanía por el pueblo exclusivamente en forma directa a través del ejercicio del "Poder Popular" y el establecimiento de un "Estado Comunal," está contenido básicamente en la Ley Orgánica del Poder Popular (LOPP), en la Ley Orgánica de los Consejos Comunales (LOCC), en la Ley Orgánica de las Comunas (LOC) y en la Ley Orgánica de Contraloría Social (LOCS), cuyas disposiciones, conforme al artículo 6 de la LOPP, "son aplicables a todas las organizaciones, expresiones y ámbitos del Poder Popular, ejercidas directa o indirectamente por las personas, las comunidades, los sectores sociales, la sociedad en general y las situaciones que afecten el interés colectivo, acatando el principio de legalidad en la formación, ejecución y control de la gestión pública."

Es decir, las disposiciones de la LOPP y de las otras leyes son omnicomprensivas, aplicándose a todos, y a todo, como piezas esenciales de un nuevo y paralelo Estado regido por un principio de legalidad "socialista" que se impone a todos para la formación, ejecución y control de la gestión pública.

Nuestro objetivo en estas líneas, es estudiar el sentido de las regulaciones establecidas en estas Leyes para institucionalizar el Estado Socialista violando la Constitución y en fraude a la voluntad popular, particularmente en lo que repercuten en relación con la Administración Pública, mediante las cuales se ha querido imponerle a los venezolanos,

---

14 *V.* en *Gaceta Oficial* N° 6.011 Extra. de 21-12-2010. La Sala Constitucional mediante sentencia N° 1329 de 16-12-2010 declaró la constitucionalidad del carácter orgánico de esta Ley. *V.* en http://www.tsj.gov.ve/ decisiones/ scon/Diciembre/%201328-161210-2010-10-1437.html

15 *V.* en *Gaceta Oficial* N° 5.963 Extra. de 22-02-2010.

16 *V.* en *Gaceta Oficial* N° 6.015 Extra. de 28-12-2010.

17 *V.* en *Gaceta Oficial* N° 6.017 Extra. de 30-12-2010.

18 *V.* en *Gaceta Oficial* N° 6.017 Extra. de 30-12-2010.

19 *V.* en *Gaceta Oficial* N° 6.009 Extra. de fecha 17 de diciembre de 2010.

20 *V.* en *Gaceta Oficial* N° 6.014 Extra. de 23 de diciembre de 2010.

21 Se redujeron las sesiones de la Asamblea a sólo cuatro por semana y se limitó el tiempo durante el cual los diputados podrían intervenir.

en contra de la voluntad popular y en fraude a la Constitución,[22] un modelo de Estado Comunista montado sobre el Socialismo como doctrina de Estado y como dogma político impuesto a la Sociedad, denominado "Estado Comunal," basado en el ejercicio del Poder Popular por el pueblo, como supuesta forma de ejercicio de la soberanía en forma directa (lo que no es cierto pues se ejerce mediante "voceros" que lo "representan" y que no son electos en votaciones universales, directas y secretas), y todo bajo el control del Poder Ejecutivo y mediante la suplantación de los gobiernos locales. Nada de eso, por supuesto podía decretarse mediante leyes ordinarias, pues por ejemplo, sólo mediante una reforma constitucional de los artículos 4 y 136 de la Constitución, es que se podría eliminar la forma descentralizada del ejercicio de la participación ciudadana en el sistema de distribución vertical del Poder Público, y concebir su ejercicio sólo sometido a la sola conducción por parte del Poder Nacional y, en particular, del Ejecutivo Nacional; y sólo mediante una reforma constitucional del artículo 168 de la Constitución es que se podría excluir al Municipio del ámbito de ejercicio del derecho político a la participación ciudadana, des municipalizándoselo, y concebirse una unidad primaria no autónoma políticamente, como los Concejos Comunales creados sin autonomía política y fuera del gobierno local, para canalizar su ejercicio.

Todo ello es precisamente lo que se ha establecido en las Leyes Orgánicas del Poder Popular, de los Consejos Comunales y de las Comunas, al supuestamente regularse el régimen del derecho a la participación ciudadana, y crearse a dichos Concejos Comunales, como "una instancia de participación para el ejercicio directo de la soberanía popular" (Art. 1) "en la construcción del nuevo modelo de sociedad socialista"(Art. 2), "con el fin de establecer la base sociopolítica del socialismo que consolide un nuevo modelo político, social, cultural y económico" (Art. 3); en una forma completamente distinta a la establecida en la Constitución, cuyo texto se viola abiertamente. Con estas Leyes Orgánicas, en realidad, y en forma completamente inconstitucional, lo que se ha pretendido es implementar las reformas constitucionales sobre el "Poder Popular" que se habían pretendido introducir con la Reforma Constitucional sancionada de 2007,[23] la cual, sin embargo, fue rechazada mayoritariamente por el pueblo.

Ese modelo de Estado Comunal o Comunista, se ha establecido en forma paralela al Estado Constitucional como Estado federal descentralizado, democrático y social, de derecho, y de justicia previsto en la Constitución de 1999, establecido para el ejercicio del Poder Público por el pueblo tanto en forma indirecta mediante representantes electos en votaciones universales, directas y secretas, como en forma directa mediante los mecanismos autorizados en la Constitución, donde se incluye a las Asambleas de Ciudadanos. Esta regulación, en paralelo, de dos Estados y dos formas de ejercicio de la soberanía, uno, el Estado Constitucional regulado en la Constitución y el otro, el Estado Comunal o Estado Comunista basado en el Socialismo exclusionista regulado en leyes orgánicas inconstitucionales, se ha dispuesto en forma tal que el segundo irá actuando como el árbol *Ficus benjamina L.*, es decir, como "estranguladora," rodeando al primero hasta formar un tronco hueco, destruyéndolo.

22 *V.* Allan R. Brewer-Carías, *Reforma constitucional y fraude a la Constitución (1999-2009)*, Academia de Ciencias Políticas y Sociales, Caracas 2009; *Dismantling Democracy. The Chávez Authoritarian Experiment*, Cambridge University Press, New York 2010.

23 *V.* sobre dicha reforma Allan R. Brewer-Carías, *La Reforma Constitucional de 2007*, Editorial Jurídica Venezolana, Caracas 2007.

Para entender adecuadamente el contenido y sentido de estas nuevas regulaciones relativas al Poder Popular y al Estado Comunal, montado sobre las Comunas y los Consejos Comunales, consideramos necesario referirnos a sus antecedentes inmediatos: primero, al contenido de la rechazada reforma constitucional de 2007, en lo que se refería a la estructuración del Poder Popular en paralelo al Poder Público, y que, como se dijo, fue rechazado mayoritariamente por el pueblo en el referendo de diciembre de 2007; y segundo, a la institucionalización efectuada en 2006 de los Consejos Comunales como pieza del Estado Socialista.

Sección Primera: ANTECEDENTES DEL NUEVO RÉGIMEN DEL PODER POPULAR Y DEL ESTADO COMUNAL

Los antecedentes inmediatos de las leyes del Poder Popular y del Estado Comunal en Venezuela, es decir, para el establecimiento del Estado Comunista, fueron: primero, la sanción en 2006 y sin soporte alguno en la Constitución, de la Ley de los Consejos Comunales[24] con la que se inició el proceso de desmunicipalización en el país; y segundo, la formulación del proyecto de reforma constitucional por el Presidente de la República en 2007, para la institucionalización de un Estado centralista Socialista y Militarista, el cual a pesar de haber sido sancionado por la Asamblea Nacional en noviembre de 2007, fue rechazada por el pueblo en el referendo de diciembre de 2007.

I. LA "DESMUNICIPALIZACIÓN" DE LA PARTICIPACIÓN CIUDADANA Y LOS CONSEJOS COMUNALES CREADOS EN 2006

1. Los Municipios y los Consejos Comunales

En efecto, desde 2006, con la sanción de la Ley de los Consejos Comunales y la progresiva creación de los mismos, el gobierno autoritario había venido tratando de regular y confinar la participación ciudadana con un doble propósito: por una parte, para eliminar la democracia representativa; y por la otra, para desmunicipalizar su ámbito de ejercicio.[25]

Como se ha dicho, conforme a la Constitución, el Municipio es la unidad política primaria dentro de la organización pública nacional (Art. 168) que, como parte del sistema constitucional de distribución vertical del Poder Público (Art. 136), en el nivel

---

24 *V. Gaceta Oficial* N° 5806 Extra. de 10 de abril de 2006. *V.* sobre esta Ley de 2006, lo expuesto en el estudio de Claudia Nikken, "La Ley Orgánica de los Consejos Comunales y el derecho a la participación ciudadana en los asuntos públicos," en pp. 183 ss. de este libro.

25 *V.* lo que hemos expuesto en Allan R. Brewer-Carías, "El inicio de la desmunicipalización en Venezuela: La organización del Poder Popular para eliminar la descentralización, la democracia representativa y la participación a nivel local", en *AIDA, Opera Prima de Derecho Administrativo. Revista de la Asociación Internacional de Derecho Administrativo*, Universidad Nacional Autónoma de México, Facultad de Estudios Superiores de Acatlán, Coordinación de Postgrado, Instituto Internacional de Derecho Administrativo "Agustín Gordillo", Asociación Internacional de Derecho Administrativo, México, 2007, pp. 49 a 67.

territorial inferior es la entidad política llamada a hacer efectiva la participación ciudadana. Por ello, el artículo 2° de la Ley Orgánica del Poder Público Municipal de 2005[26] conforme a lo dispuesto en el artículo 168 de la Constitución dispuso que las actuaciones del municipio deberían incorporar "la participación ciudadana de manera efectiva, suficiente y oportuna, en la definición y ejecución de la gestión pública y en el control y evaluación de sus resultados."

Para ello, en todo caso, lo que resultaba necesario era acercar el poder municipal al ciudadano, municipalizándose el territorio, lo que la propia Ley Orgánica impidió. Pero en lugar de reformar dicha Ley Orgánica y establecer entidades municipales o del municipio más cerca de las comunidades, lo que se buscó establecer con la Ley de los Consejos Comunales de 2006 fue un sistema institucional centralizado para la supuesta participación popular, denominado "del Poder Popular", en paralelo e ignorando la propia existencia del régimen municipal, concibiéndose a la "comunidad" fuera del mismo Municipio, organizada en Consejos Comunales, "en el marco constitucional de la democracia participativa y protagónica", como "instancias de participación, articulación e integración entre las diversas organizaciones comunitarias, grupos sociales y los ciudadanos." Fue en estos Consejos Comunales, conforme a la Ley de 2006, establecidos sin relación alguna con los Municipios, en los que se ubicaron las Asambleas de Ciudadanos como la instancia primaria para el ejercicio del poder, la participación y el protagonismo popular, cuyas decisiones se concibieron como de carácter vinculante para el consejo comunal respectivo (Art. 4,5).

Con esta Ley de los Consejos Comunales de 2006, puede decirse que se comenzó el inconstitucional proceso de desmunicipalización de la participación ciudadana, sustituyéndose al Municipio como la unidad política primaria en la organización nacional que exige la Constitución conforme a un sistema de descentralización política (distribución vertical) del poder, por un sistema de entidades sin autonomía política alguna que se denominaron del "Poder Popular" (Consejos Comunales), directamente vinculadas y dependientes en un esquema centralizado del poder, dirigido desde el más alto nivel del Poder Ejecutivo Nacional, por el Presidente de la República mediante una Comisión Presidencial del Poder Popular.[27]

La Ley, además, supuestamente abogando por una participación popular, en un esquema completamente antidemocrático, sustituyó la representación que origina el sufragio en entidades políticas como los Municipales, por la organización de entidades denominadas del "Poder Popular" que no tienen origen representativo electoral, en las cuales se pretendió ubicar la participación ciudadana, pero sometida al control del vértice del poder central, y sin que los titulares rindan cuentas al pueblo.

---

26 *V.* la Ley de Reforma Parcial de la Ley Orgánica del Poder Público Municipal, *Gaceta Oficial* N° 38.327 de 02-12-2005. Véanse los comentarios a esta Ley en el libro: *Ley Orgánica del Poder Público Municipal*, Editorial Jurídica Venezolana, Caracas 2007. La Ley ha sido reformada en 2010, *Gaceta Oficial* N° 6.015 Extra. de 28 de diciembre de 2010.

27 Sobre esto, por ejemplo, María Pilar García-Guadilla ha señalado al referirse al "solapamiento y usurpación de competencias entre los Concejos Comunales y el concejo municipal," que los primeros "debilitan la idea de un gobierno municipal autónomo con propiedad sobre el espacio geográfico en donde tiene jurisdicción y no promueven la descentralización," en "La praxis de los consejos comunales en Venezuela: ¿Poder popular o instancia clientelar?," en *Revista Venezolana de Economía y Ciencias Sociales*, abr. 2008, Vol. 14, N° 1, p. 125-151. *V.* en http://www.scielo.org.ve/scielo.php?pid=S1315-64112008000100009&script=sciarttext.

En efecto, en abril de 2006, en lugar de reformarse nuevamente la Ley Orgánica del Poder Público Municipal para municipalizar el país y hacer efectiva la participación ciudadana en un esquema de descentralización política del poder público, se optó por sancionarse la Ley de los Consejos Comunales con el objeto de crear, desarrollar y regular la conformación de dichas supuestas instancias de participación, totalmente desvinculadas de Municipios, parroquias y organizaciones vecinales, estableciéndose su integración, organización y funcionamiento, así como su relación con los órganos del Estado, para la formulación, ejecución, control y evaluación de las políticas públicas (Art. 1).

Estos Consejos Comunales, supuestamente "en el marco constitucional de la democracia participativa y protagónica", se regularon como se dijo, sin relación alguna con la organización municipal, para en paralelo, supuestamente permitir "al pueblo organizado ejercer directamente la gestión de las políticas públicas y proyectos orientados a responder a las necesidades y aspiraciones de las comunidades en la construcción de una sociedad de equidad y justicia social" (Art. 2). Se trata, como se dijo, de un esquema organizacional completamente paralelo y desvinculado con la descentralización política o la distribución vertical del poder público; es decir, completamente desvinculado de la organización territorial del Estado que establece la Constitución, es decir, desvinculado de los Estados, Municipios y Parroquias.

Por ello, los Consejos Comunales se integraron conforme a un esquema estatal centralizado, que tenía en su cúspide una Comisión Nacional Presidencial del Poder Popular designada y presidida por el Presidente de la República, la cual, a su vez, designaba en cada Estado a las Comisiones Regionales Presidenciales del Poder Popular, previa aprobación del Presidente de la República (Art. 31); y designaba además, en cada municipio, las Comisiones Locales Presidencial del Poder Popular, también previa aprobación del Presidente de la República (Art. 32); sin participación alguna de los Gobernadores de Estado ni de los Alcaldes municipales.

En todo caso, la Ley dispuso que la organización, funcionamiento y acción de dichos consejos comunales "se rige conforme a los principios de corresponsabilidad, cooperación, solidaridad, transparencia, rendición de cuentas, honestidad, eficacia, eficiencia, responsabilidad social, control social, equidad, justicia e igualdad social y de género"(Art. 3). La práctica, sin embargo, no evidencia que no se logró desarrollar los concejos comunales conforme al discurso gubernamental y a las previsiones teóricas de la Ley, de manera que como lo ha observado María Pilar García-Guadilla, "Mientras que los objetivos y el discurso presidencial hablan de empoderamiento, transformación y democratización, las praxis observadas apuntan hacia el clientelismo, la cooptación, la centralización y la exclusión por razones de polarización política."[28]

2. La "comunidad" como la unidad básica de organización del pueblo

La Ley de 2006 estableció como unidad social básica para el funcionamiento de los Consejos Comunales a la "comunidad" la cual se definió como "el conglomerado social

28 *V.* en María Pilar García-Guadilla "La praxis de los consejos comunales en Venezuela: ¿Poder popular o instancia clientelar?," en *Revista Venezolana de Economía y Ciencias Sociales*, abr. 2008, Vol. 14, N° 1, p. 125-151.
V. en http://www.scielo.org.ve/scielo.php?pid=S1315-64112008000100009&script =sci_arttext

de familias, ciudadanos y ciudadanas que habitan en un área geográfica determinada, que comparten una historia e intereses comunes, se conocen y relacionan entre sí, usan los mismos servicios públicos y comparten necesidades y potencialidades similares: económicas, sociales, urbanísticas y de otra índole (Art. 4,1). Ella, en realidad, debió haber sido el nuevo municipio que debió haberse creado en otra concepción democrática y participativa del mismo.

La Ley de 2006 definió además, a las Comunidades Indígenas como "grupos humanos formados por familias indígenas asociadas entre sí, pertenecientes a uno o más pueblos indígenas, que están ubicados en un determinado espacio geográfico y organizados según las pautas culturales propias de cada pueblo, con o sin modificaciones provenientes de otras culturas (Art. 4,2).

La Ley de 2006 estableció tres elementos claves para identificar a la "comunidad" como organización social, que fueron un territorio, una población y una organización.

En cuanto al territorio, el de las comunidades debía estar formado por el área geográfica atribuida a la misma, conformado por el Territorio que ocupan sus habitantes, cuyos límites geográficos se debían establecer en Asamblea de Ciudadanos dentro de los cuales debía funcionar el Consejo Comunal. El área geográfica debía ser decidida por la Asamblea de Ciudadanos de acuerdo con las particularidades de cada comunidad (Art. 4,3).

En cuanto a la población, a los efectos de "la participación protagónica, la planificación y la gobernabilidad de los consejos comunales", la misma se debía determinar conforme a una "base poblacional de la comunidad" haciendo la Ley referencia a los criterios técnicos y sociológicos que señalaban –en cierto sentido similar a los que se utilizaron en la vieja Ley Orgánica de Régimen Municipal para las asociaciones de vecinos- que las comunidades se agrupaban en familias, entre 200 y 400 en el área urbana, a partir de 20 familias en el área rural y a partir de 10 familias en las comunidades indígenas. La base poblacional debía ser decidida por la Asamblea de Ciudadanos de acuerdo con las particularidades de cada comunidad, tomando en cuenta las comunidades aledañas. (Art. 4,4).

En cuanto a la organización política de las Comunidades, la Ley estableció las siguientes estructuras básicas de la comunidad, sin ningún elemento de democracia representativa o de gobierno electivo: la Asamblea de Ciudadanos, el Consejo Comunal y sus órganos ejecutivo, financiero y de control, y las demás organizaciones comunitarias. Estas últimas eran las que "existen o pueden existir en las comunidades y que agrupan a un conjunto de ciudadanos y ciudadanas con base en objetivos e intereses comunes, tales como: comités de tierras, comités de salud, mesas técnicas de agua, grupos culturales, clubes deportivos, puntos de encuentro y organizaciones de mujeres, sindicatos y organizaciones de trabajadores y trabajadoras, organizaciones juveniles o estudiantiles, asociaciones civiles, cooperativas, entre otras" (Art. 4,8).

3. Las Asambleas de Ciudadanos

La Ley de 2006, en paralelo al Municipio como la unidad primaria para la participación, concibió a la Asamblea de Ciudadanos como la instancia primaria para el ejercicio del poder, la participación y el protagonismo popular, cuyas decisiones son de carácter vinculante para el consejo comunal respectivo.(Art. 4,5).

Esta Asamblea de Ciudadanos se la reguló como "la máxima instancia de decisión del Consejo Comunal", integrada por los habitantes de la comunidad, mayores de 15 años. En esta forma, como se dijo, se violó la Constitución (arts. 62 y 70) que reserva el derecho de participar en las "Asambleas de ciudadanos," como lo indica su nombre, solo a los "ciudadanos," lo que excluye a los extranjeros y a los menores de 18 años.

El legislador, quizás, lo que quiso fue regular Asambleas de la comunidad o de vecinos, pero las denominó erróneamente como Asambleas de ciudadanos, violando la Constitución.

La Ley reguló todo el proceso de constitución inicial (por primera vez) de las Asambleas de Ciudadanos (Asamblea Constituyente Comunal o Comunitaria) con la asistencia de al menos el 20% de los miembros de la comunidad, mayores de 15 años (Art. 19), convocada, conducida y organizada por una comisión promotora integrada por el número variable de miembros de la comunidad que asumieran esta iniciativa, con la participación de un representante designado por la Comisión Presidencial del Poder Popular respectivo. (arts. 15, 16).

Esta Comisión promotora debía, conforme al artículo 17 de la Ley de 2006, entre otras funciones, difundir entre los habitantes de la comunidad el alcance, objeto y fines de los Consejos Comunales; elaborar un croquis del área geográfica de la comunidad; recabar la información de su historia; organizar y coordinar la realización del censo demográfico y socioeconómico comunitario; y convocar a la Asamblea Constituyente Comunitaria. La Comisión Promotora cesaba en sus funciones al momento de la conformación del Consejo Comunal.

La Asamblea de Ciudadanos conforme al artículo 6 de la Ley de 2006, tenía entre sus atribuciones, el aprobar las normas de convivencia de la comunidad; aprobar los estatutos y el acta constitutiva del Consejo Comunal con la indicación de su nombre, el área geográfica, el número de familias que lo integraban, el listado de asistentes y el lugar, fecha y hora de reunión; la aprobación del Plan de Desarrollo de la Comunidad y los proyectos presentados al Consejo Comunal en beneficio de la comunidad; el ejercicio de la contraloría social; y la adopción de las decisiones esenciales de la vida comunitaria, y entre ellas, elegir a los integrantes de los diversos voceros e integrantes de los órganos comunitarios, y revocarles el mandato. La Asamblea de Ciudadanos también debía determinar y elegir el número de voceros de los diversos comités de trabajo, de acuerdo a la cantidad que se conformasen en la comunidad (Art. 9), en áreas como salud, educación, tierra urbana o rural, vivienda, protección e igualdad social, economía popular, cultura, seguridad integral, medios de comunicación, recreación y deportes, alimentación, agua, energía y gas, y servicios (Art. 9).

Todos los voceros de los comités de trabajo, conforme al artículo 12 de la Ley de 2006 debían ser electos en "votaciones directas y secretas por la Asamblea de Ciudadanos," para lo cual el artículo 13 de la Ley exigía ser habitante de la comunidad, con al menos 6 meses de residencia en la misma; mayor de 15 años, y no ocupar cargos de elección popular. Iguales condiciones se establecieron para los integrantes de las diversas unidades del Consejo Comunal. Se eliminaba así el sufragio universal, y se otorgaba la "ciudadanía" a quien no podía tenerla constitucionalmente.

La Asamblea de Ciudadanos debía nombrar una Comisión Electoral (Art. 18) con el fin de organizar y conducir el proceso de elección de los voceros y demás integrantes de los órganos del Consejo Comunal, debiendo a tal efecto, entre otras funciones, elaborar un registro electoral y conducir el proceso de designación los mismos.

4. La organización de los Consejos Comunales

El Consejo Comunal organizado por la Asamblea de Ciudadanos, conforme a lo dispuesto en el artículo 7 de la Ley de 2006, debía estar integrado por un órgano ejecutivo, integrado por los voceros de cada comité de trabajo; una Unidad de Gestión Financiera, como órgano económico-financiero; y una Unidad de Contraloría Social, como órgano de control. Los ciudadanos integrantes de los consejos comunales debían responder a los principios de corresponsabilidad social, rendición de cuentas, y manejo transparente, oportuno y eficaz de los recursos que dispusieran (Art. 5).

A los efectos de una adecuada articulación de su trabajo, el artículo 24 de la Ley disponía que los órganos ejecutivo, de control y económico financiero del Consejo Comunal, debían realizar reuniones de coordinación y seguimiento, y los gastos que se generasen por concepto de la actividad de los voceros y demás integrantes de los órganos del Consejo Comunal, debían ser compensados por el fondo de gastos de funcionamiento del Consejo Comunal. Los consejos comunales debían ser registrados ante la Comisión Local Presidencial del Poder Popular, para lo cual debían hacer entrega de los estatutos y acta constitutiva aprobados por la Asamblea de Ciudadanos (Art. 20). Este registro ante la Comisión Presidencial del Poder Popular respectiva, era lo que revestía a los Consejos de personalidad jurídica para todos los efectos relacionados con la Ley. Las tareas de procesamiento de este registro, sin embargo, fueron delegadas en la Fundación estatal FUNDACOMÚN, de larga tradición en materia de desarrollo de la comunidad, desde los años sesenta.[29]

El órgano ejecutivo del Consejo Comunal, integrado por los voceros de cada comité de trabajo (Art. 7), se lo concibió en la Ley de 2006 como la instancia encargada de promover y articular la participación organizada de los integrantes de la comunidad, los grupos sociales y organizaciones comunitarias en los diferentes comités de trabajo, y tenía como funciones básicas, conforme al artículo 21 de la Ley de 2006, ejecutar las decisiones de la Asamblea de Ciudadanos; promover la creación de nuevas organizaciones en defensa del interés colectivo y el desarrollo integral, sostenible y sustentable de las comunidades; elaborar planes de trabajo para solventar los problemas que la comunidad pueda resolver con sus propios recursos y evaluar sus resultados; organizar el voluntariado social en cada uno de los comités de trabajo; promover la solicitud de transferencias de servicios, participación en los procesos económicos, gestión de empresas públicas y recuperación de empresas paralizadas mediante mecanismos autogestionarios y cogestionarios; promover el ejercicio de la iniciativa legislativa y participar en los procesos de consulta en el marco del parlamentarismo social; promover el ejercicio y defensa de la soberanía e integridad territorial de la Nación; y elaborar el Plan de Desarrollo de la Comunidad a través del diagnóstico participativo, en el marco de la estrategia endógena.

---

29 Para 2007 se daba una cifra de entre 18.000 y 20.000 Consejos Comunales. *V.* María Pilar García-Guadilla, "La praxis de los consejos comunales en Venezuela: ¿Poder popular o instancia clientelar?," en *Revista Venezolana de Economía y Ciencias Sociales*, abr. 2008, Vol. 14, N° 1, p. 125-151.

V. en http://www.scielo.org.ve/scielo.php?pid=S1315-64112008000100009&script-=sci_arttext. *V.* en general sobre el proceso de creación de consejos comunales de acuerdo con la Ley de 2006, en Steve Ellner, "Un modelo atractivo con fallas: los Consejos Comunales de Venezuela", en http://www.rebelion.org/-noticia.php?id=87637; y Miguel González Marregot, "La ley de los consejos comunales: un año después (y II)", Sábado, 21 de abril de 2007, en http://queremoselegir.org/la-ley-de-los-consejos-comunales-un-ano-despues-y-ii/

La unidad de gestión financiera del Consejo Comunal, conforme al artículo 10 de la Ley de 2006 fue concebida como un órgano integrado por 5 habitantes de la comunidad electos por la Asamblea de Ciudadanos (Art. 12), que debía funcionar como el ente de ejecución financiera de los consejos comunales para administrar recursos financieros y no financieros, servir de ente de inversión y de crédito, y realizar intermediación financiera con los fondos generados, asignados o captados. A tal efecto, la Ley de 2006 denominó a esta unidad de gestión financiera como "Banco Comunal," definido como la forma de organización y gestión económico-financiera de los recursos de los consejos comunales. (Art. 4,10), del cual eran "socios" todos los ciudadanos que habitasen en el ámbito geográfico definido por la Asamblea de Ciudadanos. Ese Banco Comunal debía adquirir la figura jurídica de cooperativa y regirse por la Ley Especial de Asociaciones Cooperativas, la Ley de Creación, Estímulo, Promoción y Desarrollo del Sistema Microfinanciero y otras leyes aplicables. Estos Bancos Comunales, quedaron exceptuados de la regulación de la Ley General de Bancos y Otras Instituciones Financieras (Art. 10).

Conforme al artículo 22 de la Ley de 2006, estos Bancos Comunales tenían entre sus funciones, administrar los recursos asignados, generados o captados tanto financieros como no financieros; promover la constitución de cooperativas para la elaboración de proyectos de desarrollo endógeno, sostenibles y sustentables; impulsar el diagnóstico y el presupuesto participativo, sensible al género, jerarquizando las necesidades de la comunidad; promover formas alternativas de intercambio, que permitan fortalecer las economías locales; prestar servicios no financieros en el área de su competencia; prestar asistencia social; realizar la intermediación financiera; y promover formas económicas alternativas y solidarias, para el intercambio de bienes y servicios.

Por último, la Unidad de Contraloría Social del Consejo Comunal se lo configuró en la Ley de 2006 como un órgano conformado por 5 habitantes de la comunidad electos por la Asamblea de Ciudadanos para realizar la contraloría social y la fiscalización, control y supervisión del manejo de los recursos asignados, recibidos o generados por el consejo comunal, así como sobre los programas y proyectos de inversión pública presupuestados y ejecutados por el gobierno nacional, regional o municipal (Art. 11), con las siguientes funciones establecidas en el artículo 23: dar seguimiento a las actividades administrativas y de funcionamiento ordinario del Consejo Comunal en su conjunto; ejercer la coordinación en materia de contraloría social comunitaria; ejercer el control, fiscalización y vigilancia de la ejecución del plan de desarrollo comunitario; y ejercer el control, fiscalización y vigilancia del proceso de consulta, planificación, desarrollo, ejecución y seguimiento de los proyectos comunitarios.

El artículo 25 de la Ley de 2006 enumeró los siguientes recursos que los Consejos Comunales debían recibir de manera directa: los que fueran transferidos por la República, los estados y los municipios; los que provinieran de lo dispuesto en la Ley de Creación del Fondo Intergubernamental para la Descentralización (FIDES) y la Ley de Asignaciones Económicas Especiales derivadas de Minas e Hidrocarburos (LAEE); los que provinieran de la administración de los servicios públicos que les fueran transferidos por el Estado; los generados por su actividad propia, incluido el producto del manejo financiero de todos sus recursos, y los que provinieran de donaciones.

5. La organización centralizada de la participación ciudadana

Los Consejos Comunales fueron articulados en la Ley de 2006 en una organización centralizada tanto desde el punto de vista financiero como de conducción administrativa, la cual en la práctica resultó totalmente inoperante.[30]

Por una parte, en efecto, la Ley de 2006 creó un Fondo Nacional de los Consejos Comunales, como servicio autónomo sin personalidad jurídica, adscrito al Ministerio de Finanzas (Art. 28), con una junta directiva conformada por un presidente, tres miembros principales y tres suplentes, todos designados por el Presidente de la República, en Consejo de Ministros.

Este Fondo Nacional de los Consejos Comunales, conforme al artículo 29 de la Ley debía tener por objeto financiar los proyectos comunitarios, sociales y productivos, presentados por la Comisión Nacional Presidencial del Poder Popular en sus componentes financieros y no financieros. La transferencia de los recursos financieros se debía hacer a través de las unidades de gestión financieras, es decir, los Bancos Comunales, creadas por los consejos comunales.

Por otra parte, el artículo 30 de la Ley de 2006 organizó a los Consejos Comunales en diversas Comisiones Presidenciales del Poder Popular establecidas a nivel nacional, regional y municipal.

La Comisión Nacional Presidencial del Poder Popular, que debía ser designada por el Presidente de la República de conformidad con el artículo 71 de la Ley Orgánica de la Administración Pública, tenía por función: orientar, coordinar y evaluar el desarrollo de los Consejos Comunales a nivel nacional, regional y local; fortalecer el impulso del poder popular en el marco de la democracia participativa y protagónica, y el desarrollo endógeno, dando impulso al desarrollo humano integral que eleve la calidad de vida de las comunidades; generar mecanismos de formación y capacitación; recabar los diversos proyectos aprobados por los consejos comunales; tramitar los recursos técnicos, financieros y no financieros necesarios para la ejecución de los proyectos de acuerdo a los recursos disponibles en el Fondo Nacional de los Consejos Comunales; crear en las comunidades donde se amerite o considere necesario, equipos promotores externos para impulsar la conformación de los Consejos Comunales.

Además, el artículo 31 de la Ley de 2006 reguló unas Comisiones Regionales Presidenciales del Poder Popular por cada estado, designadas por la Comisión Nacional Presidencial del Poder Popular previa aprobación del Presidente de la República; y el artí-

---

30 Sobre esto Miguel González Marregot ha señalado que "El elemento central de las críticas a los consejos comunales es su dependencia y sujeción a una red de Comisiones Presidenciales del Poder Popular, designada "a dedo" desde del Poder Nacional. Sin embargo, las Comisiones Presidenciales del Poder Popular no existen por ahora, en el ámbito municipal. Y su creación no ha sido implementada aún; quizás por una mezcla de la incapacidad operativa oficial con una dosis de cálculo político. Las Comisiones Presidenciales del Poder Popular son una demostración de la visión centralista y concentradora de la gestión pública que va a suprimir las propias posibilidades de participación popular que brindarían los consejos comunales. Una deuda sensible, en este contexto, es la inoperancia del Servicio Autónomo Fondo Nacional de los Consejos Comunales, que estaría adscrito al Ministerio de Finanzas; y cuyo Reglamento Orgánico fue publicado en *la Gaceta Oficial* N° 346.196 de fecha 18 de Mayo de 2006; es decir, hace nueve meses. Por si fuera, poco la Ley de los Consejos Comunales, promulgada en Abril del año pasado, no ha sido aún reglamentada mediante un proceso de consulta pública." En "Consejos Comunales: ¿Para qué?," en *Venezuela Analítica*, Viernes, 9 de febrero de 2007, http://www.analitica.com/va/politica/opinion/7483372.asp

culo 32 dispuso que la Comisión Nacional Presidencial del Poder Popular podía designar las Comisiones Locales Presidenciales del Poder Popular por cada municipio, previa aprobación del Presidente de la República.

Por último, en esta estructura centralizada, conforme al artículo 33 de la Ley de 2006, en la Asamblea Nacional también se debía designar una comisión especial para que conjuntamente con las comisiones presidenciales respectivas, realizasen una evaluación del proceso de constitución y funcionamiento de los consejos comunales.

2. LA RECHAZADA REFORMA CONSTITUCIONAL DE 2007 Y EL PROYECTO PARA LA ESTRUCTURACIÓN DEL ESTADO SOCIALISTA DEL PODER POPULAR O PODER COMUNAL

En 2007 el Presidente de la República presentó ante la Asamblea Nacional un proyecto de Reforma Constitucional el cual después de haber sido sancionado por la misma,[31] una vez que fue sometido a referendo aprobatorio en diciembre de 2007, fue rechazado mayoritariamente por el pueblo. Con la misma se buscaba establecer un Estado Socialista, Centralizado, Policial y Militarista[32] montado sobre el denominado Poder Popular que se propuso crear, en el cual jugaban importante papel, precisamente, los consejos comunales.

La orientación de la reforma la dio el propio Presidente de la República durante todo el año 2007, y en particular en su "Discurso de Presentación del Anteproyecto de reforma a la Constitución ante la Asamblea Nacional" en agosto de 2007,[33] en el cual señaló con toda claridad que el objetivo central de la misma era "la construcción de la Venezuela bolivariana y socialista"[34]; es decir, como lo expresó, se trataba de una propuesta para sembrar "el socialismo en lo político y económico,"[35] lo que -dijo- no se había hecho en la Constitución de 1999. Cuando ésta se sancionó –dijo el Jefe de Estado- "no proyectábamos el socialismo como camino", agregando, que "así como el candidato Hugo Chávez repitió un millón de veces en 1998, "Vamos a Constituyente", el candidato Presidente Hugo Chávez dijo: "Vamos al Socialismo", y todo el que votó por el candidato Chávez, votó por ir al socialismo,"[36] lo que por supuesto no era cierto.

---

31 *V.* Allan R. Brewer-Carías, *La Reforma Constitucional de 2007 (Comentarios al proyecto inconstitucionalmente sancionado por la Asamblea Nacional el 2 de noviembre de 2007)*, Colección Textos Legislativos, N° 43, Editorial Jurídica Venezolana, Caracas 2007, 224 pp.

32 *V.* Allan R. Brewer-Carías, *Hacia la consolidación de un Estado Socialista, Centralizado, Policial y Militarista, Comentarios sobre el sentido y alcance de las propuestas de reforma constitucional 2007*, Colección Textos Legislativos, N° 42, Editorial Jurídica Venezolana, Caracas 2007, 157 pp.

33 *V.* Discurso de Orden pronunciado por el ciudadano Comandante Hugo Chávez Frías, Presidente Constitucional de la República Bolivariana de Venezuela en la conmemoración del Ducentésimo Segundo Aniversario del Juramento del Libertador Simón Bolívar en el Monte Sacro y el Tercer Aniversario del Referendo Aprobatorio de su mandato constitucional, Sesión especial del día Miércoles 15 de agosto de 2007, Asamblea Nacional, División de Servicio y Atención legislativa, Sección de Edición, Caracas 2007.

34 *Idem*, p. 4.

35 *Idem*, p. 33.

36 *Idem*, p. 4. Lo que no era cierto. En todo caso, se pretendió imponer al 56% de los votantes que no votaron por la reelección del presidente, la voluntad expresada por sólo el 46% de los votantes inscritos en el Registro Electoral que votaron por la reelección del Presidente. Según las cifras oficiales del CNE, en las elecciones de

Por ello, el Anteproyecto de Reforma que presentó ante la Asamblea Nacional, era para "la construcción del Socialismo Bolivariano, el Socialismo venezolano, nuestro Socialismo, nuestro modelo socialista"[37], cuyo "núcleo básico e indivisible" era "la comunidad", "donde los ciudadanos y las ciudadanas comunes, tendrán el poder de construir su propia geografía y su propia historia."[38] Y todo ello bajo la premisa de que "sólo en el socialismo será posible la verdadera democracia."[39] pero por supuesto, una "democracia" sin representación que, como lo propuso el Presidente y fue sancionado por la Asamblea Nacional en la rechazada reforma del artículo 136 de la Constitución, se buscaba establecer una "democracia" que "no nace del sufragio ni de elección alguna, sino que nace de la condición de los grupos humanos organizados como base de la población." Es decir, se buscaba establecer una "democracia" que no era democracia, pues en el mundo moderno no hay ni ha habido democracia sin elección de representantes.

En resumen, entre los aspectos esenciales de la reforma propuesta estaba por una parte, transformar el Estado en un Estado Socialista, con una doctrina política oficial de carácter socialista, que se denominaba además como "doctrina bolivariana", con lo cual se eliminaba toda posibilidad de pensamiento distinto al "oficial" y, por tanto, toda disidencia, pues la doctrina política oficial se quería incorporar en la Constitución, como política y doctrina del Estado y la Sociedad, hubiera constituido un deber constitucional de todos los ciudadanos cumplir y hacerla cumplir. Con ello, se buscaba sentar las bases para la criminalización de la disidencia.

Por la otra, también se buscaba transformar el Estado en un Estado Centralizado, de poder concentrado bajo la ilusión del Poder Popular, lo que implicaba la eliminación definitiva de la forma federal del Estado, imposibilitando la participación política y degradando la democracia representativa; todo ello, mediante la supuesta organización de la población para la participación en los Consejos del Poder Popular, como los Comunales, que eran y son instituciones sin autonomía política alguna, cuyos miembros se pretendía declarar, en la propia Constitución, que no fueran electos. Dichos Consejos, creados por Ley en 2006, estaban controlados desde la Jefatura del gobierno y para cuyo funcionamiento, el instrumento preciso era el partido único Socialista que el Estado creó también durante 2007.

En ese marco, en la propuesta de reforma constitucional de 2007 se propuso modificar varios artículos fundamentales de la Constitución así:

Primero, en relación con el artículo 16 de la Constitución, se buscaba crear las comunas y comunidades como "el núcleo territorial básico e indivisible del Estado Socialista

2006, de un universo de 15.784.777 votantes inscritos en el Registro Electoral, sólo 7.309.080 votaron por el Presidente.

37 *V. Discurso*... p. 34.

38 *Ídem*, p. 32.

39 *Ídem*, p. 35. Estos conceptos se recogieron igualmente en la *Exposición de Motivos* para la Reforma Constitucional, Agosto 2007, donde se expresó la necesidad de "ruptura del modelo capitalista burgués" (p. 1), de desmontar la superestructura que le da soporte a la producción capitalista"(p. 2); de "dejar atrás la democracia representativa para consolidad la democracia participativa y protagónica"(p. 2); de "crear un enfoque socialista nuevo" (p. 2) y "construir la vía venezolana al socialismo"(p. 3); de producir "el reordenamiento socialista de la geopolítica de la Nación" (p. 8); de la "construcción de un modelo de sociedad colectivista" y "el Estado sometido al poder popular"(p. 11); de "extender la revolución para que Venezuela sea una República socialista, bolivariana", y para "construir la vía venezolana al socialismo; construir el socialismo venezolano como único camino a la redención de nuestro pueblo"(p. 19).

Venezolano"; con el artículo 70, se definían los medios de participación y protagonismo del pueblo en ejercicio directo de su soberanía mediante todo tipo de consejos, "para la construcción del socialismo", haciéndose mención a las diversas asociaciones "constituidas para desarrollar los valores de la mutua cooperación y la solidaridad socialista"; con el artículo 158, se buscaba eliminar toda mención a la descentralización como política nacional, y definir como política nacional, "la participación protagónica del pueblo, restituyéndole el poder y creando las mejores condiciones para la construcción de una democracia socialista"; con el artículo 168 relativo al Municipio, se buscaba precisar la necesidad de incorporar "la participación ciudadana a través de los Consejos del Poder Popular y de los medios de producción socialista"; con el artículo 184, se buscaba orientar la descentralización de Estados y Municipios para permitir "la construcción de la economía socialista."

Segundo, en relación con el artículo 158 se buscaba eliminar toda referencia a la descentralización política siguiendo la orientación de la práctica política centralista de los últimos años, y centralizar completamente el Estado, eliminando toda idea de autonomía territorial y de democracia representativa a nivel local, es decir, de la unidad política primaria en el territorio. Con la rechazada reforma constitucional, en este campo, se buscaba materializar una supuesta "nueva geometría del poder" donde no había ni podía haber autonomías, con la propuesta de creación de nuevas instancias territoriales, todas sometidas al poder Central, mediante las cuales el Poder Popular[40] supuestamente iba a desarrollar "formas de agregación comunitaria política territorial" que constituían formas de autogobierno, pero sin democracia representativa alguna, sino sólo como "expresión de democracia directa" (Art. 16). Con ello se buscaba, como lo dijo el Presidente de la República, "el desarrollo de lo que nosotros entendemos por descentralización, porque el concepto cuarto republicano de descentralización es muy distinto al concepto que nosotros debemos manejar. Por eso, incluimos aquí la participación protagónica, la transferencia del poder y crear las mejores condiciones para la construcción de la democracia socialista."[41]

Con ello se pretendía lograr la eliminación de los entes territoriales descentralizados políticamente, sin las cuales no puede haber efectivamente democracia participativa, y la creación en su lugar de Consejos del poder popular que no pasan de ser una simple manifestación de movilización controlada desde el Poder Central. Ello es lo que había ocurrido, precisamente, con los Consejos Comunales creados por Ley en 2006[42], cuyos miembros no eran electos mediante sufragio sino designados por Asambleas de ciudadanos controladas por el propio Poder Ejecutivo Nacional. Ello era lo que con la recha-

---

40 En la *Exposición de Motivos del Proyecto de Reforma Constitucional* presentado por el Presidente de la República en agosto 2007, se lee que el Poder Popular "es la más alta expresión del pueblo para la toma de decisiones en todos sus ámbitos (político, económico, social, ambiental, organizativo, internacional y otros) para el ejercicio pleno de su soberanía. Es el poder constituyente en movimiento y acción permanente en la construcción de un modelo de sociedad colectivista de equidad y de justicia. Es el poder del pueblo organizado, en las más diversas y disímiles formas de participación, al cual está sometido el poder constituido. No se trata del poder del Estado, es el Estado sometido al poder popular. Es el pueblo organizado y organizando las instancias de poder que decide las pautas del orden y metabolismo social y no el pueblo sometido a los partido políticos, a los grupos de intereses económicos o a una particularidad determinada", *cit.*, p. 11.

41 *V. Discurso*…., citado *supra*.

42 *V.* los comentarios sobre ello en Allan R. Brewer-Carías, "Introducción General al Régimen del Poder Público Municipal," en, *Ley Orgánica del Poder Público Municipa*l, Editorial Jurídica Venezolana, Caracas 2007, pp. 75 y ss.

zada reforma constitucional, se pretendía consolidar en el texto fundamental, al proponerse una "nueva geometría del poder" en la cual se sustituía a los Municipios, por las comunidades, como el "núcleo territorial básico e indivisible del Estado Socialista Venezolano", que debían agrupar a las comunas (socialistas)[43] como "células sociales del territorio", las cuales se debían agrupar en ciudades que eran las que se pretendía concebir como "la unidad política primaria de la organización territorial nacional". En la rechazada reforma constitucional se buscaba establecer en forma expresa que los integrantes de los diversos Consejos del Poder Popular no nacían "del sufragio ni de elección alguna, sino que nace de la condición de los grupos humanos organizados como base de la población".

Con ello, en definitiva, en nombre de una "democracia participativa y protagónica", lo que se buscaba era poner fin en Venezuela a la democracia representativa a nivel local, y con ello, de todo vestigio de autonomía política territorial que es la esencia de la descentralización.

Tercero, en relación con el artículo 62 de la Constitución que consagra el derecho de los ciudadanos "de participar libremente en los asuntos públicos," con la reforma constitucional se buscaba agregar a los mecanismos de participación enumerados en el artículo 70, a los Consejos del Poder Popular, con los cuales aquella perdía su carácter libre pues se buscaba que quedaran reducidos al único propósito de "la construcción del socialismo", de manera que quien no quisiera construir socialismo alguno, hubiera quedado excluido del derecho a la participación política, que sólo estaba destinado a desarrollar los valores de "la solidaridad socialista" y no era libre como indica el artículo 62.

Por otra parte, en sustitución del concepto amplio de participación ciudadana que establece el artículo 168 de la Constitución y que deben desarrollar los Municipios, con la rechazada reforma constitucional se pretendía establecer la obligación de los Municipios de "incorporar, dentro del ámbito de sus competencias, la participación ciudadana a través de los Consejos del Poder Popular y de los medios de producción socialista", eliminándose toda posibilidad de otras formas de participación, la cual dejaba de ser libre.

Cuarto, en relación con la forma federal del Estado, con la reforma constitucional rechazada de 2007 se buscaba vaciarla totalmente de contenido. En particular, en cuanto a los Estados y Municipios sobre cuya concepción se monta el sistema federal, con la reforma del artículo 16, desaparecía la garantía constitucional de la autonomía municipal y el principio de la descentralización político administrativa que establece la Constitución de 1999 como condición esencial de la división territorial.

En particular, en relación con los Municipios, con la rechazada reforma constitucional se buscaba quitarles el carácter de unidad política primaria que el artículo 168 de la Constitución de 1999 les garantiza, y en su lugar se proponía establecer a "la ciudad" como la unidad política primaria de la organización territorial nacional, entendida como "todo asentamiento poblacional dentro del municipio, e integrada por áreas o extensiones geográficas denominadas comunas". Además, se buscaba definir a estas comunas,

43 En la *Exposición de Motivos* del Proyecto de Reforma Constitucional presentado por el Presidente de la República en agosto 2007, a las comunas se las califica como "comunas socialistas", y se la define como "Es un conglomerado social de varias comunidades que poseen una memoria histórica compartida, usos, costumbres y rasgos culturales que los identifican, con intereses comunes, agrupadas entre sí con fines político-administrativos, que persiguen un modelo de sociedad colectiva de equidad y de justicia", *cit.*, p. 12.

como las células sociales del territorio conformadas por las "comunidades", cada una de las cuales se proponía que constituyera "el núcleo territorial básico e indivisible del Estado Socialista Venezolano, donde los ciudadanos y las ciudadanas tendrán el poder para construir su propia geografía y su propia historia". En la rechazada propuesta de reforma constitucional, también se proponía crear la figura de la Ciudad Comunal que debía constituirse cuando en la totalidad de su perímetro, se hubieran establecido las comunidades organizadas, las comunas y el autogobierno comunal, pero asignándose su creación al Presidente de la República en Consejo de Ministros.

A partir de este esquema inicial, en el artículo 16 del proyecto de la rechazado de reforma constitucional, se buscaba cambiar radicalmente la división política del territorio nacional en "entidades políticas" (Estados, Distrito Capital, dependencias federales, territorios federales y Municipios y otras entidades locales) que conforme a la Constitución gozan esencialmente de autonomía política territorial, y deben tener un gobierno "electivo" (Art. 6); por una "conformación" del territorio nacional a los fines político-territoriales y de acuerdo con una "nueva geometría del poder", por un Distrito Federal, por los estados, las regiones marítimas, los territorios federales, los municipios federales y los distritos insulares".

En ese esquema, se proponía eliminar la exigencia constitucional de que todo el territorio nacional se debe organizar en municipios, por la previsión de que sólo "los Estados se organizan en municipios" (Art. 16), los que por tanto se buscaba que desaparecieran, si una parte del territorio se convertía en alguna de las "nuevas" entidades. Por ello es que precisamente, se buscaba que el Municipio desapareciera como unidad política primaria en la organización nacional.

Lo más notorio de la rechazada reforma constitucional es que mediante la misma, se buscaba autorizar al Presidente de la República, en Consejo de Ministros, para que "previo acuerdo aprobado por la mayoría simple de los diputados y diputadas de la Asamblea Nacional", pudiera "decretar regiones marítimas, territorios federales, municipios federales, distritos insulares, provincias federales, ciudades federales y distritos funcionales, así como cualquier otra entidad que establezca esta Constitución y la Ley", con lo que materialmente, la totalidad de la división político territorial de la República se pretendía que dejara de ser una materia de rango constitucional y pasara a ser una materia ni siquiera de regulación legislativa, sino solamente ejecutiva. En fin, lo que se pretendía con la rechazada reforma constitucional era la total centralización del poder, lo que se confirma mediante la asignación que se pretendía hacer al Presidente de la República para designar y remover "las autoridades respectivas" de dichas entidades que hubieran quedado sujetas completamente al Poder Central.

Quinto, con la rechazada propuesta de reforma constitucional, se buscaba agregar a la distribución vertical del Poder Público entre el Poder Municipal, el Poder Estadal y el Poder Nacional (Art. 136), a un denominado "Poder Popular," que se pretendía concebir como el medio para que supuestamente "el pueblo" como el depositario de la soberanía, la ejerciera "directamente", pero con la advertencia expresa de que dicho Poder Popular" "no nace del sufragio ni de elección alguna, sino que nace de la condición de los grupos humanos organizados como base de la población", sino mediante la constitución de comunidades, comunas y el autogobierno de las ciudades, a través de toda suerte de consejos comunales y de otra índole.

Se pretendía, así, agregar como un Poder Público más en el territorio, al Poder Popular, cuyos voceros, por ejemplo, con la rechazada reforma constitucional se pretendía que también formaran parte de los Comités de Postulaciones y Evaluaciones para la escogencia de los magistrados del Tribunal Supremo de Justicia, los titulares del Poder Ciudadano y los miembros del Consejo Nacional Electoral (arts. 264, 279 y 295).

Sección Segunda: LA INSTITUCIONALIZACIÓN LEGAL DEL ESTADO COMUNAL O DE CÓMO SE IMPONE AL PAÍS UN MODELO DE ESTADO COMUNISTA, DE EJERCICIO DEL PODER POPULAR Y DE SOCIEDAD SOCIALISTA POR LOS CUALES NADIE HA VOTADO

I. EL ESTADO COMUNAL O COMUNISTA Y EL PODER POPULAR

Como se ha dicho, después de que la reforma constitucional de 2007 fue rechazada por el pueblo en el referendo de diciembre de ese mismo año, y después de que el Presidente de la República, su gobierno, la Asamblea Nacional que controlaba y el partido oficial que preside perdieron las elecciones parlamentarias de septiembre de 2010, la Asamblea Nacional ya deslegitimada, bajo el control absoluto del Presidente y en los últimos días de su mandato, en diciembre de 2010, procedió atropelladamente, en fraude a la voluntad popular y a la Constitución, a sancionar el conjunto de Leyes Orgánicas antes mencionados sobre el Poder Popular,[44] las Comunas,[45] el Sistema Económico Comunal,[46] la Planificación Pública y Comunal[47] y la Contraloría Social;[48] y a reformar la Ley Orgánica del Poder Público Municipal,[49] y de las Leyes de los Consejos Estadales de Planificación y Coordinación de Políticas Públicas,[50] y de los Consejos Locales de Planificación Pública,[51] completando así el esquema de institucionalización del Estado Comunista, denominado Estado Comunal que ya se había esbozado en la Ley de los Consejos Comunales de 2006 y en la Ley Orgánica del Consejo Federal de Gobierno.[52]

Con estas leyes se ha terminado de definir, al margen de la Constitución, el marco normativo de un nuevo Estado, *paralelo al Estado Constitucional*, que se denomina "Estado Comunal" y que si nos atenemos a las experiencias históricas precedentes, to-

---

44 *V.* en *Gaceta Oficial* N° 6.011 Extra. de 21-12-2010. La Sala Constitucional mediante sentencia N° 1329 de 16-12-2009 declaró la constitucionalidad del carácter orgánico de esta Ley.

45 *V.* en *Gaceta Oficial* N° 6.011 Extra. de 21-12-2010. La Sala Constitucional mediante sentencia N° 1330 de 17-12-2010 declaró la constitucionalidad del carácter orgánico de esta Ley. *V.* en: http://www.tsj.gov.ve/decisiones/ scon/Diciembre/1330-171210-2010-10-1436.html

46 *V.* en *Gaceta Oficial* N° 6.011 Extra. de 21-12-2010. La Sala Constitucional mediante sentencia N° 1329 de 16-12-2010 declaró la constitucionalidad del carácter orgánico de esta Ley. *V.* en: http://www.tsj.gov.ve/decisiones/ scon/Diciembre/1329-161210-2010-10-1434.html

47 *V.* en *Gaceta Oficial* N° 6.011 Extra. de 21-12-2010. La Sala Constitucional mediante sentencia N° 1326 de 16-12-2009 declaró la constitucionalidad del carácter orgánico de esta Ley.

48 *V.* en *Gaceta Oficial* N° 6.011 Extra. de 21-12-2010. La Sala Constitucional mediante sentencia N° 1329 de 16-12-2010 declaró la constitucionalidad del carácter orgánico de esta Ley. *V.* en: http://www.tsj.gov.ve/decisiones/ scon/Diciembre/%201328-161210-2010-10-1437.html

49 *V.* en *Gaceta Oficial* N° 6.015 Extra. de 28-12-2010

50 *V.* en *Gaceta Oficial* N° 6.017 Extra. de 30-12-2010

51 *V.* en *Gaceta Oficial* N° 6.017 Extra. de 30-12-2010

52 *V.* en *Gaceta Oficial* N° 5.963 Extra. de 22-02-2010

das fracasadas, unas desaparecidas como el de la Unión Soviética, y otros en vías de extinción como el de Cuba, no es otra cosa que un Estado Comunista, para el cual se adopta al Socialismo como doctrina oficial pública, impuesta a los ciudadanos para poder participar, montado sobre un sistema político centralizado, militarista y policial para el ejercicio del poder.

El objetivo fundamental de estas leyes, como se dijo, es la organización del "Estado Comunal" que tiene a la Comuna como a su célula fundamental, suplantando inconstitucionalmente al Municipio en el carácter que tiene de "unidad política primaria de la organización nacional" (Art. 168 de la Constitución). A través de la organización de ese Estado Comunal o Comunista, se ejerce el Poder Popular, el cual se concreta en el ejercicio de la soberanía popular sólo directamente por el pueblo, y no mediante representantes. Se trata por tanto, de un sistema político estatal en el cual se ignora la democracia representativa violándose así abiertamente la Constitución de la República.

El Estado Comunista que se busca implantar con estas leyes, denominado Estado Comunal, *en paralelo* al Estado Constitucional, se basa en este simple esquema: como el artículo 5 de la Constitución dispone que "La soberanía reside intransferiblemente en el pueblo, quien la ejerce *directamente* en la forma prevista en esta Constitución y en la ley, e *indirectamente*, mediante el sufragio, por los órganos que ejercen el Poder Público," habiéndose estructurado el Estado Constitucional basado en el concepto de democracia representativa, es decir, el ejercicio de la soberanía en forma indirecta mediante el sufragio; entonces ahora se estructura el Estado Comunal, basado en el ejercicio de la soberanía en forma directa.

Ello incluso ha sido "legitimado" por las sentencias dictadas por la Sala Constitucional del Tribunal Supremo de Justicia cuando al analizar el carácter orgánico de las leyes, como en la dictada en relación con la Ley Orgánica de las Comunas, señaló que la misma se dictó:

> "en desarrollo del principio constitucional de la democracia participativa y descentralizada que postula el preámbulo constitucional y que reconocen los artículos 5 y 6 de la Constitución de la República Bolivariana de Venezuela, de cuyo contenido se extrae el principio de soberanía, cuyo titular es el pueblo, quien está además facultado para ejercerla "*directamente*" y no sólo "*indirectamente*" por los órganos del Poder Público; así como del artículo 62 *ejusdem*, que estatuye el derecho de las personas a la libre participación en los asuntos públicos y, especialmente, el artículo 70 del mismo texto fundamental, que reconoce expresamente medios de autogestión como mecanismos de participación popular protagónica del pueblo en ejercicio de su soberanía, medios que son sólo enunciativos en los términos de la predicha norma."[53]

Es con base en estos principios que en el artículo 8.8 de la LOPP, se define al Estado comunal, como la:

> "Forma de organización político social, fundada en el Estado democrático y social de derecho y de justicia establecido en la Constitución de la República, en la cual el poder es ejercido directamente por el pueblo, con un modelo económico de propiedad social y de desarrollo endógeno sustentable, que permita alcanzar la suprema felicidad social de los venezolanos y venezolanas en la sociedad socialista. La célula fundamental de conformación del estado comunal es la Comuna.[54]

---

53 *V.* la sentencia N° 1.330, Caso: Carácter Orgánico de la Ley Orgánica de Comunas, de fecha 17/12/2010. *V.* en http://www.tsj.gov.ve/decisiones /scon/Diciembre/1330-171210-2010-10-1436.html

54 En la Ley Orgánica de las Comunas, sin embargo, se define al Estado Comunal de la siguiente manera: "Forma de organización político-social, fundada en el Estado democrático y social de derecho y de justicia estable-

Se busca establecer así, un Estado Comunal en paralelo al Estado Constitucional: el primero basado en el ejercicio de la soberanía directamente por el pueblo; y el segundo, basado en el ejercicio de la soberanía indirectamente por el pueblo, mediante representantes electos por sufragio universal; en un sistema, en el cual el primero irá vaciando progresivamente de competencias al segundo. Todo ello es inconstitucional, particularmente porque en la estructura del Estado Comunal que se monta, el ejercicio de la soberanía en definitiva es indirecta mediante "representantes" que se "eligen" para ejercer el Poder Popular en nombre del pueblo, y que son denominados "voceros" o "vocerías," pero no son electos mediante sufragio.

El sistema que se busca montar, en definitiva, controlado todo por un Ministerio del Ejecutivo Nacional, lejos de ser un instrumento de descentralización –concepto que está indisolublemente unido a la autonomía política– es un sistema de centralización y control férreo de las comunidades por el Poder Central. Por ello la aversión al sufragio.[55] En ese esquema, una verdadera democracia participativa sería la que garantizaría que los miembros de los Consejos Comunales, las comunas y todas las organizaciones e instancias del Poder Popular fueran electas por sufragio universal, directo y secreto, y no a mano alzada por asambleas controladas por el partido oficial y el Ejecutivo Nacional, en contravención al modelo de Estado democrático y social de derecho y de justicia descentralizado establecido en la Constitución.

Pues bien, es en este contexto, y buscando establecer en paralelo al Estado Constitucional en el cual el pueblo ejerce indirectamente el Poder Público mediante representantes electos por sufragio universal directo y secreto, un Estado Comunal en el cual el pueblo supuestamente ejercería directamente el Poder Popular mediante voceros que no son electos por sufragio universal, directo y secretos, sino en asambleas de ciudadanos, el artículo 2 de la LOPP, define al Poder Popular, como:

> "el ejercicio pleno de la soberanía por parte del pueblo en lo político, económico, social, cultural, ambiental, internacional, y en todo ámbito del desenvolvimiento y desarrollo de la sociedad, a través de sus diversas y disímiles formas de organización, que edifican el estado comunal."

Todo lo cual no es más que una falacia, pues en definitiva en ese "edificio" del Estado Comunal se le niega al pueblo el derecho de elegir libremente, mediante sufragio universal, directo y secreto a quienes van a representarlo en todos esos ámbitos, incluyendo el internacional; y además, se niega toda idea de pluralismo al imponerse a los ciudadanos una ideología única compulsiva como es el socialismo. Se trata más bien de un "edificio" de organizaciones para evitar que el pueblo realmente ejerza la soberanía e imponerle mediante férreo control central políticas por las cuales nunca tendrá la ocasión de votar.

Por otra parte, según el artículo 4 de la LOPP, la finalidad de este Poder Popular que se ejerce por los órganos del Estado Comunal,

---

cido en la Constitución de la República, en la cual el poder es ejercido directamente por el pueblo, a través de los autogobiernos comunales, con un modelo económico de propiedad social y de desarrollo endógeno y sustentable, que permita alcanzar la suprema felicidad social de los venezolanos y venezolanas en la sociedad socialista. La célula fundamental de conformación del estado comunal es la Comuna" (Art. 4.10).

55 *V.* lo expuesto en los estudios de José Ignacio Hernández G., "Descentralización y Poder Popular," y Adriana Vigilanza García, "La descentralización política de Venezuela y las nuevas leyes del 'Poder Popular'," en pp. 459 ss. y 477 ss., respectivamente, de este libro.

"garantizar la vida y el bienestar social del pueblo, mediante la creación de mecanismos para su desarrollo social y espiritual, procurando la igualdad de condiciones para que todos y todas desarrollen libremente su personalidad, dirijan su destino, disfruten los derechos humanos y alcancen la suprema felicidad social; sin discriminaciones por motivos de origen étnico, religioso, condición social, sexo, orientación sexual, identidad y expresión de genero, idioma, opinión política, nacionalidad u origen, edad, posición económica, condición de discapacidad o cualquier otra circunstancia personal, jurídica o social, que tenga por resultado anular o menoscabar el reconocimiento, goce o ejercicio de los derechos humanos y garantías constitucionales."

Por supuesto todos estos principios de igualdad se rompen desde que el sistema de Estado Comunal o Comunista, paralelo al Estado Constitucional, se monta, como se ha dicho, sobre una concepción única, que es el Socialismo, de manera que quien no sea socialista está automáticamente discriminado y no puede participar.

No es posible, por tanto, en el marco de esta Ley, poder conciliar el pluralismo que garantiza la Constitución y el principio de la no discriminación por razón de "opinión política" a que se refiere este artículo, con el resto de las disposiciones de la Ley que persiguen todo lo contrario, es decir, el establecimiento de un Estado Comunista o Comunal, cuyas instancias sólo pueden actuar en función del Socialismo y en las cuales todo ciudadano que tenga otra opinión queda excluido.[56]

Es decir, mediante esta Ley Orgánica se ha establecido el marco definitorio de un nuevo modelo de Estado paralelo y distinto al Estado Constitucional, denominado el Estado Comunal basado en forma exclusiva y exclusionista en el socialismo como doctrina y práctica política, que es la organización política a través de la cual se produce el ejercicio del Poder Popular que es a la vez "el ejercicio pleno de la soberanía por parte del pueblo."

Ese Poder Popular se fundamenta, como se declara en el artículo 3 de la LOPP, "en el principio de soberanía y el sentido de progresividad de los derechos contemplados en la Constitución de la República, cuyo ejercicio y desarrollo está determinado por los niveles de conciencia política y organización del pueblo" (Art. 3).

Con esta declaración, sin embargo, lejos de la universalidad, prevalencia y progresividad de los derechos humanos que se garantizan la Constitución, lo que se ha establecido es la desaparición total de la concepción universal de los derechos humanos, el abandono a su carácter prevalente y el retroceso ante los principios *pro homines* y *favor libertatis*, al condicionarse su existencia, alcance y progresividad a lo que se determine "por los niveles de conciencia política y organización del pueblo," es decir, por lo que dispongan y prescriban las organizaciones del Poder Popular con las que se busca "organizar" al pueblo, todas sometidas al Socialismo.

---

56 En el diario *El Nacional* del 12 de febrero de 2011, se reseñó lo siguiente: "Representantes de 120 consejos comunales del Distrito Capital y de Miranda denunciaron en una asamblea celebrada en presencia del diputado William Ojeda que son víctimas de discriminación por razones políticas. Aseguraron que aunque cumplieron con los requisitos para registrarse en Fundacomunal no pudieron iniciar el proceso porque no presentaron la planilla de inscripción en el PSUV, que es un requisito indispensable. "El Gobierno está aplicando una política de discriminación y exclusión. Está ocurriendo un *apartheid* político. Hay centenares de consejos comunales en el país que están organizados y que no han podido registrarse porque no militan en la tolda roja", indicó Ojeda." *V.* en Diana Lozano Parafán, "Consejos Comunales rechazan discriminación. El diputado William Ojeda se reunió con representantes de 120 comunidades que no han podido inscribirse por razones partidistas," en *El Nacional*, Caracas 12-02-2011. *V.*: en http://impresodigital.el-nacional.com/ediciones/011/02/12/default.asp?cfg=1081FGHH666&iu=757

Con ello desaparece la concepción de los derechos humanos como esferas que son innatas al hombre e inmunes frente al poder; pasándose a una concepción de los derechos humanos dependientes de lo que ordene un poder central, que en definitiva controla todo el "edificio" del Estado Comunal o Estado Socialista, como clara demostración del totalitarismo que está a la base de esta Ley.

En el mismo sentido se dispone en el artículo 5 de la LOPP, que "la organización y participación del pueblo en el ejercicio de su soberanía se inspira en la doctrina del Libertador Simón Bolívar, y se rige por los principios y valores socialistas,"[57] con lo cual, como se ha dicho, se vincula la organización del Estado Comunal que se organiza en paralelo al Estado Constitucional, con la ideología política socialista, es decir, con el *socialismo*, el cual se define en el artículo 8.14 como:

> "un modo de relaciones sociales de producción centrado en la convivencia solidaria y la satisfacción de necesidades materiales e intangibles de toda la sociedad, que tiene como base fundamental la recuperación del valor del trabajo como productor de bienes y servicios para satisfacer las necesidades humanas y lograr la suprema felicidad social y el desarrollo humano integral. Para ello es necesario el desarrollo de la propiedad social sobre los factores y medios de producción básicos y estratégicos que permita que todas las familias, ciudadanos venezolanos y ciudadanas venezolanas posean, usen y disfruten de su patrimonio, propiedad individual o familiar, y ejerzan el pleno goce de sus derechos económicos, sociales, políticos y culturales."[58]

Lo primero que debe observarse respecto de esta norma, es la insostenible pretensión de vincular "la doctrina del Libertador Simón Bolívar" con los principios y valores socialistas. En la obra de Bolívar y en relación con su concepción del Estado nada puede encontrarse al respecto,[59] no siendo la norma sino una pretensión más de continuar manipulando el "culto" a Bolívar para justificar los autoritarismos, como tantas veces ha ocurrido antes en nuestra historia.[60] Con la norma, por otra parte y por supuesto, se vio-

57 La misma expresión se utilizó en la Ley Orgánica de las Comunas respecto de la constitución, conformación, organización y funcionamiento de las mismas (Art. 2); en la Ley Orgánica de los Consejos Comunales respecto de los mismos (Art. 1), en la Ley Orgánica de Contraloría Social (Art. 6); en la Ley Orgánica de Planificación Pública y Popular (Art. 3), que regula la planificación pública, popular y participativa como herramienta fundamental para construcción de la nueva sociedad (Art. 3); y en la Ley Orgánica del Sistema Económico Comunal respecto del mismo (art. 5).

58 Igual definición se encuentra en el artículo 4.14 de la Ley Orgánica de las Comunas. También en el artículo 3 del Reglamento de la Ley Orgánica del Consejo federal de Gobierno se define el socialismo como "un modo de relaciones sociales de producción centrado en la convivencia solidaria y la satisfacción de las necesidades materiales e intangibles de toda la sociedad, que tiene como base fundamental la recuperación del valor del trabajo como productor de bienes y servicios para satisfacer las necesidades humanas y lograr la Suprema Felicidad Social y el Desarrollo Humano Integral. Para ello es necesario el desarrollo de la propiedad social sobre los factores y medios de producción básicos y estratégicos que permita que todas las familias y los ciudadanos y ciudadanas venezolanos y venezolanas posean, usen y disfruten de su patrimonio o propiedad individual o familiar, y ejerzan el pleno goce de sus derechos económicos, sociales, políticos y culturales."*V*. en *Gaceta Oficial* N° 39.382 del 9 de marzo de 2010. Muchas son las definiciones de socialismo, pero en todas, se pueden identificar sus elementos básicos: (i) un sistema de organización social y económico, (ii) basado en la propiedad y administración colectiva o estatal de los medios de producción, y (iii) en regulación por el Estado de las actividades económicas y sociales y de la distribución de los bienes, (iv) buscando la progresiva desaparición de las clases sociales.

59 *V*. Allan R. Brewer-Carías, "Ideas centrales sobre la organización el Estado en la Obra del Libertador y sus Proyecciones Contemporáneas" en *Boletín de la Academia de Ciencias Políticas y Sociales*, N° 95-96, enero-junio 1984, pp. 137-151.

60 Ha sido el caso de Antonio Guzmán Blanco en el siglo XIX y de Cipriano Castro, Juan Vicente Gómez, Eleazar López Contreras y Marcos Pérez Jiménez en el siglo XX. John Lynch ha señalado que: "El tradicional culto a Bolívar ha sido usado como ideología de conveniencia por dictadores militares, culminando con los regíme-

la abiertamente la garantía del derecho de propiedad que está en la Constitución (Art. 115) que no permite su restricción sólo a la propiedad colectiva o social excluyendo la propiedad privada de los medios de producción.

El artículo 5 de la LOPP, por otra parte, define como "principios y valores socialistas" los siguientes:

> "democracia participativa y protagónica, interés colectivo, equidad, justicia, igualdad social y de género, complementariedad, diversidad cultural, defensa de los derechos humanos, corresponsabilidad, cogestión, autogestión, cooperación, solidaridad, transparencia, honestidad, eficacia, eficiencia, efectividad, universalidad, responsabilidad, deber social, rendición de cuentas, control social, libre debate de ideas, voluntariedad, sustentabilidad, defensa y protección ambiental, garantía de los derechos de la mujer, de los niños, niñas y adolescentes, y de toda persona en situación de vulnerabilidad, defensa de la integridad territorial y de la soberanía nacional. (Art. 5).[61]

Este catálogo de "principios" por supuesto no están vinculados necesariamente al socialismo, ni son exclusivamente "principios y valores socialistas" como se pretende hacer ver, en una apropiación indebida que hace el legislador. El redactor de la norma, en realidad, lo que hizo fue copiar todo el elenco de principios que se encuentran definidos a lo largo de la Constitución, en muchas normas (Preámbulo y arts. 1, 2, 3, 4, 6, 19, 20, 21, 22, 26, 84, 86, 102, 112, 137, 141, 153, 165, 257, 293, 299, 311, 316, 326, por ejemplo), y que son los valores del Estado Constitucional. Sólo en algún caso no se han atrevido a utilizar la terminología clásica como "libertad de expresión," y la han querido sustituir por "libre debate de ideas," lo que por supuesto no es lo mismo, sobre todo porque dicha libertad no se tolera en un Estado Socialista que sólo conoce de una ideología única.

Para desarrollar y consolidar el Poder Popular, ignorando los valores y principios constitucionales básicos que tienen que tener todas las instancias de gobierno en Venezuela que deben ser "electivos, descentralizados, alternativos, responsables, pluralistas y de mandatos revocables" tal como lo exige el artículo 6 de la Constitución, es que se ha dictado la LOPP para supuestamente generar.

> "condiciones objetivas a través de los diversos medios de participación y organización establecidos en la Constitución de la República, en la ley y los que surjan de la iniciativa popular, para que los ciudadanos y ciudadanas ejerzan el pleno derecho a la soberanía, la democracia participativa, protagónica y corresponsable, así como a la constitución de formas de autogobierno comunitarias y comunales, para el ejercicio directo del poder" (Art. 1).

---

nes de Juan Vicente Gómez y Eleazar López Contreras; quienes al menos respetaron, más o menos, los pensamientos básicos del Libertador, aún cuando tergiversaron su significado." Concluye Lynch señalando que en el caso de Venezuela, en la actualidad, el proclamar al Libertador como fundamento de las políticas del régimen autoritario, constituye una distorsión de sus ideas. *V.* John Lynch, *Simon Bolívar: A Life*, Yale University Press, New Haven 2007, p. 304. .*V.* también, Germán Carrera Damas, *El culto a Bolívar, esbozo para un estudio de la historia de las ideas en Venezuela*, Universidad Central de Venezuela, Caracas 1969; Luis Castro Leiva, *De la patria boba a la teología bolivariana*, Monteávila, Caracas 1987; Elías Pino Iturrieta, *El divino Bolívar. Ensayo sobre una religión republicana*, Alfail, Caracas 2008; Ana Teresa Torres, *La herencia de la tribu. Del mito de la independencia a la Revolución bolivariana*, Editorial Alfa, Caracas 2009. Sobre la historiografía en relación con estos libros *V.* Tomás Straka, *La épica del desencanto*, Editorial Alfa, Caracas 2009.

61 Estos mismos principios se enumeran en relación con las comunas en el artículo 2 de la Ley Orgánica de las Comunas; en relación con la contraloría social en el artículo 6 de la Ley Orgánica de Contraloría Social; y en relación con la panificación pública y popular el artículo 3 de la ley Orgánica de Planificación Pública y Popular.

Conforme a la Constitución "la creación de nuevos sujetos de descentralización a nivel de las parroquias, las comunidades, los barrios y las vecindades" sólo es posible "a los fines de garantizar el principio de la corresponsabilidad en la gestión pública de los gobiernos locales y estadales y desarrollar procesos autogestionarios y cogestionarios en la administración y control de los servicios públicos estadales y municipales" (Art. 184.6). Ello significa que los mecanismos de participación que puedan establecerse conforme a la Constitución no son para vaciar a las estructuras del Estado Constitucional, es decir, de los "gobiernos locales y estadales," sino para reforzarlas en la gestión pública. Por otra parte, conforme a la Constitución, no puede haber gobierno alguno que no sea *electivo, descentralizado y pluralista*; sin embargo, en la LOPP se define un Estado paralelo que es el Estado Comunal, montado sobre "gobiernos" o "autogobiernos" que no son ni electivos, ni descentralizados ni pluralistas.

Sobre estos, el artículo 14 de la LOPP, se limita a definir "el autogobierno comunal y los sistemas de agregación que surjan entre sus instancias" como "un ámbito de actuación del Poder Popular en el desarrollo de su soberanía, mediante el ejercicio directo por parte de las comunidades organizadas, de la formulación, ejecución y control de funciones públicas, de acuerdo a la ley que regula la materia."

En este contexto, además, a la "comunidad" se la define en la LOPP como el "núcleo espacial básico e indivisible constituido por personas y familias que habitan en su ámbito geográfico determinado, vinculadas por características e intereses comunes que comparten una historia, necesidades y potencialidades culturales, económicas, sociales, territoriales y de otra índole" (Art. 8.4).[62]

II. LOS FINES DEL PODER POPULAR

El artículo 7 de la LOPP define los siguientes fines del Poder Popular, es decir, del "ejercicio pleno de la soberanía por parte del pueblo" a través "de sus diversas y disímiles formas de organización, que edifican el Estado Comunal" (Art. 2):

> 1. Impulsar el fortalecimiento de la organización del pueblo, en función de consolidar la democracia protagónica revolucionaria y construir las bases de la sociedad socialista, democrática, de derecho y de justicia."

Se destaca, en relación con lo que dispone la Constitución sobre la organización del Estado, el agregado de "socialista" que impone esta previsión, con lo cual se rompe el principio del pluralismo que garantiza la propia Constitución, abriendo la vía para la discriminación política de todo aquél ciudadano que no sea socialista, a quien se le niega, por tanto, el derecho a la participación política.

> 2. Generar las condiciones para garantizar que la iniciativa popular, en el ejercicio de la gestión social, asuma funciones, atribuciones y competencias de administración, prestación de servicios y ejecución de obras, mediante la transferencia desde los distintos entes político-territoriales hacia los autogobiernos comunitarios, comunales y los sistemas de agregación que de los mismos surjan.

---

62 La misma definición se repite en la ley Orgánica de las Comunas (Art. 4.4) y en la Ley Orgánica de los Consejos Comunales (Art. 4.1).

Conforme al artículo 184.1 de la Constitución, esta transferencia de competencias sólo se puede referir a "servicios en materia de salud, educación, vivienda, deporte, cultura, programas sociales, ambiente, mantenimiento de áreas industriales, mantenimiento y conservación de áreas urbanas, prevención y protección vecinal, construcción de obras y prestación de servicios públicos" a cuyo efecto se pueden "establecer convenios cuyos contenidos estarán orientados por los principios de interdependencia, coordinación, cooperación y corresponsabilidad.".

> 3. Fortalecer la cultura de la participación en los asuntos públicos para garantizar el ejercicio de la soberanía popular.
>
> 4. Promover los valores y principios de la ética socialista: la solidaridad, el bien común, la honestidad, el deber social, la voluntariedad, la defensa y protección del ambiente y los derechos humanos.

Estos, la verdad, no son valores de ninguna "ética socialista," sino como se ha dicho anteriormente, son valores de la democracia y civilización occidental, propios del Estado Constitucional.

> 5. Coadyuvar con las políticas de Estado en todas sus instancias, con la finalidad de actuar coordinadamente en la ejecución del Plan de Desarrollo Económico y Social de la Nación y los demás planes que se establezcan en cada uno de los niveles políticos-territoriales y las instancias político- administrativas que la ley establezca.
>
> 6. Establecer las bases que permitan al pueblo organizado el ejercicio de la contraloría social para asegurar que la inversión de los recursos públicos se realice de forma eficiente para el beneficio colectivo; y vigilar que las actividades del sector privado con incidencia social se desarrollen en el marco de las normativas legales de protección a los usuarios y consumidores.

A los efectos de esta norma, el artículo 8.6 de la LOPP, define el control social, como el ejercicio de la función de prevención, vigilancia, supervisión, acompañamiento y control, practicado por los ciudadanos y ciudadanas de manera individual o colectiva sobre la gestión del Poder Público y de las instancias del Poder Popular, así como de las actividades privadas que afecten el interés colectivo (Art. 8.6). Sin embargo, nada en la Constitución autoriza a que se asignen a entidades públicas comunitarias dependientes del Ejecutivo Nacional, competencias para ejercer vigilancia o contraloría social sobre las actividades privadas. Esa es una función que sólo pueden ejercer los entes político territoriales del Estado.

> 7. "Profundizar la corresponsabilidad, la autogestión y la cogestión."

A los efectos de esta norma, la Ley define la corresponsabilidad, como la "responsabilidad compartida entre los ciudadanos y ciudadanas y las instituciones del Estado en el proceso de formación, ejecución, control y evaluación de la gestión social, comunitaria y comunal, para el bienestar de las comunidades organizadas" (Art. 8.7). La autogestión, se la define como el "conjunto de acciones mediante las cuales las comunidades organizadas asumen directamente la gestión de proyectos, ejecución de obras y prestación de servicios para mejorar la calidad de vida en su ámbito geográfico" (Art. 8.2). Y la cogestión, se la define como el "proceso mediante el cual las comunidades organizadas coordinan con el Poder Público, en cualquiera de sus niveles e instancias, la gestión conjunta para la ejecución de obras y prestación de servicios necesarios para mejorar la calidad de vida en su ámbito geográfico"(Art. 8.3).

Por otra parte, a los efectos de estas normas, la "comunidad organizada" se define en la LOPP como aquella "constituida por las expresiones organizativas populares, consejos de trabajadores y trabajadoras, de campesinos y campesinas, de pescadores y pescadoras y cualquier otra organización social de base, articulada a una instancia del Poder Popular[63] debidamente reconocida por la ley y registrada en el Ministerio del Poder Popular con competencia en materia de participación ciudadana" (Art. 8.5). Por otra parte, en la Ley Orgánica del Consejo Federal de Gobierno[64] se encuentra otra definición, a los efectos de dicha ley, pero de la "sociedad organizada" que es la "constituida por consejos comunales, comunas y cualquier otra organización de base del Poder Popular" (Art. 4); la cual conforme al Reglamento de dicha la Ley Orgánica del Consejo Federal de Gobierno, está "Constituida por consejos comunales, consejos de trabajadores y trabajadoras, de campesinos y campesinas, de pescadores y pescadoras, comunas y cualquier otra organización de base del Poder Popular debidamente registrada en el Ministerio del Poder Popular con competencia en materia de participación ciudadana."[65]

La Constitución, sin embargo, al referirse a las organizaciones comunitarias para poder ser sujetos de descentralización, las concibe sólo como entidades de carácter territorial, como "las parroquias, las comunidades, los barrios y las vecindades" que son las que pueden asumir conforme al artículo 186,6, "corresponsabilidad en la gestión pública de los gobiernos locales y estadales y desarrollar procesos autogestionarios y cogestionarios en la administración y control de los servicios públicos estadales y municipales."

III. LAS INSTANCIAS DEL PODER POPULAR

1. Las diversas instancias del poder popular y su personalidad jurídica

Las instancias del Poder Popular para el "ejercicio pleno de la soberanía por parte del pueblo" y que forman las "diversas y disímiles formas de organización, que edifican el Estado Comunal" (Art. 2), conforme se precisa en el artículo 8.9 de la LOPP, están "constituidas por los diferentes sistemas de agregación comunal y sus articulaciones, para ampliar y fortalecer la acción del autogobierno comunal: *consejos comunales, comunas, ciudades comunales, federaciones comunales, confederaciones comunales* y las que, de conformidad con la Constitución de la República, la ley que regule la materia y su reglamento, surjan de la iniciativa popular,"[66] constituyendo las "organizaciones de base del Poder Popular" aquéllas "constituidas por ciudadanos y ciudadanas para la búsqueda del bienestar colectivo" (Art. 8.10).[67]

---

63 La definición que se formula sobre la "comunidad organizada," es similar en la Ley Orgánica de las Comunas, como "constituida por las expresiones organizativas populares, consejos de trabajadores y trabajadoras, de campesinos y campesinas, de pescadores y pescadoras y cualquier otra organización de base, articuladas en una instancia del Poder Popular"(Art. 4.5)

64 *V.* en *Gaceta Oficial* Nº 5.963 Extraordinario del 22 de febrero de 2010.

65 *V.* en *Gaceta Oficial* Nº 39.382 del 9 de marzo de 2010.

66 En la Ley Orgánica de las Comunas, sin embargo, se define a las "instancias del Poder Popular como las constituidas "por los diferentes sistemas de agregación comunal: consejos comunales, comunas, ciudades comunales, federaciones comunales, confederaciones comunales y los otros que, de acuerdo a la Constitución de la República y la ley, surjan de la iniciativa popular. " (Art. 4.12)

67 Igual definición está contenida en la ley Orgánica del Sistema de Economía Comunal, Art. 6.10.

Todas estas instancias del Poder Popular reconocidas en la LOPP, como lo dispone su artículo 32, adquieren personalidad jurídica mediante el registro ante el Ministerio del Poder Popular de las Comunas, atendiendo a los procedimientos que se establezcan en el Reglamento de la Ley. Con ello, en definitiva, se deja en manos del Ejecutivo Nacional la decisión de registrar o no un consejo comunal, una comuna o una ciudad comunal, y ello lo hará, por supuesto, aplicando la letra de la Ley lo que significa que si no está dominada por "voceros" que no sean socialistas, no cabe su registro ni, por tanto, su reconocimiento como persona jurídica, así sea producto genuino de una iniciativa popular.

2. Los voceros de las instancias del poder popular y su carácter no representativo

Ninguna de las personas que ejercen la titularidad de los órganos del Poder Popular, y que se denominan "voceros" tienen su origen en elecciones efectuadas mediante sufragio directo, universal y secreto. Ni siquiera puede decirse que tienen su origen en elecciones indirectas, pues en ningún caso hay elección directa de primer grado.

En efecto, la LOPP no indica la forma de "elección" de los voceros de las instancias del Poder Popular, y lo que se regula en las diferentes leyes dictadas para normar las instancias del Poder Popular es una designación por órganos que no tienen su origen en elecciones directas universales y secretas. En particular, por ejemplo, en la Ley Orgánica de los Consejos Comunales, se dispone que los voceros de los mismos son "electos" por las asambleas de ciudadanos (arts. 4.6 y 11), y no precisamente mediante sufragio universal, directo y secreto como lo prescribe la Constitución, sino mediante una supuesta "votación popular" que no es organizada por el Poder Electoral, y que se realiza en asambleas abiertas en las cuales no hay garantía del sufragio.

La Ley, sin embargo, si indica que todas las instancias del Poder Popular que sean "electas por votación popular," son revocables a partir del cumplimiento de la mitad del período de gestión correspondiente, en las condiciones que establece la ley (Art. 17).

Debe indicarse, en efecto, que a la base de estas instancias del Poder Popular, están las Asambleas de Ciudadanos que si bien la LOPP no las regula específicamente ni las nombra en artículo alguno, sin embargo, las define como la "máxima instancia de participación y decisión de la comunidad organizada, conformada por la integración de personas con cualidad jurídica, según la ley que regule la forma de participación, para el ejercicio directo del poder y protagonismo popular, cuyas decisiones son de carácter vinculante para la comunidad, las distintas formas de organización, el gobierno comunal y las instancias del Poder Público, de acuerdo a lo que establezcan las leyes que desarrollen la constitución, organización y funcionamiento de los autogobiernos comunitarios, comunales y los sistemas de agregación que de éstos surjan" (Art. 8.1).

3. Sistemas de agregación comunal

En el artículo 15.4 de la LOPP, se define a los sistemas de agregación comunal, a aquellas instancias que por iniciativa popular surjan entre los consejos comunales y entre las comunas; sobre lo cual el artículo 50 de la LOC precisa que "las instancias del Poder Popular podrán constituir sistemas comunales de agregación entre sí, con el propósito de articularse en el ejercicio del autogobierno, para fortalecer la capacidad de acción sobre aspectos territoriales, políticos, económicos, sociales, culturales, ecológicos y de seguridad y defensa de la soberanía nacional, de conformidad a la Constitución de la República y la ley."

Las finalidades de los sistemas comunales de agregación conforme al artículo 59 de la LOC, son las siguientes:

1. Ampliar y fortalecer la acción del autogobierno comunal.

2. Llevar adelante planes de inversión en su ámbito territorial, atendiendo los lineamientos y requerimientos establecidos en los planes comunales de desarrollo respectivos.

3. Asumir las competencias que mediante transferencias se le otorguen para la administración, ejecución de obras y prestación de servicios públicos.

4. Impulsar el desarrollo del sistema económico comunal, mediante la articulación en redes, por áreas de producción y servicios, de las organizaciones socio-comunitarias de propiedad social comunal directa o indirecta.

5. Ejercer funciones de control social, sobre los diferentes planes y proyectos que en su ámbito territorial ejecuten las instancias del Poder Popular o el Poder Público.

La LOC, sin embargo, nada establece sobre las condiciones para la constitución de los sistemas comunales de agregación y sobre su funcionamiento, lo que se remite a ser establecido en el Reglamento de la LOC y los lineamientos que a tales efectos dicte el Ministerio del Poder Popular de las Comunas.

En todo caso, la LOC enumeró en su artículo 60, los diversos tipos de sistemas de agregación comunal así:

1. El Consejo Comunal: como instancia de articulación de los movimientos y organizaciones sociales de una comunidad.

2. La Comuna: como instancia de articulación de varias comunidades organizadas en un ámbito territorial determinado.

3. La Ciudad Comunal: constituida por iniciativa popular, mediante la agregación de varias comunas en un ámbito territorial determinado.

4. Federación Comunal: como instancia de articulación de dos o más ciudades que correspondan en el ámbito de un Distrito Motor de Desarrollo.

5. Confederación Comunal: instancia de articulación de federaciones comunales en el ámbito de un eje territorial de desarrollo.

6. Las demás que se constituyan por iniciativa popular.

En particular, en cuanto a la Ciudad Comunal, la federación Comunal y la Confederación Comunal, las condiciones para su conformación deben ser desarrolladas en el Reglamento de cada Ley.

Ahora bien, de todas estas instancias del Poder Popular previstas para "el ejercicio del autogobierno," el artículo 15 de la LOPP sólo se refiere con algún detalle a los Consejos Comunales y a las Comunas, las cuales por lo demás, son las que han sido reguladas en la Ley Orgánica de los Consejos Comunales y en la ley Orgánica de Comunas; y a las Ciudades Comunales.

4. Los Consejos Comunales

Los Consejos Comunales se definen en la Ley como la "instancia de participación, articulación e integración entre los ciudadanos, ciudadanas y las diversas organizaciones comunitarias, movimientos sociales y populares, que permiten al pueblo organizado ejercer el gobierno comunitario y la gestión directa de las políticas públicas y proyectos orientados a responder a las necesidades, potencialidades y aspiraciones de las comunidades, en la construcción de nuevo modelo de sociedad socialista de igualdad, equidad y justicia social" (Art. 15.1).[68]

Se destaca de esta definición legal, que los Consejos Comunales sólo y exclusivamente pueden tener por objeto contribuir a "la construcción de un nuevo modelo de sociedad socialista," en violación al principio del pluralismo que establece el artículo 6 de la Constitución, por lo que todo aquél ciudadano que no siga o acepte la doctrina socialista no tiene cabida en este nuevo Estado paralelo que se busca construir con esta Ley.

Esta instancia del Poder Popular constituida por los Consejos Comunales está regulada en la mencionada Ley Orgánica de los Consejos Comunales,[69] a cuyos "voceros," además, mediante la reforma de la Ley Orgánica del Poder Público Municipal de diciembre de 2010, se les ha asignado la función de designar a los miembros de las Juntas Parroquiales, las cuales, en consecuencia, fueron "degradadas" dejando de ser las "entidades locales" que eran, con gobiernos electos por sufragio universal directo y secreto, pasando a ser simples órganos "consultivos, de evaluación y articulación entre el Poder Popular y los órganos del Poder Público Municipal" (Art. 35), cuyos miembros, además, los deben designar los voceros de los consejos comunales de la parroquia respectiva (Art. 35), y sólo de entre aquellos avalados por la Asamblea de Ciudadanos "de su respectivo consejo comunal"(at. 36). A tal efecto, en forma evidentemente inconstitucional, la Ley de reforma del Poder Municipal, decretó la "cesación" en sus funciones de "los miembros principales y suplentes, así como los secretarios o secretarias, de las actuales juntas parroquiales, quedando las alcaldías responsables del manejo y destino del personal, así como de los bienes correspondientes" (Disposición Derogatoria Segunda).

Para el estudio del régimen de los Consejos Comunales, véase lo expuesto en la parte IV de esta "Introducción General."[70]

5. Las Comunas

Las Comunas, por su parte, que están concebidas en la LOPP como la "célula fundamental" del Estado Comunal, se las define en el artículo 15.2 como el "espacio socialista que como entidad local es definida por la integración de comunidades vecinas con una memoria histórica compartida, rasgos culturales, usos y costumbres que se reconocen en el territorio que ocupan y en las actividades productivas que le sirven de sustento y sobre el cual ejercen los principios de soberanía y participación protagónica como

---

68 Igual definición se establece en el artículo 2 de la ley Orgánica de los Consejos Comunales (Art. 2).

69 *V.* en *Gaceta Oficial* N° 39.335 de 28-12-2009.

70 *V.* en pp. 89 ss. *V.* además, el estudio de Claudia Nikken, "La Ley Orgánica de los Consejos Comunales y el derecho a la participación ciudadana en los asuntos públicos," en pp. 183 ss. de este libro.

expresión del Poder Popular, en concordancia con un régimen de producción social y el modelo de desarrollo endógeno y sustentable contemplado en el Plan de Desarrollo, Económico y Social de la Nación."[71] Esta misma definición de la Comuna como espacio socialista está en el artículo 5 de la Ley Orgánica de las Comunas; noción que implica que la misma está vedada a todo aquél que no sea socialista o que no crea en el socialismo o que no comulgue con el socialismo como doctrina política. La concepción legal de la Comuna, por tanto, es contraria al pluralismo democrático que garantiza la Constitución, siendo abiertamente discriminatoria y contraria a la igualdad que también garantiza el artículo 21 de la Constitución.

Por otra parte, en la norma mencionada de la LOPP se define a la Comuna como una "entidad local," y la misma calificación se encuentra en el artículo 1 de la Ley Orgánica de las Comunas, que las define "como entidad local donde los ciudadanos y ciudadanas en el ejercicio del Poder Popular, ejercen el pleno derecho de la soberanía y desarrollan la participación protagónica mediante formas de autogobierno para la edificación del estado comunal, en el marco del Estado democrático y social de derecho y de justicia" (Art. 1).

También en la reforma de la ley Orgánica del Poder Público Municipal de diciembre de 2010, se incluyó a las comunas en el listado de las "entidades locales territoriales," disponiéndose que las mismas, al estar reguladas por una legislación diferente como es la relativa al Poder Popular, y al deber constituirse "entre varios municipios," quedan exceptuadas de las disposiciones de la Ley Orgánica del Poder Público Municipal.

Ahora bien, en cuanto a calificar a las Comunas como "entidades locales," el Legislador deslegitimado de diciembre de 2010 olvidó que conforme a la Constitución (arts. 169, 173), esta expresión de entidad local sólo se puede aplicar a las entidades políticas del Estado en las cuales necesariamente tiene que haber "gobiernos" integrados por representantes electos mediante sufragio universal, directo y secreto (arts. 63, 169) ceñidos a los principios establecidos en el artículo 6 de la Constitución, es decir, tiene que ser "siempre democrático, participativo, electivo, descentralizado, alternativo, responsable, pluralista y de mandatos revocables."

Conforme a la Constitución, por tanto, no puede haber "entidades locales" con gobiernos que no sean democráticos en los términos mencionados, y menos por "representantes" designados por otros órganos públicos.

Y esto es precisamente lo que ocurre con los llamados "gobiernos de las comunas," que conforme a esta legislación sobre el Poder Popular y sus organizaciones, no se garantiza su origen democrático mediante elección por sufragio universal, directo y secreto, siendo en consecuencia inconstitucional su concepción.

Debe destacarse, además, que en relación a el gobierno de las comunas, que como se establece en el artículo 28 de la LOPP, pueden transferir la gestión, la administración y la prestación de servicios a las diferentes organizaciones del Poder Popular. A tal efec-

71 Igual definición se establece en el artículo 5 de la Ley Orgánica de las Comunas. En el reglamento de la ley Orgánica del Consejo Federal de Gobierno también se define la Comuna como: "Es un espacio socialista definido por la integración de comunidades vecinas con una memoria histórica compartida, rasgos culturales, usos, y costumbres, que se reconocen en el territorio que ocupan y en las actividades productivas que les sirven de sustento y sobre el cual ejercen los principios de soberanía y participación protagónica, como expresión del poder popular, en concordancia con un régimen de producción social y el modelo de desarrollo endógeno, sustentable y socialista contemplado en el Plan Nacional de Desarrollo" (Art. 3). *V.* en *Gaceta Oficial* N° 39.382 del 9 de marzo de 2010.

to, las organizaciones de base del Poder Popular deben hacer las respectivas solicitudes formales, cumpliendo con las condiciones previas y requisitos establecidos en las leyes que regulen la materia.

Esta instancia del Poder Popular constituida por las Comunas ha sido regulada en la Ley Orgánica de las Comunas,[72] a cuyo estudio se dedica la parte V de esta "Introducción General."

6. Las Ciudades Comunales

Las ciudades comunales, conforme a la Ley, "son aquellas constituidas por iniciativa popular mediante la agregación de varias comunas en un ámbito territorial determinado" (Art. 15.3). Siendo las Comunas, conforme a la Ley, el "espacio socialista" y "célula fundamental" del Estado Comunal, las Ciudades Comunales como agregación de varias comunas o sea de varios espacios socialistas, son concebidas también conforme a la Ley como Ciudades "socialistas" que como tales, están vedadas de hecho a todo aquel ciudadano o vecino que no sea socialista.

IV. LAS ORGANIZACIONES Y EXPRESIONES ORGANIZATIVAS DEL PODER POPULAR

Además de las instancias del Poder Popular, en la LOPP se establecen previsiones tendientes a regular dos formas organizativas específicas del Poder Popular: las organizaciones y las expresiones organizativas del Poder Popular.

1. Formas organizativas del Poder Popular

A. Las organizaciones del Poder Popular

Conforme al artículo 9 de la LOPP, las organizaciones del Poder Popular "son las diversas formas del pueblo organizado, constituidas desde la localidad o de sus referentes cotidianos por iniciativa popular, que integran a ciudadanos y ciudadanas con objetivos e intereses comunes, en función de superar dificultades y promover el bienestar colectivo, para que las personas involucradas asuman sus derechos, deberes y desarrollen niveles superiores de conciencia política. Las organizaciones del Poder Popular actuarán democráticamente y procurarán el consenso popular entre sus integrantes."

Estas organizaciones del Poder Popular se constituyen por iniciativa de los ciudadanos y ciudadanas, de acuerdo con su naturaleza, por intereses comunes, necesidades, potencialidades y cualquier otro referente común, según lo establecido en la ley que rija el área de su actividad (Art. 12).

---

72 *V.* en *Gaceta Oficial* N° 6.011 Extra. de 21-12-2010.

Estas organizaciones del Poder Popular, al igual que las instancias del Poder Popular, conforme al artículo 32 de la LOPP, adquieren su personalidad jurídica mediante el registro ante el Ministerio del Poder Popular con competencia en materia de participación ciudadana, atendiendo a los procedimientos que se establezcan en el Reglamento de la presente Ley.

Queda en manos del Ejecutivo Nacional, por tanto, el reconocimiento formal de estas organizaciones, de mantera que todas aquellas que no sean socialistas por ser contrarias a los fines prescritos en la Ley (art. 1), serían rechazadas.

En las registradas, por lo demás, no tendrían cabida los ciudadanos que no compartan la ideología socialista.

B. Las expresiones organizativas del Poder Popular

En cuanto a las "expresiones organizativas del Poder Popular," conforme se dispone en el artículo 10 de la LOPP, las mismas son "integraciones de ciudadanos y ciudadanas con objetivos e intereses comunes, constituidas desde la localidad, de sus referentes cotidianos de ubicación o espacios sociales de desenvolvimiento, que de manera transitoria y en base a los principios de solidaridad y cooperación, procuran el interés colectivo."

Estas expresiones del Poder Popular se constituyen, por iniciativa popular y como respuesta a las necesidades y potencialidades de las comunidades, de conformidad con la Constitución de la República y la ley. (Art. 13).

Conforme a la Disposición final Tercera, el ejercicio de la participación del pueblo y el estímulo a la iniciativa y organización del Poder Popular establecidos en la Ley, se deben aplicar en los pueblos y comunidades indígenas, de acuerdo a sus usos, costumbres y tradiciones.

2. Los fines de las organizaciones y expresiones organizativas del Poder Popular

Estas organizaciones y expresiones organizativas del Poder Popular, conforme al artículo 11 de la LOPP, tienen como fines los siguientes:

1. Consolidar la democracia participativa y protagónica, en función de la insurgencia del Poder Popular como hecho histórico para la construcción de la sociedad socialista, democrática, de derecho y de justicia.

Como antes se dijo, con el agregado de "socialista" que esta previsión impone a la sociedad, se rompe el principio del pluralismo que garantiza la propia Constitución, abriendo la vía para la discriminación política de todo aquél ciudadano que no sea socialista, a quien se le niega el derecho político a participar.

2. Impulsar el desarrollo y consolidación del sistema económico comunal, mediante la constitución de organizaciones socio-productivas, para la producción de bienes y servicios destinados a la satisfacción de necesidades sociales, el intercambio de saberes y conocimientos, así como la reinversión social del excedente.

La LOPP, a estos efectos, define como "sistema económico comunal" el conjunto de relaciones sociales de producción, distribución, intercambio y consumo de bienes y servicios, así como de saberes y conocimiento, desarrolladas por las instancias del Poder Popular, el Poder Público, o por acuerdo entre ambos, a través de organizaciones socio-productivas bajo formas de propiedad social comunal"(Art. 8.13).

3. Promover la unidad, la solidaridad, la supremacía de los intereses colectivos sobre los intereses individuales y el consenso en sus áreas de influencia.

4. Fomentar la investigación y difusión de los valores, tradiciones históricas y culturales de las comunidades.

5. Ejercer la contraloría social.

V. ÁMBITOS DEL PODER POPULAR

La LOPP distingue los siguientes "ámbitos del Poder Popular" se definen en la Ley Orgánica y que en la terminología tradicional de derecho público no es otra cosa que competencias que se asignan al Poder Popular: la Planificación de Políticas Públicas, la Economía comunal, la Contraloría social, la Ordenación y gestión del territorio y la Justicia comunal.

1. Planificación de políticas públicas

La planificación de políticas públicas en los términos establecidos en la Ley Orgánica de Planificación Pública y Popular,[73] se define en el artículo 17 de la LOPP como "un ámbito de actuación del Poder Popular que asegura, mediante la acción de gobierno compartida entre la institucionalidad pública y las instancias del Poder Popular, el cumplimiento de los lineamientos estratégicos del Plan de Desarrollo Económico y Social de la Nación, para el empleo de los recursos públicos en la consecución, coordinación y armonización de los planes, programas y proyectos a través de los cuales se logre la transformación del país, el desarrollo territorial equilibrado y la justa distribución de la riqueza."

De esta previsión, llama la atención la distinción entre los órganos del Estado Constitucional que se denominan como "institucionalidad pública" y las instancias del Poder Popular, lo que confirma la intención de la ley de establecer un Estado paralelo, el Estado Comunal, para vaciar de contenido y ahogar en definitiva al Estado Constitucional.

Por otra parte, vinculada a esta competencia de planificación, en cuanto a la "planificación participativa," en la LOPP se la define como la "forma de participación de los ciudadanos y ciudadanas en el diseño, formulación, ejecución, evaluación y control de las políticas públicas" (Art. 8.11); y en cuanto al "Presupuesto participativo," se lo define "como el mecanismo mediante el cual los ciudadanos y ciudadanas proponen, deliberan y deciden sobre la formulación, ejecución, control y evaluación de los presupuestos públicos, con el propósito de materializar los proyectos que permitan el desarrollo de las comunidades y el bienestar social general" (Art. 8.12).

---

73 *V.* en *Gaceta Oficial* N° 6.011 Extra. de 21-12-2010.

2. Economía comunal

La economía comunal, conforme se define en el artículo 18 de la LOPP, es un "ámbito de actuación del Poder Popular que permite a las comunidades organizadas la constitución de entidades económico-financieras y medios de producción, para la producción, distribución, intercambio y consumo de bienes y servicios, así como de saberes y conocimientos, desarrollados bajo formas de propiedad social comunal, en pro de satisfacer las necesidades colectivas, la reinversión social del excedente, y contribuir al desarrollo social integral del país, de manera sustentable y sostenible, de acuerdo con lo establecido en el Plan de Desarrollo Económico y Social de la Nación y la ley que regula la materia."

Este ámbito de actuación del Poder Público se ha regulado en la Ley Orgánica del Sistema Económico Comunal (LOSEC),[74] el cual se define en dicha Ley (Art. 2) y en la Ley Orgánica de las Comunas como el "conjunto de relaciones sociales de producción, distribución, intercambio y consumo de bienes y servicios, así como de saberes y conocimiento, desarrolladas por las instancias del Poder Popular, el Poder Público, o por acuerdo entre ambos, a través de organizaciones socio-productivas bajo formas de propiedad social comunal" (Art. 4.13).

Este sistema económico comunal, como se dijo, está regulado en la Ley Orgánica del Sistema Económico Comunal (LOSEC), que tiene por objeto "desarrollar y fortalecer el Poder Popular, estableciendo las normas, principios, y procedimientos para la creación, funcionamiento y desarrollo del sistema económico comunal, integrado por organizaciones socio-productivas bajo régimen de propiedad social comunal, impulsadas por las instancias del Poder Popular, del Poder Público o por acuerdo entre ambos, para la producción, distribución, intercambio y consumo de bienes y servicios, así como de saberes y conocimientos, en pro de satisfacer las necesidades colectivas y reinvertir social mente el excedente, mediante una planificación estratégica, democrática y participativa" (Art. 1). La LOSEC, en particular, tiene por finalidad específica "fomentar el sistema económico comunal en el marco del modelo productivo socialista, a través de diversas formas de organización socio-productiva, comunitaria y comunal en todo el territorio nacional" (Art. 4.3).

En todo caso, en la Ley Orgánica del Sistema Económico Comunal, y en particular en sus artículos 2; 3.2; 3.3; 3.8; 5; 6.12; 6.15 y 9 se adoptan expresa y textualmente para configurar el sistema económico comunal, los más tradicionales postulados marxistas que definen el comunismo, como son la propiedad social de los medios de producción; la eliminación de la división social del trabajo; y la reinversión social del excedente productivo.

Al estudio de dicho sistema comunista tal como ha quedado plasmado en dicha Ley Orgánica del Sistema Económico Comunal, se dedica la parte VII de esta "Introducción General."[75]

---

74 *V.* en *Gaceta Oficial* Nº 6.011 Extra. de 21-12-2010.

75 *V.* en pp. 154 ss. de este libro. *V.* además, el estudio de Jesús María Alvarado Andrade, "La 'Constitución económica' y el sistema económico comunal (Reflexiones Críticas a propósito de la Ley Orgánica del Sistema Económico Comunal)," en pp. 375 ss. de este libro.

3. Contraloría Social

En cuanto a la contraloría social, el artículo 19 de la LOPP la define como un "ámbito de actuación del Poder Popular para ejercer la vigilancia, supervisión, acompañamiento y control sobre la gestión del Poder Público, las instancias del Poder Popular y las actividades del sector privado que afecten el bienestar común, practicado por los ciudadanos y ciudadanas de manera individual o colectiva, en los términos establecidos en la ley que regula la materia.

Este ámbito de actuación del Poder Público se ha regulado en la Ley Orgánica del Contraloría Social,[76] donde se la define como "una función compartida entre las instancias del Poder Público y los ciudadanos, ciudadanas y las organizaciones del Poder Popular, para garantizar que la inversión pública se realice de manera transparente y eficiente en beneficio de los intereses de la sociedad, y que las actividades del sector privado no afecten los intereses colectivos o sociales" (Art. 2).

Esta Ley Orgánica al organizar la Contraloría Social e imponer la doctrina socialista como la oficial y obligatoria, lo que ha creado en definitiva es un oscuro sistema general de espionaje y vigilancia social, que se atribuye a individuos o a las organizaciones comunales, basado en la denuncia y persecución contra cualquier persona o empresa privada que pudiera considerarse que no está actuado de acuerdo con la doctrina socialista impuesta, y que por esa razón pudiera considerarse que actúa contra el "bienestar común" o que afecta el "interés social o colectivo." Al estudio de este sistema de Contraloría Social, tal como se regula en la Ley Orgánica de Contraloría Social, se dedica la VI de esta "Introducción General."[77]

4. Ordenación y gestión del territorio

La ordenación y gestión del territorio, conforme al artículo 20 de la LOPP, es un "ámbito de actuación del Poder Popular, mediante la participación de las comunidades organizadas, a través de sus voceros o voceras, en las distintas actividades del proceso de ordenación y gestión del territorio, en los términos establecidos en la ley que regula la materia."

5. Justicia comunal

En cuanto a la justicia comunal, el artículo 21 de la LOPP la define como un "ámbito de actuación del Poder Popular, a través de medios alternativos de justicia de paz que promueven el arbitraje, la conciliación, la mediación, y cualquier otra forma de solución de conflictos ante situaciones derivadas directamente del ejercicio del derecho a la participación y a la convivencia comunal, de acuerdo a los principios constitucionales del

---

76 *V.* en *Gaceta Oficial* N° 6.011 Extra. de 21-12-2010.

77 *V.* en pp. 147 ss. De este libro. *V.* además, el estudio de Luis A. Herrera Orellana, "La Ley Orgánica de Contraloría Social: Funcionalización de la participación e instauración de la desconfianza ciudadana," en pp. 359 ss. de este libro.

Estado democrático y social de Derecho y de Justicia, y sin contravenir las competencias legales propias del sistema de justicia ordinario.[78]

El artículo 22 de la LOPP, remite a una ley especial la regulación de la jurisdicción especial comunal, la cual debe establecer la organización, el funcionamiento, los procedimientos y normas de la justicia comunal, así como su jurisdicción especial. La Ley Orgánica de las Comunas es algo más explícita al señalar que "la ley respectiva establecerá la naturaleza, los procedimientos legales, las normas y condiciones para la creación de una jurisdicción especial comunal, donde se prevea su organización y funcionamiento, así como las instancias con competencia para conocer y decidir en el ámbito comunal, donde los jueces o juezas comunales serán elegidos o elegidas por votación universal, directa y secreta de los y las habitantes del ámbito Comunal mayores de quince años"(Art. 57).

La actuación de esta jurisdicción comunal conforme se exige en el artículo 22 de la LOPP, "estará enmarcada dentro de los principios de justicia gratuita, accesible, imparcial, idónea, transparente, autónoma, independiente, responsable, equitativa y expedita, sin dilaciones indebidas y sin formalismos por reposiciones inútiles." Con estas previsiones se termina de vaciar a los Municipios de una competencia constitucional que tienen asignada (Art. 178.7), que se intentó realizar con la rechazada reforma constitucional de 2007, y que corresponde ser ejercida por Jueces de Paz que conforme al artículo 258 de la Constitución deben ser elegidos por votación universal, directa y secreta.[79].

VI. LAS RELACIONES ENTRE EL PODER PÚBLICO Y EL PODER POPULAR (O LA TÉCNICA DEL "MATAPALO")

Como hemos señalado, el Estado Comunal que se establece en la LOPP, cuyas manifestaciones ejercen el Poder Popular, se ha establecido como un "Estado paralelo" al Estado Constitucional cuyos órganos electos por votación popular directa universal y secreta ejercen el Poder Público.

Se trata de dos Estados establecidos en paralelo, uno en la Constitución y otro en una ley inconstitucional, pero con previsiones en la ley que de llegar a ser aplicadas, permitirán al Estado Comunal ahogar y secar al Estado Constitucional, comportándose como en botánica lo hace el árbol *Ficus benjamina L.*, originario de la India, Java y Bali, conocido como "matapalo" que puede crecer como "estranguladora", como epífitos, rodeando al árbol huésped hasta formar un tronco hueco, destruyéndolo.

A tal efecto, en la LOPP se establecen unas previsiones para regular las relaciones entre el Estado o el Poder Público y el Poder Popular, que en general se dispone que "se rigen por los principios de igualdad, integridad territorial, cooperación, solidaridad, concurrencia y corresponsabilidad, en el marco del sistema federal descentralizado consagrados en la Constitución de la República" (Art. 26), y que son las siguientes:

---

78 Esta misma definición se encuentra en el artículo 56 de la Ley Orgánica de las Comunas.

79 *V.* la Ley Orgánica de la Justicia de Paz en *Gaceta Oficial* N° 4.817 Extra. de 21-12-1994).

En *primer lugar*, se establece como obligación legal para los órganos, entes e instancias del Poder Público el promover, apoyar y acompañar las iniciativas populares para la constitución, desarrollo y consolidación de las diversas formas organizativas y de autogobierno del pueblo (Art. 23).[80]

En particular, incluso, la Ley Orgánica de Comunas dispone que "los órganos integrantes del Poder Ciudadano apoyarán a los consejos de contraloría comunal a los fines de contribuir con el cumplimiento de sus funciones" (Art. 48).

En *segundo lugar*, se sujeta a todos los órganos del Estado Constitucional que ejercen el Poder Público, a los mandatos de las organizaciones del Poder Popular, al instaurarse un nuevo principio de gobierno, consistente en "gobernar obedeciendo." El artículo 24 de la LOPP en efecto dispone:

> *Artículo* 24. Actuaciones de los órganos y entes del Poder Público. Todos los órganos, entes e instancias del Poder Público guiarán sus actuaciones por el principio de gobernar obedeciendo, en relación con los mandatos de los ciudadanos, ciudadanas y de las organizaciones del Poder Popular, de acuerdo a lo establecido en la Constitución de la República y las leyes.

Como las organizaciones del Poder Popular no tienen autonomía política pues no sus "voceros" no son electos democráticamente mediante sufragio universal, directo y secreto, sino designados por asambleas de ciudadanos controladas e intervenidas por el partido oficial y el Ejecutivo Nacional que controla y guía todo el proceso organizativo del Estado Comunal, en el ámbito exclusivo de la ideología socialista, sin que tenga cabida vocero alguno que no sea socialista, en definitiva esto de "gobernar obedeciendo" es una limitación a la autonomía política de los órganos del Estado Constitucional electos, como la Asamblea nacional, los Gobernadores y Consejos legislativos de los Estados y los Alcaldes y Concejos Municipales, a quienes se le impone en definitiva la obligación de obedecer lo que disponga el Ejecutivo Nacional y el partido oficial enmarcado en el ámbito exclusivo del socialismo como doctrina política. La voluntad popular expresada en la elección de representantes del Estado Constitucional, por tanto, no tiene valor alguno, y al pueblo se le confisca su soberanía trasladándola de hecho a unas asambleas que no lo representan.

En *tercer lugar*, en particular, se establece la obligación para el Poder Ejecutivo Nacional, para que "conforme a las iniciativas de desarrollo y consolidación originadas desde el Poder Popular," planifique, articule y coordine "acciones conjuntas con las organizaciones sociales, las comunidades organizadas, las comunas y los sistemas de agregación y articulación que surjan entre ellas, con la finalidad de mantener la coherencia con las estrategias y políticas de carácter nacional, regional, local, comunal y comunitaria"(Art. 25).

En *cuarto lugar*, se establece la obligación para los órganos y entes del Poder Público en sus relaciones con el Poder Popular, de dar "preferencia a las comunidades organizadas, a las comunas y a los sistemas de agregación y articulación que surjan entre ellas, en atención a los requerimientos que las mismas formulen para la satisfacción de sus necesidades y el ejercicio de sus derechos, en los términos y lapsos que establece la ley" (Art. 29).

---

80 Una norma similar está en el artículo 62 de la Ley Orgánica de las Comunas, a los efectos de "la constitución, desarrollo y consolidación de las comunas como forma de autogobierno."

Igualmente se prevé que los órganos, entes e instancias del Poder Público, en sus diferentes niveles político-territoriales, deben adoptar "medidas para que las organizaciones socio-productivas de propiedad social comunal, gocen de prioridad y preferencia en los procesos de contrataciones públicas para la adquisición de bienes, prestación de servicios y ejecución de obras" (Art. 30).[81]

En *quinto lugar*, se establece la obligación para la República, los estados y municipios, de acuerdo con la ley que rige el proceso de transferencia y descentralización de competencias y atribuciones, la obligación de trasferir "a las comunidades organizadas, a las comunas y a los sistemas de agregación que de éstas surjan; funciones de gestión, administración, control de servicios y ejecución de obras atribuidos a aquéllos por la Constitución de la República, para mejorar la eficiencia y los resultados en beneficio del colectivo" (Art. 27).[82]

Con ello, se dispone legalmente el vaciamiento de competencias de los Estados y Municipios, de manera que queden como estructuras vacías, con gobiernos representativos electos por el pueblo pero que no tienen materias sobre las cuales gobernar.

Este proceso se ha completado en la reforma de la Ley Orgánica de Régimen Municipal (LOPPM) y en la ley Orgánica del Consejo Federal de Gobierno (LOCGR). En efecto, la trasferencia de competencias de los Estados a los Municipios, a las comunidades y a los grupos vecinales que se prevé en la Constitución (Art. 184), y que en la LOPPM anterior se atribuía a los Consejos Legislativos de los Estados para establecer el procedimiento a dichos fines, se ha cambiado radicalmente, asignándose esa función al Consejo Federal de Gobierno organizado en la LOCFG, la cual se lo ha organizado de manera tal que está completamente controlado por el Ejecutivo Nacional (Art. 11). En esta forma se ha limitado inconstitucionalmente la autonomía de los Estados y Municipios que les garantiza la Constitución.

A tal efecto, la LOPPM dispone, en su artículo 281 que "la transferencia de competencias y servicios de los estados a los municipios, y de éstos a las instancias del Poder Popular, se realizará de acuerdo a lo establecido en la Ley Orgánica del Consejo Federal de Gobierno," y en esta LOCFG, se asigna al Consejo, el atender "al establecimiento del régimen para la transferencia de las competencias entre los entes territoriales, y a las organizaciones detentadoras de la soberanía originaria del Estado"(Art. 1); siendo por tanto ese órgano ahora el encargado de "de la planificación y coordinación de políticas y acciones para el desarrollo del proceso de descentralización y transferencia de competencias del Poder Nacional a los estados y municipios, " correspondiéndole establecer "los lineamientos que se aplican a los procesos de transferencia de las competencias y atribuciones de las entidades territoriales, hacia las organizaciones de base del Poder Popular" (Art. 2). Lineamientos que además, declara esa LOCFG que son "vinculantes para las entidades territoriales (Art. 2).

81 En particular, conforme al artículo 61 de la Ley Orgánica de las Comunas, se dispone que "todos los órganos y entes del Poder Público comprometidos con el financiamiento de proyectos de las comunas y sus sistemas de agregación, priorizarán aquéllos que impulsen la atención a las comunidades de menor desarrollo relativo, a fin de garantizar el desarrollo territorial equilibrado.

82 Esta misma norma se repite en la Ley Orgánica de las Comunas (Art. 64). El 31 de diciembre de 2010, aún estaba pendiente en la Asamblea Nacional la segunda discusión del proyecto de Ley Orgánica del Sistema de Transferencia de Competencias y atribuciones de los Estados y Municipios a las organizaciones del Poder Popular.

En el Reglamento de la Ley Orgánica del Consejo Federal de Gobierno de 2010, por otra parte, se definió la trasferencia de competencias como el:

> "Proceso mediante el cual las entidades territoriales restituyen al Pueblo Soberano, a través de las comunidades organizadas y las organizaciones de base del poder popular, las competencias en las materias que, de acuerdo con lo establecido en el artículo 14 de la Ley Orgánica del Consejo Federal de Gobierno, en concordancia con el artículo 184 de la Constitución de la República Bolivariana de Venezuela, decrete el Presidente o Presidenta de la República en Consejo de Ministros, sin que ello obste para que, por cuenta propia, cualquier entidad territorial restituya al Pueblo Soberano otras competencias, de acuerdo a lo establecido en el correspondiente Plan Regional de Desarrollo y previa autorización de la Secretaría del Consejo Federal de Gobierno."[83]

En *sexto lugar*, se establece que las instancias y organizaciones de base del Poder Popular contempladas en la LOPP, están exentas de todo tipo de pagos de tributos nacionales y derechos de registro, a cuyo efecto, se podrá establecer mediante leyes y ordenanzas de los estados y municipios, respectivamente, las exenciones aquí previstas para las instancias y organizaciones de base del Poder Popular (Art. 31).

VII. EL MARGINALIZACIÓN DEL MUNICIPIO EN RELACIÓN CON LAS ORGANIZACIONES DEL PODER POPULAR

Para establecer el Poder Popular y el Estado Comunal, a los efectos de ahogar y estrangular progresivamente el Estado Constitucional, la primera de las instituciones territoriales afectadas ha sido el Municipio, del cual siendo la unidad política primara de la organización de la república, ha sido desvinculado del proceso de desarrollo comunal y de la participación popular. A tal efecto, diversas reformas se introdujeron en diciembre de 2010 a la Ley Orgánica del Poder Público Municipal (LOPP),[84] y entre ellas se destaca:

En primer lugar, la previsión como objetivo de la Ley además de la regulación de los Municipios y su gobierno, el proceso denominado de "descentralización y la transferencia a las comunidades organizadas, y a las comunas en su condición especial de entidad local, como a otras organizaciones del Poder Popular" (Art. 1). Se entiende que se trata de un proceso de transferencia de "competencias" aún cuando no se indica; sin embargo, la misma no puede calificarse como descentralización, pues esta en el marco territorial y político, exige que las entidades receptoras de las competencias a ser transferidas, sean entidades locales como entidades políticas con gobiernos electos democráticamente. Las comunas, que se denominan como Entidades locales especiales" no son gobernadas por órganos cuyos integrantes sean electos por votación universal directa y secreta, y por tanto, no tienen autonomía política ni pueden formar parte del esquema de descentralización territorial del Estado.

En segundo lugar, el artículo 2 de la LOPPM, a pesar de que repite el aserto constitucional de que el Municipio "constituye la unidad política primaria de la organización nacional de la República," ya no habla de que "gozan de autonomía" como lo garantiza el artículo 168 de la Constitución, son que "ejerce sus competencias de manera autóno-

83 *V.* en *Gaceta Oficial* N° 39.382 del 9 de marzo de 2010.

84 *V.* en *Gaceta Oficial* N° 6.015 Extraordinario del 28 de diciembre de 2010.

ma." Ello, sin embargo, es contradicho en la propia Ley al establecerse que el artículo 110, que "el municipio se regirá por el Sistema Nacional de Planificación establecido en la ley que regula la materia," que como se sabe es una planificación centralizada.

A tal efecto, en la LOPPM se elimina la iniciativa ejecutiva de la planificación local que se asignaba al Alcalde, quien debía presentar al Consejo Local de Planificación las líneas maestras de su plan de gobierno, y se establece que es el Consejo Local de Planificación Pública "el órgano encargado de diseñar el Plan Municipal de Desarrollo y los demás planes municipales, en concordancia con los lineamientos que establezca el Plan de Desarrollo Económico y Social de la Nación y los demás planes nacionales y estadales, garantizando la participación protagónica del pueblo en su formulación, ejecución, seguimiento, evaluación y control, en articulación con el Sistema Nacional de Planificación"(Art. 111). Ese Consejo, además, en la LOPPM, queda encargado de "diseñar el Plan de Desarrollo Comunal, en concordancia con los planes de desarrollo comunitario propuestos por los consejos comunales y los demás planes de interés colectivo, articulados con el Sistema Nacional de Planificación, de conformidad con lo establecido en la legislaciones que regula las comunas, los consejos comunales y la presente Ley; contando para ello con el apoyo de los órganos y entes de la Administración Pública. A tales efectos, es deber de las instancias que conforman la organización del municipio, atender los requerimientos de los diversos consejos de planificación existentes en cada una de las comunas para el logro de sus objetivos y metas" (Art. 112)

En tercer lugar, en la reforma de la LOPPM, se encasilla y limita su rol como promotor de la participación del pueblo sólo "a través de las comunidades organizadas," que son las que se regulan en las leyes sobre el Poder Popular identificadas con el socialismo, en contra de la previsión del artículo 62 de la Constitución que garantiza el carácter libre de la participación. La desvinculación de las comunidades organizadas respecto del Municipio, se asegura en la Ley, al excluirse su registro ante los órganos competentes "del Municipio" como decía la Ley Orgánica anterior que se reformó, previéndose ahora su registro sólo ante "los órganos competentes" (Art. 33.3) que en las Leyes del poder Popular es el Ministerio de las Comunas. Es decir, con la reforma de la LOPPM, se produce una total desmunicipalización de las entidades comunales.

En cuarto lugar, a pesar de esta desmunicipalización, a las comunas se las incorpora en el régimen del Poder Público Municipal, como "entidad local territorial" (Art. 19) aún cuando de "carácter especial" que conforme al artículo 19, "se rige por su ley de creación, puede constituirse dentro del territorio del Municipio o entre los límites político administrativo de dos o más municipios, sin que ello afecte la integridad territorial de los municipios donde se constituya." Como tal entidades locales de carácter especial, se las excluye completamente del régimen de la LOPPM quedando "reguladas por la legislación que norma su constitución, conformación, organización y funcionamiento" (Art. 5).

Ello se reafirma en el artículo 33 de la Ley al disponer que "los requisitos para la creación de la comuna, en el marco de su régimen especial como entidad local, se regirán por lo establecido en la Ley Orgánica de las Comunas."

En quinto lugar, se eliminó el carácter de entidad local de las parroquias, y por tanto, se eliminó su carácter democrático representativo. Es más, en la Disposición Transitoria segunda de la Ley se dispuso que a los 30 días siguientes a su publicación, "cesan en sus funciones los miembros principales y suplentes, así como los secretarios o secretarias, de las actuales juntas parroquiales".

Eliminas las Juntas parroquiales, las cuales en el artículo 35, las pasaron a denominar "juntas parroquiales comunales," estas se regularon sólo como entidades con "facultades consultivas, de evaluación y articulación entre el poder popular y los órganos del Poder Público Municipal," con las funciones enumeradas en el artículo 37, de la cual se eliminó todo vestigio de gobierno local.

Dichas juntas parroquiales comunales, se estableció que deben ser "coordinada por una junta parroquial comunal integrada por cinco miembros y sus respectivos suplentes cuando corresponda a un área urbana y tres miembros y sus respectivos suplentes cuando sea no urbana, elegidos o elegidas para un período de dos años," no por el pueblo mediante sufragio, sino por "por los voceros de los consejos comunales de la parroquia respectiva," quienes "en dicha elección deberán ser fiel expresión del mandato de sus respectivas asambleas de ciudadanos." La norma agrega, que dicha designación, debe ser "validada por la asamblea de ciudadanos."

En la misma norma se estableció el principio de la revocatoria de los mandatos de los integrantes de las juntas parroquiales comunales, mandando a aplicar las condiciones y el procedimiento establecido para la revocación de los voceros de los consejos comunales, conforme a la Ley Orgánica que los regula.

Al desmunicipalizarse las juntas parroquiales comunales, y eliminarse su carácter de entidad política local de orden democrático representativo, el artículo 36 previó que sus miembros que deben ser avalados por la asamblea de ciudadanos, pueden ser menores de edad, aún cuando mayores de quince años, e incluso extranjeros.

Sección Tercera: EL RÉGIMEN DE LOS CONSEJOS COMUNALES O LA RESURRECCIÓN DE LOS SOVIETS EN EL CARIBE CASI UN SIGLO DESPUÉS

I. LOS CONSEJOS COMUNALES COMO INSTRUMENTOS PARA LA CONSOLIDACIÓN DEL SOCIALISMO

Como se dijo, la propuesta presidencial de reforma constitucional de 2007 fue rechazada por el pueblo en el referendo de diciembre de ese mismo año, en votación mayoritaria, cuyos resultados finales, sin embargo, nunca fueron dados oficialmente por el Consejo Nacional Electoral. No es difícil imaginar la razón de esta abstención.

Sin embargo, a pesar del rechazo, en muchos de sus aspectos la reforma constitucional de 2007 ha venido siendo ilegítimamente implementada por los órganos del Estado, sea mediante leyes, como la de los Consejos Comunales, mediante decretos leyes,[85] e incluso mediante sentencias del Tribunal Supremo de Justicia.[86] Precisamente, como se

85 *V.* los estudios sobre los decretos Leyes de 2008 en *Revista de Derecho Público, Estudios sobre los Decretos Leyes 2008*, N° 116, Editorial Jurídica Venezolana, Caracas 2008.

86 *V.* Allan R. Brewer-Carías, "La fraudulenta mutación de la Constitución en Venezuela, o de cómo el juez constitucional usurpa el poder constituyente originario,", en *Anuario de Derecho Público*, Centro de Estudios de Derecho Público de la Universidad e Monteávila, Año 2, Caracas 2009, pp. 23-65.

dijo, la Ley relativa a los Consejos Comunales de 2009 es uno de estos intentos de implementar, mediante una ley orgánica, algunos de los postulados esenciales de la rechazada reforma constitucional.

En efecto, la Ley Orgánica de 2009 tiene por objeto regular la constitución, conformación, organización y funcionamiento de los consejos comunales "como una instancia de participación para el ejercicio directo de la soberanía popular" (Art. 1); definiéndoselos supuestamente "en el marco constitucional de la democracia participativa y protagónica," como "instancias de participación, articulación e integración entre los ciudadanos, ciudadanas y las diversas organizaciones comunitarias,[87] movimientos sociales y populares, que permiten al pueblo organizado ejercer el gobierno comunitario y la gestión[88] directa de las políticas públicas y proyectos orientados a responder a las necesidades, potencialidades y aspiraciones de las comunidades, en la *construcción del nuevo modelo de sociedad socialista* de igualdad, equidad y justicia social (Art. 2). Sobre este aspecto insiste el artículo 3, al prescribir que la organización, funcionamiento y acción de los consejos comunales se rige por los principios y valores de "participación, corresponsabilidad, democracia, identidad nacional, libre debate de las ideas, celeridad, coordinación, cooperación, solidaridad, transparencia, rendición de cuentas, honestidad, bien común, humanismo, territorialidad, colectivismo, eficacia, eficiencia, ética, responsabilidad social, control social, libertad, equidad, justicia, trabajo voluntario, igualdad social y de género, *con el fin de establecer la base sociopolítica del socialismo* que consolide un nuevo modelo político, social, cultural y económico."

De estas normas resulta, por tanto, que lo que se quiso establecer en la Ley Orgánica fue un medio de participación política "para el ejercicio directo de la soberanía popular," en el "marco constitucional de la democracia participativa y protagónica," como "instancias de participación, articulación e integración entre los ciudadanos," para "ejercer el gobierno comunitario."

Ello, sin duda, corresponde a los ciudadanos, y es distinto a los medios de participación vecinal o comunitaria que no son reservados a los ciudadanos. La Ley Orgánica, por tanto, en forma evidentemente incorrecta e inconstitucional mezcló dos derechos de las personas a la participación: la participación ciudadana con la participación individual o comunitaria.

En todo caso, ha sido en este marco que se ha dictado la Ley Orgánica de los Consejos Comunales de 2009,[89] la cual, además, tiene por objeto, regular la relación de los mismos "con los órganos y entes del Poder Público para la formulación, ejecución, control y evaluación de las políticas públicas, así como los planes y proyectos vinculados al desarrollo comunitario" (Art. 1).

Por otra parte, el marco legal en la Ley Orgánica que regula la participación vinculada necesariamente a "construcción del nuevo modelo de sociedad socialista" y "con el fin

---

87 El artículo 4,4 de la Ley Orgánica define a las Organizaciones comunitarias, como "las organizaciones que existen o pueden existir en el seno de las comunidades y agrupan un conjunto de personas con base a objetivos e intereses comunes, para desarrollar actividades propias en el área que les ocupa."

88 El artículo 4,10 de la Ley Orgánica define como gestión, "las acciones que exigen el cumplimiento de los objetivos y metas, aprobados por la Asamblea de Ciudadanos y Ciudadanas, de cada una de las unidades de trabajo que integran el Consejo Comunal."

89 *V.* además, sobre esta Ley Orgánica el estudio de Claudia Nikken, "La Ley Orgánica de los Consejos Comunales y el derecho a la participación ciudadana en los asuntos públicos," en pp. 183 ss. de este libro.

de establecer la base sociopolítica del socialismo," es también inconstitucional pues elimina el carácter libre de la participación política que garantiza el artículo 62 de la Constitución, siendo además contrario al derecho constitucional que todos tienen al "libre desenvolvimiento de su personalidad" (Art. 20); niega el carácter plural del sistema político que garantizan los artículos 2 y 6 de la Constitución, al encasillar un instrumento de gobierno como es el de los Consejos Comunales, dentro de un marco ideológico único y ahora "oficial," como es el socialismo, de manera que las personas que no crean ideológicamente en esta doctrina o se opongan legítimamente a ella, quedarían excluidos de la posibilidad de participar en aquellos, lo que es contrario a la democracia; y establece un sistema discriminatorio, contrario al principio de igualdad establecido en el artículo 21 de la Constitución.[90]

Ahora bien, y teniendo en cuenta todas estas violaciones a la Constitución derivadas de tratar de "imponer" a las personas una ideología, al punto de cerrarle las puertas a la participación política a aquellos que no compartan la misma, debe destacarse que el sistema de participación que regula la Ley Orgánica tiene su base fundamental territorial en la unidad social dispuesta para el funcionamiento de los Consejos Comunales, y que la Ley califica como la "Comunidad," la cual se concibe como el "núcleo espacial básico e indivisible constituido por personas y familias que habitan en un ámbito geográfico determinado, vinculadas por características e intereses comunes; comparten una historia, necesidades y potencialidades culturales, económicas, sociales, territoriales y de otra índole."

Ese ámbito geográfico donde habitan las personas que conforman la comunidad es "el territorio que ocupan" y "cuyos límites geográficos se establecen o ratifican en Asamblea de Ciudadanos, de acuerdo con sus particularidades y considerando la base poblacional de la comunidad" (Art. 4,1 y 2).

La base poblacional para la conformación de una Comunidad a los efectos de la constitución de los Consejos Comunales, es decir, el número de habitantes que debe existir en su ámbito geográfico y que mantiene la "indivisibilidad de la comunidad" y garantiza "el ejercicio del gobierno comunitario y la democracia protagónica," debe oscilar entre 150 y 400 familias en el ámbito urbano; y alrededor de 120 familias en el ámbito rural. En las comunidades indígenas el punto de referencia para la conformación de una Comunidad se estableció en 10 familias; (Art. 4,3).

---

90 Sobre esto, contradiciendo lo que se ha previsto en el texto de la Ley Orgánica y en la práctica de los consejos comunales, Marta Harnecker, ha insistido en que "el poder popular no elimina el pluralismo político-ideológico" por lo que "no puede teñirse del color de un partido político, ni de una corriente religiosa; el poder popular debe ser de muchos colores, debe ser un arco iris y debe dar cabida a todas y todos los ciudadanos de Venezuela que deseen participar. Son las personas que habitan en una comunidad, centro de trabajo o estudio las que deben elegir democráticamente sus voceras y voceros y estos naturalmente representan diferentes posiciones políticas e ideológicas, dependiendo de la fuerza que esas posiciones tengan en sus respectivas comunidades." *V.* Marta Harnecker, *De los Consejos Comunales a las Comunas. Construyendo el Socialismo del Siglo XXI*, 2 abril 2009, párrafo 268, en www.scribd.com/doc/16299191/Harnecker-Marta-De-los-consejos-comunales-a-las-comunas-2009. En el mismo libro la autora ha advertido sobre la necesidad de "evitar la manipulación política" ya que "los consejos comunales deben ser arco iris", indicando que "Se ha insistido mucho en que es necesario evitar toda manipulación política o de otra índole en la conformación de los consejos comunales. No se trata de conformar los consejos comunales sólo con los partidarios de Chávez; estas instituciones comunitarias deben estar abiertas a todos los ciudadanos y ciudadanas, sean del color político que sean." *Ídem*, Párrafo 185.

Esta referencia poblacional, particularmente en el ámbito de las comunidades urbanas, es muy similar a la que se había establecido en la vieja Ley Orgánica de Régimen Municipal para la constitución de las Asociaciones de Vecinos, a las cuales, en definitiva, los Consejos Comunales han sustituido.[91]

II. INTEGRACIÓN DE LOS CONSEJOS COMUNALES

Los Consejos Comunales, en esta nueva Ley Orgánica, a los efectos de su funcionamiento, se integran por las siguientes organizaciones: por una parte, por la Asamblea de Ciudadanos del Consejo Comunal, y por la otra, por las tres Unidades que los conforman: la Unidad Ejecutiva; la Unidad Administrativa y Financiera Comunitaria; y la Unidad de Contraloría Social (art 19). Además, también integra el Consejo Comunal, el Colectivo de Coordinación Comunitaria que es la instancia de coordinación de las tres Unidades antes mencionadas del Consejo, y una Comisión Electoral Permanente.

1. Las Asambleas de Ciudadanos

La Asamblea de Ciudadanos del Consejo Comunal conforme a la Ley Orgánica, es ahora parte integrante de cada Consejo Comunal, concebida como la máxima instancia de deliberación y decisión para el ejercicio del poder comunitario, la participación y el protagonismo popular (Art. 20). Conforme a lo dispuesto en el artículo 70 de la Constitución, la Ley Orgánica repite que sus decisiones "son de carácter vinculante" pero sólo "para el Consejo Comunal."(Art. 20). De allí la importancia de estas Asambleas de ciudadanos y la obligación que tenía el Legislador de hacerlas junto con los Consejos Comunales real y verdaderamente "representativas" de la Comunidad, y asegurar que en ellas, efectivamente "participen" los habitantes de la misma.

Pero la Ley Orgánica, sin embargo, no ha garantizado nada de esto. En cuanto a la integración de las Asambleas de ciudadanos, conforme al artículo 21 de la Ley Orgánica, las mismas están constituida por "los habitantes de la comunidad mayores de quince años, conforme a las disposiciones de la presente Ley" (Art. 21), lo que, como se ha dicho, es una contradicción *in terminis* y además, inconstitucional, pues los extranjeros o menores de 18 años no son ciudadanos. En todo caso, esos habitantes de la comunidad, que sin duda deben formar parte de las familias que conforman la base poblacional de la Comunidad, deben estar inscritos en el registro electoral de la comunidad (Art. 37,1), que por lo demás, por su conformación también con no ciudadanos, es diferente del Registro Electoral permanente que debe llevar el Consejo Nacional Electoral.

---

91 Con razón María Pilar García-Guadilla consideró las Asociaciones de Vecinos como los antecedentes de los Consejos Comunales. *V.* en "La praxis de los consejos comunales en Venezuela: ¿Poder popular o instancia clientelar?," en *Revista Venezolana de Economía y Ciencias Sociales*, abr. 2008, Vol. 14, N° 1, p. 125-151. *V.* en www.scielo.org.ve/scielo.php?pid=S1315-64112008000100009-&cript=sciarttext. Sin embargo, Marta Harnecker, al analizar algunos de los "problemas" relativos al funcionamiento de los consejos comunales, destaca el hecho de que "se han transformado en una asociación de vecinos más, porque se deja toda la responsabilidad en manos de los voceros y voceras y a veces sólo en alguno de ellos." *V.* Marta Harnecker, *De los Consejos Comunales a las Comunas. Construyendo el Socialismo del Siglo XXI*, 2 abril 2009, párrafo 216, en:
Htpp:www.scribd.com/doc/16299191/Harnecker-Marta-De-los-consejos-comunales-a-las-comunas-2009 .

En efecto, si de lo que se trata es de constituir una Asamblea de "ciudadanos," sólo los "ciudadanos" podrían integrarla, y la ciudadanía, como se sabe, sólo puede ejercerse por los venezolanos conforme a los artículos 39 y 40 de la Constitución y al artículo 50 de la Ley de Nacionalidad y Ciudadanía de 2004,[92] en la cual, además, se define la ciudadanía, como "la condición jurídica obtenida por la nacionalidad venezolana, la cual permite el goce y el ejercicio de los derechos y deberes políticos previstos en la Constitución de la República Bolivariana de Venezuela y en las leyes" (Art. 4,4).

Por tanto, de acuerdo con estas normas constitucionales y legales, sólo los *venezolanos ciudadanos* pueden ser "titulares de derechos y deberes políticos," y entre los derechos políticos establecidos en la Constitución está precisamente el derecho a la participación política, que además, el artículo 62 de la Constitución reserva a los ciudadanos. Por tanto, no todo habitante en el territorio de la República o de una Comunidad es "ciudadano," por lo que como se ha dicho, es inconstitucional otorgar el ejercicio de un derecho político como la participación en las Asambleas de "Ciudadanos" a todos "habitantes" de la comunidad, incluyendo a quienes no sean ciudadanos, como por ejemplo, los extranjeros. Estos, conforme a la Constitución, sólo tienen excepcionalmente el derecho al sufragio, de acuerdo con la Constitución, en el ámbito regional y local (Art. 64).

Por otra parte, la ciudadanía se ejerce por los venezolanos "en las *condiciones de edad previstas en esta Constitución*" (Art. 39), por lo que no existiendo una previsión constitucional expresa que prevea la posibilidad para los menores de 18 años, pero mayores de 15 años, para ejercer algún derecho político, ello no podría preverlo el Legislador. Este, a lo sumo, lo que podría haber hecho en esta materia era haber extendido el derecho a participar en las Asamblea de "ciudadanos" a los venezolanos con derecho a la participación ciudadana indirecta, mediante el sufragio, que son los mayores de 18 años (Art. 64). Por tanto, resulta también contrario a la Constitución el extender legalmente el derecho político de participar en las Asambleas de "ciudadanos" a los menores de 18 años pero mayores de 15 años.

En cuanto al quórum para la adopción de decisiones por parte de las Asambleas de Ciudadanos, las cuales, como se ha dicho, son obligatorias para el Consejo Comunal, las mismas conforme a la Ley Orgánica se adoptan por mayoría simple de los asistentes, siempre que concurran a la Asamblea en primera convocatoria, un quórum mínimo del 30% de los habitantes miembros de la Comunidad y del 20% mínimo de los mismos en segunda convocatoria (Art. 22). La Ley, por tanto, no garantiza efectiva la representatividad de la Comunidad en la Asamblea, al permitir que un órgano con los poderes decisorios que tiene, por ejemplo, de una Comunidad de 400 familias, que implica un universo de aproximadamente 1600 personas, se pueda constituir con solo la presencia de 320 personas, y pueda tomar decisiones con el voto de sólo 161 personas; es decir, en definitiva, con el voto del 10% de los habitantes de la Comunidad. Estas previsiones, por otra parte, en lugar de estimular la participación, lo que fomentan es la ausencia de participación, pues si las decisiones se pueden adoptar en esa forma, los habitantes no tendrán interés o posibilidad en participar.[93]

---

92 *Gaceta Oficial* Nº 37.971 de 01-07-2004.

93 Esto lo ha advertido Marta Harnecker, al destacar que "uno de los problemas que ha habido cuando se han conformado los consejos comunales, es que las asambleas de ciudadanas y ciudadanos no han logrado, en muchos casos, convocar a todas las personas que debían convocar. En algunos casos esto se debe a la apatía de la gente, en

Estas Asambleas de ciudadanos, así constituidas, a pesar de integrar el Consejo Comunal, son las que deben aprobar el ámbito geográfico de la Comunidad y del Consejo Comunal (Art. 23,1) así como el acta constitutiva y estatutos del Consejo Comunal (Art. 23,13). Tienen además, dentro de sus funciones: aprobar el Plan Comunitario de Desarrollo Integral, que es el documento técnico que identifica las potencialidades y limitaciones, las prioridades y los proyectos comunitarios[94] que deben orientar al logro del desarrollo integral de la comunidad (Art. 4,9), y demás planes, de acuerdo a los aspectos esenciales de la vida comunitaria, a los fines de contribuir a la transformación integral de la comunidad (Art. 23,5); garantizar el funcionamiento del ciclo comunal (Art. 23,6); aprobar los proyectos comunitarios, de comunicación alternativa, educación, salud, cultura, recreación, actividad física y deporte, socio-productivos, de vivienda y hábitat, de infraestructura, de funcionamiento, entre otros, y la creación de organizaciones socio-productivas a ser propuestos ante distintos órganos y entes del Poder Público o instituciones privadas (Art. 23,7); aprobar las normas de convivencia de la comunidad, sin menoscabo de lo dispuesto en el ordenamiento jurídico vigente (Art. 23,9); aprobar la solicitud de transferencia de servicios (Art. 23,11).

En cuanto a las diversas Unidades y órganos del Consejo, la Asamblea de ciudadanos debe aprobar la creación de comités de trabajo u otras formas de organización comunitaria, con carácter permanente temporal (Art. 23,2); elegir y revocar a los voceros del Consejo Comunal "a través de un proceso de elección popular comunitaria (Art. 23,3); designar a los voceros del Consejo Comunal para las distintas instancias de participación popular y de gestión de políticas públicas (Art. 23,10); elegir y revocar los integrantes de la comisión electoral (Art. 23,4); evaluar la gestión de cada una de las unidades que conforman el Consejo Comunal (Art. 23,8); y designar a los y las miembros de la comisión de contratación, conforme a la Ley de Contrataciones Públicas (Art. 23,12).

2. La Unidad Ejecutiva y los voceros de la comunidad

La Unidad Ejecutiva es la instancia del Consejo Comunal encargada de promover y articular la participación organizada de los habitantes de la comunidad, organizaciones comunitarias, los movimientos sociales y populares en los diferentes comités de trabajo; se reunirá a fin de planificar la ejecución de las decisiones de la Asamblea de Ciudadanos, así como conocer las actividades de cada uno de los comités y de las áreas de trabajo[95] (Art. 27).

---

otros se debe a los defectos de la convocatoria. Muchas veces hay sectores de esa comunidad, especialmente los sectores más alejados que nunca han llegado a enterarse de que existe una asamblea, nunca fueron citados" *V.* Marta Harnecker, *De los Consejos Comunales a las Comunas. Construyendo el Socialismo del Siglo XXI*, 2 abril 2009, párrafo 190, en www.scribd.com/doc/16299191/Harnecker-Marta-De-los-consejos-comunales-a-las-comunas-2009.

94 El artículo 4,7 de la Ley Orgánica define los proyectos comunitarios como "el conjunto de actividades concretas orientadas a lograr uno o varios objetivos, para dar respuesta a las necesidades, aspiraciones y potencialidades de las comunidades. Los proyectos deben contar con una programación de acciones determinadas en el tiempo, los recursos, los responsables y los resultados esperados."

95 El artículo 4,8 de la Ley Orgánica define Áreas de trabajo a los "ámbitos de gestión que se constituyen en relación con las particularidades, potencialidades y los problemas más relevantes de la comunidad. El número y contenido de las áreas de trabajo dependerá de la realidad, las prácticas tradicionales, las necesidades colectivas y las costumbres de cada comunidad. Las áreas de trabajo agruparán varios comités de trabajo."

Esta Unidad Ejecutiva está conformada por un número indeterminado y variable de voceros, postulados según la cantidad de comités de trabajo u otras organizaciones comunitarias que existan o se conformen en la comunidad (Art. 28).

Esos Comités pueden referirse a las siguientes áreas de actividad enumeradas en el artículo 28 de la Ley Orgánica: salud; tierra Urbana; vivienda y hábitat; economía comunal;[96] seguridad y defensa integral; medios alternativos comunitarios; recreación y deportes; alimentación y defensa del consumidor; mesa técnica de agua; mesa técnica de energía y gas; protección social de niños, niñas y adolescentes; personas con discapacidad; educación, cultura y formación ciudadana; familia e igualdad de género. En los casos en que hubiere otras formas organizativas establecidas en la comunidad, diferentes a las antes señaladas, deberán incorporarse a la constitución, funcionamiento y atribuciones de los comités de trabajo de la Unidad Ejecutiva, de conformidad con la normativa que los regula.

En cuanto a los pueblos y comunidades indígenas, atendiendo a sus culturas, prácticas tradicionales y necesidades colectivas, pueden constituir comités de trabajo, además de los antes indicados, en las siguientes áreas: ambiente y demarcación de tierra en los hábitats indígenas; medicina tradicional indígena; y educación propia, educación intercultural bilingüe e idiomas indígenas.

La Unidad Ejecutiva del Consejo Comunal tiene las siguientes funciones: ejecutar las decisiones de la Asamblea de Ciudadanos y Ciudadanas en el área de su competencia (Art. 29,1); crear y organizar el sistema de información comunitario interno (Art. 29,2); coordinar y articular todo lo referido a la organización, funcionamiento y ejecución de los planes de trabajo de los comités y su relación con la Unidad de Contraloría Social, la Unidad Administrativa y Financiera Comunitaria y las demás organizaciones sociales de la comunidad (Art. 29,3); promover la creación de nuevas organizaciones con la aprobación de la Asamblea de Ciudadanos y Ciudadanas en defensa del interés colectivo y el desarrollo integral de la comunidad (Art. 29,4); organizar el voluntariado social como escuela generadora de conciencia y activadora del deber social en cada comité de trabajo[97] (Art. 29,5); promover la participación de los comités de trabajo u otras formas de organización comunitaria en la elaboración y ejecución de políticas públicas, mediante la presentación de propuestas a los órganos y entes del Poder Público (Art. 29,6); promover, participar y contribuir, conjuntamente con la Milicia Bolivariana, en la seguridad y defensa integral de la Nación (Art. 29,7); coadyuvar con los órganos y entes del Poder Público en el levantamiento de información relacionada con la comunidad, conforme al ordenamiento jurídico vigente (Art. 29,8); impulsar y promover la formulación de proyectos comunitarios que busquen satisfacer las necesidades, aspiraciones y potencialidades de la comunidad (Art. 29,9); y conocer las solicitudes y emitir las constancias de residencia de los habitantes de la comunidad, a los efectos de las actividades inherentes del Consejo Comunal, sin menoscabo del ordenamiento jurídico vigente (Art. 29,10).

---

96 El artículo 4,11 de la ley Orgánica define la economía comunal como "el conjunto de relaciones sociales de producción, distribución, intercambio y consumo de bienes, servicios y saberes, desarrolladas por las comunidades bajo formas de propiedad social al servicio de sus necesidades de manera sustentable y sostenible, de acuerdo con lo establecido en el Sistema Centralizado de Planificación y en el Plan de Desarrollo Económico y Social de la Nación."

97 El artículo 4, de la Ley Orgánica define el Comité de Trabajo como "el colectivo o grupo de personas organizadas para ejercer funciones específicas, atender necesidades en distintas áreas de trabajo y desarrollar las aspiraciones y potencialidades de su comunidad."

3. La Unidad Administrativa y Financiera Comunitaria

La Unidad Administrativa y Financiera Comunitaria es la instancia del Consejo Comunal que funciona como un ente de administración, ejecución, inversión, crédito, ahorro e intermediación financiera de los recursos y fondos de los consejos comunales, de acuerdo a las decisiones y aprobaciones de la Asamblea de Ciudadanos, "privilegiando el interés social sobre la acumulación de capital." Esta Unidad está integrada por 5 habitantes de la comunidad, electos a través de un "proceso de elección popular" por la Asamblea de ciudadanos (Art. 30).

La Unidad Administrativa y Financiera Comunitaria tiene las siguientes funciones: ejecutar las decisiones de la Asamblea de Ciudadanos y Ciudadanas en el área de su competencia (Art. 31,1); elaborar los registros contables con los soportes que demuestren los ingresos y egresos efectuados (Art. 31,2); presentar trimestralmente el informe de gestión y la rendición de cuenta pública cuando le sea requerido por la Asamblea de Ciudadanos, por el colectivo de coordinación comunitaria o por cualquier otro órgano o ente del Poder Público que le haya otorgado recursos (Art. 31,3); prestar servicios financieros y no financieros en el área de su competencia (Art. 31,4); realizar la intermediación financiera comunitaria, privilegiando el interés social sobre la acumulación de capital (Art. 31,5); apoyar las políticas de fomento, desarrollo y fortalecimiento de la economía social, popular y alternativa (Art. 31,6); proponer formas alternativas de intercambio de bienes y servicios para lograr la satisfacción de las necesidades y fortalecimiento de la economía local (Art. 31,7); promover el ahorro familiar (Art. 31,8); facilitar herramientas que permitan el proceso de evaluación y análisis de los créditos de las organizaciones socio-productivas previstas en la Ley para el Fomento y Desarrollo de la Economía Popular (Decreto Nº 6.129)(Art. 31,9); consignar ante la Unidad de Contraloría Social del Consejo Comunal, el comprobante de la declaración jurada de patrimonio de los voceros y voceras de la Unidad Administrativa y Financiera Comunitaria al inicio y cese de sus funciones (Art. 31,10); administrar los fondos del Consejo comunal con la consideración del colectivo de coordinación comunitaria y la aprobación de la Asamblea de Ciudadanos (Art. 31,11); elaborar y presentar el proyecto anual de gastos de los fondos del Consejo Comunal (Art. 31,12); y presentar y gestionar ante el colectivo de coordinación comunitaria el financiamiento de los proyectos aprobados por la Asamblea de Ciudadanos (Art. 31,13).

Esta Unidad Administrativa y Financiera Comunitaria conforme a la Ley Orgánica de 2007, sustituye a las asociaciones, cooperativas, banco comunal constituidas conforme a la Ley de 2006, las cuales quedan disueltas a partir de la adecuación del Consejo Comunal a la nueva Ley en su carácter de unidad de gestión financiera de los consejos comunales. Por consiguiente, conforme a esa adecuación, deben transferir al Consejo Comunal, en un lapso no mayor a 30 días, los recursos financieros y no financieros, los provenientes de la intermediación financiera con los fondos generados, asignados o captados, bienes, obligaciones, deudas, compromisos, planes, programas, proyectos y cualquier otro adquirido en el ejercicio de sus funciones (Disposición Transitoria Tercera). Una vez efectuada la transferencia por parte de la asociación cooperativa banco comunal, el Consejo Comunal asumirá los compromisos económicos, la ejecución y tramitación de los proyectos y los procesos administrativos y judiciales en curso causados durante la gestión de la asociación cooperativa banco comunal (Disposición Transitoria Cuarta).

En todo caso, conforme a la nueva Ley Orgánica, los integrantes de las instancias de gestión financiera de la asociación cooperativa banco comunal deben mantener su condición de voceros en la nueva Unidad Administrativa y Financiera Comunitaria a los efectos del cumplimiento de la continuidad del período para los cuales fueron electos (Disposición Transitoria Sexta).

En todo caso, los voceros de las antiguas instancias de gestión financiera de la asociación cooperativa banco comunal, son responsables civil, penal y administrativamente conforme a la ley, por la omisión, retardo e incumplimiento de la transferencia indicada en la disposición transitoria tercera (Disposición Transitoria Quinta); y los voceros de la Unidad Administrativa y Financiera Comunitaria incurren en responsabilidad civil, penal y administrativa, según sea el caso, por los actos, hechos u omisiones que alteren el destino de los recursos del Consejo Comunal, por lo cual deben ser sancionados conforme a las leyes que regulen la materia (Art. 32).

4. La Unidad de Contraloría Social

La Unidad de Contraloría Social es la instancia del Consejo Comunal para realizar la evaluación de la gestión comunitaria y la vigilancia de las actividades, recursos y administración de los fondos del Consejo Comunal. Está integrada por 5 habitantes de la comunidad, electos a través de un "proceso de elección popular" (Art. 33). Esta unidad debe realizar sus funciones sin menoscabo del control social que ejerza la Asamblea de Ciudadanos y otras organizaciones comunitarias, de conformidad con el ordenamiento jurídico.

Son funciones de la Unidad de Contraloría Social, ejecutar las decisiones de la Asamblea de Ciudadanos que correspondan a sus funciones (34,1); ejercer seguimiento, vigilancia, supervisión y control de la ejecución de los planes, proyectos comunitarios y socio-productivos, organizaciones socio-productivas, fases del ciclo comunal y gasto anual generado con los fondos y los recursos financieros y no financieros asignados por órganos y entes del Poder Público o instituciones privadas al Consejo Comunal (34,2); rendir anualmente cuenta pública de sus actuaciones (34,3); presentar informes de sus actuaciones cuando les sean solicitados por la Asamblea de Ciudadanos, por el colectivo de coordinación comunitaria o cuando lo considere pertinente (34,4); cooperar con los órganos y entes del Poder Público en la función de control, conforme a la legislación y demás instrumentos normativos vigentes (34,5); conocer y procesar los planteamientos presentados por los ciudadanos y ciudadanas con relación a la gestión de las unidades del Consejo Comunal e informar de manera oportuna a la Asamblea de Ciudadanos (34,6); y remitir ante el Ministerio del Poder Popular para las Comunas con competencia en materia de participación ciudadana, las declaraciones juradas de patrimonio de los voceros de la Unidad Administrativa y Financiera Comunitaria del Consejo Comunal (34,7). La Unidad de Contraloría Social del Consejo Comunal debe coordinar, en el ejercicio de sus funciones, con los órganos del Poder Ciudadano (Art. 35).

5. La coordinación de las Unidades de los Consejos Comunales

El artículo 24 de la Ley Orgánica dispuso la conformación de un "Colectivo de Coordinación Comunitaria" integrado por los voceros de las Unidades Ejecutiva, Administrativa y Financiera Comunitaria y de Contraloría Social del Consejo Comunal, para servir de instancia de articulación, trabajo conjunto y funcionamiento, con las siguientes funciones: realizar seguimiento de las decisiones aprobadas en la Asamblea de Ciudadanos y Ciudadanas (Art. 25,1); coordinar la elaboración, ejecución y evaluación del Plan Comunitario de Desarrollo Integral articulado con los planes de desarrollo municipal y estadal de conformidad con las líneas generales del Proyecto Nacional Simón Bolívar (Art. 25,2); conocer, previa ejecución, la gestión de la Unidad Administrativa y Financiera Comunitaria del Consejo Comunal (Art. 25,3); presentar propuestas aprobadas por la Asamblea de Ciudadanos, para la formulación de políticas públicas (Art. 25,4); garantizar información permanente y oportuna sobre las actuaciones de las unidades del Consejo Comunal a la Asamblea de Ciudadanos (Art. 25,5); convocar para los asuntos de interés común a las demás unidades del Consejo Comunal (Art. 25,6); coordinar la aplicación del ciclo comunal para la elaboración del Plan Comunitario de Desarrollo Integral (Art. 25,7); coordinar con la Milicia Bolivariana lo referente a la defensa integral de la Nación (Art. 25,8); coordinar acciones estratégicas que impulsen el modelo socio-productivo comunitario y redes socio-productivas[98] vinculadas al Plan Comunitario de Desarrollo Integral (Art. 25,9); promover la formación y capacitación comunitaria en los voceros o voceras del Consejo Comunal y en la comunidad en general (Art. 25,10); elaborar propuesta de informe sobre la solicitud de transferencia de servicios y presentarlo ante la Asamblea de Ciudadanos (Art. 25,11); coordinar acciones con los distintos comités que integran la Unidad Ejecutiva en sus relaciones con los órganos y entes de la Administración Pública para el cumplimiento de sus fines (Art. 25,12); y elaborar los estatutos del Consejo Comunal (Art. 25,13).

De acuerdo con el artículo 26 de la ley Orgánica, el Colectivo de Coordinación Comunitaria y las unidades que conforman el Consejo Comunal deben establecer el sistema de trabajo en el reglamento interno, que debe contemplar como mínimo una periodicidad quincenal para las reuniones, sin menoscabo de realizar convocatoria cuando lo estimen necesario, dejando constancia escrita de los acuerdos aprobados.

6. La Comisión Electoral Permanente

En cada Consejo Comunal debe constituirse una Comisión Electoral Permanente que es la instancia encargada de organizar y conducir de forma permanente, los procesos de elección o revocatoria de los voceros del Consejo Comunal y las consultas sobre aspectos relevantes de la vida comunitaria, así como cualquier otro que decida la Asamblea de Ciudadanos (Art. 36). Esta Comisión está integrada por 5 habitantes de la comunidad, quienes deben ser electos por la Asamblea de ciudadanos, con sus respectivos suplentes, y duran 2 años en sus funciones, contados a partir de su elección. Quienes integren la comisión electoral no pueden postularse como voceros para las unidades del Consejo Comunal (Art. 36).

98 El artículo 4,12 de la ley Orgánica define como redes socio-productivas, "la articulación e integración de los procesos productivos de las organizaciones socio-productivas comunitarias, para el intercambio de saberes, bienes y servicios, basados en los principios de cooperación y solidaridad; sus actividades se desarrollan mediante nuevas relaciones de producción, comercio, distribución, cambio y consumo, sustentables y sostenibles, que contribuyen al fortalecimiento del Poder Popular."

La Comisión Electoral Permanente del Consejo Comunal, como se especifica en el artículo 37 de la Ley Orgánica, ejerce las siguientes funciones: elaborar y mantener actualizado el registro electoral de la comunidad, conformado por todos los habitantes de la comunidad, mayores de quince años, de acuerdo a lo establecido en la presente Ley (Art. 37,1); informar a la comunidad todo lo relativo a la elección, reelección o revocatoria de los voceros del Consejo Comunal, así como los temas objeto de consulta (Art. 37,2); elaborar y custodiar el material electoral (Art. 37,3); convocar a los habitantes de la comunidad para que se postulen como aspirantes a voceros a las unidades del Consejo Comunal (Art. 37,4); coordinar el proceso de votación (Art. 37,5); verificar los requisitos exigidos a los postulados en las instancias del Consejo Comunal (Art. 37,6); escrutar y totalizar los votos, firmando los resultados con los testigos electorales designados (Art. 37,7); conocer y decidir sobre las impugnaciones presentadas sobre los procesos electorales o las consultas formuladas (Art. 37,8); levantar el acta del proceso de elección y sus resultados (Art. 37,9); proclamar y juramentar a los que resulten electos como voceros de las unidades del Consejo Comunal (Art. 37,10); organizar y coordinar los procesos electorales en los lapsos establecidos en la presente Ley y en los estatutos del Consejo Comunal (Art. 37,11); informar los resultados de las consultas realizadas en la comunidad (Art. 37,12); velar por la seguridad y transparencia de los procesos electorales (Art. 37,13); cuidar y velar por la preservación de los bienes y archivos electorales de la comunidad (Art. 37,14); elaborar y presentar ante el colectivo de coordinación comunitaria un estimado de los recursos, a los fines de llevar los procesos electorales, de revocatoria y las consultas sobre los aspectos relevantes de la comunidad (Art. 37,15); notificar al colectivo de coordinación comunitaria, con dos meses de anticipación al cese de las funciones de la comisión electoral, a los fines de la preparación del proceso de elección de sus nuevos integrantes (Art. 37,16); y coordinar en el ejercicio de sus funciones con el Poder Electoral (Art. 37,17). Como puede apreciarse, la Ley Orgánica de 2009 ha establecido todo un sistema de administración electoral paralelo al que corresponde al Poder Electoral, para llevar adelante lo que la Ley califica de "elección popular" de los voceros de los Consejos Comunales y los otros órganos comunitarios.

La Constitución asigna a los órganos del Poder Electoral, en particular al Consejo Nacional Electoral, la competencia exclusiva para la "organización, administración, dirección y vigilancia de todos los actos relativos a la elección de los cargos de representación popular de los poderes públicos, así como de los referendos" (Art. 293), por lo que la elección de los voceros de las Unidades de los Consejos Comunales, que en definitiva, "representan" a los habitantes de la Comunidad, debería también organizarse por dicho Poder Electoral, el cual es el órgano con competencia para llevar el registro electoral, en particular si se trata de elección para integrar entidades estatales, como son los Consejos Comunales. Atribuir la organización, administración, dirección y vigilancia de estos procesos electorales para elegir a los representantes de la Comunidad en los Consejos Comunales, a un órgano distinto al Poder Electoral, sin duda viola la Constitución.

III. LA SUPUESTA "ELECCIÓN" DE LOS VOCEROS DE LAS UNIDADES DE LOS CONSEJOS COMUNALES

Conforme al artículo 4,6 de la Ley, los voceros de las Unidades de los Consejos Comunales son las personas electas mediante "proceso de elección popular," a fin de coordinar el funcionamiento del Consejo Comunal, y la "instrumentación de las decisiones de la Asamblea de Ciudadanos." El ejercicio de las funciones de los voceros del Consejo Comunal tiene carácter voluntario y debe desarrollarse "con espíritu unitario y compromiso con los intereses de la comunidad y de la Patria" (Art. 13). Además, conforme al artículo 14 de la Ley, los voceros de los Consejos Comunales tienen como deber, la disciplina, la participación, la solidaridad, la integración, la ayuda mutua, la corresponsabilidad social, la rendición de cuentas, el manejo transparente, oportuno y eficaz de los recursos que dispongan para el funcionamiento del Consejo Comunal.

Con la conformación de estos voceros de los Consejos Comunales, como los agentes a cuyo cargo está la conducción de las actividades de los mismos, en definitiva, lo que la Ley Orgánica ha establecido es una forma de "representación" de la Comunidad para el ejercicio de su derecho a participar, mediante estos voceros de los Consejos Comunales. Siendo esos voceros, en la práctica "representantes"[99] de la Comunidad, conforme a la Constitución, tendrían que ser electos como tales representantes, mediante votación, no de un número reducido de personas-habitantes que participen en una Asamblea de ciudadanos, que puede ser escuálida, sino de todos los ciudadanos habitantes que forman la Comunidad y que deben estar inscritos en el registro electoral que debe llevar la Comisión Electoral Permanente. Y dicha elección, en todo caso, tendría que realizarse conforme lo exige el artículo 63 de la Constitución mediante votaciones libres, universales, directas y secretas en las cuales se garantice el principio de la personalización del sufragio y la representación proporcional. En contraste con esta previsión constitucional, la supuesta "elección popular" que se establece en la Ley Orgánica de 2009 no es directa ni secreta, ya que incluso podría hacerse "a mano alzada,"[100] y en cuanto a la elección de los voceros de las unidades Ejecutiva, Administrativa y Financiera Comunitaria y de Contraloría Social, la hace la Asamblea de ciudadanos necesariamente "de manera uninominal" lo que implica que "en ningún caso, se efectuará por plancha o lista electoral" (Art. 11), lo que no se ajusta a la previsión constitucional.

Por otra parte, a los efectos de la elección de los voceros, el artículo 11 de la Ley Orgánica establece el derecho de los "ciudadanos" de manera individual o colectiva a participar y postular los candidatos a voceros a las unidades del Consejo Comunal. Este derecho de participar y postular, por tanto, contradictoriamente no se atribuye en la Ley Orgánica a los "habitantes" de la comunidad, que son los supuestos electores, sino sólo a los venezolanos ciudadanos. Pero en cambio, al regular la condición de vocero de las

---

99 A pesar de que en la página web del "Ministerio del Poder Popular para la Participación y Protección Social" se afirmaba que el vocero, a pesar de ser la persona "electa por la asamblea de ciudadanos y ciudadanas para cumplir con los *mandatos* de la comunidad," sin embargo "no es un o una representante a quien le hemos entregado nuestro poder para que decida por nosotros." *V.* el anuncio sobre "Consejos Comunales. Base del Poder Popular. ¡Construir el Poder desde Abajo!" en www.gp.cnti.ve/site/minpades.gob.ve/view/Consejos%20 Comunales. php

100 Así se informaba por el "Ministerio del Poder Popular para la Participación y Protección Social" en su página web al indicar dentro de las tareas del "equipo promotor" el "recoger ideas para definir con que sistema se va a votar: voto secreto o a mano alzada." *V.* el anuncio sobre "Consejos Comunales. Base del Poder Popular. ¡Construir el Poder desde Abajo!," en www.gp.cnti.ve/site/minpades.gob.ve/view/Consejos%20Comu nales.php

Unidades de los Concejos Comunales, la Ley Orgánica establece que pueden postularse para tales cargos (al igual que para los integrantes de la comisión electoral), los venezolanos o extranjeros residentes, mayores de 15 años, habitantes de la comunidad con al menos un año de residencia en la misma, salvo en los casos de comunidades recién constituidas (at. 15,1).

Esto significa que sólo pueden postular a los voceros, quienes sean ciudadanos; pudiendo ser electos como voceros, los extranjeros residentes y, por tanto, no ciudadanos. Sólo en el caso de los voceros de las Unidades Administrativa y Financiera Comunitaria y de Contraloría Social se exige que sean mayores de 18 años, no pudiendo formar parte de la comisión electoral (Art. 15, *in fine*).

Para ser postulado como vocero, además, la Ley exige que se presente una carta de postulación o manifestación de voluntad por escrito, identificando nombre, apellido y cédula de identidad (Art. 15, 2), y además, que el postulado esté inscrito en el registro electoral de la comunidad (Art. 15,4), ser de reconocida solvencia moral y honorabilidad (Art. 15,5); tenga capacidad de trabajo colectivo con disposición y tiempo para el trabajo comunitario (Art. 15,6), espíritu unitario y compromiso con los intereses de la comunidad (Art. 15,7); no posea parentesco hasta el cuarto grado de consanguinidad y segundo grado de afinidad con los demás voceros integrantes de la Unidad Administrativa y Financiera Comunitaria y de la Unidad de Contraloría Social que conforman el Consejo Comunal, salvo las comunidades de áreas rurales y comunidades indígenas (Art. 15,8); no ocupe cargos de elección popular (Art. 15,9); y no esté sujeto a interdicción civil o inhabilitación política (Art. 15,10) ni sea requerido por instancias judiciales (Art. 15,11).

Quienes se postulen para voceros sólo pueden hacerlo para una Unidad del Consejo Comunal. En los pueblos y comunidades indígenas la postulación y elección de voceros o voceras se debe hacer según lo previsto en la Ley y tomando en cuenta su uso, costumbres y tradiciones.

Todos los voceros de las unidades que conforman el Consejo Comunal duran 2 años en sus funciones, contados a partir del momento de su elección por la Asamblea de ciudadanos, y podrán ser reelectos (Art. 12).

IV. LA CESACIÓN DE LOS VOCEROS COMUNALES

1. La revocación del mandato de los voceros de las Unidades del Consejo Comunal

Los cargos de voceros de los Concejos Comunales son revocables por la Asamblea de Ciudadanos (Art. 39), mediante decisión tomada por mayoría simple de los asistentes a la Asamblea de Ciudadanos, siempre que la misma cuente con un quórum del 20% de la población mayor de quince años de esa comunidad (Art. 41).

El artículo 38 de la Ley Orgánica define por "revocatoria," la separación definitiva de los voceros del Consejo Comunal del ejercicio de sus funciones por estar incurso en alguna de las siguientes causales de revocatoria establecidas en el artículo 39 de la Ley: actuar de forma contraria a las decisiones tomadas por la Asamblea de Ciudadanos o el Colectivo de Coordinación Comunitaria del Consejo Comunal (Art. 39,1); faltar evidente a las funciones que le sean conferidas de conformidad con la Ley y los estatutos del Consejo Comunal, salvo que la falta sea por caso fortuito o de fuerza mayor (Art. 39,2); omitir o negarse a presentar los proyectos comunitarios decididos por la Asamblea de Ciudadanos, por ante la instancia del Gobierno Nacional, estadal o municipal correspondiente o cualquier otro órgano o ente del Poder Público, a los fines de su aprobación (Art. 39,3); presentar los proyectos comunitarios, en orden distinto a las prioridades establecidas por la Asamblea de Ciudadanos (Art. 39,4); representar, negociar individualmente asuntos propios del Consejo Comunal que corresponda decidir la Asamblea de Ciudadanos (Art. 39,5); no rendir cuentas en el tiempo legal establecido para ello o en el momento exigido por el colectivo de coordinación comunitaria o la Asamblea de Ciudadanos (Art. 39,6); incurrir en malversación, apropiación, desviación de los recursos asignados, generados o captados por el Consejo Comunal o cualquier otro delito previsto en la Ley Contra la Corrupción y el ordenamiento jurídico penal (Art. 39,7); omisión en la presentación o falsedad comprobada en los datos de la declaración jurada de patrimonio de inicio y cese de funciones (Art. 39,8); desproteger, dañar, alterar o destruir el material electoral, archivos o demás bienes electorales del Consejo Comunal (Art. 39,9); proclamar y juramentar como electos, a personas distintas de las indicadas en los resultados definitivos (Art. 39,10); no hacer la respectiva y amplia publicidad a los fines de la realización de los procesos electorales (Art. 39,11); y no llevar el registro electoral, o no actualizarlo conforme con lo establecido en la Ley (Art. 39,12).

En todos estos casos, la iniciativa de solicitud para la revocatoria de los voceros del Consejo Comunal, así como los de la Comisión Electoral, corresponde de acuerdo con el artículo 40 de la Ley Orgánica, corresponde a un número de habitantes de la Comunidad que representen el 10% de la población mayor de quince años, habitantes de la comunidad (Art. 40,1); y a la Unidad de Contraloría Social del Consejo Comunal (Art. 40,2). En estos casos, la correspondiente solicitud de la revocatoria "debe formalizarse por escrito ante el Colectivo de Coordinación Comunitaria del Consejo Comunal" (Art. 40).

En los casos de denuncias contra algún vocero formulada por algún miembro de la Comunidad, conforme al artículo 41 de la Ley, "la solicitud de revocatoria de los voceros del Consejo Comunal, así como los de la Comisión Electoral, debe formalizarse ante la Unidad de Contraloría Social," ante la cual debe desarrollarse un procedimiento administrativo de revocatoria en el cual se debe garantizar el derecho a la defensa y al debido proceso.

Sin embargo, en caso de que la denuncia sea en contra de un vocero de la Unidad Contraloría Social, la solicitud de revocatoria se debe presentar directamente ante el colectivo de coordinación comunitaria.

La Unidad de Contraloría Social, una vez recibida la solicitud, debe preparar el informe respectivo en un lapso no mayor de 15 días continuos, el cual debe presentar ante el Colectivo de Coordinación Comunitaria para su consideración, el cual, en un lapso no mayor de 15 días continuos, lo debe presentar ante la Asamblea de Ciudadanos para la toma de decisiones correspondiente.

De ser aprobada la revocatoria de un vocero por la Asamblea de ciudadanos, su suplente debe asumir el cargo y la Comisión Electoral debe organizar el proceso para suplir la vacante respectiva. El Colectivo de Coordinación Comunitaria debe informar sobre los resultados de la revocatoria al Ministerio del Poder Popular para las Comunas y Protección Social.

La consecuencia de la revocación del mandato es que los voceras del Consejo Comunal que hayan sido revocados de sus funciones, no pueden postularse a una nueva elección durante los dos períodos siguientes a la fecha de la revocatoria (Art. 42).

2. La pérdida de condición de vocero de las Unidades de los Consejos Comunales

Además de por revocación de sus funciones, los voceros de los Consejos Comunales pueden perder tal condición por renuncia; cambio de residencia debidamente comprobado, fuera del ámbito geográfico del Consejo Comunal respectivo; enfermedad que le imposibilite ejercer sus funciones; haber sido electo en un cargo público de elección popular; y "estar sujeto a una sentencia definitivamente firme dictada por los órganos jurisdiccionales" (Art. 43), causal esta última que parece absurdo pues puede tratarse de una sentencia en materia civil, laboral o mercantil, y ello no tendría que producir la pérdida de condición de vocero. Quizás el Legislador lo que quiso fue referirse a sentencias en materia penal, lo que hubiera tenido más lógica.

En todos estos casos de pérdida de la condición de vocero de un Consejo Comunal, el suplente debe asumir las respectivas funciones (Art. 43).

V. EL CICLO COMUNAL COMO PROCESO DE PARTICIPACIÓN POPULAR

El artículo 44 de la LOCC de 2009 define el "Ciclo comunal" en el marco de las actuaciones de los Consejos Comunales, como "un proceso para hacer efectiva la participación popular y la planificación participativa que responde a las necesidades comunitarias y contribuye al desarrollo de las potencialidades y capacidades de la comunidad." A tal efecto, la Ley Orgánica de Planificación Pública y Popular, precisa en especial, que en el marco de las actuaciones inherentes a la planificación participativa, que el consejo comunal "se apoyará en la metodología del ciclo comunal, que consiste en la aplicación de las fases de diagnóstico, plan, presupuesto, ejecución y contraloría social, con el objeto de hacer efectiva la participación popular en la planificación, para responder a las necesidades comunitarias y contribuir al desarrollo de las potencialidades y capacidades de la comunidad" (Art. 15).

Ese ciclo también se indica en la LOCC, como una expresión del Poder Popular, a través de la realización de las mismas cinco fases: diagnóstico, plan, presupuesto, ejecución y contraloría social; las cuales conforme al artículo 45, se complementan e interrelacionan entre sí y son definidas en la forma siguiente:

1. Diagnóstico: esta fase caracteriza integralmente a las comunidades, se identifican las necesidades, las aspiraciones, los recursos, las potencialidades y las relaciones sociales propias de la localidad.

2. Plan: es la fase que determina las acciones, programas y proyectos que atendiendo al diagnóstico, tiene como finalidad el desarrollo del bienestar integral de la comunidad.

3. Presupuesto: esta fase comprende la determinación de los fondos, costos y recursos financieros y no financieros con los que cuenta y requiere la comunidad, destinados a la ejecución de las políticas, programas y proyectos establecidos en el Plan Comunitario de Desarrollo Integral.

4. Ejecución: esta fase garantiza la concreción de las políticas, programas y proyectos en espacio y tiempo establecidos en el Plan Comunitario de Desarrollo Integral, garantizando la participación activa, consciente y solidaria de la comunidad.

5. Contraloría social: esta fase es la acción permanente de prevención, vigilancia, supervisión, seguimiento, control y evaluación de las fases del ciclo comunal para la concreción del Plan Comunitario de Desarrollo Integral y, en general sobre las acciones realizadas por el Consejo Comunal, ejercida articuladamente por los habitantes de la comunidad, la Asamblea de Ciudadanos, las organizaciones comunitarias y la Unidad de Contraloría Social del Consejo Comunal.

Todas estas fases del ciclo comunal deben estar avaladas y previamente aprobadas por la Asamblea de Ciudadanos en el Consejo Comunal respectivo.

Por otra parte, los Consejos Comunales, a través de los comités de economía comunal, deben elaborar los proyectos socio-productivos, con base a las potencialidades de su comunidad, impulsando la propiedad social, orientados a la satisfacción de las necesidades colectivas y vinculados al Plan Comunitario de Desarrollo Integral (Art. 46).

Debe indicarse que además, en la LOSEC se define un "ciclo productivo comunal" como "sistema de producción, transformación, distribución, intercambio y consumo socialmente justo de bienes y servicios de las distintas formas de organización socio-productivas, surgidas en el seno de la comunidad como consecuencia de las necesidades humanas" (Art. 6.3), aun cuando luego en el articulado de la misma ni en las otras leyes del Poder Popular se utiliza la expresión.

VI. LOS RECURSOS DE LOS CONSEJOS COMUNALES Y SU GESTIÓN Y ADMINISTRACIÓN

1. Los recursos de los Consejos Comunales

Los Consejos Comunales tienen los siguientes recursos financieros y no financieros enumerados en el artículo 47 de la Ley Orgánica, que deben recibir de manera directa: los que sean transferidos por la República, los estados y los municipios; los que provengan de lo dispuesto en la Ley que Crea el Fondo Intergubernamental para la Descentralización y la Ley de Asignaciones Económicas Especiales Derivadas de Minas e Hidrocarburos; los que provengan de la administración de los servicios públicos que les sean transferidos por el Estado; los generados por su actividad propia, incluido el producto del manejo financiero de todos sus recursos; los recursos provenientes de donaciones de acuerdo con lo establecido en el ordenamiento jurídico; y cualquier otro generado de actividad financiera que permita la Constitución de la República y la ley.

Los recursos financieros que son los expresados en unidades monetarias propios o asignados, son manejados por el Consejo Comunal orientados a desarrollar las políticas, programas y proyectos comunitarios establecidos en el Plan Comunitario de Desarrollo Integral. Estos recursos, conforme a lo dispuesto en el artículo 48, se clasifican en la siguiente forma:

1. Recursos retornables: son los recursos que están destinados a ejecutar políticas, programas y proyectos de carácter socio-productivo con alcance de desarrollo comunitario que deben ser reintegrados al órgano o ente financiero mediante acuerdos entre los partes; y

2. Recursos no retornables: son los recursos financieros para ejecutar políticas, programas y proyectos con alcance de desarrollo comunitario, que tienen características de donación, asignación o adjudicación y no se reintegran al órgano o ente financiero y a la Unidad Administrativa y Financiera Comunitaria.

En cuanto a los recursos no financieros, que son los que no tienen expresión monetaria y son necesarios para concretar la ejecución de las políticas, planes y proyectos comunitarios, también deben ser manejados por el Consejo Comunal (Art. 49).

Todos los recursos aprobados y transferidos para los Consejos Comunales deben siempre ser destinados a la ejecución de políticas, programas y proyectos comunitarios contemplados en el Plan Comunitario de Desarrollo Integral y deben ser manejados de manera eficiente y eficaz para lograr la transformación integral de la comunidad (Art. 50).

Cuando se trate de recursos aprobados por los órganos o entes del Poder Público para un determinado proyecto, los mismos no podrán ser utilizados para fines distintos a los aprobados y destinados inicialmente, salvo que sea debidamente autorizado por el órgano o ente del Poder Público que otorgó los recursos, para lo cual el Consejo Comunal debe motivar el carácter excepcional de la solicitud de cambio del objeto del proyecto, acompañada de los soportes respectivos, previo debate y aprobación de la Asamblea de Ciudadanos (Art. 50).

Por otra parte, debe advertirse que en la Ley Orgánica de 2009 nada se dispuso directamente en relación con el Fondo Nacional de los Consejos Comunales creado por la Ley de 2006 como servicio autónomo adscrito al Ministerio de Finanzas, y el cual al parecer nunca llegó a ser implementado.[101] Lo único que se reguló en la Ley es una Disposición Transitoria (Primera) en la cual se dispuso que el Ministerio del Poder Popular con competencia en materia de participación ciudadana debe incorporar en su reglamento orgánico las disposiciones relativas al Fondo Nacional de los Consejos Comunales, en un lapso no mayor de 30 días hábiles siguientes a la entrada en vigencia de la Ley, lo que sugiere que dicho Fondo debería seguir existiendo, pero adscrito al Ministerio del Poder Popular para las Comunas y Protección Social.

2. Los fondos de los Consejos Comunales

La Ley Orgánica de 2009 prevé que el Consejo Comunal, para facilitar el desenvolvimiento armónico de sus actividades y funciones, debe formar cuatro fondos internos: de acción social; de gastos operativos y de administración; de ahorro y crédito social; y de riesgos. Todos estos fondos deben ser administrados por la Unidad Administrativa y Financiera Comunitaria, previa aprobación de la Asamblea de Ciudadanos, con la justificación del colectivo de coordinación comunitaria (Art. 51), y se los define en la Ley de la siguiente manera:

a. *Fondo de acción social*, que debe ser destinado a cubrir las necesidades sociales, tales como: situaciones de contingencia, de emergencia o problemas de salud, que no puedan ser cubiertas por los afectados debido a su situación socioeconómica. Se debe

101 *V.* Miguel González Marregot, "Consejos Comunales: ¿Para qué?," en *Venezuela Analítica*, Viernes, 9 de febrero de 2007, http://www.analitica.com/va/politica/opinion/7483372.asp

presentar una propuesta para la utilización de estos recursos que debe ser aprobada por la Asamblea de Ciudadanos, excepto en los casos de emergencia o fuerza mayor. Este fondo se constituye conforme se indica en el artículo 52 de la Ley Orgánica, mediante: los intereses anuales cobrados de los créditos otorgados con recursos retornables del financiamiento; los ingresos por concepto de los intereses y excedentes devengados de los recursos de inversión social no retornables; y los recursos generados de la autogestión comunitaria.

b. *Fondo de gastos operativos y de administración*, que está destinado a contribuir con el pago de los gastos que se generen en la operatividad y manejo administrativo del Consejo Comunal. Este fondo, conforme a lo dispuesto en el artículo 53 de la Ley Orgánica, se constituye mediante tres fuentes: los intereses anuales cobrados de los créditos otorgados con recursos retornables de la línea de crédito o contrato de préstamo; los que sean asignados para estos fines, por los órganos y entes del Poder Público en los respectivos proyectos que le sean aprobados; y los recursos generados por la autogestión comunitaria.

c. *Fondo de ahorro y crédito social*, que debe ser destinado a incentivar el ahorro en las comunidades con una visión socialista y promover los medios socio-productivos mediante créditos solidarios; y está conformado por la captación de recursos monetarios de forma colectiva, unipersonal y familiar, recursos generados de las organizaciones autogestionarias, los excedentes de los recursos no retornables y los propios intereses generados de la cuenta de ahorro y crédito social (Art. 54).

d. *Fondo de riesgo*, que debe ser destinado a cubrir los montos no pagados de los créditos socio-productivos, que incidan u obstaculicen el cumplimiento y continuidad de los proyectos comunitarios, en situación de riesgos y asumidos por el Consejo Comunal; el cual, conforme al artículo 55 de la Ley Orgánica, está constituido por los intereses anuales cobrados de los créditos otorgados con recursos retornables del financiamiento;[102] el interés de mora de los créditos otorgados con recursos retornables; y los recursos generados de la autogestión comunitaria.

VII. EL RÉGIMEN DE ADAPTACIÓN Y CONSTITUCIÓN INICIAL DE LAS ASAMBLEAS DE CIUDADANOS Y DE LOS CONSEJOS COMUNALES

1. La adecuación de los Consejos Comunales constituidos conforme a la Ley de 2006 a las previsiones de la Ley Orgánica de 2009

Como se dijo al inicio, los Consejos Comunales fueron creados a partir de la entrada en vigencia de la Ley de los Consejos Comunales de 2006, bajo cuya vigencia se crearon muchos de ellos. Con motivo del nuevo régimen previsto en la Ley Orgánica de

102 Conforme al artículo 55 de la Ley Orgánica, en esta materia de intereses, la Unidad Administrativa y Financiera Comunitaria debe realizar un informe donde se contemple la voluntad por parte de las organizaciones socio-productivas de no cancelar el saldo adeudado, o cualquier circunstancia que imposibilite el pago del mismo, por situación de emergencia, enfermedad o muerte. La Unidad Administrativa y Financiera Comunitaria está en la capacidad de proponer formas alternativas para el pago de un crédito. Para su trámite administrativo se tendrá una cuenta bancaria en la que se depositará mensualmente el monto.

2009, y a los efectos de lograr la uniformidad del régimen legal, la Disposición Transitoria Segunda de la misma estableció la necesidad de que los consejos comunales constituidos bajo el régimen legal anterior (Ley de 2006) sean objeto de un proceso de adecuación de sus estatutos a las disposiciones establecidas en la Ley Orgánica, a los fines de su registro por ante el Ministerio del Poder Popular para las Comunas y Protección Social creado en 2009, en un lapso no mayor de 180 días contado a partir del 28 de diciembre de 2009 que fue la fecha de publicación de la Ley Orgánica.

Durante ese período se debe garantizar la continuidad de sus diferentes instancias en su gestión, para la ejecución de sus planes, programas y proyectos comunitarios aprobados conforme al régimen legal anterior.

A los efectos de realizar la dicha adecuación, en particular de sus Estatutos, el Consejo Comunal debe convocar una Asamblea de Ciudadanos para informar sobre la misma de acuerdo a lo establecido en la Ley Orgánica, sobre la continuidad de la gestión de los voceros hasta cumplir su período, y sobre la liquidación de la asociación cooperativa banco comunal (Disposición Transitoria Séptima).

2. Régimen para la constitución inicial de los Consejos Comunales

A. El equipo promotor

En todos los casos en los que se vaya a constituir un Consejo Comunal, debe procederse a la convocatoria de una asamblea constitutiva comunitaria; a cuyo efecto, un "equipo promotor" debe constituirse, conformado por un grupo de ciudadanos que deciden asumir la iniciativa de difundir, promover e informar la organización de su comunidad a los efectos de la constitución del Consejo Comunal.

En tales casos, el equipo promotor que se constituya "debe notificar su conformación y actuaciones ante el órgano rector" que es el Ministerio del Poder Popular para las Comunas y Protección Social (Art. 5).

Este equipo promotor, conforme al artículo 6 de la Ley Orgánica, tiene las siguientes funciones: difundir entre los habitantes de la comunidad el alcance, objeto y fines del Consejo Comunal; elaborar un croquis del ámbito geográfico de la comunidad; organizar la realización del censo demográfico y socioeconómico de la comunidad; y convocar la primera Asamblea de Ciudadanos, en un lapso no mayor de 60 días a partir de su conformación.

B. La primera Asamblea de Ciudadanos

La primera Asamblea de Ciudadanos convocada por el equipo promotor, debe constituirse con la participación mínima del 10% de los habitantes de la comunidad mayores de quince años, lo que sin duda, es una cifra excesivamente baja para asegurar representatividad de la comunidad y participación ciudadana (Art. 7).

Esta primera Asamblea de Ciudadanos se constituye para elegir el equipo electoral provisional y someter a consideración los comités de trabajo que deben ser creados para conformar la Unidad Ejecutiva del Consejo Comunal, dejando constancia en el acta respectiva (Art. 7).

C. El equipo electoral provisional

El equipo electoral provisional se debe conformar por 3 habitantes de la comunidad electos en la primera Asamblea de Ciudadanos, y es la instancia encargada de regir el proceso electoral para la elección del primer Consejo Comunal (Art. 8).

D. La convocatoria a la asamblea constitutiva comunitaria

El equipo electoral provisional y al equipo promotor (electo en la primera asamblea de ciudadanos) son las instancias encargadas de realizar la convocatoria de la asamblea constitutiva comunitaria, lo que deben hacer previa notificación al Ministerio del Poder Popular para las Comunas y Protección Social, como órgano rector, en un lapso no mayor de 90 días, contados a partir de la constitución de la primera Asamblea de Ciudadanos (Art. 9).

Una vez instalada válidamente la asamblea constitutiva comunitaria, el equipo promotor cesa en sus funciones, tal como lo indican los artículos 5 y 9 de la Ley Orgánica.

En cuanto al equipo electoral provisional, le corresponde dirige la asamblea constitutiva comunitaria para la elección de los voceros de las distintas unidades del Consejo Comunal así como los de la comisión electoral permanente (Art. 9).

La asamblea constitutiva comunitaria es la Asamblea de Ciudadanos en la cual se eligen por primera vez los voceros del Consejo Comunal. Esta Asamblea se considera válidamente conformada con la participación efectiva del 30% mínimo en primera convocatoria y del 20% mínimo en segunda convocatoria, para los habitantes mayores de quince años de la población censada electoralmente (Art. 10).

Una vez electos los voceros se debe realizar el acta constitutiva del Consejo Comunal a los efectos del registro respectivo. El equipo electoral provisional cesa en sus funciones al momento de la constitución definitiva del Consejo Comunal (Art. 8).

3. El registro de los Concejos Comunales

El acta constitutiva de los Consejos Comunales debe contener: el nombre del Consejo Comunal, y su ámbito geográfico con su ubicación y linderos; la fecha, lugar y hora de la asamblea constitutiva comunitaria, conforme a la convocatoria realizada; la identificación con nombre, cédula de identidad y firmas de los participantes en la asamblea constitutiva comunitaria; los resultados del proceso de elección de los voceros para las unidades del Consejo Comunal; la identificación por cada una de las unidades de los voceros o voceras electos o electas con sus respectivos suplentes (Art. 16).

Conforme al artículo 17 de la Ley, los consejos comunales constituidos y organizados conforme a su normativa, adquieren su personalidad jurídica mediante el registro ante el Ministerio del Poder Popular para las Comunas y Protección Social, atendiendo al siguiente procedimiento:

1. Los responsables designados por la asamblea constitutiva comunitaria deben presentar ante la oficina competente del Ministerio del Poder Popular para las Comunas y Protección Social, en un lapso de 15 días posteriores a la constitución y organización del Consejo Comunal, solicitud de registro, acompañada de copia simple con originales a la vista del acta constitutiva, estatutos, censo demográfico y socioeconómico y el croquis del ámbito geográfico. Estos documentos deben pasar a formar parte del expediente administrativo del Consejo Comunal en los términos señalados en la Ley Orgánica de Procedimientos Administrativos. El acta constitutiva y los estatutos deben ir firmados por todos los y las participantes de la asamblea constitutiva comunitaria en prueba de su autenticidad.

2. El funcionario responsable del registro debe recibir los documentos que le hayan sido presentados con la solicitud y en un lapso no superior a 10 días se debe efectuar el registro del Consejo Comunal. Con este acto administrativo de registro, los Consejos adquieren "la personalidad jurídica plena para todos los efectos legales."

3. Si el funcionario encontrare alguna deficiencia, lo debe comunicar a los solicitantes, quienes gozan de un lapso de 30 días para corregirla. Subsanada la falta, el funcionario del Ministerio del Poder Popular para las Comunas y Protección Social debe proceder al registro.

4. Si los interesados no subsanan la falta en el lapso antes señalado, el Ministerio del Poder Popular para las Comunas y Protección Social se debe abstener de registrar al consejo comunal.

5. Contra la decisión del Ministerio del Poder Popular para las Comunas y Protección Social, se puede interponer el recurso jerárquico correspondiente de conformidad con lo previsto en la Ley Orgánica de Procedimientos Administrativos, con lo cual queda agotada la vía administrativa. Los actos administrativos dictados por el Ministerio del Poder Popular para las Comunas y Protección Social podrán ser recurridos ante la jurisdicción contencioso-administrativa.

El Ministerio del Poder Popular para las Comunas y Protección Social, únicamente puede abstenerse del registro de un Consejo Comunal en los siguientes casos: cuando tenga por objeto finalidades distintas a las previstas en la presente Ley; si el Consejo Comunal no se ha constituido con la determinación exacta del ámbito geográfico o si dentro de éste ya existiere registrado un Consejo Comunal; o si no se acompañan los documentos exigidos en la presente Ley o si éstos presentan alguna deficiencia u omisión (art 18).

4. La nueva adaptación de los Consejos Comunales en 2011

De acuerdo con la Disposición Transitoria Primera de la LOPP, las instancias y organizaciones del Poder Popular preexistentes a la entrada en vigencia de la presente ley, como fueron los Consejos Comunales, debían adecuar su organización y funcionamiento a las disposiciones de la misma, en un lapso de ciento ochenta días contados a partir de su publicación de la *Gaceta Oficial*.

VIII. CENTRALIZACIÓN DE LA CONDUCCIÓN DEL PROCESO DE PARTICIPACIÓN CIUDADANA A TRAVÉS DE LOS CONSEJOS COMUNALES

La Ley Orgánica de 2009 ha completado el proceso de centralización de la conducción de la participación ciudadana, al haber establecido, en sustitución de las Comisiones Presidenciales del Poder Popular que establecía la Ley de 2006, como "órgano rector" del proceso a uno de los Ministerios del Ejecutivo Nacional, en concreto, el "Ministerio del Poder Popular con competencia en materia de participación ciudadana" al cual le asigna las funciones de dictar las políticas, estratégicas, planes generales, programas y proyectos para la participación comunitaria en los asuntos públicos, el cual debe acompañar a los consejos comunales en el cumplimiento de sus fines y propósitos, y facilitar la articulación en las relaciones entre éstos y los órganos y entes del Poder Público (Art. 56).

Mediante Decreto ejecutivo dictado el 17 de junio de 2009, de reforma parcial del Reglamento Orgánico de la Administración Pública, [103] se reguló en sustitución del Ministerio del Poder Popular para la Participación y la Protección Social, al *Ministerio del Poder Popular para las Comunas y Protección Social*, que es por tanto el que tiene competencia en materia de participación ciudadana. Destaca, sin embargo, que en su denominación se haya eliminado la palabra "participación" y se la haya sustituido por la palabra "Comunas," particularmente cuando esta instancia territorial no existe en el ordenamiento constitucional ni legal venezolano. Su creación fue una de las propuestas de la Reforma Constitucional de 2007 que fue rechazada por el pueblo, por lo que no se entiende cómo la primera atribución asignada al Ministerio sea "la regulación, formulación y seguimiento de políticas, la planificación y realización de las actividades del Ejecutivo Nacional en materia de participación ciudadana en el ámbito de las *comunas*" (ord. 1).

En todo caso, este Ministerio tiene, además, las siguientes funciones (Art. 25):

2. La realización del análisis de la gestión de la economía comunal en el país y formulación de las recomendaciones a los órganos y entes competentes;

3. La regulación, formulación y seguimiento de políticas, la planificación y realización de las actividades del Ejecutivo Nacional en lo atinente a las normas operativas e instrumentos de promoción, autogestión y cogestión de la población en el marco de la economía del Estado, que armonice la acción de los entes involucrados en tal política sectorial, y el uso eficiente de los recursos destinados al financiamiento correspondiente;

4. Participar en la elaboración de los planes y programas tendentes al desarrollo de la economía participativa en todas sus expresiones;

5. Definir los mecanismos para la participación del sector público y privado en la planificación y ejecución de planes y programas relacionados con el desarrollo de la economía comunal. En este sentido, servirá de enlace entre los entes involucrados y las iniciativas populares cuando las circunstancias así lo requieran;

6. Impulsar el desarrollo del sistema microfinanciero en actividades tendentes al desarrollo de la economía comunal;

103 *Gaceta Oficial* N° 39.202 de 17-06-2009.

7. Propender al desarrollo de las actividades de comercialización y explotación en todos los sectores vinculados a la economía comunal, con especial énfasis en el sector rural;

8. Definir las políticas para los programas de capacitación en áreas determinantes para el desarrollo de la economía comunal, en especial la adquisición de conocimientos técnicos para el procesamiento, transformación y colocación en el mercado de la materia prima;

9. Establecer las políticas para el fomento de la economía comunal, estimulando el protagonismo de las cooperativas, cajas de ahorro, empresas familiares, microempresas y otras formas de asociación comunitaria para el trabajo, el ahorro y el consumo de bajo el régimen de propiedad colectiva sustentada en la iniciativa popular;

10. La regulación, formulación y seguimiento de políticas, la planificación estratégica y realización de las actividades del Ejecutivo Nacional en materia de promoción, ejecución y control y articulación de las actividades tendentes a la progresiva cogestión de responsabilidades sociales desde el Estado hacia las comunidades o grupos organizados, así como a la generación de los espacios de la participación protagónica en los asuntos públicos mediante el impulso a la iniciativa popular y otros mecanismos de participación protagónica;

11. Promover la elaboración de planes, programas y proyectos participativos y de base a ejecutarse en todos los ámbitos de la vida social nacional;

12. Diseñar, estructurar y coordinar la formación en las comunidades urbanas y rurales en materia de medios de participación popular y gerencia pública local;

13. Formular y promover políticas de incentivo y fortalecimiento a los movimientos populares que se organicen en los espacios locales;

14. Definir y establecer los parámetros para impulsar la organización del voluntariado social que apoye a los órganos y entes de la Administración Pública;

15. Fomentar la organización de consejos comunales, asambleas de ciudadanos y otras formas de participación comunitaria en los asuntos públicos;

16. Diseñar e instrumentar mecanismos de enlace entre los ciudadanos y la Administración Pública, con los Estados y los Municipios, y las demás expresiones del gobierno local, en aras a generar espacios de cogestión administrativa, y promover el control social de las políticas públicas;

17. Proponer, gestionar y hacer seguimiento, sobre la bese de las propuestas generadas por la participación activa y protagónica de la comunidad organizada, en las mejoras de las condiciones básicas e inmediatas de habitabilidad y convivencia en los sectores populares;

18. Elaborar y ejecutar planes, programas y proyectos orientados a coadyuvar con los municipios en el incremento de su capacidad de gestión en lo concerniente a la prestación de sus servicios públicos, a partir del diseño de modelos de gestión compartida que redunden en la obtención de una mayor calidad de vida para las comunidades;

19. Evaluar, supervisar y controlar los entes que le están adscritos, estableciendo las políticas y mecanismos de coordinación que sean necesarios.

20. Establecer las políticas, directrices y mecanismos para la coordinación de las acciones de los entes que le están adscritos. En este sentido, formulará las políticas sectoriales de asignación de recursos, así como controles de gestión y recuperación de los créditos otorgados;

21. La regulación, formulación y seguimiento de políticas, la planificación estratégica y realización de las actividades del Ejecutivo Nacional en materia de promoción, asistencia y desarrollo social integral y participativo. Dichas políticas estarán dirigidas al fomento del desarrollo humano, especialmente en los grupos sociales más sensibles, así como también a la familia y a la juventud.

22. La formulación, ejecución, seguimiento y control de las políticas y programas de atención y formación integral dirigidas a los niños, niñas y adolescentes, como medios efectivo para el disfrute en sociedad de sus derechos y garantías, así como el acceso a los medios que les permitirán el pleno desarrollo de sus capacidades y destrezas;

23. El diseño, control y seguimiento de las políticas y programas dirigidos a la protección, asistencia y resguardo de los niños, niñas y adolescentes que se encuentren en situación de vulnerabilidad o exclusión, de manera de asegurarles una atención inmediata e integral que posibilite su crecimiento acorde con los derechos y garantías que les corresponden;

24. La elaboración, gestión, coordinación y seguimiento de las acciones tendentes al rescate, protección, integración, capacitación, desarrollo y promoción de los grupos humanos vulnerables o excluidos socialmente, ya se encuentren ubicados en zonas urbanas o rurales;

25. Asistir en la definición de los criterios de asignación de recursos financieros destinados a la población en situación de vulnerabilidad social, que asegure un acceso real y democrático de los beneficiarios a tales recursos; de igual manera, fomentará la elaboración de propuestas de inversión social;

26. Diseñar, proponer e implementar incentivos a la organización y puesta en funcionamiento de redes operativas integradas a un sistemas de información social, el cual contará con el registro de las familias e individuos beneficiarios de programas sociales; también coordinará el establecimiento y ejecución de los sistemas de evaluación a tales programas;

En las Disposiciones Transitorias (Vigésima) del Decreto, se adscribieron al Ministerio los siguientes entes: 1. Banco del Pueblo Soberano, C.A.; 2. Fundación para el Desarrollo de la Comunidad y Promoción del Poder Comunal (FUNDACOMUNAL); 3. Fundación Centro de Estudios sobre el Crecimiento y Desarrollo de la Población Venezolana (FUNDACREDESA); 4. Fondo de Desarrollo Microfinanciero (FONDEMI); 5. Instituto Nacional de Capacitación y Educación Socialista (INCES); 6. Fundación Misión Che Guevara; 7. Fondo para el Desarrollo Endógeno (FONENDOGENO); 8. Instituto Autónomo Fondo Único Social; 9. Instituto Nacional del Menor (en proceso de liquidación); 10. Fundación Fondo de Inversión Social de Venezuela (FONVIS) (en proceso de liquidación); 11. Consejo Nacional para las Personas con Discapacidad (CONAPDIS); 12. Instituto Nacional de Servicios Sociales; 13. Instituto Autónomo Consejo Nacional de Derechos de Niños, Niñas y Adolescentes; y 14. Fundación Misión Negra Hipólita.

El artículo 57 de la Ley Orgánica de 2009, por su parte, específicamente atribuye a este Ministerio del Poder Popular para las Comunas y Protección Social, como "Ministerio del Poder Popular con competencia en materia de participación ciudadana," además, las siguientes atribuciones:

1. Diseñar, realizar el seguimiento y evaluar las políticas, lineamientos, planes y estrategias que deberán atender los órganos y entes del Poder Público en todo lo relacionado con el apoyo a los consejos comunales.

2. El registro de los consejos comunales y la emisión del certificado correspondiente.

3. Diseñar y coordinar el sistema de información comunitario y los procedimientos referidos a la organización y desarrollo de los consejos comunales.

4. Diseñar y dirigir la ejecución de los programas de capacitación y formación de los consejos comunales.

5. Orientar técnicamente en caso de presunta responsabilidad civil, penal y administrativa derivada del funcionamiento de las instancias del Consejo Comunal.

6. Recabar, sistematizar, divulgar y suministrar la información proveniente de los órganos y entes del Poder Público relacionada con el financiamiento y características de los proyectos de los consejos comunales.

7. Promover los proyectos sociales que fomenten e impulsen el desarrollo endógeno de las comunidades articulados al Plan Comunitario de Desarrollo.

8. Prestar asistencia técnica en el proceso del ciclo comunal.

9. Coordinar con la Contraloría General de la República, mecanismos para orientar a los consejos comunales sobre la correcta administración de los recursos.

10. Fomentar la organización de consejos comunales.

11. Financiar los proyectos comunitarios, sociales y productivos presentados por los consejos comunales en sus componentes financieros y no financieros, con recursos retornables y no retornables, en el marco de esta Ley.

Hasta tanto se dicte el reglamento de la Ley Orgánica que el Presidente de la República debe publicar antes de fin de junio de 2010, el Ministerio del Poder Popular para las Comunas y Protección Social debe dictar los lineamientos y elaborar los instructivos que se requieren para hacer efectivo el registro de los consejos comunales, conforme a las Disposiciones Transitorias Octava y Novena de la Ley.

Por otra parte, el Ministerio del Poder Popular para las Comunas y Protección Social, además, debe articular los mecanismos para facilitar y simplificar toda tramitación ante los órganos y entes del Poder Público vinculados a los consejos comunales. (Art. 58); y los "órganos y entes del Estado" en sus relaciones con los consejos comunales deben dará preferencia a la atención de los requerimientos que éstos formulen y a la satisfacción de sus necesidades, asegurando el ejercicio de sus derechos cuando se relacionen con éstos. Esta preferencia conforme al artículo 59 de la Ley Orgánica comprende: la especial atención de los consejos comunales en la formulación, ejecución y control de todas las políticas públicas; la asignación privilegiada y preferente, en el presupuesto de los recursos públicos para la atención de los requerimientos formulados por los consejos comunales; y la preferencia de los consejos comunales en la transferencia de los servicios públicos.

El artículo 60 de la Ley Orgánica dispone que el Ministerio Público debe contar con fiscales especializados para atender las denuncias y acciones interpuestas, relacionadas con los consejos comunales, que se deriven directa o indirectamente del ejercicio del derecho a la participación.

Por último, debe señalarse que los consejos comunales están exentos de todo tipo de pagos de tributos nacionales y derechos de registro. La Ley Orgánica agrega que "se podrá establecer mediante leyes y ordenanzas de los estados y los municipios las exenciones para los consejos comunales" (Art. 61).

Sección Cuarta: EL RÉGIMEN DE LAS COMUNAS COMO SOPORTE DEL ESTADO COMUNAL O LA DES MUNICIPALIZANDO EL ESTADO CONSTITUCIONAL MEDIANTE UN SISTEMA DE "AUTOGOBIERNO" NO REPRESENTATIVO MANEJADO POR EL PODER CENTRAL

I. PROPÓSITO Y FINALIDAD DE LAS COMUNAS

El propósito fundamental de las Comunas, tal como se define en el artículo 6 de la Ley Orgánica de las Comunas (LOC), es la "edificación del estado comunal, mediante la promoción, impulso y desarrollo de la participación protagónica y corresponsable de los ciudadanos y ciudadanas en la gestión de las políticas públicas, en la conformación y ejercicio del autogobierno por parte de las comunidades organizadas, a través de la planificación del desarrollo social y económico, la formulación de proyectos, la elaboración y ejecución presupuestaria, la administración y gestión de las competencias y servicios que conforme al proceso de descentralización, le sean transferidos, así como la construcción de un sistema de producción, distribución, intercambio y consumo de propiedad social, y la disposición de medios alternativos de justicia para la convivencia y la paz comunal, como tránsito hacia la sociedad socialista, democrática, de equidad y justicia social." (Art. 6).

Además, las Comunas tienen las siguientes finalidades tal como se enumeran en el artículo 7 de la LOC:

1. Desarrollar y consolidar el estado comunal como expresión del Poder Popular y soporte para la construcción de la sociedad socialista.

2. Conformar el autogobierno para el ejercicio directo de funciones en la formulación, ejecución y control de la gestión pública.

3. Promover la integración y la articulación con otras comunas en el marco de las unidades de gestión territorial establecidas por el Consejo Federal de Gobierno.

4. Impulsar el desarrollo y consolidación de la propiedad social.

5. Garantizar la existencia efectiva de formas y mecanismos de participación directa de los ciudadanos y ciudadanas en la formulación, ejecución y control de planes y proyectos vinculados a los aspectos territoriales, políticos, económicos, sociales; culturales, ecológicos y de seguridad y defensa.

6. Promover mecanismos para la formación e información en las comunidades.

7. Impulsar la defensa colectiva y popular de los derechos humanos.

8. Todas aquéllas determinadas en la constitución de la República y en la Ley.

II. ÁMBITO TERRITORIAL DE LAS COMUNAS

1. Ámbito territorial variado

Por otra parte, en cuanto al ámbito de organización político-territorial que puedan tener las comunas, el mismo se formula en términos vagos, sin apuntar a principios de uniformidad algunos, sólo indicando que el mismo dependerá de las "condiciones históricas, integración, rasgos culturales, usos, costumbres y potencialidades económicas, el ámbito geográfico" donde se constituyan, el cual puede "coincidir o no con los límites político-administrativos de los estados, municipios o dependencias federales, sin que ello afecte o modifique la organización político-territorial establecida en la Constitución de la República" (Art. 9).

Conforme a esta previsión, por tanto, el ámbito territorial de las comunas, no necesariamente debe estructurarse siguiendo los límites que puedan existir en la demarcación de las entidades políticas de la República; en el sentido de que pueden estar superpuestas a los mismos.

En todo caso, de la normativa de la LOC, dado que las Comunas se constituyen por iniciativa popular que deben adoptar varios Consejos Comunales y otras organizaciones sociales que deben agregarse, sin duda la intención del legislador es que las mismas tengan un ámbito territorial mayor al que puedan tener los Consejos Comunales. En definitiva, las Comunas se conciben, básicamente, como agregaciones de Consejos Comunales y de organizaciones socio productivas.

2. Inserción en ámbitos territoriales centralizados superiores

Por otra parte, las Comunas deben estar integradas en ámbitos territoriales superiores que son determinados por el Poder Ejecutivo, los cuales son los Distritos Motores del Desarrollo y los Ejes Estratégicos de Desarrollo Territorial, establecidos para impulsar y afianzar el socialismo.

Los "Distritos motores del desarrollo" son definidos en la LOC como las "unidades territoriales decretadas por el Ejecutivo Nacional que integran las ventajas comparativas de los diferentes espacios geográficos del territorio nacional, y que responden al modelo de desarrollo sustentable, endógeno y socialista" (Art. 4.8).[104]

En la Ley Orgánica del Consejo Federal de Gobierno[105] se indica, además, que dichos Distrito Motores tienen la "finalidad de impulsar en el área comprendida en cada uno de ellos un conjunto de proyectos económicos, sociales, científicos y tecnológicos, destinados a lograr el desarrollo integral de las regiones y el fortalecimiento del Poder Popu-

104 En el Reglamento de la ley Orgánica del Consejo federal de Gobierno, se definen los Distritos Motores de desarrollo como: "la unidad territorial decretada por el Ejecutivo Nacional que integra las ventajas comparativas de los diferentes ámbitos geográficos del territorio nacional, y que responde al modelo de desarrollo sustentable, endógeno y socialista para la creación, consolidación y fortalecimiento de la organización del Poder Popular y de las cadenas productivas socialistas en un territorio de limitado, como fundamento de la estructura social y económica de la Nación venezolana" (Art. 3). *V.* en *Gaceta Oficial* N° 39.382 del 9 de marzo de 2010.

105 *V.* en *Gaceta Oficial* N° 5.963 Extraordinario del 22 de febrero de 2010

lar, en aras de facilitar la transición hacia el socialismo." Dichos "motores de desarrollo," por tanto se vinculan exclusivamente con la idea de fortalecer el socialismo.

Estos Distritos Motores de desarrollo, por otra parte, se crean conforme se indica en el artículo 6 de la LOCFG por el Presidente de la República en Consejo de Ministros,[106] "sin perjuicio de la organización política territorial de la República, la competencia para crear Distintos Motores de Desarrollo con la finalidad de impulsar en el área comprendida en cada uno de ellos un conjunto de proyectos económicos, sociales, científicos y tecnológicos, destinados a lograr el desarrollo integral de las regiones y el fortalecimiento del Poder Popular, en aras de facilitar la transición hacia el socialismo." Estos Distritos, conforme se indica en el artículo 24 del Reglamento del Consejo federal de Gobierno, son dirigidos por una Autoridad Única de Área denominada "Autoridad Única Distrital;" y en ellos se debe activar una Misión Distrital y se debe elaborar un plan estratégico de desarrollo integral o plan distrital (Art. 22)

Conforme a la LOCFG, además, la vía para lograr el fortalecimiento de las organizaciones de base del Poder Popular y el desarrollo armónico de los Distritos Motores de Desarrollo y regiones del país, es la transferencia de competencias en el marco del Plan de Desarrollo Económico y Social de la Nación (Art. 7). En ese contexto el mencionado Consejo Federal es el órgano competente para establecer los lineamientos que se deben aplicar a los procesos de transferencia de las competencias y atribuciones de las entidades territoriales del Estado, es decir, de los Estados y Municipios, hacia las organizaciones de base del Poder Popular; siendo dichos lineamientos de carácter vinculante para las entidades territoriales (Art. 2).

En cuanto a los "Ejes estratégicos de desarrollo territorial," están definidos como "las unidades territoriales de carácter estructural supra-local y articuladora de la organización del Poder Popular y de la distribución espacial del desarrollo sustentable, endógeno y socialista, con la finalidad de optimizar las ventajas comparativas locales y regionales, los planes de inversión del Estado venezolano en infraestructura, equipamiento y servicios, la implantación y desarrollo de cadenas productivas y el intercambio de bienes y servicios. (Art. 4.9).

III. CONSTITUCIÓN DE LAS COMUNAS

1. Iniciativa popular y aprobación de la Carta Fundacional mediante referéndum

Conforme al artículo 8 de la LOC, las Comunas se constituyen "por iniciativa popular" a través de la agregación de comunidades organizadas. Sin embargo, la Ley nada dispone sobre el número de comunidades organizadas que se requieren para la constitución de una comuna, por lo que la norma su indicación remite al Reglamento, "tanto en el área urbana como en el área rural."

106 En el Reglamento del Consejo Federal de Gobierno, el Consejo de Ministros se denomina como "Consejo Revolucionario de Ministros" (Art. 21.2). *V.* en *Gaceta Oficial* Nº 39.382 del 9 de marzo de 2010.

A tal efecto, en la Disposición Final Cuarta, se dispuso que el Ejecutivo Nacional debía elaborar y sancionar el Reglamento de la Ley, en un lapso no mayor a 180 días continuos a su publicación de la Ley en la Gaceta Oficial, es decir, a partir del 21 de junio del 2011.

La constitución de las Comunas ocurre, en definitiva, conforme al artículo 12 de la LOC, "cuando mediante referendo los ciudadanos y ciudadanas de las comunidades organizadas del ámbito geográfico propuesto" aprueben "por mayoría simple" la Carta Fundacional de la misma, que es el "instrumento aprobado en referendo popular, donde las comunidades expresan su voluntad de constituirse en Comuna, en su respectivo ámbito geográfico, contentiva de la declaración de principios, censo poblacional, diagnóstico sobre los principales problemas y necesidades de su población, inventario de las potencialidades económicas, sociales, culturales, ambientales, y opciones de desarrollo" (Art. 4.3).

Este referendo aprobatorio debe tener lugar en un lapso perentorio de 60 días siguientes a la notificación que se haga al Ministerio de las Comunas sobre la conformación de la comisión promotora de constitución de la comuna respectiva (art. 13.3).

La "iniciativa popular" para la constitución de la Comuna, entonces, conforme a la LOC, "corresponde a los consejos comunales y a las organizaciones sociales que hagan vida activa en las comunidades organizadas, quienes deberán previamente conformarse en comisión promotora" (Art. 10).

2. Control centralizado del proceso de constitución por el Ministerio para las Comunas

Una vez constituida esta comisión promotora, la misma debe notificar dicho acto al "órgano facilitador" (art. 10), que no es otro que "el Ministerio del Poder Popular con competencia en materia de participación ciudadana," es decir, actualmente, el "Ministerio del Poder Popular para las Comunas y Protección Social" (en lo adelante, *Ministerio para las Comunas*) al cual, conforme al artículo 63 de la LOC, se le atribuye competencia para dictar "los lineamientos estratégicos y normas técnicas para el desarrollo y consolidación de las comunas, en una relación de acompañamiento en el cumplimiento de sus fines y propósitos, y facilitando su articulación y sus relaciones con los otros órganos y entes del Poder Público," con lo que se confirma el estricto control que el Ejecutivo Nacional ejerce sobre la edificación del Estado Comunal.

Por otra parte, la Disposición Final Tercera de la LOC dispone que "El Ministerio del Poder Popular con competencia en materia de comunas, desarrollará planes destinados al asesoramiento y acompañamiento de las comunidades para su constitución en comunas, la conformación de sus gobiernos y las relaciones de las mismas entre sí para su agregación en mancomunidades, ciudades comunales y cualquier otra forma de articulación que contribuya a la construcción del estado comunal."

3. La comisión promotora

Como se dijo, la comisión promotora para la constitución de una comunas se forma por los consejos comunales y las organizaciones sociales que hagan vida activa en las comunidades organizadas que tomen la iniciativa, la cual en un lapso de 60 días continuos contados a partir de la notificación de su constitución al Ministerio para las Comunas, y conforme se indica en el artículo 11 de la LOC, deben realizar las siguientes actividades:

1. Formular la propuesta del ámbito geográfico de la Comuna.

2. Difundir y promover, en coordinación con las unidades ejecutivas de los consejos comunales, la información y el debate, entre los y las habitantes del ámbito geográfico propuesto, sobre el alcance, objeto y finalidades de la comuna.

3. Coordinar con los voceros y voceras del comité de educación, cultura y formación ciudadana de los consejos comunales, la redacción del proyecto de la carta fundacional de la Comuna a ser sometida a referendo aprobatorio con la participación de los electores y electoras del ámbito geográfico propuesto.

4. Coordinar con las comisiones electorales de los consejos comunales del espacio territorial propuesto, la convocatoria al referendo aprobatorio de la carta fundacional de la Comuna.

5. Coordinar con el órgano facilitador el acompañamiento y apoyo que éste debe prestar en el proceso de constitución de la Comuna.

Como se dijo, incluso, este referendo aprobatorio debe tener lugar en un lapso perentorio de 60 días siguientes a la notificación que se haga al Ministerio de las Comunas sobre la conformación de la comisión promotora de constitución de la comuna respectiva (art. 13.3).

4. Redacción y difusión del proyecto de Carta Fundacional

A partir de la conformación de la comisión promotora, la misma tiene un lapso de 30 días continuos para la redacción del proyecto de la carta fundacional de la Comuna (Art. 13.1), la cual debe contener los siguientes aspectos enumerados en el artículo 12:

1. Ubicación.
2. Ámbito geográfico.
3. Denominación de la Comuna.
4. Declaración de principios.
5. Censo poblacional para el momento de su constitución.
6. Diagnóstico sobre los principales problemas y necesidades de su población.
7. Inventario de las potencialidades económicas, sociales, culturales, ambientales y opciones de desarrollo.
8. Programa político estratégico comunal, contentivo de las líneas generales de acción a corto, mediano y largo plazo para la superación de los problemas y necesidades de la comuna.

Una vez culminada la redacción del proyecto de Carta Fundacional, la misma debe ser difundida por la comisión promotora y los voceros y voceras de los respectivos consejos comunales entre los habitantes del ámbito territorial propuesto (Art. 13.1), en un lapso de 15 días continuos (Jornada de difusión) (Art. 13.2).

5. Referendo aprobatorio

La aprobación de la Carta Fundacional debe realizarse mediante referendo aprobatorio, que debe tener lugar en un lapso no mayor a los 60 días siguientes a la notificación al Ministerio de las Comunas de la conformación de la comisión promotora (art. 13.3).

Este refrendo aprobatorio, sin embargo, y en contra de lo previsto en la Constitución, no se prevé que deba ser organizado por el Poder Electoral, es decir, el Consejo Nacional Electoral, sino conforme al artículo 14 de la LOC, por "las comisiones electorales permanentes de los consejos comunales del ámbito territorial propuesto para la Comuna, mediante la convocatoria a elecciones en sus respectivas comunidades." Sobre el Poder Electoral, lo que se establece en la LOC es que el mismo "apoyará y acompañará a las comunas en la organización de sus procesos electorales" (Art. 65).

A tal efecto, la circunscripción electoral para la realización del referendo aprobatorio de la carta fundacional debe ser el ámbito geográfico propuesto para la Comuna; y los "electores con derecho al voto" serán los que, para el momento de la convocatoria del referendo, se encuentren inscritos en el registro electoral de los consejos comunales del referido ámbito geográfico, de manera que cada consejo comunal se constituye en un centro de votación (Art. 15).

Ahora bien, de acuerdo con la Ley Orgánica de los Consejos Municipales, como antes se ha dicho, el "registro electoral de la comunidad" en cada Consejo Comunal, está conformado por todos los habitantes de la comunidad, mayores de quince años (Art. 37,1), lo que significa que es un registro electoral distinto y paralelo al que lleva el Consejo Nacional Electoral, en el cual están incorporados personas que no son ciudadanos, extranjeros y venezolanos menores de 18 años.

Sin embargo, de acuerdo con la Constitución, la participación política mediante referendos está reservada, como todo derecho político, a los "ciudadanos," es decir, a los venezolanos mayores de 18 años inscritos en el Registro Electoral Permanente que lleva el Consejo Nacional Electoral, por lo que en el referendo para aprobar la constitución de las comunas, no sólo lo tendría que organizar el Poder Electoral, sino que en el mismo sólo podrían participar los ciudadanos, siendo inconstitucional que se pudiera organizar al margen del Consejo Nacional Electoral y con la participación de venezolanos que no sean ciudadanos (menores de 18 años) o de extranjeros habitantes de la comunidad.

Ahora bien, conforme al artículo 16 de la LOC, se considera aprobada la carta fundacional y en consecuencia, la constitución de la Comuna, cuando la mayoría de los votos sean afirmativos, siempre y cuando haya concurrido al referendo un número de electores igual o superior al quince por ciento de los electores del ámbito territorial propuesto.

6. Registro de la Comuna

En el lapso de los 15 días siguientes a la aprobación de la carta fundacional, la comisión promotora procederá a su registro ante el Ministerio de las Comunas, acompañando dicho documento de las actas de votación suscritas por los integrantes de las respectivas comisiones electorales permanentes. Con este acto la Comuna adquiere su personalidad jurídica (Art. 17).

7. La Gaceta Comunal

La LOC creó una *Gaceta Comunal*, como órgano informativo oficial de la Comuna, en el cual se deben publicar, además de la Carta Comunal, las decisiones del Parlamento Comunal y las del Banco de la Comuna que posean carácter vinculante para sus habitantes, así como todos aquellos actos que requieran para su validez la publicación en dicho instrumento (Art. 4.11).

IV. LAS CARTAS COMUNALES

Cada Comuna, una vez constituida, debe contar con una Carta Comunal, concebida como el instrumento propuesto por los habitantes de la Comuna y aprobado por el Parlamento Comunal, destinado a regular la vida social y comunitaria, coadyuvar con el orden público, la convivencia, la primacía del interés colectivo sobre el interés particular y la defensa de los derechos humanos, de conformidad con la Constitución y las leyes de la República (Art. 18).

El artículo 4.2 de la LOC, por su parte al formular las definiciones, define las Cartas comunales, como los:

> "Instrumentos donde se establecen las normas elaboradas y aprobadas por los habitantes de la Comuna en el Parlamento Comunal, con el propósito de contribuir corresponsablemente en la garantía del orden público, la convivencia y la primacía del interés colectivo sobre el interés particular, de conformidad con la Constitución y las leyes de la República."

La Ley, sin embargo, remite al Reglamento la determinación de las condiciones para la elaboración, consulta y presentación de proyectos de cartas comunales ante el Parlamento Comunal.

1. Contenido

Estas cartas comunales deberán regulaciones sobre los siguientes aspectos que enumera el artículo 19 de la LOC:

> 1. Título de la carta comunal de acuerdo al ámbito o actividad a regular.
>
> 2. Objeto y definición del ámbito y actividad.
>
> 3. Desarrollo de la normativa conforme a un articulado bajo los criterios que establecen la técnica legislativa, la Constitución y leyes de la República.

> Esta norma está redactada en forma tal que lo único que permitiría deducir es que en las Cartas Comunales podría desarrollar una normativa relativa "al ámbito y actividad" a desarrollar por la Comuna, y que conforme esta LOC sería la tendiente "a regular la vida social y comunitaria, coadyuvar con el orden público, la convivencia, la primacía del interés colectivo sobre el interés particular y la defensa de los derechos humanos."

Sin embargo, la norma es terminante en señalar que ello sólo podría realizarse "de conformidad con la Constitución y las leyes de la República," las cuales no dejan campo regulatorio alguno en esos órdenes que pudiera regularse por cuerpos que no son representativos en el sentido de que no son integrados por representantes electos mediante sufragio universal, directo y secreto.

Es decir, de acuerdo con la Constitución sólo la Asamblea Nacional (Art. 187.1 de la Constitución), los Consejos Legislativos de los Estados (Art. 162.1 de la Constitución) y los Concejos Municipales de los Municipios (Art. 175 de la Constitución) tienen en Venezuela la potestad de legislar, por lo que toda otra "legislación" que se adopte por cuerpos no democráticamente representativos como estos Parlamentos Comunales regulados en la LOC, no sería otra cosa que fruto de una usurpación de autoridad, y por tanto nulos de nulidad absoluta en los términos indicados en el artículo 138 de la Constitución.

No se olvide, por ejemplo, que de acuerdo con la Constitución, en especial, las regulaciones, restricciones y limitaciones a los derechos y garantías constitucionales sólo pueden ser establecidas mediante *ley formal*, y "ley", conforme al artículo 202 de la Constitución, no es otra cosa que "el acto sancionado por la Asamblea Nacional como cuerpo legislador"; es decir, el acto normativo emanado del cuerpo que conforma la representación popular.

Por lo demás, en este ámbito de los derechos humanos, la Corte Interamericana de Derechos Humanos ha decidido formalmente en la *Opinión Consultiva OC-6/86* de 9-3-86 que la expresión "leyes" en el artículo 30 de la Convención sólo se refiere a las emanadas de "los órganos legislativos constitucionalmente previstos y democráticamente electos."[107] Por lo que toda regulación que los afecte sólo puede ser establecidas por el órgano colegiado integrado por representantes electos mediante sufragio por el pueblo, es decir, a nivel nacional, por la Asamblea Nacional.

2. Corrección de estilo

En el proceso de aprobación de las cartas comunales y atendiendo sólo a razones de estilo y formalidad de redacción, el artículo 20 de la LOC autoriza expresamente al Parlamento Comunal para por acuerdo de por lo menos las dos terceras (2/3) partes de sus integrantes, proceder a modificar las cartas comunales, manteniendo en su contenido el propósito fundamental del proyecto presentado por los habitantes de la Comuna, sin perjuicio de las normas constitucionales y legales.

3. Publicación

El Consejo Ejecutivo de la Comuna debe refrendar y publicar en la *Gaceta Comunal* las cartas comunales (Art. 29.3).

Las Cartas Fundacionales de las Comunas pueden reformarse sólo mediante referendo popular "a través del voto universal, directo y secreto" de los electores de la Comuna mayores de quince años.

A los efectos, la iniciativa para solicitar la reforma corresponde a un número de electores no inferior al quince por ciento (15%) del total de electores y electoras o a las dos

107 *V.* "La expresión 'leyes' en el artículo 30 de la Convención Americana sobre Derechos Humanos" (*Opinión Consultiva, OC-6/86*) Corte Interamericana de Derechos Humanos, en *Revista IIDH*; Instituto Inter-americano de Derechos Humanos N° 3, San José 1986, pp. 107 y ss.

terceras partes de los integrantes de los voceros y voceras principales de los consejos comunales de la Comuna (Art. 66). Las reformas de la carta fundacional serán refrendadas por el Consejo Ejecutivo y deberán ser publicadas en la gaceta comunal.

V. LA ORGANIZACIÓN Y FUNCIONAMIENTO DE LAS COMUNAS

La LOC establece la organización básica de la Comuna, distinguiendo los siguientes órganos: el Parlamento Comunal, el Consejo Ejecutivo de la Comuna, el Consejo de Planificación Comunal, el Consejo de Economía Comunal, el Banco de la Comuna y el Consejo de Contraloría Social.

1. El órgano de autogobierno comunal: el Parlamento Comunal

El Parlamento Comunal, que es el órgano que aprueba la Carta Comunal, está concebido en el artículo 21 de la LOC, como "la máxima instancia del autogobierno en la Comuna."

El mismo artículo le atribuye fundamentalmente dos funciones:

En primer lugar, aprobar la "normativas para la regulación de la vida social y comunitaria, coadyuvar con el orden público, la convivencia, la primacía del interés colectivo sobre el interés particular y la defensa de los derechos humanos";

En segundo lugar, dictar "actos de gobierno sobre los aspectos de planificación, coordinación y ejecución de planes y proyectos en el ámbito de la Comuna."

Se trata, por tanto, de un órgano que se pretende que sea a la vez, "legislador" y de gobierno comunal

Sobre la pretendida función normativa atribuida a los Parlamentos Comunales, ya hemos señalado que ello es inconstitucional pues de acuerdo con la Constitución y las leyes de la República, normas que pretendan regular esos ámbitos que inciden en los derechos humanos sólo pueden ser producto de órganos representativos y no pueden ser dictados por cuerpos que no son representativos en el sentido de que no estén integrados por representantes electos mediante sufragio universal, directo y secreto. Por ello, la Constitución sólo atribuye la potestad legislativa a la Asamblea Nacional (Art. 187.1), a los Consejos Legislativos de los Estados (Art. 162.1) y a los Concejos Municipales de los Municipios (Art. 175), de manera que toda otra "legislación" que se adopte por cuerpos no democráticamente representativos como serían estos Parlamentos Comunales regulados en la LOC, no sería otra cosa que fruto de una usurpación de autoridad, y por tanto nulos de nulidad absoluta en los términos indicados en el artículo 138 de la Constitución.

2. Atribuciones del Parlamento Comunal

El artículo 22 de la LOC, define las siguientes atribuciones de los Parlamentos Comunales "en el ejercicio del autogobierno":

1. Sancionar materias de sus competencias, de acuerdo a lo establecido en esta Ley, su Reglamento y demás normativas aplicables.

2. Aprobar el Plan de Desarrollo Comunal.

3. Sancionar las cartas comunales, previo debate y aprobación por las asambleas ciudadanos y ciudadanas de las comunidades integrantes de la Comuna.

4. Aprobar los proyectos que sean sometidos a su consideración por el Consejo Ejecutivo.

5. Debatir y aprobar los proyectos de solicitudes, a los entes político-territoriales del Poder Público, de transferencias de competencias y servicios a la Comuna.

6. Aprobar los informes que le deben presentar el Consejo Ejecutivo, el Consejo de Planificación Comunal, el Consejo de Economía Comunal, el Banco de la Comuna y el Consejo de Contraloría Comunal.

7. Dictar su reglamento interno.

8. Designar a los y las integrantes de los Comités de Gestión.

9. Considerar los asuntos de interés general para la Comuna, propuestos por al menos el equivalente al sesenta por ciento (60%) de los consejos comunales, de la Comuna.

10. Ordenar la publicación en gaceta comunal del Plan de Desarrollo Comunal, las cartas comunales y demás decisiones y asuntos que considere de interés general para los habitantes de la Comuna.

11. Rendir cuenta pública anual de su gestión ante los y las habitantes de la Comuna.

12. Las demás que determine la presente Ley y su Reglamento.

Las decisiones del Parlamento Comunal "que posean carácter vinculante para los habitantes" de la Comuna, así como todos aquellos actos que requieran para su validez la publicación en dicho instrumento, deben publicarse en la *Gaceta Comunal* (Art. 4.11).

3. Integración de los Parlamentos Comunales

El Parlamento Comunal no está conformado, en absoluto, por representantes que pudieran ser electos mediante sufragio directo, universal y secreto por todos los ciudadanos con derecho a voto de una Comuna, como sería el caso de tratarse de un cuerpo democráticamente representativo, sino que están integrados, conforme se indica en el artículo 23, por una serie de personas denominadas "voceros" designadas por otros órganos del Poder Popular, de la siguiente manera:

1. Un vocero y su respectivo suplente, electo por cada consejo comunal de la Comuna.
2. Tres voceros y sus respectivos suplentes, electos por las organizaciones socio-productivas, y
3. Un vocero y su respectivo suplente, en representación del Banco de la Comuna.

El período de ejercicio de los voceros ante el parlamento Comunal es de tres años, pudiendo ser reelectos.

Para ser vocero miembro del Parlamento Comunal, conforme se indica en el artículo 24 de la LOC, se requiere ser de nacionalidad venezolana; mayor de quince años; no poseer parentesco hasta el cuarto grado de consanguinidad y segundo de afinidad con quienes representen los entes político-territoriales establecidos en la Ley Orgánica del Consejo Federal de Gobierno; ser habitante del ámbito territorial de la Comuna, con al menos un año de residencia en la misma; hacer vida activa en el ámbito territorial de la

Comuna; no desempeñar cargos públicos de elección popular; y no estar sujeto o sujeta a interdicción civil o inhabilitación política.

Sobre esta situación, ya nos hemos referido a su inconstitucionalidad por carecer los menores de 18 años, de acuerdo con la Constitución, de los derechos políticos de la ciudadanía.

4. Sesiones del Parlamento Comunal

El Parlamento Comunal debe sesionar ordinariamente una vez al mes; y de forma extraordinaria cuando sea convocado por el Consejo Ejecutivo, el Consejo de Planificación Comunal, la autoridad única del distrito motor o del eje estratégico de desarrollo al que pertenezca, o por el equivalente al setenta (70%) de los consejos comunales de la Comuna (Art. 25). En las sesiones ordinarias del Parlamento Comunal se deben tratar los puntos de la agenda previamente establecidos por el Consejo Ejecutivo.

En cuanto a las decisiones del Parlamento Comunal, las mismas se deben tomar por mayoría simple de sus integrantes, cuyos votos deben expresar el mandato de las instancias de las que son voceros (Art. 26).

VI. EL ÓRGANO EJECUTIVO DE LA COMUNA: EL CONSEJO EJECUTIVO

1. Carácter e integración

La instancia de ejecución de las decisiones del Parlamento Comunal es el Consejo Ejecutivo de la Comuna, el cual está integrado por tres personas: dos voceros, con sus respectivos suplentes, electos por el Parlamento Comunal; y un vocero, con su respectivo suplente, electo de entre los voceros de las organizaciones socio-productivas ante el Parlamento Comunal (Art. 27). Dichos voceros del Consejo Ejecutivo duran tres años en sus funciones, pudiendo ser reelectos.

Para ser miembro del Consejo Ejecutivo, conforme al artículo 28 de la LOC se requiere, ser de nacionalidad venezolana; mayor de edad; no poseer parentesco hasta el cuarto grado de consanguinidad y segundo de afinidad con quienes representen los entes político-territoriales establecidos en la Ley Orgánica del Consejo Federal de Gobierno; ser habitante del ámbito territorial de la Comuna, con al menos un año de residencia en la misma; hacer vida activa en el ámbito territorial de la Comuna; no desempeñar cargos públicos de elección popular; y no estar sujeto o sujeta a interdicción civil o inhabilitación política.

2. Funciones del Consejo Ejecutivo

El Consejo Ejecutivo conforme al artículo 29 de la LOC. Como la instancia de ejecución de las decisiones del Parlamento Comunal, tiene las siguientes funciones:

1. Ejercer de manera conjunta la representación legal de la Comuna.

2. Refrendar y ejecutar los lineamientos estratégicos y económicos establecidos en el Plan de Desarrollo Comunal, elaborado de conformidad con el Plan de Desarrollo Económico y Social de la Nación, el Plan Regional de Desarrollo y los emanados del Consejo Federal de Gobierno.

3. Refrendar y publicar en la gaceta comunal las cartas comunales, así como las decisiones del Parlamento Comunal que sean de carácter vinculante para los habitantes de la Comuna.

4. Publicar en la gaceta comunal las informaciones del Banco de la Comuna que sean de interés para los habitantes de la Comuna.

5. Formular el presupuesto de la Comuna y someterlo a la consideración del Parlamento Comunal.

6. Convocar al Parlamento Comunal a sesiones extraordinarias.

7. Coordinar con los comités permanentes de gestión la formulación de proyectos a ser sometidos a la consideración del Parlamento Comunal.

8. Promover formas autogestionarias que provengan de la iniciativa de las organizaciones del Poder Popular.

9. Gestionar ante las instancias del Poder Público las transferencias de las atribuciones y servicios que hayan sido aprobados por el Parlamento Comunal.

10. Suscribir los convenios de transferencia de atribuciones y servicios que hayan sido acordados a la Comuna.

11. Someter a la consideración del Parlamento Comunal proyectos y propuestas derivados del estudio de los consejos comunales y sus comités de trabajo.

12. Preparar la agenda de las sesiones ordinarias del Parlamento Comunal.

13. Articular sus actividades con los consejos comunales y sus comités de trabajo.

14. Resguardar el archivo de los documentos fundacionales de la Comuna.

15. Las demás que determine la presente Ley y su Reglamento.

Las decisiones del Comité Ejecutivo para cuya validez se requiera publicación, deben publicarse en la Gaceta Comunal (Art. 4.11).

El Consejo Ejecutivo se debe reunir ordinariamente una vez a la semana; y extraordinariamente, cuando así lo decida la mayoría de sus integrantes o sea convocado de acuerdo a lo contemplado en el Reglamento de la Ley (Art. 30).

3. Los Comités de gestión

El Consejo Ejecutivo debe tener unos Comités de gestión, que son los encargados de articular con las organizaciones sociales de la Comuna de su respectiva área de trabajo, los proyectos y propuestas a ser presentados a través del Consejo Ejecutivo ante el Parlamento Comunal. Los comités de gestión se deben conformar para atender las siguientes áreas:

1. Derechos humanos; 2. Salud; 3. Tierra urbana, vivienda y hábitat; 4. Defensa de las personas en el acceso a bienes y servicios; 5. Economía y producción comunal; 6. Mujer e igualdad de género; 7. Defensa y seguridad integral; 8. Familia y protección de niños, niñas y adolescentes; 9. Recreación y deportes; y 10. Educación, cultura y formación socialista.

En cuanto a las comunas que se conformen en los pueblos y comunidades indígenas, atendiendo a sus culturas, prácticas tradicionales y necesidades colectivas, su pueden crear, además de los anteriores comités de gestión, los siguientes: a. Comités de ambiente y ordenación de la tierra; b. Comité de medicina indígena; y c. Comité de educación propia, educación intercultural bilingüe e idiomas indígenas.

VII. LA PLANIFICACIÓN COMUNAL

1. Plan Comunal de Desarrollo

Conforme al artículo 32 de la LOC, en cada Comuna se debe elaborar un Plan Comunal de Desarrollo, bajo la coordinación del Consejo de Planificación Comunal, que también se prevé en la Ley Orgánica de Planificación Pública y Popular (arts. 10.4 y 14), en el cual se deben establecer los proyectos, objetivos, metas, acciones y recursos dirigidos a darle concreción a los lineamientos plasmados en el Plan de Desarrollo Económico y Social de la Nación, el Plan Regional de Desarrollo y los lineamientos del Consejo Federal de Gobierno, tomando en cuenta los patrones de ocupación del territorio, su cultura, historia, economía y ámbito geográfico.

Dicho plan se debe formular y ejecutar, a partir de los resultados de la aplicación del diagnóstico participativo, y de lo acordado en el mecanismo del presupuesto participativo, contando para ello con la intervención planificada y coordinada de las comunidades que conforman la Comuna (Art. 32).

Este Plan Comunal de Desarrollo tal como se define en el artículo 40 de la Ley Orgánica de Planificación Pública y Popular "es el instrumento de gobierno que permite a las comunas, establecer los proyectos, objetivos, metas, acciones y recursos dirigidos a darle concreción a los lineamientos plasmados en el Plan de Desarrollo Económico y Social de la Nación, a través de la intervención planificada y coordinada de las comunidades y sus organizaciones, promoviendo el ejercicio directo del poder, de conformidad con la ley, para la construcción del estado comunal."

Los resultados y metas de este Plan Comunal de Desarrollo, de acuerdo a la misma Ley Orgánica de Planificación Pública y Popular, debe concretarse en un Plan Operativo Comunal que es aquel que integra los objetivos, metas, proyectos y acciones anuales formuladas por cada gobierno comunal (Art. 73).

2. El Consejo de Planificación Comunal

El Consejo de Planificación Comunal, conforme se precisa en el artículo 33 de la LOC, es el órgano encargado de coordinar las actividades para la formulación del Plan de Desarrollo Comunal, en concordancia con los planes de desarrollo comunitario propuestos por los Consejos Comunales y los demás planes de interés colectivo, articulados con el sistema nacional de planificación, de conformidad con lo establecido en la ley (Art. 33).

Por su parte, el artículo 14 de la Ley Orgánica de Planificación Pública y Popular, define al Consejo de Planificación Comunal como "el órgano encargado de la planificación integral que comprende, al área geográfica y poblacional de una comuna, así como de diseñar el Plan de Desarrollo Comunal, en concordancia con los planes de desarrollo comunitario propuestos por los consejos comunales y los demás planes de interés colectivo, articulados con el Sistema Nacional de Planificación, de conformidad con lo establecido en la Ley de las Comunas y la presente Ley; contando para ello con el apoyo de los órganos y entes de la Administración Pública."

EL Consejo de Planificación Comunal está conformado por las siguientes siete personas: tres voceros electos por los consejos comunales de la Comuna; dos voceros en representación del Parlamento Comunal; un vocero designado por las organizaciones socio-productivas comunitarias; y un vocero de cada consejo comunal, integrante del comité de trabajo en materia de ordenación y gestión del territorio (Art. 35).

En el caso de los pueblos y comunidades indígenas, el Consejo de Planificación Comunal se debe conformar de acuerdo con la normativa establecida en la ley respectiva, tomando en cuenta sus usos, costumbres y tradiciones.

El Consejo de Planificación Comunal, al momento de su instalación designará de su seno y por votación de mayoría simple al coordinador del mismo.

3. Finalidad

Este Consejo de Planificación Comunal tiene además, como finalidad, conforme se indica en el artículo 34, lo siguiente:

1. Servir de instancia de deliberación, discusión y coordinación entre las instancias de participación popular y las comunidades organizadas, con miras a armonizar la formulación, aprobación, ejecución y control de los diversos planes y proyectos.

2. Adecuar el Plan de Desarrollo Comunal al Plan de Desarrollo Económico y Social de la Nación y demás planes estratégicos nacionales; al Plan de Desarrollo Regional y a los lineamientos establecidos en el decreto de creación del Distrito Motor de Desarrollo al que pertenezca la Comuna.

3. Incentivar a los consejos comunales existentes en el ámbito geográfico de la Comuna, al ejercicio del ciclo comunal en todas sus fases.

4. Competencias del Consejo

El Consejo de Planificación Comunal, tendrá las siguientes competencias tal como se enumeran en el artículo 36 de la LOC:

1. Impulsar la coordinación y participación ciudadana y protagónica en la formulación, ejecución, seguimiento, evaluación y control del Plan de Desarrollo Comunal, así como de otros planes, programas y acciones que se ejecuten o se proyecte su ejecución en la Comuna.

2. Garantizar que el Plan de Desarrollo Comunal esté debidamente articulado con el Plan de Desarrollo Económico y Social de la Nación, el Plan de Desarrollo Regional y los lineamientos establecidos en el decreto de creación del Distrito Motor al que corresponda.

3. Formular y promover los proyectos de inversión para la Comuna ante el Parlamento Comunal.

4. Realizar seguimiento, evaluación y control a la ejecución del Plan de Desarrollo Comunal.

5. Impulsar la coordinación con otros consejos de planificación comunal para coadyuvar en la definición, instrumentación y evaluación de planes para el desarrollo de mancomunidades, formulando propuestas al respecto ante el Parlamento Comunal.

6. Atender cualquier información atinente a sus competencias que le solicite el Parlamento Comunal y sus instancias de ejecución, los consejos comunales y los entes del Poder Público, sobre la situación socio-económica de la Comuna.

7. Elaborar un banco de proyectos que contenga información acerca de los proyectos, recursos reales y potenciales existentes en la Comuna.

8. Estudiar y proponer al Parlamento Comunal la aprobación de los proyectos presentados por las comunidades y organizaciones sociales a ser financiados con recursos provenientes del Fondo de Compensación Interterritorial (regulado en la Ley Orgánica del Consejo Federal de Gobierno) y otros que se les haya acordado.

9. Promover en el desarrollo endógeno y sustentable de la Comuna el sistema de propiedad social.

10. Otras que le correspondan de acuerdo a la presente Ley, su Reglamento y demás normativas aplicables.

VIII. EL CONSEJO DE ECONOMÍA COMUNAL

1. Carácter y composición

Tal como se define en el artículo 4.6 de la LOC, el Consejo de Economía Comunal es "la instancia encargada de la planificación y coordinación de la actividad económica de la Comuna. Se constituye para la articulación de los comités de economía comunal y las organizaciones socio-productivas con el Parlamento Comunal y el Consejo de Planificación Comunal." Por su parte, el artículo 37 lo define como "la instancia encargada de la promoción del desarrollo económico de la Comuna."

Este Consejo de Economía Comunal, está conformado por cinco voceros y sus respectivos suplentes, electos todos de en entre los integrantes de los comités de economía comunal de los consejos comunales de la Comuna (Art. 37). Tiene un período de dos años, pudiendo ser reelectos.

Para ser vocero o vocera del Consejo de Economía Comunal conforme al artículo 38 se requiere ser de nacionalidad venezolana; mayor de quince años; no poseer parentesco hasta el cuarto grado de consanguinidad y segundo de afinidad con quienes representen los entes político-territoriales establecidos en la Ley Orgánica del Consejo Federal de Gobierno; ser habitante del Ámbito territorial de la Comuna, con al menos un año de residencia en la misma; ser vocero de un comité de economía comunal de un consejo comunal; hacer vida activa en el ámbito territorial de la Comuna; no desempeñar cargos públicos de elección popular; y no estar sujeto o sujeta a interdicción civil o inhabilitación política.

2. Funciones del Consejo de Economía Comunal

El artículo 37 de la LOC, asigna al Consejo de Economía Comunal las siguientes funciones:

1. Promover la conformación de organizaciones socio-productivas para el desarrollo y fortalecimiento del sistema económico comunal.

2. Articular la relación de los comités de economía comunal con el Parlamento Comunal y el Consejo de Planificación Comunal.

3. Seguimiento y acompañamiento a las organizaciones socio-productivas, a los fines de garantizar el cierre del ciclo productivo y la consolidación de redes productivas.

4. Velar para que los planes y proyectos de las organizaciones socio-productivas se formulen en correspondencia con el Plan de Desarrollo Comunal.

5. Gestionar la implementación de programas para la formación, asistencia técnica y actualización tecnológica de las organizaciones socio-productivas.

6. Articular con el órgano coordinador la certificación de saberes y conocimientos de los ciudadanos y ciudadanas integrantes o aspirantes de las organizaciones socio-productivas.

7. Presentar semestralmente, ante el Parlamento Comunal informes sobre los niveles de cumplimiento de los planes de gestión de las organizaciones socio-productivas.

8. Presentar ante el Parlamento Comunal el informe anual sobre la gestión de las organizaciones socio-productivas y los correspondientes planes para el año siguiente.

9. Proponer formas alternativas de intercambio de bienes y servicios, orientadas al desarrollo socio-productivo de la comunidad y la satisfacción de las necesidades colectivas.

10. Organizar en redes de productores y productoras a las organizaciones socio-productivas y a las comunidades organizadas que ejecuten proyectos socio-productivos ubicados en el ámbito geográfico de la Comuna.

11. Las demás que establezcan el reglamento de la presente Ley, la carta fundacional y las cartas comunales.

IX. EL BANCO DE LA COMUNA

1. Objeto

Tal como lo define el artículo 4.1 de la LOC, el Banco de la Comuna es "la organización económico-financiera de carácter social que gestiona, administra, transfiere, financia, facilita, capta y controla, de acuerdo con los lineamientos establecidos en el Plan de Desarrollo Comunal, los recursos financieros y no financieros de ámbito comunal, retornables y no retornables, impulsando las políticas económicas con la participación democrática y protagónica del pueblo, bajo un enfoque social, político, económico y cultural para la construcción del modelo productivo socialista."[108]

---

108 Igual definición está inserta en el artículo 6.2 de la Ley Orgánica del Sistema Económico Comunal.

Esta definición se complementa en el artículo 4° de la LOC, en la cual se precisa que el Banco de la Comuna "tiene como objeto garantizar la gestión y administración de los recursos financieros y no financieros que le sean asignados, así como los generados o captados mediante sus operaciones, promoviendo la participación protagónica del pueblo en la construcción del modelo económico socialista, mediante la promoción y apoyo al desarrollo y consolidación de la propiedad Social para el fortalecimiento de la soberanía integral del país" (Art. 40).

Estos Bancos de las Comunas están exceptuados de la regulación prevista en materia de bancos y otras instituciones financieras; y su constitución, conformación, organización y funcionamiento se rige "por los principios de honestidad, democracia participativa y protagónica, celeridad, eficiencia y eficacia revolucionaria, deber social, rendición de cuentas, soberanía, igualdad, transparencia, equidad y justicia social"(Art. .41).

Igualmente, conforme a la Disposición Final Primera de la LOC, el Banco de la Comuna está exento de todo tipo de pagos de tributos nacionales y derechos de registro. Se previó igualmente que se puede establecer mediante leyes y ordenanzas de los estados y municipios, las exenciones para el Banco de la Comuna aquí previsto.

2. Propósito

El Banco de la Comuna conforme se define en el artículo 42 de la LOC, tiene como propósito: gestionar, captar, administrar, transferir, financiar y facilitar los recursos financieros y no financieros, retornables y no retornables de la Comuna, a fin de impulsar a través de la participación popular, la promoción de proyectos comunales, de acuerdo a los lineamientos del Plan de Desarrollo Comunal, en correspondencia con el Plan de Desarrollo Económico y Social de la Nación, el Plan de Desarrollo Regional y lo dispuesto en el decreto de creación de áreas de desarrollo territorial.

3. Funciones

El Banco de la Comuna tendrá como funciones las siguientes tal como se enumeran en el artículo 43 de la LOC:

1. Fortalecer el sistema microfinanciero comunal mediante la aplicación de políticas públicas democráticas y participativas en la gestión financiera.

2. Financiar y transferir, previa aprobación por parte del Parlamento Comunal, recursos a proyectos socio-productivos y de inversión social que formen parte del Plan Comunal de Desarrollo, orientados al bienestar social mediante la consolidación del modelo productivo socialista, en aras de alcanzar la suprema felicidad social.

3. Fortalecer y ejecutar una política de ahorro e inversión en el ámbito territorial de la Comuna.

4. Promover la inclusión y activación de las fuerzas productivas de la Comuna para la ejecución de los proyectos a desarrollarse en su ámbito geográfico.

5. Promover la participación organizada del pueblo en la planificación de la producción, distribución, intercambio y consumo a través del impulso de la propiedad colectiva de los medios de producción.

6. Apoyar el intercambio solidario y la moneda comunal.

7. Realizar captación de recursos con la finalidad de otorgar créditos, financiamientos e inversiones, de carácter retornable y no retornable.

8. Las demás que se establezcan en las leyes que rijan el sistema microfinanciero y las disposiciones reglamentarias de la presente Ley.

Las decisiones del Banco de la Comuna "que posean carácter vinculante para los habitantes" de la Comuna, así como todos aquellos actos que requieran para su validez la publicación en dicho instrumento, deben publicarse en la *Gaceta Comunal* (Art. 4.11).

4. Organización

A los fines de su conformación y funcionamiento, el Banco de la Comuna está integrado por las siguientes unidades indicadas en el artículo 44 de la LOC:

A. La coordinación administrativa

La coordinación administrativa es la cuentadante y responsable de la administración de los recursos del Banco de la Comuna; y está conformada por tres voceros electos de entre los integrantes de las unidades administrativas financieras comunitarias de los consejos comunales de la Comuna.

B. El comité de aprobación

El comité de aprobación es el órgano responsable de evaluar, para su aprobación o rechazo por parte del Parlamento Comunal, todos los proyectos de inversión, transferencias y apoyo financiero y no financiero que sean sometidos a la consideración del Banco de la Comuna o que éste se proponga desarrollar por su propia iniciativa. Este Comité está conformado por cinco voceros designados por los consejos comunales que formen parte de la Comuna.

C. Comité de seguimiento y control

El Comité de seguimiento y control tiene la función de velar por el manejo transparente de los recursos financieros y no financieros del Banco de la Comuna, vigilar y supervisar que todas sus actividades se desarrollen con eficiencia y de acuerdo a los procedimientos establecidos, y que los resultados de su gestión se correspondan con los objetivos de la Comuna.

Este Comité está integrado por tres voceros, que no posean parentesco hasta el cuarto grado de consanguinidad y segundo de afinidad entre sí ni con los demás voceros y voceras del Banco de la Comuna ni del Consejo de Contraloría Comunal, designados de la siguiente manera:

Un vocero, por los consejos comunales que formen parte de la Comuna; un vocero por las organizaciones socio-productivas de la Comuna; y un vocero, designado por el Parlamento Comunal.

Las demás funciones, así como el período de ejercicio de los integrantes de cada una de las instancias antes indicadas deben ser desarrolladas en el Reglamento de la Ley.

X. EL CONSEJO DE CONTRALORÍA COMUNAL

Conforme a los artículos 4.7 y 45 de la LOC, el Consejo de Contraloría Comunal es "la instancia encargada de la vigilancia, supervisión, evaluación y contraloría social, sobre los proyectos, planes y actividades de interés colectivo que en el ámbito territorial de la Comuna, ejecuten o desarrollen las instancias del Poder Popular, del Poder Público y las organizaciones y personas del sector privado con incidencia en los intereses generales o colectivos.

1. Integración

Estos Consejo de Contraloría Comunal están conformados por cinco voceros y sus respectivos suplentes, electos de entre los integrantes de las unidades de contraloría social de los consejos comunales de la Comuna (Art. 45), por un período de dos años, pudiendo ser reelectos.

Para ser vocero o vocera del Consejo de Contraloría Comunal, conforme se indica en el artículo 46, se requiere ser de nacionalidad venezolana; mayor de edad; no poseer parentesco hasta el cuarto grado de consanguinidad y segundo de afinidad con quienes representen los entes político-territoriales establecidos en la Ley Orgánica del Consejo Federal de Gobierno; ser vocero de una unidad de contraloría social de un Consejo Comunal; ser habitante del ámbito territorial de la Comuna, con al menos un año de residencia en la misma; hacer vida activa en el ámbito territorial de la Comuna; no desempeñar cargos públicos de elección popular; y no estar sujeto o sujeta a interdicción civil o inhabilitación política.

2. Funciones del Consejo de Contraloría Comunal

El Consejo de Contraloría Comunal tal como se enumeran en el artículo 47 de la LOC, tiene las siguientes funciones:

1. Ejercer el seguimiento, la vigilancia, supervisión y contraloría social sobre la ejecución de los planes y proyectos ejecutados o desarrollados en el ámbito territorial de la Comuna por las instancias del Poder Popular u órganos y entes del Poder Público.

2. Garantizar que la inversión de los recursos que se ejecuten en el ámbito territorial de la Comuna para beneficio colectivo, se realice de manera eficiente y eficaz, en correspondencia con el Plan de Desarrollo Comunal.

3. Velar por el cumplimiento de las obligaciones colectivas correspondientes a las organizaciones socio-productivas y la reinversión social de los excedentes resultantes de sus actividades.

4. Emitir informes semestralmente, al Parlamento Comunal sobre el funcionamiento del Consejo Ejecutivo, el Banco de la Comuna, el Consejo de Planificación Comunal y el Consejo de Economía Comunal. Dichos informes tendrán carácter vinculante.

5. Recibir y dar curso a las denuncias que se le presente.

6. Presentar informe y solicitar al Parlamento Comunal la revocatoria del mandato de los voceros o voceras de las distintas instancias de la Comuna, con base a las investigaciones sobre denuncias que se le formulen o como resultado de sus propias actuaciones.

7. Ejercer el seguimiento, la vigilancia, supervisión y contraloría social sobre las personas y organizaciones del sector privado que realicen actividades que incidan en el interés social o colectivo, en el ámbito de la Comuna.

8. En el ejercicio de la corresponsabilidad, cooperar con los órganos y entes del Poder Público en las funciones de vigilancia, supervisión y control, de conformidad con las normativas legales aplicables.

9. Las demás que se les establezcan en el reglamento de la Ley, las derivadas del contenido de la carta fundacional y las establecidas en las cartas comunales.

Los órganos integrantes del Poder Ciudadano deben apoyar a los consejos de contraloría comunal a los fines de contribuir con el cumplimiento de sus funciones (Art. 48).

XI. RÉGIMEN DE LOS VOCEROS DE LOS ÓRGANOS DE LA COMUNA

Como se ha señalado, los titulares de los diversos órganos de la Comuna, se denominan "voceros" y los mismos no tienen su origen en votación popular alguna, sino que son designados por otros órganos del Poder Popular, quienes a su vez, tampoco son electos por votación popular mediante sufragio universal, directo y secreto. Por tanto, ni siquiera se podría decir que los voceros de los órganos de las Comunas son electos en segundo o tercer grado, pues nunca en el origen en el primer grado son electos por votación popular mediante sufragio universal, directo y secreto.

Sin embargo, tales voceros integrantes del Parlamento Comunal, Consejo Ejecutivo, Consejo de Planificación, Consejo de Economía Comunal, Consejo de Contraloría Comunal y Banco de la Comuna, son responsables civil, penal y administrativamente por sus actuaciones (Art. 55).

1. Rendición de cuentas

En cuanto a los voceros integrantes del Consejo Ejecutivo, Consejo de Planificación, Consejo de Economía Comunal, Consejo de Contraloría Comunal y Banco de la Comuna, conforme se dispone en el artículo 49 de la LOC, deben rendir cuentas anualmente de las actuaciones relativas al desempeño de sus funciones ante el Parlamento Comunal, los consejos comunales, las organizaciones socio-productivas, los ciudadanos de la Comuna. Igualmente, los voceros de las instancias antes indicadas, deben rendir cuenta ante las instituciones, organizaciones y particulares que les hayan otorgado aportes financieros o no financieros, sobre el manejo de los mismos.

2. Revocatoria del mandato

Los voceros integrantes del Consejo Ejecutivo, Consejo de Planificación, Consejo de Economía Comunal y Banco de la Comuna, pueden ser revocados por decisión de la mayoría simple del Parlamento Comunal, previo informe del Consejo de Contraloría

Comunal. En cuanto a los voceros del Consejo de Contraloría Comunal, pueden ser revocados por decisión de las dos terceras partes del Parlamento Comunal (Art. 50).

La decisión sobre la revocatoria del mandato de voceros de las instancias de la Comuna, sin embargo, sólo se puede adoptar, conforme al artículo 51 de la LOC, si se dan alguna de las siguientes causales son las siguientes:

1. Actuar de forma contraria a las decisiones tomadas por el Parlamento Comunal.

2. Falta evidente de las funciones que le sean conferidas de conformidad con la presente Ley y la carta fundacional de la Comuna.

3. Representar y negociar individualmente asuntos propios de la Comuna que corresponda decidir al Parlamento Comunal.

4. No rendición de cuentas en el tiempo establecido para ello.

5. Incurrir en malversación, apropiación, desviación de los recursos asignados, generados o captados por la Comuna o cualquier otro delito previsto en el ordenamiento jurídico aplicable.

6. Improbación del informe de gestión.

7. Desproteger, dañar, alterar o destruir el material electoral, archivos o demás bienes de la Comuna.

En cuanto a los voceros del Parlamento Comunal, la revocatoria de sus mandatos sólo procede mediante referendo que debe ser solicitado por el diez por ciento de los electores de la Comuna. Cuando la mayoría de los electores voten a favor de la revocatoria, los voceros se considerarán revocados, siempre y cuando hayan concurrido al referendo un número de electores mayor al quince por ciento del registro electoral de la Comuna (Art. 50). Este registro electoral de la Comuna, en todo caso, está conformado por la sumatoria de los registros electorales de los consejos comunales que la integran (Art. 52).

Los voceros de la Comuna que hayan sido revocados de sus funciones, quedan inhabilitados para postularse a una nueva elección por los dos períodos siguientes a la fecha de la revocatoria (Art. 53).

Por otra parte, conforme al artículo 54 de la LOC, además de por revocatoria, la condición de vocero de la Comuna se pierde por renuncia, por cambio de residencia debidamente comprobado fuera del ámbito geográfico de la Comuna; por resultar electo en un cargo público de elección popular; por estar sujeto a una sentencia definitivamente firme dictada por los órganos jurisdiccionales; y por muerte.

En cualquiera de estos casos, el suplente asumirá las funciones del vocero o vocera de la instancia comunal que ha perdido tal condición.

Sección Quinta: EL RÉGIMEN DE LA CONTRALORÍA SOCIAL O LA INSTITUCIONALIZACIÓN DE LA TÉCNICA DEL ESPIONAJE SOCIAL Y DE LA DENUNCIA POLÍTICA INDISCRIMINADA PARA IMPONER LA IDEOLOGÍA SOCIALISTA

I. OBJETO, PROPÓSITO Y FINALIDAD DE LA CONTRALORÍA SOCIAL

La contraloría social, a la cual se concibe como función compartida entre las instancias del Poder Público y los ciudadanos, y las organizaciones del Poder Popular, se establece en la Ley Orgánica de Contraloría Social (LOCS) [109] como un mecanismo generalizado de espionaje social, no sólo "para garantizar que la inversión pública se realice de manera transparente y eficiente en beneficio de los intereses de la sociedad," sino para que "las actividades del sector privado no afecten los intereses colectivos o sociales" (Art. 2).

Es evidente que estando concebida legalmente la organización del Poder Popular y las organizaciones del Estado Comunal para el Socialismo, y únicamente para el Socialismo, toda actividad de algún órgano del sector público o de cualquier persona organización o empresa del sector privado no comprometida con los principios del socialismo, afectarían en los términos de la Ley "intereses colectivo o sociales" pudiendo ser objeto de denuncia y sometidas a control popular.

Con ello se atribuye a los órganos del Poder Popular no sólo una función contralora general en relación con el manejo de las inversiones públicas en general, sino más destacadamente respecto de las todas las actividades de los individuos y empresas privadas, de cualquier naturaleza que sean, pues en definitiva, en una forma u otra las mismas siempre "inciden en los intereses colectivos o sociales."

El propósito fundamental de esta labor de control o espionaje social generalizado que se asigna a los órganos del Poder Popular, tal como se precisa en el artículo 3 de la LOCS,

> "es la prevención y corrección de comportamientos, actitudes y acciones que sean contrarios a los intereses sociales y a la ética en el desempeño de las funciones públicas, así como en las actividades de producción, distribución, intercambio, comercialización y suministro de bienes y servicios necesarios para la población, realizadas por el sector público o el sector privado."

A tal efecto, para formalizar esta función de investigación, denuncia y persecución indiscriminada es que se dictó específicamente la LOCS, la cual según se indica en su artículo 1, tiene por objeto desarrollar y fortalecer el Poder Popular, mediante el establecimiento de las normas, mecanismos y condiciones para la promoción, desarrollo y consolidación de la contraloría social como medio de participación y de corresponsabilidad de los ciudadanos, y sus organizaciones sociales, mediante el ejercicio compartido, entre el Poder Público y el Poder Popular, de la función de prevención, vigilancia,

---

109 *V.* en *Gaceta Oficial* N° 6.011 del 21 de diciembre de 2010. *V.* además, sobre esta Ley Orgánica el estudio de Luis A. Herrera Orellana, "La Ley Orgánica de Contraloría Social: Funcionalización de la participación e instauración de la desconfianza ciudadana," en las pp. 359 ss. de este libro

supervisión y control de la gestión pública y comunitaria, como de las actividades del sector privado que incidan en los intereses colectivos o sociales (Art. 1).

Como se dijo, el ámbito de aplicación de la ley es tan general de manera que no sólo se aplican a "a todos los niveles e instancias político-territoriales de la Administración Pública, a las instancias y organizaciones del Poder Popular y a las organizaciones" sino a todas las "personas del sector privado que realicen actividades con incidencia en los intereses generales o colectivos" (Art. 4).

Solo se establecen como límites para esta labor de espionaje generalizado, el que deben realizarse "en el marco de las limitaciones legales relativas a la preservación de la seguridad interior y exterior, la investigación criminal, la intimidad de la vida privada, el honor, la confidencialidad y la reputación"(Art. 4).

Con los propósitos antes mencionados, la LOCS define en su artículo 5 la finalidad de la LOCS "para la prevención y corrección de conductas, comportamientos y acciones contrarios a los intereses colectivos":

1. Promover y desarrollar la cultura del control social como mecanismo de acción en la vigilancia, supervisión, seguimiento y control de los asuntos públicos, comunitarios y privados que incidan en el bienestar común.

2. Fomentar el trabajo articulado de las instancias, organizaciones y expresiones del Poder Popular con los órganos y entes del Poder Público, para el ejercicio efectivo de la función del control social.

3. Garantizar a los ciudadanos y ciudadanas en el ejercicio de la contraloría social, obtener oportuna respuesta por parte de los servidores públicos y servidoras públicas sobre los requerimientos de información y documentación relacionados con sus funciones de control.

4. Asegurar que los servidores públicos y servidoras públicas, los voceros y voceras del Poder Popular y todas las personas que, de acuerdo a la ley representen o expresen intereses colectivos, rindan cuentas de sus actuaciones ante las instancias de las cuales ejerzan representación o expresión.

5. Impulsar la creación y desarrollo de programas y políticas en el área educativa y de formación ciudadana, basadas en la doctrina de nuestro Libertador Simón Bolívar y en la ética socialista, especialmente para niños, niñas y adolescentes; así como en materia de formulación, ejecución y control de políticas públicas.

A tal efecto, como se ha dicho, en el artículo 6 de la LOCS se precisó que el ejercicio del control social, como herramienta fundamental para construcción de la nueva sociedad, como de todas las otras funciones del Poder Popular supuestamente "se inspira en la doctrina de nuestro Libertador Simón Bolívar, y se rige por los principios y valores socialistas."

Lo primero no es cierto, y lo segundo, bajo el prisma de esta LOCS, lo que pone en evidencia es el carácter totalitario del socialismo que se pretende implantar montado sobre la base de la denuncia y de la persecución, particularmente respecto de quienes no sean "socialistas," sobre todo cuando se dispone expresamente en el artículo 7 de la Ley que la contraloría social se ejerce "en todas las actividades de la vida social".

II. EL EJERCICIO Y LOS MEDIOS DE LA CONTRALORÍA SOCIAL

1. Formas de ejercicio

El ejercicio de la contraloría social es una tarea que se regula en la LOCS para ser ejercida en forma completamente indiscriminada, de manera que la misma, conforme al artículo 7 de la Ley, se ejerce "de manera individual o colectiva, en todas las actividades de la vida social, y se integra de manera libre y voluntaria bajo la forma organizativa que sus miembros decidan." Solamente cuando se decida "su conformación sea de manera colectiva, todos y todas sus integrantes tendrán las mismas potestades."

En particular, conforme se dispone en el artículo 9 de la LOCS, y sin perjuicio de cualquier "iniciativa popular que con fundamento en el principio constitucional de la soberanía y de acuerdo a las normativas legales, surjan de la dinámica de la sociedad," el control social se ejerce a través de los siguientes medios:

A. Individual

Cuando la persona formula o dirige una solicitud, observación o denuncia sobre asuntos de su interés particular o se relacione con el interés colectivo o social (Art. 9.1).

En el caso específico de los trabajadores, conforme al artículo 12 de la LOCS, los supervisores inmediatos de la administración pública o empleadores del sector privado, deben garantizarles el ejercicio del control social en su ámbito laboral, sin que se vea afectada la eficacia del funcionamiento de la institución o empresa.

B. Colectivamente

A través de la constitución de organizaciones, por iniciativa popular, conformadas por dos o más personas, para ejercer el control de manera temporal sobre una situación específica y circunstancial; o permanentemente, sobre cualquier actividad del ámbito del control social, debiendo estas últimas cumplir con las formalidades de constitución establecidas en la presente Ley y registrase en el Ministerio del Poder Popular de las Comunas. Las condiciones para la constitución de estas organizaciones de contraloría social deben ser establecidas en el reglamento de la Ley (Art. 9.2), que se previó para dictarse en un lapso de 6 meses después de la publicación de la Ley, es decir, antes del 21 de junio de 2011.

En todo caso, para efectos de su operatividad, las organizaciones de contraloría social deben elegir democráticamente en asamblea de sus integrantes, a voceros con sus respectivos suplentes, quienes deben ejercer la expresión de la organización ante el resto de la sociedad y deberán rendir cuenta de sus actuaciones ante los demás integrantes de su colectivo (Art. 9).

C. Orgánicamente

Cuando sean creadas mediante ley, estableciéndoseles su forma de organización, integración, funcionamiento y ámbito de actuación.

2. Condiciones para el ejercicio de la contraloría social

Para ejercer la contraloría social individualmente o como vocero de alguna organización, el artículo 10 de la LOCS requiere que la persona sea mayor de edad, salvo en los casos previstos en leyes especiales; y sujetar su desempeño a los principios y valores que rigen el control social, previstos en la Ley.

En todo caso, la contraloría social constituye un derecho y un deber constitucional y su ejercicio es de carácter ad honoren, en consecuencia quienes la ejerzan no pueden percibir ningún tipo de beneficio económico ni de otra índole, derivados de sus funciones (Art. 11).

Esto significa, entonces, que siendo una tarea esencialmente política y *ad honorem*, la contraloría social sólo podrá realizarse por quienes estén financiados para otras actividades y para otros fines políticos, es decir, por quienes reciben remuneración para la realización de otras acciones políticas. Es claro, entonces, que este control social, siendo además, esencialmente de espionaje y denuncia, quedará en definitiva manos de la militancia del partido oficial, el cual, dada la simbiosis que se ha desarrollado con el Estado, no es descartable que resulte financiada con fondos públicos proveniente del Estado Constitucional, al cual precisamente se quiere ahogar con el esquema organizativo del Estado Comunal.

3. Deberes de los voceros para la contraloría social

En cuanto a los voceros de las organizaciones de contraloría social, los mismos tienen los siguientes deberes enumerados en el artículo 8 de la LOCS:

1. Cumplir sus funciones con sujeción estricta a la normativa de la LOCS y las que regulen la materia o las materias del ámbito de su actuación en el ejercicio del control social.

2. Informar a sus colectivos sobre las actividades, avances y resultados de las acciones de prevención, supervisión, vigilancia, evaluación y control del área o ámbito de actuación de la organización.

3. Presentar informes, resultados y recomendaciones a los órganos y entidades sobre las cuales ejerzan actividades de control social.

4. Remitir informe de avances y resultados de sus actividades a los organismos públicos a los que competa la materia de su actuación y a los órganos de control fiscal.

5. Hacer uso correcto de la información y documentación obtenida en el ejercicio del control social.

Dispone finalmente el artículo 14 de la Ley que los ciudadanos que ejerzan la contraloría social que incurran en hechos, actos u omisiones que contravengan lo establecido la Ley, son responsable administrativa, civil y penalmente conforme a las leyes que regulen la materia (Art. 14).

III. EL PROCEDIMIENTO PARA EL EJERCICIO DE LA CONTRALORÍA SOCIAL

Tal como lo dispone el artículo 13 de la LOCS, el procedimiento para el ejercicio de la contraloría social, podrá realizarse "mediante denuncia, noticia criminis o de oficio, según sea el caso, por toda persona natural o jurídica, con conocimiento en los hechos que conlleven a una posible infracción, irregularidad o inacción que afecte los intereses individuales o colectivos de los ciudadanos.

El procedimiento debe realizarse de la manera siguiente, tal como lo precisa el mismo artículo 13 de la LOCS:

1. Notificar directamente al órgano competente local, regional o nacional, para la apertura del inicio de la investigación a los efectos de comprobar la presunta infracción, irregularidad o inacción.

2. Realizada la función de contraloría social y efectivamente presumirse las infracciones, omisiones o hechos irregulares, se levantará un acta suscrita por quien o quienes integren la contraloría social, en la cual se dejará constancia fiel de los hechos, acompañada de la documentación que soporte los mismos, la cual tiene carácter vinculante para los organismos receptores.

3. Remitir el acta vinculante, indicada en el numeral anterior, ante las autoridades administrativas, penales, judiciales o de control fiscal que corresponda.

4. Hacer seguimiento de los procedimientos iniciados ante las autoridades administrativas, penales, judiciales o de control fiscal que corresponda, con el objeto de mantener informado a la organización de contraloría social a la que pertenezca.

De este iter procedimental, sin embargo, no queda claro quién es quien realiza la función de control, si "el órgano competente local, regional o nacional" se entiende de control (como podría ser el caso de la Contraloría general de la República, o de las contralorías estadales o municipales a los efectos del control fiscal) o la persona u organización que hacen la denuncia o realizan de oficio la contraloría social, y quienes son los que realizada la función de control, deben suscribir el acta para dejar constancia de los hechos, cuyo contenido es la que "tiene carácter vinculante para los organismos receptores" se entiende de la denuncia. Con lo cual, los órganos del Estado Constitucional de Control Fiscal o de otra índole quedan como meros "receptores" de actas de contenido vinculante que provienen de actividades de contraloría social realizadas por individuos o voceros de organizaciones, quedando obligados por lo que en ellas se establece.

Nada indica la Ley, sin embargo, respecto del respeto del debido respeto a las reglas del debido proceso, es decir, los derechos del denunciado o espiado a ser oído, a producir pruebas, en fin, a la defensa que se le debe garantizar antes de que se levante dicha acta vinculante y se remita a "las autoridades administrativas, penales, judiciales o de control fiscal que corresponda." Por otra parte, siendo el acta vinculante, es decir, estando condenado políticamente una persona de antemano por unos individuos u organizaciones de contraloría social, solo con base en una "presunción" establecida en un "acta," no se entiende para que efectos reales se la remite a las autoridades mencionadas y cual es entonces el sentido de que se inicie otro "procedimientos" ante las "autoridades administrativas, penales, judiciales o de control fiscal que corresponda," de cuyo curso debe mantenerse informada a "la organización de contraloría social a la que pertenezca."

La Ley dispone finalmente que "los informes y denuncias producidos mediante el ejercicio de la contraloría social y hayan sido canalizados antes los órganos competentes del Poder Público deben obtener oportuna y adecuada respuesta," al punto de que no producirse ésta, los funcionarios públicos deben ser sancionados "de conformidad a los procedimientos establecidos en la ley que regula la materia."(Art. 15).

La maraña normativa y procedimental que se aprecia en esta función de contraloría social, en forma superpuesta con las funciones de los órganos del Estado Constitucional, es de tal naturaleza que en definitiva lo que producirá será la neutralizarán las funciones de control de las "autoridades administrativas, penales, judiciales o de control fiscal" del mismo, que quedarán condicionadas por actas "vinculantes" que, en definitiva, en la mayoría de los casos sólo quedarán como manifestaciones de control de carácter político producto de la función de espionaje, denuncia y persecución sociales contra todo el que sea disidente de la implantación del socialismo, por supuesto, como este sea entendido por cualquier persona que asuma individualmente esta función "*ad honorem*" de control social.

IV. LA FORMACIÓN DEL CIUDADANO EN LAS FUNCIONES DE CONTRALORÍA SOCIAL

Precisamente para que las funciones de control social se realicen con conocimiento exacto de sus fines, la LOCS obliga a "las distintas instancias y órganos del Poder Público, así como de todas las expresiones del Poder Popular, desarrollar programas, políticas y actividades orientadas a la formación y capacitación de los ciudadanos, ciudadanas y expresiones del Poder Popular en materia relacionada con el ejercicio de la contraloría social" (Art. 16).

En particular, se obliga a los Ministerios del Poder Popular con competencia en materia de educación y educación universitaria para diseñar e incluir en los programas de estudio, "de todos los niveles y modalidades del sistema educativo venezolano, la formación basada en la doctrina de nuestro Libertador Simón Bolívar y valores y principios socialistas relativos al control social" (Art. 18). En virtud de que la supuesta doctrina de Simón Bolívar sobre "control social" no es conocida, lo que esta norma pretende es imponer la formación de los jóvenes basada en los "valores y principios socialistas" relativos al control social, que en definitiva, como se aprecia de esta LOCS, no es otra cosa que pretender erigir como valor social y principio de vida social, la práctica del espionaje, la vigilancia y la denuncia entre ciudadanos para forzar e imponer una ideología única.

La Ley, por otra parte y en particular, impone al Ministerio del Poder Popular de las Comunas el deber de diseñar e implementar "programas orientados a crear conciencia en la ciudadanía sobre la utilidad y ventaja del correcto funcionamiento de las instancias del Poder Público y del Poder Popular, así como de las organizaciones del sector público en la realización de sus actividades, para contribuir al desarrollo integral del país" (Art. 17). En este aspecto, afortunadamente el Legislador olvidó el aspecto de la contraloría social que regula la LOCS que más afecta a la ciudadanía y que es la que se refiere al control sobre todos los aspectos de la vida social respecto de las actividades del sector privado, sobre las cuales nada se indica sobre cual conciencia ciudadana hay que crear.

Sección Sexta: EL RÉGIMEN DEL SISTEMA ECONÓMICO COMUNAL O DE CÓMO SE DEFINE E IMPONE LEGALMENTE UN SISTEMA ECONÓMICO COMUNISTA POR EL CUAL NADIE HA VOTADO

I. FUNDAMENTOS DEL SISTEMA ECONÓMICO COMUNAL VINCULADO AL SOCIALISMO Y AL MODELO DE PRODUCCIÓN SOCIALISTA

El Sistema Económico Comunal (SEC), tal como se define en el artículo 2 de la Ley Orgánica del Sistema Económico Comunal (LOSEC),[110] es

> "el conjunto de relaciones sociales de producción, distribución, intercambio y consumo de bienes y servicios, así como de saberes y conocimientos, desarrolladas por las instancias del Poder Popular, el Poder Público o por acuerdo entre ambos, a través de organizaciones socio-productivas bajo formas de propiedad social comunal."

Se trata, por tanto, de un sistema económico que se desarrolla exclusivamente "a través de organizaciones socio-productivas bajo formas de propiedad social comunal" que conforme a la Ley son solamente las empresas del Estado Comunal creadas por las instancias del Poder Público, las empresas públicas creadas por los órganos que ejercen del Poder Público, las unidades productivas familiares o los grupos de trueque, donde está excluida toda iniciativa privada y la propiedad privada de los medios de producción y comercialización de bienes y servicios.

Es en consecuencia, un sistema económico socialista que se pretende implantar mediante ley, violentando completamente el sistema de economía mixta que garantiza la Constitución donde se establece, al contrario, como uno de los principios fundamentales del sistema constitucional, por una parte, la libertad económica (Art. 112), es decir el derecho de todas las personas de poder dedicarse libremente a la actividad económica de su preferencia, sin más limitaciones que las previstas en la Constitución y las que establezcan las leyes, por razones de desarrollo humano, seguridad, sanidad, protección del ambiente u otras de interés social, a cuyo efecto, el Estado está obligado a promover "la iniciativa privada, garantizando la creación y justa distribución de la riqueza, así como la producción de bienes y servicios que satisfagan las necesidades de la población, la libertad de trabajo, empresa, comercio, industria, sin perjuicio de su facultad para dictar medidas para planificar, racionalizar y regular la economía e impulsar el desarrollo integral del país;" .y por la otra el derecho de propiedad privada (Art. 115), al limitarse la materialmente sólo sobre los bienes de uso, es decir, aquellos que una persona utiliza, sobre los bienes de consumo, que no son otros que los bienes fungibles, y sobre los medios de producción estrictamente familiar.

En la LOSEC se regula, por tanto, un sistema económico que cambia la estructura el Estado y cuya aprobación solo podría ser posible a través de la convocatoria de una Asamblea Constituyente (ni siquiera mediante reforma o enmienda constitucional), de un sistema de economía mixta a un sistema económico estatista o controlado por el Es-

---

110 *V.* en *Gaceta Oficial* N° 6.011 Extraordinario del 21 de diciembre de 2010. *V.* además, sobre esta Ley Orgánica, el estudio de Jesús María Alvarado Andrade, "La 'Constitución económica' y el sistema económico comunal (Reflexiones Críticas a propósito de la Ley Orgánica del Sistema Económico Comunal)," en pp. 375 ss. de este libro.

tado, mezclado con previsiones propias de sociedades primitivas y lugareñas que en el mundo globalizado de hoy ya simplemente no existen, que presuponen la miseria, como forma de vida, para regular y justificar el trueque como sistema, pensando quizás en sociedades agrícolas, o recolectoras, donde al fin del día se podrían intercambiar unos pescados por una liebre; o una consulta profesional de abogado por planchar una ropa; y para crear una moneda al margen de la de curso legal que es el bolívar, llamando así como "moneda comunal" como medio de intercambio de bienes y servicios, a los viejos "vales" de las haciendas de hace más de un siglo, donde el campesino estaba confinado al ámbito geográfico de la economía que controlaba estrictamente el hacendado.

Por ello es que este sistema económico comunal se lo concibe como la "herramienta fundamental para construcción de la nueva sociedad," que supuestamente debe regirse sólo "por los principios y valores socialistas" que en esta LOSEC también se declara que supuestamente se inspira en la doctrina de Simón Bolívar (Art. 5).

A tal efecto, reducida la propiedad privada a la mínima expresión, en la Ley se define la "propiedad social" como:

> "El derecho que tiene la sociedad de poseer medios y factores de producción o entidades con posibilidades de convertirse en tales, esenciales para el desarrollo de una vida plena o la producción de obras, bienes o servicios, que por condición y naturaleza propia son del dominio del Estado; bien sea por su condición estratégica para la soberanía y el desarrollo humano integral nacional, o porque su aprovechamiento garantiza el bienestar general, la satisfacción de las necesidades humanas, el desarrollo humano integral y el logro de la suprema felicidad social" (Art. 6.15).

Con ello se reafirma que el sistema económico comunal que se regula está basado exclusivamente en la propiedad pública, del Estado (dominio del Estado), sobre los medios de producción, de manera que en la práctica, no se trata de ningún derecho "de la sociedad," sino del aparato Estatal, cuyo desarrollo, regido por un sistema de planificación centralizada, elimina toda posibilidad de libertad económica e iniciativa privada, y convierte a las "organizaciones socio-productivas" en meros apéndices del aparato estatal.

El sistema omnicomprensivo que se regula, al contrario está basado en la "propiedad social comunal" y que debe ser desarrollada tanto por el Estado Constitucional (los órganos del Poder Público) como por el Estado Comunal (instancias del Poder Popular), como se dijo, exclusivamente a través de "organizaciones socio-productivas bajo formas de propiedad comunal."

Este sistema económico comunal se había comenzado a regular legalmente, al margen de la Constitución, violentándola, luego de haber sido rechazado en la reforma constitucional que se pretendió implementar en ese sentido en 2007, donde por primera vez se formuló formalmente[111] mediante el Decreto Ley N° 6.130 de 2008, contentivo de la Ley para el Fomento y Desarrollo de la Economía Popular,[112] la cual por ello fue derogada y sustituida por esta LOSEC, la cual tiene por finalidad, entre otras, de "impulsar el sistema económico comunal a través de un modelo de gestión sustentable y sosteni-

---

111 *V.* sobre la rechazada reforma constitucional de 2007, en Allan R. Brewer-Carías, "La proyectada reforma constitucional de 2007, rechazada por el poder constituyente originario", en *Anuario de Derecho Público 2007*, Año 1, Instituto de Estudios de Derecho Público de la Universidad Monteávila, Caracas 2008, pp. 17-65.

112 La LOSEC derogó expresamente la Ley la Ley para el Fomento y Desarrollo de la Economía Popular, publicado en la *Gaceta Oficial de la República Bolivariana de Venezuela* N° 5.890 Extraordinario de fecha 31 de julio de 2008

ble para el fortalecimiento del desarrollo endógeno (Art. 3.2); "fomentar el sistema económico comunal en el marco del modelo productivo socialista, a través de diversas formas de organización socio-productiva, comunitaria y comunal en todo el territorio nacional (Art. 3.3); e "incentivar en las comunidades y las comunas los valores y principios socialistas para la educación, el trabajo, la investigación, el intercambio de saberes y conocimientos, así como la solidaridad, como medios para alcanzar el bien común.(Art. 3.8).

En este contexto socialista, la LOSEC define el "modelo productivo socialista" como el

> "modelo de producción basado en la propiedad social, orientado hacia la eliminación de la división social del trabajo propio del modelo capitalista. El modelo de producción socialista está dirigido a la satisfacción de necesidades crecientes de la población, a través de nuevas formas de generación y apropiación así como de la reinversión social del excedente." (Art. 6.12)

Se trata en consecuencia, de una Ley mediante la cual se pretende, además, cambiar el sistema capitalista y sustituirlo a la fuerza por un sistema socialista, imponer un sistema comunista, para lo cual sus redactores, basándose en algún Manual vetusto de revoluciones comunistas fracasadas, han parafraseado en la ley lo que escribieron hace más de 150 años Carlos Marx y Federico Engels, en 1845 y 1846, sobre la sociedad comunista. En el conocido libro *La Ideología Alemana*, en efecto, refiriéndose a la sociedad primitiva de la época, en muchas partes aún esclavista y en todas, preindustrial, después de afirmar que la propiedad es "el derecho de suponer de la fuerza de trabajo de otros" y declarar que la "división del trabajo y la propiedad privada" eran "términos idénticos: uno de ellos, referido a la esclavitud, lo mismo que el otro, referido al producto de ésta," escribieron que:

> "la división del trabajo nos brinda ya el primer ejemplo de cómo, mientras los hombres viven en una sociedad natural, mientras se da, por tanto, una separación entre el interés particular y el interés común, mientras las actividades, por consiguientes no aparecen divididas voluntariamente, sino por modo natural,[113] los actos propios del hombres se erigen ante él en un poder hostil y ajeno, que lo sojuzga, en vez de ser él quien los domine. En efecto, a partir del momento en que comienza a dividirse el trabajo, cada cual se mueve en un determinado circulo exclusivo de actividad, que le es impuesto y del cual no puede salirse; el hombre es cazador, pescador, pastor o crítico, y no tiene más remedio que seguirlo siendo, si no quiere verse privado de los medios de vida; al paso que en la sociedad comunista, donde cada individuo no tiene acotado un círculo exclusivo de actividades, sino que puede desarrollar sus aptitudes en la rama que mejor le parezca, la sociedad se encarga de regular la producción general, con lo que hace cabalmente posible que yo pueda por la mañana cazar, por la tarde pescar y por la noche apacentar ganado, y después de comer, si me place, dedicarme a criticar, sin necesidad de ser exclusivamente cazador, pescador, pastor o crítico, según los casos."[114]

Los redactores de la Ley, por tanto, no se han percatado de que en las sociedades contemporáneas ya no se reducen a ser aquellas que vivían de la caza y de la pesca, o de la siembra y cría de animales, y de que en las sociedades globalizadas de la actualidad, es

---

113 Esta división "natural" se daba según Marx y Engels "en atención a las dotes físicas (por ejemplo, la fuerza corporal), a las necesidades, las coincidencias fortuitas, etc."

114 *V.* en Karl Marx and Frederich Engels, "The German Ideology," en Collective Works, Vol. 5, International Publishers, New York 1976, p. 47. Véanse además los textos pertinentes en: http://www.educa.madrid.org/cmstools/files/0a24636f-764c-4e03-9c1d-6722e2ee60d7/Texto%20Marx%20y%20Engels.pdf

imposible no montar la producción en la división social del trabajo; y además, parece que ni siquiera se han percatado que después de tantos años de estancación y de miseria tratando de imponer la sociedad comunista, el desarrollo del sistema capitalista es el que le ha permitido a China catapultarse económicamente, aún cuando sometida a una dictadura del Estado capitalista, y que en Cuba el régimen comunista clama por su auto eliminación para lo cual en 2011 ha comenzado a lanzar a la calle a decenas de miles de antiguos asalariados o servidores del Estado para forzarlos a desarrollar iniciativas privadas, basadas en la supuesta "esclavitud" de la división del trabajo y en el supuesto producto de esa esclavitud, que es la propiedad, convencidos de que en el mundo contemporáneo no es posible "la eliminación de la división social del trabajo" como en cambio se propugna en el artículo 6.12 de la LOSEC, y de que sólo, precisamente, mediante la división social del trabajo es posible la producción industrial, la generación de empleo y la generación de riqueza.

En cambio, para eliminar toda forma de generar riqueza y con ello de trabajo y empleo, la LOSEC declara como pieza esencial del sistema económico comunal, la necesaria "reinversión social del excedente," como principio esencial que rige las organizaciones socio-productivas, definida como "el uso de los recursos remanentes provenientes de la actividad económica de las organizaciones socio-productivas, en pro de satisfacer las necesidades colectivas de la comunidad o la comuna, y contribuir al desarrollo social integral del país" (Art. 6.19).

Con este principio, los redactores de la Ley incorporaron a su articulado, otros de los pilares del sistema comunista, tal como fue concebido por Marx y Engels, como contrapuesto al sistema capitalista, y es la necesaria "reinversión social de excedente" producto de la actividad económica.

Debe recordarse que las sociedades industriales se desarrollaron económicamente, al contrario, gracias a la acumulación del excedente económico que genera el empresario privado y a la reinversión de este excedente para generar mayor crecimiento, que fue en definitiva lo que generó la industrialización.

Un sistema en el cual si bien la reinversión social de parte de ese excedente se logra a través del sistema tributario, está basado en la libre iniciativa generadora de riqueza, que a la vez, es la que puede multiplicar el empleo y el trabajo, y generar mayor crecimiento económico.

Basada por tanto en los principios utópicos comunistas de la "propiedad social de los medios de producción," la "eliminación de la división social del trabajo" y la "reinversión social del excedente," la LOSEC está sin duda concebida para implantar en Venezuela el sistema comunista como contrario al sistema capitalista, a cuyo efecto la misma, como se declara en su artículo 1°, se ha dictado para desarrollar y fortalecer el Poder Popular:

> "estableciendo las normas, principios, y procedimientos para la creación, funcionamiento y desarrollo del sistema económico comunal, integrado por organizaciones socio-productivas bajo régimen de propiedad social comunal, impulsadas por las instancias del Poder Popular, del Poder Público o por acuerdo entre ambos, para la producción, distribución, intercambio y consumo de bienes y servicios, así como de saberes y conocimientos, en pro de satisfacer las necesidades colectivas y reinvertir socialmente el excedente, mediante una planificación estratégica, democrática y participativa (Art. 2).

Para implantar el comunismo, la LOSEC establece un ámbito omnicomprensivo de aplicación, al establecer, formalmente, que se aplica, por una parte "a las comunidades organizadas, consejos comunales, comunas y todas las instancias y expresiones del Poder Popular, en especial a las organizaciones socio-productivas que se constituyan dentro del sistema económico comunal," es decir, a todo el ámbito del Estado Comunal; y por la otra, "de igual manera, a los órganos y entes del Poder Público y las organizaciones del sector privado, en sus relaciones con las instancias del Poder Popular" (Art. 3), es decir, a todos los órganos y entes del Estado Constitucional y a todas las instituciones, empresas y personas del sector privado. Es decir, es una Ley tendiente a implementar el comunismo en todos los órdenes.

II. LAS DIVERSAS ORGANIZACIONES SOCIO-PRODUCTIVAS

Como antes se ha dicho, de acuerdo con esta LOSEC, las organizaciones socio-productivas son los "actores" fundamentales que se han diseñado para dar soporte al sistema económico comunal, pues es a través de ellas que se desarrolla el "modelo productivo socialista" que propugna, las cuales se definen como las:

> "unidades de producción constituidas por las instancias del Poder Popular, el Poder Público o por acuerdo entre ambos, con objetivos e intereses comunes, orientadas a la satisfacción de necesidades colectivas, mediante una economía basada en la producción, transformación, distribución, intercambio y consumo de bienes y servicios, así como de saberes y conocimientos, en las cuales el trabajo tiene significado propio, auténtico; sin ningún tipo de discriminación" (Art. 9).[115]

Esta afirmación legal, que también proviene de los viejos Manuales comunistas basados en las apreciaciones de Marx y Engels en las sociedades anteriores a las europeas de mitades del siglo XIX sobre el trabajo asalariado, su explotación y carácter esclavista y discriminatorio, particularmente en relación con las mujeres,[116] lo cual no tiene ninguna relación con la actualidad en ningún país occidental, parecería que parte de supuesto de que en Venezuela, el trabajo no ha tenido "significado propio" y no ha sido "auténtico," y además, se ha realizado basado en la "discriminación," lo que no tiene base ni sentido algunos.

El trabajo es la tarea desarrollada por el hombre generalmente sobre una materia prima con ayuda de instrumentos con la finalidad de producir bienes y servicios; y es, por tanto, el medio para la producción de la riqueza. Ese es el sentido propio y auténtico del trabajo, en cualquier parte del mundo, y su división es de la esencia de la productividad en una sociedad, pues una sola persona no podría nunca cubrir todas las fases de la producción o comercialización de bienes o de la prestación de servicios.

De manera que no se entiende qué es lo que se quiere decir que, con la nueva Ley, el trabajo supuestamente ahora adquirirá un significado "propio y auténtico." Por otra par-

---

115 La Ley de 2008 las definía como las: "unidades comunitarias con autonomía e independencia en su gestión, orientadas a la satisfacción de necesidades de sus miembros y de la comunidad en general, mediante una economía basada en la producción, transformación, distribución e intercambio de saberes, bienes y servicios, en las cuales el trabajo tiene significado propio y auténtico; y en las que no existe discriminación social ni de ningún tipo de labor, ni tampoco privilegios asociados a la posición jerárquica" (Art. 8). Dicha autonomía e independencia desapareció totalmente de la nueva LOSEC.

116 Al referirse al trabajo en la misma obra la Ideología Alemana, Marx y Engels hablaron de la "explotación del hombre por el hombre": y se refirieron a la "distribución desigual, tanto cuantitativa como cualitativamente, del trabajo y de sus productos," en "The German Ideology," *loc. cit.*

te, en la definición se sugiere que supuestamente hasta ahora, el trabajo se habría realizado en el país sobre la base de la explotación y la discriminación, lo que está desmentido por la avanzada legislación laboral que ha habido desde la década de los cuarenta.

Ahora bien, ese trabajo con sentido "propio y auténtico," y "sin discriminación," al que se refiere la LOSEC, es el que supuestamente ahora se va a garantizar a través de las organizaciones socio-productivas que se regulan en la ley, mediante las cuales, en forma exclusiva, se desarrollará la economía del país, y que conforme al artículo 10 de la LOSEC, son sólo cuatro: primero, las empresas del Estado Comunal; segundo, las empresas públicas del Estado Constitucional; tercero, las unidades productivas familiares; y cuarto, los grupos de trueque, variándose sustantivamente las formas que se regulaban en el régimen de la derogada Ley de 2008.[117]

O sea, que del trabajo en empresas privadas en las cuales los trabajadoras tienen herramientas para lograr mejores condiciones que ha sido una de las bases del sistema económico del país, se quiere pasar al trabajo exclusivamente en empresas de carácter público, creadas por las instancias del Estado Comunal y por los órganos y entes del Estado Constitucional, sometidas todas a una planificación centralizada, en las cuales no puede haber movimientos sindicales u organizaciones de trabajadores libres que puedan presionar para el logro de mejores condiciones laborales, y donde el "empresario" en definitiva resultará ser un burócrata de un régimen autoritario que usa el "excedente" para su propio confort, explotando a los asalariados alienados.

1. Empresas del Estado Comunal (Empresas de propiedad social directa comunal)

En primer lugar, están las "empresas de propiedad social directa comunal," o empresas del Estado Comunal, concebidas como la "unidad socio-productiva constituida por las instancias de Poder Popular en sus respectivos ámbitos geográficos, destinada al beneficio de los productores y productoras que la integran, de la colectividad a las que corresponden y al desarrollo social integral del país, a través de la reinversión social de sus excedentes." (Art. 10.1)

Se trata siempre de empresas de propiedad social directa comunal creadas por las diversas instancias del Poder Popular, cuya gestión y administración es por tanto siempre ejercida la instancia que la constituya, de manera que siempre tienen un ámbito geográfico local limitado, confinadas a una comuna o alguna agregación de comunas.

---

117 Debe señalarse que la ley derogada de 2008 establecía además, como unidades socio-productivas, las siguientes unidades de trabajo colectivo para la producción y distribución social y para la autogestión: Primero, la Empresa de Producción Social, que era la "unidad de trabajo colectivo destinada a la producción de bienes o servicios para satisfacer necesidades sociales y materiales a través de la reinversión social de sus excedentes, con igualdad sustantiva entre sus integrantes." (Art. 9.3), entendiéndose como "trabajo colectivo" la "actividad organizada y desarrollada por los miembros de las distintas formas organizativas, basada en relaciones de producción no alienada, propia y auténtica, con una planificación participativa y protagónica (Art. 5.2). Segundo, la Empresa de Distribución Social, que era la "unidad de trabajo colectivo destinada a la distribución de bienes o servicios para satisfacer necesidades sociales y materiales a través de la reinversión social de sus excedentes, con igualdad sustantiva entre sus integrantes." (Art. 9.4). Y tercero, la Empresa de Autogestión, que era la "unidad de trabajo colectivo que participan directamente en la gestión de la empresa, con sus propios recursos, dirigidas a satisfacer las necesidades básicas de sus miembros y de la comunidad." (Art. 9.5).

2. Empresas públicas (Empresa de propiedad social indirecta comunal)

En segundo lugar están las "empresa de propiedad social indirecta comunal," o empresas públicas del Estado Constitucional, concebidas como la "unidad socio-productiva constituida por el Poder Público en el ámbito territorial de una instancia del Poder Popular, destinadas al beneficio de sus productores y productoras, de la colectividad del ámbito geográfico respectivo y del desarrollo social integral del país, a través de la reinversión social de sus excedentes." (Art. 10.2).

En estos casos se trata siempre de empresas de propiedad social indirecta comunal, constituidas por los órganos del Poder Público (República, Estados y Municipios), es decir, empresas públicas nacionales, estadales y municipales pero siempre creadas en un ámbito geográfico y territorial limitado reducido al de alguna instancia del Poder Popular, y cuya gestión y administración corresponde siempre, como principio, al ente u órgano del Poder Público que las constituya; sin que ello obste para que, progresivamente, la gestión y administración de estas empresas sea transferida a las instancias del Poder Popular, en cuyo caso, se constituirían en empresas de propiedad social comunal directa, es decir, en empresas del Estado Comunal.

3. Unidades productivas familiares

En tercer lugar, están las "unidades productivas familiares," es decir, empresas de carácter netamente familiar, concebidas como "una organización cuyos integrantes pertenecen a un núcleo familiar que desarrolla proyectos socio-productivos dirigidos a satisfacer sus necesidades y las de la comunidad; y donde sus integrantes, bajo el principio de justicia social, tienen igualdad de derechos y deberes" (Art. 10.3).

Conforme al artículo 14 de la Ley, el grupo familiar que puede confirmar estas empresas familiares, debe estar "integrado por personas relacionadas hasta el cuarto grado de consanguinidad y segundo de afinidad," y debe estar sustentada "en los saberes y el conocimiento propios del grupo familiar, destinado al beneficio de sus integrantes y a satisfacer necesidades de la comunidad donde el grupo familiar tenga su domicilio." Por tanto, un grupo de amigos y relacionados con intereses comunes, no podría establecer una unidad socio-productiva de esta naturaleza, destinada beneficiar a sus integrantes y a satisfacer necesidades de la comunidad.

4. Organizaciones de trueque (Grupos de intercambio solidario)

Por último, en cuarto lugar, la LOSEC regula como organización socio-productiva a los "grupos de intercambio solidario," como organizaciones de "trueque" concebidas como el "conjunto de prosumidores organizados voluntariamente, con la finalidad de participar en alguna de las modalidades de los sistemas alternativos de intercambio solidario."

A los efectos de estos Grupos, estos llamados "prosumidores" se definen en la LOSEC como las "personas que producen, distribuyen y consumen bienes, servicios, saberes y conocimientos, mediante la participación voluntaria en los sistemas alternativos de intercambio solidario, para satisfacer sus necesidades y las de otras personas de su comunidad" (Art. 16.6).

En cuanto a estos sistemas alternativos de intercambio solidario, es decir, de trueque, los mismos deben operar conforme al artículo 43, bajo dos modalidades de trueque: En primer lugar, el "trueque comunitario directo," en las modalidades de intercambio de saberes, conocimientos, bienes y servicios con valores mutuamente equivalentes, sin necesidad de un sistema de compensación o mediación.[118] Y en segundo lugar, el "trueque comunitario indirecto," en la modalidad de intercambio de saberes, conocimientos, bienes y servicios con valores distintos, que no son mutuamente equivalentes y que requieren de un sistema de compensación o mediación, a fin de establecer de manera explícita relaciones de equivalencias entre dichos valores diferentes.[119]

Para el desarrollo de estas modalidades de trueque, la Ley define los "mercados de trueque comunitario" como los "espacios físicos destinados periódicamente al intercambio justo y solidario de bienes, servicios, saberes y conocimientos, con el uso de monedas comunales" (Art. 6.11); y al "sistema de distribución de trueque comunitario" como el "sistema destinado periódicamente al intercambio justo y solidario de bienes, servicios, saberes y conocimientos" (Art. 6.20).

Es imposible leer estas modalidades de "trueque" como uno de los pilares fundamentales del sistema de producción socialista que propugna esta Ley, sin que venga a la memoria, precisamente el esquema utópico descrito por Marx y Engels respecto de una sociedad primitiva en la cual se pudiera, el mismo día, ser cazador, pescador, pastor y crítico, de manera que durante el transcurso del día se pudiera intercambiar liebres o gallinas por unos pescados!! Es posible que ello pudiera aplicarse respecto de grupos o humanos o comunidades aislados que pueda haber en territorios inaccesibles, como forma de vida cotidiana, pero no es más que un disparate pensar que se pueda aplicar en las grandes urbes contemporáneas y en las intercomunicadas áreas rurales del país, salvo que se las reduzca todas, a la miseria.

III. EL RÉGIMEN CENTRALIZADO DEL SISTEMA ECONÓMICO COMUNAL

Por otra parte, todo el sistema de producción socialista que se regula en la LOSEC, es un sistema económico sometido a una planificación centralizada, conforme a la cual está proscrita toda iniciativa privada, controlado además por el Ejecutivo nacional directamente.

A tal efecto, en la Ley para el Fomento y Desarrollo de la Economía Popular de 2008, se había establecido que el sistema de economía comunal estaba bajo el control del Ejecutivo Nacional, como "órgano rector," que se ejercía por órgano del Ministerio de las Comunas (Art. 6). La LOSEC establece ahora que el Ministerio de las Comunas, "es el órgano coordinador de las políticas públicas relacionadas con la promoción, formación, acompañamiento integral y financiamiento de los proyectos socio-productivos, originados del seno de las comunidades, las comunas o constituidos por entes del Poder Público conforme a lo establecido en el Plan de Desarrollo Económico y Social de la Nación, las disposiciones de la Ley, su Reglamento y demás normativas aplicables" (art 7).

118 Igual definición se encuentra en el artículo 6.22 de la LOSEC

119 Similar definición se establece en el artículo 6.23 de la LOSEC

Sin embargo, de las competencias que se atribuyen, resulta todo un sistema centralizado que conduce el Ejecutivo Nacional, de manera que al Ministerio de las Comunas corresponde conforme al artículo 8, las siguientes atribuciones:

1. Otorgar la personalidad jurídica a las organizaciones socio-productivas.

2. Dictar las políticas y lineamientos en materia de economía comunal, proyectos socio-productivos, formación, financiamiento, intercambio solidario y distribución que impulsen el desarrollo, consolidación y expansión del sistema económico comunal.

3. Asignar recursos financieros y no financieros, retornables y no retornables, para el desarrollo de las organizaciones socio-productivas que se constituyan en el marco de las disposiciones de la presente Ley.

4. Velar porque los planes y proyectos de sistema económico comunal se formulen en correspondencia con el Plan de Desarrollo Económico y Social de la Nación, adecuados a las necesidades y potencialidades de las comunidades, de las comunas o del ámbito geográfico de los sistemas de agregación que surjan entre éstas.

5. Diseñar e implementar programas, por sí o en articulación con otros órganos y entes públicos, así como del sector privado, para la formación, asistencia técnica y actualización tecnológica de las organizaciones socio-productivas.

6. Coadyuvar a la consolidación de las bases del modelo productivo socialista, como instrumento para alcanzar el desarrollo humano integral, sostenible y sustentable.

7. Dictar normas en materia de recuperación y reestructuración de las organizaciones socio-productivas previstas en la presente Ley.

8. Contribuir a la consecución de la justa distribución de la riqueza mediante el diseño, planificación y ejecución de planes, programas y proyectos tendentes al desarrollo del sistema económico comunal, como instrumento para la construcción del modelo productivo socialista, en correspondencia con los lineamientos del sistema nacional de planificación.

9. Diseñar, en articulación con los órganos y entes con competencia en materia educativa y tecnológica, programas para la formación y capacitación de los integrantes o aspirantes a integrar las organizaciones socio-productivas, así como para la certificación de saberes y conocimientos de los ciudadanos y ciudadanas de las comunidades que formen parte del sistema económico comunal.

10. Hacer seguimiento, evaluación y control de las organizaciones socio-productivas con el fin de asegurar que las actividades de las mismas se correspondan con los respectivos planes, proyectos y programas de cualquiera de los sistemas de agregación comunal.

11. Formular y promover políticas de incentivo y acompañamiento integral a las organizaciones socio-productivas que se constituyan en cualquiera de los sistemas de agregación comunal.

12. Establecer las medidas necesarias para promover el acceso de las organizaciones socio-productivas a los distintos procesos de intercambio socio-productivo, nacionales e internacionales, preferentemente con países latinoamericanos y del Caribe, en el ámbito de la integración comunitaria bolivariana y caribeña, para potenciar el humanismo y la hermandad entre los pueblos.

IV. RÉGIMEN JURÍDICO DE LAS ORGANIZACIONES SOCIO-PRODUCTIVAS

1. Constitución de las organizaciones socio-productivas

A. Forma jurídica para la constitución

Las condiciones para la constitución de las organizaciones socio-productivas se establecen en la LOSEC, diferenciándolas según la forma de las mismas.

En primer lugar, en cuanto a las empresas del Estado Comunal, es decir, aquellas "de propiedad social directa comunal," como se establece en el artículo 12, las mismas deben ser constituidas "mediante documento constitutivo estatutario, acompañado del respectivo proyecto socio-productivo, haciendo este último las veces de capital social de la empresa," el cual debe ser "elaborado con base en las necesidades y potencialidades de las comunidades de la instancia del Poder Popular a la que corresponda, y de acuerdo al plan de desarrollo del correspondiente sistema de agregación comunal."

En segundo lugar, en cuanto a las Empresas públicas constituidas por órganos o entes del Poder Público, que son las "de propiedad social indirecta comunal," dispone el artículo 13, que las mismas son constituidas mediante "documento constitutivo estatutario, de acuerdo a las normativas que rijan al órgano o ente público encargado de su constitución." Se entiende que se refiere al acto ejecutivo por medio del cual se decide en la Administración Central o descentralizada, la creación de una empresa, en los términos de la Ley Orgánica de la Administración Pública.

En *tercer lugar*, en cuanto a las "Unidades productivas familiares," el artículo 14 establece que cada una de las mismas se constituye "por un grupo familiar integrado por personas relacionadas hasta el cuarto grado de consanguinidad y segundo de afinidad, mediante documento constitutivo estatutario y un proyecto socio-productivo sustentado en los saberes y el conocimiento propios del grupo familiar, destinado al beneficio de sus integrantes y a satisfacer necesidades de la comunidad donde el grupo familiar tenga su domicilio."

Por último, en *cuarto lugar*, y en cuanto los Grupos de intercambio solidario, el artículo 15 de la LOSEC dispone que los mismos se constituyen "mediante acta de asamblea de prosumidores y prosumidoras, en la cual toda persona natural o jurídica puede pertenecer a un determinado grupo de intercambio solidario para ofrecer y recibir saberes, conocimientos, bienes y servicios," siempre y cuando cumpla con lo establecido en la Ley y su Reglamento.

En este último caso, el acuerdo solidario, conforme se indica en el artículo 44 de la ley, se debe llevar a cabo a través de una asamblea constitutiva de "prosumidores", en la que se debe proponer la denominación del grupo, de "la moneda comunal" que se va a utilizar, así como "la especificación y organización del sistema alternativo de intercambio solidario," el cual se debe regir por lo dispuesto en la Ley y su Reglamento.

Dicha Asamblea de "prosumidores" como se establece en el artículo 47 de la Ley, debe estar integrada por quienes voluntariamente decidan conformar el respectivo grupo de intercambio solidario, con las siguientes atribuciones: 1. Diseñar, denominar, valorar, administrar y decidir sobre cualquier aspecto relativo a la moneda comunal, con autorización del Ministerio de las Comunas y conforme a las resoluciones que dicte al efecto el Banco Central de Venezuela; y 2. Coordinar las actividades de organización y funcionamiento de los diferentes espacios del intercambio solidario.

B. Ámbito geográfico

Las organizaciones socio-productivas conforme se exige en el artículo 11 de la LOSEC, deben tener un determinado espacio geográfico en el país, correspondiente a la instancia del Poder Popular en las que se constituyan, donde deben establecer su domicilio. Sin embargo, en el caso de los grupos de intercambio solidario, los mismos deben tener su domicilio en el lugar donde desarrollen las actividades socio-productivas tendientes a ofrecer y recibir bienes, servicios, saberes y conocimientos.

C. Denominación

Los documentos de las empresas de propiedad social comunal deben siempre indicar tal carácter, bien sea con la mención expresa de "Empresa de Propiedad Social" o abreviación mediante las siglas "EPS" (Art. 17).

D. Personalidad jurídica

Todas las organizaciones socio-productivas contempladas en la LOSEC, conforme se dispone en el artículo 16 de la Ley, adquieren personalidad jurídica, no mediante la inscripción de su documento constitutivo en el registro mercantil, sino mediante el registro del mismo "ante el órgano coordinador," es decir, ante el Ministerio de las Comunas.

A tal efecto, dicho Ministerio debe establecer una dependencia funcional de verificación, inscripción y registro con el fin de mantener el seguimiento y control de las organizaciones socio-productivas y de los espacios de intercambio solidario del país (Art. 19).

El procedimiento para la inscripción ante el Ministerio de las Comunas, a los efectos de la obtención de la personalidad jurídica de las diversas organizaciones socio-productivas, es el siguiente:

1. En los casos de organizaciones socio-productivas de propiedad social comunal directa, es decir, de empresas del Estado Comunal, los responsables designados por la instancia de agregación comunal correspondiente, deben presentar por ante el Ministerio de las Comunas la solicitud de registro, acompañada del acta constitutiva de la organización, acta de la asamblea de productores, así como el proyecto socio-productivo. Cuando se trate de empresas de propiedad social comunal indirecta, es decir, de empresas públicas, el funcionario autorizado del órgano o ente de la Administración Pública correspondiente, es el que debe presentar ante el Ministerio de las Comunas el acta constitutiva, así como los estatutos de la organización.

2. El servidor público responsable en el Ministerio de las Comunas debe recibir los documentos que le hayan sido presentados con la solicitud, debe efectuar el registro en un lapso no mayor a quince días, otorgándole personalidad jurídica a todos los efectos legales.

3. Si se encontrare alguna deficiencia en la documentación presentada, el servidor público competente lo debe comunicar a los solicitantes, quienes tienen un lapso de treinta días para corregirla, de manera que subsanada la falta se debe proceder al registro.

4. Si los interesados no subsanan la falta en el lapso indicado, el órgano coordinador debe abstenerse de registrar la organización, y contra esta decisión puede interponerse el recurso jerárquico correspondiente conforme a lo dispuesto en la Ley Orgánica de Procedimientos Administrativos, con lo cual queda agotada la vía administrativa. Los actos administrativos dictados por el Ministerio de las Comunas como "órgano coordinador" pueden ser recurridos por ante la jurisdicción contencioso administrativa.

El Ministerio de las Comunas, sólo puede abstenerse de registrar una organización socio-productiva, además de cuando no se acompañen los documentos exigidos en la Ley o si éstos presentan alguna deficiencia u omisión no subsanada, "cuando el proyecto socio productivo de la organización tenga por objeto finalidades distintas a las previstas en la Ley." (Art. 18) Por tanto, ninguna organización socio-productiva que no sea socialista o que no responda al modelo productivo socialista podría ser registrada.

2. Derechos de las organizaciones socio-productivas

Conforme se establece en el artículo 20 de la LOSEC, las organizaciones socio-productivas gozan de los siguientes derechos:

> 1. Formación y capacitación integral para el trabajo productivo y técnico, en la formulación, desarrollo y financiamiento de proyectos socio-productivos sustentables por parte de los órganos y entes del Poder Público con competencia en la materia.
>
> 2. Acompañamiento integral mediante el otorgamiento de recursos financieros y no financieros, retornables y no retornables, por parte de los órganos y entes del Poder Público.
>
> 3. La transferencia de servicios, actividades y recursos, en el área de sus operaciones, de acuerdo con lo establecido en el artículo 184 y 185 de la Constitución de la República, en concordancia con las decisiones del Consejo Federal de Gobierno.

Además, dispone el artículo 22 de LOSEC que los órganos y entes del Poder Público, en sus diferentes niveles político-territoriales, deben establecer entre las condiciones para los procesos de contratación de obras, adquisición de bienes y prestación de servicios, "medidas que favorezcan y otorguen prioridad y preferencia a las organizaciones socio-productivas" establecidas en la Ley.

Por otra parte, en caso de situaciones sobrevenidas no imputables a la organización socio-productiva, que afecte su funcionamiento o capacidad de pago, el artículo 23 de la Ley dispone que el Ejecutivo Nacional, a través del Ministerio de las Comunas, podrá aprobar y aplicar programas de recuperación o reestructuración.

3. Obligaciones de las organizaciones socio-productivas

En cuanto a las obligaciones de las organizaciones socio-productivas, las mismas se enumeran en el artículo 24 de la LOSEC, en la siguiente forma:

1. Diseñar y ejecutar planes, programas y proyectos socio-productivos, en coordinación con el Comité de Economía Comunal, el Consejo de Economía Comunal o la instancia de articulación en materia de economía comunal del sistema de agregación, según sea el caso, dirigidos a consolidar el desarrollo integral de la comunidad o las comunidades del ámbito territorial de la instancia del Poder Popular al que corresponda.

2. Promover y practicar la democracia participativa y protagónica, basada en los principios de la ética socialista, y el desarrollo de actividades socio-productivas, surgidas del seno de la comunidad o las comunidades.

3. Cumplir y hacer cumplir las decisiones emanadas del Comité de Economía Comunal, el Consejo de Economía Comunal o la instancia en materia de economía comunal del sistema de agregación, según sea el caso, en función de articular los planes y proyectos socio-productivos a los lineamientos de planificación de la instancia respectiva.

4. Fomentar, promover e implementar el desarrollo de actividades socio-productivas, políticas, culturales, ecológicas, de defensa de los derechos humanos y de las personas en situación de vulnerabilidad, de acuerdo a los principios y valores contenidos en esta Ley.

5. Rendir cuentas y ejercer la contraloría social, como actividad permanente, en el desarrollo de la gestión comunitaria o comunal.

6. Prever medidas adecuadas para promover la defensa, protección y aseguramiento del ambiente en condiciones óptimas para la realización de sus actividades, a los fines de minimizar el impacto ambiental de las operaciones que realicen.

7. Reinvertir socialmente los excedentes para el desarrollo de las comunidades y contribuir al desarrollo social del país, de acuerdo a lo establecido en el Reglamento de esta Ley y a la planificación de la instancia correspondiente.

8. Dar prioridad a las personas y al trabajo como hecho social sobre el capital, con el fin de garantizar el desarrollo humano integral.

9. Garantizar la igualdad de derechos y obligaciones para los integrantes de las organizaciones socio-productivas.

10. Desarrollar acciones estratégicas de enlace y coordinación, para articularse en red con otras organizaciones socio-productivas, a los fines de garantizar el desarrollo y consolidación del sistema económico comunal, para elevar los niveles de eficiencia en la productividad y la cobertura de bienes y servicios, en beneficio de la colectividad y el desarrollo social integral del país.

11. Incentivar la inserción socio-productiva como elemento fundamental del desarrollo social, impulsando el espíritu emprendedor solidario y la cultura del trabajo colectivo. A tal efecto, la propia Ley define el "trabajo colectivo" como la "actividad organizada, planificada y desarrollada por los integrantes de las distintas formas organizativas de producción de propiedad social, basada en una relación de producción no alienada, propia y auténtica, de manera participativa y protagónica"(Art. 6.23).

12. Garantizar un modelo de gestión basado en el aprendizaje permanente y regido por los principios propios de la democracia revolucionaria.

13. Hacer transparente las estructuras de costos y precios, así como participar en la creación de nuevas formas de espacios de integración, mediante el intercambio directo de bienes y servicios entre las organizaciones socio-productivas y las comunidades.

4. Régimen jurídico de las organizaciones socio-productivas

Como se aprecia de lo antes señalado, la LOSEC establece toda una precisa regulación sobre la constitución y funcionamiento de las organizaciones socio-productivas, diferentes a las que rigen en el ordenamiento jurídico de la República para las organizaciones económicas o empresariales, particularmente diferentes a las establecidas en el Código de Comercio.

Sin embargo, en todos aquellos casos en los cuales el desarrollo de las actividades de las empresas de propiedad social hubiere que aplicar supletoriamente cualquier disposición contenida en norma distinta a la LOSEC, es decir, en el ordenamiento jurídico de la república, de acuerdo con el artículo 39 de la LOSEC, se debe proceder con arreglo a los siguientes principios:

1. Las personas naturales y sujetos públicos o privados que formen parte de empresas de propiedad social comunal no tienen derecho o participación sobre el patrimonio de las mismas, y el reparto de excedentes económicos, si los hubiere, se hará de conformidad con lo establecido en la Ley.

2. Las empresas de propiedad social comunal pueden realizar cualesquiera actos de comercio, pero tales actos no pueden constituir su único o exclusivo objeto empresarial, por cuanto éste debe comprender, además de las actividades que resulten en un beneficio para sus productores que las conformen, la reinversión social del excedente para el desarrollo de la comunidad y contribución al desarrollo social integral del país.

3. La constitución, operación y administración de las empresas de propiedad social comunal debe atender:

   "a los principios de desarrollo endógeno, equilibrio territorial, soberanía productiva, sustitución selectiva de importaciones y a un modelo de gestión que consolide la relación de producción socialista, determinándose previamente las necesidades de la población donde se proyecte su constitución, con base al potencial local, cultura autóctona y necesidades colectivas, lo cual determinará el tipo de bienes a producir o los servicios a prestar, de acuerdo a lo establecido en el Plan de Desarrollo Económico y Social de la Nación, así como a los lineamientos del Ejecutivo Nacional por intermedio del Ministerio del Poder Popular con competencia en materia de economía comunal."

4. En caso de conclusión, disolución o liquidación de empresas de propiedad social comunal, los bienes resultantes de la liquidación, si los hubiere, no pueden ser apropiados por ninguna de las personas naturales o jurídicas que conformen la empresa, sino que los mismos deben conservar "la condición de bienes de propiedad social comunal directa o indirecta," según corresponda a la clasificación que se les hubiere otorgado para el momento de la constitución de la empresa.

5. En caso de liquidación de empresas de propiedad social comunal indirecta, los bienes resultantes de la liquidación deben ser revertidos a la República o transferidos a otra empresa de propiedad social comunal indirecta, según se indique en el decreto mediante el cual se establezca la liquidación.[120]

---

120 El numeral 6 el mismo artículo atribuye al Presidente de la República, en Consejo de Ministros, la potestad de reglamentar los aspectos enumerados en este artículo, así como otros que, con la finalidad de regular el funcionamiento de las empresas de propiedad social comunal, ameriten de normativa administrativa.

Por otra parte, conforme se dispone en el artículo 21, las organizaciones socio-productivas están "exentas del pago de todo tipo de tributos nacionales y derechos de registro."

V. ESTRUCTURA ORGANIZATIVA Y FUNCIONAL DE LA ORGANIZACIÓN SOCIO-PRODUCTIVA

1. Las unidades de las organizaciones socio-productivas

La LOSEC establece detalladas regulaciones absolutamente uniformes sobre las diversas Unidades que deben tener las diversas organizaciones socio-productiva, las cuales conforme al artículo 25, son siempre las siguientes: Unidad de Administración (Art. 27); Unidad de Gestión Productiva (Art. 28); Unidad de Formación (Art. 297); y Unidad de Contraloría Social (Art. 30). La LOSEC establece al efecto detalladas regulaciones sobre las competencias de cada una de dichas Unidades.

2. Integrantes de las organizaciones socio-productivas

Las organizaciones socio-productivas están integradas por "productoras o productores" quienes conforme al artículo 6.16, "ejercen el control social de la producción, de manera directa o en conjunto con la representación del Poder Público según la organización, sea de propiedad directa comunal o de propiedad indirecta comunal; y cuyas relaciones de trabajo se basan en la igualdad de derechos y deberes, sin ningún tipo de discriminación ni de posición jerárquica."

Es francamente difícil siquiera imaginar cómo una empresa, como organización económica para la producción, pueda funcionar sin posiciones jerárquicas diferenciadas.

Estos productores integrantes de las organizaciones socio-productivas, tienen los siguientes derechos indicados en el artículo 32 de la Ley:

1. Recibir una justa remuneración por el trabajo realizado, de acuerdo a la calidad y cantidad del mismo.

2. Recibir apoyo económico de su organización socio-productiva ante situaciones de contingencia, emergencia o problemas de salud, que no posean capacidad de cubrir.

3. Recibir permanentemente formación y capacitación técnica-productiva y político-ideológica, necesarias para su pleno desarrollo dentro de la organización y del sistema económico comunal.

Por otra parte, dichos integrantes de una organización socio-productiva, tienen los siguientes deberes enumerados en el artículo 33:

1. Coadyuvar en el desarrollo del sistema económico comunal, para contribuir con la transformación del modelo productivo tradicional, hacia el modelo productivo socialista.

2. Incentivar la participación y ayuda mutua entre sus compañeros y compañeras de trabajo.

3. Promover la ética y disciplina revolucionaria.

4. Rendir cuenta de su gestión cuando le sea requerido.

5. Manejar con eficacia y eficiencia los recursos de la organización, asignados por el Estado u obtenidos por cualquier otra vía.

6. Actuar conforme a los acuerdos alcanzados en asamblea, ya sea del ámbito de su sistema de agregación comunal o las ordinarias y extraordinarias de la organización productiva.

7. Promover y practicar la democracia participativa y protagónica en el desarrollo de las actividades socio-productivas.

8. Participar en el diseño y ejecución de planes, programas y proyectos socio-productivos dirigidos a consolidar el desarrollo integral de la comunidad.

9. Promover la contraloría social y estar sujeto a la misma.

10. Velar por el buen uso de los activos de propiedad colectiva.

3. Los voceros de las unidades de las organizaciones socio-productivas

Cada una de las cuatro Unidades de las organizaciones socio-productivas (Unidad de Administración, Unidad de Gestión Productiva, Unidad de Formación y Unidad de Contraloría Social) deben estar integradas, por tres voceros, designados en la siguiente forma:

Cuando la organización socio-productiva sea de propiedad social comunal directa, es decir, se trate de una empresa del Estado Comunal, todos los integrantes de la Unidad de Organización deben ser designados por la instancia del Poder Popular a la que corresponda la organización socio-productiva, en consulta con sus integrantes (Art. 26).

Cuando se trate de una organización socio-productiva que sea de propiedad social comunal indirecta, es decir, de una empresa pública creada por los órganos o entes del Poder Público, los integrantes de la Unidad de Administración deben ser designados en la siguiente forma: Dos representantes del órgano o ente del Poder Público que constituye la organización, los cuales deben ejercer sus labores en igualdad de condiciones con los demás integrantes de la organización; y un vocero de la asamblea de productores y productoras de la organización.

En cambio, en cuanto a los integrantes de las Unidades De Gestión Productiva, Formación y Contraloría Social los mismos deben ser designados por la asamblea de productores y productoras.

4. Condición para ser productores-integrantes de las organizaciones socio-productivas

Conforme al artículo 31 de la LOSEC, para ser productor integrante de las organizaciones socio-productivas se requiere:

1. Ser venezolano o extranjero residente, habitante de la comunidad con al menos un año de residencia en la misma, salvo en los casos de las comunidades recién constituidas.

2. Ser mayor de quince años, excepto en los casos de las Unidades De Administración y de Contraloría Social donde se requiere ser mayor de dieciocho años.

3. Estar inscrito en el registro electoral de la instancia de la agregación comunal.

4. De reconocida honorabilidad.

5. Tener capacidad para el trabajo colectivo con disposición y tiempo para el trabajo comunitario.

6. Espíritu unitario y compromiso con los intereses de la comunidad.

7. No poseer parentesco hasta el cuarto grado de consanguinidad y segundo grado de afinidad con los demás integrantes de la Unidad de Administración y de la Unidad de Contraloría Social que conforman la organización socio-productiva, salvo las comunidades de áreas rurales y comunidades indígenas.

8. No ocupar cargos de elección popular.

9. No estar sujeto a interdicción civil o inhabilitación política.

10. No ser requerido o requerida por instancias judiciales.

La condición de integrante de la organización socio-productiva se pierde por las siguientes causales enumeradas en el artículo 34 de la Ley:

1. La renuncia a su condición de integrante de la organización.

2. El cambio de residencia comprobado, fuera del ámbito geográfico al que pertenezca la organización socio-productiva.

3. Enfermedad que imposibilite ejercer sus funciones.

4. Estar sujeto a sentencia definitivamente firmen dictada por los órganos jurisdiccionales, que impida el ejercicio de sus funciones.

5. Ser designado o designada en un cargo público de elección popular.

6. Por disolución y/o liquidación de la organización socio-productiva.

7. Por vencimiento del término de duración de la organización socio-productiva.

8. Incurrir en alguna falta grave o infracción de las establecidas en la presente Ley y las que normen las instancias del Poder Popular.

Conforme al artículo 35 constituye falta grave, las siguientes: a) Observar mala conducta o realizar actos que se traduzcan en grave perjuicio moral o material para la organización socio-productiva; b) El no cumplimiento de los deberes e irrespeto de los principios y valores fundamentales establecidos en la Ley y su Reglamento; c) Cuando se desvíe el destino de los recursos que le hayan sido entregados para su administración, a un uso distinto al planificado y que dé origen a un hecho previsto en la ley como punible; o d) Cuando los integrantes de la organización socio-productiva incumplan con la reinversión social del excedente en un periodo de un año.

9. Contravenir las disposiciones establecidas en la carta fundacional de la comuna, las cartas comunales, relativas a las normas de convivencia, o incurrir en alguna falta calificada como grave por esta Ley.

En todo caso, quien infrinja el normal funcionamiento de los grupos de intercambio solidario, incumpla sus deberes o realice acciones que alteren o perjudiquen el sistema de intercambio solidario en detrimento de los intereses de la comunidad, debe ser desincorporado del grupo de intercambio solidario, quedando inhabilitado para participar en otros grupos de intercambio por el lapso de un año, sin perjuicio de la responsabilidad civil, penal y administrativa a que hubiere lugar (Art. 51).

0. La muerte.

5. Normas sobre la gestión productiva y administración de los recursos de las organizaciones socio-productivas

La LOSEC trae una extensa y detallada regulación sobre la gestión productiva y sobre la administración de los recursos de las organizaciones socio-productivas.

A tal efecto, la *gestión productiva*, en el marco de las actuaciones de las organizaciones socio-productivas, se define en el artículo 56 de la LOSEC como un proceso para hacer efectiva la participación popular y la planificación participativa, que responda a las necesidades colectivas y contribuya al desarrollo de las potencialidades y capacidades de las comunidades.

Esta gestión productiva se concreta como una expresión del ciclo comunal, dirigida a la formulación, ejecución y control del plan de desarrollo de la instancia de agregación comunal a que corresponda (Art. 56). Conforme al artículo 57, al referirse a las fases del ciclo comunal productivo, dispone que la gestión productiva, desarrollada a través del mismo, se conforma por cinco fases, las cuales se complementan e interrelacionan entre sí, y que son: el diagnóstico, el plan, el presupuesto, la ejecución y la contraloría social.

En cuanto a los *recursos* de las organizaciones socio productivas, los mismos se regulan en la LOSEC, disponiéndose que los recursos financieros y no financieros son los siguientes: 1. Los que sean transferidos por la República, los estados y los municipios, conforme a lo establecido en los artículos 184, 185, 300 y 308 de la Constitución; 2. Los generados en el desarrollo de su actividad productiva; y 3. Los provenientes de donaciones. (Art. 58).

Los Recursos financieros se clasifican en Recursos retornables y Recursos no retornables (Art. 59): y los Recursos no financieros se definen como programas, proyectos, instrumentos y acciones para el adiestramiento, capacitación, asistencia tecnológica, productiva y otros, prestados por los órganos y entes del Poder Público a las organizaciones socio-productivas, necesarios para concretar la ejecución de las políticas, planes y proyectos que impulsen al sistema económico comunal (Art. 60).

En cuanto a los *fondos* de las organizaciones socio-productivas, en los artículos 62 a 65 de la LOSEC se regulan detalladamente los Fondos internos de las organizaciones socio-productivas; los Fondo de mantenimiento productivo; Fondos de atención a los productores, productoras y prosumidores; y el Fondo comunitario para la reinversión social.

Este último, conforme al artículo 65, está destinado al desarrollo social comunitario, comunal y nacional, constituido por recursos financieros excedentes del proceso socio-productivo que serán transferidos por las organizaciones socio-productivas a la instancia del Poder Popular que corresponda, así como al Ejecutivo Nacional, artículo 66.

VI. EL SISTEMA ALTERNATIVO DE INTERCAMBIO SOLIDARIO

1. Fines y función del sistema alternativo de intercambio (trueque)

La LOSEC destina un conjunto de normas para regular, en especial, el "sistema alternativo de intercambio solidario," consistente, como se ha dicho, en el sistema de trueque comunitario directo e indirecto (Art. 43), el cual se define en el artículo 40, como:

> "el conjunto de actividades propias que realizan los prosumidores y prosumidoras, dentro y fuera de su comunidad, por un periodo determinado, antes, durante y después del intercambio, con el propósito de satisfacer sus necesidades y las de las comunidades organizadas, de saberes, conocimientos, bienes y servicios, mediante una moneda comunal alternativa; y con prohibición de prácticas de carácter financiero, como el cobro de interés o comisiones."

Este sistema alternativo de intercambio solidario, tal como se indica en el artículo 41 de la Ley, tiene como objetivo primordial facilitar el encuentro de "prosumidores" de los grupos que lo conforman, para desarrollar las actividades propias del sistema, organizado en la forma prescrita en la Ley y su Reglamento, con la finalidad de satisfacer sus necesidades y de las comunidades organizadas, propendiendo al mejoramiento de la calidad de vida del colectivo.

Dicho sistema de intercambio solidario, conforme al artículo 42, se basa en los siguientes principios y valores: 1. La buena fe como base de las operaciones de intercambio. 2. El respeto de las tradiciones sociales y culturales. 3. La responsabilidad en la elaboración de bienes y prestación de servicios. 4. La no discriminación. 5. La coordinación de negociación armónica para el intercambio. 6. El impulso del sistema económico comunal. 7. La satisfacción de necesidades del colectivo. 8. El intercambio de saberes, conocimientos, bienes y servicios de calidad. 9. La reducción de los costos de las transacciones asociadas a los participantes. y 10. El rescate de la memoria histórica local.

Los grupos de intercambio solidario, tal como lo precisa el artículo 46 de la Ley, tienen como función primordial facilitar las relaciones de intercambio entre los "prosumidores", para lo cual deben:

> 1. Estimular y fortalecer el intercambio justo de saberes, conocimientos, bienes y servicios en cualquiera de los espacios de intercambio solidario.
>
> 2. Promover la autogestión comunitaria, incentivando la creación y el desarrollo integral de los prosumidores y prosumidoras.
>
> 3. Fomentar el desarrollo endógeno sustentable.
>
> 4. Fortalecer la identidad comunal y las relaciones comunitarias.
>
> 5. Establecer relaciones con los órganos competentes para el desarrollo de la producción de saberes, conocimientos, bienes y servicios como un medio para alcanzar la soberanía alimentaria.
>
> 6. Ejecutar todas aquellas actividades que, en el marco de la Constitución de la República y el ordenamiento legal vigente, determinen los prosumidores y prosumidoras reunidos en asamblea.

2. Los derechos y deberes de los "prosumidores"

De acuerdo con el artículo 48 de la Ley, los derechos de los "prosumidores" son los siguientes:

1. Recibir del Ministerio del Poder Popular con competencia en materia de economía comunal, información, formación, capacitación y acompañamiento integral para su efectiva participación en el sistema alternativo de intercambio solidario.

2. Participar en la constitución, gestión y toma de decisiones dentro del grupo de intercambio solidario al cual pertenezcan.

3. Recibir información oportuna e incuestionable sobre los lineamientos del grupo de intercambio solidario en el que participan.

4. Elegir y ser elegidos o elegidas para la conformación de las vocerías de los comités de trabajo del grupo de intercambio solidario.

5. Su publicación en el directorio, que a tales efectos llevará el Ministerio del Poder Popular con competencia en materia de economía comunal, para la identificación de los grupos del sistema alternativo de intercambio solidario, junto con sus ofertas de saberes, conocimientos, bienes y servicios.

6. Los que se reconozcan por decisión de la asamblea de prosumidores y prosumidoras, de conformidad con la Constitución de la República y las leyes.

En cuanto a los deberes de los "prosumidores", conforme al artículo 49 de la LOSEC, son los siguientes:

1. Producir bienes o prestar servicios, saberes y conocimientos para los grupos de intercambio solidario, así como consumir, adquirir bienes y servicios de los otros prosumidores y prosumidoras.

2. Inscribirse ante la unidad de verificación, inscripción y registro del órgano coordinador.

3. Cumplir con las obligaciones y responsabilidades asumidas en su grupo de intercambio solidario.

4. Cumplir y hacer cumplir las decisiones emanadas de la asamblea de su grupo de intercambio solidario.

5. Pertenecer a un comité de trabajo y cumplir las tareas que le sean asignadas.

3. Los espacios del sistema alternativo de intercambio solidario

El sistema alternativo de intercambio solidario conforme al artículo 50 de la LOSEC puede ser desarrollado en en los siguientes espacios:

Primero, el Sistema de producción y suministro para el trueque comunitario.

Segundo, en los Centros de acopio, tiendas comunitarias y proveedurías.

Tercero, en cualquier lugar que determinen los "prosumidores" en el momento requerido, o en su defecto el lugar acordado por la asamblea de "prosumidores" y

Cuarto, todos aquéllos que a tales fines fije el Ejecutivo Nacional a través del Ministerio con competencia en materia de economía comunal.

4. La moneda comunal

Como se ha dicho, la LOSEC establece la "moneda comunal," como un "instrumento alternativo a la moneda de curso legal en el espacio geográfico de la República," donde funciona el grupo de intercambio solidario, que permite y facilita el intercambio de saberes, conocimientos, bienes y servicios en los espacios del sistema de intercambio solidario, mediante la cooperación, la solidaridad y la complementariedad, en contraposición a la acumulación individua (Art. 52).

Corresponde al Banco Central de Venezuela regular todo lo relativo a la moneda comunal dentro del ámbito de su competencia (Art. 53).

Cada moneda comunal, por otra parte, tiene una denominación que debe ser escogida por cada grupo de intercambio solidario, "la cual responderá a una característica ancestral, histórica, cultural, social, geográfica, ambiental, patrimonial u otra que resalte los valores, la memoria e identidad del pueblo" (Art. 54).

La moneda comunal debe ser administrada por los grupos de intercambio solidario, debidamente registrada y distribuida equitativamente entre los "prosumidores", y sólo tendrá valor dentro del ámbito territorial de su localidad; en consecuencia, no tendrá curso legal ni circulará fuera del ámbito geográfico del grupo de intercambio solidario.

El valor de la moneda comunal debe ser determinado "por equivalencia con la moneda de curso legal en el espacio geográfico de la República," a través de la asamblea de "prosumidores", previa autorización del Ministerio de las Comunas, de conformidad con lo previsto en la Ley y las resoluciones que a tal efecto dicte el Banco Central de Venezuela (Art. 55).

Por supuesto, leer estas disposiciones sobre unas monedas comunales, cuyo número puede ser infinito, lo que recuerda es el establecimiento de los viejos "vales" o moneda de las haciendas que existieron hasta comienzos del siglo XX, donde los campesinos quedaban confinados para sus posibilidades de intercambio, lo que después de tantas décadas de desarrollo se logró superar, primero por la emisión de moneda por los bancos privados; y luego, por la creación de la moneda única, que es el bolívar, luego de la creación del Banco Central de Venezuela al cual se le dio el monopolio de la acuñación. Parecería que con estas regulaciones sobre la moneda comunal, no sólo se ignora la realidad del país y su historia, sino que parece que se quisiera regresar a la Venezuela de hace más de cien años, confinándose la economía a lo local, cuando en el mundo la corriente globalizadora muestra lo contrario. Basta para darse cuenta de ello los esfuerzos por el mantenimiento del Euro en Europa, como moneda supranacional.

5. La red de comercio justo y suministro socialista

Por último, la LOSEC regula la "red de comercio justo y suministro socialista," integrada por "las unidades de suministro socialista" y demás medios de distribución y abastecimiento con que cuenta el Estado para tal fin (Art. 69), que deben ser promovidas, fomentadas y estimuladas por el Poder Ejecutivo Nacional, a través del Ministerio del Poder Popular con competencia en materia de comercio, (Art. 70). A tal efecto, el mismo Ministerio debe implementar las medidas necesarias "para garantizar el acceso de las organizaciones socio-productivas del sistema de economía comunal a la red de comercio justo y suministro socialista" (Art. 71).

Por otra parte, dispone la Ley que el Ejecutivo Nacional, debe establecer las medidas necesarias para "promover el acceso de las organizaciones socio-productivas del sistema económico comunal a los distintos procesos de intercambio socio-productivos nacionales e internacionales, preferentemente con los países latinoamericanos y del Caribe; y muy especialmente con los países miembros de la Alianza Bolivariana para los Pueblos de Nuestra América (ALBA-TCP), para potenciar el humanismo, el internacionalismo y la unión de los pueblos, bajo los principios de la solidaridad, la complementariedad y el respeto a la soberanía nacional. (Art. 73). No se entiende cómo funcionando con una moneda comunal, puede siquiera pensarse que las organizaciones socio-productivas puedan acceder al comercio internacional.

VII. EL RÉGIMEN SANCIONATORIO DE ORDEN PENAL

Por último, la LOSEC establece entre sus disposiciones, la tipificación de un conjunto de delitos como consecuencia del régimen compulsivo que se establece sobre el sistema económico comunal o sistema económico comunista, y que son los siguientes:

En primer lugar, se tipifica como conducta delictiva penada con prisión de cuatro a seis años, la realización de "acciones contrarias al normal desenvolvimiento del sistema económico comunal", supuesto que se da conforme al artículo 75 de la Ley, cuando "personas naturales o las responsables de personas jurídicas ... conjunta o separadamente, contravengan las medidas, condiciones y controles" previstos en la LOSEC "para lograr el normal y adecuado desenvolvimiento del sistema económico comunal, ya sea almacenando, distribuyendo, comercializando, usando o suministrando bienes de consumo, servicios y saberes del sistema económico comunal."

Las personas naturales o las responsables de personas jurídicas que, conjunta o separadamente, para formar parte del sistema económico comunal o vincularse con sus actividades, de conformidad con la presente Ley, incurran en este supuesto delictivo, serán penados o penadas con prisión de seis a ocho años.

En segundo lugar, también se tipifica como conducta delictiva penada con prisión de dos a cuatro años, la realización de "restricciones u obstáculos a la cadena de producción, distribución y acceso de bienes y servicios," supuesto que se da conforme al artículo 76 de la Ley, cuando "personas naturales o las responsables de personas jurídicas conjunta o separadamente, impidan, obstaculicen o restrinjan el normal funcionamiento y resguardo, de la producción, distribución, transporte, comercialización, suministro de los bienes de consumo, servicios y saberes del sistema económico comunal.

Igualmente, incurren en este tipo delictivo, "las personas naturales o las responsables de personas jurídicas que, conjunta o separadamente, impidan el acceso a dichos bienes por partes de los consumidores y consumidoras."

En tercer lugar, por último, también se tipifica como conducta delictiva penada con prisión de dos a cuatro años, la "difusión de propaganda o publicidad subliminal, falsa o engañosa," supuesto que se da conforme al artículo 77 de la LOSEC, cuando "personas naturales o las responsables de personas jurídicas conjunta o separadamente, realicen propaganda o publicidad subliminal, falsa o engañosa sobre los bienes, servicios y saberes del Sistema Económico Comunal y sus medios de producción, intercambio, distribución, comercialización y suministro."

REFLEXIONES FINALES:

SOBRE LOS PROBLEMAS DE LA ADMINISTRACIÓN PÚBLICA, DE SIEMPRE

Las diversas Secciones de estas Reflexiones Finales del Tomo II del *Tratado de Derecho Administrativo*, se conforman por varios Capítulos de mis libros: *El Estado. Crisis y Reforma*, publicado por la Academia de Ciencias Políticas y Sociales, en Caracas en 1982; y *Problemas del Estado de Partidos*, publicado por la Editorial Jurídica Venezolana, también en Caracas en 1988, y que se refieren a los problemas de la Administración Pública, siempre recurrentes.

Sección Primera: LOS PROBLEMAS DE LA ADMINISTRACIÓN PÚBLICA (1988)

El texto de esta Sección es el del Capítulo IV del libro *Problemas del Estado de Partidos*, Editorial Jurídica Venezolana, Caracas 1988.

En el lenguaje político contemporáneo, la denuncia contra el Estado y la Administración Pública y el dogma del antiestatismo comienzan a entrar dentro de las costumbres. El Estado, se dice, se ha convertido en una amenaza contra el individuo, las libertades e incluso contra el desarrollo de la Sociedad misma. El Estado es "omnipresente", "omnipotente", "megalómano", y es el objeto de todos los calificativos imaginables, lo cual, dicho sea de paso, no es infrecuente en la literatura política desde que Hobbes, hace varios siglos, lo asimiló al Leviathan, monstruo mitológico devorador e inhumano; Duverger lo ha imaginado como un Catoblépas, otro monstruo tan estúpido que se come sus propios miembros; e incluso, Octavio Paz, recientemente, lo ha calificado como un Ogro filantrópico.

Esta moda antiestatista ya comienza a ser habitual, también, en Venezuela, donde el Estado empieza a ser el culpable de todos los males de la Sociedad y del individuo. Se lo califica igualmente de omnipresente y omnipotente, y en general se plantea la necesidad de su reforma para su reducción, Incluso se lo considera incapaz de conciliar los intereses diversos de la Sociedad y asumir su conducción y decisión, y se ha querido sustituir su autoridad por una especie de corporativismo (régimen en el cual los intereses deciden en lugar de los elegidos por el pueblo) denominado por algunos como "Pacto Social", rescatando la terminología liberal de finales del siglo XVIII.

El tema de la reducción del Estado, por tanto, está de moda: se habla de descongestionarlo, de desmantelarlo y de la necesidad de desestatizar o privatizar muchas de sus actividades; en fin, no faltan quienes plantean la necesidad de liberar la Sociedad de las garras del Estado, que no dejamos de imaginar como un monstruo.

Ahora bien, tanto criticar al Estado como plantear su reforma, exige varias precisiones indispensables: el Estado es la organización política de una determinada Sociedad, y su realidad y papel varía según tos condicionantes que el sistema económico, social y político concreto le imponen. Por ello el peligro de importar una literatura elaborada en otros países con condicionantes distintos, y además, lo impropio de formular generalizaciones abstractas. No hay por tanto, una solución a los problemas del Estado que pueda ser común a todos los países latinoamericanos, tan distintos desde el punto de vista social, económico y político, aun cuando haya tendencias comunes que pueden identificarse, motivadas por causas diferentes.

Una de estas, sin duda, es la de la expansión o gigantismo del sector público, lo cual no sólo es una realidad en la presente década, sino que se vaticinaba a principios de la misma. Es así como en la Quinta Reunión de Expertos sobre el Programa de las Naciones Unidas en materia de Administración y-Finanzas Públicas celebrada en enero de 1980, se afirmaba que "el alcance y la importancia del sector público continuarían aumentando en la mayor parte de los países en desarrollo" de maneta que pasaría a ser "un factor principal en la economía". (Véase ONU, Bíferas prioritarias de acción en materia de Administración y Finanzas Públicas en el decenio de 1980 (S. 81. II. H. 2), Nueva York 1981, p. 1.). De allí el "animado debate en cuanto a si la intervención del Estado no ha ido demasiado lejos", que se está desarrollando actualmente en toda América Latina, del cual da cuenta el Informe Hacia una Renovación del Crecimiento Económico en América Latina (B. Balassa, G. M. Bueno, P. P. Kuczinzki y M. H. Simonsen, Institute for International Economics, 1.968, p. 141).

Las causas de este rol preponderante del Estado, por supuesto, son diferentes y en muchos casos impuestas por circunstancias históricas y fácticas. Por ejemplo, es de destacar el caso de Venezuela, país cuyo sector público es de los más importantes cuantitativamente, porcentualmente considerado, comparado con cualquier país del mundo occidental. Entre otros factores, históricamente ello fue y es así por obra y gracia de los redactores de las Ordenanzas de Nueva España que rigieron en la Capitanía General de Venezuela a partir de 1784, así como del Decreto del Libertador dictado en Quito en 1829, documentos que atribuyeron la propiedad de subsuelo a la Corona Española, y luego, a la República, excluyéndolo de la apropiabilidad por parte del propietario del suelo; coincidiendo este elemento formal, además de con su mantenimiento invariable durante toda nuestra historia jurídico-política, con una realidad geológica: en el subsuelo de la antigua Capitanía General había petróleo, y esta fuente de energía, en el último medio siglo, resultó tener el valor e importancia que la sola crisis mundial a partir de la década pasada, ha puesto en evidencia. Por tanto, para entender el papel del Estado en un país como Venezuela debe tenerse en cuenta, ante todo, que se trata de un Estado petrolero, dueño del subsuelo desde siempre, y desde hace algo mas de diez años, además, industrial único del petróleo y sus derivados. Esta realidad, simple, ha hecho del Estado, quiérase o no, el generador y titular de la mayor parte del ingreso nacional, y por tanto, el mayor inversionista, por lo que necesariamente, se ha considerado como el principal instrumento de la Sociedad venezolana para su distribución.

Y esta realidad, por supuesto, no podrá cambiar, salvo que se desnacionalice la industria petrolera y se transfiera la propiedad del subsuelo al sector privado, lo cual es impensable, o salvo que se agoten las reservas petroleras, lo cual es improbable en el próximo siglo.

Ello no impide considerar, sin embargo, que aun en esa escala de importancia, muchas veces el papel del Estado ha sido excesivo y aun sofocante en relación al sector privado. Pero aun así, es claro que en un país como Venezuela, los objetivos de desarrollo, no exclusivamente económicos, sino políticos, sociales y físicos no pueden ser logrados por las solas manifestaciones espontáneas de las fuerzas del mercado o por los vaivenes de las "leyes naturales" de la economía y de la Sociedad, sin la decisiva participación e intervención del Estado, quizás más cualitativa que cuantitativamente considerada.

Por razones diversas, en la gran mayoría de los países latinoamericanos la situación es relativamente similar, y la Administración Pública, como instrumento de la acción política del Estado sigue constituyendo la piedra angular del proceso de desarrollo, razón por la cual es también considerada precisamente, la que paradójicamente se configura como uno de los mayores obstáculos al desarrollo. En efecto, si como hemos señalado, el Estado y su Administración constituyen uno de los factores determinantes del proceso de desarrollo, es evidente que su ineficiencia, inefectividad e ineficacia hacen que la vía del desarrollo permanezca cerrada o sea muy dificultosa o dispendiosa. Por ello, es claro que necesitamos desarrollar una Administración capaz de administrar el desarrollo; es decir, una Administración no sólo capaz de adaptarse a los cambios políticos, económicos y sociales que se han sucedido en las últimas décadas, sino también capaz de ser un agente de los cambios, los cuales en muchos casos, sólo ella puede provocar. He allí, realmente, lo que estimamos continúa siendo el gran reto de Venezuela cuando se plantea la necesidad de modernizar el sector público.

Sin embargo, la Administración Pública presenta muchos problemas que le impiden asumir ese papel, los cuales queremos analizar. Para ello examinaremos, en primer lugar y sucintamente, las características estructurales y de funcionamiento en la Administración Pública con el propósito de definir el grado de adecuación del instrumental del sector público para conducir el desarrollo económico y social del país; y en segundo lugar, algunas medidas y estrategias que se consideran indispensables, para garantizar que el Estado sea un factor efectivo para impulsar el crecimiento.

I. ALGUNAS CARACTERÍSTICAS ESTRUCTURALES Y DE FUNCIONAMIENTO DE LA ADMINISTRACIÓN PÚBLICA

1. La expansión administrativa

Hemos señalado que una de las características de la Administración Pública contemporánea en los países de América Latina, es la de la expansión del sector público. En todos nuestros países, por razones diversas, se ha producido una inflación administrativa, a veces incontrolada, y el rol importante que tienen que jugar nuestros Estados en el proceso de desarrollo, antes que una manifestación cualitativa, ha tenido un resultado cuantitativo. El Estado ha extendido considerablemente su área de actuación y hoy se encuentra sobre dimensionado. Lo cierto es que ya no puede crecer ni intervenir más, por lo que se plantea la necesidad de redimensionarlo. Este es, precisamente, uno de los problemas de la Administración Pública en Venezuela. Esta expansión administrativa se ha producido en dos frentes: por una parte, en el crecimiento desproporcionado de las actividades prestacionales, productivas y comerciales del sector público; y por la otra, en la penetración de la intervención reguladora y contralora del Estado, respecto de materialmente todas las actividades privadas. Esto ha producido, como consecuencia, una reducción y ahogamiento de las iniciativas privadas.

A. La inflación organizacional del sector público

En cuanto a las actividades prestacionales, productivas y comerciales del sector público, es decir, a la intervención activa del Estado en la actividad económica, no sólo los servicios públicos tradicionales han continuado ampliándose progresivamente, presionándose y demandándose al Estado a su prestación, como ha sucedido por ejemplo en materia de educación, salud y transporte, hasta el punto de que el financiamiento de esos servicios ya resulta imposible de cubrirse por la sola vía del presupuesto del sector público, sino que la intervención activa del Estado en el campo productivo y comercial ha llegado a niveles inimaginables en economías no socialistas. Las empresas públicas constituyen el signo administrativo de nuestro tiempo y tanto su aumento considerable como los problemas de su gestión y control, constituyen la preocupación fundamental de los analistas administrativos contemporáneos. En todo caso, desde el punto de vista orgánico, la estructura del sector público ha crecido en forma tal, que incluso los programas de reformas administrativas elaborados en la década de los setenta, ya resultan obsoletos e inadaptados por la nueva dimensión de la Administración.

Esta expansión orgánica del sector público se ha producido, tanto en la Administración Central como en la descentralizada. En la primera se ha traducido en la creación de nuevos Ministerios o modificación de los que existían, y en la creación de Oficinas Presidenciales de la más variada naturaleza. Así, la Administración Central ha ampliado su radio de acción e intervención, mediante la expansión de sus viejas estructuras o la creación de nuevas instituciones, respondiendo a las nuevas o crecientes responsabilidades asumidas por el Estado.

Pero si bien este proceso de expansión se ha producido en la Administración Central en forma significativa, debe decirse que ha sido en la Administración Descentralizada, mediante la creación de institutos autónomos y empresas del Estado, donde el fenómeno, además de rápido, ha alcanzado proporciones incalculables hace sólo escasos años.

B. El intervencionismo estatal exagerado

Pero el papel del Estado en el proceso de desarrollo no sólo ha provocado un Estado interventor en todos los órdenes, desde el punto de vista activo, como Estado empresario y prestacional, sino también desde el punto de vista pasivo, como Estado regulador.

En efecto, el intervencionismo exagerado del Estado y su participación en la economía, han traído como consecuencia administrativa fundamental el que todas las actividades de los particulares hayan sido progresivamente sometidas al Estado y al control de su Administración.

De resultas, una de las características de nuestros países, derivada de la expansión de las actividades e intervenciones estatales, son los excesivos y desordenados sistemas de restricciones y control administrativos sobre las actividades y acciones de los individuos, a través de técnicas autorizatorias, de licencias y permisos.

Así, a medida que han surgido regulaciones administrativas de aspectos de la vida económica y social que afectan a los administrados, se han ido estableciendo requisitos de autorizaciones administrativas previas, que no sólo estorban el libre desenvolvimiento de iniciativas privadas, sino que hacen lenta la marcha del aparato administrativo, y complican innecesariamente los trámites y procedimientos administrativos, contribuyendo a que se generen focos de corrupción en la función pública o a que surjan grupos de intermediarios o gestores dedicados a agilizar las tareas administrativas. Ahora bien, esta expansión administrativa tanto orgánica como reguladora del sector público, ha tenido una serie de consecuencias en las estructuras y en el funcionamiento de la Administración, que pasamos a analizar.

2. La consecuencia estructural: la centralización nacional y la descentralización funcional

En efecto, la expansión administrativa, tanto la derivada de la participación del Estado en los servicios públicos y en los procesos productivos y comerciales, como la originada por el establecimiento de tantas regulaciones y controles sobre las actividades particulares, ha traído como consecuencia un proceso de centralización político-administrativa en los niveles nacionales del Estado, y en esos mismos niveles nacionales, un proceso de descentralización funcional por la inadecuación o insuficiencia de la Administración Central para la asunción progresiva de nuevas y crecientes tareas. Ello ha originado los dos problemas estructurales fundamentales de nuestra Administración Pública: la excesiva centralización nacional y la excesiva descentralización funcional.

A. La centralización política y administrativa

En efecto, puede decirse que el primer problema de nuestra Administración Pública contemporánea, es el de la centralización, no sólo política, sino administrativa, y a pesar, incluso, de la configuración del Estado como Estado federal. En efecto, en el Estado venezolano se evidencia no sólo una excesiva centralización política a nivel nacional, sino que esta centralización también se refleja en materia administrativa, pues se ha concentrado en la Administración Nacional todo el poder político, administrativo y jurídico de la Nación.

La centralización administrativa tiene su origen en la distribución peculiar de competencias que la Constitución establece y que concentra en manos del Poder Nacional casi todas las competencias públicas (Art. 136), salvo algunas de carácter municipal (Art. 30) y que, en todo caso, no son exclusivas del Municipio, pues con frecuencia son concurrentes con el nivel nacional.

Por supuesto, el fenómeno no es reciente, y tiene sus raíces en el siglo pasado. No hay que olvidar que nuestros países latinoamericanos, al lograr su independencia, políticamente eran países disgregados, por la propia influencia del sistema español. El federalismo que acompañó la formación del Estado Nacional durante el siglo pasado, respondió a una realidad política: la necesidad de integrar países disgregados en Cabildos-Estados o en Provincias aisladas, y por tanto, altamente descentralizadas. El caudillismo del siglo pasado tuvo su ropaje institucional en el federalismo, y éste perduró hasta que se produjo la definitiva integración nacional de los países, cuando se consolida el proceso de centralización política, con la eliminación de los caudillos regionales y locales, y luego, de la centralización militar con la creación del Ejército Nacional, así como de la centralización tributaria, fiscal, administrativa y legislativa. La integración nacional y el desarrollo de los medios de comunicación dieron origen, así, a nuevas políticas altamente centralizadas.

En relación a la Administración Pública, este proceso ha producido no sólo un proceso de centralización y concentración administrativas en los niveles nacionales, sino de debilitamiento de la Administración en sus niveles regionales y locales.

a. *La centralización y concentración de la Administración Pública Nacional*

Como hemos señalado, el signo actual de nuestra Administración Pública es la excesiva centralización de la autoridad política y de las decisiones administrativas en los niveles nacionales, a pesar, incluso, como se dijo, de la forma federal de nuestro Estado, el cual realmente se configura como una "República Federal Centralizada", en la cual el poder político, administrativo y jurídico no es efectivamente compartido por los entes estadales o locales (Municipalidades).

En esta forma, todas las decisiones concernientes al sector público se han venido atribuyendo a los niveles nacionales del Estado, donde además se ha concentrado el ingreso público, con el progresivo debilitamiento de los niveles intermedios de gobierno (Estados), que cada vez más han pasado a depender del Gobierno Central.

Pero agregado a la centralización, otra de las características del sistema administrativo de nuestro país es el de la excesiva concentración administrativa en los niveles superiores del Poder Ejecutivo, particularmente en el Presidente de la República y el Consejo de Ministros.

Desde el punto de vista político, nuestro sistema de gobierno ha sido tradicional mente el presidencialista; y éste, administrativamente hablando, ha provocado una excesiva concentración de las decisiones político-administrativas en la Presidencia de la República. El Presidente de la República en nuestro país, sea en los regímenes de jacto dictatoriales, al asumir todos los poderes públicos, sea en los regímenes democráticos de derecho, al maximizarse el presidencialismo, ha concentrado la conducción de materialmente todos los asuntos del Estado.

El Presidente, así, no sólo es el Jefe del Estado y del Gobierno, sino que en muchos casos actúa como si fuera, además y a la vez, Gobernador de Estado, primera autoridad del Distrito, o Jefe Civil de las poblaciones. El Presidente casi todo lo decide, o cuando menos, al Presidente se lo involucra en todas las decisiones, lo cual es caldo de cultivo para el intolerable culto a la personalidad que ha rodeado, incluso, a algunos de nuestros presidentes democráticos, particularmente en los últimos años y en el actual período constitucional (1985-1989).

b. *La debilidad de la Administración regional y local*

Pero a la vez, la consecuencia administrativa fundamental del centralismo político ha sido el debilitamiento progresivo de las instituciones regionales y municipales. En particular, ha sido el centralismo administrativo y la concentración del poder en el Ejecutivo Nacional el que ha impedido al Municipio en nuestro país, efectivamente, asumir su rol de unidad política primaria y autónoma en la vida institucional.

Nuestros países fueron, ciertamente, independizados por la acción de sus Municipios, y durante buena parte del siglo pasado tuvieron una intensa vida municipal. Ello, sin embargo, quedó en la historia.

No sólo el Municipio perdió, en muchos casos por la ausencia de democracia, autonomía política, sino que progresivamente se le fueron arrebatando competencias en materias antaño propias de la vida local, que se nacionalizaron en virtud del proceso de centralización. Por ello resulta que en nuestro país, las Administraciones Municipales sean en la actualidad los ejemplos más característicos de administraciones inservibles, vaciadas de competencia, de carácter ineficiente, y dominadas por los partidos o grupos con solas apetencias burocráticas.

Por ello, la reforma del sector público debe abarcar, también, al Municipio, para hacerlo, no sólo una institución administrativamente eficiente, sino el centro de la vida política democrática y de la participación, y el receptáculo de una política de descentralización.

B. La descentralización funcional

Pero paralelamente a la centralización nacional, y hasta cierto punto, como resultado de la misma por la excesiva asunción de actividades productivas y comerciales por el Estado, dada la imposibilidad e inadecuación de los órganos de la Administración Central o ministerial clásicos para desarrollarlas, nuestro país ha sufrido un proceso de descentralización funcional de la organización nacional de proporciones inusitadas, mediante la creación de entidades autónomas de la más variada naturaleza, particularmente institutos autónomos y empresas del Estado.

Basta recordar, por ejemplo, que desde el punto de vista del gasto público consolidado, la distribución porcentual del gasto entre la Administración Central y la Administración Descentralizada en Venezuela se invirtió completamente en un período de diez años, entre 1970 y 1980: en 1970, el gasto público del Gobierno Central representaba el 70 por ciento (70%) del gasto público consolidado, por lo que la Administración Descentralizada representaba el 30 por ciento (30%) de dicho gasto; a partir de 1975, dicho porcentaje se invirtió y en 1980, el 20 por ciento (20%) del gasto público consolidado se erogaba por la Administración Central y el 80 por ciento (80 %) a través de la Administración Descentralizada. Este solo dato basta para apreciar la magnitud del crecimiento y expansión de la Administración Descentralizada, en un proceso que parece, sin duda, irreversible, y que en términos generales se ha repetido en la mayoría de los países de América Latina.

Este descomunal proceso de descentralización funcional ha significado una especie de eclosión en cuanto a la ejecución de políticas estatales, por la falta de integración sectorial de muchos de dichos entes y la insuficiencia de los tradicionales medios de coordinación para hacerlos marchar en concierto, contribuyendo en muchos casos, al despilfarro de recursos y a la inefectividad de la acción administrativa.

3. La consecuencia funcional: la ineficiencia e inefectividad de la acción administrativa

Pero la expansión administrativa, tanto la derivada de la inflación organizacional del sector público como del intervencionismo estatal exagerado, particularmente regulador en relación a las actividades privadas, en efecto, también ha provocado, consecuencialmente, una serie de fallas en el funcionamiento de la Administración Pública, a las cuales se suman las deficiencias en la función pública. La Administración Pública, por su gigantismo, y dejando a salvo por supuesto, en ciertos países, algunas lagunas de excelencia, se ha tornado cada vez más inefectiva e ineficaz, y ello no sólo porque los fines y logros perseguidos no se llegan a alcanzar, sino incluso, por la distorsión que se ha provocado en los mismos, aun en su identificación. Además, dicha ineficiencia resulta del excesivo costo en que incurre en la realización de sus actividades, no siempre realizadas a través de funcionarios públicos idóneos.

Los principales problemas del funcionamiento de nuestra Administración Pública, por tanto, podemos identificarlos analizando los derivados de la inflación administrativa, del centralismo administrativo, de la descentralización funcional y de la inexistencia de una burocracia profesionalizada.

A. Las fallas funcionales derivadas de la expansión del sector público

El crecimiento exagerado del sector público, como hemos señalado, se ha producido en dos vertientes: por una parte, en la proliferación de órganos e instituciones derivadas de la intervención activa del Estado en los procesos productivos y comerciales, además de la prestación de servicios públicos; y por la otra, en la creciente intervención reguladora del Estado respecto de las actividades particulares. Esto ha provocado unas fallas de funcionamiento de la Administración, que se han tornado en una distorsión de los fines del sector público y en una complicación inusitada de los procedimientos.

a. *La distorsión de los fines del sector público*

La participación activa del Estado en los procesos productivos y comerciales en forma incontrolada, en efecto, ha provocado una distorsión de los fines del Estado, manifestada en muchos casos, en la pérdida de rumbo, que las técnicas planificadoras no han podido remediar. Es frecuente, incluso, que las mejores plataformas políticas y los planes elaborados en consecuencia, no puedan ejecutarse. Falta la fijación de objetivos a largo plazo y de adecuadas estrategias.

Basta constatar, por ejemplo, que en muchos casos se le ha dado más importancia a la creación de empresas en el campo industrial, que a la de asegurar una prestación eficiente de los servicios públicos tradicionales y elementales, o a la protección del ambiente y de la calidad de la vida.

Hemos querido ser, por ejemplo, grandes productores de acero y aluminio, pero sin todavía saber transportar la correspondencia, efectivamente, de un extremo a otro de nuestras grandes ciudades; hemos querido establecer industrias de construcciones navales o aeronáuticas, pero sin asegurar a la población el derecho efectivo a la recuperación de la salud, mediante un adecuado servicio de atención médica; hemos querido realizar grandes obras de infraestructura y de desarrollo físico, pero ocupando incontroladamente el territorio con consecuencias degradantes para el ambiente y la calidad de la vida.

En fin, hemos querido desarrollar al Estado Empresario y su Administración Empresarial, pero algunas veces olvidándonos de la administración de los servicios públicos la cual, por lo demás, es la que sirve directamente al ciudadano. Así, hemos alejado al Estado del ciudadano y se nos ha olvidado que debía estar a su servicio.

b. *La complicación de la Administración y la "permisería"*

La intervención reguladora del Estado en relación a las actividades de los particulares, y particularmente, el progresivo establecimiento de requisitos de permisos, licencias o autorizaciones que, en general, han sido formalmente establecidos en leyes y reglamentos a medida que surgían las intervenciones y necesidades administrativas, ha originado una maraña tal, que su estudio y comprensión ha venido dando origen a la llamada "permisología", especie de ciencia de los permisos y de la complicación burocrática para poder descifrar el sentido del actuar de la Administración Pública.

La "permisería", en todo caso, al configurarse como instrumento de control por el control mismo, se ha convertido en uno de los principales problemas de la Administración Pública contemporánea, y además, en uno de los más grandes obstáculos al ejercicio de los derechos de los ciudadanos.

Adicionalmente, ha sobrepasado la capacidad administrativa del Estado, no sólo para manejarlas todas, sino incluso para la toma de conocimiento de todo el complejo de actos administrativos que debe adoptar. Por otra parte, es una de las fuentes más aguda de molestias al ciudadano que en lugar de encontrar funcionarios a su servicio, se tiene que encarar con auténticos verdugos. Ya lo describía Hermann Hesse en 1926, en esta visión patética:

> "No hace falta ser condenado para conocer este extraño e infernal mundo de las oficinas, de las documentaciones y de las actas. De todos los infiernos que el hombre ha tenido el capricho de crearse, éste ha sido siempre el más refinado.
>
> Pretendes simplemente trasladarte de domicilio, contraer matrimonio o gestionar un pasaporte o un certificado de ciudadanía y ya estás metido en ese infierno, ya tienes que pasar horas y horas amargas en las salas de aire irrespirable de ese mundo papelero, que sufrir interrogatorios de gente molesta o insoportable que aúlla, en la que sólo encuentras incredulidad para tus más sencillas y verídicas declaraciones y que te trata también como a un niño o a un criminal" (*Ensueños*, México 1980, p. 80).

Como consecuencia, hemos desarrollado un Estado y su Administración que no logra hacer todo lo que se propone, pero que tampoco deja hacer a los individuos lo que tienen derecho y se proponen.

Por ello, en la práctica, la actividad estatal de fomento a las iniciativas particulares no siempre logra realizarse, pues en lugar de estimular o promover, la complejidad creada en la Administración lo que hace es entrabar, frenar y limitar las iniciativas y actividades de los particulares; y lamentablemente, es la búsqueda de desentrabamiento la que constituye, en muchos casos, la principal fuente de corrupción administrativa.

En todo caso, por mejores y buenas que han sido y sean las intenciones de los que conducen la actividad de Gobierno, es claro que no se puede fomentar y promover con un sistema administrativo desordenado e ineficiente que obstaculiza, precisamente, esa promoción, y que incluso provoca que la Administración pierda su objetivo.

Todo ello plantea la necesidad de descongestionar el aparato administrativo del Estado, y confiar un poco más en las capacidades de los grupos y sectores de la Sociedad, racionalizando el múltiple intervencionismo estatal.

B. Las fallas de funcionamiento derivadas del centralismo administrativo

Además de las fallas funcionales originadas por la excesiva expansión del sector público, el funcionamiento de la Administración Pública se ha encontrado entrabado por el excesivo centralismo, lo cual ha producido un intolerable embotellamiento administrativo nacional, la ausencia de participación de los administrados en las tareas públicas, y la debilidad de las instituciones representativas, particularmente en cuanto al control sobre la propia Administración.

a. *El embotellamiento administrativo nacional*

La centralización administrativa nacional, que implica que todos los asuntos concernientes al sector público se decidan a nivel de los órganos nacionales del Estado, como ya lo hemos destacado en el capítulo precedente, al cual nos remitimos, ha implicado que todas las decisiones concernientes a asuntos y problemas estrictamente regionales o locales, no se resuelvan en la región respectiva, sino a nivel nacional, produciéndose un embotellamiento intolerable.

Pero, como se ha señalado, paralelamente al centralismo a nivel nacional, también se ha producido una concentración administrativa en los niveles superiores del Poder Ejecutivo, que paraliza y entraba el funcionamiento de la propia Administración Nacional y el proceso de toma de decisiones, relegándose, incluso, a los Ministros en algunos casos, a posiciones subalternas o secretaria les.

b. *La ausencia de participación de los administrados*

Otra de las consecuencias del centralismo político en relación a la Administración Pública, ha sido la ausencia de participación efectiva de los administrados en la formulación y ejecución de las tareas administrativas.

Nuestro país, en este sentido, tradicionalmente se ha caracterizado por una ausencia casi absoluta de participación política, lo cual no sólo ha sido cierto en las épocas de regímenes autocráticos o dictatoriales que hemos tenido, sino en la etapa democrática. En ésta no ha existido una auténtica democracia participativa, sino en general, una democracia de partidos, en la cual los partidos políticos han monopolizado la participación. La Sociedad no ha sido organizada para la participación, y el abismo entre el ciudadano y el Estado se ha abierto en forma desmesurada. Una prueba de la ausencia de participación política está, precisamente, en la debilidad del régimen local o municipal.

Pero la ausencia de participación política está acompañada, también, de una ausencia de participación de los administrados en la formulación o ejecución de actividades administrativas. El ciudadano, como usuario, consumidor o simplemente vecino de una comunidad, muy pocas veces es llamado o consultado acerca de la marcha de los servicios públicos, la comercialización de los bienes o la ordenación de los asuntos vecinales.

El ciudadano no ha sido organizado para la participación administrativa, está ausente de la marcha del aparato administrativo, y no participa efectivamente en su gestión, a pesar de la progresiva injerencia del Estado, incluso en ámbitos de su vida privada.

Puede decirse que sólo han participado, realmente, los grupos de presión organizados, económicos o sindicales, sin que ello haya sido estimulado por la propia Administración.

c. *La debilidad de las instituciones representativas*

El centralismo político, con sus consecuencias, la centralización y concentración administrativas, el debilitamiento del régimen municipal y la ausencia de participación ha provocado además, un debilitamiento progresivo de las instituciones políticas del Estado, particularmente del Poder Legislativo, lo cual ha tenido una repercusión evidente en la propia Administración Pública. Esta ha asumido progresivamente un mayor rol político; se ha convertido en una institución no sometida a efectivos controles, y a la vez, ha sido penetrada por los grupos de presión. Además, en su funcionamiento han adquirido una particular preeminencia los partidos políticos, consecuencia del esquema adoptado del Estado de Partidos.

En esta forma, el Congreso como institución política de origen popular, y que tiene a su cargo la orientación política del Estado, muchas veces ni siquiera ejerce adecuadamente su papel de Legislador, siendo progresivo, al contrario, el proceso de transferencia y de asunción por parte del Poder Ejecutivo, de poderes legislativos. Los Decretos-Leyes y las diversas formas de ejercicio de potestades legislativas por el Presidente de la República constituyen, ha constituido en nuestro país, en la actualidad, la vía normal de regulación de áreas fundamentales del actuar social, como por ejemplo, de la economía.

Por otra parte, el presidencialismo y el debilitamiento del Poder Legislativo, han acentuado el papel de la Administración Pública, no sólo en la ejecución de los objetivos políticos del Estado, sino en su formulación, La planificación, así, hasta ahora se ha configurado como una técnica asumida sólo por la Administración, en la cual, en general, no ha participado realmente el Congreso. Este, en general, se ha limitado a intervenir en los solos procesos presupuestarios, los cuales aun cuando conllevan decisiones políticas, son elaborados por la propia Administración, y son exclusivamente de corto plazo.

d. *La Administración Pública incontrolada*

Por otra parte, el centralismo Ejecutivo y el debilitamiento de las instituciones representativas ha provocado, además, otra consecuencia de orden administrativo: la inexistencia o la debilidad de efectivos mecanismos de control sobre la Administración Pública, lo que contrasta, sin duda, con la proliferación formal de mecanismos de control, particularmente en una Administración Democrática.

En efecto, dentro de la funciones tradicionales del Congreso en nuestro régimen presidencial, además de las de legislar, están las de control de la Administración Pública. Las Cámaras Legislativas así, deben ser, por definición, los órganos de control político de la actividad de la Administración.

Sin embargo, este control en la mayoría de los casos es muy débil, y a la larga inocuo, por el control absoluto de los partidos políticos en las Cámaras Legislativas. La experiencia de las últimas décadas en el proceso político venezolano por ejemplo, nos pone en evidencia que el Congreso, a pesar del sistema de gobierno presidencialista con sujeción parlamentaria, no ha controlado efectivamente a la Administración Pública.

El partido de gobierno en efecto, a través de su fracción parlamentaria, controla al Congreso y éste, por ello, no logra controlar realmente al Ejecutivo y su administración. Esta situación ha acentuado la irresponsabilidad de hecho de los Ministros y funcionarios públicos, pues se tiene la seguridad de que las "Memoria y Cuenta" anuales de la gestión político-administrativa que deben presentar a las Cámaras Legislativas, no son realmente estudiadas. La experiencia muestra además, que los mismos Informes de la Contraloría General, de la República, tampoco son respaldados plenamente por el Congreso, además de que por la inflación de la Administración Descentralizada, el ámbito de control de aquélla se ha venido reduciendo paulatinamente.

C. Las fallas de funcionamiento derivadas de la descentralización funcional

Hemos señalado que una de las características estructurales de la Administración Pública en Venezuela, además del excesivo centralismo nacional, ha sido el desarrollo inusitado e incontrolado de la Administración Descentralizada, es decir de los institutos autónomos y empresas del Estado para la prestación de servicios públicos y la asunción de procesos productivos industriales y comerciales. Este fenómeno ha tenido entre otras, al menos tres repercusiones en el funcionamiento de nuestra Administración Pública.

En primer lugar, ha provocado un debilitamiento de los órganos de la Administración Central, particularmente la ministerial, frente a la magnitud y poder de algunos institutos autónomos y empresas del Estado, hasta el punto de que para manejar algunos de ellos, ha sido necesario darle rango de Ministro al Presidente del ente autónomo (caso del Fondo de Inversiones de Venezuela o de la Corporación Venezolana de Guayana). Ello ha provocado un debilitamiento de los Ministerios de la economía: hace algunos años del Ministerio de Hacienda, más recientemente del Ministerio de Fomento.

En todo caso, para calibrar la magnitud del problema, basta con pensar en nuestras empresas petroleras nacionalizadas (PDVSA y sus filiales) cuyo excesivo poder y autonomía, junto con la de otros entes descentralizados, algunas veces han dificultado la acción del Ministerio de Energía y Minas como órgano políticamente responsable de un sector de actividad pública.

En segundo lugar, ha provocado la ausencia de integración sectorial de la Administración Nacional. Así, no siempre los entes descentralizados han quedado adscritos o bajo la conducción política del Ministro responsable del sector de actividad pública correspondiente, dificultándose la labor de gobierno. Además, incluso en caso de adecuada adscripción de los entes descentralizados al Ministro sectorial respectivo, no siempre han sido organizados o integrados de manera tal que puedan ser efectivamente gobernados. Por supuesto, algunas lagunas de excelencia deben destacarse en este mar de desorganización, y un ejemplo es la organización de la industria petrolera nacionalizada en Venezuela, a partir de 1975, como holding público.

En tercer lugar, y como consecuencia de los problemas organizativos, la inflación de la Administración Descentralizada ha dado lugar también a un entorpecimiento de la función planificadora de los órganos centrales de planificación y de los Ministros responsables de cada sector, en virtud de la dispersión, variabilidad, debilidad o ausencia de efectivos mecanismos de control en relación a los entes descentralizados que actúan en cada sector.

En todo caso, no hay que olvidar que la creación de institutos autónomos y empresas del Estado no obedeció, en nuestra Administración Pública, por supuesto, a una programación o a políticas preconcebidas, sino que fueron estableciéndose, sin orden ni concierto, a medida que las exigencias sociales y económicas se planteaban al Estado. Este proceso ha provocado en muchos casos, una falta de coherencia en nuestra Administración Pública, que a pesar de los esfuerzos teóricos realizados, no hemos logrado corregir.

D. Las fallas de funcionamiento derivadas de la ausencia de burocracia profesionalizada

La Administración Pública venezolana, a pesar de todos los esfuerzos realizados en las décadas anteriores por establecer sistemas de administración de personal público y una carrera administrativa (servicio civil), puede decirse que no ha logrado desarrollar una auténtica burocracia, compuesta por un cuerpo de funcionarios públicos profesionalizados y con los mejores niveles de excelencia, seleccionados por sus méritos, con estabilidad y consustanciados con los objetivos y políticas del Estado. En general, al contrario, la función pública en nuestro país se ha caracterizado por ser la antítesis de una burocracia profesionalizada.

En la práctica, puede decirse que la función pública no tiene un valor muy alto en la comunidad nacional y el pertenecer al servicio público cada vez más ha dejado de ser una distinción social; los sistemas de reclutamiento y selección no se cumplen efectivamente, y el ingreso se produce por razones circunstanciales de presión del desempleo o por influencias partidistas; no existe una verdadera profesión del servicio público, pues no existe real sentido de permanencia, ni estabilidad ni auténticas perspectivas de ascenso; y todo ello, con su gran dosis de ineficiencia, ha impedido que los niveles de remuneración en el sector público sean ni aproximadamente competitivos con los del sector privado.

En muchos casos, esto produce un sistema administrativo caracterizado por un círculo permanente de ineficiencia: a los funcionarios públicos, normalmente, nadie los forma, nadie los informa, y a pesar de los esfuerzos de adiestramiento que se hacen, en general, se forman sólo con la experiencia, y con la ineficiencia. Su propia ineficiencia hace ineficiente a la Administración. Pero una vez formados en la experiencia, en general, los funcionarios abandonan la Administración, recomenzando el ciclo con nuevos funcionarios, que vuelven a ser ineficientes; y vuelven a hacer ineficiente a la propia Administración Pública.

Nos quejamos de que no tenemos funcionarios suficientemente calificados y capacitados; nos quejamos de que hay un éxodo permanente de los funcionarios calificados de la Administración Pública hacía el sector privado; pero no hemos sido capaces de pensar, realmente, en estructurar una burocracia, en el sentido contemporáneo como la necesitamos, como cuerpo de funcionarios profesionalizados, de los mejores niveles de excelencia, con fines claros, vinculados a los del Estado. Debe destacarse, sin embargo, que ello sólo se ha podido corregir en ciertos sectores de la organización del sector público, provocado por circunstancias particularizadas, como han sido los procesos de nacionalización de ciertas actividades industriales. El ejemplo de la industria petrolera nacionalizada en Venezuela, de nuevo debe destacarse como un esfuerzo por consolidar una burocracia profesionalizada en el sentido mencionado. Un ejemplo de ello ha sido también la administración de la empresa del sistema rápido de transporte (Metro) de Caracas. En todo caso, y salvo casos destacados, esta ausencia de una burocracia profesionalizada es, quizás, una de las causas más importantes de las fallas de funcionamiento de la Administración Pública.

4. El problema de la corrupción administrativa

Hemos planteado anteriormente algunos de los problemas estructurales y funcionales de la Administración Pública en Venezuela que la configuran como una Administración sobredimensionada, centralizada, no participativa, incontrolada, dominada por los partidos políticos, disgregada y cuyos objetivos políticos aparecen, con frecuencia, distorsionados. Esa situación, configurada por todos esos aspectos, contribuye a que además, sea una Administración con alto grado de corrupción.

En efecto, el papel que juega el sector público en nuestras economías, sea como empleador, inversionista o contralor, ha provocado, por una parte, una dependencia progresiva de los particulares en relación al Estado; y por la otra, una actitud paternalista de éste. El empleo público, así, muchas veces es una forma de mitigar el desempleo; los empresarios dependen para sus inversiones, en alto grado, de los créditos suministrados por el Estado; y en general, todas las actividades privadas están sometidas a autorizaciones, permisos y licencias, cuyo otorgamiento, en muchos casos, es discrecional para los funcionarios.

Esta enorme importancia del Estado y la consecuente dependencia de los administrados respecto de decisiones administrativas, ha traído como consecuencia que nuestra Administración Pública sea el blanco común de la Sociedad para la satisfacción de intereses particulares: si todo depende de la Administración, y si ésta lo da casi todo, en general, se busca presionarla para que sus decisiones se realicen en determinados sentidos. Esto ha sido caldo de cultivo para la corrupción, la cual incluso, ha servido de vehículo para el proceso de distribución del ingreso público, y en muchos casos, para mantener la propia estabilidad de la democracia, con sus consecuentes efectos degradantes en la Sociedad, manifestados en el facilismo y la riqueza súbita. No por ello, sin embargo, debe tenérsela como inevitable.

La corrupción administrativa, en todo caso, se ha expandido inconvenientemente por diversos factores vinculados a las consecuencias estructurales y funcionales de la expansión del sector público antes mencionadas, y particularmente, por las deficiencias de controles, por el exceso de reglamentaciones, por el centralismo, por la inestabilidad en la función pública y por el papel de los partidos políticos.

A. La deficiencia de los controles y la corrupción administrativa

El primer factor de corrupción administrativa es la ya señalada ausencia o deficiencia de controles efectivos sobre la actuación de la Administración Pública y de sus funcionarios, lo cual crea las condiciones necesarias para su desarrollo. Esto se manifiesta en varios sentidos: ante todo, en la ausencia o deficiencia hasta hace poco, de regulaciones legales sancionatorias, no sólo de conductas inmorales punibles, sino de conductas irresponsables (despilfarro).

No hay que olvidar que la corrupción administrativa no se manifiesta en general, en la sola apropiación indebida de fondos públicos, sino en el manejo irresponsable de éstos, que conducen al enriquecimiento sin causa de funcionarios, de intermediarios o comisionistas.

Por otra parte, la ausencia de un efectivo control político por parte de la representación popular, de un control interno efectivo dentro de la propia Administración, y de un control judicial a cargo de jueces efectivamente autónomos e independientes, ha contribuido a la irresponsabilidad de los funcionarios, quienes no han sufrido realmente sanciones frente al manejo negligente o doloso de los dineros públicos. La corrupción administrativa se ha desarrollado, así, por la incapacidad del sistema jurídico-político de limitarla y sancionarla. El Estado de partidos, manejado por los partidos, así, con frecuencia protege a sus funcionarios soslayando las sanciones que merecerían, conducta que, además, ha tenido un efecto multiplicador: si no se sancionan las conductas irresponsables o inmorales de ciertos funcionarios, no existe el elemento de freno para su repetición por otros.

B. La discrecionalidad, las reglamentaciones excesivas y la corrupción administrativa

En segundo lugar, otro factor que fomenta la corrupción es el excesivo poder discrecional dejado en manos de los funcionarios públicos de todos los niveles, paralelamente al establecimiento de más y más reglamentaciones, permisos, autorizaciones y licencias para la actuación de los particulares. Frente a lo complicado del procedimiento administrativo, a la lentitud de la acción de la Administración y al poder discrecional del funcionario, lamentablemente han hecho su aparición mecanismos tendientes a acelerar las decisiones, a gestionarlas por terceros o a mitigar la discrecionalidad establecida, generalmente, en complicidad entre el administrado y el funcionario. La Sociedad, así, por lo engorroso del procedimiento administrativo ha corrompido al funcionario, y éste, a su vez a aquélla, pasando a formar parte de las costumbres, lamentablemente, el pago de cantidades de dinero para desentrabar la acción administrativa o para evitarla.

C. El centralismo, la ausencia de participación y la corrupción administrativa

En tercer lugar, también constituyen factores que facilitan la corrupción, el excesivo centralismo y la ausencia de mecanismos de participación. La concentración del poder para la toma de decisiones en determinados niveles ejecutivos, aunada a la mencionada discrecionalidad, ha dejado en manos de un solo funcionario o de un grupo reducido de ellos, el poder de decidir.

La presión de los grupos de intereses, sobre todo de los económicos y sindicales, ha tenido mayor efectividad en estos casos, pues no ha habido la limitación que puede implicar la conjunción de voluntades de un órgano colegiado o deliberante, aun cuando, por supuesto, la sola colegiatura no garantiza probidad.

Por otra parte, agregado al centralismo, la ausencia de participación de los administrados y grupos de la Sociedad en el proceso de toma de decisiones, ha impedido el surgimiento de mecanismos de control sobre la conducta y acción de los funcionarios, por aquellos que podrían mitigar la corrupción.

D. La inestabilidad de los funcionarios públicos y la corrupción administrativa

En cuarto lugar, la inestabilidad del funcionario público también origina condiciones propicias para el desarrollo de la corrupción administrativa.

La función pública, en esa forma, por la ausencia, a pesar de los esfuerzos realizados, de adecuados sistemas de administración de personal, y de un efectivo estatuto jurídico que garantice realmente la carrera administrativa y regule competitivamente los derechos y deberes de los funcionarios, se ha ejercido muchas veces, con absoluta conciencia de transitoriedad, y como medio de subsistencia, sin la mística que el servicio público debe generar.

El funcionario, consciente de su inestabilidad, en muchos casos ha utilizado el cargo público como un medio para enriquecerse y protegerse económicamente frente a su salida de la Administración que puede producirse, sea por los cambios políticos, o por la misma deficiencia del sistema de administración del personal público.

E. Los partidos políticos y la corrupción administrativa

En nuestro régimen de democracia de partidos, por supuesto, especial referencia debemos hacer respecto del papel de los partidos políticos en relación a la corrupción administrativa. Estos han sido, muchas veces, agentes directos e indirectos de la corrupción.

En efecto, en muchas ocasiones se ha generalizado la práctica de las "comisiones para el partido" como consecuencia de la gestión de los asuntos públicos, lo cual ha traído como consecuencia el establecimiento de una especie de contribución al partido que controla el gobierno, con ocasión de contratos de obras públicas o de suministros. Aun cuando esta modalidad es tan delictiva como las comisiones pagadas a particulares gestores con perjuicio para la Administración, en algunos casos, la práctica política ha tendido a no condenarla por ser un medio de supervivencia económica de los partidos o de financiamiento, por ejemplo, de campañas electorales. Los partidos políticos han actuado así, en algunos casos, como agentes directos de la corrupción administrativa.

Pero en otras ocasiones, los partidos han actuado como agentes indirectos de la corrupción, al no sancionar o no hacer que se sancione a los funcionarios deshonestos o que estén incursos en delitos contra la cosa pública. Los partidos, al proteger a los funcionarios irresponsables o deshonestos, han hecho perder credibilidad en el sistema sancionatorio o de control, hasta el punto de que muy pocos creen realmente en los anuncios que se hacen cíclicamente de medidas para combatir la corrupción. Por otra parte, la práctica incontrolada del financiamiento de las campañas políticas de los partidos, mediante la recepción de aportes económicos de empresas y particulares, ha desarrollado un sistema de contraprestación a quienes han contribuido, mediante el otorgamiento de privilegios, favores o contratos públicos particularmente beneficiosos, todo con la anuencia de los partidos. En esta forma, indirectamente, y como contribución al financiamiento de campañas políticas, los funcionarios gubernamentales, a costa de los dineros públicos, han permitido el enriquecimiento de ciertos grupos de particulares. Esta ha sido otra fuente de corrupción.

II. ALGUNAS MEDIDAS Y ESTRATEGIAS PARA GARANTIZAR LA MODERNIZACIÓN DEL SECTOR PÚBLICO

La importancia del sector público en la economía de nuestro país y en general de los países de América Latina, y el papel que ha tenido en las últimas décadas en el proceso de desarrollo de nuestros países, así como las características estructurales y funcionales que ha desarrollado, exigen la definición de medidas y estrategias para garantizar su modernización, de manera de asegurar que el papel del Estado continuará siendo un factor efectivo para impulsar el crecimiento.

Estas medidas y estrategias para la modernización, en efecto, se corresponden con cada uno de los problemas que confronta el Estado y que hemos analizado anteriormente al estudiar algunas de sus características estructurales y funcionales. Su ejecución resulta prioritaria, en cada uno de los aspectos que involucran.

Ellas deben tender al redimensionamiento del sector público, a la desregulación de la actividad de los particulares, a la descentralización política y administrativa, a la desconcentración de los niveles superiores nacionales, a la redefinición de la Administración descentralizada funcionalmente, a la revalorización de la planificación, a la creación de un burocracia profesionalizada y al aumento de la productividad social del sector público.

1. El redimensionamiento del sector público

Una de las reformas más apremiantes en el momento actual, y quizás sobre la cual se ha venido configurando un gran consenso en el continente, tiene que ver con el redimensionamiento del Estado, particularmente en la relación sector público-sector privado.

Hemos señalado que la característica más general del Estado en Venezuela y América Latina, resulta de la expansión del sector público por haber crecido su papel, cuantitativamente, en forma desmesurada, tanto orgánicamente como en el ámbito regulador de la intervención. Filo ha provocado, paralelamente, un debilitamiento progresivo del sector privado o al menos, ha impedido su crecimiento. Ya es tiempo de que esta tendencia sea invertida.

En primer lugar, resulta indispensable redefinir o precisar los fines del Estado y de su Administración Pública, para volverlo a poner al servicio del ciudadano. Ello exige definir, como política, una reducción de la intervención activa del Estado, particularmente en el campo productivo y comercial y, en especial dada la escasez de recursos, reforzar el papel del Estado como prestador de servicios públicos a la población. Ello conlleva la necesidad, también como política, de revitalizar el sector privado.

Sin duda, muchas de las actividades productivas del Estado en el campo de las industrias básicas, deben permanecer en el sector público, donde éste ha dado, incluso en muchos países, muestra de eficiencia; pero a la vez, ya es tiempo de pensar en la necesaria privatización de actividades en otros sectores competitivos, en los cuales el Estado, al contrario, ha dado muestras de ineficiencia.

Por supuesto, una política de modernización que tenga por objeto redimensionar el papel activo del Estado en el campo económico, que implique la reducción cuantitativa de dicha intervención, una reconducción de recursos hacia actividades prestacionales de servicios y una privatización de actividades productivas competitivas, tiene que ser realizada en un mediano y largo plazo. Debe ser resultado de una política que no debe estar sometida a cambios circunstanciales y tiene que ser objeto, además, de una cuidadosa planificación. Además, debe ser ejecutada en áreas seleccionadas cuidadosamente.

Como consecuencia, un redimensionamiento del sector público exige redefinir fines y metas del Estado, y trazar estrategias, para lo cual debe revalorizarse la planificación como tarea propia del Estado. No hay que olvidar que el gran fracaso del sistema de planificación que se ha evidenciado en los últimos años, puede decirse que ha estado más en la falta de implementación adecuada de los planes, por el divorcio que siempre hubo entre planificación y administración. Los planes, en realidad, nunca previeron el aparato organizacional necesario para su implementación.

2. La desregulación de la actividad de los particulares

Pero hemos señalado que la expansión administrativa del Estado no sólo se evidenció en la multiplicación cuantitativa de la intervención activa del Estado en los sectores productivos y comerciales, sino en una multiplicación ilimitada de regulaciones y controles sobre las actividades de los particulares, incluso no sólo las de carácter económico.

El resultado de ello ha sido una restricción intolerable de las iniciativas privadas, provocada entre otros aspectos, por una confusión de fines públicos que ha originado que la actividad del sector público, en algunos casos, se haya orientado más a entorpecer actividades lícitas de los individuos, que a asegurar el bienestar general. Esta tendencia que sigue una inercia multiplicadora, debe detenerse y revertirse, como parte de una política de modernización del sector público.

El Estado debe, realmente, volver a ponerse al servicio del ciudadano y liberar las iniciativas privadas, regulando de manera general y con claras reglas de juego, el marco jurídico que asegure que aquéllas no atentarán contra los fines que el sistema social y económico defina; y eliminando el constante sometimiento a trámites, autorizaciones, permisos y licencias para la realización de cualquier actividad por los particulares.

Una medida de esta naturaleza, de simplificación administrativa, es además esencial para redefinir el papel del sector público. Gran parte de los recursos del Estado se han canalizado a la "administración" de las regulaciones, restricciones y controles, en perjuicio de otras actividades de servicios públicos, lo cual, a la vez, ha provocado la necesidad de crear nuevas instituciones y órganos dedicados a ella. La desregulación de las actividades privadas provocaría la reconducción de los recursos, cada vez más escasos, hacia otras actividades más esenciales. Por supuesto, una simplificación de los procedimientos de la maraña administrativa y de las largas tramitaciones a que se somete a los particulares para realizar las actividades lícitas a que tienen derecho, liberaría también ingentes recursos del sector privado que se "gastan" en descifrar la complicación, y costear el tiempo que se debe dedicar a ello, en perjuicio de las actividades productivas.

La desregulación de la actividad de los particulares exige del Estado abandonar el papel que se le ha atribuido, de ser el solventado y contralor de todos los problemas y actividades sociales y económicas, y en cambio, hacer que la Sociedad asuma un papel más protagónico y de corresponsabilidad en la solución y realización de aquéllos.

En definitiva, desregular la actividad de los individuos exige confiar más en las iniciativas privadas y abandonar, tanto el tradicional estilo paternalista del Estado, como el secular espíritu de desconfianza de los servidores públicos, en relación a las iniciativas privadas.

3. La descentralización política y administrativa

El gigantismo del Estado venezolano y la tendencia centralizados de las últimas décadas, exige como otra de las medidas prioritarias para la modernización del sector público, la definición de una política de distribución vertical del poder hacia unidades político-territoriales regionales y locales que es necesario crear o reforzar.

En efecto, a pesar de la forma federal de nuestro Estado, éste se ha caracterizado como hemos indicado, contradictoriamente, por una excesiva centralización del poder político, económico, administrativo y jurídico en los niveles nacionales. La provincia, en muchos casos, no existe políticamente hablando, sino como objeto de dádivas de parte de los niveles nacionales. En este sentido, los entes regionales (Estados miembros de la Federación) y municipales reciben mendrugos, pero no participan efectivamente en los asuntos y tareas del desarrollo del país, al no tener poder político ni administrativo, salvo en asuntos domésticos y localistas. Son, en muchos casos, a lo sumo, centros de control y reparto burocrático en beneficio de las maquinarias partidistas, pero muy poco, efectivamente, hacen en beneficio de las colectividades. En esas estructuras el pueblo no participa; al contrario las soporta, e inclusive, ha sido frente a ellas, particularmente en el ámbito local, que se han venido formando cuerpos intermedios, realmente participativos, como las asociaciones de vecinos y residentes, cuyo origen próximo está, paradójicamente, en la búsqueda de una protección efectiva contra las arbitrariedades de la autoridad municipal.

Por ello, se hace imprescindible descentralizar el Estado para acercarlo al ciudadano y ello implica, por supuesto, transferir competencias nacionales hacia los niveles territoriales regionales y locales.

Una medida de modernización del sector público de esta naturaleza exige crear conciencia regional, administrativa y políticamente hablando. En un Estado con forma federal como el nuestro, ello implica, revitalizar los niveles descentralizados de los Estados miembros.

Pero el problema del centralismo del Estado no sólo plantea la necesaria reestructuración de los niveles territoriales intermedios, sino la necesaria y urgente reforma del régimen local. El Municipio, hoy, lejos de ser la unidad política primaria y autónoma dentro de la organización nacional, en el sentido de que debería ser el centro de la participación política y de realización de la democracia por el ciudadano, es el centro del abuso del poder local, donde los caudillos regionales detentan la autoridad, sin control efectivo.

Se impone, por tanto, la reforma del régimen local para, hasta cierto punto, crear la vida local. Esta, hasta ahora, sólo ha existido con ese nombre en la Constitución, pero en la realidad no ha funcionado ni han existido mecanismos de participación ciudadana, al no tener virtualidad el ciudadano vecino, vinculado a su comunidad y solidario de su destino.

El Municipio, entonces, políticamente debe concebirse como el centro primario de participación política y de ejercicio de la democracia; y administrativamente, como la unidad territorial menor para la prestación de servicios y la atención a la comunidad. Por ello, la reforma del régimen local es política y administrativa, y sólo así, podrá dar origen a un gobierno local, participativo, con, por y para la comunidad o vecindad. La reforma de la Ley Orgánica de Régimen Municipal de 1988, en esta forma, puede comenzar a contribuir a implementar dicha reforma.

Por todo ello, puede decirse que, sin duda, uno de los mayores retos planteados a nuestra Administración Pública es el de la descentralización, con el objeto de hacer participar en los procesos políticos y en las actividades administrativas, a los Estados y a las Municipalidades. En Venezuela tenemos que correr el riesgo de la descentralización, creando o revitalizando los niveles político-territoriales intermedios y fortaleciendo al Municipio, única forma además, no sólo de rehacer, en el interior, nuestro país, sino de prestar eficientemente los servicios públicos.

El tiempo ha llegado en que los servicios públicos esenciales, como los de la educación y los sanitarios, ya no pueden seguirse prestando y administrando centralizadamente, por los niveles nacionales.

La dirección de los mismos debe seguir siendo nacional, pero las unidades operativas tienen que ser transferidas a niveles territoriales inferiores, donde sin duda, podrían ser mejor atendidas y quizás con mayor eficacia.

Por otra parte, sólo descentralizando las tareas públicas en una sociedad democrática, es que se podrán implementar mecanismos de participación ciudadana, pues ésta sólo es posible efectivamente, en ámbitos político-territoriales reducidos.

Por supuesto, una política de descentralización del sector público no sólo implica un compromiso de carácter político fundamental, pues su implementación excede los solos ámbitos administrativos, sino que no puede ser implementada de la noche a la mañana, requiriendo, en cambio, de una continuidad y estabilidad política, de manera tal que se pueda desarrollar en el largo plazo. La planificación, de nuevo, es fundamental en un proceso de esta naturaleza, que requiere no sólo la identificación de las actividades estatales que pueden prestarse más adecuadamente por niveles territoriales inferiores, sino la identificación precisa de éstos. Además, requiere por supuesto, y como condición, el fortalecimiento paralelo de la capacidad político-administrativa de esos niveles descentralizados políticamente, para atender las nuevas tareas. Requiere, además, también y por supuesto, del establecimiento de mecanismos de coordinación entre los diversos órganos del Poder Público, quienes deben colaborar entre sí en la realización de los fines del Estado.

4. La desconcentración de los niveles superiores nacionales

En nuestro sistema político-estatal, hemos señalado que el presidencialismo como sistema de gobierno, ha venido consolidando una excesiva concentración de actividades en la Presidencia de la República, que obstaculiza el funcionamiento de la Administración por la dilación o ausencia de toma de decisiones; ha provocado además el incumplimiento por los niveles inferiores de la Administración de las decisiones superiores, por la falta de medios de controlar el seguimiento en la ejecución, y ha producido también, en muchos gobiernos, la degradación de la jerarquía ministerial.

Los Ministros, en muchos casos, han perdido responsabilidad sobre los sectores que deberían gobernar, pues el Presidente no sólo es quien nombra los directivos de los entes descentralizados, sino quien recibe la mayoría de sus cuentas.

Se impone, por tanto, la indispensable y urgente tarea de desconcentrar la Presidencia de la República o si se quiere, los niveles superiores de la Administración Pública, para lo cual debe revalorizarse la función ministerial.

Sólo un gran poder ministerial podrá poner orden sectorial ante el gran desmembramiento que se ha operado en la Administración Nacional, con la creación de tantos institutos autónomos y empresas del Estado.

En una Administración Pública que cada vez más se ha tornado compleja y omnipresente, por tanto, es indudable que otros de los retos planteados es el de la desconcentración administrativa, de manera que los diversos órganos del Gobierno Central asuman plenamente la conducción de los diversos sectores administrativos, y se traslade, además, el poder de decisión de los asuntos nacionales que conciernen a regiones o ámbitos locales, a las unidades de la Administración Nacional en dichos espacios regionales o locales.

Se impone, por tanto, la realización de un amplio proceso de delegación de atribuciones y de desconcentración administrativa, con el objeto de hacer presente, efectivamente, a la Administración Pública en todos los sectores y en todos los niveles territoriales, descongestionándose los niveles centrales nacionales.

En particular, la desconcentración de la Administración Nacional como política de modernización del sector público, exige un esfuerzo de definición sectorial de las tareas administrativas que, en muchos casos, carecen de una integración orgánica. Pero ello, por supuesto, exige de planificación tanto para precisar los sectores de actividad pública que requieren de integración orgánica, como para adaptar las propias estructuras administrativas al esquema sectorial.

5. La redefinición de la Administración descentralizada funcionalmente

La multiplicación de entes descentralizados en el nivel nacional de nuestras Administraciones Públicas con las más variadas formas y denominaciones jurídicas (institutos autónomos, establecimientos públicos, servicios autónomos, fondos, empresas del Estado, etc.), y que tienen a su cargo la prestación de servicios públicos o la realización de actividades productivas y comerciales de la más variada naturaleza, aparte de las exigencias de redimensionamiento y reducción del sector público que en la actualidad plantea, ha originado un grave problema de ejecución en las políticas públicas, que requiere solución a través de programas de modernización que persigan redefinir la Administración descentralizada.

En efecto, en la actualidad puede decirse que el principal problema organizativo y funcional de nuestras Administraciones Públicas, está en esta inflación administrativa de institutos autónomos y empresas del Estado, la cual ha dado origen a un crecimiento desmesurado de la Administración Descentralizada, en perjuicio, política y administrativamente hablando, de la Administración Central o Ministerial. Por ello, un proceso de modernización del sector público en este campo es imprescindible, y debe perseguir, entre otros aspectos, los siguientes objetivos:

En primer lugar, definir los niveles de gobierno y ejecución de dichas políticas públicas, de manera que exista una adecuada integración entre el Gobierno Central y los entes descentralizados de ejecución. Estos tienen que estar sometidos a la conducción política del Gobierno Central, particularmente a través del Ministro Sectorial, pudiendo considerarse que han fracasado en nuestro medio los intentos de su adscripción a entidades puramente financieras o a organizaciones multisectoriales de empresas estatales. La sectorialización de la Administración Pública y la desconcentración de los niveles superiores del Poder Ejecutivo en los Ministros, como órganos de gobierno sectorial, tiene que implicar el que éstos asuman realmente la totalidad del gobierno de los sectores, por lo cual deben adscribirse a cada Ministerio Sectorial, los entes descentralizados correspondientes. Sólo en esta forma, y con la participación efectiva de todos esos entes, puede asegurarse el desarrollo de una planificación sectorial.

En segundo lugar, en cada sector resulta indispensable organizar la globalidad de los entes descentralizados, en complejos institucionales, de manera que respondan en conjunto a los estímulos gubernamentales y contribuyan a la racionalización de los recursos. La figura del holding público que ha probado su efectividad en la organización de sectores productivos estatales del área de las industrias básicas, como por ejemplo, en Venezuela, la industria petrolera nacionalizada, debería servir de ejemplo en este proceso de modernización. Ello, además de requerir de un proceso planificado, a la vez es la garantía para una adecuada planificación sectorial. Por supuesto, también en este caso, las medidas de modernización de la Administración Descentralizada, requieren de un proceso de planificación, que permita su ejecución en un mediano y largo plazo, para lo cual, de nuevo, es necesario asegurar continuidad administrativa y contar con estabilidad política, definiendo áreas prioritarias para las reformas.

6. La revalorización de la planificación

Aparte de la necesidad de reforzar el papel del sistema de planificación para la ejecución de las políticas públicas, tanto en el corto plazo relacionado con el sistema presupuestario, y en el mediano plazo como reflejo de la política de desarrollo económico y social, a pesar de los fracasos de la planificación en los últimos lustros y de su relegamiento en muchos países, una de las medidas indispensables de modernización del sector público tiene que ser las revalorización de la planificación, particularmente para lograr la propia modernización propuesta.

Las características estructurales y funcionales del sector público que pueden identificarse en nuestro país y a las cuales nos hemos referido anteriormente, sin duda, en buena parte, son el resultado de la ausencia de planificación. En esta forma, la expansión administrativa que caracteriza nuestro Estado, en sus dos vertientes de inflación organizacional del sector público e intervencionismo estatal exagerado, no han sido, evidentemente, el resultado de una política planificada. Todo lo contrario, han sido el ejemplo más característico de la ausencia total de planificación.

En el mismo sentido, el proceso de centralización que ha sufrido nuestro Estado, en perjuicio de las autonomías regionales y locales, no ha sido resultado de un proceso planificado; así como tampoco lo ha sido, el fenómeno de descentralización funcional.

Al contrario, la proliferación de institutos autónomos, establecimientos públicos y empresas del Estado de toda índole y en todos los sectores, ha sido el ejemplo más característico, por desordenado y por su motivación circunstancial y espasmódica, de la ausencia total de planificación.

Ello ha producido esa percepción de pérdida de rumbo y distorsión de fines en que muchas veces ha caído nuestro Estado, y que entorpece la ejecución de políticas públicas e incluso su propia definición.

Por ello, las fallas de funcionamiento del sector público que hemos identificado, sin duda, exigen revalorizar el sistema de planificación, tan desprestigiado, y convertirlo en el principal instrumento de conducción y ordenación del sector público. Por supuesto, como tiene que estar basado en políticas y estrategias de largo plazo, la planificación no sólo debe o puede ser una técnica desarrolladla por el Poder Ejecutivo, sino que en ella tiene que intervenir el Congreso, como órgano de representación popular. Sólo así podría asegurarse la debida continuidad en el mediano y largo plazo.

Por otra parte, para plantearse la sola tarea de modernización del sector público, en los aspectos mencionados de su redimensionamiento, de desregulación de las actividades de los particulares, de descentralización política y administrativa y de redefinición de la Administración descentralizada funcionalmente, es necesario tener clara conciencia de que ello no puede ser un proceso que pueda ser ejecutado en el corto o mediano plazo, sino en el largo plazo, para lo cual la planificación de dicho proceso de modernización es indispensable. De allí también la necesaria revalorización del sistema de planificación.

7. La creación de una burocracia profesionalizada

El gran problema de la Administración Pública en nuestro país ha sido el que no hayamos podido crear en ella, una burocracia profesionalizada que asuma la gerencia pública. Muchos factores han contribuido a este mal, y entre ellos, la inestabilidad política y la consecuente falta de continuidad administrativa, y el control del funcionario por los partidos políticos, al punto de que los funcionarios son nombrados más por lealtad al partido que por sus méritos y capacidades. El tiempo ha llegado, sin embargo, para que en nuestro país, se plantee como condición indispensable para asegurar el desarrollo de nuestra sociedad y la eficiencia del sector público, la necesidad de establecer una burocracia profesionalizada, basada en el mérito. En esta materia, un límite tiene que establecerse al Estado de Partidos.

En todo caso, debe tenerse en cuenta que las reformas tendientes a establecer un sistema de administración de personal y carrera administrativa, tan expandidas en toda América Latina a partir de los años sesenta, incluyendo Venezuela, definitivamente no han servido para crear un adecuado y moderno cuerpo gerencial público, y básicamente han servido para dar estabilidad y derechos sociales a servidores de bajo nivel en la escala administrativa, no pocas veces ineficientes.

Siendo el empleo público, en nuestro país, un medio generalizado de mitigar el desempleo, o de primera experiencia para los jóvenes profesionales, lo cierto es que al éstos adquirir experiencia salen hacia el sector privado, siendo difundido el criterio de que la permanencia prolongada en el sector público es signo de incompetencia profesional. Un gran esfuerzo institucional debe realizarse para trastocar este bajo valor que la función pública tiene en la comunidad nacional, para lo cual deben diseñarse medidas y estrategias tendientes a modernizar la función pública, mediante su profesionalización, particularmente en los niveles gerenciales, en los cuales debe asegurarse estabilidad, continuidad y promoción en base a méritos. Este, por supuesto, más que un programa de modernización de carácter meramente administrativo, también es de carácter político, pues en sociedades democráticas, dada la importancia y papel de los partidos políticos y la alternabilidad de los gobernantes, la ausencia de profesionalización, la inestabilidad y la promoción basada en favoritismos partidistas ha sido la principal causa de la ausencia de una verdadera burocracia profesionalizada.

Algunas excepciones fundamentales, por supuesto, se pueden identificar y como ejemplo de ellas, está el sector de la industria petrolera venezolana nacionalizada desde 1975, el cual siguió con las mismas bases de política de personal que existían en las empresas concesionarias. Sin duda, siguiendo ese ejemplo, en Venezuela, la Comisión Presidencial para la Reforma del Estado presentó al Gobierno y a la opinión en 1986, unas "Bases Preliminares para establecer un Acuerdo Nacional para la profesionalización de la Gerencia Pública en Aéreas fundamentales para el Estado", entre las cuales están las industrias básicas y servicios públicos fundamentales y las áreas estratégicas comunes a toda la Administración.

Entre las medidas de profesionalización que se plantearon en dicho documento se destacan, la implantación de "una política de promoción que asegure el desarrollo de los cuadros gerenciales y que premie el esfuerzo, la dedicación y la competencia de trabajo"; la "adopción de escalas de remuneración cónsonas con las condiciones prevalecientes en el país entre los estratos gerenciales del sector privado" para "mejorar la capacidad de competencia del Estado en el mercado de los recursos humanos, asegurándole a sus funcionarios de nivel gerencial, escalas de remuneración acordes con sus calificaciones"; y el "acordar normas que hagan la estabilidad en la carrera gerencial una situación bien definida, con reglas de juego claras y precisas y no como un hecho azaroso, sujeto a los vaivenes político-partidistas" (COPRE, Proyecto del Acuerdo de Profesionalización de los niveles directivos y supervisorios en el sector público, Caracas 1986). El Estado de Partidos (gobierno y partido de gobierno) sin embargo, poco caso hizo a la propuesta.

En todo caso, en el momento actual el desarrollo del sector público en Venezuela, donde incluso es necesario adoptar decisiones en áreas prioritarias para su modernización de cumplimiento en el mediano y largo plazo, es indispensable crear esta gerencia pública profesionalizada, como condición *sine qua non* de efectivo progreso.

8. El aumento de la productividad social en el sector público

La década de los ochenta, además de haber sido testigo de una expansión inusitada del sector público, ha presenciado la crisis económica generalizada de nuestro país provocada, entre otros aspectos, por el endeudamiento externo. Los recursos e ingresos del sector público no podrán seguir creciendo en el futuro al ritmo precedente, y consecuencialmente, el gasto público tendrá también que detenerse en su crecimiento. De allí la imperiosa necesidad de plantearse como política de modernización, el aumento de la efectividad social del sector público, en el sentido de que sus actuaciones deben ser productivas en términos sociales. La relación entre el costo de las organizaciones y los resultados obtenidos, generalmente inefectivos, debe ser trastocada con el objeto de obtener mejores resultados de los servicios existentes. Por tanto, este aumento de la productividad o efectividad social, impone como tarea el que sin contar con nuevas inversiones, se mejoren los resultados, para lo cual, dentro del actual contexto social, político y económico, debemos idear y diseñar las fórmulas adecuadas.

CONCLUSIONES

De lo anterior resulta, por tanto, no sólo lo esencial que continuará siendo para nuestro futuro desarrollo, la Administración Pública, sino que si el país no asume definitivamente y con seriedad su reforma y transformación, perderemos cada vez más posibilidades futuras de avance y modernización.

La Administración Pública en un país donde el ingreso fundamental sigue siendo el ingreso petrolero como Venezuela, sin duda, continuará siendo un factor esencial para la distribución y redistribución del ingreso. Sin embargo, ya el tiempo ha llegado en que sepamos deslindar lo que necesariamente debe ser asumido por el Estado y su Administración y lo que debe ser dejado a la iniciativa particular. De allí el gran esfuerzo que debemos realizar en el futuro por deslastrar la maquinaria administrativa y dejar hacer más a los particulares.

Ello implica también, sin duda, poner límite al Estado de Partidos en su control sobre su propia Administración Pública, cuyas políticas, sin duda, en más de una oportunidad, han tendido a beneficiar a amigos o grupos vinculados al partido de gobierno.

Pero solucionar cualesquiera de los problemas de nuestra Administración Pública, sin duda, exige enfrentar el de la creación de una burocracia profesionalizada, lejos de la garra de las cúpulas partidistas, capaz de conducir coherentemente la marcha administrativa del Estado. De nuevo aquí, los partidos políticos tienen que comprender en que un límite a su actuación, tiene que estar impuesto por el manejo de la Administración Pública del Estado, particularmente en el área de la burocracia o gerencia pública, que debe ser profesionalizada.

Sección Segunda: LA ADMINISTRACIÓN PÚBLICA Y SUS PROBLEMAS ACTUALES (1982)

El texto de esta Sección es el del Capítulo Séptimo del libro *El Estado. Crisis y Reforma*, Academia de Ciencias Políticas y Sociales, Caracas 1982.

Hemos hablado anteriormente, del sistema político y de sus problemas actuales; quisiéramos ahora, referirnos a la Administración Pública Venezolana y algunos de sus problemas actuales. En particular, quisiéramos analizar cinco aspectos que creemos que podrían configurar una identificación de problemas fundamentales en la Administración Venezolana. Estos son, en primer lugar, el problema de la centralización nacional; en segundo lugar, la concentración administrativa; en tercer lugar, los problemas de la integración sectorial de la Administración; en cuarto lugar, los problemas de su integración funcional; y en quinto lugar, comentar algunos problemas relativos a la gestión de la Administración. Analizando estos aspectos, estimamos que se pueden identificar los más importantes problemas que tiene la Administración Venezolana en la actualidad.

I. LA CENTRALIZACIÓN ADMINISTRATIVA

El primer problema de nuestra Administración Pública es el de la centralización, no sólo política, como hablábamos anteriormente, sino administrativa, a pesar de la forma federal del Estado. En efecto, no sólo hay una excesiva centralización política a nivel nacional, sino que, esta centralización también se refleja en materia administrativa, pues se ha concentrado en el centro y en la Administración Nacional todo el poder político, todo el poder administrativo y todo el poder jurídico de la Nación.

La centralización administrativa tiene su origen en la distribución peculiar de competencias que trae la Constitución Nacional. Materialmente, el artículo 136 de dicho texto, concentra en manos del Poder Nacional casi todas las competencias públicas, salvo algunas de carácter municipal y que, en todo caso, no son exclusivas del Municipio, pues todas son concurrentes con el nivel nacional.

La Constitución, en efecto, aparentemente asigna muchas competencias a los Estados, porque le atribuye una competencia residual. En efecto, define las competencias nacionales e identifica las locales y agrega que todo lo que no corresponde al Poder Nacional o al Poder Municipal, corresponde a los Estados. Sin embargo, cuando uno analiza las extensas enumeraciones del artículo 30 y del artículo 136 del texto fundamental, se encuentra que queda muy poco que asignar a los Estados. Por ello, sólo un esfuerzo de imaginación como el que han hecho las Asambleas Legislativas de los Estados Aragua y Yaracuy, puede llevar a identificar, como en efecto se ha hecho, una serie de competencias que pueden ser asumidas a nivel estadal. En todo caso, aún cuando existan algunas competencias locales de orden municipal y aún cuando puedan llegar a identificarse competencias a nivel de los Estados, lo cierto es que ha habido, en la práctica administrativa y legislativa una tendencia creciente a la centralización.

1. La tendencia centralizadora en la práctica administrativa y legislativa

Tomemos, por ejemplo, el caso de las Corporaciones de Desarrollo Regional, ¿Qué han significado? Estimamos que contrariamente a lo que parecen, han sido factores para centralizar administrativamente al Estado, es decir, han sido factores de centralismo. No olvidemos que las Corporaciones de Desarrollo Regional son instrumentos del Poder Nacional que actúan en cada región; materialmente se han configurado, en unos casos, como un enclave del Poder Nacional en la Región y en ellas no han participado las autoridades locales. Al contrario, normalmente, las Corporaciones de Desarrollo Regional han actuado al margen de los Gobernadores y de las Asambleas Legislativas, y los grandes esfuerzos que se hicieron para reorientar el proceso de regionalización administrativa entre los años 72 y 74 para hacer participar en el mismo a los Gobernadores y a las Asambleas en el proceso regional, luego se abandonó. En algunos casos, inclusive, ciertas Corporaciones de Desarrollo Regional actuaron como especies de "virreinatos" nacionales, y desarrollaron su actividad más en beneficio del país y no de la región respectiva, quedando los Estados de la misma, relativamente relegados.

Otro ejemplo de la tendencia hacia la centralización administrativa está en la Ley Orgánica de Coordinación de la Inversión del Situado Constitucional con planes que desarrolla el Poder Nacional. La Ley de Inversión del Situado del año 1974, reformada recientemente, es uno de los más claros instrumentos de centralismo que se han dictado en el país. En efecto, si bien tradicionalmente ha habido una dependencia de los Estados respecto del Poder Central derivado del Ingreso Presupuestario, esta dependencia se acentúa ahora por los mecanismos de coordinación previstos en dicha Ley, los cuales en realidad, no son mecanismos de coordinación de la inversión, sino más bien de imposición de la inversión. Los planes, en efecto, normalmente se elaboran a nivel central y se imponen a los Estados, siendo difícil concebir a un Estado discutiendo los programas; y cuando se intentó establecer, como en el caso de la nueva Constitución del Estado Aragua, que la Asamblea Legislativa debía conocer los programas que el Gobernador debía someter a la Comisión respectiva para coordinación a nivel nacional, se opuso el Poder Ejecutivo Nacional a través del Gobernador del Estado, y hubo que aclarar, mediante una reforma del texto constitucional, qué era, realmente lo que se quería. Se admitió, en definitiva, que la Asamblea tenía derecho a ser informada previamente por el Gobernador y aprobar los programas que éste debía llevar a la Comisión de Coordinación. Realmente, es elemental, que la Asamblea tenga la función de definir las prioridades de desarrollo del Estado. De lo contrario, habría que pensar seriamente en su eliminación, para no seguir con el absurdo de una centralización federal, que no es ni una cosa ni otra.

Por otra parte, ha habido también una tendencia centralizadora, en la práctica administrativa, en las relaciones entre el Poder Central y el ámbito local. En efecto, la Constitución asigna a los Municipios diversas competencias enumeradas en el artículo 30; pero todas esas competencias constitucionales asignadas al Municipio, son competencias que, además, se asignan en forma concurrente al Poder Nacional. Así, toda esa larga lista de competencias enumeradas en el artículo 30 de la Constitución: Urbanismo, Policía, Asistencia Social, Turismo, etc., son competencias que se asignan, también, concurrentemente al Poder Central. Por ello, en definitiva dependen de lo que el Poder Nacional establezca. Por ejemplo, si bien la competencia en materia de urbanismo es una competencia municipal, la Ley Orgánica de la Administración Central de 1976 y la Ley de Régimen Municipal han establecido una alta injerencia nacional en la ordenación urbanística, hasta el punto que se piense, por algunos, que los planes de zonificación de las ciudades, deben ser aprobados por el Ministerio de Desarrollo Urbano. Realmente ello es absurdo. ¿Cómo puede centralizarse en un Ministerio en Caracas, la aprobación de las ordenanzas de zonificación de cualquier ciudad? Esta interpretación podría conducir, sin duda, a la paralización del desarrollo urbano.

En todo caso, se nota una tendencia creciente a la centralización no sólo en la práctica administrativa contemporánea sino también en la legislativa, pues no sólo centraliza la Administración, sino que también centraliza al Congreso, en las leyes que dicta. Por ejemplo, en la Ley Orgánica de Régimen Municipal se estableció una larga lista de competencias municipales, siguiendo la orientación del artículo 30 de la Constitución, pero se agregó que cuando un servicio se preste, a la vez, en más de un Municipio, corresponde a la competencia nacional. Piénsese sólo en el servicio de electricidad o en el servicio de distribución de agua. En el mundo contemporáneo, es muy difícil imaginar una autarquía absoluta a nivel local, sobre todo en esos servicios en los cuales siempre habrá una interconexión. Igual situación ocurre con los servicios de transporte urbano en las Aéreas Metropolitanas, como Caracas, que abarca tanto al Distrito Federal como al Distrito Sucre. En todos estos casos, los servicios serían de la competencia nacional, y ha sido la propia Ley la que ha dado pie para centralizar absolutamente todos los servicios.

Otras prácticas legislativas también nos han llevado a la centralización. En efecto, en la Constitución puede decirse que, dentro de su propio sistema de descentralización territorial, existe un sólo supuesto en el que se admite la centralización, y es el regulado en el artículo 136, ordinal 16 en relación a los servicios vinculados a la salud de las personas. Este artículo, en realidad, habla de la posibilidad de que una ley "nacionalice" los servicios de salubridad, pero se utiliza la expresión "nacionalizar" en el sentido de transferir el Poder Nacional materias de competencia local. Recientemente se ha utilizado este mecanismo centralizador con los servicios de Aseo Urbano del Área Metropolitana. En esta materia, por las deficiencias del servicio, en vez de resolver el problema a nivel local, lamentablemente se acudió a la vía fácil de centralizar y se creó un Instituto Autónomo para el servicio de aseo urbano en dicha área. De lo anterior resulta claro que en nuestro país ha habido una tendencia centralizadora no sólo plasmada por el esquema constitucional, sino derivada de la práctica legislativa y administrativa. Esta clara tendencia al centralismo ha producido una serie de consecuencias en la Administración Pública Venezolana.

2. Consecuencias en la Administración Pública: el paternalismo administrativo

La primera y más destacada consecuencia del centralismo administrativo ha sido un excesivo paternalismo del Estado Nacional, no sólo frente al ciudadano y al particular que no participa sino que sólo recibe, sino frente a los diversos niveles de las estructuras del Estado. En efecto, los Estados y Municipios también, sólo reciben, no participan, ni en el poder político ni en el poder administrativo. Reciben, a lo sumo, mendrugos pero no competencias, poderes o atribuciones.

Esta situación ha conducido a una excesiva dependencia de los Estados y Municipios respecto del Poder Central, tanto desde el punto de vista financiero, como del administrativo, con otra consecuencia: el debilitamiento progresivo de la Administración Estadal y de la Administración Municipal. Estas, a veces, se han convertido en administraciones inútiles por la ausencia de materias sobre las cuales actuar y por la reducción de competencias a materias de carácter político y policial. El mencionado vaciamiento que se ha operado de las competencias de los Estados, como se ha señalado, ha debilitado la Administración Estadal. Lo mismo ha ocurrido con la Administración Municipal.

Esto ha provocado otras consecuencias administrativas, y entre ellas, el alejamiento de la Administración respecto del ciudadano. El ciudadano no sólo no participa, sino que no puede controlar y no tiene acceso a la Administración. Lamentablemente, los niveles intermedios, estadal o municipal, que podrían ser excelentes mecanismos de participación ciudadana en la Administración, al haber sido debilitados progresivamente, se le ha quitado a los ciudadanos la posibilidad de participar.

Pero el centralismo administrativo provoca, además, otras consecuencias. Una de ellas es la vulnerabilidad de la Administración frente a los grupos de presión, la cual es mayor en Administraciones centralizadas. En éstas, en general, hay un sólo blanco al cual atacar y presionar y no varios que puedan estar, inclusive, dispersos territorialmente. Esta centralización, sin duda, facilita la penetración de los grupos de intereses y de presión.

Por otra parte, este centralismo produce, también, otra consecuencia comentada anteriormente: una distorsión de las políticas estadales, pues no siempre se decide, a nivel nacional, lo que es realmente más conveniente para las comunidades del interior del país. No puede el Poder Nacional, desde Caracas, decidir cuales son o han de ser las prioridades de los Estados. Por ello, las decisiones adoptadas a nivel nacional, por ejemplo, en materia de inversión coordinada del situado constitucional sobre lo que es más conveniente o prioritario para los Estados, en nuestro criterio, lleva a que se distorsione la política estadal. Esta distorsión se está sufriendo en áreas como la del desarrollo urbano; ¿cómo puede concebirse que el plan de desarrollo urbano de cualquier ciudad del interior se elabore en Caracas, en las Oficinas del Ministerio de Desarrollo Urbano? En nuestro criterio, esta práctica ha distorsionado la planificación urbanística, la cual en muchos casos se ha reducido a la elaboración de grandes planos muy coloreados, pero inaplicables, pues muchas veces se elaboran sin que ni siquiera se conozca física y socialmente la ciudad que se pretende planificar. No es infrecuente constatar, tanto en materia de desarrollo urbano como de ordenación de territorio, esta práctica de definir en planos áreas determinadas de uso de la tierra sin ni siquiera saber qué es lo que existe en la realidad. Así se han definido áreas industriales, de viviendas y agrícolas, y resulta que confrontados los planos con la realidad, se encuentra que existe una situación distinta a la que se dibuja.

Pero el centralismo administrativo, además, produce otra consecuencia: la corrupción, por el excesivo poder concentrado a nivel de ciertos funcionarios y por la irresponsabilidad de éstos. Si la decisión administrativa depende de un sólo centro de poder, no controlado o mal controlado, será más fácil el desarrollo de prácticas ilícitas.

3. El reto de la descentralización

En todo caso, estimamos que la única forma de atender efectivamente un país que se ha tornado cada vez más complejo y cuyos problemas no pueden, simplemente por imposibilidad física, ser atendidos desde Caracas, es descentralizando el Poder Administrativo. Sin embargo, sabemos que no es fácil la descentralización, pues no es fácil desprenderse del poder que se tiene, por más mínimo que sea. Además, se trata de una tarea realmente complicada y difícil y a la vez riesgosa. Ciertamente, el camino fácil es el del centralismo, pues se cree que centralizando se soluciona todo; en cambio, el camino más difícil y riesgoso es descentralizar, porque en él se plantea un círculo vicioso: a veces no se descentraliza, porque se estima no hay recursos humanos suficientes a nivel local o a nivel regional para atender los asuntos públicos; pero no habrá nunca allí recursos humanos suficientes, si no se descentraliza el poder administrativo. Este es un círculo que hay que romper en algún momento, corriendo el riesgo calculado de la descentralización, pues si hubiese poder de decisión a nivel estadal o municipal, habría posibilidad de atraer recursos humanos para las labores administrativas.

Al contrario, si una entidad local y aún, una dependencia de un ministerio a nivel regional, por ejemplo, no tienen ningún poder de decisión, sino simplemente son canales o correos para el centro, no se encontrará personal y recursos humanos competentes para ir al interior. En todo caso, la decisión de descentralizar es una decisión que debe tomarse conscientemente. No se puede descentralizar, improvisando; por lo que se requiere un amplio estudio e investigación de la realidad administrativa del país, lo cual no se está haciendo.

Por otra parte, el principio de la descentralización administrativa es un principio constitucional, expresamente previsto y nunca usado. La Constitución, en efecto, establece en el artículo 137 que el Congreso, mediante Ley podrá transferir competencias nacionales a los Estados y Municipios para promover la descentralización administrativa. Este es el único artículo constitucional en el cual se utiliza el término descentralización administrativa. Sin embargo, jamás se ha dictado ley alguna de descentralización y jamás se ha propuesto ley alguna al Congreso para descentralizar.

Esto significa que jamás se ha estudiado, realmente, qué puede descentralizarse y qué puede llevarse al Congreso como proyecto; o sea no ha sido objeto de análisis y estudio, entre otros factores porque no hay en nuestro país una capacidad de investigación administrativa instalada ni desarrollada para estudiar estos problemas. La que había y que existía en torno a la Comisión de Administración Pública, fue insensatamente desmantelada entre 1975 y 1976.

II. LA CONCENTRACIÓN ADMINISTRATIVA

Además de la centralización administrativa, el segundo de los problemas de la Administración Pública Contemporánea en Venezuela, vinculado a lo anterior, es el de la concentración administrativa.

1. La concentración presidencial y ministerial

En efecto, además de que todo está centralizado a nivel nacional, en la Administración Pública Nacional, puede decirse que también todo está concentrado en los niveles superiores del Poder Ejecutivo. Ha sido tradicional en Venezuela, que nuestro sistema presidencial se haya deformado, no en un presidencialismo como se lo califica erradamente, sino en una concentración presidencial. En efecto, antes que presidencialismo lo que ha habido es concentración presidencial y eso es lo que ha dado un poder excesivo al Presidente de la República. En esta forma, con la centralización a nivel nacional y con la concentración en los niveles superiores del Ejecutivo, el Presidente ha tenido un poder más allá de lo que exige una sana administración. Por otra parte, el país tanto político como nacional, se ha acostumbrado a que el Presidente de la República tiene que saber de todo, opinar sobre todo y decidir todo. Esto ha conducido, incluso, a que los Presidentes no se reúnan con destacados asesores. Lo demuestra la práctica política que, incluso, llevaría a calificar de incompetente al Presidente que se le ocurra tener un Cuerpo de Asesores permanentes. Lamentablemente, por ello, en Venezuela no hay Asesores Presidenciales, que es lo común y lo normal en cualquier país del mundo. Aquí hemos obligado al Presidente a bastarse por sí sólo, y a hacer un esfuerzo realmente insólito. Se han olvidado los Presidentes que la mejor regla de gerencia es que el gerente se rodee de especialistas que sepan más que él en sus respectivas especialidades.

En todo caso, la concentración presidencial ha llevado, también a la concentración ministerial y lo antes expresado respecto del Presidente sucede también a nivel del Ministro. Este, también, parecería que debe saberlo todo y conocer hasta el mínimo detalle de su Despacho. Pero la concentración administrativa se ha producido también en los Gabinetes Sectoriales. En efecto, establecidos en la Ley Orgánica de la Administración

Central, como medio para desconcentrar el Consejo de Ministros, ahora se han convertido en centros de concentración administrativa pues los Ministros, ahora, en muchos casos, no deciden los asuntos de su competencia, sino que los llevan al conocimiento del Gabinete Sectorial. Entonces, en lugar de ser, el Gabinete Sectorial, un elemento de desconcentración del Consejo de Ministros, se ha convertido en un factor de concentración.

2. La práctica administrativa de la concentración: concentración funcional

La concentración administrativa, además, ha sido alimentada por la práctica administrativa del sistema presidencial, del centralismo y de la ausencia de delegación, y se produce, no sólo en los ámbitos ministeriales y sectoriales tradicionales, sino también en los niveles funcionales. Por ejemplo, en materia de planificación, hemos tenido una tendencia permanente a la concentración administrativa. CORDIPLAN ha querido planificar todo en sus 24 años de existencia. Por ello, los Planes de la Nación han sido más bien, Planes de CORDIPLAN porque han sido planes hechos en CORDIPLAN, con muy poca participación de los organismos interesados. Así, ha sido tradicional que en la elaboración del Plan, intervengan muy poco, salvo para suministrar información, los organismos sectoriales de planificación. Todo el esfuerzo que se hizo en los inicios de los años 70 cuando existía la Comisión de Administración Pública y se hablaba de Reforma administrativa, -ya nos olvidamos de ello-, buscaba reforzar esas oficinas sectoriales de planificación, de manera que los planes sectoriales se hiciesen en los sectores ministeriales. Así se reforzó -recordamos mucho- por ejemplo, la Oficina de Planificación del Sector Agrícola y del Sector Salud. Lamentablemente, aquel esfuerzo fue aislado; estas oficinas sectoriales de planificación fueron progresivamente minimizadas y se ha concentrado aún más la planificación en CORDIPLAN.

Ahora bien, un plan en el cual no ha participado la Administración Pública, es un plan que está condenado a la inejecución y es el desiderátum de nuestros planes. Estos no son ejecutados, porque la Administración no los siente como suyos, ya que no ha participado, realmente, en su elaboración. Por supuesto, si esta concentración se produce a nivel nacional respecto de los Ministerios, en materia de planificación se produce, también, respecto a los niveles estadales y locales. No tenemos una auténtica planificación regional, porque CORDIPLAN pretende hacer la planificación regional desde Caracas, lo cual es imposible. Aquellos esfuerzos de elaboración de planes regionales que condujeron a principios de la década de los setenta, a la elaboración, en las regiones, por ejemplo, del Plan de la Región Zuliana, o del Plan de la Región de los Andes, no se han seguido desarrollando.

3. Consecuencias de la concentración administrativa

Esta concentración administrativa tiene toda una serie de consecuencias: Por una parte, la excesiva lentitud administrativa provocada por el hecho de que todo tiene que llegar al nivel superior para la obtención de una decisión. De allí la gran tragedia del ciudadano común al enfrentar la Administración: la ausencia de decisión. Como resultado de esa complejidad, la ineficiencia consecuencial, y la sombra de la corrupción que aparece cuando se clama por una decisión rápida.

4. El reto de la delegación y desconcentración

Frente a la concentración administrativa también se impone, como remedio, una transferencia de poderes y competencias de los niveles superiores hacia los niveles inferiores. Por ello, una gran política de delegación de atribuciones de los niveles superiores a los inferiores y de desconcentración de niveles nacionales hacia los niveles regionales, es, también, el segundo gran reto que tiene planteado la Administración Venezolana. Para ello, también, debe vencerse el mismo círculo vicioso que existe en materia de descentralización. El Ministro generalmente no delega en los Directores porque, piensa, no tienen competencia para ello, pero nunca podrá conseguir un Director competente, mientras éste no tenga poder de decisión. No olvidemos que este círculo vicioso de la concentración ha llegado en ciertas épocas a extremos insólitos. En períodos de extrema concentración presidencial el problema se ha planteado a nivel de Ministros. Si el Presidente lo decide todo, ciertamente no va a encontrar un Ministro competente y si algo encuentra son amanuenses, pero no Ministros. Es relativamente simple: si un Ministro no tiene poder de decisión, difícilmente se encontrará la mejor figura para ocupar ese cargo. Al contrario, mientras más poder de decisión haya a niveles inferiores, más posibilidades habrá de conseguir y de reclutar recursos humanos adecuados, inclusive a nivel de Ministros.

Debemos señalar que nunca hemos creído en la idea de que nuestro país carezca de recursos humanos; siempre hemos disentido de ese criterio, pues pensamos que al contrario, tenemos muchos y buenos recursos humanos, que sin embargo no hemos aprovechado, porque no tenemos un sistema administrativo que lo permita. En todo caso, el problema de la desconcentración no es nada nuevo. En cualquier empresa, en cualquier organización, en cualquier nivel, por más pequeño que sea, de organización, surgirá el problema de la delegación y de la desconcentración, como forma gerencial para el funcionamiento eficiente de la organización.

III. LA AUSENCIA DE INTEGRACIÓN SECTORIAL

Pero a esos dos problemas de la centralización y de la concentración administrativa, se agregan otros relativos a la estructura y funcionamiento de la Administración. En materia de estructura administrativa podría decirse que un tercer problema de la Administración Pública Venezolana contemporánea es el de la ausencia de integración sectorial de la misma. En efecto, la Administración parecería que no responde a los fines que tiene el Estado, y en este campo sólo tenemos dos alternativas: o esos fines no se han definido, o no se ha definido una organización para ejecutarlos. La Administración Pública, por supuesto, como toda organización estatal, fue creciendo y desarrollándose a lo largo de un período de tiempo no planificado. Muchos Ministerios y organismos, tuvieron un surgimiento circunstancial, y fue la administración desorganizada e inorgánica que existía a finales de la década de los años sesenta, lo que nos llevó a plantear la necesidad de reformar la Administración venezolana, estableciendo un esquema sectorial de organización, que permitiera vincular, la organización con los fines que tenía el Estado en ese momento y que sigue teniendo en la actualidad. Se propusieron un conjunto de esquemas de carácter sectorial que luego fueron acogidos, parcialmente, en la Ley Orgánica de la Administración Central del año 1976.

1. Los problemas de la implementación de la Reforma Sectorial

La Ley, inspirada en el Plan de Reforma Administrativa de 1972, fue un paso importante en la reforma de la Administración Venezolana. A ella se le han formulado críticas, algunas de las cuales no tienen mayor importancia. Una de ellas se refiere al número de Ministerios. La Ley del año 1976 llevó de 13 a 17 el número de Despachos Ministeriales, y frente a ello se dijo esta Ley lo que hizo fue crear Ministerios. En realidad es una crítica necia. Ciertamente, en lugar de 17 Ministerios podría haber cuatro; depende de cómo los organicemos y para qué sirven. Un Ministerio es un instrumento de ejecución de políticas públicas de carácter sectorial. Por tanto, si se definen sectorialmente las actividades del Estado de acuerdo a sus fines, resulta que se puede crear un Ministerio por cada sector o grupo de sectores. Así, según la importancia de los sectores, el número de Ministerios podría variar, en Venezuela, de cuatro a veinte. El problema, entonces, no es un problema de números, sino de organización.

Sin embargo, en la organización de los Ministerios creados, al entrar en vigencia la Ley en 1977, si hubo problemas, los cuales surgieron por falta de visión administrativa: cuando se aprobó esta Ley en 1976, se tomó una medida paralela, el mismo día, y fue la eliminación del organismo de reforma administrativa, la Comisión de Administración Pública, que podría darle coherencia a la nueva organización ministerial. Lamentablemente, cada uno de los nuevos Ministerios, sobre todo los que surgieron de la partición del antiguo Ministerio de Obras Públicas, se organizaron y estructuraron, por su lado, aisladamente. Esto le dio una incoherencia inicial a la organización, lo cual se ha evidenciado en la actuación de esos Ministerios.

De resultas podemos afirmar que en la actualidad, después de algunos años de aplicación de la Ley, no existen autoridades ejecutivas plenas en ciertos sectores de actividad pública. Este resulta evidente, por ejemplo, en el sector de política industrial, en el sector de desarrollo urbano y lo que es más grave aún, en el campo de la política de ordenación del territorio. Lamentablemente, el Ministerio del Ambiente y de los Recursos Naturales Renovables no logra asumir el papel que la Ley Orgánica le asignó, de ser la autoridad nacional en materia de ordenación territorial.

En efecto, ¿qué implicaría, en la Administración Venezolana, que una organización sea la autoridad en materia de ordenamiento territorial?; pues que toda decisión que implique ocupación del territorio por parte del sector público debía ser aprobada por esa autoridad. Sin embargo el Ministerio de Transporte y Comunicaciones es el que preside el Gabinete Sectorial de Ordenación al Territorio, con lo cual ha quedado rota toda política de Ordenación al Territorio. En efecto, la conducción de la política de ocupación del territorio por la vialidad, significaría una distorsión de esa política, porque se definiría vinculada sólo por el medio de transporte. En todo caso, hemos visto como se inicia la construcción de un ferrocarril o se decide el trazado de una autopista, aisladamente, por el Ministerio de Transporte y Comunicaciones; el Ministerio de Fomento autoriza, también por su lado, la localización de las industrias, y los entes descentralizados hacen otro tanto. De resultas debemos concluir que en la práctica no hay una autoridad de ordenación del territorio. Si esto es así, entonces deberíamos preguntarnos, ¿para qué sirvió la reforma sectorial?

El mismo problema se presenta en otros aspectos: una auténtica autoridad de las aguas no existe; en materia de desarrollo urbano hemos visto los conflictos entre el MINDUR, el Ministerio del Ambiente y de los Recursos Naturales Renovables y el Ministerio de Agricultura y Cría, que ha llevado hasta a dictar unas resoluciones conjuntas, con lo que estamos, de nuevo, en el esquema que se quería evitar, y que se reflejaba en un titular de la prensa de hace algunos años cuando el Presidente de la República anunciaba con gran pompa que había comisionado a cinco Ministros para solucionar el problema del congestionamiento del Puerro de La Guaira. Precisamente, para simplificar este sistema de coordinación perpetua fue que se propuso, en este caso, la creación del Instituto Nacional de Puertos.

2. Los problemas de la coordinación

Ahora bien, para superar este sistema administrativo de la coordinación perpetua, fue que se formuló el Plan de Reforma Sectorial de 1972 y que guió a los proyectistas de la Ley de 1976. Sin embargo, en la práctica administrativa, lo que se quería superar y evitar con la integración sectorial, no se ha logrado totalmente.

Siguen existiendo problemas de desorganización sectorial y, por tanto, siguen existiendo los problemas de coordinación. No hay que olvidar que la coordinación es una función inherente a toda organización y a la Administración Pública. Sin embargo, cuando la coordinación se convierte en una tarea no sólo muy importante, sino esencial, ello sólo significa que la organización es inadecuada, pues mientras más necesitemos coordinar, menos organizados estamos; mientras más necesitamos comisiones de trabajo, equipos de estudio, consejos, comités y toda esa amplia gama de órganos colegiados, significa que menos organizados estamos, desde el punto de vista sectorial, es decir, que no tenemos, simplemente, una organización adecuada a los fines del Estado.

Por otra parte, mientras más comisiones se establezcan, más irresponsabilidad existirá, pues el sistema de comisiones y grupos de trabajo tiende progresivamente a que se agote el tiempo administrativo, en las reuniones de dichos cuerpos colegiados. Ello conduce, además, a una lentitud insoportable en el funcionamiento de la Administración.

En todo caso, esta ausencia o deficiencia en la integración sectorial que todavía tenemos, se plantea con caracteres más graves, en el campo de la administración descentralizada funcionalmente.

3. Las deficiencias de la Administración Descentralizada

En efecto, si un aspecto tiene importancia en la Administración Venezolana a nivel nacional, es el que está conformado por los entes descentralizados, es decir, los Institutos Autónomos y las empresas del Estado. No olvidemos que los Institutos Autónomos y empresas del Estado erogan, en la actualidad, el 75% del gasto público, incluyendo no sólo todo el gasto público nacional, sino también el estadal y municipal. Por tanto, sin duda, la Administración Nacional Descentralizada funcionalmente, es la parte más importante y más dinámica de toda la Administración Venezolana. Paradójicamente, sin embargo, la más desatendida. En Venezuela seguimos pensando en los Ministerios, como la parte administrativa más importante del Estado, como seguramente eran hace cincuenta años. Así, la Contraloría General de la República controla más o menos el 30% de las órdenes de pago de los Ministerios, con lo cual su ámbito de control se reduce al 5 por ciento del gasto público. Sin embargo, respecto de los Institutos Autónomos y Empresas del Estado no hay efectivo control. Parecería que nos hemos olvidado, que en 20 años, la composición de la Administración Pública Venezolana ha variado totalmente. Hace 20 años, el gasto de la administración descentralizada, empresas e Institutos Autónomos, sólo representaba un egreso del 25 o 30% del gasto público consolidado.

En veinte años hemos invertido la proporción, pero no nos hemos ocupado de la regulación y ordenación de la administración descentralizada. Reposa en el Congreso, desde 1974, un Proyecto de Ley de reforma de la Administración Descentralizada, inspirado en el elaborado por la Comisión de Administración Pública en 1972, que no logra ser aprobado y ni siquiera discutido por las Cámaras Legislativas. Por otra parte, debe indicarse que en el momento actual, no hay nadie ocupándose de este problema, ni a nivel del Ejecutivo Nacional ni a nivel del Congreso. Ciertamente, en Cordiplan, en los años recientes se hizo un inventario muy importante, como labor de información, para identificar los entes descentralizados, y se ha logrado establecer un censo de los mismos. Sin embargo, a ello se han reducido los esfuerzos de reforma administrativa en este campo en los últimos años. Lo cierto es que aún no se ha dictado la ley y en la actualidad, en el Ejecutivo, no hay ningún organismo ocupándose con seriedad de este problema. En particular, debe tenerse en cuenta que si existe, como lo hemos dicho, un problema de desintegración sectorial a nivel nacional en la Administración Central, ello también está planteado en la Administración Nacional Descentralizada. La superación de la desintegración sectorial en el campo de los entes descentralizados, se ha buscado, desde 1971, con la figura de los holding sectoriales públicos. Sin embargo, tenemos diez años hablando de holdings, pero aún no se ha logrado establecer ninguno, con excepción del que se estableció, con buen sentido, en el sector petrolero. De resto, por ejemplo, en el sector energía y minas tenemos cinco años hablando del holding eléctrico, y todos los estudios hechos, pero no pasa nada y no se ha adoptado la decisión. En este campo, creo que no hay, en general, discusión: todos los entes estatales del sector eléctrico, deberían estar agrupados en un holding eléctrico. Sin embargo, las pretensiones contrapuestas del Ministerio de Hacienda, del Ministerio de Energía y Minas, y del Ministro Presidente del Fondo de Inversiones, impidieron el surgimiento del holding eléctrico. He allí una muestra más de desintegración sectorial. Si la decisión hubiese estado en un Ministro encargado, efectivamente, del sector, dicha Casa Matriz Eléctrica quizás, ya estaría en funcionamiento.

Por otra parte, en la administración descentralizada además de este problema de la no integración sectorial de las empresas, existe otro más grave: la intervención de Ministros no sectoriales en el funcionamiento de las mismas. Es el caso, en la actualidad, del Ministerio de la Secretaría de la Presidencia. Este no es un Ministerio Sectorial, sino de coordinación ejecutiva, y mal podría tener adscritos entes descentralizados. Pero los tiene, particularmente los que conforman las Corporaciones de Desarrollo Regional. Inconvenientemente, el Ministerio de la Secretaría de la Presidencia, por ejemplo, pretende intervenir en el manejo de las empresas dependientes de la Corporación Venezolana de Guayana. Realmente, el manejo y gerencia de esas empresas constituyen un problema que corresponde al sector respectivo o a la propia Corporación de Desarrollo de Guayana pero no al Ministerio de la Secretaría, que no es una organización de integración sectorial ni de política sectorial.

Otro problema administrativo que tienen los entes descentralizados en Venezuela, además de esta penetración de Ministerios no sectoriales en la administración de las empresas del Estado, es el de la interferencia de entes financieros públicos en la gestión de las mismas. En efecto, estimamos que una de las grandes distorsiones que está sufriendo la administración descentralizada contemporánea en Venezuela, es la provocada por la penetración del Fondo de Inversiones de Venezuela en el manejo de las empresas del Estado. En efecto, está penetrando, desde el nivel del financiamiento, en las políticas de los entes sectoriales. Mutatis Mutandi sería como si desde un banco cualquiera, por el hecho de prestar dinero a una empresa, se vaya a decidir cómo y cuánto debe producir esa empresa. Esto es lo que ha comenzado a suceder con la actuación del Fondo de Inversiones de Venezuela y lo que ha sucedido, ya, en México, con la empresa Nacional Financiera. En México, sin embargo, se ha diagnosticado la situación derivada de esta penetración del ente financiero en las políticas de muchas empresas y se está dando marcha atrás a la tendencia, llevando las empresas a sus sectores, para que sea la autoridad correspondiente a éstos, la que defina las políticas sectoriales de las mismas.

IV. LA AUSENCIA DE INTEGRACIÓN ORGÁNICA DE LAS FUNCIONES ADMINISTRATIVAS

El cuarto de los problemas que queríamos comentar sobre la Administración Pública Contemporánea en Venezuela, es el de la ausencia de integración orgánica de las funciones administrativas. Por tanto, la desintegración no sólo se produce en los sectores, como señalábamos anteriormente, sino también en las funciones de la Administración. En efecto, uno de los grandes aportes del Programa de Reforma Administrativa de 1972, fue la identificación de las funciones administrativas separadas de los sectores de actividad pública. En esta forma, todas aquellas funciones administrativas como las de planificación, presupuesto, información, estadística y personal como tareas funcionales comunes a todos los organismos de la Administración se debían organizar separadamente de los sectores de actividad pública. Esta formulación, en nuestro criterio, fue uno de los buenos aportes de aquel programa de reforma administrativa.

Como consecuencia, frente a la idea de integrar, orgánicamente, estas funciones administrativas, separadas de los sectores de los Ministerios, resulta una contradicción absurda, por ejemplo, el que exista un Ministerio de Información y Turismo, como el creado por la Ley de 1976. Por un elemental motivo administrativo, constituye un contra sentido mezclar elementos administrativos que no son mezclables: un sector turismo, de integración administrativa vertical, con un sistema administrativo funcional, que es horizontal y que interesa a toda la Administración, como es la Información. Realmente, entonces, la funcionalidad de este Ministerio, depende del énfasis que en un momento determinado se dé al turismo o a la información o, como pasa ahora, que la información prevalece sobre el turismo. En todo caso, se trata de actividades administrativas que racionalmente no pueden mezclarse. Esto es lo que había sucedido, antes de 1976, con el Ministerio de Hacienda y el sistema de Presupuesto. En efecto, el Ministerio de Hacienda es un Ministerio Sectorial en cuanto a la acción del Estado en el sector finanzas, pero además, tradicionalmente tenía a su cargo, un sistema funcional: el presupuestario. Esta mezcla produjo que el Ministerio de Hacienda se hubiera convertido, a lo largo de la historia de la Hacienda Venezolana, en un Ministerio del Presupuesto, lo cual, además, le daba un peculiar poder e importancia. Sin embargo, los otros aspectos de las finanzas, y de la Hacienda Pública habían sido olvidados. Venezuela, por ejemplo, no conoce los bienes del Estado ni su patrimonio nacional. Lamentablemente, en nuestro país no sabemos cuáles son los bienes nacionales, entre otros aspectos porque, simplemente, la unidad administrativa encargada de los bienes nacionales, es todavía, una unidad ínfima integrada a la Dirección General de los Servicios del Ministerio de Hacienda. En realidad, la Administración no le ha dado importancia al patrimonio del Estado y a veces, el Estado hasta ha expropiado dos veces un mismo bien.

De esta situación surgió la idea de estructurar las Oficinas Centrales de la Presidencia, como entidades centrales de los diversos sistemas funcionales, que debían comandar las unidades funcionales respectivas de los diversos ministerios. Esto, si bien regulado en la Ley Orgánica de la Administración Central, aún no lo hemos logrado establecer. La planificación, por ejemplo, sigue concentrada en la Oficina Central, pero no se han fortalecido las Oficinas Sectoriales de Planificación, ni hemos logrado preparar, realmente, planes sectoriales. El presupuesto, lamentablemente, a pesar de que ya existe la Oficina Central de Presupuesto, sigue dependiente, de hecho, del Ministerio de Hacienda.

Por otra parte, a pesar de las previsiones de la Ley Orgánica de Régimen Presupuestario, no hemos logrado vincular el sistema de planificación con el de presupuesto. La idea de establecer las dos Oficinas Centrales en la Presidencia (Planificación y Presupuesto), conllevaba la de hacer del presupuesto un instrumento de ejecución del Plan. Al no haberse logrado estructurar la Oficina Central de Presupuesto en la Presidencia, no ha podido establecerse esta vinculación entre el Plan y el Presupuesto.

Otros sistemas funcionales están, todavía, por estructurarse, y si bien ya está en funcionamiento la Oficina Central de Estadística o Informática, aun ni siquiera se ha pensado en estructurar un sistema administrativo de documentación. Es frecuente que en nuestra Administración se repitan estudios e investigaciones, simplemente porque se ignora que ya se han realizado con anterioridad.

V. PROBLEMAS DE LA GESTIÓN ADMINISTRATIVA

Por último, dentro de los múltiples problemas de la Administración Contemporánea, están los relativos a la gestión administrativa en dos vertientes: la relación de la actuación administrativa con los particulares y el control de la gestión administrativa.

1. El secreto administrativo y los particulares

La práctica, en materia de actuación de la administración frente a los ciudadanos, ha sido de recelo permanente frente a los particulares, quienes salen perjudicados en sus derechos. La Administración sigue siendo una administración secreta, pues aún permanece como principio, el de la reserva de sus actuaciones y de sus archivos. La misma Ley Orgánica de la Administración Central declara, así, que los archivos de Administración son, por su naturaleza, reservados. Ante esto, el particular se encuentra frente al principio del secreto absoluto, no teniendo acceso a los expedientes y no pudiendo defenderse. Por ello, hasta hace poco no estaba asegurado, realmente el derecho a la defensa frente a la Administración, pues no se había garantizado en los procedimientos administrativos, el derecho a la audiencia del interesado, es decir, el derecho a ser oído. Por ello, el particular, en general había sido aplastado y avasallado por el Estado. La Ley Orgánica de Procedimientos Administrativos de 1981, sin duda, será la solución frente a estos problemas. Esta Ley la cual entró en vigencia en enero de 1982, sin duda, mejorará la situación de indigencia e indefensión administrativa absoluta en que se han encontrado los particulares frente a la Administración.

2. El control de gestión

Otro problema vinculado a la gestión administrativa, es el del control de la gestión administrativa. En nuestro país hemos desarrollado controles de todo tipo, menos el control de gestión. Por ello, en general, puede decirse que carecemos de un control del rendimiento del gasto público y del resultado de la gestión administrativa. El control se ha reducido a un mero control fiscal del gasto público, en el sentido de saber si el gasto efectuado corresponde al autorizado, pero no nos hemos interesado en saber si se gastó bien y si se lograron los objetivos programados. En este mismo sentido, en general, no ha habido, en nuestra Administración, estudios sobre costo y rendimiento de los servicios públicos, hasta el punto de que a veces cuesta más la actividad administrativa de tramitación de un pago que la cantidad reclamada. Un estudio serio sobre costo y rendimiento de la actividad administrativa, sin duda, conduciría a simplificar los procedimientos y las tramitaciones. Lamentablemente, no existe ningún organismo administrativo que esté realizando estos estudios e investigaciones.

Por último, en relación a la gestión, quizás el problema más grave, es el problema de la corrupción administrativa derivada del despilfarro y de la mala administración. Lamentablemente en nuestro país no hay sanción a la mala administración. Se persigue al ladrón de los dineros públicos, al menos verbalmente, pero nada le sucede al mal administrador, a quien a veces se premia con otros destinos públicos. Mientras siga existiendo esta irresponsabilidad administrativa que nadie exige ni sanciona, la corrupción seguirá siendo la sombra que cobija muchas actuaciones del Estado. La Ley Orgánica de Salvaguarda del Patrimonio Público sancionada en 1982, en este sentido, puede ser un útil instrumento para luchar contra el despilfarro.

VI. CONCLUSIÓN

Frente a todo este panorama administrativo, como conclusión, podemos hacer la misma reflexión que hacíamos anteriormente: tanto la reforma política como la reforma administrativa, no puede ser producto de la improvisación, y al contrario requieren de mucho estudio e investigación. Las grandes reformas institucionales, en cualquier país del mundo, han estado precedidas de amplios estudios e investigaciones. Para ello, el Estado debe realizar, promover y fomentar esos estudios, y debe crear y fortalecer los organismos públicos destinados a esas tareas. En nuestro país, lamentablemente, desde la eliminación de la Comisión de Administración Pública en 1976, parecería que nada de esto tiene importancia. Y sin embargo, de cuando en vez, se oye a algún Ministro hablar de la reforma administrativa, como si ella pudiera realizarse sólo mediante el ejercicio verbal estéril.

Sección Tercera: BUROCRATIZACIÓN E INEFICIENCIA EN LA ADMINISTRACIÓN PÚBLICA (1982)

El texto de esta Sección es el del Capítulo Octavo del libro *El Estado. Crisis y Reforma*, Academia de Ciencias Políticas y Sociales, Caracas 1982.

Al querer tratar el tema de la burocratización e ineficiencia de la Administración Pública venezolana, por supuesto, no vamos a referirnos a la experiencia venezolana en materia de reforma administrativa, por una parte, porque en nuestro país quedó un poco en la historia, por el abandono que desde 1976 sufrió el programa de Reforma Administrativa por parte del Gobierno Central, y por otra parte, porque ya hay suficiente material escrito sobre la experiencia venezolana, particularmente la desarrollada en los años 1969 a 1974.

Por tanto, si no vamos a hablar de reforma administrativa, lo que nos queda es tratar el tema de la desburocratización; y queremos señalar, desde el inicio, que este término, que fue acuñado a nivel de políticas públicas en Brasil, allí tuvo un origen histórico. En nuestro caso, el término lo que produce es confusión: no sabemos, realmente, qué se quiere significar con esto de la desburocratización, en la cual cabe de todo. Por eso vamos a tratar nosotros también de dar nuestra versión.

Por supuesto cuando uno habla de desburocratización, no se trata de un problema de reducción de funcionarios públicos, que es lo que se nos viene en el acto a la mente, ni de desmantelar un instrumento de dominación, como podría ser en otros sistemas donde existe una burocracia realmente establecida. Ojalá nosotros tuviéramos verdaderamente una burocracia para, así, comenzar a plantearnos el problema de la desburocratización.

En nuestro criterio, este término tenemos que vincularlo a la ineficiencia administrativa. Queremos insistir en ello, y quizás recordar cosas, aún cuando conocidas, no planteadas sistemáticamente, y que siguen teniendo importancia y vigencia. Y el tema que queremos comentar, inclusiva, se podría resumir en una frase: de la burocratización que hemos sufrido, en el sentido de ineficiencia administrativa, a la burocratización que necesitamos y que todavía no hemos realmente logrado, en el sentido de la estructuración de un cuerpo de funcionarios públicos con fines claramente identificados a los fines del Estado, y que puedan asumir el reto que el Estado y la Administración tienen en nuestros países, que es el reto del desarrollo y de la modernización en todos los niveles.

Nuestro sistema administrativo, nuestra Administración Pública, en efecto, ha perdido sus objetivos y fines y, por ello, es ineficiente. Tenemos, sí, fines públicos, pero a veces, inclusive, son fines internos, de gremios, pero no fines del Estado; de allí, insistimos, la ineficiencia e inefectividad de las acciones públicas.

Además, otro de nuestros grandes males, es la poca importancia que concedemos a los aspectos meramente administrativos, es decir, a ese aspecto mecánico y a veces instrumental y que, por mecánico-instrumental, no le damos la importancia política que merece. Por ello, al hablar de desburocratización, queremos hacerlo comentando, tanto el aspecto de la ineficiencia administrativa, como el de la política que debemos formular para despertar interés político en los problemas de nuestra Administración que son, en definitiva, problemas de gerencia pública, en los cuales, quizás, está nuestro freno más importante para el logro de las metas que tenemos planteadas. Esto, por otra parte, está conspirando contra nuestro propio sistema político, pues estamos perdiendo fe en la capacidad de las instituciones políticas y administrativas, no solo en asumir el reto del desarrollo, sino en poder identificar, hacia el futuro, las exigencias de ese reto.

Con estas premisas, queremos enfocar nuestros comentarios bajo dos ángulos relativamente simples y sencillos: por una parte, tratar de identificar algunas causas de la burocratización y, por la otra, tratar de comentar algunas de sus consecuencias.

I. ALGUNAS CAUSAS DE LA BUROCRATIZACIÓN

Dentro de las causas de la burocratización, entendida como ineficiencia administrativa, queremos hacer unos breves comentarios sobre cuatro de ellas: en primer lugar, el intervencionismo exagerado del Estado; en segundo lugar, el crecimiento desmesurado de nuestra Administración Pública; en tercer lugar, el centralismo excesivo de los niveles nacionales, y en cuarto lugar, la ausencia de una burocracia, en su sentido propio, como cuerpo de funcionarios con fines identificados a los fines del Estado.

1. El intervencionismo exagerado

Ha sido una prédica tradicional en América Latina el de la necesaria y creciente intervención del Estado en los procesos económicos y sociales. Nosotros mismos hemos formulado y escrito sobre este proceso. Entre otros factores, se dice, es necesaria e indispensable la intervención del Estado por la poca capacidad del sector privado de asumir nuestras economías subdesarrolladas y, así, hemos visto un Estado interviniendo no solo desde el punto de vista, pasivo, como Estado regulador, sino desde el punto de vista activo, como Estado empresario en todos los órdenes, particularmente el económico.

Este intervencionismo exagerado del Estado, sin embargo, ha tenido una consecuencia administrativa fundamental: todas las actividades de los particulares o individuos han sido progresivamente sometidas al Estado y a la Administración Pública.

Esta proliferación de intervenciones ha conducido a que, progresivamente, todas las actividades de los ciudadanos y de las sociedades hayan quedado sometidas a autorizaciones, permisos o licencias de variado tipo. Esta multiplicidad de intervenciones del Estado, ha sobrepasado la capacidad administrativa del mismo, no solo para manejarlas todas, sino para la toma de conocimiento de todo el complejo de actos administrativos que el Estado debe otorgar. De allí, esa ciencia tan nuestra, que es la ciencia de la "permisología", en cuya expansión está, sin duda, una de las trabas fundamentales de la acción eficiente del Estado.

De resultas tenemos un Estado y su Administración que no logra hacer todo lo que se propone, pero que tampoco deja hacer, a los particulares, lo que tienen derecho a hacer y se proponen hacer. Y no hay, realmente, suficientes estímulos a las actividades particulares: hablamos de participación, inclusive desde el punto de vista político, pero nos olvidamos que participación es, precisamente, lograr que se haga, es decir, dejar hacer; no entrabar.

Realmente, vivimos en nuestro país una gran contradicción: hemos venido prometiendo desde hace años el Estado Promotor, pero no logramos promover, sino que lo que hacemos es entrabar, frenar y limitar las iniciativas y actividades de los particulares. En todo caso, por mejores y buenas que sean las intenciones de los que conducen la actividad de gobierno, no se puede promover con un sistema administrativo ineficiente que obstaculiza, precisamente, esa promoción.

Así, tenemos una Administración que a fuerza de intervención desordenada ha perdido su objetivo: Si nos preguntamos ¿qué persigue la Administración Pública? nos encontramos un mar de respuestas, pero no logramos, realmente, identificar algunas metas precisas y exactas; y esto, a pesar de nuestra larga tradición planificadora. No hemos logrado que la planificación nos ayude a identificar, con precisión, estas diversas tareas del Estado. En todo caso, necesitamos desburocratizar, en el sentido de que hay que descongestionar el aparato administrativo del Estado, y confiar un poco más en las capacidades de los grupos y sectores de la sociedad. Además, hay que racionalizar un poco más, el múltiple intervencionismo estatal que es, en nuestro criterio, una de las causas de la burocratización.

2. El crecimiento desmesurado de la Organización Administrativa

Lo anterior ha conducido a otra causa de la burocratización, en el sentido de ineficiencia administrativa, que es el crecimiento desmesurado de nuestra Administración Pública. No solo un crecimiento de tareas, multiplicadas por el intervencionismo, sino de proliferación de órganos, donde origen a una Administración que no tiene encomendadas tareas específicas y que ha sido absolutamente desbordada en relación a las tareas que ha venido asumiendo progresivamente.

Pero a la vez, para atender los fines que se le han planteado por el excesivo intervencionismo, ha habido una multiplicación de organismos y entes en la Administración Pública, que han hecho cambiar su faz en pocos años. Recientemente, cuando en 1979 se reinició la discusión, en el Congreso, de la Ley Orgánica de la Administración Descentralizada, advertimos, que en nuestro criterio, sería una insensatez sancionar, hoy, el Proyecto de Ley Orgánica de la Administración Descentralizada, que fue elaborado en el año 1968 y, reelaborado en 1972 y 1976, pues entre otras consideraciones, fue hecho para otra Administración: no olvidemos que del gasto público consolidado en 1972, el 30% se erogaba a través de los entes descentralizados y el 70% a través de la Administración Central.

En diez años, se invirtieron totalmente los términos y hoy tenemos que el 75% del gasto público se eroga a través de los entes descentralizados y solo el 25% a través de la Administración Central compuesta, básicamente, por los Ministerios. Hicimos un Proyecto de Ley, hace 10 años, para otra Administración, que, no tiene nada que ver con la Administración Descentralizada de la actualidad.

Ese crecimiento desmesurado de la Administración, ha provocado que los fines de la Administración sean irracionalmente conducidos; y ni siquiera hemos logrado implantar, totalmente, el criterio de la sectorialización, que fue una de las políticas centrales que formulamos en 1970.

Hemos aumentado el gasto público, pero mientras más gastamos parece que más necesitamos gastar, y esto, en el caso de la Administración Descentralizada, ha provocado una eclosión ya incontrolable. Este es otro signo de nuestra burocratización, entendida como ineficiencia en el cumplimiento de las metas que tiene planteado el Estado.

3. El centralismo administrativo

Una tercera causa de la burocratización es el centralismo. Nuestro país, como casi todos los países de América Latina, sufre de este mal fundamental de todas las Administraciones contemporáneas: el excesivo centralismo en los niveles nacionales. Para el pequeño país rural, como era Venezuela hace cincuenta años, podría pensarse que una Administración Central podía manejar las políticas públicas del momento. Pero en la actualidad, estimamos que es irracional pensar que podemos manejar nuestro país, en una forma centralizada. Esta pretensión, lo que está provocando, no solo es ineficiencia administrativa, burocratización en el sentido que estamos hablando, sino el aniquilamiento total de las posibilidades políticas y administrativas del interior.

Nuestro país, política y administrativamente hablando, en el interior, no existe; tenemos una gran cáscara administrativa a nivel central, pero un vacío total, político y administrativo, en el interior de la misma. Sin embargo, pensamos en la participación, en democracia participativa, y en la promoción, y no tenemos ni los instrumentos, ni la capacidad en el interior del país, para hacer una u otra cosa. No podemos seguir manejando la salud, la educación y hasta el tránsito y circulación desde Caracas. Tenemos que construir administrativamente el país por dentro, y para eso, tenemos que descentralizar nuestras instituciones, lo cual se configura, por otra parte, como el signo característico de todas las Administraciones contemporáneas. En todo caso, esta irracionalidad del centralismo, es otra de las causas de nuestra burocratización, entendida como ineficiencia administrativa, lo que provoca que nuestra Administración sea incapaz de asumir, por dentro de nuestro país, el proceso de desarrollo.

4. La ausencia de burocracia

Pero habría un cuarta causa de nuestra burocratización y es, precisamente, la ausencia de burocracia, es decir, la ausencia de una política deliberada del Estado para estructurar cuerpos de funcionarios capaces; con los mejores niveles de excelencia, que identifiquen sus fines con los fines del Estado.

Nosotros, y lo hemos pensado siempre, tenemos un sistema administrativo de ineficiencia cíclica, caracterizado por un círculo permanente de ineficiencia: a los funcionarios públicos, normalmente, nadie los forma, nadie los informa, y a pesar de los esfuerzos de adiestramiento que se hacen, el funcionario, en general, se forma sólo con la experiencia, y con la ineficiencia.

Su propia ineficiencia hace ineficiente a la Administración. Por eso, nuestra Administración es siempre ineficiente. Además, después que forma al funcionario, éste, precisamente por que no tenemos clara la idea de estructurar una burocracia, abandona la Administración, y comienza el ciclo con nuevos funcionarios, que vuelven a ser ineficientes; y vuelven a hacer ineficiente a la propia Administración Pública. Este círculo permanente de ineficiencia, tenemos que romperlo, porque es una de las causas fundamentales de la burocratización Administrativa.

Nos quejamos de que no tenemos funcionarios suficientemente calificados y capacitados; nos quejamos de que hay un éxodo permanente de los funcionarios calificados de la Administración Pública hacia el Sector Privado; pero no hemos sido capaces de pensar, realmente, en estructurar una burocracia, en el sentido contemporáneo como la necesitamos, como cuerpo de funcionarios, de los mejores niveles de excelencia, con fines claros, vinculados a los del Estado.

En este mismo sentido, pensamos que ya llegó el momento de repensar nuestra Ley de Carrera Administrativa. Alguien se extrañaba, recientemente, de que nosotros tuviéramos el criterio de que había que revisar esa Ley, aún cuando fuimos de los proyectistas de la misma, en 1970.

Sin embargo, pensamos que ya tenemos la suficiente madurez administrativa como para revisarla y criticarla. Estimamos que la Ley ya cumplió su fin, y fue dictada en el momento en que podía ser dictada. Ahora, tenemos que pensar en otra cosa; y precisamente, es la experiencia de la aplicación de esa Ley, la que tiene que llevarnos a pensar en otra normativa que regule, en forma distinta, nuestro sistema burocrático-administrativo, es decir, nuestro sistema de funcionarios.

En realidad, la Ley, no la hemos terminado de aplicar completamente, y a veces, su misma aplicación, produce problemas: por una parte, hay el temor a la estabilidad de los funcionarios, de parte de los cuerpos directivos de la Administración, y por la otra, a veces, la estabilidad es el escudo de la ineficiencia del funcionario. Ese círculo vicioso está produciendo una mezcla de aplicación o desaplicación de la ley, que conspira contra la propia eficacia administrativa global.

III. CONSECUENCIAS DE LA BUROCRATIZACIÓN

Ahora bien ¿cuáles son las consecuencias de estos signos de burocratismo que tenemos? Quisiéramos hacer algunos comentarios respecto a cinco consecuencias de la burocratización: en primer lugar, la distorsión de los fines de la Administración; en segundo lugar, el despilfarro administrativo; en tercer lugar, la corrupción administrativa; en cuarto lugar, la irresponsabilidad administrativa, y en quinto lugar, el apoderamiento de la Administración por los gremios.

1. La distorsión de los fines de la Administración Pública

Puede decirse que en todos los diagnósticos de la Administración, hay una coincidencia básica: no hemos logrado, realmente, una satisfacción adecuada de las exigencias sociales; y ello ha venido provocando una pérdida progresiva de fe en la Administración Pública por parte del ciudadano derivada, entre otros aspectos, de la crisis de los servicios públicos.

Siempre hemos dicho que la Administración se ha olvidado del ciudadano y por eso es que hemos distorsionado sus fines. Hemos querido construir un Estado empresario, productor de toda clase de bienes y servicios, pero nos hemos olvidado de que su misión es prestar, por ejemplo, servicios de atención médica, educativos, de transporte; en definitiva, que debe ocuparse del ciudadano. Insistimos, nos hemos olvidado del ciudadano, y hemos así, distorsionado los fines del Estado a fuerza de intervenciones, multiplicación de organismos y de variación de fines.

En este campo tenemos que hacer una revolución administrativa para volver a identificar los fines del Estado y volver a atender al ciudadano. Formando parte de esa revolución, está la revolución de las taquillas, también por realizarse en nuestra Administración.

Esa distorsión de fines ha hecho ineficiente a la Administración, y a fuerza de ineficiencia, se han generado otros intereses que tienen, precisamente, interés en la ineficiencia. Siempre hemos pensado que toda reforma administrativa genera su contra reforma, y que toda forma de ineficiencia administrativa genera sus interesados en que esa ineficiencia permanezca. Solo mencionemos al conjunto de gestores que han surgido en la periferia de la Administración, precisamente, por la ineficiencia. Pensemos qué ocurriría si alguien se propusiera, realmente, hacer eficiente la relación entre el Estado y los particulares en servicios públicos como los de tránsito. El día que un ciudadano pueda obtener una placa de su vehículo en diez minutos, como debería ser, porque el sistema debería estar automatizado, tendremos la revolución de los gestores, que se opondrán a la eficiencia y seguirán aferrados a la ineficiencia, porque tienen interés en que continúe.

2. El despilfarro administrativo

Otra consecuencia de la burocratización entendida como ineficiencia, es el despilfarro administrativo. Hemos llegado a un gasto público, a veces irracional, tanto por la distorsión de fines, como por la multiplicación de organismos. Y un gasto además, en aumento progresivo, que a veces se nos plantea, angustiosamente, como si fuera casi inevitable.

No olvidemos, por ejemplo que, inclusive, frente a una crisis fiscal como la que más o menos hemos tenido, el gasto no ha disminuido, sino que ha aumentado, pues las reducciones fueron para reajustar el presupuesto, pero no para disminuir globalmente el gasto. Sin embargo, a medida que más gastamos, no aumentamos en la misma forma la satisfacción de las necesidades sociales y colectivas. Falta, en nuestro criterio, una determinación y fijación de objetivos precisos para lograr un gasto racional. Es más, puede decirse que tenemos una Administración acostumbrada al gasto; hecha para el gasto corriente. Realmente, no nos hemos detenido a meditar seriamente, el por qué del despilfarro administrativo, del excesivo gasto y como solucionarlo.

3. La corrupción administrativa

Otra consecuencia de la burocratización, es la corrupción administrativa. La ineficiencia administrativa, la complicación de la Administración, el despilfarro, la excesiva permisología, van generando progresivamente otras vías de solución a las trabas y complicaciones. El hombre no es una persona irracional, que pueda vivir solo en complicaciones. Si los asuntos son complicados, alguna fórmula inventará para buscarle solución a sus problemas y, lamentablemente, la corrupción es una fórmula que se ha inventado para resolver los problemas que la Administración, por sí misma, no puede resolver, por lo engorroso de sus procedimientos. Y es que corrupción, no solo existe en la apropiación indebida del dinero que maneja un funcionario, no es solo el robo o el hurto simple, sino que es corrupción, el enriquecimiento de particulares o funcionarios por la ineficiencia administrativa; corrupción es, además, el despilfarro administrativo.

No olvidemos que a veces sancionamos más a quien se roba un dinero, que a quien despilfarra, aún cuando no se robe nada. Sin embargo, a veces es mayor el atentado contra el Estado y la Sociedad de quien despilfarra, el dinero público.

Por supuesto, hay corrupción cuando el funcionario, por cumplir sus deberes, se enriquece, y este signo de corrupción es el más común, pero el menos perseguido por la sutileza como se realiza, originado, insistimos, en la ineficiencia.

Debe señalarse además que, sin duda, la primera causa de la corrupción administrativa es, precisamente, la permisología: mientras más requisitos existen, más vías de aligerar los trámites buscará el particular inescrupuloso, y el funcionario débil caerá en el sistema de corrupción para solucionar los problemas de la propia ineficiencia administrativa. Lo peor de todo es que la corrupción administrativa, que no hemos estudiado como fenómeno social, científicamente, se nos presenta a veces, como un sistema que se mantiene a sí mismo, apareciéndosenos como una gran organización para proteger, encubrir y, en definitiva, para que no pase nada.

4. La irresponsabilidad administrativa

Una cuarta consecuencia de la burocratización, vinculada a las anteriores, es la irresponsabilidad administrativa. La distorsión de fines, el despilfarro, la complicación de la Administración, en efecto, produce un funcionario que no se siente responsable de las decisiones que toma, porque éstas están excesivamente diluidas en variados niveles administrativos.

Ciertamente que la Constitución Nacional, en Venezuela, dispone que los funcionarios públicos son responsables penal, civil y administrativamente por las acciones derivadas del ejercicio de sus funciones; sin embargo, la práctica demuestra, realmente, que tenemos una situación de irresponsabilidad administrativa donde, a veces, hasta se premia el despilfarro. No olvidemos que hasta llegamos a aprobar una Ley, como la Ley Orgánica de Régimen Municipal, en la cual el Legislador incluyó un artículo (Art. 51) donde declaraba, solemnemente, la irresponsabilidad de los Concejales por las decisiones que tomaran. Afortunadamente, la Corte Suprema de Justicia declaró la nulidad de esta norma, y restableció la responsabilidad de los funcionarios.

En todo caso, como formando parte de esa situación de irresponsabilidad administrativa, encontramos un funcionario que no conoce, realmente, los fines de la Administración, que no está compenetrado con los mismos, y que, en definitiva, nadie le exige el cumplimiento de sus responsabilidades. Esa responsabilidad civil, penal y administrativa de los funcionarios por tanto, se hace bastante inocua, configurándose como uno de los signos de nuestra burocratización.

5. El apoderamiento de la Administración por los gremios de funcionarios

Una quinta consecuencia del burocratismo es el apoderamiento de la Administración Pública por los gremios de funcionarios, pues estos han venido a identificar, en algunos casos, los fines del Estado con sus propios fines y metas.

Aún cuando hemos distorsionado los fines del Estado y su Administración, y hemos perdido la meta, los objetivos, y los fines de la estructura estatal en general; los funcionarios, sin embargo, en algunos casos sí han precisado fines, pero que se identifican con sus propias exigencias y reivindicaciones.

Y hemos visto la Administración, progresivamente, convertirse en un empleador más; uno más dentro de toda la estructura social, frente al cual el único objetivo central y que se defiende con vehemencia por gremios de funcionarios, son las reivindicaciones, tal cual como se plantean frente a cualquier empleador.

Así, empezamos a ver, progresivamente, a los organismos públicos, más el servicio de sus propios funcionarios y de sus reivindicaciones, que de sus destinatarios natos: los usuarios y los ciudadanos.

Los gremios de funcionarios y empleados así, se han venido apoderando de la Administración, por dentro, orientándola a satisfacer sus requerimientos, y desviándola de sus fines sociales. Esta, quizás, es una de las consecuencias más claras del proceso de burocratización que hemos sufrido, y que va a exigir la más precisa atención hacia el futuro.

CONCLUSIÓN

Hemos querido plantear, someramente, algunas causas y algunas consecuencias de la burocratización de la Administración Pública, entendiendo este término, como ineficiencia administrativa. En este sentido, debemos desburocratizar nuestra Administración para hacerla más eficiente.

Paralelamente, sin embargo, y bajo otro ángulo, tenemos que bu- rocratizar nuestra Administración, en el sentido de que tenemos que estructurar una burocracia, compuesta por cuadros de funcionarios estables, formado y seleccionados con niveles de excelencia y que identifiquen sus fines con los fines del Estado. Bajo este ángulo, tenemos que repensar el esquema de manejo del estatuto y del sistema de administración del personal público, para lo cual, una nueva regulación diferente a la prevista en la Ley de Carrera Administrativa, debe dictarse.

En todo caso, sólo cuando se defina como una política pública de largo plazo el logro de la eficiencia administrativa y la consolidación de una burocracia, es que podremos pasar de la burocratización que hemos tenido a la burocratización que necesitamos.

Sección Cuarta: ALGUNOS PROBLEMAS DE LAS RELACIONES ENTRE LOS FUNCIONARIOS PÚBLICOS Y LOS CIUDADANOS (1982)

El texto de esta Sección es el del Capítulo Noveno del libro *El Estado. Crisis y Reforma*, Academia de Ciencias Políticas y Sociales, Caracas 1982.

Hablar de las relaciones entre los funcionarios públicos y los ciudadanos exige plantearse la pregunta esencial de la ciencia política tradicional, ¿para qué sirve el Estado? Ante todo, y sobre esto no hay necesidad de abundar, podemos señalar que el Estado sirve para "servir" al ciudadano. No olvidemos que, inclusive, la misma palabra Administración, tiene su etimología en el verbo servir; el Ministro es servidor, y administración viene de servir a alguien y para alguien.

Por ello, esencialmente, el Estado y la Administración existen para servir a la colectividad, a la sociedad, al ciudadano. Creemos que esta idea elemental es necesario revalorizarla, pues ha sido preterida por circunstancias diversas. En primer lugar, porque el propio Estado se ha olvidado del ciudadano, y ha identificado, muchas veces, su razón política en otras prioridades distintas a la de servir al ciudadano. Por supuesto, esto no sólo le ha sucedido al Estado globalmente considerado, sino al funcionario. Este también se ha olvidado del ciudadano, ya que las prioridades políticas o burocráticas de otro tipo, lo han conducido a ocuparse de otras cosas distintas al servicio público.

El mismo Estado Empresario que caracteriza a nuestra Administración contemporánea es, quizás, el signo más patético de ese olvido: hemos tenido lustros de enormes inversiones en empresas del Estado; hemos querido ser productores de todo tipo de bienes, hemos querido ser hasta constructores de navíos y aeroplanos, pero nos hemos olvidado de servir al ciudadano, en los servicios elementales, de atención médica, de transporte público, de ordenación urbana, de lo cual el Estado ha debido ocuparse. En este sentido, ha habido una distorsión de los fines del Estado que ha provocado que se produzca este olvido del Administrado.

Además, el propio funcionario también, en muchos casos, se ha olvidado del ciudadano, es decir, se ha olvidado de servir a alguien y ha manejado la Administración para servirse a sí mismo.

Este proceso de burocratización ha puesto a la Administración, algunas veces, al servicio de la burocracia. Esto se conserva, inclusive desde el punto de vista jurídico. Es frecuente encontrar leyes que en lugar de ser textos que regulen, sustantivamente, un campo determinado, se han convertido en leyes de protección social de ciertos gremios y de ciertos grupos de funcionarios. Así, uno de los signos de nuestra Administración contemporánea es que los gremios se han venido apoderando del Estado progresivamente y poniéndolo a su servicio y no al servicio del ciudadano.

Algunas empresas del Estado son un vivo ejemplo de esto, así como otras instituciones, particularmente en el campo educativo. La Universidad, por ejemplo, se ha venido convirtiendo progresivamente, en una especie de institución al servicio de los que sirven (empleados administrativos y administradores universitarios) y no de los que deberían ser servidos (estudiantes, investigadores y docentes). Estos son elementos que hay que tener en cuenta cuando se plantea esta idea de que es necesario revalorizar la noción clásica del Estado al servicio del ciudadano y de la sociedad.

Para lograr esto, podrían identificarse algunas estrategias que creemos que la Administración debería asumir. Estrategias, en primer lugar, para que el ciudadano conozca a la gestión pública y conozca al Estado. No olvidemos que nosotros vivimos en un Estado secreto, en cuya Administración todo es reservado, no teniendo, el particular, acceso a la Administración, siéndole muy difícil conocer la propia gestión pública y el funcionamiento de los servicios. Por tanto, pensamos que hay que definir una estrategia para que el particular, el ciudadano, conozca la gestión pública.

Una segunda estrategia que estimamos debería definirse, es la que tienda a lograr que el ciudadano colabore con la gestión pública. Hay una tendencia a considerar que existe una sostenida relación de enemistad y enfrentamiento entre el funcionario y el ciudadano, entre el Estado y el particular. Así, a veces, para el ciudadano hay una especie de Estado enemigo permanente y para el Estado, también una especie de ciudadano enemigo continuo. Por eso, es frecuente que en las oficinas públicas al particular, al contratista, al empresario, al simple administrado se lo considera como un enemigo, que lo que quiere es aprovecharse de la Administración, y no, como debe suceder, como un sujeto, el cual simplemente tiene derecho de petición y actuación.

Por otra parte, habría que definir otra tercera estrategia para que el ciudadano pueda ejercer sus derechos. No es infrecuente que se considere, en nuestra Administración, que cuando un ciudadano ejerce sus derechos está realizando una actividad inconveniente y hasta ilegítima. En algunas oportunidades los funcionarios llegan a considerar, casi como un delito, el que un particular actúe judicialmente, aunque tenga derecho, y demande a la Administración. Lamentablemente, no es infrecuente, en estos casos, que ese particular sea perseguido y obstaculizado, en el futuro, en vía administrativa, pues no se comprende que está ejerciendo sus derechos, que incluyen acudir a la vía judicial. Por ello, el derecho al reclamo, el derecho a poder ejercer sus derechos frente a la Administración, es otro de los que deberían definirse como estrategia, en las relaciones entre la Administración y los particulares.

Una cuarta estrategia debería tender a lograr que el ciudadano sea, efectivamente, beneficiario del servicio público, servicio al cual también tiene derecho. Esa idea también difundida de que el ciudadano lo que recibe del Estado y sus funcionarios son dádivas y favores y no los derechos a los cuales tiene acreencia por ser ciudadano de un Estado, también debe superarse. Es muy frecuente, por ejemplo, que cuando un particular tiene algunas reclamaciones frente a la Administración y se le da la razón en una, el funcionario estime que ya no se le puede dar la razón en las otras reclamaciones, aunque la tenga; y esto derivado de la actitud general de que la Administración no satisface derechos que se ejercen sino, simplemente, concede dádivas o favores al ciudadano.

Ahora bien, frente a este problema general de carácter actitudinal, para superarlo, deberían estructurarse al menos tres sistemas para regularizar las relaciones entre los funcionarios públicos y los ciudadanos. En primer lugar, un sistema de protección al ciudadano; en segundo lugar, un sistema de información al ciudadano, y en tercer lugar, un sistema de acceso a la gestión pública. Queremos hacer unos breves comentarios respecto de algunos de los aspectos de estos sistemas que podrían establecerse y que la Administración debería consolidar.

I. SISTEMAS DE PROTECCIÓN

Hemos señalado en muchas oportunidades que, en general, el ciudadano ha estado desasistido frente a la Administración, y eso provoca que se encuentre, en muchas oportunidades, aplastado y atropellado por la Administración. Tradicionalmente, el ciudadano no ha tenido garantías frente a la Administración, entre otros factores, porque no estaban jurídicamente establecidas. Por ello, uno de los grandes aportes que puede dar la Ley Orgánica de Procedimientos Administrativos que ha entrado en vigencia en enero de 1982 es, precisamente, establecer un sistema de garantías para que el particular pueda tener adecuadas relaciones con la Administración. Este sistema de garantías puede clasificarse en tres aspectos: garantías de procedimiento administrativo; garantías de recursos; y garantías patrimoniales.

1. Garantías de procedimiento administrativo

El procedimiento administrativo es el conjunto de formas que deben seguir los órganos de la Administración Pública para formar la voluntad de la Administración, y para entrar en relación con los Administrados. Este procedimiento está regulado, en muchos países, expresamente, en una ley especial, normalmente llamada "Ley de Procedimiento Administrativo", como la que se ha sancionado en nuestro país en 1981 y que entró en vigor en 1982.

Antes de esta Ley, en Venezuela no existía una regulación orgánica del procedimiento administrativo, y sólo había regulaciones aisladas: en cada ley especial se establecían, más o menos, algunos elementos de procedimiento según el tipo de acto, según el tipo de solicitud o de trámites que se debían cumplir ante la Administración.

Ahora bien, esta ausencia de regulación orgánica del procedimiento, había abierto una enorme discrecionalidad a los funcionarios y, por tanto, un amplio campo para la arbitrariedad, ya que si no había un procedimiento legalmente pautado que estableciera las diversas fases de la acción administrativa, el funcionario con mucha frecuencia caía en la arbitrariedad.

Esto motivó, desde hace algunos años, a que se hubiera planteado la necesidad de una Ley de procedimiento administrativo. Se elaboraron proyectos desde 1960, y al sancionar el Congreso, en mayo de 1981 la Ley Orgánica de Procedimiento Administrativo, a medida que entre en aplicación efectiva, se llenará, sin duda, un enorme vacío en la actuación de la Administración, vacío que, insistimos, ha dado origen a que, en ausencia de procedimientos concretos, haya existido un gran margen de discrecionalidad de los funcionarios con la consecuente posibilidad de actuaciones arbitrarias.

Algunas sentencias de la Corte Suprema de Justicia, en todo caso, habían buscado poner orden en la acción administrativa, y habían admitido, inclusive, que en algunos casos, la Administración aplicara supletoriamente, para los procedimientos administrativos, algunas normas del Código de Procedimiento Civil. Pero, por supuesto, esta aplicación supletoria era muy difícil, porque el Código de Procedimiento Civil tiene un objetivo concreto: ordenar la actuación judicial, la cual está sometida a un riguroso formalismo, por lo que no puede aplicarse, en la misma forma, a la actuación de la Administración, que exige uní mayor celeridad y actuaciones, desde luego, más dinámicas. Por tanto, aun cuando se podía aplicar en ciertos casos, no podía llegarse nunca a la situación de que la Administración estuviese sometida a tanto formalismo, como el que prevé la legislación procesal civil.

En todo caso, la nueva Ley servirá para consolidar las garantías de procedimiento de los particulares frente a la Administración, hasta ahora no totalmente consagradas.

La primera garantía que debemos destacar, es el derecho a instar el procedimiento. Todo particular tiene, y es un principio constitucional, el derecho llamado de petición. El Artículo 67 de la Constitución establece: "Todos tienen en derecho de representar o de dirigir peticiones ante cualquier entidad o funcionario público sobre los asuntos que sean de competencia de éstos".

El derecho a instar o de iniciar cualquier procedimiento administrativo viene a ser una concesión de este derecho constitucional de petición. Sin embargo, este derecho de petición no es un derecho de pedir favores, sino de ejercer los recursos y vías jurídicas que establezca el ordenamiento. Este derecho, hasta ahora, no estaba adecuadamente establecido.

En segundo lugar está el derecho a ser oído. Lamentablemente, es muy frecuente, por ese manto secreto que cubre a la Administración, que al ciudadano no se le oiga cuando, por ejemplo, se le sanciona. En más de una ocasión al ciudadano le llega la notificación de una multa, y no ha sabido ni nadie le ha dicho por qué se le multa o sanciona. Por ello, ese derecho a la audiencia del interesado, que ha estado tan olvidado de nuestro procedimiento administrativo, es otro de los que regula la nueva Ley como garantía.

En virtud de este derecho, si se inicia un procedimiento por la Administración, por ejemplo, para imponer una multa, lo menos que puede hacer es notificarle al particular sobre los hechos que se han constatado. Normalmente eso debe hacerse en el Acta que se levanta, por el funcionario fiscalizador; pero si el particular no está presente, con posterioridad, lo menos que la Administración debe hacer, como garantía al particular, es notificarle para que se defienda de los hechos que se le imputan, de manera que cuando se dicte el acto administrativo de sanción, debe haberse asegurado que el particular haya tenido la oportunidad de ser oído, de descargarse, de defenderse.

Este derecho a ser oído conlleva, a su vez, varios otros principios en el procedimiento. Ante todo, el derecho a ser informado, a ser notificado. Lamentablemente, también es frecuente que el procedimiento se realice a espaldas del ciudadano, y que éste se entere sólo al final de la elaboración del expediente, lo cual debe ser corregido. Ahora, la Ley nueva regula, con detalle, las notificaciones. En segundo lugar, el derecho a la defensa, de manera que el particular no sólo tiene derecho a ser oído, sino también a defenderse y a aportar las pruebas que estime conveniente para poder defenderse. El derecho a la defensa también es un principio constitucional, pues la Constitución la establece como un derecho inviolable en todo estado y grado del proceso. Si bien es una norma directamente dirigida al ámbito judicial, también se aplica en el campo administrativo. Pero el derecho a ser oído, además del derecho a la defensa, implica otros derechos: el derecho a aportar pruebas, y el derecho a tener acceso al expediente administrativo; es decir, a conocer cuáles son las actas, cuáles son los documentos, para poder determinar dónde está el elemento que le imputa.

Este derecho a tener acceso al expediente, está ligado con un tercer derecho, que es el derecho a la publicidad de los documentos oficiales, al menos para el interesado, de manera que sea el particular el que pueda tener acceso al expediente para poder defenderse y aportar pruebas.

Sin embargo, lamentablemente, el principio que rige a la Administración venezolana tradicionalmente, es el principio de la reserva de los archivos oficiales. La Ley Orgánica de la Administración Central, por ejemplo, establece precisamente que los archivos de la Administración son reservados para uso oficial y sólo pueden ser consultados previa autorización.

En esta forma, el principio de la reserva riñe con el principio de la publicidad y con las posibilidades de defensa y de tener acceso al expediente. La Ley de Procedimientos Administrativos, no ha clarificado totalmente esta contradicción entre, por una parte, la reserva de los archivos al uso oficial y, por otra parte, el derecho a tener acceso al expediente, pues permite que ciertos documentos queden fuera de éste.

Otra garantía fundamental en el procedimiento que también tiene su origen en la Constitución, es el principio de la igualdad, lo que implica que en un procedimiento administrativo concreto, la Administración está obligada a tratar en forma igual a los particulares que se encuentren en las mismas condiciones de hecho y de derecho. La Administración, por ello, no puede ser discriminatoria respecto a los Administrados.

Otra garantía esencial del procedimiento, vinculada al derecho de petición, es el derecho a obtener oportuna respuesta de la Administración. La Ley Orgánica de Procedimientos Administrativos tiende, así, a concretar la obligación de la Administración de dar respuesta a las solicitudes y peticiones y, por tanto, el derecho de los particulares de obtener oportuna respuesta.

Hasta ahora, este era, quizás, el derecho menos garantizado hasta la nueva Ley, la cual, incluso, consagra la responsabilidad personal de los funcionarios por las demoras.

Otra garantía sería el derecho a la revisión de las actuaciones de la Administración por el superior jerárquico, que responde a un principio, también general del derecho, del derecho a la segunda instancia. Así como en materia procesal ordinaria hay el derecho de apelación de una decisión judicial de un tribunal interior ante superior, en materia administrativa puede también distinguirse el derecho a la revisión por el superior. Esto sería el derecho al recurso jerárquico en el campo administrativo.

Este elenco de derechos, sin embargo, no se han cumplido en la Administración venezolana. La Administración venezolana al contrario, muchas veces ha sido el reino de la irresponsabilidad, el reino de la ineficacia, el reino de los gestores, el reino de los intermediarios, el reino de la irracionalidad en el procedimiento; es decir, todo lo contrario a esas garantías por la ausencia de una ley general del procedimiento administrativo. Con la nueva Ley, por tanto, hay posibilidades reales hacia el futuro, de que las mencionadas garantías de procedimiento de los administrados frente a la Administración lleguen a ser una realidad.

2. Garantías de recursos

El segundo grupo de garantías se refiere a la posibilidad de reclamar contra la Administración, mediante el ejercicio de recursos.

Era necesario así, establecer las vías jurídicas para que el ciudadano pudiera ejercer su derecho a reclamo, y pudiera disentir de la Administración. Para ello, un sistema de recursos debía ser regularizado y establecido como algo regular y superar el que se considerase ilícito el reclamar contra la Administración. Este sistema de recursos establecido ahora con carácter general en la Ley Orgánica de Procedimientos Administrativos, regulariza los recursos administrativos (recursos de reconsideración, recursos jerárquicos, recursos de revisión) y los recursos judiciales, es decir, la posibilidad de impugnar por la vía contencioso administrativa los actos administrativos por razones de ilegalidad. Debe así superarse la opinión tradicional de que nadie puede ganarle judicialmente al Estado o a la Administración Pública, y de que no vale la pena demandar a la Administración, porque es difícil ganarle en juicio. Esta actitud atávica, proveniente de las dictaduras, sólo puede realmente ser superada, con una justicia democrática, a cargo de jueces independientes y autónomos. Por otra parte, si bien ya se han establecido las vías formales para este tipo de recurso, ahora es necesario también que la actitud del funcionario público cambie la tradicional de considerar que quien ha ido a los tribunales a reclamar contra la Administración, es un enemigo futuro al cual hay que perseguir o al cual hay que ignorar.

3. Garantías patrimoniales

Dentro de este sistema de garantías y recursos, por supuesto, debe establecerse la garantía patrimonial. En efecto, la Administración, en su actividad, al incidir en todos los ámbitos de la vida privada, por supuesto, produce daños y perjuicios en muchas oportunidades. Sin embargo, aunque esto sucede, normalmente, nadie repara estos daños. Tradicionalmente tenemos otra gran imagen de nuestra Administración: la del Estado irresponsable, y de la Administración irresponsable. Lamentablemente, en nuestro país nadie, en el sector público, responde de nada por los perjuicios ocasionados por el mal funcionamiento de los servicios públicos.

Para citar sólo ejemplos que están a la vista de todos: las calles están destrozadas y es frecuente que cualquier ciudadano peatón resulte herido o aun muera, por causa de una alcantarilla mal abierta. Nadie responde de esos daños. Por causa de un hueco abierto en el suelo de un autobús de servicio público, un niño cae al pavimento y muere, y nadie responde del hecho. Un automóvil se cae en una zanja abierta en una avenida y resultan varios heridos y aun muertos, y no pasa nada; un ciudadano es herido por un agente de seguridad cerca de la Residencia Presidencial y tampoco nadie responde. Puede decirse que hemos tenido, tradicionalmente, una ausencia de responsabilidad de la Administración lo cual ha originado una ausencia de responsabilidad del funcionario.

Y no hay que olvidar que si en algunos de los ejemplos citados, los daños fueron reparados, ello fue más bien por dádivas o condescendencia de algunos funcionarios, y no porque el particular hubiera reclamado su derecho.

Por otra parte, debe destacarse el problema del tiempo: la Administración no tiene noción del tiempo, ni del costo del tiempo. Por eso no tiene normalmente preocupación por la celeridad en la toma de decisiones. Estas se toman, sin necesidad de que haya ningún juzgamiento sobre la premura. Lamentablemente, la actitud general es que no importa lo que cueste el tiempo que debe o pueda pasar el ciudadano en trámites ante la Administración porque, en definitiva, eso no le interesa al funcionario. La garantía patrimonial que debe establecerse a favor del particular, contribuiría también a acelerar los trámites, porque los daños que se causen por la inacción o demora deberían ser resarcidos por la Administración y los funcionarios responsables, como ahora lo establece la Ley Orgánica de Procedimientos Administrativos.

II. EL SISTEMA DE INFORMACIÓN

En cuanto al sistema de información, sobre el cual hemos hablado desde hace doce años, debe ser no sólo de carácter descendente sino también de información ascendente, que implique informar al ciudadano y hacerlo participar en la gestión administrativa, como otra de las formas de acercar al ciudadano al Estado y a su Administración.

Por ejemplo, es necesario establecer todo un sistema de información descendente al público, sobre la Administración y sus servicios. Así, debe destacarse la iniciativa del Instituto Autónomo Nacional de Biblioteca, con la publicación de una serie de guías de información sobre la Administración Pública y sus funcionarios. Esto debería constituir un programa formal de la Administración que abarque, además, información sobre los servicios existentes y los trámites y formularios precisos que se requieren en cada caso. Lamentablemente, es frecuente que el particular no sepa, con precisión, lo que hay que hacer en algún procedimiento administrativo, y esta falta de información, ha dado origen a la intermediación, como norma, en ciertos procedimientos, es decir, a los gestores. Y detrás de los gestores, lamentablemente, la sombra de la corrupción.

Por otra parte, no hay que olvidar que ese secreto de la Administración, hasta cierto punto, le da poder al funcionario, pues él, además de su cómplice, el gestor, es el único que conoce qué hay que hacer. Ese es su ámbito de poder, y psicológicamente, en esa situación él es el que domina el procedimiento, el que sabe a qué taquilla hay que acudir y a cuál no; y a él es a quien debe preguntarse. En definitiva, él es el dueño de la situación. Es muy difícil, a veces, perder posición y que se llegue a la situación de que todo el mundo sepa qué hay que hacer, que nadie tiene que contestar las preguntas, que van a desaparecer los únicos dueños de la verdad del procedimiento. Esta realidad debe tenerse en cuenta cuando se trate, realmente, de superar este problema de las relaciones entre el ciudadano y el funcionario.

En todo caso, es necesario que la Administración se abra, que deje de ser oculta, secreta y del dominio de algunos pocos y que se conozcan todos los procedimientos. Además, en esta necesidad de que se conozcan los trámites, está la posibilidad que se simplifiquen los procedimientos, y se disminuya la discrecionalidad, que conduce a veces, al abuso del poder, e informar a quien se quiere y a no informar debidamente, a quien no se quiere.

Por supuesto, a la apertura de la Administración y a la simplificación de los procedimientos, se opondrán muchos interesados en que continúe el secreto. No hay que olvidar que existen muchos intereses, grupos y gremios que se benefician de ese aspecto oculto y engorroso de la Administración. No olvidemos que el gestor es el producto de la complejidad del procedimiento Ahora bien, en vez de simplificar el procedimiento, nuestra Administración ha comenzado a regularizar al gestor, pues ahora, en algún caso, otorga hasta una licencia de gestor, como es el caso del Reglamento dictado recientemente por el Ministerio de Transporte y Comunicaciones. En esta forma, realmente, de hecho se están cerrando las puertas a la relación directa entre el particular y la Administración; ahora, definitivamente, en materia de transporte y comunicaciones, sólo a través de gestores, se podrá actuar y los particulares no podrán, de hecho, acudir directamente ante la Administración a ejercer sus derechos. Entonces, en lugar de simplificar el procedimiento, lo hemos rigidizado, regularizando al intermediario. Ahora, éste, junto con el funcionario, serán los únicos que sabrán qué hay que hacer, lo que conducirá, por supuesto, a factores de corrupción, porque habrá entre el gestor y el funcionario, combinaciones e intereses para que el procedimiento nunca se simplifique. No olvidemos que de lo engorroso y complicado de los procedimientos administrativos se benefician muchos. Por ello, siempre hemos pensado que la mejora de los servicios públicos exige una férrea voluntad de enfrentarse con gremios y grupos de intereses que se benefician de la ineficiencia administrativa y que, por ello, se opondrán a toda mejora en la prestación de aquéllos.

Todo esto, además, plantea el problema del costo y rendimiento de los servicios públicos. Lamentablemente, en Venezuela, no tenemos ninguna noción sobre el costo y rendimiento de los servicios públicos, y he allí, una de las razones del despilfarro y de la mala administración.

Pero el sistema de información no sólo es descendente, sino ascendente para permitir que el particular pueda colaborar con la Administración a través de, por ejemplo, un sistema de quejas y reclamos. Para ello hay que partir del supuesto de que el sistema de información debe ser concebido para la mejora de los servicios públicos.

En todo caso, lo cierto es que muchas de estas ideas que planteábamos a comienzos de la década pasada se han quedado en algunas casetas de información que se ven en algunos Ministerios, que no se usan para nada y que quedaron allí, como monumentos. El sistema debería, al contrario, revitalizarse, y establecerse, realmente, un sistema para que el ciudadano pueda colaborar con la Administración en la información ascendente.

III. EL SISTEMA DE SEGURIDAD JURÍDICA

Venezuela vive una crisis de seguridad jurídica. El ciudadano está desasistido frente al Estado y se encuentra aplastado por su aparato y actuación. Los mayores poderes que el Estado ha venido adquiriendo en su intervención creciente en la vida económica y social, no se han acompañado de la paralela e indispensable previsión de mayores mecanismos de protección al ciudadano y de control al ejercicio del poder público. Se hace necesario, para asegurar el Estado Democrático y Social de Derecho, rescatar al ciudadano y dotarlo de adecuadas protecciones frente al Estado. La idea del Estado Democrático y Social de Derecho que tenemos que consolidar en Venezuela se centra en el postulado de que la expansión de actividades e intervenciones del Estado, tan generalizada en el mundo contemporáneo, debe estar acompañada del establecimiento de controles a la acción estatal frente al ciudadano.

El Estado Democrático y Social de Derecho, no sólo debe estar regulado por normas estables y racionales, sino que debe garantizar que el ciudadano tenga la mayor protección; en esta forma, puede convertirse en el medio para rescatar y proteger al ciudadano, tan aplastado y desasistido por el aparato gubernamental. Para asegurar esta posición del ciudadano deben realizarse urgentes reformas en nuestro sistema institucional.

1. La responsabilidad del Estado y sus funcionarios

El Estado venezolano, hemos dicho, es un Estado irresponsable. A diario se causan daños y perjuicios a los ciudadanos, por culpa derivada de acciones u omisiones del Estado y sus funcionarios, de los cuales nadie responde. A veces se trata de daños causados por el mal funcionamiento de los servicios públicos, o por el deficiente mantenimiento de los mismos. Sin embargo, ¿quién ha respondido de estos hechos? ¿Es acaso aceptable que se causen daños, inclusive a la vida e integridad física de las personas, por acciones u omisiones del Estado, sus funcionarios y agentes, sin que exista nadie que responda por ello?

El Estado Democrático y Social de Derecho debe ser un Estado responsable de los daños causados con intención o negligencia por sus funcionarios, y para ello debe proponerse al Congreso un proyecto de Ley de Régimen Jurídico de la Administración que consagre claramente la responsabilidad administrativa y garantice los medios jurídicos y jurisdiccionales para exigirla.

2. La democratización de la justicia

Un Estado de Derecho que reserve la justicia para unos pocos, es un Estado que no garantiza la seguridad jurídica. El Estado Democrático y Social de Derecho debe promover la democratización de la justicia de manera de garantizarle a todos el acceso a la misma. Es necesario crear conciencia de que todos los ciudadanos pueden acudir a los tribunales y encontrar en ellos la debida protección de sus derechos e intereses. Los procesos deben agilizarse y superarse la desesperante lentitud de la justicia, que hoy se manifiesta, desde la Corte Suprema hasta los juzgados de municipio. La reforma judicial que debe proponerse tiene que tener por mira, hacer de la protección tribunalicia, un eficaz medio de que la justicia y el derecho prevalezcan sobre la arbitrariedad.

Por todo ello, es indispensable establecer la carrera judicial para poner fin a la peligrosa tendencia hacia la politización del poder judicial, que se observa en algunos tribunales. En tal sentido, la Ley de Carrera Judicial, dictada en 1980, debe aplicarse sin demoras.

3. La garantía efectiva de las libertades públicas

Los ciudadanos, en materia de libertades públicas, están hoy a la merced del Estado. Los derechos y garantías constitucionales son pisoteados a diario y los ciudadanos no encuentran efectivos medios para controlar las arbitrariedades. El Estado Democrático y Social de Derecho debe velar por que los derechos y garantías constitucionales se respeten y por que puedan ser amparados. Deben proponerse al Congreso la sanción de sendos proyectos de la Ley de Amparo y de habeas Corpus, para garantizar en forma expedita la protección contra las arbitrariedades del Estado frente a las garantías constitucionales, en particular, frente a la libertad personal. No hay que olvidar que, inclusive, los ocho días de detención preventiva previstos actualmente, parecen excesivos. En muy pocos días puede acabarse con la integridad física y moral y la dignidad de la persona humana, y ésta, por sobre todo, debe protegerse.

4. La regulación del procedimiento administrativo y la limitación de la discrecionalidad del funcionario

Hasta hace poco, el ciudadano estaba a la merced de los caprichos del funcionario. No existía un procedimiento administrativo efectivamente regulado; el funcionario, en general, tenía demasiada discrecionalidad en la toma de decisiones, y casi nunca se obtenía del Estado la "oportuna respuesta" que prevé la Constitución. La excesiva regulación de trámites aislados y de permisos y autorizaciones, ha dado origen a esa nueva ciencia propia de la Administración actual que es la "permisología", que sólo pocos funcionarios conocen y dominan. El ciudadano no había tenido medios para reclamar que se decidieran sus solicitudes, y la lentitud y complicación de los trámites, fomenta la corrupción administrativa. Por ello, aparecen los "gestores", muchas veces en combinación con los funcionarios, para lograr decisiones, que si existiesen procedimientos simplificados, no tuviesen ninguna complicación.

El Estado Democrático y Social de Derecho debe garantizar a los ciudadanos unas relaciones claras, abiertas, simplificadas y reguladas con el Estado, para que haya seguridad jurídica en el procedimiento administrativo, garantizándose a los ciudadanos la obtención de una oportuna respuesta a sus peticiones y solicitudes. A tal efecto la sanción de la Ley Orgánica de Procedimientos Administrativos que, además, responsabiliza a los funcionarios de las demoras innecesarias y de los daños que las arbitrariedades y negligencias, causen a los ciudadanos, había sido una necesidad sentida. Su vigencia a partir de 1982 significará, sin duda, una auténtica revolución en el campo administrativo.

5. La garantía del conocimiento del orden jurídico

Un fenómeno preocupante de la desviación jurídica que se observa en el Estado venezolano en los últimos años es que, realmente, no hay un adecuado sistema de publicaciones oficiales de leyes y decretos que garantice un conocimiento preciso del orden jurídico vigente. A la profusión de decretos presidenciales, dictados sin orden ni concierto, particularmente durante el período de 1974-1979, la mayoría para ser incumplidos por el propio Estado, se agrega la absoluta falta de seriedad en el manejo del sistema de publicaciones oficiales. Si se analizan las Gacetas Oficiales de los últimos años, se encontrará que hay Decretos que por su numeración, se presume que se dictaron, pero que no se conoce su contenido y nunca han sido publicados; hay otros anunciados en la *Gaceta Oficial*, que supuestamente debían publicarse en una *Gaceta Extraordinaria*, que nunca se llegaron a publicar; hay otros, en fin, que modifican Decretos dictados anteriormente, pero que el mismo Gobierno carece de precisión sobre su vigencia efectiva. Ha existido en los últimos años un proceso de inflación jurídica que hace que el jurista más acucioso, haya perdido la pista del orden jurídico vigente. Muchos Decretos, además, se sabe que no se cumplen, pero no se derogan. El derecho, muchas veces, ha caído en desuso.

Por otra parte, la publicación de las leyes permite muchos dislates. Se ha conocido que en años anteriores, con frecuencia, entre el lapso de sanción de unas leyes por el Congreso y su publicación en la Gaceta, se le introdujeron, ir regularmente, reformas. Por otra parte, algunas veces las leyes se publican en una *Gaceta Oficial* de fecha no coincidente con la fecha de su efectiva circulación. Ello provoca que algunas leyes tengan, formalmente vigencia varios días, sin que su texto se conozca públicamente. Estos procederes contribuyen a agravar la inseguridad jurídica reinante.

El Estado Democrático y Social de Derecho debe velar porque el ciudadano tenga un conocimiento exacto del orden jurídico, única garantía para que pueda actuar, con seguridad, en el mundo moderno. Para ello, se debe proponer la reforma de la Ley de Publicaciones Oficiales y debe hacerse de la Imprenta Nacional una empresa editora del Estado, que centralice y comercialice adecuadamente las ediciones oficiales. La efectiva participación de los ciudadanos en el manejo de los asuntos públicos exige que el Estado informe con precisión sobre la vigencia del orden jurídico, lo cual debe ser tarea prioritaria del gobierno. De allí la reforma del sistema de publicaciones oficiales que debe realizarse.

CONCLUSIÓN

Todo esto nos conduce a plantear la necesidad de que en la Administración venezolana se restablezca un programa de reforma administrativa, de gran aliento, que hoy no existe, salvo en materia de la función pública, llevando a cabo la Oficina Central de Personal. Sin embargo, los otros aspectos de la Administración Pública, particularmente los aspectos relativos al funcionamiento de la Administración Pública han sido olvidados, siendo quizás uno de los grandes retos que tiene el Estado venezolano contemporáneo. La recreación de la Comisión de Administración Pública en 1982 sin duda, es un signo positivo en este campo, de la cual debemos esperar buenos resultados en el futuro.

ÍNDICE GENERAL

PLAN GENERAL DE LA OBRA 7

PLAN GENERAL DEL TOMO II 9

LIBRO PRIMERO

INTRODUCCIÓN A LA ADMINISTRACIÓN PÚBLICA 13

Sección Primera: LA ADMINISTRACIÓN PÚBLICA (2004) 13

I. ADMINISTRACIÓN PÚBLICA Y DERECHO ADMINISTRATIVO 14

II. LA ADMINISTRACIÓN PÚBLICA COMO COMPLEJO DE ÓRGANOS ESTATALES 19

1. *La Administración Pública como conjunto de órganos de las personas jurídicas estatales y la distribución vertical del poder público* 19
   - A. *El Estado y las personas jurídicas estatales* 19
   - B. *La distribución y división del Poder Público* 20
   - C. *Las personas jurídicas estatales* 20
   - D. *La Administración Pública y las personas jurídicas estatales* 21
   - E. *La clasificación de las personas jurídicas en el derecho administrativo* 23
2. *La Administración Pública como complejo orgánico y la división horizontal del Poder Público* 25
   - A. *La penta división del Poder Público Nacional y la Administración Pública Nacional* 26
   - B. *La división de los Poderes Públicos Estadales y Municipales y la Administración Pública Estadal y Municipal* 27

II. LA ADMINISTRACIÓN PÚBLICA COMO ACTIVIDAD ADMINISTRATIVA 28

1. *La actividad administrativa realizada por órganos competentes conforme al principio de legalidad* 28
2. *La actividad administrativa como actividad de carácter sublegal conforme al principio de la formación del derecho por grados* 30
3. *La actividad administrativa y el ejercicio de la función administrativa dentro de las funciones del Estado* 34
4. *La finalidad de la actividad administrativa, sus formas y las relaciones jurídicas Administración Pública-administrados* 36
5. *La consecuencia de la actividad administrativa: la responsabilidad* 38

CONCLUSIÓN 40

Sección Segunda: LA ADMINISTRACIÓN PÚBLICA. SIGLO XX (1997) 41

I. SITUACIÓN DE LA ADMINISTRACIÓN PÚBLICA A COMIENZOS DEL SIGLO XX 41
II. CONSOLIDACIÓN DE LA ADMINISTRACIÓN CENTRALIZADA (1900-1935) 42
III. LA ADMINISTRACIÓN CENTRALIZADA DE LA TRANSICIÓN A LA DEMOCRACIA (1936-1958) 45
IV. LA ADMINISTRACIÓN PÚBLICA DEL PERÍODO DEMOCRÁTICO Y LA ACENTUACIÓN DEL CENTRALISMO POLÍTICO-ADMINISTRATIVO A PARTIR DE 1958 47
   1. *Administración Central* 47
   2. *Los Organismos de la Presidencia* 49
   3. *Las administraciones con autonomía funcional* 50
   4. *La administración descentralizada* 50
   5. *El régimen de los Funcionarios Públicos* 53
   6. *El régimen de los procedimientos administrativos* 55

Sección Tercera: SOBRE EL CONCEPTO DE LA ADMINISTRACIÓN PÚBLICA EN LA CONSTITUCIÓN (2010) 56

Sección Cuarta. LA ADMINISTRACIÓN PÚBLICA Y EL FENÓMENO ADMINISTRATIVO (1980) 62

I. EL FENÓMENO ADMINISTRATIVO 69
II. LAS DIVERSAS ACEPCIONES DEL TÉRMINO ADMINISTRACIÓN 70
   1. *Sentido etimológico* 70
   2. *Sentido específico* 71
III. CARACTERÍSTICAS DEL FENÓMENO ADMINISTRATIVO 73
   1. *La Universalidad* 73
   2. *La Expansión* 73
   3. *La extensa variedad* 76
   4. *La Organización* 76
   5. *El proceso administrativo* 77
IV. FACTORES DEL DESARROLLO DEL FENÓMENO ADMINISTRATIVO 77
   1. *El desarrollo de la civilización* 77
   2. *La influencia del espacio* 78
   3. *El reto a las sociedades* 78

Sección Quinta: LA ADMINISTRACIÓN PÚBLICA COMO CONJUNTO ORGÁNICO Y COMO ACTIVIDAD (1980) 79

I. LA ADMINISTRACIÓN Y LA ACCIÓN DE LOS PARTICULARES 80
   1. *El fin de la Administración: El Interés Público* 80
   2. *Los medios de la actividad administrativa: El Poder Público* 81

II. LA ADMINISTRACIÓN PÚBLICA Y LA ORGANIZACIÓN DEL ESTADO...... 82
1. *La separación de poderes* 82
2. *La separación de poderes y las funciones estatales* 83
3. *La separación orgánica de poderes y la Administración Pública* 84
III. LA ADMINISTRACIÓN PÚBLICA Y LAS FUNCIONES DEL ESTADO 86
1. *Las diversas funciones del Estado* 86
A. *La función legislativa* 86
B. *La función de gobierno* 87
C. *La función jurisdiccional* 87
D. *La función administrativa* 88
2. *La ausencia de coincidencia de la separación orgánica de "poderes" y la asignación de funciones estatales* 89
3. *Las interferencias orgánicas en el ejercicio de las funciones estatales* 91
4. *La distinción entre las funciones y los actos estatales* 92
IV. LA ADMINISTRACIÓN COMO SUBSISTEMA DEL SISTEMA POLÍTICO 94

Sección Sexta: LA ADMINISTRACIÓN PÚBLICA Y LA EVOLUCIÓN DEL ESTADO MODERNO (1980) 96

I. EL ESTADO ABSOLUTO 96
1. *Los supuestos políticos, económicos y sociales del absolutismo* 97
2. *La Administración en el antiguo régimen* 98
II. EL ESTADO DE DERECHO 100
1. *Los supuestos políticos, económicos y sociales del Estado liberal-burgués de derecho* 100
2. *La reacción liberal contra la Administración y la consolidación de la Administración Pública* 103
III. EL ESTADO CONTEMPORÁNEO 104
1. *La Administración en el Estado Social de Derecho* 104
2. *La Administración en los Estados socialistas* 105

Sección Séptima: LA ADMINISTRACIÓN PÚBLICA Y LAS CIENCIAS ADMINISTRATIVAS 107

I. LOS MÉTODOS DE ESTUDIO DE LA ADMINISTRACIÓN PÚBLICA 107
II. EL ENFOQUE JURÍDICO: EL DERECHO ADMINISTRATIVO 108
III. EL ENFOQUE POLÍTICO: LA TEORÍA DE LA BUROCRACIA 109
IV. EL ENFOQUE PRODUCTIVISTA 111

LIBRO SEGUNDO:

ELEMENTOS CONDICIONANTES DE LA ADMINISTRACIÓN PÚBLICA (1980)

ELEMENTOS CONDICIONANTES DE LA ADMINISTRACIÓN PÚBLICA (1980) 115

Sección Primera: EL ESTADO CONTEMPORÁNEO Y LA ADMINISTRACIÓN PÚBLICA (1980) 118

I. ESTADO Y ADMINISTRACIÓN PÚBLICA 119
II. LOS CONDICIONAMIENTOS DE LA REALIDAD VENEZOLANA PARA EL ESTUDIO DEL ESTADO 120
1. *La posición del Estado en la economía* 120
2. *La posición del Estado en la Sociedad* 121
3. *La posición del Estado en el sistema político* 123
III. EL NUEVO PAPEL DEL ESTADO COMO ESTADO DEMOCRÁTICO Y SOCIAL DE DERECHO 124
1. *La conformación de la realidad económica, política y social* 124
2. *Las tareas del Estado en el campo económico* 125
A. *El Estado Regulador* 125
B. *El Estado de Control* 125
C. *El Estado de Fomento* 125
D. *El Estado Empresario* 125
E. *El Estado Planificador* 126
3. *Las tareas del Estado en el campo social* 126
A. *El Estado redistribuidor de la riqueza* 127
B. *El Estado de Servicios Públicos* 127
C. *El Estado de Promoción Social* 127
4. *Las tareas en el campo político* 128
A. *El Estado Democrático* 128
B. *El Estado Organizador* 128
C. *El Estado de libertades* 128
D. *El Estado de Derecho* 129
IV. LAS EXIGENCIAS DE TRANSFORMACIÓN DEL ESTADO VENEZOLANO 129
1. *Las transformaciones del sistema político* 129
A. *La búsqueda de una democracia fuerte* 130
B. *La búsqueda de una democracia participativa* 130
C. *La búsqueda de una democracia más representativa* 131
D. *La consolidación de una democracia económica y social* 132
2. *Las transformaciones del sistema de gobierno* 132
A. *La búsqueda de un nuevo poder parlamentario* 132
B. *La consolidación de un Ejecutivo fortalecido y responsable* 133

3. *Las transformaciones del sistema administrativo* 134
A. *La búsqueda de una desconcentración del poder presidencial* 134
B. *La búsqueda de una descentralización del poder nacional* 135
4. *La transformación del sistema de control* 136
A. *La consolidación de un Poder Judicial autónomo e independiente* 136
B. *La consolidación de nuevos controles públicos* 137
C. *La búsqueda de un control efectivo contra la corrupción* 137

Sección Segunda: LOS FINES DEL ESTADO CONTEMPORÁNEO (1980) 138

I. LOS FINES DE POLÍTICA Y ADMINISTRACIÓN GENERAL 139
1. *El sector de política interior* 139
2. *El sector de política exterior* 140
3. *El sector defensa* 140
4. *El sector justicia* 141
II. LOS FINES DEL DESARROLLO ECONÓMICO 142
1. *El sector financiero* 142
2. *El sector de desarrollo industrial* 143
3. *El sector comercio* 143
4. *El sector turismo* 143
5. *El sector minas e hidrocarburos* 143
6. *El sector de desarrollo agropecuario* 144
III. LOS FINES DE DESARROLLO SOCIAL 144
1. *El sector de protección y promoción social* 145
2. *El sector de desarrollo cultural* 145
3. *El sector de asuntos laborales* 145
4. *El sector de seguridad y previsión social* 146
5. *El sector educación* 146
6. *El sector salud* 146
IV. LOS FINES DE DESARROLLO FÍSICO Y ORDENACIÓN TERRITORIAL 147
1. *El sector de desarrollo urbano y vivienda* 147
2. *El sector transporte* 147
3. *El sector comunicaciones* 147
4. *El sector de recursos naturales renovables y de protección del ambiente* 148

Sección Tercera: LA DEPENDENCIA DE LA ADMINISTRACIÓN PÚBLICA FRENTE AL PODER POLÍTICO: EL CARÁCTER INSTRUMENTAL (1980) 148

I. LA AUSENCIA DE INDEPENDENCIA IDEOLÓGICA DE LA ADMINISTRACIÓN PÚBLICA 149

II. LA AUSENCIA DE FINALIDAD PROPIA DE LA ADMINISTRACIÓN PÚBLICA 151
III. EL PROBLEMA DE LA POLITIZACIÓN Y PARTIDIZACIÓN DE LA ADMINISTRACIÓN PÚBLICA........ 151
IV. LA AUTONOMÍA RELATIVA DE LA ADMINISTRACIÓN PÚBLICA FRENTE AL PODER POLÍTICO 154

Sección Cuarta: LA INFLUENCIA DEL MEDIO POLÍTICO SOBRE LA ADMINISTRACIÓN PÚBLICA 155

I. EL RÉGIMEN POLÍTICO Y LA ADMINISTRACIÓN........ 156
1. *Las potestades o poderes del Estado*........ 156
2. *La organización de los poderes del Estado*........ 157
3. *La estructura del Estado* 158
4. *El sistema de partidos* 159
5. *Los grupos de presión* 160
II. LA PARTICIPACIÓN DE LA ADMINISTRACIÓN PÚBLICA EN LA FUNCIÓN GUBERNAMENTAL 161

Sección Quinta: LOS CONDICIONAMIENTOS POLÍTICOS DE LA ADMINISTRACIÓN PÚBLICA (1980) 162

I. EL CENTRALISMO POLÍTICO Y LA ADMINISTRACIÓN PÚBLICA LATINO AMERICANA 164
1. *La Centralización de la Administración Pública* 164
2. *La concentración de la Administración Pública* 165
3. *La debilidad de la Administración Municipal*........ 165
4. *La ausencia de participación de la comunidad en la Administración Pública*........ 166
II. LA DEBILIDAD DE LAS INSTITUCIONES POLÍTICAS Y EL PAPEL DE LA ADMINISTRACIÓN PÚBLICA........ 166
1. *El rol político de la Administración Pública y el debilitamiento del Parlamento* 167
2. *La Administración Pública incontrolada* 167
3. *La penetración de los grupos de presión en la Administración* 168
4. *La preeminencia de los partidos políticos en el funcionamiento de la Administración Pública* 168
III. LOS FINES DEL ESTADO Y LA EXPANSIÓN DE LA ADMINISTRACIÓN PÚBLICA 169
1. *La expansión de las actividades e intervenciones administrativas y la "permisología"* 169
2. *La inflación de la Administración Pública, en particular la descentralizada funcionalmente* 170

3. *La distorsión de las políticas estatales* 171
4. *La propagación de las técnicas planificadoras para ordenar la acción administrativa* 172
IV. LA CORRUPCIÓN ADMINISTRATIVA 172
1. *El sistema de corrupción administrativa* 172
2. *La deficiencia de los controles y la corrupción administrativa* 173
3. *La discrecionalidad, las reglamentaciones excesivas y la corrupción administrativa* 174
4. *El centralismo, la ausencia de participación y la corrupción administrativa* 174
5. *La inestabilidad de los funcionarios públicos y la corrupción administrativa* 174
6. *Los partidos políticos y la corrupción administrativa* 175
V. APRECIACIÓN FINAL 175

Sección Sexta: LA ADMINISTRACIÓN PÚBLICA Y EL SISTEMA JURÍDICO (1980) 176

I. LA NOCIÓN DE LEGALIDAD 177
II. FUENTES ESCRITAS DE LA LEGALIDAD 178
1. *Fuentes de carácter nacional* 178
A. *Fuentes impuestas a la Administración* 178
a. *La Constitución* 178
b. *Leyes Orgánicas* 179
c. *Leyes ordinarias* 179
d. *Los Decretos-Leyes* 180
a'. *Decretos de gobiernos de iure* 180
a''. *Decretos-Leyes con habilitación legislativa* 180
b''. *Decretos-Leyes sin habilitación legislativa* 182
b'. *Los Decretos con valor de Ley de los gobiernos de facto* 183
e. *Actos de gobierno* 183
B. *Fuentes creadas por la Administración* 184
a. *Los Reglamentos* 184
b. *Reglamentos de los órganos nacionales con autonomía* funcional 185
c. *Reglamentos de los establecimientos públicos* 185
d. *Instrucciones* 186
2. *Fuentes de carácter estadal* 186
A. *Leyes estadales* 186
B. *Reglamentos de los gobernadores* 187
3. *Fuentes de carácter municipal* 187
A. Ordenanzas 187

B. Otros actos 187

III. FUENTES NO ESCRITAS 188

1. *La analogía* 188
2. *Los principios generales del derecho administrativo* 188
3. *La costumbre administrativa* 188

Sección Séptima: LA ADMINISTRACIÓN PÚBLICA Y EL SISTEMA ECONÓMICO: LA LIBERTAD ECONÓMICA Y EL SISTEMA DE ECONOMÍA MIXTA (1980) 189

I. LA EVOLUCIÓN DEL ESTADO LIBERAL EN VENEZUELA 191

1. *El Estado liberal-burgués absoluto* 191
2. *El Estado de Fomento* 192
3. *El Estado regulador* 193
4. *El Estado de Servicios Públicos* 194
5. El Estado Empresario 194
6. *El Estado planificador* 195

II. LA LIBERTAD ECONÓMICA 195

1. *La libertad limitada y limitable* 195
2. *La protección de la libertad* 196
3. *La intervención del Estado* 196

III. EL SISTEMA DE ECONOMÍA MIXTA 197

1. *El principio de la economía mixta* 197
2. *Fundamentos constitucionales* 198
3. *El objetivo general de la intervención del Estado* 199

IV. LA AGENDA DEL ESTADO: EL ESTADO INTERVENCIONISTA 200

1. *La regulación del proceso económico: El Estado Regulador* 200
2. *La promoción del desarrollo económico: El Estado de Fomento* 201
3. *La prestación de servicios públicos: El Estado de Servicios* 201
4. *La participación del Estado en la Economía: El Estado Empresario* 201
5. *La ordenación del desarrollo económico: El Estado Planificador* 202

Sección Octava: LA PLANIFICACIÓN DEL DESARROLLO ECONÓMICO Y SOCIAL (1980) 202

I. LAS BASES CONSTITUCIONALES 203

II. EL CONCEPTO DE PLANIFICACIÓN 203

1. *La Planificación como técnica económica y administrativa* 203
2. *La planificación como instrumento de formulación de políticas* 205

III. LA PLANIFICACIÓN COMO TÉCNICA DE LIMITACIÓN A LA LIBERTAD ECONÓMICA 206

1. *Planificación y libertad* 206
2. *La planificación imperativa* 208
3. *La planificación indicativa* 209
4. *El sistema venezolano* 209
IV. LAS FASES DE LA PLANIFICACIÓN: LARGO, MEDIANO Y CORTO PLAZO 211
V. EL ÁMBITO DE LA PLANIFICACIÓN 212
1. *La planificación nacional, regional y local* 212
2. *La planificación económica, social y espacial* 213
3. *La planificación administrativa* 213
VI. LA ORGANIZACIÓN ADMINISTRATIVA DE LA PLANIFICACIÓN 213
1. *El sistema administrativo de planificación* 213
2. *Los Órganos Centrales de planificación* 214
A. *El Presidente y el Consejo de Ministros* 214
B. *La Oficina Central de Coordinación y Planificación* 214
3. *Los órganos sectoriales de planificación: las direcciones generales sectoriales de planificación y presupuesto* 217
4. *Los órganos regionales de planificación: las Oficinas Regionales de Coordinación y Planificación* 218
VII. EL PROCEDIMIENTO PARA LA ELABORACIÓN DE LOS PLANES 219
1. *La formulación del Plan* 219
2. *La participación en la formulación del Plan* 221
A. *Participación administrativa* 221
B. *La participación del sector privado* 224
VIII. LAS FUNCIONES AUXILIARES DE LA PLANIFICACIÓN 227
1. *Planificación y Presupuesto* 227
2. *Planificación y Estadística* 231
3. *Planificación y Contabilidad* 231
4. *Planificación y Reforma Administrativa* 231

Sección Novena: LA ORDENACIÓN DEL TERRITORIO (1980) 232

I. CONCEPTO DE ORDENACIÓN DEL TERRITORIO 233
II. LAS MOTIVACIONES DE LA ORDENACIÓN DEL TERRITORIO 235
1. *Aspectos generales* 235
2. *Aspectos específicos* 236
A. *La explosión demográfica* 236
B. *El fenómeno de urbanización* 236
C. *La concentración económica* 236
D. *La crisis del mundo rural* 237

III. LOS OBJETIVOS DE LA POLÍTICA DE ORDENACIÓN DEL TERRITORIO 237
IV. LA ORDENACIÓN DEL TERRITORIO Y LA PLANIFICACIÓN 241
1. *Una nueva dimensión de la planificación* 241
2. *Los niveles de la planificación territorial* 242
A. *La política nacional* 242
B. *La planificación regional* 244
C. *Los planes urbanísticos* 244
3. *Las autoridades de planificación en materia de ordenación territorial* 245
A. *Nivel nacional* 245
B. *Nivel regional* 246
C. *Nivel urbanístico* 246
V. ÁREAS DE ACCIÓN DE LA POLÍTICA DE ORDENACIÓN DEL TERRITORIO 246
1. *La protección del ambiente y la conservación de los recursos naturales renovables* 247
2. *La explotación de los recursos naturales no renovables* 247
3. *El mejoramiento del medio rural* 247
4. *El desarrollo de los transportes* 248
5. *La localización industrial* 248
6. *El proceso de urbanización* 248
7. *El equipamiento físico* 249
VI. LA ORGANIZACIÓN ADMINISTRATIVA DE LA ORDENACIÓN DEL TERRITORIO 249
VII. PROGRAMA DE DELIMITACIONES DE LAS ÁREAS DE EXPANSIÓN DE LOS CENTROS POBLADOS 251
VIII. CONCLUSIÓN 253

Sección Décima: EL RÉGIMEN DE LA INTERVENCIÓN DEL ESTADO EN LA ACTIVIDAD ECONÓMICA (1980) 254

I. INTRODUCCIÓN 254
II. LAS LIMITACIONES A LA LIBERTAD ECONÓMICA 255
1. *Las limitaciones derivadas del Estado regulador* 255
A. *Las regulaciones del proceso económico por razones de interés social* 255
a. *Las regulaciones del proceso de inversión* 256
b. *Las regulaciones a las actividades industriales* 257
c. *Las regulaciones a las actividades crediticias y de seguros* 259
d. *Las regulaciones de las actividades comerciales* 261
B. *Las regulaciones derivadas de la protección contra los abusos de la libertad económica* 263

a. *La regulación de precios* 263
b. *La represión del acaparamiento y la especulación* 264
c. *La represión de usura* 264
d. *La lucha contra los monopolios* 264
2. *Las limitaciones derivadas del Estado de Fomento* 265
3. *Las limitaciones derivadas del Estado de Servicios públicos* 265
4. *Las limitaciones derivadas del Estado Empresario* 266
5. *Las limitaciones derivadas del Estado Planificador* 268
III. LAS EXCLUSIONES DE ACTIVIDADES ECONÓMICAS 269
1. *La exclusión de actividades económicas en ámbitos territoriales* 269
2. *La reserva de sectores económicos a empresas nacionales* 269
3. *La reserva de actividades económicas por el Estado* 272
4. *La nacionalización* 273

LIBRO TERCERO:

PRINCIPIOS DEL RÉGIMEN JURÍDICO DE LA ORGANIZACIÓN ADMINISTRATIVA (1991) 275

Sección Primera: LA POTESTAD ORGANIZATIVA (1991) 275

I. LAS PREVISIONES CONSTITUCIONALES 278
1. *Normas en el ámbito nacional* 278
2. *Normas en el ámbito estadal* 280
3. *Normas en el ámbito municipal* 280
II. LA RESERVA EN MATERIA DE ORGANIZACIÓN A LOS DIVERSOS PODERES 281
1. *Las reservas al Poder Nacional* 281
2. *Las reservas al Poder Estadal* 282
III. LA RESERVA LEGAL EN MATERIA DE ORGANIZACIÓN 283
1. *La reserva legal en el ámbito nacional* 283
A. *La Administración Pública que ejerce el Poder Ejecutivo Nacional* 283
B. *La Administración Pública Central* 283
C. *La Administración Pública Descentralizada* 284
D. *La Administración Pública con autonomía funcional* 284
E. *Las Administraciones Públicas territoriales federales* 285
2. *La reserva legal en el ámbito estadal* 285
IV. LA ORGANIZACIÓN ADMINISTRATIVA Y EL PRESUPUESTO 286

Sección Segunda: LA CARACTERIZACIÓN DE LA ORGANIZACIÓN ADMINISTRATIVA (1991) 287

I. FUNCIONES DE LA ORGANIZACIÓN ADMINISTRATIVA 288
1. *La distribución territorial* 288
2. *La distribución funcional* 289
3. *La asignación de competencias* 289
II. LAS FORMAS DE LA ORGANIZACIÓN ADMINISTRATIVA 290
1. *Organización administrativa compleja y simple* 290
2. *Organización administrativa general y especial* 290
3. *Organización administrativa personificada y no personificada* 291
4. *Organización administrativa central y descentralizada* 291
III. CARACTERÍSTICAS DE LA ORGANIZACIÓN ADMINISTRATIVA 293
1. *La unidad de la organización administrativa* 293
2. *La uniformidad de la organización administrativa* 293
3. *La autonomía de la organización administrativa* 294
4. *La responsabilidad de la organización administrativa* 294
5. *La subordinación en la organización administrativa* 294
6. *La universalidad de la organización administrativa* 295

Sección Tercera: LOS PRINCIPIOS JURÍDICOS DE LA ORGANIZACIÓN ADMINISTRATIVA (1991) 295

I. LA COMPETENCIA 296
1. *Noción* 296
2. *Competencia y capacidad* 296
3. *Clases de competencia* 297
A. *La competencia en el ámbito de las funciones del Estado* 297
a. *La separación orgánica de poderes y la no coincidencia con la separación de funciones* 297
b. *Delimitación negativa* 299
B. *La competencia en el ámbito ejecutivo: Gobierno y Administración* 299
C. *La competencia en la Administración Pública* 300
a. *Factores que condicionan la competencia* 300
a'. *La materia* 300
b'. *El territorio* 300
c'. *El grado* 300
d'. *El tiempo* 301
b. *Tipos de competencia en la Administración Pública* 301
a'. *Necesaria y Eventual* 301
b'. *Interna y Externa* 301
c'. *Propia y Conjunta* 301
d'. *General y Especial* 301
e'. *Exclusiva y Concurrente* 302

4. *Las características de la competencia* ... 302
A. *La obligatoriedad e improrrogabilidad* ... 302
B. *La asignación formal en actos jurídicos* ... 303
C. *La regulación de la resolución de los conflictos de competencia* ... 304
5. *La desviación de la competencia* ... 304
A. *La delegación de atribuciones* ... 305
a. *Noción* ... 305
b. *Diferencias entre la delegación de atribuciones y la delegación de firmas* ... 305
c. *Diferencias entre la delegación de atribuciones y la desconcentración administrativa* ... 306
d. *Las formas de distribución de la competencia* ... 307
a'. *La delegación* ... 307
b'. *La desconcentración funcional* ... 307
c'. *La desconcentración regional (territorial)* ... 307
B. *La avocación* ... 308
6. *Los límites de la competencia* ... 309
A. *El principio de la especialidad* ... 309
B. *El principio de la legalidad* ... 309
C. *El principio de la finalidad* ... 309
II. LA JERARQUÍA ... 309
1. *Características* ... 310
2. *Efectos* ... 311
A. *El predominio del superior jerárquico* ... 311
B. *La conducción y dirección de la actividad de los inferiores* ... 312
C. *La potestad disciplinaria* ... 312
D. *El ejercicio de las competencias genéricas* ... 313
E. *La posibilidad de delegar competencias* ... 313
F. *La potestad de control* ... 314
G. *La resolución de conflictos* ... 314
III. LA DESCENTRALIZACIÓN ... 314
1. *Características jurídicas* ... 315
2. *Clase de descentralización* ... 317
A. *Descentralización territorial* ... 317
a. *Régimen constitucional* ... 317
b. *La definición del ámbito de la descentralización territorial hacia los Estados de materias de competencia concurrente* ... 318
c. *La descentralización territorial hacia los Estados de materias de la competencia nacional* ... 320
B. *Descentralización funcional* ... 320

3. *Consecuencias de la descentralización* 322
A. *La autonomía* 322
a. *Noción* 322
b. *La autonomía territorial* 323
a'. *La autonomía normativa* 323
b'. *La autonomía tributaria* 324
c'. *La autonomía política* 324
d'. *La autonomía administrativa* 324
c. *La autonomía funcional* 325
d. *La autonomía funcional fuera del ámbito de la descentralización* ... 325
B. *El control de tutela en la descentralización funcional* 326
a. *Noción* 326
b. *Diferencias entre el control jerárquico y el control de tutela* 327
c. *Clases de tutela* 329
IV. LA COORDINACIÓN 330
1. *Los niveles para la coordinación* 330
2. *El problema de la coordinación* 332

Sección Cuarta: PRINCIPIOS GENERALES DE LA ORGANIZACIÓN DE LA ADMINISTRACIÓN NACIONAL CENTRAL (1991) 334
I. LA ADMINISTRACIÓN NACIONAL CENTRALIZADA DENTRO DEL UNIVERSO DE LA ORGANIZACIÓN ADMINISTRATIVA 334
1. *El ámbito de la organización administrativa* 334
2. *La integración de la Administración Nacional* 335
II. EL ÁMBITO DE LA ADMINISTRACIÓN CENTRAL 336
1. *Los órganos de la Presidencia de la República* 337
2. *Los Ministros y los Ministerios* 338
3. *La Procuraduría General de la República* 338
4. *Las Fuerzas Armadas Nacionales* 338
5. *Las Oficinas Centrales de la Presidencia* 339
6. *Los Comisionados Presidenciales* 340
III. LA ADMINISTRACIÓN MINISTERIAL DENTRO DEL COMPLEJO DE LA ADMINISTRACIÓN CENTRAL 343
1. *Las fuentes de la Organización Ministerial* 343
A. *La creación y el número de los Despachos Ministeriales* 343
B. *La competencia de los Ministerios* 344
C. *La organización de los Ministerios* 345
2. *Los principios de la organización ministerial* 347
A. *La unidad de la personalidad jurídica* 348

B. *La unidad patrimonial: la unidad del Tesoro* 348
C. *La unidad presupuestaria* 350
D. *La unidad jerárquica* 351
E. *La unidad sectorial* 351
3. *La asignación y distribución de las competencias ministeriales* 352
A. *Las competencias del Ministro y la delegación* 352
B. *Las competencias genéricas de los Ministerios y la desconcentración administrativa* 352
C. *La desconcentración administrativa en virtud de Ley* 353

Sección Quinta: LAS FORMAS JURÍDICAS DE LA ADMINISTRACIÓN NACIONAL DESCENTRALIZADA (1991) 353

I. LAS FORMAS JURÍDICAS DE DERECHO PÚBLICO 354
1. *Los establecimientos públicos institucionales: los institutos autónomos* 354
2. *Los establecimientos públicos corporativos* 355
3. *Los establecimientos públicos asociativos* 356
II. LAS FORMAS JURÍDICAS DE DERECHO PRIVADO 357
1. *Las sociedades mercantiles de capital público (Empresas del Estado)* 357
2. *Las asociaciones civiles del Estado* 358
3. *Las fundaciones del Estado* 359

Sección Sexta: EVOLUCIÓN DE LA ORGANIZACIÓN DE LA ADMINISTRACIÓN PÚBLICA NACIONAL (1991) 360

I. LA EVOLUCIÓN DE LA ADMINISTRACIÓN MINISTERIAL 360
1. *Período 1811-1863* 361
2. *Período 1863-1936* 361
3. *Período 1936-1976* 362
4. *Período a partir de 1976* 362
II. LOS ORGANISMOS DE LA PRESIDENCIA 364
III. LAS ADMINISTRACIONES CON AUTONOMÍA FUNCIONAL 366
IV. LA EVOLUCIÓN DE LA ADMINISTRACIÓN DESCENTRALIZADA 366
1. *La descentralización en el Estado tradicional: 1928-1945* 367
2. *La descentralización de la postguerra* 368
3. *La descentralización en el Estado democrático* 369

LIBRO CUARTO:

SOBRE LA ADMINISTRACIÓN PÚBLICA (2005) 373

Sección Primera: LA ORGANIZACIÓN DEL ESTADO, LA ORGANIZACIÓN ADMINISTRATIVA Y LA ADMINISTRACIÓN PÚBLICA 373

I. LA ORGANIZACIÓN DEL ESTADO Y LA ADMINISTRACIÓN PÚBLICA.... 373

1. *La administración del estado, la separación orgánica de poderes y los órganos con autonomía funcional* 374
2. *La universalidad del régimen de la administración pública en la Ley Orgánica* 379
3. *La administración pública y la personalidad jurídica del estado* 381

II. LA ADMINISTRACIÓN PÚBLICA Y LA ORGANIZACIÓN ADMINISTRATIVA 382

1. La organización administrativa y la actividad administrativa 382
2. *La caracterización de la organización administrativa* 383
   - A. *Organización administrativa con especificidad territorial y la administración nacional* 383
   - B. *Organización administrativa personificada y no personificada* 384
   - C. *Organización administrativa central y descentralizada* 384

III. LA POTESTAD ORGANIZATIVA 386

1. *Las previsiones constitucionales* 386
   - A. *Normas en el ámbito nacional* 387
   - B. *Normas en el ámbito estadal* 388
   - C. *Normas en el ámbito municipal* 388
2. *La reserva en materia de organización en los diversos poderes territoriales* . 389
   - A. *Las reservas al poder nacional* 390
   - B. *Las reservas al poder estadal* 391
3. *La reserva legal en materia de organización a los diversos poderes* 392
   - A. *La reserva legal en el ámbito nacional y su excepción en cuanto a la organización ministerial* 393
     - a. *La administración pública que ejerce el poder ejecutivo nacional* 393
     - b. *La administración pública central* 393
     - c. *La administración pública descentralizada* 394
     - d. *La administración pública cuyos órganos ejercen otros poderes públicos* 394
     - e. *Las administraciones públicas territoriales y federales* 394
   - B. *La reserva legal en el ámbito estadal* 395
4. *El régimen de la reserva en la Ley Orgánica de la Administración Pública* 395

A. *La reserva legal en la asignación de la titularidad de la potestad organizativa* 395
B. *La titularidad para la organización de la administración pública central nacional* 396
C. *Requisitos para la creación y modificación de órganos y entes* 397
D. *La organización administrativa y el presupuesto* 397
IV. LOS PRINCIPIOS RELATIVOS A LA ADMINISTRACIÓN PÚBLICA EN LA LEY ORGÁNICA DE ADMINISTRACIÓN PÚBLICA 399
1. *El principio de jerarquía* 399
A. *Características* 399
B. *El predominio del superior jerárquico* 400
C. *El ejercicio de las competencias y las competencias genéricas* 401
D. *La potestad de control* 401
2. *El principio de coordinación* 402
3. *El principio de cooperación* 403
4. *El principio de lealtad institucional* 403
5. *El principio de la información general: el internet* 403

Sección Segunda: EL RÉGIMEN JURÍDICO DE LA ORGANIZACIÓN DE LA ADMINISTRACIÓN PÚBLICA NACIONAL CENTRAL 404
I. LA PRESIDENCIA DE LA REPÚBLICA 404
1. *Competencias administrativas del Presidente de la República* 405
2. *Régimen de ejercicio de la potestad reglamentaria* 406
3. *Otros órganos de la administración pública nacional central adscritos a la Presidencia de la República* 407
A. *Los consejos nacionales* 407
B. *Los comisionados y comisiones presidenciales e interministeriales* 407
C. *Las autoridades únicas de área o de región* 407
D. *Las oficinas nacionales y los sistemas de apoyo de la Administración Pública nacional* 408
II LA VICEPRESIDENCIA DE LA REPÚBLICA 409
III. EL CONSEJO DE MINISTROS 410
1. *Integración y misión* 410
2. *Los principios legales sobre la organización y Funcionamiento del consejo de Ministros* 410
3. *La responsabilidad solidaria de los miembros del Consejo de Ministros* 411
4. *El rol del Consejo de Ministros en la iniciativa legislativa del ejecutivo nacional* 411
IV. LA ORGANIZACIÓN MINISTERIAL 412
1. *Los ministerios* 412

A. *Carácter y régimen de organización interna* 412
B. *Los ministros* 413
a. *Clases de ministros* 413
b. *Funciones y competencias comunes de los Ministros* 414
c. *Las cuentas de los ministros al Presidente de la República* 415
d. *Las memorias y cuentas de los ministros ante la Asamblea Nacional* 416
C. *Los viceministros* 416
2. *Los principios de la organización ministerial* 417
A. *La unidad de la personalidad jurídica* 418
B. *La unidad patrimonial: la unidad del tesoro* 418
C. *La unidad presupuestaria* 420
D. *La unidad jerárquica* 420
E. *La unidad sectorial* 421
V. LA FUERZA ARMADA NACIONAL 421
VI. LOS ÓRGANOS SUPERIORES DE CONSULTA DE LA ADMINISTRACIÓN PÚBLICA NACIONAL CENTRAL 423
1. *La Procuraduría General de la República* 423
2. *El Consejo de Estado* 424
3. *El Consejo de Defensa de la Nación* 424
4. *Los gabinetes sectoriales* 424
5. *Los gabinetes ministeriales* 425
VII. EL RÉGIMEN DE LOS COMPROMISOS DE GESTIÓN 425
VIII. EL RÉGIMEN DEL SISTEMA NACIONAL DE ARCHIVO Y DE LOS ARCHIVOS Y DOCUMENTOS DE LA ADMINISTRACIÓN PÚBLICA 427
1. *Los órganos de archivo* 427
2. *El sistema nacional de archivo* 428
3. *La documentación administrativa* 428
4. *Los documentos de valor histórico y de interés general* 429

Sección Tercera: LOS PRINCIPIOS JURÍDICOS DE LA COMPETENCIA EN LA ORGANIZACIÓN ADMINISTRATIVA (2005) 430
I. LA COMPETENCIA 430
1. *Noción* 430
2. *La obligatoriedad de la competencia* 431
3. *La incompetencia y la nulidad* 433
4. *Ámbito de la competencia* 433

A. *La competencia en el ámbito de las funciones del Estado* 433

a. *La separación orgánica de poderes y la no coincidencia con la separación de funciones* 433

b. *Delimitación negativa* 435

B. *La competencia en el ámbito de los órganos ejecutivos: gobierno y administración* 435

C. *La competencia en la administración pública* 436

a. *Factores que condicionan la competencia: materia, territorio, grado, tiempo* 436

b. *Tipos de competencia en la administración pública* 436

5. *Las características de la competencia* 438

A. *La obligatoriedad e improrrogabilidad* 438

B. *La asignación formal en actos jurídicos normativos: reserva legal y su excepción* 438

C. *La presunción en la asignación de competencias* 440

D. *La regulación de la resolución de los conflictos de competencia* 440

6. *Los límites de la competencia* 441

7. *La desviación de la competencia* 442

II. LA DESCENTRALIZACIÓN 442

1. *Principios generales* 442

A. *La descentralización territorial y funcional* 443

B. *Características jurídicas* 444

C. *Consecuencias de la descentralización: la autonomía* 446

2. *La descentralización territorial* 446

A. *Régimen constitucional* 446

B. *La definición del ámbito de la descentralización territorial hacia los Estados de materias de competencia concurrente* 447

C. *La descentralización territorial hacia los estados de materias de la competencia nacional* 448

D. *La autonomía territorial* 449

a. *La autonomía normativa* 449

b. *La autonomía tributaria* 450

c. *La autonomía política* 450

d. *La autonomía administrativa* 451

3. *La descentralización funcional* 451

A. *Principios generales* 451

B. *Formas jurídicas de la descentralización funcional en la Ley Orgánica de la Administración Pública* 453

a. *Formas jurídicas de derecho público: los institutos autónomos* 453

b. *Las formas jurídicas de derecho privado* 454

a'. *Las empresas del estado* ... 454
b'. *Las fundaciones del estado* ... 455
c'. *Las sociedades civiles del estado (nacionales)* ... 456
C. *La autonomía funcional y el control de tutela (adscripción)* ... 456
a. *El control de adscripción* ... 456
b. *Diferencias entre el control jerárquico y el control de tutela* ... 457
c. *La adscripción de los entes descentralizados a los órganos de la administración pública nacional central* ... 458
a'. *La potestad de adscripción* ... 458
b'. *Atribuciones de los órganos de adscripción* ... 459
c'. *Obligatoriedad de publicación de los entes descentralizados adscritos* ... 459
d'. *El control de gestión* ... 460
e.' *La intervención de los institutos autónomos* ... 460
f'. *La intervención, supresión y liquidación de empresas y fundaciones estatales* ... 461
III. LA DESCONCENTRACIÓN ADMINISTRATIVA ... 461
1. *Las administraciones independientes* ... 461
2. *La transferencia de competencias en la administración central* ... 462
A. *Competencia ejecutiva* ... 462
B. *La desconcentración administrativa de la administración ministerial* ... 462
C. *Los servicios autónomos sin personalidad jurídica* ... 463
D. *La desconcentración regional* ... 464
IV. LA ENCOMIENDA DE GESTIÓN ... 464
V. A DELEGACIÓN ... 465
1. *Tipos de delegación* ... 465
A. *La delegación inter orgánica* ... 467
B. *La delegación inter subjetiva* ... 468
C. *La delegación de gestión y de firma* ... 468
2. *Los requisitos formales de la delegación* ... 469
3. *Limitación a las delegaciones inter subjetivas e inter orgánicas* ... 469
VI. LA AVOCACIÓN ... 470

Sección Cuarta: LA DISTRIBUCIÓN TERRITORIAL DE COMPETENCIAS DEL PODER PÚBLICO EN LA CONSTITUCIÓN (1991) ... 470

I. LAS MATERIAS DE COMPETENCIA EXCLUSIVA EN LOS TRES NIVELES TERRITORIALES ... 474
1. *Las materias de la competencia exclusiva de los órganos del poder público nacional* ... 474

A. *Las materias relativas al régimen político y a la organización del estado nacional* 474
a. *Las relaciones internacionales* 474
b. *Las cuestiones de seguridad y defensa* 475
c. *El régimen de los símbolos patrios* 475
d. *El estatuto de las personas* 475
e. *El régimen de la división territorial* 475
f. *El régimen de los poderes públicos nacionales* 475
B. *Las materias relativas a la policía nacional y seguridad ciudadana* 476
a. *La policía nacional* 476
b. *El régimen de la administración de riesgos y emergencias* 476
C. *Las materias relativas al régimen económico* 477
a. *El régimen general de la economía* 477
b. *El régimen del correo y las telecomunicaciones* 477
c. *Régimen y administración de las minas* 477
d. *El régimen de las tierras baldías* 477
e. *Los recursos naturales renovables* 477
f. *La ordenación nacional del ambiente y de la ocupación del territorio* 478
g. *Las obras de infraestructura* 478
a'. *La ordenación normativa de las obras de infraestructura* 478
b'. *Las obras públicas nacionales* 478
c'. *La vialidad nacional* 478
h. *El transporte nacional* 478
i. *La política nacional y la ordenación normativa del turismo* 479
j. *Las políticas nacionales para la producción agropecuaria* 479
k. *El régimen general de los servicios públicos domiciliarios* 479
D. *Las materias relativas al régimen del desarrollo social* 479
a. *El régimen de la seguridad social* 479
b. *Régimen nacional de la vivienda* 480
c. *La política relativa a los servicios públicos nacionales de* educación *y salud* 480
E. *Las competencias tributarias nacionales y la regulación del régimen tributario estadal y municipal* 480
F. *La competencia en materia de legislación general* 481
2. *Las materias de la competencia exclusiva del poder público estadal* 482
A. *La policía estadal y el ámbito de la policía municipal* 483
B. *Competencias en materia económica* 483

a. *El régimen de los minerales no metálicos y las salinas* 483
b. *La administración de las tierras baldías* 483
c. *Los ostrales* 483
d. *Las obras públicas estadales* 484
e. *Los servicios públicos estadales* 484
f. *La vialidad estadal* 484
g. *La administración de la vialidad nacional* 484
h. *Administración de puertos y aeropuertos comerciales* 484
C. *Los tributos estadales* 485
3. *Las materias de la competencia exclusiva del poder municipal* 486
A. *Las materias de la competencia exclusiva del poder municipal en cuanto concierne a la vida local* 486
B. *Las competencias tributarias municipales* 487
II. LAS COMPETENCIAS CONCURRENTES ENTRE LOS NIVELES TERRITORIALES DEL PODER PÚBLICO 490
1. *Antecedentes* 492
2. *El régimen de la seguridad y protección ciudadana: policía y administración de riesgos* 493
3. *Régimen del desarrollo económico* 494
A. *Ordenación y promoción del desarrollo económico y social* 494
B. *Turismo* 495
C. *Promoción del desarrollo rural y seguridad alimentaria* 495
D. *Ciencia y tecnología* 496
E. *Información económico social* 496
F. *Publicidad comercial* 496
4. *Régimen del desarrollo social* 496
A. *Asistencia y protección social* 496
B. *Salud y sanidad* 497
C. *Vivienda* 497
D. *Educación* 498
E. *Cultura y patrimonio histórico* 498
F. *Deporte* 498
G. *La protección a las comunidades indígenas* 499
H. *La protección del trabajo* 499
5. *Régimen de la infraestructura y de la ordenación del territorio* 499
A. *Ordenación del territorio* 499
B. *Ambiente* 499
C. *Urbanismo* 500
III. LAS COMPETENCIAS RESIDUALES 500

IV. EL PRINCIPIO DESCENTRALIZADOR EN LAS COMPETENCIAS DEL PODER PÚBLICO 501

Sección Quinta: PRINCIPIOS RELATIVOS AL RÉGIMEN DE LOS ESTADOS DE LA FEDERACIÓN (2005) 502

I. LOS ESTADOS Y LA DISTRIBUCIÓN VERTICAL DEL PODER PÚBLICO .. 503
   1. *La constante histórica del federalismo* 503
   2. *Los Estados y sus límites territoriales* 506
   3. *Los principios del estado federal* 507
II. LA AUTONOMÍA E IGUALDAD DE LOS ESTADOS 508
   1. *El marco constitucional de la autonomía de los Estados y sus limitaciones* ... 508
   2. *El ámbito de la autonomía de los estados* 511
   3. *La legislación nacional reguladora del poder legislativo de los estados* 514
   4. *La igualdad de los estados* 516
III. EL RÉGIMEN DE LA ADMINISTRACIÓN PÚBLICA ESTADAL 517
   1. *El poder ejecutivo estadal: los gobernadores* 517
   2. *Las contralorías estadales* 519
   3. *El consejo de planificación y coordinación de políticas públicas* 521
IV. EL PRECARIO ÁMBITO DE LAS COMPETENCIAS ESTADALES CUYO EJERCICIO SE SUJETA A LO QUE DISPONGA LA LEGISLACIÓN NACIONAL 522
   1. *Las precarias competencias exclusivas de los estados y su ejercicio conforme a la ley nacional* 523
      A. *Las competencias de orden institucional* 523
         a. *La supuesta competencia para la organización de los poderes públicos estadales* 523
         b. *La organización de los municipios sujeta a la ley nacional* 524
      B. *Las materias de la competencia exclusiva de los estados* 524
         a. *Las competencias en materia de servicios públicos* 524
         b. *La competencia en materia de policía estadal y de fijación del ámbito de la policía municipal* 525
         c. *Las competencias en materia de explotación de bienes y recursos* 526
         d. *Las competencias en materia de infraestructura* 527
   2. *Las competencias concurrentes y su ejercicio con sujeción a la ley nacional* 529
      A. *La concurrencia y las leyes de bases* 529
      B. *Las competencias en materia de salud* 531
      C. *Las competencias en materia de servicios de agua potable y saneamiento* 531

D. *Las competencias en materia de residuos y desechos sólidos* 532
E. *Las competencias en materia de pesca* 532
F. *Las competencias en materia de vivienda* 533
G. *Las competencias en deportes* 534
H. *Las competencias en turismo* 534
I. *Las competencias en materia de zonas costeras* 535
J. *Las competencias en materia de ordenación del territorio* 536
3. *Las competencias residuales no sólo estadales sino nacionales y la amplitud desmesurada de la cláusula de competencias implícitas* 537
V. LAS RELACIONES INTERGUBERNAMENTALES COMO SUJECIÓN INSTITUCIONAL 538
1. *Los principios de las relaciones intergubernamentales* 538
2. *Los órganos para las nuevas relaciones intergubernamentales y la solución de conflictos entre los poderes: el Consejo Federal de Gobierno* 539

Sección Sexta: EL RÉGIMEN PARA LA DESCENTRALIZACIÓN POLÍTICA DE LA FEDERACIÓN (2005) 540
I. ALGUNOS ANTECEDENTES 540
II. LA DESCENTRALIZACIÓN DE LAS MATERIAS DE COMPETENCIA CONCURRENTE 543
1. *La enumeración de las competencias concurrentes entre los niveles del poder público* 543
2. *El procedimiento para la transferencia de servicios* 545
A. *Iniciativa de la transferencia* 546
B. *Las etapas del procedimiento de las transferencias de servicios* 548
C. *Los acuerdos previos a la transferencia de servicios y la cogestión de los servicios susceptibles de transferencia* 549
D. *Los convenios de transferencia* 551
a. *El marco regulador* 551
b. *El objeto, alcance y cronograma de la transferencia* 552
c. *La delimitación de responsabilidades ínter gubernamentales* 553
d. *Las condiciones de ejercicio de las competencias* 554
e. *Los recursos financieros del servicio* 555
f. *El régimen del personal* 556
g. *Los bienes adscritos a los servicios transferidos* 558
h. *La coordinación y cooperación en la prestación de los servicios* 558
3. *Los principios de la desconcentración administrativa nacional* 559
4. *La reasunción nacional de servicios transferidos* 560
III. LA TRANSFERENCIA A LOS ESTADOS DE COMPETENCIAS RESERVADAS AL PODER NACIONAL 560

IV. LOS AVANCES DEL PROCESO DE DESCENTRALIZACIÓN: 1993-1994...... 561
1. *La reglamentación de la ley orgánica*...... 561
A. El régimen para la transferencia de servicios a los estados...... 562
B. *El régimen sobre los mecanismos institucionales para la descentralización de la administración pública nacional*...... 564
C. *El régimen del consejo territorial de gobierno y la organización ínter gubernamental para la descentralización*...... 564
D. *El régimen sobre nombramiento de los directores o coordinadores de las dependencias de los ministerios y de los institutos autónomos en los estados*...... 564
E. *El régimen sobre la desconcentración de atribuciones en materia de transporte, tránsito terrestre y vigilancia de la circulación a las gobernaciones*...... 565
F. *El régimen sobre el Consejo de Gobiernos del área metropolitana de Caracas*...... 566
G. *El régimen en materia de vialidad terrestre*...... 567
H. *El régimen sobre encomienda a los gobernadores de estado de las atribuciones en materia de administración de las cárceles nacionales*...... 567
I. *El régimen sobre transferencias a los estados de los servicios de salud pública*...... 568
J. *Otras regulaciones vinculadas con el proceso de descentralización*...... 568
2. *El régimen de las relaciones interadministrativas para descentralización: la Comisión Nacional para la descentralización*...... 570
3. *El régimen de las relaciones intergubernamentales para la descentralización*...... 574
V. EL FONDO INTERGUBERNAMENTAL PARA LA DESCENTRALIZACIÓN (FIDES)...... 574

Sección Séptima: LOS PRINCIPIOS RELATIVOS AL RÉGIMEN DEL PODER PÚBLICO MUNICIPAL (2005)...... 577

I. EL MUNICIPIO Y LA DISTRIBUCIÓN TERRITORIAL DEL PODER PÚBLICO...... 577
1. *La distribución del poder público*...... 577
2. *El régimen legal de los municipios y sus antecedentes*...... 578
II. EL MUNICIPIO COMO LA UNIDAD POLÍTICA PRIMARIA EN EL TERRITORIO...... 582
1. *Algunos antecedentes del régimen municipal*...... 582
A. *El municipio en el origen del constitucionalismo moderno*...... 582
B. *Los efectos de la revolución: de la anarquía municipal a la organización piramidal del poder*...... 584
C. *Los principios del régimen municipal napoleónico y sus repercusiones en Iberoamérica*...... 585

a. *El principio de la multiplicidad de municipios en Europa y en particular en España* 585
b. *El régimen municipal colonial en Iberoamérica: los cabildos provinciales* 586
c. *El municipio republicano en América hispana alejado del ciudadano* 587
2. *El régimen constitucional del municipio y sus limitantes* 588
3. *La autonomía municipal* 593
A. *La autonomía como "libertad condicionada"* 593
B. *La autonomía política* 596
C. *La autonomía normativa* 597
D. *La autonomía organizativa* 599
E. *Autonomía tributaria* 599
F. *Autonomía administrativa* 600
G. *La garantía de la autonomía* 601
III. EL MUNICIPIO Y LA DEMOCRACIA PARTICIPATIVA 602
1. *La democracia: representación y participación* 602
A. *La representación: la democracia directa y la democracia indirecta (representativa)* 603
B. *La participación: La democracia de inclusión (participativa) o la democracia de exclusión* 603
2. *La democracia de inclusión (participativa) y la participación política en el ámbito local* 605
A. *La participación como esencia histórica de la democracia* 605
B. *La participación ciudadana y el ámbito municipal y local* 606
3. *La democracia participativa y la descentralización política* 607
A. *La participación como fenómeno de la vida local* 607
B. *La participación, el localismo y la descentralización* 608
C. *La participación, el municipio y la lugarización* 609
4. *La descentralización como asunto propio de las democracias: no hay* auto-cracias *descentralizadas* 611
IV. LA PARTICIPACIÓN CIUDADANA EN EL RÉGIMEN LOCAL 611
1. *La participación ciudadana como política general de la actuación municipal* 612
2. *La regulación de la participación ciudadana como derecho* 614
3. *Los medios de participación ciudadana* 615
A. *Los concejos parroquiales y comunales* 615
B. *Los cabildos abiertos* 616
C. *Las asambleas de ciudadanos* 616
D. *La participación en las sesiones de los Concejos* 616
E. *Las consultas populares sobre actos normativos* 617

F. *El asesoramiento vecinal* 617
G. *El presupuesto participativo* 617
H. *El control social y las contralorías sociales* 618
I. *La rendición de cuentas* 619
J. *Los referendos* 619
K. *La iniciativa legislativa* 619
4. *El encasillamiento asambleístico de la participación ciudadana en un órgano público: los consejos locales de planificación pública* 620
5. *Las organizaciones para la participación ciudadana* 622
A. *El régimen de la Ley Orgánica de 2005* 622
B. *Recuerdo histórico: La regulación de las asociaciones de vecinos en la Ley Orgánica de Régimen Municipal de 1989* 623
a. *Residencia y vecindad* 623
b. *Las asociaciones de vecinos* 624
c. *El ámbito personal y territorial de las asociaciones de vecinos* 625
d. *Las funciones de las asociaciones de vecinos* 626
6. *La descentralización de servicios municipales a las comunidades y grupos vecinales organizados* 627

Sección Octava: ASPECTOS GENERALES DEL RÉGIMEN DEL MUNICIPIO (2005) 629

I. LAS COMPETENCIAS MUNICIPALES 629
1. *Las competencias municipales en la constitución y los intereses propios de la vida local* 629
2. *Las competencias propias* 633
A. *Enumeración general: lo concerniente a los intereses propios de la vida local* 633
B. *La ordenación y planificación del desarrollo económico y social relativo a la vida local* 634
C. *La ordenación del territorio municipal y la planificación del desarrollo urbano local* 634
D. *La ordenación de la vialidad y la circulación urbana* 640
E. *Los servicios públicos municipales* 642
a. *Los servicios de transporte público de pasajeros* 642
b. *Los servicios de alumbrado público* 644
c. *Los servicios funerarios y de cementerios* 645
d. *Los servicios de abastecimiento, mercados y mataderos* 645
e. *Los servicios públicos domiciliarios: agua potable, electricidad y gas* 646
f. *Los servicios públicos de alcantarillado y de cloacas* 649

g. *Los servicios públicos de aseo urbano y domiciliario (tratamiento de residuos sólidos)* 650

h. *Los servicios públicos de salud* 651

i. *Los servicios públicos de educación preescolar* 651

j. *Los servicios públicos de protección social* 651

k. *La protección y defensa civil y los bomberos* 652

F. *La protección del medio ambiente y saneamiento ambiental* 653

G. *La vivienda de interés social* 653

H. *Las actividades de cultura y de deportes y los espectáculos públicos* 655

I. *La policía municipal* 655

J. *El turismo local* 657

K. *La publicidad comercial* 658

L. *La justicia de paz* 658

3. *Las competencias concurrentes: los aspectos que no sean propios de la vida local* 659

4. *Las competencias descentralizadas* 660

5. *Las competencias delegadas* 662

6. *Los instrumentos jurídicos para el ejercicio de las competencias municipales* 662

7. *Los modos de gestión* 663

A. *La libertad de modos de gestión y la descentralización funcional* 663

B. *El estímulo de las empresas de economía social* 663

C. *La política de desconcentración y descentralización* 663

D. *Las concesiones de servicios públicos municipales* 664

II. EL RÉGIMEN DE ORGANIZACIÓN DE LOS MUNICIPIOS Y DEMÁS ENTIDADES LOCALES 664

1. *Los diferentes regímenes municipales y las entidades locales* 664

2. *Las mancomunidades* 666

3. *Las asociaciones intergubernamentales* 667

4. *Los distritos municipales* 668

A. *El régimen constitucional* 668

B. *El régimen especial de distrito municipal para los municipios del Alto Apure* 669

5. *Los Distritos Metropolitanos* 670

A. *El régimen constitucional* 670

B. *La iniciativa para la creación de los Distritos Metropolitanos* 670

C. *Régimen legal* 671

6. *Las parroquias* 672

A. *Régimen constitucional* 672

B. *La iniciativa para la creación de las parroquias y otras entidades locales* 673
C. *Contenido de la ley de creación* 674
D. *Las juntas parroquiales* 674
E. *Competencia de las parroquias* 674
F. *El financiamiento de las parroquias* 676
7. *La urbanización, el barrio, la aldea, el caserío* 676
III. EL RÉGIMEN GENERAL DE LOS ÓRGANOS DEL PODER PÚBLICO MUNICIPAL 676
1. La regulación constitucional de la separación orgánica de poderes a nivel *municipal* 676
2. *La separación orgánica de poderes y el tema de las funciones del Estado* 678
3. *El poder ejecutivo municipal: el alcalde* 679
A. *El alcalde como primera autoridad civil* 679
B. *Los principios sobre la administración pública municipal* 684
4. *El poder legislativo municipal: los Concejos Municipales y las ordenanzas municipales como leyes locales* 685
A. *Las ordenanzas como leyes locales* 686
B. *Las atribuciones de los Concejos Municipales* 687
5. *Las contralorías municipales* 689
6. *Los concejos locales de planificación pública* 691

Sección Novena: EL RÉGIMEN MUNICIPAL DEL DISTRITO METROPOLITANO DE CARACAS Y EL DISTRITO CAPITAL (2005) 691
I. LA DESAPARICIÓN DEL DISTRITO FEDERAL 691
1. *El Distrito Capital en sustitución del Distrito Federal* 691
2. *Los efectos constitucionales de la creación del Distrito Capital* 692
3. *La relación entre el Distrito Capital y el Distrito Metropolitano de Caracas* 694
II. EL RÉGIMEN DE GOBIERNO MUNICIPAL DEL DISTRITO METROPOLITANO DE CARACAS 696
1. *La creación del Distrito Metropolitano de Caracas mediante ley especial* 696
2. *El sistema de gobierno municipal a dos niveles en el Distrito Metropolitano de Caracas* 698
3. *Las atribuciones de las autoridades metropolitanas* 699
A. *Las atribuciones del Alcalde Metropolitano* 699
B. *Las atribuciones del Cabildo Metropolitano* 700
4. *Las otras autoridades del Distrito Metropolitano de Caracas* 701
A. *La Contraloría Metropolitana* 701
B. *El Procurador Metropolitano* 701
C. *Consejo Metropolitano de planificación de políticas públicas* 702

III. LA DISTRIBUCIÓN DEL ÁMBITO DE COMPETENCIAS MUNICIPALES EN LOS DOS NIVELES DE GOBIERNO MUNICIPAL EN EL DISTRITO METROPOLITANO 702
1. *Lo macro y lo micro en la distribución de competencias* 702
2. *Ordenación territorial y urbanística* 705
3. *Arquitectura civil* 707
4. *Viviendas de interés social* 708
5. *Parques y recreación* 708
6. *Vialidad urbana* 708
7. *Circulación y ordenación del tránsito de vehículos* 709
8. *El transporte urbano* 710
9. *Protección del ambiente* 712
10. *Tratamiento de residuos sólidos* 712
11. *Protección civil* 712
12. *Salud* 713
13. *Los servicios públicos domiciliarios* 713
14. *Servicios de policía* 715
15. *Otras competencias* 717
IV. EL RÉGIMEN TERRITORIAL DE LOS MUNICIPIOS DEL ÁREA METROPOLITANA DE CARACAS 718

LIBRO QUINTO:

SOBRE EL RÉGIMEN DE LA ADMINISTRACIÓN PÚBLICA NACIONAL EN LA LEGISLACIÓN A PARTIR DE 2008 719

Sección Primera: INTRODUCCIÓN GENERAL AL RÉGIMEN JURÍDICO DE LA ADMINISTRACIÓN PÚBLICA (2009) 720

I. BASES CONSTITUCIONALES DE LA ADMINISTRACIÓN PÚBLICA Y SU DESARROLLO LEGISLATIVO 720
II. EL UNIVERSO DE LA ADMINISTRACIÓN PÚBLICA ÓRGANOS, ENTES Y MISIONES 723
III. PRINCIPIOS FUNDAMENTALES RELATIVOS A LA ADMINISTRACIÓN PÚBLICA 726
1. *El principio de la legalidad* 726
2. *El principio de la responsabilidad de los funcionarios* 727
3. *El principio de la responsabilidad patrimonial del Estado* 728
4. *El principio de finalidad de la Administración Pública: al servicio de los ciudadanos o personas* 729
IV. LOS PRINCIPIOS DE LA ACTIVIDAD DE LA ADMINISTRACIÓN PÚBLICA 730

1. *El principio de la simplicidad y derechos de las personas* 730
2. *El principio de la información general (internet)* 731
3. *El principio de la publicidad de los actos generales* 732
4. *El principio de la sujeción a los planes, metas y objetivos y a la planificación centralizada* 732
5. *El principio de la eficacia* 732
6. *El principio de la adecuación de los medios financieros a los fines* 733
7. *El principio de la privatización y gestión comunal* 733
8. *El principio de coordinación* 733
9. *El principio de cooperación* 734
10. *El principio de lealtad institucional* 734

V. LOS PRINCIPIOS RELATIVOS A LA COMPETENCIA 734
1. *La obligatoriedad de la competencia* 734
2. *La incompetencia y la nulidad* 734
3. *La asignación genérica de competencia* 735
4. *La desviación de la competencia* 735
A. *La descentralización* 735
a. *Tipos de descentralización* 735
a'. *La descentralización político territorial* 735
b'. *La descentralización funcional* 736
b. *Efectos de la descentralización funcional y territorial sobre la competencia* 736
B. *La desconcentración administrativa* 737
a. *La transferencia de competencias* 737
b. *Las potestades de control* 737
c. *La reversión de la desconcentración* 738
C. *La encomienda de gestión* 738
a. *La encomienda a entes descentralizados funcionalmente* 738
b. *La encomienda convenida entre administraciones públicas* territoriales 738
c. *Requisitos* 738
D. *La delegación* 739
a. *Tipos de delegación* 739
a'. *La delegación interorgánica* 739
b'. *La delegación intersubjetiva* 739
c'. *La delegación de firma* 739
b. *Los requisitos formales de la delegación* 739
c. *Limitación a las delegaciones intersubjetivas e interorgánicas* 740
d. *Publicación* 740

e. *Indicación expresa de que se actúa por delegación* ... 740
f. *Revocación de la delegación* ... 740
E. *La avocación* ... 740
5. *La solución de los conflictos de atribuciones* ... 740
VI. LOS PRINCIPIOS RELATIVOS A LA ORGANIZACIÓN ADMINISTRATIVA ... 741
1. *La reserva legal en la asignación de la titularidad de la potestad organizativa* ... 741
2. *La titularidad para la organización de la Administración Pública Central Nacional* ... 742
3. *Requisitos para la creación y modificación de órganos y entes* ... 743
4. *El principio de la previsión financiera* ... 743
5. *El principio de simplicidad y transparencia de la organización administrativa* ... 743
6. *El principio de jerarquía* ... 743
VII. EL RÉGIMEN DE LA ORGANIZACIÓN DEL NIVEL CENTRAL DE LA ADMINISTRACIÓN PÚBLICA NACIONAL (EJECUTIVA) ... 744
1. *Los órganos superiores de dirección de la Administración Pública Nacional Central* ... 745
A. *Atribuciones generales* ... 745
B. *El Presidente de la República* ... 745
a. *Competencias administrativas del Presidente de la República* ... 746
b. *Régimen de ejercicio de la potestad reglamentaria* ... 746
a'. Límites ... 746
b'. El procedimiento de elaboración de los reglamentos ... 747
c'. El termino para la reglamentación de las Leyes ... 747
c. *Otros órganos de la Administración Pública Nacional Central adscritos a la Presidencia de la República* ... 747
a'. *Los consejos nacionales* ... 747
b'. *Los comisionados y comisiones presidenciales e interministeriales* ... 748
c'. *Las autoridades únicas de área* ... 748
d'. *Las oficinas nacionales y los sistemas de apoyo de la Administración Pública Nacional* ... 748
e'. *La posibilidad de adscripción a la Presidencia de la República de entes descentralizados y de misiones* ... 749
C. *El Vicepresidente de la República* ... 749
D. *El Consejo de Ministros* ... 750
a. *Integración* ... 750
b. *La misión del Consejo de Ministros* ... 750

c. *Los principios legales sobre la organización y funcionamiento del Consejo de Ministros* 750

a'. *El quórum de funcionamiento* 751

b'. *La periodicidad de las reuniones* 751

c'. *Las actas de las sesiones* 751

d'. *El carácter de las deliberaciones y decisiones* 751

d. *La responsabilidad solidaria de los miembros del Consejo de Ministros* 751

e. *El rol del Consejo de Ministros en la iniciativa legislativa del Ejecutivo Nacional* 751

E. *Los Ministerios* 752

a. *Carácter y régimen de organización interna* 752

b. *Los Ministros* 753

a'. *Clases de Ministros* 753

b'. *Funciones y competencias comunes de los Ministros* 754

c'. *Las cuentas de los Ministros al Presidente de la República* 755

d'. *Las memorias y cuentas de los Ministros ante la Asamblea Nacional* 756

a''. *Contenido de las memorias* 756

b''. *Las cuentas de los Ministros* 756

c. *Los Viceministros* 756

a'. *Nombramiento* 757

b'. *Asignación de competencias sectoriales* 757

c'. *Competencias comunes de los viceministros* 757

d. *La desconcentración administrativa de la administración ministerial* 758

a'. *La creación de órganos desconcentrados* 758

b'. *Control* 758

c'. *Los servicios desconcentrados* 758

a''. *Creación* 758

b''. *Contenido del decreto orgánico de creación* 759

c''. *Los ingresos de los servicios desconcentrados sin personalidad jurídica* 759

F. *Las autoridades regionales* 759

2. *La Comisión Central de Planificación como órgano superior de coordinación y control de la planificación centralizada* 760

3. *Los órganos superiores de consulta de la Administración Pública nacional central* 760

A. *La Procuraduría General de la República* 760

B. *El Consejo de Estado* 760

C. *El Consejo de Defensa de la Nación* 761
D. *Las juntas sectoriales* 761
a. *Creación* 761
b. *Integración* 761
c. *Coordinación y los ministros coordinadores* 761
d. *Articulación de las juntas sectoriales a la actividad del Consejo de Ministros* 762
E. *Las juntas ministeriales* 762
VIII. EL RÉGIMEN DE LA ORGANIZACIÓN DE LA ADMINISTRACIÓN PÚBLICA DESCENTRALIZADA FUNCIONALMENTE 762
1. *Las formas jurídicas de la descentralización administrativa funcional* 762
A. *Formas jurídicas de derecho público: los institutos públicos y los institutos autónomos* 763
a. *La figura de los institutos públicos* 763
a'. *La creación por ley* 763
b'. *Los privilegios y prerrogativas de los institutos autónomos* 763
c'. *El régimen legal administrativo* 764
d'. *La supresión de los institutos públicos* 764
b. *La figura de los institutos autónomos* 764
B. *Las formas jurídicas de derecho privado* 764
a. *Las empresas del Estado y su contradictoria regulación* como *"personas jurídicas de derecho público"* 764
a'. *Noción legal* 764
b'. *Creación* 765
a''. *El acto administrativo de creación* 765
b''. *Adquisición de la personalidad jurídica* 765
c''. *Publicación* 765
c'. *Creación de las empresas matrices* 766
d'. *Representación* 766
e'. *Legislación que rige las empresas del Estado* 766
f'. *El registro de la participación estatal en empresas* 766
b. *Las fundaciones del Estado* 767
a'. *Noción* 767
b'. *Creación de las fundaciones del Estado* 767
c'. *Adquisición de personalidad jurídica* 767
d'. *Indicación del valor patrimonial y régimen de administración* 767
e'. *Publicación de los documentos de las fundaciones del Estado* 767
f'. *Representación* 768
g'. *Régimen legal* 768

c. *Las sociedades civiles del Estado (nacionales)* 768
a'. *Noción* 768
b'. *Creación de las asociaciones y sociedades civiles del Estado* 768
c'. *Adquisición de personalidad jurídica* 768
d'. *Publicación* 769
e'. *Régimen Legal* 769
2. *La adscripción de los entes descentralizados a los órganos de la administración pública nacional central* 769
A. *La potestad de adscripción* 769
B. *Limitaciones de adscripción* 769
C. *Atribuciones de los órganos de adscripción* 770
D. *Obligatoriedad de publicación de los entes descentralizados adscritos* .. 770
3. *La adscripción de bienes a los entes descentralizados* 770
4. *El control de tutela sobre la administración descentralizada funcionalmente* 771
A. *El control de gestión* 771
a. *Los indicadores de gestión* 771
b. *Los compromisos de gestión* 771
B. *La obligación de información* 771
C. *La intervención de los entes descentralizados* 771
a. *El decreto de intervención* 771
b. *La junta interventora* 772
c. *La determinación de responsabilidades* 772
d. *La cesación de la intervención* 772
D. *La intervención, supresión y liquidación de empresas y fundaciones estatales* 772
IX. LA PREVISIÓN SOBRE LAS MISIONES 772
X. EL RÉGIMEN DE LOS COMPROMISOS DE GESTIÓN 776
1. *El fundamento de los compromisos de gestión* 776
2. *El contenido de los compromisos de gestión* 776
3. *Los compromisos de gestión y las transferencias presupuestarias a entidades descentralizadas funcionalmente* 777
4. *Las modalidades de los compromisos de gestión* 777
5. *Las formalidades de los compromisos de gestión* 778
6. *Publicidad* 778
XI. LOS DERECHOS DE LOS PARTICULARES FRENTE A LA ADMINISTRACIÓN PÚBLICA 778
1. *El derecho a petición* 778

A. *Los registros de documentos presentados* 779
B. *Información sobre los registros* 779
C. *Lugar de presentación de documentos* 780
2. *Los derechos de los administrados en el procedimiento administrativo* 780
3. *El derecho a la participación* 781
4. *Las consultas públicas obligatorias sobre actos de efectos generales* 781
A. *Tipos de consulta* 781
a. *La consulta a las comunidades organizadas y a las organizaciones públicas no estatales* 781
b. *La consulta pública en general* 781
B. *Carácter no vinculante de la consulta* 782
C. *El carácter obligatorio de la consulta y la sanción de nulidad absoluta* 782
D. *La excepción en casos de emergencia* 782
5. *El derecho a la información administrativa* 782
6. *El derecho de acceso a los archivos y registros* 783
A. *El derecho constitucional* 783
B. *Condiciones para el ejercicio* 783
C. *Las copias de documentos* 784
a. *El derecho a copias* 784
b. *La expedición de copias certificadas y su prohibición respecto de documentos secretos o confidenciales* 784
c. *Prohibición de certificaciones de mera relación* 784
D. *Limitaciones de exhibición o inspección judicial de documentos* 784
E. *Prohibición de conservación de documentos por los funcionarios públicos* 785
F. *El acceso a los archivos* 785
G. *La consulta de documentos confidenciales o secretos* 785
XII. EL RÉGIMEN DEL SISTEMA NACIONAL DE ARCHIVO Y DE LOS ARCHIVOS Y DOCUMENTOS DE LA ADMINISTRACIÓN PÚBLICA 785
1. *Los órganos de archivo* 785
A. *Las unidades de archivo* 785
B. *Objetivo y finalidad de los órganos de archivos de la Administración Pública* 785
2. *El Sistema Nacional de Archivo* 786
A. *Definición* 786
B. *El Archivo General de la Nación* 786
C. *Visitas e Inspecciones* 786
D. *El Plan Nacional de Desarrollo Archivístico* 786

3. *La documentación administrativa* 787
A. *Naturaleza de la documentación administrativa* 787
B. *La contratación de servicios* 787
C. *Nuevas tecnologías* 787
D. *Transferencia de archivos* 787
E. *Características de los archivos* 787
4. *Los documentos de valor histórico y de interés general* 788
A. *Prohibición de destrucción de documentos de valor histórico* 788
B. *El control y vigilancia de documentos de interés histórico* 788
C. *Restricción respecto de la venta de documentos históricos* 788
D. *La declaratoria de interés público de archivos y documentos privados y sus efectos* 788

Sección Segunda. NUEVAS TENDENCIAS EN LA ORGANIZACIÓN ADMINISTRATIVA: LAS MISIONES Y LAS INSTANCIAS DEL PODER POPULAR (2011) 789

I. BASES CONSTITUCIONALES DE LA ADMINISTRACIÓN PÚBLICA 790
II. EL RÉGIMEN ORGANIZATIVO BÁSICO DE LA ADMINISTRACIÓN PÚBLICA: LOS ÓRGANOS Y LOS ENTES ADMINISTRATIVOS 792
1. *Sobre los "órganos" de la Administración Pública* 793
2. *Sobre los "entes" de la Administración Pública* 794
III. LA REFORMA DE LA LEY ORGÁNICA DE LA ADMINISTRACIÓN PÚBLICA DE 2008 Y LA CREACIÓN DE LAS "MISIONES" COMO "NUEVA" FORMA DE ORGANIZACIÓN ADMINISTRATIVA 796
IV. LAS INSTANCIAS DEL "ESTADO COMUNAL," COMO "ADMINISTRACIONES PÚBLICAS" PARALELAS A LAS DEL ESTADO CONSTITUCIONAL 802
1. *El Estado Constitucional en Venezuela y la creación en paralelo de un Estado Comunal* 802
2. *El Estado Comunal creado como Estado Socialista sin reformar la Constitución: de un sistema de la democracia representativa a una supuesta democracia directa controlada por el Poder Ejecutivo nacional* 805
3. *Las instancias del Poder Popular como sistemas de agregación comunal* 810
4. *Las organizaciones y expresiones organizativas del Poder Popular* 814
5. *Las diversas organizaciones socio productivas del sistema económico comunal* 815
V. EL DESQUICIAMIENTO DE LA ADMINISTRACIÓN PÚBLICA CON LA REGULACIÓN DE DOS "ESTADOS" PARALELOS CON SUS RESPECTIVAS "ADMINISTRACIONES PÚBLICAS" PARALELAS 819

Sección Tercera. ¿REFORMA ADMINISTRATIVA EN VENEZUELA? O LA TRANSFORMACIÓN NO SIEMPRE PLANIFICADA DE LA ADMINISTRACIÓN PÚBLICA, PARA LA IMPLEMENTACIÓN DE UN ESTADO SOCIALISTA AL MARGEN DE LA CONSTITUCIÓN, MEDIANTE LA MULTIPLICACIÓN, DISPERSIÓN Y CENTRALIZACIÓN DE SUS ÓRGANOS Y ENTES (2012) 821

I. LA INFLACIÓN DE LA ADMINISTRACIÓN MINISTERIAL 822
II. LA ESTRUCTURACIÓN DE UNA ORGANIZACIÓN ADMINISTRATIVA DISPERSA EN PARALELO A LA ADMINISTRACIÓN PÚBLICA MINISTERIAL 826
III. EL DOBLE PROCESO DE CENTRALIZACIÓN DE LA ADMINISTRACIÓN PÚBLICA 832
IV. LA IMPLEMENTACIÓN DE LA ADMINISTRACIÓN PÚBLICA DEL SISTEMA DE ECONOMÍA COMUNAL 836

Sección Cuarta: LA "NACIONALIZACIÓN" DEL RÉGIMEN ADMINISTRATIVO DEL DISTRITO CAPITAL (2009) 841

I. INTRODUCCIÓN 841
II. EL SENTIDO DE LA DESAPARICIÓN DEL DISTRITO FEDERAL EN LA CONSTITUCIÓN DE 1999 Y SU SUSTITUCIÓN POR EL DISTRITO CAPITAL 843
III. LA RELACIÓN ENTRE EL DISTRITO CAPITAL Y EL DISTRITO METROPOLITANO DE CARACAS 846
IV. LA CREACIÓN DEL DISTRITO METROPOLITANO DE CARACAS MEDIANTE LEY ESPECIAL, COMO GOBIERNO MUNICIPAL A DOS NIVELES 849
V. LA HACIENDA PÚBLICA DEL DISTRITO METROPOLITANO DE CARACAS Y LA TRANSFERENCIA DE BIENES DEL DISTRITO FEDERAL AL MISMO 851
VI. LOS INTENTOS DE REFORMAR LA CONSTITUCIÓN EN 2007 PARA RECREAR EL DISTRITO FEDERAL Y CENTRALIZAR LA FEDERACIÓN 852
VII. LA RECREACIÓN DEL DISTRITO FEDERAL CON NOMBRE DE "DISTRITO CAPITAL" DEPENDIENTE DEL PODER NACIONAL EN 2009 Y LA USURPACIÓN PATRIMONIAL RESPECTO DEL DISTRITO METROPOLITANO DE CARACAS 856
VIII. UN RETROCESO INSTITUCIONAL DE MÁS DE 150 AÑOS 859

LIBRO SEXTO:

LA ADMINISTRACIÓN PÚBLICA Y EL ESTADO COMUNAL (2011) 863

Sección Primera: ANTECEDENTES DEL NUEVO RÉGIMEN DEL PODER POPULAR Y DEL ESTADO COMUNAL 868

I. LA "DESMUNICIPALIZACIÓN" DE LA PARTICIPACIÓN CIUDADANA Y LOS CONSEJOS COMUNALES CREADOS EN 2006 ... 868
1. *Los Municipios y los Consejos Comunales* ... 868
2. *La "comunidad" como la unidad básica de organización del pueblo* ... 870
3. *Las Asambleas de Ciudadanos* ... 871
4. *La organización de los Consejos Comunales* ... 873
5. *La organización centralizada de la participación ciudadana* ... 875
2. *La rechazada Reforma Constitucional de 2007 y el proyecto para la estructuración del Estado Socialista del Poder Popular o Poder Comunal* ... 876

Sección Segunda: LA INSTITUCIONALIZACIÓN LEGAL DEL ESTADO COMUNAL O DE CÓMO SE IMPONE AL PAÍS UN MODELO DE ESTADO COMUNISTA, DE EJERCICIO DEL PODER POPULAR Y DE SOCIEDAD SOCIALISTA POR LOS CUALES NADIE HA VOTADO ... 881

I. EL ESTADO COMUNAL O COMUNISTA Y EL PODER POPULAR ... 881
II. LOS FINES DEL PODER POPULAR ... 887
III. LAS INSTANCIAS DEL PODER POPULAR ... 889
1. *Las diversas instancias del poder popular y su personalidad jurídica* ... *889*
2. *Los voceros de las instancias del poder popular y su carácter no representativo* ... 890
3. *Sistemas de agregación comunal* ... 890
4. *Los Consejos Comunales* ... 892
5. *Las Comunas* ... 892
6. *Las Ciudades Comunales* ... 894
IV. LAS ORGANIZACIONES Y EXPRESIONES ORGANIZATIVAS DEL PODER POPULAR ... 894
1. *Formas organizativas del Poder Popular* ... 894
A. *Las organizaciones del Poder Popular* ... 894
B. *Las expresiones organizativas del Poder Popular* ... 895
2. *Los fines de las organizaciones y expresiones organizativas del Poder Popular* ... 895
V. ÁMBITOS DEL PODER POPULAR ... 896
1. *Planificación de políticas públicas* ... 896
2. *Economía comunal* ... 897
3. *Contraloría Social* ... 898
4. *Ordenación y gestión del territorio* ... 898
5. *Justicia comunal* ... 898

VI. LAS RELACIONES ENTRE EL PODER PÚBLICO Y EL PODER POPULAR (O LA TÉCNICA DEL "MATAPALO") 899
VII. EL MARGINALIZACIÓN DEL MUNICIPIO EN RELACIÓN CON LAS ORGANIZACIONES DEL PODER POPULAR 902

Sección Tercera: EL RÉGIMEN DE LOS CONSEJOS COMUNALES O LA RESURRECCIÓN DE LOS SOVIETS EN EL CARIBE CASI UN SIGLO DESPUÉS 904

I. LOS CONSEJOS COMUNALES COMO INSTRUMENTOS PARA LA CONSOLIDACIÓN DEL SOCIALISMO 904
II. INTEGRACIÓN DE LOS CONSEJOS COMUNALES 907
1. *Las Asambleas de Ciudadanos* 907
2. *La Unidad Ejecutiva y los voceros de la comunidad* 909
3. *La Unidad Administrativa y Financiera Comunitaria* 911
4. *La Unidad de Contraloría Social* 912
5. *La coordinación de las Unidades de los Consejos Comunales* 912
6. *La Comisión Electoral Permanente* 913
III. LA SUPUESTA "ELECCIÓN" DE LOS VOCEROS DE LAS UNIDADES DE LOS CONSEJOS COMUNALES 915
IV. LA CESACIÓN DE LOS VOCEROS COMUNALES 916
1. *La revocación del mandato de los voceros de las Unidades del Consejo Comunal* 916
2. *La pérdida de condición de vocero de lasUnidades de los Consejos Comunales* 918
V. EL CICLO COMUNAL COMO PROCESO DE PARTICIPACIÓN POPULAR 918
VI. LOS RECURSOS DE LOS CONSEJOS COMUNALES Y SU GESTIÓN Y ADMINISTRACIÓN 919
1. *Los recursos de los Consejos Comunales* 919
2. *Los fondos de los Consejos Comunales* 920
VII. EL RÉGIMEN DE ADAPTACIÓN Y CONSTITUCIÓN INICIAL DE LAS ASAMBLEAS DE CIUDADANOS Y DE LOS CONSEJOS COMUNALES 921
1. *La adecuación de los Consejos Comunales constituidos conforme a la Ley de 2006 a las previsiones de la Ley Orgánica de 2009* 921
2. *Régimen para la constitución inicial de los Consejos Comunales* 922
A. *El equipo promotor* 922
B. *La primera Asamblea de Ciudadanos* 922
C. *El equipo electoral provisional* 923
D. *La convocatoria a la asamblea constitutiva comunitaria* 923
3. *El registro de los Concejos Comunales* 923
4. *La nueva adaptación de los Consejos Comunales en 2011* 924

VIII. CENTRALIZACIÓN DE LA CONDUCCIÓN DEL PROCESO DE PARTICIPACIÓN CIUDADANA A TRAVÉS DE LOS CONSEJOS COMUNALES 925

Sección Cuarta: EL RÉGIMEN DE LAS COMUNAS COMO SOPORTE DEL ESTADO COMUNAL O LA DES MUNICIPALIZANDO EL ESTADO CONSTITUCIONAL MEDIANTE UN SISTEMA DE "AUTOGOBIERNO" NO REPRESENTATIVO MANEJADO POR EL PODER CENTRAL 929

I. PROPÓSITO Y FINALIDAD DE LAS COMUNAS 929
II. *Ámbito territorial de las Comunas* 930
   1. *Ámbito territorial variado* 930
   2. *Inserción en ámbitos territoriales centralizados superiores* 930
III. CONSTITUCIÓN DE LAS COMUNAS 931
   1. *Iniciativa popular y aprobación de la Carta Fundacional mediante referéndum* 931
   2. *Control centralizado del proceso de constitución por el Ministerio para las Comunas* 932
   3. *La comisión promotora* 932
   4. *Redacción y difusión del proyecto de Carta Fundacional* 933
   5. *Referendo aprobatorio* 934
   6. *Registro de la Comuna* 934
   7. *La Gaceta Comunal* 935
IV. LAS CARTAS COMUNALES 935
   1. *Contenido* 935
   2. *Corrección de estilo* 936
   3. *Publicación* 936
V. LA ORGANIZACIÓN Y FUNCIONAMIENTO DE LAS COMUNAS 937
   1. *El órgano de autogobierno comunal: el Parlamento Comunal* 937
   2. *Atribuciones del Parlamento Comunal* 937
   3. *Integración de los Parlamentos Comunales* 938
   4. *Sesiones del Parlamento Comunal* 939
VI. EL ÓRGANO EJECUTIVO DE LA COMUNA: EL CONSEJO EJECUTIVO 939
   1. *Carácter e integración* 939
   2. *Funciones del Consejo Ejecutivo* 939
   3. *Los Comités de gestión* 940
VII. LA PLANIFICACIÓN COMUNAL 941
   1. *Plan Comunal de Desarrollo* 941
   2. *El Consejo de Planificación Comunal* 941
   3. *Finalidad* 942
   4. *Competencias del Consejo* 942

VIII. EL CONSEJO DE ECONOMÍA COMUNAL 943
1. *Carácter y composición* 943
2. *Funciones del Consejo de Economía Comunal* 944
IX. EL BANCO DE LA COMUNA 944
1. *Objeto* 944
2. *Propósito* 945
3. *Funciones* 945
4. *Organización* 946
A. *La coordinación administrativa* 946
B. *El comité de aprobación* 946
C. *Comité de seguimiento y control* 946
X. EL CONSEJO DE CONTRALORÍA COMUNAL 947
1. *Integración* 947
2. *Funciones del Consejo de Contraloría Comunal* 947
XI. RÉGIMEN DE LOS VOCEROS DE LOS ÓRGANOS DE LA COMUNA 948
1. *Rendición de cuentas* 948
2. *Revocatoria del mandato* 948

Sección Quinta: EL RÉGIMEN DE LA CONTRALORÍA SOCIAL O LA INSTITUCIONALIZACIÓN DE LA TÉCNICA DEL ESPIONAJE SOCIAL Y DE LA DENUNCIA POLÍTICA INDISCRIMINADA PARA IMPONER LA IDEOLOGÍA SOCIALISTA 950

I. OBJETO, PROPÓSITO Y FINALIDAD DE LA CONTRALORÍA SOCIAL 950
II. EL EJERCICIO Y LOS MEDIOS DE LA CONTRALORÍA SOCIAL 952
1. *Formas de ejercicio* 952
A. *Individual* 952
B. *Colectivamente* 952
C. *Orgánicamente* 952
2. *Condiciones para el ejercicio de la contraloría social* 953
3. *Deberes de los voceros para la contraloría social* 953
III. EL PROCEDIMIENTO PARA EL EJERCICIO DE LA CONTRALORÍA SOCIAL 954
IV. LA FORMACIÓN DEL CIUDADANO EN LAS FUNCIONES DE CONTRALORÍA SOCIAL 955

Sección Sexta: EL RÉGIMEN DEL SISTEMA ECONÓMICO COMUNAL O DE CÓMO SE DEFINE E IMPONE LEGALMENTE UN SISTEMA ECONÓMICO COMUNISTA POR EL CUAL NADIE HA VOTADO 956

I. FUNDAMENTOS DEL SISTEMA ECONÓMICO COMUNAL VINCULADO AL SOCIALISMO Y AL MODELO DE PRODUCCIÓN SOCIALISTA 956

II. LAS DIVERSAS ORGANIZACIONES SOCIO-PRODUCTIVAS 960
1. *Empresas del Estado Comunal (Empresas de propiedad social directa comunal)* 961
2. *Empresas públicas (Empresa de propiedad social indirecta comunal)* 962
3. *Unidades productivas familiares* 962
4. *Organizaciones de trueque (Grupos de intercambio solidario)* 962
III. EL RÉGIMEN CENTRALIZADO DEL SISTEMA ECONÓMICO COMUNAL 963
IV. RÉGIMEN JURÍDICO DE LAS ORGANIZACIONES SOCIO-PRODUCTIVAS 965
1. *Constitución de las organizaciones socio-productivas* 965
A. *Forma jurídica para la constitución* 965
B. *Ámbito geográfico* 966
C. *Denominación* 966
D. *Personalidad jurídica* 966
2. *Derechos de las organizaciones socio-productivas* 967
3. *Obligaciones de las organizaciones socio-productivas* 967
4. *Régimen jurídico de las organizaciones socio-productivas* 969
V. ESTRUCTURA ORGANIZATIVA Y FUNCIONAL DE LA ORGANIZACIÓN SOCIO-PRODUCTIVA 970
1. *Las unidades de las organizaciones socio-productivas* 970
2. *Integrantes de las organizaciones socio-productivas* 970
3. *Los voceros de las unidades de las organizaciones socio-productivas* 971
4. *Condición para ser productores-integrantes de las organizaciones socio-productivas* 971
5. *Normas sobre la gestión productiva y administración de los recursos de las organizaciones socio-productivas* 973
VI. EL SISTEMA ALTERNATIVO DE INTERCAMBIO SOLIDARIO 974
1. *Fines y función del sistema alternativo de intercambio (trueque)* 974
2. *Los derechos y deberes de los "prosumidores"* 975
3. *Los espacios del sistema alternativo de intercambio solidario* 975
4. *La moneda comunal* 976
5. *La red de comercio justo y suministro socialista* 976
VII. EL RÉGIMEN SANCIONATORIO DE ORDEN PENAL 977

REFLEXIONES FINALES: SOBRE LOS PROBLEMAS DE LA ADMINISTRACIÓN PÚBLICA, DE SIEMPRE

REFLEXIONES FINALES: SOBRE LOS PROBLEMAS DE LA ADMINISTRACIÓN PÚBLICA, DE SIEMPRE 979

Sección Primera: LOS PROBLEMAS DE LA ADMINISTRACIÓN PÚBLICA (1988) 979

I. ALGUNAS CARACTERÍSTICAS ESTRUCTURALES Y DE FUNCIONAMIENTO DE LA ADMINISTRACIÓN PÚBLICA 981
- 1. *La expansión administrativa* 981
  - A. *La inflación organizacional del sector público* 982
  - B. *El intervencionismo estatal exagerado* 982
- 2. *La consecuencia estructural: la centralización nacional y la descentralización funcional* 983
  - A. *La centralización política y administrativa* 983
    - a. *La centralización y concentración de la Administración Pública Nacional* 984
    - b. *La debilidad de la Administración regional y local* 984
  - B. *La descentralización funcional* 985
- 3. *La consecuencia funcional: la ineficiencia e inefectividad de la acción administrativa* 986
  - A. *Las fallas funcionales derivadas de la expansión del sector público* 986
    - a. *La distorsión de los fines del sector público* 986
    - b. *La complicación de la Administración y la "permisería"* 987
  - B. *Las fallas de funcionamiento derivadas del centralismo administrativo* 988
    - a. *El embotellamiento administrativo nacional* 988
    - b. *La ausencia de participación de los administrados* 988
    - c. *La debilidad de las instituciones representativas* 989
    - d. *La Administración Pública incontrolada* 989
  - C. Las fallas de funcionamiento derivadas de la descentralización funcional 990
  - D. *Las fallas de funcionamiento derivadas de la ausencia de burocracia profesionalizada* 991
- 4. *El problema de la corrupción administrativa* 992
  - *A. La deficiencia de los controles y la corrupción administrativa* 992
  - B. *La discrecionalidad, las reglamentaciones excesivas y la corrupción administrativa* 993
  - C. *El centralismo, la ausencia de participación y la corrupción administrativa* 993
  - D. *La inestabilidad de los funcionarios públicos y la corrupción administrativa* 994
  - E. *Los partidos políticos y la corrupción administrativa* 994

II. ALGUNAS MEDIDAS Y ESTRATEGIAS PARA GARANTIZAR LA MODERNIZACIÓN DEL SECTOR PÚBLICO ... 995
1. *El redimensionamiento del sector público* ... 995
2. *La desregulación de la actividad de los particulares* ... 996
3. *La descentralización política y administrativa* ... 997
4. *La desconcentración de los niveles superiores nacionales* ... 998
5. *La redefinición de la Administración descentralizada funcionalmente* ... 999
6. *La revalorización de la planificación* ... 1000
7. *La creación de una burocracia profesionalizada* ... 1001
8. *El aumento de la productividad social en el sector público* ... 1002
CONCLUSIONES ... 1003

Sección Segunda: LA ADMINISTRACIÓN PÚBLICA Y SUS PROBLEMAS ACTUALES (1982) ... 1003

I. LA CENTRALIZACIÓN ADMINISTRATIVA ... 1004
1. *La tendencia centralizadora en la práctica administrativa y legislativa* ... 1004
2. *Consecuencias en la Administración Pública: el paternalismo administrativo* ... 1006
3. *El reto de la descentralización* ... 1007
II. LA CONCENTRACIÓN ADMINISTRATIVA ... 1008
1. *La concentración presidencial y ministerial* ... 1008
2. *La práctica administrativa de la concentración: concentración funcional* ... 1009
3. *Consecuencias de la concentración administrativa* ... 1009
4. *El reto de la delegación y desconcentración* ... 1010
III. LA AUSENCIA DE INTEGRACIÓN SECTORIAL ... 1010
1. *Los problemas de la implementación de la Reforma Sectorial* ... 1011
2. *Los problemas de la coordinación* ... 1012
3. *Las deficiencias de la Administración Descentralizada* ... 1012
IV. LA AUSENCIA DE INTEGRACIÓN ORGÁNICA DE LAS FUNCIONES ADMINISTRATIVAS ... 1014
V. PROBLEMAS DE LA GESTIÓN ADMINISTRATIVA ... 1015
1. *El secreto administrativo y los particulares* ... 1015
2. *El control de gestión* ... 1016
VI. CONCLUSIÓN ... 1016

Sección Tercera: BUROCRATIZACIÓN E INEFICIENCIA EN LA ADMINISTRACIÓN PÚBLICA (1982) ... 1016

I. ALGUNAS CAUSAS DE LA BUROCRATIZACIÓN ... 1018
1. *El intervencionismo exagerado* ... 1018

2. *El crecimiento desmesurado de la Organización Administrativa* ... 1019
3. *El centralismo administrativo* ... 1019
4. *La ausencia de burocracia* ... 1020
III. CONSECUENCIAS DE LA BUROCRATIZACIÓN ... 1021
1. *La distorsión de los fines de la Administración Pública* ... 1021
2. *El despilfarro administrativo* ... 1022
3. *La corrupción administrativa* ... 1022
4. *La irresponsabilidad administrativa* ... 1023
5. *El apoderamiento de la Administración por los gremios de funcionarios* ... 1023
CONCLUSIÓN ... 1024

Sección Cuarta: ALGUNOS PROBLEMAS DE LAS RELACIONES ENTRE LOS FUNCIONARIOS PÚBLICOS Y LOS CIUDADANOS (1982) ... 1024

I. SISTEMAS DE PROTECCIÓN ... 1026
1. *Garantías de procedimiento administrativo* ... 1026
2. *Garantías de recursos* ... 1029
3. *Garantías patrimoniales* ... 1029
II. EL SISTEMA DE INFORMACIÓN ... 1030
III. EL SISTEMA DE SEGURIDAD JURÍDICA ... 1031
1. *La responsabilidad del Estado y sus funcionarios* ... 1032
2. *La democratización de la justicia* ... 1032
3. *La garantía efectiva de las libertades públicas* ... 1033
4. *La regulación del procedimiento administrativo y la limitación de la discrecionalidad del funcionario* ... 1033
5. *La garantía del conocimiento del orden jurídico* ... 1033
CONCLUSIÓN ... 1034

www.ingramcontent.com/pod-product-compliance
Lightning Source LLC
LaVergne TN
LVHW080100011026
849160LV00013B/998
* 9 7 8 9 8 0 3 6 5 2 0 7 4 *